[内部资料　注意保管]

中国工商银行年鉴

ALMANAC OF ICBC

中国工商银行年鉴编辑委员会　编

(2006)

中国金融出版社

责任编辑：刘小平　张翠华
责任校对：李俊英
责任印制：裴　刚

图书在版编目（CIP）数据

中国工商银行年鉴．2006（Zhongguo Gongshang Yinhang Nianjian. 2006）/《中国工商银行年鉴》编辑委员会编．—北京：中国金融出版社，2006. 11
ISBN 7－5049－4218－9

Ⅰ．中…　Ⅱ．中…　Ⅲ．工商银行—中国—2006—年鉴　Ⅳ．F832. 33－54

中国版本图书馆 CIP 数据核字（2006）第 142069 号

出版发行　中国金融出版社
社址　北京市广安门外小红庙南里 3 号
邮编　100055
印刷　河北融工文化传播有限公司
尺寸　205 毫米×280 毫米
印张　45
插页　12
字数　1745 千
版次　2006 年 12 月第 1 版
印次　2006 年 12 月第 1 次印刷
印数　1—4500
定价　185. 00 元

《中国工商银行年鉴》编辑委员会

《中国工商银行年鉴》编辑部

分行（学院）组稿负责人

卜荣荣　薛波　李子木　赵德茂　范继忠　王俊生　孙占国
张文平　钦伟　耿武贤　刘岩方　陈田武　孙金培　张继良
邢新华　郭瑞海　熊红英　蒋凤生　余保福　黄振奋　杨若飞
熊庆康　乔恒　王钧明　陆恩达　王引平　李增耀　贺世国
曹震　吴平生　郑鸿礼　赵宏伟　董春阳　吴文珍　王中华
李晓红　杨彬　金云生　陈爱武　吕香茹

组稿人员

宋立新　陈怀东　沈春生　葛军　谢敏　刘子萍　诸兴浩
刘劲松　张凯　任杰　曹沛争　刘彤　晏秋生　李振华
郭立强　徐海燕　周凯　喻波　张珂　辛珊　张凯
宋博　张健　李一旗　史晓媛　陈春光　闫传熙　陈立忠
曹维亚　毛飞　贾美琴　叶军　张兴胜　季冰　李志刚
刘陶　曲兵林　付郁　张福印　李艳婷　王依纲　赵宇
马海林　栾叶文　张超　陆定　吴剑军　朱世锋　陈思滔
周志刚　张冠军　李经跃　张治安　陆冬　罗宏宇　陈鹏飞
云紫明　王冬　周波　姚松　罗涛　田亚鹤　李双平
张红斌　王相启　欧阳昀　王润莉　胡强　梅华　李冠永
杨兴定　贺贝贝　胡晓华　孙荣玉　王克民　朱梅丽

党委书记、董事长　姜建清

董事长致辞

2005年的中国胜利完成国民经济和社会发展第十个五年计划目标，站在了新的历史起点。

2005年的中国金融改革波澜壮阔，举世瞩目。

2005年的中国工商银行成功实现从国有独资商业银行向股份制商业银行的跨越，掀开了建设现代金融企业的新篇章。

经过了五年的综合改革和能量积聚，工商银行建立现代金融企业制度的条件基本成熟。4月28日，工商银行股份制改革正式启动。中央汇金公司向工商银行注入资本金150亿美元，财政部保留原在工商银行的资本金1240亿元人民币，转让可疑类贷款和损失类资产。工商银行圆满完成财务重组，解决了历史上形成的不良资产包袱。8月19日成功发行次级债券。10月28日中国工商银行股份有限公司正式挂牌成立。一个崭新的工商银行呈现在世界面前。

经过重组改制，工商银行的主要财务指标达到监管要求，有些指标达到或接近国际银行业的良好水平。到2005年底，全行资本充足率9.89%，核心资本充足率8.11%，不良贷款率4.69%。

以股份有限公司的成立为标志，中国工商银行由股东大会、董事会、监事会、管理层组成的现代公司治理结构诞生并开始发挥作用。经过法定程序，我荣幸地出任工商银行首届董事会董事长，杨凯生先生出任行长，王为强先生出任监事长。梁锦松先生、钱颖一先生、约翰·桑顿先生加盟工商银行董事会担任独立董事，梁锦松先生和钱颖一先生还出任董事会下设的专业委员会主席。独立董事带来了他们在国际经济金融领域的丰富经验。目前科学高效的决策、执行和监督机制日臻完善，各方专业、诚信、勤勉履职，独立运作、有效制衡，共同围绕维护股东权益、实现公司战略目标发挥作用。

股份制改革使工商银行的管理体制和经营机制开始发生脱胎换骨式的转变。以客户为中心、以风险控制为主线的流程银行建设不断深化；符合监管标准，国际惯例和境内外上市规则的资本管理制度、财务会计制度和信息披露制度逐步付诸实施；全面风险管理和内控体系更趋完善；以价值创造为导向的资源配置与绩效考评体系以及相应的激励约束机制日益完善。

2006年，工商银行将在一个全新的公司治理架构基础上，加快整体构建现代金融企业制度。目前，各项改革正在全面深化、整体推进，各项经营管理制度和指标正在全面与国际规则和惯例接轨。

2006年，工商银行开始实施新的发展战略，以公司价值和股东回报持续稳定增长为目标，全面调整资产负债结构、收益结构、客户结构和分销网络结构，推进经营转型，加快业务和技术创新，打造中国第一零售银行、优秀信贷银行和业务多元化的银行，巩固和加强在中国银行业的优势地位，稳步拓展国际市场，强化境内外业务一体化经营，努力提升国际竞争力。

2006年的工商银行改革发展日新月异，正在实现一个又一个历史性突破。1月27日，工商银行与美国高盛集团、德国安联集团、美国运通公司三家境外战略投资者签署战略投资与合作协议。目前总计37.82亿美元的投资资金交割已顺利完成，这是迄今为止境外投资者对中国金融业最大的单次投资，工商银行多元化的股权结构业已形成。与此同时，涉及公司治理、风险管理、资产管理、不良贷款管理、资金业务、公司与投行业务、员工培训七大领域及与控股银行——工银亚洲的战略合作项目也已全面展开。借助战略投资者的经验和技术，工商银行公司治理、风险管理水平和业务创新能力正在得到新的提升。

工商银行正在通向国际资本市场、建设国际一流商业银行的征程上，创造新的辉煌。

姜建清

2006年1月1日

党委副书记、副董事长、行长　杨凯生

行长致辞

2005年是中国工商银行的股改之年，是经营模式和增长方式的转变之年，也是内部控制和风险管理水平快速提升之年。这一年，全行在中国经济快速增长和对外开放不断扩大中实现了各项业务持续稳健发展。

——财务实力显著增强。集团实现营业利润892.6亿元，再创历史新高；税前利润593.5亿元，比上年增长12.2%；净利润377亿元，比上年增长12.4%；资本利润率达到13.3%。这是全行盈利水平连续保持较快增长的第五个年头。

——资产质量不断改善。财务重组后，全行风险约束的信贷增长机制进一步完善，信贷资产质量十二级分类、非信贷资产质量五级分类管理全面推行，不仅巩固了财务重组成果，而且资产质量又有新的改善，年末不良贷款率降至4.69%。更为重要的是，高信用等级客户信贷资产比重大幅上升，进一步夯实了资产质量改善的基础。

——经营效率和结构发生可喜变化。经营模式和增长方式的转变持续推动经营效率的提升和经营结构的优化。成本收入比控制在40.71%，达到国际银行业先进水平。信贷资产占总资产的比重降至49.7%，资产结构发生了较大改变。手续费净收入比上年增加23.38亿元，增长28.5%，多元化盈利模式快速形成。电子银行业务交易额达46.8万亿元，电子银行系统处理业务笔数占处理交易总笔数的比重提高到26%，传统分销渠道和服务模式发生重大变化。

——各项业务在创新中实现持续增长。得益于中国经济的快速发展和金融创新的持续推动，集团主营业务在激烈的竞争中继续保持优势地位。各项存款增加 5512.6亿元，增长10.8%。剔除财务重组剥离因素，各项贷款增加2168.1亿元，其中小企业和个人贷款增长较快，信贷市场不断拓展，信贷业务可持续盈利能力增强。依托先进的技术支持和优良的服务，个人金融业务得到全面开发，在现金管理、资产托管、企业年金等一批新兴业务领域成为市场的引领者。与瑞士信贷、中国远洋集团合资设立的工银瑞信基金管理公司，迈出了中国商业银行多元化经营的新步伐。

——内部控制和风险管理水平全面提升。股份制改革的深化和公司治理的完善，从根本上改变了内控和风险管理状况。内部评级法工程全面推进，覆盖信用风险、市场风险、流动性风险和操作风险的全面风险管理体系快速形成，独立、有效的内部审计与内控合规管理体系进一步确立，全行内部控制和风险管理较好地贯彻了监管要求，并正在与国际规则接轨。

——“科技兴行”和“人才兴行”战略深入实施。信息科技创新取得重要进展，一大批新的信息化产品和管理系统投产，国内科技领先优势地位得到巩固和加强。进一步把人才资源作为第一资源，完善市场化的选人用人和激励机制，开展大规模、系统化、分层次的全员培训，建设富有中国工商银行特色的企业文化，为改革发展提供了人才保证、智力支持和精神动力。

过去一年的改革发展成就赢得了国际社会的广泛认同。《环球金融》、《亚洲货币》等多家国际知名媒体把“中国最佳银行”、“中国最佳内地商业银行”、“中国最佳零售银行”、“中国最佳个人网上银行”等荣誉颁给了中国工商银行。穆迪评级公司将中国工商银行的综合财务实力评级的前景展望由稳定调升至正面，标准普尔评级公司连续两次提升中国工商银行的信用评级。

2006年是中国工商银行在现代公司治理结构基础上整体构建现代金融企业制度，以及走向国际国内资本市场的关键一年，我们正在按照现代金融企业制度的要求和新的发展战略规划，进一步深化改革，强化管理，加速转型，加快创新，积极培育核心竞争力。我们有信心和能力把中国工商银行建设成为具有较强国际竞争力和最富价值的世界一流商业银行，为客户提供优质的金融服务，为股东创造良好的价值回报，为员工搭建广阔的职业发展平台，为所服务地区经济社会的全面进步不断注入新的活力和做出更大贡献。

杨凯生

2006年1月1日

党委副书记、监事长　王为强

2005年10月26日，中共中央政治局常委、国务院副总理黄菊到中国工商银行总行调研，并与工商银行董事会、监事会、高级管理层成员合影。

第一排（左起）：独立董事梁锦松，党委委员易会满，党委委员、副行长李晓鹏，党委委员、执行董事、副行长张福荣，党委副书记、副董事长、行长杨凯生，国务院副总理黄菊，党委书记、董事长姜建清，党委副书记、监事长王为强，党委委员、副行长张衢，党委委员、纪委书记刘立宪，独立董事钱颖一。

第二排（左起）：监事苗耕书，监事王炽曦，股权董事仲建安，股权董事王文彦，股权董事康学军，股权董事傅仲君，股权董事宋志刚，股权董事赵海英，监事王道成，董事会秘书潘功胜（党委委员、执行董事、副行长牛锡明因在外学习，党委委员、副行长王丽丽因在国外，未参加接见）。

黄菊副总理视察工商银行资金交易室。

2005年10月28日，中国工商银行股份有限公司成立大会在京举行。

2005年10月28日，党委书记、董事长姜建清，党委副书记、副董事长、行长杨凯生，党委副书记、监事长王为强出席中国工商银行股份公司成立大会。

2005年4月28日，姜建清行长拜会新加坡共和国国务资政、金融管理局主席吴作栋。

2005年5月27日，姜建清行长，杨凯生、张衢副行长出席中国工商银行与中国华融资产管理公司损失类资产转让协议签约仪式。

2005年6月20日，中国工商银行总行机关先进性教育活动总结大会在京召开，党委书记姜建清、中央督导组组长刘文出席会议并讲话，中央先进性教育活动办公室指导协调三组副局级干部李秀平，总行领导张福荣、牛锡明、刘立宪及陈克儒同志出席了会议。

2005年6月30日，中国工商银行分支机构保持共产党员先进性教育活动视频动员大会在京召开，党委书记姜建清，副书记杨凯生，党委委员张福荣、王丽丽、牛锡明、李晓鹏、易会满出席会议。

2005年7月5日，工银瑞信基金管理有限公司在京举行开业典礼，人民银行、银监会、证监会有关领导，姜建清行长，瑞士信贷第一波士顿、中远集团有关负责人，总行副行长兼工银瑞信基金管理公司董事长杨凯生出席仪式并致辞。

2005年8月23日，姜建清行长会见来访的香港联交所主席李业广先生一行。

2005年11月24日，姜建清董事长率团赴武钢集团进行工作调研。

2005年8月19日，中国工商银行第一期次级债成功发行。

2005年11月2日，杨凯生行长会见来访的瑞士信贷第一波士顿董事总经理兼金融机构部主管Viktarn Gandhi。

2005年6月7日，监事会主席王为强在甘肃分行进行工作调研。

2005年10月31日，王为强监事长会见瑞典银行副行长Annika_Wijkstrom女士一行。

2005年4月18日，张福荣副行长出席2005中国金融品牌高峰论坛。

2005年11月25日，牛锡明副行长到鞍钢集团进行工作调研，听取鞍钢集团领导介绍生产情况。

2005年5月19日，张衢副行长会见eBay公司总裁兼首席执行官梅格·惠特曼。

2005 年4月8日，王丽丽副行长会见了来访的法国兴业银行集团首席执行官Philippe Citerne先生一行。

2005 年 8 月 30 日，上海长江隧桥（崇明越江通道）工程项目专营权合同、银团贷款合作协议书签字仪式在沪举行，李晓鹏副行长出席并代表银团贷款方讲话。

2005 年 6 月 17 日，纪委书记刘立宪出席在杭院举办的中国工商银行一级分行纪委书记培训班开班典礼并讲话。

2005 年 7 月 5 日，总行党委委员易会满出席福建分行保持共产党员先进性教育活动动员大会并讲话。

江苏分行重点支持的中国石化与德国巴斯夫合资兴建的扬子石化－巴斯夫有限责任公司项目。

浙江分行支持建设的舟山连岛工程跨海大桥项目。

河南分行重点支持的中国铝业股份有限公司河南分公司70万吨氧化铝扩建项目。

天津分行重点支持的天津港集装箱码头项目。

山西分行支持的山西三维集团BDO项目。

上海分行支持的上海化学工业园区项目。

广东分行支持的台山大型发电厂项目。

陕西分行重点支持的黄陵至延安高速公路——洛河特大桥项目。

新疆分行重点支持的达坂城风力发电场项目。

深圳分行重点支持的
东深供水项目。

三峡分行重点支持的三峡工程第
三期工程项目。

广东分行营业部重点支持的广东
西部沿海高速公路珠海段项目。

目　　录

第五部分　党建工作与队伍建设

第六部分　境内分行成就

第七部分　重要文献

第八部分　理论研究和调研成果

第九部分 综合统计

第十部分 大事记

第十一部分 附 录

Contents

Part 1 Joint-stock Reform

Part 2 Innovation & Development

Part 3 International business & multinational operation

Part 4 Internal Administration & Control

Part 5 Party and staff building

Part 6 Achievements by Domestic Branches

Part 7 Material Document

Part 8 Theoretic research & investigation achievements

Part 9 Comprehensive Statistics

Part 10 Chronicles of ICBC in 2005

Part 11 Appendix

第一部分

股份制改革

执行编辑：王都富

财务重组

一、财务重组的基本原则、方式及过程

财务重组是股份制改革的重要内容。财务重组的基本原则是，根据党中央、国务院的决策部署，严格按照国有商业银行改革实行“一行一策”的要求，采取国家支持与工商银行自身努力相结合的方式，用未来的经营收益来偿付改制成本。

2005年4月18日，国家批准工商银行股份制改革方案后，财务重组作为整个股份制改革的首要工作，在全行范围全面铺开，规范有序推进。

（一）优化重组资本结构。中央汇金投资有限责任公司运用外汇储备注入新的资本金150亿美元，同时重组工商银行原有的资本金，财政部保留与中央汇金投资有限责任公司等额股权，剩余权益转为风险拨备。资本结构重组完成并经审计评估后，全行的核心资本达到2483亿元。

（二）规范剥离不良资产。按照国家有关政策规定和监管部门的要求，制定了严密的不良资产剥离工作方案和规章制度，层层落实责任制，加强流程控制和过程监督，严加防范剥离过程中的操作风险和道德风险。5月末，顺利完成了2460亿元损失类资产向华融资产管理公司的转让。转让的损失类资产在账面上反映为工商银行对财政部的应收款。工商银行与财政部设立一个“共管基金账户”，其资金来源为工商银行今后拟上缴财政部的所得税以及财政部作为股东的分红，财政部用上述资金分五年归还购买工商银行损失类资产的款项。同时，在人民银行、财政部和银监会的组织下，按照公开、公平、公正的原则，采取竞标的市场化方式，向多家资产管理公司转让了4590亿元可疑类贷款。

（三）顺利完成土地确权与评估工作。全行按照提高效率、节约成本、依法合规的原则，完成了涉及全国30个省（市、自治区）的土地及房产的清查、确权及评估工作，土地、房屋确权率均在95%以上。在此基础上，对全行10994宗划拨土地和5381宗出让土地进行了评估。经过县、省和国家三级国土资源管理部门的审核，国土资源部批准了中国工商银行的土地处置总体方案和土地评估报告。

（四）圆满完成审计评估工作。总行聘请了国际国内著名的中介机构，对境内外所有分支机构财务重组后的资产和负债情况进行了全方位的审计、评估和法律尽职调查。先后完成以2003年底、2004年底和2005年6月30日为基准日的国内、国际审计和资产评估、法律尽职调查工作，并取得中介机构无保留意见的审计评估报告和法律意见书。

（五）成功发行首期次级债。经监管机构批准，2005年8月份在全国银行间债券市场成功发行了总量为350亿元的首期次级债券。本期次级债券发行市场反响良好，债券承销团及市场成员投标踊跃，共有40家机构参与投标，投标总量为855亿元，超额认购倍率达到2.44倍。发行的次级债券全部用于补充附属资本，改善了资本结构，增强了风险承受能力和业务发展后劲。

二、财务重组的效果及意义

财务重组完成后，一个全新的工商银行应运而生，各项主要财务指标均达到监管要求。至2005年末，全行共实现营业利润892.6亿元，再创历史新高；经国际审计后的净利润为377.04亿元，资本回报率（ROE）为13.27%，经营效益稳步提高；不良贷款比率下降至4.69%，资产质量得到显著改善；资本充足率为9.89%，核心资本充足率为8.11%；应计拨备覆盖率为100%，成本收入比降为40.71%，达到国际先进水平。

对工商银行实施财务重组具有重大意义。一是基本解决了工商银行历史上形成的不良资产包袱，形成了健康的资产负债表和坚实的资本基础，为全面建立现代金融企业制度创造了条件。二是有利于促进国有企业的改制重组。工商银行与国有企业的改革发展具有很强的关联性，本次剥离的不良贷款大都是对国有企业的贷款，从而使得国有企业不良债务通过重组得以快速退出，有助于推动国有经济结构的战略性调整。三是有利于推进银行监管向国际标准靠拢。财务重组前工商银行资本充足率实为负值，无法按国际标准对外披露信息，因而监管部门也无法按国际规则进行监管。财务重组有助于推动我国银行监管标准的国际化、统一化、标准化，提升监管效力。

（总行股份制改革办公室）

中国工商银行股份有限公司成立

一、召开股份有限公司创立大会

经国家有关部门批准，2005 年 10 月 25 日，中国工商银行股份有限公司召开了创立大会。中华人民共和国财政部和中央汇金投资有限责任公司共同发起设立中国工商银行股份有限公司。依据中国有关法律法规，创立大会审议通过了关于设立中国工商银行股份有限公司、《中国工商银行股份有限公司章程》、股东大会、董事会、监事会议事规则及董事会、监事会组成人员等有关议案。中国工商银行改制后名称变更为中国工商银行股份有限公司，简称为“中国工商银行”。

创立大会之后，随即召开了中国工商银行股份有限公司第一届董事会第一次会议和第一届监事会第一次会议，完成了股份公司设立最后环节的法律手续。一是完成改制的报批工作。在创立大会结束后，准备相关材料报中国银行业监督管理委员会审批。10 月 26 日，中国银行业监督管理委员会正式批准同意中国工商银行改制为股份有限公司；同意财政部和中央汇金公司作为发起人的资格；同意中国工商银行股份有限公司注册资本为 2480 亿元人民币，财政部和中央汇金公司各持总股本 50% 的股份；核准股份公司业务经营范围；核准董事会、监事会及高级经营管理层主要成员的任职资格；核准股份公司章程。同时，为股份公司颁发新的金融许可证。二是完成股份公司注册登记工作。在前期周密准备工作的基础上，按照国家工商总局的相关要求，提交了全套股份公司注册登记材料，并顺利通过核准。10 月 28 日，国家工商总局为中国工商银行股份有限公司颁发了营业执照。由此完成了股份公司设立需要的所有法律手续，举行股份公司成立大会的时机已经成熟。

二、召开股份有限公司成立大会

经中国银行业监督管理委员会批准，中国工商银行股份有限公司于 2005 年 10 月 28 日成立。中国工商银行股份有限公司杨凯生行长主持成立大会。中国银行业监督管理委员会车迎新主席助理宣布批准成立“中国工商银行股份有限公司”，并颁发《中华人民共和国金融许可证》；国家工商总局注册局许瑞表局长为中国工商银行股份有限公司颁发了《营业执照》；中共中央组织部王东明副部长宣布中国工商银行股份有限公司领导班子成员名单；中央汇金公司汪建熙副董事长宣布中国工商银行股份有限公司董事会和监事会成员名单。根据规定的程序批准，姜建清任中国工商银行股份有限公司董事长、党委书记，杨凯生任中国工商银行股份有限公司行长、副董事长、党委副书记，王为强任中国工商银行股份有限公司监事长、党委副书记。国有独资商业银行股份制改革试点领导小组办公室主任、中国人民银行行长周小川和中国工商银行股份有限公司董事长姜建清为股份公司揭幕。揭幕仪式后，中国人民银行周小川行长，财政部李勇副部长和中国工商银行股份有限公司姜建清董事长先后在成立大会上致辞。

国有独资商业银行股份制改革领导小组成员单位，国内外金融同业，中介机构，中国工商银行股份公司董事会、监事会、高级管理层成员，各分行、各部门的负责人和员工代表，老领导和老员工代表，共计约 1000 人出席了成立大会。

中国工商银行股份有限公司的成立，标志着工商银行进行了整体的彻底改制，全行的全部业务、资产、负债和机构网点、员工全部进入中国工商银行股份有限公司。经国务院批准，中央汇金投资有限责任公司和财政部分别持有中国工商银行股份有限公司 50% 股权，依法行使中国工商银行股份有限公司出资人的权利和义务。

三、股份有限公司成立的意义

对工商银行实施股份制改革，是党中央、国务院作出的重大战略决策，是贯彻党的十六大和十六届三中全会精神、深化金融改革的又一重大举措，是工商银行现代金融企业建设的重要里程碑。

对工商银行来说，实施股份制改革是一次脱胎换骨的彻底改造，是一次新的历史性跨越。通过实施股份制改革，一方面可以解决历史形成的不良资产包袱，化解历史风险，构建健康的资产负债表和坚实的资本基础，打好进一步发展的扎实基础。另一方面，通过公司治理结构的完善，推动内控机制和全面风险管理体系建设，全面深化管理体制和经营机制改革，为工商银行的可持续发展提供更加强大的动力和制度保障。

（总行股份制改革办公室）

现代公司治理架构基本建立

一、现代金融企业制度建设的基本目标

现代金融企业制度建设的目标是：按照《公司法》和现代商业银行的要求，以建立健全现代产权制度和现代公司治理制度为核心，深化体制改革，转换经营机制，实现“三会分设、三权分开”，努力把工商银行改造成一家治理完善、资本充足、内控严密、运营安全、服务和效益良好的现代金融企业。

二、公司法人治理架构的主要内容

按照现代企业制度的要求，借鉴国际国内经验，确立了股份公司的组织结构和管理体系：设立股东大会、董事会、监事会，建立独立董事和外部监事制度。董事会下设审计委员会、风险管理委员会、薪酬委员会和战略与提名委员会四个专业委员会，其中风险管理委员会下辖关联交易控制委员会。调整总行层面部门设置，实现业务部门的前台、中台和后台分离。

按照《公司法》和《中国工商银行股份有限公司章程》的规定，明确界定股东、董事、监事和高管层各自职责权限，建立科学、规范的议事规则和会议制度，确保股东依法享有权利和履行职责，授权董事会独立对重大事项做出判断决策；董事会不以股东或高级管理层的判断取代自身的独立判断，保证董事会的独立性，同时在股东大会授权范围内，认真履行好对股东的受托职责和对高管的监督职责；高管层在董事会授权下做好日常经营管理工作；监事会充分、有效履行监督和检查职能。

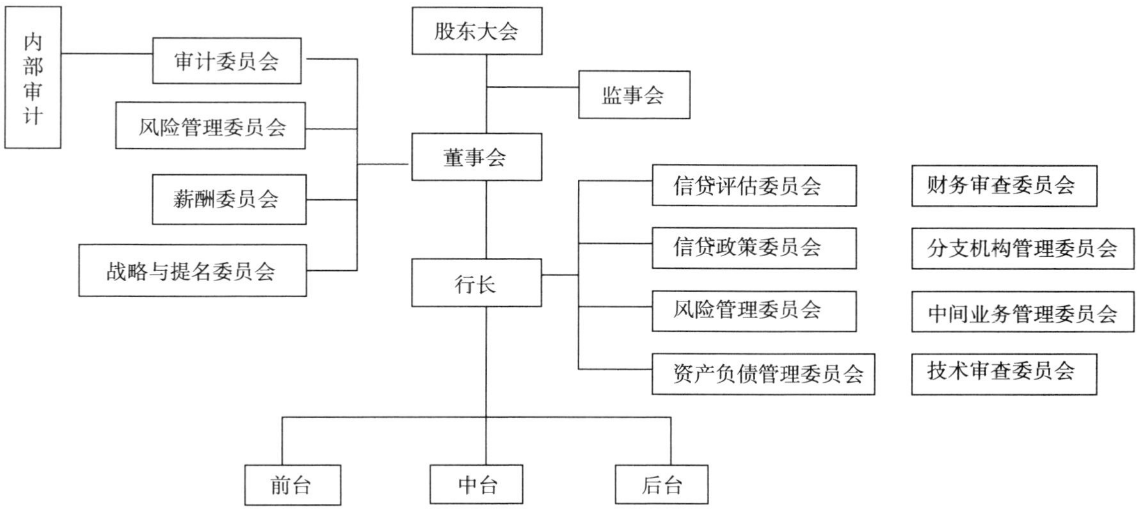

公司法人治理结构图

三、公司法人治理结构运行情况

2005 年 10 月 25 日，中国工商银行股份有限公司创立大会暨第一次股东大会、第一届董事会和监事会第一次会议召开，完成了“三会”设立和高级管理层聘任程序，构建起“三会”和高管层之间各行其责、相互制衡、有效监督的现代商业银行公司法人治理结构。截至 2005 年末，股份有限公司召开了一次股东大会、三次董事会和两次董事会专门委员会议，共计形成决议 31 项，通过了股份公司章程，股东大会、董事会、监事会议事规则，审计委员会、薪酬委员会、战略和提名委员会、风险管理委员会和关联交易委员会议事规则，以及董事会秘书工作制度等制度性文件。股份公司严格的授权审批机制、规范高效的决策机制、客观独立的监督机制逐渐形成和完善，现代公司治理结构运行良好，并在全行经营发展中发挥出重要作用。

（总行股份制改革办公室）

资本管理体系建设顺利推进

全行资本管理的总体目标是，在确保全行资本充足率不低于监管要求的前提下，确定合理的资本总量和资本结构，有效控制风险资产扩张；在考虑全行风险承受能力的基础上，制定合理的资本计划、财务预算及各项经营计划，满足股东投资回报要求；以提高风险调整后的资本回报水平为目标，促进资本管理与各相关业务管理的融合，引导全行各类资源的优化配置，推动全行经营模式和增长方式的根本转变。

2005年，全行根据股份制改革后的新情况，按照银监会颁布的《商业银行资本充足率管理办法》要求，初步构建起资本管理架构：建立符合监管规定和工商银行发展战略的资本管理制度体系；完善法人层面的资本总量与结构管理，建立经济资本、监管资本和账面资本管理的互动机制；实现经济资本与综合经营计划、绩效考评、费用管理、产品定价和风险管理等职能的有效衔接。

全行主要从以下四个方面推进了资本管理体系建设：

一是建立健全资本管理制度体系。2005年，总行制定了《中国工商银行资本管理办法（试行）》，全面规划了资本管理的目标、内容、部门分工和管理流程等。截至2005年末，全行经济资本监测制度、对外资本性投资监测和统计规定等一批具体办法已经出台，经济资本管理、资本充足率管理等制度办法正在制定之中。

二是建立过渡期经济资本计量、配置体系。根据财务重组后的资产负债状况，科学计量涵盖全部信用风险、市场风险和操作风险的经济资本数量，并将经济资本配置到各级分支机构。在此基础上，引入经济资本限额指标和经济资本回报率指标，实现业务发展、风险控制和财务收支计划的有机协调；引入经济增加值指标，改革分行行长经营绩效综合考评办法，引导全行走可持续发展的道路。

三是启动资本管理项目。自2005年6月份开始，总行与普华永道公司合作开展了资本管理咨询项目，设计了全行现阶段可实施的资本管理过渡性方案。该方案包含了资本管理的政策、流程、报告、模板、系统等五个方面。同时，根据股改上市目标和国际领先银行的经验，项目还设计了高层面资本管理实施路线图，规划了全行资本管理体系的建设框架和实施路径。

四是加强资本充足率相关统计工作和资本管理信息平台建设。严格按照《商业银行资本充足率管理办法》和资本充足率统计制度，制定并实施了《中国工商银行资本充足率统计制度》，全行资本充足率统计体系基本建成。加快资本管理和各种风险资本计量的自动化、信息化建设，启动了“资本管理信息系统”和“经济资本计量模型”项目。

（总行计划财务部）

新旧财务会计体系转换准备工作顺利完成

为构建一套适应现代商业银行管理要求、与国际惯例接轨、适应境内外上市要求的财务会计核算、报告体系，根据《中华人民共和国商业银行法》、《中华人民共和国会计法》、《企业财务会计报告条例》和国家关于金融企业财务与会计的各项制度、准则及其他相关法律法规，并参照国际会计准则，2005年10月，总行制定印发了《中国工商银行财务会计基本制度》，使全行具备了按国际财务报告准则编制财务报表的能力。

为贯彻落实新财务会计基本制度，针对金融资产分类、衍生金融工具确认与计量、资产减值等主要财务会计政策变化，及时完成了制度修订、系统开发等方面的配套工作：研究设计了新的会计科目体系，为实施会计科目转换做好相关准备；开发风险拨备管理系统，通过升级CM2002信贷管理系统，增加法人客户贷款按现金流贴现法逐笔测算风险损失等相关功能；按照新财务会计制度要求，对债券等金融资产实行新的分类标准，并就核算、报告调整等问题进行需求设计与开发；按照新财务会计制度关于将衍生金融工具由表外纳入表内核算的要求，完成衍生金融工具核算、估值等工作，并进行相关系统开发。

新旧财务会计体系转换的主要内容：

一是重构原《中国工商银行财务管理制度》和原《中国工商银行会计基本制度》。一方面使其相关内容与财政部《金融企业会计制度》及国际惯例接轨，另一方面充分体现近年来全行在财务管理及会计管理方面的新进展、新变化。

二是建立以贷款呆账准备为主、其他资产减值准备为辅的全面风险拨备体系。该体系按照能同时满足银监会根据贷款五级分类提取贷款呆账准备和国际会计准则基于贷款的摊余价值对大额贷款逐笔、小额贷款分类提取准备的要求，从而使全行盈利建立在充分拨备的基础上。

三是按照国际会计准则第39号——《金融工具：确认和计量》的要求，对债券及其他非信贷金融资产按持有目的进行分类确认和损益计量。

四是按照国际财务报告准则的要求，调整原确认、计量方式与国际财务报告准则存在差异的各项业务处理方法。

新的财务会计基本制度将于2006年1月1日起在全行正式实施。

（总行计划财务部）

全面风险拨备制度初步建立

建立全面风险拨备制度是完善公司治理的重要内容，也是加强风险成本管理的核心要求。2005年6月，全行完成财务重组，大量历史包袱得到解决，为建立符合国际惯例和现代金融企业制度要求的全面风险拨备制度创造了条件。

总行从2004年底开始研究全面风险拨备制度框架，2005年先后制定了《中国工商银行风险拨备制度》及配套的《中国工商银行贷款损失准备管理办法》、《中国工商银行坏账准备管理办法》、《中国工商银行投资减值准备管理办法》、《中国工商银行抵债资产减值准备管理办法》和《中国工商银行固定资产、在建工程、无形资产减值准备管理办法》等五个配套管理办法，从制度和操作层面对全面风险拨备管理作出了全面规范。

新的《中国工商银行风险拨备制度》明确界定风险拨备覆盖贷款、应收款项、投资、固定资产、无形资产、在建工程和抵债资产等全部表内外风险资产，并确定了风险拨备管理过程中涉及的实务操作、管理流程、部门职责及监测分析考核等内容。

一是界定风险拨备内涵。明确风险拨备包括一般准备和资产减值准备，同时将风险拨备定义为针对承担风险和损失资产计提的准备金，从而将拨备计提范围从贷款扩大到全部风险资产，体现全面风险拨备管理理念。

二是全面规范风险拨备核算的实务操作规程。明确了包括一般准备的计提以及资产减值准备的确认、计量、提取和使用等规定，并统一了各类资产计提减值准备的标准。根据不同资产的特点采取不同的减值准备计量方法，对于重要风险资产项目实行逐笔估算和计提，对于非重要项目采用分类组合方法统一进行估算和计提。这一计量方法已与国际惯例接轨。

三是理顺风险拨备管理程序。针对管理程序中涉及的不同部门，分别规定了相应的职责，从而更清晰地引导风险拨备管理工作的开展。

四是加大风险拨备的监测、考核和处罚力度，加强对风险拨备管理的事后监督。

根据全面风险拨备制度办法的规定，2005年全行已对贷款、应收款项、投资、固定资产和抵债资产相应计提了减值准备。截至2005年底，经审计后全行贷款损失准备余额为836.92亿元，不良贷款余额为1544.17亿元，不良贷款拨备覆盖率为54.2%。

（总行计划财务部）

全新的经营绩效综合考评制度建立

财务重组完成后，根据全行新的发展战略和经营重点，总行于2005年9月制定了新的《中国工商银行境内分行行长经营绩效综合考评办法》。新的考评办法主要从效益管理、持续发展、风险与内控三个方面综合评价分行的整体经营业绩，共设置三大类十一项指标。其中效益管理类指标包括总资产净回报率、人均净回报、模拟经济资本回报率（RAROC）和成本收入比四项；持续发展类指标包括人均中间业务收入、人均新增存款、业务结构优化（包含中间业务收入占比、个人资产业务收入占比、个人中高端客户占比、法人优质客户贷款占比、非生息资产占比五项指标）和业务协调发展四项；风险与内控类指标包括不良资产率、正常关注贷款迁徙率和内控管理三项。同时办法中还设置了反映分行价值贡献水平的经济增加值（EVA）单项排名指标。

新办法以有利于完善公司治理和促进股东价值最大化为目标，突出反映了以下四个方面的特点：

（一）实行统一考评方式，适当淡化差别评价方式，为综合评价各行经营业绩提供统一平台。同时，在综合考评指标计分排序的基础上，增加经济增加值（EVA）单项排名指标，以反映各行对全行价值的贡献度。

（二）汲取国际先进经验，进一步突出反映综合绩效水平的效益类指标的核心导向作用。一是调整利润指标的考核口径，由原来的经营利润考核调整为建立在充足拨备基础上的账面利润考核，引导各行综合平衡风险与收益，实现可持续发展。二是引入风险调整收益理念，通过考核经济资本回报率及经济增加值（EVA）指标，明确股东回报要求，引导全行树立资本约束观念。三是进一步加大对成本收入比的考核权重，加强对经营效率的考核与评价，引导全行实现经营效率最大化。

（三）调整风险考核重心。一是合理转移聚焦点，将风险管理考核重点转向对新增贷款投放质量及整体不良资产水平的控制。二是加强对内控管理事项的考核评价，对内控管理类指标采取倒扣分的计分方法。

（四）丰富可持续发展类指标。一是加大中间业务的考核权重。二是增加业务结构优化指标，促进各行优化资产结构、客户结构、收益结构，增强可持续发展能力。

新考评办法下发后，各行依据总行办法修改了对辖内分支机构的考评办法，为有效传导总行经营理念、战略目标和政策意图，引导各行进一步转变经营模式与增长方式，提升经营管理水平，实现全行可持续发展的战略目标起到了积极的促进作用。

（总行计划财务部）

资金集中管理体制改革

2005年对全行资金管理体制改革来说具有里程碑意义，这一年全行资金管理体制改革在各方面都取得了重要进展。

一、主要工作进展

2005年5月17日，总行召开行长办公会对资金管理体制改革方案进行了专题研究。会议认为：建立集约化的资金管理体制和运行模式，实现全行资金收支两条线管理，有利于提高全行资金运作效益、降低运营成本，强化利率风险、流动性风险管理和成本业绩分析，对完善公司治理机制具有重要意义。会议要求有关部门按照工作方案尽快组织实施。同年5月下旬总行成立资金管理体制改革项目实施小组，启动资金集中配置系统（三期）的各项工作。同年7月总行制定印发《关于推行资金管理体制改革的通知》，在全行范围内实施资金管理体制改革。

2005年10月，资金管理体制改革核心项目——资金集中配置系统（三期）开发测试完成，并于11月份正式发布。资金集中配置系统（三期）的开发完成是全行资金集中管理体制改革进程中具有重要意义的一步，必将有力推动全行资金管理模式和资金管理理念的转变，成为执行资产负债管理和资本管理要求、提高全面风险管理水平的重要平台和手段。

二、改革的主要内容

一是实行资金自下而上集中和自上而下配置的收支两条线管理，实现钱账分离和对全行资金流的硬控制，减少操作风险。

二是利用内部资金转移价格体系对集中资金和配置资金进行合理的计价。通过资金计价，明确每一项资产负债产品的成本和收益，提高基层营业机构在客户营销、市场拓展、产品创新过程中的议价能力和成本意识。

三是通过对资金的集中、配置及计价，理顺全行产品、部门和地区收益线，为管理层的经营决策提供更科学的依据。

四是在资金向一级分行集中的同时，实现全行资金流信息向总行的集中。在通过资金集中管理系统实现一级分行对基层营业机构的资金来源和运用进行集中和配置的同时，将全行资金运动的信息统一集中到总行，使总行能够及时掌握各分行的资金运动情况，从而实现对全行资金的即时监控和管理。

三、改革的先进性

全行资金集中配置系统（三期）在国内商业银行中处于领先地位，主要体现在以下四个方面：

一是所有的账务处理全部实现系统自动化处理，没有手工操作，从而避免了可能出现的操作差错和风险。

二是资金集中管理范围广、层次高，完全实现了一级分行对全部资金来源和运用的集中统一管理。

三是统一了全行内部资金转移价格，初步实现了通过利率杠杆有效引导全行资产负债业务发展，提高产品定价和议价能力的目标。

四是系统数据反馈及时，T+1 日掌握资金集中和配置的数据，为总行经营决策提供重要数据基础。

（总行资金营运部）

财务集中改革

根据股份制改革的总体安排，2005 年全行加快了财务集中改革步伐，主动适应现代金融企业建设的需要。

一、财务集中改革的主要内容及进展

此次改革可以概括为“三个分离、四个统一”，主要通过对财务风险的有效分离和控制、财务资源的优化整合来提升全行的核心竞争力。

“三个分离”是指：

一是实行财务操作性职能与战略决策性职能分离。通过财务集中改革，在财务上收行财务部门内部实行常规性、操作性职能与战略、决策性职能的相对分离，使财务核算主体专门履行统一、标准、规范的核算职能，财务决策主体着重进行财务预算、决策、监测与分析，两者在统一的财务战略与财务政策下各司其职、协调运作，提高财务核算与战略决策水平。

二是实行财务核算职能与财务管理职能分离。通过财务集中改革，使财务事项的实施、管理职能与财务事项实施后的核算职能相分离，促使财务管理主体在授权、制度范围内注重财务支出行为控制，提高投入产出效果，提升财务管理效率。

三是实行财务核算主体与被核算主体在空间上的相对分离。通过上收财务事项，统一由上收行负责财务核算、监督、控制，使财务开支主体与财务核算主体在空间上相分离，防止财务被上收行负责人对财务人员的不正当干预，从而避免其对财务核算的真实性、准确性和及时性产生不利影响。

“四个统一”是指：

一是统一制度。通过建立健全财务集中管理基本制度、财务集中操作规程、财务备用金管理办法、财务集中档案管理办法、财务集中内控管理办法等财务集中制度体系，有效规范财务核算行为，促进财务核算的规范化、标准化。

二是统一流程。按照财务收支的资金流向、流量特征，结合财务内部控制和管理要求，将所有财务支出分为七类，分别明确统一的核算、控制流程，并将各项制度与流程有机融合，强化风险控制，提高财务管理效率。

三是统一模式。设立专职部门，统一职能定位，实行凭证审查、远程记账、账务核对、对外支付、远程控制、实时监测、财务监督、报表编制和实时查询等的集中统一操作。

四是统一支付。各财务事项的对外支付改由被上收行分散支付为上收行集中统一支付，通过减少财务支付出口数量，降低财务操作中的支付风险和道德风险。

近年来，全行积极推行财务集中改革工作，在2001年实施部分财务事项集中管理的基础上，按照“先试点、后推广”的思路，稳步推进财务集中改革。2005年5月，总行选择河南、广东、深圳、青岛、厦门等15家城市行、二级分行进行财务集中改革试点；2005年11月，在总结试点经验的基础上，组织其他二级分行推广实施财务集中改革。至2005年末，全行所有城市分行、二级分行均实现了财务集中，广东、青海、宁夏等部分分行还实现了省一级分行的财务集中。

二、财务集中改革的成效

从全行财务集中改革实施情况看，改革取得了明显成效。一是通过压缩财务核算层级提升了风险防范能力。通过财务集中改革，上收财务核算层级，制定统一的财务制度和内部监控约束机制，实行有效的财务管理与监控，克服了过去由于资源分散、监控力度不够所带来的财务风险。

二是通过整合资源配置提高了财务管理的效率。通过财务集中改革，进一步明确了财务核算管理的职能定位，推行“业务伙伴”的财务管理理念，保证业务快速发展和财务稳健之间取得平衡点；通过资源整合，实现整体统筹、动态管理，使有限的财务资源得到最佳配置，改善财务状况和经营业绩，大幅度提升了各行整体财务运作效率。

三是通过规范业务流程提高了标准化管理程度。通过制定和修订一系列分项目成本费用管理办法和财务管理制度，提高了财务集中管理的规范化水平。

四是通过加大监测监督力度强化了财务支出行为控制。通过集中核算、统一支付、专业化审核和有效的事后监督，进一步加强了对资金流向的全程监控，增强了财务支出的自我约束机制，规范了财务支出行为，减少了财务资源配置的运转成本，使财务资源的配置流向更为合理。同时，在财务支出的均衡性和必要性方面也进行了有效控制，削减了不必要的开支。

（总行计划财务部）

全面风险管理体系建设整体推进

股份公司成立后，全行按照新的公司治理架构，加快建立科学先进的风险管理体系，逐步推进全程、量化和立体的全面风险控制，努力实现对全行经营管理活动的全方位覆盖和全流程控制。

一、建立健全全面风险管理体系

（一）建立新的风险管理决策体系。在董事会下设立了风险管理委员会、关联交易控制委员会和审计委员会，调整了高管层风险管理委员会及其专业委员会与资产负债管理委员会的职能，使全行风险管理决策体系更加完善。

（二）全面审议各类风险。总行风险管理委员会召开四次会议审议了全行2004年度和财务重组后的信用、市场、操作、流动性风险管理报告和资产质量状况报告，并确定2005年为“内控攻坚年”，采取各种有效措施，推进“内控攻坚年”各项工作的开展。

（三）形成清晰的风险管理理念。按照建设与全行发展战略相一致、整体、全程、量化的全面风险管理体系目标要求，初步确立了以“依法合规、审慎稳健、诚信尽责、创造价值”为主要内容的风险管理文化。

二、完善信用风险管理

（一）健全信用风险管理政策。将信贷资源集中配置在部分经济发达、市场信用环境好、经营管理能力强的地区分行，构建差别化的区域信贷政策体系。调整长三角地区五家分行的法人客户信贷政策和部分行业信贷政策，推行行业风险总量控制方式。

（二）完善信贷制度和流程。修订法人客户统一授信管理办法，并通过CM2002系统对压缩授信客户融资进行刚性控制，进一步完善集团客户授信风险管理制度。制定下发小企业法人客户信用评级等12个制度办法及其实施细则，有效控制小企业客户信用风险。实施法人客户信贷资产十二级分类、表外信贷资产五级分类、非信贷资产五级分类，提高资产质量分类的科学性与准确性。建立分级管理的贷款大户风险监控体系，总行直接监测5亿元以上贷款大户，一级（直属）分行监控1亿元以上贷款大户风险。制定个人客户统一授信管理制度，对个人信贷业务实行差别化转授权，建立消费信贷审批中心，强化个人客户信用风险集中控制。完善信用卡透支风险管理，建立“T+1”日信用卡风险交易监控系统。

（三）完善信贷风险管理信息系统。2005年，全行对CM2002系统进行3次版本升级，相继投产了小型微型企业信贷业务等系统，进一步增强了公司信贷管理系统的功能；投产票据综合管理系统，规范了全行所有票据业务处理流程。同时试点投产个人信贷管理系统（PCM2003），全面提升了全行个人信贷业务管理水平。

（四）推进内部评级法工程二期项目建设。非零售信用风险内部评级项目于2005年9月6日正式启动，并按照计划从搭建数据/IT环境、开发客户打分卡系统和其他客户评级模型等方面加快推进内部评级法工程二期项目的实施。

三、加强市场风险管理

（一）加强利率风险管理。设定利率风险管理核心指标，强化下浮利率贷款的余额控制。稳步推进贷款按月结息，对交易账户进行逐日市值评估、对敞口头寸余额实行限额管理。对本外币债券全面实施分类管理，明确中长期单位定期存款控制标准，引导分行进行总量和成本控制。调整内部资金转移价格，引导分行协调资产负债业务发展，拓展优质信贷市场。主动管理外币存贷款利率，确保全行资产负债利差的稳定。

（二）加强汇率风险管理。2005年7月21日人民币汇改以来，全行及时实行了结售汇一日多价，有效降低了人民币外汇买卖业务的汇率风险。经国家外汇管理局批准，将3亿美元外汇营运资金结汇，适当降低了外汇敞口规模。全行结售汇综合头寸管理调整为按权责发生制核算，进一步优化外汇买卖与远期结售汇集中平盘系统，实现全行外汇买卖与结售汇敞口头寸自动实时上划总行，在提高资金运作效率的同时，降低了资金交易敞口汇率风险。制定金融衍生产品交易业务管理办法，严控衍生产品交易中的风险。制定外汇注资资金运作方案，引入VaR、MD等风险管理指标，确保外汇注资资金的安全增值。

（三）积极推进市场风险管理项目建设。根据全面风险管理框架建设方案，引进咨询公司帮助开发市场风险的计量、限额、报告体系等项目。

四、完善操作风险管理

（一）完善操作风险管理制度和流程。制定完善全行突发事件应急预案体系。重新设计和优化部分信贷业务流程，建立本外币资金交易的风险控制中台，推行营业经理委派制。稳步推进审批、财务和消费信贷等业务的集中处理。加强信息系统生产运行管理，全行生产系统总体运行平稳。建立起较为完备的法律风险控制体系。

（二）加强监督和检查。开展全行性的依法合规大检查和操作风险专项检查，对境内37个一级（直属）分行实施了首次内控评价。各级行内控合规部门和业务部门普遍加强了对高风险部位和薄弱环节的检查，并在相关业务系统开发与优化中增加了操作风险的刚性控制。

五、加强流动性风险管理

（一）针对全年国民经济运行整体走势、全行存贷款增长情况及银行间市场变化，综合分析流动性状况，及时调整投资策略，做大资金业务，实施主动的流动性管理。

（二）细化流动性管理。调整全行资金业务规模和期限结构，建立多层次流动性储备，协调流动性与效益性管理。继续降低备付金率，将流动性管理、现金流错配细化到每一类流动性储备资产和每一天，并将流动性管理的时限扩展到未来12个月。

（三）推行资金管理体制改革，逐步实现资金差额管理向资金全额集中和全额配置管理转变。

（总行资产风险管理部）

内控体系建设进展顺利

根据股份制改革和公司治理完善的要求，2005年全行着重从基础层面加快推进内控体系建设，取得明显成效。

一、制定内控体系建设五年规划

按照国际标准和监管要求，引入COSO内部控制整体框架，研究制定了内控体系建设五年规划，基本构建起以完善的公司治理结构和先进的内部控制文化为基础，以准确的风险识别和完备的监测评估体系为前提，以健全的内部控制制度和严密的控制措施为核心，以严格的审计监督和客观的评价体系为保障，以强大的信息系统和通畅的沟通交流渠道为依托的内部控制体系目标。内控体系建设五年规划设定的目标、任务涵盖各业务领域和各项业务管理过程，能够实现对各项业务经营管理的全方位覆盖和全过程控制。

根据内控体系建设五年规划，总行以内部控制五大要素为基本框架，以全行内控体系建设总体目标为依据，按照完整性、前瞻性和可行性的要求，进一步细化了全行内控体系建设的主要内容，明确内控体系整体框架由内部控制环境、风险评估与监测、控制制度与措施、监督评价与纠正、信息处理与传导等五个紧密关联部分组成，从而构建起科学、严密和高效的文件化内部控制体系。

二、加快推进内控体系建设

通过全行上下共同努力，2005年全行初步构建起对各项经营管理活动全方位覆盖、全过程监督和全体人员共同参与的符合现代金融企业发展要求的内部控制新格局。

一是控制环境明显改善。股改后，全行现代公司治理架构基本建立，扁平化改革稳步推进，“下管一级、监控两级”的机构管理模式进一步完善，决策和监督效能不断提高，有效促进了内控文化建设，塑造了员工良好的经营理念和职业素养，内控合规的群体意识大大增强。

二是风险识别和评估能力显著增强。全面风险管理体系建设取得较大进展，信贷资产质量十二级分类和非信贷资产质量五级分类等风险管理办法付诸实施。

三是控制措施不断完善和优化。职责分离和授权管理体制改革逐步推向深入，信贷和资金交易前中后台业务进一步分离，网点营业经理委派制、财务集中管理改革稳步推进，业务流程再造逐步深化，国际业务单证集中处理推广实施，票据业务实现风险垂直管理。

四是内控信息化建设取得重要进展。全行经营管理数据大集中的实现，数据异地灾难备份的建成，多项业务管理系统的开发和应用，为内部控制提供了先进的技术平台。

五是监督评价机制发挥积极作用。各业务部门检查、各类审计检查和专项治理有序开展，事后监督控制作用切实发挥作用。分层级内控评价实现了对全行内部控制的动态监测和持续改进。探索建立了内控建设激励约束机制，将内控评价结果纳入分行行长绩效考核，促使各级行将内部控制与经营发展有机融合起来。

全行内控体系建设的不断完善，内控机制的稳健运行，内控管理的持续强化，全面提升了全行内控和风险管理水平。

（总行内控合规部）

业务流程和组织机构改革

2005年，全行按照完善公司治理和推进“两个转变”的要求，进一步压缩机构总量规模，调整机构区域布局，推进机构扁平化管理，整合重组内部职能机构，在构建现代金融企业经营布局和组织体系方面迈出了重大步伐。

一、积极推进机构区域布局调整

根据《2004－2006年机构调整规划》，以金融资源匮乏、存款规模过小及无发展潜力的低效营业网点为机构撤并重点，积极实施市场退出战略。截至2005年末，全行机构总量已压缩至18764家，比2003年末净减5365家，2年内完成三年机构撤并计划6000家的89%。在撤并低效网点的同时，将一批经营规模适当、内控管理严格、发展势头良好的基层营业网点改建为二级支行，增强了市场竞争能力，促进了网点转型和服务创新，实现了分支机构收缩与发展并举的结构性调整。同时，为有效防范操作风险，对全行延伸网点进行清理整顿，规范机构设置方式，使所有网点都具有独立的金融许可证号、主机网点号和机构编码。

按照构建以城市行为中心和突出大中城市的机构布局指导思想，对分支机构调整方式进行了有益的尝试和创新。云南分行将所属45家县支行整体移交给云南省政府，由省政府授权省农村信用社联合社经营管理。此举既有利于云南分行调整市场定位、构建以城市行为中心的机构网络体系，也对整合区域金融资源、促进当地县域经济发展起到了积极作用。

二、推进业务流程再造和组织机构改革

根据内部公司治理改革和加强风险控制的要求，2005年全行完成消费信贷业务流程再造和组织机构调整，撤销原住房金融业务部，组建消费信贷管理部，重组个人金融业务部下属的消费信贷业务部。为提高国际结算业务的集约化经营水平，着手组建国际结算单证中心，逐步对全行国际结算项下的单证业务进行集中处理。

三、推进分支机构扁平化管理改革

在总结部分二级分行扁平化管理改革试点经验的基础上，总行制定下发了《关于二级分行扁平化改革的指导意见》，全面推进二级分行的扁平化管理改革。截至2005年底，全行共有138家二级分行已经实施或启动了扁平化管理改革，占所有二级分行的50.2%。对

已经实施了扁平化管理改革的二级分行，简化支行管理职能，缩短机构管理链条，上移经营管理重心，提高了二级分行的经营管理效率和市场竞争力。同时，为进一步探索城市分行机构扁平化管理改革的新模式，启动了厦门分行扁平化管理改革试点工作，实现了“分行—网点”二级组织架构管理模式，增强了厦门分行的综合竞争力，为直属分行管理扁平化改革积累了经验。

四、完善分支机构内部等级评价工作

全行认真贯彻落实《二级分行综合监管暂行办法》，在汇总各业务线监管信息的基础上进行综合监管分析，督促指导有关分行制定整改方案、落实整改措施，保证了综合监管的实际效果。同时适应全行股份制改革不断深化的需要，结合境内分行行长绩效考评办法修订情况，对分支机构内部等级评价办法进行了修订，进一步强化机构内部等级在资源配置方面的主导作用。顺利完成机构综合管理系统二期版本的投产任务，建立起高效的分支机构综合管理平台，大幅提高了全行机构综合管理信息化水平。

（总行人事部）

实施人才战略与激励约束机制改革

2005年，全行认真落实科学的人才观，积极贯彻总行人才工作总体规划，抓住培养、吸引和使用三个关键环节推进人才队伍建设迈上一个新台阶。同时，按照兼顾公平、突出绩效的原则，稳步实施薪酬激励制度改革，调动了全行员工的积极性。

一、实施人才战略

把人力资源作为第一资源，开展了大规模的人才培训工作，提高了整个员工队伍的素质。根据全行机构管理层级、业务运作模式和岗位设置特点，按照责任、权利、风险相匹配的原则，着手研究适用于各类专业人才的业务职务序列。进一步规范管理人员、专业技术人员聘任制和任期制，健全公开选聘、竞争上岗制度，完善淘汰、辞职、解聘等退出制度，形成能上能下、充满活力的用人机制。严格进人标准，扩大人才选拔视野，发挥市场配置人才资源的基础作用，做好行内紧缺人才的引进工作。

二、推进劳动用工制度改革

有效调控从业人员规模，优化员工队伍结构。2005年持续实现人员总量负增长，在岗员工总量压缩至36.1万人，从业人员总量压缩到42.7万人。在分流富余人员的同时，通过招聘高校毕业生和社会专业人才相结合的方式，改善了队伍结构，为全行各项业务发展提供了人才保障。进一步规范了用工行为，理顺了后勤人员的劳动关系。

三、探索市场化薪酬制度改革

明确按管理、操作、销售、专业四个岗位类别构建差异化薪酬体系的改革方向，细化岗位职级体系和薪酬体系的改革方案。改革经营管理者薪酬制度，完善一级（直属）分行行长薪酬制度，启动二级分行经营管理者薪酬改革，通过下管一级、监控两级的模式强化了对经营管理者薪酬和绩效的激励约束。积极推动操作类岗位薪酬制度改革，指导深圳、浙江等分行进行改革试点。完善工资总额分配制度改革，通过导入市场竞争理念、同业工资水平、地区收入差异等市场性参数，构建起开放式的绩效工资挂钩平台和保障性收入的稳定增长机制。通过调整员工收入差距，制定专项工资计划，实现工资保障与激励有机结合，提高了营业网点一线员工的收入水平。

四、加强收入分配管理

实施工资集中发放改革，实行以直属分行、二级分行和一级分行营业部为单位的工资发放制度，规范基层的工资发放行为。强化对分支机构收入分配的全面监控，建立员工工资监控和分析报告制度，统一监控所有员工工资发放情况，及时纠正不合理的工资分配行为。全面清理特岗津贴等各项工资外收入，将工资性津补贴统一纳入工资科目进行核算管理。

（总行人事部）

全面推进内部评级法二期工程建设

《巴塞尔新资本协议》作为当今国际先进银行风险管理实践的总结，代表了国际银行业风险管理发展的方向，也为各国银行业内部风险评价体系建设提供了指引。实施新资本协议，建立和优化全行风险量化体系，是加快融入国际金融市场、全面提升风险管理水平的要求，也是全面推进现代金融企业建设的需要。2005年，经过公开招标，总行选聘普华永道公司为全行“内部评级法工程非零售信用风险内部评级项目”提供咨询，正式启动了内部评级法二期工程。该工程的启动实施，对进一步完善全行公司治理机制、健全风险管理体系具有重要推进作用。

一、内部评级法二期工程的主要内容

非零售信用风险内部评级项目涵盖面广、体系复杂，是全面风险管理建设体系的核心项目。其主要内容是要在借鉴国际最佳实践，并结合工商银行实际的基础上完成以下工作：一是按照《巴塞尔新资本协议》的要求，建立内部评级的基础；二是分析并优化全行现行的非零售客户信用评级体系，开发新的行业打分卡以及地区和行业评级模型；三是开发全行客户违约概率模型（PD模型），建立符合新协议要求的客户评级体系；四是建立全行初步的债项评级机制，并完成LGD/EAD等风险计量参数向内部评级高级法过渡的基础工作；五是设计全行内部评级的治理结构和流程；六是内部评级模型及其结果在相关领域应用；七是开发投产内部评级的数据管理/IT系统；八是实现内部评级体系的自主维护以及后续开发和应用。

二、内部评级法二期工程进展

根据银监会提出的我国商业银行内部评级法工程建设按照“两步走”、“双轨制”的推进策略，总行在2005年内部评级法一期工程结束后，立即启动了内部评级法二期工程的建设。

项目启动后，总行始终坚持“抓进度、保质量、带队伍、促发展”的十二字方针，实行严格的进度控制和质量把关，严格落实项目实施计划，实行项目技术统筹和项目管理并重的工作模式，推动项目按照合同计划实施。

一是建立了内部评级基础。项目开工伊始，双方项目组即展开内部评级法体系基础的建设工作，对涉及到的违约、损失、数据标准、方法论、评级要求、系统安排、信贷政策等作了全面的调研，初步界定了“违约”定义，明确了数据分析、不同类型客户、债项评级办法开发等子项目的实施方法论，搭建起项目落实框架方案，完成了客户评级、债项评级、违约率计算等建模的准备工作，为二期工程建设的顺利实施打下了牢固的基础。

二是搭建数据/IT环境，建立IT平台。双方项目组重点解决了“数据瓶颈”问题，如召开多次数据建设专题会议，明确行内外数据获取方式，制定数据质量验证、第三轮建模目标等内部评级数据准备计划，完成客户评级模型验证数据需求的确定、数据批量下载和结构化处理等工作。

三是开发完成五类客户打分卡（即评级办法），填补国内银行评级体系空白。为适应业务发展的需要，实现评级体系覆盖全部信贷组合的目标，针对定性评级客户和评级体系的空白领域，优先开发保险公司、新建企业、新建房地产企业、交通投资公司和开发区公司等五类客户的打分卡。同时，加快其他客户评级模型的开发进度，完成数据抽取工作，并对其他各子项目的方法论、定义、范围、因素、数据需求等作了统一安排。

四是关注国际最新动态，注重项目知识有效转化。组织翻译了香港、欧盟等国家或地区监管当局实施《巴塞尔新资本协议》情况。利用网讯平台和其他平面媒体对内部评级法工程情况进行了系列宣传，使全行及时了解项目进展情况和新资本协议最新动态。同时，按照“建立一个风险管理的IT平台、建设一套风险量化的方法和培养一支风险管理的队伍”的目标，在认真落实项目知识有效转移的过程中，积极培养风险管理队伍。

（总行信贷评估部）

信息化建设

2005年，全行信息科技工作紧紧围绕股份制改革和创新发展的总体要求，突出“安全、发展”两大主题，落实科技工作计划，年初确定的各项主要科技工作目标如期实现。信息科技继续保持了在同业的领先优势，核心竞争能力不断增强，为全行业务的发展创新与流程改造，以及全行股份制改革的顺利开展，提供了更加优质高效的信息技术支持。

一、全行信息系统安全生产运行质量稳步提升

（一）安全生产运行情况良好。全年未发生全辖性重大生产事故，数据中心信息系统平均可用率达到99.92%，超过了年初制定的生产运行目标。数据中心日均处理业务量达到3842万笔，日峰值达到5795万笔，生产运行管理水平显著提高。

（二）数据中心整合工程后期工作圆满完成，顺利完成资产管理等10个开放平台应用系统从数据中心（北京）到数据中心（上海）的迁移工作，完成所有开放平台测试环境从数据中心（上海）到数据中心（北京）的迁移工作。

（三）制定了《中国工商银行IT连续性计划》及ITCP手册，开展主机系统灾难恢复演练工作，在顺利完成了网络级、应用级灾难恢复演练的同时，组织实施了全行首次大规模的业务级灾难恢复应急演练，进一步完善了各级灾难备份应急机制。

（四）企业总控中心工程建设稳步推进，全行生产运行自动化监控和安全措施不断完善。完成了Eportal的投产、集中监控系统和帮助台系统的优化升级，进一步提高了全行安全生产运行的自动化水平。

（五）引进国外专家管理团队进行技术支持服务和科技治理咨询，对全行科技治理机制和基础架构规划进行了系统的分析，并根据专家建议对操作、技术、管理流程提出了改进方案，进一步提高了数据中心的生产运行管理水平，增强了数据中心的高可用性。

（六）网络建设取得重要进展。完成了网络管理系统在数据中心（上海）和河南分行的试点，完成了21家分行网络结构优化调整实施工作以及河南等三家分行网络安全改造试点，并完成全行一级骨干网分行侧保护改造以及上海、北京段SDH环路保护改造，增强了核心骨干网线路的稳定性和可靠性。

二、加快应用产品研发，推动全行改革创新与流程再造

（一）全功能银行系统四个综合版顺利开发并投产，金融新产品不断推出。“大个金”一期工程、外卡收单、EMV发卡收单、牡丹中油联名卡、国际结算单证处理中心、个人客户营销管理、现金管理、小额账户归并、网点撤并及卖出、基金交易、债券柜台交易与管理等重点项目的开发与推广，实现了众多业务应用领域的新突破。

（二）圆满完成了各类紧急性开发任务。为配合全行股份制改革，完成了可疑类贷款的尽职调查、不良资产剥离、可疑类贷款停息及剥离等相关项目的开发工作；完成了新会计体系标准改造以及资产类账户重新建账等多项工作的实施，实现了全行会计体系标准向国际化标准靠拢，满足了股改账务体系的规范要求，确保了全行股份制改革各项工作的顺利进行。

（三）经营管理信息化水平大幅度提升。完成了新一代个人信贷管理系统的开发和试点投产；网点业绩核算系统、财务集中管理、资金集中配置、人力资源管理、企业年金账户管理、稽核监督信息系统、会计风险监控系统等系统相继投产；业绩价值管理、财务归集还原、个人客户关系管理、法人客户关系管理、综合统计等系统功能进一步完善。

（四）电子银行平台集约化进程大大加快。一体化电话银行托管工作取得新的进展，辽宁等十六家分行电话银行系统成功上挂南北托管中心；完成了河南、广东分行独立电话银行系统的建设。整合了个人网上银行与国际卡网上银行，优化和完善了网银B2B、B2C功能，建立了通用缴费平台，进一步降低了柜面压力。完成了海外分行网上银行系统一期的开发，搭建起了统一的海外网银及其内部管理应用平台，进一步拓展了海外分行的服务渠道。

（五）海外分行技术应用水平显著提升。完成伦敦子银行核心业务系统MIDAS向海外数据中心的迁移工作，进一步增强了海外分行集约化程度。完成海外分行集中式应用系统升级，有力支持了海外分行业务的开展。完成海外分行网上银行系统一期开发，搭建起了统一的海外网银及其内部管理应用平台，进一步拓展海外分行的服务渠道。

（六）应用项目推广工作取得较大进展。完成新终端平台在深圳分行、浙江分行的推广；完成分行中间业务平台升级和ATMC统一平台在全行的推广，以及跨行大额支付系统的全行投产和跨行小额支付系统的试点工作；完成NOTES系统省级分行集中工程、电子公文审批系统省行版的推广实施，提高了分行办公自动化和集约化管理水平。

三、优化全行科技架构，完善科技治理机制

（一）全行科技人员保持稳定，总行科技力量逐步壮大。截至2005年末，全行科技人员总数为8655人。总行科技力量进一步壮大，总行直管科技队伍达到2096人，比2004年末增加了312人。

（二）调整总行相关科技部门职能，优化科技资源配置。进一步明确了总行各科技部门的工作职责及管理流程，完成软件开发中心产品验收推广部与数据中心（北京）业务管理部的职能整合，建立起以数据中心（北京）为主、重点测试分行配合的测试组织体系。

（三）科技管理制度化、规范化程度日益提高。修订完善了《科技项目立项管理办法》、《中国工商银行信息系统运行管理制度》及其办法和实施细则，制订了《软件开发安全管理办法》、《中国工商银行总行外部资源申请审批管理办法》、《中国工商银行技术规范管理办法》等制度。

（四）计算机资源与科技专项资金使用效益有了较大提高。全面推广使用计算机资源管理系统，强化了计算机设备调拨使用工作。强化全行专项科技资金管理，及时调整科技资金计划，确保了重大科技工程的顺利实施。

（五）专利工作取得较大进展。完善了《中国工商银行专利管理办法》，专利管理职能和任务进一步明确。2005年，共向国家知识产权局提交专利申请21项，其中2项获得了专利权，完成软件著作权登记并获得证书42项。

（六）完善考核和激励机制。在分行行长经营绩效考核中增加信息科技内容，加大了对分行科技工作的考核力度。加强培训工作，选派部分中高级管理人员到国外数据中心进行学习，进一步提高了全行的科技管理水平。2005年，全行共有28个项目获得人民银行科技发展奖，其中“中国工商银行数据中心整合工程”项目获得“一等奖”。

四、编制“十一五”信息科技发展规划

2005年，围绕全行发展战略纲要，编制了全行“十一五”信息科技发展规划（以下简称规划），制定了全行信息科技未来五年的发展目标，明确了重点任务。规划由全行信息科技建设的形势分析、战略目标、重点任务、实施路径和重要前提等五个部分组成。

（总行信息科技部）

第二部分
业务创新与发展

执行编辑：邱亚光

个人金融业务

2005年，全行个人金融业务努力推进经营模式和增长方式的转变，强化市场营销，完善优质客户服务体系，积极推进产品创新，各项业务协调发展，客户结构明显改善，经营效益大幅提高。

一、积极构建“大个金”经营格局，推行“专业化经营、系统化管理”的改革试点

2005年，全行充分发挥个人金融业务指导委员会作用，专门制订《个人金融业务指导委员会工作制度》，积极构建大个金经营格局。总行个人金融业务指导委员会先后两次召开会议，专门研究新一代“大个金”业务综合管理系统项目，加快个人金融产品整合项目的开发进度，新一代“大个金”业务综合管理系统项目一期已于2005年10月投产，新系统的强大优势已初步显现：一是构建了全行统一的“大个金”业务综合管理系统框架，为提升个人金融业务市场竞争力夯实了基础。二是以“四个一”为主要内容，全面增强我行个人理财业务的服务能力。三是以统一的客户营销和客户关系管理平台为依托，提高客户关系管理水平。四是增强理财产品功能，提高增值服务水平。五是提高服务效率，扩大优质客户群。六是以强大的科技手段为工具，强化操作风险管理。

个人金融业务“专业化经营、系统化管理”改革试点初见成效。在深入调查研究的基础上，制定了“专业化经营、系统化管理”的框架性指导方案，在深圳、上海和浙江分行进行了“专业化经营、系统化管理”的改革试点。试点工作全面贯彻“大个金”战略思路，针对试点行的不同实际情况和当地市场的不同条件，采取了不同的改革方案和举措。从三家分行的试点情况来看，“专业化经营、系统化管理”的改革强化了个人金融体系在营销、产品、风险、渠道、服务质量和资源分配等方面的统一管理，也初步构建了个人金融系统在高端客户上的客户关系管理能力和营销能力。

二、以业绩价值为导向调整结构，推动个人金融业务增长方式的转变

（一）明确市场定位，统一客户视图。全行进一步明确了“定位中端，竞争高端，培育潜力”的市场定位，并将理财金账户和牡丹灵通卡打造为竞争主要目标客户的核心品牌，针对目标客户群开展全方位市场营销，建立个人客户结构统计分析与通报制度，引导全行大力发展中高端客户，客户结构有了显著改善。截至2005年末，全行金融资产在5万元以上的客户数达到1598万户，约占全部个人客户数的15%。一是理财金账户客户规模进一步扩大。开发推广短信账单、银行管家服务等理财金账户专属服务，组织开展理财金账户“新功能、新服务”营销活动，促进全行在保证质量的前提下加快品牌发展，客户质量稳步提高。全年新增理财金账户63万户，客户总数达到187万户，户均金融资产达到25万元，同比增长了一倍。二是牡丹灵通卡客户结构加快调整。以青年职业人士和具有较大发展潜力的大学生群体为主要目标，以卡种结构调整带动客户群体结构的改善，加大市场拓展力度，牡丹灵通卡品牌推广工作取得了显著成效，全年新增发卡2508万张，其中牡丹灵通卡·e时代客户占比逐月提高，结构逐步优化。三是启动人民币小额账户归并工作。针对长期闲置的小额账户数量较多的实际情况，积极稳妥地启动了归并工作，提供多项便捷措施方便客户归并、注销小额账户，加快客户结构调整，全年累计小额销户近1千万笔，累计销户金额近2亿元。

（二）调整收入结构，提高个人金融业务经营效益。全行个人金融业务以储蓄存款为基础，大力发展个人中间业务与个人贷款业务，中间业务与贷款业务已经成为个人金融业务的主要收入来源，收入结构调整上取得了明显成效。一是个人中间业务收入再上新台阶。2005年全行共实现个人中间业务收入50.22亿元，比2004年增长27.7%，占全行中间业务收入的41%，较2004年提高7.2个百分点。成功推出并销售了两期“稳得利”理财产品，累计销售34.7亿元。开发推广了“基金定投”业务，基金存续期销售额达到541亿元，是上年同期的2.5倍。全年累计销售各项理财类产品超过1800亿元，代销各项理财类产品实现中间业务收入17亿元。实现灵通卡业务收入12.04亿元，占个人中间业务收入的23.97%。全年实现刷卡消费额1651亿元，卡均消费1270元，增幅60%。“汇款直通车”、“储蓄异地通”等个人结算业务已实现收入超过14亿元，占全部个人中间业务收入的32%，是单项收入最高的个人中间业务品种。二是个人消费信贷业务继续稳步

健康发展。积极应对市场变化，加强产品和服务创新，试点推出了个人经营贷款，进一步健全完善个人质押贷款业务，提高市场竞争力。以个人贷款突破5000亿元的契机，组织全行深入开展了个人贷款营销和宣传活动，向社会推出八大服务新举措。积极推进“三个重点”经营策略的实施，从市场准入、审批授权、新产品创新等方面，向重点区域分行实行资源倾斜和政策支持。推动实施了“个人信贷业务营销标准化工程”项目。截至2005年末，全行个人贷款余额5274亿元，新增252亿元，全年累计实现利息收入275.17亿元。三是储蓄存款保持稳定增长，对个人金融业务发展的基础性作用日益稳固。截至2005年底，人民币储蓄存款余额30056亿元，较年初增加3059.5亿元。

（三）以深化实施个人理财中心核心竞争力项目为契机，提升多渠道综合应用水平。按照将项目推广应用到3000家理财中心和3000家一般理财网点，全面提高个人金融业务营销服务能力和多渠道综合应用水平的目标，在项目的组织推动和深化提高两个层次上，通过组建项目督导员队伍，大规模开展项目培训，制订项目实施标准等措施，个人理财中心人员结构得到进一步优化，对优质客户的识别、挖掘、维护和精细化服务能力得到加强，离柜渠道利用率和普通客户业务分流效果明显。全年个人网上银行客户514万户，新增电话银行客户148万户。ATM交易量明显提高，单机日均交易笔数238笔，日均交易额7.6万元，ATM在业务分流中发挥了重要作用。

三、重视队伍建设和培训工作，提高客户服务水平

（一）有效组织金融理财师培训及考试工作。选拔确定122名个人客户经理参加了2005年金融理财师（CFP）培训，通过45天的严格封闭训练，学员理财技能有效提升，全行接受240课时CFP培训人数达到242人。组织北京、上海、浙江、江苏等重点分行开展108课时AFP培训工作，培训人数达364人。全行已有167名培训学员获得国内首批金融理财师资格，占全国首批金融理财师总数的44%。积极承办中国金融理财标准委员会加入国际CFP组织签字仪式暨新闻发布会，进一步扩大了我行个人理财业务的影响力。

（二）加强个人客户经理资格认证和技能训练工作。通过两次客户经理认证考试，获得总行认证的个人客户经理超过3000人。开展个人客户经理业务技能比赛，推动个人客户经理的业务技术“练兵”活动。成功举办了中国工商银行第一届客户经理大赛。开展个人金融业务双佳评选工作，表彰了一批代表全行最高水平的个人客户经理和个人理财中心。

（三）开展多层次、多形式、多内容的培训工作。举办一次主管个人金融业务一级分行行长培训班和两次二级分行行长培训班，提高了全行中高级管理人员对个人金融业务经营管理的认识，促进“大个金”发展战略的实施。举办新业务、新系统推广与应用方面的培训班8次，培训人数达1015人，使个人金融业务人员更好地掌握新的业务知识和业务系统，为加快个人金融业务的转型发展打下了基础。举办个人理财中心核心竞争力项目、个人金融业务市场营销、个人贷款业务、个人金融业务制度管理与风险防范等培训班7次，在深化实施个人理财中心核心竞争力项目、提高个人贷款业务水平、防范操作风险等方面都起到了重要作用。

（四）全面调整总行理财专家组工作机制。对现行理财专家组工作制度进行调整，通过吸收部分优秀金融理财师担任分析员。组织专家团队成员通过“理财金账户园地——总行理财专家团队”栏目，定期出版理财信息资讯和网上答疑。为分行特别是一线客户经理提供了重要的后台支持，进一步完善了全行的个人优质客户服务体系。

四、加强风险管理，完善个人金融业务内控管理体系

精心组织开展个人金融业务依法合规大检查工作，在检查结束后形成《2005年依法合规大检查个人金融业务检查报告》，客观分析个人金融业务经营中存在的主要问题及原因，并提出了整改措施。针对个人金融专业发生的手机短信诈骗、定期一本通“反存”纠纷等内部经济案件，及时下发《关于加强个人金融业务风险防范工作的紧急通知》，对全行提出内控防范要求。向信息科技部门提交了《个人金融业务防范“虚存实取”案件业务需求书》，从系统控制上加强对个人金融业务的风险防范。制定营业网点柜面业务规范培训方案，编发《营业网点个人金融业务柜员规范操作（影像脚本版）》，NOVA1.5系统投产后，及时编发《中国工商银行个人金融业务操作规程》、《教育储蓄操作规程》和《关于进一步加强牡丹灵通卡业务管理的通知》等制度规定，指导全行个人金融业务人员规范业务流程和操作行为。

（总行个人金融业务部）

消费信贷业务

一、个人信贷业务持续快速发展

截至2005年末，全行个人贷款余额5274亿元，比年初增加252亿元；全年累计发放个人贷款2037.50亿元，累计收回1774.65亿元；实现利息收入275.17亿元，较2004年增加38.44亿元。个人贷款总额在全行信贷资产中的比重达19.14%，占四家国有商业银行余额的31.62%，继续列同业第一位。个人贷款累计发放额在国内16家主要商业银行中的占比连续保持第一，由2004年的17.09%上升至20.48%。

二、个人信贷业务经营管理体制改革顺利推进

借鉴国外商业银行的经营模式和先进管理经验，按照前后台分离的原则，稳步推进个人信贷业务经营体制改革，新型经营管理体制初步建立。通过实施个人信贷业务营销标准化项目，构建营销流程，明确营销目标，落实岗位职责，为保持业务的健康发展创造了有利条件。

三、"幸福贷款"品牌价值得到强力提升

整合个人信贷业务品牌，实行统一管理，并以个人贷款余额突破5000亿元为契机，全面开展个人贷款营销宣传系列活动，同期向社会推出"八大服务新举措"。具体包括：推出个人经营贷款，满足客户生产经营融资需求；在客户申请个人贷款时，免除律师见证环节，客户以房产抵押担保方式到我行申请个人贷款时，可就购买保险事宜自主进行选择；在落实合法有效担保手续的前提下，对符合我行贷款条件且贷款申请资料齐备的个人客户，贷款在5个工作日内发放到位；为满足客户个人理财需求，在贷款期限内，客户可在我行现行还款方式中进行自由选择；对理财金账户客户办理个人贷款，给予同类贷款许可的利率优惠；在我行贷款金额50万元以上，且连续两年正常还款、无不良信用记录的个人客户，可优先申请信用卡（包括牡丹国际信用卡、牡丹贷记卡、牡丹准贷记卡），并免除一年年费；提供"1+3"个人贷款"套餐"服务；在我行个人住房贷款金额50万元以上，且连续两年正常还款、无不良信用记录的客户，再次向我行提出个人汽车贷款、个人综合消费贷款、个人经营贷款申请时，我行将简化贷款调查和抵押物评估手续，为客户提供更方便快捷的优质服务；提供"1+X"个人理财增值服务；在我行贷款金额50万元以上，且连续两年正常还款、无不良信用记录的个人客户，可成为我行理财金账户客户，享受专属等服务。

四、个人信贷业务创新迈出新的步伐

完善个人住房贷款的前台业务操作流程和业务管理，规范开发贷款与个人住房贷款的经营联动机制，整合部门优势，形成营销合力，促进个人住房信贷业务和住房开发贷款业务的协调运作和持续发展。大力推进纯按揭项目个人住房贷款业务，探索个贷领域银企合作新模式。积极发展二手房贷款、直客式一手房按揭、二手房交易资金监管业务。研究探索存贷联结账户、非交易类跨行转按揭业务和固定利率房贷业务等创新产品的操作模式。根据客户需求，调整个人住房贷款等额本金还款的计息方式；根据人民银行要求调整个人住房贷款利率，为优质客户提供优惠房贷利率。

适应市场需求，先后在江苏、浙江、广东等12家一级（直属）分行以及78家二级分行试点推出个人经营贷款业务。为满足中高端客户的融资要求，积极推进差别化服务，在完善原有小额短期信用贷款产品功能的基础上，推出个人信用贷款产品，并在上海等5家一级分行、5家直属分行和7家一级分行营业部进行首批试点。修订完善《个人质押贷款业务管理办法》，扩大质押品范围，提高贷款额度，规范操作流程。通过产品创新和优化整合，形成了覆盖个人住房融资需求、个人消费融资需求、个人经营融资需求的全方位的产品体系，有力地促进了个人质押贷款业务的发展。

五、"营销标准化项目"实施取得阶段性成果

为构建个人信贷业务营销组织体系，开发实施"个人信贷业务营销标准化工程"项目，并确定上海虹桥、江苏常州、广东东莞、云南曲靖、新疆分行营业部、安徽芜湖、辽宁辽阳、福建厦门等8家二级分行为项目试点行。各试点行项目实施成效显著，营销机构营销目标清晰，营销岗位职责明确，操作流程规范顺畅，客户经理营销意识明显增强，风险管理水平进一步提高。各试点分行全年发放个人贷款11.97亿元，利息收入超过7000万元。

（总行个人金融业务部）

公 司 业 务

2005年，全行公司业务部门认真落实科学发展观，积极创新营销机制，大力开拓优质市场，取得了良好业绩。

一、公司业务保持快速、健康发展

2005年，全行公司类贷款实收利息1220亿元，占全行各项贷款实收利息的81.70%。剔除剥离因素后，人民币公司贷款增加951亿元，占全行贷款增量的46.40%。其中，项目贷款增加1661亿元，占全行增量的81.03%；流动资金贷款减少942亿元；房地产贷款增加232亿元。一般现汇贷款增加10亿美元。银团贷款业务稳步发展，共签约境内外银团64笔，承贷483亿元，同比增长104.50%，其中我行牵头项目19个，承贷203亿元。人民币公司存款增加998亿元。财务重组后，公司信贷资产质量和客户结构有了根本性改善，截至2005年末，公司贷款不良率为5.64%，较年初下降了19.31个百分点。累计代理发放企业委托贷款430亿元，当年清理老委贷124亿元，老委贷已经全部清理完毕。

二、重点客户关系向纵深发展

2005年，总行牵头营销客户扩大到162户，又与一批行业排头兵和优秀跨国公司建立了直接联系，提升了整体合作层次。各一级分行、直属分行按照分层营销的要求，积极巩固和扩大分行级的重点客户群。多年的艰苦营销推动了银企关系升级，我行与大部分重点行业的龙头企业结成了长期稳固的战略合作伙伴关系。铁道部及下属重点铁路局、主要交通厅及高速公路集团、九大电力、四大石油、四大电信、四大零售、三大航空、三大汽车、三大远洋运输集团、三大钢铁等重要客户与我行的合作不断加深，依托现金管理、网上银行、结构化融资、投资银行等优势产品，我行在巩固传统信贷等业务合作关系的同时，实现了对上述客户金融业务的全方位渗透。以最能体现银企合作关系深度的现金管理业务为例，我行对中石油的同业占比达90%，对中石化、中国电信、中国移动、铁路系统、四大零售及除华能集团外的八大电力集团的同业占比均在50%以上，牢牢确立了主办行的地位。

同时，认真把握机遇，加大业务创新，为中石油、中海油、华为、中兴、武钢集团、中国冶金建设集团等国内大型企业实施“走出去”战略提供金融服务，积极支持中国网通、中国联通等电信运营商发行收益计划。为武钢集团、华润集团等优质客户实施股权分置改革发行A股股票认沽权证提供担保。为振华港机、中粮、济南钢铁等企业发行短期融资券担当主承销商，获得铁道部及其下属重点路局现金管理业务主办行地位，进一步深化了客户关系。

三、重点行业营销收效明显

突出重点行业发展战略，改进重点行业营销策略，先后制订下发煤炭、铁路等行业营销指导意见，指导全行的营销工作，通过加强与中央部委、地方政府合作，有效带动了区域性重点项目的营销。充分利用总行直接受理工作机制，有效运用临时周转贷款、银团贷款和结构化融资等有针对性的贷款品种，加大基础设施与基础产业优质项目营销力度，营销工作的灵活性和效率都大大提高。全年对电力及电力设备、石油化工、公路及运输、城市基础设施四大行业新增贷款1598亿元，其中项目贷款1447亿元，占全行项目贷款增量的87.09%。各行业当中，公路及运输行业项目贷款净增549亿元，占全行项目贷款增量的33.04%，余额达2767亿元，同业占比第一。电力及电力设备行业项目贷款净增494亿元，其中对九大电力的贷款增量同业占比第一，贷款余额同业占比由2000年的8%提高到2005年末的15%左右。同时，在公路、电力行业集团现金管理、公路债务重组及核电项目营销方面均取得了重大突破。石油化工行业当年新增贷款195亿元，其中中石油、中石化等重点企业融资业务向我行集中，融资同业占比第一。汽车行业产业链营销收到良好效果，在继续巩固与一汽、上汽等骨干整车企业关系的基础上，又为全部5家汽车金融公司提供包括现金管理、同业借款等在内的综合金融服务。8家优质房地产企业首次成为总行牵头营销客户，2005年也成为我行历史上房地产贷款增长最快的一年。积极竞争重点行业的银团贷款，电力、城建、交通、房地产、石油化工等五大行业的银团贷款占全行银团贷款总承贷额度的96%。

加大优质项目贷款资源的储备，全年共为448个项目出具了有条件贷款承诺函，承诺贷款金额折合人民币6369亿元，其中对优质煤炭项目贷款的承诺金额接近2000亿元、对13个重大铁路基建项目承诺金额超过

1000亿元。为310个项目出具了贷款意向书，意向金额合计1059亿元，增强了项目贷款业务持续发展的后劲。

四、对跨国公司和新兴市场的培育取得新进展

丰富对跨国公司的营销手段，通过参加AB公司、艾默生电气、西门子等客户的全球备用银团，启动了与这些客户的全球合作。以现金管理为核心，辐射其他业务，强化了与LG、西门子、BP、霍尼韦尔、壳牌、艾默生电气、招商局集团、华润集团、泰科国际等客户的全面业务合作。通过产业链营销，加深了与福特、大众、戴-克、丰田、日产等国际知名汽车企业及其关联企业的合作关系。组织全行推进了对沃尔玛、麦德龙等全球零售业巨头实行统一服务与统一收费标准工作的开展，在跨国公司中间业务收费与服务管理方面取得了较好进展。稳步推进文教、医疗、传媒、现代物流等新兴行业重点优质客户营销，在北京大学、人民大学等高校积极试点校园一卡通业务，并在同业中率先与北京大学签署了全面合作协议，与中国出版集团、嘉里大通物流签订了现金管理协议，为全面开展新兴行业市场营销积累了经验。

五、机制与产品创新提升了公司业务市场竞争力

通过制定总行直接受理公司业务办法，推行机构扁平化改革与业务流程再造，建立分行牵头营销与分层营销工作机制，大大提高了对重点客户和重点项目的服务效率，为实行一站式营销和一站式审批打下了基础。各分行积极完善公司业务与客户经理考核机制，加强总分行、海内外联动营销，有效促进了市场营销工作的开展，在竞争中赢得了主动。在产品创新方面，内保外贷、搭桥贷款、备用贷款、国内信用证项下融资业务等信贷新产品的推出，以及法人客户理财产品、现金管理、票据托管业务的日益完善，较好满足了优质客户多元化金融需求，提升了全行公司业务的市场竞争力。

（总行公司业务部）

小企业信贷业务

2005年，全行主动适应金融发展新形势和信贷结构调整的需要，创新小企业管理模式，稳步实施“分类管理、梯度推进”的小企业信贷发展战略，改进和加强对优质小企业的金融服务，大力拓展小企业信贷市场，实现了小企业信贷业务的跨越式发展。全年累计发放小企业贷款（不含贴现，下同）1078亿元，小企业贷款余额达到850亿元，较年初增加354亿元；小企业贷款不良率仅1.32%，小企业信贷资产质量保持了较好水平。

一、创新小企业信贷管理模式，实行分类管理的信贷政策

针对小企业的风险特征，将小企业信贷管理与大中型企业相分离，在2004年试点基础上进一步扩大范围，允许所有二级分行都可按照小企业信贷政策办理小企业信贷业务。根据信贷管理水平、小企业市场资源和信贷资产质量等情况，将办理小企业信贷业务的二级分行划分为四类，并实行动态管理，在业务授权、贷款限额、期限、担保方式等分别适用不同的小企业信贷政策。进一步完善小企业信贷操作流程，严格执行岗位分离制度，将小企业授信审批权集中在二级分行（含）以上机构。同时将所有小企业信贷业务均纳入总行行业信贷总量限额的控制范围，对行业信贷政策未明确规定限制性准入标准行业的小企业客户，各行可按照小企业信贷政策，在风险可控的前提下开展信贷业务。有关分行从完善政策制度、建立小企业信贷经营机制等方面入手，加快业务创新和管理创新，推进小企业信贷业务跃上新台阶。如江苏分行对小企业目标市场进行了细分，在对小企业商户融资需求实地调研的基础上，开办了小企业最高额抵押项下流动资金循环贷款业务，加大了商贸流通领域市场的拓展力度。

二、加强区域分类指导，梯度推进小企业信贷业务发展

根据小企业发展在区域上的梯度分布特征，全行按照“由点到面、因地制宜、突出重点、梯度推进”的原则，稳步拓展小企业信贷市场，中西部地区分行在有效防范风险的前提下逐步培育市场，东部沿海地区分行进一步加快推进。总行多次深入重点分行进行调研，召开小企业信贷业务座谈会和经验交流会，对小企业信贷业务的市场开拓、业务发展和政策制度执行情况等问题进行分析，先后为“长三角”和“珠三角”等经济发达地区的浙江、江苏、福建、广东等11家分行“量身订制”出合体适需的小企业信贷政策。通过对分行辖

属分支机构的小企业信贷业务做出符合当地经济发展形势和信贷管理水平的新型类别划分，并对小企业信贷业务转授权、融资分项授信额度、担保条件和担保方式、保证金比例等信贷政策做出重点调整，推进有条件地区行小企业信贷业务加快发展。截至2005年末，“长三角”和“珠三角”地区11家分行小企业贷款余额769.47亿元，占全行小企业贷款余额的九成以上；较年初增加386.78亿元，占全行小企业贷款增加额的109%。

三、加强监控管理和组织建设，保障业务快速健康发展

2005年，总行在信贷管理系统（CM2002）基础上开发了专门适用于小企业信贷业务操作和管理的计算机系统，并顺利投产应用。该系统实现了小企业信用等级评定、授信、审查审批和贷后管理的全流程电子化操作和刚性控制，保证了基层行全面贯彻执行总行相关政策、制度及管理要求，同时也为小企业信贷业务的监控管理提供了有效手段。利用该系统总行逐月监测二级分行的小企业信贷业务办理情况及贷款质量情况，对不良率超过风险控制线的二级分行分别给予小企业信贷业务警告、整顿和停牌处罚，并对重点分行和一、二类行的小企业贷款投放及增量情况按月通报、排名，促进小企业信贷业务健康快速发展。12家重点行按照总行要求设立了专门的小企业信贷业务经营管理机构并落实了相关人员，其中上海、深圳分行成立了独立的小企业信贷管理部门，广东、苏州等分行在信贷管理部内设立了二级部，广东东莞等一类行设立了独立的小企业信贷业务部门，一、二类行下属支行均配备了专职的小企业客户经理，并组织了业务培训，为小企业信贷市场开拓提供了有力保障。

（总行信贷管理部）

机 构 业 务

2005年，全行机构业务紧紧围绕全行改革发展总体目标，创新产品服务，强化管理营销，严控各类风险，巩固和拓展了优质客户市场，经营效益明显提高。截至2005年末，全行机构业务存款余额突破万亿元大关，达到10413.51亿元，比2004年增加2184.73亿元，增长26.55%。实现机构中间业务收入12.5亿元，比2004年多增3.92亿元。全年共完成各类机构客户授信审批总额13560亿元，累计开展资金拆借、委托贷款、股票质押贷款等各项融资业务841亿元，实现了全行机构客户资产、负债及中间业务协调发展。

一、银保业务稳步推进

积极探索银行保险发展的新模式和新渠道，不断加强与重点优质客户合作，在全国范围内积极开展了一系列卓有成效的营销活动，银行保险业务稳步健康发展，银行业务向保险领域的渗透步伐加快，现金管理、保险资产托管、电子商务、银行卡等银行保险交叉销售和互补性合作快速发展，代理保险渠道不断拓宽，银保业务继续保持同业领先地位。成功争取到保监会保险保障基金存管银行资格和安邦财险的现金管理业务。先后与中国人寿、太平人寿、中再集团、中再人寿、华泰财险、华泰人寿、生命人寿、华安财险、中保康联、海康人寿、花旗人寿、天安财险等保险公司签署《保险资产托管协议》，保险资产托管市场占比达到60%以上，托管客户数量和托管份额居同业首位。2005年共实现代理保险业务852.63亿元，比2004年增长14%；实现代理保险手续费收入8.64亿元，增长16%。

二、银证、银期业务不断拓展

坚持市场拓展、业务创新与风险防范并重的原则，不断强化对重点优质客户的营销力度，银证、银期业务合作得到进一步拓展和深化。截至2005年末，15家创新试点类公司和16家规范类证券公司已全部与我行签订了存管协议，在此基础上我行与东方证券（托管北方证券）、华泰证券（托管亚洲证券）、华融公司（托管德恒证券、中富证券、恒信证券）、广发证券（托管武汉证券）、高华证券、三江源证券等8家证券公司开展了第三方存管业务，完成27.5万投资者存量客户移行工作，移行资金11亿元，我行第三方存管业务市场占比达到40%以上，处于同业领先地位。成功争取到首批证券专项委托贷款业务，共发放7笔证券专项委托贷款，累计金额24亿元，实现委托发放贷款手续费240万元。与广发证券、国海证券签订了集中式银证通业务合作协议，与32家证券公司续签了“银证通”业务合作协议。全行“银证通”业务累计开户数达到82.2万户，2005年交易量达到1410.8亿元，实现手续费收入2568万元，比2004年增长了110%。银证转账业务累计开户数达到420万户，2005年交易量2800亿

元，比2004年增长了6%。银期转账业务累计开户数达到2613户，年交易量17亿元。2005年累计发放股票质押贷款12笔、金额9.34亿元，收息2639万元。向证券公司办理同业拆借379.61亿元，实现利息收入1437万元；办理债券回购133.42亿元，实现利息收入411万元。

三、银行同业合作日益深入

实施“上下联动、内外联动、横向协调、整体推进”的市场营销策略，围绕巩固发展银行同业合作业务，维护与信托业、融资租赁业等的合作关系开展营销工作，有力促进了银行同业合作的发展。2005年，共办理各类支付结算代理业务14400亿元，实现代理业务收入1.15亿元。共代理8个信托计划资金收付业务，代理收付资金共计6.71亿元。在授权授信的前提下，与银行同业开展了本外币资金拆借、票据融资、信贷资产回购以及担保承诺业务，推动了银行同业合作的深入开展。先后与广州、苏州市商业银行以及常熟、张家港、昆山、太仓、东吴、吴江农村商业银行等12家银行建立了正式代理行关系，国内中资代理行达到45家。与国内10家信用等级较高、业务规模较大的信托公司以及7家农村商业银行签订了全面业务合作协议，同时与经济发达地区的农村信用联社建立了良好的合作关系，为进一步扩大银行同业合作领域奠定了基础。

四、银政业务全面发展

以“银财通”、“银税通”、“银关通”等银政拳头产品为载体，对财政、税务、海关系统三大龙头客户实施重点营销，有力推动了全行银政业务的全面发展。2005年，共代理中央财政直接支付业务6500笔，向国库清算资金198.33亿元；中央财政授权支付业务127161笔，向国库清算资金336.89亿元，代理中央财政业务量比2004年增长了137%。代理地方财政收付业务量达到2507亿元，共实现手续费收入3300万元，比2004年增长了32%。代理地方税收业务2480亿元，实现手续费收入1500万元，比2004年增长了15.4%。代理车辆购置税业务累计金额366亿元，实现日均存款4.2亿元。“银关通”签约进出口企业达到693家，共实现交易59428笔，交易金额33.97亿元，比2004年增长了2.22倍。

五、机构客户授信管理不断加强

全面加强机构客户授信管理工作，加大总行统一授信力度，将授信范围扩大到总行直营集团公司下属财务公司和境外非银行金融机构，风险防范能力得到进一步增强。2005年，共完成包括23家证券公司、17家商业银行、24家财务公司在内的82家金融机构，累计13560亿元额度的授信工作。不断完善机构客户授信管理制度，对境外非银行金融机构和集团公司下属财务公司授信、股票质押贷款审批等方面出台新的规定，对出口信用保险公司、典当行、社保局的授信工作提出更明确的要求。同时，制定下发了《关于2005年机构客户统一授信有关事项的通知》和《关于将代签银行承兑汇票业务纳入机构客户统一授信管理的通知》，完善了原有授信管理办法，明确了授信审批流程，有效提高了机构业务的风险控制水平。

（总行机构业务部）

资 金 营 运

一、资金业务规模与效益同步快速增长

截至2005年末，全行资金业务资产余额达29099.88亿元，占全行总资产的49.09%，比年初增加10671.68亿元。人民币资金业务共实现利息收入598.63亿元，同比增加162.16亿元，占全行收入的27.44%，同比提高了4.04个百分点。其中，总行资金交易中心累计完成交易量25984亿元，同比增长38.03%，实现收入235亿元，同比增长41.17%。票据业务交易量首次突破1万亿元，达到10076亿元，年末票据融资余额为4004.98亿元，比年初增加838.2亿元，余额市场占比24.37%，继续保持同业首位。理财业务新增“工行债市通”客户28家，总开户数达到133家。理财交易量达196.15亿元，累计实现收入334.46万元。在银行间市场43家具有债券结算代理业务资格的银行同业中，我行债券结算代理业务综合排名、户均托管量与户均代理结算量均位列同业首位。全年逾期资金拆借累计清理处置56.40亿元，全行“117011待清理拆放同业款”科目（人民币部分）债权本金余额为零，完成了该科目的清理工作。

二、全行流动性管理得到加强和完善

2005年，全行流动性管理既要解决传统意义上的以支付为核心的流动性风险，又要缓解流动性相对过剩情况下资金营运效益的压力，全行加大资金运作投放力度，改善流动性管理方法，管好、用好富余资金，创造较高的资金运作收益。一是加大资金运作力度，充分利用货币市场、票据市场和债券市场工具，多渠道拓展资金营运空间，消化不断增长的存差资金，缓解流动性相对过剩压力。二是提高流动性管理的精细化程度，增加现金流量表分析，将现金流细化到每一天以及每一类流动性储备资产，将流动性管理扩展到未来12个月以内，提高了流动性管理的主动性和预见性。三是加强资金调拨，保持合理备付，提高资金使用效益。2005年，全行在人行的月均备付率为2.38%，比去年同期平均水平上升0.26个百分点，比四大国有商业银行平均水平低0.46个百分点，比其他商业银行平均水平低1.64个百分点，按此测算分别节约资金250亿元和894亿元。四是根据总行风险管理委员会制定的《全面风险管理框架》，借鉴《巴塞尔新资本协议》中的《商业银行管理流动性的稳健做法》，制定了更具操作性的《流动性风险管理办法》，初步建立了全行流动性风险管理的计量、监控和报告体系。

三、资金管理体制改革和业务流程再造稳步推进

一是顺利完成资金集中和配置系统投产工作，资金管理体制改革取得了实质性进展。资金管理体制改革作为全行股份制改革十七项重点项目之一，得到了行领导高度重视和各相关部门的大力支持，按时完成需求编写、系统程序开发和系统操作手册编写、内部资金转移价格方案的确定以及资金集中管理办法的制定等，圆满完成了资金管理体制的核心工作——资金集中和配置系统的测试和投产准备，并确保了2006年1月7日在全行的顺利投产。二是进一步完善和改进票据经营管理体制改革。坚持分行票据向票据营业部移存、实行先进先出的原则，全年各分行向票据营业部移存票据总量达2293.5亿元。进一步理顺总行、票据营业部、各分行相互之间的资金转移价格关系，实现全行票据业务垂直管理机制的顺畅运行。加强并进一步规范完善了票据业务定量授信管理，防范信用风险和操作风险。此外，在票据业务结构调整、利率管理机制、制度建设等方面也取得了显著成效。三是进一步完善人民币资金交易中心业绩考评指标体系，加强本外币资金交易中心整合方案的研究论证，初步建立了人民币资金交易业务市场拓展、风险控制、业绩考核和竞争能力不断增强的运作机制。

四、首期350亿元次级债券成功发行

组建由41家金融机构组成的承销团，于8月12日成功举办次级债券承销团大会暨主协议签字仪式，并于8月19日通过人民银行债券发行系统成功发行350亿元次级债券。发行利率处于预期目标区间的下限，以较低成本满足了补充资本金的需要。本期债券成功发行后，全行资本充足率在原有基础上提高了1个百分点，满足了各项业务发展对资本金增长的要求，有助于进一步增强抗风险能力和市场竞争力，为引进战略投资者和股改上市创造了有利条件。

五、短期融资券业务取得良好开端

首批具备企业短期融资券承销商资格的发挥先发优势，加强短期融资券营销推荐宣传工作，组织了短期融资券业务推介会，开展系列营销活动。5月26日，成功在银行间债券市场发行了国内首批短期融资券——2005年上海振华港口机械（集团）股份有限公司短期融资券。其后，与中粮集团、济南钢铁、深高速、雨润集团、太钢集团、浙江物产、海螺型材、福禧投资、秦山三核、泸天化、上海石化、浙江玻璃和大众交通等多家企业达成发行短期融资券合作意向，并开展承销推荐工作。目前，中粮集团、济南钢铁、深高速、太钢集团、浙江物产、海螺型材、福禧投资已完成尽职调查并报备人民银行，其中中粮集团30亿元、济南钢铁30亿元、深高速20亿元短期融资券已获准发行。截至年末，全行承销短期融资获批额为92亿元，已发行额度为52亿元。制定下发《中国工商银行短期融资券承销管理暂行办法》，明确营销、调查、发行等分工负责部门，理顺短期融资券承销管理机制。制定《短期融资券承销业务操作规程》及《短期融资券业务内部管理流程》等内控制度，逐步完善短期融资券管理体系及承销、发行与投资的分工协作机制，建立起有效的风险防控体系。

六、理财业务迈入快速发展轨道

为有效分流储蓄存款，缓解存贷差不断扩大的压力，降低整体经营成本，提高中间业务收入，全行加大理财产品研发力度，推进理财业务快速发展。针对市场收益率持续走低，债券理财客户投资期限偏好趋短的情况，陆续推出个人人民币理财产品“稳得利”和“工行债市通”法人人民币理财产品，并在深圳分行推出结构性理财产品和短期人民币理财产品，成为国内市场首家同时具有个人和法人集合理财业务资格的商业银行，进一步巩固了我行在理财市场中的领先地位。通过举办中国工商银行次级债与新产品推介会、编印《前途理财》专刊和开展全行债券知识竞赛等多种形式，加强上下联动内外营销，深度宣传我行理财品牌，树立专家理财形象，在提升客户服务水平、强化债市通产品

竞争力方面发挥了重要作用。

七、内部管理和风险防范能力进一步增强

一是根据不同业务的风险状况，分别制定了对分行人民币资金业务和票据业务的基本授权，并针对分行和客户的临时需求，通过特别授权方式，在有效控制风险的基础上较好地满足合理的融资需求。二是完成了票据业务管理系统、凭证式国债集中管理系统、债券投资与资金交易业务系统以及柜台债券交易系统等多个系统的开发、测试和完善工作，进一步提高业务管理和操作的科学性和准确性。研究开发分行融资业务管理系统，完成了《BIFT系统分行同业融资管理模块需求书》并提交软件开发中心，获得立项。该系统将自动实现对分行同业融资业务的事先控制和事后监测，大大提升融资业务风险管理水平。三是积极落实市场风险项目，撰写《市场风险计量、限额、报告体系项目需求书》，明确项目涉及的范围，选取模型的适应性条件，以及项目的分阶段成果要求等内容，为做好项目奠定了基础。四是研究债券资产分类管理，形成《人民币债券资产分类管理办法》，改进和完善对债券业务核算制度，推动了债券业务管理以及相关风险管理水平的提高。五是认真开展依法合规检查，防范风险隐患。组织对资金交易中心进行依法合规大检查，提出整改建议，实现了查漏补缺和风险关口的前移。组织完成了对全行票据融资统一归口管理改革进展及执行情况的现场检查活动，加强风险防范管理，及时发现并排除风险隐患，保证票据融资业务的健康规范发展。

（总行资金营运部）

票 据 业 务

一、票据融资业务经营发展情况

2005年，全行票据交易量达10076亿元，同比增加2272亿元，增长29.1%；实现利息收入89.81亿元。年末全行纳入信贷统计口径的票据贴现余额达3957亿元，比年初增加836亿元，占全年信贷投放的40.8%，市场占比24.6%，列第一位。票据贴现余额占各项贷款余额的比重为13.1%，较上年提高6个百分点，为全行提高资金运用效率和促进信贷均衡投放做出了重要贡献。

二、票据业务发展更加稳健、规范

一是制定年度票据融资业务工作要点，明确票据业务发展目标，适当提高各分行票据库存限额，加大票据移存的让利比例，调动分行开展票据业务积极性。有区别地提高分行单笔审批授权，提高内部工作效率。采取有力措施应对市场非价格因素对票据业务影响，确保全年票据融资计划的完成。二是加强票据贴现业务政策协调，在风险可控的前提下，创造了更为有利于票据贴现业务发展的政策环境。三是对转贴现业务交易进行创新，减少跟单资料的要求，简化贴现移存手续，实物资料留存贴现分行备查，集中资源重点投放到对票据市场的营销和承兑、贴现业务环节的风险防控上。四是加强窗口指导与协调，坚持统一对外策略，在资金供应与利率掌握上对贴现业务予以一定政策倾斜，特别是将直贴票据移存让利比例提高到90%，极大激发了分行开展直贴业务的积极性。同时，加大转贴现业务指导，严格对外统一报价，树立并维护了工行的票据市场形象与地位。

三、票据来源结构调整效果明显

通过调整不同准入对象的授信额度，在CM2002－BMS票据综合管理系统刚性限制某些信用风险较大的票据买入，实施差别利率政策并加大贴现移存让利幅度，扩大准入机构范围以及区别授权等一系列措施，较好地促进了票源结构的调整。一是高信用票据占比明显提高，年末库存国有银行票源占比较上年上升3.2个百分点。二是股份制商业银行票据占比保持基本不变，但内部结构进一步优化，信用风险相对较大的银行票源占比明显降低。三是票源范围逐步扩大，票据来源进一步分散。准入城市商业银行票据由上年的3家扩大到16家，年末城市商业银行票源余额达到56亿元，比上年末增长了一倍，城市商业银行平均余额比上年大幅度下降。

四、票据业务风险管理不断加强

将票据资产区别于信贷资产专门进行五级分类管理，制定下发《中国工商银行票据资产质量五级分类管理办法（试行）》，有效揭示票据资产的实际价值和风险程度，并为提取票据资产风险拨备提供科学依据，增强全行票据融资业务抗风险能力。截至2005年末，全行不良票据资产（票据五级分类的后三类）比年初减少2.42亿

元，余额为零，不良率由2004年末0.077%降为零。完善票据融合管理系统应用与建设，加强监控与分析管理。投产应用NOVA2.0 CM2002票据系统优化版本，全行票据业务操作进一步完善，风险监控能力得以增强。加强操作性风险防范管理，组织了一次一级（直属）分行对辖内票据业务经营机构的合规性管理检查，一次对部分分行票据融资业务操作合规性现场检查活动，及时排除了检查中所发现的风险隐患。

五、票据专营机构专业化、集约化经营优势进一步增强

（一）票据营业部业务发展概况。2005年，票据营业部累计实现票据交易16.73万笔，金额6633.82亿元，比上年增加1380.34亿元，增幅为26.27%。年末票据融资余额达到1996.79亿元，其中纳入信贷口径的票据贴现融资余额为1957.8亿元，比年初增加254.42亿元，日均票据融资余额达到1864亿元，年末票据融资余额占全国票据融资余额的12.23%。

（二）积极开拓市场。适应票据市场发展趋势，加大贴现业务开拓力度，加快票据融资产品研究和创新步伐。成立了票据理财、“票易通”、短期融资券、代理票据买入等新产品研发项目小组，完成相关可行性研究和办法制定、流程设计，为票据业务市场的拓展奠定了基础。深入进行市场和客户结构细分，充分挖掘核心客户的业务合作潜力。扩大系统外全面合作协议的签署面，锁定营销目标和营销重点，通过利率累进、业务预约、双向买断、银票换商票、买断换回购等灵活交易方式，积极争取营销的主动权。发起成立了长三角、珠三角、东北和华北四个票据沙龙，首次搭建起跨地域的票据业务交流平台，大力推进了地区票据业务的合作与发展。进一步加强市场营销基础管理，开发客户关系管理系统，提高了营销信息传递的时效性，为加强客户深度管理、提供差异化服务、提升市场营销能级提供了有力支撑。

（三）强化风险防范。深化系统内票据融资业务统一归口管理改革，加大了对系统内票据移存利差返还的力度，将返利比例与票据质量、票源质量直接挂钩，有效提升了系统内分行办理移存的积极性，促进了全行票据融资业务管理水平的提高。制定并完善《票据业务审查审批管理办法》，出台分部风险审议小组工作规则，建立首席风险官、主审查人和审查人员职责分明的专业化审查队伍，实现市场营销与风险审查、业务审查与业务审批的有效分离，初步建立了具有票据业务特色的风险控制体系。健全操作风险识别与评估体系，设立专门的操作风险管理岗位，组织开展操作风险综合调研和定期监测活动，加强操作风险管理的制度化、体系化建设。建立内控合规风险信息库，规范各分部、部门的内控自查工作，提高内控检查和评价的全面性、客观性和准确性。从ISO9001质量管理体系文件的有效性、执行的符合性入手，强化了体系文件对内部控制的基础平台作用，质量控制水平有了进一步提高。

（总行资金营运部）

中间业务

一、中间业务发展情况

2005年，全行境内机构共实现中间业务收入138亿元，同比增加30.5亿元，增长28.3%。其中，各项手续费收入116.7亿元，同比增加25.8亿元，增长28%；汇兑损益10.4亿元，同比增加1.9亿元，增长11.2%；金融衍生产品交易损益8亿元，同比增加4.3亿元，增长116.2%。全行中间业务收入继2004年突破百亿元大关后，继续保持了稳定、快速增长的态势。

（一）人民币结算业务。全功能银行系统（NOVA）不断升级，运行情况稳定，先进的金融电子化平台，为各项业务的稳健发展、提升产品核心竞争力打下了坚实的基础。现金管理及网络结算业务快速发展，客户数量达到17663户，比2004年新增13942户，现金管理客户类别日益多样化，所属行业范围更加广泛，包括国际知名的跨国企业客户、大型国有企业客户、国内地区性著名企业客户等。人民币结算金额突破179万亿元，增幅19.3%；办理各类支付结算代理业务631.5万笔，增幅4.3%；实现代理清算业务收入1.15亿元，增幅4.5%。代理兑付12家股份制商业银行签发的银行汇票，继续保持在这一业务领域的绝对领先优势。黄金业务稳步发展，推出品牌金业务。黄金代客客户、代理黄金总交易量列同业第一位，保持在黄金交易所清算、仓储的前列地位。

（二）代理业务。全行代销开放式基金43只，占市场总量的26.38%，其中，新增代销开放式基金16只，代销总额76.10亿元。全行代销基金规模为624.62亿份，约占市场总量的15%。管理基金账户227.32万

户，比2004年增加51.77万户，增长29.49%。存管基金份额624.62亿份，比2004年增加195.28亿份，增长45.48%。代理保险业务持续快速发展，实现银保业务收入8.64亿元，银行代理保险市场占比30%，保持同业第一，与国内外12家保险公司签订了全面业务合作协议，实现代理保险业务量852.63亿元，其中代理销售保费323.32亿元，代收代付529.3亿元。各类代收代付业务产品整合进程加快，品种、客户结构不断优化，手续费收入稳步增长，2005年共实现收入5.4亿元。委托贷款业务增长迅速，全年累计代理发放企业委托贷款430亿元，实现手续费收入7650万元。代理政策性银行业务稳步发展，代理国家开发银行监管贷款、资金结算321亿元，比2004年增长7%；代理中国进出口银行出口卖方信贷业务及结算业务137亿元，比2004年增长14%。

（三）外汇中间业务。全行实现外汇中间业务收入34.46亿元，同比增加3.4亿元，其中境内机构25.99亿元，同比增加1.17亿元；境外机构1.05亿美元，同比增加2759万美元。各项外汇资金业务稳步健康发展，全行代客外汇资金业务量1493.63亿美元，同比增加4.59亿美元，其中，结售汇1113.85亿美元，同比增加158.61亿美元，增幅16.6%；代客外汇买卖303.48亿美元；代客理财与风险管理76.30亿美元；国际结算业务持续健康发展，2005年办理国际结算业务量2927.57亿美元，增幅37.95%，其中境内机构办理2244.07亿美元，增幅26.41%；境外机构办理683.50亿美元，增幅97.0%。

（四）银行卡中间业务。全行共实现银行卡中间业务收入23.2亿元，同比增加7.2亿元，增长45%。信用卡业务稳步增长，累计发行各类信用卡744.8万张，较年初增加73.7万张，增幅10.98%。全行信用卡累计实现消费额693.5亿元，同比增加151.7亿元，增幅为28.0%；信用卡实现卡均消费9311元，同比增加1238元，增幅15.3%。全行累计实现外卡收单交易额62.8亿元，同比增加10.8亿元，增幅20.8%。灵通卡发卡量与消费额持续增长。全行累计发行牡丹灵通卡13139万张，较年初净增2500万张，增幅23.5%。以青年职业人士和大学生为主要目标市场的牡丹灵通卡·e时代新增发卡量达939万张，占新增发卡量的37.6%。消费额增长迅猛，全年实现消费额1651亿元，同比增加648亿元，增幅64.8%；卡均消费1257元，同比增长313元，增幅33.2%。

（五）投资银行业务。全行境内机构共实现投资银行业务收入18.02亿元，同比增加7.68亿元，增长74%，在中间业务收入中的占比由2004年的9%提高到13%，增加额在九大类中间业务中位列第一。在常年财务顾问、投融资顾问（含结构化融资）、并购重组、银团安排承销与管理、间接银团与资产证券化、企业上市发债顾问等投行业务领域，深度挖掘业务资源，加大客户营销力度，改进项目运作方式，完成了一批技术含量大、附加值高的项目，有力地推动了业务品牌建设。全行共完成单笔收入50万元以上投行项目共计407个，累计协议收入5.17亿元。其中，收入超过100万元的项目达185个，累计协议收入3.7亿元，较2004年有大幅度的增长。在全国工商联并购公会、全球并购研究中心和中国并购交易网发起的“中国十大并购”评选活动中，我行担当财务顾问的张裕集团股权转让项目被评为“2005年中国十大并购事件”。与中外投行机构开展了广泛的交流与合作，与建设银行签署银团贷款合作协议，与德意志银行签署投资银行业务合作谅解备忘录。开展短期融资券发行尽职调查工作，组织实施了对海螺型材、秦山三核、浙江物产、上海石化、大众交通、太原钢铁等12家发行企业的尽职调查工作。

（六）个人理财及信息服务业务。进一步加强个人理财中心核心竞争力项目的扩大推广和深化提高工作，实施项目的网点已近3000家个人理财中心和3000家一般理财网点，取得了良好的经营效益。目前，全行已有167名培训学员获得国内首批金融理财师资格，占全国首批金融理财师总数的44%。理财金账户客户数量与质量同步提高，客户数达188万户，比年初增加64万户，人均资产达到24.8万元。成功推出了两期“稳得利”理财产品，累计销售34.7亿元。

（七）电子银行业务。全行共实现电子银行交易额46.7万亿元，同比增长22%；业务笔数达36.5亿笔，占全行业务量的26%，较2004年上升了5.8个百分点；交易笔数23.8亿笔，同比增长37%；网上银行交易额实现42.2万亿元，同比增长24%。与同业相比，全行在交易额方面遥遥领先，在工、农、中、建、招5家银行中，网上银行交易额的市场占比超过了70%。根据中国互联网信息中心2005年6月公布的国内电子商务统计数据显示，全行B2C在线支付的交易额金融同业占比已高达56%。电子银行业务全年实现收入4.2亿元，同比增长79%；网站总点击率达8.6亿次，同比增长3倍。全年网上银行个人客户和企业客户分别新增513.5万户和20.75万户，累计分别达到1485.73万户和32.45万户，其中新增个人证书客户29.28万户，同比增长3.99倍。电话银行个人客户新增147.5万户，累计达到1872.8万户。手机银行（短信）新增客户31万户。在客户规模方面，我行领先同业的优势进一步巩固，我行网银企业客户市场占比超过了50%；网银个人客户领先第二名的建行700多万户。连续第三年被美国《环球金融》杂志评选为“中国最佳个人网上银行”，一举荣膺最受投资者喜爱的2005年“优秀银行网站奖”第一名和“最佳网上交易安全网站奖”两项大奖，年底又被中国互联网协会评选为“中国互联网产业调查‘网上银行’第一名”以及“中国互联网产业品牌50强”。

（八）资产托管业务。全年新增托管份额902亿元，同比增长73%，托管总份额达2132亿元。其中，托管证券投资基金1530亿元，委托类资产托管578亿元，是国内托管资产首次突破2000亿元大关的银行，在同业中持续稳居第一，成功进入全球托管50强，排名第43位。证券投资基金托管同业市场占比与2004年度的33%基本持平，继续高居同业第一，高于第二名680亿元。当年实现托管费收入2.63亿元，成为年度托管费首次突破2亿元大关的托管银行，按同口径计算，较2004年增长46%，增长率居同业第一。各类资产日均沉淀存款82亿元，按全行平均实收利率与同业存放实支利差计算，创造效益1.8亿元，与托管费合并计算，创造效益4.43亿元，人均创利720万元，较2004年提高60万元，人均创利和增加额高居同业第一。继获得《亚洲货币》“中国最佳托管银行”称号后，2005年初又获得《环球托管》“中国最佳托管银行”称号，市场形象得到进一步提升。

（九）担保承诺业务。全行加强对担保承诺业务的管理，严格收费减免审批程序，对担保承诺业务总量、品种及地区结构、风险敞口、质量等情况进行了调查和摸底。

二、2005年全行中间业务主要工作措施

（一）加强中间业务的组织推动。一是加强对中间业务的领导。充分发挥中间业务委员会职能作用，增加风险管理、产品整合创新等协调领导功能。在管理流程再造中进一步充实和明晰牵头部门的角色定位，各级行牵头部门认真做好中间业务战略决策咨询、组织推动、收费管理、对外联络及协调工作，较好地发挥了中间业务的组织者、整合者、推动者和指导者的作用。二是抓战略谋划，确定工作思路和奋斗目标。大多数分行自我加压，确定了同业和系统内赶超目标，从产品创新、强化营销、加强联动、细化管理等方面提出工作要求，制定并落实拓展中间业务市场、提高中间业务收入的各项工作措施。三是抓机制建设，推进精细化管理。各行在中间业务专业管理、规范收费、考核计量等机制建设方面出台了一系列规章制度，大大地推进了中间业务长效发展机制的建设进程。

（二）积极推动中间业务创新和品牌建设。加大产品创新力度，全年推出短期融资券承销、顾问式资产证券化、资产证券化托管、资金池计划、企业年金受托管理和账户管理、EMV标准信用卡、信用卡自动还款、个人跨境汇款、“稳得利”理财产品、“工行债市通”、人民币衍生产品、“工行财e通”、“U盾”证书品牌、网上银行票据管理与委托贷款、通用缴费、联名E卡、C2C。“金行家”代理个人黄金实物交易、黄金寄售、买断性出口单保理、中韩存汇通、海关关税保付保函、韩元兑换、欧元中国通、全球快汇等新产品。2005年，新兴中间业务共实现收入35亿元，增长74%，成为拉动全行中间业务收入增长的重要动力。

（三）大力提升中间业务服务品质。建立了符合我国实际和银行服务特点的中间业务价格公告制度，切实保障客户的知情权和选择权。顺应客户心理，稳步启动人民币小额账户归并工作。在有效控制风险的前提下，对代办领卡、挂失等业务取消委托书，推广电话银行办卡启用业务。通过调整电话银行语音流程、整合交易平台、完善个人证书安装程序等方式，初步解决了电子银行“门难进”、“看不懂”和“不好用”等问题。切实履行托管人职责，托管业务连续八年保持资产估值、会计核算、资金清算、证券保持零差错记录。一些分行根据客户群的特征，设计不同客户选用的产品体系和经营策略，通过建立区域理财中心、设立专门服务窗口和电子银行系统分别对高、中端客户和普通客户实行专业化、便捷化和标准化的服务。

（总行投资银行部）

银行卡业务

2005年，全行银行卡业务积极应对激烈的同业竞争和经营环境变化，突出市场营销，加快创新步伐，强化风险管理，各项工作都取得了良好的成绩。

一、牡丹信用卡业务

（一）发卡量呈现上升态势。一是制定全行信用卡消费促销方案和信用卡个人营销奖励办法，规范了营销人员奖励机制。印发《关于开展牡丹信用卡联合营销的意见》，全年联合营销发卡近30万张。以牡丹海航联名卡为突破口，开展海航常旅客邀请办卡工作，以海南航空公司为试点，带动上航、中石油、保险等关系客户的主动营销工作。二是加大公关宣传力度，以“一卡在手，全球好用”为主题，在相关媒体和网站上开展牡丹信用卡的形象宣传，提高牡丹信用卡品牌形象和市

场影响力，被新浪网授予“网民最满意银行卡”，被人民网授予首届中国“最受网友信赖与尊重的100强品牌”和“最受网友信赖与尊重的十大名牌”最高荣誉奖。2005年末全行各类信用卡发卡量达到745万张，较年初净增73.7万张，增幅达到11%；累计实现信用卡消费额693.5亿元，比上年增长151亿元，增幅达到28%，位居同业首位；实现信用卡业务收入30.8亿元。

（二）客户服务水平有了进一步提高。一是进一步改进客户服务工作，简化业务手续，优化作业流程；对代办领卡、补换卡、卡片启用、重置密码、挂失、销户等业务取消代办委托书，优化国际信用卡卡片升级业务流程，加强对白金卡客户的服务工作。二是理顺客户服务机制，编写客户服务标准化作业指引，对服务用语、服务态度、服务流程、服务内容等进行了规范。三是制定牡丹信用卡电话服务专业座席设立方案，整合信用卡电话服务渠道，提高客户服务水平。四是建立倾听、反馈、解决问题的客户服务机制，通过与客户的直接交流，加深对客户服务、市场发展工作的了解，更好地从客户和市场竞争的角度思考问题、设计产品、制定制度和提供服务。

（三）业务创新步伐进一步加快。一是从市场营销、客户服务、内部管理、核算系统、基本业务等方面入手，积极推进三卡整合项目。二是对市场营销、客户服务、风险控制等急需解决的问题进行优化整合，形成牡丹卡市场推动项目业务需求并已申请系统开发。三是初步整合了对账单。首先实现同一卡种、不同币种对账单的整合，逐步实现同一客户、不同卡种对账单的整合。四是在国内率先完成EMV迁移外卡收单系统改造，发行国内首张EMV标准信用卡，被万事达卡和VISA国际组织分别授予“EMV项目最佳产品科技创新奖”和“EMV收单突破奖”；推出了自动还款功能，推广了电话银行办理卡片启用业务，实现了牡丹国际卡网上购物、本外币自动还款、人民币自动购汇还款，以及各类信用卡的短消息提醒功能。

（四）信用风险控制得到了进一步强化。正确处理、协调市场与风险的关系，将风险控制与市场营销、市场拓展有机结合，力求在市场发展中加强风险控制。一是加强预审批工作，提高审批发卡效率。二是启动省行集中审批试点工作，选定湖南、湖北、甘肃、宁夏、四川、贵州等分行作为试点行率先开展审批集中工作。三是加强风险系统建设，优化审核作业流程，把好审批工作的“进口”关；将目前的T+1监控转变为准实时监控，提高风险监控的科技含量和有效性；建立以客户为中心的催收模式，整合准贷记卡、人民币贷记卡和国际信用卡催收功能。四是完善发卡政策，细化发卡客户群体。五是健全了个人客户信息安全管理机制，在发挥我行综合信息资源优势的同时加强个人客户信息的管理。2005年末全行信用卡透支余额为34亿元，较年初增长12.3%；不良透支占比2.7%，较年初下降0.3个百分点，资产质量达到国内银行的最好水平。

二、牡丹灵通卡业务

2005年，灵通卡业务各项运营指标均创历史最好水平，灵通卡品牌知名度、社会影响力、市场占有率均处于同业领先地位。牡丹灵通卡·e时代以其“快捷、方便、安全”的强大功能优势，一举摘取“中国财经风云榜”最佳银行卡桂冠。作为发卡方，灵通卡的跨行消费总笔数和总金额均居全国同业第一；作为受理方，我行ATM受理的跨行交易笔数和金额也位列国内同业之首，在中国人民银行和中国银联组织的银联卡业务评比中，荣获“2005年度银联卡跨行交易杰出表现奖”唯一的最高大奖。

（一）牡丹灵通卡在全行“大个金”格局中发挥着重要的基础作用。灵通卡不仅在引导客户离柜办理业务、分流柜面压力中发挥着主力军的作用，也凭借其一卡多户、一卡多能的优势，成为客户办理个人金融业务的统一平台。由于借记卡的账户关联属性和卡片物理特性，将其作为客户识别的主要介质来整合个人客户开立的全部银行账户，具有其他媒介所不具备的天然优势。借记卡在我行个人客户服务格局中已成为识别和发展优质客户、优化个人客户结构的重要工具。同时，灵通卡也是全行机构、公司、现金管理、企业年金等其他业务发展的重要助推器。年内与中石油合作发行了近10万张牡丹中油灵通卡，不仅稳定和争取了中石油员工的代发工资业务，也加强了与中石油集团与我行的整体业务合作。与网站、学校等发行的联名卡，不但满足了个人客户的金融需求，也稳定了与公司、机构客户的合作关系。

截至2005年末，全行ATM达到1.8万台，居同业之首，各项运营指标均创历史新高。在近年来撤并低效网点和分流富余人员的过程中，ATM在降低经营成本、分流网点业务、缓解柜员不足和网点排队压力等方面起到了不可替代的重要作用，促进了全行离柜业务的发展。

（二）奋力拓展市场，积极调整结构。一是广泛开展形式多样的消费促销活动。确立了总行统一主题的促销活动与兼具当地特色的分行促销相结合、以消费积分为主要手段的长效促销与折扣优惠等应季性短线促销相结合的工作思路，在全行范围内开展了灵通卡消费促销活动。设计了灵通卡刷卡促销活动方案，全面启动“刷牡丹灵通卡、三重好礼等你拿”有奖消费促销活动，促进了灵通卡消费额的大幅度提高。二是以卡种的结构调整带动客户群体结构的改善。大力营销推广牡丹灵通卡·e时代，实行核心目标市场的梯度营销，将具有稳定收入、较大贡献度的年轻职业人士等中端客户作为一级目标客户群，将大学生等潜力客户作为二级目标客户群，以更好地实现“定位中端、培育潜力、竞争高端”的统一客户视图。三是借助牡丹联名灵通卡项目锁定优质客户。规范联名卡业务流程，组织分行先后发行市场前景较好的6种联名灵通卡，积极落实全年重点联名卡项目“牡丹中油卡”各项工作。通过与知名企业发行联名卡，既提高了灵通卡的品牌知名度，又稳定了公司优质客户，带来了较好的社会效益和经济效益。

（三）优化ATM布局和管理，提高ATM整体运行效率。积极引导分行科学选址布放ATM，将ATM投放到繁华闹市区、大型商场、连锁超市、大专院校、高档住宅区等人口稠密地区，进一步提升全行ATM的整体使用率。同时，合理调整ATM布局，对单机日均交易量不达标的ATM，及时进行调整，避免了资源浪费。

（四）加强风险管理，有效提高防范能力。印发《关于进一步加强牡丹灵通卡业务管理的通知》，转发《中国人民银行关于防范银行卡短信诈骗的通知》，统一告知客户提高防范意识的安全提示用语，对分行通过自动柜员机、对账单、营业网点、电话银行、网上银行等渠道发布安全提示提出了要求，有效防范了各类风险的发生。

（总行牡丹卡中心）

人民币结算业务

一、现金管理品牌建设取得重大进展

2005年，全行推出了现金管理“财智账户”品牌，将各现金管理相关服务和产品统一在“财智账户”品牌下，在市场上建立起整体的、统一的和高层次的业务形象，通过开展大规模的境内外推介活动，有效提升了现金管理业务品牌价值，形成品牌价值和业务发展的良性互动。截至2005年底，全行现金管理及网络结算客户数量达到17663户，比2004年增加13942户。其中，总行级现金管理客户223户，地区性客户17440户。客户对象包括知名跨国企业、大型国有企业及国内知名企业，涵盖了航空、船舶、石油化工、冶金、能源、电力、电器、家居、建材、制药、新闻、保险、证券、珠宝、软件、科技、服装、食品等行业，覆盖地区由高度集中在北京、上海等重点省市逐步向全国各地扩展。随着异地集团账户，综合收付款、票据托管、国内信用证、资金池业务的投产，现金管理产品从单一的收付款、资金归集等服务开始向集收付款、资金归集下拨、账户管理、法人账户透支服务、投资融资等系列化、多元化、综合化服务发展，更加全面地满足客户在资金管理上的需求。

二、“全球快汇”品牌形象初步确立

作为全行外币业务的拳头产品，该品牌推出后服务水平得到很大提高，取得了较好的推广效果。全行7月初至12月初五个月“全球快汇”推广期间业务据与2004年同期相比，汇出汇款1049126笔，同比增长22.27%；金额7041689.2万美元，同比增长23.40%。汇入汇款598803笔，同比增长18.36%；金额7983457.4万美元，同比增长16.54%。汇入汇出合计1647929笔，同比增长20.82%；金额合计15025146.6万美元，同比增长19.66%。外汇汇款手续费收入5499.02万元，同比增长16.36%；对公外汇账户数129295户，同比增长9%。7至11月新增签订外汇现金管理、代理同业（含境内外）汇划清算协议49户。各项指标均呈现上升趋势，品牌效应正逐渐显现。

三、同业支付结算代理业务继续保持领先优势

2005年，全行共办理各类支付结算代理业务631.5万笔，金额1.44万亿元，比2004年增长4.3%；实现代理清算业务收入1.15亿元，比2004年增长4.5%。与中国农业发展银行和渤海银行签订了代理协议，实现了代理兑付全部3家政策性银行和12家股份制商业银行签发的银行汇票。与外资银行在支付结算代理业务方面取得了新进展，与汇丰银行和瑞穗银行签订了《代理兑付银行汇票业务协议》，与德意志、汇丰、花旗、瑞穗银行的主机直联项目进入了开发测试阶段，与渣打、壳牌合作开发的现金管理服务项目系统已投产，系统运行稳定。

四、业务创新力度不断加大

组织开发投产异地集团账户，将集团账户从同城扩展到异地，极大地增强了流动性管理产品功能，该产品已经应用于南方电网公司现金管理服务并取得良好的效果。组织开发和投产现金管理1.5版本，提供综合收付款等功能强大的服务，为营销跨国公司等重点客户提供

产品保障。开发投产票据托管系统、国内信用证系统。完成资金池业务准备工作，为营销客户、抢占现金管理业务市场提供强有力的产品支持。

五、黄金业务持续稳健发展

继续发挥已有的黄金业务市场优势，不断推出新的黄金业务品种，黄金业务快速发展。截至 2005 年 11 月 30 日，全行已拥有黄金代客客户 129 户，占金交所客户总量的 13%，居第一位；代理黄金总交易量为 30189.30 公斤，其中黄金 27246.30 公斤、铂金为 2943 公斤，实现手续费收入 140.8 万元。同时，继续保持在黄金交易所清算、仓储的前列地位。至 11 月底，全行代理交易资金清算量 470 亿元，清算笔数 17322 笔，128 家会员中选择我行为清算行的有 85 家，占比 67%。仓储业务实现黄金入库 103 吨、出库 95 吨，铂金入库 18 吨、出库 18 吨，实现仓储费 165 万元、出入库手续费 30 万元。在上海分行试点推出“金行家”代理个人实物黄金交易。自 7 月 18 日业务开办以来，个人实物黄金业务开户 1032 户，累计交易量 1229.2 公斤，累计交易金额 14687.27 万元，累计黄金提货 79 公斤。12 月 1 日又推出“金行家”夜市交易，为广大投资者提供了更长的交易时间和获利空间。12 月 5 日正式在北京等 16 家分行推出美元/盎司的个人账户黄金买卖业务，为客户提供新的理财渠道。先后从深圳、上海两个口岸进口寄售黄金 10 吨，上海分行在交易所卖出 482 笔，口岸行严把黄金报关、入库关，总行营业部及时办理购付汇及核销手续，共实现收益 350 万元人民币。

六、结算业务经营管理水平进一步提高

制定现金管理单项奖励办法和现金管理推广考核办法，加强现金管理业务利益考核还原和分解现金管理客户数分行计划，加强经营情况跟踪分析，强化现金管理客户完成情况的定期考核，注重中间业务、中小企业结算、人行票据防伪等调查研究，有力地保障支付结算业务的健康发展。举办面向二级分行、400 多人参加的大规模结算新业务培训班，重点培训现金管理总体发展方案、现金管理新产品管理办法、NOVA 系统现金管理项目、支付结算代理业务操作规程、电子银行现金管理系统前置、票据托管管理办法及业务操作、国内贸易融资新产品和国内信用证系统操作，邀请国际现金管理业务专家，对 50 多名业务骨干进行现金管理业务培训，组织业务考察团进行境外现金管理业务学习考察活动，大大扩展了各级经营管理人员的视野，丰富了知识，提升了技能。

（总行会计结算部）

电子银行业务

2005 年，全行电子银行业务积极拓展市场，大力发展网上银行业务，加大产品创新和推广应用力度，加快实施电子银行服务专区示范工程，有效促进了网点经营和服务模式的转型，实现了业务规模和效益的同步快速增长。

一、电子银行业务持续、快速、协调发展

全年实现电子银行交易额 46.8 万亿元，同比增长 22%，其中实现网上银行交易额 42.2 万亿元，同比增长 24%。电子银行业务笔数达 36.5 亿笔，占全行业务量的 26%，较 2004 年上升了 5.8 个百分点。实现电子银行业务收入 4.2 亿元，同比增长 79%。网上银行个人客户新增 513.5 万户，企业客户新增 20.8 万户，个人客户和企业客户累计分别达到 1486 万户和 32.5 万户。门户网站总点击率达 8.6 亿次，同比增长 3.9 倍，在全球网站浏览量排名中列第 355 位，网站影响力快速提升。连续第三年被美国《环球金融》杂志评选为“中国最佳个人网上银行”，蝉联最受投资者喜爱的“优秀银行网站奖”第一名，并荣膺“最佳网上交易安全网站奖”，被中国互联网协会评选为“中国互联网产业调查‘网上银行’第一名”以及“中国互联网产业品牌 50 强”，电话银行客户服务能力获得了社会各界的充分肯定，荣获 2005 年“中国客户关怀与公众服务标杆企业金奖”。根据艾瑞咨询（iResearch）和中国金融认证中心（CFCA）的国内网上银行的调查显示，工行网上银行在知名度、品牌影响力、市场占有率等方面都领先于国内同业，已经成为个人客户和企业客户的首选。

二、电子银行服务专区示范工程取得阶段性成效

截至 2005 年底，全行电子银行服务专区示范工程网点已经达到了 512 家，占全行网点总数的 3%。各级行根据电子银行服务专区示范工程建设标准和要求，结合实际做了大量开创性工作，加大试点工作人、财、物的投入和在业务、技术等方面的支持，电子银行服务专区示范工程成效已逐步显现。一是发挥了电子银行业务

分流柜面业务的作用，减轻了柜面压力，试点网点排队现象得以缓解。二是网点的电子银行客户数和业务量显著增长。三是节约了柜面人力资源，优化了网点资源配置，提升了网点综合竞争力。

三、电子银行市场营销和品牌建设得到加强

一是推出了企业网上银行“工行财e通”品牌和“U盾”证书品牌，通过网络、电视、报纸、网点等多种渠道、多种方式宣传、普及电子银行知识，有力地提高了电子银行系列品牌的知名度。二是把对公客户的营销作为电子银行业务发展的一个重要突破口，积极开展企业网上银行普及版的集中营销和对公司客户的专项营销活动，全年新增网上银行企业客户达到20.8万户。三是通过电子银行服务专区示范工程的试点和推广，组织在全国近百家电子商务网站开展“金融@家，真情大赠送”联合促销活动，有力地促进了个人客户数量的快速增长，全年日均新增个人网上银行客户1.8万户，同比增长56%，日均新增U盾客户802户，同比增长300%，同时带动了网上汇款等相关业务的快速发展，全年个人网上汇款交易额达到2021亿元，同比增长10倍。四是加强与众多知名网站的电子商务战略合作。截至2005年底，全行已经与新浪、搜狐、百度等32家电子商务网站签署了全面战略合作协议，并在产品、业务、市场、管理等方面与合作伙伴开展了全方位的深入合作。在各合作网站的支付占比稳固提高，在淘宝、亿贝易趣、盛大、云网等国内主要电子商务网站的支付占比均超过了50%，在玫琳凯、海南航空等重要电子商务网站的支付占比已达到了90%。

四、电子银行业务创新和整合工作成效显著

一是创新推出网上银行票据管理、委托贷款、定期存款、通用缴费、网上个人跨境汇款等新产品、新功能，进一步完善了网上银行资产、负债和本外币的业务品种。二是继续加大针对优质客户的服务力度，推出了具有良好市场前景的专业版银企互联，为全行拓展优质客户市场提供了有效的产品支持。三是拓宽电子商务业务领域，推出了联名E卡、C2C产品，为客户提供了B2B\B2C\C2C等全方位的电子商务解决方案。四是配合个人金融项目的整合，实现了网上银行本异地账户的统一管理，打通了个人客户跨地区理财的通道。五是电子银行业务整合工作取得新进展。股份公司网站正式运营，门户网站全面改版，建立了以股份公司网站为主网站、各分支机构网站为子网站、符合国际化网站建设惯例的二级网站体系。全面整合个人网银和国际卡网银系统，国际卡网上服务功能大大增强，顺利完成了吉林、辽宁、内蒙古、甘肃等16家分行电话银行的托管上挂，以及228万多个人客户和7.5万企业客户的信息移行，全行一体化电话银行范围扩展到26家，规模效益进一步显现。

五、电子银行业务收入大幅度增长

2005年，电子银行业务实现收入4.21亿元，增幅达到了92%，在中间业务收入的占比已由2004年的2%上升到3.1%。一是推出网上银行票据管理、C2C在线支付、通用缴费等客户欢迎、市场规模大、效益高的新产品，增加新的收费项目，发掘出了新的收入增长点。二是大力发展网上银行和电话银行等多渠道代理业务，增加业务种类，丰富业务项目，扩大客户数量，提高产品易用性，提升客户的动户率，并坚持收费服务原则，推动电子银行代理类业务收入迅速增长。三是积极发展各种类型的电子商务网站，加强与网站的电子商务战略合作，电子商务收入稳步增长。四是严格执行收费办法，加强收费管理，确保电子银行业务收入应收尽收，进一步提高了电子银行收入水平。

六、电子银行风险防范能力不断增强

一是新增了网上银行验证码、预留验证信息、账户余额变动实时提醒、总支付额度控制等功能，将B2C日累计支付额度由10000元调整至3000元，系统防风险能力进一步增强。二是大力开展客户安全教育工作，积极参加中国金融认证中心（CFCA）组织的“放心安全用网银”巡展活动，努力提高客户的风险意识和安全防范能力。三是适时修订完善了电子银行业务管理办法，制定了《中国工商银行网站信息管理规定》等制度办法，结合《巴塞尔新资本协议》要求全面启动规章制度国际化工作，为业务发展和新产品提供了制度保障。四是加强业务培训，首次在全行范围内组织开展了电子银行专业知识考试，提高了从业人员的操作能力和防风险能力。

（总行电子银行部）

投资银行业务

2005年，全行投资银行业务按照“夯实基础、规范管理、树立品牌”的指导思想，创新投行产品，完善业务体系，大力拓展高技术含量、高附加值项目，业务发展迈上新的台阶。全行境内共实现投资银行业务收

入18.02亿元，同比增加7.68亿元，增长74%，在中间业务收入中的占比由2004年的9%提高到13%，增长额在九大类中间业务中排名第一。其中，常年财务顾问业务实现收入8.34亿元，增长83%；投融资顾问（含结构化融资）业务实现收入3.10亿元，增长146%；企业信息服务实现收入2.75亿元，增长49%；银团安排承销与管理业务实现费用收入1.32亿元，增长105%；并购重组业务实现收入1.01亿元；间接银团与资产证券化业务实现收入0.43亿元；企业上市发债顾问业务实现收入0.26亿元；其他投资银行业务收入0.81亿元。

一、开展了一大批高附加值的投行项目，张裕集团股权转让项目获评“2005年中国十大并购事件”

2005年，全行投资银行业务部门在常年财务顾问、投融资顾问（含结构化融资）、并购重组、银团安排承销与管理、间接银团与资产证券化、企业上市发债顾问等投行业务领域，深度挖掘业务资源，加大客户营销力度，改进项目运作方式，开展了一批高附加值的投行项目。全年完成单笔收入50万元（含）以上投行项目共计423个，累计协议收入5.41亿元。其中，收入超过100万元的项目达189个，累计协议收入3.9亿元，较上年有大幅度的增长。在重组并购业务领域，开展了张裕集团股权转让项目、大唐移动8000万美元股权私募及10亿元融资项目、晨鸣控股21.8亿元合资项目、山东电力集团80亿元债务重组项目等。在银团贷款业务领域，开展了江苏海力士—意法7.5亿美元大规模集成电路项目、内蒙古交通厅208国道28亿元打捆项目、广东湛江港宝满集装箱码头、广贺高速公路等大型银团项目。在间接银团业务领域，运作了国开行潍坊项目、国开行山西项目等多个信贷资产转让与企业理财相结合的项目，操作优质信贷资产近20亿元。在结构化融资业务领域，运作铁道部武广客运专线结构化融资项目、清华大学诚志股份重粒子放射治疗结构化融资项目等。在全国工商联并购公会、全球并购研究中心和中国并购交易网发起的“中国十大并购”评选活动中，我行担当财务顾问的张裕集团股权转让项目被评为“2005年中国十大并购事件”。进一步增强项目运作能力，加强与中外投行机构开展了广泛的交流与合作，5月与中国建设银行签订了银团贷款合作协议，10月又与德意志银行签署投资银行业务合作谅解备忘录，双方约定在财务及并购顾问、私募资本市场、银团贷款、资产证券化等业务领域加强合作。

二、开展短期融资券承销尽职调查业务，严密控制业务风险

根据《短期融资券承销业务管理暂行办法》规定，全面开展短期融资券发行承销尽职调查工作，制定下发《关于做好短期融资券承销业务尽职调查工作的通知》、《短期融资券尽职调查工作指引》，指导分行筛选项目和开展尽职调查工作。成立投行业务内部风险管理委员会，负责项目审核。全年组织实施了对海螺型材、秦山三核、浙江物产、上海石化、大众交通、太原钢铁等12家发行企业的尽职调查工作，涉及发行金额总计147.8亿元。

三、加强投行业务基础建设，提高内控管理水平

一是加强业务制度建设。制定出台《中国工商银行常年财务顾问业务管理办法》、《中国工商银行企业上市顾问业务管理暂行办法》、《中国工商银行资信证明业务操作办法》、《中国工商银行重组并购顾问业务管理暂行办法》、《中国工商银行顾问型资产证券化业务管理办法》等，进一步完善了投行业务制度框架。二是加强风险管理。对常年财务顾问等基础类投行业务，以操作风险管理为重点，各行制订了业务实施细则并加强了档案管理；对涉及我行贷款的投行业务，以关联风险管理为重点，实施“融顾分离”和“投行人员不参与关联贷款决策”等防火墙制度规定，有效地防范了业务风险。三是加强收入入账管理。配合投行产品体系的梳理，调整了投行业务会计科目设置，采取措施严禁违规收费和利息转化等行为发生。四是加强信息系统建设。顺利投产重组并购信息系统、资信业务系统和常年财务顾问业务管理系统，为投行业务发展提供技术支撑。

四、不断加强研发培训工作，提升业务工作水平

加强投行业务的理论研究，完成《汇丰、花旗、德意志银行转型研究》、《直接融资冲击的对策研究》、《股改背景下投行战略研究》、《中国资本市场发展及其影响》、《关于我行企业客户服务战略转型的思考》、《财务顾问业务分析和展望》、《美林投资银行的融资业务》、《宏观经济2004年回顾与2005年展望》等10多份各类研究报告。利用外部研究力量，拓展研究成果，与北大合作开展《商业银行投行业务核心竞争力》等课题研究。与上海新世纪公司合作开发3大类22种常年财务顾问信息类产品和研究报告，与长院合作开发《每周金融参考》等7大类信息类产品，为常年财务顾问服务提供了丰富的研究产品支持。编辑出版《投资银行业务案例选编》和《重组并购实务手册》，制作《投资银行业务宣传册》。举办全行范围的常年财务培训班和北京、新疆等分行投资银行业务培训班，开展常年财务顾问业务网上培训，培训各级客户经理、管理人员数千人，评选百个优秀案例。

（总行投资银行部）

资产托管业务

一、资产规模继续领先同业

2005年末，全行托管资产净值2132.40亿元，成为国内首家资产规模超过两千亿元的托管银行；全年实现托管费收入2.6亿元，成为国内首家托管费收入超2亿元的托管银行，两项指标分别比上年增长73.35%和45.68%。其中：托管证券投资基金资产1530.65亿元，继续保持市场领先地位；托管委托资产578.14亿元，初步确立了保险资产托管、企业年金托管、资产证券化托管市场领先优势，全行22家分行获得托管业务资格，10家分行已开展托管业务；QFII托管规模达23.61亿元，牵头发起并成功实现在国有商业银行中第一家获得批准、第一家发行基金的目标。严格履行托管人职责，全行托管业务连续8年保持零差错记录，树立了良好的市场形象；在国内托管银行中首家和唯一一家通过SAS70国际专项认证，服务品质得到独立第三方的高度认可；继2004年度先后被《亚洲货币》和《环球托管》评选为“中国最佳托管银行”后，2005年又分别荣获《环球托管》和《财资》杂志评选的“中国最佳托管银行”大奖。

二、拓宽服务范围

建立了十大类十四项产品的资产托管业务体系，资产证券化、企业年金等新型托管服务从理论走向实践。依靠专业的托管服务和先进的业务系统，各项托管业务优势明显。托管证券投资基金54只，托管规模1530.65亿元，市场占比32.82%，托管基金数量和资产规模连续8年居国内托管银行之首。托管保险资产客户8家，市场占比约60%，基本确立了在保险资产托管市场的领先优势，是国内首家对保险公司全部投资资产实行全金额、全过程托管的银行。第一批获得企业年金托管资格，并与一批大型企业年金客户签订托管协议。加强同外汇和证券监管机构沟通，积极协助客户增加投资额度，QFII额度申请数次获得批准；获得中国建设银行住房抵押贷款证券化和中国联通、中国网通收益支持产品托管，成为国内最早开办资产证券化托管的银行，并在证券化托管领域取得市场最大份额。

三、积极营销客户

（一）积极捕捉政策导向，抓住时机开拓市场。针对保险资产入市的政策动向，提前锁定目标客户范围，制订保险客户营销策略，取得显著成绩。在监管机构追加QFII投资额度后，认真研究政策调整趋势，研究潜在客户，锁定重要目标客户，为客户营销工作奠定了基础。

（二）实行差异化服务，积极营销优质客户。制订“强强合作、分类服务”的证券投资基金营销策略，加强优质客户营销，通过巩固现有优质客户、主动营销潜在优质客户，坚持托管、代销一体化，力促基金销售和基金托管业务同步发展，为完成全年的基金托管、发行任务发挥了积极作用。

（三）总分行联动，建立立体化营销格局。一方面，推动分行委托资产托管市场营销工作。借助分、支行力量，对重大客户组建由总、分、支行客户经理组成的客户经理组，为客户提供综合化和一站式服务。另一方面，依托海外分行资源，内外结合，积极推介我行QFII业务，收到了良好效果。

四、加快业务创新

（一）注重产品创新，保持市场领先优势。拥有各托管银行中最丰富的托管产品系列，2005年，又托管了国内首个住宅抵押资产证券化项目，成为首家对保险资产进行全过程、全金额托管的银行。研究、筹备、发起设立首家银行系基金公司，为商业银行综合化经营起到了良好示范作用。注重对市场新业务研究，保持行业规则的制定者地位，《基金持有权证的核算及估值方案》等一批业务处理规则被监管部门认可并在托管行业普遍采用。

（二）深入开展业务研究，提升托管业务服务层次。完成《证券投资基金的创新与发展》、《证券投资基金发展前景和竞争策略》、《货币市场基金在我国的发展》、《全球托管服务研究报告》、《中国托管服务发展竞争状况研究报告》和《中外托管服务比较研究》等多篇研究报告，提升了业务能力，为决策提供了有力的依据。

（三）加强信息化建设，不断提高业务处理能力。完善原有系统功能，合理规划系统整体布局。顺利投产托管资金实时清算系统、托管业务信息服务平台等业务系统。做好托管业务系统前瞻性研究与规划，启动托管账务管理系统建设，筹建托管报表系统和外部金融信息服务系统，不断增强会计核算体系的延伸功能，满足客户对托管服务日益增长的需求。

五、强化风险控制

（一）严格履行托管人职责，继续保持业务零差错记录。全年处理投资指令30000余份，完成估值逾16000次，对外披露信息近9000次，未发生一起差错，继续保持零差错记录。及时监督管理人的投资运作，全年向管理人发送提示函107份，编写交易监督报告234份，切实维护了资产所有人权益。

（二）坚持制度先行，保持业务稳健发展。全面开展证券投资基金评级工作，设计了比较全面、完善的基金公司评价体系，为开展与优质客户的合作奠定了基础。制定了一系列指导分行开展业务的规章制度，完善了托管模式。进一步完善QFII托管业务管理制度，有效防范内部风险。

（三）加强托管业务稽核，防范业务风险。从总行和分行两个层面开展业务稽核工作，先后对QFII、委托资产及其后台业务运作的各个环节进行全面稽查和整改，有效防范了操作风险的发生。加强对分行开办托管业务的风险控制，在明确要求自我检查的同时，帮助分行健全内控制度，持续开展风险控制的业务指导。

（四）通过SAS70审计认证，切实提升风险控制能力。2005年，成功获得审计师无保留意见的SAS70审计报告，成为国内首家引入并通过SAS70国际专项认证的托管银行，表明独立公正第三方对全行托管服务运作流程的风险管理、内部控制的健全性和有效性的全面认可。

六、提升团队服务能力

不断加大业务培训和团队建设力度，举办资产托管业务境外培训班，对总行、部分分行资产托管业务负责人及业务骨干进行培训，提高了业务人员托管专业水平。邀请有关机构和专家上门讲解证券市场创新产品、发展前沿和国际会计准则等专题，组织召开托管业务座谈会和操作培训班，使各分行对托管业务有了全面的认识和深入理解。开展定期学习和交流制度，针对一个时期的新产品、新业务，采取互动学习方式，提升员工专业理论水平，激活员工专业学习兴趣，增强部内员工凝聚力，极大地促进业务的健康发展。

（总行资产托管部）

企业年金业务

2005年，企业年金业务认真落实“以账户管理业务为龙头，带动企业年金受托管理和财产托管业务的全面发展”的总体要求，积极有效地推进队伍建设、市场启动、产品开发、制度建设等工作，取得了明显成效。

一、首批获得企业年金基金账户管理人、托管人资格

2005年8月2日，劳动和社会保障部公布了首批获得企业年金基金管理资格的机构名单，我行同时获得账户管理人和托管人两项资格，是获得业务资格最多的银行之一，也是四大商业银行中唯一获得账户管理人资格的银行。

通过在多家媒体刊登广告让外界及时知晓中国工商银行开办企业年金业务的信息，并确立了“工行年金服务——企业放心、职工安心”的服务目标。同时，在ICBC网站开通企业年金业务专题板块，详细介绍中国工商银行企业年金服务范围、服务优势和服务手段。

二、企业年金业务规模居同业领先地位

截至2005年末，全行38个一级（直属，计划单列）分行都确定了年金业务牵头管理部门，明确了年金业务组织管理、市场营销、系统操作等各个环节的机构和人员。在全行前台综合化营销、后台集约化处理的模式下，已搭建起前后台相互分离、运转高效、反应快捷的企业年金业务管理体系。全年有20个分行实现企业年金业务零的突破，全行年金签约客户共计60个，管理个人账户29.6万户，托管年金基金43亿元。通过投标中标和签署意向性协议，建立了一批客户和业务储备。从监管部门和市场反馈的信息来看，我行企业年金账户管理和基金托管两项业务规模均居同业领先地位。

三、自主研发的账户管理信息系统被评为“国内领先科技项目”

严格按照国家劳动和社会保障部公布的企业年金基金账户管理信息系统规范标准，对账户管理信息系统进行了全面规范性改造升级，并于2005年5月17日接受

了劳动保障部组织的现场检查。2005 年 7 月 16 日新系统上线后运转情况良好。在此基础上，根据业务管理和客户的需求，对账户管理信息系统又进行了两次升级，使系统功能更趋完善。借鉴国际先进经验，结合我行自身实施企业年金制度实践自主开发的企业年金基金账户管理信息系统，在全行科技进步推动奖中获创新开发一等奖，经人民银行组织的专家评审鉴定，获评为具有国内领先水平。

四、建立了年金业务制度保障体系

根据《企业年金试行办法》、《企业年金基金管理试行办法》等法规，印发了《中国工商银行企业年金业务管理暂行办法》，对开展企业年金受托管理、账户管理、基金托管等业务的服务内容、组织管理、开办条件、市场营销、操作流程、合同签署、客服与投诉、风险管理等作出统一规范，初步建立了全行企业年金制度保障体系。坚持合规经营，统一发布《企业年金业务操作指引》，建立了企业年金业务定期报告统计制度。明确了企业年金业务收入会计核算科目，制定并下发了《关于实施企业年金受托管理、账户管理业务报备制度的通知》，规范全行开办企业年金受托管理、账户管理业务的授权和备案工作，起草完成了《中国工商银行企业年金基金账户管理业务危机事件报告制度和处理流程》、《企业年金业务操作风险管理手册》等风险管理文件，按照合法性、完整性、有效性、审慎性的原则，加强员工教育，强化风险意识，防范道德风险。

五、加强了业务合作与交流

国家《企业年金试行办法》、《企业年金基金管理试行办法》颁布实施后，为使企业年金基金财产作为信托财产受到法律保护，我行首家就企业年金基金在商业银行开立账户问题向人民银行请示，得到人民银行的高度重视，并批复同意企业年金理事会作为非法人受托机构在商业银行开立账户。2005 年，我行与取得企业年金基金受托管理人、投资管理人资格的其他年金管理机构积极开展包括课题研讨、信息交流、专题培训、联合营销等内容的合作，共同培育市场，推动企业年金市场发展壮大，并使我行有能力向客户提供全方位的一站式服务，最大限度地满足客户需求，推动了全行企业年金业务的持续、快速发展。

（总行企业年金中心）

清 算 业 务

一、各项业务快速发展

全年共清算人民币资金 5.61 万笔，清算金额 30.83 万亿元，增长 50%；完成外汇清算 258.1 万笔，清算金额 2.22 万亿美元，增长 22.1%；处理外币资金交易 43 万笔，增长 69%。完成 16 只开放式基金和 4 只“稳得利”理财产品的销售登记和资金清算工作，累计新开账户 227.32 万户，增长 29.49%。

二、全面开展本外币清算一体化改革

大力推进本外币清算一体化改革，统一清算管理、统一清算级次、统一清算流程、统一头寸控制、统一对账监督，优化本外币清算系统和提高系统业务处理能力，降低系统维护成本和资金清算成本，提高对全行业务发展的支持能力和风险控制能力。

三、充分发挥对全行集约化经营的后台支持作用

（一）积极做好股改各项准备工作。积极参与全行财务重组，顺利完成美元注资、次级债发行、不良资产剥离等重大事项的后台处理。积极配合安永会计师事务所的财务审计和中联资产评估公司的资产评估工作，确保审计和评估工作的如期完成。

（二）为前台产品创新提供有力支持。加强与资金前台部门的协调配合，共同制定业务管理办法，优化前后台业务流程，确定资金清算流程和最佳交割路径，及时完成系统的升级改造，确保创新业务的如期推出和正常运转。

（三）注重发挥对管理层的决策支持作用。充分挖掘账务数据集中的优势，先后完成本外币资金交易业务、基金业务和外汇清算业务等多份经营分析报告，为管理层的经营决策提供了有力的支持。

（四）积极支持分行的业务发展。促进境内外分行业务联动，支持海外分行通过业务拓展和产品创新加速向区域性业务处理中心转变。协助法兰克福分行实现对总行外汇头寸的跨时区运作，提高了全行外汇资金的收益水平。

四、加快内控体系建设，提高操作风险的防控能力

制定《清算中心事权划分管理办法》、《清算中心内控检查规定》、《清算对账业务处理流程》、《清算中心业务应急管理办法》等一系列内控管理制度，绘制《清算中心业务处理流程图》，建立了覆盖各业务品种和全部流程的内控制度体系；制定《中国工商银行外汇清算业务直通率考核办法》、《中国工商银行清算对账考核暂行办法》，促进全行清算业务的标准化和规范化。严格执行事权划分以及岗位轮换制度，对业务操作实施全过程的控制和管理；加大内部检查考核力度，对业务处室的重要岗位、重点人员和重要业务进行集中检查，对发现的问题和风险隐患及时纠正和整改，促进各项业务的健康发展。

五、加强系统升级改造，建设高效的业务处理平台

加快本外币清算系统的建设步伐，先后完成了NOVA1.4－2.1版本、人行跨行支付直联、GLOBUS核心账务系统升级、查询查复系统、海外数据中心外汇资金应急支付备份系统、法兰克福分行外汇资金跨时区运作、全行SWIFT/PCC升级和部分二级分行黑名单检测系统推广等15个项目共39个版本的应用投产工作，使业务自动处理水平和自动控制能力得到了全面提升。

（总行清算中心）

营业部业务

2005年，营业部紧紧围绕改革、发展、创新的主题，认真落实总行党委对营业部职能定位调整的决策部署，创新工作思路，积极拓展市场，严控经营风险，各项业务保持了良好的发展态势，资产质量和经营效益得到进一步改善。全年实现经营利润17.8亿元，同比增加4.7亿元；实现账面利润14.5亿元，同比增加4.5亿元。实现中间业务收入8150万元。各项存款（含同业）余额达到643亿元，比年初增加205亿元。全年累计发放贷款1186亿元，累计收回贷款1190亿元。剥离后不良贷款余额4亿元，占比为0.64%。

一、打造专业产品线，集中经营成效明显

按照新的职能定位，营业部统一思想，调整机构，突出主业，专项研究，迅速把业务方向集中到“专业产品线”的运作、管理及开拓上，积极探索并初步形成了现代商业银行总行“专业条线”的经营模式。

（一）出口信贷业务。针对出口信贷专业产品线项目本身融资结构复杂、技术含量高、风险相对较大的特点，营业部慎重选择目标市场，在国别方面重点选择政治稳定、经济结构合理、有一定比较优势、具有增长潜力、与我国经济贸易关系紧密的中等发展中国家。在行业方面主要定位于电信、电力、交通、基础原材料等较为稳定的行业。在维护好营业部自营客户的基础上，积极拓展营销渠道，发挥各地出口商的积极性。在出口买贷借款国渠道方面，逐步与国外借款银行和重点企业建立长期业务联系，对于业务潜力大、信誉良好的银行签订融资框架协议。在成功营销发放墨西哥码头项目、上海外经蒙古都日根卖方信贷项目、爱立信哈萨克斯坦三期项目，审批通过ACOMINAS买方信贷项目，推进越南西宁水泥、巴西火电站、清华同方扫描仪租赁等项目的同时，还储备了越南、俄罗斯等十几个国家的50多个潜在出口买方信贷项目，以保证出口买贷的业务发展后劲。

（二）飞机、船舶融资业务。针对飞机、船舶融资业务具有资金需求量高、国外银行高度垄断等特点，营业部在经营中坚持“客户关系不动”、“与客户的联系通道不变”、“融资方案征求分行意见”。为充分发挥分行优势，营销工作仍由分行负责，总行产品部门提供技术支持，对于分行客户的专业产品业务，在营业部签约提款后，将资产和利润全部簿记在分行。同时，强化集中经营模式，建立专门的法律文件并起草船舶融资、飞机融资格式化合同，制定专业产品线总分行簿记操作办法等，逐步将营业部发展成为全行飞机、船舶融资业务唯一外部通道。

（三）境外银团贷款和转贷款业务。随着国家“走出去”战略的进一步深化，国内企业对海外拥有资源优势国家的企业进行投资甚至并购，都需要国有银行境外贷款产品的支持。营业部从控制风险的角度对境外贷款本着“立足国内大型企业，开拓海外市场；跟踪中资跨国公司，争取作为合作伙伴；联合著名外资银行，步入贷款二级市场”的原则逐步发展。积极参与美国

百威公司2005年度20亿美元备用银团贷款，参与份额5000万美元。在转贷款业务方面，逐步完善并落实各项转贷款业务流程，保证转贷款业务由国际部到营业部的平稳过渡。

二、稳定传统业务，重点优质客户的营销得到强化

以提供本外币存、贷款、资金汇划与清算、票据支付、外汇买卖、结售汇业务、国际结算、贸易融资业务及各类代理业务等几十个品种为基础，充分发挥网上银行、现金管理、个性化服务项目等产品组合营销优势，保证了中石化、中联通、国航、总装备部等大型优质客户存贷款的稳定增长。同时，安全收回拟退出客户2005年到期的全部贷款。一是强化对重点客户的服务质量，提高业务效率和服务水平，加强相关业务品种的开发，延伸业务链条，有效稳定现有存量贷款。全年累计向中石化股份发放人民币贷款505亿元，组织安排银团贷款3.7亿美元，实现利息收入8.4亿元。二是面对优质客户纷纷发行短期融资券大量归还借款的不利局面，充分利用春节、中秋节等时期开展“亲情营销”、推进高层沟通、通过走访客户等方式及时了解客户财务状况和融资需求，加强对重点客户现有贷款的稳定和新业务增长点的再发掘。在中海油并购尤尼科的过程中，成功为中海油母公司发放25亿美元并购保证金贷款。三是通过专门制作演示文本，丰富营销手段，让客户更好地了解我行网络优势以及丰富的产品，最终吸引中海油基地集团、华胜通讯技术有限公司等新客户在我部开立结算账户并签订了网银合作协议。

三、顺利完成上大机项目，保证结算与财务并入总行本级

成立了由部领导挂帅，各相关处长参加的上大机项目领导小组，落实责任、统筹安排。认真做好系统移行方案制订和测试工作，多次派专人赴珠海、广州等地与开发中心技术人员商讨设计方案，测试各个系统关键环节，培养测试骨干。制定严格的工作计划和明确的工作制度、工作程序和实施方案，确保各项工作按时完成。建立有效的沟通机制，加强协调，无论从前期综合部门对各个网点与柜员的设立，中期资金、财务、信管等部门大量业务系统的并入，还是负责大量手工移行数据任务的结算部门，都做到积极配合，通力协作，以三个月的时间就完成了需要一年才能实现的任务，确保了营业部本外币清算等15个业务系统的顺利移行和投产后系统的正常运行。

四、围绕全行中心任务，扎实做好股改各项准备工作

按照总行统一部署，先后配合总行内审直属分局依法合规大检查、安永现场审计、总行内审直属分局不良贷款剥离及责任认定专项审计等检查工作。成立依法合规大检查工作领导小组，明确检查方式、检查内容及具体方案，在部内开展依法合规自查。成立案件专项治理工作领导小组，对涉及机构组织控制、授权授信管理、公司客户信贷管理、资金管理等4个专业的业务规章制度的完善和执行情况进行自查。完成审计准备工作涉及的业务尽职调查问卷100题、法律尽职调查问卷160题和报表300余张。成立剥离工作领导小组，加强协调，落实责任，统筹安排，顺利完成了29户、64笔、84亿元不良贷款的尽职调查、资产包的拍卖、转让协议的签署和197册贷款档案的整理、移交等工作。还成立了不良贷款责任认定小组，对不良贷款逐户进行了责任认定。

五、加强制度建设，提高经营管理水平

一是积极探索构建专业产品线风险防范体系。为完善贷后管理，针对专业融资产品特点，在信贷管理系统中对存量与增量业务保持逐笔的密切监控。同时，建立残值动态估值、保险条款的审验和重整、抵押物处理机制等更为专业化的风险控制体系。二是加强信贷业务风险管理，使风险控制贯穿于信贷业务的全过程。通过加强对客户评级、授信的组织工作，有效防范信用风险。规范信贷业务操作流程，对贷款合同的填制、放款单证审核和台账系统流程等方面提出了要求，有效控制操作风险。三是在防范利率、汇率风险的前提下，合理掌控本、外币资金的运作，加大资金周转速度，降低成本支出，进一步提高了资金使用效率。四是根据《中国工商银行风险拨备制度》及相关办法的要求，认真落实全面风险拨备制度，规范风险拨备核算流程和组织管理流程，增强风险成本对业务发展的制约，提高抵御风险的能力。五是强化对重要岗位人员管理和履职情况、会计结算业务、权限卡管理、安全保卫等方面的内控制度建设和规章制度落实执行情况进行检查，成立了营业部内控管理委员会、案防工作领导小组，进一步落实案件防范工作责任，健全内控管理机制，防范金融风险，保障各项经营管理活动安全、有效、稳健运行。

（总行营业部）

组建工银瑞信基金管理公司

工银瑞信基金管理公司是我国第一家由银行直接发起设立并控股的合资基金管理公司，公司股东分别为中国工商银行（55%）、瑞士信贷第一波士顿（25%）、中国远洋运输（集团）总公司（20%）。公司于2005年6月21日正式成立，注册资本为2亿元人民币，注册地在北京。

一、工银瑞信基金管理公司组建情况

总行自2004年9月成立筹备组开始筹建基金管理公司，2005年4月6日，被中国人民银行正式确定为首批试点设立基金管理公司的三家商业银行之一；4月27日，银监会批复同意中国工商银行联合中国远洋运输（集团）总公司和瑞士信贷第一波士顿共同投资设立工银瑞信基金管理公司，工商银行成为第一家获银监会批准设立基金管理公司的国有商业银行；6月4日，工银瑞信基金管理公司成为第一家获证监会批准成立的由国有商业银行发起设立并控股的合资基金管理公司；6月21日，获得工商总局颁发的《企业法人营业执照》，工银瑞信基金管理公司正式成立。7月11日，工银瑞信基金管理公司的首只基金产品——工银瑞信核心价值股票型证券投资基金获证监会募集批复，并于7月26日正式发行。在短短不到一年的时间内，工商银行就实现了首家获准试点设立基金管理公司、首家获准成立基金管理公司、首家发行基金产品“三个首家”的工作目标。

二、组建工银瑞信基金管理公司的意义

商业银行直接发起设立基金管理公司，标志着国有商业银行向着实现综合经营，构建现代化金融集团的方向迈出了实质性的第一步，在中国金融发展史上，有着重大的历史意义，将有利于中国资本市场的长期稳定健康发展、商业银行自身的改革和中国基金行业的长远发展。

工银瑞信基金管理公司的成立，有利于工商银行通过控股公司的模式介入基金管理行业，开展业务创新和改善经营结构，增加中间业务收入，扩大非信贷盈利资产，使现有的以资产负债业务和存贷款利差收入为主体的经营结构，向资产负债业务和中间业务协调发展、存贷利差和非利息收入并重的经营结构转变。工商银行通过工银瑞信能够提供多种基金产品，进一步完善和丰富金融产品体系，更好地根据客户的需要将不同产品进行有效组合，打造富有特色的金融理财产品，为客户特别是中高端客户提供全方位的差异化服务，最终走出银行业同质化、低水平竞争的局面。大力发展基金管理在内的资产管理业务，是工商银行发展核心业务、培育核心客户、打造核心竞争力的重要一环。

三、工银瑞信基金管理公司的业务发展情况

工银瑞信基金管理公司秉承中国工商银行稳健的经营理念，借鉴瑞士信贷百年成功管理经验，建立了权责明晰、制衡有效的公司治理结构和管理架构；谨守“制度先行、程序至上、内控优先、规范运作”原则，充分借鉴中外股东先进管理体系，在结合瑞士信贷提供的上百种管理制度和流程的基础上，制定了四级管理制度体系，构建了严格、全面、高效、顺畅的业务流程，并通过完善的合规监察体系，监督各项管理制度和办法的执行，确保公司整体高效运作和有效控制运营风险。

工银瑞信坚持“以人为本”的核心理念，全方位引入国内外经验丰富的专业人才，组建了一支风格稳健、诚信敬业、创新进取的专业团队。截至2005年底，公司有员工54名，其中41%的员工具有海外工作和学习背景，66.7%的员工具有硕士以上学历。

工银瑞信充分借鉴瑞士信贷在成熟市场运作中的宝贵经验，结合中国市场实际情况，确立了先进的投资理念、科学的投资决策流程和完善的投资管理制度，并引入了瑞士信贷独有的股票估值与分析系统HOLT，与瑞士信贷超过400人的全球投资理财专业团队积极互动，共享其全球投研资源。工银瑞信采用投资决策委员会领导下的团队投资模式。坚持“以研究支持决策”的理念，强调定量与定性分析相结合，注重定量分析的系统化，通过以宏观、策略、行业和公司等全方位的研究对投资提供有力的支持，依靠团队协作，致力于为客户实现资产的长期稳定增值。工银瑞信建立了适合中国资产管理的风险管理体系和业务流程，对公司的投资风险、运作风险和法律合规风险等实行有效、全面的管理。工银瑞信坚持以客户为导向，有效利用和整合股东客户服务优势，依托先进的金融信息平台，积极寻求渠道合作，通过专业销售团队、客服中心和遍布全国的渠道网点，快速构建了较为完善的服务体系，并迅速开通了

400客服热线电话和定期定额业务，为投资者提供更为全面便捷的服务。

2005年7月26日，工银瑞信基金管理公司首只基金——工银瑞信核心价值股票型证券投资基金开始公开募集，8月26日募集顺利结束，共募集基金份额43.47亿元，有效认购总户数为144717户。截至2005年12月31日，工银瑞信核心价值基金净值增长1.56%，超过同期基金业绩比较基准收益0.52%，为投资者创造了良好的投资业绩。

凭借良好的投资业绩和周到的客户服务，工银瑞信基金管理公司先后荣获《21世纪经济报道》颁发的"2005年中国基金管理公司新锐奖"、《证券时报》颁发的"最具增长潜力公司奖"。

（工银瑞信基金管理公司）

第三部分 国际业务与跨国经营

执行编辑：刘德奇

国际业务综述

2005年，全行全面贯彻落实科学发展观，优化资源配置，加快产品创新，突出重点战略，强化风险管理，国际业务和跨国经营取得了新的成效。

（一）主要经营指标完成情况良好。

全年境内外机构实现外汇账面利润11.86亿美元，较2004年增加7.19亿美元，其中境内机构9.93亿美元，增加7.58亿美元，增幅322.55%；境外机构1.93亿美元，增加4563万美元，增幅30.94%。

资产质量继续保持优良水平，按五级分类口径统计，境内机构外汇不良贷款余额3.09亿美元，不良贷款率2.02%；境外机构不良资产余额1.63亿美元，不良资产率为0.72%，较年初减少1420万美元，下降了0.16个百分点，拨备覆盖率达103%。

境内外机构实现外汇中间业务收入34.46亿元（剔除总行本部因人民币升值发生的外汇资金账面损失），较2004年增加3.4亿元，其中境内分行25.99亿元，增加1.17亿元；境外机构1.05亿美元，增加2759万美元。

各项外汇资金业务稳步健康发展，全行代客外汇资金业务量1493.63亿美元，比2004年增加4.59亿美元，其中结售汇1113.85亿美元，增加158.61亿美元，增幅16.6%；代客外汇买卖303.48亿美元；代客理财与风险管理76.30亿美元；全行统一销售个人理财产品12期，累计销售额达约20亿美元；总行实现外汇利润6633万美元，超额完成全年利润计划。

国际结算业务持续健康发展，全年办理国际结算业务量2927.57亿美元，增幅37.95%，其中境内机构办理2244.07亿美元，增幅26.41%；境外机构办理683.50亿美元，增幅97.0%。

全年出口买方信贷业务签约额达5.01亿美元，外汇转贷款签约额达1.2亿美元，外汇担保当年新增发生额13.63亿美元，当年外汇担保收入1378万美元。

（二）积极防范汇率风险，确保国家注资保值增值。

我行获得汇金公司150亿美元注资后，为确保注资资金保值增值，制定了外汇注资运作方案和外汇注资市场操作流程，经总行资产负债管理委员会审议通过后实施。为规避外汇营运资金面临的汇率风险，积极争取国家外汇管理局的理解与支持，与汇金公司签署《人民币外汇远期交易总协议》，获准结汇3亿美元。

（三）加大产品创新力度，提高市场竞争能力。

成功获得国内银行间外币市场首批做市商资格，提升了我行人民币外汇交易银行间市场形象。在非美元币种兑人民币实行“一日多价”的基础上，推出了美元兑人民币“一日多价”制度，为有效规避美元兑人民币汇率风险，增强自主报价能力奠定了基础。积极研究和开发黄金业务新产品，推出了个人账户黄金（盎司）/美元业务，并完成了个人账户黄金（克）/人民币业务的整合工作。成功承销了中国进出口银行和国家开发银行三期境内美元债券，金额16.3亿美元，并首次以主承销商和簿记建档人的双重身份参与境内美元债券市场，填补了我行在债券承销业务领域的空白。推出了中韩存汇通、海关关税保付保函、贸易融资风险参贷、韩元兑换等国际结算和贸易融资新产品。对部分优质重点客户试点买断性出口单保理业务，与花旗银行合作推出新型飞机融资和担保业务，在风险可控且不占用我行外汇资金的情况下增加中间业务收入。推出“欧元中国通”、“承诺互换”等内外联动产品，完成了法兰克福分行开展欧元、美元跨时区资金运作的方案设计。

（四）加强境外机构管理，稳步推进跨国经营战略。

完成了卢森堡子银行在当地的审批程序和莫斯科子银行国内审批程序，推进印度尼西亚子银行申设工作。制定了我行跨国经营与境外业务五年发展规划，进一步明确了发展思路。为加强对境外机构的管理，制定了《公司法人客户统一授信管理办法境外分行实施细则》、《境外机构经营管理绩效考评办法》和《境外经营性机构经营状况和风险监测手册》，完善了《境外控股银行管理办法》、《海外代表机构管理暂行办法》，引导境外机构建立规范的公司治理结构和运作机制，改善资产质量，实现良性发展。完成华商银行股权出售中涉及的境内外全部报批手续，全面启动青岛国际银行第二阶段股权重组工作，并完成了股份转让协议谈判。

（五）加快电子化建设，提高国际业务电子化水平。

稳步推进境外数据集中和系统延伸工作，完成亚洲5家境外分行CM2002延伸测试工作，启动境外核心银行系统开发，境外分行网银一期项目顺利通过测试，二期项目开发工作已经启动，代理行管控子系统成功延伸到境外分行。基本完成单证中心系统开发和测试工作。贸易融资子系统进一步优化。顺利投产银行间外汇买卖做市商系统。完成综合报价平台的系统开发立项和金融衍生产品系统的功能测试。顺利投产外管报送系统一期，启动国际收支申报二期项目。

（六）完善制度建设，强化风险管理。

制定了进口信用证、进口押汇、出口押汇与贴现、买方远期信用证与信用证代付、风险参贷业务、代理境内金融机构国际结算业务等相关管理办法，修订了国际贸易融资信贷管理规定，制定或完善了外币债券、远期结售汇及人民币外汇掉期业务、金融衍生业务和个人理财业务等各项外汇资金管理办法。对贸易融资业务、外汇转贷款、出口买方信贷、外汇担保等业务操作流程进行了梳理整合。设立外汇资金业务中台，制定岗位职责和业务流程，加强了风险监控和市值评估管理。积极应对人民币汇率形成机制改革，完成人民币外汇交易等相关业务政策调整。

（七）加强业务培训，提高国际业务从业人员素质。

全年共举办境内外培训班10次，培训人员2235人。通过派人到十几家分行授课以及在NOTES开辟园地等多种形式，加强国际业务知识培训，提高从业人员素质，促进业务营销，规范业务发展。

（总行国际业务部）

对外金融往来与合作

2005年，我行进一步加强与扩大对外交流，全年共接待国际金融界来访800余批，4500多人次，同时，大力加强代理行网络建设，加强与国际金融界、国际经济金融组织的交流以及与国外金融同业的业务合作，有力推动了全行业务发展和跨国经营战略的实施。

（一）加强与国际经济金融组织的交流与合作。

4月，姜建清行长率团赴新加坡参加世界经济论坛新加坡圆桌会议并发表演讲。5月，王丽丽副行长出席在北京举行的2005年APEC工商咨询理事会（ABAC）第二次会议。6月，我行与中行首次联合承办国际货币会议（IMC）并邀请国务院副总经理黄菊出席，参会会员包括100多位世界各大银行的董事长，规模大，反响好，大大提升了我行的整体形象。9月，姜建清行长率团赴美出席IMF及世界银行年会，与全球各金融机构进行了广泛的会谈。11月，王丽丽副行长率团赴韩国参加了2005年APEC工商咨询理事会（ABAC）第四次会议和2005年度APEC领导人峰会，会议期间与全球各大企业集团领导人进行了深入广泛的交流，拜会了韩国韩亚金融控股集团等韩国大型金融机构，会后顺访日本，拜会日本金融厅和日本银行。

（二）加强了与国外金融界的交流。

5月，杨凯生副行长率团赴土耳其出席第38届亚洲开发银行年会。6月，姜建清行长率团出访中东四国（科威特、阿联酋、卡塔尔、沙特阿拉伯），考察中东地区的金融环境，与当地主要金融机构和金融监管部门进行了会谈。7月，张衢副行长率团访问德国、瑞士，考察了德意志银行、瑞士银行数据中心。10月，张福荣副行长率团赴丹麦参加2005年SIBOS年会，会后赴德国参加中国工商银行现金管理推介会并顺访芬兰、奥地利，在芬兰拜会申堡银行和其他当地主要金融机构，在奥地利与上奥地利州银行签署《承诺互换协议》。10月，我行与德意志银行联合举办“高级银行业务研讨会”，邀请德意志银行管理委员会主席阿克曼来我行访问并演讲。

（三）加强与国外金融同业和国际金融行业协会合作交流。

全年新增代理行154家，代理行总数从2004年的1018家增加到1165家，覆盖范围从107个国家和地区扩展至114个国家和地区。1月份，与美国银行签署《MT101付款双边协议》，2月，与韩国输出入银行签署《合作协议》，4月，与韩国新韩银行签署《合作协议》，8月，与菲律宾首都银行签署《外币私人汇款协议》，10月，与奥地利上奥地利州银行签署《承诺互换协议》，并与德意志银行签署《投资银行业务合作备忘录》。

（总行国际业务部）

工 银 亚 洲

总裁 朱琦

【经营业绩】

综合除税后盈利9.81亿港元，较2004年增加2.2亿港元，增长29%。每股基本盈利0.91港元，较2004年增长14%。向普通股的股东派发末期股息每股0.35港元，全年股息0.53港元，较2004年增长18%。综合净利息收入达13.16亿港元，较2004年增长3%。非利息收入达7.17亿港元，较2004年增长94%，非利息收入占总营业收入比例由年初的23%增加至35%。受与华比银行合并影响，成本对收入比从年初的41.9%上升到43.8%，但比2004年下半年下降4.8%。平均普通股股本回报率为11%，平均资产回报率为0.9%。综合总资产为1154亿港元，较2004年增长16%。整体贷款增长12%。综合总客户存款及存款证合计703亿港元，比2004年增长11%。在资产质量方面，不履约贷款比率由1.3%下降至0.9%，逾期贷款比率0.5%。

【主要工作】

（一）资金业务方面。

通过分析研究，不断调整策略，一方面根据资金档期需要，利用掉期工具在适当时间用美元换入港元，既对冲了利率风险，又解决了港元缺口问题；另一方面正确把握利率走势，确保资金盈利超额完成任务。全年共发行存款证95笔，合共约32亿美元。担任中国海外发展有限公司旗下的China Overseas Finance（Cayman）Ltd经理人，代理发行3亿美元7年期定息债券，赚取了较高手续费收益，进一步强化了在本地债券一级市场中的地位。根据客户需求，推出一系列结构性产品，加强财富管理服务，拓展高端客户。利用资金管理的优势，积极与总行及国内分行进行沟通和交流，通过举办研讨会、授课、上门拜访、设计理财产品等方式，与国内分行联动营销客户，建立了良好的合作关系。抓住中港两地经贸及投资活动日趋频繁的机会，积极拓展与人民币业务有关的金融产品，如不交割远期人民币理财零售产品等。

（二）企业信贷业务方面。

截至年底，企业贷款余额为257.2亿港元，占贷款总额的38%；企业客户存款为145.6亿港元，占客户存款总额的24%。

银团贷款业务仍是一项出色业务。全年共安排和参与了50笔银团贷款，其中牵头安排20个银团项目，包销贷款126亿港元。5月，联同BNP、荷兰银行及渣打银行共同为联想集团安排一项6亿美元银团贷款，用于收购IBM的个人计算机业务，获得IFR亚太区贷款奖项，成为银团贷款业务的新亮点。

企业信贷业务实现多元化发展，大力拓展收购兼并（M&A）等高端贷款业务，成功安排和参与了联想收购IBM、麦格理基金收购大连万达物业、美兰机场收购三亚凤凰机场、深高速下属美华收购国内高速公路、宁兴集团收购国内高速公路股权等9个收购兼并业务，提高了市场知名度和整体收益水平。

进一步拓展海外市场，目前涉足的国家和地区增至13个，包括美国、瑞典、德国、中东、印度、韩国、日本、中国台湾、新加坡、马来西亚、泰国、菲律宾及澳洲。牵头安排了ICICI BANK、迪拜港、EVERSKILL TECHNOLOGY、JINDAL SAW、中华映管和STERLING BIOTECH6个银团项目。ICICI BANK是在印度新兴市场的第一项牵头银团。通过与ICICI BANK的贷款业务合作，与该行建立了代理行关系，促进了双方在代理行业务以及其他业务领域的合作和发展。除印度业务外，还首次获得中东地区的分销银行业务，为迪拜港务局银团分销5000万美元贷款。进一步加强和欧资大型企业的合作，成功为法国著名的建筑商DRAGAGES安排双边贷款2亿港元，逐步在欧美市场建立市场知名度。截至年底，跨国企业贷款余额占全部企业贷款余额的24%。

（三）商业信贷业务方面。

坚持严控风险的原则，一方面强化与原有客户的关系，争取更多优质客户，另一方面积极吸纳由中小企业以至上市集团的新客户，成为香港中小企业信贷市场最活跃的银行之一。与华比银行合并后，工商客户基础更显著扩大。截至年底，商业信贷余额为220亿港元，占全行贷款总额的32%；商业信贷客户存款为172.9亿港元，占存款总额的28.5%。

（四）零售业务方面。

与华比银行合并后，分行数目由22家增加至42家，品牌的认知度大大提高。零售贷款余额为204.2亿港元，占全行贷款总额的29.8%；零售客户存款为284.9亿港元，占全行客户存款总额的47%。

抓住中、港两地"更紧密经贸合作协议"落实及国内居民"自由行"政策实施的契机，配合人民币业务的开放，与总行及国内分行联动合作。截至年底，人民币储蓄账户共3386个，存款余额为1.08亿元人民币，分别较2004年增加88%和226.5%；人民币定期存款账户共763个，存款余额为8932万元人民币，分别较2004年底增加50.8%和74.8%。

提升电子化银行服务水平，致力发展个人投资理财服务，推出网上证券服务及自动化电话股票服务，开设证券服务专柜，吸纳了更多优质客户。

楼宇按揭业务取得良好的成绩。本地楼宇按揭贷出款项约25亿港元，年底余额约为144亿港元。拓展国内楼宇按揭业务，共为15个内地高素质新楼盘提供按揭服务，叙做了188笔业务，贷款总额为2.47亿港元。截至年底，国内楼宇按揭贷款余额达4.8亿港元，较2004年底增长73%。

开办了租购租赁业务，业务量增长24.3%，贷款余额为63.1亿港元，较2004年底增加24.36%。市场占有率为15%，在同业中名列第5位。

（五）中间业务方面。

推出"中国大陆汇款业务"，重新开发台湾汇款业务。共处理汇款业务237686笔，较2004年增长30.01%；牵涉金额17003亿港元，较2004年增加47.02%。与39家工行国内外分行建立了清算账户关系，共处理了78614笔港元清算及72988笔美元清算业务，较2004年分别增加18.6%和18.7%；交易金额分别达到11991亿港元和2321亿港元，较2004年分别增加48.9%和13.7%。

贸易融资的业务量因与华比银行业务合并而大幅增加。信用证通知共10447笔，较2004年增加101.76%，金额165.8亿港元，较2004年增加47.79%；议付共10969笔，金额78.82亿港元，分别较2004年增加277.07%和171.61%；开立信用证17391笔，金额196.46亿港元，分别较2004年增加247.47%和164.38%。

叙做远期信用证偿付业务178笔，金额19.3亿港元，分别比2004年增加169.7%和66.3%；承诺融资性风险参与（福费廷）94笔，金额达11亿港元，分别比2004年减少21.0%和17.9%；非融资性风险参与135笔，金额达7.67亿港元，同比增加175.5%和77.2%；风险转卖34笔，金额达4.52亿港元，同比减少63.4%和68.1%。

先后为香港和国内的7家大型企业（包括建设银行、中国神华、交通银行、上海电气集团、厦门国际港务局、互益集团及巨腾股份有限公司）新股上市的收票行，开发了代理H股公司派发股息的业务。

（六）不良资产清收工作。

共处置不良资产4.1亿港元，实现全年不良资产清收目标的103%。核销不良资产1.57亿港元。当年处置的不良资产数占银行全年不良资产总额的35%。

（七）机构整合。

8月12日，宣布完成收购深圳华商银行的100%股权，涉及金额合共9584万美元。10月10日，宣布完成与华比银行的合并程序，华比银行正式并入工银亚洲，统一以中国工商银行（亚洲）的品牌为客户服务。整合后，按资产总值计算，成为香港上市银行中第6大银行，员工数目逾1300人，分行网点由20家增至42家，增添5家中小企业商务中心，将市场领域扩展至香港、中国内地及欧洲三地。

收购华比银行后，增加了信用卡业务，参加了Visa、Mastercard及CUP等各类网络，为并入香港分行信用卡业务的做了相应的准备。

（八）系统建设。

在推行前线交易管理与中台风险控制系统（Kondor +）后，用与前线系统集成更紧密的清算系统（KTP）替换原有系统，实现资金交易全线自动化连接与对账控制。完成了主要业务FX/MM的替换。建立了商业智能系统。办公自动化如电子邮件、共享服务、Intranet的集成，使计算机网络基础处理能力大幅提升，机房改造及安全标准的提高为业务顺利发展提供了技术保障。

（工银亚洲）

香港分行

总经理　沈士生

【经营业绩】

实现账面利润196万美元。资产总额为26.68亿美元，负债总额为26.48亿美元。营业收入为9216万美元，营业支出为9035万美元。贷款余额为126.5亿港元，较2004年增加17.7亿港元，增加16%。贷款组合中以银团贷款为主，占总贷款的87%。投资组合为28.44亿港元，净利息收入1900万港元。根据香港金融管理局对分行资金业务的检查意见，在总行授予的经营管理权限范围内，为外汇及债券投资业务制定了《内部风险管理额度》，并采用了新的会计标准——HKAS39。制定了《金融衍生产品交易管理办法》，对衍生产品交易进行规范管理，有效控制交易风险。

（香港分行）

工商国际

总经理　韩瑞祥

【经营业绩】

截至年底，各项资产总计149135万港元，比年初增加10.4%；贷款余额76036万港元，比年初增加4.9%；债券及投资余额为50783万港元，比年初增加18.7%。各项负债总计118881万港元，比年初增加12.6%；存放及拆入款项余额为69252万港元，比年初减少13.7%；客户存款余额为48468万港元，比年初增加107%。累计实现税后利润1027万港元，同比减少100万港元；拨备前利润为1113万港元，同比减少158万港元。共实现净利息收入2162万港元，同比减少510万港元；中间业务收入136万港元，同比减少144万港元；营业费用1606万港元，同比减少30万港元。年末，股东权益30254万元，较2004年增长2.4%。股东权益中累计亏损从2004年的4616万元降至3589万元，降低了22.2%。

【主要工作】

（一）抓住新机遇，制定新策略。

年初认真研究了恢复经营的条件、时机和策略，成功向监管机构争取恢复开展新业务，并确定了“恢复性发展”的战略，即加强与集团成员合作，在巩固传统产品的基础上发现新的机会，开拓新的业务品种，发展成为资产总额约15亿~20亿港元，资产品质较高，经营效益较好，内控系统较完善的香港本地最佳的有限制牌照银行之一。

（二）拓展新业务，提升服务质量。

加大市场拓展力度，加强与境内分行联系，促进内外联动。主动向境内分行介绍业务特点，方便其根据业务需要选择不同的合作方式。首次开办了福费廷、信用证代付、TT代付等新业务，并为信誉卓著的29家国内银行和13家境外银行设立了一定的贸易融资授信额度，以逐步优化资产结构，实现与境内分行的优势互补，扩大市场影响。全年国际结算业务量达到10263万美元，较2004年增长59.5%。复业以来，新增客户26户，总量达到112户。

（三）优化负债结构，拓展客户存款。

负债管理的重点是提高存款来源比重，提高自我造血功能，逐步降低对总行资金拆借的依赖。大力开拓客户存款业务，努力优化负债结构，提高融资多元化水准。年末，客户存款由年初的23381万港元大幅上升至48468万港元，增长107%，客户存款占总负债的比例达到40.8%，比2004年提高了18.8个百分点，达到历史最高水平。

（四）完善治理结构，加强内部控制。

在拓展业务的同时，在治理结构、内部控制和风险管理方面不断强化制度建设和运作管理。充分发挥总行/股东会—董事会—管理层三级管理体制的优势，做到授权清晰、权责明确、责任分离、相互制约。认真执行董事会制定的各项规定，及时将总行政策要求通过各项制度转化为公司各项规定。根据监管当局要求和市场环境变化，及时完善内部控制机制，不断建立健全各项规章制度，确保日常经营合规有效。年内对40多份政策、手册和程序进行了全面整理和更新，确保经营有章可循、有据可查，在相当程度上降低了银行风险。

（五）加强风险管理，获得良好评价。

除信贷风险和利率风险外，继续加强对市场风险、流动性风险和操作性风险的控制和管理。为各类风险管理政策设定了相关限额，确定了风险监察的体制及控管程序，有效监控及管理各类风险。香港金管局为期约一个月的现场检查结果表明，工商国际并未出现具体的经营失误、内控失效、风险失控或管理失当，资产质量改善，整体上信贷风险、流动性风险和反洗钱的风险管理令人满意。

（六）顺利实施新会计制度。

新会计制度，即“金融工具：确认与计量”（HKAS39），制定了金融工具确认与计量的复杂标准，对金融工具估值、收入确认和会计利润有重大影响。为顺利实施该制度，4月份经金管局批准复业后，迅速组织了一个跨部门小组，在管理层的领导下，认真学习研究，并派员向工银亚洲学习沟通，很快掌握了有关准则、概念与要求，及时制定修改了相关政策。经过外部审计师的审核，各项工作基本符合新会计制度的要求。

（工商国际）

工 商 东 亚

总经理 张可心

【经营业绩】

全年实现账面利润5018万港元。投资银行业务完成项目26项，收入867万港元。充分利用股东资源，以大型企业集团为潜在客户，完成了多个有影响的债务重组项目，实现收入2112万港元。股票经纪业务收入8937万港元。

【主要工作】

（一）完善公司治理，明确发展方向。

积极实行规范化管理，调整内部结构，理顺责权关系，增强决策科学性和管理透明度。增聘高级管理人员和资深业务主管充实各级管理层，提升发展潜力。拟订了公司三年发展规划，确立了“整合资源、调整结构、准确定位、增强竞争力，经过两至三年，努力成为一家专业化、有特色的区域性投资银行”的发展目标。

（二）抓大不放小，多方位拓展业务。

加强同业合作，积极参与上市项目的联席保荐和股票承销。立足长远发展，投入资源，参与大型项目上市前准备，加快提升公司地位和队伍素质，并获取高额财务回报。拓宽债务融资的服务领域，扩大结构性产品批发，致力发展债务重组业务，树立起鲜明特色和优质品牌。在充分了解、审慎研究基础上，投资大型能源上是股份，当年获益5500万港元。重组股票零售业务管理班子，坚持合规经营，加强整改和监控，稳定经纪队伍，巩固和发展股票零售市场份额。

2005年8月8日，工商东亚乔迁开幕仪式。左起执行总裁兼常务董事张可心、常务董事陈棋昌、董事长田瑞璋、副董事长李国宝、独立非执行董事陈耀光、副董事长朱琦。

（三）增强合规意识，严格内部管理。

将“合规、风险控制”放在首位，针对内检外查发现的问题，花大力气开展整改。通过培训提升员工风险意识、合规观念，通过完善规程和跟进监察促进各项制度的贯彻落实，强化风险防范能力。

（四）加强电子化建设，适应业务增长需求。

为进一步提高交易、清算功能，提高业务运作过程中对风险的实时监控能力及维护交易平台的稳定性，更换和升级了若干交易和监控系统，并结合公司总部迁入工商银行大厦的契机，完善IT系统，增强了应对突发事件的能力。

（五）发展企业文化，保持专业及忠诚的服务理念。

倡导并努力建立股东利益最大化和以客户为中心的企业文化，并自上而下切实贯彻执行。为员工提供良好的人文工作环境，创造培训发展机会，由员工参与公司发展目标的制定，增强内部凝聚力，共同打造具有专业特色的一流投行。

（工商东亚）

香港外汇资金交易中心

总经理　沈士生

【经营业绩】

2005年，紧紧围绕股改注资资金投资这一中心工作，面对美国国债收益率曲线大幅趋平的不利市场环境，加强市场分析预测，加大投资和交易力度，积极拓宽投资领域，动态进行组合调整，完善风险控制措施，在确保外汇资金安全性、流动性的前提下，取得了较好的投资和交易收益，实现了外汇资金的保值和增值。全年完成资金交易量2562亿美元，实现债券投资利息收入3.12亿美元，债券交易收益550万美元，债券回购交易利差收益约150万美元。债券投资运作的总体收益率达4.681%，比全年3个月LIBOR日均值高出111个基点，其中注资资金债券投资运作收益率达4.782%，比全年3个月LIBOR日均值高出122个基点。

【主要工作】

（一）把握入市时机，积极动态调整，逐步建立投资组合。

2005年4月，汇金公司150亿美元外汇注资资金正式到位。按照业务分工，中心负责注资资金运作中的债券投资部分。运作伊始，正值美联储连续第8次升息，短期国债收益率可能进一步走高，而长期国债收益率则处于全年低点。面对困难，通过认真研究市场，根据“逐步建仓，动态调整”的投资策略，抓住6~7月及9~10月国债收益率两次大幅攀升的时机，以少量多批的方式逐步建立头寸，并根据市场走势对组合规模和结构不断进行动态调整，有效降低了市场风险，提高了总体投资收益。截至年末，外币债券投资余额91.1亿美元，其中注资资金债券投资余额68.7亿美元。

（二）加强市场分析预测，积极研究新产品，拓宽债券投资领域。

充分发挥地处国际金融中心的信息优势，综合各方面信息，深入分析国际债券市场走势。自2004年起，对商业银行投资抵押债市场进行了较为深入的研究，对该产品的市场情况、产品原理、风险特点等有了较好的把握，掌握了对主要品种的投资价值分析和风险评估方法。2005年6月开始投资抵押债产品，不仅开拓了债券投资的新领域，而且有效提高了整体收益。

（三）积极调整自有外汇资金债券投资组合，满足全行外汇流动性需要。

2005年，全行外汇存款持续下降，外汇贷款又增长很快，外汇资金流动性面临较大的压力。根据全行外汇资金流动性管理的需要，结合对美元利率走势总体趋升的预期，逐步、适度地减持了自有外汇资金债券组合存量，并对组合期限结构、产品结构等进行了调整，降低了整体债券组合利率风险和信用风险，在实现一定交易收益的同时，满足了全行外汇资金流动性需要。

（四）完善内控措施，实施组合管理，全面提升风险管理水平。

进一步完善内控机制，规范交易行为，修订了业务操作规程和流程，进一步完善了现行交易业务管理规定、操作规程和岗位职责。根据国际通行的做法，对债券投资采用了持有到期类、可出售类和交易类分账户管理的模式。学习、借鉴西方银行同业的管理模式与理念，将交易和管理团队按投资方向分成利率产品、信用产品和抵押债产品，并结合自身实际情况和产品的不同特点，设定了各项整体和分组的风险指标，并实时监控，确保在风险限额内投资，基本形成了一套科学的组合管理原则和方法。加强每周的营运分析工作，从整体、业务板块、账户、产品类型、期限等多方面对投资组合进行分析。及时与总行沟通，就外汇资金运作情况、主要工作、对市场走势的预测、下一步运作策略等与总行进行共同研究，确定投资计划和策略。

（五）加强同业交流，积极组织和参加培训，提升交易员素质。

邀请多家国际知名金融机构的专业人士，为交易员和以工代学人员提供包括交易理论、产品知识、资产组合管理、风险管理等多方面的培训，学习同业在债券投资方面的先进经验与运作技巧。注重与同业的联系，先后接待多批多人次来自国际投资银行、商业银行、国际金融组织、政府与政府代理机构、跨国公司的高层管理人员、经济学家、交易主管及其他各类专业人士，既达到了深层次交流的目的，又宣传、推介了我行外汇资金业务及整体业务的发展与改革情况，起到了我行对外宣传的窗口作用。

（香港外汇资金交易中心）

香港信用卡中心

总经理　孙新荣

【经营业绩】

成功实现了业务规模与质量的同步跨越式发展，成为同期香港市场上信用卡业务发展较快的银行之一。累计发卡量129157张，较2004年同比增长58.47%，向实现规模发卡的目标又迈进了一步；全年交易额达48944万港元，较2004年同比增长65.29%；全年银联卡人民币收单业务交易额保持稳步增长，在香港银行同业市场排名第6位，全年累计银联收单交易额26452万港元，较2004年同比增长526.23%。

【主要工作】

（一）建立多元化营销体系，实现发卡规模的突破式增长。

在开源节流的基础上，注重建立多元化营销体系，采取灵活的市场策略，减少品牌广告投入，主攻特定市场。凭借双币卡“一卡两币”的独有特点，发展优质成熟的客户群体，以平衡单币卡年青持卡人中高消费和部分还款带来的风险。在现有单币卡产品基础上加入“零用钱”循环贷款功能，提升循环应收账款比例，增加单币卡的吸引力。为增加发卡规模，精选迎新礼品吸引客户申请信用卡外，还通过直销邮件、会员推荐计划、全日制大专生推广等方式增加信用卡申请数量。同时，注重与各营销渠道的合作，不断通过工银亚洲分行营运会议介绍不同种类信用卡的特点、日常推卡运作及分行员工奖励计划，争取通过分行提高信用卡申请量；年初就将发卡计划下达给外包的直销服务公司，严格控制各直销公司递交的申请表数量与质量，根据情况反馈随时跟进。为减少因两年年费豁免期满导致的客户流失，鼓励会员继续持卡消费，推出特选优质会员延长豁免信用卡年费优惠和不动户挽留计划。

（二）大力拓展新型银联收单商户，不断提高市场渗透力。

以工商银行在内地庞大的客户基础和广泛的宣传渠道为卖点，将酒店、时装、参茸燕窝、旅行社、药品和体育用品类商户作为收单市场拓展重点，走访在港拥有多处连锁店或售卖专柜的商铺，成功与多家新商户签约。在拓宽商户渠道、平衡行业分布的同时，不断吸纳新的大型优质商户成为特约收单商户，其中包括在港拥有14间分店的富豪体育用品公司、拥有12间分店的时装连锁店I.S.O等。为了充分依托工商银行内地庞大的银联卡客户群，拓展银联收单业务市场，与总行及内地分行联手举办多次促销活动：4月印制香港特约收单商户购物指南，随总行《信用财富》杂志寄送北京、上海、广州等地牡丹卡持卡人；6月为参加上海分行和上海巴士旅行社联合举办的香港自由行客人提供购物优惠；8月与总行个人金融业务部开展“牡丹灵通卡香港游全攻略”活动，均取得了良好效果。注重平衡业务拓展与成本控制的关系，取消一批不具商业回报价值的银联商户，收回的POS终端机用于新开发商户的设备安装。

（三）各部门通力配合，信用卡业务整合工作进展顺利。

信用卡业务整合并入工银亚洲是全年工作的重中之重。7月12日香港分行信用卡业务出售给工银亚洲的报告得到中国银监会批准，标志着整合工作向前迈进了一大步。工银亚洲聘请法律顾问，起草有关收购的法律文件并对香港卡中心进行法律方面的尽职调查，同时聘请会计师对香港信用卡中心作财务方面的尽职调查。

为了确保业务收购顺利进行，工银亚洲和香港分行联合成立业务整合小组，仔细分析了双方业务差异，提交了业务整合方案，按照不同专业细化了系统整合改造需求，落实了项目总体实施时间表和具体分工，研究制订了新的业务处理流程、信贷政策、风险管理标准，确定了总账移行方案，修改了信用卡会员合约、收费标准及个人私隐条例单张，安排工银亚洲重新签订了原香港信用卡中心相关对外合约。在银联收单方面，工银亚洲与中国银联签订合作协议，提交了机构代码及商户编码转移需求。

在软件开发中心、南北数据中心等部门的全力支持下，系统整合顺利展开。根据总行要求，将V+系统作为合并后的信用卡业务专用处理系统，并开发了新增功能，经过香港分行对V+NOVA2.0版本的测试，10月29日V+系统优化升级版本投产，为系统整合打下了坚实基础。另外，对SEMA系统数据移行、V+系统版本升级及IBS系统接口等三个板块作了多轮联调，全面测试了数据移行、电话银行、ATM、网上银行等部分。

（四）加强风险控制及内部管理，保证资产质量和内部管理的良性循环。

随着发卡规模的大幅增长，各类信用卡诈骗活动也随之出现，申请破产及怀疑伪造申请的个案均有发生。为此，卡中心更加注重各项风险防范措施的落实，强化风险管理人员的风险防范意识，严密监控信用卡交易的每一个活动，根据各类违约客户和违约时间的规律性，加强贷后管理，特别做好逾期后半个月内的催收工作，有效保证了贷款质量。同时，不断优化工作流程，完善岗位职责，细化每项工序的时限要求，使业务分工更加明确，各岗位间的配合更加顺畅。

（香港信用卡中心）

新加坡分行

总经理　徐力

【经营业绩】

实现账面利润（剔除总行管理费）1060万美元，超过总行下达指标的27%；不良贷款户由年初的12户减少到5户，不良贷款比例和不良资产比例分别下降到6.1%和2.96%，完成了总行下达的不良资产下降指标；实现国际结算量16亿美元，其中个人预结汇汇款业务业务量13720万美元，较2004年增长31.3%，实现收益61.2万美元，较2004年增长19.6%。

【主要工作】

（一）制定五年发展规划。

通过总结多年的经验教训，结合对周边市场经济环境特点的分析，确定了下列工作思路：第一，通过优化客户、优化项目、优化结构推进信贷业务的稳健发展，带动其他资产业务、负债业务和中间业务的发展；第二，充分利用新加坡的地缘优势，细分市场，根据不同企业的结算要求，量身订制服务，增加信用证业务之外其他结算业务的品种开发和服务，做大做强国际结算、贸易融资和私人业务等低风险业务；第三，用新思维、新机制发展和优化传统业务。同时，通过不断创新，开拓新市场、开发新产品、扩展新业务和客户资源。利用新加坡的区位优势和作为国际大公司区域管理中心的经济环境优势，把分行作为工商银行国际化经营战略的重要组成部分，努力建设成为工商银行对新加坡区域投资和贷款的前台监控及信息中心、业务处理中心和贸易融资中心。

（二）主动做好客户和业务结构调整工作。

调整客户结构。经过充分的市场调研，结合自身优势，将总行已授信大型公司在新机构及有在华投资的新加坡公司尤其是政联公司作为营销重点。2005 年审贷会共讨论 21 家公司的信贷项目，新加坡政联公司、大中型私人上市公司、国有大型中资企业在新公司占讨论项目的 50%，比 2004 年有较大的提高。此外，还根据总行《授信管理办法》，对吉宝集团、胜科工业、新科工程等政联公司，凯发、美罗控股等大中型私有上市公司核定了环球授信额度，并将继续做好营销工作，争取 2006 年三类公司业务比重有较大提高。

2005 年 4 月 29 日，姜建清行长在新加坡参加世界经济论坛亚洲圆桌会议期间，到新加坡分行进行工作调研。

加大市场营销力度。积极在权限内开展能够迅速满足客户需求的低风险信用证及贷款业务，这些业务全额由现金、出口信用证或工商银行系统内保函为保证，或是对工商银行接受的开证行所开立信用证项下承兑的贴现，累计提供客户授信约 1.6 亿美元。通过密集营销与宣传，凭优质、快捷的服务及优惠的价格，与国内 12 家一级分行建立了业务关系。全年共办理福费廷业务 52 笔共计 673 万美元，实现净收入 5000 美元；办理远期信用证代付业务 244 笔 5.4 亿美元，实现净收入 36 万美元。这两项短期资产业务分别比 2004 年增长 1.16 倍和 17.5 倍，为稳定资产规模、调整资产结构起到了应有的作用。

（三）继续积极发展私人汇款业务。

面对人民币汇率调整及同业竞争，一方面加强营销推广，积极做好媒体宣传和业务促销活动，深入中国客工集中的建筑工地进行密集营销；另一方面，积极推广批发汇款业务，已与几家本地大型汇款中心建立了业务联系，与印度尼西亚 BANK MULTICOR、新西兰双美国际集团达成中国汇款个人预结汇业务的合作意向。

（四）打好清收不良贷款的攻坚战。

对于历史遗留的不良贷款“钉子户”，积极转换思路，拓宽处置回收渠道，全面分析、合理安排、内外协作，积极打好清收不良贷款的攻坚战，共收回不良贷款本金 1311 万美元，利息 105 万美元。

为提高清收处置进度，节约贷款回收成本，积极协调国内分行，与海南分行及北京分行签署了委托代理协议，将新分行在国内的不良资产有偿委托上述分行进行处置，进一步拓宽了清收处置渠道。

（五）认真抓好风险控制工作。

年内对审贷会进行了调整，审贷会主任改由主管信贷业务的助理总经理担任，以实现前后台的有效分离，强化信贷风险控制。

继续严控单笔业务规模，严格审查信贷项目，在加强贷后管理的同时，针对新加坡转口贸易、大宗资源性产品贸易发达，贸易融资业务环节多、交易复杂的特点，成立了由主管风险管理的助理总经理任组长，单证部、合规人员组成的贸易融资风险控制小组，认真研究贸易融资风险的技术控制手段，提出了风险控制措施，同时还邀请了律师事务所为员工介绍有关结构性贸易融资的操作知识及贸易融资业务的风险防范措施。

（六）强化内部管理。

制定或修改多个管理办法和操作规程。根据外部审计的要求和总行经营管理权限的调整，各部门对操作规程进行了重新修订；责成内部员工重新签订了避免利益冲突、保守银行机密和遵守员工守则的承诺书，并将其纳入劳动合同的组成部分；为避免操作风险，修改了分行内部与对外付款有关的授权办法和执行方式，由纸质授权改为电子授权，即授权人除了在业务文件上签字授权外，还必须亲自授权发送 SWIFT 系统付款报文，保证付款的真实性。

逐步建立并实施内部考核办法。制定了前台创利部门的考核指标，从第四季度起实行指标考核；确立了由前台部门对后台部门进行年度评价的制度。将年终奖金分配与指标考核及评价结果紧密挂钩，以激发员工的工作热情，提高工作效率和效果。

组织内审及合规人员赴海外数据中心对金管局关于业务外委指引、《银行法》保密条款及服务协议的执行情况进行了检查，对海外数据中心业务人员进行了银行法保密条款的培训，要求海外数据中心业务人员签署了保密承诺书。

（新加坡分行）

东 京 分 行

总经理 宋宁

【经营业绩】

截至年末，全年实现账面利润311万美元，中间业务收入118万美元，人均创利9.4万美元。年末总资产余额为82685万美元，较2004年同期下降4583万美元，降幅约5%。各项贷款余额32377万美元（含贸易融资余额11904万美元），较2004年增加1155万美元，其中贸易融资增加5470万美元，增长88%；债券40139万美元，减少9486万美元，下降19%。总负债为82151万美元，较2004年减少4505万美元，下降约5%，其中各项存款1204万美元，增加530万美元；系统内拆借余额34770万美元，下降4388万美元，降幅11%；同业拆入34774万美元，增加3432万美元，增长11%。年末不良资产余额450万美元，较2004年同期下降514万美元，降幅53.3%；不良资产率约0.6%，较2004年同期下降0.59%。

【主要工作】

（一）进一步加大市场营销力度。

群策群力加强对优质客户和项目的营销。对公业务方面，新招聘日本员工负责本地贸易融资客户集中营销，共走访73户企业，增加了对市场需求的了解，提高了市场知名度。个人汇款和存款业务方面，通过电视、报纸等媒体广泛宣传全球快汇产品，采取客户问卷调查、上门走访等多种方式扩大营效成果，同时努力提高柜面服务和售后服务水平。为突出中资银行特色与分行传统优势，积极开发新产品，努力提高核心竞争能力。全年累计叙作贸易融资业务3亿美元，年末余额1.19亿美元，创分行开业以来新高，同比增加5784万美元，增幅达94.57%。累计签约贷款1.1亿美元，新投放贷款1.08亿美元，其中银团贷款8700万美元，双边贷款2100万美元。信用证通知14亿美元，议付0.7亿美元，进口开证450万美元，进口代付1.8亿美元，同比增长620%。完成国际结算量总额28.7亿美元。完成清算业务量11567亿日元，实现清算业务收益6614万日元。海外汇款90亿日元，实现海外汇款收益3608万日元。

（二）有效推进内外联动。

在已经建立的内外联动工作机制基础上，进一步加深了与国内分行的合作，充分发挥工行的整体优势，努力实现综合效益最大化。赴国内开展了对日资企业的联合营销，促成了一批日企在华投资项目落户国内分行。例如，协助广东分行营业部对包括广州本田汽车、广州丰田汽车、三菱重工东方燃气轮机在内的当地8家日资企业进行营销，不仅进一步密切与巩固了与已有业务往来的日资客户的关系，对一些久攻不破的日资企业也创造了开展业务的机会。接受国内分行委托，积极营销在华日企日本总部，对一些尚在筹备阶段的项目开展早期接触和营销，为今后的业务发展创造了有利条件，先后协助国内分行争取到日本电产三协（浙江）有限公司总投资3000万美元、无锡高千穗灿科技有限公司资本金300万美元等多个综合效益较高的优质项目。主动向国内分行推荐优质客户和项目，充分利用当地优势，通过各种渠道搜集日本企业投资信息并上门营销，先后协助国内分行成功争取到日产（中国）投资有限公司、江洋散热器株式会社、理研汽车配件（武汉）有限公司等多家优质客户和项目。积极协助总行进行QFII业务营销及后续服务工作，安排专人协助总行开展与大和证券公司之间的托管协议修订和续签等工作；协助总行开展对三菱信托银行、新光证券、住友信托银行、瑞穗证券、日本生命、三井住友资产管理公司、明治安田生命等客户的QFII业务营销。积极开展外保内贷、见证及其他业务，先后为国内4家分行开出用于贷款担保的备用信用证5笔，并受多家国内分行委托，核实伊藤忠商事、丸红、大赛璐工业等日本公司总部出具保函的真实性。

（三）丰富和优化贷款结构。

适当提高了短期贷款比重，下调中长期贷款占比，提高了信贷资产安全性。本年度1年期以内贷款比重同比上升10个百分点，1至5年贷款比重下降3.2个百分点。增加了港币贷款品种，扩大对香港和美国的贷款业务，使贷款区域分布更广。

（四）切实加强内部控制和风险管理。

进一步补充完善了有关管理办法，从制度上堵塞漏洞，消除操作风险隐患。根据日本金融厅和日本银行协会的具体要求，起草了《东京分行职员个人信息管理规定》《东京分行内部个人信息保护管理条例》；向日本金融厅报送了关于个人信息保护计算机系统方面的报告；修订了《东京分行审贷会议事规程》《东京分行业务事项处理权限》《中国工商银行东京分行就业规则》；出台了《东京分行业务事项处理权限的更新手续》《东京分行远期外汇买卖暂行办法》等新办法；制定了《东京分行资金部本人确认法实施细则》，强化了资金业务风险管理。

2005年11月，王丽丽副行长访问日本期间到东京分行调研并指导工作。

严格按照有关制度和操作规程处理业务，严禁违规操作行为。充分发挥内审部门的作用，对资金、信贷、营业、结算、会计等各部门进行了稽核检查，并认真跟踪落实检查中发现问题的整改。严格执行信贷管理委员会议事规程，凡按规定必须提交信管会审议的融资项目都经过集体审议后作出决策，有效提高了贷款审查质量。从事后检查结果看，本年度新增融资项目中没有发现明显的风险问题，全行没有发生重大案件事故。

（五）圆满完成股改工作。

鉴于日本监管环境的特殊性，成立了以总经理为首的股改工作小组，确保各项股改工作顺利完成。对股改涉及的工作进行了明确缜密的分工，在总行发布股改新闻报道、政府注资改制、发行次级债成立股份公司等各个重要环节，坚持提前准备、积极沟通、及时汇报，前后数次拜会金融厅和日本银行，并及时向总行反馈日本监管部门的意见，提出解决问题的建议。积极协助安排总行与日本监管部门的会晤，按照总行的部署分阶段高质量地建立起股改资料库，完成了法律尽职调查、物业评估、资产评估和外部审计等相关报表的编制、上报、报备工作。

（六）大力开展业务创新。

积极推进业务创新，打造经营特色。成功地与深圳分行联合开发了TT项下委托付款业务，目前余额已达3400万美元。正式开展代客远期外汇交易业务，全年实现各类外汇买卖收益809万日元。与三菱UFJ和国内分行合作开发国际双保理业务。认真完成总行下达的调研任务，先后完成了《东京分行经营发展战略》《日本银行监管体制》《国际银行风险管理经验调研》等重要报告。电子化建设取得新成果，完成了CM2002代理行子系统及境外网银系统的培训、投产演练、用户设置和投产工作，配合和协助海外数据中心，完成了MIDAS系统和SWIFT系统的灾害应急演练工作，成功测试并投产了应急灾备系统，完成了NOTES系统迁移、升级工作，开通了总行网讯的浏览通道。

（东京分行）

首尔分行

总经理　崔基仟

【经营业绩】

截至年末，总资产余额为93222万美元，较2004年减少3010万美元，减幅3.13%；月均余额达到94826万美元，较2004年同期增加4751万美元，增幅5.27%，其中贸易融资、债券投资和贷款三项主要资产在总资产中的占比分别为47.02%、30.04%和20.60%，合计占总资产的97.66%。总负债达到87755万美元，较2004年同期减少3977万美元，减幅4.34%。全年实现账面利润806万美元，还原为考核利润后为833万美元，比2004年同期增长83万美元，增幅11.07%，完成总行下达全年指标的111.1%；实现拨备前利润929万美元，还原为考核利润后为956万美元，比2004年同期增加9万美元，增幅1.0%。国际结算业务量为44亿美元，比2004年增长12亿美元，增幅高达37.5%；全年共办理国际结算业务36638笔，比2004年增加4263笔，增幅13.17%。实现中间业务收入170万美元，比2004年同期增加了11.1%。按照当地监管部门要求计提准备金123万美元，准备金累计达到827万美元。资产回报率为0.91%，资本回报率为8.51%，成本收入比为32.81%。

【主要工作】

（一）积极开展多种形式的营销活动，稳步扩大客户基础。

为推动业务结构多元化发展，增强盈利能力，制定了详细周密的营销计划，从多个方面展开了营销攻势。

首先，积极开展高层营销活动，先后拜会了韩国金融监督院，举办了九家韩资银行参加的同业招待会，与新韩银行签署“业务合作协议”，会晤友利银行黄永基行长，拜访LG化学、双龙汽车、浦项制铁等当地大型企业高层，进一步增强了与当地大型银行、企业客户的友好合作关系。借出席釜山APEC和ABAC国际会议之机，对三星物产株式会社、韩亚金融控股公司、釜山银行、中国驻釜山总领馆等机构开展了高层营销，并与三星电子、大韩航空等5家参会企业进行了交流，为业务开展打下了坚实基础。

其次，加强了对中韩资企业客户的营销。将中资企业客户确定为新的营销重点，通过举办联谊推广活动加强沟通，了解客户实际需求，提升服务水平，取得了显著效果。营销上汽股份办理了2.8亿美元收购款汇款业务；南航韩国分公司、国航釜山分公司、中国驻釜山总领馆三家中资客户开立了存款账户，并开始办理存、汇、外币兑换等业务。在认真分析韩资客户群特点的基础上，制定了韩资企业目标客户清单和营销战略，确定了主攻方向，有针对性地展开营销攻势。专门组织了11家重要韩资客户赴青岛开展营销活动，进一步加强了合作与沟通。截至年末，原有老客户进一步扩大了业务总量和种类，同时新增了三星重工、三星道达尔、LG商社、GS Caltex等10多家大型韩资企业客户，贸易融资日均余额达到了4.19亿美元，比2004年增加了16.7%。

第三，积极开展内外联动和联合营销工作。成功承办了总行资产风险管理培训班，邀请韩亚银行电子银行中心专家为境外网银调研组介绍了韩国网上银行及其网银业务开展情况，对LG电子、南方航空等客户开展了现场调研，进行了海外分行网上银行项目的调研工作，编写了大量的调研材料，参加了总行组织的海外分行网上银行业务需求编写工作；会同天津分行，对韩资驻津企业天津三星电机、三星视界、浦铁（天津）钢材和乐金渤海化学等知名韩企开展了服务推介活动，并受天津分行委托对LG化学、锦湖轮胎进行了涉及投资总额达3亿美元和8900万美元的联合营销；向江苏省分行推荐了韩国韩火石油化学在华投资项目；协助浙江分行代表团拜访国民银行和韩国第一大内衣制造商新荣制衣；协助开展中小企业支持工作调研；协助吉林分行代表团拜访了国民、友利和外换银行，重点对转汇款业务进行了专项营销；协助山东、江苏、浙江、吉林等分行对大宇造船、HYNIX、斗山重工等韩企开展营销活动；帮助福建、江苏、浙江、广东等分行解决了20余起与韩资银行、韩资企业间的纠纷；与吉林省分行签订了“中韩存汇通”合作协议等。通过积极主动的内外联动工作，深入挖掘与韩资企业的合作潜力，有力地发挥了工商银行海内外行联动的整体效应，密切了银企合作和兄弟行合作关系，促进了全行业务发展。本年度共办理内外联动业务55笔，涉及金额超30亿美元以上。

（二）大力发展中间业务，提高非利息收入比重。

自年初开始，通过中国歌友会、中国同胞联谊会等大型活动在旅韩人员聚居区开展了20余次户外营销，并通过手续费折让、发放纪念品等形式为客户提供切实优惠；在地铁站、营业场所前专门增设了广告宣传标志；抓住釜山举办APEC国际会议及国际电影节的有利时机，通过在专门刊物上印制宣传广告、制作公共汽车车身广告等形式，积极宣传我行服务；通过多种方式利用当地杂志、报刊等媒介刊登了我行广告和热点新闻，进一步加深了当地客户对工行的了解，扩大了工行的知名度。

进一步密切与银行同业的合作，积极宣传我行的产品和服务，通过借助韩资银行的客户资源和系统优势，以再议付业务和对华汇款业务为重点，加强与国民银行、外换银行、友利银行等韩国同业的交流与合作，发挥各自在中、韩两国的优势，实现双赢，全年共办理对华转汇款业务29427笔，金额达15亿美元，分别比2004年同期增长13.05%和59.92%，不但增加了中间业务收入，而且为国内分行争取到更多的汇入汇款业务和汇兑收益。积极帮助韩国同业开展政策咨询，协助解决涉华纠纷，密切了合作关系。与韩国釜山银行签订了《人民币预结汇汇款合作协议》，全方位拓展了汇款业务网络。

根据“一户业务多元化”目标，针对不同客户群进行差别化产品开发与专项推广，细分客户、产品和市场，开展专项营销。针对贸易融资客户，加强了结算产品、外汇买卖、开证、担保等业务的综合营销；对个人和资本项下汇款客户，重在提高服务水平，加强客户关系管理，突出宣传新产品“中韩存汇通（账户代理业务）”、“全球快汇”及特色业务“人民币预结汇”等。代客外汇买卖取得突破性进展，客户总数已发展到12家，交易总额已达3亿多美元；新产品“中韩存汇通（账户代理业务）”新增了20余个客户。中间业务收入增长了11.1%、汇兑收入增加了60.8万，增幅高达237%。

（三）强化信贷风险控制，健全信用评价体系。

继续完善信贷制度，不断提高执行力。自2004年实现“零不良”后，进一步建立了贷款预警防范机制、授信额度监控体系和业务风险控制机制，陆续出台了一系列制度办法，明确了信用风险管理的框架和具体内容；通过落实岗位责任制，强化了贷后信息反馈力度，充实了信贷风险人员力量，切实强化了信贷风险管理执行力度；在2004年成功化解全部不良资产的基础上，加大大额贷款监控，特别是两笔关注类贷款的重点监控。

强化信贷客户内部评级和年审制度。根据总行管理要求，审慎开展对公司法人客户的信用风险分析与评级工作，对所有新增信贷客户一律按照内部信用评级标准核定信用等级。为了保证评价的科学性和独立性，参考客户的当地及国际评级，原则上可与内部信用等级五级以上（含）的企业开展信贷业务，同时考虑在第六级企业当中选择盈利能力和财务状况较好的企业，逐笔审核其开展信贷业务的可能性。坚持信贷客户年审制度。对一般正常贷款项目，原则上每年一次进行年度跟踪检查，对内部信用等级在六级以下的企业或贷款项目，每年两次以上进行跟踪检查。如遇相关企业客户的财务状况发生重大变化，或者企业无法偿还贷款本息，及时对该类企业进行更为详尽的信用分析，并根据分析结果调整其信用等级和贷款准备金提取比率。全年共对30家公司进行了信用风险分析（年度分析18家、新客户分析12家）；召开了32次审贷会，审议了12.2亿美元授信项目，12家公司的统一授信项目报总行审批。

强化贷后审查与管理。根据总行境外分行管理规定和法人客户评级、授信管理办法，进一步修订了信贷业务操作手册，将债券授信纳入了统一授信的范畴，强化了信贷业务管理。同时，参照韩国银行联合会的有关作法，修订了《企业贷款资金使用用途事后监督规定》，采用既能有效控制风险，又能提高效率的方式强化贷后管理。从海外分行人手和经营成本控制的需要出发，将贷后管理融入与贷款业务相关的各职能部门，建立了贷款现场管理主要依靠市场部门，贷后质量管理主要依靠信用风险管理部门，营业部承担部分监测企业资金流向功能的构架，形成了既能控制主要风险，又能提高效率的贷后管理方式。

（四）健全各项规章制度，提高内控管理水平。

为加强内控制度建设，夯实内部管理基础，修订完善了一系列内控制度，加大了业务依法合规经营专项检查、培训和稽核力度，严格按照审计检查意见进行整改，提高了员工依法合规经营意识。制定或修订了《集团授信管理办法》、《客户评级管理制度》、《资产质量管理办法》、《出口信用证项下贸易融资业务管理办法》等制度办法；制定了《釜山分行2005年度经营管理权限》、《代理釜山分行叙作资金业务管理规定》、《釜山分行风险管理小组规程》，明确了釜山分行的各项业务权限与责任。整理了开业以来的制度汇编，对70%以上的文件制作了双语版本，组织员工开展对照检查学习活动。

通过审计检查落实整改工作，除内部组织的例行稽核外，于3月和11月分别接受了韩国金融监督院和中国银行业监督管理委员会的现场检查，针对于检查中发现的问题，组织各部门进行认真研究，结合业务操作和管理的实际情况，深入剖析问题产生的根源，查找业务操作和管理中的薄弱环节，严格内部控制制度，建立风险防范的长效机制，控制操作风险，得到了两国监管部门的肯定。

为了防范各项业务风险，提高内部管理制度的执行力，确保依法合规经营，根据工作需要配备了高层次的稽核监督人员，将原稽核部经理升任副总经理级监事，全面负责依法合规经营和各项风险控制工作，切实提高了内部稽核监督的层次和力度。此外，对釜山分行开业以来的业务管理、操作等方面进行了现场检查，有效规避了风险，保证了各项管理工作的规范化、制度化和科学化。

对员工重点进行了反洗钱、银行事故防范和灾难恢复制度培训，使员工树立了高度的风险意识，增强了员工风险管理的紧迫感。

（五）加强系统建设，保障各项业务安全高效运行。

年初以来，陆续投产了CM2002代理行额度管理模块、TI Clean payment模块；升级改造了外汇申报（FX WIRE）新系统；成功投产了MIDAS Customer Lending模块和Fixed Deposit模块；CM2002信贷管理模块的测试工作正在进行。系统升级、投产的顺利完成，满足了业务需要，使管理水平和效率有了显著提高。

根据金融监管要求，加强了分行信息系统的应急管理，针对不同的紧急情况或灾难制定了各应用系统的应急处理方案，定期进行应急演练。成功组织了第一次SWIFT、MIDAS、TI系统的应急演练，并针对网络通信线路坚持每月进行一次应急演练，提高了对突发事件的应对能力。

（六）积极配合股改工作，完成调研任务。

克服人员少、任务重、时间紧等不利条件，积极完成了海外分行股改法律尽职调查、资产物业评估和会计审计等各项试点工作，向总行提出多项建设性意见和建议并得到肯定。在股改准备期间，完成了大量资料整理和扫描工作，并配合总行完成了法律尽职调查和会计审计协调工作。完成了《韩国金融监管体制》《工行在韩国中长期发展规划》《海外分行网上银行调研报告》《韩国金融市场竞争环境分析》和《韩国会计准则调研报告》。

（七）抓好培训工作，提高员工素质。

全年安排中韩主要业务骨干参加了MIDAS Customer Lending模块和Fixed Deposit模块培训、CM2002系统业务、IT网络业务培训和全球快汇业务培训等3个专业培训；举办了金融专业汉语水平测试；对新入行员工进行了岗前培训，提高了员工的风险防范意识和专业素质，为分行培养和储备了专业人才。

（首尔分行）

釜 山 分 行

总经理　荆仁

【经营业绩】

截至2005年末，总资产为5424万美元，比2004年末减少154万美元，减幅为2.76%；月均总资产余额为6415万美元，在工商银行全部在韩资产中（汉城与釜山并表数字）占比为5.82%，其中贸易融资余额为1450万美元，比2004年增加335万美元，增幅为30.04%，占比为26.73%；贷款余额为2068万美元，比2004年增加268万美元，增幅为14.89%，占比为38.12%；债券投资969万美元，比2004年下降1273万美元，减幅为56.78%，占比为17.86%。全部生息资产占比为99.75%。在资金来源方面，存款余额为305万美元，比2004年末增加158万美元，增幅为107.48%，占比为5.89%；拆入资金余额为4300万美元，基本与2004年持平，占比为93.12%。

实现拨备前利润70.29万美元，与2004年基本持平；账面利润39.18万美元，当年提取准备31.11万美元，准备金总额达45.89万美元。全年国际结算量达50890万美元，比2004年增加13424万美元，增幅为35.83%，其中贸易融资累计额为12246万美元，比2004年增长2536万美元，增幅为26.12%；汇款业务量为26153万美元，比2004年增长7450万美元，增幅为39.83%；信用证通知为12129万美元，比2004年增长3127万美元，增幅为34.74%。中间业务收入为23.75万美元，占比为7.95%。2005年资产回报率为0.61%，资本回报率为11.07%，收益能力优于在韩外资金融同业平均水平。

【主要工作】

（一）针对区域经济特点，制定并实施灵活多样的营销策略。

面临当地经济萎缩和市场竞争激烈等严峻考验，针对当地市场特点、自身现有资源和总行发展政策，对个人、企业和特种客户制定了差别化的营销方案，低成本、高效率、长时间地开展营销活动。

在继续推进个人金融服务营销计划的基础上，充分抓住各种有利时机宣传我行对华汇款业务优势。派专人参加韩国东南地区中国留学生运动会，开展了工行对华汇款直通车的产品宣传；借开业三周年之际，向零售客户发送感谢函及手机短信，提供折扣优惠服务；同釜山市旅游及政府部门协商，将分行名称免费添入了釜山市地图、地铁等公共设施标志；在10月份釜山国际电影节的宣传手册上以广告方式宣传汉城和釜山分行；11月份APEC峰会期间，在APEC参会代表团下榻宾馆区、会场区、机场和市中心四大区间循环的公共汽车上投放双面车体广告，宣传工行全球快汇业务产品，扩大汉城分行和釜山分行在韩的知名度，有力地促进了个人对华汇款业务的推广和发展。2005年共办理柜台对华汇款业务1198万美元，比2004年增加116万美元，增幅为10.72%。

在对市场进行了系统性研究之后，发展了一批信用风险可接受、有一定业务机遇的目标客户。为了坚持审慎经营、保障业务持续发展，根据分行经营管理权限成立了风险管理小组，并对企业客户开展了小规模的授信活动。为渔业公司BLUE ICE、MIR TRADING等4家企业客户核定或增加授信额度，目前贸易融资客户已发展到20余家，低风险贸易融资业务余额已由年初的786万美元跃增到1450万美元，国际结算总量比2004年增长了35.83%。

制定同业营销计划，成立同业营销小组，配合总行整体营销活动争揽兄弟行和其他中资行的来委结算及融资业务。APEC工商咨询理事会（ABAC）会议及APEC CEO峰会期间，拜会中国驻釜山总领馆总领事、釜山银行副行长，就今后合作进行了深入探讨。与山东等46家兄弟行加强联系，彼此交换客户名单并建立信息库；同河北、青岛等9家兄弟行开展了联合营销。争取中行山东分行、建行大连分行等中资银行将信用证通知、对韩汇款等业务转至我行办理。

积极与当地韩资银行合作开展对华转汇款业务，与韩国釜山银行签订了《人民币预结汇汇款合作协议》，并派专人赴釜山银行进行培训，专门制作了《人民币预结汇汇款指引》分发给釜山银行的各个业务网点，拓展了人民币预结汇汇款业务的空间，为两家银行今后的全面合作奠定了坚实的基础。该业务自9月份开办以来，总计办理30笔，金额5.13万美元。

利用釜山地区唯一一家中资银行的特殊竞争优势，与中国驻釜山总领事馆继续保持良好的合作关系，截至年末，釜山总领馆存款金额达226万美元，占存款总额的74.10%。在总领馆的支持下，积极参加各类商务和社交活动，向当地团体和企业推荐工行服务，并召集本地区全部中资企业成立了“釜山中资企业联谊会”，成功营销了部分中资机构，与国航（釜山）签署了《代理外汇买卖协议》，国航（釜山）将3000万美元票款收入的汇兑及汇款业务由韩国国民银行转至分行办理。

（二）采取多种措施，加强内部管理。

为保障依法合规经营，促进业务持续发展，从安全保卫、稽核检查和授权及风险管理等方面加强了内部管理。由于对总领馆上门取款和柜台零售客户持续增加，增购了取款安全设备，规范了工作流程，请当地警备机构培训了取款人员，拟订了上门取款及大额现金管理工作规程，更新了门禁及防盗设施，员工使用指纹识别系统签到、签退。

3月份，韩国金融监督院对分行进行了为期一周的无预先通知式汇款现场合规检查，并出具了清洁汇款检查结论。8月份，汉城分行内部审计小组专门对总经理2004年10月至2005年7月任职期间经营管理行为、责任和经营目标完成情况进行了全面现场检查，总行内审局出具了离任审计报告。11月份，银监会进行现场工作检查。根据以上检查和审计报告要求，分行进行了全面整改，提高了内部管理水平，完善了内部经营管理。

鉴于釜山地区中小企业客户居多，信用风险较高，为严格控制业务风险，成立了风险管理小组作为决策机构，制定了《釜山分行风险管理小组工作规程（试行）》及《釜山分行风险管理工作指引》，针对分行规模小、人员少等特点，初步建立了信用风险、市场风险、流动性和运营风险等全面管理体系，确立了管理原则、岗位责任及工作流程等。

（三）加强团队建设，塑造积极向上的企业文化。

年初，开展了以“更优秀的工行、更出色的团队”

(Better ICBC, Better Team) 为主题的团队建设，提出了“从思路 - 计划 - 行动 - 结果”全过程发展管理理念，以鼓励员工全面提高专业水平和语言能力，以一流服务增强市场竞争力。为了有效提高员工的业务水平及专业知识，邀请了汉城分行的业务专家就“信用风险分析”、“会计报表分析”等进行了专题培训；派遣业务骨干赴汉城进行了为期3周的TI系统的贸易融资及汇款培训；组织分行当地员工在行内学习汉语，由国内派出人员担任授课老师，并参加了汉城分行组织的汉语水平考试，取得了较好的成绩。为提高员工“知规及合规”素质，整理了中韩两国监管当局、总行及汉城分行制定的关于反洗钱、授信等方面的27项管理规定，分发员工学习并进行了每季度一次的知法合规考试。经常组织员工开展“如何提高业务水平和服务质量”、“全面市场营销”等专题讨论，形成了互帮互学、团结向上的良好风气。

（釜山分行）

澳门分行

总经理　沈晓棋

【经营业绩】

全面超额完成了总行下达的各项财务指标和业务发展指标。截至年末，总资产35698万美元，较2004年增加13400万美元，增幅60.1%；各项贷款余额14780万美元，较2004年增加3466万美元，占全部资产的41.44%；总负债36477万美元，较2004年增加13214万美元，增幅56.8%；各项存款余额30291万美元，较2004年增加12420万美元，储蓄存款增长迅速，增加了6230万美元，在总存款中的占比达到25.55%。各项收入合计1164万美元，较2004年增加743万美元，增长176.48%；各项支出合计975万美元，较2004年减少360万美元，减幅26.97%；拨备后利润为189万美元，较2004年增加1102万美元，账面利润（拨备后利润+总行管理费）为214万美元。

【主要工作】

（一）全面加强内部风险控制。

完善部门组织结构，明确部门职责。根据业务发展需要，不断明确内部管理部门的职能、定位，明确划分业务分工和权限，同时将各职能部门按性质划分为利润中心和成本控制中心，建立内部经营绩效考核机制，激励员工为银行的最佳经营效益努力拼搏。

推行全面风险管理，加强制度建设。坚持制度先行的原则，不断加强业务操作平台建设和管理，提高中、后台监控职能，完善规章制度，用制度规范管理，形成以制度约束行为的长效机制；优化业务流程建设，形成职责明确、控制严密的内控制衡机制。

坚持以人为本，加强员工培养和发展。面对将要实施的国际会计准则和工商银行股改上市后的管理要求，积极进行人才储备，引进高级管理人员和国际化、现代化的商业银行管理理念。不断加大人力资源管理培训力度，健全和完善人力资源管理体制，实施完善的培训、选拔、用人制度，为每位员工的成长、发展、自我价值实现创造广阔的空间。积极组织员工参加各种健康有益的文体娱乐活动，增强团队凝聚力。

加快实施网点和系统功能建设，为业务拓展奠定基础。积极筹备南湾支行（位于澳门中心商业区）建设；组织实施业务模块升级，业务处理系统成为境外分行中业务功能相对齐全、模块功能最新的系统；作为首批境外分行参与境外网银的一期项目，完成了境外网银一期版本测试、网站内容介绍、域名申请等工作。

（二）积极贯彻落实总行内外联动及境外工作会议有关精神，开展内外联动工作。

与国内合作开展了福费廷包买、汇款、国际结算、贸易融资等业务，特别是借助珠三角区域合作与发展的有利时机，与粤深港积极探索，紧密配合，共同拓展业务，巩固了两地的客户关系，积极争取在珠海、中山、江门和河源投资的澳门客户到工行开户、办理融资等业务，实现资源共享，为客户提供跨区域的一体化服务，取得良好收益，提高了工商银行在市场上的竞争力。

（三）积极融入澳门社会，为澳门社会进步和经济发展做出贡献。

开业以来，坚决贯彻执行“一国两制”方针，以经营本地化为中心，遵守澳门及内地有关法律，依法合规经营，积极支持和参与澳门政府、社会团体举办的各类社会活动，通过各种机会宣传工商银行，打造工商银行的品牌优势，建立在澳门的知名度，树立企业形象，为长远发展奠定基础。8 月参加了由澳门社会工作局举办的“‘敬老金’发放合作协议签约仪式”，成为 16 家签约银行之一，为此项公益活动提供支持；10 月参加澳门第十届投资展览会；11 月参加格兰披治大赛车赞助活动；成为第四届东亚运动会唯一指定银行。

澳门分行沈晓棋总经理在台湾支行开业仪式上与主礼嘉宾剪彩。

（澳门分行）

法兰克福分行

总经理　宋立新

【经营业绩】

年末分行资产总额 51299 万美元，较年初增加 4565 万美元，增幅 9.77%；实现经营利润 331.75 万美元，较 2004 年增加 37.34 万美元，增幅 12.68%，剔除汇率因素，增幅 30.11%，创历史最好水平；由于债券价格波动等因素，提取准备金 164.89 万美元，实现账面利润 166.86 万美元，同比减少 78.76 万美元，下降 32.07%，剔除汇率因素，下降 21.56%；实现利息收入 567.73 万美元，较 2004 年增加 272.17 万美元，增幅 92.09%，占总收入的 33.60%；实现投资收益 880.53 万美元，较 2004 年减少 58.99 万美元，减幅 6.28%，占总收入的 52.11%；实现中间业务收入 130.74 万美元，占总收入的比重达 19.78%；成本收入比 49.14%；不良贷款为零；资本回报率 2.58%，资产回报率 0.33%。

【主要工作】

（一）创新业务产品，提高核心竞争力。

主要面向德国和欧盟中小银行，发展“欧元中国通”（China Euro Express，简称 CEE）快速汇款服务，为欧盟向中国的汇款提供了安全、高效、准确且低成本的渠道。截至年末，已有奥地利上奥地利州银行、西班牙大众银行和意大利储蓄银行协会三家成员行等5家银行主动在分行开立了欧元清算账户，专门用于CEE业务的往来，开创了欧洲银行在中资银行开欧元账户办理清算业务的先例。在CEE产品推动下，2005年完成欧洲对中国汇款的笔数和金额同比分别增长77%和8%。

6月正式获总行批准开办“承诺互换”融资服务，与多家欧洲银行签订协议，为其客户在华业务提供信贷融资服务，其中奥地利上奥地利州银行于9月14日与分行正式签署了承诺互换业务合作协议，协议金额为3500万欧元，不仅争揽到了新的跨国客户群体，还极大地促进了海外分行业务本土化的进程。

7月1日，经总行批准成为全行唯一的欧元清算中心，为分行欧元清算业务提供了广阔的发展空间。2005年，分行的欧元清算业务取得了较大发展，欧元资金收付量达70.71亿欧元，交易笔数35830笔，实现手续费收入57.8万欧元，同比分别增长44.31%、37.51%和31.35%。

对总行美元、欧元商业汇入汇款头寸进行跨时区运作。针对总行由于时差原因造成境外账户汇入汇款难以控制和使用的问题，组织相关人员进行专题研究，在充分论证的基础上，提出了“在北京营业时间外对总行欧元和美元境外账户商业汇入汇款头寸进行跨时区运作”的设想，并得到总行批准，有关测试和实施工作正在紧张进行中，2006年可投入运行。

（二）加强市场营销，树立工行形象，促进本地化建设。

加强了对欧盟同业市场的营销，注重选择代理行合作伙伴，确定合作领域，推出相应的新产品和服务，争取“双赢”合作。以储蓄银行为突破口，先后拜访了世界/欧洲储蓄银行协会，德国、法国等多家储蓄银行协会，德国相关州立银行、储蓄银行，参加储蓄银行组织举办的各种银行业务交流活动，宣传工行，营销产品。利用中国驻奥地利使馆等单位联合举办在上奥地利州首府林茨市的“中国日”活动，向来自奥地利及德国南部地区的770个企业及当地政府、议会及监管部门、新闻单位代表推介工行在中小企业融资、现金管理、结算服务等方面的业务优势，极大地提高了工商银行在欧洲同业中的形象，使分行实现了在欧洲同业中做中国业务“银行中的银行”的设想，推动了分行业务的本地化。

加强了对当地政府等其他机构的沟通营销，为业务本地化发展提供便利条件。多次与德国联邦政府经济劳工部、财政部、黑森州政府、中国驻德使领馆等机构进行互访，介绍中国最新经济发展情况和工商银行的服务优势，就中德企业的经贸投资活动加强互动和交流，为争取双方政府层面的支持奠定了基础。

利用中国驻波恩领事馆搬迁的机会，积极展开营销，成功争取领事馆在分行开立账户，并在分行办理其汇款和支票托收等业务，截至年末，领事馆在分行存款130万美元，成为分行的第一存款大户。

加强了对集团总部和当地企业的营销，为本地化发展积累客户资源，为国内分行竞争客户服务。全年接待、走访的公司客户超过60家，同时，利用与大企业的合作关系，拓展与其旗下或上下游中小企业的业务关系，取得不同程度的进展。

（三）大力发展中间业务，努力拓展以贸易融资为主的资产业务。

继续大力发展中间业务，充分利用地缘优势，重点在国际结算和清算业务发展上下工夫，全年完成国际结算量288903万美元，比2004年增长31003万美元，增幅为12%，其中办理信用证业务1826笔，结算量超过15亿美元，实现手续费收入43.5万欧元，分别比2004年同期增长3.57%、21.68%和13.86%；完成欧元汇款23044笔，汇款总量达11.8亿欧元，实现手续费收入57.8万欧元，同比分别增长38.19%、27.57%和31.35%。

对国内同业机构进行产品推广和营销，取得良好效果。继北京市商业银行之后，国内日照商业银行与镇江商业银行先后在分行开立欧元清算账户。

在资产业务方面，进一步提高了对信贷项目和债券投资的审查标准，严控信贷风险。全年共新增3笔银团贷款，总金额1200万欧元，银团贷款在总资产中的占比为12%，实现利息收入187美元，同比减少57万美元，减幅为23.5%。资产业务的发展主要以贸易融资和欧洲中央银行可抵押债券投资为重点，其中债券投资新增8笔，总金额6298.5万美元，债券资产占总资产中的比重为53.17%。贸易融资业务得到了较快发展，截至年末，贸易融资及代付业务共完成516笔，比2004年增加413笔，贸易融资余额为16924万美元，比2004年增加8833万美元，增幅分别为400.97%和109.71%，实现利差收益29.46万美元，同比增长160.71%，贸易融资余额在总资产中的占比提高到33.05%。现有17家国内一级分行，3家国内同业通过分行办理代付业务。贸易融资代付业务的增加，不仅扩大了低风险资产业务，而且带来了较高的收益。

（四）寻求全方位突破，提高内外联动水平。

端正认识，利用自身优势，主动为国内分行提供支持帮助，同时带动自身业务的发展，实现双向联动，互利共赢。从产品创新入手，深化内外联动的广度，实现内外资源共享、互利互惠，有效调动了国内分行的积极性和主动性。加大资源投入，并将内外联动作为市场信贷部的重点工作之一，落实专人负责，明确职责任务。完善内外联动管理制度，落实专人，建立项目跟踪落实及登记制度，定期召开内外联动工作会，使内外联动工作制度化、规范化。

完善的机制保证了内外联动的效果。据不完全统计，全年共计办理联动项目近30个，其中协助国内分行营销集团客户8个，涉及投资总额折合2.5亿美元，实际投资约5000万美元，国内分行累计实际发放贷款金额折合3150万美元，吸收存款1650万美元左右；免费为国内分行解决涉外业务纠纷6起，实际索回金额10.19万美元；调查德国企业资信4件。获得“国内分行对境外机构的国际结算和贸易融资服务满意度”评比第一名。

（五）以风险控制为主线，强化内部管理和制度建设。

根据业务风险控制要求，增设市场信贷部，重新界定清算部的后台职能，规范业务流程，从部门设置上形成相互制约的机制，同时增加了风险部人员配置，以进一步加强信贷风险管理。适应业务发展的要求，由管理层牵头，组织人员，修订完善了系统管理手册，涵盖了各个部门、各个业务环节，为全行内部风险管理提供了依据。以总行对公司法人客户统一授信管理为契机，建立分行的授信和评级系统，加强信贷管理，控制信贷风险。全年共否决12笔新增贷款和债券投资需求，有效控制了信贷资产风险。做好资产业务的跟踪监测工作，对资产业务的信贷风险敞口认真做好季度和年度分析报告。根据总行和本地监管当局的要求，制定了财务管理办法和财务审查委员会工作细则、利率管理办法，制定了灾难备份计划，修改完善了资产负债委员会管理办法、信贷风险管理手册、信贷风险战略手册等，为风险管理工作奠定了良好的基础。

（六）做好不良贷款的核销和处置工作。

由于历史原因，分行年初有500万美元的瑞士航空公司不良贷款。为了加快该笔不良贷款的核销处置，从年初开始即积极联系瑞航资产清算官，密切追踪债权处置情况，随时了解清算动态，力争分行权益。总行批准核销后，又积极寻找处置办法，最后通过对市场的比较认定后，以较好的价格出售了该笔资产权益，减少了或有损失。

（七）以业务数据集中为契机，完善电脑系统建设，适应发展需要。

根据总行关于海外分行业务数据集中处理的有关要求，适时启动了业务处理系统上挂海外数据中心工作，并取得重大进展。

业务数据外迁出欧盟的项目申请于2005年7月27日正式得到德国联邦银行监管局（BAfin）批准，工商银行成为德国首家获准数据外迁欧盟的非美资银行。与珠海软件中心共同制定了业务数据外迁项目实施方案并获总行批准，分行专业人员已经到位，总分行的各项项目采购及培训等准备工作全面展开。投产了Prang Billing Module系统，提升了欧元清算处理能力和服务水平。完成了异地灾难备份中心建设。

（八）做好工行股份制改革相关工作。

按照总行统一部署按时、保质地完成了股改相关工作。安排专人及时报送相关报表和调研信息，分类整理分行成立以来的重要文档和资料，主动做好与本地监管部门和同业的交流，协助配合律师完成分行在当地的相关申请报备工作。同时收集信息，研究改制对我行在德经营的影响，为总行决策提供依据。

配合股改和自身业务发展，认真做好调研工作。共向总行报送各类调研报告和信息30余篇，总计40余万字，有效地促进了业务发展，支持了总行相关政策的制定。

（法兰克福分行）

卢森堡分行

总经理　吴斌

【经营业绩】

认真贯彻总行的总体发展战略和经营思想，结合市场实际，紧紧围绕拓展业务、申设机构、落实迁址等三项核心任务开展工作。8月8日顺利迁入位于市中心的办公新址。截至9月底，累计实现经营利润2533万美元，全部收回了总行于1999年开行时所投入的2500万美元营运资金。截至年底，资产规模达70293万美元，实现账面利润438万美元，完成总行下达的利润指标。国际结算量累计达9946万美元，完成总行下达指标的180%。保持6年无不良资产的良好记录。10月24日，卢森堡财政部正式批准设立中国工商银行（卢森堡）有限公司，为稳步拓展欧洲市场创造了有利条件。

【主要工作】

（一）加强内部管理，健全内控制度，确保依法合规经营。

继续坚持"以制度为先导，以法规为准绳"的经营指导思想，把各项经营业务切实纳入内部制度和外部法规的管理范畴。对原有的制度办法进行了清理，陆续出台了《代客货币期权业务操作规程》《信用证代付业务管理办法》等9项制度办法，并修订、补充和完善了各部门职责、岗位职责、员工手册以及各项业务操作手册及费率表等。

根据当地金融监管的要求，正式设立业务合规负责人岗位，制订了《业务合规章程》，并对财资市场部实施了合规检查。与此同时，分别对营业部进行了内部稽核，对财资市场部和会计部涉及债券投资、银团贷款、货币市场和外汇买卖等项业务的前、后台处理进行了合规性检查，对财资市场部缺少独立的中台监控岗位、会计部账务处理操作手册内容不够完整等问题提出了稽核建议。

在反洗钱工作方面，坚持"KYC"（Know Your Customer）原则，了解客户背景，索要相关证明文件，并利用自行开发的"Black List"系统核实黑名单，规范开户程序，严格客户准入机制，通过不断搜集客户信息，补充和完善"CIS"（Customer Information System）系统，为依法合规经营提供了保障。主动拜访卢森堡检察院，介绍分行反洗钱工作开展情况，听取检察官对反洗钱工作的意见和建议，加强与当地反洗钱主管部门的沟通与合作。

（二）优化资产组合，防范信用风险，稳健发展资产业务。

为了应对利差缩窄的不利局面，在认真研究资本市场走势的基础上，加强信用风险跟踪和分析，采取积极的投资策略，在保证资产安全性和流动性的前提下，保持投资规模，实现了较好收益，使不良资产比率维持为0。

截至年底，债券与贷款汇总资产组合达64640万美元，占总资产的91.77%。银团贷款总承诺额为60431万美元，其中实际提款金额为3244.21万美元，提款率为5.37%；债券投资总额为61395万美元，欧洲中央银行可抵押债券为45713万美元，占债券投资的74.46%。

在债券投资和银团贷款汇总资产组合中，固定利率资产的比率仅为0.5%，总资产承受较小的利率变动风险。

在汇总资产组合中，短、中、长期资产占比分别为9.22%、46.62%和44.15%，以中、长期资产居多，资产期限结构相对合理，符合欧洲同业银行惯例；经合组织国家和地区授信占比达86.25%，新兴市场占比较小，资产组合的地区和国家风险较小；投资级别以上的资产集中，占比达95.57%，体现了较高的资产质量。

目前资产分布于14个不同行业，其中银行及金融机构资产占比位居首位，比例为28.79%；其他行业分别为食品医药、电力、制造业、电信、建筑、航空、政府机构、零售、汽车、石油、化工、媒体等，占比分布在13.78%和0.52%之间。资产分布态势较好地分散了行业风险。资产流动比率为85.20%，远高于当地监管当局要求（30%）。

（三）拓展零售市场，拓宽融资渠道，努力降低融资成本。

为扩大客户群体，降低资金成本，分行努力拓展私人零售业务，使客户数量连续24个月保持增长。截至年底，客户总数达1237个，较2004年增加184个，增幅为17.47%。全年各项存款余额在6000万～6500万美元之间徘徊。截至年底，各项存款余额为6360.96万美元，较2004年同期有所下降，原因主要有两点：一是汇率因素影响（全年欧元兑美元下跌超过15%），剔除汇率因素，存款实际增长749.23万美元，增幅为11.60%；二是汇款因素影响，全年汇款总额达5337.91万美元，同比增加64.83%，虽然全年现金存入高达5155.93万美元，但仍不足以弥补汇款造成的缺口。

在发展零售业务，扩大存款来源的同时，努力扩大欧洲央行公开市场业务，约占资金来源的67%。面对欧洲央行升息的不确定因素给公开市场报价带来的难度，加强了对利率市场的研究，做到了准确、高效报价，有效控制了资金成本。

在拓展融资渠道方面，继续保持与当地银行同业的密切联系，获得了一定的融资额度，对减缓分行资金压力，灵活调动短期头寸起到了积极作用。

（四）狠抓国际结算，注重产品开发，中间业务平稳发展。

根据卢森堡离岸金融中心的特点，注重发挥工商银行集团优势，在发展传统中间业务的基础上，不断寻找新的效益增长点，有步骤、分阶段地推进新业务、新产品开发，壮大客户群体，挖掘市场潜力。全年汇出汇款1132笔，汇款总额5337.91万美元，较2004年增加2099.38万美元，共实现汇款手续费收入24.36万美元，比2004年增加8.97万美元，增幅为58.28%。国际结算业务迅猛发展，总量达9946万美元，比2004年增长4747万美元，超额80%完成总行下达的国际结算业务指标。适时推出客户保管箱、优惠小额汇款和出口押汇等项新业务。在买方远期信用证及信用证代付业务方面，加大了工作力度，先后与国内近10家分行签订了合作协议。截至年底，共代付远期和即期信用证177笔，金额合计13578.87万美元。在代客理财产品方面，“两得利”存款因欧元汇率下跌重获客户青睐，全年累计交易金额达到320万美元；独具特色的代客保证金外汇买卖业务进展顺利，全年叙做业务271笔，累计金额达36100万美元。首次参加总行理财产品统一发售，推出了“汇财通”可终止理财产品和“稳得利”理财产品。

（五）拓宽宣传渠道，注重市场营销，着力塑造品牌形象。

为了在同业竞争中占据优势地位，加强了在法国、比利时、德国、意大利、葡萄牙和瑞典等欧洲国家的营销力度，通过媒体广告、网站信息和柜面宣传等手段对分行推出的新产品、新服务进行宣传推介，提升私人零售业务市场份额，着力打造理财专业银行的市场形象。

除继续在法国《欧洲时报》、德国《华商报》上做广告宣传外，还选择了比利时《华商时报》和法国《华商报》两家中文报纸作为定期广告媒体，分别就代客保证金外汇买卖、“两得利”存款、“节节高”存款、“汇款直通车”等产品和服务进行广告宣传，受到了客户的一致好评。

分行网站访问量保持稳定增长，方便了客户与分行之间的业务联系和沟通，对树立企业形象，扩大市场影响起到了重要作用。

（六）加强系统联动，发挥集团优势，力争实现内外双赢。

为进一步贯彻总行跨国经营战略，继续加强与国内分行及其他海外分支机构之间的业务合作和信息交流，在资产业务和中间业务方面取得了实质性的进展，赋予内外联动和外外联动新的内涵。11月，与伦敦子银行达成合作意向，在市场及客户信息共享、项目联合授信、资金临时拆借、《巴塞尔新资本协议》执行规划等方面展开业务合作与交流。加强了系统内营销，与近10家国内分行分别签署了信用证代付业务合作协议。邀请3家国内分行到卢森堡进行业务交流和培训，就反洗钱、银团贷款、零售业务、国际结算等内容进行了专题讲座。

（七）重视信息科技，加大投入力度，保障系统安全运行。

年初，安装了PIX和Check Point防火墙以及Trend Micro邮件防病毒产品，大大提升了网站和内部办公网的安全性；4月份，更新了IBM AS400主机，顺利完成系统迁移和测试，提高了系统运行速度和安全性；6月份，完成了MIDAS税收模块ECOFIN TAXES的安装调试和切换工作，按照欧盟有关法律规定，于7月1日顺利实现存款留置税的自动扣收。

为了加强用户权限的控制，提高系统安全性，对MIDAS系统用户操作菜单进行了分析，在此基础上对系统个人用户菜单进行个性化定制。

对自行开发的“Black List”系统进行了调整升级，增强了系统的容错能力，使反洗钱工作更为便捷规范；自行开发了MIDAS系统ORF模块的替代程序RFP（Reporting Facility Plus），6月份开始投入试运行，用于自动下载MIDAS数据并生成PDF格式报表文件。与ORF模块相比，RFP更为简便易用，经济实惠，每年可节约7000美元的费用开支。研究并应用虚拟机技术解决了MIDAS原有ORF应用程序迁移和备份问题，为彻底摒弃MIDAS原有ORF系统扫除了最后的障碍。

（八）重视调研工作，注重员工培训，提升理论研究水平。

全年共撰写调研报告10篇。还针对《巴塞尔新资本协议》的实施要求进行了大量的调研工作。积极收集整理金融信息，报送网讯20篇，信息快报13篇。

参加了普华会计事务所组织的合格投资中间机构（QI）审计问题研讨会，了解有关外国（美国以外）投资机构申请免征留置税的资格审计情况及相关问题；参加了卢森堡中央银行组织的Single List研讨会，了解欧洲中央银行欲将银行贷款纳入公开市场再融资合格抵押品以及卢森堡银行界对此问题的意见和看法；参加了MISYS公司组织的利息税模块培训课程，详细学习和研究欧盟利息税的有关立法情况、执行进度以及MIDAS系统新版本的有关内容；参加了卢森堡商会组织的社保系统培训，丰富了分行人事管理的内涵；邀请德勤会计师事务所有关专家来行举行反洗钱讲座，增强员工反洗钱意识。

（九）落实迁址工作，实现落地挂牌，展示全新银行形象。

2月1日，根据总行批复意见，正式签署了房屋租赁合同，决定将分行迁往位于卢森堡市中心的玛丽·黛蕾兹大道8－10号，并本着讲求质量、注重形象、节约成本的原则进行了装修工程的招标，选定知名度高、经验丰富、实力强劲的EGB装修公司负责内部设计和装修。经过周密安排和充分准备，于8月5日和6日顺利搬迁，全部办公设施安全到位，经过测试均运行正常。8月8日，正式对外营业。搬迁新址后，优越的地理位置和全新的营业环境吸引了越来越多的客户，业务量节节攀升。

（卢森堡分行）

工银阿拉木图

总经理　赵国强

【经营业绩】

截至2005年末，总资产为2870万美元，比2004年末增加467万美元，增长19%，其中债券投资446万美元，比2004年末减少531万美元；存放同业2246万美元，比2004年末增加1248万美元。全年月末平均总资产为2731万美元，比2004年月均增加674万美元，增长33%。

年末负债总额为1669万美元，比2004年末增加387万美元，增长30%，其中存款1652万美元，比2004年末增加542万美元，增长49%；全年总负债月均余额为1484万美元，比2004年增加493万美元，增长50%；存款月均余额为1467万美元，比2004年增加589万美元，增长67%。全年完成国际结算量2.78亿美元，完成总行下达任务的111%，比2004年增加0.52亿美元，增长23%。全年实现中间业务收入97万美元，比2004年增加26万美元，增长37%。全年累计实现各项收入总额237万美元，较2004年增加105万美元。支出总额116万美元，较2004年减少8万美元。全年实现账面利润121万美元，首次突破100万美元大关，较2004年增加112万美元，增长12.4倍。实现拨备前利润117万美元。账面利润和拨备前利润分别完成总行下达全年指标的6.05倍和5.85倍。账面利润资本收益率为10.45%，资产收益率为4.43%。完成了29万美元呆账核销工作，消除了历史包袱。

【主要工作】

（一）改进服务方式，提高服务质量，中间业务快速发展。

合理调整柜面服务流程，设置营业大厅客户经理，推出新的服务品种，不断提高服务效率和服务质量，使中间业务得到了快速的发展，全年中间业务收入达到97万美元，比2004年增加26万美元，增长37%。

汇款业务增长迅速。私人非贸易非资本汇款作为主要的中间业务品种，获得了长足的发展，全年汇款业务量达到17528笔，金额达到16829.8万美元；全年累计实现汇款手续费收入84.6万美元，比2004年增加25.6万美元，增长43%。

适时推出现金管理服务，提升服务层次。年初，与中国驻哈使馆签订了独家现金管理服务协议，服务内容包括代收签证费、代发工资等，还为使馆开发了自动对账软件，良好的服务获得了大使和使馆财务人员好评，使馆存款大幅上升，截至年末存款余额达到350多万美元，比年初增加170多万美元，增长95%。同时为中国管道、东方皇冠等公司向其总公司的开户行发送SWIFT940对账单，为多家公司提供代发工资、劳务人员保证金账户等现金管理服务。另外，积极开展履约保函、信用证等中间业务。

通过密切关注外汇市场，及时平盘，制定有市场竞争力的汇率等措施，扩大外币兑换业务，赚取兑换差价。累计办理外币兑换业务1.03亿美元，代客外汇买卖5800万美元；叙作外汇市场平盘业务358笔，金额达1.29亿美元，实现汇兑收益46万美元，比2004年同期增加98万美元。

扩大与当地银行的合作范围，尽可能提高出售美元现钞的手续费收入，由年初的0.05%提高到目前的0.09%－0.1%，全年累计向当地银行出售美元现钞5923万美元，累计卖钞手续费收入3.6万美元。

坚戈清算与出纳业务量激增。全年完成坚戈清算业务量237.27亿坚戈（约合1.77亿美元）；出纳现金收款137亿坚戈（约合1.03亿美元），向央行缴现钞128亿坚戈。

（二）一手抓存款，一手抓资金运用，寻找新利润增长点。

重点针对大型中资机构，采用服务先行、营销紧跟的方式，加大存款力度，各项存款大幅增加，全年月均存款余额达到1467万美元，比2004年增加589万美元，增长67%。

由于近几年哈国经济持续保持近10%的增长率，国际石油价格持续上升，哈国资金出现富余，政府未在国际市场发债。如何在控制风险的前提下，获得理想的收益，成为新的新课题。通过市场调研，报经总行批准，开发了投资哈国央行发行的短期票据业务，与央行签订了短期定存协议，办理存放央行1周至1个月的短期定存，获取利息收入，全年累计认购央行短期票据24笔，金额60.7亿坚戈（约合4530万美元），实现收入12万美元；累计办理央行短期定存222笔，金额638亿坚戈（约合4.76亿美元），实现利息收入23万美元，较2004年同期增加21万美元。

（三）加强内外联动，发挥整体优势。

由于汇款中有超过二分之一在新疆分行解付，为了规范流程，加快速度，年初与新疆分行签署了《汇款直通车业务合作协议》，明确汇款业务中双方的权利和义务，保障了汇款的快速到账；与新疆分行合作，通过"内保外贷"的方式，提供贸易融资短期贷款1笔，金额27万美元；与上海分行签署了《人民币预结汇业务合作协议》。

（四）调整组织结构，强化内控机制。

经当地监管机构批准，公司形式由封闭式股份公司改为股份公司，完成了120万美元增资的报批、股票发行工作，完成了新章程修订及在司法部的注册等一系列相关工作。

按照现代商业银行公司治理要求，调整组织结构，建立了前后台分工明确、相互监控的组织架构。新的架构下，共设7个部门，即营业部、资金市场与信贷部为前台部门，会计部、清算部、风险管理与合规部为后台部门，信息科技与综合管理部为综合支援部门，内部审计部为内审监督部门。

（五）整章建制，合规经营。

加大整章建制的力度，全年共制定、修订各项内部规章制度60余项，基本建立起了涉及所有业务和工作的内部规章制度体系，为规范操作、控制风险奠定了坚实的基础。

倡导依法合规的经营理念，坚决制止各种违规行为。通过开办法律法规讲座等形式，提高员工学法守法的自觉性，并将法律法规要求融入本行内部规章制度之中，增强制度对合规要求的制约。针对各项监管比例，制定严格的监控操作流程，分头负责，树立了依法合规经营的良好形象。

采取内部培训、外出培训等多种形式，加大员工培训力度，共有24名员工被送出参加18次短期业务培训，培训内容涉及风险管理与监控、外汇监管、纳税核算、人事管理、IT、会计、法律法规等多个方面，被派出培训的人员回行后，再对相关人员进行培训，取得了良好的效果，全员业务素质大幅提高。

（工银阿拉木图）

工 银 伦 敦

总经理　许金雷

【经营业绩】

2005年末，总资产为2.65亿美元，比年初减少0.3亿美元，资产结构得到改善。共完成国际结算业务量4.92亿美元，远远高于2004年1100万美元的水平和2005年的计划指标。全年实现拨备前利润172万美元，拨备后利润72万美元。资产质量良好，按照五级分类，资产全部属于正常类。

【主要工作】

（一）完善公司治理结构和内控管理制度。

根据年初计划、监管当局和董事会的意见，成立了专门的风险管理委员会，由副总经理任主席，各部门经理为成员，专门研究除信贷风险以外的其他风险事项。确定了采用标准法和基本指标法实施《巴塞尔新资本协议》的具体日程，并已完成主要涉及操作风险的风险源、目前状况、应对措施及有效性分析等项工作。

参照S&P评级方法建立了内部评级法和信贷资产分类制度，经过试运行后正式采用标准法测算资本充足率和准备金率。借鉴当地同业经验，制定了《健康和安全政策》、《反欺诈政策》，并根据伦敦“7·7恐怖袭击事件”重新修订了《灾难备份和业务持续计划》等相关文件，其中《灾难备份和业务持续计划》为工商银行海外机构中首创。

（二）积极联系同业，发展资金和资产业务。

扩大了与当地市场同业的联系范围，与中东、印度、埃及等国家和地区的银行积极沟通，特别加强了与进出口银行、建设银行、中信银行等国内各大银行的联系，目前已获总行以外的货币市场授信行16家，总额度为2.83亿美元；签订贸易融资交易框架协议13户，与超过30家银行建立了贸易融资交易和银团贷款交易联系，有效克服了市场资产整体利差收窄、资产负债利率结构错配等困难，保证了经营收入和利润计划的实现。

（三）加大营销力度，积极开展内外联动。

拜访在华有业务或投资的英资企业、中资企业和规模较大的本地华人企业120多家（次）。在充分了解客户需求的基础上，积极向国内分行推荐介绍联系客户，同时深度挖掘适合自身的业务机会。全年累计为江苏、浙江、苏州、宁波、上海、河南、山东等分行联系外商投资企业的母公司8家，成功争取账户和业务，其中包括英国最大的零售企业TESCO；明确了近期有可能争取到直接业务机会的本地企业10多家。

（四）大力发展贸易融资业务，改善资产结构。

发挥优势，与浙江、山东、广东、深圳等行开展福费廷、信用证、TT代付等业务合作；与总行签订了《贸易融资风险参贷协议》，有力地促进了贸易融资业务的开展；注重资产结构的合理性，贸易融资始终在总资产中占有相当份额。

（五）积极拓展国际结算业务。

一方面完善内部管理，追求高质量的业务处理流程与业务操作水准，另一方面树立服务意识、内外联动意识，与国内分行积极配合、精诚合作，积极拓展国际结算业务。

（六）大力发展英镑清算业务。

在开业两年多的较短时间内，克服诸多实际困难，积极进入当地清算市场，理顺英镑清算业务内外操作环节，加强与总行清算中心的沟通，以及与各分行清算中心的业务联系，英镑清算业务量明显增加，全年通过工银伦敦进行英镑清算业务的一级分行已增至20余家，并已有广东、深圳、北京等三家分行在工银伦敦开立英镑NOTSTRO账户，清算手续费收入亦呈稳步上升趋势。

（七）坚持科技兴行，不断完善业务处理系统。

配合总行集约化管理，在工行欧洲机构中率先实施IT系统上挂海外数据中心。克服伦敦与海外数据中心距离远，时差大，技术复杂等困难，与相关部门密切配合，精心准备，在较短地时间内获得了当地监管部门的批准，仅用了三个多月的时间，于2005年3月顺利完成全部集中工作，SWIFT系统也顺利实现了集中，为其他欧洲机构系统集中提供了示范，为开展新业务提供了网络与技术平台。此外，还顺利投产了贸易融资（TI）系统工程。

（工银伦敦）

第四部分
内部管理与风险控制

执行编辑：贾　炜

内部审计

一、加强制度建设

工商银行股份有限公司成立以后，内部审计的工作职能与报告线路发生了很大变化，内部审计局按照董事会提出的“加快健全对董事会负责的内审组织体系、制度架构、管理机制、报告流程”的要求，研究制定了内部审计工作的基础框架性制度和办法。起草了《中国工商银行内部审计章程》、《中国工商银行内部审计人员职业道德规范》、《境外机构内部审计暂行办法》、《年度审计评价办法》、《境外分行年度审计评价实施细则》等一系列重要制度与办法，初步搭建了全行内部审计工作准则和流程框架。

在对全行内部审计历史现状进行总结与分析的基础上，起草了《2006 年 ~ 2008 年内部审计工作发展规划》、《2006 年 ~ 2008 年内部审计信息系统建设规划》及《关于加强内部审计人员培训的意见》，系统规划了未来三年内部审计体系建设、职能定位、发展目标、审计重点、队伍建设等一系列重大问题，初步构建了工商银行内部审计工作的发展框架，明晰了内部审计各项工作的行动路径。

二、加强审计监督

2005 年是全行新的内部审计体制运行的第一年。内部审计部门在明确职能定位、理顺工作关系的基础上，围绕全行股份制改革和经营发展的中心工作，顺应经济金融环境和监管要求的变化，积极调整审计重点，拓宽审计领域，加强审计监督。组织开展了对上年度年终决算工作、20 家分行的不良贷款剥离和责任认定工作，以及财务管理、信贷管理等情况的审计，参与了总行统一组织的依法合规大检查工作，针对区域风险问题开展了多项审计，较好地体现了内部审计的服务性、战略性等职能要求。同时，积极改进了审计模式、技术和方法，大力推进了审计的规范化和信息化建设，提高了审计工作水平和效率。

三、引进外部审计

工商银行聘请外部审计师进行国际审计的工作起步较早，2002 年初，即通过规范的招标程序，聘请安永会计师事务所对上海、浙江两家分行进行了审计，之后审计范围逐年扩大，2003 年为 6 家分行，2004 年扩大到 16 家分行。2005 年，根据股份制改革工作的总体安排，又聘请安永会计师事务所对全行 2003 年度、2004 年度、2005 年 6 月 30 日及 2005 年度的会计报表按照中国会计准则和国际会计准则进行全面审计。

安永会计师事务所于 2005 年 3 月、5 月、10 月分别启动了全行 2003 年度、2004 年度、2005 年 6 月 30 日及 2005 年度会计报表的审计工作。在审计的过程中，安永会计师事务所依据中国注册会计师独立审计准则和国际审计准则的相关要求，实施审计程序，开展审计工作，其审计的抽样比例和覆盖面均达到了行业惯例和监管部门的要求。安永会计师事务所于 2005 年 8 月底出具了 2005 年 6 月 30 日的审计报告以及验资证明和股份公司筹办费用财务审计报告，满足了工商银行申请设立股份公司的需要。

（总行内部审计局）

开展“内控攻坚年”活动

按照总行党委确定 2005 年为全行“内控攻坚年”的部署，组织开展了全行性依法合规大检查、规章制度梳理和案件查防工作，推动案件专项治理工作深入开展，积极培育良好的内控合规文化，加强规范化管理和队伍建设，取得了积极成效。

一、组织开展依法合规大检查

为了消除营业机构监守自盗、内部重大违规和外部欺诈隐患，规范业务操作行为，全行抽调12700多名业务骨干组成1600多个检查组，从3月中下旬开始，历时3个多月时间，开展了涉及会计结算、个人金融、电子银行、银行卡等12个专业，覆盖2万多个营业机构的“拉网式”依法合规大检查。在这次全面检查和重点整顿中，揭露出4起内部经济案件，上万个违规违章问题及风险隐患得到清除，2000余个责任单位和3.6万名责任人受到查处。各行相继制定完善了整改方案，明确了整改期限和责任，推动了整改措施的落实，巩固了检查成果，同时带动了干部员工依法合规、遵章守纪观念和防范案件意识的进一步增强。

二、组织开展规章制度梳理工作

适应业务流程变革和内控管理的新要求，对现行内控制度开展了符合性、有效性和健全性测试，推进了全行性的整章建制工作。至年底，全行内控制度梳理工作基本结束，共梳理制度17505项，总行层面的内控制度2330项，其中：拟继续执行的1704项，拟废止的426项，新整合制度61项；分行层面的内控制度15175项，其中：拟继续执行的10343项，拟废止的1619项，修订的2476项，新整合制度678项。通过实施内控制度梳理，有效解决了一些制度规定繁缛、重叠、相互冲突的问题，防止了管理“断层”和内控“盲区”，强化了制度的统一性、易知性、可操作性，提升了内控管理的制度化、规范化、程序化水平。

三、组织推动案件查防工作

按照银监会要求，认真分析当前案发特点，按照防范、教育、查处并举原则，标本兼治地推进了案件专项治理工作。特别是健全完善了案件查防负责制和问责制度，加大了对重点机构、重点人员、重点环节的排查防范，消除了案件隐患，提升了案防能力。2005年全行发案数量为近10年来的最低，案件专项治理工作成效得到了监管部门的充分肯定。

四、积极培育良好的内控合规文化

根据国际银行业先进内控文化和全行价值取向，积极营造良好的内控合规文化。坚持现代商业银行经营理念，倡导价值最大化的经营管理指导思想；坚持培育树立正确的职业观和业绩观，逐步消除“管本位”思想；坚持内控优先原则，使各类决策权力、各项业务过程、各级经营管理人员都处于制度约束之下；坚持从严治行，严厉查处各类违法犯罪和违规违纪行为。在总行网讯上开辟了“内控合规专栏”，反映交流各级行内控合规工作的最新动态和经验做法，宣传监管法规和操作风险管理知识，开展内控合规、内审理论及实务探讨，进一步促进了良好内控文化的形成。

五、加强规范化管理和队伍建设

在全行组建了百名特聘审计员队伍，并逐步完善了相应的管理机制，使之成为各种专项合规审计和系统内开展内控评价工作的主要力量。适应新形势新任务的需要，重视加强内控合规人员的培训和教育工作，更新理念，提高素质，增强技能，加快形成与全行内控合规体制、职能相适应的干部队伍。加强内控合规工作的规范化管理，不断提高工作质量和效率。

（总行内控合规部）

内控机制建设

一、完善内控制度建设

制定了全行加强内控体系建设、强化内部控制管理的纲领性文件《中国工商银行内部控制规定》和文件化的内部控制整体框架《中国工商银行内控体系建设五年规划》。根据新的监管要求，修订了分层次内控评价办法及实施细则。组织开展了全行性的规章制度梳理工作。目前已搭建起由总体制度、具体制度、监督评价制度三个层次组成的文件化内部控制制度体系，内控机制建设的制度基础进一步夯实。

二、加大监督检查力度

2005年，在对主要业务领域保持全方位监督覆盖的同时，实现了持续的制度改进，促进了内控合规良性循环管理模式的形成，取得了良好的审计成效。针对经营管理中存在的突出问题，加强了高风险部位和薄弱环节的各类专项合规审计工作。全行组织开展专项审计项目1014个，避免和挽回经济损失294241万元，提出整改建议214970条，整改率达到88.90%。认真做好高管人员的离（责）任审计工作，并跟踪督促做好各类查出问题的整改工作。通过有针对性地查找问题，强化制度执行，严格问责，落实整改措施，有力促进了内控机制建设。

三、组织开展内控评价

将内控评价作为消除业务操作和管理隐患、改善内部控制环境、从根本上建立风险管理长效机制的重要手段，在过去几年连续开展基层行内控评价的基础上，实现对所有基层行评价一遍的目标。2005年首次对各一级（直属）分行进行了内控评价工作，全面评价被评价行的内控状况和管理水平，评价结果已作为行长绩效考核的依据，同时也是进行经济资本管理的重要参数。通过内部控制评价，有针对性地解决和纠正了内控管理中存在的问题，进一步促进了全行内控的持续改进，增强了防范和控制风险的能力。

四、加强操作风险管理

密切追踪先进银行管理经验，针对自身业务经营特点，不断加强操作风险管理，努力提高管理技能，切实履行管理职责。一是组织编写《操作风险管理手册》，撰写了操作风险分析报告，研究设计操作风险监测指标体系，初步建立了适合行情的操作风险管理框架。二是研究新的操作风险控制点，建立了较为完善的应急工作机制。三是认真分析依法合规大检查发现的突出问题和薄弱环节，按照监管部门要求，深入开展了操作风险专项检查工作，积极探求从根本上解决违章操作、屡查屡犯问题的管理方法。四是积极开展非现场监测工作，实施非现场监测项目432个，及时发现问题和风险隐患，有效指导现场检查工作。五是推进技术系统升级与优化，开发和完善信贷资产管理系统等多个业务系统，实现对信贷管理、资金交易、会计结算、个人金融等业务多个操作风险易发部位的技术刚性控制。全行性操作风险管理在组织机构建设、管理机制建立、规章制度健全、业务流程优化、信息技术控制和监督检查等方面都取得了突破性进展。

（总行内控合规部）

公司信贷管理

2005年全行法人客户信贷管理以全面提升风险掌控能力为核心，大力压缩重点关注客户贷款，全面构建行业、区域和客户信贷政策体系，加快信贷产品整合和管理创新，进一步完善授权授信，构建多层面的贷后管理体系，不断优化CM2002系统功能，保障了全行信贷业务的健康有序发展。

一、全力压缩重点关注客户贷款

（一）建立重点关注客户贷款管理考评机制。总行通过信贷管理系统锁定重点关注客户名单，逐户逐笔下达清收压缩计划，同时制定专项考评办法，实行按月通报、按季考评，并将考评结果与分行营业费用、工资总额及行长绩效考评挂钩，加大对重点关注客户贷款退出压缩的有效激励。

（二）加强重点关注客户贷款压降工作的督导。为及时掌握各行压降工作开展情况和存在的问题，总行先后组织10个工作组深入17个重点关注客户贷款比较集中、清收处置任务重的分行进行督导，共同研究具体清收处置措施，指导帮助基层行解决实际问题。各级行均成立了由行领导负责的专门工作小组，对重点关注客户贷款压降工作进行重点部署，逐户逐笔落实责任人，制定有针对性的清收处置预案，并严格考评和奖惩。

（三）对重点关注客户贷款实施动态管理。将逾期90天以上的重点关注客户贷款认定为次级类贷款进行管理，真实反映信贷资产质量。财务重组完成后重新确定了重点关注客户贷款风险总量和风险程度，明确了压降目标。

二、完善信贷政策体系

（一）加强行业信贷指导和风险控制。总行逐步建立了集行业信贷政策、行业指导意见、行业风险预警与信息提示三位一体的行业信贷政策体系，制定了12个行业信贷政策、信贷指导意见和行业风险预警提示，根据国家经济运行情况和宏观调控政策的变化，加强了行业动态的跟踪监测和分析，以及行业信贷政策与产业政策的协调配合。一是及时刷新了电力、煤炭、开发区等行业信贷政策，实行行业信贷总量控制，强化行业政策指导的有效性。在继续从严控制过度投资及重复建设行业的信贷投放的同时，按照政策到户、总量从紧、结构调整的原则，加大对这些领域内重点客户的信贷支持，不断提高行业信贷政策的整体适应效率和应变能力。二是根据部分行业新政出台、产能过剩、原材料价格大幅上涨等问题导致风险增加的实际，总行及时提出电解铝、金属船舶制造、豆油加工、高等教育、零售及公路行业的信贷指导意见，加强行业信贷管理和风险控制。三是密切关注行业动态，对潜在风险积聚的医院，初、中等教育和电力生产行业信贷风险在全行范围内进行预警提示，充分发挥了行业信贷政策的风险预警功能。

（二）实行差别化的区域信贷政策。根据不同地区的经济发展水平、信用状况、经营管理能力等实行差别化的信贷政策，通过控制贷款限额、调整业务授权、强化信贷政策工具促进信贷资源的合理配置。为促进东部地区分行加快发展，对长三角地区5家分行在信贷业务授权、外商投资企业和中型企业授信额度的核定方面予以政策倾斜，进一步增强了这些行优质信贷市场的竞争能力。同时建立机构退出机制，强化分支机构信贷经营资格管理，2005年总行取消了经济环境差、信贷资源匮乏、管理水平低的26家二级分行法人客户新增信贷业务经营资格，规定被取消经营资格的二级分行不能办理新增信贷业务，并要求3至5年内将现有存量贷款处理完毕。

三、完善信贷操作管理

（一）优化信贷操作流程管理。一是按照授信风险垂直管理原则，对全行信贷业务流程进行重新设计和优化，将授信业务操作纳入统一流程管理，实行授信业务线与风险控制线相分离，个人审批负责制与集体审议相结合。二是制定了《法人客户授信业务操作规程》，在全行建立起统一、规范的信贷业务操作标准，为构建完善的信贷风险管理体制提供了制度基础。三是对国际贸易融资业务管理模式进行改进和完善，重新调整部门分工，理顺业务流程，有效控制国际贸易融资业务各个环节的风险。

（二）细化信贷资产质量分类。总行制定下发了《法人客户信贷资产质量十二级分类标准（试行）》，按照客户的违约风险和债项特定的交易风险，将各项贷款在五级分类的基础上细分为十二级。通过细分贷款质量级别，更加准确揭示信贷资产的实际价值和风险程度，真实评价和反映信贷资产质量。同时还制定了《表外信贷资产质量五级分类标准》，细化表外业务质量分类管理，使长期以来表外业务没有质量认定标准的问题得到了有效解决，加强了表外业务风险管理和控制。

（三）整合创新法人客户信贷产品。一是整合流动资金贷款品种，推出搭桥贷款和备用贷款，满足借款人以非经营性现金流作为还款来源的日常业务活动中的阶段性融资需求，及未来或有的融资需求。二是为支持我国企业实施“走出去”战略，及时推出了内保外贷业务，满足境内企业境外子公司的项目贷款、流动资金贷款及贸易融资业务的融资需求。三是规范房地产贷款重定期限和展期管理，规定房地产贷款重定期限按照项目贷款重定期限的规定办理，对总行批准发放的房地产贷款的展期一律报总行审批，进一步防范房地产信贷市场风险。

四、完善授权授信管理

继续按照区别对待的原则实行分类分级授权，根据信贷业务产品的风险特征，适当压缩了分行中期流动资金贷款非回购型保理信贷业务审批权限。严格房地产贷款授权和转授权管理，对办理土地储备贷款和商用房开发贷款的分行实行名单制管理，规定审批权一律不得向下转授。进一步规范转授权管理，增加了对机构负责人信贷业务审批人资格的要求和对新增贷款不良率比较高的分支机构的转授权限制，使业务授权与机构资产质量和负责人业务能力相匹配。

总行修订下发了《公司法人客户统一授信管理办法》，实行与国际接轨的客户融资风险总量控制，并对项目法人客户、房地产法人客户和综合类法人客户实行差别化的授信额度核定方式，使授信额度的核定更加科学。规范了国际贸易融资业务授权授信管理，将国际贸易融资业务纳入公司法人客户统一授信管理。同时通过CM2002系统对压缩授信客户融资进行刚性控制，促进压缩类客户存量融资的调整和退出。

五、完善信贷业务审查审批管理

（一）稳步推进信贷业务审批人资格认证和管理工作。总行根据审批人资格考试和分行考核情况，共认定了1469人的信贷业务中级审批人资格，为实现全行信贷业务机构授权和审批人授权的有机结合奠定了基础。制定了《法人客户信贷业务审批人管理办法（试行）》，明确了审批人的职责与权利、资格认定与聘任、等级序列与审批流程、考核与奖惩等内容，进一步规范了审批人的管理。

（二）加强已审批项目的贷后评价。总行从近年来审批同意的1498个贷款项目中确定105个项目作为2005年度重点监测项目，要求分行对列入重点监测名单的项目进行全面检查和分析，认真落实风险防范措施。并对31个项目通过现场检查、下发预警通知书或整改通知书等方式，指导分行进一步加强贷后管理，采取有效措施降低信贷风险。

六、落实多层面的贷后管理措施

（一）建立贷款大户风险监控体系。总行制定了贷款大户风险监控负责人制度和贷款大户风险监控办法，总行和一级（直属）分行分别对5亿元和1亿元以上贷款大户进行监测，建立了上下联动、分级管理的贷款大户风险监控体系。总行按月对大额逾期贷款及其关联风险进行预警提示，逐户提出风险管理和控制意见，同时对一级（直属）分行审批的大额新增贷款进行非现场贷后监督，做好风险预防和保全工作。

（二）加强突发性贷款风险管理。针对一些客户，特别是部分上市公司频繁发生债务危机、高管涉案、提供虚假会计信息等现象，全行建立了重点关注客户名单和风险应急机制，对突发性贷款风险及时沟通信息，采取有力措施化解。为加大风险防控措施的执行力度，总行对重点关注客户的风险监控工作情况建立督办跟踪制度，同时指定专人每日关注媒体信息，及时向分行提示风险并对风险客户予以业务停办控制，有效预防了贷款突发性风险。

（三）做好违约企业风险预警和融资控制。为有效解决部分集团式或家族式企业分头融资、交叉违约给全行信贷风险管理带来的困难和问题，总行要求各行在CM2002系统中及时录入关联客户信息，做好关联客户标识，对以违约企业为第一大股东或与违约企业法人代表相同的关联企业进行重点控制，并纳入调查审查审批流程。总行按月查询违约企业及其关联企业，同时将银监会大额授信客户不良贷款和大额授信客户风险预警情况下发各行，要求分行对违约企业全面预警并采取相应措施。

（四）加大操作风险管理和责任追究力度。总行组织在全行范围内开展了公司客户信贷业务依法合规大检查，重点检查内控制度建设和落实情况、信贷业务操作中存在的漏洞和风险隐患。针对个别分行对少数优质客户放松管理、操作风险突出的问题，组织全行对重点营销优质客户贷款手续的合规有效性进行全面检查，对存在的问题认真整改。同时组织对1999年以来新增贷款中呈现风险的贷款进行责任认定和责任追究，要求分行逐户逐笔分析贷款风险形成的主客观原因，认定责任并做出相应处理。

（五）完善信贷业务停复牌管理。根据不良贷款剥离后全行信贷资产实际状况，总行修订了公司信贷业务停复牌制度，进一步细分处罚标准，调整处罚方式，并加大对被处罚机构整改复牌的督促力度。全年总行共对213家分支机构分别给予取消经营资格、业务停牌、业务整顿及业务警告处罚，其中按照新制度标准进行停牌处罚的有89家/次。

七、完善CM2002系统建设

（一）完善CM2002系统功能开发和推广应用。全年进行了4次大规模的系统版本升级，对数百项系统功能点进行了优化，完成了信贷资产质量十二级分类、2005年版授信业务、表外业务、小型微型企业等十多项业务子系统的开发建设和推广应用。同时启动了CM2002升级改造工作，全面整合客户信息和系统数据信息，为下一步建设全行资产业务信息化管理平台奠定了扎实的基础。

（二）不断强化系统应用管理，为全行信贷分析和风险管理提供有力支持。总行加大了CM2002系统数据的返传频度，在按月返传的基础上将系统数据按日返传各一级（直属）分行，支持各行利用系统信息资源进行信贷分析、风险预警提示和贷后监测检查等工作，加强信贷管理。同时加大了系统数据质量的监测检查，对数据误差集中的分行及主要科目进行连续跟踪，有针对性地进行业务操作和系统管理的指导，使系统数据质量明显提高。

（总行信贷管理部）

消费信贷管理

2005年，个人消费信贷管理工作紧紧围绕全行改革发展的中心任务，积极推进个人消费信贷管理体制改革，以建立完善个人消费信贷风险控制体系和风险控制手段为重点，加强个人消费信贷政策指导，再造个人消费信贷运营管理体系，优化个人消费信贷业务流程，完善个人消费信贷监测检查制度，全面防范和控制个人消费信贷风险。

一、加强个人消费信贷政策指导，优化信贷资源配置

依据国家宏观经济政策和市场环境变化，下发了《关于加强当前消费信贷管理工作的通知》，明确继续加大对个人住房贷款、个人质押贷款投入，适度发展个人商用房贷款，审慎发放汽车消费信贷的信贷投向政策。针对不同地区经济发展状况、信用环境及管理水平的差异程度，实行分类指导。继续坚持区域发展战略，将个人消费信贷资源集中配置在当地经济发达、市场信用环境好、经营管理能力强的中心城市行，提高个人消费信贷集约化水平。

二、全面推进机构改革，基本建立个人消费信贷风险管理组织架构

为有效防范个人消费信贷风险，年初总行启动了以

法人客户和个人客户分开、前台与后台分离为核心的个人消费信贷业务管理体制改革，组建了各级行消费信贷管理部门，负责全行个人消费信贷的风险管理工作，并在各直辖市分行、直属分行、一级分行营业部、二级分行成立消费信贷审批中心和消费信贷贷后管理中心，逐步建立集约化、精细化和专职化的消费信贷审批和贷后管理模式，形成了前台集中营销、中台集中审批、后台集中管理的相互制约、换手管理的全流程风险管理模式。

三、加强制度建设，初步形成个人消费信贷业务的风险管理体系

2005 年，从客户、产品、质量、机构、人员、流程管理等方面进行整合，修订和完善了管理制度，细化了管理职能，按业务品种、管理环节设计了精细化的操作流程，并逐步实现由系统来记录和管理流程中各岗位行为。整合贷款产品，加快产品创新开发，推出了个人经营贷款等贷款品种，逐步完善了个人消费信贷产品系列。启动零售信用风险管理项目。

四、改进个人客户授权授信管理，强化风险控制

为防范和控制个人客户消费信贷的总量风险，规范全行个人客户消费信贷授信工作，制定下发了个人客户统一授信管理办法，建立了个人客户授信制度。同时，根据区域市场发育程度、各分行业务发展情况和业务品种风险状况，实行差别授权，控制了个别风险较大贷款品种的授权。

五、加大业务监测力度，建立健全个人消费信贷业务风险监测检查体系

按照非现场监测与现场检查相结合的原则，依托信息科技手段，建立了分机构、分品种、分地区、分客户的风险监测报表体系，并基于信贷资产质量业务监测分析，对部分分支机构个人消费信贷业务实施预警整改停牌，形成了及时发现问题、分析问题、核实问题、解决问题的监测工作流程和机制。为组建和充实现场检查队伍，在分行推荐的基础上聘用了 100 名个人消费信贷业务兼职检查员。2005 年共对 59 个分支机构的个人贷款进行了业务核查，对关注类贷款上升较快的有关分行进行了现场检查，并配合内控合规部门对全行个人消费信贷业务开展了操作风险大检查。

六、健全风险防范和控制机制，重点防范假按揭、假车贷风险

假按揭、假车贷是影响全行个人客户贷款质量的主要因素。2005 年以来对假按揭、假车贷问题开展了大量的调查研究工作，深入剖析了原因，调整了业务操作流程，增加了审查环节防控程序，制定下发了《中国工商银行防范和控制假按揭贷款风险的规定》，从合作机构及按揭项目的准入管理、假按揭风险防范、风险监测与检查、风险控制、责任人处罚等方面做了具体规定，设立了防控高压线。

七、强化贷后管理，完善个人贷款清收处置机制

为夯实个人消费信贷管理基础，对全行个人消费信贷的风险状况进行了全面调查，摸清了风险底数，对部分存在风险隐患的批量还款贷款锁定基数，相应调整了贷款形态，并实施了严密监控，强化了清收管理。在制定下发 2005 年个人消费信贷不良及关注类贷款控制目标和清收计划的同时，成立各级行清收处置工作领导小组，及时研究解决清收处置工作中遇到的问题，推动了个人消费不良贷款呆账核销及核销后的资产账销案存管理工作，建立了个人客户不良贷款清收处置按月分析汇报制度。研究制定了《个人违约消费贷款催收管理办法》、《个人贷款核销管理办法》和《个人贷款账销案存管理办法》，进一步完善了个人消费贷款的贷后管理工作。

（总行消费信贷管理部）

信 贷 评 估

2005 年，全行信贷评估人员坚持实施以创新促发展的战略，以制度创新为核心，以业务创新为手段，以技术创新为平台，加快全行内部评级法工程和押品价值评估系统的建设步伐，增强了信贷评估工作的可持续发展能力；调整改进工作策略，规范业务流程，强化制度建设，科学谨慎地做好项目贷款评估和客户信用评级工作，提高了全行贷前风险防控的水平，为深化全行股份制改革和构建全面风险管理体系做出了贡献。

一、自主研发创建押品价值评估管理体系

押品是商业银行信贷业务中重要的风险缓释工具，加强对押品的规范管理具有重要意义。总行在对全行

43万笔抵（质）押物进行全面调查的基础上，充分借鉴国外同业押品价值评估管理的先进经验，制定下发了《中国工商银行抵（质）押物（权）价值评估管理办法》和《中国工商银行抵（质）押物（权）价值评估细则》，为有效控制信用风险、规范押品管理打下了基础。

押品管理系统是总行自主研发的信贷业务决策支持系统，技术起点较高。系统与担保合同、借款合同相关联，与信贷台账系统融为一体，具有对押品进行分类管理、价值评估、监测和检查、违约后回收统计等功能，实现了对押品管理的电子化和流程化。同时，系统能够长期完整地保存押品的所有数据，可为全行宏观决策、风险管理、市场营销、不良资产管理等提供所需的数据信息，同时也为短期融资债项评级和计算违约损失率（LGD）奠定了数据基础。

押品管理办法、细则的制定及其管理系统的开发得到了各分行的大力支持。一些行先后选派注册资产评估师、法人信贷管理系统员参与了课题攻关。各分行还认真按照总行的统一部署，在充分收集押品相关资料的基础上，按规定的分类标准和信息卡格式填写信息，对其现行价值进行评估，判断其有效性和充足性，并根据有关规定落实风险防范措施，促进了系统的顺利研发投产。

二、完善法人客户信用评级体系

按照《巴塞尔新资本协议》的要求进一步完善了全行客户信用评级体系。2005年，总行共制定下发专业外贸企业和小企业法人客户信用评级、城建投资类、土地储备开发类客户和信用担保机构信用等级评价、地区经济评价等12个办法及实施细则，是近年来研究、制定评级办法最多的一年。不断出台的评级、评价办法提供了科学合理的风险度量工具，有力推进了评级业务的健康发展，同时为建设覆盖全部客户的信用评级体系打下了良好的基础。

在年度评级工作中，总行要求各分行认真贯彻落实各项评级制度和办法，做好地区经济评价和城建投资等三类客户评级办法的试行工作；要求各分行严格执行有关信用等级上调规定，减少上调企业户数，逐步减少定性评级客户范围，着重强调防范操作风险带来的信用评级结果失真问题，并有针对性地制定了加强评级基础工作管理的具体措施。

在全行评级人员的共同努力下，客户的年度信用等级评定和审核工作顺利完成。全行共有66588户企业进行了流程评级，其中大中型客户49324户（有贷款余额的33339户），小企业17264户（有贷款余额的12270户）。通过电子程序簿完成490户政府类客户，144户信用担保机构，387个境内经营区域的评级。其中，总行共受理申请上报AAA级客户1024户，申请越级调整客户804户，审定AAA级企业、金融机构和教育医疗机构客户414户。从评级结果看，2005年各等级客户分布和贷款分布总体上保持了较高的一致性，每一信用等级的风险暴露未超过风险暴露总额的30%，符合《巴塞尔新资本协议》对信用评级的要求；各信用等级客户结构合理，贷款投向优良。目前，全行评级系统已能够提供五年的数据积累，做出各信用等级的转移距阵，为测算借款人违约概率、实施内部评级法奠定了基础。

在完成评级工作和评级检查后，总行首次从不同客户类型、区域、行业等多维角度对评级工作进行了全面分析总结，为全行区域和行业的信贷业务战略、政策制定、审批、授信、资产监控、风险信息披露以及经济资本量化配置等工作提供了重要的决策依据。

三、优质高效完成全年项目贷款评估任务

为提高项目贷款评估工作的标准化，总行对项目贷款评估报告格式、评估结论的表述、项目贷款评估利率的财务测算参数进行了规范，对项目贷款后评价标准、方法和程序进行了统一。同时，注重不断提高项目贷款评估的质量和效率，对提交评估的项目进行了认真梳理，从规范项目贷款评估流程、深入开展行业分析、加强内控机制建设等工作入手，坚持客观、公正和谨慎的原则，在防范信贷风险的同时，有力地支持了全行的信贷营销工作。

2005年全行信贷评估部门共组织完成评估项目2976个，涉及项目总投资额19365.7亿元，申请全行贷款额7571.06亿元，否决项目204个。其中总行完成评估报告173份，是2004年工作量的180%，涉及项目总投资5507亿元，申请全行贷款2841亿元，对11个项目提出否决或建议谨慎决策的意见，并对其他项目提出切实可行的避险措施和贷款前提条件，有效规避了可能发生的信贷风险。此外，全行还对6个重点行业323个项目进行了后评价，为积累贷款评估历史参数、改进评估分析方法和未来贷款项目的评估决策提供了更加科学的依据。

为使中长期贷款评级系统早日定型投产，2005年，总行要求各分行严格执行中长期贷款评级和项目贷款评估同时进行的双轨模式，在完成项目评估的同时提交贷款评估和评级报告。截至2005年底，全行共有370个贷款项目在系统中经过评级流程，其中，201个项目贷款完成最终的贷款评级，占比54.32%。

四、认真学习研究国家经济、金融政策

为提高信贷评估工作水平，注意加强对宏观经济政策、行业政策、环保、土地等政策规定，以及国家宏观调控措施和相关监管要求的学习研究，及时关注行业主管部门出台新政策，结合评估工作的实际，调研行业的

发展走向，积极探索新型项目的评估方法，加强对分行工作的指导。加强与专业机构沟通交流，组织对公路交通主管部门偿债能力进行调查；编写完成《目前我国房地产市场发展状况及信贷建议》，并对房地产行业的评估职能管理、评估参数选取、行业市场分析等方面作出了严格规定；编写下发《高等教育普通院校项目贷款评估内参》，并对城建项目地方财政收支预测和城市轨道交通行业发展及存在的问题进行了研究，归纳总结了评估工作中的重点、难点和行业潜在的风险；重新修订了《煤炭行业贷款评估内参》，对我国煤炭市场基本情况、产业政策发展趋势进行了分析，提出了煤炭项目贷款评估需掌握的要点及煤炭项目评估参数；整理了以国家投资体制改革法律法规，城建、房地产、教育与医疗行业项目贷款评估制度办法为主要内容的《2005 年信贷评估工作文件汇编》，为防范和控制行业信贷风险发挥了作用。

五、加强信用评级工作内控检查

为及时总结信用评级工作经验，进一步健全信用评级体系，完善信用评级制度，提高信用评级工作质量，2005 年，总行在各分行自查的基础上，对 21 家分行的信用评级工作进行了重点检查。检查内容涉及评级组织制度建设，各个信用评级流程操作环节，评级结果的审查、审定等十几个方面。从检查情况看，通过近几年各级评级人员的共同努力，全行信用评级工作已经取得了阶段性成果，新的评级理念逐步确立，组织制度基本健全，业务操作较为规范，评级结果趋于客观，在指导贷款营销、防范信贷风险方面发挥了越来越明显的作用。但是，评级检查中暴露出的问题也不容忽视，如评级资料真实性较差，定性评级客户管理薄弱等，需要在今后的工作中采取有效措施，进一步改进和提高。

六、夯实信贷评估业务的信息数据基础工作

行业信息库是建立全行风险量化体系的重要数据中心，该系统投产后已为全行风险管理人员分析行业市场风险提供了大量的数据信息资料。2005 年，系统共自动导入各类经济信息约 45 万条，数据提供量较上年增加了 66.7%，点击率约 140 万人次，较上年增加了 150%，最高日点击率近 7000 人次。各分行为扩大行业信息数据来源和覆盖面、保证信息数据稳定可靠，做了大量认真细致的工作。全行 38 家一级（直属）分行共建立一级栏目 200 个，全年手工录入信息 5617 条。

2005 年，总行开展了整合客户评级、贷款评级以及其他标准参数工作，研制开发了基于 CM2002 的行业标准值子系统，整合了以前各种零散参数，实现了行业、规模、上市公司、区域经济等不同标准的经济值测算分析，第一次通过系统自动测算生成了基于行业、企业规模、地区等不同分类原则的行业标准值，增强了标准值的准确性和可靠性，提升了风险计量的准确度。

七、加大信贷评估业务培训力度

2005 年总行共举办七期培训班，重点对评估核心技能、各类评估办法、系统的操作以及国家宏观调控政策进行了培训，参训人员达 1300 余人次，为历年之最。尤其是年底举办的抵质押物价值评估培训班，参训人数达到 650 人，为培养一支合格的抵质押品评估队伍打下了基础。各一级（直属）分行共举办信贷评估业务培训班 160 余期，共计培训 6200 余人次，促进了全行信贷评估人员综合素质和业务能力的进一步提高。

（总行信贷评估部）

授 权 管 理

2005 年，全行把授权管理作为内控管理的重要环节，在有效控制风险的前提下，兼顾市场竞争的灵活性需要，不断完善授权管理机制和模式，较好发挥了其风险防范和对经营活动的调节作用。一是基本授权坚持了“区别对待，分类授权”原则，根据各分行经营管理水平、风险控制能力、业务发展需要和当地经济金融市场条件实行差别化授权，使资源配置与授权管理相协调。二是简化授权工作流程，针对以前年度各专业授权文件由总行相关部门分别下达，前后间隔时间过长，不便于分行及时进行转授权的问题，2005 年总行对分行的业务授权由法律部统一办文。同时，将原来分两个步骤操作的对境内外分行的授权和对总行副行长、部门总经理的授权一并完成，提高了授权工作效率。三是根据经营管理的实际需要，对有关业务授权进行了适当的调整，较好地发挥了授权管理的内控杠杆作用。

一、调整消费信贷业务授权，开办个人经营贷款业务

总行下发《关于调整部分分行 2005 年度消费信贷业务基本授权的通知》，对深圳、青海、苏州等分行的

个人消费贷款基本授权额度进行了调整。同时为推动个人经营贷款业务，规范业务操作流程，总行下发了《关于试点开办个人经营贷款业务的通知》，选择上海、宁波等5家一级（直属）分行，以及浙江温州等33家二级分行，试点开办个人经营贷款业务，要求个人经营贷款实行名单准入制，未列入准入名单的分支行一律不得开办个人经营贷款业务。

二、适时调整和规范公司信贷业务政策

（一）建立公司信贷业务审批时效制。为规范公司信贷业务审查审批程序，加强信贷管理，防范信贷风险，总行下发了《关于实行公司信贷业务审批时效制的通知》，要求各类信贷业务的审批时效严格按标准掌握。

（二）加强县级机构法人客户新办理信贷业务经营管理。为加强信贷集中管理，防范和化解信贷风险，总行下发了《关于取消部分县级机构法人客户新办理信贷业务经营资格（第二批）的通知》，取消了部分资产质量差、管理薄弱的县级机构法人客户新办理信贷业务经营资格。

（三）调整行业信贷政策管理要求。为适应业务发展需要，总行下发了《关于调整行业信贷政策中部分管理要求的通知》，除钢铁、电解铝行业外，其他行业按现行政策需报总行核定客户分类的，授权一级（直属）分行依照行业信贷准入标准自行核定，并报总行备案，此项授权不得转授下级行。

（四）调整长三角地区分行法人客户信贷政策。为增强全行优质信贷市场竞争力，按照“区别对待、分类指导”的原则，总行下发了《关于调整长三角地区分行法人客户信贷政策的通知》，对长三角地区上海、浙江、江苏、苏州、宁波分行的法人客户信贷审批权限做了适当调整。

三、规范了对大额关联客户授信行为的授权管理

（一）加强对大额关联客户的授信授权管理。为进一步提高授信审查审批效率，总行下发了《关于授权一级（直属）分行对部分跨行关联客户进行统一授信的通知》，决定授权由关联客户母公司和其核心企业所在地一级（直属）分行牵头进行关联客户的统一授信工作。

（二）将代签银行承兑汇票业务纳入机构客户统一授信管理。总行下发了《关于将代签银行承兑汇票业务纳入机构客户统一授信管理的通知》，决定将浙江、江苏、河北、宁波、苏州分行机构业务部（授信中心）代签银行承兑汇票业务纳入金融机构客户统一授信管理，并由相关分行在机构客户授信审批权限内，核定辖属金融机构客户代签银行承兑汇票业务分项授信额度。

四、加强法人客户房地产贷款管理

（一）加强法人客户房地产贷款管理。为规范和加强全行法人客户房地产贷款管理，防范房地产贷款风险，总行下发了《关于加强法人客户房地产贷款管理有关问题的通知》，对办理土地储备贷款业务的分行和城市，实行严格的名单制管理，未列入名单的分行和城市，一律不得办理土地储备贷款业务，确需办理的，要先报总行批准列入准入名单。

（二）加强法人客户房地产贷款重定期限和展期管理。总行下发了《关于加强法人客户房地产贷款重定期限和展期管理的通知》，要求房地产贷款重定期限一律报总行审批，总行批准发放的房地产贷款的展期一律报总行审批，其余房地产贷款展期由一级（直属）分行审批（包括BBB+级以下客户贷款展期）。

五、规范境外机构授权管理

（一）废止境外分行、代表处负责人授权书。为规范境外机构授权管理，总行下发了《关于废止境外分行、代表处负责人授权书的通知》，要求自文到之日起废止总行行长签发给各境外分行行长、各代表处首席代表的授权书。总行对各境外分行的授权以总行每年年初下发的《中国工商银行境外分行经营管理权限》为准。

（二）加强境外银团贷款和境内异地贷款业务管理。为加强境外银团贷款和境内异地信贷业务管理，有效防范信贷风险，总行下发《关于加强境外银团贷款和境内异地贷款业务管理的紧急通知》，要求各境内分行除参加工银亚洲牵头组建的境外银团贷款（需报总行备案）外，一律不得参加其他金融机构牵头组建的境外银团贷款，确需参加的，一律报总行审批；《通知》对境内异地注册的借款人申请办理异地信贷业务，各行原则上不得受理。确需办理的，须与借款人注册地一级（直属）分行充分协商，并组成行内银团贷款后，按各自审批权限审批。贷款总额超过牵头行审批权限的，一律报总行。

（三）调整部分境外分行经营管理权限。根据《中国工商银行外币债券业务管理办法》，结合各行经营管理状况和授权情况，总行下发了《关于调整部分境外分行经营管理权限的通知》，对东京、汉城、卢森堡、法兰克福四家分行的经营管理权限进行了部分调整。

适应股份公司成立后新的治理结构变化，进一步加强和改进授权管理工作，起草了《中国工商银行股份有限公司股东大会对董事会授权方案》（试行）、《中国工商银行股份有限公司董事会对行长授权方案》（试行）。从授权体制、主体、形式、内容、期限和管理等

方面对《授权管理办法》进行了修订，进一步规范授权流程和形式，明确授权和转授权工作要求，以使授权管理工作更好地适应全行经营发展需要。

（总行法律事务部）

资产风险管理

2005年，全行资产风险管理部门认真组织并圆满完成了不良贷款剥离工作，加大不良贷款清收处置力度，开展不良贷款精细化管理，大力推进全面风险管理，加快风险管理工作转型，各项工作成效显著。

一、不良贷款剥离工作圆满完成

2005年4月下旬全行股份制改革正式启动后，在国务院国有独资商业银行股份制改革领导小组的指导下，在人民银行、财政部和银监会等有关部门的支持下，经过全行上下的共同努力，顺利完成了5万户企业、1760亿元损失类贷款的组卷、档案资料移交和销账，以及6万户企业、4590亿元可疑类贷款的尽职调查、组卷和账务处理工作，取得了不良贷款剥离的圆满成功。

不良贷款剥离时间紧、任务重、工作量大，而且政策性强。为做好这项工作，资产风险管理部门全体动员，加强领导，统一组织，健全制度，保证了剥离工作平稳有序推进和按政策规范操作。年初资产风险管理部门即围绕不良贷款剥离做了大量准备工作，对不良贷款进行了全面摸底调查，完善贷款债权及担保手续，提前启动档案资料整理，组织开展不良贷款责任认定，建立不良贷款责任档案。全行股份制改革正式启动后，资产风险管理部门在全行相关部门的大力支持与配合下，精心组织，有序推进，完善流程，严控风险，经过尽职调查、分户组卷、剥离招标、债权转让、账务处理、资料移交等大量艰苦细致的工作，如期完成了损失和可疑类贷款的剥离工作。通过剥离，全行信贷资产质量得到了根本改善，为股份制改革创造了良好开端，也为提升全行风险管理水平、转变风险管理工作重心、实施全面风险管理奠定了基础。此外，全行还积极配合资产管理公司做好可疑类贷款维权和接收等剥离后续工作。

二、超额完成不良贷款清收处置任务

2005年，面对股份制改革的新形势，资产风险管理部门积极应对，主动调整处置策略，大力清收不良贷款。上半年，全行统筹安排不良贷款剥离和清收处置两项工作，在做好剥离准备工作的同时，加大不良贷款处置力度，抢收、快收不良贷款。剥离过程中，将次级类贷款、新形成的不良贷款和个人消费不良贷款作为清收重点，继续推动清收处置。在工作头绪多、任务重、时间紧的情况下，全行清收处置不良贷款502亿元，超额完成上半年计划，做到了剥离与清收两不误。

下半年，针对剥离后不良贷款总量大幅减少和结构变化的情况，总行及时下达清收任务，要求各行努力探索新的清收处置方式。针对不良贷款相对集中在大户的特点，实行总行直接督导亿元以上、一级分行督导千万元以上不良贷款大户的清收工作制度。下发了《关于逐户逐笔清收处置法人客户不良贷款的通知》、《不良贷款大户清收处置督导工作方案》，对重点督导单户1亿元以上（含）大额不良贷款清收处置工作进行了具体安排。针对不良贷款结构的显著变化，着力抓好现金清收，积极推动呆账核销和以物抵债，充分用好各种手段，累计清收处置不良贷款605亿元，完成下半年计划的121%。2005年全年清收处置不良贷款1107亿元，实现了剥离后不良贷款继续双降的目标。

三、深入推进精细化管理

剥离后不良贷款的总量与结构都发生了巨大变化，资产风险管理部门针对重组改制后面临的新情况和新问题，转变观念，创新方法，努力推进不良贷款管理与清收处置由粗放到精细的转变。剥离后相继制定下发《中国工商银行不良贷款管理办法》、《抵债资产管理办法》、《法人客户呆账核销管理办法》、《法人客户账销案存资产管理办法》、《个人客户呆账核销管理办法》和《个人客户账销案存资产管理办法》等一系列制度办法，推动全行不良贷款管理进入规范化、制度化与精细化的轨道。

四、稳步推进全面风险管理工作

在全行股份制改革的进程中，资产风险管理部门职能开始向全面风险管理转轨，做了大量的基础性工作，取得了明显成效。2005年，总行资产风险管理部认真履行风险管理委员会秘书处跨部门、跨产品的风险管理职能，协调各部门的风险管理政策与措施，提请召开了四次风险管理委员会会议审议各类风险管理问题，首次对包括信用风险、市场风险、操作风险、流动性风险在内的风险进行了系统全面的审议；构建了风险报告制度，起草了《中国工商银行风险报告制度》、《风险状况报告表》、《风险状况指标说明》，完成了《中国工商银行风险报告制度研究》课题报告，为实施风险报告制度奠定了良好基础；在全行深化公司治理改革和完善风险管理框架的过程中，向董事会风险管理委员会及时报告了全行风险管理的组织架构、风险状况、管理优势、存在的问题，提出了工作设想与建议，使风险管理委员会对全行风险管理状况有了全面的了解，为建设全面风险管理体系奠定了良好的基础。

（总行资产风险管理部）

非信贷风险资产管理

2005年，通过财务重组剥离，并结合自身清理消化，全行存量非信贷风险资产基本清理完毕，非信贷资产质量显著提高。

一、精心组织，确保非信贷风险资产剥离工作顺利完成

2005年初总行即下发《关于做好非信贷风险资产清收处置工作的通知》，从非信贷风险资产清收处置、资料搜集整理、责任人认定、监测监控等方面做出安排部署，为非信贷风险资产剥离做好充分准备。国家批准工商银行股份制改革方案后，又及时下发《中国工商银行综合改制过程中非信贷风险资产档案资料移交操作规程》，进一步明确非信贷风险资产档案资料整理和移交的内容、形式、程序等事项，并在认真分析核实的基础上拟定非信贷风险资产剥离清单，精心组织，周密安排，确保非信贷风险资产剥离过程中的协议签订、档案移交、账务处理和债权公告等各项工作规范有序完成。

二、统筹安排，推进非信贷风险资产重点项目清理工作

为给财务重组创造良好条件，总行统一部署了对"诉讼费垫款"、有账无物的抵债资产、小额非信贷风险资产、2000年底以前无本金对应和正常、关注、次级类贷款对应的"表内应收利息"等项目进行专项清理，并结合各行财务能力，统筹安排损失消化项目和时间进度，分三批对需自行消化的非信贷风险资产损失进行了集中消化。

三、集中力量，做好非信贷风险资产项目清理扫尾工作

剥离后，全行非信贷风险资产余额大幅下降，借此契机，对剩余非信贷风险资产项目进一步加大了清理力度，集中人力物力进行重点攻关，并加强各部门之间的沟通，协调解决存在的问题，努力做好非信贷风险资产项目的清理扫尾工作。根据清理情况，适时停用并关闭了部分非信贷风险资产科目。截至2005年末，"待处理国债款项"、"待清理其他债券投资"、"待处理房改损失"等10个非信贷风险资产科目已清理完毕，并关闭。

四、规范流程，加强非信贷风险资产账销案存管理

为切实做好非信贷资产损失核销后账销案存管理工作，下发《关于做好非信贷资产损失核销后账销案存管理工作的通知》，从核算要求、销账条件及程序、管理职责、档案资料整理等方面对非信贷资产账销案存管理工作进行了规范。同时，整理统计了各行2002年以来已核销尚需账销案存管理的非信贷资产清单，加大了对非信贷资产账销案存管理工作的监控力度。

五、积极探索，推广实施非信贷资产质量分类

在总结非信贷资产质量分类试点行工作经验的基础上，完善了非信贷资产质量分类办法，进一步明确了非信贷资产质量分类标准，细化了非信贷资产质量分类操作流程，规范了非信贷资产质量分类统计报表内容和格式，并下发《关于印发〈非信贷资产质量分类管理办法〉的通知》，在全行范围内正式推广实施非信贷资产质量分类，为准确掌握全行非信贷资产质量状况，全面、动态监控非信贷资产质量的变化情况奠定了坚实的基础。

（总行计划财务部）

会 计 管 理

2005年初召开的会计结算工作会议提出了“打造会计业务三大平台，全面提高会计工作质量，大力提升结算业务效益”的发展思路，9月份举办的高级会计管理人员培训班，又根据股份公司成立后实现经营模式和增长方式根本转变的迫切要求，进一步提出了在“三大平台”基础上实施“三个延伸”的设想。一年来，会计结算专业面对新的形势和任务，坚持在会计管理、结算经营和业务支持三个层面共同发展，全力打造三大平台，出色地完成了各项工作任务，为全行改革发展做出了应有贡献。

一、会计管理平台扎实稳固，保障和推动了股改进程

一是构建了符合股份公司发展要求的会计制度体系。按照国家会计制度和会计准则要求，及时制定了《股份有限公司会计基本规范》，并完成了一系列配套制度的修订和完善工作。新的会计制度体系突出体现了与国际会计惯例接轨的原则，满足了股份制改革和股份公司发展的内在需要。同时，在全行共同努力下，圆满完成了科目调整、核算规则变更和报表体系转换等工作，保证了新会计制度的实施。这次会计制度体系的成功转换，是全行自1993年执行金融企业会计制度以来最重大的一次会计制度变革。新会计制度的建立和实施，对保证股份公司对外信息披露和内部管理信息质量，以及促进完善公司治理具有重要意义。

二是高效优质地组织核算工作。在股改注资和不良资产剥离工作中，会计结算部门精心组织了损失类贷款、可疑类贷款剥离销账的测试和投产，以及剥离贷款的停息测试，为不良资产剥离奠定了系统基础；利用参数表以最快速度完成新增会计科目和开立相关账户工作，为注资和不良资产剥离创造了便捷的账务处理条件。在随后的尽职调查过程中，会计结算部门还配合股改和外部审计，做了大量艰苦细致的工作。

三是强化了内控建设。在完善总会计委派制的基础上，全面推行了网点营业经理委派制，实现了授权管理体制的重大改革，进一步强化了授权管理工作。建立起总行业务监督中心，弥补了本级监督空白，构建了更为健全的业务监督架构。业务监督中心监督范围不断扩展，实现了业务监督程序化、规范化和高效率运作。加大现金业务的管理与检查力度，有效控制了业务风险。结合依法合规大检查和操作风险专项检查，深入细致地对会计核算业务开展了拉网式大检查，摸清了风险现状、风险成因，强化了风险多发环节的管理，促进了风险隐患的消除。

二、经营平台创新活跃，业务拓展成效显著

2005年结算业务突出了“开拓创新”的主题，现金管理、支付结算代理和黄金业务的市场品牌形象更加清晰、突出，市场竞争力得到了有效提升，继续保持了国内第一大结算行、清算行和现金管理行的地位。全年实现结算金额185万亿元，同比增长近23%；实现结算业务收入13.4亿元，超额完成全年计划。

一是现金管理业务实现新的跨跃。总行分别在新加坡和法兰克福成功举办两场境外推介会，加快了现金管理业务海外拓展步伐。设计推广了“财智账户”这一现金管理总品牌，并积极利用国际国内高级专业研讨会强化全行现金管理品牌形象。成功升级现金管理系统，开发和推广了“全球快汇”、异地集团账户等多项新产品。通过积极创新开拓，现金管理市场推广工作取得了良好成绩。现金管理客户数量大幅攀升，全年累计发展现金管理客户17663家，超额完成了年初确定的发展目标。

二是支付结算代理业务稳中有升。在开办支付结算代理业务五周年之际，通过举办大型纪念活动，加强媒体宣传，确立了在支付结算代理市场的强势形象。利用举办“创新与发展——银行同业研讨会”，强化了对股份制商业银行等同业客户的专家化营销。通过良好的服务和积极的客户关系维护，进一步巩固了与各家银行的合作，使全行的支付结算代理业务市场份额始终保持了同业第一的地位。全年共办理各类支付结算代理业务631.5万笔，金额1.44万亿元，实现代理清算业务收入1.15亿元。代理黄金交易业务也继续保持了市场优势地位。

三、支持平台集约高效，发挥了重要的业务支持作用

业务流程再造取得新进展，集约化程度进一步提

高。全行的业务处理中心均已实现跨行提回业务的集中处理。完成了省一级分行对账中心的组建工作，并按照“集中、上收、电子化”的要求实现对账业务集中处理，实现对账工作规范化管理和程序化运作。现金营运中心集约化效益凸显，全行的现金备付率始终控制在千分之八以下，现金综合运用率始终保持在50%以上。通过有计划、有步骤地实施业务流程再造，进一步巩固了后台“大中心、大集中”、前台“大市场、大营销”的运营管理格局，会计结算业务集约化、标准化程度显著提高，业务运营效率、市场服务能力和风险控制能力有效提升。

充分发挥牵头作用，推动全行业务处理信息化建设。2005年，会计结算部门牵头组织了NOVA五个升级版本的测试和投产工作；组织完成了大额支付系统的全行推广，以及小额支付系统和国库信息处理系统的试点工作；完成了股改剥离、网点撤并、主机灾备等多个项目的测试和投产工作，有力地推动了全行信息化建设。

四、清算能力和服务质量进一步提升，确保业务安全平稳运行

一是加强规范管理。进一步健全和完善了内控制度体系，形成全行上下配套的质量考核管理机制；积极优化业务流程，规范业务操作，有效推进了清算业务的规范化、标准化运营管理；健全内外部对账、前后台对账、总分行对账的对账机制，强化账户管理，提高风险防控能力，确保清算资金安全。全行清算质量和效率明显提升，美元清算业务直通率达到94.7%，较上年增长10.5个百分点；欧元清算业务直通率85.2%，较上年增长19.1百分点。

二是提高业务运营水平。紧紧围绕业务集约化和国际化发展方向，全面开展清算业务总分行联动、内外联动，提供了安全、准确、高效的清算服务，稳定了客户资源。注重加强与同业的合作，提高资金清算效率，降低清算成本。加强与前台的协调配合，提高对前台业务的服务水平。

三是积极推进本外币清算系统建设。先后完成了包括人行跨行支付直联、查询查复系统、海外数据中心外汇资金应急支付备份系统、法兰克福分行外汇资金跨时区运作等15个项目共39个版本的投产应用工作，清算业务自动化处理水平和业务控制能力进一步提升。

五、实现参数规范化管理，有效发挥了核算管理和风险控制作用

2005年，参数管理工作成功实现了从参数集中向规范化管理的转变，建立起科学化和系统化的参数管理制度，全程覆盖参数设计、维护和监测各个环节。全年共承担各部室32个新项目100多个功能点的参数设计任务，保证了新系统参数及时纳入统一管理。以参数规范化改革为主线，相继实施了参数1007项目改造工程、利率参数统一管理项目、地区参数表统一管理项目和参数关联维护项目，实现了参数维护的集中化和程序化。参数监测依托科技手段，采取了现场检查和非现场监控相结合的工作方式，日常风险控制明显增强。通过实施制度化、规范化、程序化管理，参数管理效率大幅度提高，参数在核算管理和风险控制中的关键作用得到较好发挥。

（总行会计结算部）

法 律 事 务

2005年，全行法律事务部门根据总行统一部署，以参与和支持全行股份制改革为重点，精心做好财务重组和改制上市有关法律工作，大力支持业务创新与发展，加强法律风险控制，为全行顺利实现改革发展目标提供了有力的法律支持和保障。

一、充分发挥法律专业职能，积极参与和支持股份制改革

（一）积极参与和支持财务重组。一是围绕财务重组目标，积极运用法律手段大力清收和处置不良资产。2005年，全行法律部门累计收回不良资产128.57亿元，其中收回现金资产101.8亿元，为提高资产质量和顺利完成财务重组作出了贡献。二是积极参与不良资产剥离工作，审查资产转让协议等相关法律文件，妥善处理资产剥离工作中涉及的各种法律问题。三是积极参与自办实体剥离和后勤公司改制工作，对工会的法律地位、后勤服务载体的组织形式、后勤员工劳动合同关系的变更等问题进行了深入研究，推动了自办实体剥离和后勤公司改制工作的顺利进行。

（二）积极参与中介机构选聘工作。完成“中介机构保密协议”、“中介机构投标保密承诺函”、“律师事务所招标文件”、“专项法律服务协议书”、各中介机构

"服务协议"等文件的起草、审查和谈判。遵循《招投标法》的规定，结合全行实际拟定相关招投标文件。通过多种途径收集整理境内外知名律师事务所相关资料，并与其进行初步沟通。参加外聘律师的选聘，确定外聘律师的工作范围，协助股改办选择优秀境内外律师事务所为全行股改上市工作提供法律服务。

（三）组织做好法律尽职调查和资料库建立工作。结合全行实际，与外聘律师研究法律尽职调查文件清单，并对其进行修改和完善。组织中介机构进行法律尽职调查培训。下发尽职调查文件清单，组织分支机构和总行相关部门开展法律尽职调查，及时了解和解答资料收集过程中的各种意见和问题。组织协调调查资料的接收、验收和上架工作，建立法律尽职调查资料库。协调、指导海外分支机构的法律尽职调查工作，锁定海外尽职调查工作日程，设定海外律师按时提交最终尽职调查成果的法律义务，确保海外尽职调查工作的顺利完成。

（四）积极参与公司治理文件的起草工作。在股份公司《章程》制定过程中，法律部依据《公司法》、《商业银行法》、《股份制商业银行公司治理指引》及《上市公司章程指引》等法律文件，借鉴国内外同业的先进做法，结合全行股东结构、经营模式及发展定位等情况，对股东大会、董事会、监事会和独立董事的设置及其制度保障等提出建设性意见。同时，参与起草了股东会对董事会、董事会对行长的授权管理制度和关联交易管理制度等文件。

（五）协助做好引进战略投资者工作。一是组织做好战略引资资料库的建立和资料整理工作。二是配合做好战略引资外聘律师选聘工作。三是草拟战略投资者合作保密协议等法律文件，就战略引资事项与潜在投资者进行谈判。四是审核战略引资各项协议。

（六）积极参与股份公司设立登记有关工作。根据成立股份公司的要求，积极协调沟通股东各方对《发起人协议》进行研究修改，保证了《发起人协议》的顺利签署。对创立大会的各项议案进行审议，对创立大会和成立大会召开的程序以及应注意的事项进行研究，为股份公司的成立奠定基础。及时与工商登记部门和监管部门进行沟通，顺利完成工商登记注册以及金融许可证和组织机构代码证换发工作，保证了股份公司登记设立工作的顺利完成。

二、积极支持业务创新发展，构建全程法律风险控制机制

2005年，全行各级法律部门处理书面咨询审查事项11万多件，出具法律意见10万多份；书面审查各种交易合同标的金额5万多亿元，揭示风险点13万多个，提出风险防范和控制措施15.7万多条；参加业务谈判1.7万多次，累计谈判时间达5.3万多小时。其中总行法律部书面审查总行各部室提交的管理办法、规章制度、业务合同文本等各类文件2800余件，比2004年增加40%；出具书面法律意见700余份，比2004年增加115%；口头咨询10000余次，比2004年增加一倍。这些工作有效地预防和控制了全行经营管理活动中遇到的各种法律风险，为业务开拓发展提供了有力的法律支持和保障，同时也节省了相关费用支出。

（一）为重大项目提供全方位法律支持。2005年，法律部加大了对总行直接营销客户、重大项目融资、出口信贷以及银团贷款的法律支持力度，积极参与重大融资项目的意向谈判和联合评审，提前介入，全程参与，全方位提供法律支持。

（二）配合业务部门研发新产品。适应业务开拓和市场发展需要，法律部积极参与为上市公司股权分置改革提供担保业务、企业短期融资券承销业务、企业资产证券化业务、全球快汇代理服务、券商资金第三方存管业务等新业务品种的研发工作，重点关注创新业务品种的法律依据、法律关系以及风险防范和控制措施，审定相关业务管理办法、操作规程和合同文本，在支持业务发展的同时，有效防范了法律风险。

（三）制定和修改格式法律文件。适应监管变化和全行业务持续发展的需要，对《固定资产借款合同》、《流动资金借款合同》、《流动资金循环借款合同》等合同文本中的借款利率适用、计息条款、罚息条款等内容进行了修改。配合新的业务品种的推出，拟定《备用贷款合同》等新的格式合同文本。配合会计结算部对各种对外发生法律权利义务关系的会计凭证逐一进行审核，针对发现的法律瑕疵提出修改建议。

（四）参与重大债务重组、资产处置工作。配合资产风险部参加长航集团债转股方案的谈判，协助拟定有关协议及公司章程。对安徽高速公路总公司合巢芜高速公路项目并购贷款项目进行论证。参加中航油（新加坡）重组工作的有关会议，审慎处理相关问题，尽量减少可能遭受的损失。

三、严格落实诉讼案件管理制度，强化诉讼案件监督管理

2005年，全行各级法律部门办理结案的各类诉讼案件13567件，总标的额194亿元，其中胜诉案件13282件，胜诉金额192亿元，案件胜诉率达97%。在这些诉讼案件中，由行内各级法律人员直接代理的案件有9951件，标的额204多亿元。总行法律部直接处理和协助分行处理各类诉讼及仲裁纠纷30件，涉案标的17.34亿元。在诉讼案件管理工作中，法律部门严格落实诉讼案件管理制度，强化诉讼案件监督管理，努力提高案件管理水平。

（一）进一步加强诉讼案件授权管理。总行法律部在科学核定2005年度诉讼案件处理审批权限的基础上，

通过对甘肃、贵州、江苏、山东等10个分行诉讼案件授权执行情况进行现场检查，督促分行全面落实诉讼案件授权管理规章制度，杜绝违规诉讼和越权诉讼等情况，确保诉讼案件全面纳入授权管理体系，强化诉讼案件授权审批工作的权威。

（二）强化诉讼案件和外聘律师审批管理，不断提高诉讼案件审批的质量和效率。2005年，总行法律部审批各分行上报的各类诉讼案件（含起诉案件和被诉案件）433件，比2004年增加约145%；分析和处理分行百万元以上被诉案件142件，比2004年增加73%。在案件审批工作量大幅增加的情况下，通过诉讼案件审批指导分行科学制定诉讼方案，适当把握诉讼时机，根据债务人的经营状况和可供执行的资产状况合理确定诉讼标的金额，避免盲目诉讼和没有效益的滥诉行为。同时，及时将案件中反映出来的业务风险和违法违规问题反馈给有关业务部门或内控监察部门，不断强化法律风险控制。

（三）进一步加强全行被诉案件管理，及时发现和解决被诉案件反映出来的系统性风险。建立被诉案件个案月报和季度分析报告制度，强化对被诉个案的指导和管理力度，通过对典型个案的监控，及时发现全行产品服务和规章制度中存在的问题，并提出防范和化解风险的对策和建议。2005年，法律部共监控被诉案件1012件，向行领导报送月度和季度《经济纠纷要案简报》16期，系统分析百万元以上被诉案件153件，涉及标的15.59亿元。

（四）加强对重大诉讼案件的指导和管理，确保取得最佳诉讼效果。2005年，总行法律部积极参与处置了一批涉及总行的起诉和被诉案件，指导和协助分行妥善处理了一批重大疑难案件，这些案件诉讼标的额巨大、法律关系复杂，或媒体和社会公众关注度较高，案件处理难度较大。在案件处理过程中，法律部认真履行职责，加强各方协调沟通，取得了良好的诉讼效果，有效维护了全行合法权益。

（五）建立客户投诉统计分析制度，加强客户投诉风险控制。研究制定了《中国工商银行客户投诉统计分析管理规定》，建立客户投诉统计分析制度，通过按月对客户投诉情况进行分析，及时掌握和解决客户投诉反映的问题，维护银行良好的形象、声誉和客户关系，防范和控制相关风险。

四、加强法律工作基础建设，促进依法合规经营

积极采取措施加强全行法律队伍建设，促进全行法律队伍整体效能的有效发挥。2005年青海、宁夏分行先后成立法律事务部，实现了全行一级（直属）分行全部设立法律机构的目标。利用多种形式加强法律人员培训，提高法律人员的专业水平和工作能力。以《金融法律简讯》和《法律信息快递》为媒介，介绍最新法律信息和立法司法动态，及时反映分行动态，宣传金融法律实务新方法、新经验，引导分行进行业务调研，提升法律事务工作水平。2005年共编写《金融法律简讯》15期，刊发分行工作动态49条，调研报告和典型案例64篇；编写《法律信息快递》14期，介绍新颁布的法律法规103个。

（总行法律事务部）

反洗钱工作

2005年全行认真执行各项反洗钱监管规定，加强反洗钱组织机构及制度建设，强化反洗钱工作监督与指导，加大反洗钱培训力度，积极推动反洗钱工作深入开展，并取得明显成效。

一、完善反洗钱组织机构体系

充实总行反洗钱工作领导小组力量，增加内部审计局、内控合规部和信贷管理部为总行反洗钱工作领导小组成员部门。建立可疑交易报告员制度，目前全行已拥有一支1600多名人员组成的可疑交易报告员队伍。在总行法律事务部设立反洗钱处，配备专职人员从事有关反洗钱的组织、协调工作。要求各分行严格按照总行《关于规范反洗钱岗位设置的通知》规定，设置反洗钱岗位人员，充实反洗钱领导小组办公室人员力量，有条件的分行可设立专门工作机构，未设机构的应安排1－2名人员专职从事反洗钱工作。

二、健全反洗钱工作制度

将反洗钱工作作为考核各级行管理层业绩的指标之一，纳入总行对分行的内部控制评价中。制定电子银行业务反洗钱规定，明确电子银行业务反洗钱操作流程与职能。总行法律事务部每季度牵头召开一次反洗钱部门联系会议，沟通交流有关情况，协调解决有关问题。这种定期联系机制，进一步增强了部门之间的配合与协

作，对加强和改进反洗钱工作具有积极的作用。各分行也相继建立了反洗钱联系会议制度，组织协调反洗钱工作，加强对辖内反洗钱工作的指导。

三、认真做好本外币大额和可疑交易报告和分析工作

2005年全行分支机构向中国反洗钱监测分析中心报送本外币大额和可疑交易共计5581.09万笔，占全国各金融机构报送笔数的55.81%，涉及金额249.26万亿元。其中，报告人民币大额笔数4965万多笔，金额245万亿元；报告人民币可疑笔数25.32万笔，金额4.04万亿元；报告外币大额和可疑共590.77万笔，金额276.87亿美元。从2005年第一季度开始，总行法律事务部每季度对全行本外币可疑交易的数量、特点等有关情况进行汇总分析，形成《可疑交易分析报告》上报监管机关并发至全行，指导全行的反洗钱工作。

四、完成反洗钱监控系统升级版本研发、测试和投产工作

2005年，由总行会计结算部牵头，信息科技部、法律事务部、国际业务部、个人金融业务部和银行卡业务部等部门共同配合，顺利完成了反洗钱监控系统升级版本的研发、测试和投产工作。同步投产的还有主机相关程序、参数管理系统、数据交换平台、统一对外报送相关版本。反洗钱监控系统升级版本的顺利投产运行将进一步提高反洗钱工作效率和电子化水平。人民银行对工行在反洗钱技术支持领域取得的成绩给予了充分肯定。

五、积极开展反洗钱培训和宣传工作

总行先后举办了两期反洗钱培训班，对各一级（直属）分行反洗钱相关部门负责人和业务骨干进行了培训。总行法律事务部、个人金融业务部、会计结算部、国际业务部等部门多次参加了人民银行组织的相关反洗钱培训活动。同时，加强了总行网讯“反洗钱专栏”建设，利用内部网络加强反洗钱教育培训，累计刊发400多条（篇）有关反洗钱的工作信息、调研报告、相关知识和案例。各分行也结合本行实际，采取集中办班、以会代训、观看教学录像等多种形式积极开展反洗钱培训。2005年全行采取培训班的形式对员工进行反洗钱培训共100257人次，培训总课时达7337.2小时。此外，还积极配合人民银行组织的反洗钱宣传活动，通过组织反洗钱知识竞赛、印发宣传材料和宣传海报、悬挂宣传横幅、设置反洗钱举报电话和反洗钱咨询标牌等方式开展宣传，使广大员工和社会公众对反洗钱的重要性和必要性有了进一步的认识。

六、加大反洗钱检查工作力度

在2005年总行组织开展的全行依法合规大检查活动中，将反洗钱工作纳入检查范围。同时，部分分行根据本行反洗钱工作的实际，采取日常检查和专项检查相结合的方式，加强反洗钱工作的检查督导。一是将反洗钱工作作为会计检查辅导员的一项职责，做好日常检查。二是要求各专业在日常检查中加入反洗钱检查的内容。三是配合人民银行、国家外汇管理局或上级行的检查做好自查工作。据不完全统计，2005年全行各级分支机构开展了约350多次的反洗钱现场和非现场检查。

七、加强反洗钱经验学习

为借鉴国际商业银行反洗钱经验，进一步做好全行反洗钱工作，总行有关部门共同组团赴美国进行了一次反洗钱工作考察。考察团结合考察学习的有益经验，针对全行的反洗钱工作实际，提出了若干建设性意见，形成了专题报告，并印发全行参考借鉴。

（总行法律事务部）

管 理 信 息

2005年，管理信息工作紧紧围绕总行推进股份制改革的总体工作部署，以加快建立符合现代商业银行公司治理要求的信息披露制度为核心，全面启动数据标准化工程，统一规范全行统计制度，深化数据仓库建设应用，加强数据分析和信息服务，管理信息的及时反映、跟踪监测、决策支持、业务引导、信息发布功能不断提升，对全行改革发展以及外部监管和审计的信息支持作用明显增强。

一、统计工作适应全行改革发展和金融监管的要求不断深化，提供了大量有参考价值的数据和分析材料

深化统计制度建设，强化统计数据管理。启动覆盖全行经营活动和各专业统计事项的统计制度建设，完成

对6267个综合统计指标和4697个专业统计指标的统一定义和口径规范，明确了数据来源，建立了核对关系，迈出统一统计口径的关键步伐。制定剥离数据还原方案，确保股改剥离后主要指标数据的可比性。建立贷款质量迁徙统计制度，实现对贷款形态变动情况的跟踪监控。适时推出非信贷资产质量分类、小企业授信等专项统计制度，完善资本充足率统计制度，及时向各级行领导和监管部门提供大量基础性信息。

明确统计工作职责，规范统计工作流程。根据《银行业监管统计管理暂行办法》，结合股改上市的实际，修订了《中国工商银行统计管理暂行规定》，建立和完善了统计责任人制度，明确了在统计数据收集、加工、生成、报送等各环节工作人员及各部门主管领导的责任，明确统计工作各个环节的基本职责。制定《中国工商银行统计工作指引》，全面揭示了统计操作中的风险点，规范了统计工作的操作流程，提高了全行统计工作的标准化和透明度。

推进统计数据标准化，提升统计报表质量。2005年抓住不良资产剥离的契机，加快了综合统计工作自动化进程，保证了从10月份起利用主机自动生成资产负债月报表向监管部门报送。在有效解决报送单位到元位所涉及的并表汇总、大机复制、跨表核对、上报文本和历史数据进位等问题，全面升级统计报表报送系统的前提下，从2005年第三季度起实现全行监管报表报送单位统一调整到元位，精确到角分，彻底改变了全行长期以来实行的进位统计模式，推进了统计数据的核算化和标准化。

完善统计报表体系，保证报表及时准确报送。根据监管部门的要求，新增本、外币中长期贷款实际投向，本、外币贷款质量迁徙等报表，对非信贷资产质量统计季报的报送方式和报送内容作了较大调整，及时报送了不良资产剥离报表。据统计，总分行配合完成17大类、504期监管报表的编制和报送，全年处理数据上千万个。围绕全行股改、经营管理、金融监管、市场营销等工作，各级管理信息部门提供了大量数据信息和分析资料，“统计在线”共开通总分行用户562个，全年查询数据8万人次。

二、数据仓库信息集中优势转化为应用优势，为支持全行业务发展和风险防范提供了更丰富的信息手段

数据仓库已有8个系统投产，在关键经营管理指标、绩效分析、风险管理、资产负债管理、客户关系管理五大领域内实现了13项新的应用，取得了一批重要应用成果，有些已达到国际国内同业先进水平。

完善了综合统计（CS2002）系统。扩大了全行经营管理报表以T+1日方式处理和展示的范围并应用到分行，日均处理报表由382张上升到1084张，搭建了全行最大的自动化统计平台。在新旧会计制度切换的复杂条件下，顺利实现2005年度全行年终决算报表的自动生成，显著提高了年终结算效率。

深化了数据仓库客户关系管理系统应用。个人客户关系管理（PCRM）系统实现了全行重点个人客户信息的全面整合和综合应用，法人客户关系管理（CCRM）系统实现了全行所有法人客户信息集成管理和贷款客户综合贡献度、贷款定价功能及综合应用。到2005年末，总行实现对全行1598万户金融资产超过5万元的中高端个人客户、188万理财金账户客户、402万个人贷款客户、745万信用卡客户和343万法人存款客户及6万多法人贷款客户信息的集成管理、综合应用和跟踪监测，建立起法人客户信息定期通报制度，每天数据更新量超过200G。

搭建了功能强大的客户信用风险控制系统。特别关注客户信息系统应用于拒贷、催收、扣收、转化不良贷款、贷前审批、市场营销、贷后管理等诸多环节，能够实现全行所有不良信用客户信息集成管理和跨金融机构、跨地域、跨专业的信用风险防范。到2005年末，全行利用CIIS系统累计拒贷8351笔，10.25亿元，收回各类积欠本息2185笔，3798万元，转化不良贷款为正常贷款1.5亿元，在营销预审批中剔除不良信用客户2674名。人行个人征信（PCRS）系统在全行范围内推广应用，累计拒贷9439万元。顺利推进人行法人征信（CCRS）系统在天津、上海、福建、浙江、宁波、厦门6家分行的试运行，人民银行对全行征信系统建设给予了肯定。

三、加强数据分析和挖掘，提升决策支持功能

随着数据的集成管理和综合应用，围绕总量、结构、质量、效益、效率指标，开展了国际、国内竞争力比较分析和结构调整分析，剥离后贷款结构分析，不良资产变动情况分析，客户结构、客户行为、客户贡献、产品覆盖等专题分析，提出了“定位中端，竞争高端，培育潜力客户”的个金业务发展战略和加快客户结构、收益结构和资产结构调整等工作建议。

配合股改工作推进，提供了全行股份制改革前后及境内外同业对比分析的大量数据和资料；向战略投资者资料库和安永审计提供大量数据；研究建立了工商银行新的统计指标体系，为全行发展战略谋划提供了决策依据。

四、信息披露制度建设成效明显，评优评级工作为股份制改革创造了良好的舆论环境

作为完善公司治理的重要内容，信息披露制度建设工作受到高度重视。成立了课题小组，按照现代商业银行公司治理要求，从不同上市地信息披露要求出发，对上市前经营数据的追溯收集、建立信息披露制度、落实分解各级披露职责、上市前相关信息的保护、资本充足

率等问题进行了充分的研讨。在反复与中介机构沟通，多次征求有关部门及分行意见的基础上，完成了《中国工商银行信息披露制度》的起草，在推进符合上市银行需要的信息披露体系建设上迈出了重要一步。

标准普尔和穆迪、惠誉三大评级公司大幅度提升了工商银行的信用等级。加强与境外评优、评级机构和媒体的沟通联络，及时客观地反映全行改革发展成就，2005年标准普尔将工商银行的信用等级连升三次，由2004年的“BB+/正面/B”调高到“BBB+/稳定/A-2”；穆迪评级公司将全行财务实力评级的前景展望由“稳定”调升为“正面”；惠誉评级公司也将全行信用等级由“BBB+/2/E”提升至“A-/1/D/E”。

评优工作也取得了好的成绩。工商银行荣获了《亚洲银行家》杂志“中国最佳零售银行”、《亚洲货币》“中国内地最佳银行”、美国《环球金融》杂志“中国最佳银行”、“最佳个人网上银行”、《环球托管》杂志“中国最佳托管银行”等重要奖项。

五、围绕股改工作重心组织信息发布，“网讯”宣传引领作用日渐突出

网讯信息工作紧紧围绕全行股改和经营管理重心，设置专栏集中发布全行重大信息；优化信息交流、工作指引、风险提示、教育培训功能；改进图片展示，加快发布速率；“规章制度”、“业务调研”和“部室答疑”栏目，较好地发挥了对业务发展的引导作用。在总分行的共同努力下，总行“网讯”开设一级栏目已达43个，全年收集处理各类信息15.2万条，5860万字，发布信息10.9万条，4200万字，拍摄、发布各类新闻图片308张，“网讯”日访问量9万人次。“网讯”已经成为全行宣传和信息交流的重要窗口。

（总行管理信息部）

安 全 保 卫

2005年全行保卫工作紧密围绕股份制改革进程，深入落实总行党委提出的“效益、质量、管理、发展、创新”十字方针和保卫工作“减库、减人、减枪，管少、管好”十字要求，不断加快守押社会化改革步伐，加强精细化管理，有效遏制了重大案件和安全生产事故的发生，全行抢劫案件防范成功率百分之百，无涉枪案件及事故发生，员工零伤亡，外部案件防控工作在四大国有商业银行中连续8年保持了发案率最低、防范成功率最高的记录，为全行改革发展营造了和谐安全的环境。

一、明确全年工作目标任务

2005年3月召开了全行保卫工作会议，对近年来保卫工作进行了回顾，深入分析了当前及今后一段时期面临的新形势，明确了下一步重点工作：以高度的政治责任感，依法强化安全生产和保卫工作管理；维护全行改革大局，积极稳妥推进守押体制改革；加强安防设施标准化建设，提高防范科技化水平；提高案件防控水平，确保全行改革顺利进行；落实科学发展观，实现保卫工作的可持续发展。

二、积极稳妥推进守押社会化改革

2005年，按照《中国工商银行守押改革管理办法（试行）》，重点加强了一级（直属）分行守押改革工作。对当地有社会化专业公司的，要求选择管理严格、市场化程度高的专业化公司；对暂时没有社会化公司的，要求主动创造条件催化市场；对守押已经移交的行，要求按约加强监督，协助守押公司提高运作水平和服务质量。截至2005年末，已有31个一级（直属）分行实施了守押社会化改革，涉及21个省一级分行营业部、311个二级分行和1754个县级机构，参与率分别达到了87.5%、79.9%和53.2%。特别是北京、上海、天津、辽宁、吉林、黑龙江、河南、湖南、四川、云南、宁夏、大连、青岛、厦门14个分行实现了全辖守押社会化。全行有550个金库的值守、11536个营业网点的调缴款、13916个上门收款点实现了守押社会化，即有近40%的库点、62%以上的网点和70%的上门收款点，完全转移了守押操作风险，改革创造的安全效益凸显。

三、巩固安防设施建设

2001年以来，总行提出用几年时间实现全行金库、营业网点等主要防护对象安全防护设施达标的刚性目标，要求按照统一设施建设标准限期整治。各行在经费比较紧张的情况下，克服困难加大投入，使全行安全防范设施建设取得了跨越式发展，达标率大面积、大幅度提升。截至2005年末，全行金库电视监控和防入侵报警设施的安装率达到100%。营业网点的防弹玻璃、安

防监控、入侵报警设施安装率、与110报警联网率分别达到99.2%、98.9%、99.3%和93.9%。安全防范设施的巩固和完善，为保证员工生命和全行资金安全构筑了坚实屏障。

四、加大安全检查力度

2005年主要开展了下列安全检查工作：一是年初参加公安部、人民银行、银监会组织的金融系统安全大检查；二是按照全国安全生产电视电话会议要求，于春节前在全行集中组织开展了一次安全防范和内控管理大检查，会同北京市内保局对北方数据中心安全防范工作进行了重点检查，并将检查情况分别呈报了国务院安全生产办公室和银监会等部门；三是根据总行党委统一部署，参加了全行依法合规大检查；四是国庆节前组成两个检查组分别对东北、西南等地区分行的安全防范工作进行了突击暗查，并对查出的问题下达整改通知，同时就基层保卫工作开展情况与部分受检行进行了座谈调研；五是为保障全行四季度业务运营安全，确保年终决算工作平稳进行，12月组织15个检查组对全行岁末年初安全保卫工作进行了全面检查。

五、加强整章建制和精细化管理工作

2005年，进一步加强案件防范和查处长效机制建设，加强了保卫工作精细化管理。召开了《中国工商银行守库操作规程》等规章研讨会，按照总行规章制度梳理工作统一要求，重新修订了《中国工商银行保卫操作规程》，起草了金库远程监控等管理办法，清理了一些过时的制度规定，避免了新旧制度交叉而造成的一些执行矛盾和风险隐患。同时对全行保卫队伍建设、守押运作及基层保卫工作等情况开展了调研。

六、推进信息化建设

为提升保卫工作系统化、科技化管理水平，促进相互之间的信息分享和经验交流，经过相关测试及人员培训等工作，上半年在总行NOTES网上建立《安全保卫业务园地》，经过一段时间的运行，效果显著。截至12月末，在《安全保卫业务园地》上共计发布各类保卫专业信息近500篇，推进了全行保卫系统信息化建设工作。

七、认真开展“创安”活动

（一）做好总行安全工作。一是重点做好重要节假日和重大活动期间的安全工作。在督导物业公司做好日常安全管理工作的基础上，加大在元旦、春节、“五一”、“十一”节日和重大活动期间的安全工作指导力度，特别是在工商银行股份公司成立期间，切实加强内部保卫工作，确保国务院领导视察安全，以及股份公司创立及成立大会的顺利召开。二是认真落实责任制。与总行各部室重新签订了《社会治安综合治理领导责任书》、《总行防火安全责任书》，并与计算机房、档案室、电教中心等防火重点部位负责人签订了《重点部位防火安全责任书》，有效保障了总行各项安全工作的落实。三是加强员工安全教育。充分发挥总行安全园地的宣传教育平台作用，及时编辑发布各种治安动态、消防动态、安全知识等信息。举办消防安全培训班，组织总行机关国家安全知识答题和开展学习贯彻《企业事业单位内部治安保卫条例》知识答题活动，组织开展了消防疏散演习及实际灭火演练等活动，取得了良好的效果。

（二）做好维护稳定工作。针对部分分行自谋职业人员、内退人员到总行集体访事件，积极配合办公室、人事部等部门妥善处理，对上访人员进行训诫和疏导，维护机关正常办公秩序。

（三）做好总行国家安全人民防线建设工作。充分发挥总行保卫部作为全行国家安全领导小组办公室的职能作用，不断完善运行机制。落实北京市国家安全局召开的“两会”期间金融系统国家安全工作协调会要求，协调总行相关部门，做好全行涉（驻）外机构基础调研工作，配合国际业务部对境外机构负责人进行国家安全教育培训；邀请国家安全局专业人员对总行部分重点部位进行安全检测。

（总行保卫部）

案 件 查 防

2005年，全行坚持从严治行，强化管理，不断加大案件查防工作力度，有效遏制了大要案和重大违规问题的发生，为股份制改革的顺利进行提供了有力保障。

一、案件查防工作基本情况

2005年共发生各类内部经济案件X件，同比下降24.2%，百万元以上大案X件，同比下降50%；千人

发案率X，均创建行以来的最低值；涉案资金追缴率X%，同比上升31%，为近年来的最高值；涉案金额XX万元。共发生外部诈骗、盗窃既遂刑事案件7起，涉案金额1655万元，其中百万元以上大案2起；成功堵截外部诈骗、抢劫、盗窃等“三类案件”32件，避免损失3.9亿元。北京、天津、浙江、安徽、福建、重庆、新疆、宁夏、深圳、厦门、青岛、苏州分行和总行直属机构未发生案件。

截至2005年底，已查结内部经济案件X件，结案率96%。共处理违法违纪违规人员403人，其中涉案人员58人，领导责任人176人，有关责任人169人。上述人员中受到行政开除处分的80人，留用察看7人，行政撤职53人，行政记大过34人，行政记过61人，行政警告72人，辞退或解除劳动合同43人，其他处理53人。

二、案件的主要特点

略

三、案件查防工作的主要措施

一是各级行党委把案件查防作为重点工作来抓，动手早，力度大，措施实。总行党委从保障股改顺利进行的战略高度对全行案件查防工作作出安排和部署，要求各级行和全行员工将内部控制建设和风险防范当作“生命工程”抓好抓实，并将2005年定为全行“内控攻坚年”。各级行党委认真落实总行部署，结合本行实际，确定工作重点，制定案防措施，取得良好成效。

二是开展了以加强制度建设为主要内容的案件专项治理。全行以制度建设为重点，对各项规章制度的合理性和有效性进行测试，对一些已经不适应当前业务发展和基层管理实际的制度进行清理，对专业交叉的规章制度进行整合，并结合流程改造将规章制度、风险点标识、风险防范措施嵌入操作流程之中，强化了对业务操作的刚性控制。

三是组织实施了拉网式依法合规大检查。组织实施了涵盖12个专业、覆盖各个基层营业网点的大规模依法合规大检查。各专业部门对检查出制度执行中存在的50余万笔/次问题进行了有效整改，整改率达到97%以上。处理、处罚了一批责任单位和责任人，其中381人受到行政处分。通过检查与整改，广大员工的案防意识明显提高。

四是突出了对重点业务和重点人员的管理。2005年总行确定对权限卡管理、虚存实取、反交易业务、银企对账、基层机构负责人管理和员工赌博行为六个风险点进行重点管理和防范。各行根据总行的部署，对六个风险点逐项排查，并针对存在的问题进行专项治理。在对重点人员管理和防范工作中，各行全面实施了员工行为动态排查工作。通过行为动态排查，共发现有各类异常表现行为人员1866人，及时处理716人，其中139人被解除劳动合同。

五是运用科技手段加强了对风险的监控预警。全行不断加大IT技术在案件防控中的应用，科技部门主动配合专业部门将相应的规章制度和管理要求融入并固化在系统控制和操作流程中，对防范各类风险发挥了重要作用。

六是深入推进了“扫雷工程”。根据总行实施方案，各行周密部署，层层推进，结合案件专项治理和依法合规大检查发现的问题，真正把那些差错事故多、案件苗头多的单位和部门定为“雷区”，逐个环节抓整改。一些行还根据实行扁平化管理的实际，在创新实施办法、拓展内涵上下工夫，从网点向专业管理部门延伸，进一步推动了“扫雷工程”的深化。“扫雷工程”的实施，有效提升了各级行特别是基层营业机构的管理水平和风险防范能力。

七是促进了对案件高发行的监控整改工作。总行通过督查、执法监察、检查考核等形式，加大了对重点监控行整改工作的监督管理。各行结合实际，制定了有针对性的整改措施。2005年，6个重点监控行共发案16件，涉案金额954.9万元，其中百万元案件3件，同比分别下降51.5%、67.2%和66.7%，其中通过业务检查等形式自查发现13起，案防水平明显提高。

八是持续加大了案件查办力度。办案责任制得到有效落实，大要案查处周期缩短。严格了问责制，执纪力度加大。坚持以查促防，有效发挥了案件查办的治本功能。总行加强了案件查处的通报工作，不仅每季度通报案件查处情况，还将每起百万元案件予以全行通报。各级行、各专业部门都以案为鉴，完善制度，堵塞漏洞。

（总行监察室）

第五部分 党建工作与队伍建设

执行编辑：王元元

系统党建

2005年全行结合开展先进性教育活动，认真贯彻落实中央要求，加强系统党建工作，充分发挥党委的领导核心作用，为股份制改革和各项事业发展提供了坚强的组织保障。

一、建立健全党建工作机制，切实发挥党委领导核心作用

在深化国有商业银行改革过程中，一方面充分发挥党委会的作用，重大的经营方针、投资决策、财务开支、干部任免等事项，坚持通过党委会集体讨论决定，充分发扬党内民主，发挥党委班子的整体作用；另一方面，建立健全专家审议制度，成立由业务领域专家组成的资产负债管理委员会、风险管理委员会、财务审查委员会、信贷政策委员会、技术审查委员会等等，对相关业务领域的政策、制度和重大决策，按照严格的程序进行审议，提高决策的科学性和针对性。不断规范民主决策程序，健全议事规则，坚持党的民主集中制原则。在作出重大决策时，坚持集体领导与个人分工负责相结合。同时建立了决策责任制和决策失误追究制，用制度保证各级领导在决策中慎重从事，加强了对领导干部决策情况和决策执行情况的监督。全行各级党组织积极拓宽党员参与党内事务的渠道，创造条件，努力扩大党内民主，有效保障广大党员的民主权利。

二、加强领导班子思想政治建设，切实改进领导干部工作作风

一是通过在全行各级领导班子中开展创建“政治素质好，经营业绩好，团结协作好，作风形象好”领导班子活动，进一步加强全行各级领导班子思想政治建设。

二是通过落实民主生活会制度提高领导班子解决自身问题的能力。各级党组织结合开展先进性教育活动，组织召开党员领导干部专题民主生活会。各级领导班子和党员领导干部认真查摆和剖析班子和个人在党性党风方面存在的突出问题，使班子的团结建立在坚实的思想基础上，提高了解决自身问题的能力。

三是通过加强调查研究工作改进领导班子作风。各级党委进一步加大调研工作力度，以高度的政治责任感和认真负责的工作态度，带着问题深入基层一线，认真听取意见和建议，帮助基层解决实际问题。总行党委成员在繁忙的日常工作中，抽出时间就业务工作和员工队伍建设工作中的热点、难点问题作深入的调研，了解基层的情况，传播新的经营理念。通过调研，各级领导班子进一步掌握了基层的经营管理和业务发展情况，了解了基层员工的思想动态和愿望要求，发现了工作中存在的问题和漏洞，认真指导整改落实，赢得了干部群众的信赖。

四是通过开展行长接待日活动、公布举报电话、设立意见箱等多种渠道，倾听群众呼声，了解员工思想。主动下访，帮助生活困难员工解决生活困难。2005年，全行系统解决员工生活困难的福利捐助资金共计8000万元。

三、加强基层党组织和党员队伍建设，切实发挥基层党组织的战斗堡垒作用和广大党员的先锋模范作用

一是坚持“机构改革到哪，党的基层组织就覆盖到哪”。2005年全行新成立党委2个，党总支46个，党支部41个。

二是认真做好党员发展工作，进一步改善党员队伍结构。2005年全行共发展党员5397名。在党员总数中，大专以上文化程度占比达到58.4%。

三是加强党员教育培训，提高党员队伍素质。在2005年全行开展的先进性教育活动中，广大党员进行了系统的学习，14万党员还接受了不同形式的党内培训。

四是组织“双优一先”评比，发挥党员先锋模范作用。各级党组织结合先进性教育活动，组织开展了优秀共产党员、优秀党务工作者和先进基层党组织评选活动，通过多种形式表彰“双优一先”。在股份制改革和各项业务工作实践中，党员的先锋模范作用都得到了充分体现，为广大员工做出了表率。

五是认真开展调查研究，努力探索股份制改革新形势下党建工作的思路，撰写了《工商银行向现代商业银行转型时期党员队伍建设探索》调研报告。

（总行党委组织部）

领导班子建设

2005年，全行各级党委和人事组织部门围绕全行工作大局，认真贯彻落实分行行长会议精神，大力加强领导班子建设，深化干部人事制度改革，积极推进干部交流，强化干部管理与监督，各项工作都取得了新的成绩。

一、集中考核考察分行（学院）领导班子和后备干部，进一步加强领导班子建设

2005年下半年，结合分支机构开展保持共产党员先进性教育活动，总行派出考核组对分行领导班子和后备干部进行了全面考核。考核严格按照发布考察预告、进行深入动员、组织民主测评、广泛听取意见、认真研究分析等规定程序和要求进行。考核工作结束后，逐个研究分析分行（学院）领导班子、领导干部和副职后备干部的具体情况，提出对241名领导干部的聘用和使用建议。采用差额方式，认定分行副职后备干部人选228人，并提出培养方向和具体培养措施。这次考核是在全行股份制改革的关键时期进行的，是股份制改革中加强组织建设的一项重要工作。

二、做好领导班子调整配备工作，进一步优化分行（学院）和内审分局领导班子结构

2005年，为适应全行股份制改革的需要，总行党委按照干部四化方针和德才兼备原则，对32个分行（学院）和内审分局领导班子进行了调整充实，任免分行行级干部91名。其中对15个分行、2个学院一把手进行了调整，考察、配备分行领导干部27名。通过调整，将一批素质好、学历高、能力强的年轻干部提拔进分行领导班子，优化了班子年龄、学历和专业结构，增强了领导班子活力。截至2005年底，总行管理的系统干部共计321人，其中班子平均年龄48.18岁，具有大学本科以上学历254人，占78.8%。领导班子的年龄、知识和专业结构得到进一步改善，提高了领导班子综合素质。

三、继续加大干部交流力度，进一步培养锻炼干部

根据工作需要和干部交流原则，对任职达到规定年限的高级管理人员及时安排异地任职。一年来共交流一级分行、直属分行行长10人，副行级干部1人，交流到内审分局任职3人。组织了东西部分行和总分行间40名处级管理人员横向交流，其中交流到总行的17人，东西部分行间交流23人。各分行对辖内二级分行和县级支行干部交流情况也认真进行了自查。通过干部交流，调整了班子结构，增强了干部队伍活力，培养锻炼了干部，对加强风险控制，防范道德风险、提高落后分行经营管理水平也发挥了一定的作用。特别是在各行人才储备和培养工作不均衡的情况下，干部交流弥补了少数行干部断层、人才不足的问题。

四、加强领导班子和干部制度建设，强化干部监督管理

逐步引入管理人员公开选拔、竞争上岗的任用机制，拓宽选人用人视野，提高了干部管理工作的科学化、民主化和透明度。全面推行管理人员聘任制，不断完善管理人员考核评价机制，通过组织部分分行领导班子到总行述职、建立任职谈话制度、加大对管理人员选拔任用工作的监督力度等措施，进一步完善干部监督管理机制。通过上述改革实践，一个人尽其才、能上能下、充满活力的领导干部选拔任用机制已经初步形成。

（总行人事部）

党风廉政建设

2005年，全行各级党委和纪检监察部门坚决贯彻中央反腐倡廉决策和中纪委及总行工作部署，认真落实《建立健全教育、制度、监督并重的惩治和预防腐败体系实施纲要》（以下简称《实施纲要》），围绕全行中心

工作，加大工作力度，党风廉政建设和反腐败工作取得了新成果，为全行营造了良好的经营发展环境。

一、深入学习贯彻《实施纲要》

一是认真学习，广泛宣传。总行党委把学习贯彻落实《实施纲要》作为一项重要政治任务，纳入改革发展总体规划，列入党委重要议事日程。总行纪委结合先进性教育活动，对《实施纲要》进行广泛宣传，并重点督促各行党委班子带头学习。各行分别开展了不同形式的学习宣传活动，不断把学习宣传引向深入。

二是结合实际，制定落实意见。总行纪委协助党委起草《关于落实〈建立健全教育、制度、监督并重的惩治和预防腐败体系实施纲要〉的意见》正式下发执行。

三是完善机制，明确责任。总行成立了以党委书记姜建清为组长，党委副书记杨凯生、王为强、纪委书记刘立宪为副组长，办公室、计划财务部、信贷管理部、资产风险部、人事部、监察室等部门负责人为成员的落实《实施纲要》工作领导小组，负责指导和推动落实工作深入开展。

二、对党员干部的教育和监督工作得到进一步加强

一是全面加强反腐倡廉教育。把反腐倡廉教育纳入先进性教育活动中，开展多种形式教育活动。总行组织开展了"两个纲要"知识竞答活动；制作下发了《中国工商银行反腐倡廉公益广告大赛作品选》光盘。部分分行还组织参加了首届反腐倡廉歌曲创作和演唱活动，其中湖北分行创作的《纪检监察之歌》获得三等奖。

二是认真落实党内监督制度。总行党委向分支机构派出先进性教育活动督导组，对党员领导干部专题民主生活会进行督促指导，检查各单位落实民主集中制和干部任用、经费开支等重大事项集体决策情况。进一步加强对党风廉政建设责任制落实情况的监督检查，总行对8个一级分行、1个直属分行和3个直属单位落实党风廉政建设责任制情况进行了量化检查评价。对违反责任制规定的102名科级以上领导干部进行了党纪政纪处理。认真落实领导干部"三谈两述"和个人重大事项报告等制度。

三是严格执行领导干部廉洁从业各项规定。认真贯彻落实党中央、中纪委及总行党委有关廉洁自律各项规定，重点贯彻落实《国有企业领导人员廉洁从业若干规定（试行）》，继续抓好"四大纪律八项要求"的落实。继续执行领导干部廉洁自律专题报告、领导干部廉政档案等制度。

三、案件查防工作力度持续加大

一是严肃查处违法违纪案件。在查处内部经济案件的同时，还办结广东顺德支行账外经营等7起违规经营案件。严肃处理了一批案件责任人。全行共受理信访举报件2799件（次），共对243名违规违纪党员干部进行了纪律处分和组织处理，其中总行直接受理1576件（次），总行对一些重要信访件进行了直接查办。

二是进一步规范案件审理工作。制定了《中国工商银行审理党纪政纪案件操作程序》，并对《中国工商银行党纪政纪案件审理办法》进行了修订；对新疆等10个一级分行2003年以来纪检监察部门审理违法违纪案件、申诉案件及人员处理的落实情况进行了检查，对存在问题较多的分行提出了具体整改意见。

三是进一步加强案件防范力度。重点抓好案发高风险点和风险源的防范工作，指导督促各行重点加强对权限卡、虚存实取、反交易、银企对账、基层机构负责人、员工赌博六个风险点的防控工作。结合依法合规大检查，继续推进"扫雷工程"，并开展了"扫雷工程"调研活动，积极探索新形势下深化"扫雷工程"的新方法。督促重点监控行切实整改，6个重点监控行的案件总数和百万元案件数都有明显下降。在全面总结近年来全行案件防范工作的基础上，积极探索构建防范案件的长效机制。

四、党风行风突出问题得到较好治理

一是重点整治七个方面的突出问题。根据中纪委提出需要重点治理的"五股歪风"，结合商业银行经营管理实际，重点整治了违反规定收送现金、有价证券和支付凭证，干部选拔任用中的"跑官要官"，领导干部放任、纵容配偶、子女及其配偶和身边工作人员利用自己职权和职务影响经商办企业或从事中介活动谋取非法利益，领导干部利用婚丧嫁娶等事宜收钱敛财；党员干部参加赌博，个别单位和领导在不良资产清收处置过程中暗箱操作、低价处置抵贷资产、违规核销贷款，一些行在住房按揭贷款、汽车消费贷款等业务工作中存在的弄虚作假等七个方面的问题。

二是大力推进行风建设。继续开展民主评议行风与创建文明单位活动。通过开通监督热线、聘请监督员等方式，广泛听取社会群众的意见，及时解决群众反映的问题。指导各行开展职业道德教育和创建文明单位、文明窗口活动，通过开展多种形式的企业文化活动，培养员工遵纪守法、爱岗敬业的良好风尚。

五、治本抓源头工作继续深化

一是深化干部人事制度改革。建立健全管理人员聘任和领导干部选拔过程中的监督约束机制，加强对干部选拔任用工作中的"暗箱操作"、"考察失真"、"带病提拔"等问题的监督检查，加大对用人失察失误的责任追究力度。

二是继续推进财务制度改革。制定符合现代金融企

业管理要求、与国际会计准则接轨的财务会计制度，稳步实现新旧财务会计制度体系的接轨。督促各行积极推行财务集中改革，上收各分支机构财务支出核算事项，实现财务操作职能与决策职能、核算职能与管理职能、核算主体与被核算主体空间上的分离，构建集约高效的管理会计体系。

三是完善不良资产清收处置制度。从制度上确保不良资产清收处置的合规操作，完善损失类贷款核销手续，加强账销案存管理，规范已核销贷款的会计核算；推广应用不良贷款管理、以物抵债管理和呆账核销管理系统，实现电子化审批与管理，建立标准化的不良贷款处置流程；建立不良贷款清收处置全过程的责任认定和追究制度。

四是加强对集中采购和基建工程招投标的监督管理。督促各级行进一步规范集中采购流程，提高集中采购层次，扩大集中采购范围，严格执行招投标法和总行集中采购管理办法、实施细则等规章制度，完善集中采购和基建工程招投标市场运行机制。按照《中国工商银行集中采购监督办法（试行）》，对集中采购和基建工程招投标进行现场监督，促进集中采购活动的规范化、程序化。

六、执法监察工作深入推进

一是针对重点问题开展执法监察。2005 年共立项 1337 个，已办结 1288 项，办结率 96.3%；全行共成立 1355 个工作组，投入工作日 8986 个，累计发出执法监察通知书 2174 份，执法监察建议书 1448 份，提出建议 4728 条，协助完善各种规章制度 499 项，推广先进典型 63 个，避免和挽回经济损失 2276.8 万元，处分人员 7 人（次）。

二是提高执法监察信息化水平。总行纪检监察部门与科技部门充分协作，研制开发了“执法监察工作管理系统”。

三是推进执法监察规范化建设。严格执行《中国工商银行执法监察工作办法（试行）》和《中国工商银行执法监察操作规程（试行）》，督促各行的执法监察工作规范化发展；总行组织检查组对部分一级分行进行专项执法监察，并在全行范围内通报检查情况。

七、纪检监察队伍建设得到加强

一是抓好领导班子与人员配备工作。截至 2005 年底，全行 44 个一级分行、直属分行和直属机构中已有 42 个单位配备了纪委书记，超过 93% 的二级分行已配齐纪委书记。各行根据工作需要，选调一批政治素质好、业务能力强的同志，充实到纪检监察工作岗位。

二是积极推进业务培训工作。紧贴业务发展和工作需要，组织了一系列纪检监察业务培训班。全行纪检监察部门共组织参与培训班 359 个，培训纪检监察干部 8022 人次。此外，还组织全行 50 多位纪检监察业务骨干参加了中纪委举办的全国金融系统纪检监察业务骨干培训班。

（总行监察室）

精神文明建设

2005 年，宣传思想工作紧紧围绕全行工作重点，积极服务全行股改大局，唱响主旋律、打好主动仗，各项工作在继承中创新，在巩固中发展，在改进中提高，始终保持了积极健康、热情向上的良好态势，为统一员工思想、推动现代金融企业建设提供了强大的思想保证和精神支持。

一、加强对党委中心组学习的指导，推进各级领导干部的思想建设

建立健全党委中心组学习制度，逐步形成以学习邓小平理论、“三个代表”重要思想、科学发展观和党的路线方针政策为基本内容，以自学和调研基础上的集中学习研讨为基本形式，以改造主观世界和改造客观世界相互促进为基本要求的方式方法。在学习中注重发挥党委中心组学习在决策中解放思想、统一认识的先导作用，坚持理论联系实际的学风，研究解决事关全行改革发展的全局性、战略性、前瞻性的问题，把党委中心组学习作为“学理论、转观念、议大事、出思路、建班子”的有效途径，把理论学习的成果积极转化为促进党委正确决策、推动改革发展创新的根本保证，真正做到了以思想理论建设促进全行工作。

二、打造精品工程，不断增强宣传思想工作的吸引力、影响力和创新力

2005 年，以股份制改革宣传教育提纲为主要内容，普遍深入开展股改专题教育。教育活动方式灵活多样，紧密结合改革发展实际，主题突出，内容丰富，影响广泛，呈现出“领导重视，员工欢迎，参与面广，形式

新颖”的鲜明特色，进一步提高了全行员工对股份制商业银行经营管理要求的认识，对促进全行员工转变观念，树立现代商业银行经营理念，正确理解改革、积极参与改革，推动工商银行的改革、探索股份制条件下宣传思想工作起到了积极作用，为股份制改造提供了有力的舆论支持。

三、开展“弘扬长征精神，促工行改革发展”主题宣传活动

以纪念长征胜利70周年为契机，把弘扬长征精神与全行的股改宣传活动和保持共产党员先进性教育活动结合起来，紧紧围绕全行改革发展和业务经营实际，浓缩提炼长征精神，并赋予时代气息和工行特色，组织开展了“弘扬长征精神，促工行改革发展”主题宣传和主题党日实践活动。活动期间，正值股份制改造全面启动，各行积极引导广大员工发扬红军战士连续作战、敢打硬仗的精神，统一调配资源，抢抓工作先机，全面组织开展了一场股改攻坚战，确保了全行不良贷款剥离工作如期完成。在活动中各级行注重把深入的思想发动与对外宣传紧密结合，营造浓厚活动氛围，树立良好的工行形象。各行还充分挖掘当地红色资源，开展了具有鲜明特色的“红色主题营销活动”，通过寻访长征遗址、军营一日、观看长征影片、走访慰问老红军、知识竞赛和业务攻坚竞赛等深化主题宣传，进一步强化了员工的责任意识、效益意识、危机意识、团结协作意识和奉献意识。

四、健全工作机制，提高创建水平，精神文明建设取得丰硕成果

全行认真坚持“两手都要抓，两手都要硬”的方针，以开展创建文明单位活动为重要载体，按照“巩固、深入、提高、创新”的工作思路，将时代要求与金融行业特点相结合，将精神文明建设目标与全行改革发展任务相结合，积极探索新形势下创建工作的新途径、新方法，巩固和提高创建工作的水平与质量，基本形成了适应现代商业银行要求的精神文明创建方式和机制，使全行精神文明创建工作呈现出与业务经营齐头并进，相得益彰的良好局面。

2005年是第四届总行级文明单位的评选年。经各分行精心组织、择优推荐，总行严格审核把关，共有47个单位获得了2005年度“中国工商银行文明建设先进单位”称号。在此基础上，全行共有37个单位获得中央文明委的表彰，其中“全国文明单位”11个，“全国精神文明建设工作先进单位”26个，在金融系统名列第一。同时加强对往届文明单位的动态管理，对11个分行共23个总行级文明单位进行了抽查。通过深化创建工作和加强对文明单位的日常管理，在全行形成了学先进、促发展的浓厚氛围，树立和展现了工商银行良好的社会形象和精神风貌。截至2005年底，全行共有国家级文明单位61个、金融系统级文明单位13个、总行级文明单位193个。

（总行党委宣传部）

开展保持共产党员先进性教育活动

按照党中央的统一部署，总行机关和全辖分支机构集中开展了以学习实践“三个代表”重要思想为主要内容的保持共产党员先进性教育活动。全行参加先进性教育活动的党组织共计11627个，其中党委812个，党总支1124个，党支部9691个，参加先进性教育活动的党员220946名。在党委的统一领导下，各级行党组织紧紧抓住学习实践“三个代表”重要思想这条主线，始终围绕“提高党员素质，加强基层组织，服务人民群众，促进各项工作”的目标，牢牢把握胡锦涛总书记提出的“关键是要取得实效”、“成为群众满意工程”的要求，紧密结合改革发展实际，加强组织领导，周密安排部署，突出工行特色，扎实稳步推进，先进性教育活动取得了明显成效。

一、主要做法

一是坚持领导带头，班子率先垂范，把学习实践“三个代表”重要思想贯穿教育活动全过程。各级党组织把开展先进性教育活动作为加强党的建设的重大机遇，牢牢把握学习实践“三个代表”重要思想这条主线，从自身做起，从班子做起。领导干部带头参加学习，带头讲党课，带头征求意见，带头查找问题，带头开展批评与自我批评，带头进行整改提高，既做教育活动的组织者，又做教育活动的参与者，在全行上下形成了“一级做给一级看、一级带着一级干”的良好氛围。根据统计，在教育活动中，全行各级党员领导干部共建立联系点14709个，深入联系点23810次，为党员上党课、专题辅导6094次，为全行先进性教育活动的开展

起到了良好的示范带动作用。

二是坚持正面教育，典型示范带动，把提高党员思想认识贯穿教育活动全过程。各级党组织始终坚持正面教育为主的方针，搞好开门教育、开展形势教育、抓好典型教育、用好警示教育，通过开展领导讲党课、专家讲理论、典型讲事迹、党员讲体会和保持共产党员先进性具体要求大讨论的“四讲一讨论”等形式，用“三个代表”重要思想武装党员头脑，指导党员实践，不断提高全行党员的思想认识。据统计，先进性教育活动期间，全行共举办党员培训班9595次，请专家学者辅导2412次。

三是坚持分类指导，加强督导检查，把“取得实效”贯穿教育活动全过程。总行党委针对分支机构先进性教育活动参与党员多、分布区域广、环境差异大等特点，围绕“取得实效”要求，派出了由60人组成的15个督导组深入各分支机构开展工作督导，采取多种措施加强对分支机构先进性教育活动的指导。

四是坚持群众路线，发扬党内民主，把建设群众满意工程贯穿教育活动全过程。各级党组织在学习动员阶段，通过看望老党员、慰问困难党员、走访困难员工等形式，问计于群众，取信于群众；在分析评议阶段，采取“请进来”听群众评、“走出去”请群众点、“背靠背”让群众提等形式，广泛征求群众意见，认真查摆存在问题；在整改提高阶段，通过组织群众参与制定整改方案、网上公布整改措施、开展满意度测评等形式，落实群众对措施的建议权、对整改的知情权、对活动的监督权和对效果的评价权。据统计，全行各级党组织共征求群众意见126000多条，查摆党组织和党员存在的问题44400多个，共制定整改方案20646个，23427名党员干部开展实地调研1019次，走访慰问党员群众13281人，实地慰问钱物价值2057万元，接成帮扶对子10669对，解决影响改革发展的突出问题36301件，解决员工实际生活困难10669件，受到了广大员工的普遍好评。

五是坚持联系实际，服务全行发展，把实现“两不误、两促进”贯穿教育活动全过程。各级党组织始终坚持理论联系实际的工作方针，把先进性教育活动与全行中心工作结合起来，与业务发展结合起来，与构建和谐银行结合起来，与全行股份制改造工作结合起来，激励和引导广大党员积极投身全行股份制改造工作之中，积极投身全行改革发展的实践之中。

六是广泛深入，形式多样，舆论宣传形成良好氛围。在先进性教育活动中，各级党组织通过编发《简报》、制作宣传板报、建立网上“先进性教育活动园地”、读书演讲、知识竞赛、歌咏比赛等形式开展先进性教育活动宣传，努力营造先进性教育活动的浓厚氛围。活动期间，全行编发简报、信息9.9万篇，宣传各类先进典型人物4130名。

七是坚持求实创新，勇于探索实践，把建立保持党员先进性长效机制贯彻教育活动的全过程。各级党组织牢固树立机遇意识，以先进性教育活动为契机，努力建设学习型班子，培养学习型党员队伍，加强制度建设，不断提高党员队伍的整体素质，全面提高领导班子建设现代金融企业的能力，提高广大党员服务人民群众水平，探索建立“党员受教育，永葆先进性”的长效机制。

二、工作经验

一是坚持走群众路线，赢得群众的支持和参与是先进性教育活动取得实效的基础。在先进性教育活动中，各级党组织充分发扬党内民主，把每个环节都置于群众的监督和评判之中，让群众知情，请群众参与，受群众监督，赢得了群众支持和参与，为先进性教育活动开展奠定了坚实的基础。

二是中央先进性教育活动办公室和中央督导组、中央巡回检查组的正确指导，是搞好先进性教育活动的保证。全行先进性教育活动能够扎实推进并取得一定成效，是与中央先进性教育活动办公室和中央督导组、中央巡回检查组的悉心指导分不开的。先进性教育活动中，中央督导组、中央巡回检查组认真贯彻中央精神，严格把握活动方向，多次深入分支机构检查指导。正是中央先进性教育活动办公室的有力指导和中央督导组、中央巡回检查组的严格把关，保证了先进性教育活动的顺利进行。

三是党委高度重视，发挥表率作用，是先进性教育活动取得实效的关键。从总行到分支机构，各级行党委对先进性教育活动高度重视，层层组建了先进性教育活动领导机构，加强对活动的组织领导和具体指导。党委班子成员既担负活动领导责任，又坚持以普通党员的身份参加教育活动；既抓好全行教育活动，又搞好班子自身教育；既当指挥员，又当领跑员，全力推动先进性教育活动的开展。总行党委通过召开电视电话会议进行深入动员，党委班子成员深入联系点召开民主生活会，到基层一线开展具体指导，为全行先进性教育活动的开展起到了良好的示范带动作用。

四是以实践“三个代表”重要思想为主线，把解决思想认识问题贯穿始终，是先进性教育活动取得实效的前提。在开展先进性教育活动的过程中，全行始终把解决思想认识问题摆在首要位置，把学习理论与改造主观世界相结合，与推动工行发展相结合，要求每个党员以“三个代表”重要思想为指导，做到真学、真懂、真信、真用，做到学有所思、学有所悟、学有所懂、学有所获，从思想上为教育活动的深入开展打下了基础。

五是紧密结合实际，积极探索创新，是先进性教育活动取得实效的动力。在先进性教育活动中坚持继承与创新相结合，既注意借鉴过去党内教育活动好的经验做法，又注意结合实际和行业特点创造性地开展工作，特别是注意尊重基层和群众的首创精神。既坚持中央关于开展先进性教育活动总的原则要求不变通、不走样，又从实际出发，积极探索，创造运用行之有效的活动方式和载体，把教育活动引向了深入，为教育活动的开展提供了动力。

六是确保“取得实效”、成为“满意工程”，是检验先进性教育活动成效的标准。党委认真贯彻落实胡锦涛同志关于先进性教育活动的关键是“取得实效”，成为“群众满意工程”的指示精神，深刻认识“让人民满意的关键是取得实效，只有取得实效才能够让人民群众满意”的辩证关系，把“取得实效”、成为“群众满意工程”作为检验先进性教育活动成效的标准，坚持走群众路线，使先进性教育活动最终取得实效，真正成为了群众满意工程。

三、活动成效

一是党员队伍素质有了新提高。全行广大党员通过参加先进性教育活动，进一步提高了对开展先进性教育活动重要性和必要性的认识，增强了学习实践“三个代表”重要思想的自觉性，把新时期共产党员先进性的具体要求体现在了岗位上，落实到了工作中。在全行改革发展中涌现出了一大批践行“三个代表”重要思想的先进个人。党员的先锋模范作用吸引了越来越多的员工积极向党组织靠拢，一大批优秀分子被吸收到党内来，在先进性教育活动期间就有9000多名员工向党组织递交了入党申请书，先后发展党员3395名，给党组织增添了新的血液和生机。

二是基层党组织建设有了新加强。各级党组织作为教育活动的组织者和推动者，在面临工作头绪多、教育任务重、活动政策性强等突出矛盾的情况下，积极安排部署、周密组织实施，使教育活动取得了实效，赢得了广大员工的拥护和信赖。作为先进性教育活动的具体组织者，各级基层党组织通过主动征求群众意见、认真查找存在问题，制定完善整改措施，加强了自身建设，提高了解决自身问题和处理复杂问题的能力，进一步增强了党组织的创造力、凝聚力和战斗力。

三是工作作风有了新转变。通过先进性教育活动，总行机关各部室和各分支机构党委从改进班子自身工作方式和工作作风做起，精简会议，精简文件，改进文风，改进会风，建立班子成员重点联系行制度，深入基层、深入一线开展调查研究，掌握第一手材料。对矛盾多、困难大的基层行加大了帮促力度，增强了指导工作的针对性和有效性。全行上下的工作作风明显转变，服务理念和服务意识进一步增强，服务环境和服务态度进一步改善，服务效率和服务质量进一步提升，为基层服务、为一线服务、为员工服务、为群众服务、为客户服务蔚然成风，全行服务工作水平显著提高。

四是稳定和谐工作有了新面貌。在先进性教育活动中，各级党组织和广大党员广泛征求群众意见，主动听取员工建议，开启了员工声音“直通车”，架起了为员工服务的“连心桥”，增加了相互理解，密切了党群关系。工会、共青团等群众组织充分发挥桥梁和纽带作用，推进具有工商银行特色企业文化建设，广泛开展了扶困济贫送温暖活动，在全行上下形成了尊重人、关心人、理解人、帮助人的和谐氛围。

五是现代金融企业建设有了新突破。通过先进性教育活动的推动，全行股份制改革快速协调推进，财务重组达到预期目标，管理工作进一步加强，创新发展取得显著成效，经营状况得到根本改善，一个新的工商银行应运而生。

（总行党委组织部）

企业文化建设

按照“内铸精神，外塑形象”的原则，全行从实际出发，认真总结企业文化建设的经验，将思想教育、精神文明创建活动与企业文化建设有机结合起来，注重培育富有时代特征和鲜明个性的企业精神，运用多种宣传教育手段，增进员工对企业价值目标和企业精神的认同，强化员工的企业意识，把企业的命运与个人前途联系在一起，进一步增强全行员工的凝聚力。

2005年，以推动基层企业文化建设为重点，培育和营造基层行企业文化建设的环境和氛围，不断探索具有工行特色的企业文化。开展了企业文化建设试点，及时总结推广基层行企业文化建设中好的做法和经验；组织了多层次的企业文化的培训，培养企业文化建设的骨干力量，为深化企业文化建设提供人才保障；各级行紧密联系改革发展实际，认真归纳整合经营管理实践中的制度、工作方法和价值观念，完善和确立全行统一的核心价值观、企业精神与经营理念，努力建立和启动了信贷文化、风险文化、营销文化等专业文化的培育，着力推动基层行的企业文化建设；加强企业文化建设的宣传引导，增进了广大员工对工商银行企业文化建设的了解。

各级行把企业文化建设与开展主题宣传教育活动有机结合起来，主动适应市场竞争和工行改革发展的需要，紧紧围绕“质量、效益、管理、改革、创新”这一主题，不断追踪企业文化建设中的热点和难点，研究和总结新形势下工行企业文化建设的内涵、特点、规律，适应时代要求和现代商业银行特点的、在统一法人背景下具有本单位特征的企业文化。在培育企业精神、统一经营理念、提炼企业的核心价值、塑造企业形象等方面进行了积极的探索，取得了明显的成效，增强了员工的荣誉感、凝聚力和向心力，呈现出蓬勃向上的职业理想、职业信念、职业作风和道德情操，涌现了一批基层企业文化建设先进单位，进一步形成了上下同心，共谋发展的文化氛围。

（总行党委宣传部）

服务工作

2005年全行服务工作适应股份制改造和公司治理要求，树立“以客户为中心”的现代商业银行理念，巩固规范化服务，促进差别化服务的落实，培育和提高核心竞争力，全行整体服务水平进一步提升。

一、继续开展个人客户满意度调查工作

2005年7月至10月，在全行组织开展了个人客户满意度调查和高端客户访谈工作。调查采取问卷调查和个案深度访谈方式进行。此次客户满意度调查是全行性的调查，较2003年、2004年开展的部分分行满意度调查，涉及的面宽、范围广，抽取的样本更为全面。调查在37家分行的482个营业网点进行，发放个人客户满意度调查问卷4856份，有效率95%。在北京、上海、浙江、广东、山东、陕西、重庆、深圳等13个分行，对78名高端个人客户进行了个案深度访谈。调查统计结果显示，客户对工行服务总体满意率为86.8%，与2004年基本持平。通过调查，及时了解到了客户的需求和真实感受以及客户对工行的期望与要求，同时客户对服务工作中存在的问题也提出了很好的意见和建议，对于改进今后的服务工作，为客户提供更好的服务，从而进一步提高客户的满意度和忠诚度很有帮助。

二、落实服务推荐性标准，促进差别服务

2005年服务工作将落实总行大堂客户经理服务、个人重点客户服务和95588电话银行服务三个推荐标准作为工作的重点。召开了部分分行“推动落实差别服务工作座谈会”，介绍落实差别服务工作的经验做法，围绕如何满足高端客户的核心需求、为高端客户服务等内容进行研讨。对进一步实施有差异和个性化服务提出要求：一是坚持以满足不同客户的不同层次需求作为差别服务的出发点和落脚点。二是按照商业银行的服务特性，全面提高客户服务能力和服务水平。三是围绕高端客户的核心需求努力提供高品质服务。四是注意总结为高端客户服务的经验和做法，特别是注意编写和征集为高端客户服务的案例。五是注意总结营业网点服务环境建设的经验和做法。六是注意总结服务细节处理方面的经验和做法。七是注意研究组织机构扁平化后的服务管理问题。八是注意对实际问题的实证性调查和数据化分析。

三、强化基础管理，推动规范服务

一是组织开展全行性服务检查，强化服务管理。为规范全行服务检查工作，提高检查的针对性、有效性，确保服务检查工作的质量，总行统一编制了服务工作检查记录表，印发了《2005年度服务检查工作方案》（工银工会［2005］29号），对服务检查的范围、方式、内容和情况反馈等做出明确规定，提出具体要求。

总行组织对甘肃和吉林2个省分行营业部及1个二级分行的服务工作进行了抽查。检查采取暗查明访、调看录像、测试机具、现场指导、调查研究和反馈情况的方式进行。检查重点是服务管理工作的组织推动、规范化服务标准和推荐性服务标准及服务环境建设等方面的落实情况。此次暗查明访了34个营业网点（大部分为大型网点）；查看自动柜员机、补登折机等自助设备50余台。

从检查情况看，各分行领导重视服务工作，组织推动较为有力，规范服务继续巩固，差别服务和营业网点服务环境建设中减轻员工劳动强度的建议逐步得到落实，服务营销和服务创新取得新进展，服务整体水平有明显提高。

二是完善营业网点服务质量管理试点工作。召开营业网点服务质量管理试点座谈会，对北京、浙江、山东分行三个基层网点开展服务质量管理试点工作情况进行总结，肯定试点单位的成绩，研究部署下一阶段的工作

任务。总行自开展服务质量管理试点工作以来，影响面逐步扩大，带动了其他行开展此项试点的积极性，目前江苏、辽宁、吉林、云南等分行在本省内相继开展了试点工作。

为适应股份制改造和现代公司治理的要求，保障营业网点服务质量的不断提高，总行组织编写了“营业网点服务质量管理与控制手册”，主要包括员工基本素质与服务行为、服务环境管理标准、岗位服务与管理职责、服务质量管理基础等方面的内容。

三是开展服务培训，提升服务管理水平。举办一期“商业银行服务管理培训班”，就工商银行股改与公司治理的知识和意义、商业银行服务质量面临的新挑战、服务营销与增值客户关系管理及外资银行在华战略等进行授课。通过学习培训，促使服务管理干部比较全面地了解全行股改和公司治理的形势、任务和要求，有助于提高做好新形势下服务管理工作的信心和能力。

四是减轻员工劳动强度。针对营业网点一线员工劳动强度大的情况，在开展保持共产党员先进性教育活动期间，下发了《关于在营业网点建设中进一步减轻员工劳动强度的建议参考》，文件下发后受到各行特别是一线员工的普遍欢迎。

五是开展服务先进表彰工作。在全行开展优质文明服务先进单位和先进个人评选活动，共评选出187个优质文明服务先进单位和453名先进个人，对受到表彰的优质文明服务先进单位和先进个人进行了通报表彰。

六是开展服务调研。为适应股份制改造和公司治理的要求，探索加强改进服务管理工作的思路和途径，对深圳分行服务管理工作进行了专题调研。深圳分行针对机构扁平化的新情况，及时调整工作思路，从改革创新服务管理体制入手，坚持以客户满意度为目标，着眼于建立适应现代商业银行要求的资源配置合理、职责明确的服务管理机制，提高了内部管理运作水平和客户服务能力。实行新的服务管理机制以来，规范化服务得到进一步落实，有差别服务取得扎实进展；网点客户结构有了明显改善；员工服务意识、服务技能有新的提高；客户满意度特别是高端客户的满意度有了明显提升；各类投诉普遍下降。在深圳分行，营业网点内分区域办理业务的客户数量大体均衡，现金柜台排长队的现象开始缓解。服务水平的不断提高促进了核心竞争力和经营效益的提高。这次调研受到总行领导的充分肯定，对今后服务工作有一定的指导意义。

（总行工会工作委员会）

工 会 工 作

2005年，在总行党委和中国金融工会的领导下，全行各级工会组织以开展保持共产党员先进性教育活动为契机，围绕股份制改革和经营发展目标，认真履行职责，组织开展劳动竞赛，推进基层民主建设，维护员工队伍稳定，深化服务管理工作，较好地发挥了工会的桥梁和纽带作用。

一、围绕中心，服务大局，开展“我为工行改革做贡献”活动

一是广泛开展劳动竞赛和立功竞赛。各级工会把核心产品的市场营销和促进收益结构的调整作为劳动竞赛的重要内容，在广大员工及女员工中广泛开展建功立业主题竞赛活动，调动了员工的工作积极性，促进了业务发展，有效地扩展了个人金融业务、银行卡业务、电子银行业务、中间业务的市场占有率。进一步加强职业道德教育，开展职业标兵、服务明星、文明窗口创建活动。通过竞赛和创建活动，涌现出一大批先进集体和先进个人，其中9名员工获得全国劳动模范荣誉称号；869名员工被授予金融系统及省以上先进个人荣誉称号、255个基层单位获得金融系统及省以上先进集体荣誉称号。

二是深入开展“创建学习型银行，争做知识型员工”活动。总行工会工作委员会（以下简称总行工会）和各分行、直属机构工会都制定了工会开展“创争”活动的具体指导意见或实施意见，把“创争”活动与员工业务素质达标、业务比赛、岗位练兵、文明优质服务、产品营销、评选先进等活动结合起来，通过典型宣传和经验交流等多种形式推动活动的不断深化，调动员工学业务、练技术的积极性，提升员工自身素质，推动各项工作任务的落实。总行工会与个人金融业务部联合举办了全行首届个人客户经理业务技能比赛，各分行、直属分行工会在业务比赛形式、内容和方法等方面不断创新。全行各级工会共组织各类业务比赛6992次，25.7万人次参加；利用各种形式培训一线员工6.8万批次，182.9万人次。

三是开展股份制改造形势任务教育。各级工会把股份制改造形势任务的宣传教育当作工会履行教育职能的

头等大事，围绕股份制改革开展了多种形式的教育活动，引导员工认识股份制改造的意义，明确目标和任务，自觉投身改革，服务股改大局，维护稳定发展的良好局面。为配合宣传教育，举办了以股份制改造宣传教育为主要内容的知识竞赛，全行20多万名员工踊跃参与，取得了良好的效果。

二、调查反映员工诉求，加强基层民主管理

一是促进员工队伍稳定。总行工会认真落实中办、国办关于做好职工队伍稳定工作的通知精神，在深入基层调查研究的基础上，对工会组织做好改制中员工队伍稳定工作提出了具体的指导意见。各级工会密切联系员工，了解和掌握员工队伍状况，积极向各级党政领导反映影响员工队伍稳定的问题，配合相关部门做好政策解释和劳动争议调解工作。全行3463个基层单位建立了劳动争议调解委员会，配合相关部门接待上访3950人次，受理劳动争议747件，成功调解400件。

二是继续推进基层民主管理。总行工会引导各分行、直属机构工会积极探索改制中的职代会建设，有些直属分行、一级分行营业部召开了中断多年的职代会，二级分行职代会制度得到巩固和落实。总行工会按照全行党风廉政建设的要求，认真分析行务公开工作现状，通过多种形式加以引导，督促基层职代会完善制度，规范内容，不断提高职代会质量。

三、协助解决员工实际困难，为员工办实事做好事

一是加大送温暖工作力度。总行工会按照党委要求，不断完善特困救助金的管理与使用，救助特困员工10702名，发放救助金1269万元，拨出经费180万元用于送温暖及抗洪救灾工作。各分行、直属机构工会开展多种形式的救助活动，用于慰问困难员工的资金达735万元，较上年同期增加了241万元。全年各级工会累计慰问员工近13.1万人次，发放慰问救助款6904万元；积极组织员工参与公益活动，全行23万余人次参与了募捐活动，捐款金额达1205余万元。

二是做好劳模及员工关爱工作。总行党委主要成员“五一”前夕在京接见了劳模代表。总行、各分行工会组织了劳模代表学习考察和疗休养活动。关注员工工作环境的改善，对减轻营业网点员工劳动强度提出意见与建议。关心和注重解决特困单亲女员工的生活困难；精心组织元旦、春节期间送温暖活动；组织员工开展各种文体活动，活跃了基层员工的业余文化生活。

四、不断提升工会自身工作能力

一是开展工会组织建设状况调查。总行工会加强对改制中工会组织状况的调研，总结宣传了河南平顶山分行机构扁平化后工会工作经验。开展了基层工会兼职干部状况调查和以“股份制改革与工会工作”为主题的调研活动。有些基层工会尝试与劳动中介公司协商解决代理用工参加工会活动等问题，取得了较好的效果。

二是加强工会组织思想和作风建设。通过保持共产党员先进性教育活动，广大工会干部进一步坚定了理想信念，增强了党性和群众观念，激发了做好新形势下工会工作的自觉性和责任感。总行工会在先进性教育活动中认真反思，将各分行、直属机构工会的意见与建议梳理成4类200余条，逐条进行分析，制定并公布了整改方案。各级工会结合实际积极落实整改措施，不断改进工作，发挥工会组织的作用。有些一级分行工会在机关处室年度考核中位居前位；一大批基层工会被地方党政部门评为先进单位；605个基层单位被授予“模范职工之家”称号。

三是加强工会干部培训工作。各级工会结合改制和工作需要，通过举办培训班和以会代训等形式加强对工会干部的业务培训，提升工会干部的工作能力。总行工会先后举办了工会主任、女工主任等6个培训班。全年各级工会累计组织业务培训2255批次，培训工会干部近1.4万人次。

四是推进工会各项工作发展。总行工会注重研究工会工作的新情况、新问题、新动态，完善工会工作目标管理考核的形式与内容，加快工会管理软件（二期）开发工作进度，推广使用网上银行。各级工会认真做好工会经费的收缴与管理工作，加强制度建设，坚持依法理财，为完成工会各项工作提供了资金保障。

（总行工会工作委员会）

共青团工作

2005年，全行各级团组织在总行党委的领导下，紧紧围绕全行改革发展大局，扎实开展股改宣传教育、增强共青团员意识教育和青年建功立业等活动，积极培育“诚实守信，崇尚学习，追求卓越，和谐进步”的

青年文化，在加强新时期青年思想教育、组织动员青年投身股份制改革、服务青年成长成才、提高团组织能力等方面取得了新的进展和成绩。

一、以保持共产党员先进性教育活动为契机，深入开展增强共青团员意识主题教育活动

一是积极参加保持共产党员先进性教育活动。总行团委以身作则，认真学习理论、深入剖析问题、切实整改提高，广泛向各分行团委征求意见，并在总行团委委员会上开展了自我批评，通报了学习整改情况。全行5300名党员团干部和保留团籍的青年党员认真参加所在单位的先进性教育活动，密切了与广大团员青年的关系。此外，全行750多名各级团干部根据组织安排，参加了本单位的先进性教育办公室或督导组的工作，圆满完成了先进性教育活动的组织、协调、文件起草、信息报告、检查督导等具体任务；各级团组织也积极组织广大团员青年配合党员先进性教育，开展各种形式的主题团日、青年座谈会、演讲等活动，对全行先进性教育活动的顺利开展起到了积极的作用。

二是深入开展增强共青团员意识教育活动。根据团中央统一部署，总行团委结合全行股份制改革形势和共青团工作实际，从2005年9月起在全行5万名团员中深入开展增强共青团员意识主题教育活动。各级团组织在活动中始终坚持把团员意识教育与党员先进性教育工作相结合；坚持把团员意识教育与股改宣传教育工作相结合；坚持把团员意识教育活动与“投身改革、共同发展”主题实践活动相结合；坚持把团员意识教育活动与加强推优入党工作相结合，广泛开展“学理论、知团情、钻业务”、“增强团员意识、服务和谐社会”等主题学习实践活动，共举办各类讲座、团课和知识竞赛2724次，参与人数达到38731人次，全行团员参与率达到了80%以上，取得了阶段性成果。

二、以弘扬企业精神和加强股改宣传为主要内容，扎实开展青年思想教育工作

一是广泛开展“投身改革、共同发展”主题教育活动。针对广大青年的需要和特点，总行团委及时组织编写了《青年股改宣传教育70问》，指导青年股改宣传教育活动的开展。各级团组织纷纷开展多种形式股改宣传教育，有的行以“面对改革，你准备好了吗”、“我为改革做些什么”等为主要内容开展讨论、座谈、知识竞赛等活动，有的行围绕股改开展了大量的特色实践活动，全行共组织1000多次各种形式的学习教育活动，参加人数达到4.5万人次。通过这一主题教育活动，广大青年员工统一了思想、坚定了信念、明确了使命，激发了为全行改革发展做贡献的积极性和热情。

二是组织实施“心理阳光工程”，开展青年员工心理健康教育。引入“员工帮助计划（EAP）”，邀请有关专家举办心理知识讲座。北京、上海、广西、三峡等分行，数据中心（上海）、票据营业部等单位团委也分别组织了心理健康讲座，参加人数近万人。通过这些活动的开展，指导青年员工在努力工作的同时，缓解心理压力、调整心理状态，始终保持良好的精神状态和工作情绪。

三是开展青年警示教育活动。编写下发《青年警示录》，用团员青年身边的案例警示青年、教育青年。各级团组织以《青年警示录》为基本教材，通过法制讲座、座谈会、学习心得交流等多种形式，教育广大团员青年严格遵纪守法，珍爱职业生命，取得了良好的效果。黑龙江、广西、陕西等分行还把警示教育推广到全行员工中开展。

三、以共青团品牌活动为基础，广泛开展青年岗位建功立业活动

一是开展以“工行产品进高校，时尚生活新体验”为主题的宣传营销活动。围绕“大个金”经营发展战略，各级团组织紧紧抓住高校新生入学的有利时机，组建青年讲师团、青年理财服务队、青年营销小分队在各大高校举办产品推介营销会、现场演示会。经统计，全行共有26074名青年员工参加了此次活动，活动共覆盖高校512所，举办讲座528场，开展各类宣传营销活动4000多次，营销牡丹灵通卡·e时代66万张。

二是举办以“银行转型中的风险防范”为主题的第七届金融青年论坛活动。活动共征集参选论文近1000篇。通过活动，广大青年员工加深了对操作风险、道德风险、信用风险、市场风险等的认识，增强了风险防范意识，激发了对银行发展重点问题进行探讨和理论研究的积极性。

三是深化青年文明号创建活动。积极参加全国青年文明号文化节，开展“弘扬先进文化，争做改革先锋”主题征文活动。其中1篇征文荣获三等奖，是金融系统中唯一获奖的作品；福建分行的电子化管理经验也在活动现场交流会上进行了交流推广。同时加强对现有青年文明号的动态管理，对全行2425家青年文明号进行了考核，15个青年文明号集体因不符合创建标准被摘牌。评选了42家总行级青年文明号和54名青年岗位能手，并推荐35个集体参加全国青年文明号的评选。目前，全行共有全国青年文明号189个，总行级青年文明号212个，分行级青年文明号2009个。

四是继续开展“体现奉献友爱之情，传承工行优良传统”青年志愿者活动。各级团组织结合本单位实际，积极组织广大团员青年开展形式多样、内容丰富、富有成效的志愿者活动。大连分行在九九重阳节开展了尊老敬老的慰问离退休老干部活动；北京分行团委发动全行员工为本行身患绝症的青年员工捐款达29万余元；总行机关团委组织开展了救助失学儿童“1+1”活动，

救助重庆丰都县75名失学儿童。2005年，全行各级团组织共组织各种志愿者活动400余次，参加人数达到27000人，筹集捐款捐物总金额约80万元。一年来，全行青年志愿者活动机制进一步建立健全，青年志愿者队伍和活动的参与面不断扩大，青年志愿者活动内涵也更加充实、丰富。

四、提高团组织服务青年成长成才能力，加强青年人才工程建设

一是积极拓展青年人才脱颖而出的渠道和舞台。总行团委开展了第四届中国工商银行杰出青年（优秀青年）、青年岗位能手等先进评选活动，评选出顾斌等10名杰出青年、刘亚干等35名优秀青年、李有存等55名总行级青年岗位能手。同时，推荐总行张兴东同志、谷澍同志为全国青年联合会第十届委员会委员，推荐北京分行李海文同志为全国青年岗位能手，推荐浙江分行金宁同志为全国优秀团干部。各级团组织也开展了服务青年成长成才的特色活动。总行机关开展了“十佳青年”评选活动、北京分行开展了ICBC青年形象展示活动、上海分行开展了“银行小行家”评选活动等，使大批优秀青年人才脱颖而出。2005年，经各级团组织推荐，共有1639青年获得各种荣誉称号，许多优秀青年被提拔使用。

二是坚持学习育人、实践育人，大力培养青年人才。举办了2005年优秀青年培训班，重点开展了股改形势宣传和新业务新产品知识培训，增强了优秀青年的业务能力和综合素质。建立了青年人才讲坛，先后组织7名总行机关和有关分行的优秀青年人才，进行了多场有关股改形势、新业务知识等内容的讲座，总行机关、北京分行、重庆分行团委等也纷纷建立了青年专家讲坛、财智论坛等活动。

三是广泛联系、凝聚青年人才。积极探索“团组织+青年人才小组”模式的团组织联系青年人才的新载体、新形式，总行机构业务部的青年创新创效小组、上海分行的“青年银行小行家队伍”、河南分行的青年英语角、青岛分行的午间青年沙龙等都成为联系青年人才的平台和园地，进一步增强了团组织对青年人才的凝聚力。

四是进一步发挥优秀青年先进典型的激励作用。加大青年人才的宣传力度，与《现代商业银行》杂志社共同创办了《现代商业银行青年版》，并结合总行网讯等载体，对76个优秀青年、全国青年文明号、总行“最佳个人客户经理”和“最佳理财中心”等先进集体和个人等进行了宣传，以典型感召青年，以先进激励青年，以榜样影响青年。河北、广西分行等团委也充分利用优秀青年报告会、团刊等形式大力宣传在股份制改革和建设现代金融企业中做出突出业绩和贡献的青年先进典型。

五、适应现代金融企业建设的新要求，团的自身建设进一步加强

一是加强基层团组织建设，提高团组织的战斗力和凝聚力。各级团组织以争创“五四”红旗团组织为目标，加强“五有”团组织建设，不断提高自身战斗力；主动适应扁平化管理的要求和青年队伍不断扩大的情况，积极探索“团组织+青年小组”的组织模式，扩大团组织的覆盖面，做到有团员的地方就有团组织、有青年的地方就有青年喜闻乐见的活动，有分支机构的地方就有青年工作阵地，提高了团组织的凝聚力。经推荐，广东分行营业部团委荣获2005年度全国“五四”红旗团委称号。

目前，全行共有35岁以下青年员工201217人，占全行员工总数的56%，共青团员46309人，各级团组织5140个，其中一级分行（直属分行、直属机构）团委43个，二级分行以下基层团委（团总支）1114个，团支部3982个，各级团干部6077人，其中兼职团干部5953人，占团干部人数的98%，专职团干部124人。

二是加强团的工作机制和方式的创新，增强团组织的内在活力。推行基础工作管理的电子化，福建、甘肃、湖南、辽宁、深圳等分行建立了电子化和网络化的青年工作平台；建立了共青团的工作月度交流机制；积极推动团组织资源的整合，在系统内建立了区域化的共建机制，形成横向联合、资源共享、协同运作的基层团组织工作网络。票据营业部团委与票据分部所在7家分行团委开展了共青团工作共建活动，新疆分行与北京分行、北京分行与上海分行等也开展了青年文明号共建活动，增强了团组织的内在活力。

三是加强团干部队伍建设。强化对团干部综合素质的培训，举办团委书记经营管理培训班，加强新的经营理念和新业务知识等内容的培训。3年来总行团委共培训基层团干部500多人次，基本完成了将全行二级分行以上团委书记轮训一遍的任务。促进团干部队伍结构的优化，积极创新团干部选拔机制，推广基层团干部民主选举与公开竞争相结合的选拔方式，山西分行等10个分行开展了试点工作，选拔了一批具有较高的工作热情、较强的政治和业务素质的年轻干部充实到团干部队伍中来，团干部队伍的整体素质得到了提高。

四是加强推优入党工作。按照总行党委关于加强党员队伍建设的要求，与党委组织部联合下发了《关于进一步加强推荐优秀团员青年作党的发展对象工作的意见》。结合先进性教育，加大了一线岗位、青年文明号集体和科技等专业部门中优秀团员的推优入党工作，加强育优环节与推优环节的衔接，不断壮大团员入党积极分子的队伍。全行各级团组织共推荐2188名团员作为党的发展对象，推荐978名团员成为预备党员，占团员入党数的83%。

五是加强青年工作调研。深入开展了股改时期的青年工作调研，22个分行团委共上报调研报告79篇。召开了“共青团和青年工作创新发展研讨会”，对其中部分调研成果进行了交流，研究探讨股份制商业银行条件下共青团和青年工作的新任务、新载体和新方法，提高了工作认识，明确了工作方向，理清了工作思路，坚定了工作信心。

（总行系统团委）

离退休人员服务和管理

2005年，全行离退休人员管理部门紧紧围绕股份制改革这个中心，努力提高离退休人员管理服务水平，全面落实好老干部的各项待遇，切实加强离退休干部党支部建设，为全行完成股份制改造和各项业务的发展创造了一个比较稳定的内部环境。

一、提高认识、充实力量，真正把老干部工作当成大事来抓

全行各级党委认真贯彻离退休人员管理工作会议精神，认真研究解决老干部工作中存在的实际问题，积极探索诸如拖欠医药费、机构设置不规范等问题的解决办法。由于各级党委对老干部工作的重视，各行机构设置和人员配备也逐渐加强。截至2005年底，各级分行共有老干部工作领导小组369个，比2004年多40个，独立设置的老干部管理机构49个，比2004年增加1个，基本做到了离退休人员工作有机构、有人员，离退休人员管理服务有保障。

二、办实事、解难题，切实落实好老干部两个待遇

落实政治待遇。一是认真贯彻中组部《关于加强离退休干部党支部建设的意见》精神。总行本部成立了离退休人员管理部党总支，并对届满的支部进行了换届选举，选配了政治强、觉悟高、有威信、有能力、有热情的老同志担任党支部书记，健全了党组织。二是加强政治理论学习。各级分行普遍建立和完善了离退休人员的政治学习制度，定期组织学习中央文件，引导老同志用“三个代表”的重要思想武装头脑。据统计，全行全年开展政治学习10149次，参加人员281060人次，通报行内情况4688次，阅读文件6814次，参加人员106000余人。三是坚持走访慰问制度。每逢重大节日，各级行都组织走访慰问活动，将党组织的温暖、工商银行的关心带到老同志身边。据统计，全行全年共在重大节日走访慰问老干部6113次，共有69758人次参与慰问。四是注重信访工作。各级行都把信访工作当成是送上门来的思想政治工作，力争做到矛盾不上交，不激化，就地解决。据统计，全系统全年共接待来访老干部6000多人次，处理来信2700多件，各级行信访答复率100%，基本做到事事有结果，件件有着落。五是充分发挥离退休党支部的作用。截至2005年底，全行共有离退休人员114689人，其中离休干部8916人，党员44394名，占40%以上。选举了一批党性强、身体好、有奉献精神的老同志担当支部委员，协助党组织坚持开展党日学习活动，建立党支部定期上门看望老同志制度，分批选送党支部委员参加相关的培训班等形式，努力使党的建设和思想政治工作有所创新，不断增强党支部的向心力和凝聚力。

落实生活待遇。一是保证离退休金和医药费按时足额发放和报销。按照中办《关于落实离休干部离休费、医药费的意见》（中办厅字［2000］61号）等有关文件精神，各行都不折不扣地落实好老干部的“两费”待遇。全行2005年未发现拖欠现象，基本做到了离退休金按时足额发放，离休干部医药费实报实销，行内补贴部分不拖欠。二是完善离休干部医药费报销机制。各行本着“保证需要，方便就医，加强管理，防止浪费”的原则，从实际出发，因地制宜，积极探索离休干部医药费保障和管理使用办法。一些分行实施了诸如上收一级审核实报实销；节约奖励、超限额实报实销；参加地方离休干部医疗单独统筹等方式，真正把老有所养、老有所医的政策落到实处。三是努力提高其他生活补贴。2005年各级分行都提高了离退休人员的生活待遇。总行为全行每一位老同志每月增加100～200元不等的生活补贴。为使患有重病而医药费支出过多和生活确有特殊困难的老同志也能过上无忧无虑的晚年生活，有的行还建立并启动了老干部特困基金，通过各种渠道想方设法为老同志解决生活困难。各级行全年共向8011名特困老干部和1652名特困老干部遗孀发放特困补助649万余元。四是无微不至地关怀老同志。各行老干部工作部门着重加强对老弱病残、鳏寡孤独、空巢家庭的关心与照顾，把思想政治工作与为老同志做好事、办实事结合起来，让他们安度晚年。

三、广动员、求实效，保持共产党员先进性教育活动见成效

各级老干部部门按照总行党委的统一部署，本着认真准备、区别对待、科学安排、不漏死角、力求实效的原则，在全行离退休党员中开展了别开生面的保持共产党员先进性教育活动。各行根据离退休党员年岁高、居住分散、行动不便、无法完全集中学习和活动的特点，有针对性地安排学习。一是在学习方式上以家庭自学为主，以定期集中学习和研讨热点难点为辅。二是为了帮助老同志克服记忆力差、视力弱、不能长时间阅读等实际困难，编写了《学习要点》、《离退休党员保持共产党员先进性教育活动百问》和《自测题解答》等一系列学习辅导材料。三是开展了参观改革开放成果教育基地、组织先进人物事迹报告会等灵活多样的学习活动。据统计，全行共组织集中教育学习活动8845次，共收到合理化建议4835条，属于老干部管理服务工作自身存在问题的有2146条，已整改2045条。整个教育活动，加强了离退休党员的党性，增强了离退休党组织的凝聚力和战斗力，推动了老干部工作的改进和提高，达到了预期效果。

四、忆往昔、抚今朝，走访慰问抗战老同志工作落到实处

2005年，各级行组织开展了一系列纪念和慰问抗战老同志活动。总行党委向全行抗战老同志发出了慰问信，下发了《关于进一步做好慰问抗战老战士、老同志工作的通知》，并下拨了116.9万元党费，作为慰问金发放给尚健在的1169位抗战老同志。各级行党委认真贯彻通知精神，成立慰问领导小组，上门慰问抗战老同志。据统计，全行共有76名一级分行领导亲自带队上门进行慰问，有597名二级分行领导参加了慰问工作，除总行拨付的慰问金外，部分行还拿出共计35万多元的慰问金发给抗战老同志。同时采取多种形式，开展纪念、宣传、教育活动。总行本部先后组织老同志观看了《伟大胜利》展览，举办了以《勿忘国耻 振兴中华》为主题的图片展；组织抗战老同志参加《为了正义与和平》文艺晚会和纪念抗战胜利60周年招待会；召开了“纪念抗日战争胜利60周年座谈会”。各级分行结合先进性教育活动，积极开展了有声有色，寓教于乐等多种形式的纪念活动。

五、树形象、强素质，提升管理和服务水平

一是按照新时期对老干部工作人员的要求，以能力建设为重点，对各行离退休人员管理处处长进行股份制改造、养老保险制度改革、信访工作等方面的培训。二是以开展保持共产党员先进性教育活动契机，不断创新工作方法，广泛征求意见，认真查找问题，做到边学边改，使全心全意为老同志服务和爱岗敬业、乐于奉献的意识进一步增强。三是从股份制改革需要出发，树立忧患意识，大力加强了基础设施建设和整章建制工作，明确了工作人员职责，细化了工作流程。四是进一步理顺了老干部部门的工作机构和关系，保持了科学合理的工作队伍。

（总行离退休人员管理部）

总行机关党建

2005年，机关党委按照“建设一流队伍，培育一流作风，创造一流业绩”的要求，求真务实，开拓创新，深入推进总行机关党的思想、组织、作风和制度建设，使机关党建工作上了一个新台阶。

一、先进性教育活动取得明显成效

按照党中央的统一部署，2005年1月中旬至9月底，总行机关开展了以学习实践“三个代表”重要思想为主要内容的保持共产党员先进性教育活动。一是扎实做好各项准备工作。通过问卷调查、召开座谈会等多种形式，发动群众提意见，启发党员找差距，指导支部查问题，摸清了总行机关党组织和党员队伍存在的突出问题以及党员群众对开展先进性教育活动的态度；研究制定了总行机关先进性教育活动实施方案，对先进性教育活动的目标要求、基本原则、方法步骤以及组织领导等作出了具体部署和安排。二是建立健全各项制度。建立督导员工作制度，派出15名督导员，对各支部先进性教育活动及时进行督促和检查，推动落实；建立群众监督评价制度，及时公布先进性教育活动的有关情况，广泛征求和听取群众意见，主动接受群众监督；建立活动情况报告制度，及时掌握各支部工作方案、分析评议结果、整改方案、总结等阶段性工作成果和各项活动进展情况。三是创新形式，务求实效。在学习动员阶段，先后举行了优秀共产党员先进事迹报告会、专题报告会、辅导报告会和“我心目中的共产党员”演讲比赛等。在分析评议阶段，落实总行党委《致总行机关员

工的一封信》的要求，组织发动党员干部提意见和建议，找准思想上、工作中存在的突出问题，为开展分析评议打下了良好的基础；在整改提高和巩固扩大整改成果阶段，指导支部和党员认真制定整改方案和整改措施，并认真做好“回头看”工作。制定并印发了《党支部十项基本制度》等规章制度，在建立长效机制方面取得初步成效。同时，组织开展了“为基层服务，让群众满意”主题实践活动，督促各支部把落脚点放在改进作风和提高服务意识及能力上，不断增强主题实践活动效果。四是加强舆论宣传营造氛围。在NOTES网“机关宣传栏”上开辟专栏，对各党支部学习动态、学习经验和体会及时进行宣传交流，推动面上学习活动的深入开展。

二、党支部的活力和战斗力不断增强

把加强和改进机关党的组织建设的重点放在提高党支部的活力和解决自身问题的能力上。一是认真组织开好党员领导干部民主生活会。按照总行党委确定的主题，各支部将民主生活会与专题组织生活会结合起来，120名副总经理级以上领导干部带头对照党章和新时期保持共产党员先进性的具体要求进行党性分析，并结合群众提出的意见和建议，既认真查找自身存在的突出问题，又积极开展批评与自我批评。二是积极开展学习型党组织创建活动。召开总行机关创建学习型党支部交流会，6个支部介绍了建立健全长效机制和创建学习型党支部的做法和体会，并就适应建设现代金融企业的新形势，不断提高党支部的创造力、凝聚力和战斗力提出了新的思路和措施。召开中国工商银行创建学习型党组织研讨会，21个省分行交流创建学习型党组织的成功经验和有效方式，研究在股份制条件下进一步做好创建学习型党组织的思路、措施和途径，探索建立健全使工商银行广大党员“长期受教育，永葆先进性”的长效机制。中央国家机关工委《信息交流》专刊介绍了总行机关创建做法和成效。三是开展“创先争优”评选表彰活动。按照党支部申报推荐、评委投票、组织考察、行内公示、全委会审定等程序，评选出信贷管理部党支部等10个先进基层党组织、刘德奇等45名优秀共产党员和王珍军等16名优秀党务工作者。7月1日，总行党委书记姜建清、副书记杨凯生、机关党委书记刘立宪同总行机关受表彰的“双优一先”代表亲切座谈，姜建清同志代表总行党委对总行各党支部和广大党员提出殷切希望，对搞好机关党建工作和“创先争优”活动提出了新的要求。四是开展“改进作风，为现代金融企业建设立新功”主题党日活动。各党支部把革命传统和爱国主义教育与先进性教育活动紧密结合，围绕主题，通过参观访问、专题党课、知识竞赛、座谈交流、重温誓词、与分行共建等多种形式，组织开展内容丰富的党日活动。计划财务部等10个党支部获得主题党日“优秀组织奖”。五是做好党员发展工作。按照“坚持标准、保证质量、改善结构、慎重发展”的方针，将发展重点放在中青年和业务骨干上。全年共发展43名新党员，批准40名预备党员按期转正。

全年召开四次机关党委全委会，研究决定总行机关党建工作重要事项，审批发展党员，批准预备党员转正。

三、精神文明建设水平进一步提高

一是认真做好中央国家机关文明单位申报工作。总行机关精神文明建设协调领导小组召开专门会议，结合全行推进股份制改革的新形势新任务，对申报中央国家机关文明单位工作进行研究部署。各部室围绕政治思想教育、思想道德建设、作风建设和做好各项社会事务等创建工作任务，开展了内容丰富、形式多样的创建活动。结合半年文明单位总结考核，在各部室认真自查和整改的基础上，领导小组办公室两次组织人员对总行机关创建工作及办公环境、仪表着装进行抽查，针对存在的问题及时进行整改。在此基础上，建立健全文明单位档案，对有关文件、重要会议材料、检查考核记录、年终工作总结和奖惩记录等进行了规范管理，收集整理了创建活动的主要图片资料。12月1日，顺利通过了中央国家机关精神文明建设协调领导小组办公室的检查验收。二是认真做好2004年度总行机关文明单位总结考核和2005年工作安排。在各部室推荐的基础上，组成9个考核小组深入部室，按照“业绩、管理、服务、作风”等四项标准对创建工作进行交叉检查、行内公示并经机关党委全委会审议，办公室秘书二处等84个处级机构被评为2004年度“文明处室”。同时，根据新的形势任务，对2005年总行机关文明单位工作作出安排，明确提出以改进工作作风、提高工作效率、改善服务质量为重点，加大平时检查力度，把创建活动不断引向深入。三是组织纪念中国人民抗日战争暨世界反法西斯战争胜利60周年系列活动。举办以《勿忘国耻 振兴中华》为主题的图片展，先后组织近400名党员干部观看大型主题展览，与离退休人员管理部共同组织召开“纪念抗日战争胜利60周年座谈会”，组织部分员工参加中央召开的“纪念中国人民抗日战争暨世界反法西斯战争胜利60周年大会”。系列活动激发了党员干部继承革命传统、弘扬民族精神、热爱工商银行、投身股份制改革的热情。四是举办总行机关“歌唱祖国 爱我工行”文艺演出。1000余名员工自编自演，通过合唱、独唱、舞蹈、小品、相声、戏曲等多种文艺形式歌颂祖国歌颂党，歌颂工商银行改革发展的辉煌业绩，丰富了机关文化生活，增强了员工的集体观念和团队精神。五是认真做好图书资料室管理和服务工作。先后开通“电子期刊网”和数字图书馆，引进政治、经济、法律等方面的期刊913种和2001～2005年出版的2万多种经济金融类电子图书数据，实现了期刊杂志和图书阅览的电子化，为员工学习新知识提供了更为便捷的平台。六是组织开展系列募捐活动。组织开展向东南亚地震和海啸受灾国家人民捐款和送温暖献爱心捐助活动，机关员工共捐款231259元，捐赠衣物4972件。

四、党风廉政建设和反腐败工作进一步加强

按照总行党委关于加强党风廉政建设和反腐败斗争的工作部署，坚持标本兼治，加大从源头上预防和治理腐败的力度。一是抓好思想道德教育。组织党员干部认真学习中纪委五次全会、全行纪检监察工作会议精神，进一步提高党员干部反腐倡廉重要性的认识，从思想上筑牢拒腐防变的防线；发挥党支部在反腐倡廉教育中的主体作用，为各支部配发音像光盘，开展正反两方面的示范教育和警示教育，督导党员领导干部廉洁从业。二是组织学习培训。组织党员干部认真学习《建立健全教育、制度、监督并重的惩治和预防腐败体系实施纲要》，进一步明确反腐倡廉指导思想、主要目标、工作任务和基本要求；举办支部纪检委员学习班，邀请专家围绕《实施纲要》的学习贯彻作专题辅导报告。三是开展调研报告评选活动。25个支部报送调研报告141篇，经评委会严格评审，评出一等奖5篇，二等奖10篇，三等奖15篇，推动了总行机关党员领导干部的工作作风进一步转变，工作效率、服务意识和服务水平不断提高。四是认真做好总行机关稳定工作。以重大节日、重要政治活动和敏感日为重点，认真做好防范“法轮功”等邪教组织捣乱破坏活动。

五、工会、共青团职能作用进一步发挥

机关工会服务大局，开展丰富多彩的活动。一是举办“创建学习型组织，争做知识型职工”活动。在总行机关NOTES网开设“读书论坛”，围绕中心开展知识竞赛、提合理化建议活动，为员工提供学习交流的平台。二是细化送温暖工程。三是开展健康有益的文体活动，既活跃了员工业余生活，又增强了团队精神和集体荣誉感。

机关团委以加强团员青年政治思想、理想信念教育为重点开展形式多样的活动。一是组织召开总行机关青年座谈会。征求团员青年对全行改革发展及先进性教育活动的意见和建议，听取团员青年在思想、工作、学习和生活方面的愿望和要求。二是加强团员青年理想信念教育。开展以“永远跟党走，青春献工行”为主题的团员意识教育；组织部分团员赴重庆贫困县希望小学慰问，开展“奉献一片爱心，点亮希望1+1”捐助活动；组织团员青年参观红旗渠、台湾抗日战斗图片展等。三是服务青年，为青年成长成才创造条件。组织总行机关青年参加工委举办的系列专题讲座并开展“思改革，谋发展，我为股改献计献策”主题征文活动，号召青年员工关注改革，投身发展，进一步增强青年员工的责任心和投身现代金融企业建设的积极性。

（总行直属党委）

教育培训

2005年，全行教育培训工作紧紧围绕工商银行股份制改革的重点工作与中心任务，通过综合运用远程教育与面授培训、国内培训与国外培训等多种渠道和手段，分层次、分专业深入开展对管理层、专业层、营销层、操作层的培训，在统一员工思想认识、提高队伍整体素质、支持改革和业务发展方面做了大量卓有成效的工作。

全年全行共举办各级各类培训班3.8万期，累计培训357万人天，人均受训9.51天，其中总行举办培训班324期，培训18.6万人次，包括：面授培训297期、2.6万人次；远程教育27期、16万人次。仅面授培训就相当于“九五”期间的总和，较好地满足了改革发展的需要，为全行改革发展提供了有力的智力支持。

一、紧密配合股改进程，突出抓好管理层战略转型培训

2005年，全行以各级分行中高级管理人员为重点培训对象，普遍、深入开展了一次以股份制改革和现代金融企业经营管理核心知识为主要内容的专题培训；以在股改进程中亟须解决的重点、难点问题为主要内容，先后在美国、德国、中国香港等8个国家和地区举办境外培训班25期，培训647人，同时选派12人以访问学者的形式赴美、加、澳等国著名大学进行为期一年的专题研修；以“三个代表”重要思想、科学发展观为主要内容，举办总行党校领导干部进修班2期，培训处以上干部62名。通过各种形式的培训，使各级管理人员进一步理解和掌握股改中各项制度安排、政策要求、发

展思路，较好地保证了股改各项工作的顺利推进。

二、以业务发展创新为导向，积极开展专业人员新产品新业务培训

2005年，总行直接举办各级各类新产品、新业务、新制度推广培训班近195期（不含远程教育），培训各层次业务骨干1.8万人次。加大了前瞻性业务培训力度，追踪、引进国外先进的业务经营管理知识和经验。分别与国际现金管理专业机构EuroFinance、加拿大加中金融协会、全球风险协会（GARP）、英国巴克莱全球投资管理公司等国际机构合作，有重点地开展了现金管理、投资银行、个人金融理财策划师（CFP）、金融风险管理师（FRM）等部分前瞻性专业培训，较好地保证了专业技术人员知识的更新、技能的拓展，培养了一批高级金融专业技术人才；各行以业务发展创新为导向，围绕风险管理与控制、业务推广与营销、财务会计制度改革、业务流程再造、业务增长方式转变、重大科技应用项目推广等中心工作和重点任务，及时组织实施了一批针对性强、质量较高的配套培训项目，培训范围覆盖到各主要专业领域，基本做到了业务发展到哪里、培训就跟进到哪里，进一步强化了培训对业务发展的保障促进作用。

三、根据业务流程整合再造的需要，加强对一线员工的规范化培训

通过开展“营业网点前台业务规范操作影像培训”，采用情节化的实景拍摄场景，制作、发放多媒体培训光盘2.3万套（每套11集），使一线前台人员普遍接受了一次对公、对私业务操作规范培训；按照“五统一”原则，即：统一培训方案、统一培训课程、统一编写教材、统一考核标准、统一组织考核，探索开展一线人员岗位资格培训，全行共有3000余名一线客户经理、800余名中级信贷审批人达到持证上岗要求。各行还运用“金融小教员”、“巡回讲师团”、“金融夜校”、“周末课堂”等有效形式，把培训课堂直接延伸到一线网点，对一线员工的培训取得了较好的效果。

四、发展网上培训，扩大培训覆盖面

网络远程教育继续保持快速发展势头，系统总容量已增加到15万人，可同时支持5000～8000人的在线学习。到2005年底，固定注册学员达到1.1万人，上挂网络学习课件100余门，培训覆盖范围直接延伸到县支行一级。2005年，共组织实施“常年财务顾问”、“银保产品业务”、“业绩价值培训（PVMS）”等27个全行性网上培训项目，累计培训近16万人次。远程教育规模大、成本低、覆盖面广、时效性强的特点得到进一步体现，形成了对面授培训的有益补充，并在基金发行等大规模业务推广中，显示出较强的快速反应能力。

五、加强培训基地建设，构建院校培训质量管理体系

吸收和借鉴ISO10015国际培训质量管理标准，顺利完成院校培训质量管理体系的研发和试运行工作，基本建立起科学完善的培训质量管理体系，院校的整体运作能力得到进一步增强。2005年共完成岗位培训任务37万人次，自主开发的培训项目214项，分别比上年增长4.7%和13.3%，有些院校还把培训服务的对象延伸到了行外价值链客户，为营销产品服务，共培训62期，比上年增加19.2%。

六、规范教材组编制度，建设形式多样、门类齐全的教材体系

完善教材管理工作流程和操作规范，起草《中国工商银行岗位培训教材管理暂行办法》和《中国工商银行岗位培训教材组编工作操作流程》。2005年，总行共组编、制作包括文字、多媒体光盘、网络课件在内的各种形式的教材与培训参考资料近140种，其中文字教材39种、约1500万字，向全行发放15.2万册，分别是上年的1.6倍、1.5倍和2.3倍，教材的品种与内容日益丰富，针对性与实效性进一步增强。一批立足于岗位培训需求的重点培训项目如“网点柜员”、“票据业务”、“个人理财中心”、“个人客户经理”等教材均受到好评。

（总行教育部）

长春金融研修学院教育培训综述

2005年，长春金融研修学院以科学发展观为指导，积极贯彻总行党委有关教育培训工作的思路，坚持“三个文明”建设整体推进，切实加强学院“六大功能”、“三个中心”、“两个基地”建设，实现由接待服务向教学服务转变、由计划规模培训向质量效益培训转变和由系统被动培训向市场营销培训转变，超额完成

2003～2005年和"十五"发展计划目标。

一、强力推进学院咨询功能建设

2005年长院把咨询功能建设作为学院"六大功能"建设的重点，一是建立行院联系制度，为全行提供培训咨询服务。与总行业务部室、一级分行建立业务沟通、调研和培训咨询关系，为全行提供培训方案22个，为一二级分行人力资源管理部门提供培训咨询100余次。二是成立银行职业经理人研究中心，为全行提供银行职业经理人管理咨询与业务策划。广泛开展银行职业经理人课题研究、专题培训、学术交流、管理咨询与业务策划工作，完成了"银行职业经理人"和"银行核心竞争力"两个培训项目的研发与成果转化工作。三是加强应用科学研究，为全行提供决策咨询服务。以全行股份制改革为契机，以"银行经营新视角"为题，开展现代银行文化经营、现代银行数字化经营、现代银行结构化经营等研究，其中现代银行存款结构得到总行风险管理委员会的认同并在经营决策中采用，银行公司治理等多项内容成为培训项目核心业务课程。四是开发培训考试系统，提供丰富的学习、测试与考试试题，为全行搭建业务培训与考试平台。全行已有27家分行使用该系统用于员工业务培训和操作技能测试。

二、积极开展科研成果转化工作

围绕"三个紧密结合"开展科研和科研成果转化工作：一是与银行中心工作紧密结合。按照科研工作服从和服务于全行改革的战略定位，举办"股份制普及教育与转型时期培训战略研讨会"，开展"银行股改与提高核心竞争力"、"银行职业经理人"等课题研究，并将研究成果转化为培训项目。二是与学院核心工作紧密结合。先后开展保持共产党员先进性教育、长院长远发展战略、质量管理体系建设等一些涉及学院可持续发展的重大课题研究活动。三是与教学培训管理紧密结合。注重科研课题对银行改革和业务发展的实用性、转化为培训项目的可操作性以及对师资队伍建设的拉动作用。2005年学院科研工作呈现出参与的普遍性、成果的创新性、活动的开放性和应用的灵活性四个特点，科研成果转化率得到明显提升。

三、科学构建国际质量管理体系

遵循过程管理、系统管理、注重效益的原则，细化学院培训、服务过程管理，将ISO10015：1999员工内训标准融入ISO9001：2000"产品实现"过程。体系建立后，学院严格运行管理，定期内审和评审，持续改进质量管理体系，并通过了ISO9001：2000质量管理体系认证，成为国内金融系统首家获证院校。认证范围覆盖金融业远程教育的设计、开发与实施，金融业信息项目的设计、开发与实施，金融业培训项目的设计、开发与实施，会议服务提供，非金融业培训提供等五个方面。在总行组织的全行质量管理体系现场检查和专家评审中，长院获得"优秀"成绩。

四、切实加强员工和师资队伍建设

一是建立员工多渠道培养制度。开展员工岗位技能标准培训，提高员工岗位技能与技巧；组织员工参加新理念、新知识、新业务培训，调整员工知识结构，提高员工业务创新能力；为员工提供调研、研讨交流、项目开发机会，提高员工项目研发能力；严把培训师"登台关"，有步骤地安排业务科研能力强、素质高的培训师登台授课；每月开展员工素质教育和学术论坛活动，提高员工综合素质和锻炼员工科研能力。二是整合师资管理制度。将《专职培训师考核办法》、《专职培训师队伍建设办法（试行）》、《2004年度专职培训师考核实施方案》等制度整合为《2004～2006年度专职培训师队伍建设管理办法》，明确三年培训师队伍建设目标、选拔条件、培养途径、保证措施和考核办法。三是实施人才预支储备战略，招录大学毕业生充实员工队伍。四是对员工素质、能力、管理和业绩进行述职测评，将考评结果与其职务晋升、工资收入挂钩，激发员工工作潜能。

五、全力做好岗位培训服务工作

积极推进"三个转变"，以市场需求为导向，广泛开展培训市场调研，有针对性地开展培训项目开发工作；建立培训项目论证制度，对拟开发培训项目进行可行性、经济性和效益性论证，严控培训项目开发各环节质量；采取多元营销策略开发优质客户和重点客户，扩大培训市场和培训产品覆盖面；采用现场培训与远程培训相结合方式，扩大培训规模，提高培训资源使用率；开展培训过程监测和二级培训结果评价工作。2005年，全年承办各类培训班120期，培训学员13000人次；开发培训项目25个，通过编发《培训项目手册》向全行推介重点培训项目21个；制作教学培训光盘、课件534种，有4个课件被总行评为"2005年度优秀网络课件"。日常监测和年度测量结果显示，长院培训服务过程始终处于受控状态，有98.7%的培训组织者、教师和学员对长院的培训服务"满意"，有89.65%的培训组织者、教师和学员对长院的培训服务"很满意"。

六、深入开展党员先进性教育活动

一是扎实做好学习动员工作。制定党员先进性教育学习计划，对每周的学习培训进行周密安排，规定每周的学习内容、要求以及集中学习的时间；在长院"网讯"上开设"党员先进性教育"栏目，为广大党员发表学习体会和研讨问题提供互动交流平台；召开教师、老干部、学员座谈会，开展“为培训服务，让学员满意”主题实践活动。二是广泛开展征求意见活动。采取书面、走访、电话、座谈会等形式，向123名党员征集185条意见或建议，真正达到了“请人说话，让人说话，让群众说出想说的话，让大家充分表达想发表的意见”的目的。三是深入开展分析评议工作。按照“存在问题找准没找准、原因分析深刻不深刻、努力方向明确不明确、对待群众意见和领导指出的问题态度端正不端正”标准进行分析评议，对主要问题没有找准、原因分析不够透彻、努力方向不够明确的个别党员和党员领导干部的党性分析材料，由审核人帮助其提高思想认识，重新进行撰写，确保党支部组织生活会和党委领导干部专题民主生活会取得实效。四是按照标准抓好整改提高。通过召开座谈会、设立群众意见箱等方式征集各方意见和建议，认真制定整改方案，确定每一项整改措施的责任部门和责任人，对重点工作列表限时督办，对重点人限时整改，对重点问题即时解决。经测评，普通党员代表、普通群众代表、无党派人士代表认为长院先进性教育活动开展得“好”的占95%，认为“比较好”的占5%。五是采取有效措施建立党员经常受教育、干部有效受监督、整改成果持久巩固的长效机制，巩固扩大先进性教育活动成果。

七、不断加强学院精神文明建设

2005年，积极开展“送温暖”和向东南亚地震海啸灾区捐款活动，全年共走访困难职工家庭14个，捐款10000元；大力倡导“现代、大气、和谐、精致、高效”十字院风，努力践行“以人为本”的现代管理理念，进一步改善员工居住区和校园文化环境，营造崇尚文明、团结进取的良好氛围；大力开展精神文明单位创建活动，展示学院培训成果，营销精品培训产品，加强对外联系沟通；开展员工礼仪和服务知识培训，员工服务意识、服务技能得到大幅度跃升；从俭开展建院二十周年庆祝活动，进一步团结凝聚员工队伍，总结谋划未来。2005年度，长院分别被总行、吉林省和长春市授予“2005年度教育培训先进集体”、“2002～2005年度吉林省精神文明建设先进单位”、“诚信单位”等8项荣誉称号。

（长春金融研修学院）

杭州金融研修学院教育培训综述

2005年杭州金融研修学院在总行党委和学院党委的正确领导下，坚持以邓小平理论和“三个代表”重要思想为指导，以开展保持共产党员先进性教育活动为保证，全面落实科学发展观，打造学院发展新优势；以服务全行改革发展为己任，坚决贯彻总行分行行长会议精神和股份制改革总体部署；以建院20周年为契机，认真总结近五年来教育培训工作取得的各项成绩与经验，大力发扬“求实”校风和勇于创新精神，有力地推动了学院各项工作协调快速发展，超额完成全年各项工作目标与任务，进一步扩大了“十五”发展成果与经验。

一、培训工作取得新成绩

一年来，学院积极主动地与总行、各一级分行进行全方位联系与沟通，统筹协调培训任务与计划落实，积极主动地宣传学院的培训优势，多渠道营销学院的培训产品，努力开拓培训市场。全年举办各级各类培训班150期，其中总行培训班88期、委托培训班62期，共培训学员13967人次，87399人天。办班总期数完成全年计划的125%，培训学员人次完成全年计划的155%。有效介入总行培训班的课程设计和培训项目的开发工作，全年共为16个总行培训班进行课程设计，为总行班聘请了42人次教师，均获得好评。认真指导兄弟分行的教育培训工作，为20个一级分行及营业部、二级分行设计培训方案近80个，并在课程设计、师资聘请、培训考核、培训评估等培训项目运作过程的各个环节进行指导，取得了较好的培训业绩。

在抓好培训规模效益的同时，学院坚持以总行《行属院校培训质量管理指导手册和培训操作技术规范》、学院《培训质量管理手册》为要求，加强培训质量管理和监测，使培训质量和培训管理水平大幅度提高。15个自主开发的培训项目和136期培训班按照学院《培训质量管理手册》规定的工作流程开展培训质量管理与监控活动。统计显示，全年学员对教学管理满意率达99.83%，对后勤管理满意率达99.67%，对培训总体评价满意率达99.66%，较好地实现了培训规模、培训质量和培训效益的同步提升。在总行组织开展的行属院校培训质量管理体系试运行阶段检查工作中，杭院培训质量管理体系经过自查、专家小组抽查和总行复查，最终评审认为“符合ISO10015标准，符合总行关于行属院校培训质量管理体系试运行要求，评审结果为‘优秀’”。

二、教学科研焕发新活力

为充分发挥教育培训在全行股份制改革过程中的人才保障和智力支持作用，学院以教学科研工作为切入点，紧密结合全行改革发展新形势，积极拓展工作思路，完善工作机制，丰富教学内容，创新教学模式，加大前瞻性业务研究和培训项目的开发力度，进一步深化培训功能，使学院的培训工作对行内业务发展真正起到支持、促进与引领作用。在教学工作中，学院教师十分注重加强教学经验的交流与研讨，定期开展教研活动，研究新形势下如何从授课内容到授课形式等多方面发挥课堂培训的优势，鼓励教师在授课过程中大胆采用案例式、研讨式、模拟式、管理游戏等双向互动型教学方式，保持课堂培训生动、直观、高效的培训效果。尝试新颖教学方式，将拓展训练引入培训过程，让学员感受“在体验中学习、在学习中改变”的教学效果。院内教师以项目为依托积极开发新课程，组织开展了16人次的教师新课程试讲活动，其中《个人金融业务经营战略思考》、《个人金融业务中的税务筹划》、《借助信托平台创新银行业务》、《国际结算英语专题讲座》、《商务礼仪》和《信访条例修订与信访工作法制化》、《跟踪服务》等培训新课程完成开发并进入实施阶段。

在科研开发工作中，围绕全行经营模式与增长方式“两个转变”的根本要求，学院利用学科优势、师资优势和信息优势，成功开发了“银行内部讲师培训”、“银行职业经理人培训”、“个人理财策划培训”、“商业银行内控培训”、“客户经理英语培训”、“个人信贷业务营销标准化工程培训”、“网络课件开发技术培训”等新兴培训项目，并针对当前全行经营管理中面临的重点、难点问题以及学院培训工作中碰到的新问题、新要求，分别成立了消费信贷市场、个人金融业务核心竞争力、培训体系建设、培训质量管理运作机制、师资队伍建设等重要课题组进行深入调查与研究，完成15项总行和学院两类课题的研发任务，形成了科研与培训互为促进的良好格局。同时，为进一步加强行院合作，使学院的教学科研工作更贴近银行实务，学院已与浙江湖州市分行签订了“行院合作意向书”，使学院的教学科研、项目开发工作有了长久可靠的调研基地，使行院合作的行为进一步规范化和制度化，有力地推动了行院合作向更深层次、更广领域拓展。

三、远程教育开拓新市场

2005年，学院远程教育在主动调研收集信息、邀请有关分行召开研讨会、充分了解远程教育市场需求的基础上，进一步完善了远程教育工作内容、方法和机制，充分发挥“杭院网校”的强辐射功能，尝试了直播课堂，加载了管理和业务类培训课件43个计135门课程，并以系统内为主，向系统外延伸，不断扩大网络远程培训的影响力。“杭院网校”全年共培训学员14000余人次，注册学员3900名，日访问量最高达300人次，有效解决了部分分行和基层行员工因工作繁忙而无法接受脱产培训的难题。

为促进远程教育的可持续发展，学院以课件开发为抓手，重视团队建设，加强技术攻关，提升课件开发标准，丰富课件种类，已培养了一支由教学设计、美术设计、网页制作、动画制作等专业技术人员和专业教师组成的高素质课件开发队伍，初步掌握了SCORM课件制作新技术，能够制作网络课件、流媒体课件、VCD/DVD、各类教学应用软件等多种远程教育产品，并以市场为导向主动承接系统内外各类课件开发任务，课件开发基地建设取得了显著成效。全年共开发“基金业务”、“网上银行业务”、“商业银行基础知识”、“实用英语口语”等网络课件8个，流媒体课件38个计198门课程，开发了总行“个人客户经理业务技能比赛”考试系统，发行各类教学光盘近17000张，较好地满足了行内多层次培训需求。

四、党建工作和校园文化焕发新气象

严格按照年初制定的计划组织开展党委理论学习中心组、党员和全体员工的政治理论学习活动，努力提高干部的党性修养，提高普通员工的思想政治素质。组织全体员工学习股份制改革宣传教育提纲，积极宣传股份制改革新形势，明确学院担负的责任与重任，树立全体员工的大局意识。按照总行党委的统一部署，学院党委高度重视，领导班子率先垂范，顺利开展了保持共产党员先进性教育活动，全体党员和员工深入实践“为培训服务，让员工满意”主题活动，正确处理和把握好学习与工作“两不误两促进”关系，圆满完成了集中学习教育和巩固扩大成果各个阶段工作，切实达到了“共产党员的先进性更加突出，基层党组织更加坚强有力，党群、干群关系进一步密切，学院各项工作更加卓有成效”四大目标要求，学院各级党组织的战斗堡垒作用和党员的先锋模范作用得到了充分发挥。

为紧跟全行改革发展新形势，促进学院新一轮改革发展战略的顺利推进，进一步激发员工的工作热情，学院以理念为先导，逐项落实校园文化建设实施方案，精心策划制作了学院宣传片、宣传册和校园文化手册。同时，利用建院20周年的有利时机，认真总结学院成立以来尤其是“十五”时期教育培训工作取得的各项成绩与经验，利用总行“网讯”、杭院“网讯”、杭院学报、培训课堂以及中国城市金融、城市金融报等媒体广泛宣传学院的培训、科研、师资、服务、文化等办学特色与优势，充分展示了学院改革发展的丰硕成果和远景规划，并以校风口号、办学宗旨、杭院价值观、杭院精神等校园文化核心内容为引擎，极大地调动了全体员工献身金融教育事业的热情和斗志。

（杭州金融研修学院）

第六部分 境内分行成就

执行编辑：邓子来

北 京 分 行

【业务指标完成情况】

2005年实现经营利润134.36亿元，增加12.31亿元，增长9.9%；账面利润109.73亿元，增加44.39亿元，增长67.96%。提取呆账准备金10.36亿元，消化历史财务包袱13.21亿元。本外币总资产达到10193.22亿元，增加1885亿元，增长22.69%。本外币各项存款余额9929.21亿元，增加1786.5亿元，增长21.9%；其中人民币对公存款（含同业）余额6520.83亿元，增加1511.44亿元，人民币储蓄存款余额3055.11亿元，增加428.1亿元，存量、增量均居北京同业之首。本外币各项贷款余额2021.2亿元，增加139.1亿元（剔除剥离因素）。中间业务收入12.26亿元，增加2.07亿元，增长20.29%；人均中间业务收入7.55万元，增加1.12万元。各项不良贷款余额71.4亿元，不良贷款率3.54%，分别较年初下降92.6亿元和4.62个百分点，不良贷款下降率居系统第一。

【主要工作措施】

（一）抓观念转变，以科学发展观推进经营重心转移

一是从存款立行向均衡发展转变。摒弃“存款立行”的传统思维，树立全面协调、持续发展的经营意识，引导全行大力发展资产业务和中间业务。

二是从规模增长向优化结构转变。摒弃片面追求规模扩张的粗放型经营模式，树立有所为有所不为、大进大退的结构调整意识，建立以结构优化为基础的集约型经营模式。

三是着力实施信贷精品工程。树立信贷业务经营得好满盘皆活、经营不好满盘皆输的风险发展意识，实现信贷总量、结构、风险控制和队伍建设的协调推进。

四是全面实施优质客户战略。摒弃对客户数量的盲目追求，树立不唯大小、只论优劣的客户经营意识，以优质客户为中心，调整组织构架，优化业务流程，提升服务效率。

五是确立管理创造价值理念。摒弃重规模、轻结构；重数量、轻质量；重结果、轻过程的粗放型管理模式，树立管理是硬道理的风险防范意识，从管理看差距，向管理要效益。

（二）抓重点业务，以优质市场拓展实现协调发展

一是巩固对公存款优势地位。实行分层次、差异化的营销和管理策略，完善分支行二级营销网络，深入巩固传统资金结算服务，积极开发电子支付、现金管理、资金托管、资金理财等新兴金融服务，不断提升市场竞争力。拓宽与大型优质客户合作领域，成功代理中科院系统16家预算单位财政授权支付业务，资产托管业务取得较大进展。

二是大力营销优质信贷市场。推行优质客户战略，确定14个行业190户重点客户名单，实施名单式营销和专人挂牌营销，强化分行直营和系统推动力度。中标北京市公路改造、地铁四号线、首发高速公路等135亿元的合作项目，签署南水北调中线干线工程贷款行内银团协议，牵头承办西西工程4号地项目15亿元人民币银团贷款，建立149个按揭项目资料库。截至年末，法人客户贷款投放1010.45亿元，增加30.98亿元，其中：项目贷款累计投放194.13亿元，同比多增67.55亿元；房地产贷款累计投放111.95亿元，同比多增63.1亿元。

三是实施中间业务跨越式发展战略。制定出台《中间业务发展实施意见》，明确未来三年总体发展目标，严格规范收费管理，提高支行行长经营绩效考核中中间业务利润价值量权重，推行中间业务专项奖励办法。大力发展银团贷款、财务顾问等投行业务，着力提升新兴高附加值产品收入贡献度，成为北京银行业银团贷款合作委员会首任主席行。持续扩大发卡规模，提升发卡质量，累计发放信用卡60916张，增长74%，直接消费额56亿元，增长28%，实现收入1.46亿元，增长50.54%。积极拓展收单市场，内外卡收单交易额达205.88亿元，增长48.88%，累计新发展重点特约商户84家，增长425%。

四是积极推进“大个金”经营转型，努力打造“首都第一零售银行”。实行“网点、客户、客户经理、金融产品、渠道”五位一体的服务模式，完善优质客户服务体系，提高优质客户占比和贡献度，优化网点布局，提高离柜业务占比，推出理财小秘书等新型理财服务，突出理财金账户和牡丹灵通卡核心品牌地位，实施储蓄、基金、国债、保险“1+3”捆绑考核，不断优化存款结构，提升主动负债管理水平，截至年末，储蓄存款余额突破3000亿元，达到3271亿元，增加390亿元。

2005年10月26日，北京分行与北京市首都公路发展有限责任公司在北京饭店举行“十一五”期间银企合作协议书签字仪式。

（三）抓结构调整，以结构优化提升发展层次

一是优化业务结构。重点调整信贷结构，加大对符合国家产业政策和准入标准的优质行业和龙头企业贷款投放，适应企业短期融资票据化趋势扩大票据业务。重视发展中间业务，银行卡、国际、投行、电子银行业务收益水平不断提高，实现中间业务收入与利差收入比为8.26%，提高1.02个百分点。强化主动负债管理，下调辖内内部资金转移价格，推进个金业务向财富管理型和综合收益型转变。

二是优化客户结构。紧抓北京“总部经济”和“富人经济”特点，大力拓展优质客户，全年实现A级以上法人客户贷款新增213亿元，余额占比87.18%，提高10.58个百分点，A-级以下客户退出275家，贷款余额减少123亿元。新增理财金客户8.7万户，人均资产达35.67万元。

三是优化网点结构。出台《网点结构调整实施方案》，推行网点差异化发展战略，打造金融便利店、一般理财网点、个人理财中心和财富中心四个层级的网点服务体系。全年新建网点（含迁址）47家，撤并低效网点85家，升格网点50家，综合化改造网点20家，综合化网点占比达34.5%。全面推广“个人理财中心核心竞争力”项目，累计推广项目网点268家，占比达50%。

四是优化人员结构。采取全值等量分析法，统一前台柜员标准工作量，科学确定各网点柜员合理编制。按照管理人员与业务人员1:7的合理管理幅度，严控支行本级和网点后台人员。推动政策性减员向机制性减员转变，建立支行之间人员横向调剂机制，推进“城郊双选”，缓解人员结构性矛盾，实现单边减员452人，净减99人，完成160人“城郊双选”工作，同时择优录用300名大学生。

（四）抓改革创新，以机制体制完善催生发展动力

一是积极落实总行股份制改革方案，圆满完成股改各项工作。顺利剥离1217户本金175.5亿元、利息84亿元的不良资产。确权土地315宗、房产328处，确权率分别达94.31%和95.35%。完成2003年度、2004年度和2005年上半年的报表审计和尽职调查工作，取得中介机构无保留意见报告。清理完毕30家自办经济实体，成功拍卖25处闲置固定资产，股改工作取得重大阶段性成果。

二是完善考核机制。修订行长经营绩效考核办法和分行部室考评办法，突出效益类指标的核心导向作用，强化对资产质量的全方位考核和计划指标完成率的考核。调整工资费用核拨办法，提高经营绩效挂钩的工资费用总额按季考核兑现，强化即期激励效果。突出重点业务分配倾斜力度，对个金业务、中间业务和信贷业务按一定比例实行专项奖励。

三是创新激励约束机制。搭建高管人员、客户经理、技术经理、一线柜员四条线的考核分配机制，出台相应的管理办法，完善分行对支行、支行对员工的二级分配体系。对高管人员实行以岗定薪，依据岗位价值和考核结果合理拉开收入差距；对公司客户经理，建立分支行两级考核机制，分行对支行的考核与支行整体营销贡献度挂钩，支行对员工绩效工资考核与贡献度直接挂钩。对个人客户经理实行计件工资制；对技术人员，参照社会软件开发和系统维护人员薪酬结构进行分配；对柜面人员，将业务量作为薪酬分配的核心指标，辅之以服务质量和差错率进行考核。

四是优化信贷业务流程。明确分支行职能定位，整合分行授信中心和审批中心，集中信贷审批和风险控制。分离个贷业务前后台，合并四个审批中心，组建贷后管理中心，成立个人信贷业务部。完善营销组织架构，重新界定公司业务一、二部职能，重构不良贷款集中处置和分散处置相结合的体系模式。

五是加快金融产品、服务创新。推出电话银行支付业务、多媒体自助终端北京分行特色业务、常年财务顾问、个人人寿保险单质押贷款、个人汽车消费贷款履约保证保险、大众汽车金融服务产品、个人外币账户黄金买卖业务等19项新型金融服务。推出代理区县级财政集中支付系统，实现区县代理财政直接支付、授权支付、非税收入收缴等功能。推出北京分行校园卡系统，促进数字化校园建设。

（五）抓从严治行，以强化内部管理保证发展质量

一是坚持“从严治队”。开展创建“四好”领导班子活动，全面考察支行和部室领导班子，调整聘用高管人员108人，占高管人员总数的41%，面向全行公开竞聘14名高管职位。试点支行和部室经营目标完成情况问责制，两次被问责且无正当理由的，退出高管行列。注重对管理人才、营销人才、专业技术人才和操作型人才的分层次培训，举办各类业务和管理培训班2623期，培训13万人次，集中举办支行行长和部室总经理培训班，专题研究股改后现代商业银行建设相关重大课题。深入开展先进性教育活动，全面覆盖全行39个党委、1个党总支、389个党支部、6568名党员及近万名非党群众、民主党派和无党派人士，举办党员轮训班104次，培训党务干部1269次，新建基层党组织7个，新发展党员73人，各党支部整改措施总计754条。

二是坚持“从严治贷”。实施全面风险拨备制度，健全信贷资产质量真实性评价和管理，加大对1999年以来新增贷款质量的监控力度，坚持风险预警、停牌整顿制度，严格落实新增不良贷款问责制和追究制。完善客户化授权，坚持信贷预审批和预授信制度。推行行业分析、信贷咨询、评级、授信、审批、监测、十二级分类、贷款督收“八位一体”的信贷审查工作机制。细化“追月全查”和“重点客户持续检查”，实行住房开发贷款封闭管理。将潜在风险贷款现金清收计划列入支行行长目标考核，对新增四级不良贷款按余额15%计提风险拨备。建立个人不良贷款控制指标与风险拨备制度挂钩考核制度，加快个人住房贷款抵押登记速度，抵押率提高24.32个百分点。推行“专家治贷”，实行信贷人员资格认证和持证上岗制度。

三是坚持“从严治财”。深化财务制度改革，改进财务预算管理，提高预算管理的科学性和准确性。推行财务费用集中管理，提高费用分配与资产质量和成本收入比的关联度，强化费用成本支出的硬约束。加强大额费用支出控制，规范内部账户，对应收未收项目视同小金库处理。规范集中采购行为，实施使用人、主管人、审批人、采购管理人、监督人“五分离”管理。

四是坚持“从严执纪”。健全操作风险防范体系，梳理整合各项规章制度883个，清理废止制度184个，重新界定重要岗位64个。出台《基层网点人员内控管理纲要》和《基层网点负责人管理办法》，严格基层网点负责人的准入标准和内控管理要求，明确各专业的操作风险防范重点，完成所有基层机构营业经理委派，首次开展全行财务大检查，认真抓好依法合规大检查及操作风险专项检查后续整改工作，整改率达97.71%，严肃查处责任单位182个，处理相关责任人945人。建立员工日常行为动态分析机制，加大风险点风险源排查，全行保持无案件。

天 津 分 行

行长　张士明

【业务指标完成情况】

2005年实现经营利润15.17亿元，比上年增加3.51亿元，增幅30%，创历史新高。人均实现利润16.26万元，比上年增加4.12万元，增长了34%；资产利润率1.22%，比上年增加0.12个百分点；成本收入比38.57%，比上年降低3.45个百分点。全年提取呆账准备金5.6亿元，表内挂息净下降1亿元，消化财务包袱5亿元。在总行的综合排名从2004年的第14名前进到第10名，首次进入前十名行列。

各项存款（不含同业）较年初增加154.8亿元，增量创历史新高，比上年多增100亿元。剔除剥离和核销因素，2005年该行各项贷款新增104亿元，比上年多增75亿元。清收处置不良贷款19.46亿元，至年末不良贷款余额19.9亿元，较年初下降73.4亿元，不良贷款率3.1%，较年初下降了11.92个百分点。年末不良资产率1.7%，较年初下降了7.5个百分点。A－级（含）以下风险客户贷款占比7.52%，年初下降了16.8个百分点。全年实现中间业务收入2.46较亿元，比上年增加6800万元，增幅38.2%，继续保持了快速的增长态势。

【主要工作措施】

（一）积极转变思想观念，制定明确清晰的工作思路

始终坚持把观念的转变作为根本的转变，结合开展保持共产党员先进性教育活动，开展了各种形式的学习教育，使广大员工正确认识了近年来所取得的显著成绩，看到了经营管理中存在的深层次问题，明确了发展改革的总体要求和目标任务。同时，还多次召开会议分析面临的机遇和挑战，有针对性地研究工作思路和具体措施。年初明确了总体工作要求，即“认真贯彻落实科学发展观，紧紧围绕质量和效益，转换经营机制，调整经营结构，转变增长方式，毫不动摇地把发展作为第一要务，通过改革谋求发展，通过创新促进发展，通过管理保障发展，追求天津分行经营效益和员工个人价值的最大化，为该行的可持续发展和员工收入水平的提高而不懈努力”。确定了“加快发展，创造效益；防范风险，提高质量；强化管理，完善治理机制”三大工作重点，并研究制定了包括转换经营机制、调整经营结构、增强竞争能力、提高资产质量、加强内控管理等在内的一系列具体的配套措施。一年来，通过积极转变观念，制定切实有效的工作措施，有力地引导和推动了各

天津分行与天津瀛寰东润国际保理有限公司签署《全面合作协议》。

项工作的顺利进行。

（二）加强市场营销，积极拓展各项业务

一是大力发展负债业务。按照总行的要求，将存款工作向完善增长机制、降低存款成本、改善负债业务结构转移。推出了理财小秘书等一批个人金融新产品，加强了对公存款的分析研究，并与筹建中的渤海银行就全面合作达成了意向。二是大力拓展资产业务。重点支持符合产业政策和贷款条件的优质项目及企业，对城市道路管网项目发放贷款27亿元、对京沪高速公路项目发放贷款13.9亿元。还积极与开发银行及系统内兄弟行合作，累计发放银团贷款43.3亿元。至年末，该行基础设施类贷款在全部贷款中的占比为36.1%，较年初提高了10.3个百分点；AA－级以上优质客户贷款占比70%，较年初提高了12.5个百分点。全年贷款实收利息32.9亿元，较上年增加了2.15亿元，还原2004年整体处置不良贷款利息受偿因素后，收息实际增加3.52亿元。全年办理票据融资201.3亿元，比上年增加50.44亿元，实现利差收入1.37亿元，比上年增加6973万元。三是大力拓展中间业务市场。为全面开发、优先发展中间业务，将投资银行部升格为一级部，加强了对投资银行业务的拓展力度。进一步加大了产品创新力度，成功开办了私产房屋网上交易代收代付业务，试点发行了“牡丹军人保障卡”，获得市级财政预算单位授权支付试点工作的唯一代理权，与中铁电气化勘测设计研究院签署了企业年金基金账户管理服务协议，并与国内首家获批的非银行外资专业保理商签订了全面合作协议。2005年该行个人金融业务实现中间业务收入1.14亿元，增幅25%，占全行中间业务收入的46.3%，高于总行平均水平9.3个百分点；会计结算收入2107万元，增幅20.6%。同时，还制定了加快国际业务发展的一系列措施，加强了对国际业务的奖惩力度，全年国际结算量60亿美元，增长73.6%，同业占比18%，比上年提高5个百分点，外汇中间业务收入6573万元，增幅65.3%。

（三）积极转换经营机制，稳步推进各项改革

制定《全面预算管理办法》以及配套的“经营绩效与工资费用挂钩考核办法”、“工资费用分配办法”等，把经营资源的配置与各行利润完成情况、风险控制能力、中间业务收入三大指标直接挂钩，构建了全面预算管理体系，建立了以业绩价值评价为核心的激励约束机制。通过层层签订经营管理目标责任书，明确了责任，实现了从以行政手段管理为主向以经济、法律手段管理体制为主的转变。按照总行的统一要求，健全组织机构，明确工作流程，落实相关责任，如期完成了固定资产确权、不良资产剥离等股改准备工作。共剥离不良资产84亿元，确权土地163宗，面积17万平方米，确权房屋190项，面积33.4万平方米，确权率均超过96%。还精心组织了对全行闲置房屋、车辆、网点的公开拍卖，实现处置净收入9576万元。

（四）完善基础管理，健全内部控制制度

完成全功能银行系统版本升级工作，顺利投产了小额支付系统、财税关库行横向联网系统等项目。先后制定了对法人客户贷款、个人客户贷款及不良贷款的三个管理办法。开展了信贷资产的十二级分类工作。加强了抵押物价值的评估管理，完善了贷款大户风险监控制度。开展了对1999年以来新增不良贷款的责任认定工作。精心组织开展了依法合规大检查及内部控制评价工作，建立了违规员工业务档案，规范了违规人员资料管理，进一步提高了内控管理水平。深入推进“扫雷工程”，积极开展案件违法违纪专项治理活动，确保了连续三年半未发生200元以上案件和重大差错、事故。

（五）加强党建工作，不断改进工作作风

进一步加强了各级领导班子建设、基层党组织建设和党员队伍建设。按照总行的统一部署，认真开展了保持共产党员先进性教育活动。在活动中，坚持将先进性教育与天津分行发展改革实际紧密结合，坚持理论联系实际，分行党委和各级党组织对群众反映的工作作风、办事效率等问题进行了认真分析整改，初步形成了领导为群众、机关为基层、二线为一线、全行为客户的“大服务”格局。分行和各支行精简了会议，确保各级领导干部有足够的时间和精力深入基层解决问题，深入市场调查研究，深入客户直接营销。还以总行推广电子公文审批系统为契机，实现了各类公文的网上处理，减少了中间环节，提高了工作质量和办事效率。

河 北 分 行

行长　刘子刚

【业务指标完成情况】

2005年实现经营利润19亿元，较上年多增2.97亿元，超出总行核定必保计划0.4亿元。五级分类不良贷款余额91.88亿元，较年初减少177.93亿元；不良率9.23%，较年初降低14.08个百分点。清收、转化和处置不良贷款58.5亿元，完成总行任务的169.96%，其中现金清收19.7亿元。非信贷风险资产余额3.74亿元，较年初下降36.53亿元。本外币各项存款较年初增加216.89亿元，其中人民币各项存款（含同业存放）增加216.47亿元，较上年多增66.55亿元，完成总行计划142.42%。人民币储蓄存款、公司存款、机构存款分别增加116.34亿元、17.9亿元、82.23亿元，分别完成总行计划的141.88%、44.75%和274.1%。外汇存款增加0.11亿美元。剔除不良贷款剥离和核销因素，本外币各项贷款新增94.75亿元。其中人民币贷款新增104.06亿元，同比多增34.1亿元。人民币项目贷款、住房贷款分别增加79.76亿元和45.13亿元。累计办理票据贴现338亿元，较上年增加128亿元，实现利润1.76亿元，较上年增加0.95亿元。实现中间业务收入3.64亿元，较上年增加0.27亿元；收入占比17.98%，同比提高1.15个百分点。

【主要工作措施】

（一）扎实做好股份制改革各项工作

2005年4月下旬全行股份制改造正式启动后，按照改革的总体要求，认真分析经营形势，立足全局，统筹安排，有条不紊地推进股份制改造工作。在全辖深入开展股改形势宣传教育，澄清了部分员工对股改工作存在的模糊认识，进一步统一了思想。克服时间紧、任务重、压力大等种种困难，扎实开展了不良贷款和非信贷风险资产清理及固定资产清查等工作，顺利剥离不良贷款266.19亿元、非信贷风险资产13.35亿元。固定资产清查确权工作成果显著，土地、房屋产权完善率均超过总行95%的确权目标要求，并圆满完成了资产评估、安永审计和法律尽职调查工作。特殊资产处置工作也取得了阶段性成果。

（二）大力竞争优质信贷市场

重点实施了项目产品战略，加大对公司、住房等大项目、大客户及优质信贷资源的深度发掘。对省行公司业务部管理体制进行改革，实行了行业分部，并制定实施了大项目营销奖励办法。紧紧把握环渤海及河北经济崛起和曹妃甸港区建设等大项目集群建设带来的战略机遇，着力强化对港口、电力、铁路、公路、城建等重点行业板块的营销，唐山港、南水北调、石太铁路以及与开行河北分行的合作等重大项目贷款营销取得重要进展，经总行和省行出具项目贷款承诺函和意向书的约为1100亿元，优质项目储备日渐丰厚。积极竞争住房信贷市场，住房贷款同比多增17.17亿元，为住房贷款业务开展以来最好水平。其中个人住房贷款新增27.8亿元，开发贷款新增17.4亿元，增量占比均居省内同业首位。票据业务取得较快、健康发展，票据融资余额86亿元，比年初增加43亿元，累计办理票据贴现338亿元，转贴现426亿元，收入占比达到8.02%，较上年提高1.65个百分点，票据贴现量居全系统第3位，未出现一笔票据风险。优质贷款的大幅增加为业务的可持续发展奠定了良好基础。在抓好优质贷款投放的同时，集中精力压缩退出潜在风险贷款，全年压降潜在风险贷款86.52亿元，完成总行任务的113.77%。成功处置唐钢22.03亿元委托持股，清理消化三批非信贷风险资产损失1.32亿元。

（三）积极推进经营机制改革和产品创新

稳步推进机构网点布局调整，在2004年撤并234个机构网点、完成三年机构精简任务的基础上，2005年又撤并网点14个，并进一步优化了机构布局。改革经营绩效考评机制，推进了资金管理体制和票据业务专业化经营改革，顺利完成财务集中改革。加快推广个人理财中心核心竞争力项目，开展了以理财金账户为中心的各类业务产品的集中营销，提升了理财金账户、金融@家、牡丹灵通卡等品牌产品的竞争力。以“五通一网”为核心，拓宽公司和机构业务的产品营销渠道，全面更新产品服务功能，银税通、银财通、债市通以及现金管理、网上银行业务等产品创新和推广取得新进展。进一步理顺中间业务组织管理体制和运行机制，实行绩效工资万元含量考核，促进了中间业务收费管理的规范化和精细化。深化会计业务流程改革，取消辖内往来手工对账，全面实施会计信息质量专项管理，共清理各类账户 7223 户。进一步加强业务系统建设，如期完成 NOVA1.5－2.1 版本、大额支付系统、人民币银行结算账户管理系统、个人消费信贷台账数据移行等 300 多个项目的测试、升级和投产工作，为全行改革发展提供强大的技术支持。

（四）进一步加强基础管理

强化贷后管理，建立了贷款大户风险监控负责人制度。加大停牌、预警行的整饬力度，对被总行警告、停牌的 6 个二级分行落实了整改措施。加强内控体系建设，完成了抵质押贷款合同、房地产贷款业务合规性、内审制度执行情况等专项审计。按照总行统一部署，组织开展了依法合规大检查和操作性风险专项检查，对查出的近万个违规违章问题逐一落实了整改措施，并对 91 个责任单位的 1116 名责任人进行了处理。完善会计内控体系，规范会计核算风险预警系统运行机制，推进营业经理负责制，全辖委派专职营业经理 1614 人，进一步加强了对中小网点的核算管理和事中控制。加强党风廉政建设，省行、二级分行与支行层层签订了党风廉政和案件防范工作责任状，召开了全行领导干部集体谈话会，组织省行本部处以上干部到监狱参观，进行现场警示教育，增强了各级干部员工的法纪意识。继续深化“扫雷工程”，加强员工行为评价工作，通过行为评价确定重点人员 119 名，并加强了重点人员的整改力度，对屡教不改的 11 名重点人员依法解除了劳动合同。加大案件查防力度，强化对重点监控行的检查和整改措施，对查处的有关案件责任人员进行了严肃处理。完善安全保卫设施建设，加大检查力度，积极推进守押体制改革，进一步提高了整体防护水平和案件防控能力，实现了守库、押运、涉枪零风险。

（五）扎实开展保持共产党员先进性教育活动，深入推进党建和队伍建设

集中开展了保持共产党员先进性教育活动，圆满完成学习动员、分析评议和整改提高等阶段的各项工作，在学习教育和推动工作方面取得了明显成效。认真贯彻十六届五中全会精神，落实总行“五条规定”，加强了各级领导班子的思想作风和能力建设。组织开展省行、各二级分行党员领导干部民主生活会，推行了多层次的干部交流和岗位轮换，平稳完成了 220 多名分支行领导干部的交流调整工作。深入开展“我为工行改革做贡献”和“创建学习型银行、争做知识型员工”主题教育活动，广泛开展劳动竞赛，举办了第九届业务技术比赛，积极参加地方政府组织的行风评比活动，深入推进了现代企业文化建设。秦皇岛分行被中国金融工会全国委员会授予“全国学习型组织标兵单位”荣誉称号，同时获“全国金融五一劳动奖状”，这是工商银行系统，也是河北省金融系统唯一获此殊荣的单位。坚持以人为本，加强各级员工培训工作，共举办各类培训班 847 期，参训 8 万余人次，促进了队伍整体素质的提高。

河北分行行长刘子刚到河北分行重点支持的河北省“一号工程”——曹妃甸港口项目施工现场调研。

山 西 分 行

行长　常瑞明

【业务指标完成情况】

2005年实现经营利润18.98亿元，同比增盈4.65亿元，完成总行计划的103.28%，提取呆账准备9.02亿元，消化历史包袱6.73亿元，账面利润实现3.23亿元，同比增盈3.02亿元，完成总行计划的100%；总资产回报率（ROA）和资本净回报率（ROE）分别为0.21%、15.90%；成本收入比为42.41%。在全国分行行长经营绩效综合考评中排名第11位，较上年提升1个位次。中间业务收入实现3.16亿元，同比增收6086万元，完成总行计划的105.4%，收入绝对额在全国工行系统排第11位。

全年累计发放贷款291亿元，剔除剥离因素，人民币各项贷款净增86.83亿元，增量同业占比达354.73%，远远高于其他银行。人民币各项存款净增194.2亿元，净增额在全国工行系统排名第7位，年均同业增量占比38.97%，居同业第一。

全年清收转化不良贷款29.53亿元，完成总行计划的171.04%；清收转化潜在风险贷款36亿元，完成总行计划的127%。年末，五级分类后三类贷款余额为24.03亿元，占比为3.55%，分别较年初下降151.98亿元和19.53个百分点；不良资产率为1.6%，较年初下降了12.37个百分点。

全辖未发生百万元以上大案，千人发案率为0.18，低于总行0.3的控制要求，结案率、资金追缴率均为100%。

【主要工作措施】

（一）把握市场机遇，积极拓展优质市场

加大优质贷款投放的进度和额度，实现了全年贷款的均衡投放。项目贷款主要投向石化、大型煤炭基地、高速公路等重点优质项目。截至年末，在实现贷款高投放的基础上，仍然保持了95亿元的储备贷款、496亿元的有条件贷款承诺和199亿元的贷款意向，为可持续发展提供了充裕的物质保障。积极开展了对优质房地产开发企业和项目的营销。在各二级分行组建了消费信贷审查审批中心，建立前后台分离经营管理的模式，并组织开展了消费信贷业务审查审批人员资格认定，为加快个人消费信贷业务发展步伐奠定了较好的管理基础。全年个人消费贷款累计发放7.2亿元。

对公存款方面，建立了重点行业和重点客户分析制度和信息反馈制度，并对大系统、大客户、重点客户进行了经常性的走访慰问，通过健全营销管理机制、完善服务体系，进一步提高了优质客户的忠诚度和满意度，推动对公存款实现了超常增长。储蓄存款方面，加快构建"大个金"经营格局，把理财中心核心竞争力项目的实施推广作为推动零售业务发展和转型的一项重点工作，把加快自助银行、电话银行、网上银行等渠道建设、推行个人产品整合营销作为经营模式转变的重要推动力，以投产的CB2000、综合账户系统、数据仓库等科技平台服务体系，逐步健全业务经营管理机制，不断完善优质客户服务体系，初步形成了以理财中心为指导，多部门、多渠道综合营销、联动发展的经营局面，储蓄存款再创历史新高，实现当年净增突破百亿元。

突出抓好重点产品营销推广，以重点产品带动各类中间业务全面发展。进一步强化了各级新业务发展委员会的职能，加强了对中间业务的管理和考核力度，在全行营造了中间业务齐抓共管的良好氛围。抓住企业年金逐渐规范发展的契机，多次深入省内大型企业营销和推广企业年金业务，并于8月5日正式与山西省民航机场集团公司签署了首笔企业年金综合服务协议，成为了工行系统内继广东分行、北京分行之后第三家开办企业年金业务的分行，并率先实现了账户管理费的收取目标。与太平洋人寿、中国人寿、新华人寿、泰康人寿、平安人寿等保险公司积极开展合作，代理业务当年转化储蓄存款28.6亿元，实现中间业务收入4565亿元。

（二）加强信贷管理，资产质量得到根本改善

修订信贷业务申报审批流程，采取与区域发展、行业信贷政策、信贷管理水平相结合的信贷业务授权办法，强化授权控制。提高准入标准，取消部分资产质量差、管理薄弱、长期亏损的县级机构新办理信贷业务的经营资格。扩大非现场监测的广度和深度，重点对新增贷款、银行承兑汇票、关联客户信贷业务以及大额贷款客户开展非现场监测。建立逾期不良贷款的风险提示机制，加强信贷风险预警，建立贷款大户风险监控负责人制度。

组合运用以物抵贷、减免息、诉讼等多种手段，加大不良贷款清收转化力度。积极推行重点行、重点企业行长挂牌清收制度，重点抓好不良贷款大行的清收处置和对进展缓慢分支机构的帮促工作，以点带面，推动全行任务的完成。对个人汽车消费不良贷款实施账销案存，及时消化不良贷款损失，保持我行个人消费信贷业务健康发展。按照总行的统一部署，圆满完成不良资产剥离工作和房屋土地的确权、闲置固定资产、特殊资产清理处置和外部审计工作。年末二级分行闲置固定资产置预案批复率100%，已清理处置232项，占全部的94.69%；已清理自办经济实体176户，占全部户数的91.67%。

2005年8月，山西分行以山西省第二届银企合作洽谈会为契机，大力宣传该行在山西经济建设和社会发展中发挥的积极作用，推介展示工商银行金融新产品，得到了社会各界的普遍好评和赞誉。图为山西分行行长常瑞明向山西省人大副主任王昕介绍工商银行金融新产品。

（三）落实内控外防措施，确保业务运行安全平稳

在全行组织开展了历时70多天的“拉网式”依法合规大检查。15个检查组从3月29日起分赴全辖11个二级分行、654个营业网点，对存在各类违规违章问题的18个单位进行了经济处罚，对98个单位予以通报批评，对970名责任人进行了严肃处理，严肃查处了临汾分行尧都支行孙宝华、运城分行芮城分行韩蒙挪用客户资金案和朔州分行牡丹支行李海如挪用银行资金案三起案件。组织开展内控评价工作，先后对省行本级、九个二级分行及部分基层行进行了内控评价，找出薄弱环节，并下发整改通知书和建议书，并对整改情况进行了及时验收，逐步形成了多层面“自控、互控、监控”协调统一的制衡体系。

加快了“三大中心”平台建设，深化业务流程再造，加强了综合化网点的标准化管理，全行综合网点数量达到287个，占到网点总数的56%。实施了机构网点营业经理委派制。突出了营业网点、金库、办公场所等重点部位和重点环节的安全检查，及时排除各种安全隐患，通过积极推动守押社会化改革，有8个行全部或部分实行了守押社会化改革。进一步强化了生产系统安全运行管理。

（四）加强内部管理，经营管理水平得到不断提高

重新完善了经营绩效考核评价体系。年初，省分行分别与各二级分行签订了经营效益、资产质量和党风廉政建设及案件防范三个目标责任状，实行目标责任状风险抵押金管理。按季分别召开二级分行和省分行专业部门工作汇报会，并对各专业进行按季考核排队。制定出台《中国工商银行山西省分行二级分行行长绩效考评办法》。

进一步调整了机构布局和人员结构。全年共撤销机构96个，完成总行年度撤销计划的253%。以朔州分行为试点，稳步推进扁平化改革。在支行层面，重点抓好了内设机构改革，共精简支行内设机构238个，减幅达49%，有11个机构进行了迁址更名，使网点布局更趋合理。同时，加强了对富余人员的精简。采取劳动合同到期终止、解除违规违纪人员劳动合同、内部退养及自谋职业等方式，净减各类人员792人，完成总行减员计划的125%。

全面加强成本控制管理，工资性费用在总费用中的占比达到53.21%。加大集中采购范围，年末全行集中采购资金占比达到76.6%。制定实施省分行本部业务费用管理试行办法和公务用车改革方案。

（五）全面加强党建和队伍建设，为改革发展提供智力支持和组织保障

在全辖广泛开展了保持共产党员先进性教育活动，先后完成了各阶段的活动任务。组织制订了《2005年领导干部廉洁自律和落实党风廉政建设责任制工作的实施意见》，明确了领导干部廉洁自律的规定和责任追究，重点强化了对“权、钱、人、”三个重点环节的制约管理，逐步形成了思想教育、权力制约、预警预防、监督管理等一整套惩治和预防腐败的制度体系。加大了干部交流和管理力度，对全辖8个二级分行一把手进行了异地交流，占到二级分行行长人数的72.7%，使符合交流条件的交流面达到100%；组织50名支行行长进行了交流，占到全辖支行行长总数的32.89%，在优化班子结构、促进业务发展、完善内部控制等方面发挥了积极作用。全面系统地对高管人员、专业管理人员和操作人员进行分层次、有侧重培训，全年共举办业务培训65期，培训员工6780人次。2005年，荣获山西省五一劳动奖状，在全行行风评议活动中荣获“公用事业和窗口服务行业第二名”。

内蒙古分行

行长　范尔钢

【业务指标完成情况】

2005年全年实现经营利润9.46亿元，同比增盈3.27亿元，增幅52.9%；实现利息收入23.01亿元，同比增加1.08亿元；资产利润率1.21%，同比提高0.32个百分点；贷款收息率89.4%，同比上升9.9个百分点，较预算高7.05个百分点。五级分类不良贷款余额较年初减少51亿元，不良贷款率较年初下降9.31个百分点。非信贷风险资产余额较年初下降25.16亿元。人民币各项存款余额767.83亿元，较年初增加87.21亿元。其中，储蓄存款增加48.19亿元，完成全年计划的120.46%；机构存款增加20.24亿元，完成全年计划的155.71%；公司存款增加18.79亿元。人民币各项贷款余额509.65亿元，较年初减少19.1亿元，剔除剥离、核销及转抵债资产因素实际增加63.51亿元。其中，项目贷款增加90.91亿元，流动资金贷款减少29.39亿元，票据贴现增加9.47亿元。累计实现中间业务收入1.62亿元，同比增长30.04%。实现电子银行交易额2920.56亿元，同比增长48%，完成全年计划的146%，新增网上银行企业客户924户，个人客户48261户，分别完成全年任务的154%和161%。实现投资银行业务收入3498.18万元，完成全年任务116.61%。信用卡消费额达到39015万元，完成全年任务162.6%。实现国际结算量77977万美元，代客外汇资金交易量62954万美元。

【主要工作措施】

（一）理清工作思路，明确发展重点，为经营发展奠定良好基础

明确全行2005年工作思路：牢牢把握“一个统领”，即始终以科学的发展观统领和指导全行各项工作，实现统筹兼顾、全面、协调、可持续发展；突出“两个着力点”，即总结经验，积极完善，着力推进和稳步实施经营机制综合改革；加强市场营销，推进产品服务创新，加快不良资产清收转化，着力构建我行的可持续发展能力；落实“四项任务”，即抓紧落实不良资产的清收转化工作，解决好资产质量真实性问题；抓紧推进业务快速发展，紧跟自治区经济快速发展的大好形势，解决好优质市场营销的质量和效果问题；抓紧做好股份制改革的前期准备工作，解决好管理体制和经营机制的综合改革问题；抓紧落实内控管理体制改革要求，解决好风险防范和内部控制问题。全行上下进一步统一了思想，提高了认识，思想观念和工作作风明显转变，为全年各项工作的顺利开展奠定了坚实的基础。

（二）高质量完成股改各项工作任务

按照总行统一部署，周密筹划、精心组织、合理安排，确保股改各项工作的顺利、有序进行。高标准、高效率地完成了不良资产剥离、土地房屋确权、特殊资产处置、业务尽职和法律尽职调查等工作，共剥离不良贷款79.66亿元，剥离非信贷风险资产19.47亿元。

（三）经营机制综合改革稳步推进

2005年下半年全面启动二级分行经营机制综合改革工作。分行对各行上报的改革方案逐一研究，并批复实施。通过改革进一步减少管理层次，缩短管理链条，二级分行本部的经营职能得到强化，组织机构更加适应市场、贴近客户，开始由部门银行向流程银行过渡；业务营销部门实现重组、流程得到整合，二级分行、支行、营业网点的营销职责进一步明确，市场营销效率和业绩有所提高。顺利完成了168个机构网点的撤并和16个重点城市网点升格为二级支行等工作。进一步深化薪酬制度改革，加快建立能够充分体现岗位价值和贡献的薪酬体系，通过人力资源管理引导和促进机制改革整体战略的实现。

（四）产品创新步伐不断加快，优质市场进一步拓展

在严格执行总行行业信贷政策的基础上，强化“以客户为中心、以市场为导向、以效益为目标”的营销理念，积极改进服务，制定了电信、电力、公路、煤化工、铁路和城市基础设施等一系列重点行业和重大项目的个性化“综合金融服务方案”，有力地促进了全行重大项目营销。加大优质客户营销及二次营销力度，提高审核审批及上报效率，加快项目贷款投放进度，努力扩大我行在优质项目贷款上的市场份额。2005年，共成功投放公路项目10个，金额48.1亿元；电力项目14个，金额68.08亿元；铁路项目营销工作取得突破性进展，实现贷款投放5.2亿元。努力转变经营模式，拓宽收入渠道，积极实施“大个金”经营发展战略，加快完善营销体系和产品整合的工作步伐。通过核心竞争力项目的实施，进一步增强了服务和竞争个人优质客户的能力，提高了个人金融业务的综合贡献水平。新业务的营销和推广取得明显进展。常年财务顾问、项目融资、银团贷款等品牌类业务发展势头良好。共与185户客户签订了现金管理服务协议。成功举办企业年金营销推动会暨签约会，与四家企业签订了企业年金综合协议。按照“调整结构、规范收费、加强管理、全力营销”的工作思路，强化组织管理，优化产品结构，加大激励力度，中间业务呈现出快速发展的良好态势。累计实现中间业务收入17423万元，同比增加5749万元，增长54%，完成年度计划的100.1%。中间业务收入占利差收入的比重为12.2%，同比提高3.2个百分点。

（五）加强全面风险管理，信贷资产质量逐步提升

全面实施风险拨备制度，积极探索建立科学先进的风险管理体系，制定《内蒙古分行全面风险管理构架》，建立全面风险管理平台，努力实现对各类风险的系统、连续、有效控制。认真执行总行信贷政策，严控钢铁、水泥、电解铝等产能过剩行业的贷款投放，谨慎把握对一般加工行业的新增贷款，较好地控制了新增贷款风险。加强贷款风险预警、评级授信和贷后管理工作，重点强化新增贷款的贷后管理和检查。建立法人客户信贷业务停复牌制度，促进分支机构规范操作，切实提高管理水平和风险控制能力。

全力清收压降不良贷款和潜在风险贷款，各级行均组建“战斗队”、工作组，依照客户、余额、清收人员“三锁定”和组织、方案、责任、进度“四落实”及“五个必须”的工作要求，逐户制定清收预案，明确清收进度、项目责任人和清收措施，全行动员，多管齐下，保证了不良贷款和潜在风险贷款的清收转化成果。全行累计清收转化不良贷款19.83亿元，剔除核销等因素累计清收处置13.12亿元，同比增加4.4亿元。全年现金清收压降潜在风险贷款6.97亿元。

内蒙古分行与华融资产管理公司呼和浩特办事处签订损失类信贷资产、非信贷风险资产转让协议。

（六）深化财务体制改革，财务管理水平进一步提升

按照总行规定，在各二级分行成立了财务核算中心，建立了集中记账、集中支付、集中监督的财务管理模式。通过反复论证研究，提出了《财务重组后我行经营绩效考评体系改革思路》，修订了《2005年度二级分行行长经营绩效综合考评办法》，激励和引导各行转变经营模式和增长方式，推动价值管理实施，增强可持续发展能力和核心竞争力。

（七）构建三级内控平台，内控管理得以强化

坚持从严治行，强化全行内控管理，着力搭建以内控管理委员会、三级内控平台为主体的新型内控管理体制，制定出台了《二级分行县级支行内控管理平台若干规定》等一系列制度办法，减少了无效环节，夯实了管理控制基础，有力推动了全行内控管理的规范化、标准化和程序化建设，基本构筑起了对各项经营管理活动全方位覆盖、全过程监督的内部控制体系。

坚持定期召开案件防范分析会制度，深入开展案件专项治理和“扫雷工程”活动，加强对重点业务、重要环节、重要岗位人员和重要时期的管理，加快实现业务由事后控制向事前、事中控制转变，积极探索构建案件防范长效机制。开展了依法合规暨“扫雷工程”大检查、操作风险检查等171项各类检查，并对发现问题逐一研究整改。党风廉政建设和反腐败斗争开展扎实有效，积极构建教育、制度、监督并重的惩治和预防腐败体系。探索实施守押社会化改革，试点实施成效明显。

（八）扎实开展保持党员先进性教育活动，党建和队伍建设进一步加强

紧密结合全行股份制改革和业务发展实际，突出学习实践“三个代表”重要思想这一主线，牢牢把握“取得实效”、“成为群众满意工程”的总体要求，抓住重点，统筹安排，稳步实施，扎实推进，圆满完成先进性教育活动集中学习教育和巩固扩大成果阶段的各项工作，全行各级党组织的号召力、凝聚力和战斗力进一步增强。按照“四好”标准，加强各级领导班子建设，严格按照“德、能、勤、绩、廉”标准培养、选拔和使用干部，推进领导干部竞争上岗和公开选拔工作。加强以“新机制、新流程、新业务、新技术、新产品”为主要内容的岗位培训，投行业务、电子银行和企业年金等各项新业务得以推广，员工素质进一步提高。全面推进企业文化建设，行风行貌大为改观，为全行改革发展提供了思想政治保证。

辽 宁 分 行

行长　朱立飞

【业务指标完成情况】

2005年人民币各项存款余额1634.3亿元，较年初增加51.1亿元。人民币各项贷款余额563亿元。五级分类不良贷款余额比年初下降639.7亿元，不良率比年初下降28.9个百分点。实现中间业务收入2.47亿元，同比增长11%。累计办理国际结算15.5亿美元，实现外汇经营利润773万美元。信用卡直接消费额同比增加7.3亿元。实现票据直贴同比增加274亿元，利差收入3.4亿元。电子银行业务实现交易额12012亿元，同比增长22.6%。提取呆账准备金15.4亿元，消化历史包袱11.2亿元。

【主要工作措施】

（一）落实总行工作部署，完成股改剥离任务

严格执行工总行政策规定和要求部署，做到依法合规、手续完备、程序严密，圆满完成各阶段工作任务。共剥离不良资产本息1232亿元，其中剥离贷款本金730亿元，包括可疑类贷款8031户、671.5亿元，损失类贷款1760户、58.4亿元；剥离非信贷损失类资产54亿元；剥离表外利息448亿元。房屋土地确权工作取得较好成效。

（二）强化稳存增存工作，推进优质贷款营销

加强筹资工作，促进存款增长。全年人民币各项存款日均同比多增47.7亿元。储蓄存款重点抢抓元旦春节旺季增存，落实任务目标、营销宣传、考核激励等政策措施，发展理财金账户、汇款直通车、储蓄异地通等特色产品，做好理财金中心项目的开发与管理工作，积极构建“大个金”格局。强化业务技能培训，获总行首届个人客户经理业务技能比赛团体总分第三、业务操作比赛单项第一。公司存款工作注重完善营销机制，多渠道拓展存款增长来源，将存款余额千万元以上的企业作为省行重点客户，加强存款营销工作，亿元以上客户占全行公司客户存款余额比例达到40.5%。机构和同业存款工作着力抓大系统、大客户和重点项目实施，不断拓展同业合作领域。全年累计向省行重点营销客户发放贷款102亿元，主要投向公路、钢铁、电信、电力等行业，新增贷款结构进一步优化。加大重点项目储备力度，完成10个新增贷款项目评估工作，储备优质项目

54 个。

（三）强化重点业务突破，促进中间业务发展

全年中间业务收入同比增加 2536 万元。强化中间业务管理委员会作用，加强组织领导和系统推动，纵横逐层分解落实目标责任，各专业分工推进中间业务发展。加大中间业务收入在经营绩效考核中的权重，对中间业务收入按比例实施奖励。中间业务范围和领域不断扩大，业务种类和收费项目迅速增加，投行、银保、银行卡和电子银行等业务收入快速增长。加强收费和收入管理，对新开办业务全部实行收费，全面清理已开办未收费业务，严格收费减免审批，规范收入核算管理，严防各类跑冒滴漏。

（四）提升规模和品质，发展各项新业务

国际业务着力抓重点地区、重点客户和重点品种，外汇经营利润同比增加 272 万美元。银行卡业务加强对重点行业和重点项目的营销，全年信用卡有效发卡量增加 6.6 万张，完成“牡丹中油联名卡”试点推广工作。票据业务在有效防范风险的前提下大力开拓市场，全年票据直贴量同比增长 55%，利差收入同比增加 1.4 亿元。电子银行业务加快新系统投产进程，大力开展品牌营销活动，全年网上银行企业客户和个人客户分别增长 5.3 倍和 1.8 倍；交易额增长 22.6%。

（五）深入推进质量攻坚，努力提高经营效益

以省行 1 号文件下发了推进资产质量攻坚“一号工程”的意见，提出了具体的工作要求。深入各行进行分析指导，逐户排查具体处置项目，分类制定处置措施，逐户判定落实清收处置方案，综合运用多种方式和渠道，实施处置盘活工作。落实以物抵债处置项目 51 个，批复“1950 科目”存量抵债资产处置项目 2 户，运用核销政策核销不良贷款损失 643 户。强化增收节支，努力提高经营效益。针对不良资产剥离后的实际情况，重点抓 A 级企业和次级类贷款收息，逐级确定重点项目清收计划，扩大重点项目和重点企业清收成效。强化费用控制，经营性费用同比压缩 3861 万元。

（六）推进内控管理和改革，加强党建和班子队伍建设

以安全防范和内控管理大检查、依法合规大检查以及操作风险专项检查为主，组织开展一系列的检查工作，严格落实了各项整改要求。落实案件防范责任制，不断推进实施“扫雷工程”，及时检查整改薄弱环节，有效控制了各项案件的发生，保证了全行安全稳定运行。实施信贷经营管理体制改革，省行成立三大中心，实行信贷分层次集中营销，基本构建起信贷经营管理新体制。实施二级分行财务集中管理，推进会计核算体制改革。完善业务运行体系，投产跨行支付、一体化电话银行等系统。

辽宁分行行长朱立飞到本钢集团调研。

通过广泛开展动员，集中学习教育，深刻分析评议，认真进行整改，全面巩固提高成果，圆满完成保持共产党员先进性教育任务。加强各级行领导班子建设，严格落实党风廉洁建设的各项规定。加强民主管理，加强职代会建设，推行行务公开制度。转变工作作风，加强督办检查，狠抓工作落实和贯彻执行。强化人本管理，积极为基层和员工解决实际困难，开展对困难员工送温暖活动。强化信访协调处置机制，信访稳定工作环境明显改善，认真处理了各类群访事件。深入开展劳动竞赛和争先创优活动。全年开展各类培训 3874 人次。

吉 林 分 行

行长　李安山

【业务指标完成情况】

2005年实现经营利润4.62亿元，比上年增加3.93亿元。消化财务包袱及提取拨备23.83亿元，比上年增加11.28亿元。成本收入比67.04%，下降13.37个百分点。不良资产率降至5.52%，不良贷款率降至11.70%。各项存款余额1049亿元，各项贷款余额503亿元，余额存贷比47.95%。系统内借款降至141亿元。AA-级以上客户占比达23%，融资占比达58%。中间业务收入2.2亿元，占营业收入的比例提高到10.72%。银行卡业务收入6111万元，增长14.2%。电子银行交易业务量占全行结算量的31%，业务收入986万元，增长63%。外汇经营利润704万美元，中间业务收入3895万元。个人信贷累计投放26.6亿元，利息收入4.8亿元，增长8.3%。票据贴现92.2亿元，利差收入9278万元，增长72%。

【主要工作措施】

（一）推进股份制改革有序进行

及时成立股份制改革工作领导小组、抽调79名专（兼）职人员成立各级股改办公室，全面开展财务重组、土地评估、资产评估、审计评估、业务尽职调查、法律尽职调查等工作。认真开展不良贷款清收、非信贷风险资产清理和固定资产清查工作。积极协调省内土地管理部门，争取最大支持和理解，固定资产确权工作取得突破性进展。中联、中地、西门等三个中介公司在完成对我行固定资产评估明细表的集中审核工作后，对重组改制范围内的全部资产及相关负债进行了评估、审定。

（二）推进信贷结构深度调整

锁定高端客户，突出发展项目贷款、个人信贷、票据贴现、国际贸易融资等高收益、低成本业务。开展买方付息和票据代保管业务，积极拓展票据业务发展的新领域。以个人汽车消费信贷、个人住房按揭和综合消费贷款为核心品牌，突出发展个人信贷业务。加快从国家明确限制行业和产业、传统加工行业、潜在风险较大的信贷市场的退出力度，强化授信的刚性控制作用。全年新增融资44亿元，90%以上投向AA-级以上客户，流动资金、项目贷款、个人贷款、票据业务、国际贸易融资占全部贷款的比例分别为40.7%、31.4%、19.1%、8.5%、0.2%。

（三）推进负债业务稳健增长

着眼于个人金融业务需求快速增长的新趋势，积极打造“大个金”格局，拓展个人金融领域的高端客户和高附加值业务，初步形成以理财金账户锁定中高端客

2005年12月31日，吉林分行行长李安山走访慰问年终决算的一线员工。

户、牡丹灵通卡培育潜力客户的分层次个人金融业务营销格局，加强对目标客户的挖掘和培育，有效提高优质市场份额。坚持捆绑营销策略，带动对公存款的有效增长。针对重点客户，推出个性化的“银关通”、“银保通”“军银网上银行产品”、“代理财政国库集中支付”、电子银行、银行卡等配套产品，提高客户的依存度。

（四）推进中间业务和新业务创新发展

加大人力费用与中间业务挂钩力度，有效促进各行、各专业大抓中间业务的积极性，全年实现中间业务收入2.2亿元。完成移动、网通、联通、天然气、电费代理业务数据的全省集中，实现所有代理业务在电话银行、网上银行的同步开通。推动牡丹中油联名卡和牡丹卓展联名卡的全省推广工作，深入挖掘客户资源和网点资源，实现牡丹卡规模化发展战略的阶段性目标。以贸易融资业务为龙头，提升优质大客户外汇业务综合贡献度。

（五）推进内控管理水平有效提升

逐步实现全程、量化和立体的全面风险控制。实施大额贷款客户风险监控负责人制度及重大异常情况汇报制度，完善信贷业务停牌预警机制，把防范和控制信贷风险关口前移。加强利率风险控制，实施差别利率政策，支持开拓和稳定新的信贷市场。对现金管理、权限卡、账户管理、银企对账、资金汇划清算、机具管理等方面制度进行规范整合，及时消除业务流程及具体操作中的制度漏洞。加大项目信贷的评估、评级工作，全面开展抵（质）押评估工作，提升管理层次。广泛开展非现场审计分析，继续深入开展“扫雷工程”活动，消除和杜绝各种违章违纪行为。

（六）推进各项综合改革顺利完成

推进机构扁平化和业务垂直化管理。整合机构94个，分流人员1701人，机构总量得到有效控制，网点规模比较适中。上收经营管理者的薪酬分配权，将二级分行高级管理人员的薪酬与其经营责任、经营业绩、经营风险和岗位性质挂钩，彻底改变经营管理者自定薪酬的状况。延期支付高管人员的部分绩效工资，约束高管人员的短期行为。构造财务预算、绩效考评、分析指导、资源配置互动型财务管理模式，引导全行经营模式和增长方式的转变。

（七）推进党建和队伍建设全面加强

明确各级领导干部和部门负责人抓党风廉政建设工作的工作职责、任务分工和责任追究内容。认真执行领导干部廉洁自律报告制度和述职述廉制度。坚持理论中心组学习制度，并通过座谈会、报告会、处级以上干部集中轮训等多种形式，不断把先进性教育活动引向深入，并建立长效机制，做到两不误、两促进。加强干部队伍建设，加大干部选拔任用工作力度，对二级分行领导班子调整充实4人，其中调整任命“一把手”2人。

黑龙江分行

行长　李久新

【业务指标完成情况】

2005年实现经营利润1.3亿元；实收利息28.3亿元。人民币两项存款比年初增加81.6亿元，其中：储蓄存款增加86.4亿元，完成总行计划的200%。人民币各项贷款减少547.8亿元，其中：剥离不良贷款435亿元；贴现贷款减少65.2亿元。不良贷款大幅度下降。不良贷款余额为80.3亿元，比年初减少348.6亿元；不良率为14.9%，比年初下降了24.6个百分点。中间业务平稳增长。实现中间业务收入2.7亿元，其中：电子银行业务收入658万元，同比增长46%；会计结算业务收入4395万元，同比增长24.6%；信贷衍生业务收入4783万元，同比增长14.9%；个人金融业务收入12918万元，同比增长14.7%；银行卡业务收入1125万元，同比增长1.3%。资金营运高效合理。日均备付率1.9%；票据业务交易额795亿元，同比增长20%；实现利息收入4.7亿元；实现利差收入2.3亿元。营业费用控制在总行核批的计划之内。严格按总行计划消化表内利息、财务包袱和提取拨备。表内利息净下降5.7亿元；消化其他财务包袱9.8亿元；提取呆账准备金10.6亿元；应付利息余额1.5亿元，比年初增加0.6亿元。

【主要工作措施】

（一）扎实做好股改准备工作

全行员工同心同德，全力以赴，夜以继日，以高度的事业心和责任感，按照总行部署和要求，确保高标准、高质量、高效率地完成不良资产剥离工作。制定了周密的实施方案，明确了责任，确定了完成时限。实行了股改工作周例会和无盲区联系等工作制度，加强了组织协调和沟通。要求各行、各部门都要建立严格的问责制度，对于因重视不够、组织不力等问题影响到股改工作进展的部门和个人，省行将追究责任。扎实做好不良资产剥离工作，顺利完成了不良资产剥离工作，剥离损失类、可疑类贷款本金434.9亿元，剥离相应利息252.8亿元，剥离非信贷风险资产34.8亿元。较好地完成了土地、房屋确权工作，土地、房屋确权率分别为98%和99%，分别比年初提高了84个百分点和67个百分点。配合安永做好后续审计工作。抓紧完成资产评估和固定资产建账工作。

（二）巩固传统业务，拓展新业务领域，加快中间业务发展

进一步巩固扩大代理结算业务市场。积极发展代理国债、代理基金、“汇款直通车”、“储蓄异地通”、“理财型”和“保障型”保险等业务。全年实现代理业务收入7950万元；实现人民币结算业务收入7156万元。继续扩大“银税一体化”合作范围，对于地税系统，除黑河地区以卡代理地税业务外，所辖其他行均全面开通了银税一体化业务。与太平洋人寿保险公司签订合作协议，进一步扩大代理寿险合作范围，代理寿险业务合作伙伴升至6家。分别与泰康人寿、中国人寿、太平人寿、平安人寿和新华人寿保险公司制订了银保业务营销活动方案，在活动期间，累计销售保险产品35917万元，手续费收入近1200万元。开展效益型代发工资业务，将代发工资单位进行分类排队，根据贡献度适当进行收费，对现有未收费和用折代发的工资单位进行了一次审查和清理，共退出无效益代发单位183个，对1632个单位收取了代理费用。实现“银关通”业务量达到2000万元。

现金管理服务业务初见成效。全行围绕现金管理服务这条主线，展开全方位大营销，并将现金管理服务纳入一把手工程，成立现金管理服务领导小组，配备省、市、支行三级现金管理服务经理，指定专人负责现金管理服务的牵头工作。全年签约现金管理客户640户，完成计划的218%。全年收取现金管理年费近300万元，其中仅省电力集团当年收取年费80万元。

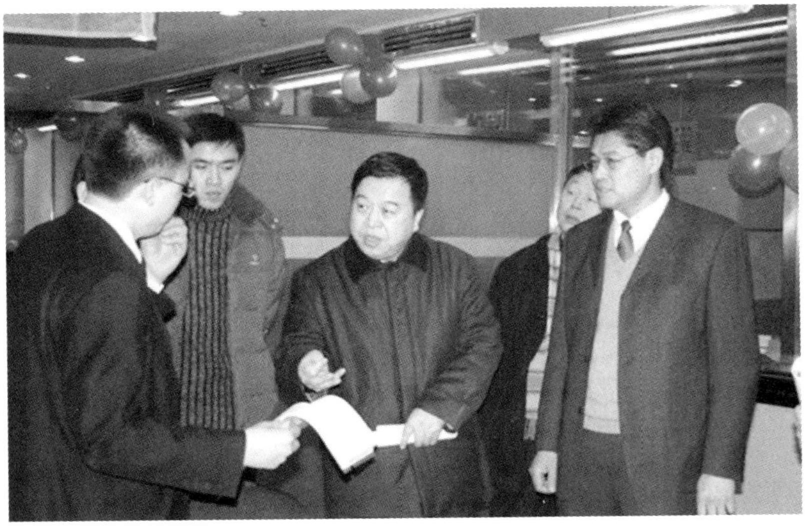

黑龙江分行行长李久新到一线营业网点进行工作调研。

国际业务稳步发展。加强金融衍生产品创新，对牡丹江公路建设公司344.6亿韩元掉期业务进行了回购，成功规避了外债风险管理业务未来的全部风险，实现了客户的预期收益，增加中间业务收入2200万元。开办了首期速汇金业务，成立了我行首家“速汇金”旗舰店；在省行营业务部的部分网点中新开办了外币兑换业务。积极推进电子化建设，完成了NOVA2.0版本中外汇买卖集中平盘、远期结售汇、国际结算业务、ISEE系统与CM2002系统联机接口、代理行授信和信息系统、外管报送系统的投产、修订和优化工作。继续做好“动力股份结算中心”竞标工作，在进一步规范进口信用证业务和免担保信用证业务报批程序的基础上，累计审批“三大动力”进口开证业务256笔，金额1.57亿美元。加强独立境外账户管理，关闭俄罗斯通讯银行及俄罗斯远东银行的美元账户，积极防范境外账户业务风险。

电子银行业务增势良好。以实施电子银行重点项目来拓宽市场空间，通过建立2家B2B电子商务网站、发展3户代理行业务、2户银企互联等大型项目，成功竞争他行客户近400户，企业网银存量客户突破6000户大关。优化产品功能，提高电子银行业务的可持续发展能力。

银行卡业务稳步推进。全力推动重点市场项目，为中石油股份销售公司加油站安装POS及发行牡丹中石油联名卡，我行取得刷卡结算额的0.4%支付回佣。继续在城市支行开展“一日一卡”劳动竞赛活动、刷卡

积分和“爱行用卡”有奖促销活动，全年网点发卡累计达到3万张。进一步强化发卡调查、审查、审批工作，搭建GPRS无线POS接入平台，提高了我行无线POS设备的利用率。切实做好客户维护工作，充分利用CS2002系统、客户关系管理系统（PCRM）等各类分析系统，密切与重点客户、高端客户的联系，提供差别化服务，坚持做到发展与维护并重，确保信用卡增量与存量均衡发展。

信贷衍生类中间业务取得新突破。在抓好银行承兑汇票业务手续费、保理业务、法人客户透支、循环贷款业务收入的基础上，向投资银行业务收费领域拓展，重点抓住企业并购重组、股份制改造、集团公司资金归集等商机，通过与贷款捆绑销售、上门服务等方式，营销财务顾问、融资顾问、理财及风险管理等投资银行业务，并将任务和业务品种分解到具体客户和具体项目，实行省、市、支行三级联动，合力营销。

（三）加强信贷管理，严控信贷风险

严格执行总行转授权和信贷业务处罚规定，将新增贷款一律集中到省行审批，进一步控制了审批风险。进一步明确信贷业务审查要点，全面规范了信贷业务流程操作，使信贷审查审批更加严格缜密，为坚持信贷审查标准、严把信贷投放关口提供了制度保障。准确把握贷款投向，新增贷款重点投向了优质客户相对集中的哈尔滨市和电信、电力、交通、医疗、教育等垄断性行业及基础设施建设项目。提高审查审批效率，力求快投放早见效，对综合贡献度大的优质客户信贷业务，通过贷款审批的“绿色通道”随报随批；对重点客户经常性的大额融资需要，申请总行特别授权，提高了审批速度。提高贷后管理水平，全面防范信贷风险，在全行范围内开展了两次拉网式、全方位的贷后现场检查工作，检查覆盖面达到100%，共发现各类信贷操作问题282个。加大信贷业务档案检查力度，对信贷业务依法合规性进行了重点检查，全行法人客户信贷档案管理水平进一步提高。加强预警监测，对新发放贷款的依法合规性及时进行监测，针对部分行不良贷款高、信贷管理薄弱的问题，组织工作组共同研究信贷管理思路和重点客户的具体信贷掌握意见。

（四）加大揽存增储力度，增强资金实力

将财政、社保、文教、铁路、军队、交通等系统客户作为重点拓展对象，按照合作情况和综合贡献度将客户细分为重点客户、一般客户和潜在客户，以客户需求为主线，采取一户一策的经营战略。将储蓄存款增量同业占比纳入行长绩效考核，第一季度开展了“金鸡报晓迎新春、工行产品进万家”营销活动。加强市场营销和客户维护，深入挖掘市场，扩大与优质客户服务范围，实行“上下联动、分层维护、基层为主”的客户关系维护方式，建立和深化了与优质客户之间的联系，增强了优质客户的忠诚度和贡献度。

（五）加强内控外防，消除案件隐患

加强内控体系建设，将各级稽核监督部门统一改组为内控合规部门。成立了内部控制管理委员会和操作风险管理委员会，初步形成了上下联动、纵横交错、齐抓共管的内控防范机制。加强内控文化建设，营造良好的内部控制氛围，初步形成了人人了解内控、人人重视内控、人人参与内控的良好氛围。全力以赴开展依法合规大检查工作，进一步提高各级领导干部的依法合规意识、各级检查人员的履职意识、全行员工的合规操作意识，为排除风险隐患、防范经济案件做出了积极贡献。

（六）强化机制建设，提高经营管理水平

进一步加大机构整合力度，推进扁平化改革，通过压缩支行内设机构设置，简化支行行政职能，上收部分城区支行的行政管理职能，缩短了机构管理链条，强化了柜面服务功能，提高了工作效率。加强绩效考评机制建设、深化工资分配制度改革，实行上级行直接管理下级行经营管理人员的薪酬分配，并监督下级行辖属分支行经营管理人员的薪酬分配，实施工资集中发放，建立全行员工工资监控和分析报告制度。完善经营绩效考评办法，建立部门利润考核机制和绩效考核专项奖励机制，整合专项奖励办法，实现有限资源利用效益的最大化。稳步实施经济资本管理工作，建立了经济资本监测制度。完善会计制度体系建设，促进规范化管理。

（七）做好保持共产党员先进性教育活动工作

在全行系统党员中扎扎实实地开展保持共产党员先进性教育活动。活动先后经历“学习动员”、“分析评议”、“整改提高”和巩固扩大成果几个阶段。各行通过设置宣传栏、开办网上园地等形式，对先进性教育活动进行了大力宣传和心得交流。同时各级行党组织和广大党员坚持开门搞教育和边学边改、边议边改，边谈边改，省行党委认真召开了领导班子专题民主生活会，各位党委委员对自己的工作、思想、作风进行了全面的总结，并结合群众提出的意见和建议进行对照检查。结合集中教育大力开展的“为基层服务，让群众满意”主题实践活动。

上 海 分 行

行长　孙持平

【业务指标完成情况】

2005年实现经营利润88.6亿元，全面完成总行下达的利润指标。本外币各项存款余额4040.4亿元，各项本外币贷款余额2528.63亿元。实现中间收入12.3亿元，增幅达29.2%。全年共处置、清收、转化不良资产200.67亿元，后三类不良资产余额72.35亿元，比年初减少39.5亿元，不良率仅2.86%。

【主要工作措施】

（一）着力实施“五项结构调整”

加快客户结构调整。紧紧把握上海加快推动制造业战略升级和加速发展现代服务业的契机，重点营销重大项目和重要企业，深入挖掘存量客户金融需求。全年直接和牵头营销客户比年初增加贷款116亿元。中小企业客户营销工作全面铺开，中小企业贷款余额比年初增加52.09亿元，增幅达212.6%。AA－级以上优质客户占比比年初增加13%，BBB＋级以下客户占比比年初下降5.8%。

加快业务结构调整。构建个人中高端客户与大众客户两大经营体系，分行层面建立高端客户服务部，形成对高端客户的集中指导和统筹管理。支行层面，组建财富管理中心，拓展高端客户专属服务、集中管理与维护的渠道。试点网点业态分层管理。改造网点53家，在近70家网点推广实施网点核心竞争力项目。开展高端客户组合营销，实现理财金账户、U盾和牡丹信用卡的联动营销，以金融需求为纽带、以客户维护为重点，增进客户的维系度，变传统的产品营销为客户营销，理财金账户达标客户新增4.3万户。同时，大力发展理财类金融产品，全年销售规模166亿元。

加快收入结构调整。从产品创新、强化营销、加强联动、细化管理四大方面制定中间业务拓展十大措施，完善中间业务的管理机制、收费机制和评价机制，注重中间业务与资产负债业务相结合，在零售、外汇和资产相关业务三大板块，选择重点产品进行市场营销的重点突破。投行业务稳步发展常年财务顾问、企业理财咨询等基础类业务，重点拓展结构化融资顾问、重组并购顾问、银团安排承销等品牌类业务。电子银行业务加快发展网上银行、电子商务和电话直销等业务。投资银行、电子银行实现突破发展，分别实现收入1.83亿元和6300万元。在大力发展传统结算业务的同时，大力营销进出口结算、结售汇、外汇买卖业务，加快推进“全球快汇”业务营销，外汇、银行卡、人民币结算等

上海分行作为银团贷款牵头行支持上海长江隧桥（崇明越江通道）工程建设。

传统业务继续保持持续增长。

加快产品结构调整。推出法人客户金融服务卡，加强产品功能整合，向企业发行金融服务卡9.9万张，发展现金管理客户953户。重视企业发行短期融资券对传统信贷业务和票据业务的替代作用，成功营销振华港机12亿元短期融资券承销业务。为4家证券公司开展第三方存管业务，在国内首家办理保险公司全过程全资金托管业务。首家推出电话直销业务，首推个人实物黄金业务，交易量达2.06亿元。在继续运用融资工具、现金管理、投资银行等手段巩固发展公司机构客户关系的同时，充分利用银行卡、电子银行等手段，积极做好公司客户中个人高端客户的服务工作。

加快经营布局调整。全行上下联动、政策聚焦，郊区各项业务取得突破性发展，与金山、嘉定、南汇、奉贤等6家郊区政府签订银政合作协议，进一步密切与当地区政府的合作关系，成功营销国际汽车城产业区、上海工业开发区、华盛西部物流园区、金山土地储备中心、奉贤镇保基金项目等重要区域经济项目，有力地提升了我行在郊区的市场竞争力。到2005年末郊区支行贷款余额247.28亿元，比年初增加31.78亿元，同比增幅达110.2%。

（二）提升全行合规意识

调整内部控制委员会职能，初步形成全面风险管理架构。全行建立了以内部控制委员会为核心，覆盖信用风险、操作风险、市场风险的内部控制架构，明确资产负债管理委员会管理流动性风险和市场风险，信贷审查委员会管理信用风险和信贷专业操作风险，资产风险管理委员会管理不良贷款处置中的风险，同时，建立操作风险管理委员会，强化操作风险管理职能。增强合规经营意识，认真开展依法合规大检查，整改问题4158个，进一步树立"办事按制度、操作依程序、违章必惩处"的观念。着力抓好总行内控综合评价工作，基本制度、基础管理和基层建设工作得到加强。实现信贷资产风险全拨备，完成全行信贷档案集中管理，完成可疑类贷款的集中管理，资产质量得到提升。加强案防安保和法律事务管理，有效防控案件和责任事故的发生，系统运行安全稳定，实现了第十八个安全年。

（三）加快经营机制转换

落实股改要求，全面完成"三清"工作，剥离损失类不良资产20.16亿元，土地和房屋确权完善率分别达到97.2%和98.3%，各类自办实体等特殊类资产清理处置工作抓紧推进，在总行规定时间内完成了房产变更登记工作。完善考核评价体系，实施三条业务线评价制度，开展"营销排头兵"竞赛，强化经营管理责任制落实。推进业务线改革和扁平化改革，南市支行和黄浦支行的专业化试点改革有序推进，闸北支行机构扁平化改革初现成效。加快运营集约，分行对账中心完成建设，北区现金营运中心正式启用。同时，初步完成全行业务用车改革。

（四）推进凝聚力工程建设

扎实推进党员先进性教育活动，各项业务得到促进，党员队伍得到锻炼，员工群众得到实惠，员工对先进性教育活动的民主测评满意率达99.7%。加强干部队伍和部室作风建设，在全行组织开展"争创四好班子、五好干部、六好部室"活动，完成全行188名高级管理干部综合考核工作。做好高级管理岗位干部公开选拔、轮岗交流和结构调整工作。切实加强分行各级领导班子和干部队伍思想政治建设和组织作风建设。加强后备干部队伍建设，20位青年干部走上见习岗位。举办分行领导干部读书班，250余名高级管理人员参加集中培训。适应形势要求，开展务虚会调研工作，形成调研文章119篇。深入推进凝聚力工程建设，开展"三情"关爱活动，组织实施后勤体制改革。

江 苏 分 行

行长　施刚

【业务指标完成情况】

2005年实现经营利润67.35亿元，增盈16.69亿元；账面利润36.81亿元，增盈28.87亿元。模拟经济增加值42.51亿元。成本收入比27.7%，下降2.69个百分点。呆账准备足额保有。人民币各项存款（同业存放）新增353.91亿元，同比多增91.81亿元，其中，对公存款新增160.27亿元，储蓄存款新增186.59亿元，同比分别多增3.47亿元和51.91亿元。人民币各项贷款新增338.19亿元，同比多增83.58亿元，其中流动资金贷款新增100.99亿元，项目贷款新增32.79亿元，住房开发贷款新增32.46亿元，个人类贷款新增86.36亿元。贷款日均新增162.88亿元，同比多增51.42亿元。A+级（含）以上和定性评级客户贷款余额占比87.2%，AA级（含）以上优质客户贷款余额占比25.9%。实现中间业务收入8.93亿元，增幅39.82%；中间业务收入占营业净收入的8.98%，同比提高1.03个百分点。本外币五级分类不良贷款余额42.63亿元，占比1.77%，分别较6月末下降5.34亿元和0.27个百分点。非信贷风险资产余额4.29亿元，较6月末下降2.71亿元。

【主要工作措施】

（一）集中力量按步骤推进财务重组和股份制改革

严格遵循总行剥离工作方案和操作规程，按时保质完成不良资产剥离工作。剥离不良资产302.6亿元，其中可疑类贷款214.77亿元，损失类贷款67.82亿元，非信贷风险资产20.03亿元。对全行1085宗土地、1402项房产逐个梳理，土地确权率96.6%，房产确权率97.8%。开展资产价值重估，资产增值28.26亿元，增幅49.5%。改革经营绩效考评办法。及时调整部分内部资金价格。

（二）更加突出资产经营的中心地位

一是小企业信贷拓展取得重要突破。系统制定小企业信贷战略和政策措施，建立小企业信贷专业机构和队伍。年末，小企业信贷客户4462户，新增1929户；贷款余额210.86亿元，新增134.73亿元，列系统第一；收益率6.24%，高于全部贷款收益率1.17个百分点。二是住房贷款保持良好的增长势头。住房贷款新增109.7亿元，列系统第一；其中个人住房贷款新增78.25亿元，列系统第一。重点抓好开发贷款和按揭贷款的联动发展，有贷户封闭按揭率超过90%。创新推出二手房贷款业务，个人二手房贷款新增6.62亿元。加强纯按揭贷款营销竞争，纯按揭贷款余额占比42.97%。三是项目贷款营销稳步推进。95个重点营销项目累放贷款45.31亿元。医院、学校、城建等重点领域拓展加快，成功组建南京城建、鹏鹞水务等银团贷款。加强优质项目储备管理，年末已批待放贷款项目126个、334.67亿元。四是个人消费贷款投放逐季加快。个人经营贷款试点扩大至全部二级分行、100家支行，推行“一行一品”战略，全年新增9.3亿元。适时推出个人综合授信业务。五是票据业务贡献度持续提升。票据业务大营销格局基本形成。票据直贴发生额683.36亿元，增长45.42%。票据利息收入7.45亿元，同比增长12.43%。

（三）加快转变经营模式和增长方式

一是个人金融业务战略转型不断深化。建成“名店”22家、综合理财网点133家、一般理财网点111家，个人客户经理增加到1559名。推行中高端客户发展战略，存款5万元以上客户余额占比提高9个百分点，达69.8%；理财金账户户均存款增长58.9%，达15.1万元。二是中间业务和新业务拓展提速。加快贸易融资和外汇资金产品创新，国际业务保持较高贡献度。组建一批大型银团贷款项目，成功营销9家企业常年财务顾问和4个市县政府融资顾问，投资银行业务成倍增长。扩大规模和提升质量并重，电子银行综合效益进一步体现。代理保险四行占比37%，提高15个百分点。辖内四家分行中间业务收入超亿元。三是负债业务经营机制不断完善。强化对公存款稳存机制建设，对公存款日均余额同比增加 198 亿元。有贷户存贷比 30.32%，提高 6.59 个百分点。拓展批量储蓄项目 3180 个，增加储蓄存款 65 亿元。四是集约化经营继续深化。撤并低效网点 69 家，升格二级支行 16 家、分理处 20 家，净减员 223 人。网均存款 2.76 亿元，人均存款 1637 万元，同比分别增长 18% 和 13%。五是深化信息技术创新应用。完成中间业务平台集中整合，一批金融新品顺利投产，生产系统安全运行，数据仓库逐步扩大。

江苏分行与南京内环城建银团贷款合同签约仪式。

（四）加强风险管理和内控案防工作

运用行业授信控制系统性风险，完善大额客户风险监控制度。实行对小企业客户现金流量和融资业务的系统管控，小企业贷款五级分类不良率仅 0.07%。出台过渡期风险拨备政策，加快剥离后不良资产处置，积极消化重点关注客户贷款。推行信贷资产质量十二级分类和非信贷资产五级分类。列入总行监测口径的 16 家自办经济实体有 10 家得到清理。确定十大操作风险和四大道德风险领域进行集中整治，网点管理缺位、银企对账、重要岗位轮岗等风险隐患得到初步治理。扎实开展“落实内控措施 筑牢案件防线”主题教育和“内控上等级达标年”活动。先后三次集中开展拉网式内控大检查，组织各种形式的内控合规检查 706 次，处罚责任人 695 人次，并认真开展了后续整改工作。组织实施会计结算业务操作风险管理工程。法律审查覆盖面进一步扩大。押运社会化和安防取证系统建设顺利推进。全年发案 2 起，比 2004 年减少 6 起。

（五）扎实推进先进性教育和思想政治工作

高标准完成保持共产党员先进性教育活动集中学习教育阶段工作，通报表彰了一批先进单位和先进个人。创新教育形式，广泛开展主题实践活动。把抓好整改放在突出位置，在深化经营理念转变、解决业务经营中的突出矛盾、促进作风建设等三个方面，取得明显成效，群众满意和基本满意率 99.5%。在县（市）支行以上领导班子开展创建“四好班子”活动，严格落实廉政建设各项规定，广泛开展读书思廉等教育活动。深化企业文化建设试点，推进文明单位创建工作，18 个单位被评为总行级或省级文明单位，1 个单位获省“五一劳动奖状”，1 个单位被评为全国精神文明建设工作先进单位。认真做好信访稳定工作，加强离退休和内退人员管理，保持了稳定和谐的良好局面。

浙 江 分 行

行长　徐新桥

【业务指标完成情况】

2005年实现经营利润83.76亿元，比上年增加13.89亿元，增长19.89%；实现经济增加值55.07亿元，经济资本回报率达到45.13%。本外币各项存款新增343.5亿元，同比多增174.71亿元，其中储蓄存款新增162.79亿元，对公存款新增180.71亿元。本外币各项贷款新增264.54亿元，其中人民币贷款新增280.91亿元，各项贷款中项目贷款、个人类贷款、流动资金贷款分别新增95.42亿元、74.9亿元、87亿元（其中票据44.71亿元）。实现各类中间业务收入8.61亿元，比上年增长34.95%，占营业净收入的7.23%，比上年提高0.9个百分点。

不良贷款余额和不良率分别降至27.13亿元和1.09%，分别比年初下降15.37亿元和0.82个百分点。全年累计压缩潜在风险贷款24.84亿元，退出A－级以下亚健康客户贷款28.41亿元；清收、转化不良贷款16.38亿元，其中现金清收9.31亿元，以物抵债和呆账核销7.07亿元（含剥离损失类贷款1.07亿元）；处置抵债资产11.97亿元（含剥离6.89亿元）。顺利完成财务重组，剥离了1.07亿元呆账贷款和8.3亿元非信贷风险资产，完成了业务尽职和法律尽职调查、产权完善以及外部审计、资产评估等工作。

【主要工作措施】

（一）以新的理念引领发展

2005年面对宏观调控持续深化、同业竞争进一步加剧、股改后体制变革等全新的内外部环境，浙江分行坚持科学发展观，明确现代商业银行建设方向和目标措施，推动业务发展不断上新的台阶。2005年以来，通过培训、研讨、读书班等形式，引导全行员工特别是各级管理层认真学习现代商业银行经营管理知识，进一步确立现代金融企业经营管理理念，全行上下建设现代商业银行的紧迫感和使命感进一步增强。制订了2005～2009五年发展规划，解决发展中的全局性、战略性、方向性问题，进一步明确未来五年包括经营绩效、资产质量、持续发展、内控管理、员工收入在内的五大目标以及相关的配套措施，为今后一段时期的发展树立了标杆，明确了方向。

（二）以经营转型带动发展

全行始终把转变经营模式和增长方式作为提升我行发展质量的重点工作来抓。一是将积极拓展优质市场和不断优化客户结构作为经营转型的重要内容，积极构建市场营销体系，开发法人客户营销管理系统，推进分层营销和前后台分离，加大了对有效市场和优质客户的争取和维护力度。成功中标省级财政国库集中支付代理业务，省交通厅等23家预算单位在我行开设专户，并实现了年金业务零的突破；三门核电、秦山核电二期扩建、杭州绕城高速等优质重点项目营销取得积极进展，储备了一批项目资源；成功争取四家客户短期融资券项目，拓展了新的收益空间；以开展人民币结算账户清理为契机抢抓优质市场，账户质量进一步提高。经过努力，全行客户结构持续优化，AA－级以上法人客户贷款余额占比达到61.86%，比上年提高11.79个百分点；存款余额5万以上的优质个人客户新增7.69万户，其存款余额占比达到69%，分别比上年增长13.98%和3个百分点。二是把加快发展中小企业金融业务作为经营转型的战略选择，制订发展规划、完善组织架构、调整信贷政策、加大营销力度、强化风险控制，中小企业贷款新增61亿元，其中小企业贷款新增58亿元，占全部新增贷款的21.9%和新增一般流动资金贷款的137.1%。三是将大力发展中间业务和新兴业务作为经营转型的重要途径，人民币结算业务收入1.44亿元，增长19%；电子银行客户达到175万户，累计交易额突破3万亿元，电子银行业务量占全行总量的30.8%；信用卡业务总收入2.19亿元，新发有效卡11.06万张，有效卡总量达到57.46万张，信用卡直接消费额47.48

亿元，透支规模2.75亿元；现金管理客户达到410户，比年初增长137%；办理国际结算179亿美元，结售汇110亿美元，分别增长35%、31%；实现投资银行业务收入1.12亿元，增长130%。

（三）以改革创新推动发展

一是深化机构、人事管理体制改革。开展了机构扁平化改革试点，完善了会计“三大中心”建设，成立了国际业务单证中心，实施了个人信贷业务机构重组，改组成立了内控合规处，稳步推进后勤体制改革，组织机构框架更加清晰科学；加大了网点布局管理和人员结构调整力度，网点资源配置更趋合理，人力资源配置继续优化。二是深化财务管理体制改革。继续推进和深化财务集中管理改革，财务集中范围进一步扩大，财务管理行为更加规范；实行营业费用总量控制下的工资性费用计划专项管理，费用分配的有效性、透明度及费用使用效率进一步提高；积极推进集中采购，规范了采购行为，节约了采购资金。三是加快产品、技术创新步伐。创新推出网银跨行支付、电话银行汇款、牡丹运通卡等新产品、新服务，积极探索结构化融资、债务重组、资产证券化，传统业务和新兴业务日益融合互动；借助95588电话银行平台，加大信用卡、网银等业务外拨营销力度，实现全省信用卡透支和个人违约贷款催收集中管理；研发投产了一大批新项目、新系统，技术创新促业务创新和管理创新的作用更加显现。

（四）以风险控制保障发展

全行上下始终坚持经营管理两手抓，把提高经营管理水平和风险控制能力摆上重要位置，省分行成立了风险管理委员会，全面推进内控建设，取得明显成效。一是信贷风险管理进一步加强。在各二级分行成立信贷审批中心，进一步提升审批效率，强化风险事中控制；加强纺织、房地产等重点热点行业分析，落实贷款大户管理制度，持续加强集团关联企业贷后管理；开发投产法人客户风险预警系统，防范信贷风险的技术水平不断提高。二是内控防案氛围进一步浓厚。重视加强内控防案教育，组织开展“五到位”主题教育活动和“我为内控管理和防案工作进一言、献一策”活动，大力表彰宣传内控防案工作先进，全行员工内控防案意识进一步增强。三是风险管理基础进一步夯实。实施了全省参数管理集中，以及支行总会计监管制、网点营业经理坐班制和二级分行对账业务集中、检辅集中管理制度，确保了营业网点和柜面业务安全经营；强化了计算机安全运行管理，全行生产系统可用率达99.99%以上；先后开展安全防范和内控管理大检查、依法合规大检查、操作风险专项检查，综合运用专项审计、突击审计、责任审计、非现场审计等手段持续强化合规操作；加大执法监察力度，提高防案分析会质量，推进“扫雷工程”，深化员工行为动态管理，易发案部位、高风险领域和内控薄弱环节的管理得到切实加强。

2005年7月28日，浙江分行与8家国内著名电子商务企业签署战略合作协议。

（五）以党建工作促进发展

按照中央和总行党委的部署和要求，紧紧抓住学习实践“三个代表”重要思想这条主线，扎实推进先进性教育活动，认真开展“双五好”活动和“做五好党员，创一流业绩”主题实践活动，广大党员将先进性教育活动激发出来的热情投入到工作中去，促进了各项业务向前推进。深入开展创“四好”领导班子建设活动，进一步加强各级领导班子和领导干部能力建设。加强党风廉政建设和反腐败工作，继续落实两个《条例》，认真贯彻《实施纲要》，积极构建教育、制度、监督并重的惩治和预防腐败体系。积极推进精神文明建设工作，省分行营业部和杭州西湖支行被授予“全国文明单位”称号，绍兴、台州、衢州分行被授予“全国精神文明建设工作先进单位”称号。大力开展“创建和谐银行，营造温馨家园”活动，坚持以人为本，充分发挥党政工团整体合力，把解决员工思想问题同解决实际问题结合起来，做好队伍稳定工作，全行的凝聚力、向心力和团队精神不断增强，在和谐稳定的环境中推动了全行的健康发展。

安 徽 分 行

行长 刘卫星

【业务指标完成情况】

2005年实现经营利润16.51亿元，同比增盈3.68亿元；实现账面利润3.99亿元，同比增盈3.8亿元。不良贷款余额为21.07亿元，占比为2.75%，分别比年初下降129.22亿元和15.75个百分点，不良贷款率低于全国平均水平1.71个百分点。人民币各项存款余额为1246.38亿元，比年初增加133.2亿元，增长11.97%，完成总行计划的129.3%。其中：储蓄存款增加77.79亿元，增长11.78%；对公存款增加55.41亿元，增长12.24%。外币储蓄存款增加93万美元。人民币各项贷款余额756.48亿元，比年初增加105.29亿元，增长16.17%。实现中间业务收入3.04亿元，同比增收5439万元，增长21.8%。

【主要工作措施】

（一）坚持以推进股改为重点，加快内部改革步伐

自4月份启动股份制改革以来，全行上下协同奋战，扎实工作，顺利完成了财务重组、外部审计评估配合工作、业务和法律尽职调查和股改后建账等工作。累计剥离可疑类贷款2054户，金额72.36亿元；损失类贷款2490户，金额66.31亿元；非信贷风险资产1488笔，金额10.9亿元。在全国率先完成土地和房产确权工作，确权土地800宗、房产1009项，确权率均达到100%。内部改革继续深入推进，全面整合消费信贷管理职能，建立了前台市场营销和后台风险控制体系；设立了省行票据中心芜湖、蚌埠分中心；推行财务集中改革，实现了二级分行“费用一本账”；规范工资费用管理，以二级分行为单位集中发放员工工资，建立了员工工资监控分析制度。顺利投产了NOVA多个版本、中间业务平台三期、一体化电话银行等一批应用系统。进一步优化网点布局，撤并低效网点79个。自办经济实体清理取得实质性进展。

（二）坚持以加快发展为主题，积极拓展优质市场

推进个人负债业务发展。第一季度深入开展了“真情服务迎新春”增存创效竞赛活动，储蓄存款增加77.5亿元，占全年增量的99.5%。在81个网点推广核心竞争力项目，优质个人客户竞争能力得到明显增强。狠抓百万元客户存款工作，拓展百万元以上客户805户，增加存款48.74亿元；培育百万元以上客户839户，增加存款34亿元。

积极营销优质贷款。大力支持符合国家产业政策和总行行业信贷政策的优质项目，对合阜、阜六等15条高速公路项目发放贷款75.6亿元，对池州电厂、淮沪煤电等11个电力项目发放贷款24.3亿元，对马钢股份发放临时周转贷款20亿元。深入开展小企业信贷业务“121”专项竞赛活动，共发展小企业结算客户1971户，建立信贷关系387户，增加贷款11亿元。加强个人贷款营销，个人住房和消费贷款增量均居全国第5位，被总行授予个人贷款营销“组织推动奖”。

加快中间业务发展。加大结算产品营销力度，实现会计结算中间业务收入4665.9万元，同比增长53.78%。实现个人结算业务手续费收入3619.9万元，同比增长23.5%。实现国际结算、外汇资金业务25.4亿美元和19.1亿美元，同比分别增长25.3%和26.1%。实现投资银行业务收入5179.6万元，同比增长98.8%。信用卡增加4.5万张，增长34.6%；实现信用卡直接消费交易额12.1亿元，同比增长104.6%。新增电子银行客户30.45万户，同比增长95.3%；实现交易额10074亿元，同比增长51%；实现收入972.1万元，同比增长64.9%。代理销售个人保险11.5亿元，同比增长53.3%；实现手续费收入3266万元，同比增长56.7%。

加快新产品推广。成功营销海螺型材、芜湖建投和安庆华茂共23亿元短期融资券承销业务。新增理财金账户客户10417户，完成总行计划的130%。新增现金管理客户418户，支付结算代理客户10户。成功

竞标新华发行集团财务结算中心资金集中管理项目，取得省盐业公司资金集中管理独家代理权。在多家银行参与的公开竞标中，成功取得省非税收入收缴业务代理行资格。成功向国元信托营销1.2亿元信贷资产回购业务。

安徽分行与芜湖市政府签署《促进中小企业加快发展合作框架协议》。

（三）坚持以调整优化结构为中心，提升经营发展质量

大力优化资产结构。把准新增贷款投向，对高速公路和电力等基础设施领域发放项目贷款128.5亿元，占项目贷款发放的80.8%。积极优化贷款品种结构，年末流动资金贷款占比为32.39%，下降19.39个百分点；项目贷款占比为40.91%，提高13.28个百分点。大力压降潜在风险贷款，共清收转化30.55亿元，完成总行计划的141.83%。积极清收转化不良资产，清收处置不良贷款23.33亿元，其中现金清收6.63亿元，处置抵债资产6.2亿元、待清理同业款4505万元。

积极优化收入结构。灵活调度、科学营运资金，实现资金营运净收益9.6亿元，同比增加3.16亿元，增长49%。资金营运和中间业务收入分别占营业净收入的30.29%和9.4%，同比提高7.68和0.32个百分点。

加快优化客户结构。年末，AA－级以上优质公司客户达468户，占比为41.1%，同比提高33.9个百分点；贷款余额达388.5亿元，占比为68.7%，同比分别增加58.7亿元和17.9个百分点。百万元以上对公存款客户达4571户，存款余额达407亿元，同比分别增加516户和48.83亿元。资产5万元以上中高端个人客户群得到进一步巩固和扩大。

（四）坚持以风险控制为主线，完善内控外防体系

完成内控合规部门的改建工作，稽核监督体制进一步完善。在全行深入开展依法合规和操作风险大检查，发现问题18965个，已落实整改18150个，整改率为95.7%。梳理规章制度97项。建立健全反洗钱内控管理体系，组织开展反洗钱检查，提高了员工反洗钱意识和技能。进一步健全教育、制度、监督并重的惩治和预防腐败体系，认真落实“两个责任制”，全行逐级、逐人签订了《案件防范责任状》。继续实施“扫雷工程”，确定“雷区”134个，发现问题605个；解除“雷区”131个，整改问题602个。全力推进守押体制改革，17个二级分行全部实现守押社会化。

（五）坚持以队伍建设为保障，增强改革发展后劲

深入开展先进性教育活动。全行各级党组织紧紧抓住学习实践“三个代表”重要思想这条主线，按照中央提出的指导思想、目标要求和基本原则，圆满完成了学习动员、分析评议和整改提高3个阶段的工作。广大党员学习实践“三个代表”重要思想、全面落实科学发展观的自觉性和坚定性有了新的增强，党组织的创造力、凝聚力和战斗力有了新的提高，群众满意度高，得到了总行的充分肯定。

加强队伍建设。采用网上民主测评的方式，对全行副处级以上干部进行了考核。强化对县支行一把手的管理，县支行行长的任用由省行审批。严格落实干部交流制度，对确因工作需要不能交流的进行了离岗审计。加快年轻优秀人才培养，选拔30名年轻高学历人员在省行学习锻炼。按照总行《股份制改造宣传教育提纲》的要求，在全行广泛深入地开展了股改形势任务教育。加强学习型银行建设，全年完成各级、各类培训班956期，培训员工45152人次，人均受训3.4次。

福 建 分 行

行长 朱晓平

【业务指标完成情况】

2005年实现经营利润16.19亿元，账面利润5.69亿元。不良贷款余额比年初减少39.62亿元，不良贷款占比4.29%，比年初下降5.63个百分点；1999年以来新增贷款不良率为1.4%，处在总行控制线内。非信贷风险资产余额比年初减少12.21亿元。本外币各项存款余额937.83亿元，比年初增加42.84亿元，增幅为4.79%。人民币存款余额比年初增加49.24亿元，其中储蓄存款比年初增加48.38亿元，对公存款比年初增加3.72亿元；外币各项存款余额比年初减少6695万美元。各项贷款账面余额628.12亿元，比年初减少42.87亿元，剔除剥离因素实际比年初增加11.60亿元。实现中间业务收入2.49亿元，同比增加1607.65万元，增幅为6.9%。

【主要工作措施】

（一）突出优质市场，狠抓经营重点

加强对重点项目贷款和A+级以上客户贷款的营销管理，建立省分行行领导挂钩营销重大项目制度，制定以贷款时点计划完成率和日均增量计划完成率为主要考核指标的A+级以上公司客户贷款营销专项奖励办法，优质项目贷款营销成效显著。人民币项目贷款余额同比增加27.34亿元，全年累计发放76.46亿元，累计收回49.12亿元，项目贷款发放数和新增数创历年新高。建立健全小企业信贷业务管理制度，把小企业贷款作为新的增长点，小企业贷款比年初增加13.92亿元；竞争发展了漳州万利达等一批新的国际业务优质客户；抓好个人住房贷款营销工作，确保开发贷款带来的按揭资源不流失；适应市场和客户需求，积极试点开办个人经营贷款业务，贷款结构得到进一步优化。

发挥技术优势，成功取得省级财政国库集中支付业务代理资格，已有省财政厅及22家省级预算单位和4家中央财政预算单位委托我分行代理国库集中支付业务；率先在全行系统中取得省级单位（福建省烟草公司）企业年金项目账户管理人和托管人两项资格，年末归集年金托管金额达2180万元。实施小额账户归并工作，壮大个人优质客户群体；开展多种形式的银行卡和电子银行业务营销宣传活动，取得了良好的营销成果。

（二）加强信贷管理，提高资产质量

坚持从确保新增贷款质量、遏制存量贷款劣变、加快清收处置不良资产三个环节不断提高资产质量水平。加强新增贷款全过程管理，把新增贷款质量纳入各级行长绩效考核和离任稽核项目，严格执行新增贷款责任评议和追究制度。改革转授权方式，对全辖信贷业务审批人进行资格认定，按照岗位、职务和资格认定结果对审批人进行个性化转授权。严格进行贷款评估和信用评级，完善法律审查实施细则，强化了事前防范。落实项目贷款核准制度，制定法人客户统一授信指导意见，狠抓关联企业授信和担保审查。实施新增贷款中不良客户退出计划，突出抓好A－级以下客户的退出。建立了贷款大户风险监控负责人制度和大户分析制度，加强对房地产开发存量贷款的检查。实施个人消费信贷业务前后台分离改革，建立了消费信贷管理组织架构。全面上收个人贷款审批权，实行动态转授权。实行不良贷款大户分析会制度，推进不良贷款精细化管理。

（三）推进综合改革，增强发展后劲

从2004年第三季度开始实施新的分支行（行长）经营绩效考评办法，考核重点由经营利润调整为建立在提足拨备基础上的账面利润，突出风险调整收益后的资本回报和经济增加值。分支机构区域布局进一步优化，搬迁营业网点28个、升格二级支行17家，营业网点净减107个。机构扁平化改革开始启动。县级支行员工工资全部上收到二级分行发放。按时完成后勤体制改革，理顺了后勤人员劳动组织关系。加快推广核心竞争力项目，启动了电子银行服务示范工程和全功能个人外汇业务网点建设，多方位提升网点综合竞争力。投产应用了全功能银行系统（NOVA）新版本、人民银行人民币结算账户管理系统、大额跨行支付系统、小额支付系统等一批管理系统。顺利完成财务集中改革试点工作，将所有财务收支项目上收至各行部财务核算中心，实现集中支付、统一核算。

认真按照总行的部署，稳妥做好股改各项工作。及时完成了各类股改工作表卷的填报、不良贷款确权和责任认定、尽职调查等涉及行内外部门较广、内容数量繁多、时限要求紧迫的股改基础工作；年末全分行土地产权完善率为94.08%，房屋产权完善率为94.04%；向华融资产管理公司福州办事处剥离损失类信贷资产12.7亿元、非信贷风险资产5.5亿元，向长城资产管理公司福州办事处转让可疑类信贷资产41.7亿元；认真协助中介机构做好资产现场评估、审计和法律事务等，完善了相关工作。

（四）强化内控外防，保障经营安全

层层签订了2005年度《党风廉政建设责任状》和《安全工作责任状》，实行严格的问责制。认真学习贯彻《建立健全教育、制度、监督并重的惩治和预防腐败体系实施纲要》，广大党员干部的党性修养、纪律意识和法制观念进一步增强。落实违法违纪重点监控行整改工作和各项查防案件措施，有效遏制了各类案件的发生。理顺内控合规管理体制，将省分行稽核监督部、稽核监督中心、各行部内部审计部改组为内控合规部和内控合规中心，直接对本级分行行长（总经理）负责，并接受上一级内控合规部的业务指导。认真组织开展安全防范和内控管理大检查、依法合规大检查、操作风险专项检查等审计检查工作。启动会计结算业务操作风险管理工程，组织开展风险点识别及其动因分析，加快前后台业务分离和制度流程整合，实现省分行本外币清算中心的整合。推进智能型风险管理系统建设，开展“会计核算质量年”活动。实施银企对账体制改革，充实对账人员，健全了银企对账组织体系。认真贯彻《企业事业单位内部治安保卫条例》，明确各级经营管理机构、相关部门和营业场所的治安保卫责任，推进了“平安建设”工作。加强金库和现金出纳业务管理，押运社会化和异地守库改革取得新进展。

2005年3月15日，福建分行行长朱晓平率团走访福建炼油化工有限公司。

（五）深化教育引导，营造良好氛围

按照总行党委的统一部署，扎实开展了保持共产党员先进性教育活动，结合实际开展了“向优秀共产党员林晓东同志学习”等活动，各项工作取得明显成效。完善职工代表大会制度，推进行务公开工作，保障员工参与民主管理、民主监督和民主决策的权利。深入开展“创建学习型组织，争做知识型职工”活动，积极进行股改形势任务教育。开展大规模的“送温暖”活动，构建和谐银行。全分行共慰问特困职工86人、困难职工236人、其他人员（病号、劳模等）47人，送出慰问金71余万元。

江 西 分 行

行长　初苏华

【业务指标完成情况】

2005年实现经营利润9.59亿元，比上年多增3.72亿元；实现账面利润1.37亿元，比上年减亏增盈6.71亿元。提取呆账准备金5.30亿元，消化财务包袱2.59亿元，不良资产率和不良贷款率分别为2.72%和4.31%，不良贷款拨备覆盖率达100%。全行首次实现经营利润和账面利润双盈利。

实现中间业务收入2.46亿元，比上年多增2997万元，中间业务收入占营业收入的比重为7.13%，人均中间业务收入2.24万元，比上年多增0.40万元。

人民币各项存款（含同业）余额815.41亿元，比上年末增加20.07亿元，其中：储蓄存款增加34.60亿元，对公存款增加6.96亿元。外币存款增加4153万美元。存贷余额比为58.91%，比上年末下降26.72个百分点。人民币各项贷款余额480.11亿元，剔除剥离因素比上年末增加7.23亿元，其中项目贷款增加15.23亿元，个人住房贷款增加17.61亿元，流动资金贷款减少30.10亿元。

【主要工作措施】

（一）集中精力，扎实做好股改工作

一是认真做好不良资产剥离工作。剥离不良贷款本息363.01亿元，其中，损失类贷款本金103.34亿元，利息93.83亿元，可疑类贷款本金106.03亿元，利息59.8亿元；剥离非信贷资产11.41亿元。二是认真做好固定资产清查工作。共清理培训中心、宾馆、饭店、招待所17处，清查其他固定资产、在建工程及列无形资产的土地项目63个，清理抵贷自用项目7个，对本行的特殊资产进行了一次全面彻底的清理核实。三是做好土地和房屋确权工作。积极主动与政府、土管和房管等部门沟通协调，攻克难点，稳步推进，年末土地及房屋产权完善率均达到97%以上。按期完成了资产评估和股改建账工作。积极配合安永等中介机构做好外部审计等工作。四是积极处置闲置固定资产和清收账销案存工作。全年共举办公开拍卖会26场，处置闲置固定资产251宗，净值2658万元，评估值8563万元，变现10930万元，超出资产净值8272万元。

（二）进退有序，着力调整了信贷结构

一是加强重点优质客户的信贷营销。紧紧抓住铁路、公路、电力、新兴行业四大板块优质客户和重点项目，组织南昌铁路局铜九线、西环线及温福线、丰电二期、黄金埠电厂、邵永、景婺黄（常）高速公路项目等重大项目的营销；向教育系统客户、南昌土地储备中心、南昌市政污水处理等营销了低风险项目贷款；加大了对贵电二期技改等项目二次营销力度。二是积极拓展个人信贷业务。推进住房开发贷款与个人按揭贷款业务联动发展，新增住房贷款占各项贷款增加总额的87.1%。个人贷款余额和增额同业占比第一。全行有40个支行开办了个人综合消费贷款业务，22个支行个人贷款余额超亿元。三是稳健发展中小企业市场。对中小客户重点营销流动资金贷款和中间业务产品，并且实行快进快出。对只办理低风险信贷业务的中小客户，开辟“绿色通道”，提高服务效率。四是规范办理国家助学贷款。作为全省新机制国家助学贷款业务承办行，与省属院校签订了《银校合作协议》，严格手续，规范操作，积极稳妥地向31所高等院校发放贷款6460笔，金额3581万元。五是积极实施信贷限制和退出政策。明确信贷限制重点，及时调整了公司客户信贷退出标准，对A－以下客户分品种、行业、客户和区域有序退出劣质信贷市场。六是大力压降潜在风险贷款。开展新增高潜在风险贷款责任认定，落实潜在风险贷款清收政策措施，建立一把手负责制，制定清收转化方案，逐笔监测，按月通报，全年清收转化潜在风险贷款34.6亿元。

（三）突出重点，加快了中间业务和新业务发展

制定了中间业务三年发展规划和产品整合创新方

案，加强中间业务组织和分类管理，抓住重点支行和重点业务，实施重点突破，提高中间业务收费议价能力，完善中间业务考核激励机制，推进产品创新。加强对大公司、大项目中间业务营销，量身定制个性化金融服务方案，向中石化、中石油江西分公司提供了现金管理服务，向中国电信江西分公司实施了资金管控项目。代理开行实施28所优质高中学校建设工程项目和开行改造项目的资金结算监管代理业务。积极承销短期融资券业务，代理发行基金14只，发行额2.14亿元，其中工银瑞信核心价值基金以234.4%的完成率名列全国第一位，并且该基金的企业网上银行认购填补了全国空白。在全省范围启动了“电子银行服务示范工程”试点工作，一体化电话银行托管工程顺利完成。实现电子银行交易额10137亿元，其中网上银行交易额达9865亿元，电子银行业务量占全行业务总量的比重达到19.4%。办理国际结算8.3亿美元，同比增加2.4亿美元；信用卡直接消费额达13.6亿元，同比增加6.35亿元；办理票据交易额81.7亿元，票据融资交易额为238亿元，利差收入0.92亿元；签约现金管理服务方案308户，完成数量是近几年营销数量总和的10倍。

（四）拓宽渠道，加强了存款营销

积极推进“大个金”经营格局建设，启动了核心竞争力项目“百强网点工程”，当年增加推广核心竞争力项目73家，年末共实施105家。全年“百强网点”新增存款占全行总增额的43.4%，个人中间业务收入占全行收入的53.28%，新增个人网银客户占全行的34%。组织开展了旺季个人金融业务营销，实行“突出首季、滚动全年、分档计费、累加累减”的新考核方式，第一季度增存51.17亿元，增长11.4%，在全国排名第三。依托PCRM系统，加强对客户特别是优质客户的分析，做好对优质客户维护工作，年末5万元以上的客户达20万户，增长16.8%，存款余额占储蓄存款总额的50.22%。理财金账户客户新增0.72万户，完成年计划的238.3%；理财金账户人均资产14.4万元，比年初增加4.2万元。实施了小额账户归并工作，共归并小额账户8.8万户。

加强与各级政府、银行、财务公司、证券、期货公司的合作，开展高层营销，重点走访了财政、社保、交通等重点客户，完善三级联动营销体制，将45个重点机构系统和客户纳入了全行重点机构客户三级营销网络。建立存款联席例会制，实现省行、二级分行、支行三级梯次营销不同层次客户的营销模式。对全省对公存款大系统实行了主办行制度，对重点项目按照责任目标、责任领导、责任部门、责任人进行承包，奖惩结合，考核兑现，对连续三个月存款负增长实行问责制。

（五）深化改革，完善了经营机制

积极压缩机构总量规模，撤销低效营业网点113个；稳步推进二级支行改建，将27个分理处升格为二级支行。在景德镇、九江分行城区实施了扁平化管理改革。稳妥做好后勤改革工作。推进财务管理体制改革，全面推行了费用集中核算制度，完成了二级分行财务核算中心建设，实行财务支出事前论证、事中监测、事后评估的全过程管理制度和一把手问责制度。深入推进资金集中管理体制改革，进一步加强了资金优化配置的导向作用。积极筹建辖区资金营运市场，推出多期限档次的短期融资产品交易平台，实现资金在集中管理基础上的模拟市场化经营。推进了会计业务流程再造，完成了省分行对账中心的组建工作，形成了“3+1”的后台业务中心集中业务处理的统一平台，达到“上收、集中、电子化”的目标要求。建立了综合营销机制，将分散在各部门的机构营销职能进行重组，实现公司、机构和重点个人客户由省行综合营销委员会统一营销管理。

江西分行行长初苏华深入基层行调研。

（六）强化管理，增强了风险防控能力

一是开展全省依法合规大检查和专项审计工作。组织对全省所有机构、网点开展依法合规大检查。检查中发现问题5181笔，共整改各类问题4701条，整改率为90.74%。开展了多项目的专项审计和“突然性”审计，对全省存量不良贷款责任认定进行了审查；对外部审计监管和检查反映的问题进行认真整改，对违规违纪人员进行了追究和处理。二是积极开展内控综合评价工作。三是加强了业务风险控制。制订业务经营管理问责制，加强了总会计、会计检查员、会计监管员的管理。推行了网点营业经理制度。强化了前台业务管理和事前、事中、事后控制的内控防范体系。四是推进案件专项治理工作。突出加强对易发案部位、重点风险领域和内控薄弱环节的检查，进行了集中排查整治。深入开展“扫雷工程”，并结合“扫雷工程”在全行开展了“员工行为评价”活动。落实安全和案件防范责任制。稳步推进守押社会化改革，全行90%的二级分行实现了守押社会化，70%以上的县级支行实现守押社会化和寄库代押工作。

（七）建设队伍，党风、行风进一步好转

扎实开展了先进性教育活动，较好地完成了各阶段的任务。在这次活动中，全行22个党总支，218个党支部认真组织教育活动的落实，5796名党员均参加了学习教育。各级行党组织严格标准和要求，采取多种形式广泛开展学习教育，开展了形式多样的“为基层服务，让群众满意”主题实践活动，围绕全行中心工作和股份制改革大局，开展了“创新、发展、管理”大讨论，做到了教育活动与改革发展两不误、两促进。

加强了党组织和队伍建设。充实调整了4名二级分行党委书记、行长；对4名二级分行副行长实行了公开竞聘，在省行国际业务部实行了全员竞聘；基本完成了二级分行总稽核的改任工作。加强对支行班子管理，对81名支行正副行长和35名二级分行本部部门负责人拟任人选进行了核准或审批。继续实施全员培训工程，省行累计举办培训班83期，培训员工37806人次。

山 东 分 行

行长　杜宝起

【业务指标完成情况】

2005年全年实现经营利润48.16亿元，同比增加7.5亿元。其中账面利润11.99亿元，提取呆账准备金32.55亿元，表内应收利息下降0.61亿元，消化财务包袱2.5亿元。总资产净回报率0.83%，人均净回报8.91万元，模拟经济资本回报率14.4%，成本收入比31.01%。年末不良资产余额64.09亿元，不良资产率2.76%，分别较年初下降306.41亿元和13.55个百分点。其中，不良贷款余额58.99亿元，不良贷款率3.23%，分别较年初下降288.75亿元和15.54个百分点。呆账准备余额23.53亿元，较年初增加21.75亿元。年末人民币各项贷款余额1803.01亿元，全年累放额1045.42亿元，余额较年初增长307.49亿元，同比多增142.21亿元。年末AA－级以上法人客户贷款余额占比79.27%，较年初上升16.53个百分点。1999年（含）以来新增贷款不良率为0.72%。年末人民币各项存款（不含同业）余额2123.29亿元，较年初增长58.94亿元，日均增长81.1亿元。其中储蓄存款日均增长61.25亿元，对公存款日均增长20.85亿元，同业存放日均增长4.31亿元。外币存款较年初减少8222万美元。全年实现中间业务收入9.86亿元，同比增加2.4亿元，中间业务收入占营业净收入的比重为12.6%，同比提高1.6个百分点。

【主要工作措施】

（一）市场营销取得新突破，信贷业务健康快速发展

全行紧紧抓住山东经济快速发展的机遇，增强主动竞争意识，全方位加大营销拓展力度，实现了优质市场份额的不断扩大。围绕总、省行确定的信贷目标市场，重点加大对交通、电力等基础设施项目以及行业排头兵企业竞争力度。全年各项贷款增量（剔除票据业务）在系统内排名第1位，占全系统新增贷款额的23.21%。同时，储备了近千亿元的优质项目资源。适应经营转型要求，主动调整经营方略，积极推进小企业金融业务，全年新增小企业客户995户，新增贷款43.07亿元，位居总行12个小企业重点发展行第4位；小企业贷款利率平均上浮35%以上，贷款不良率为零，成为全行新的效益增长点。个人住房贷款继续保持快速增长，全年贷款新增额占系统内新增总额的21.16%，排名第2位；省内同业增量占比达到70%，排名第1

位。票据业务继续保持规范健康发展，全年累计办理票据业务943.57亿元，实现净收入2.04亿元。

（二）经营转型深入推进，业务结构日益优化

全行中间业务收入突破10亿元，系统排名第四，连续五年大幅跃升，年均增幅67%；财务顾问、代理保险、国内保理、账户管理、信息咨询等新产品实现收入3.8亿元，拉动作用明显。产品创新和服务创新取得成效。为张裕集团、三角集团改制提供了财务顾问服务；成功营销了烟台万华企业年金业务，做成了省内企业年金第一单；代理济南钢铁集团发行企业短期融资债业务30亿元，已成功首发10亿元，在山东金融行业中先拔头筹。"银关通"业务发展迅速，全年新增"银关通"客户158户，业务笔数和交易金额均居全国系统第一位。构建"大个金"经营格局初见成效。电子银行规模效应初步显现，实现交易额13889亿元（不含内部资金调拨），占总业务量的比重达到29.1%，超出全国平均水平3个百分点。在总行电子银行专项考核中，我行名列第四位。银行卡新增有效发卡量迅速增长，居系统内第一位，并荣获总行市场发展一等奖。全年新增87家理财中心和96家一般理财网点，网点综合竞争能力和多渠道综合应用水平显著提升。客户结构持续优化，金融资产5万元以上的中高端客户数达到70.14万户；全年新增理财金账户客户1万户，客户总数达到4.27万户。加强网点规划和管理，全年撤并低效网点143个，网均存款达到1.25亿元，同比提高2200万元，经营效率进一步提升。深化外汇业务管理体制改革，做大做强国际业务。全年累计办理国际结算业务73.43亿美元，结售汇业务31.53亿美元。

（三）股份制改革扎实推进，现代金融企业建设步伐加快

按照总行统一部署，圆满完成股份制改革各阶段工作任务。在时间紧、任务重、质量要求高的情况下，各级行、各部门精心组织，周密部署，发扬不怕苦不怕累、连续奋战的精神，圆满完成了不良资产剥离任务，共剥离不良贷款325.35亿元，非信贷风险资产14.38亿元，卸下了长期以来制约我行发展的沉重包袱。认真细致地做好业务和法律尽职调查，配合中介机构完成各类审计、评估，开展固定资产清查确权、资产评估和土地、房屋产权变更工作，全行土地产权完善率达到97.55%，房屋产权完善率达到98.77%。全面清理特殊资产，加大闲置固定资产处置力度，认真做好土地、房屋产权变更，满足了股份制改革的要求。顺利完成股改重新建账工作，进一步夯实了经营基础。按照现代股份制银行要求，改革经营绩效考评机制，重构绩效考评指标体系，以经济资本和经济增加值引领和约束经营活动，强化了对各级行的经营导向作用。

山东分行与山东烟草公司签署银企合作协议。

（四）管理工作进一步加强，为业务发展奠定了坚实基础

进一步规范客户评级和项目评估，健全完善抵（质）押物价值管理制度，为抵（质）押物（权）价值评估工作的顺利推进奠定了良好基础。切实强化授权授信管理，完善贷前风险控制机制，严格把握贷款投向，新增贷款质量持续向好。加强预警管理，加快退出存量贷款和低信用等级贷款，年末A+级以下贷款较年初下降38.80%，有效防范了贷款劣变风险。进一步完善三级监督体系，明确分级监督责任，完善贷后监督机制。尤其是区域贷后监督检查中心职能进一步强化，在加强贷后管理、防范信贷风险方面发挥了积极作用。组织开展了新增信贷业务"回头看"检查、潜在风险贷款检查等多次现场检查，强化持续跟踪整改措施，信贷管理水平进一步提高。切实加强剥离后不良贷款精细化管理，加大清收处置力度，加快压降潜在风险贷款，资产质量进一步夯实。

内部管理力度明显加大。继续推进内控合规体制改革，全面完成省行及各二级分行内控合规部职能转换工作，增设了潍坊内控合规检查中心，内控体系有效性大大增强。加强基层营业机构内部管理，在实行支行总会计委派制的基础上，向923个营业网点派驻了营业经理。按照总行统一部署，组织开展了覆盖所有营业网点的"拉网式"依法合规大检查，多次召开整改会议及防范案件分析会，部署整改工作，落实整改措施，清除了一批违规违章问题及风险隐患。切实强化操作风险防范，加大对重点部位和关键环节的监督检查力度，加强对全行员工遵章守纪教育，进一步增强了防案能力。扎实开展防范案件教育活动，加强员工行为动态管理，深化“扫雷工程”，查防案件工作取得新的成效。积极做好内外部机构各项检查、审计、评估的协调工作，配合银监局完成了贷款五级分类偏离度、个人消费贷款、三项检查持续监管、审慎规章执行情况、案件专项治理情况现场检查及有关后续工作，配合内审上海分局完成了不良贷款责任认定、大额流动资金贷款、中间业务等九项专项审计或调查，并认真抓好检查发现问题整改落实，全行依法合规管理水平进一步提高。大力强化“三防一保”和安全稳定工作，维护了全行改革发展稳定的大局。科技管理更加精细规范，完成了“计算机系统安全生产”和“开发创新”两大核心工作任务。在2005年总行安全生产运行管理考核中，我行名列总分第一。

（五）党的建设和队伍建设卓有成效，为改革发展提供了坚强保证

认真学习贯彻十六届四中、五中全会精神，全面落实加强党的执政能力建设和建设和谐社会的各项要求，保障和推动了各项工作开展。按照中央和总行党委统一部署，在全行精心组织开展了保持共产党员先进性教育活动，全体党员系统学习规定篇目，认真查摆自身问题，深刻挖掘思想根源，严格制定和落实整改措施，实实在在地解决了一些影响改革发展的突出问题，领导班子凝聚力、中层干部执行力和全行员工战斗力进一步增强，全行出现了风正、气顺、心齐、劲足、绩优的良好局面。进一步加强领导班子建设，加强对领导干部的考核监督，反腐倡廉工作取得明显成效。认真组织员工竞聘上岗工作，高度重视员工教育培训，全年举办各类培训班2273期，培训员工6万余人次。积极开展各类劳动竞赛活动，总结推广先进经验，建设节约型银行，营造出加快发展、科学发展的良好氛围。

河 南 分 行

行长　袁长清

【业务指标完成情况】

2005年实现经营利润17.27亿元，同比增盈4.88亿元。累计消化历史财务包袱53.19亿元。提取呆账准备19.05亿元。人民币各项存款余额（含同业存款）较年初增加55.67亿元。其中储蓄存款增加84.48亿元，机构存款（含同业存款）增加2.54亿元，公司存款下降31.35亿元。外币各项存款较年初下降7333万美元。本外币各项贷款余额较年初增加293.99亿元（其中贷款剥离332亿元）。剔除剥离因素，人民币各项贷款实际增加47.50亿元。实现中间业务收入3.40亿元，完成年度计划的95%，同比多收0.46亿元。累计清收转化处置不良贷款36.25亿元，完成年度计划的122.05%；累计压缩潜在风险贷款71.81亿元；非信贷风险资产余额较年初下降19.86亿元。年末五级分类贷款不良率降至6.16%，不良资产率降至4.03%，分别较年初下降22.84和18.84个百分点。

【主要工作措施】

（一）顺利完成“三清”及不良资产剥离工作

按照总行股改工作部署，强化领导，精心组织，高标准、高质量、按时限完成了不良资产剥离及档案的整理、组卷、移交等工作，并对剥离贷款进行了责任认定和追究。固定资产确权工作取得明显成效，土地产权完善率由年初的7%提升到了年末的96%，房屋产权完善率由年初的24%提升到了年末的98%。全行总资产的审计评估工作进展顺利，如期完成了审计评估基础数据表的填报、审核及全行业务尽职调查和法律尽职调查工作。根据总行有关政策，对长期股权投资、待清理信托资产和待清理长期股权投资进行了彻底清理处置，自办经济实体等特殊资产处置工作正在推进。制定了新的绩效考评办法、风险拨备管理制度和经济资本监测分析制度，引导各行转变经营方向，加快推动经营机制转换。加大股改宣传教育力度，广大员工的现代商业银行经营理念进一步增强。

（二）着力加强信贷管理

坚持收权严控、放权严控和集权严控相结合的授权制度，继续实行机构分类分级授权和行业、客户、产品差别授权，细化了信贷业务分类和新办理信贷业务与新增加信贷业务区别并设定不同的授权。建立健全了分层次、分负责人的大额贷款客户风险监控制度，对贷款余额1亿元以上的大额贷款客户逐户进行监测和风险评价分析。完善了法人客户信贷业务操作风险监测工作流程，严格落实贷款责任认定和追究制度。强化了信贷行业风险预警，充分利用信贷管理系统的控制功能，建立全面监测与重点监测相结合，具体监测与系统分析相结合，事中、事后监测与事前控制相结合的监控体系，并从主要监测信贷业务合法合规性向监测分析潜在风险延伸；重点抓好对新增大额贷款和新增不良贷款的监测分析，全面监测信贷投向和信贷政策执行情况。严把贷款投向、授权、评估评级、授信、贷款审批、贷款质量监测六个关口，进一步强化操作风险管理，切实防范道德风险和信用风险等。根据总行对五级分类审批权限的调整，对全部信贷贷款质量进行分类认定，按期完成了推行十二级分类后，严格按总行的要求审查分类资料，对不符和要求的坚决退回，保证了分类的准确性。

河南分行行长袁长清在“支持民营暨中小企业发展服务合作签约会”上讲话。

（三）着力加大结构调整

资产结构上，突出电力、交通等国家和总行重点支持的基础设施项目，电力、公路、铁路、电信、石化、城建、教育、卫生等九大重点行业板块累计投放项目贷款达110.7亿元，占全部项目贷款投放额的88%。项目贷款占比稳步提升，流资贷款占比合理压缩，年末项目贷款余额达380.5亿元，占全行贷款总额的41.75%，较年初提高了10.5个百分点，项目贷款总量在省内同业排名第1位。通过加大高潜在风险的压降力度，加快从亚健康贷款市场退出，潜在风险贷款下降71.81亿元。收益结构上，在提高收息水平的同时，强力发展中间业务，加强营销资源的整合和业务创新，中间业务收入同比增长15.8%；加强资金营运，提高资金创效水平，全年实现金融机构往来净收入10.54亿元，同比增长165%。业务产品结构上，大力发展电子银行、银行卡、国际业务、投资银行、银保业务等新业务，2006年上述业务共实现收入16964万元，占全部中间业务收入的49.9%，同比提高了7.24个百分点。

（四）着力加大案防力度

根据总行和银监局的要求，上半年开展了案件专项治理工作。组织开展了依法合规大检查和依法合规大检查回头看活动以及多项专项稽核，对全行1060个机构和网点进行检查，对涉及问题的单位和个人进行了不同程度的经济处罚或行政处理。结合依法合规大检查和各项专项检查，组织开展了第四周期、第五周期“扫雷工程”活动，突出易发案部位、重点风险环节尤其是有内外勾结、监守自盗隐患的环节进行了集中排查整顿。年末对第六周期“扫雷工程”活动进行了安排部署。针对第一季度案件高发势头和个人操作风险及道德风险突出的问题，成立了操作风险研究小组，组织制定了《内控管理工作指引》、《内部控制管理工作流程》、《员工行为动态管理办法（暂行）》等内控制度和管理办法，注重从机制上制定完善防范的治本措施，操作和道德风险防范能力进一步提升。10月份，成功堵截了三起经济案件。

（五）着力营造稳定和谐的发展环境

按照中央和总行党委的统一部署，我行分支机构保持党员先进性教育活动在总行督导组的指导下，加强领导，精心组织，圆满完成了各个阶段的任务。这次活动以学习践行“三个代表”重要思想为主线，紧密联系我行股份制改革和经营管理的中心工作，突出“四好班子”建设、党的基层组织建设以及“五个不等于”教育学习等内容，找准先进性教育与本行、本专业工作的结合点，通过系统的学习，使广大党员受到了一次系统的理论教育。广大党员坚持边学、边议、边整、边改，着力围绕“三服务一满意”，认真查找解决问题，明确了今后努力方向，党员意识明显增强，使我行先进性教育活动在提高党员素质、加强基层组织、服务人民群众、发挥表率作用、坚定改革发展信心等方面都取得了显著成效。

湖 北 分 行

行长　左新亚

【业务指标完成情况】

2005年实现经营利润5.1亿元。年末不良资产率为1.71%，不良贷款率为3.25%，分别比年初下降28.1和35.59个百分点。人民币各项存款比年初增加76.17元，其中储蓄存款增加61.29亿元，对公存款增加14.88亿元；外汇存款下降669万美元。本外币各项贷款比年初减少7.6亿元，同比少降20.5亿元。实现中间业务收入29255万元，按可比口径同比增长33%。电子银行交易额1.2万亿元，同比增长56%。信用卡直接消费额16.69亿元，业务收入10096万元，同比增长13%。国际结算量18.6亿美元，外汇资金交易额13亿美元，同比分别增长4%和25%。票据融资业务交易量629亿元，同比增长13%。

【主要工作措施】

（一）扎实做好股份制改革各项工作

依据国家政策、依靠总行支持进行财务重组，共消化各类风险资产424.4亿元，其中剥离不良贷款329.5亿元，剥离非信贷风险资产35.5亿元；通过自身财务能力消化各类历史包袱20.5亿元。按照总行要求，完成了土地房屋的确权工作；配合中介机构，完成了土地评估初审工作；对全辖宾馆、酒店、招待所、培训中心、职工宿舍进行了全面清理，共处置各类特殊固定资产972宗，价值0.6亿元。

（二）狠抓优质市场营销不松劲，重点业务稳步发展

贷款增长被动局面有较大改变。注重营销方式，精心组织策划，与省政府和武钢、长航等重点客户签署了合作协议。加大综合营销和二次营销力度，对东风汽车公司、省电信公司等重点优质客户和公路、电力、南水北调等重点项目的营销成效明显。加强银行间合作，成功发放开行提供连带责任担保联合贷款20.5亿元。按照总行要求，及时完成了消费信贷经营管理体制改革，并积极探索个人消费信贷业务经营模式和增长方式的转变，取得初步成效：个人类贷款在同比少增15.9亿元情况下，利息收入同比增加24.77%，成为重要的效益增长点。

个人金融业务工作均衡发展。继续深入开展了跨年度的个人金融业务旺季大会战。加大个人理财中心核心竞争力项目和理财金账户等品牌产品营销推广力度，个人金融业务核心竞争力稳步提升。年末，理财金账户户数、卡均存款余额分别比年初增加8441户和3.11万元，存款5万元以上的客户比年初增加65万户；积极稳妥地开展教育储蓄清理转化工作，避免了储蓄存款的大幅波动；以代售基金、国债、个人保险等为主的中间代理业务蓬勃开展，促进个人中间业务收入大幅增长。

对公存款呈现恢复性增长态势。通过落实新的业务发展思路，强化对公存款工作责任制，狠抓对公存款市场营销，扭转了对公存款连年下滑的被动局面，在一定程度上实现了恢复性增长。其中机构客户和同业存款的连年快速增长，成为对公存款增长的主要来源之一。年末，全行机构业务存款余额为110.8亿元，比年初增加17.2亿元，增长18.42%，完成总行下达年度计划的172.31%，创历史最好水平。

中间业务和新业务保持快速发展势头。积极实施“重点突破，整体推进”的中间业务发展策略，大力培育新的增长点，促进了中间业务收入总量的持续增长和收入结构的优化。实施“突出重点市场、拓展核心产品”的经营策略，强力推动银行卡市场和核心产品的发展。加大国际业务发展力度，为重点攻坚大户和潜力大户提供量身定做、本外币一体化的优质服务，扩大了银企合作深度和广度。加大电子银行业务营销推介力度，突出宣传推介总行新推出的专业版银企互联网上银行优势，为集团客户量身订做个性化服务方案，成功营

销了省电信公司等一批优质客户。以“金融@家”为重点营销品牌，大力发展个人网上银行业务。全年新增网上银行企业客户8548户，同比增长793%；新增网上银行个人客户28.5万户，同比增长131.3%。

（三）全面加强信贷管理，不断提高资产质量

一是奋力压降潜在风险贷款和新增不良贷款。通过组建专班、加强分析会诊、一户一策制定清处措施，以及强化督办和通报制度，全年压降潜在风险贷款39.8亿元，超额完成总行下达的压降任务。坚持专班管理、专人管理和预案管理，通过现金清收、核销、剥离等手段狠抓新增不良贷款清收，重点解决了天发集团等新增不良贷款大户的压降工作。在对新增高潜在风险贷款形成的原因进行认真分析的基础上，对相关责任人进行了责任认定及处理。年末，1999年以来新增贷款不良率1.9%，控制在总行规定范围之内。二是“多管齐下”清收转化处置不良贷款。在扎实开展不良贷款剥离的同时，不放松清收转化处置工作，全年累计清收转化处置不良贷款41.31亿元，其中以现金方式清收6.73亿元，呆账核销6.93亿元，以物抵贷7.94亿元，其他方式清收19.71亿元。三是进一步强化非信贷风险资产管理，非信贷风险资产余额比年初减少47.9亿元，减幅达86.9%。

（四）全面加强内控管理工作，保证了全年安全营运

根据总行的统一安排，组织开展了依法合规大检查和操作风险专项检查。对辖属797个机构、13个专业进行了全面检查。对检查中发现的问题进行了严肃整改，整改率98.36%，对相关责任单位和责任人给予了严肃处理。开展了会计要素、银企对账和金库管理的专项整治。根据内部监督及股改的需要，完成了一系列专项审计项目。推进稽核机构改革，组建了内控合规部及武汉、荆州、黄冈3个区域性检查中心。推进守押社会化改革，到年末，武汉、荆门等9个市州城区行实现了押运社会化，并有7个县级支行采取寄库代押的形式，将守押工作移交当地押运公司。注重交流工作经验，加强案件情况分析，建立员工违规档案，“扫雷工程”进一步深化。积极稳妥地推进机构改革和人员分流工作，全年共撤并低效网点109个，净减人员1367人。如期完成后勤体制改革，后勤服务公司开始实行企业化运营。

（五）党建工作和队伍建设进一步加强

深入扎实地开展了保持共产党员先进性教育活动，较好地完成了各个阶段各个环节的任务，受到总行督导组的肯定。进一步加强了干部队伍建设和员工培训工作，全年交流调整二级分行行级干部11人（提拔8人），交流县级支行正副行长40人，发展新党员267人，举办各类培训班421期，培训人员21064人次。以源头治腐工作为重点，在贯彻落实“两个责任制”的同时，结合实际制定和完善了一系列规章制度，促进党风廉政建设和反腐败工作向纵深发展。宣传思想工作取得新的成效。精心组织开展了“弘扬长征精神，促工行改革发展”的主题宣传活动、股改宣传教育活动和“我为工行改革做贡献”活动。各级工会组织通过职代会、职工座谈会、行务公开栏、内部网络等形式，加强了民主管理，深化了行务公开。组织开展了形式多样的劳动竞赛和丰富多彩的文体活动。文明创建活动成效显著，武汉市青山支行和孝感分行被授予“全国精神文明建设工作先进单位”，33个分支机构被分别授予或重新确认为“省级最佳文明单位”、“省级文明单位”、“省级创建文明行业先进单位”和“总行级文明单位”。

湖北分行行长左新亚在武汉钢铁公司调研。

湖 南 分 行

行长　吴宏波

【业务指标完成情况】

2005年实现经营利润9.29亿元，同比增加2.99亿元，增长47%，完成总行计划的103%，累计消化表内应收未收利息、公有住房出售损失、不规范挂账等7.24亿元，同比多消化3.32亿元。

全行实现中间业务收入34655万元，同比多增4562万元，收入绝对额列全国第十位。中间业务收入占营业净收入的10.6%，对效益的贡献度进一步提高。资产质量明显提高，至年末不良贷款余额39.2亿元，不良率6.32%，比年初下降23.27个百分点，全年累计清收处置不良贷款25.2亿元，其中现金清收5.2亿元。

各项存款大幅增长，比年初增加151.9亿元，同比多增70亿元，创历史最好水平，增长额居全国第九位。新增贷款投放适度。剔除不良贷款剥离因素，各项贷款实际比年初增加15.8亿元，其中中长期贷款增加49.8亿元。电子银行业务交易额14243亿元，其中网上银行交易额13963亿元，同比增加6665亿元，完成总行计划任务的107%；电话银行交易额122.5亿元；实现中间业务收入1009万元，完成总行计划任务的138%。

【主要工作措施】

（一）精心组织，规范操作，扎实做好股改各项工作

紧紧围绕加强组织领导、争取政府相关部门支持两个重点，全行共安排了1658人进行股改准备和不良贷款剥离工作，严格按照“准、快、细、严”的要求，把工作任务和责任明确到部门、到人，做到程序上合规、处置上真实、时间上不拖延、质量上不放松、风险上严格防范，股改各项准备工作取得了较好的成绩。至2005年6月末，土地确权率按宗数和面积分别为99.33%、99.87%，房屋确权率按项数和面积均为100%，居全国前列；剥离损失类贷款78.04亿元，可疑类贷款156.05亿元，非信贷风险资产17.618亿元；不良贷款余额32.83亿元，不良率由年初的29.59%降到剥离时的5.14%。

（二）突出重点，整体联动，致力开拓优质业务市场

组成三级营销工作领导小组，对全省的重点建设项目和30户重点公司客户开展整体联动营销，积极抢占优质市场。2005年对武广专线项目长沙项目部进行全方位营销，取得了初步成效；对全省高新技术产业、优质上市公司和非生产流通领域客户共投放贷款29.6亿元；与福建分行、深圳分行等就电力、交通项目签订了行内银团贷款协议，总行出具贷款承诺函6个，金额191.6元，分行出具贷款承诺函11个，金额25.9亿元。同时对优秀行业给予重点关注，储备了一批优质项目，为今后的营销工作打好基础。

加强对“烟草在线代扣”、“银税通”、“银保通”、“网上付税”、“集中式银证通”等一批高技术含量产品的营销，对八大重点系统户、34家日均存款余额5000万元以上存款大户和117家贷款余额亿元以上有贷户的资金状况实行监测，积极做好全方位的售后服务，稳定了优质客户市场。2005年10月开始在全行开展了个人金融业务旺季大会战活动，实行新型目标管理办法，储蓄存款创历史新高。

通过业务创新，国际业务、电子银行业务等新型业务稳步发展，中间业务收入稳步增加。全年共办理进口代付业务53笔，2885万美元，办理福费廷业务10笔，近120万美元，累计签订七笔共计7.4亿元人民币的出口卖方信贷委托贷款代理协议，对公代客理财业务取得历史性突破。成功竞标省财政厅23亿日元的结汇及外债转贷款风险管理业务。利用网上银行、现金管理等一揽子服务方案成功地从他行挖转了湖南省体育彩票管理中心。加大黄金周期间的银行卡营销力度，开展了“消费累积分，积分送礼品”等有奖促销活动，取得了较好效果。

（三）加快处置，精细管理，大力提高资产质量

建立不良贷款大户会诊制度。各二级分行每月对不良贷款进行一次会诊，省分行每季对1000万元以上不良贷款客户进行会诊，并形成制度，有效推动了清收处置工作。建立了不良贷款管理台账系统，对不良贷款回收价值进行测算，在此基础上，逐户制定清收处置预案。充分发挥风险管理委员会作用，共召开风险管理委员会17次，推动了全行风险管理和重大项目处置工作。

（四）落实制度，从严整改，不断提升内控管理水平

继续深入开展“扫雷工程”，将活动周期从6个月改为3个月，对建立营业网点操作人员操作质量和营业网点负责人管理质量“两个档案”进行了初步探索，努力追求零案件目标和业务操作零差错率目标。组织开展了安全防范和内控管理大检查、依法合规大检查、操作风险专项检查，深入开展基层行内控综合评价。推广应用《操作风险管理信息系统》，对检查中发现的问题，及时进行整改和责任追究，严肃处理违规违章责任人。安全保卫工作继续贯彻执行总行“减库、减枪、减人，管少、管好”的十字工作方针，守押社会化改革稳步完成，对保安服务公司的监督管理逐步规范，彻底消除了枪弹风险，安防设施使用与管理水平进一步规范和提升。

（五）以人为本，强化培训，全面提高班子队伍素质

实行县级支行行长强制休假制度。加强对党员领导干部的廉政教育，开展了廉洁从业的主题教育活动，党风廉政建设责任制得到较好落实，重点部位和环节的道德风险防范明显加强，案件查防力度加大。通过实施和完善《中国工商银行湖南省分行二级分行行级领导薪酬管理办法》和二级分行行长年度考核奖励制度、省分行管理干部年度考核制度、二级分行领导班子集体述职制度，进一步健全了目标责任考核与民主评议有机结合的考核机制，扩大了群众参与程度，增加了干部考核的深度。积极探索建立客户经理绩效考核机制，稳步试行客户经理制。

湖南分行行长吴宏波深入中石化集团巴陵石油化工有限公司调研。

加强教育培训，增强全行员工的向心力、凝聚力。组织全行系统450个支部以上党组织、9422名共产党员集中开展了以学习实践“三个代表”重要思想为主要内容的保持共产党员先进性教育集中学习教育时期的各项活动，活动覆盖面达99.8%。紧紧围绕全行改革与业务发展大局，以提高培训制度执行力为突破口，以一线临柜员工培训和重点联系支行为重点，开展了全方位、多层次员工培训，全年共办班120期、培训员工9870人次，15655人天。其中高级管理人员培训班2期，培训学员305人，促进了全行各级管理人员思想观念的转变。

广 东 分 行

行长 黄明祥

【业务指标完成情况】

2005年实现经营利润94.2亿元，同比增加12.4亿元。实现中间业务收入14.5亿元，同比增加3.4亿元。人民币存款增加488.18亿元，其中储蓄存款增加370.74亿元，对公存款增加117.44亿元。还原剥离因素，人民币各项贷款实际比年初增加228.5亿元，其中项目贷款、个人住房贷款、票据贴现分别比年初增加198.33亿元、41.15亿元和66.73亿元。年末我行存、贷款同业占比分别为19.3%和19.7%，其中四大行占比分别为31.3%和35.7%，继续保持领先地位。五级分类后三类贷款余额和占比实现大幅下降，后三类贷款占比为5.89%。各项贷款专项准备实现足额保有。累计清收转化处置不良贷款140亿元，其中现金清收30亿元。

【主要工作措施】

（一）积极适应市场变化，优化信贷资产结构

在业务品种上，加大对重点项目和系统大户、个人住房、票据、优质中小企业等信贷市场领域的投放；在区域结构上，近80%的新增贷款投向广州及珠三角等经济发达地区；在客户行业和等级结构上，94%的新增贷款投向交通运输、仓储和邮政业、电力、燃气及水的生产和供应业、房地产业、建筑业、水利、环境和公共设施管理业、租赁和商务服务业、教育、信息传输、计算机服务和软件业，全行公司客户贷款中信用等级AA-级以上客户占比达67.5%，信贷结构进一步优化。

（二）不断拓展收入渠道，加快转变增长方式

在抓好资产业务的同时，加大负债业务和中间业务的捆绑联动营销，通过负债业务带动中间业务的发展，通过中间业务促进各项存款的增加。组织开展了"开门红"、"贺新禧—广聚财富"等专题营销活动，积极推广"利得宝"、"稳得利"等个人理财产品，全年理财金账户新增10.9万户，先后代理发行基金16只。做好对财政、军队、社保、证券等系统机构客户的服务工作，成功争取了省级预算单位授权支付业务187家，市场占比超过65%。牡丹运通卡、牡丹中油国际信用卡和牡丹上航国际信用卡等创新产品加强了工商银行在银行卡市场上的竞争力，进一步拓展了银行卡市场。全面启动并成功竞争了南电集团、广铁集团等企业年金业务，办理了工行系统内首笔资产证券化计划托管业务，完成签约现金管理服务客户1410户，实现电子银行网上银行企业客户新开户数2.1万余户（含证书客户），网上银行个人客户开户数近72万户（含证书客户）。

（三）实施存量贷款精细化管理，夯实资产质量

一是加快不良资产清收处置，顺利实施非信贷风险

广东分行行长黄明祥出席中小企业融资服务推介会。

资产和可疑类、损失类贷款的剥离。对剥离后的存量不良贷款和新发生的不良贷款实施分期限管理。二是加大重点关注贷款压降力度，成立多个工作小组，按区域和各行重点关注风险贷款状况实施分片督导，实施精细化管理，做到“一户一策”或“一户多策”，加快潜在风险贷款压降。三是以大户为重点，推行项目经理制，对亿元以上贷款、项目贷款、住房开发贷款业务实行条块结合的矩阵式管理。明确省行、分行1亿元以上大户管理职责，建立大户监测分析制度和风险分析会议制度，防范大客户贷款过于集中和关联风险。

（四）加大内控管理力度，提高依法合规经营水平

强化依法合规经营指导思想，落实银监会“十三条”要求，组织对全辖所有网点进行了依法合规大检查，扎实开展基层行内控评价工作，深入开展“扫雷工程”工作，组织开展审计检查638项次。加强员工操守评价工作，强化思想行为动态管理。抓好党风廉政教育，增强领导干部勤政廉政意识，加大反洗钱工作力度，认真做好“三防一保”等安全保卫工作，堵塞风险隐患。2005年案件数比上年下降33%。

（五）稳步推进各项改革，加快转换经营机制

积极推进财务管理改革，成立省行财务支付中心，分步实施财务集中支付，实现全行员工工资的集中发放；成立省行集中采购部，进一步推行集中采购工作。推进了消费信贷审批中心和贷后管理中心的组建和整合工作，全面实现消费信贷业务前后台分离，完善了消费信贷管理体系。在省行及部分分行成立了小企业管理部，实现小企业业务新突破。2005年底小企业户数比年初增加837户，贷款余额比年初增加61亿元。积极探索后台集约管理模式，组织了阳江、汕尾、云浮、河源4行内部组织架构调整和扁平化改革，初步实现网点批量代收付、代发工资等后台业务集中处理。继续推进机构调整工作，共调整机构442个，机构总数比年初净减81个。

（六）加强党建队伍建设，深入开展争先创优活动

以开展保持共产党员先进性教育活动为契机，全面加强各级领导班子建设，做好后备干部队伍培养，加大员工队伍培训力度，共举办各类培训班70多期，组织超过1.1万人次参加网上培训，干部队伍素质进一步提升。努力构建“卓越、方便、诚信、增值”和“共创共享”的企业文化，深入开展“争先创优”活动，涌现出一大批先进单位和先进个人，共有51个单位、97名员工被总行表彰。

广 西 分 行

行长　张恪理

【业务指标完成情况】

2005年实现经营利润13.2亿元，同比增加3.9亿元；账面利润7.6亿元，排在全国第7位，同比增加7.3亿元。不良贷款率为2.27%，资产质量进入全国先进行列。实现中间业务收入3亿元，同比增加5103万元。各项贷款余额597亿元，剔除不良资产剥离因素，比年初增加52亿元。其中：项目贷款比年初增加50.2亿元，住房贷款比年初增加27.7亿元。个人住房贷款余额125.6亿元，继续保持广西最大按揭银行的地位。各项存款余额917亿元，比年初增加43.8亿元。其中：储蓄存款比年初增加51.8亿元。

【主要工作措施】

（一）坚定不移地把加快发展作为解决各种困难的根本途径

加快发展为第一要务，抓住广西经济快速发展的战略机遇期，实施以拓展优质信贷市场带动各项业务发展的策略，同时积极推进各项改革。经过全行员工共同努力，有效资产持续增加，经营效益大幅增长，人均水平明显提高，经营绩效考评排位快速提升。

（二）坚定不移地把提高资产质量作为持续发展的根本前提

在积极拓展优质信贷市场的同时，高度重视信贷资产质量管理，多渠道提升防控和化解风险能力。在全面完成不良资产剥离工作的同时，集中力量清收处置不良信贷资产，全年累计清收处置不良贷款20.15亿元，完成总行下达任务的130%。新增贷款质量持续保持优良，不良资产得到及时处置，使全行资产质量步入全国一级分行前列，为今后实现可持续发展打下了坚实基础。

广西分行行长张恪理与越南投资发展银行谅山分行行长何氏银在中越边境凭祥市签署边贸结算合作协议。

（三）坚定不移地把改革创新作为加快发展的内在动力

加强和完善机构管理，加大低效网点撤并力度，对来宾支行、河池分行实行机构扁平化管理，减少了管理层级，提高管理效率；改革管理人员的聘任聘用办法，通过公开竞岗，考核选拔27名中青年员工担任二级分行和区分行部门副职，拓宽了优秀人才的晋升渠道；实行全面成本管理，加强对集中采购和营业网点装修改造的管理，有效促进了整体经营效益的提高。

（四）坚定不移地把物理网点和虚拟网点协调发展作为提高市场竞争力的重要手段

在进行物理网点收缩调整、布局优化和功能提升的同时，大力发展网上银行、电话银行、手机银行等虚拟网点，弥补物理网点退出区域造成的市场空缺，保持物理网点和虚拟网点的协调发展，稳步提高离柜业务比重，促进业务协调发展。全行虽然撤并99个物理网点，涉及存款余额近60亿元，但是，储蓄存款仍保持快速增长，完成总行下达任务的115%。

（五）坚定不移地把提高风险管理和内部控制能力作为健康发展的根本保障

加快构建覆盖全行机构、全部业务和贯穿业务全过程的内控监管运行体系，全面开展依法合规大检查和操作风险专项检查，对所有分支行和营业网点进行全面检查；对1999年以来新增公司法人客户抵（质）押贷款合同有效性进行现场审计，对全辖房地产贷款业务进行合规性审计；完成了不良贷款剥离的责任认定工作；加大力度整改内审外查发现的问题；在全国工行系统首先推行《员工违规违章积分管理暂行办法》，促使各级管理层和操作层履职到位，有效防范屡查屡犯、明知故犯的行为，有效提高了管理水平，促进业务经营健康发展。全面落实案件专项治理工作各项措施，实现全年无大要案发生，纪检监察专业考核在全国工行系统一级分行排第三位。

（六）坚定不移地把加强党建和队伍建设作为和谐发展的根本保证

以保持共产党员先进性教育活动为契机，坚持贯彻落实党风廉政建设责任制，进一步发挥各级党组织的战斗堡垒作用和党员干部的模范带头作用；以“四好”为标准加强各级领导干部的党性修养和实践锻炼，提高领导干部的综合素质和管理能力；以强化培训、增加收入、拓宽成长空间等措施凝聚人心；以完善工作机制为手段，有效化解各种矛盾和争议，营造了和谐稳定的经营管理环境，为全行快速发展提供了强有力的保证。

海南分行

行长　邢志盈

【业务指标完成情况】

2005年实现经营利润3.87亿元（按总行考核认可的可比口径为3亿元），比上年增加1.94亿元，增幅100%。账面亏损4.35亿元，同比增亏1.88亿元。呆账准备金提取1.62亿元，消化财务包袱6.62亿元。全年累计清收转化不良贷款13.92亿元，其中现金清收1.93亿元，占比为13.87%；呆账核销10.50亿元，占比为75.42%；其他转化1.49亿元（主要是个人住房贷款和个人消费贷款），占比为10.71%。全年共剥离损失类及可疑类不良贷款22.26亿元，年底不良贷款余额5.82亿元，比年初下降30.26亿元，不良占比3.98%，比年初下降17.12个百分点。非信贷风险资产余额5211万元，减少21.85亿元，不良率0.37%，下降22个百分点。全行资产不良率2.23%，比年初下降18个百分点。本外币各项存款余额（含同业）271.19亿元，比年初增加18.20亿元。本外币各项贷款余额146.10亿元，比年初减少24.67亿元。

【主要工作措施】

（一）顺利完成股改各项工作

全行紧密配合，各业务部门加强业务协调指导，汇总审核数据，经过艰苦努力，克服重重困难，按期完成了各种股改报表的填报、现场审计工作。协助中介评估机构做好评估工作，顺利完成土地评估报批、固定资产评估、可疑及损失类贷款以及非信贷风险资产的剥离、土地房屋的产权确权等各项股改具体工作，自办经济实体正在加快处置和解决。共剥离不良贷款22.26亿元，其中损失类6.54亿元，可疑类15.72亿元；剥离非信贷不良资产15.39亿元；土地、房屋产权完善率分别为93.94%和95.63%，基本达到总行要求。

（二）积极拓展优质信贷市场

上下联动，推进重点项目、重点客户市场营销工作，共向优质公司客户发放项目贷款19亿元，如金海纸浆10亿元、实华炼油5亿元、华能火电1.5亿元等。项目贷款实现较大增长，完成总行计划的200%。同时，抓住海南房地产市场复苏的机遇，加大住房信贷的投入，重点支持海口、三亚、洋浦等地实力强、信誉佳、自筹资金充足、市场销售看好的大型房地产项目，实施开发贷款与按揭贷款整体营销、封闭运行的营销措施，促进个人住房信贷业务稳健发展。全年累计发放住房开发贷款4.9亿元，个人住房贷款7.6亿元；住房开发贷款不良率为5.6%，个人住房贷款不良率为1.66%。

在大力拓展优质市场的同时，全面推进产品、客户、行业和区域结构调整，加快建立以结构调整和成本核算为基础的集约型信贷发展模式。加大对电力、民航、纸浆、港口、石油石化、电信等基础设施领域的信贷投放，重点支持具有优势的客户和项目，适度增加对卫生医疗、教育、制药、旅游等新兴市场的贷款投放，重点支持资产负债率低、现金流量大、市场占有率高的信贷客户。全年累计发放基础设施领域项目贷款8.65亿元。中长期贷款占比继续上升，短期贷款与中长期贷款比例为28:72，项目贷款的增多为我行带来了较为稳定的贷款效益。

增加对信用等级较高客户的融资力度。2005年A+级（含）以上客户贷款余额95.18亿元，较年初增加28.8亿元。A级以下贷款余额20.11亿元，比年初减少5.92亿元（剔除剥离数26.26亿元），A-级以下贷款存量移位效果显著。

（三）实施优质客户战略

积极推行优质客户战略，全面提升对优质客户的服务水平，加大营销渠道和产品整合力度，积极竞争优质客户，构建和完善优质客户的服务体系。对公存款始终强调对重点优质客户、项目实施捆绑营销，为企业单位提供全方位优质服务。储蓄业务以理财金账户发展为突破口，积极做好核心竞争力项目推广工作，增强个人金融业务的市场竞争力和可持续发展能力。促进网点、产品、客户结构和资源配置的调整优化，努力构建“大个金”的经营格局，先后为海南联通、财政厅、人民银行、保监局等政府机关、事业单位、大型企业开展上门营销工作，取得良好的效果。同时，以小额账户归并工作为契机，加大客户结构调整力度，减少低效无效户，全力维护和竞争中、高端客户，扩大了优质客户群。筛选了52家网点进行核心竞争力项目试点，占网点总数的40%。

（四）推进中间业务和新业务发展

银行卡业务抓好考核激励机制建设，拓宽营销渠道，加强联合营销，发挥贷记卡优势，重点抓好公务用卡和联名卡的营销。积极挖掘收入高、信誉好的优质客户，促进发卡量的提高、消费额的增长。同时，加强风险控制，大力压降不良透支。信用卡透支规模增长较快，不良透支额和占比大幅度下降，信用卡资产质量出现根本性好转。银行卡业务在总行的综合排名显著提升。

电子银行业务积极开展业务创新，加大市场营销力度，各项业务指标均有较大幅度攀升，电子银行业务量在全行业务总量的占比也得到进一步的提高。发挥电子银行对网点业务、服务的延伸功能，开展“电子银行服务专区示范工程”推广工作，首批确定了4家示范网点开展试点工作，第二批又选择了7家网点进行推广，有效分流了柜面压力。

国际业务继续实行本外币一体化经营战略。加大国际业务产品的创新推广力度，继成功推出远期结售汇、进口押汇、“汇市通”、“汇财通”和“速汇金”业务之后，2005年成功办理首笔福费廷业务，填补了该行国际结算类福费廷业务的空白，速汇金业务量不断增多，“全球快汇”业务创新产品的推出，使该行外汇汇款业务呈现出较好的增长势头。

（五）不断深化体制机制改革创新

继续在全行全面推广业务流程再造，并对各行推广情况进行检查验收，加快了全行网点标准化、规范化、程序化建设和业务流程再造的步伐。2005年，全行128个营业网点已有106个按照省行实施方案完成会计业务流程再造推广工作，同时，继续深化会计业务处理中心、监督中心和现金营运中心“三大中心”改革，不断增强集约化处理业务和控制风险的能力。建立内控工作量化管理考核机制，构筑内控管理和案件防范的长效机制。及时排除各类案件隐患。开展全行依法合规大检查，累计发现各项违规违章问题4954个，问题整改率达到96.3%，促进了各项业务依法合规开展。

加强绩效考核，优化资源配置。对全行130多个网点进行经营效益综合考评工作，并将考评结果作为评价网点经营业绩和网点退出、调整、升格和资源分配的重要依据。全年共撤并网点11家，从业人员减少83人。进一步完善以分支机构内部等级为基础的工资总额分配制度，使工资总额分配向经营业绩好、贡献大、创利大的行倾斜。建立员工收入与营销成果直接挂钩的分配机制，将员工营销成果纳入营销计分系统管理，合理拉开员工收入横向差距。

2005年6月，海南分行行长邢志盈考察洋浦金海纸浆二期工程项目。

强化财务管理，规范财务行为。完善集中采购制度，健全集中采购组织决策机制，有效节约成本。全年组织集中采购委员评审会专家评审会178场次，涉及采购项目品种12大类、89个项目，采购金额3618万元，采购金额比预算金额减少518万元，节约率达14.32%。

（六）党建和队伍建设加强

认真开展保持共产党员先进性教育活动。按照总行党委和总行先进性教育活动办公室的部署安排，我行于7月1日开展先进性教育活动，经历了学习动员、分析评议、整改提高、巩固扩大成果等阶段。坚持教育活动与各项工作“两不误、两促进”，努力建立健全使党员“长期受教育、永葆先进性”的长效机制，保证了先进性教育活动的质量和效果。实现了提高党员素质、加强基层组织、服务人民群众、促进各项工作的目标。

加强党风廉政建设和反腐败工作。严格执行廉洁自律各项规定，全面整治“五股歪风”，认真落实任前廉政谈话、诫勉谈话、工作谈话制度。认真落实中心组理论学习制度，把《建立健全教育、制度、监督并重的惩治和预防腐败体系实施纲要》等党内法规制度作为重点学习内容。加强了车辆、公务接待、差旅费用、办公用品等方面的管理，推行了行务公开制度，坚持反腐败抓源头，把源头部门作为党风廉政建设的关键来抓，从健全制度入手，突出“权、钱、人”等重点部位和关键环节，加大了防治腐败的力度，有效遏制了腐败现象的滋生。

加强教育培训工作，提高员工业务素质。全年共举办各类培训班389期，培训17838人次，人均受训5.9天，顺利完成全年各项培训任务。

重 庆 分 行

行长 华耀纲

【业务指标完成情况】

2005年实现经营利润11.6亿元，完成总行全年计划的103.2%，同比多增2.6亿元，增幅29.3%，再创历史最好水平；实现账面利润44031万元，实际完成总行全年计划的197.7%。累计剥离和清收转化不良贷款80.1亿元，非信贷风险资产49亿元。五级分类后三类不良贷款较年初净下降38.9亿元，不良贷款率5.93%，比年初下降7.58个百分点；不良资产率3.72%，比年初下降11.9个百分点。人民币各项存款（含同业）新增40.6亿元。其中，储蓄存款较年初增加35亿元，对公存款（含同业）增加5.6亿元；人民币各项贷款较年初实际增加46亿元。其中，项目贷款增加48.8亿元，住房开发贷款增加6.4亿元，个人贷款增加12.3亿元，流动资金贷款减少23.7亿元。实现中间业务收入1.88亿元，较上年同期多增1627万元，增幅9.5%。全年未发生一起重大事故和案件。

【主要工作措施】

（一）围绕实现可持续发展，明确工作思路和发展目标

根据总行战略部署，结合重庆经济发展实际和我行三年跨越式发展规划，明确提出了“抢抓机遇、夯实基础、厚积薄发、迎接挑战”的主要工作思路；以及“围绕质量效益提高，着力调整资产、负债、收益、区域和产品结构，通过‘六大’发展战略的强力推进，打造‘核心业务、核心客户和核心人才’三位一体核心竞争力，促进各项业务和经营管理水平再上新台阶”的工作目标，确保了各项任务的圆满完成。

（二）围绕构建长效机制，创新、深化各项改革

完善考核机制，进一步强化联动营销项目对全行经营效益增长的突出促进作用；创新推行前台储蓄网点柜员绩效收入“跟单计价”考核。从根本上提高了柜员拓展业务、提高工作效率和服务质量的积极性。调整完善国际业务经营考核机制。强化市分行国际业务部管理与服务全行外汇业务的职能与职责，充分调动了基层行开展国际业务的积极性。深化分配体制改革，调整完善了全行员工绩效分配方式，上收了管理者薪酬发放权；实现了全行员工工资、绩效收入由市分行的统一发放。

深化以扁平化管理为目标的机构改革。先后完成南坪、建北、小龙坎、两路口4个直属支行的筹建运营；推进市分行本部内设机构“定编、定岗、定责”，二级分行（一级支行）和直属支行本部内设机构“四部一室”、“两部一室”改革，有效精减了臃肿的管理层级和管理人员；积极开展分行和各基层行紧缺岗位的内部公开竞聘，深化远郊支行富余人员向主城区支行的调剂工作。

推进财务集中管理改革。市分行成立财务管理中心，将本部和主城区支行财务事项纳入集中管理；二级分行、片区支行成立分中心，将其辖属支行财务事项集中核算。初步建立起财务集中核算与管理的制度和操作流程，加强了基层行费用开支管理，规范了全行财务行为。积极稳妥推进后勤体制改革。

（三）围绕业务发展目标，全力推进重点工作

按照总行统一部署，精心安排、扎实工作，圆满完成不良贷款、非信贷风险资产的剥离清降、固定资产的清理确权和潜在不良贷款的压降。本着长远良性发展的指导思想，抓住机遇，进一步真实反映和夯实了我行资产质量，为轻装上阵，实现可持续发展打下了坚实基

础。不良贷款在完成尽职调查和组卷工作基础上，剥离可疑类贷款46.3亿元，损失类贷款17.7亿元；常规措施清收转化16.5亿元。并在转让可疑类信贷资产的工作上实现了债权转让协议签署、档案资料移交及联合公告发布三个100%。非信贷风险资产的处置则主要是抓住股改机遇，创新工作思路，经过百折不挠的努力，重钢和市国资委共同筹资偿还21.5亿元，清偿率65.95%；损失部分共11.1亿元全部核销，从根本上彻底解决了长期困扰我行发展的对重钢、重特阶段性持股32.6亿元的问题，为该行的良性发展、鼓舞士气、再攀新高奠定了良好基础。消化各类财务包袱14亿元，彻底解决了历史遗留问题。潜在风险贷款在摸清家底、逐级落实责任的基础上，较年初下降25.7亿元，其中，高潜在风险贷款下降12亿元，较好地完成了总行计划。土地房屋确权工作经过艰苦努力，取得良好成效。土地产权完善率97.9%，较确权前上升58.3个百分点；房屋产权完善率97.5%，较确权前上升31.8个百分点。与此同时，积极配合中介机构，按期完成了审计、评估及法律尽职调查等诸多工作任务，为股改做好了充分准备。

全面推进各项主营业务协调发展。继续将重庆市重点、优质高速公路、电力、城建等基础设施项目作为主要营销对象，开辟新的融资领域与融资方式，全年累计实现优质项目贷款投放65亿元，较年初实际新增48.8亿元。继续加快优质住房开发贷款和个人类贷款的营销。全年新增住房开发贷款6.4亿元，个人住房按揭贷款10.9亿元，个人综合消费贷款1.4亿元。

推进各项存款稳步增长。储蓄存款通过全力推进“大个金”战略、探索推行网点柜员绩效收入“跟单计价”考核改革等有效措施，扭转了增势一度趋缓的不利局面，实现了快速增长，存量同业占比仍然稳居榜首。对公存款从调整、完善增存长效机制入手，采取整合资源、三级联动、差别服务、加强同业合作等针对性强的措施，在有效遏制公司类存款下降的同时，实现了稳步增长。

加快中间业务和新业务发展。通过找准拓展重点，整合创新产品，严格收费管理、强化激励约束等措施，中间业务实现多元化快速发展。中间业务收入较去年同期增幅9.5%；人均中间业务收入2.85万元，较去年同期增加0.36万元，增幅14.5%。银行卡业务继续保持同业与系统领先地位。实现收入1亿元，完成总行计划103%。其中：中间业务收入增长14%；信用卡购物消费额增长53.7%；不良透支占比2.23%，低于总行4%的警戒线。国际业务实现外汇经营利润243.8万美元；较上年同期增59.7%；国际结算量7.8亿美元，外汇资金业务量8.7亿美元。电子银行业务实现交易额2006亿元，比去年同期增长32%。新增企网、个网客户3760户和7.25万户，分别比去年同期增长789%和65%，均超额完成总行年度计划。

重庆分行行长华耀纲到西铝集团进行调研。

全方位构建防控体系。在全行开展“双守、双严”主题教育月活动，并辅之以持续的岗位纪律和案例警示教育，营造了良好的内控文化氛围。强化内控体系建设，在市分行风险管理委员会下新设信用风险、市场风险、操作风险和流动性风险四个管理委员会，进一步强化决策职能；修订完善委员会工作规则，进一步明确上下各层面的内控职责；将内控管理工作纳入绩效考核，真正体现了“内控即效益”的思想。认真开展依法合规大检查及其“回头看”检查活动。创新检查方法，严格落实复查整改处理、整改责任、违规人员建档和规章制度传导“四个到位”，收到了事半功倍的效果。共完成对全辖382个网点和市分行本部相关业务部门的检查、复查，覆盖面100%。除需总行、市分行统一研究调整的问题外，对发现问题的整改率达到100%，处罚近千人次。与此同时，对一贯严格规范操作的网点进行优秀积分记录和全行表彰，有效提高了各级负责人和经办人员履职尽责的责任感和积级性。

（四）扎实深入开展“保持共产党员先进性教育活动”，成效显著

按照总行党委统一部署，用近半年时间，精心组织、周密安排、扎实推进，在全行党员中开展了先进性教育活动，有效提高了党员综合素质，切实解决了群众关心的热点问题，构建了和谐向上的企业文化氛围，达到了预期目的。经群众测评，总体满意度达到96.79%，并得到总行督导组的充分肯定，收到了显著成效。

四川分行

行长　陈焕祥

【业务指标完成情况】

2005年实现账面利润2.39亿元，比2004年增加2.12亿元；实现经营利润15.95亿元，超额完成总行下达计划1542万元；累计消化财务包袱9.48亿元，其中表内应收利息净下降1.27亿元。各项存款余额（不含同业存款）1657.06亿元，比年初增加33.68亿元，其中储蓄存款比年初增加88.15亿元。各项贷款余额800.22亿元，剔除剥离因素后比年初下降66.65亿元。年末五级分类不良贷款余额55.29亿元，占比6.91%，比年初下降15.74个百分点；全年累计清收转化处置不良贷款29.98亿元；非信贷风险资产比年初下降48.78亿元。全年共实现中间业务收入3.39亿元，同口径比2004年增收4086万元。电子银行业务新增企业网上银行客户5030户，新增个人网上银行客户21.5万户，实现网上银行交易额9039亿元，比2004年增长50%；国际业务实现国际结算量15.88亿元，实现外汇资金交易16.66亿元；投资银行业务实现收入4838万元，比2004年增加220万元。

【主要工作措施】

（一）抓观念转变，促进全行经营思路统一

一是加快树立“发展是第一要务”观念，以发展统领全行工作，牢固树立危机、责任、机遇、竞争、服务、效益、市场、营销、风险、特色等“十种意识”；二是大力倡导科学发展观，各级领导干部深刻认识发展是立足现实市场、把握经济规律基础上的科学发展，正确处理发展与风险防范的关系，在发展中防范风险、在风险防范中加快发展；三是积极探索新的发展思路，召开分支行行长工作会议和改革发展研讨会，大造发展声势，开展宣传动员，调查市场资源，明确了市场拓展方向，确立了“重点发展优质信贷资产业务、继续发展低成本负债业务、加快发展高效益的中间业务、有效拓展高回报的新兴业务”的工作思路。

（二）抓“三清”工作，促进股改工作顺利推进

按照总行股份制改革的总体部署，把消化财务包袱、剥离处置不良贷款、清理、确权与处置非信贷资产及闲置固定资产作为工作的重中之重，认真做好尽职调查、账务划转、资料移交等工作，全行共剥离不良贷款223.02亿元，剥离非信贷风险资产38.52亿元，确权土地970宗，确权房产1250项，处置闲置固定资产项目244个。长期未得到处置的历史遗留问题加快了处置进程，省分行本部顺利迁入新的大楼办公。

（三）抓改革深化，促进经营体制机制逐步完善

按照“十位一体”的整体改革部署和要求，有效推进省、市、县三级行职能定位、城区机构扁平化、县域机构收缩、各级行本部“瘦身”、内部机构整合、网点重新布局及全面建设、机构定员定编、充实营销队伍、全员竞聘、绩效含量考核等工作，全行经营体制和机制得到逐步完善。共有11个二级分行按既定目标不同程度地减少了城区支行的管理权限，有5个分行已全部取消城区支行管理层级；全行净减从业人员961人，完成总行下达计划的211%，减少各类机构148个，共升格储蓄所为分理处169个，改建网点为二级支行37个，迁址机构50个；加快实施网点建设“221工程”，大力推进网点综合化改造，全年新增综合功能网点297个，“集、并、迁、建”各类网点198个，完成装修改造网点107个，正在施工和批复待施工网点93个；扩充营销队伍，全行共配备客户经理2928人，占全行从业人员的17%，其中专职客户经理2786人，占客户经理总数的95%。

（四）抓市场拓展，促进各项业务平稳健康发展

一是全面开展市场调研，先后组织五个“双十”、十个“前一百”等大规模的系统调查，确立了特色发展之路，确立了信贷市场“电力、交通、电信、石化、

非流通性领域、房地产开发”六大目标板块。二是加强银政、银企合作，拓展优质信贷市场，积极营销优质客户和重点系统，与国家开发银行签署了战略合作协议。三是建立了优质客户营销机制，开展竞争大行业、大项目、大户的“争大”活动，组织“争大”专班100个。四是整合“大个金”业务，强化个人客户与法人客户的资源共享和捆绑营销，加快核心竞争力产品推广应用，全年新增理财金账户客户3.08万户，完成总行下达计划的307.7%。五是实施中间业务逐项突破，将代理保险作为突破口，开展并实施了“银保业务大突破”工程，全年银行保险保费额达到7.4亿元，比2004年增长37%；实现手续费收入2585万元，增长23%。六是重整银行卡业务，建立了信用卡集中审批中心，全年净增各类有效信用卡10343张，其中国际卡净增8963张，信用卡消费交易额达到16亿元，外卡收单交易实现2779万元。

（五）抓信贷管理，促进全行信贷业务稳健发展

一是全面推行法人信贷客户统一细分名册管理，将全行法人客户分为增加融资类、维持融资类和压缩融资类“三大类”和“六小类”，完成对全行2446户法人客户的类别审查工作；二是建立信贷审批“绿色通道”，通过集中审定分次提款、核定客户授信、制定特别授权、开展联合评审、实施限时服务等措施，为重点客户提供高效、快捷、优质的信贷服务；三是加快实现信贷市场的“大进”和“大退”，全年新增法人客户贷款的88.53%投向了A+级以上客户，68.12%投向“六大板块”客户；四是完善审查审批机制，修订完善了信贷审查委员会、风险管理委员会工作规则，切实提高评级、评估的风险识别判断能力；五是切实加强贷后管理，认真做好贷款大户信贷风险分析工作；六是加快不良资产清收处置，下半年启动了不良资产清收处置“11115工程”，清收处置不良贷款16.46亿元，超额完成预定目标，全年共压降潜在风险贷款49亿元；七是提高对优质中小客户的服务水平，研究制定了支持中小企业发展的意见。

（六）抓从严治行，促进全行管理精细化

加快完善全行内控管理体系，在省分行改组成立内控合规部，在营业部、各二级分行成立内控合规中心、成立了消费信贷审批中心和贷后管理中心；在全辖认真组织依法合规大检查、操作风险专项检查及发现问题“回头看”活动，检查面100%，“拉网式”检查发现问题2万余个，发现问题整改率达到95%以上；积极配合安永公司开展财务审计和资产质量审计，接受银监局、内审分局的监管检查；深入开展“扫雷工程”，全行共确定“雷区”276个，解除“雷区”258个，全行案防形势稳定，全行无发生内部经济案件。

四川分行行长陈焕祥到优质企业五粮企业集团调研。

（七）抓队伍建设，促进干部员工素质提高

一是抓好先进性教育活动。全行488个党支部和8500余名党员积极参加了保持共产党员先进性教育活动，实现了先进性教育和业务发展“两不误、两促进”；二是抓队伍素质提高，组织开展处级干部、县支行正副行长、一般员工三个层次，涵盖发展、管理、职业道德教育三个内容的主题教育活动，省分行行领导亲自授课，共举办培训班11期，直接参训人员达2200多人次，全省系统培训各类人员共124094人次；三是抓队伍稳定工作，加强对在岗员工的宣传教育，认真做好离退休人员的思想政治工作和服务工作，坚持“不急、不怕、不粗心和依法处置”的原则处理信访事项，先后妥善处理了44起内部离退休员工和外部自谋职业人员集访事件。有力地维护了全行稳定的工作局面。

（八）抓战略规划，确立未来五年发展目标

省分行领导班子广泛深入开展调查研究、认真缜密进行科学分析，在抓好各项基础工作的同时，确定了2006－2010未来五年的发展目标，即成为系统内西部强行、本地同业第一大行，逐步建设成为业务发展和谐、全员和谐、银行与社会和谐的现代商业银行。

贵 州 分 行

行长 黄再红

【业务指标完成情况】

2005年实现经营利润12.62亿元，同比增加3.3亿元，增幅为35.41%；实现账面利润5.36亿元，同比增加4.68亿元，增幅为688.24%，完成总行调整后下达计划的165%。年末不良贷款余额为6.2亿元，比年初下降49.36亿元；不良贷款占比为1.18%，比年初下降9.54个百分点，资产质量居全国领先地位；不良贷款拨备覆盖率和信贷资产应计拨备覆盖率均达到100%。人民币各项存款余额647.6亿元，比年初增加68.59亿元，增幅为13.44%。人民币各项贷款余额为521.58亿元，比年初增加7.81亿元，还原剥离因素，实际增加54.8亿元，增长10.67%。全年实现中间业务收入15989万元，同比增加3325万元，增幅为26.25%。电子银行交易额达到2495亿元，电子银行业务量在总业务量中的占比达到24%。

【主要工作措施】

（一）以股份制改革为主线，管理体制进一步优化

一是加强组织领导，顺利完成股改工作任务。在省、市、县三级行分别成立相应的领导机构及日常工作机构，建立相应的工作机制，制定股改工作规则、工作流程及考核办法，加强各行、各部门之间的协调配合，采取行之有效的工作措施，确保股改工作按照总行要求有条不紊地展开，各项任务全部按照总行要求顺利完成，“三清”工作达到预定目标，外审和评估工作进展顺利，法律事务相关工作顺利完成。

二是围绕完善公司治理的主要改革项目，全力推进综合改革。投产财务集中管理系统，完善财务管理上收到二级分行管理机制，初步完成财务集中。认真做好数据采集、测算、测试，成功投产资金集中配置系统，建设适应新体制的全新资金管理模式，促进全面成本管理，强化风险控制。合理调整机构区域布局，全年共撤并机构38个，升格9个，迁址更名16个。组织实施处级干部的全员竞聘，换岗率达50.5%；70%的支行正副行长进行了交流。规范贷款审批中心和贷后管理中心“两大中心”工作机制，促进主要业务更加优质、高效开展。合并省分行后勤服务中心和省分行营业部后勤服务中心，组建具备独立法人资格的新公司，理顺后勤服务公司运营机制。根据股改后总行绩效考核的精神和导向，对全省二级分行行长绩效综合考评办法进行调整，适应新形势下经营管理的需要。

（二）以加快发展为核心，各项业务全面进步

一是拓展优质信贷市场。正确理解并积极落实国家宏观调控政策，认真研究并运用总行信贷政策，继续抢抓西部大开发、西电东送和贵州经济新一轮大发展的良好机遇，将争办优质大项目作为拓展市场、迅速发展壮大的重要途径，实现规模、质量、效益的有机统一。加强对市场环境的分析研究，认真编制重点客户、项目的营销服务手册。按照“三个提前”的要求做到早评估、早审批、早投放。全年共向“西电东送”第二、三批规划重点项目出具总金额为262亿元的贷款承诺函，拟融资额度同业占比达到43%。对汕头至昆明高速公路贵州段项目全额出具38.4亿元贷款承诺函。截至年末电力行业贷款余额达到226亿元，比年初增长50.35亿元，在贵州省第一、二、三批拟建电源项目上取得了26.06%、40.67%、43.32%市场份额；交通行业贷款余额达到29.3亿元。

二是以实施“大个金”战略为基础，努力推动经营转型。继续推进网点靓丽工程建设，全年有24个网点改造竣工并投入使用，78个网点完成简易装修，“个人理财中心核心竞争力开发与管理项目”实施范围扩大为57个网点。着力加强客户经理队伍建设，对机构、业务和资源进行整合，积极拓展优质个人客户市场，推动个人金融业务快速成长。将储蓄业务、银行卡、个人理财、个人结算等产品整合营销，着力打造理财金账户、牡丹灵通卡·e时代、幸福贷款等核心品牌，促进个金业务结构调整和协调发展。人民币储蓄存款当年增长47.03亿元，完成总行年计划的127.1%，增幅达16.61%，高于全国工行平均水平5.27个百分点，增幅居全国一级分行第2名。储蓄存款余额和增量占比继续保持当地四家国有商业银行第一的优势地位。

三是以加快中间业务发展为重点，积极拓宽收入来源。不断深化中间业务"六个一"大行动，认真实施"一把手"工程，抓好中间业务收入。不断完善中间业务考核办法，建立多层次的考核分配机制，激发全行拓展中间业务的热情。突出重点发展地区和业务领域，建立中间业务重点客户名册和重点业务品种名册。在保持原有业务品种稳步发展的同时，大力发展高附加值和高技术含量业务。在全行利差收入进一步提升的情况下，中间业务收入占利差收入的比重提升至8.16%，占营业收入的比重为5.16%，同比分别提高0.09和0.04个百分点。

总行张衢副行长到贵州分行一线营业网点调研，贵州分行行长黄再红陪同。

四是以加快电子银行发展为切入点，加速发展新兴业务。采取突出重点行、重点客户、多部门联手的营销策略，努力加大电子银行业务等各项新兴业务发展力度。精心策划开展"金融@家，真情大赠送"大型营销活动，与贵州日报、贵州电视台等省内10余家权威新闻单位开展"金融服务，跨越时空"联谊活动等。为贵州茅台集团开通了B2C特约网站，在全国率先拓展酒类行业电子商务市场。全年电子银行业务在全行业务笔数占比达24%，总行考核的电子银行业务11项专业指标全面超额完成任务。

（三）以加强管理为重点，执行能力进一步提高

一是加强分析策划，工作精细化程度不断提高。深入研究股改后总行出台的新政策、新办法，结合实际研究制定贯彻落实工作方案，及时修订完善相关管理办法。在省分行机关建立工作计划及推进情况每周报告制度，在全省范围建立季度经营情况分析报告制度，不断提高工作的精细化程度。

二是加强信贷管理，防范风险能力不断增强。进一步加强信贷基础管理，规范信贷业务流程，提高业务办理效率，不断提高防范信贷风险能力。实施归口管理，提高信贷营销和管理效能；坚持统一细分名册管理，把好信贷准入关；健全审贷机制，提高审贷效率；强化贷后管理，保证资产质量优良；加强个贷业务管理，深层次推进信贷精品工程；全力压降潜在风险贷款，确保新增贷款质量。

三是加强内控案防，基础管理水平继续提升。按照总行要求组建内控合规部，强化内控管理理念，制定内控文化建设方案，并拟定贵州分行内控管理三年发展规划。加强对管理人员的内控监督，共对各级行174名管理人员认真进行离任、离岗、责任审计，全面展开对92个县级支行的内控评价，精心组织实施依法合规大检查和操作风险专项检查，组织开展对全辖副科级以上干部两个责任制落实、基础管理履职情况大检查，对全辖二级分行、支行、营业网点负责人共计584人进行"两个责任制"和加强基础管理的履职行为排查，督促基层行管理者提高依法合规经营意识，切实履行管理职责。

（四）认真开展保持共产党员先进性教育活动

各级党组织、全体党员按照中央和总行党委工作部署，在总行督导组的指导下，执行"十项工作制度"，做到"六个结合"，确保先进性教育活动每个阶段、逐个环节扎实有效开展，形成了贵州分行保持共产党员先进性的"六个模范"标准，初步建立了共产党员保持先进性的长效机制。同时，以先进性教育活动为契机，大力推进和谐银行建设。通过调整预发工资、加大绩效兑现力度、提高内退人员待遇、开展扶贫慰问以及组织健康文明的文体活动等方式，体现人文关怀，营造了和谐奋进的良好氛围，形成了一心一意"求稳定、谋发展"的良好局面。先进性教育活动取得显著成效，有力促进了业务发展和各项工作的顺利开展，得到了总行督导组的较好评价。

云南分行

行长　王秀山

【业务指标完成情况】

2005实现经营利润117584万元，较上年增加7308万元，完成计划的104.98%。本外币各项贷款余额561.70亿元，比年初减少66.65亿元。其中不良贷款剥离65.77亿元，整体移交45个县域支行划转贷款27.92亿元。全行本外币各项存款余额895.81亿元，比年初减少19.34亿元，其中整体移交45个县域支行划转存款82.57亿元。全行共实现中间业务收入2.08亿元，较上年同期增加7967万元，增长42.28%，人均中间业务收入2.46万元，完成全年计划的102.33%。中间业务收入与利差收入的比例为15.86%，同比提高4.75个百分点。不良贷款余额、占比均较年初实现大幅“双下降”。

【主要工作措施】

（一）拓展存贷款市场，发展基础业务

一是围绕稳定各类公司客户存款、积极服务储蓄存款市场、注重拓展机构存款客户的策略，充分运用工行贷款、结算、信用卡、中间业务、客户理财等产品优势，切实抓好交通、电力、烟草、财政、证券及个人高端客户的综合服务，剔除45个县域支行业务移交因素后，实现了各项存款较大幅度的增长。

二是强化政策导向，找准市场营销切入点，把握好国家产业政策与工行信贷投放的衔接，对一般流动资金贷款坚持有保有压的原则，将电力、石油化工、电讯、公路、铁路、城建、航空、烟草、文化传媒作为市场重点，创新营销方式，组织精细化营销，全年争取到电力项目13个，公路项目5个，获得258亿元优质贷款市场份额。当年发放项目贷款59.42亿元，对16个项目出具了74.10亿元的有条件贷款承诺函和贷款意向书。

三是组织实施“个人信贷业务营销标准化工程”试点工作，建立个人信贷营销考核激励机制，科学评价营销业绩，最大限度地调动一线人员营销积极性，并结合云南实际，将贷款抵押担保落实，个人资信良好的按揭贷款和汽车消费贷款作为个人消费贷款业务发展重点，落实房屋开发和个人按揭贷款的捆绑营销和联动考核，规范审批程序和审批效率，促进了个人消费贷款的增长。

四是大力发展票据业务。调整票据业务经营思路，理顺票据业务经营网络，积极争取，广征票源，把票据业务作为主要创收业务来经营，当年票据融资量取得了较大突破，交易量创了历史最好水平，同业存量占比和增量占比与上年比，分别提高了7个百分点和26个百分点，票据业务收入占全行营业收入比重增长30.27%。

（二）调整资产结构，提高经营资产的安全性、流动性、效益性

认真贯彻落实人民银行、银监会的“窗口指导”，和总行的各项行业信贷措施，紧扣云南经济形势，严格市场分析，风险调控，对存量贷款加大盘活移位，对增量贷款把握住投向投量，对时效性较强的竞争性项目，开辟“绿色通道”，随报随审，继续加大对具有垄断优势，效益好的优质客户的信贷投入、严控潜在风险贷款的增长和抓紧移位盘活，年末全辖短期贷款余额较年初下降9.71个百分点，长期贷款上升11.28个百分点，A-级以下客户贷款比重由24.7%下降到10.3%，A级以上客户贷款比重由75.3%提高到89.7%，其中AA-级以上客户贷款比重由56.8%提高到74%，电力行业贷款净增37.3亿占比增加7个百分点，交通行业贷款净增20.6亿元，增6.87个百分点，上半年压降潜在风险贷款29.4亿元，下半年压降重点关注类客户贷款8.1亿元，分别完成总行下达计划的146.6%和138.8%，为实现云南分行贷款品种趋于合理，贷款投向优化，风险控制有力迈出了坚实的一步。促进了全行经营资产安全性、流动性、效益性的明显提高。

（三）积极推进中间业务发展，努力开辟业务新领域

坚定中间业务发展思路，推进中间业务品牌创新和效益创新。牵头制定了《云南省银行业服务项目收费价格》，有策略地启动了各类服务收费业务。与优势企业签订银企合作协议，为其办理评诂、咨询、理财业务，充当财务顾问，实现投资银行业务收入2455万元，同比增长227.77%。选择收益高、市场好的保险产品，进行保险代理。发挥现金管理的带动作用，配合支付密码系统、支票直通车、即时通等结算新品种，努力扩大结算收入来源。

区分和调整国际业务地域格局。在全力竞争昆明市场的同时，大力拓展地州外汇业务市场，在工业加工、旅游业、边贸较发达的曲靖、丽江、德宏等地州实现了多种外汇业务发展的重大突破，银行间货币互存业务、代客外汇债务风险理财、境外代付贸易融资业务、远期结售汇等业务陆续开办。

宣传电子银行技术领先优势，树立工行电子银行强势品牌。在大力宣传工行电子银行同时，及时开通网上银行信用证业务，全省跨行支付业务，网上电费代收及外汇买卖业务，向社会各界展示并推出了一整套全新的，技术高度领先的电子金融服务产品。大力推广特约网站，积极发展电子商务，去年全省工行电子银行完成交易额4558亿元。

（四）大力开展资产质量攻坚，努力提升资产质量，全面夯实经营基础

一是加速清收处置不良资产，提升信贷资产质量。努力扩大现金清收的数量和占比，努力实现不良贷款收回的最大化，现金清收率达到19.2%，高于全国平均水平7.4个百分点。积极探索新途径和新方法，强化依法清收工作，依法清收综合胜诉执行率为55%，较上年提高30个百分点。继续用好、用足还款减免息政策，不断提高还免比例，实际还免比率达到2.90:1。截至年末，清收转化不良贷款25.26亿元（剔除核销因素），完成计划的201%，不良贷款余额、占比均较年初实现大幅“双下降”，不良贷款余额20.38亿元，比年初下降55.77亿元；不良贷款占比3.63%，比年初下降8.49个百分点。全行非信贷风险资产余额较上年末减少12.1亿元，下降83.93%，完成总行净下降计划的161.46%。

二是严格依法合规操作，圆满完成不良贷款剥离。共剥离不良贷款66.2亿元，其中剥离损失类贷款493户，金额14.5亿元；剥离可疑类贷款1032户，金额51.7亿元。同时，全面组织清收处置了挂账多年的老委托贷款658笔4.5亿元，妥善解决了玉溪分行老委托贷款历史遗留问题。工行、云南省政府组织领导下，适时将45个县域支行的资产、负债、人员、机构网点、固定资产等成建制整体移交云南省政府，由云南省政府委托省信用联社代管。

云南分行行长王秀山深入营业部正义支行开展工作调研。

三是坚持从源头上治理，努力压缩控制高风险行业的信贷总量。上半年压降潜在风险贷款29.4亿元，完成总行下达计划的146.6%；下半年压降重点关注客户贷款8.1亿元，完成总行下达计划的138.8%。新增贷款质量保持良好水平，公司客户1999年（含）以来新增贷款不良率1.56%，控制在总行风险控制线以内，个人消费信贷不良贷款率1.03%，控制在总行要求的范围内。

（五）进一步完善制度建设，加大案件查处，切实强化内控外防，努力实现安全经营

及时把稽核监督部改组为内控合规部，并对内部规章制度进行梳理和修改完善，健全工作机制，认真组织完成各类常规审计工作，并积极支持配合协调各监管部门和安永审计等部门的工作。全年共开展专项审计、非现场审计、内控评价、离任审计、责任审计、离岗审计、其他检查及调查核实项目211个，针对问题提出整改意见2105条，已整改1691条，整改率达到80.33%。加大业务监督力度，开展执法监察工作，进一步加强对案件和违法违纪行为的查处。同时将所有县支行的事后监督集中到二级分行，彻底实现了前后台人员分离。全面完成守押社会化，实现全行全年安全经营。

（六）认真扎实开展先进性教育活动，建立保持先进性的长效机制，切实提高队伍素质

全面开展保持共产党员先进性教育活动，各级行党委高度重视，加强领导，精心安排，周密部署，较好地完成了各阶段的任务，整个活动开展得有声有色、深入扎实，受到了总行督导组和社会各界的充分肯定和高度评价。全行各级党组织按照总行党委的要求，注意从完善制度、健全机制上采取措施，加强党员的学习、教育和管理，扩大党内民主、严格党内组织生活，全面改进党员联系群众、服务群众等工作，把教育活动中的有效做法和成功经验与现代金融企业制度建设结合起来，努力探索使党员长期受教育、永葆先进性的长效机制。全行党建和队伍建设得到加强，先后7次组织党委学习中心组集中学习讨论，举办党课报告会（或专题报告会）50场次，专家讲座89场次，组织各类演讲比赛、知识竞赛21余次。开展党员谈心活动5723人次，共征求到群众意见和建议496条，各基层党组织共征求到1696条。认真抓好整改提高，制定了包括7个方面、25条具体内容、110条具体整改措施的省行党委整改方案，及时进行了整改。先进性教育活动满意度达到96.5%。用3个多月的时间，还全方位组织开展了综合改革政治思想宣传教育活动。

陕 西 分 行

行长　惠平

【业务指标完成情况】

2005年实现经营利润9.83亿元，同比增加3.3亿元，增长50.7%；实现经济增加值（EVA）6.7亿元；实现各项收入41.95亿元，同比增加6.25亿元，增长17.51%；成本收入比为55.98%，同比下降6.37个百分点；资产利润率（经营利润）0.76%，同比增加0.2%，增长35.71%。资产总额1271.8亿元，增加98.7亿元，增长8.41%；各项存款余额1188.72亿元，增加102.73亿元，增长9.46%；各项贷款余额542.9亿元，剔除剥离不良贷款本金258.06亿元及核销贷款本金9.38亿元，实际增加6.74亿元。实现中间业务收入2.55亿元，同比增加6962万元，增长37.83%；中间业务收入占营业净收入的比例为10.17%，较上年提高了2.51个百分点；人均中间业务收入2.22万元，较上年增加0.83万元；不良资产率3.95%，同比下降24.52个百分点；不良贷款率8.02%，同比下降28.88个百分点。不良贷款拨备覆盖率达到100%。全年保持安全营运，未发生大的安全责任事故。

【主要工作措施】

（一）积极配合，稳步推进股改及“三清”工作

上半年，按照总行统一部署和“清产核资、确权明责”的要求，集中精力配合开展股份制改造及财务重组工作，全力做好不良贷款清收、非信贷不良资产清理和固定资产清查工作。相继完成了损失类资产、可疑类贷款、非信贷风险资产的资料组卷、债权转让和账务处理。配合审计评估等中介机构，完成尽职调查资料的上报工作。土地和房屋确权率分别为94.54%和95.08%，均达到了总行规定目标。按要求完成了自办经济实体清查清理工作和特殊资产清理和处置工作，保障了财务重组工作的顺利进行。

（二）深化“三个层次”经营发展思路，全力推进“两个转变”

以股改为契机和动力，以提高主流市场和风险掌控能力为主要目的，不断深化和落实“两条战线，三个层次”经营发展思路。一是在省行及营业部第一层次，充实营销人员，在省行增设了煤炭和集团客户营销中心、小企业信贷管理部，使直营优质客户数量和小企业贷款额明显上升。实施法人客户营销和信贷管理体制改革，完成了直营优质客户“一站式”信贷审批流程试点工作。成立省行“大个金”业务推动委员会，整合业务资源，增强了发展合力。重组消费信贷管理体制，实现前台营销和后台风险控制职能的彻底分离。二是在营业部城区支行及二级分行第二层次，总结推广铜川、商洛分行扁平化改革经验，积极推进网点功能向综合化方向发展，在部分二级分行对公司业务营销实施集中管理，对信贷审查操作中心和中小企业信贷业务进行试点，完成了营业部、各二级分行个人按揭中心组建工作。全行分层营销和风险集中管理、分层控制的组织体系初步建立。三是在县支行第三层次，以个人业务为核心，结合县域经济特点，突出抓好大个金业务，涌现出了洛南、礼泉、韩城、眉县等多家“特色支行”。

（三）调整结构，积极拓展优质信贷市场

经总行授权，与陕西省人民政府签订《银政合作协议》，加大了项目贷款营销力度。全年向煤电油运重点项目投放贷款占全行法人客户信贷总量的 38.5 %。积极拓宽营销思路，实施 18.5 亿元的开行联合贷款项目，襄渝铁路复线、河南开封至通许、内蒙赤大高速公路、榆树湾煤矿及锦界电厂等重点项目营销均取得实质性突破。与陕煤集团、陕鼓集团等多家优质客户签订了《全面合作协议》。以中心城市为重点，开展“幸福贷款”品牌主题宣传和营销竞赛活动，巩固了优势地位。完善小企业信贷业务经营管理，稳妥拓展小企业信贷业务。发挥利率杠杆对票据融资的引导作用，全年票据融资增加 16.5 亿元。锁定退出目标，将各行信贷退出与省行信贷营销资源配置相挂钩，加快从劣质市场退出步伐，进一步优化了信贷结构。

（四）强化优质客户市场竞争，做深做细负债业务

强化对个人中高端客户市场的竞争，推进个人理财核心竞争力项目实施，全面提升营业网点竞争能力和集约化经营水平。年末实施核心竞争力项目的网点存款余额和当年增量分别占到全行的 49.17% 和 70.32%。个人高端客户市场份额也不断扩大，全年新发展个人理财金账户增幅达 104%，理财金账户客户人均资产 21 万元，列全国一级分行第 8 位，达标客户比率列第 7 位。积极发展机构业务，与多家保险公司签订业务合作协议，代理保险业务实现跨越式增长，代理销售保险产品实现中间业务收入同比增长 66%，保持同业领先。深化金融同业合作，与省农村信用社联合社签署全面业务合作协议，对东亚银行的人民币融资和西部信托的资产托管业务实现零的突破，银关通、银保通、银税通和银财通等特色产品营销实现新进展。实施贷款带动存款、综合金融服务稳定存款策略，对公存款实现平稳增长。

（五）整体推动，中间业务和新兴业务实现快速发展

实施中间业务优先发展战略，积极开展企业年金、现金管理、“新起点、新生活、e 时代”、牡丹灵通卡有奖刷卡、牡丹卡“红色之旅”等主题营销活动，及时启动“中间业务增收百日竞赛活动”，保持中间业务收入高速增长。银行卡业务充分依托全行客户资源、科技网络优势，构建多层次、多渠道的营销体系和综合营销、捆绑销售模式，推动发卡量较快增长。投资银行业务以常年财务顾问和投融资顾问为龙头，带动信贷衍生类中间业务品种实现翻番增长。国际业务以新产品开发为突破口，陆续推出个人外汇买卖、速汇金、出口信用保险项下贸易融资业务和发票融资等新产品，提前实现三年发展目标。电子银行业务加快整合步伐，完成网上银行跨行支付、多媒体自助代理缴费、一体化电话银行等新系统投产，对柜面低效业务分流作用得到进一步发挥。

陕西分行行长惠平在一线网点作大堂经理坐班查阅客户意见。

（六）完善信贷管理体系，确保资产质量持续好转

加强贷款投向宏观分析，对陕北石油行业贷款和重点项目营销加强指导，提供风险控制技术支持，促进营销效率和风险控制能力同步提升。加强授信集中审查和转授权、停复牌制度管理，完善贷后管理监测体系，开展操作性风险大检查和新增不良贷款全面责任认定等专项检查。建立并完善民营企业、上市公司和关联客户等大额贷款客户风险预警体系。全面推行信贷资产十二级分类管理和表外信贷资产质量五级分类管理，提高风险控制水平。加大不良贷款清收处置力度，建立法人客户不良贷款名单式管理制度，强化新增不良贷款责任追究。开展不良贷款清收处置劳动竞赛活动，提高清收处置成效。依托特别关注系统，实施个人不良信用客户账户存款扣收，全年共扣收贷款本息200多万元，拒贷不良信用客户贷款申请818万元。

（七）加强内控机制建设，全面提高风险防范能力

积极构建大内控格局，及时组建内控合规部。利用科技手段强化对业务操作流程的硬控制。配合股改，对专业规章制度进行清理完善，完成了“大个金”综合业务处理、NOVA新版本、安全支付平台系统等新系统的测试投产工作，实现银证通、中间业务平台、计算机资源管理等项目和系统的升级和改造，保障全行网络系统平稳运行。完善安全防范责任制，深入开展案件专项治理、“拉网式”依法合规大检查和“学制度、改陋习、守规矩、防风险”活动，深化和推进“扫雷工程”，落实“三防一保”工作。

（八）积极开展先进性教育活动，加强组织建设

一是认真开展先进性教育活动，使全行贯彻落实科学发展观和执行各项决策的自觉性、创造性明显增强，全体党员的党性观念和各级党组织的战斗力、凝聚力明显提高，有力地推动了改革发展工作。二是加强领导班子和员工队伍建设，积极开展“创建‘四好’班子，争当优秀领导干部”和“创先争优”活动，一批先进集体和先进个人受到总行表彰。三是狠抓党风廉政建设，强化对干部的管理和监督。维护稳定工作，以预防和妥善处置群体访为重点，完善信访机制和应急预案。组织开展“股改与发展”主题教育和“新起点、新形象、新跨越”主题营销宣传活动，促进全行各项工作稳健发展。

甘肃分行

行长　赵鹏

【业务指标完成情况】

2005年实现经营利润6.2亿元，同比增盈1.32亿元，账面利润亏损2.96亿元。提取呆账准备金4.5亿元，消化历史包袱4.46亿元。本外币贷款剔除剥离因素较年初下降1.97亿元。本外币存款比年初增加33.52亿元，其中对公存款增加21.69亿元，储蓄存款增加11.83亿元。全年实现中间业务收入19492万元，同比多增8431万元；实现银行卡业务收入4956万元；办理国际结算业务量9.98亿美元；电子银行交易3007万笔，电子银行业务占比达19.32%。全年累计清收处置不良贷款11.98亿元，其中现金清收4.55亿元，核销6.54亿元。压降潜在风险贷款9.44亿元。剥离不良资产105.17亿元。年末不良贷款余额14.02亿元，不良率降至4.35%。

【主要工作措施】

（一）开展“三清”攻坚，稳步推进股改各项工作

全行上下把不良贷款清收、非信贷风险资产清理和固定资产清查确权作为上半年各项工作的重中之重，全力以赴，精心组织，层层落实进度目标，保证了股改各项工作的顺利进行。按期完成了49.64亿元损失类贷款、49.44亿元可疑类贷款、6.09亿元非信贷风险资产的剥离，全行土地、房屋产权完善率分别达到95.31%和98.41%。及时组织全辖开展营业执照更换和土地、房屋的产权变更登记工作，土地权利证书变更率为100%，房屋权利证书变更率为85%。全行特殊资产处置工作也按计划进行。

（二）强化市场营销，推动业务稳定发展

一是积极开拓信贷市场。加大项目贷款投放力度，积极营销基础设施建设项目和甘肃工业60强企业技改项目贷款，全年累计投放项目贷款36.86亿元。强化流动资金贷款营销，累计向华亭煤电等优质客户发放流动资金贷款117.73亿元。主动适应企业短期融资票据化趋势，对与省内重点客户资金往来频繁的异地客户实施跟踪营销，累计办理票据贴现136.3亿元。加强与优质房地产开发公司的合作，积极开展住房开发贷款与按揭贷款的一体化营销。全年累计发放个人贷款10.7亿元，其中个人住房贷款7.27亿元。

二是努力开拓存款市场。细分对公存款市场，根据不同目标市场制定不同营销方案，进一步加强客户经理队伍建设，建立行级领导担任首席客户经理制度，开展行政事业厅局级单位专项营销活动。全行对公存款同比多增10.32亿元。储蓄存款方面，积极开展“财富人生工行相伴”、“牵手工行，共享幸福”等主题营销活动，大力发展理财金账户客户、个人网上银行客户和5万元以上（含）优质客户，全年储蓄存款日均增加25.97亿元。

三是大力开拓中间业务和新兴业务市场。在巩固传统结算、代理业务的基础上，大力拓展投资银行等新业务领域。全年中间业务收入同比增加8431万元，增幅达到76%。电子银行重视抓产品功能完善和结算大户跟踪营销，开户量、交易量以及替代率大幅提高。国际业务实施重点行和重点客户战略，国际结算业务量稳步扩大。银行卡业务重点加强公务用卡的营销，牡丹中油联名卡推广工作进展顺利。

（三）加强贷款管理，有效防范和控制信贷风险

制定《信贷业务审查审批工作规则》和《信贷业务审查要点》，规范信贷业务审批流程，提高贷款审查审批质量。严格落实贷款前提条件，从源头上控制新增不良贷款。加强对贷款大户的风险监控，省分行对亿元以上贷款大户，营业部和各二级分行分别对5000万元以上和3000万元以上贷款大户逐户进行跟踪监测。充分利用CM2002系统功能，加大非现场监测力度，提高风险预警能力。加大贷后检查力度，先后3次组织对全行新增贷款管理情况、授信管理情况、潜在风险客户压降情况、重点大户贷款管理情况、法人客户信贷业务档案管理情况进行了检查。全力压降潜在风险贷款，对锁定的潜在风险贷款，逐户逐笔制定清收转化方案，逐级落实清收转化责任，全年共压降潜在风险贷款9.44亿元。对新增不良贷款，建立贷款风险控制负责人档案制度和责任追究制度。积极采取有效措施加大不良贷款清收力度，不断提高全行信贷资产质量。

（四）深化改革创新，增强经营发展活力

一是深化组织机构改革。进一步压缩网点规模，优化网点结构，全年累计撤并低效网点108个，改建二级支行75个。完成二级分行城区支行扁平化改革，实现二级分行对城区营业网点的直营直管。

二是加快会计核算改革进程。完善“三大中心”建设，对票据交换提入提出业务和资金汇划来账、资金清算、代理业务、网上银行落地业务进行集中处理。投产会计核算风险预警系统、跨行支付系统和NOVA系列版本，组建省分行对账中心，规范内部账户设置与核算。

三是完善人力资源管理机制。推进职务序列改革，实行多种职务序列并存制度，坚持中层干部一年一聘制，在营业网点推行负责人经营目标招标聘任制。加强劳动用工管理，合理分流富余人员，促进人员结构调整。强化员工在岗培训，全年共举办各种培训班1095期，培训员工42708人次。

四是完善绩效考评机制，引入经济增加值指标，加大效益管理类和持续发展类指标权重。完善费用分配制度，突出对超计划完成目标任务的奖励。推进薪酬制度改革，修订完善了《甘肃省分行2005年工资总额分配办法》，调整了部分挂钩业务指标及权重，优化了工资总额配置机制。实施企业年金制度，初步建立了员工长期激励机制。

甘肃分行与甘肃省发展改革委、经委签订合作协议。

五是探索科技管理改革。根据数据集中后我行科技工作现状，对各二级分行信息平台进行集中上收，由省分行统一开发特色业务品种，同时对二级分行信息科技和电子银行进行整合，以此促进电子银行业务快速发展。

六是推进守押社会化改革，年内顺利完成省分行营业部守押社会化改革。

七是完成后勤分离改革。

（五）加强内控管理，促进全行依法合规经营

调整了省分行内控管理委员会，完善了工作规则，建立了定期工作例会制度；省分行各专业建立了专业检查制度，根据风险控制重点有计划组织特约检查员开展专项检查；加强了对各行经营管理人员的授权控制。深入开展合规检查和专项治理工作，抽调近百人组成10个检查组对全部二级分行进行了依法合规大检查，共查出问题4112笔/个/次，对发现问题进行了认真纠改。加强操作风险专项检查，对机构组织控制、信贷管理、资金管理、计算机系统管理业务进行了现场检查，发现问题5001笔，问题整改率达到98.98%。积极配合内、外部监管部门的审计检查，切实抓好整改工作。深入开展对基层行的内控评价和省分行机关内控试评工作，促进了内控制度建设。加强案件防范工作，省分行与各二级分行签订了党风廉政建设暨案件防范"两个责任书"，各二级分行和支行也层层签订了责任书。认真落实案件防范分析会制度，按时上报《案件分析会纪要》。深化"扫雷工程"，切实加强对风险点的监督与管理。

（六）加强党建和企业文化建设，营造稳定发展环境

扎实开展了保持共产党员先进性教育活动，省分行和各二级分行均成立了保持共产党员先进性教育活动领导小组和工作机构，认真组织先进性教育活动的开展。全行共有4327名党员接受了先进性教育活动。进一步加强了领导班子建设，突出抓好各级党委的思想政治作风建设，认真落实党委中心组学习制度，完善党委的议事规则，实行省分行领导班子成员对各二级分行分片定点工作制度，建立二级分行行长读书班制度，加强领导干部理论知识学习。深入推进党风廉政建设，有效实施对信贷审批、干部聘任、财务管理、工程建设、集中采购和不良资产处置等权力集中环节的监督。重视抓好企业文化建设，在全行开展了股份制改造和"弘扬长征精神，促进工行改革发展"的主题宣传教育活动，因地制宜开展群众性文体活动，按期召开职工代表大会，认真落实行务公开制度，深入开展精神文明创建活动，金昌分行先后荣获国家级精神文明创建工作先进单位和总行级文明建设先进单位两项荣誉称号。

青海分行

行长　李志诚

【业务指标完成情况】

2005年实现经营利润13096万元，同比增加1316万元，增幅11.17%。足额计提风险拨备13930万元，同比多提682万元。账面亏损12138万元，同比多亏3808万元。各项存款余额1688492万元，较上年增加109506万元，其中：对公存款增加67485万元，同业存款减少52373万元，储蓄存款增加94394万元。各项贷款余额1018329万元，较上年减少504945万元，剔除剥离因素，实际减少39457万元。实现中间业务收入2708万元，同比增加434万元，中间业务收入占利差净收入的6.57%。剥离不良资产480927万元，其中：剥离非信贷风险资产15485万元，剥离不良贷款465442万元。清收处置不良贷款41720万元。

【主要工作措施】

（一）认真做好股份制改革各项工作

根据总行不良贷款剥离工作有关要求，及时成立了不良资产处置领导小组，制定了损失类和可疑类贷款剥离及债权移交工作程序及剥离工作的操作原则，全面开展了不良贷款确权和剥离贷款尽职调查工作，顺利完成157户损失类和373户可疑类应剥离企业贷款档案整理和组卷工作。对表内应收利息、诉讼费垫款等非信贷风险资产进行了清理，并及时完成了档案组卷和剥离账务处理。组织开展了固定资产清查、确权及评估工作，积极完善土地及房屋权属证明，纳入确权范围的72宗土地、185项房产产权完善率达到"双百"目标。当年处置闲置固定资产项目45个，处置率98.05%，处置净收入467.9万元。组织开展了不良贷款确权核查工作和不良贷款责任认定工作，及时完成了系统测试、财会制度转换等新账建立工作。

（二）着力营销优质市场

高度重视储蓄存款业务的基础性作用，加强储蓄存款工作的组织推动工作，积极捕捉信息，锁定阶段性目标任务，采取外延营销，全员营销、整体营销、交叉营销等多种方式，扩大储蓄源头，全行储蓄存款保持了较高的增长态势。对公存款工作从建立健全客户基础资料档案、全面掌握客户经营范围、资金状况、发展潜力、贡献度、存贷款及中间业务等情况入手，进一步完善存款分析会制度，提高了工作的前瞻性和预见性，促进了重点客户营销工作的开展。成功争取铁建基金18亿元。与省烟草公司签署了《银企合作协议》。与总行机构业务部共同对96351部队和省武警总队进行了联动营销，并协助承办了武警后勤系统金融服务方案研讨会。争取到纳入省级国库集中支付的193户行政事业单位账户。与三江源证券经纪有限公司签订了《第三方证券客户保证金意向性合作协议》。新增贷款以优化资产效益结构为目标，积极营销符合国家产业发展政策的盐湖钾肥、盐湖镁、锂资源综合开发、水电、石油天然气、交通等优质客户和项目。全年净增项目贷款40060万元。积极参与总行直接营销的大项目银团贷款，完成了30000万元的“南水北调”行内银团贷款协议签订工作。牵头组建了盐湖钾肥集团100万吨钾肥综合利用项目贷款银团。审慎开展住房开发项目贷款营销工作，发放房地产开发贷款3000万元。

总行杨凯生行长到青海分行一线营业网点调研，青海分行行长李志诚陪同。

（三）加强财务集约化管理

按照“总量控制、核定基数、按季下达、绩效挂钩”的营业费用分配办法，制定了《2005年经营性费用资源配置办法》，严格控制营业费用、手续费支出和成本收入比率。对营业费用支出实行事前论证、事中监测、事后评价的全过程管理制度和一把手问责制度，有效降低了营运成本。加强资金预测、分析及调拨工作，强化营运资金日常动态情况监测，系统内借款成本同比减少3718万元。备付率保持在总行核定范围内，营运资金使用效益不断提高。加强利率管理，对全辖2004年和2005年第一季度的存款利率执行情况进行了全面检查，追回多支付利息177万余元；稳步推进贷款按月结息工作，全行人民币贷款按月结息占比达到69.31%。加强集中采购管理，全年公开招标21个集中采购和基建项目，节约资金100万元。

（四）健全完善运行机制

按照现代商业银行经营管理要求，建立了资产、负债、中间业务、财务审查、风险控制等涵盖经营全过程的专业委员会，完善了各委员会相关工作程序和议事规则，经营决策进一步规范。整合公司、住房、个人贷款业务流程，建立了前台营销、中台审批、后台管理的信贷业务组织管理架构，资产风险防范工作进一步加强。稳步推进会计核算体制改革，顺利完成NOVA系统1.5—2.1版本以及升级版本、年终决算系统的各项测试投产工作，投产了会计要素管理系统（二期），进一步规范了会计凭证、会计印章的管理，提高了电子化管理水平。组织实施财务集中试点工作，集中核算全行财务管理应用系统的所有科目，财务管理更加规范。积极推行分配制度改革，在上收各支行经营管理人员工资发放的基础上，实现了全辖从业人员工资和内退员工退养费的集中发放。大力优化网点布局，撤并效益低下的分理处、储蓄所，机构总数较年初净减28个；根据业务和市场规模，将7个营业机构升格为二级支行，全行二级支行总数达到20家，营业网点市场竞争力和综合效益进一步增强。推行管理人员聘任制，对省分行部室总经理、支行行长等35个管理职位进行了公开竞聘，优化了班子结构，增强了干部队伍活力。

（五）稳步提高内控管理水平

稳步推进内控体系建设，完善内控管理制度，制定了《青海省分行内控管理问责制实施办法（试行）》，进一步夯实了内控管理基础。严格防范和控制风险，组织开展各项审计项目18个，其中总行项目7个，自定项目11个，对全辖12个县（城区）支行的审计覆盖面达到100%，发现问题1827条（笔），已整改1690条（笔），整改率92.5%；提出整改建议801条，被查单位采纳788条。组织开展了依法合规大检查，以营业网点为单位，检查面达到100%。按照总行统一安排，组织实施了不良贷款责任认定工作，对新发生不良贷款负有主观责任的42名责任人分别给予了行政处理和经济处罚；对法人客户损失和可疑类剥离贷款存在主观责任的170名责任人给予了相应的处理；并以县支行为单位，建立了2005年剥离不良贷款违规违纪人员处理档案台账。组织完成了对高潜在风险贷款的责任认定工作，对相关责任人员进行了处理。根据总行统一部署，组织开展了机构组织控制、授权授信管理、信贷管理（公司客户信贷管理、个人消费信贷管理）、资金管理、计算机系统管理等6个专业的操作风险专项检查，开展了案件专项治理“回头看”，对检查发现的问题及时整改，风险管理能力进一步加强化。认真开展基层行内控综合评价工作，内控复评面达到100%。深入开展“扫雷工程”，“扫雷工程”第五、第六周期共确定“雷区”网点34个，查纠整改问题169条。定期和不定期地组织开展对金库、枪支弹药、运钞环节、消防安全等重点部位和重点环节的安全管理检查，检查面达100%；加强节日期间安全保卫工作，实现了第十个安全年。

（六）扎实开展先进性教育活动

按照总行党委的统一部署，在全行认真组织开展了保持共产党员先进性教育活动。制定了分行党委班子和系统先进性教育实施方案。严格按照实施方案，依次推进各个阶段的学习教育任务，既做好“规定动作”，又做好“自选动作”。各级行坚持边学边改、边整边改，采取了多种形式为员工办好事、办实事。通过活动的开展，全行党的思想、组织、作风建设和员工队伍建设进一步加强。围绕创建“四好”班子，大力推进领导班子思想建设、组织建设和作风建设，领导干部综合素质进一步提高。紧密结合股份制改造和业务发展的实际，在全行开展了“弘扬长征精神，促工行改革发展”主题宣传活动，对促进股份制改造和业务发展起到了积极的推动作用。按照省委部署，在全行开展了“以牢固树立和全面落实科学发展观”为主题的新一轮解放思想大讨论活动，促进了全行思想解放，观念更新。

宁夏分行

行长　王文彬

【业务指标完成情况】

2005年实现经营利润1.9亿元，同比多增1亿元，增长119%，其中账面利润0.9亿元，同比增盈1.94亿元；模拟经济增加值7104万元。五级分类不良资产余额3.38亿元，不良资产率为2.14%，其中不良贷款余额2.98亿元，不良贷款率为2.46%。剔除不良贷款剥离因素，各项贷款审慎增长10.5亿元。各项存款增加1.7亿元。实现中间业务收入0.63亿元，同比多增0.37亿元，增长238%。电子银行交易额477亿元，增长55%，其中网上银行交易额430亿元，同比增长46%。国际业务结算量2.88亿美元，同比增长34%；贸易融资额0.21亿元，同比增长81%。牡丹卡直接消费额1.37亿元，同比增长67%。资产回报率1.15%，同比提升0.7个百分点。成本收入比56.5%，同比下降13个百分点。

【主要工作措施】

（一）股份制改革顺利推进，资产质量彻底改善

高质量、高效率地完成了200户、13.68亿元损失类贷款和343户、33.52亿元可疑类贷款的资料组卷、账务处理和债权转让工作，按时完成了2.01亿元非信贷风险资产的剥离工作。房产和土地办证率双双达到100%。业务尽职调查和法律尽职调查，中介机构进场评估审计，以及清产核资、特殊资产清理、闲置资产处置、股改建账和非信贷资产清理工作也顺利完成。剥离过程中，全行认真执行国家有关政策规定，完善制度，规范流程，严格把关，严肃纪律，追究了相应的贷款风险责任，做到了剥离工作依法合规、手续完备，剥离后债权债务关系清晰、不留后遗症，受到总行和多家资产管理公司的好评。

牢牢把握股份制改革大局和风险可控节奏，统筹不良资产清收处置、潜在风险贷款压降和不良贷款剥离等工作，合理调整不良贷款剥离明细和存量结构，夯实了剥离后的资产质量基础。累计清收处置不良贷款2.3亿元，压降潜在风险贷款5.7亿元，清收处置非信贷风险资产1亿元。2005年全行不良资产率同比下降25.5个百分点；不良贷款同比下降28.6个百分点。不良贷款拨备覆盖率达到103%，资产质量水平已经处于全系统和同业前列。

（二）调整经营结构，推进经营模式和增长方式转变

坚持把结构调整作为推进“两个转变”的根本途径，大力实施传统业务巩固与新业务发展相结合、优质市场进入与劣质市场退出相结合、自求发展与把握政策机遇相结合等策略，经营结构调整取得可喜成果。2005年末，全行非信贷资产占比上升到25.7%；有息资产占比高达96.7%。大力实施中间业务和新业务优先发展战略，中间业务收入占利差收入比为21.2%，同比提高11.4个百分点；占营业净收入比为14.8%，同比提高7.8个百分点，收益结构得到较大调整。被动性负债虽仍占据主要地位，但主动性负债已开始发生变化。电子银行业务占整个业务的比重上升为20%，离柜业务日趋扩大。

认真实施涵盖表内、表外信用和信贷退出计划的全口径信贷总量和流量管理，依托以公司客户经营中心为主体的法人客户营销体系，积极开拓优质市场，实现了结构调整前提下信贷总量的审慎增长。累计投向法人客户新增贷款23亿元，重点支持了电力、高速公路、煤炭、医药等行业优质客户。其中AA－级（含）以上及定性评级客户贷款占比高达93%。剔除不良贷款清收处置、潜在风险贷款压降和不良贷款剥离等因素，全行各项贷款实际增加18.5亿元。全行流动资金贷款比重降为27%，项目贷款比重升至52%，消费贷款比重升至14%，票据融资比重升至7%；A级以上法人客户贷款比重升至94.2%，其中AA－级以上优质法人客户贷款比重高达83.8%。以传统流动资金贷款和国有、集体企业贷款为主体，风险客户贷款占较大比重的信贷结构，已被多元化信贷资产和优质客户贷款占较大比重的信贷结构所取代。

（三）构建风险管理长效机制，切实提高风险掌控能力

加快构建了覆盖信用风险、市场风险和操作风险的风险防控体系和内控合规管理体系，逐步推进了整体、全程和量化的全面风险管理。实施了信贷管理体制改革，推行了贷款质量十二级分类管理，建立了贷款大户风险控制负责人制度，信用风险掌控能力大大提升，1999年以来新增贷款不良率仅为0.36%，2002年以来新增贷款不良率保持为零，安永审计2004年末不良贷款差异率仅为0.26%，2005年6月末不良贷款差异率为零。利率风险管理开始启步。操作性风险管理实施了“3341”安全工程；完成了守押社会化改革，实现全辖机构无一枪一弹；委派了194名营业经理，事权划分和事中控制力大大增强；建立了专业检查、合规检查和交叉检查等检查体系，多层面、多批次、多频率开展了合规检查、内外审计和专项治理活动，全行已连续24个月无案件事故。

宁夏分行与宁夏煤业集团有限责任公司签订战略合作协议。

（四）发展核心技术、业务和客户，切实提升核心竞争力

成功投产全功能业务处理系统以及众多管理系统和业务项目，奠定了同业间的科技领先地位，并为管理体制、经营模式、服务体系和业务创新提供了强有力的技术支持。积极应对金融资源匮乏的区域竞争环境，大力实施高端客户重点发展策略，与区内煤炭、电力、交通、医药、教育、石油、部队、有色金属、证券等13户大型优质客户建立了全面战略合作关系，优质法人客户竞争力明显提升，其中煤炭、电力和公路三大行业贷款在四大银行占比分别达到51%、40%和53%。大力发展了信用卡、国际卡、理财金账户以及网上银行证书客户，优质个人客户渐成规模。高附加值、技术密集型核心业务快速发展，成功为“宁煤集团”提供发债融资担保“一揽子”服务和40亿元贷款承诺，促使其10亿元企业债券发行圆满成功；为自治区交通投资公司的外汇债权期货买卖提供全程金融服务，创新了银企合作的新领域；为中油宁夏分公司成功发行和启用牡丹联名卡，拓展了双方“双赢”的新领域，零售业务、结算业务、现金管理、电子银行、银行卡和投资银行业务也处于市场领先地位。核心技术、核心客户和核心业务的巩固与发展，大大提升了全行的核心竞争力。

（五）完善内部治理机制，推进管理体制和经营机制改革

深化了以“区分行—支行”为特色的管理体制改革，初步构建了两级经营格局。再造了公司信贷和消费信贷前中后台严格分离的业务流程，推进了会计业务集中处理，建立了对账中心和档案中心，以客户为中心、以风险控制为主线的流程再造成效显著。构建了公司客户营销体系，实施了区分行法人优质客户直营改革，整合了个人客户营销渠道，以客户满意度为核心的营销体系建设已具雏形。经济资本管理和新的经营绩效考评制度与经营管理活动开始衔接，财务管理体制改革稳步推进，财务集中改革如期完成。人事劳动制度改革迈出较大步伐，平稳分流富余人员195人，此外通过分行内退分流正式员工358人。撤并了32个低效机构，建设个人理财中心核心竞争力项目10个。

（六）加强党建和队伍建设，提供政治保证和智力支持

坚持在“三个代表”重要思想指引下突出抓好党的建设，在扎实开展保持共产党员先进性教育活动中保持了党组织和共产党员的先进性，增强了全员的战斗力和凝聚力。坚持把抓好班子建设作为队伍建设的关键，建设“四好班子”，以过硬的班子带领队伍。共提拔、充实正副行长14人，调整交流分行本部正副总经理17人次，提拔、充实本部正副总经理11人，对5名支行副行长和2名分行本部副总经理进行了诫勉谈话，解聘支行副行长3人。坚持以人为本，强化教育培训，为推进经营转型提供了人才保证。坚持思想政治工作和股份制改革形势任务教育相结合，营造了和谐氛围。

新疆分行

副行长（主持工作）
吴宁峰

【业务指标完成情况】

2005年实现经营利润7.2亿元，账面利润1.98亿元。全行本外币各项存款余额（含同业）为748.22亿元，较年初增加69.48亿元。人民币存款增量同业占比23.13%，位居同业第一位，存款继续保持了稳步增长态势。全行本外币各项贷款余额为291.78亿元，较年初减少90.82亿元（含资产剥离因素），减幅为23.74%，贷款呈现出低位运行状态。全行资金业务实现净收入8.52亿元，同比增加3.34亿元，增幅达64.38%。实现中间业务收入2.4亿元，同比增加5998万元，增幅为33.3%，人均中间业务收入2.89万元。电子银行业务收入298万元，同比增加160万元，电子银行业务占整个业务的比重为17.54%，同比提高5.8个百分点。实现外汇利润150万美元，同比增加94万美元。信用卡发卡量为14.38万张，较年初增加2.19万张，其占业务总收入4458万元，同比增加229万元。不良贷款年末余额为28.81亿元，较年初减少77.67亿元（其中：剥离75.98亿元，核销2亿元），不良贷款占比9.87%，较年初下降了17.95个百分点。

【主要工作措施】

（一）顺利完成资产“三清”工作

按照总行统一部署和整体安排，行领导高度重视，成立相应机构，组织精干人马，顺利完成各项股改工作。对全行现有固定资产进行了确权、评估、登记、交接及法律尽职调查等工作，圆满完成了838户、75.98亿元的损失、可疑类贷款和332笔、5.04亿元的非信贷风险资产损失的剥离销账及档案资料移交，并按总行要求保质保量地完成了财务、资产及不良贷款偏离度等审计工作。

（二）继续调整经营结构和优化收入结构

通过加快推进中间业务和新兴业务的经营规模，不断增强全行的整体竞争能力，使全年中间业务收入占各项业务收入的比例达到8.34%，同比提高1.13个百分点。其中个人理财、电子银行、牡丹卡、国际结算、本外币清算及现金管理、投资银行、资产托管等具有较强竞争力的中间业务有了较快发展。大力开展基金代理、个人保险业务，开办了公司收付保险费/金业务，与区内所有寿险公司签订了新的产品代理协议，全行累计实现代理销售个人寿险产品手续费收入1011万元。并与新疆邮政管理局签订了现金管理服务协议，现金管理业务取得了实质性进展。全行有9个二级分行开办了财务顾问业务。与克州铁矿签订融资顾问协议，实现了该项业务零的突破。委托资产托管收入跃居总行第三位，并荣获总行“资产托管业务开拓奖”。个人网上银行和银行卡业务发展迅速，理财金账户、“储蓄异地通”、银财通等产品市场影响力不断扩大。银行卡数量和效益同步增长。完成了乌鲁木齐地区60座加油站POS机的安装工作，为新疆邮政管理局总部及其12个分支机构全部开通了网上银行贵宾室业务，新增企业网上银行普及版客户1125户。在全疆开通了网上银行在线缴费与跨行支付功能，积极推进电子银行示范工程建设，在分流柜面压力方面取得了明显成效。同时，大力营销出口保理、福费廷等贸易融资新业务及远期结售汇、代客理财、风险管理等业务，拓展了国际业务市场领域和服务范围。

（三）不断加强资产质量管理和风险防范力度

一是继续推进清收处置工作。对不良贷款可清收项目及数额进行深入摸底调查，制定出相应处置策略和实施方案，明确清收责任人和时间进度，加快清收处置步伐。全年共清收处置不良贷款10.56亿元，完成总行计划任务的133.78%。二是全力压降潜在风险贷款。成立潜在风险贷款处置领导小组，责任到人，逐户逐笔制定清收转化方案。并加大督导力度，严密防范和控制存量贷款风险。三是适时退出劣势市场。加强对区内行业信贷风险分析和客户风险审查，研究制定了新天国际及其关联企业等风险客户的信贷退出策略，继续控制和压缩受总行授信控制客户以及钢铁、水泥、电解铝等过度投资行业和低水平重复建设严重行业的融资总量，进一步合理把握信贷投向，推进信贷结构调整。

（四）继续加大市场营销力度

一是加强对重点行业、重点区域、重点客户、重点品种的信贷营销，争揽重点项目，共评审固定资产项目49个，涉及项目贷款225亿元。做好对AA级以上优质客户的关系维护工作，分别为千万吨炼油、百万吨乙烯项目和哈密鲁能煤电化项目制定了综合金融服务方案。筛选“西洽会”和“乌洽会”内联、外资项目223个。主动营销争揽到自治区17条新建公路项目融资业务。与国家开发银行新疆分行合作开展5.5亿元的联合贷款业务。重点推进经济环境较好、房地产市场发育较成熟的乌鲁木齐、昌吉、伊宁、库尔勒等地区的住房信贷业务，使住房信贷业务的稳步增长，其余额较年初增加2.97亿元。二是积极拓展存款市场，优化结构，使机构存款成为各类存款中盈利能力较强的资金来源，活期存款占比达到了90%。积极拓展“银关通”“银税通”、“银证通”等业务，全年签订网上付税协议的企业已达

新疆分行与中国石油天然气运输公司举行现金管理服务协议签约仪式。

21家，累计代扣税款1亿元；在军队系统全面普及了企业网上银行，驻疆部队资金已100%通过网上银行拨付，累计交易额达71亿元。三是构建“大个金”格局。以中高端客户和潜力客户群体的市场定位与竞争策略，把个人金融资产达到20万元以上的理财金账户客户和个人金融资产5万元以上的潜力客户作为分层次维护目标，大力推广“理财金账户”、“牡丹灵通卡·e时代”。积极与保险、税务、水电、物业、图书等行业合作，扩大代理业务领域。不断推动网点营销前后台互动和分层次服务，推广核心竞争力项目建设，进一步增强精品网点市场竞争力。

（五）继续深化改革和内控管理

一是健全内控组织体系，实现稽核监督职能向内控合规管理的转变。全面推行内控综合评价标识化管理，开展拉网式依法合规大检查与机构组织控制、信贷管理、资金管理、计算机系统管理等操作风险专项检查，增强全行依法合规稳健经营意识。通过开展案件专项治理工作，加强重点部位和关键环节的监督检查。二是规范信贷评级授信工作流程，加强大额逾期贷款风险预警提示和关联风险控制，逐户梳理关联客户控制关系，加强贷后监督检查和授信风险控制。建立分层次的贷款大户风险监控负责人制度，推广实施法人客户贷款十二级分类。开展公司客户信贷业务依法合规检查，对各行224户法人客户信贷业务进行检查并整改。三是稳步推进会计业务“三大中心”建设和“一总两员”和会计监管员队伍建设，构造会计监督检查体系。开展“会计制度渗透”活动和“反洗钱”工作，强化上门收款、

银企对账等易发案环节的防范措施。

（六）推进党建、精神文明建设协调发展

一是结合保持共产党员先进性教育活动，开展“三个代表”重要思想、十六届四中全会精神、《保持共产党员先进性教育读本》、股份制改造理论知识、胡锦涛等中央领导同志重要讲话等理论学习。开展“公民道德建设月”、“四五”普法教育与“民族团结教育月”活动。对领导干部遵守廉洁自律五项规定情况进行专项清理，健全源头防治腐败的工作机制。对涉及“权、钱、人”的重要环节实行制度化和程序化控制。二是对获得区级以上的文明单位进行重点检查，较好地完成了对总行级以上文明单位的复验确认工作。积极开展劳动竞赛、业务创新、技术练兵、岗位成才，以及丰富多彩的文体活动，荣获区直机关第六届“公仆杯”乒乓球甲级队团体赛第6名；荣获自治区首届“祝福新疆”合唱艺术节比赛的“歌唱一等奖、优秀组织奖和优秀创作奖”。新增8个自治区级“行业作风建设示范窗口单位”，13个自治区级“文明窗口示范单位”，1个总行级“精神文明建设先进单位”，1个总行级“文明先进单位”，2个“全国精神文明创建工作先进单位”，2个国家级、3个总行级、14个分行级“青年文明号”，1人被评为自治区劳动模范。同时，经自治区文明委复查验收和社会公示，再次被命名为系统“文明行业”荣誉称号。并获得国务院授予的“全国民族团结进步模范集体”荣誉称号。

大连分行

行长　邢国飞

【业务指标完成情况】

2005年实现经营利润5.17亿元。不良贷款余额23.97亿元，比年初净下降114亿元；占比7.95%，比年初下降17.38个百分点。全年清收处置不良资产122.8亿元。人民币各项贷款余额296.4亿元，剔除剥离、核销和新增以物抵债因素，实际较年初增加1亿元。人民币各项存款余额537亿元，较年初增加54.6亿元。其中储蓄存款增加26.3亿元；对公存款增加28.3亿元。外币各项存款余额2.6亿美元。本外币合并同业存放余额15.7亿元，比年初增加1220万元。实现中间业务收入1.26亿元，占总收入比重3.9%，占利差收入比重18.6%，同比分别提高0.3和5.6个百分点。代发基金15只，1.1亿元；代销国债5期，5.25亿元；代销保险5.5亿元；销售人民币理财产品3987万元，外币理财产品1777万美元。新发信用卡1.5万张，信用卡消费交易额3.8亿元，实现银行卡业务总收入2588万元。国际结算业务量26.1亿美元，外汇资金业务量17.3亿美元，外汇中间业务实现收入3297万元。电子银行交易额1205亿元，实现收入207万元。

【主要工作措施】

（一）精心部署，深入开展资产质量攻坚战

为做好股份制改造前期准备工作，全行上下树立起一盘棋思想，集中力量，抢抓机遇，发扬连续作战的工作作风，开展了大量艰苦细致的基础工作，顺利完成不良贷款确权、剥离以及土地房屋产权完善、综合业务尽职调查等项工作，为高质高效完成股份制改造做好了充分准备。继续发挥风险管理委员会的引领作用，加大不良贷款清收处置预案执行力度，强化对重点行、重点户的分类指导与管理，抓紧开展资产质量攻坚战。以现金清收为主，创新清收思路和方法，积极协调好政府、企业、法院各方面关系，综合运用还款免息、以物抵债、银政协商、依法诉讼等多种手段，不断扩大清收成果。实现现金清收不良资产8.1亿元，其中一次性收回现金1000万元的达16户。利用风险资产处置中心专业化处置职能，加快抵债资产处置进程，加大对闲置固定资产的处置力度，通过举办公开推介会、专场拍卖会，提高了抵债资产周转率，也防范了道德风险和操作风险。不良贷款剥离后，又将压降潜在风险贷款作为重要内容，积极开展大额潜在风险贷款课题攻坚，并结合国有企业改制和搬迁改造，积极研究债权落实工作，切实维护我行债权的安全。针对“假按揭”贷款集中暴露的问题，成立了不良贷款清理领导小组，有针对性地采取措施，全年共清收处置个人不良贷款1.1亿元，处置工作初见成效。继续推行经济纠纷案件精细化管理，加快胜诉未执结案件的处置执行，做好诉讼费垫款的清理压缩工作，全年清收诉讼费垫款3548万元。进一步加强非信贷风险资产的管理，完成非信贷资产清理及损失核实、剥离及账务处理等各阶段工作，实现了资产质量的根本好转。

（二）突出重点，积极拓展优质存贷款市场

根据大连市总体发展规划，坚持做大做强优质客户市场的信贷经营策略，对重大客户、重点项目的营销取得了实质性进展。围绕东北亚航运中心建设，确定37个重点项目，全年累计向辽宁核电、庄河电厂等优质客户投放贷款45亿元。关注土地储备贷款项目，积极营销大连市房地产龙头企业，与大连新型集团达成39亿元贷款意向，全年新增房地产开发项目13个，累计新增房地产开发贷款20.5亿元。由我行牵头为大连医科大学筹组了8亿元银团贷款，开创了大连市银团贷款的先河。在有效控制风险的基础上稳步推进小企业信贷业务发展，出台小企业信贷管理实施意见，实行区别于大中型客户的小企业信贷管理新模式。票据业务得到有效发展，全年累计票据贴现36.8亿元，同比增加6000万元，年末票据融资余额较年初增加11.5亿元。改革消费信贷体制，实现个人贷款业务“重点地区、重点支行、重点品种”的发展战略，保证了个人贷款业务持续健康快速发展。

不断对公存款丰富营销服务手段，完善管理机制，强化激励约束作用，深度挖掘市场资源和潜力，稳定和扩大了对公存款市场，年末人民币对公存款较年初增加28.3亿元，同比多增29.8亿元。由我行独家代理的财政国库集中支付业务成功开办并日趋成熟；与太平人寿签订企业年金合作备忘录，为今后年金业务的发展搭建了平台；举办“银行同业合作与发展交流会”，为我行与银行同业开展深层次业务合作起到积极的作用。积极构建“大个金”经营格局，以理财金账户和牡丹灵通卡两大核心品牌为重点，实施分层次的差别化服务，抓住黄金时节和营销旺季，开展形式多样的主题营销活动，全面提升个人金融业务的综合竞争力。积极推广个人理财中心核心竞争力开发与管理项目，联合《新商报》举办家庭理财大赛，树立工商银行品牌形象。

（三）强化市场营销，积极推进中间业务和新业务发展

做好中间业务牵头管理工作，制定中间业务收费标准和收费减免实施细则，逐步规范中间业务发展。组织大型优质客户现金管理服务推介会，开展“争开新户，争办结算”竞赛活动，与民生、广发等银行同业签署支付结算代理业务，带动了会计结算业务新的发展。成功启动银团贷款、重组并购顾问业务，不断拓宽投资银行的服务领域，投资银行业务实现收入1310万元。把握市场商机，做好国际业务重点客户配套服务，结售汇业务突破14亿美元。成功争揽36亿日元大连港外债风险管理项目，填补了外汇衍生业务领域的空白。启动电子银行服务示范工程，以大连软件园为切入点，营销宣传我行电子银行产品，企业网上银行和个人网上银行开户交易量不断提高。成立信用卡联合营销工作领导小组，发挥联动优势和专业带动作用，精心策划开展刷卡消费、兑奖抽奖等各类促销活动，对持卡人产生长效激励，促进了中间业务收入的提高，牡丹卡品牌影响力不断提升。重新梳理代销保险产品，推出7种新险种，并做好手续费议价工作，实现新老产品的更替。全年代销保险5.5亿元，较上年增加1.6亿元，在全市银行保险销量中的占比高达64%，同比提高20个百分点。

大连分行牵头的大连医科大学新校区建设项目银团贷款签约仪式。

（四）深化各项改革，不断提高经营管理水平

加强对基层网点负责人以及重要部位、重点环节的管理，集中整治权限卡管理环境，会计管理不断精细化、规范化。提前完成银企对账集中管理，推行票据集中提回业务试点，实行网银落地指令的集中处理，高质量完成人民币账户管理、大额支付等系统投产项目，集约化水平日益提高。成立财务核算中心，加强费用流程管理和支出行为控制。整合内部资金价格，完善绩效考评体系，全面推行业绩价值管理分析评价。认真做好宣传引导，保证人民币个人账户小额归并工作顺利进行。科学规划网点布局，完成全辖2/3营业网点的搬迁改造，打造出1个具有竞争优势的精品网点。开展机构组织控制专项大检查，撤并网点20个，进一步规范对机构网点的管理。完善档案中心职能，全面实现法人客户信贷业务档案的统一管理，启动个人贷款档案的集中管理。加强法律事务工作基础建设，迅速完成股改后营业执照变更等工作，为业务发展提供有力的法律服务。加强同业及系统内信息分析研究，发挥“网讯”信息主渠道作用，做好数据仓库开发及系统推广应用，为业务发展提供良好的信息和科技支持，科技安全生产在总行取得了较好排名。以依法合规大检查为契机，全面加强内控管理，积极协调配合内外部审计工作，促进全行依法合规经营。加大反洗钱工作力度，定期召开反洗钱领导小组工作会议，建立大额和可疑交易报告制度，举办反洗钱知识培训和多种形式宣传活动，并对反洗钱内控制度建设、可疑交易报告等情况开展全面检查，有效防范和遏制了洗钱犯罪。深入细致做好信访工作，维护全行稳定。深化“扫雷工程”，加大安全保卫工作力度，完善对重大紧急事项的报告和应急处置预案。认真开展案件防范工作，针对“4.3”案件迅速查处，严肃处理11名相关责任人，并引以为戒，查摆管理漏洞，消除不安全隐患。

（五）积极落实，全面开展保持共产党员先进性教育活动

自开展以实践“三个代表”重要思想为主要内容的保持共产党员先进性教育活动以来，各级党组织充分认识到先进性教育活动的重要性和必要性，统筹安排，扎实推进，顺利完成先进性教育学习动员和分析评议阶段各项工作，构建起先进性教育的长效机制。通过学习动员阶段对责任、内容、时间、制度和方法5个方面的有效落实，全行党员的思想政治素质和分析问题、解决问题的能力有了一定程度的提高。在分析评议阶段，组织各基层党组织和全行党员广泛开展了征求意见和谈心活动，在撰写党性分析材料的基础上召开了专题组织生活会，为每一位党员提出评议意见。通过这些活动的开展，全行党员干部的服务意识和改革创新意识明显增强，党员的模范带头作用和综合素质得到提高，工作作风有所转变，各级党组织的创造力、凝聚力和战斗力不断增强。

（六）以人为本，加强干部员工队伍建设

组织两级党委班子召开了民主生活会，搞好领导干部廉洁自律，加强对高管人员的管理和调整优化。引进各类专业人才，加强对关键岗位从业人员的管理，举办业务类职务序列任职资格考试，提高员工队伍的整体素质。积极稳妥地做好后勤体制改革工作，规范减员分流工作，防止违规现象的发生。完善工资总额分配办法，完成员工工资集中发放任务，调整薪酬结构，启动补充医疗保险项目，稳步提高员工的工资收入和福利待遇。组织实施“员工业绩评价系统”项目试点工作，为构建现代人力资源管理体系奠定了基础。发挥工会、共青团优势，围绕“二次创业”开展多种劳动竞赛和业务营销活动，引导青年员工积极投身我行改革和发展。关心慰问老干部职工，开展“扶贫帮困”和“送温暖”活动，体现组织温暖和人文关怀。

青 岛 分 行

行长　蔡治建

【业务指标完成情况】

2005年实现本外币经营利润50601万元，同比增长14157万元。本外币各项存款余额403.72亿元，较年初增加39.13亿元。本外币各项贷款余额239.16亿元，剔除剥离和呆账核销等因素，实际较年初增加3.24亿元，累放本外币各类贷款144.6亿元。实现本外币中间业务收入8502万元，同比增长3.86%。

【主要工作措施】

（一）加大优质贷款营销力度，调整优化信贷结构

公司信贷方面，将符合国家产业政策及总行信贷准入政策的基础设施建设、高等院校、交通行业、开行低风险联合贷款项目、优质房地产项目作为营销的重点目标，通过积极争揽高端优质客户及调整新增客户结构，有效克服了公司贷款累计收回数额大、流动资金贷款下滑等不利因素的影响，全年累计发放各类公司客户贷款97.94亿元，公司客户贷款实现了恢复性增长。加大对青岛市一批大型重点项目的跟踪营销，按客户需求提早完成了项目融资、外汇风险管理等各项财务支持方案，并先后出具了57亿元的贷款承诺函，为今后的合作奠定了坚实的基础，同时储备了雄厚的项目资源。

个人信贷方面，积极适应消费信贷经营管理体制改革所带来的各项变化，启动个人消费信贷联动营销机制和龙头促动机制，大力开展“幸福贷款”、“李健工作站”等品牌营销宣传活动以及“庆祝全行个人贷款突破5000亿元”媒体宣传活动，带动个人消费信贷业务稳健发展。全年累计发放个人消费贷款20.75亿元，个人类贷款余额达到74.12亿元，其占全部贷款的比重达到31%。累放住房贷款32.29亿元，个人住房贷款总量稳居青岛市同业首位，保持了青岛市最大的按揭银行的地位。

资产质量控制方面，大力实施不良贷款联动清收制度，继续通过多种渠道大力开展清收转化工作；同时将风险关口前移，将处置重点移位到风险贷款，全面防范和化解信贷资产风险，促进了全分行资产质量和经营效益根本好转。至年末，不良资产率降至6.21%，资产质量形势有了根本性转变。

（二）积极转变存款工作经营模式，不断完善存款工作机制

储蓄存款方面，深化个人理财核心竞争力项目实施，建立了以理财中心为主的营销主线，使核心竞争力项目取得了显著的成效，标准理财中心及一般理财网点达到了70家。加强对理财金账户和牡丹灵通卡等个人金融业务核心品牌的推广工作，引导全员大力发展中高端客户，积极调整客户结构，个人优质客户队伍不断壮大。至年末，人民币储蓄存款余额较年初增长28.61亿元，日均比同期增长21.1亿元，是自2001年以来累增幅度最高的一年。积极营销四期“汇财通”个人外汇理财产品共753.88万美元，对缓解外币存款下降的不利局面起到了积极作用。

对公和同业存款方面，不断完善各项对公存款工作责任制，增强了对公存款的稳定性。结合本地财政资金及社保资金的收付业务需求，为多家单位开立了预算账户，为全市万余家企业开通了网上缴纳社保资金服务。大力开展“军银合作”及“银关通”服务，积极推动现金管理服务和企业年金的营销推广工作，实现现金管理客户132户，并与一批重点年金客户达成初步合作意向。截至2005年末，人民币对公存款余额较年初增长13.83亿元。积极营销优质外资机构客户的外汇存款，实现对公外汇存款增存3929万美元。继续加大对金融同业存款的争揽力度，实现年末人民币同业存放余额较年初增加3.84亿元。

（三）创新发展中间业务，努力推进增长方式转型

创新发展中间业务，努力推进增长方式转型。依托全功能银行系统的技术优势和现代化的资金结算网络，大力开发复合型、多功能、高技术含量的金融产品，不断提高对客户服务的便利性和综合性，竞争发展能力不断增强。加强对国际新业务、新产品的研发及推广力度，在全市首家开办了韩币兑换业务，开立了第一笔买方远期信用证，在外债风险管理，美元和日元的衍生产品、国际保理业务、风险参贷等新兴业务取得了一系列新突破。现金管理、投资银行、理财金账户、金融e通道、金融@家、汇市通、债市通、银证通、银保通、银关通、幸福贷款、汇财通外汇理财产品、“稳得利”人民币理财等一大批高技术含量、高附加值品牌产品的市场影响力日益扩大。大力发展票据业务，全年办理票据融资业务实现净收益2347万元，取得了历史性突破。调整创新银行卡经营理念和服务内容，全面提升银行卡业务的整体竞争水平，实现牡丹信用卡累计交易额48亿元，同比增长3.58亿元。加大对公和对私网点的业务捆绑销售，促进传统业务向电子银行业务的转型，全年完成电子银行交易额1841亿元，是上年的1.48倍，继续领先同业。支付结算代理业务保持了同业绝对优势地位；开放式基金代理发行销售业绩在直属分行中名列前茅；代理发行兑付国债稳居当地首位；与海尔集团等5家重点年金客户达成初步合作意向。新型业务的快速发展，促进了收益结构的改善。

（四）积极推进科技保障体系改革，提升技术保障能力

推进科技保障体系改革，部署开展了科技保障中心的流程再造。在成功升级投产具有国际先进水平的NOVA V2.0（新一代全功能银行系统）的基础上，成功完成了终端前台系统、通用网关系统、综合前置系统、国际结算系统、跨行支付系统、外汇汇款RFC系统、ATM升级改造、集中式和分散式银证通、开放式基金、财税库银联网、对公客户对账系统等131个急需业务项目和版本系统的开发和投产工作，组织进行并通过了网络级和业务级的两次灾难恢复演练，为各项业务经营提供了有力的技术保障和创新平台。

（五）推进内部管理体制改革，加快完善公司治理机制

一是认真落实股份制改革的各项工作部署。积极开展不良资产剥离工作，资产质量形势大为好转；全面加快土地与房屋的产权完善进度；积极配合会计师事务所、不动产评估等中介机构进场开展工作，各项工作均走在全行前列。

二是以股份制改革为契机，积极推进经营管理体制改革。加强网点整合，升格营业机构10家，撤销低效营业网点15个，成功试点了网点拆分业务。继续推行流程再造，改组了分行内控监督体系；完成了消费信贷管理体制的流程再造；全面推行财务集中管理改革，实现了全辖财务集中管理；成立了薪酬管理中心，实现了全分行全体员工工资的集中管理和发放；加大三大业务中心的业务整合力度，总会计委派制、营业经理聘任制等各项事权改革顺利进行，各项会计核算体制改革取得了新的突破。加强劳动合同管理，建行21年来第一次全面规范了劳动用工管理。

青岛分行行长蔡治建深入到青岛海尔集团胶南工业园进行工作调研。

三是夯实内控管理及风险防范基础，推动依法合规稳健经营。加强内控制度和风险防范体系建设，进一步梳理健全规章制度，强化内部管理，完善内控机制，特别是加强了对操作风险的管理和监测，确保了全分行各项经营管理都能依法合规稳健运行。紧密结合业务将“扫雷工程”向重点部位、高危环节和新业务领域延伸。建立并完善反洗钱各项工作机制。认真做好“三防一保”工作，顺利将全部剩余枪弹上交公安部门，以建行21年来未发生任何涉枪案件和伤亡事故的优异成绩，在本市国有商业银行中率先跨入无枪行行列。2003年以来，已连续三年实现了经济案件“零”发案率、安全营运“零”事故率。

四是坚持以客户满意为标准，推行服务流程再造，不断优化金融服务。大力实施服务品牌战略，加大服务品牌和服务典型的发现和宣传推广的力度，3个集体、9名个人被推荐为总行级优质文明服务先进个人，2个集体又被推荐为青岛市经贸委服务品牌，4个网点被评为青岛市银行业最佳文明服务窗口，龙口路支行、登州路储蓄所和市北一支行营业部个人理财中心先后荣获国家级“青年文明号”荣誉称号。特别是在青岛市“创城”工作中表现突出，受到青岛市委的表彰。

（六）加强党建工作和思想政治工作

全面推进党建工作，认真组织开展了保持共产党员先进性教育活动，较好地完成了学习动员、分析评议和整改提高等三个阶段各个环节的各项工作，使保持共产党员先进性教育活动取得了较为明显成效，基本实现了“提高党员素质，加强基层组织，服务人民群众，促进各项工作”的目标。组织开展了“我为工行改革作贡献”、“创建学习型银行，争做知识型员工”活动等活动，不断引导、提高广大员工的学习能力、创新能力和竞争能力。加大行务公开工作力度，组织召开全分行三届一次职工代表大会。认真贯彻国家新的《信访条例》，妥善处理新形势下的各类问题和矛盾。在分行“网讯”开辟了“行长在线”栏目，畅通员工诉求渠道，营造了平稳和谐的改革发展环境。

宁 波 分 行

行长　郁炯彦

【业务指标完成情况】

2005年实现经营利润14.9亿元，账面利润9.44亿元，分别完成计划的101.36%和100.43%。年末全行本外币各项存款余额达到595.54亿元，比年初增加86.68亿元，同比多增29.57亿元，其中储蓄存款比年初增加25.53亿元，对公存款比年初增加61.15亿元，分别完成全年计划的141.83%和174.71%。各项贷款余额487.02亿元，比年初增加94.18亿元，其中，流动资金贷款增加20.71亿元，项目贷款增加69.51亿元，小企业贷款增加23亿元，票据贴现增加7.35亿元。中间业务收入达到1.96亿元，完成计划的104.26%，比2004年增长了6900万元，增幅达到54.33%，增幅列全国第三位。国际业务结算量达到68.8亿美元，比2004年增加13.8亿美元。现金管理新增加客户198户，完成总行计划的102.59%。网上银行全年交易量2234.14亿元，占整个电子银行业务交易量的92.45%，完成计划111.71%。银行卡新增发卡量14348张，实现直接交易额13.34亿元，比上年增加了2.38亿元。2005年末不良贷款余额1.22亿元，不良率为0.25%。

【主要工作措施】

（一）坚持大小并举，进一步调整客户结构

继续实施营销责任制，由分行行长与相关责任支行签订重大项目营销责任状。2005年新增的重大项目营销工作及时落实到支行，分支行联动营销得到明显加强。在全行推行小企业客户经理制，组建独立的小企业客户经理队伍，同时实行独立考核体制，通过各种途径开展营销，中小企业营销工作成绩显著，基础客户群大大增加，2005年全行新开户数达到2231户。

（二）进一步优化业务结构，下大力气发展中间业务、新兴业务

对支行开展“一行一策”的营销指导，组织开展以新业务专项营销等系列活动为内容的中间业务劳动竞赛，以重点业务的发展来快速推动中间业务收入增长；签订中间业务任务责任状，建立通报分析制度，每季度通报中间业务及各品种指标完成进度。加大中间业务考核力度，将各行中间业务收入情况与经营费用和人力费用挂钩考核，而且对未完成计划任务的支行按未完成部分10%的比例减扣费用，激发了各行超额完成中间业务收入计划的热情。2005年共获得投资银行业务收入2481万元，同比增加1782万元，较2004年增长255.1%，完成总行计划的165.4%。企业网上银行动户率列全行第一；在总行一级分行国际结算量中列第7位，比去年提升一位。

（三）加大不良资产清收转化和处置工作力度，进一步提升资产质量

2005年以来，对2004年末3.47亿元潜在风险贷款及2005年6月末0.6亿元潜在风险贷款、3.85亿元潜在风险表外业务的逐户逐笔调查摸底，及早研究制定潜在风险信贷资产的清收转化方案，逐户逐笔明确了清收转化的方案和责任人，并将清收处置情况纳入支行行长绩效目标按季考核。在全行上下的努力下，2005年共处置抵债资产27笔，金额7658万元，处置净收入5686万元，处置变现率为74.2%，继续保持在较高水平。专门制定了《不良贷款证券化资产处置考核和奖励办法》。利用还款免息政策，比照该政策规定，对5户企业实行还款免息，共现金收回证券化不良贷款1479万元，效果明显。

（四）继续深化各项改革，进一步提升核心竞争力

制定新的支行行长绩效考评体系，加大效益类指标的考核权重，引入模拟经济增加值（EVA）指标，推进分产品、分部门、分机构的核算。继续调整网点结构，进一步提升网点的经营形象和品牌，增强我行网点的竞争力。组建个人消费信贷管理部，全面实现前后台业务分离，健全贯穿个人消费信贷业务全流程的风险防范机制。将稽核监督部改建为内控合规部，并调整和完善相应工作职能。推进后勤体制改革。深化员工工资制度改革，通过合理确定业务增长率、加大分配方式的透明度，加大客户经理的业绩、贡献与个人收入挂钩力度，同时合理把握薪酬的保障职能和激励职能之间的平衡。

（五）加强全面风险管理，不断增强风险防控能力

及时将违约企业及其关联企业名单下发支行实行全面风险预警。推进年度信用评级工作和年度法人客户最高综合授信额度核定工作，顺利完成信贷资产十二级分类。健全会计内控管理体制，完善营业经理管理。深化和改进总会计工作机制，在全辖支行、业务处理中心全面委派18名总会计。进一步完善集中对账机制，加强对账中心岗位的配置和面对面对账工作。现金集中营运已扩大到10个支行，集中营运的效率得到显现。实施业务高风险点控制，涉及个人金融业务、会计结算业务等6个专业的32个业务、116个高风险点，涵盖了6个专业业务操作流程所主要风险。进一步落实党风廉政建设责任制，抓好领导干部廉洁自律，认真抓好党员干部四项纪律八条要求的贯彻执行，深入持久地开展“扫雷工程”，对发现的问题进行了有效整改；对7个行次的5个项目进行执法监察，执法监察面为40%。

2005年1月3日，宁波分行与宁波外经贸局、国开行、进出口银行、出口信用保险公司五家单位联合举办“国际经济新形势下的外贸政策和金融创新对外贸易与金融支持论坛”，宁波分行行长郁炯彦在会上演讲。

（六）深入开展保持共产党员先进性教育活动，全面加强队伍建设

召开支行行长、分行部门党员代表、青年大学生代表等各层面人员代表座谈会，建立健全了辖内各级教育活动信息报道员工作网络，利用简报、板报、墙报、网讯等宣传载体积极营造教育活动氛围。制定了分行党委领导班子整改方案，提出了明确具体、切实可行的整改措施，落实主要责任领导和牵头部门，及时对整改情况进行跟踪。认真研究制定长效机制的制度和措施，改进和完善了宁波市分行《发展党员工作规定》、《党员学习制度》、《基层党组织党建工作目标管理考核办法》等13项党建工作制度、规定和办法。

厦 门 分 行

行长 方培生

【业务指标完成情况】

2005年实现账面利润3.77亿元，经营利润5.25亿元，比上年分别增长340.09%和34.90%；实现中间业务收入1.04亿元，比上年增长28.07%。资产利润率1.74%，比上年末提高0.64个百分点。本外币各项存款余额276.59亿元，比年初增44.67亿元，日均存款比上年增36.22亿元；本外币各项贷款余额166.53亿元，比年初减16.36亿元，剔除剥离不良贷款因素实际比年初增10.15亿元；1999年以来发放的法人客户贷款余额113.82亿元，占全部贷款的98.69%。年末不良贷款率2.93%，比年初下降14.5个百分点；法人客户贷款不良率3.76%，不良率比增均控制在总行最低控制线1%的警告线以内。

【主要工作措施】

（一）稳步推进扁平化改革，转换经营模式，提高经营效率

建立分行对网点支行“直通式管理”模式，将“分行—支行—分理处”三级管理模式改革为“分行—支行”两级管理模式，全面上收支行管理职能，撤销支行内设机构，实行分行对网点支行直接管理。将保留分理处网点全部翻牌升格为支行级机构，并将所有网点支行划分为三大类，一级支行、准一级支行经营全面业务，二级支行重点经营个人金融业务和中间业务，并实行差异化管理。同时调整分行本部内设机构。整合分行部门营销职能，建立“分行营销—分支行联动营销—支行营销”的多层次营销体系，改变原来分支行两级审查审批制度，将支行原有信贷审查审批职能上收至分行。实行全行资金集中营运，取消支行资金账户，对支行资金由差额管理改为资金来源全额集中、资金运用全额配置管理。实现所有营业机构会计核算一本账，取消支行会计核算级次，将其账务上收至分行；全面实行坐班总会计（营业经理）分行集中委派制和分行会计检查辅导员集中检查制；坐班总会计（营业经理）履行网点监督检查与事中授权控制职责，对重点业务、大额业务审查授权签批。

实行财务集中改革，加强对网点支行绩效考评。分行建立财务核算组，对辖内财务实行集中核算、集中审核、集中支付和风险集中控制，建立以利润为导向、全面分摊各项成本的网点支行考核指标体系，根据统一评价得分对网点支行进行绩效等级分类。评价以账面利润为核心，设置账面利润、人均利润、成本收入比率、账面利润成长率四个经营绩效类指标和内控管理类指标。

改革人力资源管理体制。重新测算核定每个网点的人员编制；分行成立结算支援小组，实行集中备员，以备网点支行轮岗、缺岗人员需求；探索薪酬管理体制改革，实行差异化的薪酬管理与考核办法；建立以综合贡献度为主要考核指标的客户经理业绩评价体系。实行后勤人员分流，后勤人员少部分通过重新竞聘回行上岗，少部分办理内部退养，大部分买断工龄，重新就业；富余人员顺利完成辞退。对后勤保障临时用工岗位重新核定，把部分保留的临时工、驾驶员移交社会劳动服务公司，由劳动服务公司统一派遣服务。

（二）按照股份制改造总体部署，认真做好股改各项工作

高度重视、精心组织，在第一时间内成立了股份制改革领导小组及日常工作机构股份制改革办公室，调动全行力量，统一配置资源，从人力、物力、组织、流程等方面进行精心筹划，认真做好股改各项工作，在不到3个月的时间内，顺利完成了54户本金105143万元损失类贷款、102户本金159949万元可疑类贷款、5个科目51919万元非信贷风险资产剥离项目完成档案组卷、销账、档案资料移交和债权转让工作。遵照“先主后次，先土地、后房屋，先账内、后账外，先主营、后辅业”的原则，对全行需要确权的房地产项目一一排队进行确权，明确完善权属，全行283宗房产，权属完善达 274 宗，完善率达 97%。

（三）积极营销拓展业务，转变增长方式，提高经营效益

全力竞争重点项目优质客户，努力争取大公司大项目金融服务业务主办权。一是进一步完善法人客户主办行确认制，明确营销责任，着力竞争重点建设项目，先后营销成功机场路、东通道、疏港路等多个大型优质项目。二是深度开展营销，多次深入与中国电信、沃尔玛等重点客户开展协调，稳定密切合作关系；为厦门出入境边防检查总站、民航空中警察总队七大队等开通了中央财政授权支付业务；加强与地方财政部门合作，扩大地方财政集中支付业务覆盖面，全行地方财政集中支付业务的服务单位发展到 52 个部门 136 个基层单位，覆盖率为 33%。三是加大业务创新，配合市政府实施厦门市贷款道路（公路）车辆通行费改革，在全市银行系统中率先正式向社会推出代收车辆通行费业务；配合公安系统进行居民第二代身份证的换证工作，快速开发设计身份证换证手续费的银行柜面代收系统；投产社保卡（市民卡）就诊一卡通系统，提供社保卡多功能金融服务；紧紧抓住厦门外资银行获得人民币经营资格进行增资的机会，加大营销同业业务。

坚持控制风险的同时积极拓展优质信贷市场，一是对企业进一步甄别遴选，重新确定 35 户企业作为重点支持类客户，新增贷款主要投向港口、道路等公共设施及教育基础建设，全年净增项目贷款 12.3 亿元。二是面对复杂多变的房地产信贷市场，冷静客观分析，严控风险，找准优质项目适时切入，努力保持住房开发贷款业务平稳健康发展，全年净增住房开发贷款 4.3 亿元，并为发展按揭贷款业务带来市场资源。三是高度重视推进中小企业信贷业务发展，从小企业界定、目标市场细分、授信评级、贷款方式、融资期限、用途、风险定价、贷后管理等方面制定适应厦门小企业信贷市场需求的管理办法，并在分行成立小企业信贷管理部，完善小企业信贷业务管理机制，实行小企业贷款专项管理，推动小企业信贷业务发展，年末小企业贷款余额 38085 万元，较 6 月末增加 27892 万元，不良率从 6 月末的 3.63% 下降到 0，贷款利率平均执行上浮 12%，小企业贷款效益明显。四是强化票据准入机构管理，为翔鹭石化票据大户提供票据托管服务，扩大开展买方付息贴现贷款业务的范围，推进票据业务稳健发展，全年票据贴现累计发生额 38 亿元，向总行票据营业部移存票据 6.8 亿元。

在巩固本币支付结算等传统业务的同时，积极开拓高技术含量、高附加值和高成长性的新业务。一是大力发展电子银行业务，全年实现电子银行交易金额 3532.3 亿元，完成总行年任务 235%；其中：网上银行交易金额 3338.8 亿元，电话银行交易金额 24 亿元。电话银行净增个人客户 33854 户，净增企业客户 986 户；净增手机银行（短信）客户数 796 户；网上银行净增个人客户 47871 户，净增企业客户 1741 户，分别完成总行年任务 239% 和 290%。二是积极发展现金管理、“银关通”、保险代理销售业务。签约现金管理客户累计发展 1663 户，超额完成总行下达的 2005 年现金管理市场推广任务。发展“银关通”业务签约客户为 37 家。与 5 家寿险公司和 4 家财险公司签订业务合作协议，完成保险代理销售 2595 万元，同比增长 41%。三是大力发展国际业务、银行卡业务，率先成立厦门地区首家速汇金旗舰店，开办国际速汇金业务，抓住人民币升值预期的市场良机，结合企业未来现金流情况，重点营销远期结售汇业务，实现远期结售汇签约额 15946 万美元。全年国际业务结算 27.26 亿美元，比上年增加 1.09 亿美元，比上年增长 4.17%。加大公务用卡推介，全年发展公务用卡单位 150 多家，新增有效信用卡 6213 张，信用卡消费额 12.56 亿元，比上年增长 30.11%；外卡收单 0.20 亿元，比上年增长 27.92%。四是努力构筑“大个金”经营，全年理财中心核心竞争力项目标准化网点推广 20 家，一般理财网点推广到 20 家；增加牡丹灵通卡·e时代 12.46 万张，增加理财金账户客户 5168 户。累计发放个人贷款 11.78 亿元，累计收回 13.09 亿元。发行 5 期凭证式国债 2.8 亿元、10 期 22 款“汇财宝”1553 万美元、16 只开放式基金 8465 万元。新增委托代扣用户 8.6 万户。

厦门分行行长方培生参加厦门市政府举办的 2006 年项目与资金对接会。

（四）抓紧清收转化不良贷款，加快压缩退出潜在风险贷款，全面加强内控管理和风险管理

继续综合运用不良贷款收转化各项政策手段，加快不良贷款清收转化，特别是对已批复签约的项目，主动与企业协商加快协议落实进度，加大执行力度；全年累计处置60959万元不良贷款，其中采取现金清收42287万元，呆账核销6915万元，以物抵债17万元，个贷转化处置11740万元。现金清收占比69.37%，比去年上升9.73个百分点。累计清收转化数完成总行计划143%。加快压缩退出潜在风险贷款，切实防范和化解潜在信贷风险，提前于11月份完成总行下达的5户企业1.78亿元潜在风险贷款压缩退出任务。

全面加强风险控制，深化信贷管理。扩大风险管理委员会的职能，对全行的信用风险、市场风险、流动性风险实行全面风险管理。建立法人客户贷款风险监控负责人制度，加强贷款大户和重点关注客户的风险监控，及时进行信贷业务风险预警提示，及时采取应对措施。完善个人消费信贷评审制度，制定个人消费贷款业务审批操作流程，规范人消费贷款审批。严格执行个人消费信贷合作机构准入制度，严把按揭贷款的“准入关”、“投向关”、“审批关”、“贷后管理关”，有效地防范和控制假按揭贷款。

深入开展依法合规大检查，对全行六个方面的内控制度建设和规章制度落实执行情况进行检查，严抓细管，深入开展安全保卫案件防范工作。制定安全保卫工作实施细则，进一步规范安全管理工作。扎实做好“创建平安单位，建设平安厦门”工作。继续组织推动全辖层层签订党风廉政建设与案件防范工作责任状，深入贯彻总行案防“六条规定”，组织营业网点员工签订“六条规定”承诺。

（五）深入开展保持共产党员先进性教育活动

组织辖内各基层党组织和广大党员扎实开展保持共产党员先进性教育活动，圆满完成学习动员、分析评议、整改提高三个阶段集中学习教育任务。并在集中学习教育结束后，继续围绕全行中心工作，落实整改措施，做好巩固和扩大整改成果工作。通过先进性教育活动，进一步提高党员队伍思想政治素质，增强党组织的凝聚力和战斗力。

深圳分行

行长　王晓燕

【业务指标完成情况】

2005年全年实现经营利润19.05亿元，完成总行计划的104.69%，同比增加2.91亿元；实现账面利润14.37亿元，完成总行计划的111.83%，同比增加4.89亿元。中间业务收入达4.01亿元，完成总行计划任务的103.26%，实现了连续三年每年上个新台阶的良好业绩，人均中间业务收入突破10万元，中间业务收入占营业净收入的比例为13.74%，同比提高2.5个百分点。

资产质量取得历史性突破，不良贷款率和不良贷款额分别为2.39%和16.51亿元，拨备覆盖率达100%，成为深圳同业中资产质量最好的银行之一。个人贷款与年初同口径相比实现了不良率和不良额的“双下降”。

存贷款增长创历史新高，本外币各项贷款余额达690.5亿元，剔除剥离因素，比年初增加81.8亿元，同比多增40亿元。本外币各项存款余额达1234亿元，比年初增加184.87亿元，同比多增56亿元。

产品创新和销售成效显著。相继推出了自主设计的“稳得利”、“珠联币合”等理财产品和腾讯联名卡。人民币产品销售额突破50亿元，外币理财产品销售突破2亿美元。现金管理客户增加213户，网银集团客户增加36户。国际结算量达137亿美元。

客户结构进一步优化。优质公司客户不断增加，AA-以上及定性评级客户净增54户，票据贴现累计1亿元以上的公司客户净增10户。个人优质客户大幅增加，日均储蓄存款5万元至50万元客户净增2.2万户；50万以上客户净增2200多户。

【主要工作措施】

（一）创新信贷管理体制

按照“操作集中化、人员专职化、业务独立化”的原则，科学平衡风险控制和流程效率的关系，推进了以“十项集中”为核心的信贷管理体制改革，在分行层面建立了法人客户风险控制平台，在支行层面搭建了小企业、低风险业务和个人贷款业务的风控平台，在保证效率的基础上，真正实现了风险控制和营销职能的彻底分离。经过半年的磨合，新的信贷管理体制在控制风险、服务市场方面的优越性日益凸显。

（二）改革市场营销体系

根据“大中小并举”的公司业务战略，按照分层次营销的要求，搭建了三个平台，建立了三支队伍。在大型客户营销上，银企合作深度和客户综合贡献度有了明显提升。组建了小企业信贷部和专业的客户经理队伍，并把网点作为主要的营销平台，小企业市场拓展成效显著。

按照“定位中端、竞争高端、培育潜力”的个人业务战略，进一步完善个人业务体系。组建了7家区域理财中心。经过一年的不断尝试和创新，区域理财中心已逐渐显示出较强的高端客户服务和竞争能力。针对中端客户，推出了“金融管家”服务品牌，有力地拉动了各项产品销售。完善了个人信贷业务经营管理体系。组织了“住宅节”百日营销活动，层层签订了“军令状”，个人信贷业务依然保持了良好的发展态势。机构业务在坚持分行重要客要直接营销的基础上，通过上下联动和分层次营销，进一步增强了竞争实力和效果。

（三）深化业务流程再造

按照“网点全面受理、后台集约处理”的要求，在原清算中心的基础上筹建了会计业务处理中心，实现了人民币汇划、网银落地等项目的集中处理。充分发挥科技优势，大力推广网上银行、电话银行，使电子渠道逐步成为低成本的交易主渠道，使网点从以业务交易为主逐步转变为销售和服务的主渠道和交易的辅渠道。按照“随需而变”的要求，推动网点转型建设，全行在网点定位、分类、选址、评价等方面形成了明确思路和统一认识。

（四）营造稳健和谐的经营环境

按照总行要求按时完成了全部法人贷款的12级分类，建立了规范化、标准化、程序化的信贷新流程，全面推行了个性化授权，超额完成潜在风险贷款各项压降计划。重点不良贷款大户清收处置取得重大进展，个人贷款不良贷款集中处置工作进一步推进了。制定了检查员集中、会计专业重要岗位定期轮换以及营业经理支行委派等制度，深化了监督中心工作职责，完成了理财业务前后台分离等流程再造项目，投产了全科目、全账户监测系统，初步实现了从简单操作型静态事后复审凭证向智能型动态预警分析的转变。开展了全行性规章制度梳理和操作流程完善工程，在17个专业部门实施了内控评价与风险评级自评活动，对辖属19个一级支行进行了基层行内控综合评价工作，持续开展了13个专业依法合规大检查，深入开展党风廉政建设和案件防范工作，取得了连续三年无案件和重大事故发生的良好局面。

深圳分行行长王晓燕拜访深圳华为技术有限公司，与总裁任正非先生亲切会谈。

深入开展先进性教育活动。各级党组织结合改革发展实际，加强领导，周密部署，精心组织，稳步推进，顺利完成了先进性教育活动各阶段工作。整个活动取得了明显成效，整改措施落实率达到99%，广大党员和群众对先进性教育活动的满意度达98%。

广东分行营业部

总经理　杨春林

【业务指标完成情况】

2005年实现经营利润53.09亿元，同比增加6.51亿元。其中，实现账面利润43.37亿元、同比增加9.84亿元。人均实现经营利润55.7万元，比上年增加7.3万元。本外币各项存款余额2527亿元，比年初增加178.7亿元，同比多增67.05亿元。本外币各项贷款余额1493.52亿元，剔除剥离因素，比年初增加109.33亿元，同比多增15.94亿元。信贷结构进一步优化，AA-级以上法人客户贷款占比86%，比年初上升13个百分点。全年实现中间业务收入6.72亿元，同比增加近2亿元，增幅41%。不良贷款余额和不良贷款率分别较年初下降102.58亿元和6.77个百分点，较6月末下降9.54亿元和0.89个百分点。

【主要工作措施】

（一）大力开拓优质高效信贷市场

充分发挥营销基础好、市场响应快、执行力强的优势，前中后台业务部门相互配合，大力开拓项目贷款、住房贷款、贴现传统优质市场以及优质小企业信贷市场等新的增长点。项目贷款方面，紧紧抓住广州市“总部经济”特点，坚持从重点大户到重点项目的营销路线，对重点项目长期跟踪，全力争取广东省重点工程和广州市重点建设项目，全年项目贷款累放190.46亿元、同比多放59.4亿元，累收82亿元，余额比年初增加108.45亿元，累放额和新增额均创历史新高。小企业信贷业务通过专设部门、理顺流程、强化激励，在确保质量的前提下，实现了快速发展，小企业贷款余额达到21.7亿元，比年初增加20.9亿元。住房开发贷款坚持优中选优，成功争取了一批优质新客户，全年累放54.33亿元，累收38.36亿元，比年初增加14.97亿元。个人住房贷款与开发贷款联动营销，对优质按揭项目提供差别化服务，全年累放60.77亿元，累收55.45亿元，比年初增加5.32亿元。累计办理票据直贴61.58亿元，实现票据业务收入达9639万元，创历年新高。贸易融资与国际结算互动营销，累计办理4亿美元，比年初增加2146万美元。

（二）增强主动负债意识，加快负债业务转型步伐

个人金融业务通过细分市场，瞄准中、高端客户，依托网点柜面和电子银行等分销渠道，不断完善客户分层次服务机制，创新精确营销、职场营销手段，积极实施理财核心竞争力项目，取得了显著成效。全年新增理财金账户4.72万户，总数超过11.7万户，人均资产超过52万元，在全行排名第一。进一步加大网点建设力度，优化网点布局，网均存款64658万元，同比增加8239万元。离柜业务占比超过50%，有效缓解了网点排队问题。个人中间业务和储蓄存款实现了协调发展。全年代理基金108.17亿元，是2004年的2.4倍，在全国直属分行和一级分行营业部中排名居第一位，代理销售保险21.7亿元，代理销售国债40.7亿元，代理个人外汇买卖28.39亿美元，实现个人中间业务收入2.81亿元，同比增幅34%，有效地把高成本存款转换成收入。

机构业务强化客户资源管理，从传统的政府、同业客户群扩展到公司客户、个人客户等客户群体，形成了代理业务、企业年金、资产托管、住房公积金等新兴业务群，进一步拓宽了发展空间。成为省、市、区财政集中支付和国库业务的主要代理银行；以“银社直联”争取了省社保费代理业务；成功代理了省级非税收入；“工行网银进军营”取得突破性进展；年金业务及资产托管业务快速发展，与电力、航空、铁路、自来水等重点系统行业13多客户正式建立了企业年金业务合作关系，管理年金个人账户21万多户；托管年金资产为33亿元，比年初增加11亿元。资产业务迈出了新的步伐，与南航财务公司开展了8笔资金拆借业务，向广发证券发放8.5亿元专项委托贷款。

（三）促进中间业务和新兴业务快速发展

投资银行业务按照“做大业务、规范管理、树立

品牌”的工作思路，以财务顾问业务和银团贷款为重点，成功担任了142家企业的常年财务顾问和15个项目的融资顾问，累计发放银团贷款余额达105亿元。债务重组银团、间接银团业务取得重大突破，促进了投行业务和信贷业务的联动发展。全年实现投行收入5823万元，比上年增长1倍，居广东银行同业首位。

电子银行业务加强渠道整合，以网上代理业务、电子商务、转账汇款等为重点，为积极向个人、公司、机构和银行卡客户渗透，形成了“纵向联动、横向渗透”的营销格局。全年电子银行业务收入2191万元，比上年增长1.28倍；电子银行总交易额达1.86万亿元，比去年增长40%。电子银行业务笔数占全行业务量的比重达44%。

银行卡业务进一步完善三级服务体系，积极开展联合营销，发卡、商户市场进一步扩展。人民币信用卡发卡量为26.45万张，全年累计新增开卡5.66万张，有效卡增量1.2万张。牡丹卡直接消费额36.83亿元，同比增长37%，外卡收单交易额4.2亿元，同比增长24%。

成立了国际业务支持小组，加强对国际业务的统一营销和指导。实现外汇中间业务收入1.6亿元，全年办理国际结算75.29亿美元，即期结售汇44.88亿美元，远期结售汇签约额9001万美元。产品创新力度大，开发了“节节高”、“聚财宝C、D、E款”个人理财产品，销售额3.6亿美元，外汇理财工具日益丰富，办理了198亿日元汇率掉期交易、40.5亿元飞机融资租赁保函、结构性存款40笔，贸易融资产品更加丰富，满足了优质企业的个性化需要。

（四）深入推进机制改革

一是适应股份制改革要求，改革了综合经营绩效考评机制，引导各行、各部门切实转变经营模式和增长方式。二是加快财务、资金集中改革。成立财务核算中心，推进集中采购制度，提高了财务资源配置效率。配合资金集中体制改革，不断完善内部资金转移价格体系，加强对经营行为的导向作用。三是进一步完善激励约束机制。初步构建了差异化的薪酬分配体系。改革工资总额分配办法，突出支行全面发展与当期贡献相结合的考核。加大了领导干部工资分配与支行经营绩效及个人工作绩效挂钩的力度。四是在按照扁平化管理的原则，改革支行内设机构。撤销了支行计划财务部和信贷管理部，将支行办公室改设为综合管理部，增设了小企业业务部、机构业务部，强化了支行的经营职能。

（五）强化内部管理，严控风险

一是信贷风险管理得到加强。强化行业信贷政策指导，实行有区别的客户信贷政策，促进了客户结构的调整。严格小企业信贷政策管理，全面推进小企业信贷业务发展。信贷审查审批逐渐向专业化管理转变，对重点客户试行了“一站式”审批，提高了效率。二是推进

广东分行营业部作为银团贷款牵头行与广州华南金属材料交易中心签署银企合作协议。

个人消费信贷体制改革，完善了消费信贷管理、审批流程。三是加强制度建设。推行营业经理负责制，聘任了730多个营业经理，真正实现业务操作的“双线管理”。制定各类新产品、新业务操作规程和实施细则，严格防范操作风险。四是后台集约化程度进一步提高。本外币核算管理一体化基本完成，会计三大中心职能进一步扩充，法人客户、文书档案管理实现了大集中。五是加大内控外防力度。在全行开展了依法合规大检查，全面铺开“会计制度渗透”活动，对抵质押贷款合同有效性、房地产贷款进行专项稽核，对员工赌博行为进行专项治理，加强案件防范，加大反洗钱工作力度，全行制度意识、风险意识进一步提高。

（六）强化党建工作和队伍建设

开展了保持共产党员先进性教育活动，推动了党建和队伍建设。通过半年的集中学习教育，各级党组织和广大党员理想信念更加坚定，工作作风明显转变，服务意识显著增强，全行业务拓展和改革创新等各项工作协调推进。在先进性教育活动期间，共发展新党员29人，转正54人，5个基层党支部、16名党员、5位党务工作者被省行通报表扬。员工队伍培养力度大，开展各类培训225期，人数达19770人次，会计、个金、信贷等部门开展了从业资格考试，提高了员工履岗、适岗能力。

三 峡 分 行

行长　陈刚

【业务指标完成情况】

2005年实现经营利润1.59亿元，比上年增长40%，创历史最好水平。消化财务包袱5.98亿元。各项存款余额103.92亿元，其中储蓄存款比年初净增7.32亿元；各项贷款余额93.63亿元，全年贷款累放88.74亿元；到年末我行不良贷款余额降至3.94亿元，占比4.21%，下降22.71个百分点，全年共剥离不良贷款35.15亿元，清收转化不良贷款5.63亿元，其中现金清收不良贷款1.74亿元，资产质量得到了根本改善。中间业务收入大幅增长。

【主要工作措施】

（一）围绕水电金融核心，巩固持续竞争优势

将水电金融作为核心业务，不断提高对水电核心客户个性化服务需求的响应速度和满足程度，巩固了持续竞争优势。一是完善营销信息网络，高层营销进展明显。分行成立三峡水电金融业务指导委员会，完善了“授权明责、分工有序、组织严密、整体联动”的系统服务格局。建立水电客户经理“资格认证、竞聘上岗、等级管理、绩效考核”的管理模式，抽调核心人才和业务骨干成立水电业务专家库，集中全行资源，整合各专业优势，提高了市场响应的速度。健全银企信息网，强化了与客户决策层、管理层和具体经办等各个层面的联系，及时全面地掌握客户第一手信息。二是拓展优质水电贷款，积极储备项目资源。作为银团贷款牵头行之一，向长江电力并购三峡电站1#、4#机组发放贷款15亿元，向清江公司营销项目贷款1.80亿元，并争取总行向江坪河电站项目出具了10亿元的贷款承诺函，密切跟踪服务三峡总公司对金沙江流域水电的开发建设及其新能源项目的投标，储备了项目贷款资源。三是狠抓三峡电费归集，确保资金体内循环。以银企互联系统为依托，牢牢把握三峡资金源头，稳定扩大资金流量，全年共办理三峡板块资金汇划634亿元，累计办理银企系统结算业务1.20万笔，业务量达43.80亿元。四是大力发展新兴业务，挖掘核心客户价值。为客户制定《企业年金服务方案》、《债券投资理财服务方案》、《现金管理服务方案》，不断提高客户的忠诚度。有效拓展水电金融领域的保函业务、外汇业务、电子银行业务，水电领域中间业务的核心产品开始形成。同时，深入实施重点客户营销攻坚计划，大力培育业务和效益新的增长点，积累了长期发展的后劲。

（二）突出质量效益，夯实持续发展基础

将质量效益摆在核心位置，牢牢抓住股份制改革解决质量效益问题的历史机遇，解决了绝大部分历史包袱和遗留问题，提升了盈利能力，实现了经营的历史性转折。一是高效推进股改工作，夯实长远发展基础。成立股份制改革领导小组和股改办公室，完善政策传达机制和信息反馈机制，制定整体时间表，全行股改工作高效有序推进，固定资产产权完善率全国领先，股改建账工作实现“零差错”，各项工作均按总行要求顺利完成。二是规范剥离不良资产，努力解决历史问题。层层设立不良资产剥离领导机构和工作专班，建立剥离督查制度，严格责任认定追究，规范剥离工作流程，全行共剥离不良贷款35.15亿元，非信贷风险资产3.35亿元，实现了全行资产质量状况的根本好转。三是积极依靠自身努力，抢抓不良清收处置。不良资产剥离前，全行奋力开展“百日决战”，现金清收不良贷款1.42亿元；突出抓好以物抵债，全年通过实施以物抵债减少不良2.99亿元；奋力压降潜在风险贷款，其余额由年初锁定的8.06亿元下降到1800万元。全行不良贷款清收处置计划完成率在全国排名较前。四是狠抓挖潜节支增效，不断提高盈利能力。强化财务管理，推进财务集中改革，引导和促进各行规范了支出行为；深化资金管理体制改革，提高资金营运效益，全年实现资金交易相对创利1.34亿元。

（三）狠抓增长方式、经营手段、管理机制三项工作，培育创新发展能力

狠抓增长方式转变，大力发展中间业务和新业务，逐步形成了覆盖各个市场领域的产品体系，扩大了中间业务和新业务收入来源。积极构建“大个金”经营格局，个人客户结构不断优化，理财金账户客户数比年初增长61%，理财现金流量同比增长2倍；新增储蓄存款创历史新高；个人中间业务收入占整个中间业务收入的38%。全年累计办理票据业务交易额34.55亿元，继续稳居同业第一。牡丹贷记卡发卡量增长39%，牡丹国际贷记卡增长132%，银行卡直接交易额继续保持同业领先。电子银行业务收入完成总行年计划的127%，电子银行业务笔数占全行总业务数的25%。投行业务和企业财务顾问业务收入分别增长31%和130%，外汇中间业务增长89%。

狠抓经营手段创新，不断增强经营活力。继续推进业务流程再造，及时启动分行机构综合改革，努力提高集约化经营水平；积极推动安全生产和科技创新，总行规划与自主开发相结合，为业务提供了有力保障；强化管理信息建设，信息统计、数据仓库和办公电子化建设成效明显，利用特别关注系统等信息平台发挥监测预警作用，有效堵住了不良信用客户的融资，提高了全行的竞争能力和管理水平。

狠抓配套机制改革，充分调动全行积极性。创新选人用人机制，进行支行总会计公开选拔和营业网点负责人竞聘上岗。强化业绩评价工作，构建以“业绩为主导、突出贡献、分类考核、相互制衡、覆盖全员”的绩效考核机制，充分调动了全行员工的积极性。深化人员机构改革，超额完成总行下达的人员分流计划，撤并营业机构13个，完成总行三年机构调整计划的90%。积极探索组织机构扁平化管理，压缩二线，充实一线，优化了机构人员配置；强化综合营业网点建设，积极实施县域机构经营转型；稳步做好后勤体制改革，后勤公司的产权关系得以规范。

（四）健全市场营销、信贷监管、内控管理、思想政治工作四大体系，增强风险掌控能力

健全市场营销机制，提高核心业务竞争力。构建“各层次协同作战，各专业整合营销，各市场交叉销售，各网点联动服务，各渠道多管齐下，客户经理团队营销”的立体化营销服务体系，建立全方位的市场研究、定位、维护机制，强化了对优质高端客户的服务和关系维护，扩大了优质客户占比。

健全信贷监管机制，提高信用风险掌控力。加强贷前调查、贷时审查和贷后检查，将信贷风险防范贯穿于信贷管理的全过程。建立贷款大户风险监控负责人制度，建立责任档案，按月滚动通报，强化了新增贷款质量管理。对潜在风险贷款客户逐户逐笔排查锁定，不断

三峡分行行长陈刚出席银企合作签约仪式。

加大潜在风险贷款退出力度，全年AA－级（含）以上客户贷款占比为75.68%，较年初上升了24.65个百分点，BBB＋级及以下客户贷款占比下降了25.59个百分点，信贷结构深度调整见到成效。

健全内控机制，提高操作风险防范力。深入开展依法合规大检查和案件专项治理，强化会计三大中心建设，将“扫雷工程”寓于案件专项治理工作中，不断提高风险防范能力。组建内控合规部，周密组织实施基层行内控综合评价工作和各项审计工作，为改革发展提供坚强保障。加大安全保卫工作力度，认真落实营业网点“666431”工作法，构筑了牢固的安全防范体系。

健全思想政治工作机制，提高发展和谐凝聚力。扎实开展党员先进性教育活动，多次受到总行党委和督导组的充分肯定。不断完善和践行“党委统一领导，全行分工协作，领导干部‘一岗双责’，政工队伍专兼结合”的思想政治工作机制，全行安全平稳运行，没有发生群众聚集、上访等群体事件。发挥群团组织优势，开展主题教育，深化民主治行，团结和凝聚员工积极投身现代金融企业建设。

苏州分行

行长　朱春华

【业务指标完成情况】

2005年实现账面利润176085万元，比上年增加122764万元；总资产达到831.96亿元，比上年增加116亿元。在全国工行系统直属分行、一级分行营业部经营绩效新办法考评中，继续保持A等级行列。人民币各项存款余额650.45亿元，比年初增加80.32亿元；人民币同业存款余额61.65亿元，比年初增加17.95亿元。人民币各项贷款余额632.53亿元，比年初增加86.27亿元；外汇存款余额57506万美元，比年初减少4196万美元；外汇贷款余额45113万美元，比年初减少2819万美元；本外币三项不良贷款余额10.03亿元，占比1.5%；全年实现中间业务收入21503万元，增幅28.85%；全年国际业务结算量195.47亿美元，比上年增长32.51%；实现电子银行交易额8086.77亿元，比上年增长44.09%。

【主要工作措施】

（一）以客户拓展工程的实施带动负债业务市场竞争力的提升

从当地经济特点和各区域经济结构特点出发，认真分析同业市场竞争情况，确定了在全行范围内实施客户拓展的“1118工程”，即公司业务实现对公存款超500万元的大户达1000户，新开1000个外资企业账户，新开年销售额超1000万元的民营企业1000户；个人金融业务实现存款超20万元的个人高端客户达到80000户，并将这一活动贯穿于全年工作始终。一是在拓展公司客户上，对市场客户细分为潜在客户、现实客户和目标客户，分别建立客户储备库，并实施与客户层次相对应的分层营销策略，使联动营销更为默契，营销责任更为明晰，营销竞争力进一步提升，全年新开客户8991户，新开户增加存款56.79亿元。二是在个人金融业务上，通过核心竞争力项目的全面推进，提高个人高端客户市场的竞争能力，开设“财富人生、工行相伴”理财课堂，扩大工行理财产品的社会影响力，抓分层服务，维护中端客户、服务大众客户，并通过阶段性的旺季营销和劳动竞赛等活动的开展。全年理财金账户净增6055户，户均存款达16.6万元；10万元以上存款客户总数达69453户，总存款160.4亿元。三是在机构业务上，做好评级授信工作的基础上，通过全面合作协议的签署，差别利率政策的实施，新业务领域合作的尝试等，同业存款取得了较快增长，比年初增加17.05亿元，是“十五”期间增量最大的一年。

（二）以优质信贷领域的开发扩大优质信贷业务市场份额

一是充分运用好总行对苏州区域信贷政策和业务授权与支持的有利条件，积极竞争电力、交通、能源、电子等大型优质项目，以及文教、卫生、传媒、旅游等非生产流通领域的优质项目，不失时机加强与工商、外管、计委、管委会等职能部门的沟通联系，做好优质项目的储备，紧紧抓住外资向苏州集聚、规模企业资源丰富的历史机遇。努力争取和寻求与世界500强在苏投资企业和其他优质外资企业的业务合作。二是针对市场融资需求新动向，成立了行内票据中心，充分利用资金利率杠杆，积极发展以票据业务为主的短期信用工具。三是牢牢把握苏州地区中小企业客户数量众多和信贷资源丰富的大好机遇，认真分析小企业信贷业务市场需求情况，从融资产品、贷款方式、审批流程和风险控制等多方面不断摸索，将小企业信贷业务作为我行优质信贷市场的又一重要增长点积极拓展，至年末，小企业贷款客户达到1066户，贷款余额52.98亿元，分别比年初净增550户，35.31亿元，不良率保持为零。四是不失时机抢抓以个人住房贷款为主的个人消费贷款业务，认真做好市场调研，通过对优质项目开发贷款的投入，积极培育按揭资源，借助工行品牌优势地位，灵活调整按揭政策和与中介机构的合作条件，并始终坚持精品业务标准，全年个人住房贷款累放66.5亿元，余额达到

146.27亿元，比年初增加33.86亿元，不良率仅为0.048%。在其他个人消费贷款方面，适应市场形势，新推出了个人经营贷款，全年累放1.7亿元，余额为1.6亿元，成为个人消费信贷市场又一个新的增长点。

（三）以创新思路推动中间业务和新业务快速发展

按照年初确定的全面实施发展中间业务的“50205工程”，即新增国际业务收入占比不低于50%，代理业务收入占比突破20%，投行业务收入突破1000万元，占中间业务收入比例超5%的目标，牢牢抓住传统中间业务优势，积极拓展中间业务新领域。一是积极实施国际业务的重点行、重点客户、重点产品发展战略，突出加强在业务权限、价格竞争、业务产品和人员素质方面的倾斜，着力提升重点支行的市场竞争力；年初确定104户国际结算重点客户和94户外汇资金重点客户，进行分类营销；加大对重点产品的考核权重并实施重点产品营销策略。二是通过“1+1捆绑工程”、“重点营销工程”和“唤醒工程”的实施，有力地推动了新开户的稳定增长。全年开展了企业网上银行交易之星大赛、个人网上银行注册交易有奖、电话汇款营销竞赛和个人客户证书优惠促销等一系列的活动，进一步提升了工行电子银行对优质个人客户的吸引力。三是按照营销与管理双重强化的思路，进行信用卡主动营销模式的尝试，挖掘行内客户资源，在全行所有房贷客户中筛选出符合办卡条件且还没有信用卡的客户，进行批量发卡，并通过各种措施和竞赛活动，提高信用卡持卡率和启用率；严格执行独立审批人制度，严把风险管理关。四是从苏州经济、金融环境出发，确定以常年财务顾问、融资顾问业务为投行业务主线产品，加强上下联动，构建整体营销、分层经营的业务运作机制，并在海外上市业务和重组并购业务方面进行了积极尝试。

（四）以水平和能力的提升促进内控管理的升级

一是强化以制度建设为主的信贷管理基础工作，全面清理CM2002系统中的客户信用等级，加强集团、关联客户的统一授信工作，严格落实不良贷款责任评议以及加快存量贷款的清收移位和转化，全行信贷结构和质量进一步趋优。二是推进对不良贷款的精细化管理和分档处置工作，继续实施领导挂牌处置，充分利用还款免息政策，积极尝试协议抵贷并协议处置这一新的不良贷款处置方法，全面落实固定资产确权和手续完善工作，认真做好非信贷风险资产的处置和剥离工作，全行的不良资产处置工作进一步向纵深推进。三是借助“三大中心”业务支持平台，有效推动会计核算、银企对账、核算风险防范和资金安全保障效率的提高；在“一总二员”配备到位的基础上，在各支行试行营业经理支行委派制，切实增强了支行对网点的管控能力。四是认真开展依法合规大检查活动，制订《苏州分行依法合规大检查方案》，对检查的内容、方式、要求以及人员安排等进行周密布置和落实，使全行依法合规大检查工作顺利进行并取得实效。五是持续深入开展“扫雷工程”和案防工作，有重点地组织“雷区”之间、“雷区”和非“雷区”之间的信息交流和相互借鉴，切实增强“扫雷工程”和案防工作实效。

苏州分行与吴江市人民政府签署《共同促进吴江民营企业加快发展合作协议》。

（五）以协调发展为宗旨进一步推进经营资源配置的优化

一是在行长经营目标责任制考核办法中，加大人均利润和中间业务等价值量指标考核权重，增加存款指标在考核中的权重，增设人均日均存款指标，以进一步适应全行业务发展需要。二是对全行网点布局按照收缩性调整和发展性调整并举的原则，对机构开业时间、存款余额、当年增量、成长前景和区域机构数量等方面进行综合分析，全年撤销低效机构11家，调整14家，进一步优化网点布局。三是对中层管理人员进一步推广竞争性选人用人机制；加强人力资源的分类、分层管理，压缩人均效益低的机构人员规模，向市场容量大、人均收益高的地区转移。

（六）以先进企业文化的培育推进党建和人才队伍建设

一是扎实开展保持共产党员先进性教育活动，在认真完成“规定动作”的前提下，不断探索，开展了很多特色鲜明、灵活有效的“自选动作”，使先进性教育活动真正体现广大群众的意愿，促进各项工作。二是严格加强“四好”领导班子建设，重点加强领导干部对“三个代表”重要思想、科学发展观以及先进经营理念为主要内容的学习，严抓领导干部党风廉政建设和廉洁自律各项工作，按照“政治素质好 经营业绩好 团结协作好 作风形象好”的要求建设“四好”班子。三是加快推进人才队伍培养和企业文化建设，围绕业务发展需求，共举办各类培训班265期，组织开展“筹资能手”、“收入组织能手”等专项劳动竞赛活动和文明单位创建活动。成功举办了第九届职工技能比赛。进一步营造全行干部员工围绕改革发展，凝心聚力、团结奋斗的良好氛围。

第七部分 重要文献

执行编辑：孙清华

注：因行领导发表讲话时，经营情况尚未经国际审计，此部分有关数据可能与年报和招股说明书批露的数据略有出入。

全面贯彻科学发展观 建设现代金融企业

——在中国工商银行分行行长会议上的讲话

姜建清

（2005年1月12日）

这次会议的主要任务是，认真贯彻中央经济工作会议精神，总结2004年工作，部署2005年任务，动员全行按照党中央、国务院确定的国有商业银行改革目标，落实科学发展观，谋近思远，抓住根本，把握大局，扎扎实实推进现代金融企业建设。下面，我讲几点意见。

一、2004年各项工作任务圆满完成

一年来，全行面对复杂多变的市场环境和经营管理中的新情况新问题，认真贯彻国家宏观调控政策，落实金融监管要求，积极推进综合改革和业务创新，加强内部管理和风险控制，转变经营模式和增长方式，保持各类业务的健康发展，圆满完成各项工作任务。

经营效益大幅度提高。全行境内外机构实现经营利润746.9亿元，在连续四年效益快速增长的基础上，又比2003年增加111.4亿元。其中，实现账面利润31.5亿元，提取呆账准备金和消化历史包袱715.4亿元。境内一级（直属）分行全部盈利，境外机构实现经营利润1.68亿美元。

资产质量继续改善。在严格执行五级分类标准、增强贷款质量真实性的基础上，实现不良资产余额和比率双下降。全部不良资产率降至14.2%，下降1.94个百分点。其中境内外机构五级分类不良贷款余额下降171亿元，不良贷款率降至19.0%，下降2.23个百分点；非信贷风险资产减少254亿元。

存贷款业务健康发展。境内分行本外币各项存款增加4476亿元（目前我行各项存款余额已突破5万亿元），其中储蓄存款增加2283亿元，对公存款增加2193亿元。各项贷款余额增加2889亿元，其中增加项目贷款和住房按揭贷款2632亿元，增加短期票据融资1526亿元。核销和退出了大量有风险贷款并转贷成优质的贷款。

中间业务和新业务快速增长。境内机构实现中间业务收入115亿元，同比增长46%，中间业务收入与存贷利差收入的比例达到14%，提高3个百分点。人民币资金业务创造收入444亿元，增长23%。人民币结算业务收入23.4亿元，增长36%。境内外分行国际结算业务量2122亿美元，增长24.5%，结售汇、代客理财和外汇交易等都有较大发展。投资银行业务收入突破10亿元，增长1倍多。托管资产超千亿元，市场占比大幅度提升。代理销售基金14只，销售额299亿元。银行卡消费额1586亿元，增长63%，外卡收单52亿元，增长50%。电子银行交易38.4万亿元，增长72%，其中网上银行交易34万亿元，增长75%。电子银行业务笔数占全行业务量的比重达到20%，较上年提高4.5个百分点。

总体来看，2004年全行各类业务都有新发展、新成效，各方面工作都有了新进步、新变化。概括起来，主要有五个特点：

（一）坚持国家宏观调控政策与商业银行经营原则的有机统一，贷款发放审慎稳健。全行认真贯彻执行稳健的货币政策要求，加强信贷政策与产业政策的协调配合，通过进一步完善行业和客户信贷政策，加强统一授信控制和转授权管理等措施，实现了信贷结构深度调整基础上的总量适度增长。过度投资行业的信贷总量有较大幅度的压缩，低水平重复建设的贷款投放得到有效控制。对煤电油运等基础产业和“瓶颈”行业给予积极支持，符合国家产业政策和准入标准的行业项目及龙头企业的贷款投入增加。适应企业短期融资票据化趋势扩大了票据业务，优质中小企业信贷市场继续拓展，个人住房贷款和消费信贷业务规范发展。信贷工作取得了支持经济健康发展与自身稳健经营的双重成效。

（二）风险防范控制与处置转化力度大，资产质量改善的基础更加牢靠。主动适应宏观经济运行中政策和市场变化，主要风险源和新风险点的防控工作明显加强，风险管理制度不断创新，信贷审批和贷后管理机制更加完善，退出劣变信贷市场的前瞻性和有效性有所增强，风险突发企业的债务重组工作富有成效。1999年以来新发放贷款继续保持良好的质量水平，1998年以前存量贷款风险转化取得较大进展。全行充分利用现有政策和资源加快不良资产清收处置，在与省市政府及国际投资银行合作整体和批量处置不良资产、推行不良资产

证券化等方面取得新进展。全年清收处置不良资产数量创历史最高纪录，达到1717亿元，其中处置不良贷款1194亿元。存量贷款中的借新还旧（还旧借新）贷款下降了1082亿元。63%的资产通过了国际审计，其差异为1.7个百分点，并及时得到调整。资产质量数据更加真实可靠。

（三）业务和技术创新步伐快，竞争发展能力显著增强。个人理财中心核心竞争力项目推广成效显著，理财金账户、金融@家等产品品牌的市场影响力扩大，牡丹运通卡、白金卡顺利发行，"银联"标识人民币牡丹卡在香港开通使用，新的牡丹灵通卡市场定位明确，品牌形象鲜明，我行在中高端个人金融市场的竞争力明显增强。现金管理、支付结算代理、企业网上银行和投资银行等一批高技术含量业务成为核心竞争力的重要组成部分，公司和机构业务的产品体系和营销服务机制不断完善。境内外同业合作全面加强，业务领域有了新的扩展。托管QFII、保险资产和企业年金取得重要突破。数据中心整合工程全面完成，一大批新的应用系统顺利投产，NOVA系统的功能不断优化和完善，科技领先优势进一步扩大。电子银行产品创新发展继续保持领先优势，特别是面向中小企业的网上银行正式推出，网上银行本外币业务体系基本形成，电话银行实现了在全国异地漫游和与香港的互动漫游。境内外业务联动、本外币业务一体化经营优势凸显，国际化发展水平有了新的提高。

（四）体制改革不断深化，内部管理得到加强。股份制改革方案研究论证进展顺利，内部公司治理改革全面推进。从总行到分行的风险管理委员会得到调整和充实，职能趋于完善。借助国际著名咨询公司制定了全面风险管理总体架构。垂直独立的内部审计体系和分级管理的内控合规部门组建工作基本完成。中长期贷款评级系统平稳试产，客户信用评级和行业信息管理体系趋于完善，特别关注客户信息系统开始发挥作用。业务流程与组织体系整合再造取得较大进展。会计核算主体与经营主体实现分离，会计业务处理、监督和现金营运"三大中心"成功运行，检查员集中制和总会计委派制改革基本完成。个人信贷前后台业务初步分离，票据业务统一归口管理全面实施。人民币资金交易中心正式运作，科学的资金交易组织架构和管理体系作用明显。财务归集还原系统和业绩价值管理系统投产使用，分行绩效考评体系和领导干部薪酬发放办法进一步完善。冗员精减和网点布局调整稳步推进，经营模式和激励约束机制有新的改进。对外部审计监管和检查反映问题进行认真整改。内部稽核检查力度加大，重点领域和薄弱环节的内控管理有所加强。内部账户和员工"四类违约"问题得到清理。业务停牌整顿制度在规范全行经营行为方面发挥重要作用。违规违纪人员得到追究和处理。整章建制和法律审查工作不断加强，依法合规经营和从严治行的方针得到较好的贯彻落实。全行60%的二级分行实现了守押社会化，外部案件防范成功率大幅度提高。

（五）党建工作继续得到改进和加强，队伍建设取得新的成效。全行认真学习贯彻十六届四中全会精神，结合实际落实提高党的执政能力的各项任务要求，各级领导班子的思想政治建设和能力建设取得一定成效，党员队伍的先锋模范作用得到充分发挥。领导干部的教育、监督、管理机制不断完善，党风廉政建设责任制得到较好落实。重点部位和环节的道德风险防范明显加强，案件查防力度加大。专业培训与综合培训规模扩大、质量提高，中高级管理人员培训得到重点加强和改进，人才队伍建设全面推进。开展了员工思想动态分析，思想政治工作的针对性和有效性增强，维护稳定工作得到绝大多数行的重视，员工的积极性和队伍的凝聚力日益提高。

改革发展的新成就和经营管理的新进步使我行在国内国际市场的声誉和影响力进一步提升。2004年我行在《欧洲货币》、《银行家》、《环球金融》等国际知名媒体和机构开展的评优评级中，获得了"中国最佳银行"、"中国最佳零售银行"、"中国最佳个人网上银行"、"中国最佳托管银行"等11个重要奖项，标准普尔将我行的前景展望由稳定调升为正面。

在充分肯定成绩的同时，我们必须更加清醒地看到全行还面临许多困难和问题。突出表现在，风险防控能力仍显薄弱，存量贷款风险较大，新增贷款质量面临考验；一些分行人均效益低、成本高、经营粗放的问题还较为突出，转变经营模式和增长方式的任务还相当艰巨；内控管理还存在许多缺陷，特别是百万元以上的大案仍未得到有效控制；一些领导干部观念、能力和作风不适应形势需要，对干部员工业务技能培训、观念素质教育不够有效。我们一定要高度重视这些问题，下大力气认真加以解决。

二、2005年工作的总体要求和目标任务

2004年中央采取的一系列宏观调控措施取得了明显成效，但是经济运行中的突出矛盾和问题还没有根本解决，特别是投资扩张和物价上涨压力较大，煤电油运持续紧张，在解决瓶颈制约过程中又出现了电站项目无序建设等新的问题。中央经济工作会议对2005年加强和改善宏观调控作了重点部署，概括起来有四个主要特点，就是更加突出强调以科学发展观统领经济工作，保持经济平稳较快发展，防止通货膨胀，防止经济出现大的波动；更加注重各项政策的衔接配合，全面实施稳健的财政政策和货币政策；更加充分运用经济手段和法律手段，通过市场机制与法制来巩固和发展宏观调控成果；更加着力推进改革开放，用改革的办法解决经济生活中不稳定不健康的问题，加快调整经济结构、转变经

济增长方式。中央经济工作会议对国有商业银行股份制改造也作出新的部署，要求尚未进行股份制改造的，要加快制定股份制改革方案并择机出台。在党中央、国务院的高度重视下，工商银行的股改方案已通过多方面的研究论证，进入最后决策阶段。

根据全国经济金融工作形势和我行现代金融企业建设的目标，2005 年全行工作的总体要求是，认真贯彻十六大、十六届三中和四中全会及中央经济工作会议精神，积极落实宏观调控政策和货币政策要求，牢固树立科学发展观和现代商业银行经营理念，全面深化管理体制和经营机制改革，加速推进经营模式和增长方式转变，积极准备、适时启动财务重组和股份制改造，培育核心竞争力，增强风险控制力，进一步夯实资产质量基础，继续提高经营效益，以开展先进性教育活动为重点加强党建工作，以实施人才战略为抓手加强员工队伍建设，谱写现代金融企业建设新篇章。2005 年全行经营管理的主要目标是：

经营效益：全年实现经营利润 820 亿元，其中账面利润 30 亿元，提取风险拨备 540 亿元，核销非信贷资产损失 250 亿元。上半年实现经营利润 400 亿元，其中提取风险拨备 250 亿元，核销非信贷资产损失 150 亿元。

资产质量：全年不良资产余额净下降 650 亿元，其中不良贷款余额净下降 300 亿元，非信贷风险资产余额净下降 350 亿元。1999 年以来新增贷款不良率控制在 2% 以内。基本解决借新还旧（还旧借新）问题。上半年不良资产余额净下降 350 亿元，其中不良贷款余额净下降 100 亿元，非信贷风险资产余额净下降 250 亿元。

存款业务：全年人民币各项存款增加 4500 亿元，其中储蓄存款增加 2230 亿元，公司存款增加 1360 亿元，机构存款增加 910 亿元。外汇存款增加 8 亿美元，其中外币储蓄存款增加 2 亿美元，外汇对公存款增加 6 亿美元。

贷款业务：全年人民币各项贷款增加 2800 亿元，其中一般流动资金贷款下降 300 亿元，票据贴现增加 650 亿元；项目贷款增加 1500 亿元，住房开发贷款增加 200 亿元；个人住房贷款增加 650 亿元，消费贷款增加 100 亿元。外汇贷款增加 20 亿美元。

中间业务和新业务：中间业务收入 140 亿元。各类银行卡实现直接消费额 2200 亿元、业务收入 36 亿元，其中信用卡业务增加发卡量 80 万张，实现直接消费额 570 亿元、业务收入 25 亿元。电子银行交易额达到 40 万亿元（其中网上银行交易额 37 万亿元）以上，实现收入 3 亿元。

案件和重大事故控制：当年新发生经济案件起数和涉案金额比上年减半，千人发案率控制在 0.3 以内，涉案资金追缴率达到 50% 以上，结案率达到 75% 以上。防范抢劫、盗窃、诈骗等“三类案件”成功率达到 90% 以上。有效遏制大要案和恶性事故发生。

上述经营目标未考虑财务重组因素，如果年内重组改制方案获得批准，总行将作必要的调整。需要强调的是，全面做好 2005 年的各项工作，实现各项经营管理目标，需要我们坚持用科学发展观统领各项业务经营，提高核心竞争力，推进经营转型，坚定不移地走质量效益型的可持续发展道路；坚持从全局和长远着眼推进改革，在着力解决体制机制问题的同时，全面做好股改准备，加速构建现代金融企业制度；坚持统筹兼顾，协调推进改革创新、市场营销、风险处置、清产核资、内部管理等各项工作；坚持以人为本，稳定和吸引优秀人才，保护和调动全体员工的积极性，创造稳定和谐的经营环境。

三、继续以国家宏观调控政策为指导改进信贷工作

2005 年国家实施稳健货币政策的核心要求是，合理调控货币信贷总量，着力优化信贷结构，积极改进金融服务，既要支持经济平稳较快增长，又要防止通货膨胀和防范金融风险。据此，全行信贷工作的着力点是，合理控制总量，重在调整结构，开拓优质市场，严格防范风险。

（一）加强信贷计划管理，把握好信贷投量和投向。2005 年全行本外币信贷计划与 2004 年的实际增量大体相当。为促使全行更加合理地安排好信贷增量结构，均衡审慎地增加信贷投放，总行 2005 年将实施涵盖表内表外信用和信贷退出计划的全口径信贷总量与流量管理，并进一步加强信贷计划的分类管理和适时调节，在继续坚持分品种调控信贷投放的同时，根据分行新增贷款质量、贷款实收利率和区域经济环境，着重完善信贷计划区域分类管理。各行一定要按总行计划要求，结合区域经济特点，抓紧对全年信贷投放与退出作出具体安排，掌握好信贷投放总量、结构和节奏。

要认真落实中央银行和银监会的“窗口指导”意见，在严格控制风险的前提下，发放好符合条件企业的短期流动资金贷款，从严审批中长期项目贷款，保证贷款用于支持符合国家产业政策和市场准入条件的项目建设。充分发挥行业信贷政策的导向和约束作用，建立行业信贷风险预警和整改制度，增强行业信贷政策执行力。在继续控制钢铁、水泥、电解铝和房地产等过度投资行业融资总量的同时，要特别关注电力行业贷款中的政策性风险及新的过度投资苗头。对不符合国家产业政策和市场准入条件的项目严禁贷款、坚决退出。根据潜在风险贷款分布情况、行业信贷政策和区域结构调整规划，明确信贷市场退出的具体客户和贷款压缩任务，逐级分解落实，加大专项考核力度，确保压缩、退出目标的实现。

（二）加强营销和服务创新，开拓优质信贷市场。

要继续加强内外协调和上下联动，不断改进对大型优质企业和重点行业优质项目的营销和服务。积极发展内保外贷和出口买方信贷业务，抢抓大型现代企业实施“走出去”战略而带来的市场商机。以提高综合回报率为目的，有重点地开展对跨国公司总部的营销，创建能够在全球范围提供现金管理服务的技术平台，提高对跨国公司个性化服务需求的响应速度和满足程度，带动全行对跨国公司在华投资企业的整体营销和服务。密切关注房地产市场变化，制定区域营销计划，保证住房开发贷款的健康发展。在大中城市行全面推行小企业信贷管理办法，在适当降低小企业信贷准入门槛的同时，相应建立严格的贷款预警与停牌整顿制度、审批人资格认证制度和责任追究制度，稳健拓展小企业信贷市场。加快信贷产品整合创新，重点开发经营周转贷款、国内贸易融资等流动资金贷款新品种，丰富短期信用工具，形成适应市场需要和风险管理要求的公司信贷产品体系。积极调整票据业务结构，在严格防范操作风险、政策风险和中小金融机构承兑风险的基础上，主动适应企业短期融资票据化趋势，稳健发展票据业务。大力盘活流动资金贷款存量，通过存量移位和加速周转，增加有效流动资金贷款投放。要以个人信贷业务整合为契机，统一产品管理、营销渠道和技术平台，加快形成以个人住房按揭贷款和个人综合消费贷款为重点的个人信贷产品体系，重点发展以抵押和质押为担保方式的个人贷款品种，促进个人信贷业务的稳健可持续发展。

（三）改进信贷管理，加强信贷风险控制。健全信贷资产质量真实性评价和管理制度，下半年推行法人客户信贷资产质量12级分类管理，更加准确、及时地反映和处置信贷风险。严格落实新增不良贷款责任认定和追究制度，健全责任档案。适应投资体制改革需要，加紧完善客户信用评级体系和中长期贷款评级体系。改进授权授信管理，着重控制客户信贷风险总量。加强各级行审贷委员会建设，试行信贷执行官制度，逐步建立专业化、专职化审批机制，加大信贷审批的垂直管理力度。按照客户贷款额度及风险程度，完善分层次的贷后监督检查体系，推进贷后管理专业化和规范化。建立贷款大户风险控制负责人制度，完善关联客户风险防控体系，注重特别关注客户信息系统与相关管理系统的联结，增强集中风险和跨地区、跨专业风险防范能力。要适应消费信贷业务流程重组，及时整合各项规章制度，完善个人客户信用等级评定，推行消费信贷审批人资格认证制度，规范风险监测和催收管理，提高消费信贷管理水平。

四、积极推进业务增长方式的转变

转变增长方式是实现可持续发展的必由之路。要积极适应市场发展变化，完善市场营销体系，不断推出新的服务和产品，培育核心竞争力，以创新促发展。

（一）实施“大个金”经营发展战略，推动个人金融业务进入高成长阶段。完善总行和一级、二级分行个人金融业务指导委员会的工作机制，充分发挥其统筹规划和统一协调的职能作用。按照以客户为中心的原则，推进机构、业务和资源的整合，优化再造个人金融业务流程，尽快改变分散管理、多头对外、各自为战的状况，建立统一、安全、高效、灵活的适应不同层次客户需要的个人金融业务平台，实现多渠道分销、统一平台运作和分层次、一站式服务。加快理财中心核心竞争力项目推广进程，重视加强客户经理队伍建设，提高营业网点的综合营销能力和服务水平。要把整合个人金融产品作为2005年科技开发和产品创新的重点工程，实现对同一客户一个账户、一个介质、一个密码和一个对账单，以储蓄业务为基础加快个人金融业务的全面开发。

要以理财金账户和牡丹卡为核心品牌，积极拓展富裕客户、高端客户和成长型客户，不断扩大目标客户群体，优化个人客户结构。进一步完善银行卡信息集中工程，推动发卡审批向一级分行集中，建立以一级分行为中心的管理系统和经营平台。实施国际信用卡与人民币贷记卡、准贷记卡的功能整合，充分发挥双币种信用卡的竞争优势，加大市场营销力度，促进客户升级转换，扩大高端信用卡客户的市场份额。突出抓好牡丹运通卡的发行工作，确保年内完成发卡量12.5万张，实现境外消费额2200万美元。要加快完成芯片卡发行与受理系统改造，探索发行芯片卡介质的牡丹信用卡，拓展新的银行卡业务领域。

（二）打造一批具有全面竞争优势的产品和业务，拓展优质公司和机构业务市场。要根据市场发展趋势和我行目标市场定位，对现有公司和机构业务进行全面梳理、综合评估，制定业务发展规划，稳定发展公存业务，择优发展融资业务，全面开发中间业务，逐步将一批具有持续盈利能力的业务培育成市场强势品牌。进一步健全分层次营销和联动营销机制，完善客户经理网络，扩大总分行直接营销客户数量，提供不同价值含量的差别服务，增强对目标客户的综合竞争和服务能力。以现金管理、投资银行等一批拳头产品的创新和营销为突破，提供个性化、高技术含量的增值型综合金融服务方案，全力竞争大型企业、集团公司、系统客户的各项金融业务。加快完善综合化与标准化有机结合的弹性服务机制，增强竞争和开发优质中小企业市场的能力。

要抓住政府推行电子政务的重要机遇，充分利用我行综合优势，重点竞争具有资金管理职能政府部门的金融业务。继续跟进财政国库管理制度改革进程，以扩大代理财政拨付和非税收入支付为重点，积极营销中央和地方预算单位，巩固和扩大各级预算单位资金账户。以营销大型进出口企业为突破，争取在重点口岸城市全面开通“银关通”业务。加快建设银税共同缴税平台，努力争取中标代理税务业务。积极配合军队资金财务制度改革，开发适应军队系统个性化金融服务需求的产品，扩大我行在军队系统金融服务领域的优势地位。

（三）进一步提升国际业务发展水平，继续推进跨国经营。要针对国际业务市场不平衡性突出、波动性大的特点，完善分区域、分行业、分客户和分产品的国际业务市场拓展规划和营销策略，推进国际业务的市场开发和升级发展。依托人民币业务优势，整合创新国际业务产品和服务，进一步形成互促互补、均衡协调的本外币一体化经营格局。以重点行和重点客户为突破，努力提高主要国际业务品种的市场份额。全面整合境外经营资源，健全境外机构业绩考核体系，加强风险管理，注重中间业务发展，建立稳固的客户基础，推进本土化经营。加强境内外以及境外机构之间的业务联动和信息共享，有选择地开展产品和业务的多边交流，形成境内外经营网络的协同优势，促进境内外业务协调发展。积极探索跨国经营新模式，实现在印度尼西亚和俄罗斯设立营业性机构的突破。

（四）加快电子银行业务创新发展，巩固和扩大市场竞争优势。扩展电子银行服务功能，重点打造电子银行集团理财、银企互联、支付结算代理、转账汇款等拳头产品，加快开发一些新的具有良好市场前景的业务和产品，稳步扩大一体化电话银行托管范围。提高传统业务与电子银行业务捆绑销售水平，重点突破军队、税务、保险、烟草等系统龙头客户，全面发展中小企业和个人客户，力争将全行10%以上的对公客户发展成为网上银行客户。重点做大电子商务市场，不断提高在线支付的市场份额。继续推进营业网点与电子银行分销渠道和功能的整合，在重点城市行大型网点推广“电子银行服务专区示范工程”，分流柜面压力，2005年电子银行业务笔数要争取占到全行业务量的四分之一。要规范收费管理，广开收费渠道，努力实现电子银行业务规模与收益均衡增长。

五、加快实施经营结构的调整优化

优化经营结构是提高发展质量的根本性措施。2005年要把结构调整放在更加突出的位置，着重优化资产、收益和区域结构，推进经营战略转型，在构建多元化、价值型经营新格局上迈出新步伐。

（一）逐步调整资产结构，推进资产多元化经营。全面实施信贷精品工程，坚持有进有退、动态优化，深入调整信贷品种、行业、客户和区域结构；推进短期融资票据化、探索长期融资证券化，合理安排信贷期限结构，持久保持信贷竞争力。要在保持信贷资产合理适度增长的同时，提高非信贷盈利资产的比重，努力实现非信贷盈利资产营运的多元化和效益的最大化。强化总行资金交易室功能，建立一级（直属）分行资金营运中心，投产资金集中配置系统，实现资金的纵向管理向纵横结合的资金池管理模式转变，统一配置和营运全行资金，搞好资金业务经营。合理匹配资金头寸期限和规模结构，协调全行在货币市场、债券市场和外汇资金市场的运作，不断提高资金组合营运能力和投资收益水平。抓紧配备和培养熟悉国内外资金市场的高素质专业人才队伍，健全资金业务绩效考核体系，推动资金业务经营管理水平向国际标准靠拢。

（二）大力调整收益结构，实施中间业务跨越式发展战略。根据新的中间业务市场环境和全行经营转型的需要，总行将从2005年起组织实施中间业务三年发展规划，以增加中间业务收入为核心，整合优化服务产品和营销渠道，培育核心竞争力，确保中间业务收入一年上一个台阶，三年实现翻番。各行要深刻认识发展中间业务对于推进经营转型的战略意义，确立全面开发、优先发展中间业务的战略导向，按照总行规划要求，因地制宜推进中间业务跨越式发展，确立在当地中间业务市场的领先地位。要进一步巩固本币支付结算、国际结算、银行卡和各种代理业务等四大优势领域，做大做强现金管理、投资银行、资产托管和各类理财等新兴业务，积极抢占高技术含量、高附加值和高成长性的中间业务新市场。

现金管理服务要不断丰富和完善功能，加强内外和上下的协调配合，扩大营销范围，提高营销质量，讲求营销效果，使其成为竞争优质对公客户的拳头产品和服务平台，年内使用现金管理服务的客户力争达到1.5万户。积极发展投资银行业务，重点拓展财务顾问、重组并购、结构性融资、银团贷款安排等领域，不断提升企业理财服务品质。进行工行债市通和前途理财工作室的品牌营销，拓展债券理财业务。大力发展银行保险业务，扩大在国内银保市场的领先优势。积极稳妥地开展银证合作，重点做好客户证券交易结算资金独立存管和第三方存管、银证通和银期转账的营销工作。全力突破保险资产和基本养老个人账户基金托管市场，以年金账户管理业务为龙头，带动企业年金受托管理和财产托管业务的全面发展。积极创造条件成立工银基金管理公司，开拓基金业务市场。要适应中间业务规模化、跨越式发展的需要，抓紧建设全行统一的中间业务后台管理系统，改进中间业务收费管理，提高中间业务的风险防控能力和收益水平。

（三）进一步优化区域经营结构，深入实施区域发展战略。改革资源配置方式，加快构建突出重点和注重特色的区域化发展布局。加大对利润中心地区和大中城市行资源配置的倾斜力度，支持重点行增强竞争发展能力。要筛选出100个对全行发展最具战略意义的大中城市行，通过综合扶持措施，率先培育成当地最具竞争力、最优资产质量和最佳经营效益的全面领先银行。经济欠发达、金融资源匮乏地区的行，要重点发展具有区位优势和自身专长的特色业务，建设精品机构。要密切关注城市化建设进程中出现的城市空心化、郊区化发展新趋势，适时调整微观业务布局。要引入资本和投资回报约束条件，制定更加科学的机构准入与退出标准，加快机构总量和布局的调整，力争2005年将机构总量控制在2万家以内。

六、继续深化体制机制方面的改革创新

体制创新是改善管理和推进经营转型的重要途径。要抓住经营管理中的主要矛盾和突出问题，着眼于整体构建现代金融企业制度，标本兼治，重点突破，协调推进，全面深化内部管理体制改革。

（一）改造业务流程和组织机构。加快完成个人消费信贷流程重组工作，组建各级消费信贷管理机构，全面实现前后台业务分离，健全贯穿个人消费信贷业务全流程的风险防范机制。继续推进公司信贷、机构业务、会计核算等业务领域的流程再造。改善票据业务、牡丹卡业务专业化经营，进一步加大重点业务垂直化管理力度。完善内部等级评价体系和机构综合管理系统，增强对分支机构的综合监管能力。以二级分行为重点深化管理扁平化改革，提升基层网点综合服务功能，强化支行级机构的经营职能。规范各级分行内设机构设置和人员配备，压缩二线人员规模，调整充实业务一线。

（二）完善全面风险管理体系。充分发挥重组后的风险管理委员会的职能作用，增强对信用风险、市场风险和操作风险的综合控制和管理能力。加快推进内部评级法二期工程，启动信用风险管理、内控合规等项目的组织流程建设。加强和改进各类风险的监测、预警、计量和处置工作，完善风险管理问责制。适应利率市场化进程，促进利率风险管理由被动型向主动型转变，推行利率风险按旬监测、按月分析、按季报告制度，建立全方位、多层次的利率风险管理体系。针对经济上升阶段利率风险特征，突出加强中长期资产的利率管理。完善内部资金转移定价系统，定期确定全行可接受的最高融资成本和最低融资收益，通过利率风险管理提高产品定价能力和收益水平。规范债券投资的利率风险管理方式，实现银行账户和交易账户完全分离。按照“集中管理、分散控制”的原则，逐级逐部门落实操作风险管理责任，建立完整有效的操作风险识别、防范、处置、报告等制度。

（三）构建规范有效的内部控制体系。本着全面、审慎、独立、有效、成本适度的原则，改造和完善内部控制系统，尽快完成内部审计与内控合规管理的职能分离，理顺关系，明权定责，建立工作协调机制。适应公司治理结构改革和流程再造进程，完善内控总体制度架构及各项具体业务控制制度，构建贯穿各项经营管理活动全程的法律风险控制机制，提高内控管理的规范化、标准化和程序化水平。深入开展内控监督评价工作，在完善基层行内部控制评价的同时，逐步开展对一级分行的内控评价工作。提高内控项目在各级管理层和各有关岗位绩效考核中的比重，内控评价结果作为薪酬评定和干部使用的重要依据。加强对高风险环节和业务领域的内控审计工作，2005年重点抓好对财务合规性与真实性、前后台分离、授权授信管理、信贷业务审批及不良资产责任认定等五个方面的审计。启动IT审计，加大境外机构审计力度。要建立内部审计监督与外部审计监管的协调联动机制，通过外部监管，检验内部审计的水平和效果，增强内控的完整性和有效性。2005年国际审计范围要扩大到全部机构和资产。重视和加强对反洗钱工作的组织领导，严格执行并不断完善反洗钱内控制度，提高一线业务人员和反洗钱岗位人员对可疑交易的识别能力，认真做好大额及可疑交易的报告工作，加强对分支机构反洗钱工作的监督检查，切实提高反洗钱工作效果。

（四）深化财务会计制度改革。抓紧制定符合新的金融企业会计制度、与国际会计准则接轨的财务会计制度，稳步实现新旧会计财务制度体系的转换。改进财务预算管理，建立统筹成本、风险、资本的经营效益管理体系。按照财政部新的成本收入比要求，加强成本精细化管理，将成本收入比作为费用资源配置的修正指标。完善费用预算与支出行为控制体系，建立符合现代金融企业要求的资产负债管理系统和财务预算系统，切实发挥财务归集还原系统与业绩价值管理系统的作用。规范集中采购流程，提高集中采购层次，扩大集中采购范围。积极推行财务集中改革，上收各分支机构财务支出核算事项，实现财务操作性职能与决策性职能、核算职能与管理职能、核算主体与被核算主体空间上的分离，统一规范财务核算标准与流程，完成本外币清算、管理一体化，构建集约高效的管理会计体系。

（五）加快信息科技创新发展步伐。在全行重大科技工程建设基本完成后，要围绕安全和发展两大主题，以科技体系更加完善、管理更加成熟、技术更加进步为目标，推动科技创新发展。进一步做好安全生产运行管理以及数据中心整合工程的后续工作，完成数据中心（北京）开放平台系统的迁移，完善主机核心系统灾备建设，健全科技应急管理体系，不断提升全行信息系统的生产运行质量和安全管理水平。根据全行业务创新发展和体制机制改革的要求，重点做好全功能银行系统2005版本的开发投产工作。加快各类应用产品的创新与推广，完成对个人金融、银行卡、电子银行等系统的改造，推出个人营销管理系统；开发集中式国际结算单证处理中心应用系统，抓好境外分行应用系统升级，推进境外分行与国内网上银行系统的互联；加强数据仓库建设，完成个人综合信贷管理系统开发，优化信贷管理系统，扩充业绩价值管理系统功能，推进报表整合，为经营管理提供决策支持；构建全面风险管理系统，逐步推出资产负债、会计监控、稽核监督等管理系统。完善一级分行科技集约化管理体制，实现各行辖内生产运

行、应用开发和科技管理的集中统一。

七、扎实做好股份制改造准备工作

对国有商业银行实行股份制改造，是党的十六届三中全会作出的深化金融改革的战略决策。对全行来说，这是脱胎换骨的深刻变革，是事关全局和长远的、“输不起”的全新改革实践。我们一定要更加深刻地认识这项改革的重要性和艰巨性，以高度的事业心和责任感抓紧做好股改前的各项基础工作，确保股份制改造按照党中央、国务院的部署，及时启动和顺利推进。

（一）做好不良贷款清收处置工作。继续调动全行力量，统筹配置各种资源，加快不良贷款和潜在风险贷款的清收处置，确保完成上半年清收处置任务，进一步夯实信贷资产质量基础。开展对现有不良贷款的全面排查工作，依据不良贷款分布特征、清收潜力和难易程度，逐户分类制定清收处置策略和处置预案，优先清收回收率高、形成时间短、价值贬损快的不良贷款，重点清收新增不良贷款、次级类不良贷款和个人类不良贷款。充分利用还款免息政策，抓紧与一批不良贷款企业签订协议，对已签订还款免息协议的项目，要主动与企业协商加快协议落实进度。加强抵债资产管理，坚持快进快出，对于处置回收率高、变现快的不良贷款，实行优先抵债，新抵入的资产原则上应在 6 个月内处置完毕。完善清收策略，提高呆账核销的综合效益，对于当年受偿率和回报率高的项目，全行统一调配拨备资金，优先核销。

要确保不良资产清收处置的合规操作，真实有效地完善手续，依法合规地补齐材料，认真细致地整理档案。特别要注意完善损失类贷款核销手续，加强账销案存管理，规范已核销贷款的会计核算，并建立已核销贷款的追偿奖励制度，严防道德风险和操作风险。在全行推广应用不良贷款管理、以物抵债管理和呆账核销管理系统，实现电子化审批与管理，建立标准化的不良贷款处置流程。要建立从信用评级到贷后管理以及不良贷款清收处置全过程的责任认定和追究制度，严格防范和严厉查处各种形式的弄虚作假、违规违纪行为。

（二）做好非信贷风险资产清理工作。要进一步排查梳理非信贷风险资产底数及对应科目，分类制定清收处置的方案措施。对可处置的非信贷风险资产，要加快清收处置进度，尽快明确处置损失。对已确认为损失类的非信贷风险资产，要严格按照总行规定的核销范围核销。我行对同一债务人不同类别的债权，特别是表内应收利息和诉讼费垫款相对应的债权本金，要认真做好核实工作，统筹考虑处置方案。对房改损失，要加强规范管理，确保内容真实、核算准确，做到足额收取房改售房款，按规定提足维修基金，与房改损失无关的项目一律不得在该科目中反映。对已形成损失的非信贷风险资产，要严格按规定整理好相关要件资料，确保核销资料完整齐备，有案可稽。

（三）做好固定资产清查工作。根据国企改制的一般程序，固定资产的清查、确权、评估将是整个改制过程中工作量最大、投入人力最多、所需时间最长的基础性工作。特别是土地及房产由于所占比重大、分布地域广、形成来源复杂，其产权完善工作任务尤为繁重。各级行都要尽快成立由主管行长挂帅的固定资产清查确权工作领导小组，加强确权工作的统一领导，并要落实专人负责具体工作。总行将很快出台固定资产产权完善工作指导意见，明确产权完善的相关原则、程序及具体操作要求。各行也要本着提高效率、节省成本的原则，提前做好各项政策和资料准备，加强相关培训工作，做好与各级国土资源管理部门的沟通协调，为后续工作开展打好基础。要结合固定资产清理确权工作，加大处置闲置固定资产的力度，尤其要加快部分培训中心、疗养院的处置进度，强化全行固定资产投资的权属意识，建立起产权清晰、权属合法的固定资产管理机制，切实维护我行权益，保障资产安全。

（四）做好完善公司治理的各项基础工作。完善公司治理是国有商业银行股份制改造的核心内容和紧迫任务，也是一个长期、渐进的过程。根据人民银行、银监会关于公司治理改革与监管指引的要求，充分借鉴国内国际同业经验，总行正在抓紧研究论证完善公司治理的总体方案，提出中长期建设目标和分阶段推进的路径选择。现阶段工作重点是要在加快推进内部管理体制改革的同时，积极配合国家有关部门做好与成立股份公司相关的各项基础和配套工作，尤其要在建立现代公司治理架构、引进国内外战略投资者、选聘中介机构、完善符合资本市场要求的信息披露制度、改进激励约束机制等方面，抓紧制定各项方案和办法，做好前期准备，为股改启动后的工作赢得时间、创造条件。

八、全面加强与改进党建工作和队伍建设

当前，全行改革发展新的形势任务，对党建工作和员工队伍建设提出了更高的要求。各级行党委一定要认真贯彻中央《关于加强和改进中央企业党的建设工作的意见》，落实中组部提出的加强国有企业领导班子思想政治建设的目标要求，全面加强和改进党建工作，推动员工队伍建设，为建设现代金融企业提供强有力的政治和组织保证。

（一）扎实开展先进性教育活动，深入推进党员队伍和各级党组织建设。开展以学习实践“三个代表”重要思想为主要内容的保持共产党员先进性教育活动，是2005 年全党政治生活的一件大事。按照党中央的统一部署，从现在起和从总行开始，我们将利用一年左右的时间，分三批在全行党员中集中开展先进性教育活动，总行党委将很快进行具体安排和专门动员。各级行

党委一定要深刻认识这次先进性教育活动的重大意义，全面理解和正确把握这次活动的指导思想、目标要求、基本原则和方法步骤，加强组织领导，建立责任机制，紧密结合全行改革发展和党员队伍建设实际，创新活动内容和方式。要通过这次活动，认真解决党员和各级党组织在思想、组织、作风以及工作方面存在的突出问题，更好地解决影响全行改革发展稳定的主要矛盾和实际问题，增强党员队伍和党组织的创造力、凝聚力和战斗力，为改革攻坚和现代金融企业建设注入新的活力、增添新的动力。

（二）加强各级领导班子思想政治建设，提高领导干部的综合素质和管理能力。各级领导班子建设的总体目标是“四好”，即：政治素质好，就是坚定马克思主义理想信念，认真贯彻执行党的路线方针政策，具有强烈的事业心、责任感，忠于职守，勤勉尽责。经营业绩好，就是牢固树立科学发展观和正确业绩观，有较高的经营管理水平，取得良好的经营绩效。团结协作好，就是认真贯彻民主集中制原则，发挥班子整体合力，班子的创造力、凝聚力、战斗力强。作风形象好，就是要求真务实、讲求实效，艰苦奋斗、勤俭办行，以人为本、关心员工，廉洁从业、严于律己，依法合规、诚实守信。各级领导班子一定要朝着“四好”目标不懈努力。要始终不渝地用邓小平理论和“三个代表”重要思想武装头脑，自觉加强党性修养，不断增强政治意识、大局意识和责任意识，努力提高驾驭市场经济和管理现代金融企业的能力。要严格遵守和不断完善领导班子工作制度，提高决策的民主化、科学化。要把“两个务必”常怀于心，自觉端正思想作风和工作作风。要正确认识和处理好奉献精神和利益原则、党的事业和个人价值的关系，识大体，顾大局，讲奉献。要改善对各级领导班子管理能力和经营业绩的考核评价，加强监督管理，促使各级领导班子建设不断加强。

（三）实施人才兴行战略，加大教育培训力度。认真贯彻总行人才工作总体规划，坚持党管干部、党管人才与市场化选聘相结合原则，深化干部人事制度改革。全面推行管理人员聘任制，扩大业务职务序列的试行范围，充实高管人员后备干部队伍，加大用人失察失误责任追究，健全和完善科学的人才考核评价体系和选用标准，逐步推行基于岗位价值评估和业绩驱动的薪酬制度，建立高级专家和优秀人才信息库，做好紧缺人才的引进工作，加快形成与现代金融企业相适应的选人用人新机制。要坚持重点培训与全员培训、常规培训与转型适应性培训相结合，突出抓好关键人才、高层次人才的培训，带动和促进各类人才协调发展，逐步改善我行人力资源充足、人才资源短缺的状况。要针对不同层次的管理人员，安排更多的高层次培训和讲座，促使中高级管理人员的观念和知识更新。要适应业务发展战略需要，着重创新尖端人才的培训方式，加快造就一批熟悉国际规则、具有较强实践能力的风险投资专家、高级理财顾问、金融工程师、金融分析师等新型金融专家队伍。要依照岗位特点和职业计划制定员工个性化培训方案，稳步推行岗位资格培训和认证，搭建功能完善的网上培训平台，为员工提高履岗能力、拓展职业发展空间创造条件。

（四）推进党风廉政建设和反腐败斗争，加强案件查防工作。在当前改革发展的关键时期，领导干部能否做到清正廉洁、能否保证所带的队伍不出问题、能否保证所管理的业务不发生大案要案，是对各级行各部门领导班子和每个领导干部的重大政治考验。各级行一定要以贯彻落实中央即将颁布的《建立健全教育、制度、监督并重的惩治和预防腐败体系实施纲要》为重点，以党风廉政建设责任制为保证，建立健全有效的工作机制，切实把反腐倡廉各项工作落到实处。要坚持教育为先，加强思想道德和纪律教育，促使干部员工不断增强拒腐防变的能力。尤其要注意对一些在政治思想和工作、生活作风等方面存在问题的干部，及早进行诫勉教育，防患于先、防患于微。要坚决查处违法违纪案件，深入推进“扫雷工程”，重点排查高危环节、重点部位和新业务领域的制度和流程隐患。落实安全和案件防范责任制，加大案件查处力度，以案促改、以惩促防、治本抓源。认真贯彻党内监督条例，严格落实中央和中纪委提出的各项廉政规定，根据党风廉政建设新的形势任务要求，进一步完善领导干部廉洁从业规定和管理办法，健全述职述廉、重要事项报告等制度，加强对授权授信、信贷审批、选人用人、不良资产处置和集中采购等权力集中环节的监督，更加有效地约束领导干部的从业行为。

（五）做好宣传和思想政治工作，维护改革发展稳定大局。全行综合改革日渐深入，涉及到方方面面关系和利益调整，各级行务必要把宣传和思想政治工作做深、做细、做扎实。要大力宣传全行改革发展取得的新成果新成绩，树立良好的市场形象，激发广大干部员工的改革热情，坚定改革信心。要充分发挥基层党组织和工会、共青团的作用，建立思想政治工作联席会议制度，加强舆情和员工思想动态分析，引导员工树立与现代金融企业相适应的价值观念和职业精神。要以人为本、善待员工，积极帮助员工解决实际困难。规范收入分配制度，强化收入分配监控，切实在薪酬分配中保护和调动各方面的积极性。要积极拓宽富余人员分流和安置渠道，注意方式方法，防止简单粗暴。要关心困难员工的生活，开展多种形式的扶危济贫送温暖活动，特别要注意关心有困难的老党员、离退休老干部和老职工，切实保障他们的基本生活。各级领导干部都要带着感情、带着责任做好罢访息诉工作，深入开展不稳定的因素排查和调处，尽力把问题和矛盾解决在基层和萌芽状态，避免重复访、集体访和进京访发生，努力创造有利于改革发展的和谐环境。

同志们，2005年是我们推进现代金融企业建设的关键一年，改革发展任务艰巨而繁重。全行上下一定要认真贯彻落实党中央、国务院关于经济金融工作的总体部署，以强烈的事业心和责任感，以奋发有为的精神状态和求真务实的优良作风，努力做好2005年的各项工作，在全面建设现代金融企业的道路上迈出新步伐、谱写新篇章。

扎实做好股份制改革工作 开创现代金融企业建设新局面

——在中国工商银行分行行长工作会议上的讲话

姜建清

（2005年4月22日）

这次会议的主要任务是，认真学习贯彻党中央、国务院关于工商银行股份制改革的决策部署，明确现代金融企业建设新阶段的目标任务，研究布置财务重组、不良资产剥离和第二季度重点工作，动员全行同心同德，扎实工作，以高度的事业心和责任感，肩负起股份制改革的历史重任，开创现代金融企业建设的新局面。下面，我讲三个方面的问题。

一、认真贯彻党中央、国务院决策部署，扎实做好股份制改革的各项工作

对工商银行实施股份制改革，是党中央、国务院作出的重大战略决策，是贯彻十六大和十六届三中全会精神、深化金融改革的又一重大举措，是我行现代金融企业建设的重要里程碑。全行广大干部员工要深刻理解党中央、国务院关于对工商银行进行股份制改革的决策精神，自觉把思想和行动统一到现代金融企业建设新阶段的目标任务上来。

（一）正确认识股份制改革的重大意义。首先，要从全国经济金融工作的大局着眼来认识工商银行股份制改革的重要性。国有商业银行改革是我国金融改革的重中之重，直接关系到国家金融安全和经济发展全局。工商银行作为国内资产规模最大的国有商业银行，在国家的金融体系中具有举足轻重的地位，在经济和社会发展中发挥着十分重要的作用，同时也决定了我们建设现代金融企业的任务将非常艰巨。党中央、国务院一直十分重视和关心工商银行的改革发展，十六届三中全会作出深化国有商业银行改革的整体部署后，对工商银行的股份制改革及内部管理和改革提出明确要求，国务院国有独资商业银行股份制改革领导小组对我行的股改方案进行了深入研究论证。在两家国有独资商业银行股改试点一个阶段后，党中央、国务院适时作出对工商银行实行股份制改革的决定，表明了党中央、国务院推进金融改革的坚定决心，也体现了对工商银行的充分信任与殷切期望。

其次，要从现代金融企业建设的战略高度来认识股份制改革的重要性。工商银行成立20多年来为支持国民经济发展做出了巨大贡献，同时也承担了大量政策性任务和转制成本，积累了较大风险。近年来在国家政策支持下，全行依靠自身努力，从解决质量效益问题入手，推进综合改革，强化内部管理，加快创新发展，显著改善了经营状况。但是资本金不足、不良资产包袱重的问题仍严重制约着我行的进一步改革发展，影响我们参与国际竞争的能力。这次在国家政策支持下进行股份制改革，将彻底解决长期困扰我行稳健经营和健康发展的历史包袱。完成财务重组后，我行不良资产率可降至3.5%左右，其中不良贷款率降到4.5%左右；拨备覆盖率（拨备留存额占五级分类应提拨备的比例）达到100%以上；资本充足率和核心资本充足率将全面达到监管要求；ROA、ROE达到国内银行业领先水平和国际银行业中上等水平，从而形成了一个良好的财务基础，并打通市场化补充资本的渠道。更为重要的是，通过股份制改造，启动产权制度、公司治理结构改革，有利于加快管理体制和经营机制的根本转变，有利于整体构建完善的现代金融企业制度。可以说，这是一次脱胎换骨的彻底改革，是我行改革发展中一次新的历史性跨越。当然，这也是一项复杂和高标准的系统工程，是一场“输不起的改革”。

全行广大干部员工一定要不辜负党和国家的期望、人民的重托，既要充分用好国家的政策支持，又要自立自强，依靠自身努力高质量地完成体制转轨，降低改制成本，最大限度地减轻国家负担；既要坚决完成好股份制改革的各项任务，又要紧紧抓住“把银行办成真正

的银行”这一根本目标，始终把工作的主要着力点放在建立现代金融企业制度上，加快提高风险控制能力、竞争发展能力和盈利能力，确保向党中央、国务院和全国人民交上一份满意的答卷。

（二）明确股份制改革的目标任务和方法步骤。我行股份制改革的总体目标是：按照现代商业银行的要求，以建立健全现代产权制度和现代公司治理制度为核心，全面加快各项改革进程，转换经营机制，于2005年完成股份制改革，然后创造条件择机在境内外公开上市，建立较为完善的现代金融企业制度，成为一家资本充足、内控严密、运营安全、服务和效益良好、主要经营管理指标达到国际同业中上等水平、具有较强国际竞争力的现代化大型商业银行。

党中央、国务院按照“一行一策”的国有银行改革原则，确定工商银行股份制改革采取国家支持与自身努力相结合的办法，即在国家政策的适当支持下，用工商银行未来的经营收益偿付改制成本。主要方法步骤：

一是注资补充资本金。中央汇金投资有限责任公司运用外汇储备注入新的资本金，中央财政保留与汇金公司等额的资本金，其余转为风险拨备，使我行核心资本充足率达到6%以上，再通过发行次级债使资本充足率超过8%。

二是处置损失类资产。2004年底全行损失类资产为××××亿元，其中信贷类××××亿元，非信贷类×××亿元，由财政部以分期付款的方式购买，并与我行建立“特别共管基金”予以解决。“特别共管基金”偿还来源为中央财政在我行的股份分红和我行上缴的所得税等。

三是处置可疑类贷款。2004年底我行可疑类贷款××××亿元，由中央银行采用招标等市场方式选择资产管理公司按账面价值全额购买，其处置损失由中央银行会同中央财政研究处理。

四是组建股份公司。在补充资本金和处置不良资产的基础上，整体改制为“中国工商银行股份有限公司”，承接原工商银行的资产、负债、机构、业务和人员。适时引入战略投资者，条件成熟时择机上市。

根据党中央、国务院的决策部署，总行具体制定了股份制改革实施方案和2005年的主要工作计划。事实上，全行股改准备工作2004年已经启动。2005年以来固定资产清查确权，不良资产资料整理、责任认定，中介机构评估、审计，战略投资者遴选、谈判等工作都取得了很大进展，资产质量真实性管理得到加强。现在股份制改造的时机和条件已经成熟，我们一定要加快工作进程，力争上半年全面完成财务重组，9月份完成国际审计，10月份设立股份公司，年底前引入战略投资者，实现股权结构的多元化和国际化。

（三）严格按政策规定规范剥离不良资产。不良资产剥离工作涉及面广、政策性强、操作难度大、时间要求紧，能否按要求高质量完成剥离任务，直接关系到股份制改革的成败。为确保不良资产剥离工作有条不紊、规范有序进行，总行近日将印发损失类贷款、可疑类贷款和非信贷风险资产损失剥离操作规程等一系列重要文件，明确规定不良资产剥离的原则与范围、组织与分工、审查与审批规程，以及时限与纪律要求。这次会上，杨凯生和张衢两位副行长还要作具体的工作安排。各行一定要高度重视，切实吃透政策要求，明确责任，精心组织，坚决按照总行的统一部署开展工作，确保按计划高质量完成不良资产剥离任务。

一要加强领导，落实责任。总行专门成立了由行领导挂帅的不良资产处置领导小组，加强对不良资产剥离工作的统一领导，及时研究解决剥离工作遇到的重要问题。同时成立了不良资产处置工作小组具体负责不良资产剥离的组织推动和审查审批等工作，另外还将成立不良资产处置督查小组，负责全行不良资产剥离工作的督导和检查。各分行都要按照总行要求抓紧成立不良资产处置领导小组和相应的工作机构，落实各相关部门的工作职责。各级行、各专门机构、各有关部门都要牢固树立责任意识和全局观念，既分工负责、各司其职，又紧密协作、积极配合，共同推进剥离工作的顺利开展。

二要明确剥离范围，严格审查审批。考虑到个人类不良贷款形成时间短、户数多、金额小等因素，总行决定对全行的个人损失类和可疑类贷款不予剥离。总行将以各行3月末损失类和可疑类贷款余额为基数，剔除不剥离和4月份核销因素，分类核定下达剥离额度。各分行要严格按照总行下达的计划和相关政策条件对有关贷款项目进行审核，分解到户，对应到笔。信贷管理部门要对拟剥离的贷款在信贷管理系统中加注标识进行锁定。需要特别强调的是，由于可疑类贷款剥离必须事先进行卖方尽职调查，且这项工作量大、范围广、时间紧，总行会后将尽快制定下发工作方案，开展专门培训，尽早启动相关工作。各行要抓紧一切时间，克服各种困难，确保5月18日前全面完成尽职调查工作，为买方进场开展尽职调查和最终完成剥离工作创造条件。对损失类非信贷风险资产的处置，要严格按照总行下达的指标和清单，逐笔核实确定。

三要严肃纪律，严防风险。要严格按照国家有关政策规定和总行要求开展不良资产剥离工作，确保依法合规、手续完备、资料齐全、认定准确，决不能出现任何违规违纪问题，严防道德风险和操作风险。要建立严格的授权审查审批和集体决策机制，实行关系人回避和风险报告制度。严禁擅自调表调账和变更风险分类形态，严禁伪造、变造有关材料，严禁私自释放剥离资产的抵押、担保，严格防范和严厉查处各种形式的弄虚作假行为。要逐级逐部门落实责任机制，对违规违纪和失职渎职的，要严肃追究有关人员责任。要切实做好业务档案、重要法律文件和诉讼时效等的管理。各级行行长要对这次不良资产剥离工作的合规性负全责。要严格按照财政部、人民银行和银监会联合印发的《关于加强国有商业银行不良资产剥离过程中责任追究工作的通知》要求，逐笔对申报剥离的不良资产进行责任认定和追究，各分行和各有关部门要严格监督把关，切实做到责任认定准确、追究彻底。总分行不良资产处置督查小组要切实履行好职责，并在剥离工作完成后组织一次覆盖全行的大检查，确保这次不良资产剥离工作经得起监管部门的审计检查，经得起历史的检验。

（四）加快推进清产核资、确权明责工作。清产核资、确权明责是股份制改造和引进战略投资的基础，同样也是项政策性强、操作难度大的工作。经过前一阶段与国土资源等有关部门的沟通协调，全行土地及房产的清查确权工作取得了较大进展。但由于我行土地房产分布地域广泛，形成和来源复杂，清查确权工作深入推进中还会遇到许多问题和困难，特别是股改提速对确权明责工作时限又提出了新的更高要求。各行对此要有充分的估计，按照提高效率、节约成本、依法合规的原则，完善操作规程，加大工作力度，继续加强与地方建设管理部门和房屋管理部门的沟通协调，充分利用土地评估等中介机构的专业经验，确保5月底基本完成土地和房产确权工作。

要进一步加强抵债资产管理，加大处置力度，严格自用审批手续。要在理清拟撤并营业网点、培训中心、招待所等闲置固定资产权属关系的基础上，采取专业化、市场化方式，加快处置进度。总行将加强对重点地区、重点行和重点资产清查确权工作及进度的监督检查，督促全行依法合规按计划推进产权完善工作，对符合条件的固定资产逐步开展资产重置价格评估。各行要以此次固定资产清查确权为契机，完善固定资产管理机制，认真做好在建工程等增量固定资产产权的落实维护工作，坚决杜绝“前清后乱”。

境内外机构及各有关部门要加强与中介机构的沟通合作。要及时收集和提交尽职调查、审计评估所需资料，准确填写所有表格和清单，配合中介机构开展现场工作，确保9月上旬全部完成审计、资产评估和法律尽职调查。各海外分支机构要及时与当地金融监管部门沟通协调，并及时向中介机构反馈相关信息，确保审计评估、尽职调查工作的顺利推进。要抓紧完成战略引资资料库建设，并于4月底正式向投资者开放，推进战略引资谈判进程。

（五）全面推进公司治理建设。党中央、国务院多次强调指出，国有商业银行实施股份制改革，关键是加快内部改革，强化内部管理，建立良好的公司治理结构。根据人民银行、银监会关于公司治理改革与监管指引的要求，充分借鉴国内外同业先进经验，总行将在前期大量研究论证的基础上，上半年出台进一步完善公司治理的总体方案和实施步骤，组织全行以股改为突破全面建立现代金融企业制度。

一是建立规范完善的法人治理结构。积极配合国家有关部门构建由股东大会、董事会、监事会和高级管理层组成的现代公司治理架构，并引入独立董事制度，在董事会下设立相关专门委员会，实现“三会分设、三权分离”。依据《公司法》等有关法律法规，制定新的公司章程，建立科学高效的决策、执行和监督运行机制。

二是制定中长期发展战略规划。以建设国际一流现代商业银行为目标，确立未来一个时期的效益、成本、风险、结构、规模、效率、创新和人才目标体系，进一步明确市场定位和核心业务远景目标，制定全行经营转型整体计划。力争第二季度完成发展战略规划初稿。

三是建立全新的经营绩效考评制度。根据股改后经营管理的新要求，建立能够平衡风险与收益，统筹考虑成本、风险和资本约束的全新考核指标体系。制定经营绩效年度考评与分行管理层任期考评有机结合的业绩考核制度，实现全行长期战略目标与分行管理层任期业绩目标、年度计划目标的有机衔接。全面推行分机构、分部门、分产品的多维度业绩考核，促进全行价值最大化目标的实现。

四是改造组织机构和业务流程。加快机构网点布局调整，构建以城市行为中心的机构网络体系。按照以客户为中心，以风险控制为主线，全面改造业务和管理流程，实现前台、中台和后台业务的分离。整合重组部门职能机构，实行机构管理扁平化和风险管理垂直化。

五是完善全面风险管理和内控体系。依托新的公司治理架构，建立科学先进的风险管理体系，逐步实现全程、量化和立体的全面风险控制。建立能覆盖信用风险、市场风险、操作风险和表内外业务风险的全面风险拨备制度。彻底分离业务营销与风险管理职能，实现信贷风险的垂直和集中管理。逐步推广内部评级初级法，形成先进的风险管理技术平台。完善向董事会负责的内部审计体系和向高管层负责的内控合规管理体系，构建规范有效的内部控制机制，实现对全行经营管理活动的全方位覆盖和全过程控制。

六是建立审慎、规范和透明的财务会计制度。抓紧研究制定与国际会计准则接轨的会计标准和财务制度，完成新旧财务报告体系的转换，2006年1月1日起实施新的财务会计体系。推进财务集中改革，统一重要财务事项核算和决策层次，力争下半年全面实行城市行的财务集中。制定费用分类管理办法、营业外支出管理办法和成本收入比监测办法，完善财务监测体系。

七是健全资本管理和运营机制。按照银监会颁布的《商业银行资本充足率管理办法》要求，制定我行资本管理、资本充足率管理和经济资本管理的制度办法，搭建资本管理的制度框架和涵盖各级经营层面和业务单元的资本管理体系，促使全行持久保持合理和充足的资本水平。逐步推行经济资本预算管理模式，建立以资本回报率为主线的资源配置、风险管理和绩效考评体制，实现资本对各项经营活动的刚性约束。

八是建立符合资本市场要求的信息披露与报告制度。按照我国监管要求和上市地资本市场的信息披露标准，建立完善的信息披露与报告体系。制定信息披露与报告的制度办法，明确信息披露和报告的原则、内容和分工流程，建立相应的考核和问责机制。建设完善有效、能满足对外披露要求的管理信息系统，实行信息披露标准化管理。

九是建立市场化人力资源管理体制和激励约束机制。制定实施人力资源开发规划，构建符合现代公司治理要求的人事劳动制度。建立科学、合理和富有效率的收入分配体系，实现即期激励与预期激励的有机结合。

十是进一步提高管理信息化水平。全面建设集中统一的业务处理系统、功能强大的电子银行、技术领先的数据仓库和安全稳定的大型现代化数据中心，加快使管理信息化达到国际先进水平。

二、做好第二季度经营管理工作，保证改革与发展两不误两促进

总的看，2005 年第一季度全行各项业务经营发展健康平稳，开局良好。经营效益创历史同期最好水平，境内外机构实现经营利润205.22 亿元，同比增加22.65 亿元。资产质量持续改善，累计清收处置不良资产333.1 亿元，境内外机构不良资产余额比年初减少 80 亿元，占比下降 0.57 个百分点，降至 13.66%。其中，不良贷款余额减少 10.64 亿元，占比下降 0.37 个百分点，降至 18.62%。潜在风险贷款余额下降 241 亿元。1999 年以来发放的贷款不良率为 1.62%。存贷款和中间业务协调健康发展。境内机构人民币各项存款增加2027.5 亿元，完成全年计划的 45%。其中，储蓄存款增加 1758.1 亿元，同比多增 133.2 亿元。人民币各项贷款增加 502.2 亿元，同比少增 287.3 亿元。实现中间业务收入 30.2 亿元，同比增长 44.3%。电子银行、银行卡等各项新业务都有了较大发展。

当前工作也面临一些新问题和新情况。从内部看，有的分行和部门工作开展还不够平衡，市场营销力度有所减弱，贷款增长均衡性较差，信贷风险控制和案件防范工作仍有待加强。从外部看，经济金融环境又有一些新变化，特别是央行相继推出了下调超额存款准备金利率，提高住房按揭贷款利率和首付比例，放开同业存款利率，批准券商发行短期融资债券等政策措施，对银行业经营发展带来许多新的影响。

第二季度总行将根据财务重组进程，相应改进部分业务管理方法，但暂不对经营目标进行调整。全行要继续落实好年初行长会和各专业工作会议部署，协调推进资产负债和中间业务发展，统筹抓好市场拓展与风险控制。这里，我主要针对当前新的情况，重点强调几个方面的工作。

（一）加强剥离不良贷款后的信贷管理。剥离不良贷款后，信贷资产质量能否长久保持良好的水平，信贷结构能否持续得到优化，贷款收益能否全面覆盖风险并带来应有回报，直接关系到股改的成败，是国家和国际上高度关注的问题，也是我们面临的最大挑战。我们一定要以这次财务重组为新的起点，实施风险管理并轨，建立起严格的资本、成本和风险制约的增长机制。

各分行在这次不良贷款剥离中腾出的规模和资金一律上划总行统一配置。未经总行批准，各分行不得擅自根据重组后的信贷质量水平调整信贷业务转授权。剥离不良资产后，总行对留存的各项贷款以及银行承兑汇票、保函、信用证等业务，全部按新发放贷款进行统一管理，全口径下达不良贷款控制计划，抓紧对法人客户信贷资产质量实施 12 级分类管理，对非信贷资产和表外资产实施五级分类管理，进一步完善信贷资产质量真实性评价制度。各级行要严格按照分类标准逐户逐笔进行风险评估，切实将信贷风险管理关口前移，进一步加强关注类贷款的管理，继续加大潜在风险贷款和亚健康贷款压缩退出力度。加大贷后监督力度，尤其要尽快完善贷款大户定期分析制度。对大额信贷风险实行动态监控，及时采取风险防范措施，确保信贷资产安全。

要严格不良贷款认定程序，实行逐级审查，总行逐笔认定，规范转入，并从信用评级到贷后管理，进行全程责任认定，建立严格的责任追究和免责审定机制，建立完备的不良贷款责任报备和档案记录制度。要采取综合化手段，继续加大不良贷款的清收处置力度。各行要对留存的不良贷款进行一次全面彻底的摸底调查，形成区域性不良贷款诊断报告，测算不良贷款清收潜力和预计损失，有针对性地制定清收处置预案。在加强不良贷款精细化管理的基础上，建立标准化的不良贷款处置流程，充分发挥不良贷款管理系统、以物抵债管理系统和呆账核销管理系统的作用，创新处置方式，提高不良贷款的清收处置效果。

（二）积极拓展优质流动资金贷款市场。这次财务重组中，有相当一部分被企业长期占用难以收回的流动资金贷款将得到剥离，流动资金贷款结构将发生很大变化，长期以来“流动资金贷款不流动”的现象将得到彻底改变，但是全部信贷资产中流动资金贷款占比也会出现大幅度下降。考虑到近期央行将出台准许非金融企业发行短期融资券的政策，拓展优质流动资金贷款市场的压力将进一步加大。因此，必须继续抓住基础设施和基础产业建设相对集中以及产业结构升级的机遇，在积极开拓优质项目信贷市场的同时，采取更加扎实有效措施，推动流动资金贷款在深度结构调整基础上的健康发展。

进一步加强市场需求研究，加快短期融资类信贷产

品整合开发，尽早推出营运资金贷款、临时贷款、国内信用证项下贸易融资等产品。对一般性客户，要根据物流方向和资金回笼周期合理确定融资期限，以交易项下的商品销售收入或其他特定收入为还款来源，积极通过票据、贸易融资、临时贷款等产品满足其短期融资需求。对部分大型优质客户，合理提供营运资金贷款、循环贷款等在一定时期内允许循环周转使用的、以未来综合经营收益作为还款来源的中短期融资产品。

积极开拓优质小企业信贷市场。总行从2004年开始在148家分支机构进行了小企业信贷业务试点。2005年第一季度，试点行小企业贷款余额（不含贴现）比年初增加47.86亿元，占2004年全年增加额的58%，不良贷款率仅为0.13%。重要的是，通过试点，锻炼了队伍，培养了人才，积累了经验。2005年总行将在全行范围推广小企业信贷政策，对办理小企业信贷业务的二级分行进行分类管理。推广过程中要严格准入条件，防止一哄而起。各行要认真贯彻总行的政策规定，加强对小企业的实地调查，健全有效的风险监测和贷款退出机制，在严控风险的基础上积极推进小企业信贷业务的健康发展，确保小企业贷款质量始终处在一个较高的水平上。

对贷款余期实行科学的监控管理，定期分析贷款余期结构，准确反映信贷资产的流动性。贸易融资类短期融资产品要一单一笔，到期收回，避免被企业长期占用。除特殊情况外，不论是中长期贷款还是短期贷款，均要实行按季、按月分期还款方式，特别是公路、电力等收费项目要争取实现按月还款。今后要对按月结息贷款比重进行考核。这既是增强信贷资产流动性的需要，也有利于加强对中长期贷款的风险预警，及早清收转化出现风险苗头的贷款。

（三）进一步提高票据融资业务市场竞争能力。超额存款准备金利率的大幅度下调，及由此带来的货币市场资金价格的走低，必然使大量短期闲置资金涌入流动性和收益性相对较好的票据市场，加剧票据业务竞争。全行要进一步完善票据经营网络，坚持“全行营销、集中办理”的原则，充分利用好总行扩大票据业务转授权限政策，发挥各级票据经营机构的作用，调动二级分行经营票据业务的积极性。要积极调整优化票据品种、地域和交易对手结构，加快落实优质城市商业银行票据准入政策。从第二季度开始，总行将对票据业务实行按季考核，促使各行保持票据业务的均衡稳定增长。尽快制定票据融资业务管理规程，强化风险防范和控制。积极推动票据业务创新，做好企业短期融资券的发行准备工作，力争使我行成为第一批企业短期融资券承销商。

（四）推进消费和住房信贷业务健康发展。近来，消费信贷政策和市场环境发生了较大变化，全行消费信贷管理体制也正处在深刻变革之中，各级行、各有关部门一定要更加重视消费信贷业务的健康发展问题。第一季度消费信贷余额下降、市场占比较低的重点行，尤其要采取有力措施尽快扭转被动局面。

要严格按照总行要求逐级组建消费信贷职能机构，尽快完成消费信贷经营管理体制改革，建立起与业务发展规模相适应的专业化市场营销和风险管理队伍。要尽快理顺消费信贷前后台部门的关系、消费信贷部门与公司业务部门及其他产品部门的关系，建立前后台职责有效分离、业务联动协作、信息共享交流的工作机制，缩短体制转型磨合期，促进消费信贷业务与相关业务的交叉销售和协调发展。要实行住房开发贷款和个人住房按揭贷款按比例均衡发放，捆绑销售，联动考核。要按照贷款集中审批、风险集中控制的要求，整合消费信贷相关规章制度和各分行消费信贷审批中心职能，稳步推进消费信贷全流程风险管理体系建设。要密切关注国家加强房地产市场宏观调控中各地房价走势，尽快建立住房市场分析指标体系，加强行业政策指导，有效规避系统性风险，严格防范虚假按揭贷款问题。

（五）加强和改进资金营运。为积极应对利率市场化的挑战，总行已成立了由相关部门参与的利率市场化工作小组，对此次利率政策调整和未来利率市场化进程对业务经营的影响进行前瞻性研究，制定近期和中期对策。各分行也要注意加强利率市场化条件下资金营运问题的研究，未雨绸缪，积极应对。要加快建立分行资金营运中心，力争在一级分行层面实现资金统一调度和集中配置，逐步将基层行资产负债业务的利率风险管理上移，实现流动性风险和利率风险的归口集中控制。要在保证支付的前提下，尽量压缩在当地人民银行的备付金余额，减少低效资金占用。要加强债券投资管理，优化投资的期限、品种和利率组合。建立以内部资金转移价格为核心的市场化定价体系，进一步增强议价能力。要加快完善同业存款利率定价机制，根据资金营运收益制定同业存款基准利率，开发定期存款新产品。授予分行一定的利率浮动权限，增强对优质同业大客户的竞争力。要抓紧研究外汇注资的管理运作模式和外汇资金的全额管理方式，保证外汇注资的保值增值和全行外汇资金的综合营运效益。

（六）加快中间业务和新业务创新发展。各行要以财务重组为新的契机，大力推进经营转型。要广泛拓展中间业务发展空间，深入挖掘中间业务增收潜力，按照“夯实基础、规范管理、树立品牌”的原则，重点拓展投资银行、现金管理、个人理财、资产托管、企业年金等业务，深度整合结算、融资、投资等系列产品，逐步形成覆盖各个市场领域的高效益产品体系，扩大中间业务收入来源，增强可持续发展能力。要深化电子银行服务示范工程试点工作，加强与电子商务企业的战略合作，进一步巩固和扩大我行在线支付和网上银行业务的市场份额。要不断加强牡丹卡品牌营销，全面开拓银行卡业务市场。要把外汇中间业务收入作为选择国际业务目标客户的重要标准之一，加强内外联动，提高对客户的全球服务水平，扩大外汇中间业务收入。要抓紧做好设立基金管理公司的各项筹备工作，实现基金管理公司各项业务的高起点规范运作，力争第二季度率先挂牌营业和发行基金。

（七）深入推进案件专项治理工作。近来，针对国有商业银行案件频发的严峻形势，国务院领导同志多次作出重要批示。银监会也几次召开会议，专门布置了违法违规行为专项治理工作。这几年总行一直十分重视，并下了很大的工夫来治理和防范案件，成效比较明显，自2002年以来全行涉案金额逐年下降。但我们还远没有做到根绝案件的发生。全行要充分认识案件发生可能对股改进程、战略引资以及社会声誉带来的严重影响，特别是在股改的各项工作全面启动、时间紧任务重的情况下，尤其要注意加强管理和内控工作，严防不法分子伺机作案。有人说，股份制改革期间就是案件高发期，我们一定要下硬功夫来严防案件的发生，用实际成效打破这一所谓的“预言”。各行要加强对案件专项治理工作的领导，确定一名行领导统一协调组织专项治理工作。要认真贯彻国务院领导同志的重要批示和银监会的监管要求，全面落实“内控攻坚年”的各项工作部署，坚决打赢这场遏制各类案件特别是大要案发生的硬仗。

从近年来案发特点看，过去不法分子较多地利用虚假报表或关联交易诈骗银行资金的案件，由于我们加强了信贷管理而逐步减少，转而比较集中地发生在负债业务和中间业务领域，主要表现为三种形式：一是利用钱账分离作案。如资金不能实时汇划，犯罪分子利用钱账在时间和空间上的分离伺机作案。针对这种情况，2004年我们开发资金实时汇划系统，推行了账务上收，取消了大量内部账户，大大减少了不法分子作案的可能。二是虚存实取，携款潜逃。这类案件涉案金额通常在100万~200万元之间。问题主要出在授权环节上，授权人员责任心不强，随意授权致使不法分子有机可乘。该类案件的发案率和涉案金额都有上升的趋势。三是团伙作案。储蓄所或分理处关键岗位人员互相勾结，团伙作案。该类案件一旦发生，金额巨大，而且往往是窝案、串案。

各行要认真研究当前的案发特点和趋势，在案件专项治理和依法合规大检查中，突出加强对易发案部位、重点风险领域和内控薄弱环节的检查，切实消除监守自盗、内部重大违规和外部欺诈等隐患。同时，要高度重视查出问题的处理，不仅要从严处理相关责任人，抓好督促整改与后续跟踪检查工作，还要深入分析违规违纪问题产生的根源，举一反三，着重从体制、机制和制度、流程上研究完善治本措施。最近总行成立了操作风险管理委员会和研究小组，开始研究制定完整的操作风险管理办法和标准化的业务流程手册。各行也要结合内控合规管理部门的设立，加强规章制度、业务流程和内控体系的整合完善。有关部门要尽快研究制定大额资金当日存取管理办法，严格防范虚存实取。科技部门要尽快研发投产有关管理系统，加强对异常交易的监控。要定期交流储蓄所负责人，加大对重要岗位的轮换力度。从2005年起，内控评价范围要扩大到一级分行，加大案件防范目标在各级行经营考核指标中的权重。对重大案件，要追究省级分行有关负责人的责任。

三、加强党建和思想政治工作，为股份制改造提供坚强的政治和组织保障

当前全行改革发展任务十分繁重，尤其是股份制改造工作时间要求紧、政策性强、质量标准高。越是在这种关键时刻，越要注意全面加强党建和思想政治工作，更好地发挥党员干部的先锋模范作用，更加充分地调动广大员工的积极性、主动性和创造性。

（一）深入开展好先进性教育活动。按照中央的统一部署，在中央先进性教育活动办公室和中央督导组的指导下，总行先进性教育活动已经完成学习动员阶段和分析评议阶段的任务。在学习动员阶段，通过系统学习中央规定的必读篇目，组织上党课和专题讲座，召开优秀共产党员先进事迹报告会、学习体会交流等多种形式，广大党员受到了一次较为系统的政治理论培训和党性教育。进入分析评议阶段后，从党委到支部通过召开座谈会、上门走访、深入基层、发送征求意见函等形式，广泛征求行内外意见。上级与下级、干部与员工、党员与群众之间深入开展了谈心活动。总行党委和各支部相继召开了民主生活会和专题组织生活会，每个党员认真查摆问题，深刻剖析原因，增强了党性观念。在此基础上，组织对每个党员进行了民主评议。总的看，总行先进性教育活动进展顺利，成效明显。

目前总行的先进性教育活动即将转入第三阶段，即“整改提高”阶段，这是确保整个教育活动取得实效的关键。总行各级党组织要进一步本着边整边改、标本兼治的原则，着力在解决突出问题上下工夫，着力在改革体制、机制和改进作风上下工夫。要认真研究制定整改方案，明确整改重点，确定整改时限，落实整改责任。对那些需要解决而又能够解决的问题，要集中时间首先整改。整改措施要充分听取群众意见，整改进展要接受群众监督，让基层和干部员工满意。

各分行在协助配合总行搞好先进性教育活动的同时，也要结合自身实际，按照总行党委的统一安排，从学习文件精神、培训工作骨干、搞好调查摸底、整顿软弱涣散基层党组织、做好舆论铺垫等各方面着手，认真做好活动开展前的各项准备工作，为下半年活动启动和顺利开展打好基础。要通过深入扎实地开展先进性教育活动，使广大党员对“三个代表”重要思想的认识提升到一个新的高度，把各级领导班子建设和基层党组织

建设提高到一个新的水平，团结和带领全行员工更好地肩负起股份制改造的历史使命。

（二）积极做好员工宣传教育和培训工作。广大干部员工对股改工作非常关心，但部分员工思想上也存在一些模糊认识。宣传教育和培训工作要紧跟改革进程，增强主动性，打好主动仗。要在全行深入开展形势任务教育，正确宣传股改的目标任务和方针政策，引导和帮助干部员工消除顾虑、丢掉幻想，正确理解改制，积极投身改革。当前尤其要注意引导和教育广大员工端正五个认识。

一是剥离不良资产、卸下历史包袱，为我们创造了健康发展的必要条件，但这不等于说我们今后的日子就好过了，经营管理的担子就轻了。必须认识到，剥离不良资产后，各行之间人均有效资产相差幅度依然很大，很多二级分行人均资产仅几百万元。人均盈利水平低、经营结构不合理等深层次问题不仅不会因此自然而然地得到解决，而且还会更加突出地显露出来。股份制改革是一个全面走向市场的过程，今后全行将面临更加严格的市场监管，面临成本、风险控制和资本回报的刚性约束。据总行按现代金融企业财务标准测算，财务重组后全行整体经营情况良好，但各行间差异很大，有近三分之一的二级分行面临较大生存压力。也就是说，这些行的效益不能覆盖其经营管理成本。若考虑未来利率市场化的影响，将会有更多的二级分行出现亏损。因此，全行必须清醒地认识到，改制后经营管理的要求更高、责任更大、担子更重。

二是改制后我们一定会创造条件尽快上市，但成功上市筹资，决不等于改制上市就彻底成功了，关键要看上市后我们股票市值能不能保持稳定增长。而这主要取决于我们能否创造出投资者认可的资本回报率和资产回报率。在《巴塞尔新资本协议》全面实施，资本充足率约束更加严格的形势下，我们必须对连续补充资本金的可能性和资产规模扩张的合理性，有全面统筹的考虑和客观理性的认识，对经营模式和增长方式的转变有更高更紧迫的要求。否则可持续发展就无从谈起。

三是改制后我们一定要进一步完善激励机制，加快解决激励机制不到位、不合理的问题，使激励制度更科学，激励作用更充分，但这不等于改制上市后我们就很快有能力大幅度提高员工的工资收入。薪酬水平的提高取决于可分配的经营利润，主要是人均净利润的改善。激励机制改革的重点在于，逐步推行基于岗位价值评估和业绩驱动的薪酬制度，实行按岗位价值和个人贡献度综合取酬，使每个员工的收入与业绩紧密挂钩，更加充分体现其劳动价值。

四是改制后我们一定要努力提高效率，更加注重人均效益，但股改时不会大规模撤并机构和裁员。工商银行的股份制改造将严格按照国家的统一部署，兼顾各方面利益，统筹考虑改革的力度和可承受的程度，积极稳妥地向前推进。我们要通过推进扁平化管理、整合业务流程、构建高效的组织架构，减少低效、无效劳动，提升管理效率和经营效益；通过加快业务创新发展，特别是中间业务发展，创造更多的岗位需求；通过加强业务培训，拓展员工职业发展空间；通过建立现代企业劳动用工制度，形成员工有序流动、队伍结构动态优化机制。各分支机构要认清形势，自我加压，迅速扭转低效率甚至亏损的局面，通过自身的努力来改变面貌。

五是改制后我们一定要加快人事制度改革步伐，进一步搬掉铁交椅、废除官本位，为优秀人才脱颖而出创造条件，但不会搞“全体起立”、“全体下课”。近年来全行人事制度改革先行了一步，已在绝大部分管理人员中实行了聘任聘用制，股改后主要任务是深化和完善，进一步形成岗位靠竞争、进退看业绩，人人有淘汰压力、晋升动力和发展空间的充满活力的选人用人新机制。

为指导各行搞好股改宣传教育，总行将抓紧出台股份制改造过程中的思想政治工作指导意见，组织编写股改宣传提纲。2005 年全行的教育培训也要紧紧围绕推进股份制改造和“两个根本转变”的任务要求来进行，尤其要突出抓好对各级管理人员的现代公司治理制度和战略转型培训，抓好各类专业人员的新流程、新系统、新制度、新业务培训。6 月份要开始现代商业银行经营理念系列培训。

（三）努力营造积极健康、稳定和谐的改革发展环境。随着股改上市工作的相继启动，我们面临的内部和外部关系也相应会出现一些新的变化，全行一定要更加注意统筹考虑和全面平衡好各方面利益关系，特别是银行与股东、客户和员工的关系。从现在起，就要树立尊重和保护股东权益意识，注意依法规范建立银行与股东之间形成的产权关系和委托—代理关系，确立实现股东价值最大化的经营理念；要依法维护客户的正当权益，及时响应客户需求，改善金融服务，创造和提升客户价值；要依法规范与员工的劳动关系，维护员工合法权益，为员工提供实现职业价值的良好平台，通过员工的全面发展为股东和客户创造价值。

要把维护稳定工作放在构建社会主义和谐社会这个大局中来认识，放在推进现代金融企业建设的系统工程中来把握，紧紧抓住以人为本、维护公平、规范秩序三个着力点，不断提高维护稳定工作的水平。在涉及员工利益的问题上，要更加注意办法措施的充分论证、周密稳妥，坚决做到公平、公正。要定期开展员工思想动态调查，经常分析行情民意，对于员工反映较多的问题，要认真检查有关工作要求是否切合实际，执行政策规定是否全面准确，工作方式方法是否恰当稳妥，积极排查和化解矛盾。总行 2005 年适当增加了内退人员工资，最近又印发了《关于加强收入分配管理的通知》，进一步规范了管理层、一线员工的工资分配，加强了工资支付管理和监督。各行要认真执行总行的政策规定，注意合理控制薪酬差距，调动员工的积极性。要充分发挥基层党组织、广大党员，以及工会和共青团等群众组织的作用，建立更加畅通的反映员工诉求的渠道和更加完善的思想政治工作机制。

要完善各类投诉、纠纷事件的协调处理机制，加强统计分析，准确掌握情况，妥善处置化解，避免引发法律风险和信誉风险。要进一步健全危机管理机制，严格执行重大突发事件报告制度，提高预防和处置突发性事件和群体性事件的能力。

当前，我国国有银行改革是国内国际普遍关注的焦点，舆论环境对国有银行改革的顺利进行具有非常大的影响。近来，银监会两次召集各大银行研究和布置新闻宣传工作，总行前几天也召开了新闻宣传工作会议，对当前全行的新闻宣传工作作了专门的安排部署。各级行一定要认真按照总行的要求，完善新闻宣传工作机制，大力宣传我行改革发展成果。要规范新闻发布程序，完善新闻发言人制度，严肃新闻宣传纪律，保证对外信息披露的准确性和权威性。总行再次强调，有关工商银行股份制改造的情况，由总行有关部门统一对外披露，任何机构和个人不能擅自向外透露相关信息。要注意加强媒体关系维护，尽力减少和控制负面报道，正面引导社会舆论，努力为全行的股份制改革营造一个积极和谐的舆论环境。

同志们，全行的改革发展到了一个紧要的历史关头，工作任务十分艰巨繁重。全行上下要提高认识，统一步调，切实肩负起股份制改革的重大责任和光荣使命，认真贯彻落实党中央、国务院的决策部署，全面做好改革、管理、发展、稳定等各项工作，为把工商银行建设成现代金融企业而努力奋斗！

在中国工商银行分行行长工作会议上的讲话

姜建清

（2005 年 7 月 25 日）

这次会议的主要任务是，总结上半年股份制改革和经营管理情况，分析财务重组后面临的新形势，研究布置下半年重点工作，进一步推动现代金融企业建设。

一、上半年全行工作成效显著

2005 年上半年，尤其是 4 月份股份制改革启动后，全行改革发展进入了一个新的历史阶段。面对新的形势任务，全行上下认真贯彻党中央、国务院的决策部署和人民银行、银监会的监管要求，积极落实分行行长会议精神，坚持改革与管理、发展并重，股份制改革快速协调推进，财务重组达到预期目标，管理工作进一步加强，创新发展取得显著成效，经营状况得到根本改善，现代金融企业建设掀开了崭新的一页。

（一）股份制改革取得重要进展。财务重组圆满完成。150 亿美元外汇注资按时到位、外汇资本营运和管理方案及时启动，同时对原所有者权益进行了资本和拨备的重新组合。2460 亿元损失类资产、4590 亿元可疑类贷款的资料组卷、债权转让、账务处理等工作相继完成。在这次不良资产剥离工作中，全行认真执行国家有关政策规定，完善制度、规范流程、严明纪律、严格监控，并对 1 万名人员追究了相应的贷款风险责任，切实做到了依法合规、手续完备、程序严密。在可疑类贷款转让中引入市场化手段，取得了良好效果。上半年全行还清收处置不良资产 771.6 亿元，压缩潜在风险贷款 1171 亿元，进一步保证了财务重组成效。

与股改相关的各项工作稳步推进。固定资产确权进入最后收口阶段，土地房屋产权完善率超过 95%，为设立股份公司打下了良好基础。外部审计评估和法律尽职调查紧张有序进行，一些历史上形成的、改制后按规定不能再保留的资产正在加快处置和解决。引入境外战略投资者工作进展较快。新的公司治理机制正加快建立和完善，许多重要改革方案的设计已经完成。内部评级法二期工程如期启动，信贷资产十二级分类和非信贷资产五级分类准备工作全部到位，全面风险管理架构基本形成。流程再造和机构改革协调推进，分部门分产品核算体系建设、财务集中改革取得了新的突破。

随着财务重组的完成，股份制改革的稳步推进，一个新的工商银行应运而生。截至 6 月末，全行营业收入达到 1041 亿元；资本总额达到 2806 亿元，充足率为 9.12%，其中核心资本 2525 亿元，充足率为 8.07%；境内外机构不良资产率为 2.72%，不良贷款率为 4.58%，分别比年初下降 11.5 个百分点和 14.4 个百分点；拨备覆盖率达到 100%。随着下一步战略引资的到位和次级债的发行，资本充足率将很快达到 10% 以上。

没有了消化历史包袱的负担，今后大部分经营效益将反映为可分配利润，预计2006年资产回报率和资本回报率将分别升至0.8%、15%左右，达到国际银行业的良好水平。这是党中央、国务院正确决策和国家政策支持的结果，也是近年来全行改革发展基础上的一次历史性跨越。

（二）各项业务经营发展态势良好。经营效益继续攀高。境内外机构实现经营利润416亿元，同比增加27.8亿元，其中账面利润27.6亿元，提取风险拨备和消化各类财务包袱389亿元。境内分行成本收入比为35.2%，同比下降1.8个百分点。

存贷款业务保持稳定增长。境内分行人民币各项存款增加3466亿元，同比多增507亿元，完成全年计划的77%，其中储蓄存款增加1961亿元，对公存款增加1505亿元。金融同业存款增加529亿元。剔除剥离因素，人民币各项贷款增加1251亿元，其中项目贷款增加838亿元，个人贷款增加134亿元，票据融资增加559亿元。外汇贷款增加18.4亿美元。

中间业务和新业务快速发展。非存贷利差收入占营业净收入的比例达到28.4%，同比提高3.8个百分点，收入结构进一步改善。其中，中间业务收入65.3亿元，占营业净收入的比例达到9.6%，同比提高1.6个百分点。中间业务各主要品种收入均有所增加。电子银行交易额22.9万亿元，其中网上银行交易额20.9万亿元，电子银行业务量占总业务量的25.7%，同比提高5.5个百分点。银行卡累计消费额967.5亿元，外卡收单交易额29.9亿元，分别增长40%和21.5%。境内机构办理国际结算1003亿美元，代客外汇买卖142亿美元，结售汇508亿美元，分别增长23.8%、43.9%和12%。

业务创新和竞争能力进一步增强。在技术创新方面，涵盖会计核算体系改革、代理业务改造、个人客户关系管理等70多个项目的NOVA1.5和1.6版本相继投产，数据集中优势对竞争发展的支撑作用日益显现。个人金融业务领域的“稳得利”、基金定投等业务引起了良好的市场反响。理财金账户功能不断丰富，提升了品牌价值。个人理财中心核心竞争力项目实施范围继续扩大，从整体上提高了营业网点的服务竞争力。在公司和机构金融业务领域，获得首批融资券主承销商资格，并成功将“企业短期融资券”产品推向市场。首家获得“资金池”业务许可，高附加值现金管理产品日益增多。代理支付结算业务手段和模式不断创新，代理范围从中资银行扩展到众多国际大银行的在华机构。投资银行、出口买方信贷、国际保理等一批高技术含量、高附加值业务竞争力持续提高。

投资者服务业务实现了历史性突破。上半年，在证券市场低迷、资产托管市场竞争激烈的形势下，我行托管资产规模较年初增长40%以上，收入增长67%，在保险资金托管业务中取得半数以上的市场份额，确立了新的优势。企业年金基金受托管理与账户管理业务资格获得银监会批准，账户管理业务开始起步。工银瑞信基金管理公司成立申请获批，我行成为国内首家设立基金管理公司的商业银行，一个全新的业务领域正在逐步打开。

（三）管理和内控进一步加强。按照银监会的统一部署，开展了案件专项治理。全行抽调12700多名业务骨干组成1600多个检查组，历时3个多月，开展了覆盖11个专业和所有营业网点的“拉网式”依法合规大检查。在这次全面检查和重点整顿中，揭露出4起内部经济案件，上万个违规违章问题及风险隐患得到清除，2018个责任单位和3.6万多名责任人受到查处，其中行政处分343人，干部员工依法合规、遵章守纪观念和防范案件意识进一步增强。此外，根据内部监督及股改的需要，还完成了财务真实性等一系列专项审计项目。与此同时，规章制度的清理完善全面展开，审计检查中发现的问题和管理漏洞整改效果明显，各类操作性风险得到有效防范，内控外防能力有了新的提高。在金融发案形势较为严峻的情况下，全行内部案件数量同比明显减少，外部案件防范成功率进一步提高，成功堵截各类案件19起，涉及金额3.3亿元。

（四）先进性教育活动和队伍建设取得明显成效。总行作为首批开展先进性教育活动的单位，在中央先进性教育活动办公室和中央督导组的指导下，圆满完成了各阶段任务，取得了明显成效。这次活动坚持以学习实践“三个代表”重要思想为主线，系统学习了中央规定的文件篇目，使广大党员受到一次系统的理论教育；坚持认真开展批评与自我批评，深入查摆问题，进行党性分析，开好专题组织生活会和民主生活会，使广大党员受到了一次严格的党性锻炼；坚持边学边议边改，广泛征求意见，开门搞教育，重在抓整改，使思想、作风和工作中的许多突出问题得到了认真解决，一些复杂矛盾和重大战略性问题也有了更加清晰的解决办法或思路；坚持先进性教育活动与我行改革发展的实际紧密结合，以整改促股改，党的先进性要求和这次教育活动成果较好地落实到现代金融企业建设之中。据调查测评，总行员工、各分行、与总行联系密切的部门和单位以及广大客户对总行先进性教育活动是满意的，中央督导组也给予了较高评价。

目前，先进性教育活动已在各分支机构全面展开，正在推动全行党建和队伍建设的全面加强。特别是围绕股份制改革开展的形势任务教育、思想政治工作和员工培训收效明显，广大干部员工投身改革的积极性不断增强，稳定和谐、健康向上的改革发展环境进一步形成。

总的看，2005年上半年全行在工作头绪多、任务重的情况下，做到了统筹兼顾、协调推动、精心组织、勤勉尽责，表现出了高度的事业心和责任感。特别是在剥离不良资产和固定资产清查确权大会战中，全行数万名员工放弃节假日休息，夜以继日，连续奋战，付出了极其艰苦的努力。广大干部员工在股改中所焕发出来的这种无私奉献、敢打硬仗的精神，是我们胜利完成改革攻坚任务的重要保证，应当大力表彰和发扬光大。

二、充分认识和积极应对改革发展面临的新挑战

财务重组彻底卸下不良资产包袱、解决了资本严重不足问题，使我行具备了一家“好银行”的基础条件。但是，从财务重组到改制上市是一个全面走向市场的过程，全行体制机制的变革中将会出现许多新的困难和矛盾，经营发展将面临更加严格的监管要求、股东约束和市场选择，我们在建设现代金融企业征途上还会遇到许多新的严峻挑战。主要表现在：

第一，建立现代公司治理机制是我们面临的新课题。实施股份制改革、建立现代公司制度，是一次“脱胎换骨”的深刻变革，这无论对于我行自身的健康发展，还是对于国家经济金融稳定，都是一场“输不起的改革”。改革真正到了“啃硬骨头”的阶段和最为紧要的关头。在这场改革攻坚中，一切国际规则和经验只是标示出一流银行经营管理的目标环境，而达到这一目标的正确路径只有依靠我们自身努力，从国情行情出发进行艰苦探索。目前，我们很多高管人员对国际规则、公司治理、资本约束等现代金融企业经营管理的核心要求还知之不多，对在现有基础上建立现代公司治理制度所面临的各种复杂矛盾和严重困难认识不足。如何科学构建现代公司治理制度，并确保新体制新机制的协调高效运转，是我们面临的崭新课题。

第二，长久保持良好的资产质量是对我们的新考验。剥离不良资产后，各方面对银行资产质量的监管更加严格，任何微小变化都会被清晰地反映出来，并直接体现为风险与收益的调整。而今后一个时期，我们仍然面临着高成长和高风险并存的转型经济环境，且随着经济体制改革和经济结构战略调整的深入，金融风险的表现形式会不断发生新的变化。在当前贷款集中度较高的情况下，经济周期性变动，甚至个别企业劣变都可能给全行整体资产质量带来很大的影响。然而，我们的信贷管理水平并不会随着不良资产的剥离而自然地得到提高，科学的经营理念和风险管理文化的培育更是一个艰苦的过程。从各方面监测和反映情况来看，有些行信贷管理薄弱的问题仍十分突出，少数分行大量产生新的不良贷款的危险依然存在；有的行“速度情结”和“扩张冲动”又有新的表现，甚至简单地寄希望于再度把贷款业务做大来摆脱目前的生存压力。这是一个很危险的信号。因此，财务重组后全行信贷资产质量能否长期保持良好的水平，信贷收益能否全面覆盖风险并带来应有的回报，是我们面临的新考验。这不仅直接关系到股改的成败，更关系到我行未来的发展。

第三，在控制成本和增加收益两方面都存在许多新矛盾。劳动力过剩、低效机构多一直是困扰我行发展的一大难题，财务重组后这个问题进一步凸显出来。最近，总行和很多分行相继进行了生存压力测试，更加清楚地看到了不同机构之间人均资产、人均中间业务收入、人均盈利水平等方面存在的巨大差距，也更加清醒地认识到虽然近年来全行在撤并低效机构、分流富余人员、推进集约化经营方面取得了很大成效，但是一些机构经营粗放和效率低下的问题仍比较严重，而进一步撤点减员，又受到许多矛盾的制约。更为紧迫的是，利率市场化改革不断加快，对我们这样一个过度依赖存贷利差收入的大行影响日益突出。加快提高成本控制和财务管理能力，转变经营模式和增长方式，有效解决传统业务盈利空间收窄与成本刚性增长的尖锐矛盾，是我们必须认真研究并加以解决的重要问题。

第四，严格的资本约束是我们必须面对的新挑战。股份制改革后，资本约束成为一切经营活动的铁律，资本的充足程度和股东投资回报期望直接决定规模扩张的边界和业务发展的方向。财务重组后，我行资本充足率达到了监管要求，随着引资、发债和上市，全行资本充足率还可达到一个更高的水平。但是如果我们不彻底转变只重资源投入、忽视结构调整、不讲投入产出的经营模式，不从根本上改变依靠规模扩张、特别是高度依赖信贷扩张的增长方式，必然导致资本的急剧消耗或严重侵蚀，从而重陷资本不足的困境。能否建立起完善的资本管理体制，持续推动经营结构特别是资产风险结构的自律性调整，走出一条资本节约型发展道路，构建起价值增长型经营格局，长期保持合理的资本充足水平和资本回报，是我们面临的严峻挑战。

第五，锻造核心竞争力是我们面临的一项新任务。近年来全行竞争发展能力虽然有了很大的提升，但也应注意到，一些行在传统经营模式下，量的扩张掩盖了核心客户的流失、核心业务的萎缩、核心产品回报的减少。也就是说，缺乏质量、结构劣变的业务增长，掩盖了一些领域核心竞争力的下降。随着入世过渡期的逐渐结束，以及我行全球化发展战略的逐步实施，真正意义上的国际化竞争正在全面展开。这是一场以核心业务、核心客户和核心人才为焦点的竞争，是一场涵盖管理效率、经营结构、创新能力、队伍素质和企业文化等在内的综合实力的较量。能否通过改制和转型显著提高核心竞争力，充分适应国际化竞争和全球化经营发展的需要，是我们面临的一项重要和紧迫任务。

第六，提高内控管理水平是我们必须完成的新跨跃。改制后，我们将面临信息更加透明、监管更加严格的市场环境，任何风险损失和案件事故的发生都会使我行市场形象和信誉受到损害。这对于以信誉为生存之本的商业银行来说，其损失往往是无法估量的，轻则可能会影响业务市场，重则还会影响到投资者的信心和股票

市值。而目前全行的内控管理水平还亟待进一步提高。特别是一些分支机构依法合规经营意识仍很淡薄，违规经营的陋习积淀很深，各类违章行为屡禁不止，风险隐患和管理漏洞远未完全消除。健全制度体系，完善内控机制，使全行的内控管理水平达到监管要求并逐步向国际一流银行的标准迈进，是我们必须实现的新跨越。

全行一定要深刻认识改革发展面临的这些新挑战，树立强烈的忧患意识和责任意识，进一步贯彻落实好党中央、国务院对我行股份制改革的各项部署和要求，更加全面和深入地推进现代金融企业建设。要继续把观念的转变作为根本的转变，密切结合新的形势任务，广泛开展宣传教育工作，使科学发展观和市场导向、风险控制、成本约束、资本回报等现代商业银行经营理念在全行干部员工的思想中深入扎根。要加强国际规则和国际银行业成功经验的学习研究，加快从国情行情出发推进改革的途径探索，努力提高建设现代商业银行的能力。要坚定不移地推进经营模式和增长方式的转变，以优化结构为主线，稳健发展传统银行业务，大力发展低资本消耗和资本成本转移型的新兴业务，发挥新业务增长因素的拉动作用，加快形成资产负债业务与中间业务、传统业务与新兴业务、表内业务与表外业务协调互动、平衡发展的经营格局。要进一步研究实施业务和技术创新战略、差别服务战略、区域化发展战略和全球经营战略，不断增强核心竞争力，提高在国际化竞争和严格监管环境下的可持续发展能力。

三、继续按照改革、管理、发展并重的原则做好下半年工作

当前，股份制改革已步入创立股份公司的关键阶段，经营发展处在一个新的起点，做好下半年工作至关重要。全行上下一定要更好地坚持改革、管理与发展并重的原则，全面完成好创立新银行、构建新机制、实现新目标、推进新发展的各项任务，确保股份制银行经营管理开好局起好步。

（一）深入扎实地搞好股份制改革。要按照9月底前后注册设立“中国工商银行股份有限公司”的计划安排，扎实做好各项准备工作。加紧完成股份公司章程、发起人协议等法律文件准备和报批，依法规范订立“三会”及各专门委员会的议事规则、高管层工作规则，积极配合国家有关部门构建我行现代公司治理结构。继续加快做好发债和引资工作，争取8月上旬发行首批次级债，9月份与境外战略投资者正式签署认股协议，初步形成多元化、国际化的资本结构。

建立科学的资本管理体系。不断提升公司价值，为股东创造持续和稳定增长的资本回报，是股份公司的重要经营目标。为此，我们要从三个方面推进资本管理体系建设：一是建立符合监管规定和我行发展战略的资本管理制度体系；二是完善法人层面的资本总量与结构管理，建立监管资本管理、经济资本管理和账面资本管理的协调互动机制；三是实现经济资本与综合计划、绩效考评、财务管理、产品定价、风险监控等管理职能的有效衔接。总行将依据6月末财务重组后的资产负债状况，科学计量涵盖全部信用风险、市场风险和操作风险的经济资本数量，将经济资本分解配置到各分支机构，逐步建立以风险调整后资本回报率为核心的指标体系，对分支机构的经营绩效进行考核评价。各分行要根据总行的经济资本配置计划，改进业务经营策略，优化风险资产组合，满足总行的风险限额控制和资本回报要求。

切实做好信息披露工作。积极协助中介机构妥善解决股改过程中的有关专业问题，确保8月份全部取得无保留意见的法律意见书、审计报告和资产评估报告。在此基础上，抓紧编制财务重组后年中报告，及时披露信息，树立规范、透明、高效的市场新形象。加快完善信息披露与报告制度，提升信息披露的标准化、规范化和国际化水平。

启动新旧财务会计体系的转换。按照财政部颁布的《金融企业会计制度》和国际会计准则，尽快出台新的《中国工商银行财务会计基本制度》，第三季度按照新的会计标准调整会计科目，年底前完成新财务会计信息系统的开发投产，2006年1月1日起全面实施新的财务会计体系，使财务会计核算逐步达到上市银行的标准。

适时推出机构改革和流程改造深化方案。进一步调整机构总量及布局。以改进流程为基础调整职能机构设置，扩大推行扁平化管理，自上而下建立科学分工、有效制衡、高度协调的内部组织体系。完善条块结合的矩阵式管理模式，逐步探索垂直管理和业务单元制，认真搞好个人业务专业化经营体制改革试点，及时改进授权经营、分层管理和逐级负责体制，提高全行经营管理效率和效益。

建立现代金融企业人力资源管理体制和激励约束机制。要在近年来人事劳动和分配制度改革的基础上，借助国际人力资源咨询机构，设计以岗位序列分类和等级评估为基础的岗位职级体系的具体方案，健全以履职能力为核心的岗位任职制度。实行机构人员编制比例控制，强化人力成本约束。改进人才补充机制，面向市场招募优秀人才。成立薪酬管理委员会，以绩效、能力和岗位市场价格作为基础因素，科学设计薪酬体系。

（二）建立新的绩效管理体系。针对财务重组完成后，全行经营状况和监管环境的变化，总行决定对2005年的经营目标进行相应调整。主要是：经营利润调增至900亿元，其中账面利润300亿元；五级分类不良贷款率控制目标调整为4.3%以内，比6月末降低0.3个百分点以上；增设资本充足率和拨备覆盖率、资产回报率和资本回报率指标。确立我行高收益、高拨备、高分红的市场形象。

实施新的经营绩效综合考评办法。适应建立股份制

商业银行经营管理目标体系的需要，从下半年开始，总行对境内分行的考核重点，将由经营利润调整为建立在提足拨备基础上的账面利润，突出风险调整收益后的资本回报和经济增加值，注重风险、收益与持续发展等指标的综合平衡。总行将全面测算财务重组因素的影响，重新下达各行利润计划。为体现公平原则，从下半年起，对1995年以来累计拨补有关分行的账面亏损、应付利息红字及呆账准备等资金按季计息。考虑到目前经济资本管理体系尚在建设当中，2005年先对经济资本进行模拟考核，2006年将正式纳入业绩考核。总行还将借鉴国资委对中央企业负责人经营业绩的考核办法，制定实施年度考评与任期考评相结合的业绩管理制度，促使各分行管理层把年度计划目标与任期业绩目标有机结合起来，保证各项业务的持续健康发展。

充分发挥新的考核办法的导向作用。各行要以新的经营管理目标体系和业绩考评办法为导向，认真研究调整经营方略，改进对辖属分支机构的目标管理和综合考评，深入推进经营模式和增长方式的转变。要按照总行的统一部署，积极扩大业绩管理系统在各级行、各专业绩效管理和成本控制等领域的应用，认真搞好财务集中改革试点工作，严格执行费用分类管理、营业外支出管理和成本收入比监测等一系列新的制度办法，进一步优化资源配置，提高经营效益。

（三）全面提高风险管理水平。要深入分析财务重组后资产负债结构、各类风险状况及外部市场环境的变化，确定全行风险偏好和风险管理战略，加快实施整体、全程和量化的全面风险控制。从下半年开始实施全面风险拨备制度，各行要根据资产风险程度实时动态提足拨备，即期反映风险成本，并将风险拨备的覆盖范围从单一的信贷资产扩大到非信贷资产、表外业务等承担风险损失的全部资产和业务，强化风险成本约束，准确核算经营成果，增强抵御经营风险能力。

继续完善信用风险防控机制。要认真总结分析这次不良资产剥离中发现的信贷管理方面存在的问题，深刻汲取教训，以财务重组为新起点，加快建立信贷经营管理新机制。全面推行信贷资产十二级分类制度，更加及时、准确地识别和有效处置信贷风险，健全信贷资产质量责任机制，坚决防止不良贷款反弹。严格信贷资产质量认定程序，完善真实性评价制度，加强贷款分类偏离度和不良贷款迁徙率监测考核，加大对真实性管理的监督检查和责任追究力度。要对剥离后的信贷资产抵（质）押物（权）开展一次全面清查，建立抵（质）押物（权）价值评估体系，推广押品价值评估管理系统。深化授信审批体制改革，分离评级授信与放款审批职能，试行信贷执行官制度，完善独立的信贷审查审批体系，逐步实现信贷风险的垂直和集中管理。加强贷后管理，突出做好对关联客户和贷款大户的风险监测与防控。强化信贷业务停复牌制度约束，对剥离后不良贷款增加的机构，要视情况分别给予警告、整顿、停牌，并将贷款经营权及审批人资格纳入停复牌管理范围，严格监督停牌机构整改进展和责任人处理结果。

抓紧完善个人信贷风险管理体系。加快消费信贷审批中心和贷后管理中心组建进度，实现个人信贷审查审批、贷后管理监督和前台营销职能的彻底分离。确保按计划投产个人信贷管理系统（PCM2003），统一操作流程、统一贷后管理、统一风险监测、统一客户管理、统一数据来源，全面提升个人信贷风险防控水平。充分利用特别关注客户信息系统加强对不良客户再授信控制和欠款催收扣收。健全假按揭贷款监控体系，制定一整套严格的管理制度和责任认定追究制度。

适时调整防范信贷风险的政策措施。深入研究各级行信贷总量、近年增量、剥离核销与信贷资产质量之间的演变关系，客观评价区域经济和信用环境以及各行管理水平，更加有效地实施区域信贷政策，加强分类指导和个性化授权控制。要特别注意抑制高风险地区行的贷款扩张冲动，促使其以当地市场资源禀赋为导向调整经营定位。要跟踪分析国民经济运行情况和宏观调控政策导向，密切监测近年来信贷投放较为集中行业的发展变化，及时调整完善行业信贷政策，发挥政策的指引和预警作用。最近，总行相继对电力、公路、船舶制造、高等教育、医院、开发区等行业和领域进行了风险提示，各行一定要增强贯彻总行行业信贷政策的坚定性，在贷款准入和存量贷款风险化解等方面进一步完善措施，切实防范行业系统性风险。对金额大、期限长的基础设施贷款和一般加工业的项目贷款，要尽量采用银团贷款方式，切实分散贷款风险。要根据项目实际还贷能力，合理确定还贷期限和频率，原则上项目贷款宽限期不能长于项目建设期，宽限期满后应实行分年或按季度还款，并尽可能按月结息，提高财务收益，防范流动性风险。要重点做好关注类贷款中潜在风险的防控，力争下半年再清收转化和退出400亿元。

建立不良资产管理和处置新机制。对剥离后剩余的不良资产，要逐户进行调查估值、制定处置预案、落实处置减损计划和责任，力争下半年清收处置不良资产500亿元，不良资产余额净下降100亿元。总行下半年将安排120亿元风险拨备用于核销不良贷款，其中60亿元用于消化抵贷资产损失。各行要按要求精心组织好核销工作，并要继续采取综合性措施加快清收处置进度，确保不良贷款余额和比率逐月下降，年底压控至计划目标之内。同时，要积极配合资产管理公司做好剥离不良资产的处置工作。

加快形成全面的风险管理体系。建立利率风险计量、监测、预警和处置机制，完善产品定价管理系统、利率授权审批系统和内部资金转移定价系统，增强产品定价的灵敏度和风险控制力。完善市场风险管理指标体系，健全市场风险管理报告制度，提高资金交易风险管理水平。改进外汇资金营运，规范金融衍生产品交易，健全汇率风险防控机制。要对全部资产负债的流动性进行科学分类，制定实施本外币一体化的流动性风险管理办法。按照集中管理、分散控制原则，搭建操作风险管理职能框架，建立操作风险的统一计量、监测和应急防范制度。健全法律风险管理体制，更加有效地识别、预防和控制经营管理活动中的各类法律风险。完善计算机运行风险与信息安全管理制度，健全应急和灾备恢复体系。

（四）提升在优质信贷市场的竞争力。要继续加强信贷政策与产业政策的衔接配合，审慎把握好信贷总量、投向和节奏，在优化结构的基础上，均衡实现全年2800亿元的人民币信贷增长计划。

积极拓展优质公司客户信贷市场。剥离不良贷款后，全行法人信贷客户数量减少了60%，更有条件对优质客户实施精细化关系管理和营销服务。各行一定要集中优秀人才和优势资源，切实把既有优质信贷市场维护好，并积极培育和开拓新市场。要对下半年重点客户和项目的营销及放款计划作出系统安排，保证资金及时到位。要继续强化对重点行业、优质企业的营销，不断提高我行在优质信贷领域的竞争力。要尽快提出对一批新兴行业的具体营销策略，探索建立相应的营销服务模式。要充分发挥总行营业部集中经营高端融资产品的优势，加强出口信贷、船舶飞机融资和境外贷款等高附加值融资业务的专业化营销。要不断增进与国家开发银行等金融同业的合作，通过联合贷款、认购债权等方式，扩大我行优质客户和项目资源。扩大小企业信贷业务，有条件的分行要成立专门的小企业客户管理机构，配备专门的客户经理队伍。要建立适应小企业经营特点的业务流程及风险控制、收益核算机制，积极扩大优质小企业客户群，不断提高小企业信贷业务比重。

加快信贷产品创新。根据市场需求变化和经济生态状况，将现有公司客户信贷产品整合为票据、营运资金、项目融资、房地产贷款等几个大类，完善相应的管理办法，提升信贷管理的规范化水平和服务竞争能力。尤其要重点研究短期贷款用途、期限、利率和还款方式组合，适时推出临时贷款、重组贷款、应收账款买断、搭桥贷款和备用贷款等新产品，丰富短期信用工具。加强票据业务与信贷业务的协调运作，适应转贴现业务增长空间和利差收入持续收窄的市场变化，积极开展直贴业务，保持票据资产总量稳定增长、结构不断优化和效益持续提升。

推动个人信贷业务健康发展。要以全行个人贷款余额突破5000亿元为契机，开展集中营销宣传活动。要切实重视个人信贷市场部门和专业化的个人客户经理队伍的组建，加强力量配备，真正使其能够全面担负起个人信贷的市场营销和管理工作。要集中信贷资源，认真实施重点品种、重点地区和重点客户的经营策略。上半年个人信贷业务发展缓慢、市场竞争力下降的分行要加快扭转被动局面。要继续突出抓好个人住房按揭、个人综合消费贷款的发展，努力办好个人经营贷款业务，积极探索开展个人二手房贷款，在严格管理、严控风险的基础上不断拓展个人信贷业务市场空间。进一步规范发展信用卡透支业务，推进信用卡业务由以存款支付功能为主的负债业务向以消费和循环信用功能为主的资产业务和中间业务的转型。

完善信贷市场营销机制。总行将选择一批管理水平高且当地市场潜力大、信用环境好的分行，在严格落实风险监管标准的基础上，适度扩大信贷审批和调节权限。各分行要改进信贷营销与管理，完善牵头营销、分层营销和联动营销，改进信贷业务流程，提高市场响应能力。健全与信贷问责制相匹配的营销激励机制，加强风险管理、产品管理部门与市场营销部门关联考核和工作协调，调动有关部门控制风险与拓展优质市场两个积极性。

（五）继续加快中间业务和新业务发展。要深入落实总行全面开发和重点发展中间业务的战略部署，完善激励机制，充分整合和利用各类资源，加紧推出中间业务服务标准，认真落实收费管理制度，推动中间业务因地制宜发展，力争超额完成全年收入计划。

积极推动基层机构的经营转型。剥离不良资产之后，相当一部分基层机构的贷款客户骤减，甚至完全没有贷款户，而当地的优质贷款资源又比较匮乏。各行要因势利导，帮助这些基层机构尽快实现经营转型，重点发展中间业务。要抓紧解决这些基层机构收费产品少、高技术含量产品欠缺的问题，提高经营效益。大中城市的营业网点，要以推广“电子银行服务专区示范工程”为带动，以创新电子银行产品、完善业务平台为依托，加快网上银行、电话银行等业务的发展，提高离柜业务比重，推进业务渠道和客户服务模式的转型。

加大中间业务和新业务推广力度。要围绕理财金账户的新功能开展针对性营销，丰富理财金账户专属服务内容，确保完成全年新增50万客户的发展计划。要以推出本外币结合型理财新产品为契机，集中开展营销宣传，提升个人理财业务竞争力。加强信用卡与灵通卡、理财金账户等相关产品的综合营销，加强银行卡部门与公司、机构、个人营销部门的协调联动，加快构建银行卡多渠道分销体系，做好高端客户营销工作。进一步加强现金管理市场推广工作，重点营销企业集团、跨国公司、具有系统管理职能的机构等大型优质客户，积极开拓中小客户市场。要大力开发本外币一体化的现金管理产品，不断向理财和风险管理等高端服务领域扩展。要境内外机构联动，开展一次大规模的“全球快汇”品牌营销推广活动，拓展全球现金管理业务市场。进一步丰富财务顾问产品体系，积极发展附加值高的资信业务，重点开拓重组并购、银团贷款、结构化融资等品牌类业务，稳步开展企业上市发债顾问业务，研究探索企业债券承销和资产证券化业务，不断扩展投资银行业务领域。加快银行业务向保险领域的渗透，提高银保业务综合回报。大力发展国际贸易结算、非贸易结算和结售汇等业务，尽快提高市场占比。认真做好国际结算业务单证中心的组建工作，提高国际结算业务集约化、专业化经营水平。

积极发展各类投资者服务业务。工银瑞信基金管理公司的首只基金要“一炮打响”，确保完成发行计划，树立良好市场形象。继续做好开放式基金的代理销售工作，加强与优质基金公司的深度合作，推广基金定投、基金套餐等业务。巩固和扩大我行在证券投资基金托管、保险资产托管和 QFII 托管市场的份额，积极开拓信贷资产证券化资金托管、收支账户托管、集合理财计划托管和 QDII 托管等新领域。抓住下半年企业年金市场全面启动的商机，拓展企业年金受托咨询、账户管理和财产托管业务，尽快确立我行在年金市场的优势地位。

（六）改进存款和资金营运工作。我行长期以来实行的以存款为导向、偏离市场利率水平的内部资金价格体系，已难以适应利率市场化趋势和推进“两个转变”的需要。总行决定，结合业绩价值管理系统的实施和资金管理体制的改革，在充分考虑各行承受能力的前提下，从下半年起逐步调整内部资金转移价格。主要办法是，适当下调系统内定期存款利率和借款利率，新的资金往来按新利率执行，存量业务按原合同利率执行到期；增加系统内定期存款期限品种，引导各行吸收长期稳定存款；取消上存与借款利差，体现资金供求双方利益均等，促进资产负债业务的协调发展。

存款工作的重点要转移到完善增长机制、降低存款成本、改善负债结构上来。各行要适应内部资金价格体系的调整，更多地依托资产业务、中间业务的发展，依托各类优质客户需求的整体开发，依托物理网点和电子银行的多渠道营销，促进存款稳定增长。要抓紧对通知存款、定活通等资金管理型产品进行整体包装，提高传统储蓄产品对客户吸引力。同时要制定实施个人小额存款账户管理办法，降低储蓄业务成本。充分利用高技术含量、高附加值服务，巩固提高在大公司、大机构、特别是系统客户中的存款份额。要抓住当前外币利率上调的有利时机，积极创新产品，开展有效的营销活动，努力增加外汇存款。

加快提高资金的统一运作水平和整体盈利能力。目前全行的非信贷资产占总资产比重不断提高，各分行、各有关部门一定要更加注意研究市场资金供求和利率变化趋势，合理安排资金头寸，充分利用资金的时间差、空间差和结构差，统筹协调在银行间市场、债券市场和票据市场的资金运作。适当扩大债券投资，调整债券存量，优化债券期限和品种结构，确保债券投资风险可控、收益稳定增长。要扩大柜台债券交易，探索适合我行的债券远期交易形式，开辟资金运用的新渠道。重视企业发行短期融资券对传统信贷业务和票据业务的替代作用，选择适当客户加强短期融资券营销，提高综合回报。要适应人民币汇率形成机制改革，改进资金交易策略，扩大人民币外汇交易做市商的优势。同时，按照资金管理体制改革方案要求，抓紧完成资金管理岗位设置、人员配备以及资金管理系统测试投产等各项准备，确保 2006 年 1 月 1 日起正式推行新的资金管理体制。

（七）组织实施好业务创新和技术创新的重点工程。新一代“大个金”综合业务系统是 2005 年全行的一号工程，目前一期项目已开发完毕进入综合测试阶段，各行要按照总行的统一部署，认真做好项目投产前的各项准备工作，确保按计划完成 8 月份和 11 月份两个版本的投产工作。要深入整合个人客户信息平台、营销服务平台、关系管理平台和产品研发平台，实现对个人客户一个账户、一个密码、一个介质和一份对账单的“四个一”服务。同时尽快启动二期项目建设，将相关业务系统纳入二期项目，统一规划，统一开发和统一管理，全面建立起以客户为中心、前中后台完全分离、具有强大核心竞争力的“大个金”综合服务体系。

加快个人理财中心核心竞争力项目推广。要确保全年完成 3000 家理财中心和 3000 家一般理财网点的项目推广任务，构建由个人理财中心、一般理财网点和便利店等组成的分层次、立体化营销服务网络，提高客户关系管理和整体营销能力。稳步推进“三卡”整合和银行卡后台业务向总行、省行集中，完善相应的制度规范和业务保证体系，实现业务平稳过渡。

进一步做好“数据中心整合工程”后续工作。完善全行生产、测试、研发体系，开展业务级灾备恢复演练，实施海外数据中心灾备工程，加强网络安全等基础工程建设，持续提升信息系统运行质量和管理水平。做好全功能银行系统 2.0 和 2.1 版本的研发工作，确保适应股份制改革和业务创新发展需要的一批重点应用系统按时投产。

（八）加强内控管理和案件防范工作。各行要认真贯彻国务院领导同志重要批示和银监会关于案件专项治理工作的最新要求，深入落实好总行关于“内控攻坚年”的各项工作部署，下更大的力气纠正违规违章，消除案件隐患，夯实管理基础，为全行股份制改革和经营发展创造良好环境。

切实做好大检查的后续整改工作。目前，全行依法合规大检查和操作风险专项检查工作已基本结束，各行要完善整改方案，明确整改期限和责任，推动整改措施落实到位，巩固专项整治成果。要切实按照制度规定，严肃处理各类违规违纪人员，对重大违规问题责任人的处理意见必须先报总行审查。总行将对各行整改落实情况进行跟踪检查，对整改不力的机构要追究有关领导的责任。要深入分析检查中发现的问题，进一步找准各类业务的风险点，有针对性地做好规章制度清理和后评价工作。要加快按业务线整合完善规章制度，推进制度的版本化、手册化，切实防止出现管理“断层”、内控“盲区”，认真解决一些制度规定繁缛、重叠、相互冲突的问题，强化制度的统一性、易知性、可操作性，确保制度健全有效。

继续深入开展案件专项治理。要认真分析当前发案特点，实行防范、教育、约束、激励并举，标本兼治，形成案件防范的长效机制。下半年要继续加强对一些易发案部位和内控薄弱环节的防范工作。加强对各级高管人员和基层机构负责人履职情况的动态监管，防止可能发生的权力失控、决策失误和行为失范等问题。年底前按规定完成对所有基层机构坐班总会计的委派，强化对基层机构内控工作的监督管理。改革核算操作授权管理方式，第三季度前全面完成两级对账中心的组建，加强集中对账工作的风险控制与管理。加快开发客户异常交易监测预警系统，提高利用科技手段防范案件风险的能力。各专业管理部门要认真履行监督检查职责，加强对违章违规易发部位的检查。加大合规审计力度，采取灵活多样的检查方式，扩大检查覆盖面，提高检查频率，促进全行依法合规经营管理。要建立健全内审问责制度，切实解决管理者履职不到位、监督检查不到位、违规整改不到位、责任追究不到位问题，不断推动和加强内控建设。借鉴国际大企业和机构的经验，研究制定案件损害控制办法，规范案件信息披露制度和应急处理机制，努力减少案件可能对全行经营和声誉带来的负面影响。完善案件查防责任制、领导办案负责制，对案件查处不力或有意隐瞒案件的，要追究相应负责人的责任；对发生重大案件的，要追究省级分行负责人的责任；对提供案件线索和堵防案件有功人员，要予以奖励。

四、全面加强党的建设和队伍建设

要适应股份制改革新的形势任务，积极探索党建和队伍建设的新路子、新机制，切实为现代金融企业建设提供坚强保障。

（一）深入开展好分支机构的先进性教育活动。按照中央的统一部署和总行党委的组织安排，我行分支机构作为第二批先进性教育活动的单位，已经全面展开了“学习动员”阶段的活动。总行党委6月底派出了15个督导组，对分支机构先进性教育活动进行督促指导。各级党组织要全面贯彻落实中央提出的先进性教育活动的指导思想、目标要求、指导原则和方法步骤，紧紧抓住学习实践“三个代表”重要思想这条主线，牢固树立“关键是取得实效”和“真正成为群众满意工程”的指导思想，切实做到“六个贯穿始终”。充分借鉴和运用总行先进性教育活动的成功经验，紧密联系各自实际，更加注重抓好活动的关键环节。要通过深入扎实地开展先进性教育活动，更好地推进党建工作与现代金融企业建设的有机结合、相互促动，使广大党员在对党的先进性建设的思想认识上有新提高；在解决一些党员和基层党组织存在突出问题和影响全行改革发展稳定的实际问题上有新进展；在坚持从严治党、从严治行，建立健全新形势下党员长期受教育、永葆先进性的长效机制方面有新收获。

总行在指导各分支机构搞好先进性教育活动的同时，再用三个月时间进一步抓好整改方案的落实。要善于“从下看上”，从基层机构反映出来的突出问题，深入查找总行工作中的不足，注重从体制和机制上采取措施，做到上下相互促进，巩固和扩大教育活动成果。

（二）探索建立与现代公司治理制度相适应的党建工作新机制。要在股份制改革中同步规划和推进党的思想建设、组织建设、党风廉政建设和思想政治工作，积极探索党组织在现代金融企业中发挥作用的新途径。要始终把党组织发挥政治核心作用作为完善法人治理结构的重要内容，正确处理好党组织与“三会”和管理层的关系，按照“集体研究、分别体现、双向反映、科学民主”的要求，形成与现代公司治理相协调的党的领导体制和工作机制。党组织要积极支持“三会”和管理层依法行使职权，参与重大问题决策，组织广大党员和干部员工认真落实全行重要工作部署，确保党的路线方针政策得到贯彻落实，党管干部、党管人才原则得到很好坚持，员工的合法权益得到切实维护。要本着精干、高效、协调的原则，在组织机构调整中科学合理设置党的工作机构，努力建设一支梯次合理、善于围绕全行改革发展中心任务开展党建工作的党务干部队伍。

（三）加强教育培训工作。下半年，总行将围绕股份制改革和业务发展，举办100余期培训。其中重点对高管人员进行公司治理、风险控制、资本管理、业绩评价和国际规则等现代金融企业经营管理理论培训，组织我行发展战略、“两个转变”的专题研修，引导高管人员准确把握总行的改革发展思路。这次分行行长会议实际上也是一次商业银行经营管理的高级研修班，会上将着重对现代商业银行公司治理的核心内容进行培训。各行也要有计划、分层次地开展大规模的教育培训，全面加强对管理人员经营理念、战略转型、现代管理的培训，加强对专业骨干新业务、新制度、新流程、新系统的培训，加强对业务操作人员操作规范和服务技能的培训。要面向建设国际一流银行的战略目标，构建包括岗位资格培训、履职能力培训、职业发展培训等在内的多层次员工培训和开发体系；建立员工职业生涯管理制度，制定与之相匹配的教育培训方案。要充分利用网络远程教育平台、培训专用视频系统等资源，扩大教育培训受众面。

（四）努力营造稳定和谐、积极向上的改革发展环境。股份制改革是一项涉及面宽、触及利益层次深、配套性强的系统工程，各级领导干部一定要提高思想政策水平，增强结合实际正确贯彻落实好总行决策部署的能力，既要增强组织执行力，确保政令畅通、步调一致，又要善于做群众工作，协调好各方面利益关系，确保改革在稳定和谐的环境中有序推进。要深入开展股改宣传教育，引导员工树立与市场经济相适应的职业观，正确理解改制，积极参与改革。要根据股份制改革的新形势，广泛开展一次员工的思想状况调查，有针对性地解决改革中遇到的复杂矛盾和突出问题，加强思想政治工作，进一步发挥各级党组织、工会、共青团反映诉求、规范行为、化解矛盾、团结员工的作用。要按照新《信访条例》要求，健全信访工作责任制以及相应的制度办法，认真做好有关政策的宣传解释，严格按政策解决反映的问题，积极化解矛盾。要毫不放松地抓好集体访中“重点人”的工作，对不稳定因素要早发现、早解决。对非法组织串联、聚集，甚至蓄意滋事、制造事端的，要依法采取相应措施。要在推进股改过程中，抓紧制定实施企业文化建设战略，搭建包括核心价值观、企业精神和企业形象在内的企业文化新框架，为改革发展稳定提供强有力的文化支撑。

同志们，中国工商银行股份有限公司即将诞生，做好当前工作意义重大，搞好新银行的经营管理任重道远。让我们在党中央、国务院的正确领导下，以高度的责任感和使命感，同心同德，开拓进取，励精图治，扎实推进股份制改革，全面做好各项工作，攀登现代金融企业建设新高峰。

认真学习贯彻十六届五中全会精神 把工商银行股份制改革全面引向深入

——在中国工商银行分行行长工作会议上的讲话

姜建清

（2005 年 11 月 16 日）

这次会议是在一个非常关键的历史时刻召开的一次重要会议。党的十六届五中全会指明了未来五年我国经济社会发展的方向，股份公司成立使工商银行站在了新的历史起点。面对新形势和新任务，我们要以五中全会精神为指导，进一步增强机遇意识、忧患意识和责任意识，站在新起点，研究新形势，谋划新思路，实现新突破，不断开创现代金融企业建设的新局面。

下面，我讲三个方面的意见。

一、以五中全会精神为指导谋划全行的发展战略

党的十六届五中全会，是在我国即将完成“十五”计划，改革开放和现代化建设进入关键时期召开的一次重要会议。全会以邓小平理论和“三个代表”重要思想为指导，高度评价了“十五”期间我国经济社会发展取得的巨大成就，深刻分析了当前和今后一个时期面临的国际国内形势，明确了我国下一个五年经济社会发展的指导方针、奋斗目标、主要任务和重大举措。会议审议通过的《中共中央关于制定国民经济和社会发展第十一个五年规划的建议》，站在历史的新高度，从战略全局出发，描绘了我国在新世纪第二个五年经济社会发展的宏伟蓝图，是动员全党和全国各族人民全面建设小康社会，加快推进社会主义现代化的纲领性文件。《建议》还从全面建设小康社会，贯彻落实科学发展观，构建社会主义和谐社会的战略高度，对加快金融体制改革，推进国有金融企业的股份制改革作出了部署，提出了新的更高的目标和要求。紧密结合工商银行股份制改革实际，认真学习贯彻五中全会精神，谋划未来一个时期的总体发展规划和战略举措，是当前全行工作的一件大事。

党中央、国务院高度重视国有商业银行的改革，胡锦涛、温家宝等中央领导同志多次作出重要指示，提出明确要求。股份公司成立前夕，黄菊副总理亲临总行调研视察，对加快工商银行的改革发展作出了重要指示，充分肯定了我行股份制改革取得的阶段性成果，并对我们深入学习贯彻十六届五中全会精神，进一步搞好股份制改革提出了总体要求，具体布置了加快完善公司治理、加强内控和风险管理、提高核心竞争力、改进金融服务、加强领导班子和队伍建设等五项工作，更加明确提出了把工商银行建设成为世界一流商业银行的奋斗目标。这是新的发展阶段我们推进现代金融企业建设面临的新任务和新要求。

我们学习贯彻十六届五中全会精神，就是要进一步明确股份制改革的目标任务，统一思想，凝聚力量，更

好地肩负起新的历史任务，努力把工商银行建设成为一家治理优良、资本充足、内控严密、运营安全、服务和效益良好，具有较强国际竞争力和最富有价值的世界一流商业银行。这就要求我们必须深刻领会五中全会关于“十一五”时期国内外形势的分析判断，准确把握新形势、新起点蕴含着的新机遇，积极应对经济全球化和我国全方位开放背景下全行经营发展面临的新挑战；必须坚持用科学的发展观统揽全局，以正确的理念指导发展，以改革创新促进发展，把人才作为发展的第一资源，在发展和改革中解决好结构、效率等关键问题，真正实现经营模式和增长方式的根本转变；必须始终把完善公司治理作为股份制改革的核心任务，加大各个层面的改革攻坚力度，加快整体构建现代金融企业制度；必须实施更加全面和严格的风险管理与内部控制，增强抵御风险、规避风险和化解风险的能力；必须坚持学习引进与自主创新相结合，大力推进制度、技术、业务、产品和服务创新，在全面参与国际竞争与合作中，提高核心竞争力。

总行2005年以来几次召开会议，研究股份公司发展规划，前不久又对各有关部室布置了一批重点研究课题。总行还决定12月份召开改革发展研讨会，以十六届五中全会精神为指导，按照党中央、国务院关于国有商业银行股份制改革的总体部署，集中研究谋划股份公司的发展战略规划和2006年的工作计划。这里我想再着重提出八个重点课题，希望全行结合十六届五中全会精神的学习，认真加以思考，深入开展调查研究，广泛听取各方面的意见，力争拿出一批有价值、有分量的研究成果，丰富和完善总行的战略构想，也为总行新的战略部署贯彻实施做好思想准备。

一要研究整体构建现代金融企业制度问题。全会指出，我国正处在改革的攻坚阶段，必须以更大决心加快推进改革，使关系经济社会发展全局的重大体制改革取得突破性进展。全会还指出，加快金融体制改革，是关系改革和发展全局的重要任务，直接关系到国家经济稳定与安全。全会要求推进国有金融企业的股份制改造，完善公司治理结构，建立现代金融企业制度。黄菊副总理视察我行时也强调指出，完善公司治理结构，真正实现“脱胎换骨”，还面临许多严峻挑战，要求我们一定深刻认识到改革的重大意义和自己肩负的历史责任，充分认识到改革工作的长期性、复杂性和艰巨性，始终保持清醒的头脑，以股份公司成立为新的起点，扎扎实实地将改革推向深入。

按照公司治理的基本规则，借鉴国际先进银行的治理经验，建立起适合我行经营发展特点的公司治理机制，从国情行情出发走出一条正确的现代金融企业建设道路，是我们面临的重大课题，需要有非常充分的思想理论准备和十分缜密的政策思路。对此，全行一定要深入研究思考。要从经济金融体制改革全局和我行长远发展的战略高度，进一步认识加快改革攻坚，全面深化股份制改革的重要性、紧迫性和艰巨性，在初步建立的现代公司治理架构基础上，着眼于整体构建现代金融企业制度，进一步研究论证各项内部改革方案，探索协调推进各层面、各领域改革的方法步骤。

二要研究转变增长方式问题。转变经济增长方式是全会提出的一项重要经济工作方针。胡锦涛总书记在五中全会上强调指出，“转变经济增长方式，是经济工作的一项重点任务，也是调整经济结构、促进经济持续快速协调发展的关键。要把转变增长方式作为‘十一五’时期经济发展的战略重点”。作为现代经济核心的金融业，更应以科学发展观为指导自觉转变自身增长方式，科学配置资金要素和经营资源，这是支持和促进经济增长方式转变的需要，也是我们健康和可持续发展的内在要求。全会要求“十一五”期间稳步推进金融业综合经营试点。这必将给我国金融业转变增长方式、推进多元化发展创造一个更加宽松的政策环境和更为广阔的市场空间。我们要抓住新机遇、落实新要求，积极研究建立新的资源配置方式，研究推进集约化经营的新思路，研究调整资产负债结构、收益结构、区域结构的新策略，研究零售银行、中间业务发展的新措施，探索产品创新的新路子，加快形成多元化发展和价值增长型的经营新格局。

三要研究信贷业务经营发展问题。全会要求，“十一五”时期必须保持经济平稳较快发展，并提出要加快发展先进制造业，努力提高产业技术水平，加快发展服务业，加强基础产业基础设施建设，推进产业结构优化升级，加大国有经济布局和结构调整力度，大力发展个体、私营等非公有制经济，增强消费对经济增长的拉动作用等一系列发展经济、调整结构的战略举措。这些都对我们改进金融服务提出了新的要求，同时也必将为全行各项业务的创新发展创造一个良好的外部环境，尤其会给今后一个时期的信贷结构调整和优质信贷市场拓展带来许多新的机遇。我们要根据国民经济布局的战略性调整和产业结构升级发展的方向，认真研究与国家宏观经济政策、产业政策相协调的信贷政策，认真研究代表先进生产力发展方向、经济社会中最具活力和最有发展前景的优质市场，完善信贷区域、行业、客户和品种发展策略。尤其要重点研究并不断完善小企业和消费信贷政策、管理机制和服务体系。研究市场日益多元化的融资需求，完善信贷产品创新体系和发展规划。

四要研究内控和风险控制问题。加强内控机制建设，有效防范和化解金融风险，确保金融安全是全会对金融工作和金融企业提出的重要任务。我们与国际先进银行的真正差距在管理，风险管理和内控建设是银行股份制改革的重点和难点。工商银行信贷规模庞大，股改后能否保持优良的信贷资产质量是面临的最大考验。我们必须加快建立科学先进的全面风险管理体系，构建规范有效的内部控制机制。要深入研究转型经济环境下和我行转轨阶段金融风险的表现形式，研究利率市场化、汇率形成机制改革中我行面临的利率风险、汇率风险状况，研究经济金融全球化过程中国际金融风险的跨国传递。并以此为基础，研究如何建立严格的资本、风险和成本约束的信贷增长机制，深化信贷管理体制改革；研究如何进一步完善信用风险、市场风险、流动性风险和操作风险的全面风险管理体系，如何进一步形成对各类业务和各项经营活动的全方位覆盖和全过程控制的内部审计和内控监督体系，以及内外部审计监管的协调联动机制。

五要研究增强核心竞争力问题。胡锦涛总书记在十六届五中全会上的重要讲话中明确指出要提高金融业的核心竞争力。黄菊副总理还对工商银行增强核心竞争力提出了明确而具体的要求。全行要认真学习领会这一精神，把提高核心竞争力作为股份公司成立后一项重大战略任务来研究。要按照五中全会提出的“坚持以人为本，转变发展观念，创新发展模式，提高发展质量”的要求，认真思考如何更新经营理念，更加准确地定位目标市场，推进各项业务和营销渠道整合，实施标准化、规范化和差别化服务策略；认真思考如何进一步确立“科技兴行”的方针，高标准地规划未来科技发展，保证科技领先的地位；认真思考如何依托科技优势，建立全行统一的产品研发体系，增强自主创新能力，加快产品和服务创新，打造核心业务和具有市场影响力的品牌。

六要研究国际化发展问题。五中全会指出，在国内市场和国际市场联系日益紧密的情况下，要有宽广的世界眼光，着力提高对外开放水平，继续支持有条件的企业“走出去”，实施互利共赢的开放战略。这为我行推进国际化经营提供了重要机遇，也提出了更高的要求。应当看到，现代银行业国际化发展是适应世界经济金融一体化的必由之路，也是国际大银行全球配置资源、分散经营风险的战略选择。在经济全球化背景下，只有国际化的银行才能谈得上具有国际竞争力的问题。目前我行国际业务发展和跨国经营有了一定的基础，但与我们作为世界排名前十位的大银行地位和建设具有国际竞争力的现代商业银行目标要求还是不相称的。股改后我行主要财务指标已经达到国际监管要求，紧接着还要引进战略投资者和境外公开发行上市，这对我们加快国际化发展提供了非常有利的条件和平台。我们要认清形势，认真研究如何按国际标准经营国内业务，在国内国际市场一体化大趋势中，实现本土业务的国际化发展；如何把人民币业务优势转化为推进国际化发展的战略支撑，把全球化经营优势转化为提高国内市场竞争力的战略手段，提高在国内国际两个市场统筹配置资源、分散风险、获取盈利的能力和水平。还要认真研究在经济全球化的大背景下国际银行业的发展趋势及其成功经验，确定我行的国际化发展战略、措施和步骤。尤其要重点研究如何推进境外机构本土化经营，打造完备的全球经营平台，构建境内外一体化经营格局。

七要研究人才战略的问题。五中全会指出实施人才强国战略，是全面建设小康社会的内在要求和重要保证。人才作为最重要的战略资源，在我行现代金融企业建设中也越来越具有决定性意义。2000 年全行实施人才兴行战略以来，通过改革人事劳动制度、绩效考核与薪酬分配机制，实施全员培训工程，员工队伍结构与素质有了很大改善和提高。但是人员多、效率低及人才结构性矛盾还没有得到完全解决，尚不能适应体制转轨、经营转型和业务创新发展的要求。

我们要更好地实施人才战略，必须整体研究规划人力资源开发、管理和激励约束机制。比如，如何进一步深化人事劳动制度改革，加快构建人人有发展空间和竞争淘汰压力、人才辈出、人尽其才的选人用人机制；如何在薪酬体系建设中能够统筹平衡好我行地区间盈利水平差异大，以及人员规模大与优秀人才不足等矛盾，在现有的财力基础上，既增强先进行的发展活力，也能鼓励困难行改变局面，既吸引和留住人才，也能有效调动普通员工的积极性；如何进一步把薪酬激励与精神激励、职业发展激励有机结合起来，营造靠事业留人、感情留人的氛围；如何通过教育培训实现人力资本增值，使我行由人员大行转化为人才资源大行；如何在改革攻坚特别是利益关系调整中始终保持稳定和谐的工作局面，保证改革发展顺利推进，等等，这一系列重大问题都需要我们认真研究。

八要研究发挥党的政治优势问题。胡锦涛总书记在五中全会上的重要讲话中强调指出，实现“十一五”时期的发展目标，推进全面建设小康社会进程，关键在于加强和改善党的领导。对我们工商银行来讲也是这样，要在新起点上更好地推进现代金融企业建设，很重要的一条就是要始终坚持党的领导，不断加强和改进党建工作。当前，随着改革的深化特别是现代产权制度的建立和完善，全行党建工作中也遇到了一些新情况、新问题。比如说，党建工作体制机制、方式方法如何适应现代金融企业制度的要求，党组织如何发挥核心作用，党管干部、党管人才原则如何与市场化配置人才相结合；如何更好地坚持“两手抓，两手都要硬”的方针，使党建工作有效融入日常管理工作之中；如何将党风廉政建设与现代金融企业的监督约束机制有机结合，更加有效地防止腐败和防范案件，促进国有资本保值增值、防止国有资产流失；党务工作干部如何适应形势发展需要，加强学习、提高素质、改进工作，等等。这些深层次问题必须引起我们的高度重视，深入加以研究和探索。

二、把完善公司治理作为股份制改革的核心任务来抓

科学完善的公司治理机制是实现工商银行远景战略

目标，打造世界先进商业银行的重要制度保障，也是整个股份制改革的核心和关键。随着股份公司的成立，我行的现代公司治理结构已经确立。但是要保证新的公司治理结构的运行质量还有很多工作要做，从国情行情出发建立起完善的现代公司治理机制更是一项十分艰巨和复杂的系统工程。今后我们仍要进一步把工作重心转移到完善公司治理上来，按照党中央、国务院关于国有商业银行股份制改革的决策部署和监管部门的要求，充分借鉴国际大银行公司治理的成功实践，在前瞻性地谋划整体构建现代金融企业制度的同时，从现有的基础和条件出发，扎扎实实把各项改革引向深入，努力将工商银行建设成一家治理优良的现代金融企业。

（一）进一步完善公司治理架构。从总行治理层面来讲，现阶段主要是在实践中进一步明晰股东大会、董事会、监事会、高管层的职责边界，按照公司章程和各自工作规则落实相应的权利和义务，依法正确处理好"三会"之间以及与党委会、高管层之间的关系，健全公司领导层个人问责制度，确保各方专业、诚信、勤勉履职和规范运作，做到既相互制衡、有效监督，又相互协调、围绕公司目标形成工作合力，共同维护股东权益。加强以董事会及其专门委员会为核心的决策体系建设，支持董事和独立董事独立、自主、有效开展工作，正确行使董事会的决策和监督职能。建立高管层目标管理体系、委托授权制度，实施有效的激励约束机制。充分发挥监事会及监督委员会的作用，保证依法监督的独立性和有效性。

从全行系统来讲，要继续推进组织机构改革。完善以城市行为中心的机构网络体系和经营管理机制，以二级分行为重点推进扁平化管理，并将下管一级、监控两级的重心放在二级分行，加强对二级分行主要业务品种和经营风险的综合监管。继续深化业务和管理流程再造，以此为基础自上而下完善内部职能机构设置。要在目前"以块为主"的管理体制基础上，逐步强化风险垂直管理，依托业绩价值管理系统的推广应用，尽快实现分机构、分部门和分产品的多维度业绩核算和考核。

进一步加强与监管机构的沟通协调，尽快完成战略引资工作，按计划启动公开发行上市准备工作，借助战略投资者的先进治理经验和国际资本市场、社会公众股东的监督约束，促进全行公司治理结构和机制的进一步优化。

（二）加快全面风险管理体系建设。要在新的公司治理结构下，进一步完善全行风险管理战略与政策的形成机制，并要切实将风险偏好和风险管理战略目标，贯穿于经营决策、资本配置、产品定价、绩效考核等经营管理的全过程，实施与全行发展战略相一致的和整体、全程、量化的全面风险管理。按照银监会颁布的《商业银行资本充足率管理办法》，建立完善的资本管理制度和涵盖各级经营层面和业务单元的资本管理体系，力求长久保持充足的资本水平和合理的资本回报。严格实行全面风险拨备制度，增强抵御风险的财务基础。要抓紧建立风险报告制度，使领导层能及时、清晰地了解全行总体的风险状况及风险调整后的资产回报水平。

要加快风险管理的各项基础工程建设，确保《巴塞尔新资本协议》生效时能够全面达到内部评级初级法要求。要在有效管理信用风险的基础上，加快形成科学规范的市场风险监测、预警、计量和处置机制，实现操作风险的集中管理和分散控制。加强信息系统安全制度体系和技术保障系统建设，建立健全分行辖内信息系统安全运行管理机制，提升全行信息系统安全运行水平。要树立风险管理创造价值的理念，培育依法合规、审慎稳健、诚信尽责和创造价值的风险管理文化。

（三）构建审慎、规范和透明的财务会计制度与信息披露制度。构建一套适应股份制商业银行经营管理要求、与国际惯例接轨的财务会计制度和信息披露体系，是我行提高公司治理水平、有效满足外部监管要求和成功走向国际资本市场的必然选择。财务管理改革总的目标是，以价值最大化和可持续化为目标，以现代化和国际化行业标准为尺度，以财务会计为基础，以管理会计为手段，以信息系统为支撑，建立目标清晰、核算准确、考核严谨、披露透明、内控有效的现代商业银行财务管理体系。现阶段要重点做好财务会计体系转换工作，改进财务报告生成流程，规范集团合并财务报告编制模式，确保 2006 年起全面实施新的财务会计体系。要稳步推进财务集中改革，实现操作职能与决策职能、财务核算职能与管理职能、财务核算主体与被核算主体有效分离，从而优化财务资源配置，有效防范财务风险，提升财务精细化、规范化管理水平。目前，我们已完成 15 家分行财务集中项目的投产工作，年末将实现全行财务集中到二级分行的目标，初步实现一市一中心。在此基础上，还要逐步向一省一中心，以及建立区域财务核算中心过渡，最终实现全行财务集中的目标。继续深化业务处理中心、监督中心、现金营运中心和对账中心改革，进一步分离前后台业务核算操作与监督，提高后台业务集中度，加快形成以城市行为中心、集约高效的业务结构布局。

要按照上市公司的标准，加快推进信息披露体系建设。要抓紧制定系统的信息披露制度办法，明确披露内容、内部分工和报告程序，建立严格的考核和问责机制。建立强制性的业务系统与会计核算系统数据的勾稽核对机制，确保披露信息的合法性、真实性、完整性和一致性。同时，要尽快建立投资者关系管理、多地上市交易所联系、证券分析师与媒体沟通监测等制度，提升我行市场形象和价值。

（四）建立内部监督和外部审计有机结合的内控监督体系。2005 年初我们提出了内控体系建设的三至五年规划，以及推动全行内控管理水平向国际一流商业银行标准跨越的总体目标。股份公司成立后，要进一步加快规划的制定实施，构建起严密高效的内部控制体系。要进一步明晰内部审计和内控合规体系的职能定位和责权边界，形成相互支持配合的协同工作机制。要加快健全对董事会负责的内审组织体系、制度架构、管理机制和报告流程，使内审机构在监督评价内控状况、战略审计、重大风险、财务信息披露和事后监督中发挥应有的作用。内控合规部门要切实承担起内部控制、法规遵循和合规管理职能，切实发挥在业务经营活动中的监督作用，对行长负责和报告工作。要重视监事会对内部审计和内控合规部门的工作指导。

要适应公司治理结构的变化，以及各项业务创新发展和流程再造，不断完善内控总体制度架构和各项具体业务控制制度，提高内控管理的规范化、标准化、现代化水平，确保始终保持对全行经营管理活动的全方位覆盖和全过程有效监督。要把案件专项治理作为现阶段的一项突出任务，把发案率作为检验内控有效性的基本标准，切实通过改进内控监督机制从根本上遏制各类案件的发生，维护和提升工商银行的良好形象。要把外部审计监管作为内审监督的有效补充，建立内审监督与外部审计监管的协调联动机制，通过外部审计，检验内部审计的水平和效果，增强内控的完整性和有效性。

（五）建立科学有效的激励约束机制。科学有效的激励约束机制是公司治理机制中平衡所有者、管理层和员工等所有相关者利益分配的关键性制度安排。要以股东价值最大化和可持续化为根本目的，进一步组织推进激励约束机制建设。首先要继续改进绩效管理体系，健全以资本回报指标为核心、以风险控制和持续发展为重点的业绩考评机制。要以科学的价值绩效考核为基础，改革薪酬分配制度，打破主要以行政职务定收入水平的薪酬体系，进一步理顺分配关系，规范分配秩序，建立充分体现岗位价值和贡献的竞争性薪酬体系，并逐步探索建立短期激励与长期激励、即期激励与预期激励相结合的激励机制，调动各级经营管理者和广大员工的积极性。与激励机制相匹配，同步健全责任约束机制，建立常规化、多层次的问责制度，对各级管理人员严格实行引咎辞职、失职问责和违规必惩制度。要积极推行岗位责任制，明确责任范围，建立起覆盖每位管理人员和员工的责任追究体系。同时，清晰制定免责条款，体现尽职者免责的原则，使新机制更好地发挥出激励有效、约束有力的双重效应。

三、在现代金融企业建设中加强队伍建设和党的建设

面对改革发展新的形势任务，我们必须始终坚持党的领导，积极探索党建和队伍建设的新路子、新机制，更好发挥党的政治优势，强化人才保证和智力支持，充分调动和激发广大干部员工的积极性和创造性。

（一）大力实施人才战略，加快提高队伍素质。人才是第一战略资源。在股份公司经营发展中，必须更好地坚持以人为本，人才先行，把人才资源的开发纳入体制改革和“两个转变”的整体安排，纳入未来发展的战略规划，全面抓好高层次经营管理人才、高水平专业技术人才与高技能操作型人才三支核心人才队伍的建设，并以此带动全行从业人员素质的提高和结构的优化，促进人才总量与现代金融企业建设的总体目标要求相适应，人才结构同经营转型和业务创新发展要求相适应，人才素质同岗位履职要求相适应。

要加快深化人事制度改革，把党管干部原则和董事会依法选择经营管理者以及经营管理者依法行使用人权结合起来，把组织考察推荐和市场化选聘经营管理者结合起来，建立与现代公司治理制度相适应的选人用人新机制。健全以品德、知识、能力、业绩为重点的干部及各类人才考核评价体系和选用标准，树立正确的用人导向，大力倡导尊重劳动、尊重知识、尊重人才、尊重创造的风气，营造干事创业、有利于人才健康成长的良好环境。要广开用人渠道，拓宽用人视野，形成一套科学完备的覆盖各专业、分层分级的岗位职级体系，建立面向市场、面向全球的人才补充机制。

要改进教育培训的机制、内容和方法，更加有效地实施分层次、系统性的全员培训工程。要制定实施以岗位胜任能力为基础，以新员工入职、岗位资格认证、履岗能力、职务晋升和职业发展培训为主体，覆盖所有层级和岗位的培训计划，紧紧围绕深化股份制改革、推进经营转型和创新发展两大中心任务，设计培训内容和方式。要切实坚持培训和使用相结合的原则，优化培训资源配置。要对管理人员和重要岗位人员实行淘汰式培训，增强培训效果。搭建功能完善的开放式、自主性教育培训网络，把培训链条直接延伸至一线网点，扩大培训受众面，提高培训效率。

（二）进一步加强党建工作，充分发挥党组织的核心作用。要深入研究新时期党建工作的形势任务和现代公司治理制度的内在要求，积极改进党组织发挥核心作用的方式和机制，努力形成党的建设与现代金融企业建设相辅相成、相互促进、共同发展的新局面。要正确处理好党委会与“三会”和管理层的关系，按照“集体研究、分别体现、双向反映、科学民主”的要求，建立健全与现代公司治理结构相适应的党的领导体制和工作机制。党委会要积极支持“三会”和管理层依法行使职权，不代替董事会、经营管理层权限范围内的决策。

在股份公司建设中，要加强而不能弱化党建工作。要本着精干、高效、协调和有利于加强党建工作的原则，合理设置党的组织机构；按照稳定队伍、优化结

构、提高素质的要求，努力建设一支梯次合理、善于围绕全行改革发展和经营管理开展党建工作的党务工作队伍；建立健全责任明确、目标具体、上下协调的党建工作责任制，同步规划和推进党的思想建设、党风廉政建设和思想政治工作。要更加重视加强政治理论学习，增强践行“三个代表”重要思想、落实科学发展观的自觉性，不断提高理论思维、战略思维水平和驾驭现代金融企业的能力。要把从严治党和从严治行相结合，严格落实党风廉政建设目标责任制和各项廉洁自律规定，形成教育、制度、监督并重的惩治和预防腐败体系，推进党风行风建设。要把思想政治工作与企业文化建设有机融合起来，不断创新思想政治工作的内容和有效实现形式，积极培育体现时代要求、具有工商银行特色的企业精神和企业文化。加强对工会、共青团等群众组织的工作指导，支持他们在建设股份制商业银行过程中协调好员工与经营管理层之间的关系，做好转型时期对员工的教育、引导和组织工作，增强广大干部员工的凝聚力和责任感、使命感，积极主动地投身于现代金融企业建设之中。

（三）巩固和扩大先进性教育活动成果，扎实推进基层党组织和党员队伍建设。2005 年以来，按照中央的统一部署，在中央先进性教育活动办公室和中央督导组的指导下，总行机关和全行分支机构分两批开展了保持共产党员先进性教育活动。分支机构先进性教育活动自 7 月份开展以来，各级行党委高度重视，加强领导，精心安排，周密部署，实行分类指导和督导，较好地完成了各阶段的任务，整个活动开展得有声有色、深入扎实。在这次活动中，各级党组织认真坚持标准和要求，采取多种形式广泛开展政治理论和党的方针政策的学习培训，并从实际出发，找准先进性教育活动与本单位改革发展的结合点，提炼出本单位共产党员先进性的具体要求，深入开展了党性教育。广大党员学习实践“三个代表”重要思想、全面落实科学发展观的自觉性和坚定性有了新的增强；坚持边学、边议、边整、边改，着力从作风、工作效率以及服务基层和群众等方面，解决了一些员工反映较多的突出问题，明确了今后的努力方向和整改措施，党组织的创造力、凝聚力和战斗力有了新的提高；坚持围绕全行中心工作，服务股份制改革大局，做到了教育活动与改革发展两不误、两促进。与此同时，总行在上半年完成集中教育的基础上，下半年又开展了“回头看”活动，进一步完善和落实了各项整改措施，巩固和扩大了教育活动成果。总的看，全行先进性教育活动圆满完成了各阶段任务，取得了显著成效，广大干部员工和客户是满意的，也受到了中央督导组和社会各界的充分肯定和高度评价。

按照中央的要求，先进性教育活动既要成为群众满意工程，也要形成长效机制。当前，随着全行先进性教育活动即将转入经常性工作，广大员工越来越关心这次教育活动结束后，党员干部的良好精神状态能否得到保持，教育活动中一些行之有效的措施能否得到坚持，教育活动的积极成果能否得到巩固和扩大。因此，各级行党委一定要深刻认识党的先进性建设的长期性和艰巨性，以及对促进当前关键时期全行改革发展的重大现实意义，坚持把先进性教育与先进性建设结合起来，把教育活动中的有效做法和成功经验与现代金融企业制度建设结合起来，努力探索使党员长期受教育、永葆先进性的长效机制。总行党委最近就建立健全保持共产党员先进性长效机制专门印发了一个文件，今天下午还要对先进性教育活动进行全面总结，对今后的先进性建设作出新的部署安排。各级党组织要按照总行党委的要求，紧密结合实际，注意从完善制度、健全机制上采取措施，加强党员的学习、教育和管理，扩大党内民主、严格党内组织生活，全面改进党员联系群众、服务群众等工作。要深入开展“四好”班子、学习型党组织创建活动，认真做好评选表彰优秀共产党员和先进基层党组织、发展新党员工作，教育、转化、处置不合格党员，始终保持党员队伍和基层党组织的先进性，为现代金融企业建设注入强大发展动力。

同志们，股份制商业银行的崭新事业凝聚着几代工行人创业的艰辛，寄托着党中央、国务院的殷切期望。全行上下一定要认真贯彻落实十六届五中全会精神，坚持以科学发展观统揽全局，以股份公司的成立为新的起点，立足当前、面向未来，扎实稳健地推进改革发展，切实做到不辱使命、不负重托，继往开来、奋发图强，不断开创现代金融企业建设的新局面。

转变发展观念　创新发展模式 努力建设国际一流的商业银行

——在中国工商银行发展战略研讨会上的讲话

姜建清

（2005年12月14日）

中国工商银行股份有限公司的成立，标志着全行过去五年改革发展任务圆满完成，开始进入加快现代金融企业建设，朝着国际一流商业银行目标奋进的新阶段。可以预料，今后几年将是工商银行发展史上一个更加重要而关键的时期。近期以来，全行上下在学习贯彻十六届五中全会精神的过程中，深入研究思考了工商银行改革发展的许多重大战略问题和一些具体工作打算。这次会议的主要任务是，以十六届五中全会和中央经济工作会议精神为指导，总结过去五年全行改革发展的主要成就和经验，交流前段时期的研究成果，谋划2006年的主要工作思路和今后一个时期的发展战略，动员全行认清发展形势，转变发展观念，创新发展模式，提高发展质量，为把工商银行建设成国际一流的商业银行而努力奋斗。

下面，我讲三个方面的意见。

一、五年来全行改革发展的成就与经验

“十五”时期是我国经济社会发展进程中不平凡的五年，也是工商银行发生历史性变化的五年。这五年，我们按照党中央、国务院的决策部署，紧紧抓住加入世界贸易组织后宝贵的五年过渡期，推进综合改革，改善质量效益，调整经营结构，加快创新发展，在国家政策支持下，彻底解决了历史上形成的不良资产包袱，实现了从国有独资商业银行到股份制商业银行的历史性转变。

（一）现代公司治理建设迈出了坚实步伐。五年来全行管理体制和经营机制改革取得了许多重大进展。全面风险管理体系建设整体推进，内部评级法工程逐步实施，信贷管理体制改革不断深化，市场风险和操作风险管理体系建设已具雏形，资本管理和全面风险拨备制度付诸实施。以客户为中心、以风险控制为主线的流程再造与机构调整成效显著，前台综合化营销、后台集约化处理模式广泛推行，票据、信用卡等业务专业化经营比较成功。稳步撤并1.2万个低效机构网点，后勤服务剥离基本完成，扁平化管理试点逐步推开。人事劳动制度改革迈出较大步伐，聘任聘用制和劳动合同制全面建立，平稳分流富余人员近20万人，从业人员净减15万余人。绩效考核评价体系日益完善，激励约束机制不断改进。随着股份公司的成立，现代公司治理结构业已确立，并开始发挥作用。

（二）质量状况得到根本改善。由2005年10月末的统计数字可以看出，五年来全行不良资产余额降至1661亿元，不良资产率降到2.66%，其中不良贷款率降至4.75%。旧体制下形成的借新还旧贷款压缩至560亿元，且其质量形态基本正常，不良资产产生的源头得到有效治理。新增贷款质量达到国际商业银行优良水平，1999年以来新增贷款不良率控制在1.6%以内，“十五”时期新增贷款不良率仅为1.53%。作为全面衡量资产质量状况和抵御风险能力核心指标的资本充足率，从2000年末实际上的负值提高到10.26%，拨备覆盖率也达到56%（拨备余额与不良贷款余额比），长期以来风险拨备提取严重不足的问题得到根本改观。

（三）盈利水平上了一个大的台阶。在2000年一举扭转长达7年实际经营亏损局面的基础上，五年来经营利润持续增长，累计实现经营利润3100亿元。2005年预计实现经营利润900亿元，较2000年增长8倍，达到国际商业银行良好水平。卸掉历史包袱后，全行经营效益开始大量表现为账面利润，预计2005年账面利润可达到300亿元。

（四）经营结构发生积极变化。从资产结构看，非信贷资产占总资产比重由五年前的33%提高到50%，信贷资产占绝对比重的资产格局发生根本改变。从负债结构看，被动性负债虽仍占据主导地位，但主动性负债已开始有所发展。从收入结构看，中间业务收入占净收入的比重由5%提高到10%，债券投资和交易收入比重提高到31%，存贷利差收入比重降至59%，单一依靠利差收入的盈利模式有了较大变化。从分销渠道看，电子银行业务占整个业务的比重由3%提高到26%，离柜业务日趋扩大，效率提高而成本下降。

从信贷结构看，贷款的品种结构趋于多元化，流动

资金贷款比重由72%降至45%（其中票据融资比重由0.8%提高到11%），项目贷款比重由19%提高到34%，房地产贷款比重由3%提高到6%，个人贷款比重由5%提高到16%；法人客户所有制结构发生显著的变化，国有独资和集体企业贷款比重由63%降至39%，股份制企业贷款比重由13%提高至18%，民营及私营企业、三资企业贷款比重由10%提高到21%，混合所有制企业贷款比重由14%提高到23%；法人贷款客户信用等级结构日益优化，A-级（含）以下风险客户贷款比重由51%降至14%，A级以上优良客户贷款比重由49%提高到86%，其中AA-级（含）优秀客户贷款比重由37%提高到64%，而且这期间我行的信用评级标准有了较大的提高。以传统流动资金贷款和国有、集体企业贷款为主体，风险客户贷款占较大比重的信贷结构，已被多元化信贷资产和优质客户贷款占较大比重的信贷结构所取代。

（五）经营规模平稳增长。五年来总资产由3.9万亿元增加到6.4万亿元，年均增长11%。各项存款余额由3.2万亿元增加到5.7万亿元，年均增长12%。各项贷款余额由2.4万亿元增加到3.2万亿元，剔除剥离因素年均增长10%。年净收入由2000年的700亿元增加到2005年的预计1100亿元，年均增长11%。

（六）经营效率大幅度提升。人均有效资产由668万元增加到1701万元，增长了1.5倍；人均经营利润由2万元增加到24万元，增长了11倍；网点平均有效资产由1.2亿元增加到4亿元，增长2.3倍；网点平均盈利水平由37万元增加到395万元，增长约10倍。衡量商业银行经营效率的重要指标——成本收入比由55%降至2005年末的预计37%，下降18个百分点，达到国际银行业先进水平。

（七）内控管理达到新的水平。独立的内部审计监督体系基本形成，"下管一级、监控两级"管理体制趋于完善。内控机制不断健全，整章建制工作深入推进，持续而不间断地开展了依法合规大检查、审计稽核和各种专项治理，使全行的管理水平有了较大提高。年均发案数量和涉案金额较上一个五年分别下降76%和92%。在这次重组改制中开展的不良资产责任认定、国际审计、法律尽职调查、固定资产清查确权和评估，使全行的管理基础进一步得到夯实。

（八）核心竞争力明显提高。五年来我们先后完成了大机集中工程、数据中心异地灾备系统、全功能银行系统等重大基础工程建设，投产应用了375个管理系统和业务项目，成为国内第一家实现数据集中和异地灾难备份的银行，第一家拥有核心业务处理系统的银行，确立了国内科技领先的优势地位，为新的管理体制、经营模式、服务体系的建立和各项业务创新发展提供了强有力的技术支持。这五年，我行是投放国内市场新产品最多的银行，也是多元化经营发展最快的银行，不仅巩固和发展了传统业务的市场地位，而且在许多新业务领域形成了新的优势，成为国内最大的零售银行、结算银行、现金管理银行、电子银行和托管银行。

五年来我们的国际化程度也有了新的提高。国内机构的国际业务规模和领域日益扩大，境外机构由11家增加到16家，网点总数突破100家，特别是在全球主要金融中心的经营网络有了较大发展。境外资产由84亿美元增加到231亿美元，增长1.75倍。境外机构经营状况由2001年以前的亏损到2005年的预计盈利1.2亿美元。工银亚洲经过收购重组和创新发展成为香港主要银行之一。

五年来，我行的发展和进步提升了企业形象和市场影响力，先后在国际国内知名媒体和机构开展的评优评级中获得"中国内地最佳银行"、"中国最佳银行"等近40个奖项。

我行改革发展的巨大成就，是在党中央、国务院正确领导下取得的，也离不开金融监管部门和有关方面的大力支持，更是全行上下卧薪尝胆、奋发努力的结果。在这场艰苦卓绝的改革攻坚中，在史无前例的创新发展中，全行进一步深化了对商业银行经营管理内在规律的认识，积累了从国情行情出发建设现代金融企业的经验。

一是坚持把观念的转变作为根本的转变。思想是行动的先导。对于我们这样一家受传统观念和体制束缚较强的国有大银行来说，改革每一步深入都要首先从观念转变上突破。这五年我们确立了"质量、效益、管理、发展、创新"的十字方针，持续开展了科学发展观和商业银行经营管理理念的培训教育。实践证明，从以产品为中心到以客户为中心；从规模速度取向到以效益为目标；从重市场扩张、轻风险控制和内部管理，到以质量为基础、以管理为保障，全行每一次观念上的转变，都对体制机制改革产生了有力的引导和促进作用，都把经营发展推进到了一个新的境界。我们正是在这种观念转变和理念创新中，认识和创造了一个全新的银行。

二是坚持把发展作为解决转型中各种困难的根本方法。解决传统经济体制下和转型过程中形成的巨额不良资产，需要国家政策支持，但根本还在于我们在发展中增强防控和化解风险能力。五年来，全行通过改善经营和推进发展，为消化历史包袱提供了2600亿元的财务安排，累计清收处置不良资产5600余亿元。更重要的是，通过实行严格的资产质量管理，调整信贷结构，开拓优质市场，有效抑制了存量贷款劣变，确保了新增贷款质量，推动信贷业务走上了健康发展的轨道。到股改启动时，全行不良资产率和不良贷款率已分别降至13.66%、18.62%，较2000年末分别下降11.8和15.8个百分点。用发展的方法解决转型中的困难，核心和实质在于自力更生、奋发图强。正是由于全行依靠自身努力和有质量的发展创造了重组改制条件，才获得了国家相应政策支持，把握住了股改机遇。今后我们不仅需要依靠自身盈利偿付改制成本，而且需要通过更好的发展自立于世界优秀银行之林。

三是坚持把改革作为突破发展障碍和应对竞争挑战的根本动力。五年来，全行加大了各个层面和各关键环节的改革攻坚力度，不仅逐步解决了低效机构多、冗员数量大、经营效率低、管理粗放等旧体制下长期积累的矛盾和问题，而且在市场竞争中形成了一定的体制和机制优势，为股份公司成立后从治理结构到治理机制整体构建现代金融企业制度、加快公开上市进程奠定了基础、赢得了时间。这也是我们股改启动后各项工作进展较快的一个重要原因。

四是坚持把可持续性作为发展的根本原则。可持续发展注重的是结构动态调整优化基础上的稳健发展。五年来，无论是经济局部过热时候，还是加强宏观调控阶段，全行的各项业务在结构不断调整中保持了平稳增长的态势；无论是在推进传统业务的创新发展上，还是在拓展新兴业务领域中，都更加注重风险和成本控制，调整优化经营结构和业务布局，总体保持了健康发展的局面。可持续发展追求的是从根本上解决结构问题基础上核心竞争力的提高。这五年是我行历史上制度创新、技术创新、业务创新、管理创新较快的时期，也是经营结构不断优化、核心竞争力不断提高的重要时期。全行在参与国际化竞争中学习国际竞争，增强了竞争发展能力。

五是坚持把党建和队伍建设作为改革发展顺利进行的重要保证。全行是在“三讲”整改的基础上进入“十五”时期的，是以“三个代表”重要思想为指导推进改革发展的，2005年又是在保持共产党员先进性教育活动中启动重组改制和成立股份公司的，党建工作成为我行现代金融企业建设的一个重要组成部分和政治优势。我们始终把抓好班子建设作为队伍建设的关键，坚持建设四好班子，以班子带队伍。坚持以人为本，开展大规模、系统化、分层次的全员培训，实施人才战略，注重加强思想政治工作和企业文化建设，为改革发展提供了人才保证、智力支持和精神动力。

这些经验是全行改革发展实践的结晶，是从实际出发贯彻落实科学发展观的具体体现，是与“十五”时期所取得各项成就同样重要的宝贵财富。我们要在今后的工作中认真坚持这些好的经验做法，并在新的实践中不断加以丰富和完善。

二、当前及今后一个时期面临的机遇和挑战

“十一五”时期是我国全面建设小康社会的关键时期，也将是工商银行朝着国际一流商业银行目标迈进的重要五年。紧密结合全行股份制改革实际，全面分析经济金融形势，深刻认识当前及未来五年所面临的外部环境，是我们正确制定和实施发展战略、加快现代金融企业建设进程的重要前提。

党的十六届五中全会审议通过的《中共中央关于制定国民经济和社会发展第十一个五年规划的建议》，以科学的发展观统揽经济社会发展的全局，从新的历史高度和战略全局出发，提出了我国在新世纪第二个五年经济社会发展的目标、指导方针和总体部署。“十一五”规划的实施，必将为银行业经营发展提供许多新的机遇。

一是国民经济平稳较快发展必将为银行持续健康发展创造良好的经济环境。保持宏观经济政策的连续性和稳定性，保持经济平衡较快发展，避免经济大起大落，是“十一五”时期我国宏观经济运行的总体要求，到2010年我国将在优化结构、提高效益和降低消耗的基础上，实现人均GDP比2000年翻一番的目标。受益于经济增长是过去五年乃至整个改革开放以来我国银行业具有良好成长性的重要因素。“十一五”时期经济平稳较快发展的良好前景，必然会为银行业提供一个较为稳定的经营环境，提供更多和更为丰富的金融需求，提供创新发展的更大市场空间。

二是经济转型必将对银行经营结构调整和增长方式转变产生巨大的推动作用。深化改革开放，增强自主创新能力，推进经济结构调整和增长方式转变，提高经济增长的质量和效益，是“十一五”时期经济工作的基本方针。未来五年是我国经济转型的重要时期，必将按照科学发展观的要求加快推进多方面的转变。比如，由主要依靠投资和出口拉动增长，向消费与投资双轮驱动、内需和外需共同拉动转变；由过多依靠工业带动增长，向三大产业共同带动转变；由主要依靠资本和资源支撑增长，向更多地依靠技术进步和提高劳动者素质转变；由能源和自然资源的粗放使用向节约资源型的循环经济转变，等等。这种经济转型必然会对我行经营结构调整和增长方式的转变产生重要影响，并创造出许多新的市场机遇。当然经济转型过程中也不可避免地会给银行带来新的风险控制压力，关键还在于能否主动适应。只要因势利导，不失时机地调整经营结构和转变增长方式，一定能够在经济转型中获得更快的发展，这将是高质量、高效益的发展。

三是国家一些重大政策和战略措施的实施必将为银行经营发展带来多方面的商机。比如，推动产业结构优化升级，发展高新技术产业、先进制造业和现代服务业，加强基础产业和基础设施建设，扩大住房、交通、信息服务等消费增长点，促进生产要素跨境流动和优化配置，等等。这些政策措施的推出或进一步完善，必然会带来多方面的商业机会，特别是会对优质信贷市场的拓展，中间业务和投资银行业务的增长，个人金融业务的开发，国际业务领域的扩大，创造广阔的市场空间。再比如，随着国家鼓励自主创新政策的实施，以及以企业为主体、市场为导向、产学研相结合的技术创新体系

的建立，对我行在信息科技方面实现从国内领先到国际先进的跨越，并以此为依托全面加快业务、产品、服务、管理等各方面创新，是一个极大的支持和促动。又比如，随着国家深入实施区域发展总体战略，形成东中西优势互补、良性的发展格局，对我们实施区域发展战略，改变区域发展严重不平衡的状况，构建新的发展格局，必然创造许多更为有利的外部条件。

四是金融改革开放必将为银行快速提升国际竞争力提供更大的政策空间。十六届五中全会和中央经济工作会议都充分肯定了国有商业银行股份制改革取得的阶段性成果，并进一步明确了股改上市的路径和要求，对我们加快股改进程具有重要的指导意义。国家关于完善金融监管体制、健全社会信用体系的部署，为银行健康发展提供了重要保障。稳步推进综合经营试点，将有利于加大跨市场、跨行业的金融产品创新。进一步推进金融对内、对外开放，鼓励有条件的国内金融机构“走出去”，必将促进我国商业银行更加主动融入国际金融一体化进程，积极参与全球化的竞争和发展。

经济转型既蕴含着新的机遇，也带来新的挑战。随着全行改革发展进入新的阶段，必然面临着更为严格的金融监管和更高的发展质量要求。目前虽然不良资产包袱解决了，经营管理状况发生了巨大变化，但并不意味着所有的历史问题都化解了，长期累积的矛盾，特别是结构、效率和体制上存在的许多深层次问题，在新阶段、新形势下正在更加突出地浮现出来，并与一些新的问题交织在一起，使我们面临更加严峻的挑战和考验。

第一，宏观经济运行中出现的一些新情况、新问题，使全行信贷风险控制面临新的考验。我们的信贷管理和信贷文化不会随着不良资产的剥离自然得到提升，而今后较长一个时期我们仍将面临着高增长、高风险并存的转型经济环境，确保信贷资产质量不下降而且继续有所提高，是摆在全行面前一项艰巨而长期的任务。近年来，全社会固定资产投资规模一直偏大，特别是2005年又有一些行业投资增长过快，钢铁、水泥、铝、铜、焦炭等行业盲目投资、低水平重复建设造成的不良后果已经显现，并将进一步暴露。由于产能过剩导致产品价格下跌，行业库存上升，企业利润增幅下降，行业性亏损和企业停产现象增多。为保持国民经济平稳较快发展，国家将按照“因势利导、区别对待、合理利用、控制增能、扶优汰劣、优化结构”的原则，出台一些新的调整措施，综合运用经济、法律和必要的行政手段，推动部分产能过剩行业调整，优化产业结构。我行现有的以工商企业贷款为主、国有及国有控股企业贷款比重较大、贷款集中度较高的信贷结构状况，使我们面临较大的产业周期性变化带来的风险。

第二，资金相对过剩和利率市场化趋势加快，使全行转变经营模式和增长方式的任务显得更为紧迫。商业银行存款负债被动膨胀，导致一方面过多的流动性挤向资金、货币市场，形成货币市场低利化，甚至与存款利率倒挂；另一方面，非理性降价追逐贷款“大户”，形成过度竞争，放大了信贷风险和利率风险。同时，债券市场的发展，特别是短期融资券发行规模的快速增长，企业资产证券化等直接融资产品的不断涌现，对商业银行贷款产生了明显的替代效应，进一步加剧银行流动性相对过剩。“十一五”时期，随着股票市场改革逐步到位，资本市场必将呈现更大的发展，商业银行传统业务市场空间面临更大的挤压。资金脱媒的加剧、利率风险的提前来临，不仅使商业银行的流动性资产收益率持续下滑，而且直接消蚀着信贷资产的盈利能力，造成商业银行总体收益水平的下降，使商业银行传统的“存款第一”和以信贷资产为主体的经营模式，以及高度依赖存贷利差收入的收益增长方式面临严峻挑战。如何全面调整资产负债结构和收益结构、加快经营模式和增长方式由以规模速度扩张为主向以质量效益为主的战略性转变，是一个需要我们抓紧研究并切实加以解决的崭新课题。

第三，全方位对外开放，使全行面临更加激烈的国际化竞争。2006年底我国加入世界贸易组织的过渡期即告结束，目前部分地区和领域的金融市场开始提前对外开放，外资银行进入中国市场的步伐日益加快。尤其需要关注的是，一批国际领先的超大型金融企业正通过战略投资加盟国内银行，高起点地进入我国金融市场，竞争格局正在发生全面而深刻的变化。由于我们在结构和体制上的问题仍比较突出，必然会在核心客户、核心业务、核心人才等核心竞争力上面临新的挑战。我行尽管客户总量比较大，但中高端客户占比相对较低，低端客户占据了大量的服务资源，加之优质客户服务体系尚在建设之中，专业化、差异化、个性化服务不到位，外资银行的进入势必影响这部分优质客户的稳定。我行虽然业务品种齐全，但传统业务、低端业务比重大，中间业务、银行卡、财富管理等高端业务仍处在成长初期，金融衍生产品等许多新的金融工具受风险掌控能力制约还难以充分运用，而这些业务领域外资银行则占有明显的优势。我行人员总量多，但人员综合素质不高，新业务人才、复合型人才等多方面急需人才资源紧缺，总量过剩与结构不合理并存。在人才竞争中，由于人员众多、费用有限，面临加大激励、稳定和吸引人才与合理控制分配差距、调动全员积极性的“两难”选择。

第四，行际间发展不平衡，使全行总体盈利能力和竞争发展能力受到严重影响。财务重组后，各行经营状况普遍得到了很大改善，但行际间的发展差距依然很大。以一级分行为单位测算，人均有效资产、人均营业利润等指标，最大要相差十几倍；以二级分行为单位测算，差距更扩大到几十倍，一些分支机构面临很大的生存压力。根据总行从风险和成本、业务和竞争两个层面进行的模拟压力测试，全行有一半二级分行将出现亏损。这种发展上的不均衡是主观和客观、历史和现实的多种因素综合作用的结果，但最根本的还是反映出管理水平的差距。受观念、体制、机制、员工素质等因素影响，一些行管理能力，尤其是风险掌控能力很差，在盲目扩张中不断加剧着风险积累，走了十几年一经剥离又回到了原点。这种差距并不会因为不良资产剥离而消除，金融资源禀赋不足更是先天的制约，有的分支机构是不可能靠新的扩张来解决生存问题的，而进一步收缩撤并又面临较大的稳定压力。这些低效和亏损行很大程度上需依赖内部转移支付维持生存，不仅严重消蚀全行的财务成果，而且会导致对重点行资源倾斜不够、激励不足问题，使重点区域战略难以深入实施。这种区域发展的严重不平衡是全行效率低的重要原因，也是影响全行可持续盈利能力和竞争发展能力的一个障碍，更是我行处理改革、发展与稳定关系的难点所在。

第五，实现公开发行上市，使全行经营发展面临更严的金融监管和更高的资本回报要求。从股份公司成立之日起，我们就要接受以资本充足率为核心的一套全新监管标准的约束。实现境内外上市，成为公众公司，就要适应国际监管规则，增加经营过程和结果的透明度，接受行政监管、市场监督、媒体监督的全面约束。应该看到，财务重组后我行主要财务指标全面达到了监管要求，有些指标还接近或达到国际银行业先进水平。但是多数指标与国际标准相比还有较大差距，财务状况改善的基础也还不够牢固。比如，目前虽然全行的不良贷款率为4.75%，但信贷资产质量分类形态迁徙的问题仍然存在，不良贷款反弹的压力较大。在利率市场化影响日渐显现的情况下，保持回报增长的可持续性难度很大。收入成本比虽然达到了国际先进水平，但在盈利结构中过度依赖利差收入，且成本结构也不够合理的情况下，如何平衡好保持这一水平与增强发展后劲之间关系，还面临许多复杂的矛盾。

第六，建立现代商业银行运作模式的内在要求，使全行加快体制和机制改革的任务更为迫切。这些年全行的体制机制改革虽然卓有成效，但是离现代公司治理要求还差得很远，许多改革并未到位。特别是资本管理体系建设还刚刚起步，成本管理粗放的体制弊端还未彻底革除，风险管理和内部控制尚未覆盖到各领域和整个经营过程，资本、成本和风险约束的经营模式和增长方式还没有真正建立起来。管理层级多、资源配置分散，流程按部门设置，业务、信息、渠道缺乏整合，市场与风险、集中与效率、部门与全局等一些重要关系的平衡还存在较多矛盾和问题，提高管理效率、经营效益和核心竞争力的体制障碍仍较为突出。激励和约束机制改革不到位，责任追究与免责认定机制不完善，激励不足、约束效力不够、激励约束不匹配的问题同时存在。这些体制上的问题是影响我行稳健经营和竞争发展的关键所在。

三、今后几年的战略重点和工作思路

“十一五”时期是我国银行业改革发展的战略机遇期，也是一个矛盾凸显期。全行一定要增强机遇意识、忧患意识和历史责任感，以建设国际一流商业银行为目标，在新的起点和更高层次上深入研究谋划工商银行未来的发展，充分做好迎接新任务、新挑战的思想和措施准备。今后几年尤其应当研究解决好以下几个重大战略问题。

（一）进一步树立和落实科学的发展观。从工商银行实际出发贯彻落实科学的发展观，核心要求就是进一步树立符合现代商业银行发展规律的经营管理理念。虽然这些年全行的思想观念有了很大进步，但是各个层面观念转变的程度还有较大差异，有些员工包括一部分管理人员还没有真正确立起商业银行理念。更为重要的是，转变观念是与时俱进的动态过程，全行的改革发展进入了一个新的阶段，我们的思想观念也要有新的进步，对商业银行发展的本质、目的、内涵、途径和要求的认识，要有一个大的提升。要在股份公司成立之时，在新的发展阶段即将开始之际，真正解决好为什么发展和怎样更好地发展这样一个带有根本性的重大问题。

——必须把可持续的价值增长作为发展的根本目的。以股东长远利益的最大化作为我们的追求，并落实到每一笔交易、每一项决策上，以风险调整收益后的资本回报和经济增加值为衡量评判发展水平的核心标准，使发展能够带来不断成长的市场价值。

——必须把提高质量效益作为发展的本质要求。速度快不等于好，规模大不等于强。发展既要有适当的增长速度、合理的规模效应、有利的市场地位，保持在主要业务领域市场第一的份额，更要注重发展的资本约束，提高发展的质量和效益。效益必须是真实的效益，是扣除风险拨备、经营成本和资本补充后的效益。风险管理是决定成败的关键因素，质量损耗是最大的效益损耗，推进发展、提升效益的关键是提高风险掌控能力和管理水平。质量管理必须是涵盖信用风险、市场风险、操作风险在内的全面、全程、全员的管理。保持速度、规模、质量、效益协调统一的发展，才是又快又好的发展。

——必须把转变增长方式作为发展的主要途径。金融资源具有稀缺性特征，资本具有逐利性的本质要求。适应现代商业银行的发展需要，应对竞争国际化、资金脱媒化、利率市场化挑战，必须彻底摆脱传统粗放经营模式，加快转变增长方式，切实解决好资源配置的结构和效率问题，使整体发展建立在资产结构、负债结构、收益结构、客户结构等全面优化的基础上，使局部发展构筑在全局优化和整体可持续发展的格局中，通过结构优化改善经营效率，提高发展质量。

——必须把改善服务作为发展的战略举措。客户需求蕴育商机，了解客户、理解客户、满足客户需求就是适应市场。银行价值在于客户价值，吸引客户的是服务。客户的需要及满意程度是我们最需要关注的方面，是安身立命之本和发展壮大之源。改善服务就是打造市场竞争力，就是推动发展、创造价值。汇集最优秀的人才、运用最先进的科技，为我们选择的目标客户提供最适合的金融服务，从而使客户的价值提高，使股东价值持续、稳定增长，使员工职业价值得以实现和提升，使所服务的地区能从我们的发展中获益，这是工商银行的使命。

——必须把改革创新作为发展的内在动力。解决发展中的深层次矛盾和问题，消除影响科学发展的体制障碍，必须依靠坚持不懈地深化和推进改革，必须把股份制改革的重心放到完善公司治理，转换经营管理机制，促进绩效进步上来。银行业是创新最为活跃的领域之一，创新是求存图强的必由之路。必须把改革与创新结合起来，从体制、机制、业务、产品、管理、技术等方面整体推进，在引进吸收基础上进行再创新，才能增强发展活力，提升发展层次。通过不断改革创新，才能真正建设一家具有长期的、可持续的、引领市场的竞争力和不断成长市场价值的银行。

——必须把人才素质的提高作为发展的重要保证。以人为本是科学发展观的本质和核心。推进科学发展，必须把人才作为第一资源，重视人力资源开发和人才培养，建设学习型组织；必须发扬团队精神，注重沟通协作，正确平衡各种利益关系，营造稳定和谐的发展局面；必须加强和改进党的领导，充分发挥好党组织的核心作用和政治优势。

（二）继续健全和完善公司治理。公司治理是现代金融企业制度的核心、科学发展的基石，也是一项复杂的系统工程，需要统筹规划，整体构建，协调推进，细化完善。我们应进一步借鉴国际大银行公司治理的成功经验，加快从国情行情出发整体推进各项改革，努力把工商银行建设成一家具有国际先进治理水平的现代金融企业。

加紧完善股份公司治理结构。严格按照公司章程和相关规则，明晰“三会”和高管层的权责，规范工作运行程序，加快形成科学高效的决策、执行和监督机制。加强董事会建设，充分发挥专门委员会和独立董事的作用，建立效率评价和责任制度，提高董事会决策能力，忠实履行诚信受托和看管职责，保护存款人和投资者的利益。依法赋予高管层相应的权力和责任，健全目标管理、委托授权等制度。自觉维护监事会依法监督的独立性和有效性，使其能够依法行使对董事和高管人员的监督，保护股东权益。同时还要科学界定党委会与“三会”及高管层之间的权责边界，完善运行机制。

全面和协调推进管理体制改革。应对未来五年的体制改革作出更加科学系统的规划，争取全面完成好关键领域、重点项目的改革。合理把握流程再造的幅度、广度和深度，稳步完成以客户为中心、以风险控制为主线的业务和管理流程改造，实现由“部门银行”到“流程银行”的彻底转变。当前要着重整合营销渠道与资源，形成大市场、大营销的业务前台和强大的产品支持体系；整合中台风险管理职能，健全风险管理制衡机制，实现业务风险管理与职能风险管理部门分离；深入推进后台专业化、集中化改革，构建后台运营操作与管理平台，整合综合保障职能，减少管理环节，提高管理效率。加快组建统一的资金交易平台，实现全行资金管理一体化、经营集约化。加紧建立与绩效紧密挂钩、条块有机结合的财务资源分配体制，分步实现全行财务集中。继续坚持发展性调整与收缩性调整并举的方针，进一步形成以城市行为中心和突出大中城市的机构网络布局，实现机构的扁平化管理。加快健全对董事会负责的内审组织体系、制度架构、管理机制和报告流程，建设对行长负责并报告工作、更为有效规范的内部控制体系，切实发挥内审和内控部门的职能作用。建立符合国际监管标准和境内外上市规则的资本管理制度、财务会计制度和信息披露制度。

深化人力资源管理体制改革，建立起以岗位为基础、以价值创造为核心、以干部员工上下进出通畅有序为前提、以提升人力资本价值为目标的激励有力和约束有效的人力资源管理新体制。科学划分岗位类别，评估岗位价值，确定岗位职级，拓宽员工晋升通道，形成完善的员工职务晋升体系。健全业绩评价机制，建立以价值为导向的绩效管理体系。深化薪酬制度改革，推行岗位绩效工资制，建立市场化的薪酬管理体系。

抓紧完成战略引资工作，加强战略合作协议的落实，切实发挥境外战略投资者在改善我行公司治理机制、引进急需的管理经验和技术以及促进解决我行发展薄弱环节中的重要作用。进一步积极准备，创造条件，力争尽快启动公开发行上市程序，确保在最合适的时机成功上市，通过走向资本市场深化改制、推动转型。

（三）积极推进区域发展战略的实施。经济发展区域差异大是我国的基本国情。沿海发达地区和大中城市具有金融资源丰富、优质客户集中、信用环境良好等特点，历来是商业银行必争之地。从国际大银行发展的成功经验看，也都是走发达地区和大城市发展道路。总行很早就提出实施大中城市和区域发展战略，应该说经过这些年的调整发展，发达地区和大中城市行在全行整体发展格局中的地位有了明显提高。“十一五”期间随着国家推进东中西部良性互动的区域发展战略的深入实施，区域间生产要素流动和产业转移必将进一步呈现速度加快、领域拓宽、规模扩大、层次提高等新变化，我们应当适应区域经济发展总体趋势，进一步前瞻性地搞好区域发展战略规划。

根据不同区域的资源禀赋和发展潜力，按照发展、转型和收缩的总体思路，明确各机构的经营定位，找准适合自身的发展模式和发展重点。直辖市分行、省会城市行、直属分行，以及长江三角洲、珠江三角洲和环渤海三大经济圈的重点城市行，要着力在提升发展层次和增强国际竞争力上下工夫，推进全面发展，充分发挥好集群和辐射作用，成为带动全行发展的龙头和参与国际金融竞争的桥头堡。中部地区重点城市行要抓住中部崛起的有利时机，加快发展速度，力争成为全行新的利润增长点。总行应考虑有计划地选择中部地区一些重点行进行新盈利中心的培育，使其成为当地市场竞争力强、质量优、效益好的领跑者。西部和东北地区分行要抓住大开发和振兴的机遇，立足经济最具活力、最有前景的大中城市分支行和核心业务，实施有选择地跟随战略，开展特色和专长业务，充分发挥比较优势，推动转型发展，逐步走上稳健发展的道路。按照资本逐利性要求、本着积极稳妥的原则，通盘研究推进从一些金融资源匮乏且缺乏发展前景地区的战略性退出。

完善区域发展政策措施。在目前已经推行个性化授权、差别化管理、业务停复牌制度等政策措施的基础上，进一步加以完善和细化，形成更加系统、科学、更有针对性和可操作性的区域政策体系，增强分类指导的效果。以资源使用效率和效益为导向，扩大重点发展行各类经营要素的配置比重，增强重点行的经营发展实力。加大总行直接监控力度，建立一整套监测和考核重点城市行市场竞争力变化情况的指标体系，促进重点行更快更好地发展，提高其对全行经营发展的支持力与贡献度。

（四）推进批发业务与投行业务的融合互动发展。银行流动性相对过剩、资金脱媒，以及大中型企业融资渠道和方式的改变，使商业银行优质信贷市场的竞争十分激烈。特别是随着企业债券发行规模的迅速扩大，贷款对大中企业的重要性和吸引力会日渐降低，甚至不再是其主要的金融需求，银行简单依靠贷款价格竞争来维系和发展客户的效果大打折扣。因此，对大中型企业的竞争必须立足于提供综合化、高知识和高技术含量的金融服务，尤其要着力实现信贷批发业务与投行业务的融合互动发展。这是我们应对新形势新挑战的重要选择。

加快推进公司业务转型，努力实现四个转变，即组织架构由金字塔式向扁平化转变，把公司业务部门定位为大中客户服务中心，直接向大中客户提供全方位服务，减少中间环节，提高公司业务部门对市场的反应速度和服务效率；产品线由传统业务为主向传统业务与高端业务并举转变，并最终实现以高端业务为主；客户服务模式由大中小客户统一管理向客户分类管理转变；营销方式由分散化、粗放型向综合化、集约化转变，逐步改变各部门多头对外营销的局面，强化统一对外营销服务，实现对客户价值的深度挖掘。

加强业务体系的整合与部门的协作，建立综合化的大企业金融服务模式。积极开发营销组合产品，形成与大企业客户资金链相适应的产品体系，全面拓展大企业客户上下游业务市场。积极开展交叉销售和组合营销，组建以客户经理和产品经理为主的专业服务团队，通过为客户提供企业财务顾问、银团筹组及安排、资产证券化和综合金融服务方案，提升批发业务和投行业务对全行的综合贡献度。一方面要继续以融资优势来促进投行业务发展，通过为客户提供融资便利来争取债券承销、重组并购等各类投行业务机会。加快信贷产品创新，积极通过提供“主动替代”型的过桥贷款、并购贷款等产品来改变全行信贷业务因企业融资方式改变而形成的“被动替代”局面。另一方面要以投行业务来巩固和竞争发展客户，积极发展针对高端客户的财务顾问等投行业务，使我行成为长期投融资服务的优先提供者，获取更多的贷款业务机会，拓展更广阔的优质市场。利用开展投行业务机会，及时掌握更多企业的资信状况等信息，为我行筛选优质客户、控制贷款风险创造条件。财务重组后，许多客户与我行不再有信贷关系，但这些客户完全有可能存在投行业务需求，可以通过发展投行业务来促使原有信贷客户转化，发展非信贷业务。力争未来5年投行业务收入年均增长40%，占营业净收入的比重年均提高1个百分点。

建立集中统一和功能强大的行业数据库，组建行业分析中心，建设一支高素质的行业分析师团队，运用现代信息技术广泛收集和挖掘行业发展变化信息，深入分析行业产业走向，准确把握市场风险和商机，根据行业企业生命周期适时调整业务发展策略，充分挖掘处在不同生命周期企业的业务机会和市场价值。这是控制行业信贷风险、发展投资银行业务、全面开发和竞争大客户业务的基础工程和重要的体制保障，2006年要力争迈出大的步伐。

（五）高标准打造中国第一零售银行。零售银行业务具有客户数量多、资本消耗低、风险分散和收益受经济周期性波动影响小等优势，已经成为国际大银行重点发展的核心业务和利润稳定器，也必将是我国银行业新一轮竞争发展的重点领域。个人金融业务一直是工商银行的传统优势业务，这些年小企业金融业务也有了较大发展，在国内市场初步确立了第一零售银行的地位。但是从业务结构、经营效率和高端业务的竞争力上看，我们的第一零售银行地位还不够稳固，甚至在有些方面存在较大的差距。全行应从国际大银行的发展趋势、从国内金融市场竞争的新态势、从我行经营转型的迫切需要上，重新认识发展零售银行业务的重要性，更加明确地把发展零售银行业务作为经营转型的战略重点，高标准打造中国第一零售银行。这就要求在零售银行业务发展中要扎实调整业务结构、转变增长方式，实现速度、规模和质量、效益的有机统一，资产、负债和中间业务的协调发展，结构、效率和成本的科学匹配，以及服务与品牌的相得益彰，培育持久和领先市场的竞争力，创造不断成长的市场价值。

加速构建“大个金”的经营格局。“大个金”战略的目标就是加快个人金融业务的全面开发，提升个人金融业务的市场地位和对全行利润的贡献度，其核心要求是整合，彻底消除按部门设流程以及产品开发、市场营销、经营管理分散的体制弊病，增强个人金融业务的协同创新和综合发展能力。这一战略实施两年来，流程再造、市场开发等工作取得了较大成效，但仍处在新体系、新机制构建的关键时期，须进一步加快和深化这一战略的实施。继续按照“以客户为中心”原则，梳理和完善前中后台职能，力求尽早形成统一、安全、高效、灵活的市场营销前台、产品服务中台、风险控制与技术支持后台。整合个人客户信息资源和产品线，建立跨专业和集中统一的个人金融产品管理体系。整合营销渠道，强化个人金融业务部门的综合营销，充分挖掘目标客户的业务需求，扩大使用我行多个产品和渠道的、稳定和高回报的客户群。建立个人金融业务与公司、机构业务捆绑销售机制，充分利用全行各类产品形成紧密连接上下游客户的服务链。加快服务渠道的转型。整体规划物理网点和电子银行分销渠道，进一步建立起由财富管理中心、个人理财中心、一般理财网点和金融便利店等构成的多层次物理网点服务体系，进一步形成物理网点与电子银行相辅相成、有机结合的营销服务网络。应考虑把个人金融业务作为实行专业化经营、系统化管理的首选领域，高标准地做好目前的试点工作，稳步推开。

认真搞好个人客户结构和品牌发展规划。目前，全行正在进行小额账户的归并清理，将来还要通过收费等市场化手段来分流低端客户。但更为重要的是，须进一步明确目标客户群体，既要加大对高端客户市场竞争的力度，更要从我行机构多、渠道多、人员多的基本行情出发，把市场定位在中端客户，还要面向青年职业人员、大学生等阶层不断培育潜力客户，力争三年内使全行的中高端和潜力客户数量超过 1 亿户，其中使用理财金账户的高端客户达到 500 万户。实施差异服务策略，建立与不同层次目标客户相对应的核心品牌体系，形成层次清晰、定位准确、覆盖所有目标市场的个人金融品牌。对高端客户，主要提供私人银行、专属财富管理等最为尊贵的个性化服务；对中端客户，主要提供以理财金账户、高功能信用卡为载体的组合型投资理财服务；对潜力客户，主要提供以普通信用卡、灵通卡·e 时代、金融@家等为载体的标准化、大众化服务。通过分层服务和品牌建设，提高优良客户的满意度、忠诚度，努力成为最受客户欢迎和信赖的零售银行。

进一步完善信用卡业务专业化经营管理体制，实现与“大个金”格局的有机融合。充分发挥“大个金”市场营销前台的作用，力争通过三到五年的努力使现有的绝大部分中高端客户成为我行信用卡客户，并择优拓展潜力型客户的信用卡市场，在确保信用卡消费额等业务量和质量指标国内领先的基础上，重新夺回发卡量市场领先地位。

小企业金融业务和个人信贷业务是最具成长性的潜在市场之一，应当成为我们 2005 年重点开发培育的业务领域和新的增长点。抓紧完善适应小企业发展特点的信贷政策和营销服务体系，改革信贷审批流程和机制，比照零售银行管理模式实行个性化授权和移位集中审批，提高营销服务效率，积极开拓优秀小企业的信贷市场，提高小企业信贷占各项贷款余额的比重。以融资业务为突破，全面整合优化各类业务和产品，提供覆盖本外币结算、债务重组、兼并收购、信息咨询和网上银行等一揽子金融服务，拓展小企业金融服务的深度和广度。针对小企业发展地区不平衡性突出的特点，积极探索建立适合小企业的信用评级、授信管理办法，大力发展条件成熟地区小企业金融业务，同时积极培育潜力大的地区小企业金融市场。

完善个人信贷政策体系，推进以个人住房、个人消费和个人经营贷款为主体的个人贷款业务发展，提升个人信贷业务的整体市场份额。加快建设一支数量充足、专业化程度高的个人客户经理队伍，加大培训力度，提升客户经理的综合素质，不断改进对个人客户的金融服务。

（六）积极拓展中间业务和新兴业务市场。顺应金融市场的多元化发展趋势，大力发展中间业务，积极开辟新的业务市场，培育新的利润增长极，是转变增长方式和实现可持续发展的一项重大战略举措。未来五年中间业务发展要上一个大的台阶，潜在市场的培育和开发要获得显著效益，形成更为多元化、综合化的经营发展格局。

进一步提高自主创新能力。大力增加原创产品和组合产品，着力优化产品结构，提升发展层次和质量，形成更加完备的战略产品线，实现经营规模、业务领域、质量效益和竞争能力的新跨越，不仅要实现中间业务收入三年翻一番的目标，巩固国内中间业务收入最大银行的市场地位，还要努力成为中间业务市场服务标准的主要确定者和价格的引领者，全面奠定市场领先优势。

充分利用国内最大清算、结算银行平台，加大产品整合创新力度，形成功能强大、高附加值、同业难以复制的本外币一体化现金管理产品体系，力争通过三年努力，发展高质量的现金管理客户 5 万户，五年内成为具有国际影响力的全球现金管理银行。

以证券投资基金托管业务为平台，建立种类丰富、结构优化的托管业务产品体系，开发增值服务产品，扩大业务规模和服务范围，形成具有国际影响、本土领先的全球化托管银行，争取三年内托管资产达到 5000 亿元。抓住今后一个时期企业年金市场全面启动的商机，以受托管理为核心、以账户管理为龙头、以提供增值服务为手段，推进企业年金业务的全面发展，确立市场领先地位。

积极开发资产负债业务新领域及其替代型产品。不断拓宽非信贷盈利资产的营运渠道，全方位拓展同业、债券、票据和本外币资金交易市场，提高投资和交易类业务收益水平和占比。积极发展货币市场基金，加快资产证券化，大力开发以债券为基础的衍生工具以及多种组合的利率、汇率产品。适应存款利率市场化发展趋势，探索建立负债业务低成本稳定增长机制。利用丰富的存款资源，大力发展以资产管理、财富管理为主体的负债替代型产品，直接将部分负债业务转化为能带来手续费收入的各类理财业务，力争未来三年年均分流增量存款1000亿元，到2008年末力争使以资产池为基础发行的各类理财产品余额达5000亿元，成为“中国财富管理第一银行”。加强资信、担保、信用证等表外业务市场的拓展工作，不断扩大业务种类和覆盖范围，加强收益管理，努力实现表外业务高质量高效益的规模化发展。

积极推动电子银行的升级发展。未来两三年是电子银行业务“跑马圈地”的最后时机，我们要充分利用先发优势，集合全行营销力量开展电子银行产品的推介和普及应用，赶在各家银行电子银行业务全面兴起、充分竞争格局形成之前，占据更大的市场份额和更有利的市场位置。不断扩充网上银行的特色产品和高端服务，深入推广电子银行服务专业示范工程，努力把电子银行打造成集金融交易、代理销售、理财服务、电子商务和营销推介于一体的综合服务平台，不断增强电子银行对传统柜台业务的替代效应，力争未来五年传统柜台业务替代率年均提高5个百分点，到2010年离柜业务量占比达50%，并逐步将电子银行业务优势延伸至海外。

努力取得综合化经营的新突破。加强对国内国际银行业新业务发展趋势的研究，掌握最新发展动态，并结合国情行情加以创新应用，力求始终成为国内同业新业务发展的引领者。进一步深化与保险业、基金业、证券业等非银行金融机构的战略合作，稳步推进银保、银证等跨行业、综合化产品的创新发展。以工银瑞信基金管理公司为依托，做大做强基金业务，开辟资金营运和资本市场业务的新通道。积极创造条件，争取成为综合化经营首批试点单位，拓展综合化经营新领域。

（七）努力推进由国内的银行向国际的银行的跨跃。现代银行业的国际化、无国界化发展是世界经济金融一体化发展的必然结果，也是国际著名银行抢占国际金融市场，全球配置经营资源，分散经营风险，提升国际竞争力、抗风险能力和盈利能力的战略选择。我们的长远目标是建设国际一流的银行。与国际一些著名银行相比，与国内国际化程度高的银行相比，我行的国际化经营仍处在一个起步阶段。而成熟的国际大银行在资本构成、经营网络、客户结构、管理模式、业务领域、监管环境的适应性等多方面均实现了国际市场化，并由此具备了全球化的资源集聚、整合和配置能力。我们要认清银行业国际化发展的新趋势、新机遇和新挑战，以更高标准和更加开阔的视野谋划我行的国际化发展，努力实现由跨国经营初级阶段逐步向国际银行经营阶段的发展。

努力打造完备的全球经营平台。具备条件的境外机构充分融入当地市场，是推进新阶段国际化发展的战略重点和首要任务。各境外机构都应进一步明晰目标市场，制定近期、中长期发展计划，建立本土化的业务运作和市场营销体系，大力竞争中资跨国公司和当地华人业务，积极开拓当地大型跨国公司、优秀中小企业及高端个人客户市场，重点发展非利差收入业务，因地制宜地开拓零售银行业务。面向本土和全球选聘优秀人才，加快建设一支专业结构、语种结构和职务结构相匹配的海外机构管理专业人才队伍，以境外机构人才本土化、国际化来推动业务本土化、全球化经营发展。积极创新跨国经营思路，综合运用并购、申设、合资、合作等多种方式，稳步构建以亚洲为重点，覆盖主要国际金融中心，辐射我国主要经贸合作地区的层次分明、定位合理、运营高效的全球化网络体系。

加快构建境内外一体化经营格局。学习借鉴国际先进银行国际化发展经验，加快按国际标准经营国内业务，扎实推进本土业务的国际化发展。进一步完善境内外联动发展模式，把人民币业务优势转化为推进国际化发展的战略支撑，把全球化经营优势转化为提高国内市场竞争力的战略手段，增强为高端客户提供全球化金融解决方案的能力，构建跟随跨国公司业务经营的全球金融服务链，提高在国内国际两个市场统筹配置资源、分散风险、获取盈利的水平。完善境内外联动考核评价体系，从机制上推动境内外机构的一体化发展。

（八）全面提升风险管理和内控水平。风险掌控能力是核心竞争力的重要组成部分，是健康发展的关键。全行要适应新的经营环境和监管要求，加快推进风险管理与内控体系建设。抓紧研究制定与建设国际一流商业银行要求相适应的风险管理目标，形成全行统一的风险偏好、风险管理战略、风险管理制度和风险管理文化，使风险管理贯穿于经营决策、资本配置、产品定价、绩效考核等经营管理全过程。集中力量抓紧风险量化体系和风险信息化管理系统开发，加快风险管理技术平台建设，力争2007年底达到内部评级法初级法要求，2010年达到高级法标准。

全面提升组合层面的风险管理水平。根据国家宏观调控政策和产业政策导向，完善信贷政策体系，努力防止经济周期波动引发的信用风险。当前尤其要紧密结合国家抑制部分行业产能过剩的政策的实施，加大信贷结构调整力度，及早退出潜在风险大的行业、企业，有效规避系统性风险。加强行业信贷政策研究，防范行业信贷风险。完善贷款审批环节，保证贷款审批的独立性和有效性。进一步完善信贷后台管理体系建设，从管理体系和机构上对贷款流程和管理进行根本性改造，加强贷后合规性审核和贷款档案的集中管理，确保贷款手续的完整性、贷款程序的合规性和贷款档案的规范性。认真全面推行资产质量12级分类管理，加强对不良贷款余额、比例和真实价值包括预期和预期外损失的考核，确保信贷资产质量进入结构分布合理、贷款迁徙趋于缓慢、不良贷款余额和比例“双下降”的稳定期，持久保持信贷资产质量的优良。要主动适应利率市场化和人民币汇率形成机制改革进程，加强利率、汇率等市场风险的研究，从资产负债全面管理的角度创新利率、汇率风险管理工具，制定相应的风险管理策略，形成科学规范的市场风险监测、预警、计量和处置机制。

加快形成覆盖全行机构、全部业务和贯穿业务全过程的内控管理机制。针对操作风险较为突出的问题，加大一级分行垂直管控力度和责任，促使全面加强对操作风险的检查、管理、报告和防范工作。从2006年开始要对各机构网点实行授权主管上级委派制和定期轮岗交流制度，把操作风险的防控责任切实落实到经营管理每一个环节。要高度重视内外部审计的协调联动，积极利用国际审计监督，增强内部控制的健全性和有效性，有效防范和遏制各类重大风险、重大违规问题和大要案的发生，力争2006年发案数量和涉案金额同比减半，确保全行从此进入稳定的案件事故低发期。

（九）不断推进信息技术创新。现代银行业高度依赖信息技术，信息化建设深刻影响着现代银行的治理结构、管理体制、经营模式、增长方式和服务水平，渗透到了经营管理的全过程。我行信息化建设总体水平处于国内同业领先地位，在基础设施建设、数据集中处理、网上银行等方面接近或达到国际先进水平。但在管理领域的信息化水平还与国际先进银行有很大的差距，特别是数据库、业务流程等方面的系统研发，处于一种部门为政、互不兼容、信息不能共享、处理流程割裂的状态。面对国际金融创新日新月异、国内商业银行科技发展快速追赶的巨大压力，面对股份公司成立后经营管理的新要求，我们应进一步确立“科技兴行”、“信息创造价值”的理念，高标准地规划未来科技的发展，增强引进消化吸收能力和自主创新能力，全面建立起技术架构成熟、运行安全稳定、应用丰富灵活、管理科学高效的信息科技体系，努力建设具有国际先进水平的信息化银行。

实施管理信息系统大集中工程。要在完成硬件系统大集中的基础上，推行软件系统的大集中，尽快完成全行级数据库建设，将分散在各业务系统的信息进行归集整合，实现全行经营管理数据的标准化、统一化、集成化和共享化，并引入国家经济数据信息系统，对接行内信息系统，丰富完善数据库功能。建设各类经营管理信息自动采集、加工和转换的信息披露平台，开发投产各种分析、应用、管理系统，搭建起完善、高效的决策支持系统。

加速推进信息系统国际化。建设统一的支持多分行、多语种、多时区的业务应用平台，提高业务处理系统的灵活性、可扩展性和国际化程度。实施本外币清算一体化，加快将海外机构生产系统挂接到国内数据中心，完成海外业务的集中统一处理和海内外业务的一体化链接，满足全球化发展的战略需要。

构建统一的企业客户和个人客户金融产品平台。建立单一视图的企业级客户信息系统，加快开发客户关系分析、客户营销等业务应用，实现系统自动识别客户类型和客户等级等功能，使柜员根据系统提示及时跟进针对性、差异化服务。加快形成以客户为中心的应用产品开发体系，加强对信息化高端产品的研发，增强我行在新业务领域的核心竞争力。

进一步提高科技管理水平。加大应用产品规划和整合力度，加强前、中、后台各业务处理的资源共享，建立需求整合的专业队伍，推进业务产品设计和应用开发的深度融合。完善数据中心主机应用级灾备体系，搭建海外数据中心应用系统的异地灾备中心，建立全行业务级灾备体系，建设国际金融业最为安全稳定的大型数据中心。加强信息安全制度体系和技术保障系统建设，实现生产操作监控自动化，运行管理和日常维护的规范化，全面提升信息系统安全运行水平。

（十）切实加强党建和人才工程建设。这是我行现代金融企业建设的有机组成部分和重要保证，要在今后的发展中进一步将其作为一个重大战略问题认真研究谋划。坚持党的领导体制与商业银行治理制度相结合，坚持党管干部、党管人才与市场化配置人才相结合、从严治党与从严治行相结合、思想政治工作与企业文化建设相结合，努力走出一条党的建设与现代金融企业建设相互融合，队伍建设与改革发展同步推进的新路子。

始终抓住建设高素质管理者团队这个重要环节，坚持把加强思想政治建设摆在首位，大力加强各级领导班子建设，增强各级领导干部以科学发展观统领改革发展稳定全局的本领，提高驾驭现代金融企业经营管理的能力。

大力实施人才兴行战略，有计划地引进紧缺优秀人才，积极培养、用好和稳定现有人才，建立健全与全行发展战略相衔接、以岗位胜任能力为基础的员工培训体系，紧紧依靠队伍素质的提高实现增长方式的转变和高质量的发展。要充分利用多种形式和途径扩大形势与任务教育、政策与经验宣传、理念与业务培训受众面。尽快在所有机构网点开通总行“网讯”，进一步为广大员工及时了解全行改革发展和经营管理情况、学习新理念新知识新业务创造条件。

高度重视基层党组织建设和广大党员的教育管理，巩固先进性教育活动成果，建立健全党员长期受教育、永葆先进性的长效机制，增强广大党员干部和各级党组织的凝聚力和战斗力。毫不放松抓好党风行风建设和反腐倡廉工作，形成与现代金融企业相适应的教育、制度、监督并重的惩治和预防腐败体系，提高全行党员特别是党员领导干部的廉洁意识和拒腐防变能力。

紧密结合新的形势任务改进思想政治工作，及时掌握和认真解决改革中遇到的各种矛盾和问题，妥善协调来自各层面的利益诉求，把广大员工的积极性引导好、保护好、发挥好，为改革发展创造稳定和谐的局面。

加强企业文化建设，进一步培育先进的企业理念、企业价值观和企业精神，提升服务水平和品牌质量，在国内国际市场树立起诚实守信、服务优良、行为规范、追求卓越的现代商业银行的形象。

同志们，以上是对全行未来一个时期发展战略和工作思路的一些想法和意见。总行各部门和各分行也都进行了许多有价值的研究，提出了很多好的想法，这次会上还要进行交流。总行有关部门要按照这次会议要求，充分吸收各方面的研究成果，抓紧制定完善全行十年发展纲要和三年实施规划，尽快提交董事会发展战略委员会研究。要通过全行上下共同努力，形成一个符合国情行情、顺应时代要求、体现股东利益、凝聚广大干部员工智慧的战略规划，进一步明晰发展方向，树立发展目标，确定发展思路，提出发展任务。在此基础上，层层分解细化、狠抓落实和执行。我们相信，经过全行上下的不懈奋斗，一定能够不断开创现代商业银行建设的美好未来。

坚持科学发展观　转变经营模式和增长方式
把党的先进性要求落实到现代金融企业建设之中

——在中国工商银行先进性教育活动专题报告会上的讲话

姜建清

（2005 年 2 月 4 日 根据录音整理）

按照中央的统一部署，在中央先进性教育活动领导小组和中央督导组的正确指导下，总行机关保持共产党员先进性教育活动正在深入扎实地进行。1 月 17 日总行先进性教育活动动员大会召开后，总行机关各支部迅速召开支委会和党员大会，深入进行再动员。总行党委班子成员在抓好机关教育活动的同时，带头参加集中学习，以普通党员身份参加总行机关的先进性教育活动。总行机关党委多次对各支部负责组织先进性教育活动的支部委员进行了培训，并向各支部派出了督导员，建立了督查工作制度。各支部严格按照中央和总行党委关于开展先进性教育活动的总体原则和目标要求，认真开展各项学习教育活动，并从实际出发，采取集中学习与分散学习相结合、实地学习与网上学习相结合、学习与讨论相结合等方式，增强学习效果。总行机关还举办了优秀共产党员先进事迹报告会。总行党委班子成员以普通党员身份，和机关全体党员、入党积极分子一起，听取了优秀共产党员的事迹报告，受到了一次新形势下如何保持党员先进性的教育。总体来看，目前总行机关先进性教育活动开局良好，进展顺利。

根据总行机关先进性教育活动安排，今天我向大家作一次关于如何在新的形势下保持和发扬党员先进性的专题报告，报告的主题是：坚持科学发展观，推进经营模式和增长方式的转变，把党的先进性要求落实到现代金融企业建设中。

在开展保持共产党员先进性教育活动中，为什么要讲坚持科学发展观和转变经营模式、增长方式的问题呢？我想至少有以下三方面的意义：

第一，通过正确认识全行改革发展取得的显著成绩，可以使我们更加深切地体会到党中央、国务院关于金融工作方针政策的正确和英明，更加坚信党的领导，增强作为一名共产党员的自豪感，作为一名工行员工的荣誉感，增强贯彻党的路线方针和金融政策，与党中央保持高度一致的坚定性。

第二，通过分析正视全行经营发展中存在的深层次问题和面临的严峻挑战，可以使我们更加充分地认识到深化综合改革，推进经营模式和增长方式转变的艰巨性和紧迫性，增强作为一名党的金融工作者的忧患意识和责任意识，增强树立科学发展观和现代商业银行经营理念的自觉性。

第三，通过进一步明确改革发展目标任务和总体要求，可以使我们更加深刻地认识到加快转变经营模式和增长方式，是深化综合改革、建设现代金融企业的重要内容，是应对国际化金融竞争、实现健康可持续发展的战略选择，从而进一步把思想统一到中央关于金融工作的决策部署上来，更好地在现代金融企业建设中发挥共产党员的先锋模范作用，全面和具体地落实好党的先进性要求。

下面，我讲几个方面的问题。

一、近年来工商银行的改革发展情况

近几年，我国金融改革开放的形势发展很快，国有商业银行的改革进入到全面突破体制性障碍的攻坚阶段。中国银行和中国建设银行作为股改试点单位，在2003年底获得注资后，正在紧锣密鼓地开展包括财务重组、法人治理结构改造等一系列的改革。工商银行也积极迎接这历史性的挑战，扎实推进改革发展，向着国家确定的改革方向稳步前进。具体来说，我们按照党中央、国务院的要求，以科学发展观为指导，从消化历史包袱、解决质量和效益问题入手，深化内部改革，强化基础管理，推进经营模式和增长方式的转变，加快创新发展，经营状况已经开始发生质的变化，总体步入了质量、效益和规模协调发展的轨道。

一是经营效益大幅增长。2000年，我们一举扭转了长达七年的经营利润亏损局面，当年实现拨备前利润100亿元。2004年实现经营利润747亿元，2000年至2004年经营利润增长了7.5倍。经营利润的快速增长为我行消化历史包袱提供了财力支持。

二是资产质量稳步改善。2000年剥离部分不良贷款之后，我行的资产质量稳步改善，不良资产的余额净下降了2066亿元，其中不良贷款余额下降了1282亿元，非信贷风险资产余额下降了784亿元，不良资产率和不良贷款率分别降到2004年底的14.2%和19%。新增贷款质量优良。1999年以来新发放的贷款经受了经济周期性变化的考验，其不良率为1.6%，基本达到了国际商业银行较好的质量水平。

更加难能可贵的是，我们潜在的大量风险得以释放和化解，即借新还旧和还旧借新贷款得到大幅度消化。这个贷款的形成有其历史根源，1983年实行银行统一管理流动资金贷款，当时国有企业的资本金没有正常的补充渠道，大量流动资金贷款进入企业后被长期占用甚至被挪用、移用，有些变成资本性信贷，有些变成垫付企业的税、费、利、应收账款或产成品损失等等，从而形成大量事实上的不良资产。而银行由于错误地认为流动资金贷款具有可以长期占用的性质，很多分支机构大量地搞借新还旧、还旧借新、借新展期，就形成了国外称为“常青藤”的贷款。这种“常青藤”贷款表面还反映为正常贷款，实际上掩盖了其中大量的不良资产。2000年总行召开了座谈会，对借新还旧贷款问题进行研究并且制定新的政策，不准再搞借新还旧和展期，老的贷款潜在风险要通过退出、核销和释放等各种办法逐步消化。我们原以为要十年左右才能解决这个问题，现在看进度大大提前了，到2004年底的时候还剩下1700亿元，仅占全部贷款的4.78%，预计2005年就可以全部解决，这是一件非常令人鼓舞的事情。

回顾走过的道路，其实我们是在三条战线上同时作战，既要用大量的资源解决不良贷款，又要用大量的资源解决1800亿元的非信贷不良资产，还要用大量的资源解决借新还旧。三条线作战是一件非常难的事情，但今天我们已经走出来了，见到了黎明。

除了这三方面的可喜变化，更重要的是我们资产质量的真实性进一步提高。2004年，我们委托国际知名的会计师事务所对全行63%的资产进行审计。审计结果和我行自身评定的资产质量的差异仅为1.7%。2005年我们国际审计的覆盖面将达到100%的资产。过去外电评价中国银行业管理水平差，不良资产率高达50%，甚至60%，认为我们不敢对外宣布。2000年和2001年，人民银行下决心披露我们的资产质量，从不披露到披露，从披露一逾两呆到披露五级分类，有了很大进步。但披露以后，外电又说我们不真实，对我们自己的检查和评定不相信。我在前年会见国际货币基金组织代表时，谈到不良资产的问题，他们对人民银行说，你们公布中国银行业的不良资产率是30%，我们认为你们是45%～50%，问他们为什么，他们说没有什么理由，因为是发展中国家，所以加15%～20%。这表明外国是带着有色眼镜来看我们，所以我们要请国际会计师事务所来评定，增加信服力。而且我们将来要到国际金融市场上去发展，去融资，去IPO，也必须经过国际评级。我希望工商银行的资产质量以及我们所有经营管理的指标像工商银行的大楼一样透明，确保真实性，这也是我们今后努力的方向之一。

三是经营模式和增长方式开始产生变化。全行的经营结构发生了巨大的变化，信贷资产占总资产的比重从1998年的70.4%下降到2004年的59.4%（这是按照人民银行的统计口径，票据资产不在内）。存贷比例从1998年的85.6%下降到2004年的66%，存贷款利差占营业净收入的比例逐步下降，2004年底存贷利差占全部净收入的比例是62%，资金营运收入占28%，中间业务收入占8.7%，收益结构进一步改善。离柜业务量增长迅猛，2004年电子银行业务量达38万亿元，占全行总业务量的20%。成本收入比达到国际银行业良好水平。成本收入比例指标是衡量商业银行经营效率、竞争能力的关键指标，我们成本收入比例总的来说是逐年下降的，2004年全行成本收入比是40.35%，与2001年相比，下降了24个百分点。40.35%是一个什么水平呢？银监会对改制以后商业银行的考核是在35%～45%之间，我们正好在这个指标的中位线。另外一个重要变化就是撤点减员成效明显。这几年全行撤并了大约20000家亏损和低效的分支机构，全行分支机构总量从

1997年最高峰时的47000家，降到2004年底的21000家；人员从最多时的57万名正式员工，降到现在的37.5万名。当时还有很多账外用工，甚至一些机构都在大量违规招工、超编招工，后来总行上收人力资源管理权后，用工逐步走向规范。现在全行代办员、临时工大约有6万多名，总共约有44万的员工。总的来看，在精简机构和大量减员的同时，我们保持了各项业务的稳定增长。

总之，近年来我们认真贯彻落实党中央、国务院的要求，在思想理念、经营发展、管理内控等方面都出现了积极的变化，在座的很多同志都经历了这些变革，有非常深切的体会。但也应当看到，在治理结构中间更为根本的东西，比如说经营理念、经营模式、增长方式等离建设现代金融企业的要求还有很大的差距。在全行上下很多干部和员工的思想中，什么是商业银行和怎么去建设真正的现代商业银行的概念是比较模糊的，仍然习惯于传统的增长方式和发展思路，习惯于追求规模和数量的简单扩张。比如说对市场份额津津乐道，往往在讲负债市场份额的同时不考虑财务成本的约束，在讲资产份额的同时不考虑风险成本和资本性成本的约束。实际上如果超越了约束条件去发展，可能是你走得越快，离正确的方向越远，这是为实践所证明的。

目前工商银行改制在即，改制以后给我们提出了两个问题，第一，在通过财务重组使不良资产问题得到基本解决之后，能否长时间地保持资产质量优良？用什么样的制度来保证实现这个目标？用什么样的办法让党中央、国务院和全国人民对我们的银行改革有信心？第二，能否持续保持一个良好绩效？作为一个股份公司，或者一个上市公司，ROE、ROA、成本收入比、不良资产比、净利差等都有一套国际标准线，保持这个标准线是一件极其困难的事情。解决上述问题就要有一个科学的经营模式和增长方式。否则旧的问题刚解决，新的问题又积累了，任何的改革转制和剥离不良资产都将无济于事。所以必须要树立一个科学的发展观和正确的业绩观，真正实现经营模式和增长方式的根本转变。

二、研究公司治理首先要研究发展目标

建设真正的商业银行，重要的是公司治理的完善。目前关于公司治理的概念很多，广义的、狭义的、东方模式、欧美模式等，没有一个非常统一的说法。我觉得从商业银行的角度来看，我们要完善公司治理，主要是对法人治理、经营模式、增长方式、资产结构、财务结构、组织结构、内控管理、业务流程等各个方面进行彻底的变革，进行脱胎换骨式的改革。完善公司治理首先要确定发展目标和发展战略。这是一个正确把握市场、效益、风险三者之间关系的问题。这三者的关系是辩证统一、互相联系、互相对立的，所谓发展战略就是对三者关系总的看法，是一种经营观，对这三者关系的不同选择体现了一种风险偏好，由这种风险偏好作出的经营决策，就形成了商业银行的经营行为。实际上，过去很长的时间里我们很多基层同志没有处理好这三者之间的关系，比如说我们在很长一段时间经营偏好是市场偏好型。拓展市场没有错，但问题就在于一些人把拓展市场和制约条件分离了，不顾制约条件盲目追求发展速度。一些机构过去大抓储蓄存款时，可以在一年之内开上几百家上千家储蓄所，一年招工几千人，大张旗鼓抓储蓄存款，年增长率高达百分之四十到五十。但是任何存款都是有成本的。我们现在的存款，拿进来的平均成本是2%，放贷款收益是3%，只赚1个点的利润，一个储蓄所十个人搞一亿元储蓄存款，实际上就是赚到了一百万元，人均十万元，然后扣除网点成本、科技成本、人员成本和管理成本后就亏损了。在极端市场偏好情况下，放贷款也是一样，贷款本身创利很高，3%的资金成本拿进来，5.5%放出，可赚2.5%，但要是出风险的话，就会连本都丢掉，是100%的损失。我们算了一笔账，工商银行建行20年来，把各种营业税、所得税、经营利润和冲销的不良资产全部加在一起大约4000亿元，可同时我们还有11000亿元的不良贷款和1800亿元的非信贷不良资产，两相轧抵后还差8000多亿元，辛辛苦苦干了20多年，实际上是亏损8000多亿元，主要就是贷款出了风险。当然这里面不完全是银行的责任，根据我国金融监管部门的调查分析，可能其中20%跟我们管理不善有关，包括内部的很多问题甚至是违法犯罪、违规违纪等问题。所以说发展是要讲制约条件的，一个真正优秀的银行管理者必须妥善处理好风险、市场和效益的关系，兼顾当前和长远、局部和全局，在实际经营管理中根据时间、地点、条件的变化作出正确的决策，实现均衡、平稳、协调的发展。这是我们未来商业银行发展非常重要的问题。

三、考核业绩要考核真正的利润

这是对第一个问题的深化。过去一段时期，我们在考核账面利润时是没有约束的，谁的胆子大，谁敢垫得多，谁的账面利润就高。曾经有这么两个行，一个是亏损行，一个是盈利行，但亏损行说我表内应收利息才垫了几个亿，而那个盈利行一下垫了十六个亿，到底是谁赚谁亏无法科学衡量。在当时账面利润没有约束的情况下，谁胆大，谁敢挖坑，谁的账面利润就高。挖坑的办法很多，比如说信贷方面可以借新还旧搞展期，表内应收利息可以垫付，在非信贷科目中也有十几个科目可以垫付，造成了到处是洞，洞连洞，坑连坑的局面。我们2000年提出了经营利润的考核办法，解决了以前考核的弊端，就是把所有经营的净收入全部拿出来，任何的垫付、虚收全部扣除，然后核销不良资产，去填坑，填坑的土方总行承认，这样能够衡量每个行当期实现的绩

效。这个考核方法实行以后，效果非常明显，这些年来解决了2000多亿元的不良资产，大家很有积极性，认为很公平。但这只是一个阶段性的办法，因为经营利润毕竟不是真正的利润，股东和投资者感兴趣的是账面利润，所以我们在改制之后，在考核方面一个重大的改革就是要取消经营利润的考核，从经营利润的考核又回复到账面利润的考核。但这是一种新的账面利润考核，要做出三个方面的扣除，一是财务成本，包括税务成本的扣除；二是拨备成本，包括一般拨备和风险成本的扣除；三是资本金成本的扣除。

现在很多分行把经营困难都看做是历史上形成的不良资产和财务包袱所带来的，认为改制重组后，经营中的问题和困难就没有了，事实上历史包袱掩盖了当前的一些问题。目前大部分分行的资产都是信贷资产，全行平均为60%，有些分行高达80%～90%，贷款的收益是3%，剔除1%的一般拨备，只有2%；国际商业银行的资本回报水平至少10%，银监会要求上市银行的资本回报率是12%～14%，即使按10%来计算，资本金的股东回报也需要0.56%，因为要发展业务，就要拿出一定的股东回报，不然每年市值下降，过几年就会成为垃圾股了；另外需要增加相应的资本金。所以按照1%的一般拨备，0.5%的资本金股东回报，营业税的边际回报0.25%，财务成本递增0.5%，综合测算成本，大概贷款资产所允许的风险损失成本是0.7%，即100亿元的贷款允许7000万元的损失，超过这个标准就是亏损。这个统计没有包括资本金要求，假设工商银行每年增加3000亿元贷款，需要补充资本金168亿元，即使可以一半通过发次级债来解决，另一半至少要有80多亿元要靠从利润中提取来解决，这样来看经营压力非常大。所以不良资产剥离、财务包袱消除后，不是所有的经营问题都能迎刃而解。

我们所追求的真正利润是在经营收入中扣除各种成本之后的账面利润，在今后的发展过程中，要研究各种制约条件，做到每一个分行的利润都是真正利润，没有水分的利润，将来要运用国际商业银行通用的风险调整资本回报和经济增加值为核心的办法，过渡到统筹收益、成本、风险和资本约束的考核上来。最近总行做了一些测算，发现分支机构之间的差异非常大。资产质量的差异通过财务重组得以解决之后，绩效差异开始突出显露。假设把不良资产全部去掉，剩下的是有效资产，全行最高的分行人均有效资产是5000万元，最低的是330万元，其中300万元到400万元的行有十来家，就是说分行之间绩效差距最大有十五倍左右。这还是一个静态的测算，若考虑市场环境的变化，按利率下调5%，成本上升5%，风险增加5%来进行压力测试，更多的分行将陷入亏损，所以改制后的经营形势仍是非常严峻的。

四、只有认清风险才能控制风险

当前要特别关注和把握三类风险：

一是信用风险。目前信贷资产是我国银行业的主要资产。经测算，改制后我行信贷资产占总资产的比重仍有50%多，且工商企业贷款居多，信贷结构存在天然缺陷。而西方银行业信贷资产占比的平均水平在30%～50%，工商业贷款比例很低，个人消费贷款比例较高。因此，与西方商业银行相比，我们的资产结构和信贷结构还不尽合理，在相当长的时期内，信贷风险仍是我们面临的主要风险，控制信贷风险仍将是各项工作的重中之重。过去工商银行形成的信贷风险，很多是政策性贷款造成的。在商业银行不再承担政策性贷款、完全自主经营的新体制下，防范信贷欺诈，减少自主贷款决策失误，是我们面临的一个严峻问题。银行和企业之间本身信息就不对称，有些机构在和企业短期建立信用关系之后，马上就发放贷款，根本不了解企业错综复杂的情况，加上有些企业故意包装打扮自己，使你看不到它的真实情况。你要看企业的经营利润，它就把经营利润做假；你要看它的现金流量，它就拿现金流量做假，通过关联企业对冲等手段，给你看一张非常好的现金流量表，越是进入危机期的企业越是隐瞒自己真实状况。这些年我们实行了信贷管理集中，建立了数据库，加强了监控，但信贷风险防范的难度还是很大，将来要想办法做到贷款不要过分集中，万一出问题，也不会出系统性的问题。

二是利率风险。随着资金业务发展壮大，投资于国债、金融债、票据或者同业拆借市场的会越来越多，风险形态从过去的信用风险转变为市场风险、利率风险和金融机构同业的风险。目前利率市场化的影响还不是非常突出，但是它的阴影已经显现。总行现在的存差资金有19000多亿元，全社会存差资金多了以后，贷款竞争就很激烈，贷款利率下浮也就越多，结果贷款增加了，收益却没有同步增加，风险弥补的来源减少，风险扩大。另外，资金业务的利率风险形势也是非常严峻。金融债和国债的期限分两种，一种是浮动利率，现在这种债券越来越少；更多的一种是财政部、金融机构为了避免自己的风险，大量发行固定利率债券。投资固定利率的债券，万一将来利率上升以后，收益就会降低，如果是用于交易的，当即就会反映为损失。所以需要我们作出选择，在债券投资中要倾向短期投资，避免利率上升带来的风险损失。改制以后，工商银行有20000多亿元资金需要寻找出路，这就给资金营运部门带来很大的经营压力。一旦利率调整，如果是亏损就要扣减当期利润，所以利率风险也是非常严峻的问题。

三是流动性风险。这是当前在理论和实践上都是应该引起重视的问题。当然流动性风险中很大一部分是信贷的流动性问题，我们现在把一些不良贷款解决了，把借新还旧问题解决了，信贷的流动性就会增强。

同时非信贷资产的流动性也要关注，注意做好整个期限上的匹配。近年来，由于国家基本建设发展较快，铁路、公路的贷款上升比较多，从目前来看，贷款质量很好，但是长期过度发展就会产生流动性的问题。目前信贷结构中，中长期贷款在上升，但是由于在总的资产中间信贷资产比重在下降，所以中长期贷款占总资产的比重上升不多，总的影响不大，但是也不能过度增长。将来要更多地研究短期性贷款比如中小企业贷款发展问题，但中小企业贷款业务对我们的管理水平将形成极大挑战。本来中小企业贷款是非常好的贷款，既能上浮利率，又能带来很多派生业务，但是我们在100多个二级分行进行试点的过程中，很多分行的贷款出了问题，造成5%以上的不良率。虽然这是工商银行未来发展的方向，但如果没有很好管控水平的话，未来就葬送了。这不仅仅是一个动员性的口号，更需要人员素质、风险管理水平的到位，对我们既是一个新课题，也是一个新挑战。

五、经营管理者最重要的职能是管理

我曾经讲过，管就是规则制度，理就是经济核算。这里我想突出讲一下操作性风险的管理。我们常把操作性风险定义为不完善或失败的内部控制，人为或外部事件造成的损失问题。这个问题现在是非常的普遍而且呈上升的势头，大体上包括三种：一是内部的欺诈，如银行内部人员参与诈骗、盗用资产、违法犯罪和违背规章制度等；二是外部欺诈，如第三方的欺诈和盗用资产等；三是客户、产品和业务操作引起的风险事件，比如洗钱、受托人违约、银行账户的违规交易，以及执行交易流程中发生的风险事件、恐怖事件造成的损失及计算机的突然中断、劳动人事纠纷等。最近我几次跟内控合规部谈操作性风险，内控合规部工作重点就是管理和控制操作性风险，包括整个银行管理中的操作性风险。首先，要准确定义，到底哪些方面属于操作性风险。其次，要统计，目前我们有三防一保的统计表、违规案件统计表、违规人员处理统计表，但还没有一张完整的操作性风险统计表。最后，要定价，到底损失了多少，当期的利润要拿出多少，怎样计提拨备，都要有科学的管理办法。

当前操作性风险比较普遍化，这跟我们整个商业银行的内控文化缺陷是有关系的。实际上内控文化的建设是一个非常漫长的过程，要靠各级干部员工的责任心，靠制约机制的完善，靠包括教育、检查和技术等手段的完善。一个商业银行信誉是非常重要的，因为操作性风险造成的信誉损失是非常大的损失。

另外还要强调一下对分支机构的管理。近年来，我们结合分支机构多、层级多的实际，探索了下管一级、监控两级的管理新体制，总行在直接管理一级分行的同时，还监管到二级分行，二级分行直接监管到基层网点。要结合考核体制的变革，相应建立责、权、利相结合的制度。每一个营业机构和部门都要进行量本利考核，计算出收益，核算到人，根据贡献度奖优罚劣，建立科学的商业银行激励机制。这个变革是非常巨大的革命。工商银行改革的另一个重大变化，就是要彻底废除官本位，每一个人，从总行行长到每一个员工都是为国家和投资人打工的职业经理人，做的好，挣工资，有奖励；做不好，就走人。如果把自己当成官就不可能适应新的岗位要求，不可能有很好的职业发展前途，所以每个人都要兢兢业业地做好工作，对事业高度负责。

六、打造优秀的商业银行关键在于锻造核心竞争力和实现增长方式与经营模式的转变

增长方式和经营模式的转变国际上是有标准的。如果2005年国家批准工商银行改制的话，我们自己的目标是到2005年年底能够建立工商银行的股份有限公司，并且引进境外的战略投资者，这样工商银行就变成一家中外合资的股份制商业银行，具备了将来到国内外上市的条件。现在对工商银行改制后情况进行一些初步测算，总体情况还是可以的。我们不良资产比例大致上在4%左右，风险拨备比较高，2006年经营利润在1000亿元以上，在这1000亿元里面，我们按照经营利润的30%和贷款余额的1%算，每年拿出300亿元来净化不良资产，使我们资产质量持续保持良好的水平，这样剩下来的大概是700亿元账面利润，如果总资产大概是6万亿元多一点，ROA在1%以上；假设上市后净资产增加一倍达到6000亿元，那ROE也在10%以上，基本上是国际商业银行中等偏上水平。成本收入比例在改制以后，估计在35%～40%之间。但是刚才所说这些指标都是静态分析的，未来发展过程中间，还面临利差收窄、成本上升、风险扩大等压力。实现这些目标需要增长方式和经营模式的转变来支撑。很多方面的经营结构要有变化，总资产中信贷资产的比例一定不能太高，全行市场为55%甚至50%的比例较好，基本接近国际商业银行的平均水平。在信贷资产中要大幅度调整现有的结构，长期、短期、行业、产业、品种、流动性都要有分别的测算评估。收益结构也要改善，盈利的来源不能光靠存贷利差，要扩大中间业务收入，三年中要把中间业务收入扩大到200亿元。人员结构也要变，工商银行人均经营收入是美国花旗银行的十分之一，存在大量的低效劳动，收益覆盖不了财务成本、人员成本和网点成本。当然减员是非常难的问题，整个老国有企业都面临类似的问题。尽管这样，我们还是要努力往前走一步，妥善处理好改革、发展、稳定这三者之间的关系。另外随着业务的快速发展，要想办法提高劳动生产力，把离柜业务、电子银行业务发展起来，逐步替代物理网点，这也是国际商业银行发展的趋势。这些增长方式的变

化，都要逐步探索实践。我常说，财务重组、成立股份公司甚至引进国际战略投资者只需要一年就能解决，但是要完善公司治理，实现增长方式和经营模式的转变则要十年磨一剑。

打造优秀的商业银行，还要高度重视锻造核心竞争力。核心竞争力包括两个方面：核心客户和核心业务。关于核心客户，经济学有一个著名的二八定律，即20%的客户创造80%的利润。我上次看麦肯锡的一个报告，说20%的客户创造140%的利润，剩下80%的客户有一部分是净亏损的，后一种说法比较符合工商银行的实际。过去我们笼统讲市场份额，其实把信贷和非信贷的不良资产拿掉以后，很多机构在当地的有效市场份额是很低的。而有效市场还要分优质和一般两种，所以再真正把有效市场中间的优质市场拿出来占比就更低了。实际上加强对成本效益分析之后，我们就知道千方百计争来的市场可能是无效市场，甚至是有害的市场，可能是有效市场但不是优质市场，未来可能下滑到无效市场和劣质市场。所以要强调竞争核心客户，核心客户的风险扣除小，盈利高，争取核心客户就是用积极的办法去防范风险。核心业务也是核心竞争力不可缺少的要素，不同业务的资本约束不一样，有些业务对财务成本、税务成本和资金成本要求高，有些就低，中间业务就没有资本金要求，没有拨备要求。所以发展业务要做具体分析，比如说信贷业务也有优质客户，尽管利差薄一点，但是管理成本低，收益稳定，风险较小。只要把风险管好，把成本控制住，发展优质客户是非常有价值的。竞争力有些容易复制，有些则不容易复制，最容易复制的就是价格竞争，价格竞争对提高市场占比见效最快，但是维系价格竞争力非常困难。目前工商银行的客户结构中低端客户很多，一定程度上出现了劣质客户驱逐优质客户的情况。这些年，我们大力发展个人理财业务，理财专柜、理财金账户、个人网上银行的推出对于客户结构调整起到了积极作用，但是还没有完全到位。未来金融竞争将更加激烈，外资金融机构进来跟我们争的不是一般市场而是优质市场，所以竞争优质客户、开拓优质市场、锻造核心竞争力是一个非常重要和迫切的任务。

总的来说，增长方式的转变不是讲总量的扩大，而是经营绩效和效率的提高，资产组合和业务组合的协调，管理和人才的匹配。如果仅仅重视总量的扩大，甚至是无节制的盲目扩张，忽略了发展的制约条件，缺乏精巧的协调，只会加大结构失衡，导致银行经营的更大风险。

我们建设现代商业银行的道路才刚刚开始。过去走的路充满艰辛，可能只是爬了第一座山，在往股份制商业银行方向发展，把不良资产搬掉，现在第一座山的山顶快看到了。但是我们并不能歇口气，因为即使攀上了第一座山的山顶，也才只是到了第二座山的山脚下，第二座山更加崎岖陡峭，如果将来爬过去了，我们会有一个现代商业银行的雏形。但是我们又要面临更加险峻的第三座山，即商业银行的全球化和国际化问题。现在工商银行57000亿元资产，海外资产只有200亿美金，基本上是一个不折不扣的国内银行，风险比较集中。随着中国的企业走向国际化，我们要逐渐变成一家全球银行。但是要走上国际化的道路，需要大量的人才准备、管理和发展的匹配，这就带来一个新的挑战，但我们坚信，前途是非常辉煌的。

以上是我对科学发展观和经营模式与增长方式转变的一些认识。在当前全行综合改革的关键时刻，总行机关率先开展先进性教育活动，意义重大。各支部和广大党员一定要充分利用这次十分宝贵的系统学习教育机会，紧密结合工作实际，真正把先进性教育活动开展好，做到以教育活动促进各项工作、以工作成果检验教育活动成效。广大党员和干部员工要坚持不懈地用邓小平理论和“三个代表”重要思想武装头脑，牢固树立科学发展观和正确业绩观，多方面锻炼和提高建设现代金融企业的才干和本领；要进一步深化对办好国有银行的理解和认识，以高度的政治责任感和时代紧迫感，加快贯彻落实党中央、国务院关于金融改革的战略部署，全面推进工商银行的综合改革；要始终牢记“两个务必”，认真做到“八个坚持、八个反对”，立足本职、刻苦钻研、勤奋实践、艰苦奋斗，以开拓进取的精神和求真务实的作风，认真解决好影响经营发展的突出矛盾和问题。总之，要通过深入扎实地开展先进性教育活动，使总行机关广大党员对“三个代表”重要思想的认识提升到一个新的高度，把党员素质和党的建设提高到一个新的水平，在推进全行“两个转变”中充分发挥党组织的战斗堡垒作用和党员的先锋模范作用，在建设现代金融企业的实践中更好地体现和全面地落实党的先进性要求，更好地团结和带动全行员工扎扎实实做好各项工作，全面开创改革发展的新局面。

在中国工商银行人事组织工作会议上的讲话

姜建清
（2005 年 3 月 4 日）

这次人事组织工作会议，是在我行建立现代金融企业制度的关键时刻，在全党分批开展先进性教育活动的新形势下，召开的一次重要会议。

当前，在党中央、国务院的高度重视下，工商银行的股改方案经过多方面的研究论证，已进入最后决策阶段，股份制改造启动的时机日益迫近，全行综合改革即将进入全面突破体制性障碍的攻坚阶段。这是一场“输不起”的全新的改革实践，是一次从经营理念到治理结构、体制机制脱胎换骨式的深刻变革，其蕴含的机遇与挑战都是前所未有的。银行的组织机构体系、人力资源管理体制和激励机制改革，是构建现代公司治理制度的重要组成部分，是推进经营模式和增长方式转变的重要前提，是银行改革实践中最为艰巨和复杂的工作之一。

开展以实践“三个代表”重要思想为主要内容的保持共产党员先进性教育活动，是 2005 年全党政治生活中的一件大事。按照党中央的统一部署，总行保持共产党员先进性教育活动已经展开，并将在全行推开。搞好这次活动，对于我们在现代金融企业建设中更好地发挥党建工作的作用，发挥党组织凝聚和调动各方面积极性的政治优势，确保股份制改革和“两个转变”顺利推进，具有十分重要的意义。这次会议的一项重要任务就是进一步研究和推动先进性教育活动深入开展。这也是此次会议的重要性所在。

关于 2005 年全行的人事组织工作，庞月瑛同志将作专门的布置。这里，我结合当前全行改革发展和党建工作新的形势任务，就做好 2005 年的人事组织工作先谈几点意见。

一、深入扎实地开展先进性教育活动，把党的先进性要求贯彻落实到现代金融企业建设的实践中去

在全党开展以实践“三个代表”重要思想为主要内容的保持共产党员先进性教育活动，是党中央在全面研究新世纪新阶段的形势任务和深入调查党员队伍状况的基础上，着眼于在改革开放和完善社会主义市场经济的历史条件下使党与时俱进、始终保持先进性，审时度势、深思熟虑作出的重大战略决策和部署。

开展这项活动，是贯彻落实党的十六大和十六届三中、四中全会精神，坚持用“三个代表”重要思想武装全党的一项重大举措，是党在落实科学发展观和构建社会主义和谐社会中加强党的执政能力建设的一项重大基础工程，是实现全面建设小康社会宏伟目标、推进中国特色社会主义伟大事业的重要保证。中央很重视，党员很关注，群众期望值高。

开展这项活动，更是我们工商银行改革发展的内在要求。工商银行经过 20 来年的改革发展，完成了从计划经济体制下的国家专业银行向社会主义市场经济体制下的国有商业银行的历史转变，进入了全面开放市场条件下建设现代金融企业的新阶段。这一时期，我们要彻底处置不良资产包袱、完成财务重组，实施股份制改造，全面建立现代公司治理制度。要实现经营模式和增长方式的根本转变、显著增强国际竞争力和可持续发展能力。完成这三大历史任务，必须深入贯彻“三个代表”重要思想，用先进的理论武装全行；必须认真落实党和国家的方针政策，坚持科学的发展观和正确的改革方向；必须充分发挥全行各级党组织的凝聚力、战斗力，发挥党员的先锋模范作用。搞好先进性教育活动，就是全面做好建设现代金融企业的思想、组织、作风和措施准备。

全行各级党组织一定要尽快把思想认识统一到中央关于开展先进性教育活动的决策部署上来，从事关党的执政能力提高和执政地位巩固的高度，从事关党和人民事业的兴旺发达与国家的长治久安的高度，从事关工商银行现代金融企业建设的高度，充分认识开展先进性教育活动的重要性和必要性，增强搞好先进性教育活动的责任感、使命感，把这项工作作为 2005 年党建工作的重中之重，紧密结合全行改革发展的实际抓实抓好，真正把党的先进性要求体现和落实到现代金融企业建设的实践当中。

根据中央的安排部署，总行作为第一批开展先进性教育活动的单位，正在认真做好“学习动员”阶段的各项工作。总行党委和各支部相继进行了动员，各级党组织建立了学习机制，通过创新学习方式，采取集中学

习与分散学习结合，妥善处理工学矛盾，保证学习计划的完成；通过上党课和组织专题讲座、主题演讲、优秀共产党员先进事迹报告会、学习体会交流会等多种形式，增强学习效果。总行党委班子成员在参加中心组学习的同时，以普通党员的身份参加了所在支部的学习和总行的所有活动。总的看，总行先进性教育活动开局良好，进展顺利，成效明显。目前，总行先进性教育活动在巩固学习培训成果的基础上，即将转入第二阶段，即“分析评议”阶段。这是整个先进性教育活动承上启下的关键一环，要切实找准存在的突出问题，抓住改进工作的着力点，必须坚持走群众路线，开门搞教育。为此，总行党委和各支部将向中央和地方有关党政机关、金融监管机构、金融同业、重要客户以及各分行广泛征求意见，并组织开展“为基层服务，让群众满意”的主题实践活动。请各分行同志积极支持和帮助总行搞好这一阶段的工作，根据你们掌握的情况，对总行党委班子和各部室的工作提出意见、建议。思想和作风方面的意见要提，改革发展和经营管理方面的意见也要提；可以对集体提，也可以对个人提；可以书面方式提，也可以电话、会谈等方式提。同时，要积极配合总行征求基层机构、重点客户和当地有关部门的意见。要通过上下共同努力，把总行的先进性教育活动推向深入。

各一级分行、直属分行及其他直属单位也将从下半年开始参加第二批先进性教育活动。对此，总行党委已经制定印发了实施意见。各分行党委一定要认真做好活动前的各项准备工作，提前学好胡锦涛总书记重要讲话和有关文件精神，密切关注全党和总行先进性教育活动进展情况及取得的新经验。要对党员队伍状况、基层党组织工作情况进行摸底调查，保证每一位党员都能参加先进性教育活动，保证基层组织负责人的能力和素质适应组织开展先进性教育活动的要求。要注重培养开展先进性教育活动的工作骨干，及早选拔一批工作能力强、政治素质高的同志参加先进性教育活动的准备工作，为这项活动的按时启动、深入推进打好基础。

二、大力加强领导班子建设，更好地肩负起领导全行改革发展的历史重任

进入攻坚阶段的综合改革和处在关键时期的“两个转变”，是对各级领导班子的政治、业务素质和经营管理能力的重大考验。各级行党委一定要按照“四好”目标要求，高标准地加强领导班子的思想政治建设和能力建设。

要坚持以理论建设为根本，切实做到政治素质好。理论建设是党的思想政治建设的根本，理论素养是领导干部素质的核心。要把始终不渝地用邓小平理论和“三个代表”重要思想武装头脑，作为领导班子思想政治建设的首要任务。要坚持和完善党委中心组学习制度，建立健全各级领导班子成员述学、评学、督学机制。要通过推进理论学习，不断强化“三个意识”。一要进一步增强政治意识。国有银行在经济社会发展中的特殊重要地位，决定了国有银行领导干部必须坚持讲政治，善于从政治上判断形势、分析问题，不断增强政治鉴别力和政治敏锐性。各级领导干部要认真贯彻执行党的路线方针政策，自觉把思想和行动统一到党中央、国务院关于经济金融工作的决策部署上来，统一到现代金融企业建设新阶段的目标任务上来。二要进一步增强大局意识。善于从全局高度观察、思考和处理问题，自觉把工商银行的改革发展放到国家经济社会发展的全局中去谋划，把本级行、本专业的工作放到全行总体战略安排下去考虑。三要进一步增强责任意识。以高度的事业心和责任感，正确处理好支持和服务经济社会发展与坚持商业银行经营原则的关系，正确处理好市场、风险与效益的关系，正确处理好改革、发展和稳定的关系，正确处理好公平与效率的关系，努力做到对国家、投资人、客户、银行和员工负责。

要坚持以能力建设为重点，切实做到经营业绩好。适应建设现代金融企业的需要，按照科学发展观和正确业绩观的要求，着力培养提高各级领导班子的战略决策能力、经营管理能力、市场竞争能力、推动创新能力和统筹协调能力，增强班子的整体功能。要高度重视选拔优秀人才进入领导班子，尤其要重点做好正职后备干部和比较成熟、近期可提拔使用的后备干部的培养锻炼，不断优化班子结构。要全面推行高管人员聘任制，开展领导班子岗位分析和岗位评价项目研究，规范分行领导班子的岗位设置，合理调配分行领导班子。2005 年总行将集中组织对一级分行和直属分行、院校领导班子正副职及后备干部进行全面考核。要不断完善领导班子实绩考核评价体系，加快高管人员能力模型研究和开发，改进对领导干部的考察、考核，规范任期管理，加大对不合格领导班子的调整力度和不称职领导干部的退出力度。要坚持教育培训与实践锻炼并重，推进总分行和分行之间的干部交流。要选拔一批优秀年轻干部到沿海、西部地区和东北老工业基地的二级分行和县支行进行一年左右时间的挂职锻炼。试行拟提任的各级正副行长人选到内审、内控部门锻炼制度，让他们上岗前接受内控意识、观念和技能培训。要增强领导干部解决复杂矛盾、扭转困难局面和依法合规经营管理的能力，努力造就一批高素质的职业银行家和经理人。

要坚持以作风建设为基础，切实做到作风形象好。各级领导干部要牢记“两个务必”，大力发扬求真务实、开拓创新、艰苦奋斗的优良作风，坚决反对和摒除弄虚作假、急功近利、大手大脚、不负责任的不良风气。在当前转轨的关键时期，要特别注意正确认识和处理好奉献精神和利益原则、党的事业和个人价值的关系，始终做到识大体、顾大局、讲奉献。要严格执行廉洁自律各项规定，自觉接受监督，强化自律意识，培养

职业操守。要进一步完善领导干部监督工作制度体系，建立任前谈话制度和干部监督工作联席会议制度，合理扩大监督范围，督促各级领导干部保持廉洁自律。要突出加强对各级领导干部选拔任用工作的监督，科学界定选拔任用工作各个环节的责任主体、责任内容和责任追究方式，尽快形成完善的用人失察失误责任追究制度。

要坚持以制度建设为保证，切实做到团结协作好。要积极探索现代金融企业制度条件下实行民主集中制的有效途径，坚持把改进党委的工作制度与完善公司治理机制有机结合，按照集体领导、民主集中、个别酝酿、会议决定的原则，健全班子议事规则和决策程序，强化集体领导、分工负责、互相支持、积极配合的工作机制，保证领导班子高效、协调运转。认真坚持和完善党委民主生活会制度，切实做好会前准备、会上开展批评与自我批评、会后整改三个环节的工作，不断提高班子解决自身问题的能力。对一个领导班子来说，团结问题至关重要。团结出凝聚力、团结出战斗力，每一个领导干部都要像爱护自己的眼睛一样维护班子团结，自觉做到“注重事业、淡泊名利，心胸坦荡、平等待人，彼此尊重、加强沟通，遵章守纪、接受监督”。一把手要不断增强领班子、带队伍的能力，在处理班子建设各种矛盾和问题时，觉悟要更高一些，心胸要更开阔一些，律己要更严一些，以自己的表率作用带动和促进领导班子的团结，进而激发整个干部队伍的活力。

三、深化机构管理体制改革，加强基层机构管理

我们应当十分清醒地认识到，随着重组改制工作的启动，不良资产包袱的彻底解决，一些分支机构风险和成本控制能力薄弱、资产和收益结构不合理、经营粗放等问题会更加突出地显现出来。财务重组后虽然很多分支机构的经营状况都会有不同程度的改善，但是一些行的生存发展问题并未得到根本解决。从财务重组到改制上市是一个全面走向市场的过程，全行将面临更加全面和严格的市场监管，面对成本开支、风险控制和资本回报的刚性约束。如果不能及时转变经营模式和深入调整经营结构，很多分行有可能重陷经营困境。更为严峻的是，随着我国金融体制改革的深化，金融市场的全方位对外开放，未来经营环境还会对我们的传统经营格局形成更大的挑战。据总行近来按利差收窄5%、财务成本扩大5%和风险成本上升5%，对财务重组后各分行进行的生存压力测试，全行不少机构出现亏损。特别是一些人均有效资产低、人均成本收入不匹配的机构面临的生存危机更为严重。改制以后，总行将进行更加严格的考核，推出一整套新的财务管理和会计核算制度。扣除了经营成本、税务成本、风险成本、资本金成本后，一些分行将会由于收入成本不匹配陷入困难，有些甚至连自己的经营费用和员工工资都不能覆盖。因此，大家要以改制重组为新的契机和动力，深刻认清当前面临的形势和挑战，充分调动广大干部员工的积极性。要按照现代商业银行的经营原则，全面深化机构管理体制改革，加快流程再造，改进绩效考核，加强分专业、按部门的考核，提高做好工作的动力和压力。要加强机构监管，加大从根本上推进经营模式和增长方式转变的力度。

（一）稳步推进组织机构改革重组。按照完善公司治理和推进“两个转变”的要求，进一步压缩机构总量规模，调整机构区域布局，推进机构扁平化管理，整合重组内部职能机构，优化人力资源配置，努力在构建现代金融企业经营布局和组织体系方面取得更大进展。

继续优化机构区域布局。按照2004－2006年机构调整规划，引入资本和投资回报约束条件，制定更加科学的机构准入与退出标准，加快机构总量及布局调整，积极稳妥地完成2005年2000家低效机构网点的撤并。要以县域支行和基层网点为重点，以分支机构内部等级为基础，实行分类管理、区别对待的机构调整政策，推进区域布局优化。加快推进机构资源配置逐步由按行政区划配置向按投入产出率配置模式的转变，形成金融资源分布和管理控制能力相匹配的机构布局。

深化扁平化管理改革。按照以客户为中心、以效益为导向和内控优先的原则，加快推进以二级分行为重点的机构扁平化管理改革，稳步推进计划单列市、省会城市机构扁平化的改革，缩短机构管理链条，提高分支机构的经营管理效率和市场竞争能力。要进一步上收基层机构的信贷审批、资金管理、财务管理、会计核算、票据处理、检查监督等职能。凡能够集中处理的业务都要尽可能上收至二级分行，全面强化二级分行的集中营销、集中管理和集中控制功能，构建集约、高效的后台支持保障体系。有条件的二级分行可以直接管到基层机构，中间不再设一级支行。要在管理和后台业务处理职能上移的同时，进一步明确基层机构的职能定位，加快将其打造成各类业务的综合营销和服务平台。党工团组织建设在机构改革时不能削弱，但要与改革后的机构设置、管理模式协调一致。

整合业务流程和内部机构设置。要结合内部公司治理改革和加强风险控制，整合业务流程和内部机构设置，自上而下推进业务流程重组，以科学合理的业务流程调整设置内设机构，加快建立科学分工、合理制衡、精简高效的内部组织机构体系。2005年总行将进一步以客户为中心整合市场营销和产品管理部门，提高综合竞争能力；以效益为中心整合资金财务部门，增强整体盈利能力；以风险控制为主线完善风险控制部门职能，实现前后台业务的彻底分离；以信息技术为依托整合后台运营管理部门，以优化服务为宗旨整合综合保障和党群工作部门，提升综合服务水平。在总行内部组织机构改革的基础上，根据不同类别分行的经营管理需要，稳步推进分支机构内设职能部门的调整。

优化人力资源配置。要结合流程再造、机构重组和扁平化管理改革，及时调整人力资源配置。要科学定义管理与经营、一线与二线岗位。要重点调整一、二级分行本部人员配置结构，分流管理部门的冗员。要改革分行本部人员管理模式，实行分行本部人员编制管理由总量控制向结构控制与总量控制相结合的转变，在对管理成本进行摊计分析的基础上，强化管理成本的硬性约束。要进一步完善机制性减员的政策措施，扩大富余人员的分流渠道，以对工行事业、对员工高度负责的态度，更加稳妥地做好减员工作。

（二）全面推进分机构、分部门、分产品的业绩考核。科学的业绩价值考核是加强机构管理、优化资源配置、健全激励约束机制的重要基础，更是从机制上引导经营转型、促进可持续发展的重要措施。2005 年我们要在进一步完善业绩价值管理系统和财务归集还原系统功能的基础上，力争在分机构、分部门和分产品绩效考核上迈出更大的步伐。

完善分支机构的考核体系。要全面引入业绩价值管理理念，推行统一考评与分类差别考核相结合的考评方式，促使各级分支机构切实按照全行的总体发展战略确定经营重心。要加快建立能够平衡风险与收益，统筹考虑成本、风险和资本约束的考核指标体系，积极探索分行行长经营绩效年度考评与任期考评有机结合的业绩考核制度，将全行的长期战略目标与各分行行长的任期业绩目标、年度计划目标衔接起来，并配套实行奖励薪酬的延期支付方式，引导分行关注长期经营业绩，促进全行长期发展战略目标的实现。要高度重视改进对基层机构网点的绩效考核，科学分摊和精细核算基层网点的成本费用，全部还原和完整反映基层网点收入，真正把基层网点建设成为利润中心。

实施分部门、分产品的业绩考核。要逐步推行分部门、分产品的标准预算管理，将各项收入、成本费用、风险成本和资金成本全部分解到相关业务部门和金融产品，加大财务资源与经营业绩挂钩力度，将有限的资源向市场潜力大、经营效益好的部门和产品倾斜。2005 年要重点在二级分行以下的负债和资产部门尝试业绩价值考核，负债部门业绩主要表现为存款业务息差收入和中间业务收入扣除网点费用、人力费用等综合成本后的收益；资产部门业绩主要表现为贷款利息收入扣除风险拨备和相关成本后的收益，从而在这两个业务部门首先形成更加清晰、科学的考核指标体系，并根据实际业绩考核结果分别进行奖励，促使其自觉按照价值最大化目标改进经营管理。

（三）突出加强对基层机构及其负责人的管理。基层机构是综合营销平台和竞争的前沿阵地，也是风险控制的重点部位，基层机构的经营管理状况是事关全行整体的重要基础。基层机构负责人肩负着业务营销、风险控制和基层队伍管理的重要职责，基层机构负责人的素质和履职能力不仅直接影响着基层机构的经营管理水平，而且也往往影响到全行工作的大局。应当进一步引起我们高度关注的是，近年来全行案发的一个明显特点就是案件绝大多数发生在基层机构，且基层负责人直接作案现象比较严重，或是因为基层负责人缺乏责任心而给不法分子以可乘之机。这充分暴露出我们一些管理行对基层机构的职能定位不清晰、授权不合理，对基层负责人权力行为缺乏有效的监督制约，对一些基层机构管理混乱的状况根治不及时，教训十分深刻。因此，从总行到分行都一定要把对基层机构及其负责人的管理放在更加突出的位置，尤其要认真落实好总行制定的《分支机构内部等级管理办法》、《基层行内控综合评价实施细则》和《关于加强基层机构负责人管理的若干规定》等几个重要制度办法，并结合管理中存在的突出问题，不断改进和完善监管措施。要探索对账与业务经营完全分离的模式，实现对账中心与经营单位相互独立，加强对账中心的垂直管理，坚决防止出现大案、串案。要加强对干部员工思想和行为的分析，对一些不健康的苗头特别是一些违规违纪行为要早发现、早控制。要经常进行突击查账和离岗稽核，切实加强风险管理，加强内控，防范信用风险、市场风险、利率风险，特别是操作风险。4 月份全行将进行依法合规大检查，各行一定要认真做好这项工作，在改制前再一次进行扫雷，严格检查每一个角落，排除所有隐患，切实防范各类案件发生。

要进一步丰富“下管一级、监控两级”机构管理的内涵，充分利用现代信息技术成果，加快投产机构综合管理系统二期版本，建立整改跟踪制度。要切实强化对基层机构的内控评价工作，对问题较多、评价不合格的机构，及时列为重点监控行，监督其限期整改。要加强授权管理，严格按照事权划分、双线控制要求界定基层负责人职责和权限，严禁越权、违规操作。改进业务监管手段，通过推进业务流程和管理体制变革，加快计算机系统开发应用，强化对基层机构负责人的硬控制。严肃管理纪律，严禁基层负责人擅自离岗、脱岗，出辖区必须向上级行主要领导请假。要严把任职资格关，建立任前联合考察制度，二级分行任免辖内支行行长必须报经一级分行批准，并由一级分行和二级分行组成联合考察组进行考察。健全组织谈话制度，基层负责人任职前应由上级行指定专人谈话，提出严格要求。对不按规定程序和标准选拔任用基层机构负责人，导致发生严重违规事件、经济案件或经营状况恶化的，要追究决策者用人失察责任。要加大一级分行直接考核监督力度，每年要至少参与三分之一以上支行领导班子的考核工作。对不适应工作要求、考核不称职的，要督促二级分行及时进行调整。要认真执行干部交流制度，对任职满三年的支行正副行长，及时安排交流任职。因特殊情况暂不交流的，要报一级分行审批，并实行强制休假、离岗审计制度。要针对相当一部分基层负责人综合素质有待提高的状况，大力加强后续培训工作，尤其要重点抓好新业务知识、操作风险管理知识和综合管理知识的培训。各一级分行要制定系统的基层机构负责人培训计划，力争每三年对辖内基层机构负责人轮训一遍。

四、深入实施人才战略，加快建设适应现代金融企业经营发展需要的人才队伍

人才是最宝贵的资源，是核心竞争力的重要组成部分。全行必须牢固树立和认真落实科学的人才观，积极贯彻总行人才工作总体规划，紧紧抓住培养、吸引和使用三个关键环节，加快建设一支数量充足、结构合理、素质优良、适应现代金融企业经营发展需要的人才队伍，为改革发展提供坚强的人才保障和智力支持。

（一）加强人才培养工作。要继续分步骤、分层次、大规模地开展人才培训工作，为各类人才不断涌现和充分发挥作用奠定基础，并通过培养造就人才带动整个员工队伍素质的提高。要不断拓宽培训渠道，综合利用行内外、境内外各类培训资源，借助网络化、开放式、自主性的教育培训体系，搭建一个受众面广、功能完善的教育培训平台。要全盘考虑，统筹兼顾，坚持重点培训与全员培训相结合、常规培训与转型适应性培训相结合，突出抓好关键人才、高层次人才的培训，带动和促进各类人才协调发展。重点抓好对中高级管理人员的培训，促其进一步更新知识，转变观念，提高思想政治素质和政策理论水平，增强驾驭实际工作能力。加强对各类优秀专业人员的拓展培训，紧跟现代银行业发展趋势，加快培养一批熟悉国际惯例、具有较强实践能力的风险投资专家、高级理财顾问、金融工程师、金融分析师等新型金融专家队伍。重视对一线员工的经常性岗位培训，结合业务创新和流程再造需要，提高其岗位适应能力，培养复合型人才。要积极引入从业人员资格认证制度，使其尽快成为上岗升职、淘汰落后的基本标准和依据，促使员工终身学习，不断提升从业能力。对后备干部要通过党校班等形式进行上岗前的集中培训，提高专业化水准。

（二）科学合理使用人才。要根据全行机构管理层级、业务运作模式和岗位设置特点，按照责任、权利、风险相匹配的原则，逐步调整岗位职级设置，合理划分岗位系列和岗位职责，打破“官本位”色彩浓厚的行政级别管理体系；建立适用于各类专业人才的业务职务序列，形成覆盖各专业、分层分级的规范化、制度化的业务职务管理体系，为各类人才搭建广阔的职业发展舞台。要进一步规范管理人员、专业技术人员聘任制和任期制，健全公开选聘、竞争上岗制度，完善淘汰、辞职、解聘等退出制度，形成能上能下、充满活力的用人机制。要严格进人标准，扩大人才选拔视野，发挥市场配置人才资源的基础作用，做好行内紧缺人才的引进工作。

（三）改革薪酬激励制度。要更好地贯彻效率优先、兼顾公平的原则，逐步改变主要以行政职务定收入的做法，加快建立以科学绩效考核为基础、充分体现岗位价值和贡献的薪酬体系，既注重加强对关键岗位、优秀人才的激励，又注意保护和调动大多数岗位和一般员工的积极性，合理控制专业间和人际间的薪酬差距。2005年，要在总结经验的基础上，扩大“员工业绩评价系统”的试点范围，充分发挥其在评估岗位价值、考核员工业绩方面的作用，为建立新的工资管理制度提供依据。要继续完善高管人员薪酬管理办法，严格执行由上级行统一考核发放直管干部薪酬的规定。要积极探索改革营销类员工和柜面操作层员工的薪酬管理制度。对柜面操作层员工，提高固定工资比重，条件具备的分行可以直接试点推行计件工资制，使其基本收入有保障，安心本职工作；对营销类员工，要建立以客户经理等级和个人业务积分为核心的激励制度，使其讲求效率效益，积极拓展市场。要继续完善全行工资总额分配办法，规范工资费用列支渠道，推行二级分行统一发放员工工资的管理模式。要继续推进企业年金和补充医疗保险制度建设，完善员工福利保障体系。

五、加强党建和思想政治工作，创造和谐稳定、充满生机活力的局面

各级行党委和基层党组织要在这次先进性教育活动中，积极探索适应现代金融企业建设需要的党建与思想政治工作的新路子，努力使党建和思想政治工作在体制转变中适应，在改进中加强，在创新中发展，更好地为全行改革发展稳定大局服务。

（一）积极推进党组织自身建设。坚持党要管党、加强党组织自身建设，是党建工作能否创新发展的决定因素，是加强党的执政能力建设的重要基础。各级党委要高度重视党建工作，切实做到业务和党建两项工作一起抓、两个责任一起负，做到统筹兼顾、相互促动、协调推进。要在机构改革和人力资源优化配置中，本着精干、高效、协调和有利于加强党建和思想政治工作、有利于促进全行改革发展的原则，合理设置党务机构；按照稳定队伍、引入竞争、优化结构、提高素质的要求，建设一支梯次合理、善于围绕全行中心工作开展党建工作的党务工作队伍。根据党建和改革发展新的形势任务要求，进一步完善党务部门和人员的目标责任考核机制，切实发挥其应有作用。要加强基层党组织建设和党员教育管理工作，创新工作模式，增强工作活力，深入开展“创先争优”活动。要积极培养各个层面的优秀员工入党，尤其要高度重视做好在业务一线和重要部门、重要岗位发展党员的工作。要认真执行党内监督条例和纪律处分条例，严肃党的纪律，纯洁党的组织，保障党员民主权利。

（二）切实加强思想政治工作。从近来的员工思想

调查情况看，当前全行员工队伍思想状况的主流是稳定健康、积极向上的，但在不同层面的员工也表现出了较大程度的差异性。各级行一定要注意加强对员工思想动态的深入分析，切实增强思想政治工作的针对性和有效性。要加强形势教育和政策宣传，引导员工正确认识形势，正确对待改革中面临的各种困难和矛盾，通过释疑解惑，帮助员工转变观念，坚定信心，端正心态，促使员工理解和支持改革，积极投身改革。要结合员工职业生涯设计，具体而生动地开展理想信念教育，引导员工正确认识个人利益和集体利益、当前利益和长远利益的关系，树立良好的职业理想、职业信念，将个人职业发展、自我价值实现融入工行事业的发展之中。要加强职业道德教育，并把思想教育与严格管理结合起来，引导员工树立良好的职业作风，自觉规范从业行为。要把解决思想问题和实际问题结合起来，关心员工的工作生活，多做得人心、暖人心的实事，营造尊重人、关心人、理解人、帮助人的工作氛围。2004 年总行从助困基金中拿出 1180 多万元，帮助了 9642 名困难员工；从党费中拿出 100 万元，帮助了 1200 多名困难的党员和 800 多名老党员。各行也相应做了大量工作，在员工中产生了很好的反响。2005 年要继续把这项扶危济困送温暖活动开展好。同时，要深入开展丰富多彩、员工喜闻乐见的精神文明创建活动，不断弘扬和升华企业精神，加快建设以爱行敬业为追求、以人本管理为核心、以稳健发展为宗旨、以学习创新为动力的企业文化体系。

（三）高度负责地做好维护稳定工作。最近，胡锦涛总书记在省部级主要领导干部提高构建社会主义和谐社会能力专题研讨班上发表重要讲话，全面分析了当前国际国内形势和我们党肩负的使命，深刻阐述了构建社会主义和谐社会的重大意义，明确提出了构建社会主义和谐社会的基本特征、重要原则和工作任务，并就加强和改善党对构建社会主义和谐社会各项工作的领导提出了具体要求。这对我们做好现代金融企业建设关键时期的维护稳定工作，具有重要的指导意义。全行一定要认真学习领会，并在工作中认真贯彻落实。要清醒地认识到，随着改革攻坚的深入，必将越来越多地触及深层次矛盾和经济利益调整，维护稳定的工作会更加复杂和艰巨。各级行党委一定要有充分的思想和措施准备。要把维护稳定摆在全局工作的重要位置，不断认识和把握新形势下维护稳定工作的特点和规律，建立有效的领导体制和工作机制。要更加注重处理好改革发展与稳定的关系，既要坚持正确的改革方向，坚定不移地推进“两个转变”，又要把改革的力度、发展的速度和当前的可承受程度统一起来，使改革发展稳定相互协调、相互促进。出台重大改革措施，要做充分的调查研究和科学论证，充分听取各方面的意见。在涉及员工利益的问题上，一定要切实做到办法周密稳妥，依法维护员工权益；工作要深入细致，坚决防止简单粗暴。要定期排查和调查影响稳定的突出问题和主要因素，高度重视信访工作，认真贯彻《信访条例》，完善信访分级受理及核查督办机制，努力把矛盾和问题解决在基层、解决在萌芽状态，避免群体事件发生，避免重复访、进京访。要加快建立与现代金融企业相适应的员工利益沟通协调机制，引导员工以理性合法的形式表达利益诉求，解决利益矛盾。要认真落实总行制定的紧急重大事项报告制度和处置突发性事件预案，建立完善应急机制，提高预防和处置突发性事件和群体性事件的能力，维护正常的工作秩序。

同志们，2005 年是我行加快推进现代金融企业建设关键的一年，也是加强和改进党的建设的重要一年。2005 年人事组织工作事关大局，意义重大。我们一定要增强责任感和使命感，奋发进取，勤勉尽责，不负重托，不辱使命，紧紧围绕全行工作的中心任务，不断开创人事组织工作的新局面，为全面推进现代金融企业建设和党的建设作出新的更大贡献。

在中国工商银行纪检监察工作会议上的讲话

姜建清

（2005 年 3 月 9 日）

这次纪检监察工作会议，回顾总结了全行 2004 年党风廉政建设和反腐败工作情况，研究部署了 2005 年工作任务，对于深入学习贯彻中纪委五次全会和国务院第三次廉政工作会议精神，从源头上加大预防腐败力度，推进现代金融企业建设，具有十分重要的意义。克儒同志的工作报告，我完全同意。希望大家回去以后认真贯彻落实，将全行反腐倡廉工作不断推向深入。下面，我讲几点意见。

一、从提高党的执政能力、增强建设现代金融企业能力的高度，进一步认识做好反腐倡廉工作的极端重要性

党的十六届四中全会对加强党的执政能力建设做出了全面部署，对反腐倡廉工作提出了新的要求。前不久召开的中纪委五次全会又对今后一个时期的反腐倡廉工作做出了全面部署，胡锦涛总书记在全会上指出，坚持自觉反腐倡廉，是我们党同一切剥削阶级政党的本质区别之一，要求各级党委一定要从提高党的执政能力、巩固党的执政地位的战略高度，进一步认识做好反腐倡廉工作的极端重要性。作为国有商业银行贯彻十六届四中全会和中纪委五次全会精神，落实加强党的执政能力建设的任务要求，一个重要方面就是要不断把党风廉政建设和反腐败工作推向深入，增强建设现代金融企业的能力。

多年来，总行党委始终高度重视党风廉政建设和反腐败工作，按照党中央、国务院和中纪委部署，坚持治标和治本一起抓，在加强干部的教育、监督、管理，改进思想政治工作，完善内控体制，严肃查处各类违法违规行为和案件等方面采取了许多措施，取得了明显成效。总的看，目前全行的党风行风是积极健康的，绝大多数领导干部廉洁自律情况是好的，风险管理和内部控制水平有了很大提高，腐败现象得到明显抑制，各类违法违纪案件明显下降。2005 年到目前为止，从案发数量和涉案金额两项重要指标看，我行案件防控水平不仅纵向上与前几年比有显著进步，即便横向与其他国有商业银行比较，也处在较好的水平上。近六年来，我行的不良贷款管理水平不断提高，1999 年以来，我行新增贷款不良资产比例基本上达到了国际商业银行的一个较好的水平。

我们在充分肯定案防工作成绩的同时，也要清醒地认识到，教育、制度、监督三位一体的预防和惩治腐败的机制还不够健全，内部控制体制和工作机制还有一些缺陷或不足，许多管理措施落实不到位，一些行党风党纪和行风行纪方面还存在一些突出问题，特别是违法违纪案件时有发生，百万元以上大案没有得到有效遏制，案防形势依然较为严峻。具体来讲，内控管理、队伍建设方面主要存在以下几个问题：一是个别党员领导干部廉洁自律意识不强，甚至理想信念动摇，思想蜕化变质。有的平时对自己要求不严，长期不认真学习党的理论和路线方针政策，放松对世界观改造，对总行的制度规定不认真贯彻执行，工作中不听招呼，我行我素。有的思想道德滑坡，党性意志衰退，权钱色欲膨胀，最后走上违法犯罪道路。二是有的员工价值观念扭曲，腐化堕落。在改革开放环境下和各种思想文化思潮的相互激荡中，有的员工由于缺乏辨别力和免疫力，追求腐朽生活方式，甚至铤而走险，成为银行肌体上的蛀虫。从2004 年的案件情况来看，因赌博诱发的百万元以上大案就有好几起。三是有些行经营思想不端正，发展观和业绩观不健康。有的盲目追求规模扩张，甚至越权违规，不惜以牺牲工商银行的未来为代价，谋求个人任内“业绩”。有的疏于管理，甚至严重失职、渎职，给国家财产和工商银行事业造成严重损失。从近年来看，行与行之间新增不良资产比例相差很大，管理得好的行比例非常低，管理得不好的行比例很高。四是一些基层行有令不行，有禁不止，严重违规经营。比如，尽管总行三令五申严禁私设“小金库”，而个别基层支行却置若罔闻，视法纪为儿戏，仍然私设小金库，继续违规账外经营，且数额巨大，影响恶劣。总行在 2004 年上半年让所有经营机构的干部和财务人员签订承诺书，宣誓承诺没有“小金库”与账外经营，如果查出来愿意接受开除党籍开除行籍的处分；但是有的干部一面在签承诺书，一面还继续搞“小金库”。五是一些业务领域监督制约机制不够健全，道德风险和操作风险较为突出。如在不良资产处置过程中，个别行存在严重道德风险和违规操作问题。六是内审监督还不够深入和有效。对一些业务领域、机构网点，对一些领导干部特别是基层负责人，存在着监督检查缺位或流于形式的问题，以致有些违规案件难以及时发现。对于这些问题，我们一定要高度重视，综合治理，认真加以解决。

当前，全行改革发展进入了攻坚阶段，按照党中央、国务院的总体部署，即将全面启动股份制改造工作。对国有商业银行实行股份制改造，是党的十六届三中全会作出的深化金融改革的战略决策，目的是要将国有商业银行打造成具有较强国际竞争力的现代金融企业。这对全行来说，是脱胎换骨的深刻变革，是事关全局和长远发展的全新改革实践，也是一次难得的历史发展机遇。我们一定要更加深刻地认识这项改革的重要性和艰巨性，加紧做好各项准备工作。推进股份制改造，建设现代金融企业，不仅面临制度创新、业务创新和全面推进经营模式、增长方式转变的挑战，而且也面临着加强员工队伍建设，清除内部腐败分子、防堵社会上犯罪分子对银行的觊觎、增强内控外防能力等考验，如果我们不能进一步加强党风廉政建设，真正从源头上遏制腐败的滋生蔓延和从根本上防控案件的发生，全行改革发展的各项任务就不可能顺利推进，建设现代金融企业的目标就难以实现。首先是核心竞争力得不到加强。如果全行各级领导干部不能牢固树立科学发展观、现代商业银行经营理念及依法合规经营意识，不能切实推进经营模式和增长方式转变，那么各项业务创新发展，就缺少内在动力，现代金融企业经营发展格局就难以形成，核心竞争力就无法增强，全行可持续发展的根基就不可能牢固。其次是内控管理水平难以提升。如果我们的干部员工队伍素质不能有大的提高，不能很好地适应现代金融企业的管理要求，那么有章不循、违规操作问题就

会长期存在，业务领域的操作风险就不可能得到有效控制，经济案件和违规违纪行为就会不断发生，这对全行的稳健经营和改制上市都会带来不利影响。有些同志说，内控管理是公司治理的重要方面，是银行的核心竞争力，我非常赞同。最后是影响投资者的信心。如果大案要案的高发势头无法有效遏制，不仅会加大全行的资产风险，而且会给我行的社会声誉和市场形象造成严重损害，影响国内外投资者的信心。我们分析过，工行是一家有57000亿元资产的银行，改制后每年营业利润是1000亿元；仅仅从案件的损失来说，和全行资产和营业利润相比都是小数，但是案件的影响非常大，这就是信誉的风险。特别是现在社会舆论比较透明，一旦出现大案要案，在社会上、人民群众心目中、投资者心目中造成的影响极大，直接影响国内外投资者的信心。我们正在积极地谈判，引进国际战略投资者。引进战略投资者，非常重要的一个方面是定价。我们改制后，净资产大概是3000亿元左右；如果由于信誉风险在国际资本市场上影响10%的价格，是很容易的事情。某一件特大案件在世界上的传播影响10%的定价，就是300亿元的损失。银行是信誉企业，一定要高度爱护、重视我们的信誉。

因此，加强党风廉政建设和反腐败工作，既是我们全面贯彻党中央提出的加强党的执政能力建设的重要任务，也是全面增强我们建设现代金融企业能力的内在要求和重要保障。全行各级党委都要深刻认识到只有做好新时期党风廉政建设和反腐败工作，才能更好地解决全行党组织和党员干部队伍在思想、组织、作风方面存在的问题，解决少数党员干部思想道德滑坡、党性意志衰退、个人私欲膨胀等问题，有效防范腐败侵蚀党员队伍的创造力、凝聚力和战斗力，永葆全行党员队伍的先进性；才能更好地弘扬求真务实的作风，端正领导干部的经营思想，防止少数领导干部以粗放经营或违规经营的方式追求业绩增长，促使各级领导干部自觉将实现个人价值与推进工商银行整体事业发展紧密联系起来，真正牢固树立起科学的发展观、正确的业绩观与现代金融企业的经营理念；才能更有效防范改制准备工作中出现道德风险和操作风险，避免不良资产清收处置和固定资产清查过程中发生案件，保障全行资产安全，保障改制重组工作顺利进行；才能更有力地推动全行内控建设，全面提高风险防范水平。

在当前加快推进现代金融企业建设的关键时期，全行各级领导干部能否做到清正廉洁、能否保证所带的队伍不出问题、能否保证所管理的业务不发生大案要案，既是对各级领导干部的重大政治考验，也是对各级领导干部管理能力和水平的检验。各级行党委要始终把反腐倡廉工作作为一件事关全局的大事来抓，只能加强，不能削弱，以此促进全行各项工作的顺利开展。

二、健全教育、制度、监督并重的惩治和预防腐败体系，加大从源头上预防腐败和从根本上防控案件工作力度

最近，中央颁布的《建立健全教育、制度、监督并重的惩治和预防腐败体系实施纲要》，是当前和今后一个时期开展党风廉政建设和反腐败工作的指导性文件。坚持标本兼治、综合治理、惩防并举、注重预防的方针，建立健全与社会主义市场经济体制相适应的教育、制度、监督并重的惩治和预防腐败体系，是党中央从完成经济社会发展的重大任务和巩固党的执政地位的高度，为做好新形势下的反腐倡廉工作作出的重大战略决策。这是我们党对执政规律和反腐倡廉规律认识的进一步深化，是从源头上防治腐败的根本举措。我们要充分认识贯彻《实施纲要》的重要意义，全面把握其基本精神和主要内容，结合实际制定实施细则，健全有效的工作机制，确保把《实施纲要》确定的各项任务落到实处，取得实效，不断把全行党风廉政建设和反腐败工作推向深入。

（一）加强反腐倡廉教育，筑牢拒腐防变的思想道德防线。加强教育是反腐倡廉工作的基础。要以各级领导干部和高管人员为重点，以树立马克思主义的世界观、人生观、价值观和正确的权力观、地位观、利益观为根本，以艰苦奋斗、廉洁奉公为主题，以更好地做到立党为公、执政为民为目标，坚持进行党的基本理论、基本路线、基本纲领和基本经验教育，进行理想信念、职业道德和法纪行规教育。要把反腐倡廉教育贯穿于领导干部的培养、选拔、管理、使用等各个方面，坚持教育与管理、自律与他律相结合，督促各级领导干部加强党性修养，在行使权力的过程中能够常修为政之德、常思贪欲之害、常怀律己之心，自觉抵御各种诱惑，切实做到率先垂范、廉洁自律。要把反腐倡廉教育作为各级行党委理论学习中心组学习的重要内容，定期安排专题学习。特别是要把学习贯彻《实施纲要》、加强反腐倡廉教育，同开展保持共产党员先进性教育活动结合起来，通过重点解决党员和党组织在思想、组织、作风以及工作方面存在的突出问题，使全行党员队伍在思想上、政治上和精神状态上有明显进步，进一步夯实拒腐防变的思想基础。同时，也要把开展反腐倡廉教育，与培育优秀的企业文化结合起来，将其纳入企业文化建设的总体部署，作为经常性工作来抓。在教育手段上，既要加强示范教育，充分发挥先进典型的引导作用；又要深化警示教育，深刻剖析各类违纪违法案件发生的原因，强化警示效果。

（二）加强反腐倡廉制度建设，充分发挥制度在惩治和预防腐败中的保障作用。我行的各项制度一向比较严格，这些年又制定了很多制度，效果非常明显。如过去来信来访中反映领导干部在信贷、采购、招标、装修

等领域有关问题比较多，这些领域长期处于案件多发状态。这些年来我们通过改革管理体制和健全制度体系，特别是通过实行信贷集体审批和授权授信控制，实行集中采购、公开招标等办法，加强总行监管，情况发生了显著变化。现在信贷方面，除了历史遗留问题，新违规违纪问题和案件得到了遏制，采购、装修、招标方面的反映也明显下降。这说明制度非常重要。因此，要继续推进反腐倡廉工作的制度化、法制化建设，充分发挥法规制度的规范和保障作用。各级行要根据形势变化和全行深化综合改革、完善公司治理的需要，对现行反腐倡廉各项制度进行梳理，已经过时的要及时废止，有明显缺陷的要及时完善，需要细化的要抓紧制定实施细则，尽快形成较为完善的、适应现代金融企业发展要求的反腐倡廉制度体系。

当前要着重抓好以下几个方面的制度规范：一是进一步完善党内民主监督制度。切实贯彻党内监督条例，健全民主集中制的各项具体制度，完善领导干部民主生活会制度，逐步推进党务公开，增强党组织工作的民主化和透明化。在党内民主监督方面，还存在一些问题，这与一些领导干部的作风有关系，有的领导干部在一些重大决策上不充分经过民主的程序，造成矛盾积累。各级纪委书记要在规范党委民主决策方面发挥作用。二是完善领导干部和高管人员问责制。建立从各专业管理到干部任免、内部控制、案件防范等各个环节的领导干部责任追究制度，对因工作不负责任、失职渎职导致发生违规、酿成案件的各级各部门负责人，一律依纪追究责任，并相应引入引咎辞职制度。三是完善领导干部廉洁从业制度。继续健全领导干部述职述廉、个人重大事项报告和诫勉谈话等制度，认真贯彻落实《国有企业领导人员廉洁从业若干规定（试行）》，努力建设一支高效廉洁的金融企业领导干部队伍。四是完善行务公开制度。坚持行务信息公开透明，保障广大员工的知情权；拓宽普通员工参与经营管理的渠道，对与员工利益密切相关的重大事项，要广泛听取员工意见，接受员工监督。

（三）加强对权力运行的监督制约，确保正确行使权力。要综合运用多种监督形式，努力形成结构合理、配置科学、程序严密、制约有效的权力运行机制。尤其要注意在监督工作中重点把握好以下几个方面：

一是抓住监督重点。要加强对各级领导干部、高级管理人员特别是各级领导班子主要负责人的监督，认真检查党的路线、方针、政策和决议的执行情况，监督民主集中制及领导班子议事规则落实情况，检查廉洁自律各项规定情况落实情况。加快健全和完善对基层机构负责人的监管，认真落实总行关于加强基层机构负责人管理的相关规定，结合完善“下管一级、监控两级”的管理体制，改进和加强各项综合监管措施。突出加强对重点环节和重点部位权力行使的监督，在不良资产处置、贷款审批、集中采购、干部选拔等领域，建立公开透明、有效制约的监督体系。

二是充分发挥各监督主体的积极作用，提高监督整体效能。要把党内监督和党外监督结合起来，通过广泛听取党外群众的意见，不断推进党内监督工作的开展，鼓励广大党员讲真话、讲实话，敢于同各种腐败现象做斗争。要把内部审计和外部审计结合起来，同时建立内部审计监督与纪检监察工作协调联动的机制，形成防范案件和风险的合力。要把行内监督与社会监督结合起来，扩大监督的基础，营造更加有效的监督氛围。

三是把事前、事中、事后监督相结合，形成全过程监督体系。完善事前监督机制，深化“扫雷工程”，重点由一线网点向职能管理部门推进。上半年要结合“扫雷工程”，开展全行性的依法合规大检查活动，初步定在3月16日召开全行内控工作会议，部署上半年的大检查活动。通过对制度执行情况的大梳理、大排查，进一步解决违规违章操作问题，消除经营管理中的隐患和漏洞。健全事中监督机制，开展效能监察与执法监察，及时发现案件线索，及时进行纠错。强化事后监督机制，抓好对整改工作的评估检查，及时弥补规章制度漏洞。

（四）以改革统揽预防腐败的各项工作，从源头上防治腐败问题。把反腐败寓于各项重要政策措施之中，不断深化体制机制改革，用改革的办法解决导致腐败现象发生的深层次问题，是有效预防腐败的根本途径。我们要在全行综合改革即将进入突破体制性障碍，实现现代金融企业建设新跨越的重要阶段，配套公司治理改革的整体推进，不断深化反腐倡廉工作的体制和机制创新。

2005年要在“权钱人”等重点环节上着力推进以下几项改革。一是加快完善全面风险管理体系和内控机制。根据银监会制定的关于国有商业银行公司治理改革与监管指引，全面开展公司治理制度建设，重点建设全面风险管理和内控体系。继续搭建全面风险管理框架，在加强信用风险、市场风险管理的同时，加强操作风险的综合控制与管理能力。按照全面、审慎、独立、有效的原则，改造和完善内控系统，进一步理顺内部审计与内控合规管理职能，加大内控评价和内部审计工作力度。二是深化干部人事制度改革。认真贯彻执行领导干部选拔任用工作条例和我行管理人员选拔任用工作规定，继续推行和完善民主推荐、民主测评、任前公示、公开选拔、竞争上岗、任职试用、干部交流等制度，积极推进干部人事工作的科学化、民主化、制度化进程，构建与现代金融企业相适应的人力资源管理体系。三是深化财务会计制度改革。按照谨慎核算和充分信息披露的要求，抓紧制定符合新的金融企业会计制度、与国际会计准则接轨的会计标准和财务制度。推进财务集中管理体制改革，上收财务核算层次，统一财务核算标准，实现财务操作性职能与决策性职能分离、财务核算职能与财务管理职能分离、财务核算主体与被核算主体在空间上的分离。在初步建立会计“三大中心”管理架构的基础上，继续深化会计组织体系和业务流程改革，规范内外部账户管理。四是加强集中采购工作。要严格执行总行集中采购管理办法，进一步规范集中采购流程，提高集中采购层次，扩大集中采购范围，加大对集中采购和基建工程项目的监督。五是改革信贷管理制度。要加速改造信贷业务流程和组织结构，全面实现消费信贷业务前后台分离，建立更加完善的信贷管理责任体系。

（五）正确处理预防和惩治的关系，从严惩治各种违法违纪行为。预防和惩治是反腐倡廉工作相辅相成、相互促进的两个方面。惩治有力，才能增强教育的说服力、制度的约束力和监督的威慑力。2005 年总行继续将案件查防工作作为全行经营管理目标之一，要求做到全年全行新发经济案件数和涉案金额同比减半。各级行要坚持惩防并举的方针，加大各类案件查处力度，确保这一目标的顺利实现。要重点查处领导干部利用职权谋取非法利益的违法违纪案件，贪污、挪用公款案件和违规经营造成重大损失案件，以及内外部重大金融诈骗案件。对任何违法违纪行为，都必须坚持发现一起查处一起，决不手软。同时，要认真分析近年来全行发生的各类违法违纪案件的特点，深入剖析，举一反三，总结出带共性和规律性的问题，及时堵塞漏洞，铲除腐败现象滋生蔓延的土壤，预防各类案件的发生。

三、加强对反腐倡廉工作的组织领导，进一步完善党风廉政建设工作格局

随着全行综合改革的不断深化，全行各级党委肩负的反腐倡廉工作责任更为重大。各级党委一定要认清形势，切实加强对反腐倡廉工作的组织领导，加大力度，抓好落实，形成合力，促使全行反腐倡廉工作做得更好、更有成效。

（一）高度重视，不断提高反腐倡廉工作的领导力。各级行党委要把反腐倡廉工作纳入到党的建设和改革发展总体工作之中，统一安排部署，统筹推动实施。一把手要负总责，对重要工作和重大问题要亲自抓，班子其他成员也要负起职责范围内的领导责任。各级党委都要积极支持纪委开展工作，及时认真听取纪委工作汇报，对重大问题和重要事项作出决策，帮助纪委解决工作中自身难以解决的矛盾和问题。目前纪委书记空缺的一、二级分行，党委要尽快选拔推荐，抓紧配齐补上。各级纪委则要按照中央反腐倡廉工作的部署和各级行党委的要求，认真履行组织协调职能，积极协助党委研究、部署和督促反腐倡廉各项工作，加强与各方面的联系沟通，协调解决工作中的矛盾和问题，努力把反腐倡廉各项工作任务落到实处。

（二）推进自身建设，不断提高反腐倡廉工作的组织执行力。近年来，全行各级纪检监察部门和广大纪检监察干部，坚决贯彻中央和总行党委反腐倡廉各项工作部署，恪尽职守、秉公执纪，为全行改革发展作出了重要贡献。面对建设现代金融企业的新形势新任务，各级纪检监察部门和纪检监察干部一定要不断加强自身建设，进一步提高综合素质和业务能力，努力成为政治坚强、公正清廉、纪律严明、业务精通、作风优良的战斗集体。要深入学习邓小平理论和“三个代表”重要思想，增强大局意识、责任意识、忧患意识，忠于党的事业，忠于工商银行的事业，保证党的大政方针和总行党委的工作部署在全行迅速贯彻落实。要加强作风建设，发扬公正无私、刚正不阿、不徇私情、敢于碰硬的精神，坚决同各种腐败现象和损害工商银行利益的行为做斗争。要十分重视经济金融理论和法律法规知识的学习，不断提高业务素质，增强执纪办案的本领和能力。各级纪委要自觉接受党委领导，带头执行党的纪律、国家法律法规和行纪行规，在认真履行监督职能的同时，也要主动接受广大党员、干部和群众监督。

（三）齐抓共管，不断提高反腐倡廉工作的整体合力。反腐倡廉是一项系统工程，各级行要逐步形成党委统一领导、纪检监察部门组织协调、有关部门各司其职、广大干部员工广泛参与的工作格局。要动员广大干部员工积极参与到这一系统工程中来，通过大力弘扬清正廉洁、勤勉尽责的先进典型，增强广大干部员工反腐倡廉的信心；大力倡导以廉洁奉公、艰苦奋斗、勤俭建行为主要内容的廉政文化，在全行树立以廉为荣、以贪为耻的良好风尚。各级党委和纪检监察部门要高度负责地对待群众举报问题，对群众举报反映的领导干部和部门存在的违反廉洁自律规定的行为，要认真核查，并采取适当方式将核查结果让群众知情，以保护干部员工参与反腐倡廉工作的热情。要通过各部门和广大干部员工的积极参与，把各种力量和资源有机结合起来，把各方面的积极性充分发挥出来，形成强大的工作合力，推动全行反腐倡廉工作深入开展。

同志们，2005 年全行改革发展的任务十分繁重，上半年各行都在做好清产核资等工作，业务创新等方面的任务很繁重，党风廉政建设和反腐败工作任务艰巨。各级行党委和纪检监察部门一定要按照党中央、国务院和中纪委关于加强党风廉政建设与反腐败斗争的总体部署，在总行党委的统一领导下，振奋精神，扎实工作，不断开创反腐倡廉工作新局面，为全面推进现代金融企业建设作出新的贡献。

加快构建严密高效的内控体系 为建设现代金融企业提供坚强保障

——在中国工商银行内控合规工作会议上的讲话

姜建清

（2005 年 3 月 16 日）

这次会议是我行改革稽核体制，重组内控监督体系后召开的第一次专业工作会议，也是在全面推进现代金融企业建设的关键时刻召开的一次十分重要的会议。会议的主要任务是，认真贯彻分行行长会议精神，围绕建设现代金融企业的目标任务，谋划今后一个时期内部控制体系建设的基本思路，全面部署 2005 年内控合规工作，保证全行各项业务的健康发展和综合改革的顺利进行。下面我谈几点意见：

一、充分认识加强和完善内部控制体系的重要性和必要性

健全的内部控制体系是现代公司治理制度的核心内容，是全行稳健经营和健康发展的根本保障。随着我行股份制改造启动时间的日益迫近，加快建立和完善适应现代金融企业经营管理要求的内部控制体系，显得更加重要和迫切。对此，全行务必要有清醒而充分的认识。

第一，构建严密的内部控制体系，是国际金融业在复杂多变的风险环境下生存发展的经验总结。内部控制开始受到关注是在 1929 年美国股市大崩溃之后，当时美国出台了《证券法》、《证券交易法》等法律法规，1933 年又成立了国家证券交易委员会（SEC），对这些法律的实施进行监管。SEC 提出，在上市公司董事会中应当专门设立“审计委员会”对公司财务报表进行独立审计。以此为标志，内部控制作为体现企业“良心”的一种组织形式进入萌芽期。1949 年美国公众会计师协会第一次提出了“内部控制”的定义，内部控制范围也开始超出会计、财务领域而上升到管理层面，成为企业的管理理念。此后，内部控制的内涵不断延展，1992 年美国 COSO 组织发布内部控制框架文件，正式提出内部控制三大目标和五个要素，至此内部控制体系基本形成。目前，COSO 框架已成为国际上普遍采用的内部控制体系标准。

商业银行内部控制问题引起特别关注可以追溯到 20 世纪 90 年代中后期。当时，国际上一些历史悠久、实力雄厚的银行相继因为管理问题而导致严重亏损甚至破产，如英国巴林银行倒闭、法国里昂信托银行和意大利那不勒斯银行危机、日本多家银行、金融公司倒闭等，亚洲一些国家还爆发了金融危机。为此，各国银行监管部门纷纷出台对商业银行内控管理的监管办法。1997 年巴塞尔委员会颁布了《银行内控制度基本原则》和《内部审计报告》。其中《内部审计报告》要求所有银行都必须建立常设、独立的内部审计职能部门，并提出了内部审计的指导原则。

近年来，随着经济全球化趋势的快速发展，国际银行业并购重组不断升温，而一些国际知名大银行如花旗集团、JP 摩根大通银行、美洲银行、德意志银行等又相继卷入金融丑闻。在此背景下，银行经营管理和财务状况的国际监管更趋严谨。2002 年美国政府出台了《萨班斯—奥克斯利法案》，对上市公司提出了更加严厉的监管措施，其中有关董事会和审计师独立性的条文，对全球公司治理标准产生了深远影响，国际银行业纷纷借机完善公司治理、优化业务流程、强化内部控制。2004 年 6 月巴塞尔委员会发布新资本协议，对全球银行抵御风险经济资本标准进行了修改。目前，正在越来越多的国家和地区得到应用的《国际财务报告准则》，对财务报表和其他财务报告中信息的质量、透明度、可比性提出了更高的要求，以防范因信息质量和报告标准不同所带来的风险。

从上述公司治理的理论发展和实践历程来看，“内部控制”既是世界经济金融舞台七十多年来一系列典型悲剧事件的教训总结，也是企业管理思想和管理技术不断提升的成果结晶，是现代企业生存发展必须遵循的基本管理法则。

第二，加强和完善内部控制，是适应我国金融监管环境的客观需要。我国银行业内部控制建设大体开始于 20 世纪 90 年代中期。1994 年国家明确了四大专业银行向国有商业银行转轨的改革方向，1995 年《商业银行法》颁布，正式确立了国有商业银行的公司制法人主体地位。从外部环境看，当时频繁发生的国际银行业动荡与危机，也促使商业银行开始研究和实施内部风险控

制。人民银行于1997年、2002年先后颁布《加强金融机构内部控制的指导原则》和《商业银行内部控制指引》，对我国商业银行加强内控管理提出了较为全面、系统的要求。《指引》还第一次按照COSO框架标准对商业银行内控管理体系进行了明确规定，将内部控制要素概括为五个方面，即内部控制环境、风险识别与评估、内部控制措施、信息交流与反馈、监督评价与纠正。《指引》还特别对商业银行董事会、监事会和高级管理层在内部控制中承担的责任，作出了具体规定。

近两年来，随着我国金融业对外开放和改革步伐的加快，银行业监管体制发生了深刻变化，银行监管部门对商业银行健全内控管理体系也不断提出新的要求，先后颁布了《银行业监督管理条例》和《中央企业内部审计管理暂行办法》。2005年1月银监会又颁布《商业银行内部控制评价试行办法》，要求商业银行建立系统、透明、文件化的内控制度体系，并根据法律法规和经营环境的变化对内控体系进行评审和改进，确保内控体系的充分性、合规性、有效性和适宜性。

我国金融监管体制的日益完善和监管水平的不断提高，对金融企业内部管理提出了更高的要求。我们只有建立严密的内部控制体系，才能不断适应监管要求，确保依法合规经营和更好地推进创新发展；才能真正贯彻落实好国家的经济金融方针政策，在维护金融安全稳定、促进持续健康发展中发挥应有的作用。

第三，加强和完善内部控制，是我行提高风险防控能力和经营管理水平的内在要求。从总体上看，这些年来全行经营管理有了很大进步，风险管理和内部控制水平不断提高。自2002年开始，各类违法违纪案件明显下降，全行发案数量及涉案金额由建行以来发案最高峰1997年的X件、X亿元，下降到2002年的X件、X万元。这两年案防工作又有新的进步。2004年发案起数为X件，涉案金额为X万元，创近10年的新低且没有发生500万元以上特大恶性案件。但同时我们也要清醒地认识到，目前的管理水平与建设现代金融企业的要求比，还有很大差距，尤其是发案率仍然偏高。近三年的累计发案数量为X件，涉案金额为X亿元，其中百万元以上大案X起。从发案特点看，主要是大案潜伏期较长、内外勾结作案和携款潜逃案件多发、高管人员和基层机构负责人职务犯罪较为严重、账外经营和私设“小金库”引发的案件仍有发生。这一案发形势和特点说明，全行内控管理中还存在不少隐患和漏洞，操作风险仍十分突出，也引发和加大了信用风险。从全行情况看，自2000年剥离部分不良贷款以来，信贷管理明显加强，资产质量持续改善，不良资产余额净下降2066亿元，不良资产率和不良贷款率分别降至目前的14.2%和19%；1999年以来新发放贷款的不良率保持在1.6%，达到了国际银行业较好质量水平。但从各种监管检查情况看，因违规或管理不善形成的信贷风险仍占一定的比重，特别是一些新增贷款不良率较高的行，信贷管理薄弱、内部控制不力的问题更为突出。因此，加强内部控制是全面提高我行经营管理水平和风险控制能力的重要保障。

第四，加强和完善内部控制，是我行实施股份制改革所必须解决的首要问题。当前，在透明度增加、社会公众对金融改革关注程度不断提升的情况下，商业银行发生重大案件和风险损失，往往会引发公众对银行公司治理有效性的怀疑，从而导致银行的信誉和形象受到损害。这对于以信誉为生存之本的商业银行来说，其间接或潜在损失往往会比案件或风险给银行带来的直接损失大得多，有时甚至是无法估量的。2005年初国内某银行发生的巨额内外勾结诈骗案件，适逢国有商业银行股份制改造敏感时期，引起了国内外的广泛关注。我们应当深刻汲取教训。即使将来我们完成了股改，实现了上市，并不是公司治理就完善了，任何时候内控工作都不能放松，而且还要有更高的标准。上市公司发生重大违法违规事件，不仅会影响业务市场，还会严重影响投资者的信心和股票市值，产生连锁性的负面效应。近期在新加坡上市的中国航油（新加坡）股份有限公司参与石油衍生品交易巨亏案，及其带来的严重后果，深刻揭示了内部治理对上市公司的极端重要性。

有效的内部控制体系，还需要建立在科学的经营模式和增长方式之上。过去，一些行偏好于争市场、抢份额，却忽略了质量效益问题，造成了很大的风险，教训十分深刻。即使全行不良资产包袱彻底解决和财务重组完成后，分行之间的绩效差异仍会十分巨大。一些行尤其是内控基础比较弱的行，如果继续在风险问题上栽跟头，就很可能再次陷入生存危机。因此，正确处理市场、效益、风险三者之间的关系，有效实施内部控制，确保改制重组后长久保持良好的资产质量水平，确保发展的速度、规模建立在扎实的管理基础和良好的结构之上，对全行都是一个重大考验。

当前，工商银行的现代金融企业建设处在一个重要的历史关头。彻底处置不良资产包袱、启动财务重组和股份制改造的任务日趋紧迫，但这些工作通过政策支持和集中攻坚，可以在一段不太长的时间内完成。然而，建立完善的内部控制体系是一个系统工程，是一项长期的任务，事关股改成败和长远可持续发展。国务院领导同志反复强调，国有商业银行股份制改革的着力点要放在推进经营机制和管理体制的转换上。银监会发布的《关于中国银行、中国建设银行公司治理改革与监管指引》，把完善公司治理工作摆上了十分重要的位置。我们要深刻认识加强内部控制、完善公司治理，对我行股改上市和全面推进现代金融企业建设的重要意义，切实将其作为一项“健康工程”和“生命工程”来系统规划、精心实施。

二、当前全行内部控制体系建设的成绩与问题

近年来，全行认真贯彻党中央、国务院关于金融体制改革的决策部署，在深化综合改革、完善公司治理的进程中，突出加强内控管理体制建设，从控制环境、管理措施、监督评价等方面，初步构筑起对各项经营管理活动全方位覆盖、全过程监督的内部控制体系。

（一）内控体制改革不断深化。在前些年初步形成的相对独立、垂直领导的稽核体制基础上，2004年总行又根据建设现代金融企业的需要，改组了内部审计委员会，在原稽核监督局的基础上设立了内部审计局，在原跨区域设立的6家稽核专员办公室的基础上扩充组建了10家垂直管理的内部审计分局，内审工作的权威性和独立性有了更加完善的体制保障。同时，在全行系统重组成立了内控合规机构，内部控制和合规管理职能得到加强。“下管一级、监控两级”的管理体制不断完善，总行对一、二级分行资产质量、经营效益、综合成本、依法合规经营以及负责人履职等情况的综合监管能力增强，各一级分行对基层领导班子和管理人员的授权控制、考核评价和监督管理水平也有不同程度的提高。建立在两级监管体制基础上的对主要业务和机构的警告、限期整改和市场退出制度得到有效贯彻执行，对于规范各级机构的经营行为和增强全行的风险控制力发挥了重要作用。我们还重组了风险管理委员会，借助国际著名咨询公司设计了全面风险管理总体框架，启动了内部评级法工程建设，内部控制体系建设与国际接轨步伐日益加快。

（二）机构改革和流程再造取得重要进展。这几年我们根据现代金融企业建设的要求，共撤并了低效机构网点2.1万个，机构总量比最高峰的1999年缩减近一半，在部分一级分行和二级分行推行了机构扁平化管理改革，精简了管理层次，显著提高了全行系统的内部控制能力。与此同时，按照以客户为中心、以风险控制为主线的原则，调整优化了业务流程，重组了内部机构设置，逐步实现了公司和个人金融业务的前后台分离，建立了后台专业化集中化管理的新模式，形成了后台对前台业务的有效制约机制。深化了信贷管理体制改革，建立了信贷行业分析、授信、审批和贷后管理四大中心，实行了信贷审批人资格制和责任追究制。推进会计核算体制改革，上收了账务核算层次，规范了内部账户管理，实现了会计核算主体与经营主体的分离，完成或基本完成会计三大中心建设和总会计委派制、会计检查员集中制，强化了会计核算管理在内部控制中的重要作用。逐步实施了财务集中，不断规范了集中采购。实施了银行卡、票据等业务的专业化经营，探索了按产品线垂直管理和集中风险控制的新模式。

（三）制度建设和员工培训工作不断加强。紧跟业务创新和流程变革，全面加强整章建制工作，制度建设基本能够及时涵盖到经营管理和创新发展的各个领域。与此同时，制度的执行力得到突出强化，网上法规制度库建设已经启动，保障制度落实的工作机制不断完善，特别是制定实施了《中国工商银行解除违规违纪员工劳动合同的规定》和《中国工商银行员工内控手册》，设置制度“高压线”和行为“禁区”，促进重要规章和核心制度的落实。这几年全行还有计划、分层次、大规模地开展了全员培训，加强了上岗考核，并开始逐步在重点业务领域引入资格认证制度，促使员工履职能力不断增强。全行还持续开展了多种形式的职业道德教育和遵章守纪教育，下大气力培育办事按制度、操作依程序、违章必惩处的良好治理环境，取得了一定成效。

（四）稽核检查力度持续加大。2001年以来，连续开展了全行性的“依法合规大检查”及“回头看”活动；实施了以“视制度如生命，纠违章如排雷”为主题的扫雷工程；加强了对要害部位、重要领域和环节的重点稽核、常规稽核，以及经常性的专业检查，积极配合审计署和监管部门的审计检查，并聘请国际会计师事务所逐步开展全面审计，2004年审计面已达全行总资产的60%以上，不断排查风险隐患和管理漏洞，加强对重点领域的整治和新风险点的控制，严查重惩了各类违法违规经营，促进了从严治行。全行还连续三年开展了基层行内控评价工作，并将评价结果纳入行长经营绩效考核，促进了全行内控意识的提高。我们率先在国内非上市银行中披露主要经营管理信息，通过主动提高透明度促进内部控制和管理水平的提高。

（五）管理信息化跃上新台阶。这些年，我们一直将商业化改革和信息化改造一体推进，建立了具有国际先进水平的大型数据中心，全面投产了涵盖主要业务领域的全功能银行系统，构建了数据仓库的基础架构，开发投产了信贷管理系统、财务管理系统等一大批管理软件，使全行的管理信息化、现代化程度向前推进了一大步，强大的管理信息技术平台和先进的管理技术手段，既提升了我行业务竞争实力，也极大地提高了内控和管理水平，强化了内控硬约束。

我们在充分肯定成绩的同时，也应当清醒地看到，我行的内控管理与建设现代商业银行的目标相比，与国际准则和监管要求相比，还有较大差距，主要体现在以下几个方面：

一是风险意识和内控文化建设有待增强。尽管我们在向商业银行转轨过程中，一直比较重视管理理念和风险观念的教育培训，但许多同志甚至一些高管人员的观念还未根本转变，重市场拓展、轻内部管理，重发展速度、忽视风险防范的问题还比较突出。有的为了尽快消化历史包袱，或为了抢占一些新的市场，不顾管理能力和潜在风险，盲目扩张，甚至为了一时的竞争需要，放

松管理，违规运作。有的对“内部控制”的认识简单片面，单纯把制定规章制度当内部控制体系建设全部内容，把检查评价当作内部控制的全部活动，用经营效益的好坏替代评判内部控制优劣的标准，以致内控管理工作起伏较大，或长期徘徊在较低的层面。内控文化氛围和治理环境尚不能适应改革发展形势任务的要求，一些员工缺乏自律和他律意识，受“以信任代替管理、以习惯代替制度、以情面代替纪律”的不良文化影响至深。

二是全面风险管理体系和机制还远未形成。目前我们只是建立了全面风险管理的一个基本框架，很多工作还刚刚展开，先进的风险评估工具和管理方式开发应用的还很不充分，风险的识别、计量、评估、预警、缓释等能力还较为薄弱。经过多年来的积累，全行在信用风险防范和控制方面有了较大进展，但对市场风险、流动性风险的管理还停留在初级水平，对信誉风险、道德风险的防范重视程度还不够高，对操作风险的认识还不到位，操作风险监测预警等还刚起步。

三是内部控制制度体系尚不够完善。个别业务特别是新开办业务和创新品种，制度滞后和缺失现象依然存在。一些制度规定设计不够科学，有的制度之间相互矛盾、互不衔接，有的制度规定分散或冗繁，可操作性差。制度管理不规范，一些作废、过时的制度得不到及时清理，制度的修改补充随意性大，缺乏严格的审查论证程序，有些制度出台没多久，紧跟着就出台了一大堆补充规定，使基层行无所适从。

四是内控执行有偏差。主要表现为，重结果轻过程，偏重于经营结果考核而忽视经营过程的有效控制，在授权授信、贷后管理、临柜业务、人员管理等方面表现更加突出；重形式轻内容，有些业务管理委员会没有充分发挥集体决策、权利制衡、风险防控的组织保障作用，甚至有的质询时走走过场，表决时敷衍了事；重检查轻处理，有的行往往是检查中轰轰烈烈，处罚时优柔寡断。

五是内审和合规管理队伍建设亟须加强。全行内审和内控合规部门人员总量不足和结构性紧缺矛盾并存，特别是队伍的业务素质、知识结构甚至年龄结构亟待优化，一些经营管理部门内控力量也较为薄弱。

全行要认真总结近年来内控管理的成功经验，深入剖析存在的问题和不足，根据全行综合改革新的形势任务要求，进一步研究加快内部控制建设的思路和措施，努力建立科学、严谨、完善的现代商业银行内部控制体系。

三、内部控制体系建设的目标任务和近期工作安排

根据我行现代金融企业建设的总体目标和国内国际的监管要求，当前和今后一个时期全行内部控制体系建设的总体要求是：牢固树立科学发展观和现代商业银行经营理念，以完善公司治理为目标，深化内控体制改革，健全内控管理机制，突出“四抓”（抓观念转变，抓制度建设，抓流程改造，抓监督评价），强化“四防”（防范信用风险，防范操作风险，防范市场风险，防范流动性风险），构建全面风险管理体系，确保各项业务依法合规稳健经营，为建设现代金融企业奠定坚实的管理基础。未来三到五年我行内部控制体系建设的总体目标是：基本构建起以完善的公司治理结构和先进的内部控制文化为基础，以准确的风险识别和完备的监测评估体系为前提，以健全的内部控制制度和严密的控制措施为核心，以严格的审计监督和客观的评价体系为保障，以强大的信息系统和通畅的沟通交流渠道为支撑的内部控制体系，能够有效控制住大要案和重大违规问题的发生，使总体内控水平达到中国银行业先进水平。按照全行内控体系建设总的指导思想和目标任务，当前及今后一个时期应重点抓好以下几项工作：

（一）加强组织领导，加快形成全行重视和全员参与的内控工作格局。构建系统、严密、完善的现代大型商业银行内控体系是一项极为复杂、宏大的工程，必须依靠各级行领导的高度重视和全力支持，必须依靠全员参与，从管理层、执行层到操作层都能自觉参加内控活动，并接受内控制度的监督。各级行一把手作为本单位内控管理的第一责任人，必须亲自分管内控工作，全面履行对内控工作的直接领导职责，用足够的精力研究部署和督促检查内控工作。要进一步发挥内部控制管理委员会的职能作用，切实加强各级内控合规中心建设，调整优化队伍结构，增加合规审计力量。要支持内部审计、内控合规部门独立行使审计检查职能，监督各分支机构认真履行内控职责。要将内部控制职责分解落实到各级机构、各个部门和岗位，明确目标任务，健全责任机制。

为加快推进全行内控体系建设，总行决定将2005年作为“内控攻坚年”，力争通过组织一系列切实有效的教育培训和深入扎实的检查整改，促进全行内控观念的转变、内控意识的增强和内控技能的提升，努力在规章制度建设、业务流程再造、操作风险管理等方面实现新突破，初步形成比较完备的内控制度框架和更加科学有效的管理机制，坚决实现2005年的案件和风险控制目标。最近，总行还要继续组织全行开展依法合规大检查。各级行务必广泛发动，精心组织，确保检查面达到100%。届时总行将组织检查组，对各分行的大检查情况进行抽查。要通过这次大检查活动，持续对违法犯罪和违规违纪行为保持高压态势，进一步消除监守自盗、内部违规和外部欺诈等隐患，规范业务操作行为，促进全行依法合规经营。

（二）完善公司治理结构，培育良好的内控环境。创建良好的内控环境，必须从完善公司治理结构入手，建立健全内控组织体系。目前，我们在内控组织建设上

已先行一步，基本建立了符合现代金融企业公司治理要求的内控组织架构。下一步要在新的组织框架下建立起分工明确、职责清晰、运转高效的内控运行机制。内部审计部门要加强对全行财务真实性和风险管理、内部控制以及公司治理体系的健全性、有效性的监督评价，抓好IT审计、境内外机构主要负责人的责任审计、不良资产责任认定专项审计和递延资产、无形资产专项审计等工作。内审分局要在总行内审局的统一领导下，履行对辖区分支机构的检查监督和评价工作，分析辖区分支机构的经营管理及风险状况，并提出整改意见和建议。内控合规部门要切实履行好全行内部控制建设的牵头作用，抓紧研究制定全行内控建设总体方案和阶段性计划，并组织分步实施，全面加强对内部控制、合规经营、操作风险管理和常规审计等工作的统一规划、设计和组织推动。要根据银监会新近出台的商业银行内控评价试行办法和内控建设的新要求，及时修订完善我行的内控评价办法，深入推进对分支机构的内控评价工作。要坚决维护内部审计的独立性和权威性，内控合规部门向行长和管理层负责；股份公司成立后，内部审计局直接向董事会负责。

创建良好的内控环境还必须建设先进的内控文化。内控文化包括企业的价值观、企业精神和职业道德。这些内容决定了商业银行的价值取向和行为规范。过去我们在经营管理中积累了一些内控理念，但这些理念还是零碎的、非理性的，至今还没有系统地研究提炼。根据国际银行业先进内控文化的内涵和我行的价值取向，工商银行的内控文化建设应主要从以下几方面研究和建设：一要坚持现代商业银行的经营理念，准确定位风险偏好，体现价值最大化的经营管理指导思想；二要坚持“以人为本”，提升全员综合素质，培养良好的职业道德；三要坚持培育正确的职业理想，促使各级管理人员消除“官本位”思想，确立职业经理人和职业银行家的职业发展目标，树立正确的业绩观；四要坚持内控优先的原则，各类决策权力、各项业务过程、各级管理人员和每个员工都处于严密的制度约束之下，决不允许任何人不受内部控制的约束，任何业务不受内部控制的监督，任何单位和部门不受内部控制的制衡；五要坚持从严治行，严厉查处各类违法犯罪和违规违纪行为；六要坚持全方位监督，全过程控制，各项业务活动的事前、事中、事后全过程都要有严密的监督，各类管理活动都要有动态全面的控制。

（三）整合内部控制制度，规范业务操作流程。内控制度是内部控制的核心。各行要按照总行新近印发的《中国工商银行内部控制规定》的有关要求，加快内控制度建设，努力做到系统化、技术化和文本化。总行各业务管理部门要根据业务流程变革和内控管理的新要求，切实加强对本专业规章制度的精细化研究，年内要对所有规章制度进行一次全面梳理，及时完善各项业务运作的政策、制度和程序，保证内控制度覆盖所有风险点。要及时清理已经过时、作废的制度规定，避免新旧制度交叉而造成一些不必要的执行矛盾和风险隐患。各相关部门要密切配合，切实解决好关联业务之间的制度“盲区”，实现制度之间的“无缝对接”。要按照银监会《商业银行内部控制评价试行办法》要求，建立规章制度的后评价制度，跟踪研究制度执行情况，并根据经营环境的变化，不断加以完善，及时发现和堵塞新的漏洞。要充分运用我行业已建成的各种业务系统，将制度建设与业务系统有机结合起来，大力推进网上法规制度库建设，不断提高我行内控制度体系的现代化、信息化程度。与此同时，要加紧成立专门工作小组，加快研究制定以业务品种分类的标准业务操作流程，细分业务操作流程中的风险点，将各种规章制度、风险防范措施嵌入到每个操作岗位中，使每位员工明确自身岗位的内控职责和控制要点，最终形成统一、标准、完善的业务流程岗位操作手册，全面提升我行内控管理的规范化、流程化、标准化水平。

（四）完善操作风险防范体系，提高操作风险防控能力。按照《巴塞尔新资本协议》的定义，操作风险是由不完善或有问题的内部程序、人员及系统或外部事件所造成损失的风险。在银行面临的各类风险中，操作风险具有分散性、难以预测、受内部控制和外部环境影响大等特点。目前我行面临的操作风险很多，表现形式多种多样，渗透于经营和管理的诸多环节，包括信贷风险中的操作风险，利率风险中的操作风险，流动性风险中的操作风险等。

防范操作风险，防止发生重大差错事故、操作性失误和违规违纪案件，是当前全行的一项紧迫任务。必须采取标本兼治的综合措施，切实提高操作风险的防范水平。一是要成立操作风险管理委员会，突出操作风险防范在全面风险管理体系中的重要地位，推动形成各分支机构、各专业部门齐抓共管的局面；二是要建立操作风险应急处理机制，实施全面动态管理，切实提高风险防范应变能力，对发生的操作风险果断处置，最大限度地减少损失；三是要加大监督检查力度，加强对操作风险的非现场监测工作，提高检查的覆盖面和频率，切实消除操作风险发生的死角；四是要充分利用我行先进的技术和网络优势，加紧开发计算机刚性控制系统，从技术层面防范操作风险的发生；五是制定操作风险监控指标体系，建立健全操作风险统计报告制度，探索操作风险识别、计量、分析、预警方法，研究操作风险经济资本金分配模式和拨备制度。

各级行各部门要针对当前操作风险的特点，进一步明确重点部位和薄弱环节的防控措施。各信贷部门要加强贷款管理，加大对表外业务的检查核实工作；个人金融业务部门要抓紧研究个人金融业务授权改革方案，加快大额关注交易监测系统的研发，加强对异动账户的监测；计划财务部门要抓紧组建分行财务核算中心，力争2005年实现50%的城市行和二级分行的财务核算集中。法律事务部门和各反洗钱有关部门要组织推动全行各相关专业认真落实反洗钱各项内控制度，加强对内控制度执行情况的监督检查，组织开展反洗钱培训，不断提高员工反洗钱意识和技能；会计结算部门要进一步加强权限卡的管理，改革柜面操作事权划分方式；资金营运部门要加快实施资金营运集中管理体制改革，实现银行账户和交易账户的彻底分离；信息科技部门要保证信息系统的安全稳定运行，进一步完善业务连续性运行的技术保障机制。

（五）深化内部控制评价，加大内控管理工作力度。内控评价工作在消除业务操作和管理隐患、改善内部控制环境、从根本上建立风险管理长效机制中发挥着非常重要的作用。随着银监会《商业银行内部控制评价试行办法》的颁布实施，商业银行的内部控制评价工作将进一步走向制度化、规范化和科学化。目前我行已经连续三年对基层行开展了内控综合评价，实现了对所有基层行评价一遍的总体目标。从2005年开始，全行内部控制评价范围将进一步扩大到一级分行，总行内控合规部负责一级分行的内控评价工作，争取年内出台有关办法和评价实施细则。各级行都要根据管理职能和控制重点，继续开展好辖内机构的内控评价工作，促进内控管理水平有较大提高。要高度重视并科学分析、综合运用内控评价结果，有针对性地解决和纠正内控管理中存在的问题，增强防范和控制风险的能力。要加大内控管理在行长经营绩效考核中的占比，把内控管理成效及评价结果纳入高管人员考核和离任、责任审计中，并与干部使用、薪酬分配相挂钩。

（六）完善信息交流机制，加强内部控制和外部监管的协调与沟通。完善的信息交流机制是确保内部控制质量和效率的必要条件，各级行、各部门特别是内审和内控合规部门要有计划、有步骤地加强内控信息交流机制建设。一要建立信息质量保证机制。加强会计信息控制，严格按照会计准则和总行有关规定记载、处理会计信息，确保经营管理信息的真实可靠。二要建立信息交流制度。按照内部控制路线有效地传导信息，引导员工及时准确了解和掌握内控管理要求，正确履行岗位职责，并保证信息报告和反馈渠道的畅通，及时为管理层决策提供信息支持。按照信息披露制度，及时、真实、完整地披露资本充足性、风险评估与控制、会计财务等信息，满足监管部门和社会公众对我行信息的需求，提高信息透明度。三要完善内控资源共享机制。充分利用各类业务管理系统，逐步实现对各类风险的实时和全面监测，力求内控信息资源利用效能最大化。四要建立外部信息沟通机制。多渠道、有重点地获取、筛选、分析社会信息和客户信息，以便及时跟进管理措施，强化内部控制，有效防范和化解风险。

（七）加强教育监督管理，切实防范道德风险。人是内控制度的执行主体，也是道德风险的发生主体。要实现内控体系建设的总体目标，必须在干部员工的思想观念、执行意识、行为习惯上狠下工夫。当前金融案件较多是全社会普遍关注的问题，特别是一些高管人员频频出事给一些金融机构的信誉造成了极大危害。从全行乃至整个金融系统近来发生的各类违法违纪案件看，除了制度不严和管理漏洞外，很多都与一些干部员工的思想滑坡、道德变质有关。从主观上讲，放松世界观的改造，背弃理想信念，思想蜕化变质，是一些人违法乱纪、堕落为腐败分子的根本原因。因此，防范各类风险，都一定要首先从防范道德风险抓起，不断健全和完善教育、制度、监督并重的惩治和预防腐败体系，加大从根本上防控道德风险的力度。

一方面，要加强反腐倡廉教育，筑牢拒腐防变的思想道德防线。要把理想信念教育、形势任务教育、法律纪律教育与经常性的职业道德养成教育结合起来，引导和帮助干部员工树立正确的世界观、人生观、价值观，树立良好的道德风尚和职业作风，自觉规范从业行为。各级领导干部要常修为政之德、常思贪欲之害、常怀律己之心，切实做到清正廉洁、勤勉尽责。要把反腐倡廉教育和道德风险防范与正在全行逐步开展的保持共产党员先进性教育活动结合起来，促使领导干部和广大党员不断增强党性修养和提高思想道德素质。

另一方面，要建立健全道德风险的防控制度体系，加强监督制约。要通过完善公司治理制度和内部控制体系，进一步健全结构合理、配置科学、程序严密、制约有效的权力运行机制。要严把进人关、用人关，切实把述职述廉制度、个人重大事项报告制度、诫勉谈话制度、干部交流制度、轮岗制度、强制休假制度、任期和离任审计制度等一系列制度规定落实到位。要进一步加强对要害岗位和重点人员的行为监管，建立和落实员工不良行为排查制度，对参与“黄、赌、毒”活动的人员要依法依纪严肃查处。要强化尽职考核和责任追究，对风险识别、计量、评估、监控及管理不力造成重大损失的人员，要严肃追究责任，对检举违法违规问题的员工要给予保护和奖励。

（八）加强内控队伍建设，提高工作质量和效率。各行要高度重视内控合规部门的队伍建设，内控合规部门的人员编制争取不低于各行员工总数的2%，要将那些政治素质高、业务知识全面、具备一定从业经验、年富力强的复合型人才选拔到内控合规部门。2005年总行将从全系统选拔100名内控检查员，专门从事跨地区的内控检查和控制管理工作。要加大分层次、分专业的岗位再教育、业务再培训力度，力争在短期内对内控管理人员轮训一遍。年内总行还将专门针对一、二级分行主要负责人举办内控管理培训班，增强高管人员的内控意识和理念，提升内控管理层次和水平。同志们，2005年是全行推进现代金融企业建设的关键一年，也是内控管理攻坚年，工作任务十分繁重。希望大家不辱使命，不负重托，以奋发有为的精神状态和求真务实的优良作风，开拓进取，扎实工作，为构建现代金融企业的内部控制体系做出更大的贡献。

在中国工商银行不良贷款剥离情况通报会议上的讲话

姜建清

（2005年6月21日）

从4月22日总行召开分行行长会议对全行股份制改革工作进行动员和部署到今天正好两个月的时间。两个月来，全行上下统一行动，连续奋战，高标准、高质量、高效率地开展工作，主要工作都取得了重要进展，不良贷款剥离工作已经接近尾声。今天会议的主要任务是，通报前一阶段的不良贷款剥离进展情况，明确近期工作要求，重申有关纪律，确保可疑类贷款剥离工作在6月底前如期完成。下面我讲两个方面的意见。

一、统一部署，精心组织，不良贷款剥离工作有序推进

当前，工商银行的股份制改革已进入到一个十分关键的时期，不仅社会各界高度关注，而且对我行下一阶段的改革发展有着至关重要的影响。自不良贷款剥离工作铺开以来，全行上下高度重视，从总体工作安排到具体方案实施都进行了全面部署与精心安排。在工作时间紧、任务重、政策性强、操作难度大的情况下，经过全行的辛勤工作，不良贷款的剥离工作已经取得了实质性进展。目前涉及5万个客户、1760亿元的损失类贷款和4.3万笔、700亿元的非信贷风险资产损失的剥离组卷、销账、债权转让和资料移交工作已经完成；涉及6万余户企业、4590亿元的可疑类贷款剥离工作，经过了内部调查、组卷和买方尽职调查阶段，即将进入招投标和债权转让阶段。这次不良贷款剥离工作之所以能在较短时间内有序、平稳与顺利地推进，既得益于国家政策和人民银行、财政部、银监会等部门的大力支持，更得益于全行高度重视、周密部署以及各职能部门的密切配合、协调联动，得益于全行员工认真负责、无私奉献的工作精神。不良贷款剥离工作所取得的成绩是值得充分肯定的。从目前进展情况看，不良贷款剥离工作体现了以下几个特点。

一是统一部署，有序推进。这次不良贷款剥离工作是在总行的统一部署与安排下，严格按照“自上而下，一贯到底”的要求开展的。4月份总行召开的分行行长会议对股份制改革和不良贷款剥离工作进行了全面动员和总体部署，并及时确定了不良贷款剥离范围和额度，锁定了剥离清单和企业明细，制定了详细的剥离工作方案和严密的操作规程，建立了严格的审查审批制度，明确了工作时限及纪律要求。随后又根据财务重组进展情况，陆续召开了全行可疑类贷款尽职调查工作、损失类贷款剥离工作、可疑类贷款剥离工作以及账务处理、技术支持等多次全行视频会议，对不良贷款剥离各项工作做出了环环相扣的序时安排。在总行的统一部署和安排下，全行可疑类贷款尽职调查、损失类贷款剥离组卷、可疑类贷款剥离组卷等各项工作相继展开并按计划有序推进。

二是严密组织，有效落实。总行和各分行都专门成立了不良资产处置领导小组、不良资产处置工作小组和不良资产处置督查小组，三者各司其职，各负其责，加强对剥离工作的统一领导和监督检查。各行按照总行的统一部署与要求，加强领导，落实责任，及时采取各种行之有效的办法措施，有条不紊地开展剥离工作；各部门密切配合，分工协作，在不良贷款剥离组卷、账务处理、协议签署、资料移交以及技术支持、后勤保障等各个环节分兵把守，协同作战，快速周密地推进剥离工作。各条战线涌现出的许多先进事迹值得我们很好地总结。

三是规范操作，严控风险。在整个剥离工作过程中，总行始终强调要严肃工作纪律，切实防范操作风险和道德风险，确保依法合规操作。剥离工作伊始就下发了《关于严格防范不良贷款剥离过程中的操作风险和道德风险的通知》，明确了各行不良贷款处置各工作小组的工作职责，要求各行加强协调，建立责任制度，加强流程控制和过程监督。总行在历次相关会议上，都把统一政令、规范操作当作核心内容反复强调。为确保剥离工作健康推进，总行自5月下旬起，对20家机构开展了不良贷款剥离及责任认定专项审计，赴10家不良贷款大行对剥离工作进行了现场检查与指导，并就不良

贷款剥离资料卷宗的安全保管问题提出了具体要求。由于全行上下的共同努力，确保了不良贷款剥离工作规范操作、顺利推进。

尽管不良贷款剥离工作总体进展顺利，但是剥离工作中发现的一些问题也需引起重视，主要是买方联合尽职调查组反映了我行可疑类贷款的一些情况和剥离过程中出现的一些个案问题，前一阶段总行组织的剥离审计也发现了一些类似问题。具体表现在：

第一，有些分行对工商银行股份制改革、财务重组工作的设计和安排理解不够深透，政策把握不准确。一些分行忙于股改事务性工作，对改革的整体安排、环节设计、重要性等认识、宣传不够。有些分行的贷款年代久远、历史资料查找困难，造成个别项目资料不全。

第二，有些分行对可疑类贷款情况缺乏全面深入的了解。有的分行不掌握辖内不良贷款和可疑类贷款的全面情况，对我行贷款质量与国有企业改革的关系缺乏深刻理解，不能对我行可疑类贷款现状作出合理的解释。有的分行面对人民银行、资产管理公司在买方尽职调查过程中提出的一些问题或疑问，特别是涉及可疑类贷款的情况，不是做客观、全面、历史的分析评价和认真的解答、解惑，而是简单应付了事，以致外界对工商银行的信贷管理水平形成误解。

第三，有些分行向人民银行、银监会和资产管理公司的汇报情况、反映问题、沟通信息不及时、不积极。在买方联合尽职调查工作中，部分分行对资产管理公司的疑问解释不细致、不充分，使资产管理公司对我行可疑类资产包实际价值的判断出现偏差。有的分行存在一个抵押物对应多笔贷款、部分剥离部分保留的情况，没有和资产管理公司进行有效沟通，使之对剥离后抵押物分割等问题产生疑虑。

第四，有些分行不良贷款责任认定和责任人处理不到位。有的分行存在违规贷款未认定主观责任、责任认定后未对责任人进行处理或处理不到位的问题。有的分行对新增不良贷款没有进行责任认定，或认定责任时过分强调客观因素，敷衍了事；处理时避重就轻或以罚代处，或仅作通报批评处理，处理明显不到位。这些都难以起到应有的惩戒和警示作用，不利于信贷管理水平的提高，也会给今后的外部审计留下隐患。

客观地说，这些问题的产生主要与我行股改前的不良贷款历史包袱有关，也从一个侧面反映出了当前剥离工作需要注意的一些情况，这些问题的及早发现和提前解决，将对我行不良贷款剥离乃至整个股份制改革进程产生积极的促进作用。

二、增强大局意识，严格规范操作，确保圆满完成可疑类贷款剥离任务

为确保在6月底前顺利完成可疑类贷款的剥离工作，总行再次强调以下几点要求，各行务必遵照执行。

（一）从股份制改革的大局出发来认识可疑类贷款剥离工作的重要性。不良贷款剥离是股份制改革的一项基础工作和前提条件，对全行股改的时间安排影响很大。目前，损失类贷款和非信贷风险资产损失的剥离工作已经圆满完成，可疑类贷款剥离的内部基础工作也已按计划结束。总行已与人民银行初步商定，6月25日进行可疑类贷款招投标，随后实现资金和债权的划转。可疑类贷款能否在6月底之前实现剥离销账，事关后续工作能否如期进行，对国际审计、信息披露、引进战略投资者等重要环节都有很大影响，对于按计划推进全行股改进程意义重大。全行务必要提高认识，认真负责地做好可疑类贷款剥离的各项收尾工作，千万不能有丝毫的懈怠思想。总行关于可疑类贷款剥离工作的各项政策是科学、合理的，工作安排也非常紧凑，人民银行对前期工作给予了充分肯定，全行上下一定要一如既往，再接再厉，严格按照政策要求做好后续工作，确保在6月底之前完成可疑类贷款的剥离工作。

（二）全面把握我行可疑类贷款的历史与现实情况。对于全行可疑类贷款的基本情况，总行是全面掌握的，也以不同的方式向人民银行做过多次汇报，并与资产管理公司沟通过情况。工商银行的不良贷款有鲜明的特点，一是对象主要是国有企业和集体企业，在此次剥离的可疑类贷款中占80%以上，工商银行的改革同时也推动了国企改革和重组；二是工商银行的贷款质量是基本真实的，2001年以来全行在不断清收转化不良贷款的同时，按银监会要求把资产质量做实，缩小了自身分类结果与按国际标准审计结果的误差；三是近年来在改善不良贷款结构上也做了很大努力，清收处置的3000多亿元不良贷款中，核销和抵债1460亿元，主要是可疑和损失类贷款，这几年由正常、关注或次级类贷款向可疑、损失类迁徙达2000多亿元，这还没有考虑现金清收和还款免息等因素；四是2004年上半年向国务院上报股改方案时，确定可疑和损失类贷款4590亿元、1760亿元的剥离额度后，总行对贷款结构严格管理，不允许随意调整，特别不允许从损失类向可疑类的逆向调整，以避免影响股改方案的实施。在这一年里，国有企业的贷款质量处在不断迁移过程中，可疑类贷款中有部分呈现损失类贷款特征，符合我行实际。我们也要看到，这些问题是存在已久的，而不是在剥离过程中出现的，在2004年以前就一直表现为可疑类形态，并不是逆向调整的结果。

（三）主动加强向人民银行、银监会的汇报及与资产管理公司的沟通。买方尽职调查工作中提出的问题，既反映了资产管理公司报价的态度，也反映了部分分行与人民银行、银监会和资产管理公司沟通不够。最近，人民银行向总行反馈尽职调查情况后，总行当日即向人民银行做了汇报，做出了解释和说明。昨天下午，总行主动邀请四家资产管理公司的总裁座谈，我和杨凯生副

行长介绍了工商银行股份制改革的总体安排和不良贷款剥离工作的进展情况，并就资产管理公司关心的我行可疑类贷款现状、可疑类贷款结构等问题做了重点说明，介绍了通过与政府打包处置不良贷款的经验，分析了我行可疑类贷款的回收情况，收到了良好效果。各分行也要加强与当地人民银行和资产管理公司的沟通，特别是人民银行反映存在部分问题的13家分行，更要主动沟通情况，取得理解和支持。一是向人民银行做好汇报工作，说明我行可疑类贷款质量与国有企业改革高度关联的情况、我行保持可疑与损失类贷款基本稳定以及防范操作风险的安排，让人民银行了解我行不良贷款的历史与现状，了解我行严防道德风险、规范做好可疑类贷款剥离工作的政策要求。对于人民银行反映的一些具体的个案问题，要做好适当的解释。二是加强与资产管理公司的沟通，正确解释资产管理公司反映的一些具体问题，说明我行可疑类贷款如实剥离的实际情况，消除资产管理公司的顾虑。突出我行管理规范、可疑类贷款仍具有合理回收率等特点。鼓励资产管理公司以合理报价参加招投标。2004年天津、重庆等10家分行与政府合作整体处置不良贷款工作中，按各地实施或达成协议的方案看，可疑类贷款的平均回收率超过34%，这是非常生动的说明。三是要在沟通的基础上，加强与资产管理公司的合作。虽然买方尽职调查工作已经结束，但与资产管理公司的合作才刚刚开始。没有资产管理公司的支持，可疑类贷款招标工作不可能顺利完成；招标结束至交接完成，我行还要配合资产管理公司做好债权保全工作；即使不良贷款剥离结束了，我们还要做好“售后服务”，不得一剥了之，要继续支持资产管理公司做好处置工作。

（四）认真核查、纠改买方尽职调查和我行内部审计过程中反映的问题。买方尽职调查和总行内部审计发现的问题，在一定程度上反映了我们在工作上还存在疏漏之处，需要在剥离收尾阶段尽快核实，认真纠改。极个别案例甚至严重违背总行政策，需要引以为戒。各行要认真检查，及时纠正，“股改无小事”，不要因为一个局部案例影响全行，各一级分行一把手要切实负起责任来，做到令行禁止。为进一步规范做好可疑类贷款剥离工作，总行提出以下几点要求：一是认真审核可疑类贷款组卷质量，切实做到“如实整理，应交尽交”，保证有关内容前后一致，并对容易引起误解的问题及时做好说明工作；二是凡不良贷款责任追究不到位的，要继续对造成不良贷款或加大贷款损失的责任人予以严肃处理，并争取在剥离档案移交前处理完毕；由于时间关系实在来不及处理的，在剥离后要继续追究，特别对新增贷款要一笔一笔地检查；三是对剥离前由前三类转入的可疑类贷款再次审核，各分行要组织力量，一笔一笔地检查，确保这部分贷款符合可疑类的标准和认定程序；四是认真复查和把关，严禁将损失类贷款逆向调入可疑类进行剥离。对总行明令不列入剥离的项目，有的分行执意将其列入的，一旦发现，要追究该行行长和督查人员责任。

（五）严格执行总行关于可疑类贷款剥离的各项纪律。要严格执行《关于严格防范不良贷款剥离过程中的操作风险和道德风险的通知》，对照查找有无擅自调整剥离企业和剥离贷款金额，有无抽调、隐匿、编造信贷档案或其他数据资料，有无在剥离基准日后擅自释放抵押物、放弃质押权、保证权，有无截留、隐匿或私分剥离基准日后剥离贷款合同项下收回的现金和其他资产等行为，发现问题坚决查处。要严守我行商业机密，不得擅自向借款人、担保人泄露不良贷款剥离数据，对因泄露我行商业机密影响不良贷款剥离和股改工作进展的，予以严肃处理。要服从总行的安排，做到执行总行政策不变通、不走样，有什么问题跟总行多联系、多汇报，确保全行政令统一，确保各项工作经得起任何形式的检查和历史的检验。

（六）及时做好不良贷款剥离总结工作。可疑类贷款剥离销账工作预计在本周完成，债权转让和资料移交工作随后进行。可疑类贷款和全部不良资产的剥离工作即将结束，各行要及时做好不良贷款剥离总结工作，既要全面总结本次剥离工作的总体情况，又要认真分析不良贷款典型案例，深刻吸取历史教训，切实提高全行信贷管理水平。关于剥离总结的具体要求，总行将另行安排，希望各行提前做好准备。

2005年上半年全行工作非常繁忙，风险部门非常辛苦，工商银行即将卸掉沉重的历史包袱，掀开股份制改革新的一页。全行一定要认真做好各项工作，不能有任何问题发生。6月末是一个关键的时点，各项报表将通过国际审计，引进战略投资者进入到了实质性的谈判阶段，有望在8月份签署投资协议，9～10月份成立股份公司。6月末也将是集中反映我行财务重组后财务状况与经营成果的重要时点。完成上半年的经营利润计划，对于全行拨备覆盖水平、净资产水平等各项财务安排以及下一步的引资、发债，都至关重要。在这里，总行再次要求各行要挖掘潜力，多抓收入，确保完成总行下达的上半年经营利润计划。

同志们，不良贷款剥离已经接近尾声，股改各项工作正在抓紧推进，希望全行继续保持饱满的工作热情和严谨细致的工作作风，规范做好可疑类贷款剥离收尾工作，圆满完成不良资产剥离任务，为全行的股份制改革奠定坚实的基础。

在总行机关纪念“七一”座谈会上的讲话

姜建清

（2005 年 7 月 1 日 根据录音整理）

今天是伟大的中国共产党建党 84 周年纪念日，我们把总行机关受到表彰的先进基层党支部负责人、优秀共产党员代表和优秀党务工作者代表邀请到这里，和总行党委班子成员、各部室负责同志一起召开这个座谈会，回顾我们党 84 年的光辉历程，缅怀党的丰功伟绩。刚才听了 7 位同志的发言，很受启发。大家结合在保持共产党员先进性教育活动中的收获和体会，对在新时期新形势下进一步发挥党组织的战斗堡垒作用和共产党员的先锋模范作用进行了很好的探讨与交流，并就做好总行机关党建工作提出了一些很好的意见与建议。我代表总行党委对受表彰的先进基层党组织、优秀共产党员和优秀党务工作者表示衷心的祝贺与感谢。希望受表彰的先进集体和个人，珍惜荣誉，谦虚谨慎，戒骄戒躁，再接再厉，在各项工作中继续发挥先锋模范作用。

总行机关“创先争优”活动连续开展了 18 年，已成为加强机关党支部建设和党员队伍建设的一个行之有效的载体。为什么要搞“创先争优”活动？“创先争优”是一种先进思想、先进能力、先进行动的具体体现。其目的不仅仅是为了评几个先进，因为先进的名额是有限的。刚才很多同志都讲到，在工商银行确实有非常多的先进人物和先进事迹，很多的同志都在平凡的工作岗位上做出了不平凡的事迹。我们就是要通过“创先争优”活动大力弘扬这种思想、能力和行动的先进性，调动方方面面的积极性，把中国工商银行事业不断推向前进，永葆发展的活力。

今天对工商银行而言意义也非同寻常。从今天开始，工商银行掀开了中国金融改革的新一页，迈出了全新商业银行的第一步。4 月 18 日党中央国务院做出对工商银行实施股份制改革的重大决策部署，两个月来，经过全行广大干部员工奋发努力，忘我工作，顺利地完成了财务重组各项工作。通过财务重组，压在工商银行头上的、在转型经济过程中形成的大量不良资产已经基本解决。到 6 月末，工商银行的核心资本充足率达到 8%，再通过发行 1000 亿元的次级债，资本充足率可以达到 10% 以上。不良贷款率为 4.58%，不良资产率为 2.72%，所有不良资产和贷款都按等级进行了全额拨备。上半年，全行各项业务发展也非常好，各项存款增长 3400 亿元以上，各项贷款增加 1400 亿元以上，整个工商银行实现营业利润 416 亿元，预计全年可以达到 900 亿元。从 2005 年下半年开始，我们就不用再像过去那样，动用大量的拨备去解决历史上形成的不良资产，大部分的利润会反映为可分配利润，预计 2006 年的 ROA 将在 0.8% 左右，ROE 将在 15% 以上，达到国际银行业的良好水平，一个全新的工商银行即将出现。

在当前各项任务非常繁重的关键时期，加强党的建设，提高各级党组织的战斗力，比以往任何时候都显得更为迫切，更加重要。总行机关各级党组织一定要充分认识新形势下加强党的建设的极端重要性，牢固树立围绕中心、服务大局、拓宽领域、强化功能的指导思想，以高度的政治责任感和历史使命感，以脚踏实地、埋头苦干的工作作风，紧紧围绕推进现代金融企业建设的大局，确保国有商业银行改革发展目标的顺利实现。

下面，我就进一步加强和改进总行机关党的建设讲几点意见。

一要充分认识加强现代金融企业党建工作的重要意义。总行机关保持共产党员先进性教育活动较好地完成了各阶段的任务，在“提高党员素质，加强基层组织，服务人民群众，促进各项工作”方面取得了明显成效。昨天，我们又召开了各分支机构保持共产党员先进性教育活动动员大会，工商银行第二批先进性教育活动即将全面展开。总行先进性教育活动集中学习教育阶段虽然已基本结束，但这并不是整个活动的终结。下一步要在巩固和扩大整改成果上下工夫，总行党委班子的整改方案正在网上公开征求意见，其中大量的内容与现代金融企业建设特别是与股份制改革各项工作密切相关，把这些整改措施目标落实到位，工商银行各项工作一定会再提升一大步、迈上一个新台阶。要通过整改积极探索使党员“长期受教育、永葆先进性”的长效机制。工商银行现在有党员 22 万名，其中在职的党员 15 万名，三分之一以上的员工是党员。如果每一个共产党员都能够在改革发展和各项工作中发挥先锋模范作用，我们工商银行的事业一定会有坚强的思想和组织保证。党建工作是坚持业务工作正确方向的根本保证，是推动业务发展的强大动力；而业务发展则是加强党建工作的出发点和归宿点，是党建工作是否真正得到加强的具体体现和重要标志。在抓好业务工作的同时加强和改进党建工作不仅重要，而且十分必要。我们也不能为抓党建而抓党建。抓党建的目的是要推动各项工作的健康发展，通过加强和改进党建工作提高员工的政治觉悟和业务素质，自觉地增强党性、改进作风、增强能力，为全行改革发展稳定提供坚强的政治保证。加强党建工作要增强主动性。主动和认真是做好一切工作的前提。所以希望大家在过去成绩的基础上结合先进性教育活动取得的成果，对照总行机关保持共产党员先进性的具体标准再找差距，从思想上、工作上、作风上找差距，积极主动、认真扎实地做好党建工作，长抓不懈，抓出成效。

二要以创建"学习型党支部"为核心，不断增强党支部的凝聚力、战斗力和创造力。在当前巨大变革的时期，学习显得尤为重要。我们提出创建"学习型银行"的目标，这也是全面加强党的建设的必然要求。各党支部要通过学习、学习、再学习，增强综合素质，努力提高整体工作效率和水平。要通过创建学习型党支部，促使广大党员干部并以此带动全体员工始终保持一种积极主动的学习状态，始终保持一种科学的态度和创新的精神，不断将学习成果转化为制度创新、业务创新、科技创新的成效，转化为经营管理的成效。

三要进一步搞好制度建设，建立和完善使党员"长期受教育，永葆先进性"的长效机制。保持党的先进性既要靠思想教育，又要靠制度保证；既要靠个人自觉，又要靠严格管理；既要靠集中教育，又要靠长抓不懈。各党支部要按照中央的要求，把抓好整改与建章立制结合起来，把开展先进性集中教育活动与抓好经常性的教育管理结合起来，探索建立长效的学习机制、党员教育机制、党员管理机制、党员联系群众机制和党内民主参与机制。要强化服务大局、服务群众的功能，把加强思想政治工作与团结教育员工积极支持改革、理解改革、参与改革，增强主人翁意识和大局意识结合起来；与培育和弘扬先进企业文化，增强企业凝聚力结合起来；与努力培养职工良好的思想品质和职业道德，提倡尊重人、理解人、关心人结合起来，塑造工商银行严谨诚信、团结和谐、奋发进取的企业形象。

四要大力开展学先进活动，充分发挥榜样的示范和带动作用。中央先进性教育活动督导组几次跟我讲，到总行机关的很多部门和支部去，能感受到一种气氛和传统，总行机关的工作态度、工作秩序和员工的精神状态非常好，从中可以看出工商银行是一家管理非常严谨的企业。这是对我们的一种肯定和表扬。总行机关这种优良作风和传统的形成在一定程度上与先进典型的模范作用是分不开的。今天表彰的先进基层党组织、优秀共产党员和优秀党务工作者，既是总行机关两年来党的建设中涌现出来的先进典型，又是先进性教育活动中的突出代表。他们的事迹非常突出，各先进基层党组织的共同特点是政治坚定、组织健全、制度落实、作风过硬、纪律严明，在建设一流队伍、培育一流作风、创造一流业绩上成效明显；优秀共产党员和优秀党务工作者的共同特点是信念坚定、忠诚党的事业、热爱工行工作、勇于开拓创新、严格廉洁自律、身体力行地实践"三个代表"重要思想，在本职岗位上充分体现了党员的先进性。我非常赞同把这些先进党组织、先进人物的先进思想和先进事迹上网进行宣传交流，通过先进的标杆来激发大家的学习工作热情，在总行机关努力营造一个比、学、赶、帮、超的浓厚氛围。

我们已经到了一个新的历史阶段，一个崭新的工商银行已经启航，未来的前景非常美好。当前摆在我们面前的中心任务是大力推进现代金融企业建设，早日实现把工商银行办成全世界不仅是最大而且是最优秀的银行的宏伟目标，我们肩负的这一历史重任光荣而艰巨。党中央国务院决定对国有商业银行实施股份制改革的重大历史决策是极其正确的，中国的金融问题如果得不到很好解决，就会成为中国经济发展的一个薄弱环节，成为一个制约因素。中央提出要再通过20年的努力，使中国的经济在现在基础上再翻两番。同志们，不要说20年后再翻两番，就是现在，中国的崛起已经成为世界谈论的共同话题。每年我会见大量来自全世界经济、金融等各个方面机构和组织的主席和总裁，从他们的言谈中，我深刻地感受到，中国崛起已经成为世界上最关注的焦点。前不久，我到新加坡参加世界经济论坛的亚洲圆桌会议，担任大会的联合主席，整个大会就像一个讨论中国问题的专题会议，每个人在讲话中都在谈论中国。那么20年后呢？中国会成为世界上整体经济实力最强大的国家之一。但是中国经济增长存在着很多潜在问题，我们在改革发展中不断解决这些问题，其中金融就是一个非常大的问题。这包括由于历史原因和经济转型过程中形成的成本，也包括商业银行在管理、内控等方面存在严重薄弱环节等因素形成的巨大风险。这些年我们工商银行通过各方面努力，严格加强管理，使新的贷款风险基本得到控制，历史上形成的不良贷款余额下降了2000多亿元。近万亿借新还旧、还旧借新贷款的潜在风险得到了基本解决，为改革创造了有利的条件，也降低了国家改制的成本。国家花了这么大的代价下决心进行改革，结果无非是两种情况。一种情况是改革完全成功，中国几大商业银行成为世界上的优秀银行，不仅能为国家创造大量利润，而且通过资源配置来推动国民经济实现翻两番的宏伟蓝图。而且通过我们的努力，国有的投资者通过我们创造的利润和所得税来覆盖我们的改制成本。我们在改制重组的制度安排中建立了共管账户，就是通过工商银行的分红和所得税的返还来覆盖我们的改制成本，用5年或者更长的时间把所有的改制成本全部覆盖，成功打造一个一年创造1000多亿元利润的银行，这是一个多么伟大而正确的战略决策。当然也有人说，如果改革不成功，过几年国有银行再像过去一样，出现大量不良资产，出现这么多的问题怎么办呢？多年后回头来看党中央这个决策是否能成为世界经济金融史上一个成功的经典案例呢？这些都需要我们通过实践和努力告诉全社会和全世界，中央的决策是正确的。中国金融改革的成败系于我们身上。只许成功，不许失败，银行改革是没有退路的，总理的话语重心长。所以，我们的担子是非常重的，这是一个光荣而艰巨的历史性的重任。靠什么完成好这项任务呢？我们必须依靠全行干部员工的共同努力。所以，我想讲几点希望。

一要在坚定理想信念上做表率。要保持党员队伍的先进性和纯洁性。实践证明，理想的动摇是最危险的动摇，信念的危机是最致命的危机。要坚定理想信念，切实履行职责，立志奋斗。很多的干部出了问题，都是在理想信念上动摇了，所在的党组织软弱涣散了，不起作用了，理想信念没有了，想的都是社会上腐朽没落的东西，最后就走向了堕落。所以一定要坚定理想信念，坚定不移地贯彻执行党的基本路线，勤勤恳恳做事，老老实实做人，任劳任怨奉献。要认真想一想，入党为什么？在自己的岗位上干了什么？在群众中的形象怎么样？时刻把人民的利益、国家的利益，把党员的荣誉放在首位，树立为党的事业奋斗终生的志向，勤奋工作，多做贡献，把工商银行办成全球最好最优秀的银行。

二要在转变观念上做表率。观念的转变是根本的转变。股份制改革对国有商业银行是一件全新的事情，我们要全面准确理解和把握党中央、国务院关于金融改革发展的方针、政策，了解国有商业银行实行股份制改造的时代背景、主客观条件、目标任务、内容与重点、方法步骤、基本要求和发展前景。改制以后，有很多东西都变了，比如新的公司治理结构、资本金管理办法、风险拨备制度、引入经济资本概念的考核办法，等等，经营模式和增长方式也要发生根本转变。我们只有不断学习，转变观念，才能适应新的机制、新的环境，保证改革发展任务的实现。总行即将召开的分行行长工作会议，一个很重要的内容就是促使高管人员转变观念，进一步理解新的银行应该是什么样子。

三要在改进作风上做表率。党的作风关系到党的形象，关系到事业的兴衰成败。衡量工作是否落实，关键要看是否真正解决问题。看准的问题，决定的事情，就要一抓到底，决不能回避矛盾，知难而退。衡量一个党员是否具有坚定的理想信念，是否牢记党的宗旨，是否充分发挥了共产党员的先锋模范作用，很重要的一点就看他是不是能够在自己的岗位上脚踏实地、埋头苦干，努力创造出一流的业绩。广大党员特别是各级领导干部要坚持求真务实，牢记“八个坚持、八个反对”和“两个务必”，大力弘扬谦虚谨慎、艰苦奋斗、勤俭办行的优良传统；不断改进作风，深入实际，服务基层，服务客户；说实话、办实事、求实效，在已有的成绩上坚持不懈地奋斗，注重实干、埋头苦干，大胆探索、勇于实践，为全行改革发展做贡献。

四要在增强能力上做表率。我们工商银行走到了一个新的历史时期，面临着许多新情况和新问题，需要我们熟悉和掌握社会主义市场经济的发展规律，学习和借鉴国际现代商业银行经营管理的先进经验，不断增强建设现代金融企业的能力，顺利推进工商银行改革发展。所以，从总行党委领导班子成员，到各个部门的总经理，到在座的各位先进工作者，到全行的每一名党员一定要按照与时俱进的要求，不断提高学习能力，汲取新知识、新观念、新方法，适应日新月异的新时代和金融改革发展的新情况。要以更加宽广的眼界，把握国内国际经济金融发展的趋势，推进工商银行经营结构和增长模式的转变。

工商银行股份制改革，事关中国金融体制改革的成败，事关工商银行事业的前途命运，事关几十万员工的切身利益。新的形势任务对总行党员干部提出了新的更高的要求。希望大家一定要进一步增强使命感和责任感，牢记职责、不辱使命、勇挑重担、扎实工作，为全面推进现代金融企业建设做出新的更大的贡献。

在 2005 年国际业务座谈会上的讲话

姜建清

（2005 年 7 月 27 日 根据录音整理）

总行这些年一直特别重视国际业务。今天我和王行长召集境外机构、境内部分分行和总行相关部门的负责同志一起座谈，专门研究国际业务工作，听取大家的意见。工商银行的国际业务是有条件做好的。首先，国际业务发展外部环境良好。2004 年我国是世界第三大贸易体，世界第二大直接投资引入国，一年新增外商投资企业 3 万多家。我国外向型经济发展呈现出强劲的发展势头，且这个趋势会越来越强。仅 2005 年上半年，全国四大国有商业银行的贸易结算总量就达 3800 多亿美元。其次，从工商银行自身来看也有条件做好国际业务。近年来我行国际业务取得了较快发展。以国际结算业务为例，1999 年我行国际贸易结算在四大行的占比不到 18%，非贸易结算占比仅为 12%。现在我行国际贸易结算占比达 18.62%，非贸易结算达 25.48%，国际结算总量占比达 20.13%，累计提高了 2 个多百分点。国际业务已成为我行核心竞争力的重要组成部分。但是我们也应该清醒地看到，目前国际业务发展水平和我行要成为国际化大银行的目标还有很大差距。总行一直想把国际业务特别是国际结算业务的占比提高，但一直停顿在 20% ~22% 这个水平。分析原因是多方面的，既有主观原因，也有客观原因。今天这个会议的目的就是要研究如何加快我行国际业务的发展问题。

下面，我讲几点意见：

一、抓外汇存款

目前，我行对外汇存款的需求很大。一个时期以来，受人民币升值预期等宏观因素的影响，客户大量结汇，外汇存款不断下滑。而外汇贷款则反方向变动，需求强劲。我们应该看到，尽管外部环境不利，但有些银行的外汇存款还是跑赢了大市，实现了增长。所以这项工作仍是可以有所作为的。分析来看，外汇对公存款方面，我行曾经落后于建设银行，经过这几年的快速发展，现已远远领先于建行。但 2005 年 1 ~6 月我行外汇公存是负增长，农行是正增长。在外汇储蓄存款方面，我行市场占比较高。目前我行外汇储蓄存款余额是 122 亿美元，第三名是 48 亿美元，第四名是 43 亿美元，我行基本上是建行的三倍左右，在四大行中稳坐第二的位置。尽管外汇储蓄总体情况不错，但和全行储蓄业务具备的竞争力相比还有差距。

总行明确，全行外汇存款要保持较快增长，争取到 2005 年末在四大行中的占比由目前的 21.3% 提升到 24.5%。对此要采取以下针对性措施：一是要加大外汇存款的考核力度。在当前外汇资金紧张的局面下，要把外汇存款作为一个单独指标，纳入总行对分行行长绩效考核中。二是要加强对外汇存款的奖励力度。现阶段客户外汇储蓄的意愿不强，要通过适当奖励，激发各行揽存的积极性。三是要加强外汇产品的创新。四是增加外汇储蓄网点。现在我行有外汇储蓄网点 9900 多个，基本上占全行网点总数的一半。2005 年要再增加 1000 家网点，增加网点的边际收益。总行个人金融业务部要抓紧研究，尽快拿出工作方案。各行要搞好相关网点人员外汇业务的培训，为开办外汇储蓄业务做好准备。

目前，我行很多客户希望获得外汇贷款。企业有这种需求是正常的，因为都希望规避汇率风险。尽管外汇资金很紧张，但适当增加一些外汇贷款对维护优质客户也是必要的。2005 年我们获得了 150 亿美元的注资，即将引进的战略投资者又会带来 50 多亿美元。外汇资金还是有的，关键是要用在刀刃上，要能见实效。对外汇贷款投向要做好选择，对确实能带来很多综合回报，尤其是对我行国际结算及其他国际业务有很大推动力，或者能一揽子带动整体大项目或信贷业务发展的企业，是可以增加外汇贷款的。请王行长和信贷管理部、公司业务部、国际业务部一起把关，2005 年全行可以增加 10 亿 ~20 亿美元的外汇贷款。

二、抓市场营销

外汇业务的市场是相当大的。在营销方面有些分行做得非常好。以浙江分行为例，他们过去才百分之十几的市场份额，国际结算一直是弱项。现在浙江分行的国际结算市场份额超过了 23%；上海分行的国际结算占比也一直在 22% 左右；广东分行现在接近 20%，但还要努力。这里要特别表扬一下北京分行。几年前开座谈会，北京分行的情况还不是很好，国际业务资源很多，却没有做好。3 年里，北京分行国际结算业务市场占比提升了 20 多个百分点，达到 43%。

分析看来，导致市场占比参差不齐，客观原因有，主观原因也不容忽视。同是竞争非常激烈的地区，为什么有些分行做得比较好，但有些分行做得比较差？各行都要从市场的角度去看问题，多从主观上找原因，下更大的力气，切实提高市场份额。第一，要注意发挥全行整体优势，尤其是公司业务部、个人金融业务部、机构业务部、信贷管理部等相互之间要加强沟通协调，市场营销部门要切实履行牵头责任，只靠国际业务部一个部门单打独斗，工作是做不好的。第二，要切实抓好重点客户群体、重点区域和重点业务，进行重点专项营销。第三，要制定国际业务重点发展客户名单。2005 年总行要确定 100 ~ 150 户总行级国际业务重点发展客户，国际业务重点行要确定 300 - 500 户分行级国际业务重点发展客户，以后每年都要有一定比例的增加。此外，各行还应排查有多少客户在我行贷款很多，但国际结算业务却不在我行办理。发现有这种情况，相关行务必要采取措施尽快扭转局面。第四，对国际业务的重点行进行动态管理，有进有出。干得好的可以进重点行，业务发展慢了就应淘汰出重点行行列。第五，要抓好中小企业国际业务的市场开拓。国际业务客户的面要扩大。有些行现在的形势很好，但如果不注意拓展潜在客户，尤其是中小企业客户，将来会遇到很大困难。第六，关于市场指标。总的要求是，国际结算占比不到 20% 的行，应争取达到 20%；超过 20% 的行应争取达到 25%；已经超过 25% 的行要争取保持并努力进一步提高。这个目标对今天会议中发言的几家行是有压力的，现在这些行的市场占比都是 12%、13%、14%，个别分行更差一些，一定要努力迎头赶上。

三、抓政策配套

大家在发言中都提到了信贷政策，有些同志认为总行信贷政策管得挺好，但也有同志认为总行信贷政策管得太紧。实事求是地讲，总行信贷政策的准确率还是很高的。现在上银监会名单的企业，很多都是总行前一两年提出警告要退出的。按照总行要求做，就可避免损失。但有些行把握得较松，总行认为要退出的客户，他们还在继续做，潜伏的信贷风险很大，一旦企业出了问题后果就很严重。信贷政策是把双刃剑，不可能 100% 准确。从总行前一两年信贷政策明确退出的行业、企业情况看，基本上都有点问题，但是不排除有些客户不错，而我行却退出了。当然总行信贷政策在执行过程中也存在一些绝对化、“一刀切”的问题，要注意克服。

要下力气发展国际贸易融资业务。在国际商业银行业务中，国际贸易融资是一项大业务，综合回报非常高。真正搞好了国际贸易融资，我行的流动资金贷款业务就发展上去了，对调整优化我行信贷资产结构也具有重要意义。国际贸易融资业务肯定存在风险，但考虑到小额贸易融资客户比较分散，问题不会很大。信贷部门要和有关部门研究，把国际贸易融资政策再具体化一些。总的来说，金额比较小，而且配合贸易周期来做的国际贸易融资，要与我行现在的客户信贷政策有区别。也就是说，国际贸易融资产品的信贷政策要和客户的信贷政策相结合。如果这一条能实现，国际贸易融资业务的发展会很快。同时还要加强组织机构建设，信贷管理部要有一个专门部门来负责贸易融资。在国外，大型国际银行都有贸易融资部。我行可以不设贸易融资部，但至少要有一个贸易融资处。

关于价格问题。完全不顾收益、以不理性的价格抢占市场的策略不可取。但如果我们能够科学核算企业的综合贡献度，在风险可控的前提下，抵补成本以后仍能够赚钱，就应该做。相反，如果我们僵硬地把一揽子业务切割成一点一点来看，要求每一个单项业务都要赚钱，而不考虑客户综合收益，这不是现代商业银行的做法。对一个好的客户，仅因为在某一笔业务上赚不到钱，就把这个客户拒之门外，这个账就算错了。要一揽子来分析，因为一个客户可能给我们带来几十种业务，要从综合回报角度来全面衡量。

四、抓队伍建设

业务发展归根结底要靠人。人的素质不行，业务肯定搞不上去。当然人的积极性、动力也要靠调动。国际业务是人才密集的地方，是高素质人才聚集的地方，也是人才最容易流失的地方。如何选拔人、使用人、爱护人、把人留住，是非常重要的。现在的绩效分配权力都在分行，对确实有能力的国际业务人才，在分配方面要做适当倾斜。要结合工商银行下一步劳动人事制度的改革，设计出一套符合工商银行特点的职务序列。从当前看，重点要加强人员培训。各级行要多办培训班，通过集中学习、远程培训等方式全面提高国际业务人员素质。2005 年下半年，尤其要抓好国际贸易融资业务的培训。

五、抓客户发展

改制后，我行信贷客户只有 6.6 万户。4 亿个个人账户中，有两亿个账户基本是无效的，余额在 50 元以下。真正的优质客户并不多。成为一家什么样的银行？工商银行要有自己的明确定位。我认为，工商银行要成为主要做中等客户的银行。如果完全做高端客户，量非常少，不适合我们这么大、人员这么多的银行。但完全搞低端业务也不行。在国际业务和其他业务法人客户群的培育与考核方面，要有一整套完善的办法。现在很多行不愿意去发展客户，或者认为发展客户就是发展信贷客户。这是不正确的。客户的需求是分层次的。客户可以是存款客户，存款客户再发展到结算客户，人民币结算或者外汇结算，进而可发展成贸易融资类客户。最高端的也是我们要求最高的就是信贷类客户。现在谁在抓客户呢？实际上只有会计部门在抓。前些年，总行对会计结算量有考核。因为结算量越来越少了，所以会计部门努力抓客户。这么抓行不行？不够。希望会计结算部和管理信息部等一起建立一个工商银行客户统计系统，对客户进行细分。客户到底是结算户还是贷款户，要一目了然。贷款客户也要进一步分类，分成大贷款户、中贷款户和小贷款户。系统中法人客户平均贷款余额、平均结算额都要能看出来。要研究我行的客户结构，先按一级分行统计法人客户，再按二级分行统计，按月通报全行。这就能看出每个行长抓不抓客户，就能看出每个分行的竞争力在哪里。不去发展客户，或者只发展几个大客户，业务的稳定性很差，如果有突然变化，业务会急剧下降。有关部门要抓紧提出需求，科技部门要尽快开发。这也是以客户为中心在管理上的集中体现。

今天会议以后，希望大家根据会议提出的要求，总分行共同努力，尽快研究出方案和举措，分头抓好落实。价格问题请王行长牵头；信贷规模问题，由公司业务部商国际业务部、信贷管理部落实；国际贸易融资问题，由信贷管理部牵头；客户统计体系问题，由会计结算部和管理信息部牵头，从而共同推进工商银行国际业务的快速健康发展。

完善经营体制　加强管理创新
努力实现小企业信贷业务新跨越

——在中国工商银行小企业信贷业务座谈会上的讲话

姜建清

（2005年8月11日 根据录音整理）

2005年初，国务院印发了《关于鼓励支持和引导个体私营等非公有制经济发展的若干意见》，进一步为非公有制小企业发展创造了良好的环境。最近，银监会又专门召开了小企业金融服务工作座谈会，对加强和改进小企业金融服务工作进行了专门部署，并将我行作为重点联系行。为进一步贯彻落实国务院和银监会的政策要求，进一步做好小企业金融服务工作，总行决定召开一个由小企业比较集中的一级（直属）分行和二级分行行长参加的座谈会，交流工作经验，研究存在的问题，落实支持小企业发展的各项措施。

刚才听了大家的发言，很受启发，大家的观点我非常赞同。各行在支持小企业发展过程中有很多鲜活的经验，很高兴看到各行在发展小企业信贷业务方面的观念更加统一、措施更加有效，在支持小企业发展的同时，各行的质量和效益也得到了提高。下面我结合大家的发言讲四点意见。

一、近年来我行在支持小企业发展方面取得了显著成效

长期以来，我行非常重视小企业的发展。1998年总行成立了专门的中小企业信贷处，先后制定了《中小企业信贷工作指导意见》等一系列指导中小企业发展的政策措施。2003年，总行经过调研发现，按国家现行企业划分标准，除少数大型、特大型企业之外都是中小企业，中小企业户数占全国企业户数的比重超过99%。由于对象范围过于宽泛，使银行支持中小企业的政策难以落实到最需要的企业。为使政策扶持对象具体化、特定化，因此我行在全国金融系统率先提出以“小企业”作为独立的金融服务对象，并得到了人民银行和银监会的认可。近年来，我行制定了一系列小企业信贷政策制度，并通过试点逐步在全行推广，有力支持了小企业的发展，我行也成为国有商业银行中唯一被银监会确定的小企业信贷业务联系行。我行支持小企业发展的成效主要体现在：

一是制定了适合小企业特点的信贷政策制度。在评级、授信上充分考虑小企业财务制度不健全、经营管理不规范的实际情况，主要依据可提供的抵（质）押物及销售款归行情况进行评级、授信；在还款方式上推广整贷零偿，减轻小企业的集中还贷压力；在融资总量上实行限额管理，防止小企业过度融资；在业务操作流程上实行双人调查、双人签批、签批后双人办理，有效防范操作风险和道德风险。同时，开发投产小企业信贷管理系统，实现了小企业信贷业务的全流程电子化操作和刚性控制，为小企业信贷业务的合规操作和监测管理提供技术保障。

二是通过试点在全行范围内分类推广小企业信贷业

务。按照“先试点，后推广”的原则，总行选择了部分小企业信贷资源丰富的分支行试行小企业信贷政策制度，取得了很好的效果。2004 年，148 家试点分支行为 1.9 万户小企业提供了贷款，当年新增贷款 83 亿元，不良贷款率仅为 0.27%。在总结试点行经验的基础上，2005 年总行在全行范围内推广小企业信贷业务。根据不同地区分行的小企业信贷资源、资产质量等情况，将全行分支机构划分为四类，在授权、贷款限额、担保方式等方面实行不同的政策。重点支持经营管理水平较高、小企业比较集中的一类行、二类行大力拓展小企业信贷市场，对三类行、四类行加强指导和监测，稳步培育小企业信贷市场，从而在全行范围内形成了小企业信贷业务梯度推进的新格局。

三是实现了小企业贷款的较快增长。截至 2005 年 7 月末，全行有融资余额的小企业 3.2 万户，贷款余额 581 亿元。2005 年 1～7 月，小企业贷款增加 81 亿元，其中优质小企业贷款增加 129 亿元，潜在风险小企业贷款减少 48 亿元。小企业贷款流动性表现良好，2005 年前 7 个月，全行累计向小企业发放贷款 939 亿元。

二、从改制后我行发展战略和金融发展趋势深入认识支持小企业发展的重要意义

2005 年 4 月，国务院批准了我行的股份制改革方案。对工商银行实行股份制改革，是党中央、国务院为加快金融体制改革做出的重大战略决策，也是我行建立现代金融企业制度的重要历史机遇和里程碑。经过全行的共同努力，目前，我行的财务重组已经顺利完成，涉及 10.7 万户、7050 亿元损失类资产和可疑类贷款已全部剥离。剥离不良资产、卸下历史包袱，为我行信贷业务健康发展创造了必要条件。截至 2005 年 7 月末，全行法人客户不良贷款率为 5.9%。但这并不说明我们今后信贷经营管理的担子轻了，恰恰相反，任务将更加艰巨。

一是我行将面临更加严格的市场监管，面临成本、风险控制和资本回报的刚性约束。根据中国加入世界贸易组织的承诺，到 2006 年底中国将全面开放银行业。这意味着我国金融业将全面融入经济全球化的大潮，中国银行业将遵循国际通行的市场经济规则，按照市场经济的一般规律来办事。在目前《巴塞尔新资本协议》全面实施，资本充足率约束更加严格的形势下，我们必须对今后几年连续补充资本金的可能性和资产规模扩张的合理性有全面统筹的考虑和客观理性的认识，对经营模式和增长方式的转变有更高更紧迫的要求。

二是金融市场对信贷业务发展的冲击日益加大。今后几年，我国银行信贷市场以外的股票市场、债券市场、租赁市场、信托市场将日趋完善，一个可以为不同规模、不同融资用途、不同发展阶段企业提供资金支持的融资市场体系将逐步形成。融资渠道的多元化将会对银行信贷市场，尤其是对大型、优秀企业的信贷市场产生明显的替代效应。这个冲击已经来临。最近，一批大型企业相继发行了巨额的短期融资券，这部分资金价格成本低廉，一般直接用于替代银行贷款。有预测 2005 年融资券发行将达到 1000 亿元的规模，两三年之内将达到 4000～8000 亿元的规模。这将对银行信贷市场产生巨大的冲击。如果短期融资券发行真达到这个规模，意味着许多优秀大型企业的短期流动资金贷款将大量归还银行。我们要把形势估计得严峻一些。

当然，对代理融资券发行业务我们也要积极争取。现在好多分行对这项业务的认识与反应不够及时和敏锐，大量的融资券发行被中小商业银行拿走了。我理解大家的想法，因为企业发行融资券后就把我们的流动资金贷款顶替了，贷款利息少了，甚至没有了，所以我们就不愿意企业发融资券，也不动员企业发融资券。但是其他商业银行正好见缝插针，上门介绍，结果客户还是发行了融资券，我们的贷款也还了，存款减少了，甚至连客户也跑了，而其他商业银行却赚得了可观的手续费。

三是风险与收益的辩证关系将在信贷业务中得到更加充分的体现。目前，我国银行的贷款利率下限受到严格的管制，这保证了银行业在发放风险较低的贷款时，也有一定的利差收入。随着我国利率市场化的推进，高风险高收益、低风险低收益的市场原则将在信贷业务中得到充分的体现，信贷业务作为经营风险的业务本质将会得到彻底的还原。激烈的市场竞争会使我行从风险相对较低的大型、垄断型或跨国型优质企业融资中获得的收益非常有限。

四是随着我国银行业的全面开放，金融机构的全方位竞争格局将进一步形成。这种竞争不仅来自于外资银行、股份制商业银行和四大国有商业银行，还来自于农村商业银行、城市商业银行。在对跨国集团、三资企业的竞争中，外资银行有明显优势；在贸易融资中，中国银行有明显优势；在机制灵活性方面，股份制商业银行有明显优势；在中小企业信贷市场方面，城市商业银行以及农村信用社都有明显优势。与它们相比，我们在各个不同层面的优势并不明显。因此，信贷市场的分化将在所难免，竞争将非常的激烈。

在这种新的形势下，我们应该考虑这么几个问题：

（一）我行下一步的信贷市场在哪里？这些年来，我行新增贷款的质量算不错，1999 年以来新增贷款的不良率一直保持在 1.6% 以下。我行新增贷款质量比较好的一个重要原因，就是增量贷款投向的优化。近五六年来，在严控风险的前提下，我们主要发展了以下几个方面的信贷市场：

一是个人消费信贷市场。过去这个信贷市场主要被建设银行占据，我们份额很小。目前我们的个人消费信贷规模已达 5000 亿元，成为同业第一，大大超过了建设银行。

二是票据市场。这原来是股份制商业银行的天下，后来我们认识到了这个市场，从2000年开始起步，四五年的时间拓展了3000～4000亿元，又占据了国内最大的市场份额。

三是项目信贷市场。以前我们只做技术改造贷款。应该说，技术改造贷款在过去十年间为中国经济发展和国有企业更新改造发挥了很大作用，但也出了不少问题，风险非常高。我们“七五”、“八五”期间的技术改造贷款基本上都成为了不良贷款。因此，自政策允许商业银行可以进入基本建设项目融资市场后，我们逐步调整了项目贷款的投向。大概算了一下，这些年来我们至少拓展了7000亿～8000亿元的基本建设贷款，主要投向了公路、铁路、能源、电力、石化等领域。

在拓展上述市场的同时，我们对流动资金贷款实行了大进大退的策略。目前已经退出10000多亿元的借新还旧贷款，这里面包括剥离、核销等因素在内，现在还剩下600多亿元。借新还旧贷款退出同时，我们进行大的结构调整，进入了大量的流动资金优质贷款。因此流动资金贷款总量上升仍非常困难，当不良和潜在风险的贷款还在退、不断地退，需要大量新的优质贷款进行递补。

我们一直在思考这样一个问题，按上述的贷款投放结构，再往下走行不行？我们认为，非常难！一是个人消费信贷2005年已经出现了明显的增长趋缓，个人住房贷款2005年前6个月的收回额已经占到新发放额的73%，贷得多，还得亦多。尽管还有增长空间，但要实现原来预想每年七八百亿元的增量非常困难。二是票据融资期限短，一般三个月、最长半年，周转较快，4000亿元票据一年转一次，就是8000亿元，要找来8000亿元的市场，才能保持这4000亿元的票据余额，要新增必须寻找更多的市场。加之我们对金融机构都有授信控制，超授信承兑票据，我们就有金融机构风险，因而票据再往上增长也是非常困难的。三是项目贷款，这些年我们支持了不少项目，但什么东西都有合理的程度，超过了就会有风险。如电力项目，最近国家叫停了32个电力项目，涉及200亿元的资金投入将全部形成损失。我行还好，一个项目都没有涉及，又一次成功地“死里逃生”。经济学家们分析预测，2007年中国经济将出现经济周期的下行周期，因为固定资产投资的不断下滑，影响所有跟固定资产相关的资源类行业如钢铁、水泥等出现下滑。现在大量投资的电力，到了2007年就会从供不应求到供求平衡，甚至还有可能出现供大于求。电一出问题，煤就出问题，成本高的煤矿就出问题。在这种情况下，我们对电力项目的投放都是非常谨慎的。再如高速公路，有些西部地区修了很多高速公路，但没有多少车，高速公路修了没有车，投资怎么回收？又比如国家下马了一大批开发区，开发区的贷款也不能贷；城市建设投资要等土地卖掉后才能回收，国家对土地管理严格后，还能对城市建设大量发放贷款吗？

而与此同时，随着全行信贷规模的稳步和谨慎地增大、流动性不断增强，每年的贷款回收量越来越大。现在全行一年增加2500～3000亿元贷款，累放额是10000～12000亿元。项目贷款每年的绝对收回额都在1500～2000亿元，个人消费信贷2005年估计收回额可能超过1000亿元，票据每天都在转。在这种情况下，信贷市场到底在哪里？我们必须寻找新的市场增长点，才能保证我们信贷业务的健康发展。

经过研究分析，我们将小企业信贷市场作为潜在市场。据统计，全国6000万户左右小企业对GDP的贡献率达到60%，提供了75%左右的就业机会，创造了50%左右的出口收入和财政税收。对宏观经济如此重要的这一类经济主体，我行的贷款量仅占全部法人客户贷款的4%，说明我行的信贷结构与国民经济结构还不相适应。全国6000万户小企业，即使我们千里挑一，也有近6万户，平均每户贷款500万元，就是3000亿元的信贷市场，这就是我们未来重要的信贷市场资源之一。

做任何事情都要超前谋划、主动调整，不能被动应付。正是得益于此，近年来我们每件事情都在商业银行中走得较早，很多业务才有今天市场第一的地位。下一步，我们要寻找新的市场，寻找未来可以进入的贷款领域。培育一个新市场需要比较长的时间，从客户市场培育、队伍培养到制度完善等各方面都需要一个过程。信贷市场有其生命周期，一个周期过去了，第二个周期要自动跟上，不能第一个周期结束了再去寻找新的市场。否则，中间的空缺期就会形成非常大的损失。

为什么说小企业信贷市场的拓展是一个战略？总行没有要求全行一起拓展这一市场，三四年来我们一个行一个行地培育，主要是为了形成一个未来的大市场。我们要从信贷市场周期的角度为下一步、为明天的市场考虑。在拓展小企业信贷市场过程中，要坚持梯度发展的原则，不同地区梯度不一样，同一地区不同分行的梯度也不一样，不能“一刀切”。从近年来的业务发展情况看，江苏、浙江、上海分行的小企业信贷市场经过几年的培育，已初具规模，成为其贷款的新增长点；珠三角地区的广东、深圳分行和广东分行营业部还需继续努力。从市场角度看，当前发展小企业信贷市场时机比较好，因为在这个梯度的战略转移过程中，我行的大型企业、大项目贷款市场还能支撑三年。如果这三年过去了，我们新的市场还没有培育好，市场一下子没有了，我们的信贷业务就会出现断档。因此，在个人消费信贷、票据和其他业务还有一定市场的情况下，我们要开始考虑以后的日子怎么过，着手培育未来的信贷市场。

随着小企业信贷业务的发展，工商银行的客户群慢慢会形成大、中、小并存，这将保证全行信贷业务伴随企业的不断发展壮大而实现可持续发展，使我行在信贷市场上保持长久的竞争优势。尽管从当前小企业信贷市场的现状看，其融资金额小、贷款频繁、管理难度大、开办初期投入精力多，而且局部效果很小，但全行加起来每年新增两三百亿元小企业贷款就非常可观。因此，千万不能短视，必须从战略高度考虑，兼顾短期利益和长期利益。

（二）我行下一步的信贷利润增长点在哪里？近年来，我行中间业务收入不断增加，但存贷款利差收入仍是我行营业收入的主要来源，目前占比仍在60%左右。随着利率市场化的推进，国家将逐步放开贷款利率的下限，这将直接导致我行大中型企业贷款利差收入的减少，影响我行的营业收入。在资金方面，我行非信贷资产占比40%多，这部分资金的利差也在不断收窄。目前债券市场中一些资金的价格已经低于我们吸收存款的价格。对此，我们应有清醒的认识，必须从现在开始培育新的信贷利润增长点。虽然小企业信贷成本较高，但由于同业竞争相对缓和，银行对小企业在融资价格方面有较大的主动权和议价空间，利率通常上浮，而小企业由于其本身的生产经营成本相对较低，也能够承受较高的利率。因而小企业贷款拨备前的毛利润较高，只要我们把风险控制在一定的程度，小企业完全可以培育成我行下一步信贷利润的增长点。小企业融资风险较高，那是从整体上而言，只要我们坚持好中选优、有进有退的原则，辅之以规范的贷款管理和充足的第二还款来源，小企业融资风险是完全可控的。江苏、浙江分行近年来拓展的小企业贷款不良率不到0.3%，实际损失率可能更低，已经充分证明了这一点。小企业信贷出现问题往往不是小企业本身的原因，而是我们银行自身的原因，是我们银行的队伍素质、小企业风险识别能力、退出和管理等方面存在的问题。

（三）如何分散我行的信贷集中风险？交通银行在上市招股说明书中，将信贷集中作为重要的经营风险予以提示。我行已经面临着这个问题。截至2005年6月末，我行5亿元以上贷款客户的贷款余额达9528亿元，占全行法人客户的38%。贷款过于集中于某一类企业，将会使银行潜在较大的系统性风险，这种风险会伴随着国家政策调整、宏观经济波动或外部冲击而爆发，对银行经营产生较大影响。各家银行普遍认为大客户抗风险能力比较强，竞相给大客户贷款，结果造成大客户的过度融资，累积成巨大的风险。一大串记忆犹新的名字可以提醒我们这一点，蓝田、德隆、铁本、科龙等。大客户融资过度的结果是风险巨大，一个大客户的风险甚至可以毁掉一家银行。当然与大企业相比，小企业融资也会出现风险，甚至从单个小企业来说风险很大，但小企业一般不会出现系统性风险，这是其与大型企业的重要区别。因为小企业股权结构简单、资金链条较清晰，融资需求以短期流动资金为主，融资期限较短，金额不大，信贷风险的暴露比较充分、及时，累积信贷风险的可能性较小。可见，小企业的风险与大企业的风险相比，一个是短期风险，一个是长期风险；一个是分行承担的风险，一个是总行承担的风险。另外，小企业数量较多，行业分布广泛，经营灵活，宏观经济政策调整和宏观经济波动会影响部分小企业，但不会对整体小企业产生较大影响。因此，拓展小企业信贷市场是分散我行信贷集中风险的重要手段。

（四）如何保持我行资产的流动性？资产流动性直接影响商业银行的正常经营。截至2005年7月末，我行法人客户贷款中，流动资金贷款占比已降至48%，并有进一步下降的趋势。长此下去，将对我行的流动性带来很大压力，也将对我行接受外部监管带来很大压力。小企业贷款期限短、周转快，对提高我行贷款的流动性具有重要意义。2005年1～7月，全行小企业贷款余额增加81亿元，小企业发放贷款累放额达939亿元，到期收回贷款858亿元，是年初贷款余额的1.7倍。

三、在支持小企业发展过程中正确贯彻国家的信贷政策和商业银行的经营原则

小企业融资难是世界各国普遍存在的问题。在小企业市场的发展过程中会有一些实际问题，如信息不对称，落实合法有效的担保比较困难，部分小企业信用观念淡薄，拖欠银行本息，甚至恶意逃废、悬空银行债务等。因此，我们要认真研究适应小企业经营发展特点的金融服务方式和风险管理办法，进一步完善贷款的流程管理和考核，实现对小企业服务和管理的规范化和科学化。关键是要把握好以下五项原则：

一是调整结构、提高质量的原则。现在小企业数量非常大，我们要好中选优，帮助小企业进行结构调整和技术升级，支持生产优质产品、技术含量高、有竞争能力的小企业发展，使工商银行成为“优秀小企业之家”。我们欢迎所有的小企业到工商银行开户和办理结算，对一般或良好的小企业可以办理低风险融资业务，对优秀的小企业可以办理其他融资业务。在调整结构过程中，要认真贯彻国家产业政策和行业发展规划，对一些国家明令关闭的“五小”企业和生产、销售伪劣产品的企业等要坚决退出。

二是效益优先、平等对待各种所有制小企业的原则。在支持小企业上，没有所有制区别，只有优劣的区别，这是总行一直提倡的。现在，社会上都讲银行开始追究信贷员的个人责任，贷款百分之百不能出问题，因此出现了“惜贷”现象。尤其是在拓展非公有制小企业信贷市场方面，信贷人员总有顾虑，因为贷款一旦形成损失，往往存在信贷人员个人与借款人有利益关系的嫌疑。近年来，我行新拓展的小企业80%以上都是非公有制企业，说明我们在小企业的选择上没有所有制的歧视。但信贷人员的顾虑是存在的，因此我在这里再次明确，工商银行从来不苛求贷款百分之百不出问题，只要依照规定程序认真办理贷款手续，认真管理贷款，即

使贷款因为企业生产经营变化等原因出现了损失，也不会追究信贷人员的个人责任。尽职就可以免责，这是我们对贷款风险责任评议的基本原则。总行要对尽职、免责条款加以细化和具体化，使信贷人员知道哪些事情是应该做的，只要做好了，贷款出了问题他就没有责任。希望大家思想上不要有这方面的顾虑。

三是区域指导、突出重点的原则。我国幅员辽阔，区域间的经济发展水平、社会信用环境差别很大，小企业发展状况也存在很大差异。我国小企业发展在区域上的这种梯度特征，要求银行在拓展小企业信贷市场方面也要采取由点到面、因地制宜、梯度推进的战略。对东部沿海地区分行，由于其起步较早，在体制、机制、管理、内控等方面都积累了一定的经验，要加快推进，培养一支独立于大客户营销、熟悉小企业经营管理特点和风险特征的专职信贷员队伍；对中西部地区分行，则要根据不同分行的实际情况，综合考虑其经营管理水平、当地的市场信用环境等因素，在有效防范风险的前提下逐步培育小企业信贷市场。总行在全国范围内采取区域指导的原则，各一级（直属）分行对本辖区内的分支行也要进行区域指导，不能“一刀切”，更不能一哄而上。改制剥离后，很多分支行的贷款下降较多，都想将小企业信贷市场作为新的贷款增长点，这种愿望是好的，但要看该分支行及当地环境是否适合做小企业信贷业务，对不适合做的，要暂缓，待条件成熟后再考虑做。

四是提高效率、完善服务的原则。小企业经营灵活、资金周转快，金融需求多样化，因而应建立行之有效的运作机制，提高工作效率，为不同类型的小企业提供多样化、综合化、现代化的金融服务。信贷经营的集中将影响效率，分散将扩大风险，这是一对矛盾。过去我们的信贷经营很分散，每个县支行都能放贷款，每个信贷员都能批贷款，效率很高，结果很多县支行的不良贷款率高达百分之九十多。在这种情况下，总行上收了相当一部分行的信贷审批权，这无疑是正确的，但这种情况与提高效率，更好地支持小企业发展又是相互矛盾的。如何处理这样一对矛盾，关键是要把握一个“度”，总的要求也是因地制宜、区别对待，集中不能影响效率、分散不能扩大风险。对经营管理水平较高、业务量较大的分行，可适当分散，其他分行要坚持集中。提高效率要通过优化流程、提高业务操作电子化水平等方式来实现，而不能简单地通过转授权来操作，再重复以前的错误。

五是加强管理、防范风险的原则。小企业整体风险较高，但小企业中也有很多优秀企业。做好小企业信贷工作，关键是如何控制风险、如何把握风险。对风险管理，总行目前已制定了小企业评级、授信办法，要求小企业贷款实行双人调查、双人签批、签批后双人办理，强化贷后管理，完善贷款监控，加强对贷款企业的跟踪调查，切实防范和化解信贷风险。这些在政策制度中都已经明确。但我要说的是，大企业的风险控制主要靠团队，小企业的风险控制主要在信贷人员个人的自身素质。因为大企业信贷业务从营销到贷后管理涉及的人员多，信息透明度高，操作规范，还常常由银行高层经营管理人员直接参与营销和决策，经办信贷人员所起的作用十分有限。而小企业则不同，小企业的信息透明度较低，信贷决策主要依靠信贷人员收集的“软信息”，信贷人员个人发挥的作用大，责任也大。因此，要有效控制风险和科学判断、决策小企业的进入退出，就必须建立和完善激励约束机制，调动信贷人员的积极性，尽职、客观地收集小企业的各种信息，为信贷决策和风险防范提供信息支撑。这种机制就是考核。至于怎么样去考核，希望各行要加强这方面的探索。

四、从三个方面采取十项措施，推动全行小企业信贷业务的持续发展和新的跨越

目前，国家为支持小企业发展已经出台了一些新的政策，许多地方政府也采取了一些优惠措施，如建立中小企业信用担保基金，对符合一定条件的小企业融资风险予以补偿等。我们要积极与国家有关部门、地方政府进行协商、沟通，配合这些政策措施的顺利实施，在加大对小企业扶持力度的同时，降低融资风险。同时从以下三个方面采取措施，推动全行小企业信贷业务持续发展，实现新的跨越。一是完善信贷政策制度。总行现有的小企业信贷政策制度要进一步细化和规范，以满足不同区域、不同类型小企业的融资需求。二是加强管理创新。要突破现有大中型企业的信贷管理模式，针对小企业经营灵活、户数多、融资金额小、管理成本相对较高的特点，完善定价体系，创新贷款管理模式，可以采用电子化方式来降低成本、防范风险。三是建立小企业经营体制。小企业信贷业务发展较快的分行与它们小企业经营管理体制的建立和完善有着直接关系。因此，要进一步研究解决人员、体制、机制等深层次的问题，将小企业的经营管理与大中型企业的经营管理分开，构建独立的小企业经营管理体制。具体来说：

（一）深化梯度式的小企业区域信贷政策。上半年，信贷管理部对长三角地区分行小企业信贷工作进行了调研，总行适时调整了这些分行的信贷政策，取得了较好效果。截至2005年7月末，江苏、上海、浙江、宁波、苏州分行小企业贷款比年初增加108亿元，占全行小企业贷款增量的133%，不良率仅为0.19%。近日，信贷管理部又对珠三角地区分行及福建、厦门分行进行了调研，总行在研究分行反映的问题后也将调整其小企业信贷政策。下一步，要继续加强调查研究，在支持东部沿海地区分行实现小企业信贷业务加快发展的同时，对中西部地区分行也要加强分类指导。要通过梯度式的信贷政策，实现全行小企业信贷业务的点面结合、

因地制宜、梯度推进。

（二）完善适合不同类型小企业融资需求特点的客户信贷政策。对为大中型企业配套或服务的小企业，只要提供合法、有效、易变现的担保，可不受信用等级限制办理融资业务；对小企业持有的由大中型企业签发或承兑的、符合总行规定范围的商业承兑汇票，优先给予贴现；对代理大中型企业出口的小型专业外贸公司，在占用被代理企业授信额度的情况下，可不受信用等级限制办理国际贸易融资业务；对在我行只办理国际贸易融资业务的小企业，不再核定授信额度，业务审批通过后直接办理业务。关于国际贸易融资业务，信贷管理部和国际业务部还要专题调研，专门制定针对小企业国际贸易融资业务的信贷政策。

（三）拓宽担保渠道，积极推广适应小企业资金需求特点的信贷产品。在保证抵（质）押物合法、有效、易变现的前提下，积极开办应收账款、存货和其他物权质押；与保险公司合作，积极探索小企业贷款保证保险，缓解小企业担保难；对为大中型企业配套或服务的小企业，推广保理业务；对资金需求频繁且金额少的小企业，推广最高额抵押生产经营循环贷款；对拥有成熟技术及良好市场前景的高新技术产品或专利项目的小企业，以及利用高新技术成果进行技术改造的小企业，积极提供信贷支持。另外，我们要通过积极推进工商银行内外机构的联动、国内各分行上下游的配合，以及中外银行的联合，推动小企业信贷业务的发展。

（四）完善小企业贷款定价体系。要充分利用国家推进利率市场化契机，通过利率浮动满足更多小企业的融资需求。充分利用业绩价值管理系统（PVMS）、法人客户关系管理系统（CCRM）等的数据信息，科学测算小企业贷款的资金、风险、管理等各项成本，合理确定利率水平，保证小企业贷款的风险能够覆盖，并为我行带来收益。要将贷款定价作为贷款审批的重要内容，在贷款审批的同时合理确定贷款价格，同时在 CM2002 系统中开发相应的模块，以便于基层行进行贷款定价的决策。

（五）对小企业贷款实行按期限管理，不再按借款用途划分为流动资金和项目贷款。要在分析小企业生产经营和现金回流情况的基础上，合理确定小企业贷款期限，并根据实际贷款期限，将小企业贷款划分为短期贷款和中长期贷款，以避免小企业申请贷款购置固定资产时，必须准备所有批文批件的繁琐手续，提高融资服务效率。要加强对小企业贷款余期的分析，尤其是对即将到期贷款偿还性的分析，防范信贷风险。

（六）创新小企业贷款管理模式。适应小企业户数不断增多的发展趋势，对金额较小的微型企业贷款逐步实行标准化操作，提高操作效率；对按月还款的小企业贷款可比照个人按揭贷款进行管理，不再像法人客户一样进行贷后间隔期检查。贷款发放后由 CM2002 系统自动监测每月还款和销售归行情况，到期不能还款或销售归行情况发生异常变动时，分析原因及对我行贷款的影响，并采取必要的措施防范风险；对小企业抵（质）押物或保证人情况，不再由管户信贷员进行贷后检查，而由二级分行成立专门评价小组，定期对辖内支行的抵（质）押物价值或保证人保证能力进行评估，对潜在风险及时采取措施，保证对我行债权的保障作用。

（七）建立独立的小企业营销队伍。小企业信贷业务一类行和小企业信贷业务量较大的二类行必须建立独立的小企业营销队伍。同时要加强培训，保证这支队伍熟悉小企业经营管理特点，能够有效识别小企业的融资风险，确保小企业信贷业务的良性发展。作为工商银行的战略业务，小企业信贷业务要不断发展壮大，就必须把大小客户的营销人员彻底分开，单独建立一支小企业营销队伍，这是实现小企业信贷业务可持续发展的最基本保证。

（八）建立独立的小企业贷款考核体制。包括两个层次：一是对机构的考核，主要考核业务量和风险拨备足额提取后的收益情况，引导分行在拓展小企业信贷市场的同时，提高小企业贷款收益水平。同时还要考核小企业的进入和退出情况，实行末位淘汰制，加大客户的流动性，保证小企业的“吐故纳新”，不断进行客户的优化和信贷结构升级。二是对信贷人员个人的考核，既要考虑信贷人员管理过程中的尽职情况，又要考虑业务量和收益情况，要将考核结果和信贷人员收入水平挂钩，保证小企业营销管理人员的收入水平不低于大中型企业的营销管理人员，提高信贷人员拓展小企业信贷市场的积极性。小企业信贷业务一类行和配备独立小企业营销队伍的二类行必须建立这种考核机制。

（九）建立小企业贷款的风险化解和补偿的良性循环机制。目前，总行已制定了风险拨备的相关管理办法。要按照办法的要求，合理计算并足额提取小企业贷款的损失准备。要针对小企业贷款利率较高，按照现金流贴现法计算的贷款损失准备也高的特点，对小企业贷款足额提取的贷款损失准备单独核算，专门用于核销小企业的损失类贷款。对金额较小的小企业损失贷款，在完善账销案存制度的基础上，可由一级（直属）分行自行审批核销，并报总行备案，以提高效率，及时化解小企业贷款风险。

（十）完善小企业贷款与其他金融产品的联动营销机制。要通过小企业贷款带动小企业存款、中间业务、国际业务、投资银行业务等的发展，充分利用工商银行的网络优势，积极为小企业办理结算、企业自助银行、企业网上银行、BtoB、BtoC 等电子银行业务；利用工商银行的人才优势，为小企业提供现金管理、选择融资组合、债务管理、兼并重组、信息咨询、管理咨询等服务，提高小企业经营管理水平，降低小企业的经营成本，提高财务效益。

同志们，做好对小企业的金融服务意义重大，各行要积极探索，努力创新，严格管理，实现全行小企业信贷业务的新跨越，为保持国民经济持续、快速、健康发展做出更大贡献。

完善工商银行公司治理结构 推进经营模式和增长方式的根本转变

——在信贷业务管理高级培训班上的讲话

姜建清

（2005年9月12日 根据录音整理）

到下个月股份公司成立，工商银行股份制改革第一阶段的工作将告一段落。但我们必须认识到，商业银行的股份制改革是一个较长的过程，实现持续健康发展更需要长期的努力，决不是一天就能办成一个好银行的。而且在这个过程中，单靠外力是不行的，不管国家给多少政策和帮助，没有自身的努力不会成为一个好银行，最终必须依靠自身免疫功能的增强才能健康地发展起来。所以，任何银行的变革都需要一个相当长的过程来完善体制、机制，来转变经营模式和增长方式，来提升管理人员和员工队伍的素质。

回顾一下工商银行这些年来所取得的成绩和走过的道路，我们可以深刻体会到：商业银行改革是一个艰巨的过程。2000年4月14日，在全行党建工作会议上，我代表总行党委向全行提出了工商银行改制的“十字方针”。这十个字就是效益、质量、管理、发展与创新。按照这“十字方针”去做，这些年全行发生了巨大的变化。

在前不久召开的分行行长工作会议上，总行又提出了关于“效率”、“结构”和“核心竞争力”的问题，前面“十字方针”加上“效率”、“结构”和“核心竞争力”，是我行当前正在进行的新一轮经营模式和增长方式转变所必须坚持的新理念。不过，经过5年多的改革以后，有些方针应该赋予新的内涵。所以，下面我想讲一讲股份制改革第一阶段基本结束时，经营模式和增长方式的转变应树立什么样的目标，提出什么样的口号。

一、效益是经营的目标

在新的阶段，对于效益目标的内涵应该有新的发展。以前，大家知道效益就是经营利润。但在新的阶段，效益应该看以下指标：总收入、净收入、经营利润、账面利润、利润成长率、净资产收益率、信贷类资产收益率与非信贷类资产收益率、分部门的收益、净息差、收息率、资本回报率、股东价值增加值、经济增加值、派息比率、市盈率、市净率等，这些指标构成了效益目标的主要内容。同时还包括成本目标：总成本、经营费用、人力费用、收入成本比，分部门、分产品、分机构的成本，折旧额和折旧率等。这么多指标中间，一个非常重要和突出的指标就是账面利润，它有三个非常重要的内涵：

（一）效益必须是真实的效益，即扣除风险拨备、经营成本、资本补充后的效益。真实的效益再加上缴纳的税收就是国外银行的净利润概念。提升效益，关键在于提高风险掌控能力。要控制增量发展过程中的风险和防范存量劣变。正确的发展方向和结构优化对风险掌控力的提高有正面作用，收益结构的调整对于风险掌控能力较弱的机构更有积极作用。风险掌控力就是现代商业银行的竞争能力，就是现代商业银行的盈利能力。当风险掌控能力有巨大差距怎么办？一是坚持正确的发展方向，二是优化结构。如果以上两点还做不到，那么就要调整收益结构，重点发展低风险的业务品种，如中间业务、存款业务，这些业务有操作性风险，但没有信用风险，这是与较弱的风险控制能力相匹配的。

（二）必须确立股东利益最大化的观念。员工利益的增加要建立在保证股东利益的基础上，因为股东投资是要回报的。股东利益和员工利益可能一致，比如收益增加了，也可能不一致。在不一致时就要以股东利益为重，如果股东利益下降，员工利益却在增加，这是股东所不可能答应的。因此，一定要确立收入成本观念，成本要受制于收入。

（三）必须建立效益长期、稳定和可持续增长的机制。确立一个好的资产结构、负债结构、收益结构，是转变经营模式和增长方式的意义所在。一旦确立好的结构，就能够较少地受经济周期的影响和受利率市场化的冲击。因此，必须对效益结构、收益结构、成本结构进行深入研究，找出结构不合理的原因。对市场创新进行研究，分析自身竞争力的状况，预测未来几年的变动趋势，根据诊断逐一进行解决。效益问题实际上受制于收入结构、成本结构、资本结构、负债结构，结构决定了效益。效益点在哪里？风险点在哪里？各个分行都不一样，有些行风险掌控能力薄弱，一有“风吹草动”，就“伤风感冒”；有的行发展能力不强，在当地就是竞争不过其他行；也有的分行是什么都不行，浑身缺免疫功能，这要靠综合治理。每个分行要针对自身效益、结构情况进行诊断，而且要预测今后几年的发展趋势，研究解决措施，这是确立效益为目标经营机制的一项重要工作。

二、质量是经营的前提

质量是经营成败的关键。我们经常关注这样一些质量指标和结构指标，如资本充足率，核心资本充足率，风险拨备率，不良贷款比率，信用结构，十二级分类结构，各种贷款违约率，违约损失率状况，不良贷款形态的迁徙，流动性指标，操作性风险指标，当年新增拨备占当年经营利润、信贷资产和总资产的比例，当年实际资金损失额和损失率、当年资本回报情况。这些指标所反映出的信贷质量问题在相当长的时期内，都是我行的主要风险点。

（一）质量损耗是最大的效益损耗。我们为了效益去发展，但发展是受到制约的。如超过制约条件去发展，就会南辕北辙，适得其反，历史教训已充分证明了这一点。现在和未来几年，我行实现效益目标的制约条件主要是风险的掌控能力。风险的掌控能力实际上就是竞争力，它是形成分行效益、质量和竞争力差别的主要原因之一。

（二）质量管理必须是全面的质量管理。既包括对信贷风险、利率风险、流动性风险和操作性风险的管理，也包括全面、全过程和全员的质量管理。下面着重讲一讲信贷风险和利率风险的管理。

1. 信贷风险。这是当前和今后 3 至 5 年我行最主要的风险。我行连续 6 年信贷风险控制在 1.6% 以内，非常不易。如果能够延长至10 年或11 年、12 年时，整个信贷风险管理就会到一个相对的稳定期，所以今后 3 至 5 年是一个关键时期。这几年我行的管理体系、人员素质在逐步改善，一年比一年好。但我们所处的环境是：经济、企业还处于不同程度的转型期，社会信用环境和法律体系不够完善，银行的风险管控能力薄弱、风险管理制度和体系存在缺陷、全员的风险管理意识还远未确立。因此，尽管你做了非常大的努力，但以上因素最薄弱之处，就会形成一块短板，信贷风险就取决于这块短板。

科学的资产组合是资产质量长期、稳定保持优良水平的关键。总行对此早有深刻体会，并有意识地抓结构分布。然而，尽管经过这几年的调整，也还有不合理之处，科学的风险组合还在探索之中。如有的分行是低风险掌控能力和高区域风险、高扩张欲望并存，即“一低两高”；另一些分行则是较高的风险掌控能力和较低的区域风险、较低的信贷市场竞争能力同在，即“一高两低”。由于我们的调整是在保持一定发展速度和经营效益前提下的调整，是在运动中的调整，是不断前进中的调整，是主要通过增量来带动存量的调整，这种调整确实有很多困难，既涉及管理人员和员工的培训，又需要建立全员的风险文化。

这些年虽然我行信息化建设对信贷管理带来了极大的提升，但仍要不断完善，包括在贷后管理、信贷分析与预警方面，以及境内外、上下游信息的互通、共享和联动方面。现代商业银行的信贷管理已经发展到境内外、上下游、供应链、投资链相互关联的一个序列，信息是共享和互动的，而我行的信息系统基本上还是割裂的。如境内外割裂，境外信贷没有完全集中到信贷部门，甚至境内分行之间是割裂的。我经常看到这样的案例：一个分行贷款放出去以后，资金到哪里去了，不知道；用途是否按照合同履行，不知道。实际上贷款被挪用、诈骗都出在这儿。为什么？就是没有形成上下游供货链管理，没有管企业的供货链，一笔贷款放出去后，没有人管企业对下游的支付，再进而管好下游的下游。有的时候，工商银行放出一笔大贷款，往往几家小银行就在企业那里等着，上午贷出去，下午就转走了。问题就在于没有进行贷款全过程、一连串的管理。同样，对信贷企业的本外币贷款、国内外结算、投资银行业务和个人金融业务，以及上下游企业资金在工行的内部循环等挖掘不够，这样纵横交错的业务机会，我们只抓住了其中一小部分，深度挖掘非常差。这种“单打一”不仅不利于提升效益，反而给银行带来极大风险。因为信息割裂开来，就不可能通过各角度、多层面反映企业风险，很多风险问题都是在这种割裂状态所形成的，我们在这方面要尽快加强管理。另外在贷款定价和客户风险评估方面还要再努力。这几方面，信贷管理系统都要支持，将来要通过深度开发，建立贷款质量迁徙的监测制度，充分反映贷款的形态迁徙，清收、核销的详细情况，为不同的行业、产业、企业、区域、种类的贷款质量演变积累数据，为信贷决策和建立违约模型提供基础的数据，促进信贷管理工作由感性走向理性。

2. 利率风险。利率风险是相对独立于信贷风险的，它的显著特征是利差收窄，并影响银行的收益。其对依赖存贷利差收入和债券投资收入银行的影响尤为严重。信贷风险掌控能力的提升对利率风险的控制作用是不大的。可能信贷风险管得非常好，信贷风险非常低，成本控制得也不错，但最后由于外部经济环境的变化，引起收益大幅下降。这是为什么？就是因为利率风险，利差收窄。利差大幅下降之后，银行着急了，大幅扩大信贷规模，同样的贷款多放了一倍，收益还和过去一样，但风险资产扩大了，导致资本充足率下降，资产结构和收益结构进一步恶化。往往在利率风险来临以后，由于效益下降和成本的刚性，导致与股东、社会投资者、员工的矛盾凸显。

利率风险的根本原因是资产结构和信贷组合不合理。以信贷组合举例，利率风险到来时，不是所有的品种利差都会收窄，往往首先收窄的是一些优质客户、大型项目的贷款，因为他们占据了在定价方面的优势地位。所以，将来信贷组合中要有各种组合。现在很多同志都喜欢放长期贷款，期限20年，利率下浮10%。实际上去掉成本之后，这种贷款收益很少。

收入结构不合理也是利率风险的原因。存贷利差和债券收入的比重越大，受利率风险的影响就越大。我们之所以要大力发展中间业务和个人金融业务，就是因为它们对抵御利率风险具有非常大的作用。此外，还有收入成本结构不合理的问题，有些分行的收入成本比率已经非常高了，一旦遇到利率风险，就更受不了。

当前资金供大于需，银行由于竞争过分激烈被迫放弃定价优势进行削价竞争，货币市场和资本市场特别是银行间的债券市场价格持续走低，这是利率风险的先兆。各国利率市场化以后，利差下降明显，日本从2.0%到1.6%，韩国从7%到4.5%，泰国从3.5%到3.2%，澳大利亚从4%到3.3%。我国台湾地区利差也从6.2%降到3.5%。中国大陆的商业银行已有山雨欲来风满楼的感觉了。利率市场化将会从根本上颠覆商业银行现有的盈利模式，银行对此要有忧患意识，并战略性地调整资产结构、负债结构和盈利结构。只有成功经受住这次风险挑战，商业银行的资产负债平衡能力、定价能力、资金运营能力、国际竞争能力才会有大的提升，商业银行间的优劣之分和一切差距将明显拉开。

三、管理是经营的基础

（一）中西方银行的最大差距在于管理。全世界大的优秀银行不良贷款率长期保持在百分之一点几的优良水平，每年用来拨备的资金在总利润中占比很低，而我行大量的资金用于拨备。改制以后，我们初步预想将新增经营利润的30%用于增加拨备，占比再高势必影响股东回报，进而影响员工收入。从中可以看到管理的差距。工商银行过去5年经营效益增加了9倍，收入成本比下降50个百分点，新增不良贷款率降到1.6%，主要靠的是管理。

（二）管理在于精细。高级管理人员不能只管决策，还要抓执行。要抓住改变管理状况的关键点，一次“点穴”成功。如7年前的资金汇划改革，所依据的基本会计理论是“动钱就要动账”，结果从1998年到现在，7年没有发生一起案件。前些年大量的案件发生在对账和操作平台，分理处负责对账，而作案人就是在分理处的对账人员，自己作案自己对账，非常容易得手。总行下决心成立对账中心后，这个领域的案件明显下降。从信贷风险来看，现在推行信贷集中，设立审批中心，也避免了大量案件。所以，一定要抓改变管理的关键点，管理精细化，并狠抓到位。

（三）管理要创新。要重视管理的体制、机制和流程的改革，特别要重视观念的转变和风险文化的建设。我们这些年的改革，主要是以下几种模式：

一是途径性改革。即通过另一个独立的机构进行监督。比如说现在总行正在推行的资金集中改革，分支机构在记收资金的同时逐级上划，先以一级分行为单位进行资金集中，将来再集中到总行，收支两条线。这次资金改革成功后，将彻底解决在资金上的问题。这就是异机构的管理。又如前后台分离改革，做市场就不能做审批，不能做监督。

二是制约性改革。有的时候不能由异机构进行管理，就在机构内部进行分离，如成立招标、装修委员会等。最近总行又提出所有营业网点要设立营业经理或坐班总会计，分理处（储蓄所）主任不能搞授权交易，而由派下去的总会计负责。总会计由二级分行集中管理，专职做授权，一年换一次，保证有人在分理处（储蓄所）这一级监督。分理处（储蓄所）主任可以管业务经营，管营销，就是不能管授权。

三是技术性改革。科技的硬约束是非常见效的。要投产异常交易预警系统，对所有的异常交易进行监测。西方商业银行的管理模式是一个账户要是长期不动，就要作为异常交易，换人进行监督，换人与企业联系。如小额开户，突然发生大额进出的异常交易要高度关注。我们已经把过去很多案件的各种异常状况找出来，输入系统，将来要建立监测制度，二级分行有一批人专门从电脑系统中看异常交易，发现异常交易立即检查。

（四）提升管理水平要特别重视实施人才战略。培训是极端重要的，要把工商银行建设为真正的现代商业银行一定要花大力气抓好培训。我们需要的人才还是缺乏的，而大量引进优秀人才又受到人员过多即效率的限制。在这种情况下，经过培训来提高人员素质，适应新形势的要求，就显得更为重要。希望各位行长要花更多力气在培训上。另外，我们要完善劳动人事制度。改制后我行成为上市公司，要进一步完善劳动法律关系，更加规范用工制度和用工行为，依法保护员工的合法权益，依法加强劳动合同管理，严格企业纪律处分规定，健全劳动争议管理。

对此，我还想多讲几句。目前，工商银行机构仍很臃肿、一定程度上还存在着队伍庞大、人浮于事、劳逸不均、效率低下、费用过高、分配不公，员工贡献与机构贡献的考核粗放，分配与贡献的挂钩不紧密等问题。在考核方面，一些基层机构，往往把考核与产品的总量性指标如存款和贷款挂钩，对正确的经营方向引导不够。这些年来我们花了大量的时间来讲经营理念的转变，但在经营绩效考核的传递过程中还有旧的东西。这些旧的东西往往影响经营行为，应该引起重视。一级分行对基层分行的考核指标也要加强管理和监督，要把产品的考核指标折算成效益指标。如果能做到这一点，员工的思想观念会渐渐随着我们的经营理念和经营方向进行调整。现在我们还要重视二线的冗员和冗官较多，管理成本摊计到一线以后占比过高的问题。而且，这种情况下，在分配方面可能会引起员工的不满。一级分行要下决心去加以解决这个问题，研究确定合理的二线人员规模，处理好分配关系，一线人员干得好收入就应该高，也可以超过二线。

（五）完善公司治理。要按照现代公司治理结构的要求，进行三权分开，三会分设，有效制约，协调发展。公司董事会成立后，将很好地履行决策和监督职能。要严格界定董事会和管理层的职责，加强对管理层的有效约束和激励，建立起完善有效的独立董事制度和审计稽核制度。引进战略投资者以后，对工商银行完善现代企业制度是有好处的。同时，也会增强国际投资者对工商银行的信心。世界上最好的金融机构都愿意投资工商银行，这对将来 IPO（首次公开募股）时吸引中小投资者和其他财务投资者非常有利。如果条件具备，我行计划 2006 年正式上市。上市是工商银行现代金融企业建设的一个重要环节，但不是最终目的。最终目标是按照现代公司治理要求，把工商银行办成一家资本充足、管理严密、服务良好、效益较高、在国际上具有显著竞争力的现代商业银行。

四、发展和创新是经营的动力

（一）只有依靠发展才能解决现实问题。错过了发展的有利时机，就错过了调整的有利时机。要在发展中调整结构，实现经营模式和增长方式的根本转变。这几年的发展机会难得，一定要紧紧抓住。

（二）既要摒弃只讲发展、不讲风险和成本约束的思想，又要反对只讲风险、不讲发展的观念。要依靠把激励与真正的业绩挂钩来调动干部员工的积极性，将业绩考核和考察、评价、使用干部结合起来。除了干部基本条件之外，主要看干部的业绩。

（三）坚持科学的发展观。不能不顾发展的制约条件，延续简单的规模扩张、风险扩大的增长方式。我们不鼓励规模大、效益低的市场与风险顾此失彼的发展方式，要在风险可控的情况下保持和发展市场优势，牢固树立收入增长与实际的账面利润增长挂钩的观念。不仅仅是资产总量的扩大，而且必须是经营绩效和效率的同步提高，资产组合和业务组合的协调，管理和人才的匹配。若只注重总量的扩大，甚至是无节制的盲目扩张，忽略了发展的制约条件，忽视了协调互补，只会加大结构的不平衡。

（四）市场环境是变化的，必须因需而变，因时而变。这些年，我们在市场拓展方面考虑得比较早，进入市场的时机非常好，在培育市场方面确实是先行一步。早在 1999 年，我们就对信贷情况进行了分析，发现工商银行信贷结构不合理基本上是两个原因形成的：一是由于国家政策形成的，就是国家政策强调重点发展什么我们就重点支持什么，但在结构主动调整方面考虑得很少。二是由各个分支机构无意识行为形成的，最后形成了全行的信贷结构不合理。也就是说，千千万万个信贷员在做信贷布局，其行为的叠加就形成了我们的信贷结构。最终形成的信贷结构是一个高风险、高损失的结构。商业银行信贷战略的一个非常重要方面就是调整结构。这些年我们的工作重点就是要解决结构问题，也就是解决真正的信贷风险问题。前些年我们就提出要疏导、堵漏、清淤、综合治理的“十字方针”。其中“疏导”就是总行必须有意识地引导新的贷款投向，信贷结构的形成必须从上到下、从下到上两个循环来完成。一个企业没有发展方向是不行的，所以我们要寻找这个方向，这就是疏导。“堵漏”就是把存量劣变堵住。“清淤”就是把不良资产处理掉。“综合治理”就是包括机制、体制、管理、科技、队伍培训、思想政治工作、党建、班子调整等等在内的综合治理。

在“疏导”方面，我们确实做了不少工作。1999 年，我行个人住房贷款就二三百亿元，而且不良率很高。当时建行有公积金业务的优势，市场占比第一，我们的压力很大。我们通过调查，把全行的家底摸清，把所有不良资产形成原因、结构分布搞清楚，最后决定沿海地区 8 个行先作为试点，后来又选择 8 个行作后备队，逐步推进，不断调整，结果很快发展起来了。现在住房信贷加上其他的消费信贷接近 5000 亿元，而且周转很快，每年两项归还相加是 1000 多亿元，五年多来发放量估计达到 8000 亿元左右，并且不良率总体是比较低的。这是找到的第一个优质市场。第二个市场是票据市场。当时工商银行基本上不做转贴现，中小银行这块业务搞得轰轰烈烈，市场都被他们占据着。我们组建了中国第一家票据专营机构（票据营业部），然后全面发展票据业务，现在培育了 3500 亿元的市场，不良额才 1 亿元多。第三个市场是基本建设信贷市场。我行过去大都做技术改造贷款，后来积极开拓煤、电、油、运等基本建设市场，大概搞到七八千亿元的市场，连回收加在一起大致有一万多亿元，总的不良率非常低。这三块市场加起来接近 2 万亿元。流动资金市场是变动最大的一个市场。我行在流动资金市场上吃过大亏，剥离的不良资产中有 83% 是流动资金贷款。这些年我们实行大进大退，退了近一万亿元，又进了很大一块优秀的股份公司、三资企业和中小企业市场。目前流动资金贷款占比为 48%。

今后，还要不断地找新的信贷市场，因为上述几个市场虽然还有空间，但是压力也是非常大的。在个人消费信贷方面，我们现在做到了 5000 亿元左右，但 2005

年由于宏观调控对房地产市场的影响，增长比较缓慢。票据贷款周转性太强，可能3个月就要周转一次。如果3500亿元都是3个月周转一次，那么一年业务量在10000亿元以上的部分才是余额增量，票据贷款要再增长也很难。这几年我行贷款的竞争力不错，在上述市场份额都位居第一，住房贷款超过位居第二的建行大概五六个百分点。但其流动性强的特点给我们下一步的贷款增长带来了非常大的困难。流动性好是质量提升的结果，简单测算一下，每年要增加2500~3000亿元贷款，就要发放10000~12000亿元的贷款。同时，我行非信贷资产非常大，都是流动性较强的票据，快要占据半壁江山了，增加再多也有问题。因此必须培育新的信贷市场。总行决定开拓中小企业市场，这是一块非常大的市场。我行法人信贷客户是6万多户，去掉1万户不甚好的，有的分行信贷客户才1000多户，这么少的客户不但影响信贷业务，还影响其他一揽子业务，所以必须要发展新客户，包括信贷客户和非信贷法人客户。要培育中小企业信贷市场，但不能全行一哄而上，不够条件就去做，结果只会适得其反。这要求在制度、体制、科技、队伍素质方面等都要与市场相适应，所以要有梯度发展，不同分行要有梯度，同一分行的不同二级分行、县支行也要有梯度，但这个市场一定要培育。将来信贷市场中，短期流动资金市场会被短期融资券所替代，中长期流动资金市场会被资产证券化所替代，只有中小企业信贷市场没有产品替代，全世界都是如此。

创新是银行科学发展最重要的推动力，这包括机制、体制、管理、组织、业务、产品等方面的创新，其中有些属于生产力，有些属于生产关系。我们要大胆探索，积极创新。

一要发挥工商银行科技创新的优势。这些年我行信贷管理系统、数据库、业绩价值管理系统、网上银行等创新品种伴随着数据大集中而相继推出，从而成为中国科技实力最强的一家银行。我行在业务处理上已经达到国际先进商业银行水平，大型计算机集中联机处理，每天5000万元左右的业务量，但是业务整合和技术整合还有很多工作要做，在管理会计方面还有不少的差距。我行很多系统、很多业务都有优势，但彼此之间割裂，如果能够整合完善，必将发挥巨大的竞争力。下一步总行科技部门和各业务部门要积极配合，通过科技整合来促进业务整合，通过业务整合推动科技整合，缩小与国际先进商业银行在科技上的差距。这是下一步我行科技发展的一个重点，也是精细化管理的一个重点。

二要重视工商银行服务渠道的创新。服务渠道是银行竞争力的重要因素，而客户结构的变化，对服务渠道的要求也发生了变化。过去的服务渠道卖的都是储蓄品种，现在的品种丰富多彩。2004年，我行代理国债、保险、基金等三个品种销售额为1353亿元，相当于当年储蓄增量的56%，可见销售品种的多样性。服务渠道之间也不断进行分流，目前离柜的电子交易的业务量已经占总业务量的25.7%，如果每年再提高3~4个百分点，我行整个网点情况都会发生变化。因为网点渠道成本，包括租金成本、装修成本等等总体较高，并且网点区位不同、规模不同，相互之间差异很大。我们要保持网点渠道的优势，但也需要调整。目前很多网点渠道调整工作还不够，如老城区大量网点效益不好。因此，要重点做好服务渠道的规划、整合和转型工作，对短期、中长期业务进行分析规划，注意功能整合、流程优化以及一站式服务等。要重视银行服务标准化、远程化服务，现在数千里外的网站服务越来越多地替代了面对面的柜台服务，渐渐消除了服务渠道之间的产品和服务水平差异，提高了服务质量和效率。离柜业务和非离柜业务要并行发展。很多分行现在离柜业务量比较低，这和宣传不够有关系。大家可以想一想，8月份全行网上银行汇款200多万笔，如果都去柜台办，将会给柜台造成多大的压力。所以，要进行大量的宣传和培训，引导客户办理离柜业务。

在创新过程中，对一些指标需要重视，如中间业务收入的增长，中间业务收入占资产或营业净收入的比例，代理国债、基金、保险或信托计划的金额和当年新增储蓄存款的比例等。目前存款增长很快，存差已经接近50%。但到了将来利率发生变化、存款过多导致利率风险压力增大的时候，我们要能够通过业务创新使存款转化为手续费收入。

五、效率问题

从总量上的指标来看，除了外汇业务指标以外，我行其他业务指标在中国都是排名第一，从效益指标和成本指标看也不错，但较为薄弱的是效率指标。我行和中国效率最好的中小商业银行比较，人均资产、人均存款、人均营业利润大约是其1/5。和大型银行比，在人均资产等指标比农行和建行好一些，与交行相当，低于中行。上述指标影响到人均收入和人均效益，也导致人均成本比较低。当然，我行成本低也有合理的因素，因为我行集约化程度较高，同样的计算机系统支持的业务量比较大。同时，由于大量网点是自有产权房，所以，网点成本也低。人力成本指标因业务规模经济影响而表现较好。如北京分行资产已达到1万亿元，抵得上三个小商业银行，而这些小商业银行要配的管理层干部非常多，成本就高。在形成成本低的因素中，这些正常因素约占40%，还有60%因素是不正常的。将来利率市场化后利差收窄，收入下降，而成本具有刚性，我行就要面临非常困难的局面了。过低的费用水平可能对管理层和员工的激励方面，甚至对网点改造装修带来不利的影响，从而影响竞争力。如果经营水平不提高，又要提高费用水平，结果是股东的回报下降。上市后股东回报等指标要对市场报告，所有银行要进行排序，排名最低的银行必将是市价最低的银行。因此，效率不提高，最后会慢慢削弱我行的竞争力。目前，讲发展不讲风险的问题基本得到了解决，但讲发展不讲成本的问题还没有完全解决。这个问题要靠发展解决，要在控制风险的前提下合理控制成本，提高利润，提高效率。过去5年的发展，我行效率有了较大提高，目前问题在于行内差距太大。一级分行人均指标相差十几倍，二级分行之间可能相差三十倍，仍有1/3的二级分行实际是亏损的。怎么改变这样的面貌？只有树立科学发展观，在严格控制风险的前提下，依靠发展来解决问题。在一定时间内，还可以通过转移支付来进行调整，但长期难以维系。

六、结构问题

优化的结构是保持长期、稳定、可持续发展的前提。只有结构良好的银行才能抵御风险，保持良好的盈利能力。

结构指标是非常多的，如信贷与非信贷资产占比，其中信贷资产占比要与自身的风险掌控能力相匹配，非信贷资产占比又要受到投资债券收益的影响。如果风险掌控能力不强，利率风险较大，那就要主动增加销售保险、基金、债券收入。再如，要提高生息资产占比，就要压缩非生息资产，又如，要降低固定资产占比，就要压缩不合理的固定资产占用，如欧美银行基本上没有固定资产，主要采用出租形式。我国银行业情况有所不同，但占用固定资产不计成本、不讲投入产出的做法是不可取的。

要研究信贷产品的组合，信贷资产的产业、行业、品种、区域、期限、利率分布，构成了信贷资产的组合。信贷部门要经常研究，做到因需而变，因时而变，做到准确把握大的趋势和经常性调整相结合。

要经常研究非信贷资产的结构分布、利率、流动性、盈利性。进而还应研究盈利结构中，利差收入、投资收入和中间业务收入占比以及各种品种收入；在负债结构中，企业、机构、同业的存款结构，以及生息的负债比率，整体来说，目前我行负债增长非常快。2005年前8个月存款增加5000亿元，增长势头非常强劲，而信贷资产只增加1000亿元，已出现了流动性相对过剩的状况。这种情况下，高息负债不能再吸收了，有的行前些年签订的高息合同，出现净亏损。最大的、最有竞争力的银行在负债市场上往往都有定价权。如汇丰银行大量的负债都是结算性的负债，成本非常低。负债的目的是盈利，因为负债都是要卖出去的，如卖不出去或利率倒挂，银行就吃亏了。

对信贷组合中的各种比例，如长期信贷与短期信贷比例、个人信贷与公司信贷比例、表内信贷与表外信贷比例、发放量与余额增量比例、信贷资产量与信贷收益、优质信贷市场与客户占比、区域信贷结构与信贷收益、信贷拨备结构等等，总行会不断地进行细化分析，认真研究，发现问题及时告知分行，提醒关注。举例来说，目前全行表外业务7400多亿元，总收入仅8.9亿元，单位收益太低。存在问题是：各种豁免非常多，担保业务、承诺业务收费常有豁免，银行承兑汇票业务保证金管理不严格等等。表外业务风险不小而收费不多，这和我们考核不严格有很大关系。

七、核心竞争力问题

怎么样提高我行的核心竞争力？最关键的是要在上述所有的方面都做得好。它包括三方面：核心的市场、核心的客户和核心的人才。

从现有的客户情况来看，工商银行高端客户不够多。有一种说法，银行20%的客户贡献了80%的利润，或者说20%的客户贡献了140%的利润。也有人说，40%～50%的客户使银行失去了50%的利润。现在商业银行之间的竞争使客户特别是优质客户越来越善于比较银行的产品、价格与服务，讨价还价的能力越来越强。美国《银行家》杂志披露，银行每年有10%～15%的客户发生变化，5年就会有50%左右发生变化。也就是说，如果对客户管理不好，5年内将有一半客户流失。因此，客户的竞争越来越引起银行的重视。目前传统的经营界限不断被打破，创新的周期不断缩短，客户竞争不仅在银行间进行，还在非银行之间展开。总行多年来一直考虑建立银行客户的考核体系，2005年下半年着手进行这项工作。首先从个人金融领域着手，先合并账户，再开始收费，一定时间收不到费就关闭账户。把存款在5000元～5万元的客户作为工商银行潜在的优质客户，5万～50万元的客户作为中端客户，50万元以上作为高端客户。目前个人金融业务只考核存款，今后将考核综合业务，即购买国债、基金、保险都放在一起考核。对于400万户的公存客户，我们也要根据其带来的存款、结算、中间业务收入等，划分一个标准进行细化管理。对于信贷客户，我希望对信贷客户数、贡献率、风险率及优质客户的比例等，也作出一个客户管理和客户考核的标准。这样就基本覆盖了存款和贷款、个人和企业。

在优质市场方面，大家要突出优质业务和优质分行的管理。在分行方面要突出发展中心城市行，这是工商银行作为城市行的特点决定的。在业务方面要突出发展符合工商银行经营模式和增长方式转变要求的业务。我行在很多业务领域占据了中国第一。如在银行卡方面，特别在灵通卡方面，刷卡消费量达到2000多亿元；ATM的业务量居第一；网上银行占了77%～80%的市场份额；离柜业务也是做得最好的；个金业务方面占据的优势比较多；消费信贷、票据业务、基本建设贷款方面业务发展和风险管理方面都做得不错。

我们要着眼于未来可能发生的变革，确定发展重点，特别要发展不容易复制的核心竞争力，如品牌领先、产品领先、创新领先、IT 领先、整合领先、人才优势领先等等。尽管价格竞争对提升市场份额的效果很明显，但非常容易复制，维持这个竞争力非常困难。每个分行要对各自的竞争力进行分析，总行对各分行的竞争力也要分析。经营模式和增长方式转变对工商银行来讲是一个长期的任务，目前调整阶段整体形势非常好。一方面，我们预计股东回报和经营利润在未来 5 年内都能保持比较好的水平；另一方面，由于引进了战略投资者，补充了资本金，我们资本充足率在未来 4 ~ 5 年内问题不大。在这样难得的机遇下，我们要抓紧时间加快经营模式和增长方式的转变。可能在某些地区一些竞争对手不顾成本和质量来抢占市场，大家对此不要担心，这些都不会持久的，不要让短期的变化引起自己的恐慌，怀疑自己的核心竞争力下降。培育核心竞争力往往是非常痛苦的过程，可能在某一阶段原有的矛盾暴露加快。这次小额账户清理也同样会面临账户大量下降的问题，大家不要因恐慌打乱自己的战略和步骤。同时，也应该看到，往往是虚假的市场份额使自己沾沾自喜，用大量虚假的东西掩盖自己竞争力的不足和下降。

商业银行的改革本身就是在实践过程中逐步形成理论，再指导实践的过程。现在没有非常完善的一套理论和实践经验，而要靠我们不断地探索。过去几年我们在经营思想和实践方面的探索已经收到了较好成果。今天重提这些提法并增加了新的内涵，也是希望引起大家的思考，引导大家不断地创造经验，更好地推进工商银行的改革发展。

加快个人金融业务整合创新
打造中国第一零售银行

——在中高级管理人员个人金融业务培训班上的讲话

姜建清

（2005 年 11 月 1 日 根据录音整理）

工商银行股份有限公司成立后一项非常重要的工作就是要制定未来的发展规划。在制定发展规划、研究未来上市问题的过程中要充分发掘工商银行的价值，我认为工商银行价值的闪光点有六个方面。在这六个方面中，第一点就是要打造中国第一零售银行。

有人说，我们现在已经是第一零售银行了。我们的个人金融业务几乎占据了所有市场份额的第一，我们的存款第一，有三万多亿元的储蓄存款；我们的贷款第一，有 5000 多亿元的个人类贷款，大概在四大行中占比三分之一，在所有金融机构中占比 25%；我们个人结算、个人信用卡的清算、电子银行等业务也都是市场第一。我们不就是中国第一零售银行吗？还需要打造什么呢？我们要问自己：我们所期望的中国第一零售银行到底是什么样的。这就是今天我想讲的第一个问题。

一、中国第一零售银行的标准

是不是“大”就是第一零售银行？我列出几项标准，要是真正达到这些标准，那我们第一零售银行的目标就基本实现了。当然，这些标准还不完善，还需要进一步讨论和推敲。具体地看，这几项标准是：

1. 规模与效益的统一；
2. 速度与质量的和谐；
3. 效率与成本的匹配；
4. 服务与品牌的俱进；
5. 存贷款业务与中间业务的协调发展；
6. 客户结构与收入结构的合理分布；
7. 内控管理与员工素质的共同成长；
8. 具有长期的、可持续的、领先市场的竞争力和不断成长的市场价值。

我们要打造中国第一零售银行，首先就要把目标定下来。如果没有一个非常明确的目标，我们往往又会重蹈以前曾经走过的弯路。实际上，在中国第一零售银行的打造过程中，在个人零售业务的发展过程中，同样也有科学发展观的问题。我们现在的确是最大的零售银行，但若按照这些目标来衡量，差距其实还是非常大的。总的来说，从个人金融业务科学发展的战略上思考，以上这些标准就是打造中国第一零售银行的核心要求。那么如何按照这些标准来打造中国的第一零售银行呢？这是我今天所要讲的第二个问题。

二、打造中国第一零售银行需要注意的五个问题

我刚刚讲到了规模、效益、速度、质量、效率、成本、服务、品牌，讲到了协调发展，讲到了结构，讲到

了管理内控，讲到了员工素质，讲到了持续发展，也讲到了市场竞争力和市场价值，这每一个方面都是一篇文章。但是我今天重点讲的是当前在发展个人金融业务中需要注意的五个问题，这些问题往往是我们平时重视不够的，或者需要重新来思考、审视的问题。

（一）观念问题。树立科学发展观是打造中国第一零售银行首先需要解决的问题。为什么要打造中国第一零售银行？这是由个人金融业务所具备的特征决定的。

1. 从股东价值的回报来看，经营好个人金融业务是商业银行利润增长和持续发展的关键。

（1）从国际经验来看，发达国家商业银行的发展脉络揭示，个人金融业务已经成为商业银行业务的核心体系之一。个人金融业务领域相当广泛，几乎涉及所有的金融活动。特别是20世纪90年代以来，西方银行业在发展战略中都逐步加大了对个人金融业务的重视程度。从贷款来看，个人贷款（消费信贷）在总贷款的比重上升趋势是非常明显的。在美国前十大银行的贷款结构中，零售业务贷款比重在1985年占15%（和我们现在16%的水平差不多），但到了1996年这个比重已经上升到了30%。这是国际商业银行普遍性的一个规律，即个人贷款的比重一般都占到30%，高的达到50%。现在美国5万亿美元的按揭贷款中，零售业务占到了2.5万亿美元。

（2）个人金融业务是商业银行重要的利润来源。当前，每个银行都把个人金融业务放到了举足轻重的地位上。花旗银行2004年的消费者金融业务利润占集团利润的72%，汇丰银行2004年税前利润中个人业务利润占比为40%，美洲银行个人金融业务利润占比为41%。我们发现，这些将零售业务作为发展重点的美国银行的经营利润都要优于采取其他策略的大银行。

我们工商银行也一样。根据业绩绩效价值系统统计，2005年上半年个人金融业务的利润（不含信用卡）达到全行经营利润的40%左右。如果经营管理得好，个人金融业务在经营中的风险成本扣除是非常低的，这是它一个非常明显的特征和优势。

（3）个人金融业务盈利率高，是商业银行持续发展的保障。现在国外商业银行普遍把个人金融业务作为一种规避风险的举措。因为它具有非常好的成长性，是一项“常青树”业务。在经济周期的任何情况下，个人金融业务都有一种反周期的作用，它能熨平经济周期对商业银行经营的不良影响，而且它的回报一般也高于其他银行业务。美洲银行个人业务的资本回报率就超过了全行平均水平；汇丰银行在2002年整体利润下降10亿港元的同时，个人业务利润仍增长了8.9亿港元。所以个人金融业务具有“利润稳定器”的特征，是商业银行保证经营利润和持续发展的关键。

2. 从未来金融市场的发展来看，直接融资和金融脱媒趋势的发展使个人金融业务成为商业银行经营发展的一个重点。

目前法人贷款市场上信贷替代的趋势已经越来越明显。中央银行已经推出了企业融资券业务，2005年发行量大概是1000亿元，估计2006年要发展到5000亿元，这意味着将有大量的流动资金被替代；而项目贷款和个人按揭贷款这类中长期贷款的证券化试点也即将推出，这就从短期贷款和中长期贷款两个市场来替代我们现在的信贷市场。大家看到，工商银行在1984年到1994年期间，存贷比都在100%以上。也就是说，工商银行扣除存款准备金的话，很大一块是靠借中央银行的钱来放贷款。但从1995年开始，我行的存贷比例逐年下降。到目前为止，我行存贷比例（剔除票据融资），已经低于50%。从信贷部门来看，固然要大力拓展信贷市场，但是从另一个角度来说，存款的强劲上升和贷款市场的相对受限势必造成商业银行存贷比例的逐步下降。2005年以来，我行存款已经增加了5500多亿元，贷款一共才新增1300多亿元。存差不断扩大，资金部门营运着是2.9万亿元的存差，马上就要达到3万亿元。总资产中的信贷资产比重现在也降到了不足50%。存款的不断增加势必造成资产的不断增加，工商银行的总资产已经超过了6.4万亿元人民币。迅速增加的资产需要银行不断增加资本金。资本金成为约束现代商业银行经营的一个铁律。预计在未来的三到五年，我行的资本金在引进战略投资者和IPO后又会得到增加，资本充足率还能维持三到五年。但从长远看，这种不断增负债、不断增资产的发展策略和增长方式迫切需要改变。

当然，现在社会资金向商业银行集聚的主要原因之一是资本市场还不够发达。资本市场未来的发展对于商业银行可谓喜忧参半。从忧的方面来看，资本市场的发展会直接减少商业银行资金的来源，居民的投资方式将会更加多元。但是从另一个角度来说，资本市场的发展也会使商业银行的产品更加多元，带来更多的以收费为基础的收入来源。总的来说是喜大于忧。

3. 从当前市场环境来看，发展个人金融业务是工商银行参与同业竞争的重要战略选择。

利率市场化改革将使传统的以存贷利差为主的收入模式受到新的制约。在世界上一些转型经济的国家，都有这样一个利率风险释放的过程。当资金供大于需的时候，银行由于激烈的竞争，被迫放弃定价优势而进行削价竞争。证券市场、货币市场或者是银行市场价格的持续走低就是利率风险的先兆。各个国家在利率市场化之后，利差下降都很明显。日本的利差从2%下降为1.6%，韩国从7%下降到4.5%，泰国从3.5%下降到3.2%，澳大利亚从4%下降到3.3%，我国台湾地区利差也从6.2%下降到3.5%。现在中国大陆的商业银行已经有“山雨欲来风满楼”的感觉了。利率市场化将会从根本上颠覆商业银行现有的盈利模式，我们对此要有忧患意识，战略性地调整资产结构、负债结构和收益结构。只有真正地、成功地经受住利率风险的挑战，商业银行的资产负债平衡能力、资金定价能力、资金营运能力和国际竞争力才会有一个大的提升。商业银行之间的优劣、好坏也将随之区分出来，我们一定要经受住这场严峻的考验。

现在我们只不过刚把一些不良贷款卸掉，能不能持续地经受住信贷风险的考验，还得三到五年以后才能作出判断。要把现有的1.6%的新增不良贷款率保持下去，至少再保持三到五年，我行在信贷风险上的驾驭能力或者是风险掌控能力才可以说是进入一个比较稳定的阶段。但利率的风险期又要来到。银行首先受到影响的就是利润，盈利空间会急剧地收缩。那么个人金融业务在这个时候就会成为同业竞争的焦点。现在国内几乎所有的商业银行都举起了大力发展个人金融业务这个法宝。为什么？就是都已经感觉到阵阵的“寒意”，这个“寒意”正是来自于利率市场化。交通银行的董事长曾经问我，工商银行个人金融业务的盈利占多少。我告诉他大概占40%，他很羡慕。交通银行的个人金融业务利润才占到10%。当然他们的负债结构、资产结构跟我们相比，有非常大的差别。很多的银行现在非常羡慕我们。那么我们已经占据的优势能不能保持和发展呢？事实上，这个优势要维持或者要巩固是非常艰难的。现在不管是中资银行还是外资银行，都在个人金融领域加大投入，市场的竞争已经十分激烈。而我们现在有些同志，对个人金融业务确实还不重视，认为它成本高、投入大、见效慢，无法在他的行长任职期内带来显著效益。因此在个人金融业务的发展和调整上花的力量还远远不够。这些错误的观念不仅影响当前，甚至还会影响工商银行个人金融业务的长远发展。也有一些行，目前个人金融业务在总量或规模上还是不错的。这是由于一些历史原因使我们占据了一些网点、品牌等优势，从而占据了一个比较好的规模和市场份额。但是如果忽略了对规模、效益、效率、结构、成本、可持续发展的统筹，以及对产品、渠道、客户等方面的深入研究和战略性调整，这种暂时的优势慢慢地将不复存在。更有甚者，个人金融业务在有些地区已经不占优势，工商银行最传统的个人业务——储蓄存款的老大地位已经发生了动摇。所以加快个人金融业务发展必须促进观念上的转变，这不仅是在座各位主管个金行长的责任，也是各个分行行长需要重视的问题。

4. 个人金融业务具有巨大的利润空间和发展潜力。

中国经济正在迅速发展，25年来中国的经济增长持续保持在9%以上，未来20年内中国经济还要翻两番。从1978年到1996年，中国居民的年均储蓄存款增长超过了30%。在经历了1997年和2000年居民储蓄存款的连续下降之后，2001年居民储蓄存款增长开始加快，2002年增长了17.8%，2003年9月份，我国居民储蓄存款超过了10万亿元，达到了10.8万亿元。预计2005年我国居民储蓄存款要达到或超过15万亿元，2010年至少要达到或超过20万亿元。

同时，中国居民个人资产也呈现多元化的趋势。越来越多的人选择了债券、股票、基金、保险，甚至买卖黄金、外汇等投资方式。其中还诞生了一些高收入、高知识层次的客户，即我们常说的优质客户。我国年收入水平在4300美元以上的城市家庭大概有3000多万户。在工商银行的家庭金融资产在5万元以上的就有1450万户，接近1500万户。这些客户选择了中国工商银行，从这个角度，我们被称为“第一大零售银行”应该说当之无愧。我们的客户结构中优质客户很多，但低效客户也很多。最近招商银行在个人零售业务方面发展比较快，前一段时间正式宣布该行储蓄存款超过了2000亿元。该行大概发行了4000万张“一卡通”，所有的存款都是挂接在卡上的。这样平均每个客户的存款大概是5千元。现在我们工商银行客户存款是3万亿元，发行银行卡1亿张，把所有的存款挂接以后，单卡存款大约是3万元。就卡均存款来比，我们是招商银行的6倍。这些说明我们所原有的优势现在还是存在的。目前我行的个人理财金账户已经发展到170万户，还有很多优质客户没有申请，需要我们大力发展。个人贷款业务也是一样，市场非常大。几年时间我们已经突破了5000亿元，约占全行贷款规模的16%。个人中间业务的收入也从2002年的19亿元增加到2004年的39亿元，从中可以看到一个非常好的发展空间。

另外，工商银行也具备了开展个人金融业务的一些独特优势和条件。我们具有非常显著的品牌优势和规模优势。现在我行大约有1500万个中高端客户，5000万个潜力客户，再加上一些其他的客户，真正的客户数应该在1亿户以上，全国第一。最近，中国工商银行的品牌入选“中国十大品牌”，是“金融第一品牌”，评估价值为472亿元。多年来，中国工商银行“可信赖的银行”的品牌形象深入人心，我们是中国消费者使用最多的银行，消费者最认可、最了解的银行，接受服务最多的银行，最代表中高收入群体的银行，印象最好的银行，最信赖的银行。我们拥有的客户资源和品牌效应在业务中具有很强的优势。另外我们还有多渠道的服务优势等。

综上所述，无论是从内外部的环境，还是从国际银行业的发展趋势来看，个人金融业务都是工商银行未来发展的一个重中之重，是我们战略转型中要着力发展的一个重要业务领域。

（二）客户问题。良好的客户结构也是我们要高度重视的一个问题。我们常说要搞好金融服务，因为服务是金融业的核心和生命线。其关键就在于能否真正树立起客户导向的理念，并以此为核心提升客户服务。这对于工商银行来说具有至关重要的意义。

首先要了解一下重视客户的原因。刚才我所讲的几个方面，无论是要增加效益，要提高质量，还是要降低成本，提高效率，其实都在于要竞争核心客户，明确客户的定位。工商银行机构多、网点多、人员多，不可能把高端客户作为工商银行的主要客户。我行的个人金融业务要定位于中端客户，竞争高端客户，发展和培育潜力客户。

从客户情况来看，个人金融客户有以下基本特征：

第一，客户数量众多，总体业务量巨大。像工商银行这样庞大的银行，在国内有1亿户以上的个人客户，每天都有超过千万笔的个人业务。与数百万个法人客户相比，它的业务量是非常巨大的。从这个方面来看，如果我们对这些数据进行挖掘，对客户进行分析，通过一些渠道的改革，进行低成本、集约化的管理，然后实施前后台的分离，建立风险控制与质量管理同步开展的高效运作体系，就能更好地完成个人金融业务巨额的业务量、满足庞大客户的需求。

第二，个人金融客户分布分散，对渠道的依赖性高。客户主要是通过渠道来跟银行接触，银行也主要通过渠道来跟客户往来。渠道的概念是一个不断发展的概念，并不是我们过去看到的一个大楼、一个网点，渠道是在变化、发展的。

第三，个人金融业务的需求是具体的和有差异的。我们千万不能拿一种无差异的服务来面对1亿个具有个体特征的客户。另外，个人金融客户的差异性是随着时代的变化而不断变化的，所以个人金融业务尤其需要创新，而且要不断进行创新。

第四，个人金融客户的单体贡献较小，规模经济才能保证收益。相对于公司和机构客户，个人客户的数量大、单体贡献小，所以它需要规模经济，达到一定的量才有收益。个人金融业务不能像批发业务一样计算单笔业务收入，一笔笔地计算盈利水平。应该从利润贡献大的群体入手进行分析。根据客户进行市场细分，然后根据细分的市场来确定我们业务发展的规划和重点，着力提高整体的盈利水平。

第五，产品差异比较小，容易模仿。个人金融业务产品要不易被模仿，是非常难的。它的产品模仿期很短，甚至短到几个月。在这样的情况下，零售银行业务需要从以下几个方面来维持它的核心竞争力。

首先是在渠道方面。个人金融业务的渠道模仿是比较困难的。因为有的渠道是以多取胜，但开设物理网点是不太容易的。有的渠道是立体的，从物理网点转变到电子网点，实现实体网点和虚拟网点的结合，这也是不易被模仿的，因为这需要强大的科技支持。

其次是在于整合优势。国内的商业银行往往不太重视流程。个人金融业务一般按部门来分割，所有的个金业务都被割裂得支离破碎，这样就不大容易为客户提供全面的、一站式的服务，客户的服务需求就得不到及时、便捷的满足。所以我们如果在整合方面做得好的话，就能确立第二种不可模仿的优势。

最后是从产品上下工夫。对大型商业银行来说，如果我们在产品方面能够投入更多的力量，建立一些模型把商业银行的本币、外币业务，资产、负债业务，表内、表外业务结合起来，开发出一些非常好的投资品种，有效规避商业银行的利率风险，提供给客户比现在的储蓄产品收益更高的产品。这种投入往往是一些小型商业银行无力模仿的，而且这些产品的开发取决于你在金融产品定价和风险防范方面的测算，这种能力也是不易被模仿的。

当然，多年来形成的品牌优势也是无法仿效的。这些方面就是个人金融业务所具备的、其他银行无法模仿的核心竞争力。把这些工作做好了，个人金融业务就能很好地发展。

从工商银行的情况来看，应该说在过去很长一段时间，我们缺乏客户战略。我们对客户缺乏分类，提供的是无差异的、无特征的服务。客户到工商银行享受的任何服务都是一样的。当然，从道德层面来看，对客户的服务应该是一样的。但是不同的客户对服务的需求是不一样的，对产品等各方面的要求也是不一样的。如果我们一视同仁、一模一样为不同的客户服务，就无法让客户特别是优质客户真正满意。

我们还缺乏对客户价值的分析。我们基本上不知道到我们这里来办业务的客户是优还是劣。所有的客户信息和产品都被割裂得支离破碎。例如，客户一般都有几张银行卡，这几张银行卡在不同时候刷卡之后，就会收到好几张对账单。这里面就有一个成本浪费的问题。为什么不把这几张对账单全部整合在一起？因为这些产品都是分部门所有的。一个部门管一个产品，出了这个部门就不管这个产品了。试想当一个客户收到三四张对账单，他会觉得这个银行的服务好吗？

再有，就是由于我们缺乏对客户的分析，有时候投入产出严重不合理，甚至是倒置。我们提供的很多服务是亏本的，但是亏本买卖还是照样干。我们曾经发展了很多无效客户，信用卡、灵通卡一批一批发出去，全部是零余额，很长的时间没有一分钱，但是照样完成发卡任务。一个劣质的客户，照样寄一张单子给他，照样送他一本存折。在这种情况下，大量低端客户在银行没有办法进行调整和优化，而高端客户又得不到应有的服务。这是我们在下一步工作中着力要解决的问题。

截至2005年8月21日，工商银行的个人客户数是2.52亿个（这不是按账户来计算，是按客户来归并的）。其中，金融资产在5万元以上的大概是1400多万户；大量的客户在5000元到5万元，属于潜力客户，一共约5000万户；剩下的都是金融资产5000元以下的客户。金融资产在100元、200元以下的账户高达2亿个。最近我们开始对300元以下小额活期存款账户进行归并，就是想对客户数进行一下清理。从中我们发现，中高端客户不管是存款还是其他的金融服务，都是给工商银行提供最多贡献的客户群。

下一步调整客户结构，第一要做好对客户结构的规划。我们现在是一个6400万包括中高端客户、潜力客户在内的总体结构，能否经过一段时间，把中高端客户数量发展到1亿户？但这个1亿户和过去的1亿户概念就不一样了。所以个人金融业务要制定一个新的规划，要把这些发展指标下达到每一个分行。

第二要做好细分的市场和品牌的规划。要重点关注潜力客户群，主要是在校大学生、青年职业人员等一些有较强增长潜力的客户。对应他们的产品品牌是牡丹灵通卡E时代，这些年轻人都会使用电脑，也应该作为网上银行重点发展的一类客户群。对他们的品牌规划应该定位于成为代表科技与时尚，充满进取精神的象征。而对应中高端客户的品牌是理财金账户，要为他们提供各种优惠的待遇和综合的理财服务，成为代表成功与财富、具有国内领先地位的个人理财品牌。现在理财金账户才发展了170万户，还有很大发展空间。针对这批客户，将来在渠道方面要加大培训力度。他们很多人有了一定的年纪，他们对新的科技接受能力比较弱。所以要切实加大对这批人辅导、培训力度。对非常富有的客户和最高端的客户，我们要为他们提供高层次的尊贵理财服务，包括尝试在国内率先推出私人银行业务，提供各种资产管理、财产信托、税务咨询等服务。要通过客户结构调整，提供细分的服务，使我们个人金融业务客户的忠诚度保持在全国领先地位。

总的来说，对不同的客户要有不同的经营策略，这是我们今后要做的一项重要工作。因为服务好优质客户，不仅能提高银行服务的效率，带给银行很高的收益，而且还能够降低银行成本，所以下一步我们要定期对各个行的客户结构进行通报和考核。从现在的情况看来，客户结构的情况不完全与一个地方的经济发展程度相关。有些地方经济发展很好，但是当地行的客户结构反而劣于经济发展不如它的一些省份行。原因是由于这些行多年来不重视客户结构的调整，在网点、渠道、客户的认知程度上面存在一些问题，日积月累，造成目前这样一个不合理的客户结构。所以总行下一步对各行客户结构进行考核通报，就是让大家知道自己分行的客户总数是多少，结构分布怎么样，促使落后行迎头赶上。

（三）渠道问题。渠道是银行竞争力的一个重要要素。这个渠道是在不断变化的，总体的趋势是从单渠道到多渠道，从现金交易到转账交易，从柜台服务到离柜服务，从人人对话到人机对话。从渠道交易情况来看，总交易量逐年上升。全行年结算量（包括个人结算和对公结算）大致4年时间翻了3倍，达到现在的180万亿元。离柜交易量的绝对数和相对数也在上升，而且上升得非常快。

ATM交易笔数由2000年的1.7亿笔增长到2004年的5.2亿笔，增长3.3倍；交易金额从983亿元到3343亿元，增长3.4倍。POS机交易笔数也从3942万笔增长到1.2亿笔，增长3.2倍；交易金额从406亿元增长到1717亿元，增长4.2倍。个人网上银行2004年底交易笔数为3674万笔，增长72倍；交易金额2004年达到5158亿元，增长3684倍，这是因为它过去很小。信用卡直接消费笔数从1490万笔增长到4548万笔，增长3倍；直接消费额从167亿元增长到542亿元，增长3.2倍。灵通卡直接消费交易笔数从1747万笔增长到6873万笔，增长3.9倍；直接消费金额从125亿元增长到1004亿元，增长8倍。

大家从中可以看到，随着总交易量和离柜交易量的上升，人均效率、人均资产、人均业务也都呈迅速上升的势头，整个交易渠道非常明显地呈现出一个渠道的替代趋势。现在全行电子银行渠道已经占到25.8%，也就是说有四分之一的业务量不再需要纸质凭证及柜台交易这个渠道了。我们过去的电子化，是必须把凭证拿到柜台，然后再把凭证拿到中后台进行处理，两端是纸质的，中间流程进行电子化处理。我们现在所说的离柜业务，跳开了渠道前台的过程，没有纸质凭证，直接同网络或者主机联系进入到中后台进行业务处理。这样的离柜交易不用到柜台，有一个非常明显的渠道替代效应，意义非常大。关于渠道建设应该注意三个问题：

第一是成本的问题。国外商业银行对渠道的成本都作了非常多的研究，这也是我们一个薄弱环节。我们过去对于渠道的成本是基本上不作研究的，有时真不如一个企业，一个企业搞一个1000万元的技术改造项目，那算是一个不得了的项目。评估、项目建议书之类要搞一大堆后再立项，确定这个项目。我们现在购置一个1000万元或几千万元的网点，却不当回事。从来不做规划，也从来不去计算渠道投入多少、产出多少。渠道中物理网点的成本是很高的，而且不同的区位、价格、规模，成本都不同。我们有些是租赁网点，但租赁网点也需要投入一些如租金成本、装修成本、相关设施成本等等。我们过去物理渠道的成本很高，但还是必要的。一个商业银行的物理网点成本投入这么大，像我们工商银行这样，其实就是在竞争中确立了一个非常有利的地位。但是我们过去在渠道的实施中也有很多的经验教训。这次在改制过程中，我们也处理掉了一些闲置的固定资产。一个县城，四个角，工、农、中、建四家银行一个角一家银行。现在其他三家银行都搬走了，大楼里面就在养老鼠，然后卖，十几年过去了，卖的价钱比造的价钱还便宜。人家说十年房产投资能赚多少，而我们净干这样亏本的事情。这种案例很多。

第二是物理渠道规划问题。随着城市的改造和发展，目前我行物理渠道建设有两种不良倾向，一是乱投资，不顾代价，不计投入产出乱投资。二是不投资，不作为。随着城市的改造和发展，居民都搬家了，老网点存款上升也非常缓慢了，新的居民区不断发展，他也不去投资。因为有少数管理者有这样的心理，我当几年行长干嘛把费用投入到网点上，大家吃光用光算数，过几年我也走了，网点投资、业务发展就再说了，所以造成了刚才说的核心竞争力的下降。这两种倾向在我们网点发展过程中都非常多。所以总的来说，物理渠道要科学地规划，每年到底搞多少物理渠道，物理渠道的装修、装饰标准是怎样？也不是越奢华越好。然后有些物理渠道随着城市形态的变化不行了，那么它怎样搬迁？每个分行都要有一些人对此进行专门研究和规划，这也是商业银行发展规划中一个非常重要的问题。

还有一个非常重要的渠道就是离柜渠道。它的一个特点是成本非常低。工商银行现在已经在电子银行方面拥有非常明显的优势，占到百分之七八十的市场份额。2005 年 1 ~9 月份，电子银行交易额 35 万亿元，交易笔数占全行业务交易总量的 25.8%。其中，个人网银的交易笔数 6466 万笔，同比增长 1.7 倍，相当于每个网点每个月平均有 425 笔、260.7 万元金额的业务通过个人网银交易。应该说这是一个非常大的业务量，但是还有潜力可挖，大量的业务还可以进行分流。所以电子银行是我们未来参与市场竞争的一个利器。外资银行在中国不可能在物理渠道方面大量投资，这非常不容易，而且投资非常高昂，但它会运用电子银行这样的方式。我们现在电子银行的优势能不能得到巩固和发展，就在于我们在今后难得的几年时间内能否把我们大量的客户都囊括到电子银行中去。今后的两三年是“跑马圈地”的最好时机，两三年后，中国商业银行的电子银行就都发展起来了，然后把他目前的客户一点一点归入电子银行之中。这是我们在渠道发展中面对的一个状况。但是这种渠道的变化速度、客户对多元渠道的接受程度还取决于我们对员工的培训和对客户的营销宣传。现在柜台上还有好多员工都不使用电子银行。我们银行的员工特别是领导干部，自己都不会使用电子银行，怎么去宣传营销电子银行呢？我跟很多高端客户见面的时候，都向他们推介电子银行的渠道。很多高端客户都非常奇怪地问为什么这么好的东西不跟他们宣传呢？他们都不知道，都不会用。我碰到过一些大的客户，都没有办这个东西。所以我们的营销还是很不到位的。我们要对个人网银进行客户结构调查，不能再像我们的柜台服务一样只讲数量不讲质量，通过调查了解网银的优质客户到底有多少，一定要抓住优质客户。

第三是渠道的整合问题。多渠道，又能够管理成功，协调一致，这是商业银行渠道战略成功的一个关键。多渠道将会影响到一些业务流程的变化，包括产品的销售、管理、控制等等。所以我们对渠道的整合管理是影响渠道效能的一个重要因素。有些会涉及到现有的业务、产品和管理，这些方面都涉及到综合改革。总的来说，关键要改变现在以产品来设部门、以岗位来设流程、以部门为中心的分割状态。涉及个人金融业务的部门要紧密地联系在一起，各级分行都要组织一些专门的营销团队，到一些非常好的单位去，从单位的领导层开始，为单位举办讲座，一个单位一个单位地帮助他们把理财金账户、网上银行办起来。要帮助那些优质客户对个人账户进行整合，帮客户开通网上银行，并教会客户使用。没有这样的培训，一般人看到多渠道还是会怕，仍旧跑到银行柜台这个渠道上来，搞得柜台人满为患，服务效率很低，劣质客户驱逐优质客户。所以我们一定要在渠道的转型方面做很多的工作。这是银行的核心竞争力的重要方面。在这种多元渠道的基础上，我们就可以实现更多产品的交叉销售，把我们现在除了储蓄产品之外的一些国债、基金、保险等等产品都拿到渠道中来营销。但是现在这个多渠道销售情况还有很多令人担忧的地方。拿个人网上银行来说，通过这几年来的发展，在个人汇款方面，工商银行的品牌开始有所展现。2005 年 1 ~8 月份，个人转账汇款金额为 4436 亿元，增长了 107%，1 个月转账汇款数量大概已经有五六百万笔，已经显现出了一个竞争的优势。但还有更大的潜力，还可以做得更大。

从网银的结构来看，主要集中于银行的低端的服务市场。比如说，在个人网银的结构中，转账的金额占 51%、笔数占 18%，汇款的金额占 24.6%、笔数占 24.9%，这已经有点优势了。代发工资和代报销金额占 4.6%、笔数占 18.6%，这还是可以的。外汇买卖金额很大，占 13.3%、笔数只占 1%，这也正常，因为外汇买卖可能是少量客户在做，金额很大。但是应该引起高度重视的是，我们的个人投资率，就是基金、国债和证券，也就是银证通这一块，金额只占 1.9%、笔数只占 0.41%。在个人网银中分流了几百万笔的转账汇款，降低了成本。这么大量的汇款得到了大量的结算收入，所以到目前网银赚了 3 亿多元。但是真正第二个层次，就是在基金、保险、国债这个方面的产品太少。而且便捷程度也不够。大量的国债交易还要到柜台去排队，为什么不能挂到网上？网银也是一个营业渠道。像基金买卖，总行将来要制定一些差异性的价格，来推动大量的离柜交易。然后更重要的是我们的产品部门要开发出更多的理财产品在网上销售，并且要与企业商户联合销售一些诸如像电话卡、电力卡或者公交卡等这样一些产品，从中赚取手续费。这些渠道的转型是商业银行未来降低渠道成本、增加边际收益、巩固客户关系的非常重要方面。

接受我们工商银行多渠道服务的客户，他的忠诚度是非常高的。单渠道特别是物理渠道的客户非常容易流失。这就是为什么说渠道与客户战略非常相关。

（四）产品问题。目前商业银行产品单一、服务单一，存款成为客户的一个主要选择。据对全行重点客户的统计，在他们的金融资产中存款占到 92%，国债、基金分别只占5.94%和2%。这固然有我们对客户宣传培训不够的因素，包括在柜台或像电子银行等渠道方面，对客户直接的辅导和帮助他们进行一些多元的投资等工作都做得非常不够。但我们现有的考核措施、引导方向上也有大的问题。以存款为主导的思想在一代人的情结中还是非常难以改变。2005年工商银行的存款已经增加了5500多亿元人民币，估计全年会达到6000多亿元人民币。总资产在不断地往上垒，一头是垒存款，一头是垒贷款。商业银行这种长期被动的负债行为总有一天要改变。现在如果贷款利差进一步收缩，资金的价格将不断趋低，存款的收益越来越低。总行不能总是维系这么高的上存资金价格，亏本来补贴各行。有些行甚至还不顾一切去签约很多高利息的存款。从当前市场的情况来看，从货币市场上、资金市场上融通来的资金价格已经低于我们存款的价格，也就是说我们从市场上轻轻松松能够拿到比存款价格更低的价格。

那么同志们又会问，我们这么多储蓄的机构不吸收存款，干什么呢？如何养活这些机构呢？这就要求我们要加快增长方式和经营模式的转变。要按机构考核，每个储蓄所、分理处、支行都要考核。

我们需要有更多自己的产品。我们现在代售国债、保险、基金，可能有千分之几的手续费，但赚得不多。为什么呢？因为这个产品是别人开发的。实际上开发、销售、管理国债的部门是财政部，基金是基金公司，保险是保险公司。他们觉得他们开发的产品，银行代替销售，又不承担风险，多少给点手续费就可以了。其实有非常多的产品是我们可以自己开发的。很多的理财产品，比如债券，有些是长期债券，有一些是存续期还有一段时间的债券，它的利率本来是比较高的。就单个客户说，他一对一进行期限、金额的匹配很难，我们将来是否能够把这类产品买来，资产组合后切成小块和小包在我们的渠道上进行销售。它的价格一定比我们现在存款产品要高很多，而且完全可以从中拿到百分之一点几的收益率。那么我们从中赚的钱肯定不低于信贷资金去掉拨备以后赚的钱了，而且基本上不承担风险。西方商业银行的理财，有时可以高达到百分之二十几的年收益率。我们的理财服务给客户的收益比存款稍微高一点，在让客户满意的同时，我赚百分之一点几的收益，难道就做不到吗？前几天，国际部和资金部说他们的先锋理财做得好的话，应该是可以做到这个价格的。可是现在余额太低，发生额600多亿元，余额才100多亿元。如果能变成1000亿元、2000亿元甚至上万亿元，那利润就很可观了。我们如果真正把这块市场做好，那么我们现有的高被动负债情况就会一点一点改观。我们就可以不再走高资产高负债两头一起增加的发展道路。所以要想尽办法开发产品。2004年我们销售的基金、国债、保险占当年新增储蓄存款的56%，将来我们还要不断完善这方面的统计分析，不仅包括这类代销的产品，还要包括我们自己的产品。这是我们产品部门需要着力研究的课题。现在客户对产品的利率都比较敏感，开发出一个好的产品，就意味着竞争能力的增强。

在调查中我们发现，凡是使用多个金融产品的客户，他往往比较忠诚。在存款、贷款、银行卡、国债、基金、债券等六个产品中（不包括我们中间业务的一些产品），他使用的品种越多，人均回报率越高，客户越忠诚。但从实际情况来看，我行75%的客户现在只使用一种产品，估计主要就是存款。从渠道方面看，也要统计一下有多少客户在使用多种渠道，包括网上银行、电话银行、ATM、POS、物理渠道。现在基本是20.5%的客户使用两种渠道，高达95.5%的客户才使用一种或者两种产品。所以产品的问题要引起高度重视，这是2006年全行要着力解决的重要问题。只有把这个问题解决好，工商银行现有的客户群才会进一步扩大，个人金融业务的竞争能力才会进一步提升。

（五）流程问题。个金业务的健康发展必须要加强管理和内控。现在要高度重视个金领域的一些风险，特别是一些操作性风险。要做好个金业务就要梳理业务流程，改变现在以部门为中心而割裂的个金业务的经营形态。总行提出大个金战略，开始着手一些整合工作。这次我们个金业务新系统开发，就是通过计算机系统把现有个金的一些业务整合到一个平台上。这是我们在流程再造中走出的重大一步，涉及到很多部门，无论是个金部、消费信贷管理部、银行卡中心和电子银行中心，还是国际部、会计部，以及总行一些中后台部门，大家要齐心协力，围绕共同的战略目标，把个金业务大力发展起来。要加强协调，行长们要经常做好这个协调工作。

要准确界定前、中、后台部门的相关职责，加速构建大个金的经营格局，改变现在这种资源的配置分散、多头管理的经营体制。进一步明确个人金融业务部门为开展市场营销、经营管理客户服务和产品研发的牵头部门，进一步发挥个人金融业务指导委员会的统筹、协调、规划作用，建立起分工明确、协调高效的营销管理体制。前台部门负责与客户的沟通，获知客户的需求；产品部门组成团队集中针对细分后的客户群需求，设计相应的金融产品；通过后台技术支持部门的协作，最后由前台市场营销部门来完成对个人金融产品的营销和对客户的服务。

在流程方面要提高效率，要加强部门间的协调。对我们经营管理体制与业务发展不适应的地方要尽快采取措施加以解决，推动人、财、物资源的有效整合，达到最佳的配置。各个部门过去有一些习惯还停留在以自我为中心上，经营和管理比较分散，观念不同，认识参差不齐，部门之间还有一点力量分离和自行其事。经过这几年的整合，这样的力量抵销问题开始逐步得到解决，竞争合力开始逐步显现。工商银行率先在个人金融领域开展整合，其目的就是要通过大个金战略和“四个一”

系统，形成迅速、有力、高效的市场反映、决策和执行的机制，以及个金业务一级考核和评价体系，建成工商银行大个金体系。流程的问题非常重要，是作为一个部门的银行还是一个流程的银行，银监会刘明康主席也谈到，这是一个关键问题，我们也鼓励有些分行搞一些试点。我们在这个方面的改革已经起步，希望大家能够把这项工作做好。

我讲了以上五个方面，并不是说其他方面不重要。要做好个金业务的工作，当然要解决好效率、效益、成本、管理和竞争力等多方面的问题。但这五个方面问题是我们当前必须要引起重视和关注的问题。有些问题需要在总行的层面解决，也有些问题需要在分行层面解决。希望大家共同努力，使工商银行能够早日成为真正的中国的第一零售银行。

关于做好固定资产清查与非信贷风险资产剥离工作

——在中国工商银行分行行长工作会议上的讲话

杨凯生

（2005年4月22日）

关于全行的股份制改革，建清行长已经作了总体部署。关于不良贷款的剥离工作，张衢副行长还要作具体安排。现在我就股份制改革过程中的另外两项重要工作，即固定资产的清查确权与非信贷损失资产的清理剥离工作讲几点意见。

一、关于前一阶段固定资产清查确权和非信贷损失资产清理工作的情况

自今年1月总行启动全行范围内的土地及房屋产权完善工作以来，各分行都充分认识到了此项工作的重要性和艰巨性，以高度的责任感和紧迫感扎扎实实做了一系列工作，取得了不小的进展。在总行协调下，国土资源部于3月22日向各地国土资源管理部门正式下发了《关于做好中国工商银行用地土地登记发证工作的通知》，在办证时间和办证政策方面做出了具体规定，明确要求各级国土资源管理部门对我行土地确权工作给予支持和配合。截至第一季度末，共有31家分行取得了当地省国土资源管理厅下发的支持文件，9家分行与省国土资源管理部门召开了土地确权工作联席会议。福建、江西、安徽、内蒙、吉林、甘肃等分行行动迅速，较早取得了当地国土资源厅的支持性文件。部分省市如北京、上海、湖南、内蒙古等地的土地管理部门还专门派出工作人员与我行确权人员联合办公，现场指导我行办证。这些有效的沟通与协调，为我们尽快做好固定资产确权工作创造了有利条件。

目前，全行土地确权工作已进入实质性的测量、评估、发证阶段。截至4月19日，全行土地产权完善率为57%，较年初提高34个百分点。38家一级分行和直属分行中，土地产权完善率在70%以上的有11家，其中内蒙古、安徽、湖南、厦门、云南分行的土地确权率达80%以上（内蒙古、安徽、湖南分行土地产权完善率目前已经超过90%）。

在做好固定资产清查确权工作的同时，全行按照总行的统筹安排，进一步加快了非信贷风险资产处置进度，分阶段、有重点地对表内应收利息、诉讼费垫款、有账无物抵债资产、小额非信贷风险资产等项目进行了专项清理，累计清理核销49亿元。

截至3月末，全行非信贷风险资产余额为××亿元，较年初净下降69亿元，降幅为6.4%。剔除抵债资产当年新增因素，存量非信贷风险资产下降至996亿元，净下降84亿元，降幅为7.8%。与此同时，各行抓紧对非信贷风险资产损失进行了确认，对有关要件资料进行了整理和搜集归档，为集中消化非信贷资产损失做好了准备。

从总体上看，今年以来各分行、各相关部门按照总行的要求，各负其责，密切配合，扎实工作，使固定资产确权与非信贷风险资产清理工作按照预定的计划向前推进了一大步。

二、要加快解决固定资产清查过程中的难点问题

根据目前掌握的情况，固定资产确权工作中仍存在一些问题和难点，如不及时解决，将会对我行改制工作大局带来不利影响。全行对此要有充分认识，迅速采取有效措施，抓紧解决好以下几个问题。

（一）关于非主营业务固定资产的处置问题。目前

我行拥有各类培训中心、酒店、招待所、疗养院等非主营业务场所××家。根据年初总行确定的处置方案，初步确定保留××家培训中心，其余××家必须全部处置。根据近期调查结果，拟保留的××家培训中心中有××家具有法人资格。按照《商业银行法》的有关规定，凡具备法人资格的培训中心必须按照法定程序进行工商注销，在理清债权债务后，由对外营业完全改为自用。而按照现行法律规定，法人资格的注销涉及多方面事务，各项程序比较复杂，具备独立法人资格的培训中心、宾馆在注销前还需要经过较长的公告期。这项工作如不抓紧，很有可能会影响产权完善工作的进度。各行要力争于2005年5月31日前，取得拟保留培训中心的土地证和房产证，并于8月30日前，理顺产权关系，完成债权债务清查、注销法人执照和独立法人资格等工作。在规定时限过后，对仍存在土地证和房产证不全或产权纠纷等问题的培训中心，将一律处置掉，不再保留。

按照既定方案，拟处置的××家培训中心由一级分行、直属分行负责处置。目前来看，处置进度较为缓慢。下阶段各行要切实按照总行《关于做好培训中心管理与处置工作的通知》及《中国工商银行处置培训中心操作规程》的要求，加快处置未列入保留范围的培训中心，力争在10月中旬，最迟在年底前处置完毕。各行对这个问题要统一认识，不要再犹豫和等待。在处置过程中要严格操作程序，切实维护我行权益，严防道德风险，保证处置过程平稳、顺利。

另外，一级（直属）分行还拥有33家金融培训学校。这些金融培训学校中凡具有法人资格的，要抓紧按照相应程序进行注销。这些金融培训学校加上我行拟保留的××家培训中心，未来我行将拥有××家属于自用性质的培训中心、培训学校，明显偏多。各行应切实结合自身需要，合理测算培训业务量，通盘考虑，核定资产处置与保留的界限。

同时各行还要做好其他非宾馆、酒店类自办实体的清理工作，确保在9月底之前清理完毕。

总行投资银行部应帮助和督促分行处置上述资产。

（二）关于闲置及账外固定资产的处置问题。对于权属不完善的其他闲置房地产项目，各行要加快处置，争取在9月底前，最迟必须在年底前处置完毕。对闲置房地产项目中需缴纳土地出让金或暂可办划拨证、但无法办理授权经营手续，在股份公司设立时仍须补缴出让金的土地，处置过程中要视个案情况，权衡办证费用与处置收益，合理判断是否需要办证。确定不办证的，要尽早处置出手。

为最大程度显化我行资产，避免未来因存在账外资产形成经营违法违规问题而承担法律和经济责任，各行要充分利用此次清查评估的机会，切实做好账外固定资产的清理核实工作。要按照审计评估填表要求进行如实申报，力求填报内容真实、准确、完整。凡对账外固定资产隐瞒不报的将严厉追究有关人员的责任。

（三）关于特殊地区土地和房屋的办证问题。多年来，部分分行占用了一些煤炭、石油、钢铁、电站等工矿企业以及军事基地、旅游风景区、绿化林区的土地，自建了一批办公营业用房。这些房屋虽归我行所有，但土地使用权仍归上述单位，我行只是通过长期无偿占用或缴纳一定的租金取得使用权。此类土地办证难度较大。各行对于可协议转让的用地，要尽快与土地提供单位达成土地转让协议，并可按规定经批准后缴纳一定补偿费用。有关行应与土地管理部门沟通，争取与土地部门共同协调他方单位，尽可能以划拨方式将土地产权转让给我行。对已签订转让协议的项目，要主动与企业协商加快协议落实进度。对于供地方不予配合的，应及时咨询相关中介机构，请其出具相应的处理建议，妥善规避产权风险。

（四）关于在建工程权属完善问题。按照此次清查确权的规定，各分行要尽快做好在建工程的“四证”（土地证、建设用地规划许可证、建设项目规划许可证和建设工程施工许可证）收集、整理及确权工作，坚决防止“前清后乱”。对已完工并投入使用，但因财务决算等原因尚未转入固定资产的在建工程，要抓紧入账并办理规范的房屋产权证和土地产权证。

（五）关于占用我行土地的职工住宅的清理问题。由我行出资取得土地使用权，地上建筑由职工集资兴建的非全额集资住房，在账上造成了虚假的“房地不匹配”或“有地无房”情况。各行应尽快对此类不符合企业出售公有住房政策的问题进行彻底清理，尽快动员和组织相关职工缴纳我行土地使用权的取得成本。

（六）关于租赁物业的调查问题。根据香港联交所规定，物业评估师将对我行租赁物业进行调查，并按照香港招股书内容要求在上市前进行权属状况披露。鉴于租赁物业的调查是上市的必要条件，并非成立股份公司的必要条件，因此，根据整个改制进程安排，全行租赁物业的清理调查将于下半年适时启动。但为及早规范、理顺租赁物业的租赁关系，各级分行应立即开始对物业租赁关系进行规范，做好租赁合同整理、物业租赁登记和出租方权属确认工作，并在6月底前基本完成。

三、切实做好非信贷风险资产的清理与剥离工作

这是此次整个不良资产剥离工作的重要组成部分，时间紧，任务重。各行必须在前一阶段工作的基础上，立即部署，抓紧行动。

（一）逐项核实非信贷风险资产损失。非信贷风险资产损失项目的核销和剥离都必须在严格细致的核实确

认后才能实施。各行必须严格按照总行要求做好损失的核实确认工作。对于因债务人无法偿还债务而形成的损失，必须做好确权工作。对未予确权的损失，必须查明原因，核实形成过程，确认是否合规，防范损失处置过程中可能存在的违规违纪行为和道德风险。对因以往各种资产处置而形成的损失，要确保各项手续的完整性和合规性，确保处置回收款项足额入账，防止截留坐支行为。对因纠纷案件而形成的损失，要确保案件处理过程的完整清晰，合法合规，责任明确。

各行必须在5月15日前，按照总行统一确定的剥离范围，完成非信贷损失资产的资料整理和核实等基础工作。

（二）进一步做好非信贷风险资产要件资料的整理工作。要严格按照非信贷风险资产核实要点和资料组成要求，整理组织相应的要件资料，妥善保管，归档备查。从前一阶段总行核实情况和各行自查情况看，部分行的部分项目，如人行转来企业贷款本息、待清理信托资产和待清理拆放同业款中要件资料缺失情况比较严重。这些缺失的资料，有些是可以通过组织查找得以完善的，有些是可以通过加大工作力度取得的。各行要抓紧时间，尽最大努力补充完善非信贷风险资产的要件资料，确保财务重组后不留后遗症。

（三）严格按照有关要求，合理确定非信贷风险资产剥离范围。已纳入剥离范围的可疑类和损失类不良贷款所对应的表内应收利息和诉讼费垫款，以及无债权本金对应的表内应收利息和诉讼费垫款，均纳入非信贷风险资产剥离范围。其他剩余的表内应收利息和诉讼费垫款不予剥离。凡涉及行内机构的非信贷风险资产损失不纳入此次剥离范围。各行要严格按照总行统一确定的剥离范围，在5月1日前汇总形成《非信贷风险资产剥离项目清单》报总行，同时提供电子版清单表格。为确保清单数据准确无误，各分行要建立数据采集、核对、复查责任制度，指定专人逐笔核对。

（四）认真落实责任追究制度。要注意防范非信贷风险资产剥离过程中的道德风险，决不允许以任何借口违规操作。各级内部审计、内控合规、监察部门要加强监督，及时处理和纠正违规、违纪行为。在非信贷风险资产损失核实工作中，对因管理不善、违规违纪经营、债权追偿不力等原因造成损失的，必须严格追究责任，并将有关责任追究及处理情况的资料立档备查。

在整个非信贷风险资产剥离过程中，还有两个问题要特别强调：

一是房改损失问题。各行必须按照国家政策及总行的各项规定要求，对住房体制改革实施以来历年形成的房改损失情况进行核实，确保房改损失内容真实、核算准确。要做到严格执行国家房改政策规定，准确计算房改房固定资产净值，按照房改政策足额向职工收取房改售房款，并按规定提足维修基金。与房改损失无关的项目一律不得在“待处理房改损失”科目反映。对房改损失形成过程中的违规问题，一经发现，要追究领导责任。

二是涉及行内机构与自办实体的存在瑕疵的非信贷损失资产，此次不予剥离。对非信贷风险资产中因债务人无法偿还债务形成的损失，经分析资金流向后判定最终用款人为我行分支机构、原自办实体、信托公司、行内部门的，或我行对最终用款人承担连带担保责任的，一律不得剥离。各行要尽快统一协调清理此类垫款，在核实清楚的基础上抓紧解决。

四、高度重视，严密组织，在规定时间内高质量完成全行固定资产清查与非信贷损失资产剥离工作

前一阶段我们的工作已经取得了一定的成果，但我们必须十分清醒地认识到，当前的工作进展情况离既定目标还存在不小距离。按照整个改制时间表，下阶段的工作任务更加艰巨和紧迫。通过前期工作，我们已经深刻体会到了固定资产清查与非信贷风险资产清理工作的艰巨性和复杂性，但全行改革步伐的加快已不容许我们再有半点迟疑和丝毫懈怠。

全行必须充分认识到，土地及房产的产权完善工作是整个重组改制进程的一个关键。根据境内外监管部门的要求，纳入股份公司的固定资产，尤其是土地、房产，必须具备合法有效的产权文件。如果进入股份公司的土地和房屋产权完善程度达不到一个必要的比率，将直接影响上市进程。同时，如果产权存在瑕疵，将直接降低固定资产重估重置价值，严重削弱我行固定资产增值潜力。同时，权属合法也是保证我行资产安全，防止资产流失，优化资产结构的必然要求。土地与房屋资产的产权不清晰、权属不合法的问题如果不及早解决，将会成为危及我行资产安全的重要因素之一。

下阶段随着产权完善程度的逐步提高，解决余下问题的阻力和困难可能会更大。根据行业经验，产权完善率超过60%以后，一些共性的问题已基本解决，产权完善率将进入缓慢提高阶段；产权完善率达到80%以后，产权完善工作将进入瓶颈或者攻坚阶段，各种个案情况、特殊问题、棘手问题将会集中显露出来。因此我们必须做好打硬仗、啃硬骨头的心理准备，以高度的责任感，认真组织、细致排查，扎实推进确权工作。要针对不同的问题资产、瑕疵资产、闲置资产，确定落实时限，对重点、难点问题一个一个解决，确保在5月底之前高质量完成土地产权完善工作。按照股改过程中土地及房屋产权完善工作的一般程序，房屋产权的完善时点可稍晚于土地产权的完善时点，各行要按照总行《关于做好房屋产权完善工作的通知》要求，确保在6月中旬前完成房屋产权完善工作。

各行要充分认识到非信贷损失资产剥离工作的复杂

性和艰巨性，本着对历史负责的态度，以高度的责任心和紧迫感，精心组织，规范操作，严格按照总行的统一部署和工作要求开展工作。

根据国务院批准我行的财务重组方案，将剥离非信贷损失资产×××亿元，并且要在5月15日前完成，时间紧、任务重。各分行都要成立由分管副行长任组长的非信贷风险资产清理领导小组，加强本行非信贷损失资产剥离工作的组织领导。要成立由计划财务部门牵头，非信贷风险资产分工管理部门参加的非信贷风险资产处置工作小组，负责按照总行统一部署，组织对非信贷风险资产申报材料进行审查，确保有关资料的完整性和剥离操作的合规性。各相关管理部门要各司其职，各负其责，加强协作，密切配合，将总行的各项工作安排落实到位，确保不留后遗症，不给我行今后的改革发展带来任何负面影响。

同志们，我行股份制改革已经启动，希望大家全力以赴，严密组织，在规定时间内高质量地完成全行固定资产清查与非信贷风险资产清理与剥离工作，为股份制改革创造一个良好的开端，为工商银行未来的健康发展打下一个更坚实的基础。

立足新起点　推进新发展
着眼新目标 开创新局面

——在中国工商银行分行行长工作会议上的讲话

杨凯生

（2005年11月16日）

这次会议是中国工商银行股份有限公司成立后召开的第一次分行行长工作会议，也是全年工作即将结束前召开的一次重要会议。刚才，党委书记、董事长姜建清同志的报告，向全行提出了按照十六届五中全会精神，要深入研究思考的股份公司经营发展战略课题，对深化股份制改革和加强党的建设作出了新的部署。全行要按照党委和董事会的安排部署，认真学习贯彻十六届五中全会精神，深入落实国务院领导同志视察我行时所作的重要指示，以股份公司的成立为新起点，高标准地做好当前各项工作，用更宽广的视野来谋划下一步的改革和发展，确保股份公司成立后迈好第一步、创出新局面。

下面，我讲三点意见。

一、股份公司的成立使全行改革发展站在了一个新起点

工商银行成立20余年来，先后走过了国家专业银行和国有独资商业银行的发展历程，以股份公司的成立为标志，进入了全面建设现代金融企业的新阶段。

（一）股份制改革取得了重要的阶段性成果。中国工商银行股份有限公司的成立，是我行股份制改革方案获批六个多月来各项工作成绩的重要体现，更是1999年9月第一次剥离部分不良资产以来综合改革一个总的阶段性成果，是在六年来工作基础上的一次新跨越。几年来，全行按照党中央、国务院关于金融改革的总体部署，贯彻总行党委提出的“效益、质量、管理、发展、创新”的十字工作方针，从解决资产质量问题入手，积极推进管理体制和经营机制的变革，盈利水平持续跃升，风险控制和基础管理显著加强，结构调整和创新发展取得重要成就。内部综合改革的主动推进和先期开展，以及由此带来的经营管理的深刻变化，为实施股份制改革奠定了坚实基础。

2004年国有商业银行股份制改革试点启动后，我行在深入研究论证适合自身特点的股改方案的同时，相继展开了大量的具体准备工作。2005年初，清产核资、房屋土地确权工作开始启动，中介机构陆续进场，外部审计、资产评估、法律尽职调查加快推进。许多深层次的内部改革方案先后出台，特别是全面风险管理和内控体系建设得到重点深化。这一系列工作为股改方案获批后的迅速启动赢得了时间，创造了条件。4月18日，党中央、国务院作出了对工商银行实行股份制改革的决定，我行股改工作全面铺开，按照国家政策规定和监管要求规范有序推进，取得了一个又一个重要成果。

4月18日，中央汇金公司150亿美元资本金到位。5月30日，2460亿元损失类资产完成剥离。6月30日，4590亿元可疑类贷款通过公平竞标的市场化方式顺利出售。8月19日，又成功发行了总量为350亿元的次级债券。财务重组后，资产质量、资本充足率、拨备覆盖率等财务指标全部达到了监管要求，财务重组实现了预期目标，达到了依法合规、手续完备、程序严密的要求。

财务重组完成后，设立股份公司工作进入倒计时。在三个多月的时间里，2003 年度、2004 年度和以 2005 年6 月30 日为基准日的会计报表审计按时完成，资产评估、法律尽职调查相继结束，取得了中介机构无保留意见的报告。包括公司章程、“三会”议事规则在内的一整套法律制度文件获得监管部门和股东单位审查通过，股份公司设立的报备审批事项顺利完成。10 月 25 日，中国工商银行股份有限公司创立大会暨第一次股东大会，选举产生了第一届董事会、监事会，聘任了高管人员。10 月 28 日，中国工商银行股份有限公司成立大会隆重召开，全行改革发展掀开了崭新的一页。

目前，“三会”及高管层已经开始按照公司章程及各自的工作规则进行运作。适应股份公司经营管理需要，新的经营绩效考评办法已经试行，全面风险拨备制度付诸实施，资本管理体系初步形成，新的财务会计制度、信息披露与报告制度基本完成，财务集中改革试点工作取得新的成果。此外，引进战略投资者工作也取得重要进展。8 月 30 日与境外投资团签署了《战略合作谅解备忘录》。

（二）股份制改革中全行各项业务持续健康发展。2005 年以来，尤其是财务重组以后，全行经营进一步呈现出持续发展的良好态势。

质量效益进一步提升。第三季度实现经营利润 228 亿元，其中账面利润 131.4 亿元，经营效益开始更多地反映为账面利润。前三季度，全行累计实现经营利润 644 亿元，同比增长 65 亿元，完成全年计划的 72%。其中实现账面利润 159 亿元，提取风险拨备和消化各类财务包袱 485 亿元。到 10 月末，不良资产率和不良贷款率分别为 2.66% 和 4.75%，拨备覆盖率保持在 100%；资本充足率达到 10.26%，其中核心资本充足率 9.23%，分别较 6 月末提高 0.11 和 1.06 个百分点（审计后数据）。

存贷款业务稳健发展。截至 10 月末，境内分行人民币各项存款增加 5662 亿元，同比多增 1998 亿元，完成年计划的 126%，其中对公存款增加 3125 亿元，储蓄存款增加 2537 亿元。剔除剥离因素，人民币各项贷款增加 1171 亿元，其中项目贷款增加 1273 亿元，个人贷款增加 156 亿元，票据融资增加 419 亿元；外币贷款增加 16.6 亿美元。

中间业务和新兴业务持续快速增长。实现中间业务收入 104 亿元，同比增长 23%，占营业净收入的比例提高到 9.68%。人民币资金业务实现收入 417 亿元，占全行收入的比重为 26.59%。电子银行交易额 39 万亿元，其中网上银行交易额 35 万亿元，同比分别增长 20% 和 22%。银行卡发卡量增加 2204 万张，累计消费额 1993 亿元，外卡收单交易额 52 亿元，分别增长 63% 和 24%。人民币结算业务量达到 140 万亿笔，同比增长 21%。境内机构办理国际结算 1779 亿美元，结售汇 883 亿美元，同比分别增长 26%、16%，代客外汇买卖 232 亿美元。

经营模式和增长方式转变步伐加快。信贷结构调整更加深入，在优质大中型法人客户贷款市场有所巩固的同时，小企业贷款快速增长，余额较年初增加 204 亿元。短期融资券业务营销推介取得成效，已获批承销短期融资券 92 亿元。“全球快汇”品牌全面推广，现金管理业务呈现境内外互动发展态势，现金管理账户达到 1.2 万户，比年初增长 2 倍。工银瑞信基金管理公司正式成立，首只股票型基金创当时最大市场发行量。在国有商业银行中唯一获得企业年金基金账户管理人、托管人两项业务资格。人民币个人小额存款账户归并工作全面启动，理财中心核心竞争力项目进展加快。

风险管理和内部控制机制不断健全。1999 年以来新增不良贷款的责任认定全面展开，不良贷款剥离后信用风险状况分析富有成效，信用风险管理机制进一步健全。适应利率市场化进程加快和人民币汇率形成机制改革的新形势，利率、汇率风险管理和资金营运工作不断改善。依法合规大检查整改工作和案件专项治理深入推进，全行继续保持案件低发态势。

（三）股份公司成立开启了改革发展的新征程。我行股份制改革取得的重要进展，以及改革中呈现出的经营发展新局面，是党中央、国务院科学决策和正确领导的结果，是国有独资商业银行股份制改革领导小组精心组织和各有关部门大力支持配合的结果，也是全行广大干部员工艰苦努力、顽强拼搏的结果。在这场具有深远历史意义改革的进程中，在任重如山、压力空前的财务重组和股份公司创立阶段的会战中，在改革和管理、发展统筹兼顾、协调推进的过程中，全行广大干部员工表现出了一种十分可贵的精神，这就是团结一心、顾全大局、无私奉献、严谨务实、勇于创新的股改精神。这种精神是全行凝聚力和向心力的充分展示，是工商银行企业文化在新形势下的集中体现和新的发展，是全行宝贵的精神财富。我们一定要把广大干部员工在股改工作中所激发出的这种巨大热情引导好、维护好、发挥好。

股份公司的成立，不是股改的结束，而是一个新的起点。在这个起点上，我们将加快向引进战略投资者和公开发行上市的下一个目标迈进。这是一项国际化标准更高、面临情况更为复杂的工作，是又一个新的挑战。我们必须投入更多的精力，组织更多的力量，开展更为有效的工作来促进和保证引资、上市工作的成功。全行上下对此要有充分的思想准备和工作准备。但正如黄菊副总理视察我行时所深刻指出的那样，“财务重组、股份制改革、引进战略投资者、上市等只是手段，不是目的”。更重要的是，我们必须在不断推进股份制改革的过程中，在一个全新的公司治理架构基础上，加快整体构建现代金融企业制度。这是更大的挑战和更为艰巨复杂的系统工程，是全行经营管理能否通过股改实现

"脱胎换骨"的根本所在。

全行必须十分清醒地认识到，虽然股份制商业银行的体制已经初步建立，但公司治理机制还需要不断完善，战略引资和公开发行上市之后还将面临着信息更加透明、监管更加严格和投资者要求更高的经营环境；虽然全行主要业务保持较快增长，总量规模和市场份额继续占有较大优势，但长期积累的结构性矛盾和低效率的增长方式尚未根本改变，随着利率市场化进程的加快和加入世界贸易组织过渡期的结束，传统的经营格局与盈利模式受到的影响和冲击将日益突出，同时全行业务发展也将开始受到严格的资本约束；虽然剥离不良资产后，我行的资产质量状况已经初步达到国际商业银行的良好水平，但在高成长与高风险并存的转轨经济环境中，在经济全球化趋势发展、国内国际经济相互影响加深，金融风险不断变化的新形势下，持久保持和进一步改善资产质量的任务仍然十分艰巨；虽然全行总体经营状况得到明显改善，但分支机构之间经营管理水平和盈利能力的差异依然很大，随着全面风险拨备制度的实施，信用风险、市场风险及操作风险的变化将直接和集中地体现在经营成果上，全行面临的主要矛盾将从如何控制贷款风险逐步转化为如何控制全面风险和如何保持财务能力的可持续增长。

面对新的形势任务，国务院领导同志要求我们"工商银行新的领导班子和全行干部员工一定要深刻认识到改革的重大意义和自己肩负的历史责任，充分认识到改革工作的长期性、复杂性和艰巨性，始终保持清醒的头脑，把股份公司的成立作为一个新起点，以崭新的精神面貌，高标准、严要求，把各项工作做实做细"。

十六届五中全会对"十一五"时期国有金融企业改革提出了新的要求。胡锦涛总书记、温家宝总理多次对国有商业银行改革作出重要批示。黄菊副总理对工商银行股份公司成立后的改革发展部署了五项任务，并为我们明确提出了建设国际一流商业银行的宏伟目标。刚才，姜建清董事长对工商银行的长远发展又进一步作出了系统安排。当前摆在全行干部员工面前的中心任务就是，认真学习贯彻十六届五中全会精神，深入落实中央领导同志关于工商银行改革发展的重要指示，按照行党委和董事会的安排部署，立足于股份公司成立的新起点，着眼于建设国际一流商业银行的新目标，全面推进股份制改革和各项业务的发展，奋力开创现代金融企业建设的新局面。

二、扎实做好年前的各项工作，努力实现全年的经营目标

当前，股份公司刚刚成立，各项工作头绪很多，改革、发展和管理的任务都很重。全行一定要再接再厉，统筹做好年前最后一个多月的工作，确保较好地完成2005年既定的各项目标任务，为2006年的发展打好基础。

（一）努力实现各项经营目标。从总体上看，完成2005年经营计划的大局已定，但信贷增长等少数指标完成进度不够理想，控制不良贷款反弹的压力仍然比较大，圆满实现利润计划还需要进一步付出艰苦的努力。同时，各分行之间经营计划完成进度也不平衡，个别行一些主要业务指标离完成计划差距较大。各级行、各专业要认真分析当前的经营状况，对照检查各项计划完成进度，抓住重点，强化弱项，落实责任，更加有针对性地落实各项工作措施，确保全面完成好各项经营计划。从全行来讲，要利用年底这最后一个多月的时间，着重完成好三大经营计划。

一要努力完成信贷增长计划。10月末，全行各项贷款新增额仅完成全年计划的46%，执行进度较为缓慢，也很不均衡。之所以出现这种情况，原因是多方面的，既有按照国家的宏观调控政策和总行的行业信贷政策要求，严格控制了对一些热点行业和领域信贷投放的原因；又有我们主动调整信贷结构，从潜在风险市场退出数额较大的因素；也有随着信贷资产质量的根本改善，贷款的流动性进一步提高，收回再贷额度越来越大的问题；还有金融市场的产品创新步伐加快，特别是企业短期融资券的推出，对银行贷款替代效应较大的影响。但毋庸讳言，这在一定程度上也反映出我们信贷业务的创新、营销能力和市场竞争力还有待进一步提高，特别是有些分支机构培育优质信贷市场不够；信贷经营管理体制、机制和制度办法中也还存在一些需要改进和完善的地方。全行应当清醒地认识到，努力在结构优化、风险可控的基础上保持贷款的适度增长，既是我们贯彻国家宏观调控政策的需要，也是保持各项业务健康发展和收入稳定增长的内在要求。各行要认真分析当前信贷市场的变化特点和发展趋势，摸清年前当地有效信贷市场需求，认真排出放贷计划，落实具体营销服务方案和竞争策略，提高贷款审批和投放效率。总行将对区域资源丰富、管理水平高的分行进一步适当放宽审批权限。这些重点行特别是长三角、珠三角和环渤海地区的分行要切实用好各项政策条件，提高对优质信贷业务的竞争力。

要大力加强信贷营销和创新。对已经完成审批的项目贷款，要切实搞好二次营销，尽快落实相关条件，力求贷款及时发放到位。要积极发展流动资金贷款业务，推动流动资金贷款产品创新，更好地满足客户临时性的资金周转需要。加大票据业务营销力度，在防范风险和保证一定收益的前提下增加票据买入量，确保实现年初确定的650亿元增长目标。在继续做好优质大客户信贷服务的同时，高度重视推进中小企业信贷业务的区域梯度发展，鼓励和支持有条件的分行开拓中小企业信贷市场。要认真落实总行推出的个人贷款八大服务新举措，以个人住房贷款为龙头，带动个人信贷业务整体市场份

额的提高。要加快完善住房开发贷款和个人住房按揭贷款的协调发展机制，发挥住房开发贷款对按揭贷款增长的拉动效应。

二要坚决完成不良贷款压降计划。11月初全行已正式推行法人客户信贷资产质量十二级分类管理，各行要按照总行统一部署，及时和规范地做好系统数据分类和转登工作，依托新的质量分类体系，提高风险预警能力和贷后管理水平。加强信贷资产分类偏离度监控，严格信贷资产质量真实性管理。加快退出BB级以下客户，全力完成好压降潜在风险贷款计划。要全面加强对公司和个人客户不良贷款压降计划执行情况的监测分析和考核，综合运用各项政策和手段，力争年前不良资产清收处置工作取得更大成效。要在做好现金清收工作的同时，进一步发挥通过以物抵债处置不良贷款的通道作用。要加紧落实新的呆账核销管理办法，及时组织符合条件的呆账项目申报核销。

三要保证完成全年利润计划。各行要充分认识到完成2005年利润计划，对于确立股份公司高盈利、高拨备、高回报的市场形象和顺利推进上市工作的重要意义。要切实加强对财务预算执行情况的分析和控制，针对财务收支项目变化，采取各种增收节支措施，确保完成全年利润目标。要进一步加强财务管理，统筹安排费用开支，严禁超计划列支。总行对2005年费用的调增项目是建立在完成利润预算基础之上的，对年底未完成利润计划的分行，总行将相应扣除。

要抢抓岁末企业进入资金回流高峰的有利时机，努力增加利息收入。针对银行资金流动性过剩、资金市场收益率不断走低，以及资金业务及其营运收益占全行经营的比重日益增大等新情况，更加高度重视加强和改进资金营运。要提前预测和合理安排元旦、春节期间的资金供需状况，精心组织好岁末年初的各项资金交易，做好央行票据和公开市场债券正回购的投标工作，提高资金营运收益。中间业务收入要在确保完成全年140亿元计划的基础上，力争有新的突破。要严格中间业务收费管理，杜绝跑冒滴漏，重点抓好银行卡、代收代付、电子银行和信息咨询等业务的收费入账，进一步规范各项代理业务尤其是代理财险手续费和融资手续费的管理。对目前未收费的业务和产品有选择、有策略地启动收费工作。

2005年的年终决算是股份公司成立后的第一次年终决算，新的情况多、变化大，工作标准高、任务重。各行、各有关部门要精心准备，认真组织年终决算新系统的测试投产工作，加强过渡性款项的清理，盘点清查各项财产，核对系统内、外往来资金，核实表外科目核算内容，真实、准确、完整地反映全行经营成果。

（二）抓住岁末年初之机加快业务的创新发展。要充分利用丰富的存款资源，大力开发和营销多样化的负债替代型产品，将部分负债业务转化为能够带来直接收入的中间业务。以现金管理为切入点，拓宽与大型优质客户的合作空间，附加更多本外币理财、风险管理和投资银行等增值服务。继续做好全球快汇、高附加值支付结算代理等新兴业务市场的营销，保持我行在高端结算市场的主导地位。高度重视中小企业结算市场的拓展，不断推出具有市场影响力的组合型产品和服务。要在短期融资券承销业务发展上切实统一思想，转变观念，变被动为主动，总分行和相关部门之间要形成合力，积极竞争企业短期融资券发行的主承销业务。年底前，要继续抓好资产托管、企业年金等业务发展，扩大银保、银证及其他同业合作。

要坚决完成国际结算、代客外汇资金业务和外汇中间业务收入等各项国际业务指标计划。人民币外汇掉期业务是企事业单位规避人民币汇率风险的重要金融工具，市场潜力很大，为此总行制定了比较完备的制度办法和营销宣传方案。各行要积极落实总行要求，严格控制经营风险，确保市场推广效果。

要继续扩大“电子银行服务专区示范工程”推广范围，确保试点网点离柜业务比重达到30%以上。加快推进网银标准化、海外网银、网站国际化、电话银行托管等项目，认真贯彻人民银行《电子支付指引》要求，加强电子银行品牌宣传，开展面对面、手把手营销推介，抓紧抢占市场先机。

要进一步加快个人金融业务的转型和创新发展。目前，全行正在开展人民币个人小额活期存款账户的清理归并工作，这是提高系统运行效率、优化客户结构、推进个人金融业务转型发展的又一重要举措，也是一项工作量大、影响面广、社会敏感度高的工作。各行要切实加强组织领导，认真落实总行的统一要求，做好宣传解释和窗口服务，密切关注市场动态，高效和妥善地处理好各类问题，坚决保证小额账户归并工作稳步有序推进。要研究和适应小额账户清理后全行客户结构的变化，积极发展壮大中高端客户和潜力客户群体。以储蓄存款余额突破3万亿元为契机，结合正在进行的牡丹卡联合促销，在全行集中开展一次个人金融业务大型营销活动，全面营销推介个人金融产品和服务，提升中国第一零售银行的市场形象。要突出加强信用卡客户的维护和发展，充分利用各种营销资源，力争年底前发卡量和交易额再有一个明显提升。

（三）抓紧完成资产评估、审计等有关后续工作。股份公司成立后还有许多后续工作需要尽快完成。这事关股份公司经营管理的基础，也关系到下一步的上市整体计划能否顺利实施。各行要继续予以高度重视，克服畏难情绪，加快进度，保证质量，力求按计划如期完成。

确保年底前完成资产评估、审计后的建账工作。我行资产数量众多、种类复杂，加之账务调整时限性强，逐项参照评估数据调整各类资产账面价值，时间紧、任务重。总行将很快制定印发统一、详尽、系统的工作方案，逐项明确账务调整的会计分录、信息核对要求。信息科技部门要抓紧为重新建账提供良好的系统支持。相关主管部门要加强与审计师、评估师的沟通协调，及时解决好建账过程中涉及到的相关审计评估等问题。各行一定要按总行要求成立建账工作领导小组，明确各相关部门的工作职责和任务，落实责任制，确保整个建账工作按计划顺利推进。

认真做好土地、房屋产权证的领取和保管工作。要继续加强与土地及房屋管理部门的联系，及早完善各类产权变更手续，尽快办理股份公司成立后的土地及房屋的产权变更登记和办证工作。要抓紧建立健全土地及房屋权属要件管理使用的新制度，做好确权后的相关土地权属资料、房屋权属资料和其他相关资料的整理、汇总和组卷保管工作，确保固定资产权属要件的清晰、有效和完整。同时，要对近一年来固定资产清查确权、评估等相关工作进行全面总结，深入研究固定资产管理中存在的问题和薄弱环节，制定针对性的整改措施，全面提升全行固定资产管理水平。

进一步加大特殊资产处置力度。上半年以来，总行相继召开了多次专题会议，印发了一系列文件，对全行特殊资产的保留和处置进行了全面部署。各分行按总行的计划安排，采取了许多行之有效的措施，取得了很好的成绩，短短三个月时间就处置了此类资产的40%。但各地处置进度差异很大，全行的处置任务仍很艰巨。各行要进一步加快这项工作计划的落实，对辖内特殊资产分类逐笔进行分析，完善处置方案，并落实到具体责任人。要积极主动协调工商行政管理、财政、证券监管、外汇管理和税务部门，充分利用各种社会资源，采取多方式、多渠道的处置措施，加快特殊资产的处置进度，争取在年底前再处置一批特殊资产。总行将继续密切监测、定期通报这项工作的进展情况，表彰先进，批评落后。这里还需要特别提醒注意的是，在特殊资产处置过程中，各行要按照政策积极稳妥做好人员分流和安置工作，切实维护稳定大局。

要积极配合做好年度审计和投资者的尽职调查工作。2005年度会计报表的国际审计、战略投资者和承销商等机构的尽职调查，是我行上市前的重要准备和基础工作。总行已委托安永会计师事务所对全行2005年度会计报表进行审计，并要求于2006年2月底全部结束。各分行和各直属机构要成立由主管领导任组长、相关部门负责人为成员的审计领导小组，成立由各相关专业骨干人员组成的工作支持小组，切实加强对这项工作的组织、协调、监督和推动，及时解决好审计过程中遇到的问题。要根据有关法律法规和中介机构的意见，完善相应的工作实施方案和流程，明确各环节的责任，形成各司其职、密切协作、相互配合的工作机制，保证达到审计所要求的数字可靠、情况真实、资料完整、账目清楚的工作标准，确保按计划如期取得无保留意见的审计报告。为加快工作进度，总行决定目前先以2005年9月30日为基准日进行预审，各相关单位要按总行要求抓紧填报资料和报表。同时，各行还要按照总行的统一安排，积极配合有关机构做好尽职调查工作。

（四）各项内部改革要按计划落实到位。“加快推进管理体制和经营机制改革步伐，统筹总行和各级分支机构的改革安排，加大分支机构改革的力度，做到上下协调联动和整体推进改革”，这是国务院领导同志视察我行时作出的重要指示。我们要认真加以落实，加快在新的公司治理结构上整体推进管理体制改革和经营机制转换，加大各个层面的改革攻坚力度。在2005年最后一个多月的时间里，要在以下几项改革上迈出新步伐：

健全资本管理体系。要在初步搭建起的资本管理制度框架基础上，进一步抓紧研究制定资本总量和结构管理、资本充足率管理、经济资本计量标准及管理等相关政策制度，力争年底前完成资本管理体系的总体设计，并进入推广应用阶段。总行从9月份起已开始对境内分行的经济资本占用进行模拟监测，各一级分行和直属分行也要比照总行的计量方法，开展对辖内二级分行经济资本占用情况的监测分析，为2006年经济资本管理办法的正式实施打下基础。

推进财务会计和资金管理改革。要尽快推出新的会计规范和标准，及时完成各类财务管理信息系统的优化改造和技术升级，确保年底前投产新财务会计信息系统，稳步推进财务会计体系转换。投产财务集中管理项目，健全财务集中制度体系，并以此为基础，全面深化财务集中改革。加快业绩价值管理项目应用步伐，重点抓好网点业绩核算系统的应用工作，研究建立基于部门和专业层面的业绩评价体系。深化参数规范化管理改革，按计划推进参数统一管理和维护工程。做好资金集中配置系统开发测试和配套制度的订立，完善内部资金转移价格管理办法，确保2006年初正式确立起新的资金管理体制。

完善全面风险管理体系。加快内部评级法二期工程建设进度，保证工程质量。完善全面风险拨备制度框架，加紧研究制定其他类风险资产的减值准备管理办法，加强境外机构风险拨备监测管理。引入国际通用的利率风险和流动性风险计量模型，设计适合我行实际的风险计量方法和标准。抓紧健全和完善全行主要大类产品的定价机制，确立产品定价的基本政策和决策流程。

（五）切实做好安全和稳定工作。股份公司刚刚成立，又逢年根岁末，百事待举，任务繁重，全行上下一定要高度重视做好安全稳定工作，防止发生各类案件、安全事故和重大群体性事件，确保运营安全，稳定和谐，为改革发展提供可靠保障。

要落实好内控外防措施。继续下大力气抓好依法合规大检查和操作风险专项检查中发现问题的整改，结合贯彻银监会关于案件专项治理“4+1”的工作部署，着力完善和落实对易发案部位、关键环节的管理措施。尤其要突出加强对印鉴密押、柜员卡、重要空白凭证的管理，加强对现金业务、银企对账的管理，加强对岗位轮换、总会计委派、前后台业务分离等基本制度执行情况的监督，加强对电子银行和IT系统等新业务领域的审计检查，及时消除内部监守自盗、重大违规和外部欺诈隐患。要针对岁末年初外部抢盗案件多发的特点，认真检查和切实抓好各项技防措施与制度规定的落实。

最近，总行党委制定印发了《关于落实〈建立健全教育、制度、监督并重的惩治和预防腐败体系实施纲要〉的意见》，各级行在建立健全惩治和预防腐败体系中，要进一步深入研究案件综合治理的办法措施，从道德建设、制度安排、监控检查三个方面构筑立体式的案件查防体系，形成案件防范的长效机制。要积极适应股份公司成立后治理结构的变化，进一步完善内控总体制度架构和具体业务控制制度，年底前基本完成规章制度的梳理工作。抓紧编制《操作风险管理手册》，提高规章制度的执行力。

要确保信息系统安全运行。2005年最后一个全行性应用系统综合版本NOVA2.1已经发布，新会计标准体系、资金集中配置管理系统、网点业绩核算系统等一批重点项目必须在年底前投产。在当前科技项目投产多，数据处理业务量大，年终决算任务重的情况下，各行要更加重视科技安全管理，抓紧对信息系统故障隐患进行一次认真排查，确保信息系统万无一失，正常运行。要进一步加强系统监控和机房环境、基础性设施等方面的维护与管理，完善应急管理和响应机制。加快网络结构优化调整和网络安全建设，不断提高网络监控管理水平和外部网络攻击防御能力。

要高度负责地做好维护稳定工作。当前全行维护稳定工作的总体形势是好的，但是我们一定要清醒地认识到，银行业的改革发展与全国经济社会的发展一样，都正处在一个关键阶段和矛盾凸显期，维护稳定工作面临许多新的情况。近一个时期以来，有些分行集体访、进京赴省访时有发生，有的甚至出现了一些过激行为，影响了正常的工作秩序和社会秩序。对此，各级行务必要引起高度重视。越是改革发展的任务重，越要重视做好稳定工作。各级领导干部要不断提高思想政策水平，掌握做好群众工作和思想政治工作的本领，增强依法解决复杂问题的能力。要建立健全维护稳定工作责任制，定期排查不稳定因素，尤其要对可能引发群体性事件的苗头和事端保持高度的敏锐性，及时掌握动向，研究应对措施。要采取领导干部“包片、包点、包案”方式，深入到矛盾突出、上访量大的基层机构，掌握全面情况，督导和帮助解决实际问题，引导群众以理性、合法的形式表达利益诉求。尤其要注意做好集体访和重复访中“重点人”的稳定工作。要切实完善预防群体性事件的应急预案，积极争取当地政府、公安和银监局、信访等部门的工作支持，一旦发生重大群体性事件，要确保能够迅速反映、果断决策、及时控制和平息事态，有效维护正常的工作秩序和社会稳定。

更为重要的是，要以股份公司成立为新的契机，在全行更加深入地开展股份制改革形势任务的宣传，更加深入地开展现代经营理念的培训，更加深入地开展先进企业文化的培育，进一步把广大干部员工的积极性和创造性凝聚到建设现代金融企业的崭新事业上来。

三、要认真研究思考现代金融企业建设的新情况、新思路

站在新的历史起点，我们不仅要高标准地做好当前工作，而且要用战略性的思维和宽阔的视野研究谋划未来的改革发展。刚才，姜董事长提出了当前在学习贯彻十六届五中全会精神中，需要全行着重研究思考的战略课题。总行拟于12月召开改革发展研讨会，专门研究股份公司下一步的发展规划和2006年的工作。各级行、各部门要以十六届五中全会精神为指导，紧紧围绕国务院领导同志对工商银行改革发展提出的目标任务，紧密结合本行、本专业实际，着眼全局和长远，深入研究思考姜董事长提出的这些战略课题，提前考虑2006年的主要工作思路和办法措施，为股份公司发展战略的制定贡献智慧，也为应对新挑战、实现新规划做好充分的思想准备。

要用新理念谋划与推动现代金融企业建设。观念的转变是一个持续不断的过程。工商银行从计划经济体制下的国家专业银行，到受国家完全信用保护的国有独资商业银行，再到全面走向市场的股份有限公司，每一次转变都是思想上解放、理论上创新和实践中突破的过程。要把工商银行建设成为一个真正的现代金融企业，首要的和根本的还是在于观念的转变。全行干部员工特别是各级经营管理人员要在这几年初步确立起以客户为中心、以服务为根本、以创新为动力、以质量为基础、以效益为目标等商业银行经营理念基础上，进一步提高对股份制商业银行经营管理要求的认识，用新的理念指导新的战略规划的研究、制定和执行。

要牢固树立股东意识。所有权和经营权分离而形成的委托—代理关系，是现代公司治理的核心。股东大会是股份公司的最高权力机构，董事会、监事会作为决策和监督机构直接对股东大会负责，经营管理层在董事会授权的范围内开展经营管理活动。因此，我们都是受股东的委托管理公司的资产。各级经营管理者要牢固树立股东意识，一切经营管理活动都必须以股东利益为出发点和落脚点，时时处处注意维护股东权益。

要牢固树立公司市值意识。公司的市值最终取决于银行风险调整收益后的资本回报和经济增加值，这是反映一家上市银行内在价值的最直接而灵敏的指标，也是

衡量商业银行经营管理水平的最重要的标志。虽然我们距公开上市还有一个过程，但各级经营管理者从现在开始就要增强市值意识。把实现银行市值的长期稳定增长作为各项经营管理活动的重要目标和责任，使工商银行公开上市后能够成为最富有投资价值的银行。

要牢固确立执行意识。在公司治理结构中，经营管理层是组织执行的中枢，负责董事会各项决议和发展战略的组织实施。执行能力的高低、工作落实是否到位反映一个行的经营管理水平，体现一个行的工作作风，也衡量与检验着每名管理者的素质和能力。各级经营管理者要牢固树立执行意识，健全抓执行促落实的责任机制，真正把现代商业银行的经营理念付诸实践，把科学的发展观变为行动，把董事会的战略目标和决策部署变为现实。

要牢固确立程序至上意识。各级经营管理层都应进一步形成管理靠制度、办事讲规矩、决策依程序的观念和机制，加强职业道德修养，履行诚信职责，严格遵守公司章程和工作规则，自觉在授权下依法合规经营，自觉接受监督，坚决做到不滥用权力、不越权行事。越权办坏事不行，越权办“好事”也不允许。

要在新形势、新课题的研究思考中深化对股份制改革目标任务的认识。要通过对姜董事长所提出的这些战略课题的研究思考，更加紧密地联系实际工作，深入领会十六届五中全会精神，深入领会党中央、国务院关于国有商业银行股份制改革的战略部署，深入领会国务院领导视察我行时的重要指示精神，在各项工作中全面确立起建设国际一流商业银行的目标，更加自觉地肩负起改革发展新阶段的历史重任。这就是要求：

进一步按照党中央、国务院的部署，始终把完善公司治理作为股份制改革的核心任务，在业已确立的现代公司治理架构下，着力整体推进管理体制改革和经营机制转换。

进一步贯彻落实科学发展观，以解决效率和结构问题为重点，着力整体推进经营模式和增长方式的根本转变。

进一步认清全方位开放环境下新的竞争形势，深入实施科技领先和人才兴行战略，全面推进开发创新、整合创新和引进消化吸收再创新，着力提高核心竞争力。

进一步适应转轨经济环境和经济全球化发展中金融风险的新变化，适应改制上市过程中外部监管的新要求，立足国情行情引入最为先进的风险管理理念、技术和经验，着力建设完善的全面风险管理、资本管理和内部控制体系。

进一步坚持改革、发展和管理并重，改革、发展与稳定统筹，着力促进各项工作整体协调推进。

进一步在现代金融企业建设中加强和改进党的建设，着力实现现代公司治理的体制优势与党的政治优势的有机统一。

同志们，现在距离年底还有不到两个月的时间了，各项工作任务重、要求高，全行上下一定要认真学习贯彻十六届五中全会精神，以股份公司成立为新的起点、新的动力，高标准完成全年各项目标任务，深入谋划未来发展战略和2006年工作，按照建设国际一流商业银行的目标，奋力开创改革发展的新局面。

在中国工商银行发展战略研讨会结束时的讲话

杨凯生

（2005年12月16日）

这次发展战略研讨会历时三天，今天下午就要结束了。会上，姜建清董事长作了题为《转变发展观念 创新发展模式 努力建设国际一流的商业银行》的重要讲话，概括总结了“十五”时期全行改革发展取得的主要成就和经验，深入分析了全行改革发展面临的新形势、新机遇和新挑战，提出了未来一个时期的发展重点和工作思路。14个部室的负责人和11个分行行长相继作了会议发言，总行各位领导以及独立董事梁锦松先生也都谈了自己的意见。尽管由于时间关系，还有一些部室和分行没有发言，但都提交了书面材料。无论是从讨论发言还是从交流材料来看，大家都能按照科学发展观的要求，紧紧围绕全行发展的重大战略问题，紧密结合本专业、本单位实际，进行认真深入的思考，提出了许多好的设想、思路和建议。会议内容十分充实，达到了预期的目的和效果。

这次会议是在工商银行成功完成从国有独资商业银行到股份制商业银行的历史性转变，进入现代金融企业建设新阶段之际召开的，是在新的起点上全面谋划未来发展和2006年工作的重要会议。全行上下对这次会议十分重视和关注。会前做了大量研究和充分准备。8月份总行就对有关部室布置了一批重点研究课题。股份公司设立后，在11月份的分行行长工作会议上董事长又对全行提出了八大重点课题。近一段时间，公司董事会一些成员和总行领导相继深入专业部室和分支机构开展了一系列调查研究。这次会议的主题报告就是在广泛听取各方面意见，充分吸收各方面研究成果的基础上，集思广益，形成的一个战略构想。这次会上印发的交流材料、参阅材料和课题汇编，是这段时间全行深入研究思考的一批成果。参加这次研讨会的既有董事会、监事会成员又有公司高管人员；既有总行党委班子成员又有各一级分行、直属分行、直属机构的主要负责人，还有总行各部室的负责人。可以说，这样大规模、大范围、多层面、集中式的讨论交流是新的公司治理机制和运行机制的体现，这将保证和促进总行研究制定的公司发展战略更加科学，更加有效。

在与会代表的发言和交流中，从会上会下各方面的反映来看，大家普遍认为，参加这次会议感触很深、启发很多、收获很大。概括起来，集中体现在以下几个方面：

一是进一步深化了对科学发展观的认识，促进了观念的转变。这次会议的一个核心要求就是从工商银行实际出发贯彻落实科学的发展观，在全行进一步树立符合现代商业银行发展规律的经营管理理念。大家感到观念的转变是这几年全行最根本的转变。从这次会议发言和交流材料来看，大家研究思考问题的方式，以及相应提出的发展目标和工作思路，都体现出了一种商业银行的理念。同时大家也认识到，观念的转变是一个与时俱进、没有止境的解放思想的过程。这次会议上姜董事长对全行树立和落实科学发展观提出的“六个必须”要求，是总行对全行这几年逐步形成经营管理理念的丰富和完善，是对现代商业银行发展的本质、目的、内涵、途径和要求等认识的全面深化。大家认为，这次会议是新的形势下又一次解放思想、转变观念的会议。这次观念的转变必将使全行的经营发展发生更大、更深刻的变化。

二是进一步认清了形势和任务，增强了改革发展的责任感和使命感。大家一致赞同总行对当前及今后一个时期宏观经济金融形势的分析和判断，大家总体感到，工商银行改革发展正处在一个十分关键的时期，面临的外部环境虽然有利因素较多，但机遇是潜在的，而挑战却是直接的、现实的，最大的挑战还是来自于自身。这次会上，董事长的讲话以及大家的发言和交流的材料，既全面分析了近年来全行经营管理发生的巨大变化，也都深入分析了经营发展中存在的突出矛盾和问题，特别是着重剖析了体制、结构和效率上存在的深层次问题，分析了与国际同业先进水平的差距。可以说，通过这样的分析，我们更加清楚地看到了全行改革发展已有的良好基础和市场优势，坚定了建设国际一流商业银行的信心和决心；认识到整体构建现代金融企业制度，真正实现脱胎换骨地改造，是一项挑战更加严峻、更为艰巨而复杂的系统工程。这是基于不良资产包袱卸掉后、经营发展主要矛盾发生变化的认识；是站在股份公司成立并开始向上市公司演进这么一个新起点上的认识。有了这样的认识，使我们对未来发展战略问题的研究层次更深、领域更广了，对今后一个时期的任务也就认识得更加清楚了，也就进一步增强了加快推进改革发展的责任感和使命感。

三是进一步明晰了发展方向，在全行发展的重大战略问题上形成了共识。从三天来会上会下交流讨论情况来看，大家赞同董事长对全行十大战略问题的总体构想。从总行各部门、各分行的交流材料和研究课题成果中也可以看出，全行上下在一些重大问题的认识上是一致的，在如何创新发展模式，提高发展质量上形成了很多共识。比如，大家共同认为，必须把转变增长方式，作为推进发展的主线和关键，突出解决好结构和效率问题，着重处理好速度、规模和质量、效益的关系，走出一条资本节约型、价值增长型的可持续发展道路；必须把发展中间业务、零售银行业务、电子银行业务，开发潜在市场和新的业务领域，作为经营转型的战略重点，培育新的增长极，推进多元化、综合化的发展；必须全面深化流程再造与组织机构改革、风险管理与内部控制体系改革、绩效考评与激励约束机制改革，突破制约竞争发展和稳健经营的体制障碍；必须通过制度、管理、技术、产品和服务的全面创新，增强核心竞争力，必须坚定不移地走国际化的发展道路，不仅要在国内市场的竞争中进一步确立最具影响力的银行地位，而且要把建设一家全球经营和国际一流的商业银行作为我们为之奋斗的愿景。应该说，通过这次会议，全行的发展方向更加清晰了，相应的策略措施也愈加成熟和完善了。大家一定要认真学习贯彻落实好这次会议精神，充分运用这次会议成果，前瞻性地谋划好本行、本部门当前及今后几年的发展重点和目标任务，狠抓各项工作措施的落实，努力完成好总行已经部署的各项改革发展任务，执行好即将出台的新时期发展规划。大家在交流讨论过程中，对总行发展战略的制定及相关策略措施提出了一些意见和建议，会后，总行将认真梳理和采纳，进一步丰富和完善总行的战略规划，并努力加以细化和量化。

总之，这次会议开得是好的，有成效的。下面结合会议情况，围绕贯彻落实会议精神，我再讲几点意见。

一、关于2006年的经营计划

2006年是“十一五”时期的开局之年，也是全面贯彻实施工商银行股份有限公司新的发展战略的第一年。做好2006年的各项工作，为“十一五”开好局、起好步，至关重要。

总体来看，2005年各项业务经营继续保持了健康快速发展的良好势头，各项内部改革平稳推进，内控管理进一步得到加强，质量效益水平又有新的提升。根据2005年的经营情况，结合下一步全行改革发展的目标任务，尤其是根据深化股份制改革、实现公开上市的需要，总行近期对2006年主要业务发展任务和财务指标进行了分析和预测，提出了一个初步的经营计划。这个经营计划下一步将提交党委会、董事会审议，最终计划和有关工作要求将在2006年初的行长工作会议上进行专门部署。这里先与大家通一下气，以便大家在做好年末各项工作，提前思考和安排2006年工作时做到心中有数，更好地把握工作的主动权。初步考虑，2006年境内机构人民币各项存款计划增加5000亿元，人民币各项贷款计划增加2500亿元，各项理财产品量达到1000亿元，实现中间业务收入190亿元；实现拨备前利润1026亿元，提取专项风险拨备300亿元，账面利润726亿元；营业费用预算610亿元，全行成本收入比控制在39%以下。按照这个计划，预计2006年全行资产净利润率和资本回报率将分别达到0.73%和14.13%，拨备覆盖率按应提标准，继续保持在100%以上。对于这些目标合适与否，也请大家提出意见。

应当说，这个计划目标定得不低。主要是考虑到，在股份制改革的关键时刻，在公开上市前夕，必须树立起工商银行良好的市场形象。当然，我们应该看到，2006年我国影响经济平稳较快发展的不确定因素仍然不少，全行改革发展还面临许多新挑战和新要求，要顺利实现这些计划目标存在不少困难，需要全行付出更加艰辛的努力。

二、关于2006年工作的一些初步设想

克服实际工作中的困难，完成好2006年的各项工作计划，关键在于解决好发展战略问题。建清董事长在报告中提出了要着力研究解决的十个战略问题，这些问题事关全局，事关长远，需要全行扎实工作，一件一件落实，一步一步推进。

2006年要做的工作很多。要进一步健全公司治理机制；要积极开拓市场，推动各项业务的发展；要继续提升风险管理和内控水平；要着力巩固和不断强化我行信息化建设的领先地位，等等。但董事长在分析全行面临的困难和挑战时也特别指出，目前全行“提高管理效率、经营效益和核心竞争力的体制障碍仍较为突出。激励和约束机制改革不到位，责任追究与免责认定机制不完善，激励不足、约束效力不够、激励约束不匹配的问题同时存在。这些体制上的问题是影响我行稳健经营和竞争发展的关键所在”。董事长还指出“股份制改革的重心要放到完善公司治理、转换经营管理机制、促进绩效进步上来”。要“稳步完成以客户为中心，以风险控制为主线的业务和管理流程改造，实现由‘部门银行’到‘流程银行’的彻底转变”。这些分析和要求切合工商银行的实际，对于我们做好2006年及今后一个时期的工作具有很强的针对性和指导意义，是我们2006年需要下大力气重点研究解决的问题。只有从推进体制和机制改革入手，才能从根本上解决制约全行经营发展的深层次问题，才能消除体制性的发展障碍，起到牵一发而动全身的效用。2006年首先要着力进行流程再造和健全激励约束机制。涉及这两方面的具体工作很多，为了让大家进一步了解总行的思路，并且在思想上、工作上做好准备，这里我先讲一讲2006年要抓的两件事。

（一）实施以经济增加值为核心的考核和分配办法。2006年经营绩效考评的一个重大变化，就是要突出对经济增加值（EVA）的考核，并以此作为工资和费用分配的核心依据。经济增加值是目前国际先进商业银行广泛采用的一种评价手段，它通过引入经济资本的概念，对经营利润进行财务成本、风险成本扣除，可以更加科学准确地衡量各单位的实际价值贡献。与单纯的利润指标相比，考核经济增加值的优点在于，它将引导和促使大家在讲风险防控，讲结构优化的同时，讲加快发展，讲提高盈利水平。具体说，进行经济增加值的考核。

一是全面考虑了风险因素。银行是与风险打交道的行业，既面临可预期的风险，又面临各种不可预期的风险。采用EVA指标，对未来可预计的损失量将以计提各种拨备的形式直接影响账面利润，对非预期损失将以经济资本的形式对账面利润进行风险调整，它比简单地衡量经营利润或账面利润更科学、更合理，更有利于控制风险。

二是有利于促进资产结构优化。经济资本作为各类风险的衡量标尺和最终承担者，其数量额度不仅取决于资产总量，更取决于资产结构。对EVA指标进行考核，可以引导分行通过积极寻求资产的最优组合来实现对风险加权资产总量的控制。

三是可以有效激励大家加快发展，努力提高盈利水平。如果用公式表示，EVA＝风险调整后账面利润－经济资本×经济资本回报率。从公式中可以看出，谁的风险调整后账面利润多，谁的EVA贡献就大。若风险调整后的账面利润相同，则在总行统一要求的资本回报率的前提下，谁的经济资本占用少，谁的EVA贡献就大。换言之，对EVA进行考核，就是既强调创造利润要以提高风险控制水平为前提，又激励分行创造更多的利润，风险管不住不行，利润上不去也不行，这就充分体现了激励与约束的有机结合。

2006年的工资分配和费用分配都要以EVA指标的考核为核心，建立以价值创造为导向的绩效工资分配和费用分配机制。主要思路是，基本工资和费用保持相对稳定，新增工资和新增费用的分配则以年度EVA增量作为收益分享基数。今后凡EVA为负值的分行，其工资和经营费用只能维持2005年水平，新增工资及费用

资源要向 EVA 为正值，向绩效贡献大的单位倾斜。当然在实施过程中，对一些历史原因和区域因素，总行也将予以适当的考虑。但需要明确的是，作为股份公司设立后健全激励约束机制的一个重要措施，围绕经济增加值进行考核和分配的做法从 2006 年起就要推行。具体实施办法总行将在进一步研究后尽快正式颁发。

（二）进行信贷管理流程改革。近年来全行信贷管理水平的提高是明显的，1999 年以来发放的贷款一直保持了较好的质量水平。总体来看，我们在信贷管理方面两头的工作抓得比较紧。一个是源头的审批环节管得严，发放一笔贷款要经过调查、评估、授信、集体审议和审批等层层把关；另一个是后面的责任追究环节管得严，贷款出了问题，要进行严格的责任认定和追究。但与上述两头的环节相比，中间的管理相对薄弱，贷款发放后缺少一个回头看的环节。从 1999 年和 2005 年两次不良贷款剥离情况以及多次审计检查情况看，由此而带来的问题不少。例如，有的贷款手续不完备、资料不齐全；有的抵押不落实，权证未收妥；有的担保不可靠，责任不明确；有的信贷审查委员会在审批贷款时提出的贷款条件长期不落实，等等。这不仅直接加大了信贷资产的风险，也使得不少信贷人员受到了问责追究。教训十分深刻。针对这些问题，总行拟在 2006 年进一步深化信贷业务的前中后台分离改革。总的想法是全行上下要设立贷后管理中心，统一负责辖内对公和个人信贷业务的贷后管理工作。新组建的贷后管理体系，独立于前台营销体系和中台信贷审批控制体系，实行操作集中化、人员专职化。它主要担负对放款前提条件是否已经落实，贷款手续是否已经齐全，文件资料是否已经完备，抵押担保是否已经办妥等一系列问题进行再检查、再核实的责任。审核完成后，要在健全交接手续的基础上，将信贷档案及时移交档案中心归档管理。贷后管理体系的建立和完善，是进一步规范和优化信贷业务流程的重要内容，2006 年上半年要从上到下完成这个体系的建设，以切实加强各类操作风险的控制，促进信贷管理水平的再提升。

三、年前需要重点抓好的几项工作

前不久，我们已经召开了全行年终决算和安全工作会议，对岁末年初的一些相关工作进行了部署。2005 年只剩下十多天的时间，各项工作仍然头绪较多，任务较重。各行要毫不松懈、再接再厉、统筹兼顾地做好年前各项收尾工作，圆满实现全年经营目标，并为 2006 年工作打下扎实基础。这里我再重复强调几个问题。

（一）努力完成利润计划。总行下达的利润计划是全行工作的核心目标，是衡量一个分行经营成果最重要的综合指标，而且 2005 年的利润计划完成情况事关我行的市场形象和股改大局，在一定程度上决定了我行能以什么样的价格引进战略投资者，决定了下一步股票的上市定价，意义十分特殊和重大。客观上讲，完成 2005 年的盈利计划遇到了一些新的情况和困难，特别是直接融资的发展和利率市场化进程的加快，使全行盈利能力受到挑战。但也应当看到有利条件也不少，增收减支的潜力还比较大。尤其是年前企业进入资金回流高峰，有利于我们做好收息工作，提高收息水平；加强年末的资金调度和资金营运，可以增加一块资金收益；落实好中间业务收费管理办法，防止跑冒滴漏，可以有效扩大中间业务收入。同时，总行也制定和明确了一系列政策措施，如加大费用分配和利润挂钩力度、按照零基预算方式编制 2006 年计划等，目的就是为了进一步调动各行的积极性和主动性，鼓励各行多挖潜力、多创效益、多做贡献。这也是对全行大局观、执行力和综合经营管理水平的一次检验。希望各行高度重视，进一步增强全局意识和执行意识，为全行股改大局做出应有贡献。

（二）务必做好年终决算工作。与往年相比，2005 年的年终决算有所不同。作为股份公司成立后的第一次年终决算，面临着许多新的情况和变化，如新系统投产测试、股改重新建账、财务会计制度转换、推行财务集中改革等，这些变化无疑增加了 2005 年年终决算工作的复杂性，对做好决算工作提出了新的要求和更高的标准。各级行、各部门要充分认识这些新特点，按照总行要求，加强领导，精心组织，周密部署，密切配合，确保及时和高质量地完成决算各项工作，真实、准确、完整地反映全行经营成果。尤其是各行一把手要抓好总的领导和协调工作，对决算结果的真实性负总责。

（三）高质量做好股改建账工作。在年终决算工作会议上，我已就开展建账工作的重要性、紧迫性和艰巨性，作了充分强调。总行近日已正式下发了建账工作实施方案，具体明确了建账工作的原则、范围、方法及实施步骤。根据进度安排，目前全行正在进行主机系统的账务调整工作，各行股改建账领导小组要及时掌握建账工作进展情况，随时研究和解决遇到的问题，保证建账工作按计划顺利进行。各行计划财务部门要特别注意做好与各辖属行、各相关部门以及审计、评估等中介机构的协调工作，及时沟通情况，反馈信息。建账结束后，各行要加强信息核对，确保做到账账、账表、账实完全相符。

此外，要按照股改工作整体部署，确保在年前完成土地、房屋产权证的变更登记工作。

（四）高度负责地做好安全生产和案件防范工作。岁末年初历来是各类案件和事故的易发期、高发期。越是工作繁忙，越不能放松管理这根弦。在前不久召开的中央经济工作会议上，胡锦涛总书记和温家宝总理都对安全生产工作作了专门强调。近日有关各部门又组织召开了银行业案件专项治理第七次工作会议，对做好案件防范工作进一步提出了明确要求。各行要认真贯彻落实好这些会议精神以及总行安全工作会议的一系列安排部署，切实加强安全生产和内控管理，消除安全隐患，堵塞管理漏洞，坚决遏制重大案件事故的发生，确保辖内一方平安。

（五）深入细致地做好关心员工生活和维护稳定工作。两节将至，各级领导干部要积极深入基层，开展走访慰问、送温暖活动，切实帮助困难员工解决一些问题，特别是要注意关心有困难的老党员、离退休老干部和老职工，切实保障他们的基本生活。要全力以赴做好维护稳定工作。近期总行从有关部门获悉，部分分行有些上访人员，主要是一些自谋职业人员正在组织、策划跨地区的串联、聚集活动，并准备于春节前进京到总行上访。总行已经与有关部门进行了联系，作了一些准备。各行要认真做好排查调处工作，妥善处理各种矛盾，完善落实预防群体性事件的应急预案和重大事项报告制度，加强与当地政府和相关部门的联系，认真解决好集体访和进京访等问题，努力为全行的改革发展创造和谐稳定的环境。

同志们，我们开了一个很好的会议。我相信，只要全行认真按照总行确定的发展方向和战略思路，坚定不移、扎扎实实地走好每一步，工商银行一定会在股份公司成立后新的征途上，取得新的、更大的进步和发展。

在中国工商银行固定资产清查及产权完善工作会议上的讲话

杨凯生

（2005 年 1 月 25 日）

在前不久召开的分行行长会议上，建清行长明确要求全行在进一步全面深化管理体制和经营机制改革的基础上，以高度的事业心和责任感为工商银行股份制改革做好准备。国有银行实行股份制改革，是党的十六届三中全会做出的深化金融改革的战略决策，对这场事关全局和意义深远的重大变革，我们必须切实增强紧迫感，牢牢抓住机遇，扎扎实实做好股改前的各项基础工作，确保股份制改革按照党中央、国务院的部署及时启动和顺利推进。今天召开这个会议，就是要专门布置一项与股份制改革密切相关的工作。

根据国有企业改制的一般程序，结合中行、建行重组改制过程中的经验，固定资产的清查、确权、评估不仅是一项必须做好的工作，而且是整个改制过程中工作量最大、投入人力最多、所需时间最长的一项基础性工作。特别是固定资产中的土地及房产由于所占比重大、分布地域广、形成来源复杂，其产权完善的任务尤为艰巨和繁重。我们必须立即着手做好有关的前期工作，否则势必影响全行的改制进程。因此，总行决定从现在开始在全行范围内集中开展土地及房屋的产权清理和完善工作。下面，我讲几点意见：

一、全行固定资产清查基本情况

2004 年下半年，总行曾利用三个多月的时间对全行现有的土地和房屋资产进行了一次全面摸底清查，基本弄清了我行固定资产的总量、分布、使用及产权完善程度等状况。截至 2004 年 12 月 31 日，全行共有固定资产账面原值 1077 亿元，账面净值 713 亿元。我行的固定资产种类繁多，其中主要类别大致包括土地、房产、车辆、机具设备等四项。总的看来，在上述四项资产中，设备、车辆的产权比较清晰，而土地及房产的产权由于种种原因问题较多。根据清查结果，全行现有土地数量 25000 余宗，土地面积 2800 多万平方米；房产数量 36000 多项，房产建筑面积 3000 多万平方米。产权完善程度均较低，如将房屋、土地相匹配，则产权完善率会更低。同时，各分行之间产权完善率差别很大。因此，从全行范围来说，土地及房屋产权完善的工作难度和工作量是巨大的，必须抓紧时间，立即启动。

二、充分认识开展土地及房产确权工作的重要性和艰巨性

在我国的企业重组改制过程中，特别是在我国特定的转型期间，土地及房产问题是影响企业改制重组进程的一个重要环节。土地及房屋的权属是否合法、产权是否明晰直接影响到一个企业的资产结构和资产总量。这个问题解决不好，现代企业制度就无法建立。因此，国内外监管机构，尤其是上市公司监管机构都十分关注这个问题。例如，香港上市的项目中，物业（房地产）评估和物业权属问题占有举足轻重的地位，是香港联交所非常关注的一个基本问题。由于在计划经济体制条件下，国有银行一直长期无偿地、无限期地使用国有土地，以致大家对土地及房屋的权属意识较为淡薄，对土地产权与土地资产的重要性认识不足，对土地资产如何

量化、土地产权如何完善、土地资产怎样处置的基本要求与程序也不甚清楚。现在是到了认真解决这个问题的时候了，否则将直接影响到我行的重组改制进程。同时，由于土地资源的稀缺性，市场对土地的需求会越来越高，土地的价格也会越来越高，这个问题久拖下去，必将会提高今后处理这一历史遗留问题的成本。因此，我们必须抓住重组改制的这个机遇，下决心彻底解决好这个历史遗留问题。

要深刻认识土地及房产的产权完善工作是制约整个重组改制进程的关键所在。根据境内外监管部门要求，纳入股份公司的固定资产尤其是土地、房产必须具备合法有效的产权文件。我行在成立以来二十多年的发展过程中，由于国家在不同时期对土地及房产政策的变化和调整，加上我行土地及房产的形成和来源较为复杂，包括自建、划转、联建（合建）、外购、抵债转自用等，既有我们承接的大量原人民银行的房屋、土地，也有后来自己购置和建造的房产；在实际使用中既有主业使用，又有实业及三产使用，导致土地及房产的产权完善率很低。因此，在短期内全面完善土地及房产的产权工作难度是很大的，需投入的人力物力也是很大的。同时，由于土地及房产的产权完善是属地发证，全国各地的政策要求不尽一致，程序环节较为复杂。例如，某些省份规定县级人民政府的土地管理部门有权发证，但也有省份规定县级土地管理部门发放的权证必须到省级土地管理部门换证。我行的土地房产分布于全国各地，因此协调工作的难度将会是很大的，一方面土地产权完善是我们房产办证的前提，另一方面土地产权完善涉及到巨大的地方利益。因此，如果我们思想上不重视，工作上不得力，措施上不具体，要做好这项工作是不可能的。土地及房产的产权完善工作作为整个股份制改造工作中影响改制进程的关键因素之一，中、建两行都下了很大工夫来解决有关问题。据了解，建设银行从2003年8月至10月开展土地及房产的清查工作，2003年11月至2004年4月开展产权完善工作，投入时间比较长，最终的产权办证率约为95%。中国银行从2004年4月至6月开展了产权完善工作，产权办证率约为70%左右。根据上述两行的经验可以看出，前期工作是不是到位，下的工夫够不够，投入的精力足不足，对产权完善工作的结果影响很大。因此，各行要充分认识到此项工作的艰巨性和复杂性，按照统一规定的土地及房产产权完善的原则、程序、要求，高度重视，切实负责，认认真真把这项工作抓好。总行将对各分行的产权完善结果进行考核。

完善土地与房屋产权除了直接影响我行的改制进程制之外，也是保证我行资产安全，防止资产流失，优化资产结构的必然要求。土地及房产是我行最为重要的固定资产之一，而且所占比重大，土地与房屋资产的产权不清晰、权属不合法的问题如果不及早解决，将成为影响我行资产安全最为严重的因素之一。我们必须从保护国有资产不流失的高度来认识并解决好这个问题。

三、固定资产清查及确权工作总体安排

鉴于土地及房产清查确权工作的复杂性和艰巨性，总行决定在前期完成的土地房屋清查基础上，从现在开始在全行范围内立即启动房屋和地产的权属完善工作。其他固定资产，例如机具、设备及车辆的清理、评估和产权完善工作稍后进行。我们必须注意到，土地、房屋的产权完善工作涉及到巨大的改革成本。中行和建行经国务院批准，获得了对国有划拨土地进行一次性授权经营的处理方式，既显化了土地资产，补充了资本金，又避免了因交纳巨额土地出让金而增加财务负担。我行土地资产中，无论是从宗数、面积、还是价值量来看，划拨土地都占我行现有土地资产的绝大部分。因此，我们要借鉴中行、建行的改制经验，争取获得国务院一次性授权经营。

为加强产权完善工作的可操作性，确保各级行掌握政策尺度的一致性，避免操作偏差，总行将很快下发《中国工商银行固定资产产权完善工作指导意见》。这个指导意见将具体明确关于完善土地与房屋产权的原则、目标、范围，以及具体的工作方案及操作步骤。各级行要严格按照该指导意见的要求，分阶段有重点地加快推进产权完善工作。

（一）明确完善土地与房屋产权的原则与目标。要本着“先主后次，先土地、后房屋，先账内、后账外，先主营、后辅业”的原则，全面完善土地与房屋产权，做到完善房屋产权的范围与土地范围相匹配，最终取得规范的国有土地使用证和房屋所有权证（房地合一的取得房地产权证），做到两证（房产证、土地证）齐全。

（二）明确产权完善的范围。这次产权完善的范围包括全行境内外所有机构及长期投资控股单位拥有的土地及房产（境内机构包括总行本部、直属机构、分支机构及长期投资控股单位；境外机构包括子银行、分行、代表处及长期投资控股单位），包括账内账外所有的自有土地及房产、附属单位自有土地及房产、长期投资控股比例超过50%的被投资单位的自有土地及房产、抵债资产已自用的土地及房产。以租赁方式占用的土地及房产、已房改的职工住宅及土地、有账无实的土地及房产，不在此次产权完善范围之内。

（三）掌握完善土地与房屋产权的方式。土地与房屋产权的完善工作是一项政策性、专业性非常强的工作。各级行在开展具体工作时，一定要认真了解和掌握当地政策，严格执行总行关于完善产权的具体要求。为避免具体执行过程中的偏差，对参与此项工作的人员要进行专门培训。各行应严格遵循“按现状完善产权”的基本原则完善土地与房屋产权，领取规范的国有土地

使用证和房屋所有权证。对国有出让土地，按出让方式完善产权，办理出让土地使用证。对于已签订出让合同但欠交土地出让金的，必须经过审批同意后，再按合同要求补交出让金、办理产权。对于国有划拨土地，各行应加大协调力度，争取当地土地管理部门的支持，力争办理国有划拨土地使用证。如少数地方要求必须交纳土地出让金才能办理土地出让手续的，各行应先行做好登记发证前的资料收集、测量、权属审核等工作，待有关土地资产处置方式明确后，再根据总行要求交纳土地出让金。对于集体土地，各行应先办理征地手续，并争取办理国有划拨土地使用证。确有困难的要逐级上报，由总行统一审批后再按土地出让方式完善产权。各行要认真处理好历史遗留问题，应该花钱的，必须花钱的，可花钱办妥产权手续；不应花钱的，可以不花钱的，就不花钱，待股改方案获得批准后，再通过争取授权经营方式解决有关土地的长期使用权问题。

（四）迅速推进土地与房屋产权的完善工作。

一是各行要根据土地与房屋的不同来源，抓紧收集、整理需要完善产权的土地和房屋权源文件、证明资料等。要按照2004年固定资产清查时对资料归档的要求，及时将有关产权资料上报一级（直属）分行进行归档管理。

二是总行将于近期对各一级（直属）分行固定资产价值管理部门和实物管理部门的工作人员进行专题培训，对办证程序、具体要求、办证方式、原则与目标、相关政策、与政府部门的协调、办证费用的支付与管理等内容进行具体指导。各行要选派有能力、责任心强的业务骨干参加培训。培训结束后，各行要尽快组织辖属机构有关人员的培训。

三是各行要按照完善土地产权的规定程序，即登记申请、地籍调查、权属审核、注册登记、核发证书，认真对所涉及的土地进行确权、测量、登记及领证工作。

四是各行要按照完善房屋产权的规定程序，即登记申请、权属审核、公告、核准登记、颁发证书，认真做好对所涉及的房屋财产的确权、测量、登记及领证工作。

（五）加强产权完善工作的组织领导。为积极稳妥地推进产权完善工作，总行将成立由我任组长，计划财务部、办公室、股份制改革办公室、资产风险管理部、法律事务部、投资银行部等相关部门负责人为成员的固定资产清查确权工作领导小组。领导小组下设办公室。各一级（直属）分行也要成立相应领导小组，由行长或主管副行长任组长，办公室（实物资产管理部门）、计划财务部、资产风险管理部、法律事务部、投资银行部以及其他与土地和房产管理密切相关的部门负责人为成员，以保证产权完善工作的顺利进行。领导小组成员名单要尽快报送总行计划财务部备案。领导小组要下设办公室，视工作量大小配备3至10名专职人员从事这项工作。鉴于固定资产清查、产权完善以及固定资产评估工作之间的连贯性，各行要保持专职工作人员的相对稳定，以便与后期股改工作的衔接，避免因人员的频繁更替造成相关工作被动。各行领导小组要根据总行的统一部署，做好本行产权完善工作的组织、协调、指导、监督及统计工作，及时解决工作过程中出现的问题，督促各有关部门共同做好产权完善工作。

（六）严格产权证办理过程中的相关费用审批。各行在办理土地证、房产证过程中的相关费用支出，应按现有财务制度及固定资产管理办法规定的权限、程序和科目进行审批和核算，具体有关事宜总行将另行通知。要从大局出发，从维护全行整体利益出发，不可搞费用“搭车”，不可把不该列支的费用挤占进去。要尽可能争取产权完善过程中的政策优惠，切实防范道德风险。

（七）加强产权完善工作的监测，建立定期统计、分析及报告制度。总、分行都要及时掌握产权完善工作的进度，了解产权完善过程中的问题和难点，加强对产权完善工作的分析总结，对一些难点及重点问题要及时提出解决的措施及建议。要加强固定资产产权完善过程的监督检查工作，对产权完善过程中发生的违法违纪行为要依法依纪查处，总行将分阶段进行专项检查。

（八）完善固定资产产权管理工作。各行要以此次产权完善工作为契机，强化固定资产投资权属意识，建立起产权清晰、权属合法的固定资产管理机制。要在重点做好现有存量土地及房屋产权完善工作的同时，切实加强新增固定资产产权的落实、维护工作，坚决杜绝新的产权缺失问题发生。

（九）重视并加强产权完善过程中的协调工作。由于土地与房屋产权工作的属地性和政策性较强，努力取得当地土地与房产管理部门的支持和配合。各级行领导要积极主动与地方政府部门进行沟通协调，协调及沟通工作的充分与否将直接影响产权完善工作的最终效果，根据其他大型国企的改制经验，企业领导出面与当地政府协调，往往可以大大加快办证进度。各行在开展具体工作时，主要领导要亲自出面，与当地政府的主管领导进行沟通，争取由政府主管领导出面协调土地与房产管理部门的关系，争取在政策、程序、时间、费用等方面最大程度得到土地与房产管理部门的支持，尽可能减少工作环节和成本支出，提高土地与房产产权完善工作的效率。为便于更好地开展工作，总行将委托资信良好的土地评估师协助各级行进行土地与房屋产权的完善工作。各行在具体工作中，要注意与土地评估等中介机构保持协调和沟通，共同解决好工作中的问题。

四、结合固定资产确权工作，大力推进闲置资产的处置进程

在完善土地、房屋产权手续的过程中，各行还要高度重视培训中心、招待所及闲置固定资产的处置工作。要采取专业化、市场化的方式，加快培训中心、招待所

等资产的处置进程。各行要严格执行《中国工商银行处置培训中心操作规程》，坚持“依法合规、集体决策、公开透明、效益最大化”原则，灵活采用公开拍卖、整体转让、出租以及置换等各种方式，加快处置进度。同时要加强处置过程中的风险防范工作，做好资产处置前的评估，防止处置过程中出现道德风险和操作风险，切实维护我行权益。

在土地、房屋产权完善的过程中，还要注意防止和杜绝“前清后乱”。在完善现有土地、房屋产权的同时，要认真做好无形资产、在建工程和固定资产清理科目的清理工作，避免出现新的产权问题。各行要按照总行的工作部署，加强清理工作的组织领导，对无形资产、在建工程和固定资产清理科目进行彻底清查，及时做好不符合核算要求内容的甄别和整改工作，规范核算行为。

同志们，我今天讲的既是一项具体工作，也是一件关乎全局的大事。希望各级行从今天这次会议开始，都要进一步重视这个问题，立即行动起来，扎扎实实按照总行的部署，抓好固定资产清查和确权工作，为工行的股份制改革奠定坚实的基础。

坚持技术研发和业务创新
努力构建全面风险管理体系

——在中国工商银行评估工作会议上的讲话

杨凯生

（2005年2月18日）

今天很高兴能够与全行评估战线的同志们坐在一起，总结2004年的工作，讨论评估工作面临的新形势和新任务。

2004年，全行评估工作取得了可喜的成绩。以内部评级法工程整体规划项目的完成为标志，我行的全面风险管理体系建设开始走向与国际惯例接轨的道路；以公司客户信用评级体系为核心，逐步完善了几个行业包括金融机构在内的客户信用评级体系；以客户信用评级系统、中长期贷款评级系统和行业信息库系统相继顺利投产和平稳运行为标志，我行信贷评估工作向“标准化、程序化、自动化、智能化”目标进一步迈进。在过去的一年里，全行评估人员积极学习，努力工作，进一步拓宽了工作思路，为全行综合改革的不断深化，为全行风险管理体系的建设做出了应有的贡献。在这里，我代表总行党委向大家表示衷心的感谢！对评估工作取得的成绩表示祝贺！

我们在看到成绩的同时，也应该清醒地认识到，与国际同业的先进水平相比，我行的评估分析水平还不高，风险识别能力还不够强，风险计量分析还处于起步阶段，在风险的识别、评估、控制、迁徙、化解的机制和流程方面还存在着这样、那样的问题。当然，这不仅是评估工作的问题，也不是评估部一个部门的问题，而是全行整体风险控制水平、控制能力、控制机制的问题。但必须承认，评估工作是其中重要一环，我行的评估工作还有需要改进、需要提高的地方。我们必须看到，经过前些年艰苦而有效的努力，我行的风险评估分析工作确实已经跃上了一个新的台阶。但如今形势的发展，使得评估工作的重要性、艰巨性显得更为突出。因此，我们必须要有紧迫感和使命感，锐意进取，扎实工作，为提高我行评估分析水平，构建现代商业银行的全面风险管理体系而加倍努力工作！

为适应改革与发展的新形势，2005年评估工作的总体要求是：认真贯彻执行国家宏观调控政策和分行行长会议精神，深入研究和积极实践《巴塞尔新资本协议》，继续完善客户评级和债项评级工具，科学负责地做好项目贷款评估和客户信用评级工作，提高我行风险防控水平和层次，积累信用风险的数据，做好风险控制模型的研发工作，加快我行内部评级法二期工程建设步伐，为构建我行全面风险管理体系做出新贡献。关于2005年度全行评估工作主要任务和具体要求，总行评估部已经作了安排，我都赞成。下面我再强调几个问题。

一、评估工作要在全行改革发展中发挥更重要的作用

当前我行的改革发展正面临着一个新的形势，管理理念、管理机制、管理方法面临着新的提升过程，新的完善过程，以及进一步与国际接轨的过程。其中一个最突出的表现就是要逐步实施《巴塞尔新资本协议》。作为全行整体工作的一个重要组成部分，评估分析工作自然也面临着一个新的形势。就外部环境来说，投融资体

制改革对银行信贷评估和信贷操作的影响正逐步显现。政府宏观调控机制的进一步健全，宏观调控方法的进一步完善，增加了银行防控风险的责任，扩大了银行防控风险的内容。利率市场化的改革取向也越来越要求银行提升应对和规避市场风险的能力。就内部环境来说，我行股份制改造迫在眉睫，全行风险管理体系的建设进一步与国际惯例接轨已是时不我待。《巴塞尔新资本协议》的逐步实施，也加大了我们尽快采用内部评级法的压力。进一步提高信贷资产质量，严控新增不良贷款的要求，将使评估分析工作经受新的严峻考验。

综上所述，我们可以看出，在新的形势任务面前，评估工作的内容、方法和要求已经和正在发生着深刻的变化。我们需要防控的已不仅是信用风险，还包含有市场风险和操作风险，这对评估工作提出了新的要求。我行要加强全面风险控制，仅提信贷评估，这个面窄了。信贷评估是评估工作的一个十分重要的内容，但它不应该是，也不可能是全部的内容。如果我行的信贷评估工作或者说风险计量工作还仅仅局限在信用风险方面，那说明我行的全面风险防控体系还没建立起来。这需要我们工作理念上的调整，工作机制上的完善，甚至需要队伍结构的调整。

我们在信贷评估工作中已不可能仅孤立地就客户评级抓客户评级，就项目评估搞项目评估，要自觉地把信贷评估纳入全行的全面风险管理体系。我们提高风险计量和管理的水平，主要目的已不再是怎样适应外部监管要求，更多的是怎样适应银行自身改革发展的需要。这一系列变化给我们带来的不只是挑战和压力，也给评估工作创造了新的更为广阔的发展空间。我们要抓住机遇，进一步增强责任感和事业心，通过扎扎实实的工作，把全行的评估业务提高到一个新水平，努力为我行的现代金融企业建设作出新的更大的贡献。

二、以内部评级法工程为核心，努力构建全面风险管理体系

巴塞尔委员会于2004年6月正式颁布了《巴塞尔新资本协议》。新协议蕴涵了现代商业银行全面风险管理理念，代表了国际银行业风险管理发展的新趋势，已经成为全球银行业风险管理的国际标准。新协议的主要内容包括三大支柱：第一支柱资本充足率；第二支柱监管当局的监督检查；第三支柱市场纪律。其中，第一支柱计算资本充足率包括了信用风险、市场风险和操作风险三大风险类别。新协议关于信用风险提出了三种度量方法：标准法、内部评级法的初级法和高级法。信用风险内部评级法是新资本协议的核心内容。按照《巴塞尔新资本协议》精神，实施内部评级法工程，对正致力于建设现代金融企业的我行来说，显得尤为迫切和重要。

实施内部评级法工程，构建全面风险管理体系是保证我行健康发展的必由之路。内部评级法体系的建设，包括了公司治理结构、组织架构、信贷流程以及内部控制等方面的改革内容，是一项系统工程。工程通过建立、优化公司治理结构和内部组织架构，提高内部审计的风险监控能力，提升管理效率和财务报告的可信度，有助于增强投资者信心和核心竞争力。特别是，我行作为全球最大的信贷银行之一，净利差收入占比仍然较高，信贷业务经营成果直接决定着全行利润的高低。实施内部评级法工程，通过精确度量违约率和违约损失率这两个核心风险参数，可以改善信贷授权、信贷审批、信贷组合管理、信贷绩效考核等环节，提高风险定价和信贷盈利能力，增强我行业务发展的资本约束力，平衡效益、风险与增长三者的关系，推动我行走上健康的良性发展轨道。

新协议内部评级法代表了国际银行业风险管理发展方向，已为各国银行监管部门所接受。我国银监会已要求国内大型商业银行加快建设内部评级法体系，并为此制定了实施新资本协议的基本策略："两步走"和"双轨制"。即先执行好1988年《巴塞尔新资本协议》，按照《商业银行资本充足率管理办法》的要求，提高资本充足率水平，确保商业银行在2007年资本充足率达到或超过8%。同时，鼓励大型国有商业银行开发内部评级体系，在条件成熟时采取内部评级法进行资本监管。由于2006年底新资本协议在全球范围内实施已成定局，因此，2007年以后，我国大型商业银行在发达国家的子银行必须按东道国的监管要求实施新资本协议，如果到时候母行与子行的风险管理体系不能一致，管理成本将会很高。2004年12月，我国银监会先后颁布了《商业银行市场风险管理指引》和《商业银行内部控制评价试行办法》，并于2005年开始实施。从已经颁布的这一系列监管规定可以看出，我国银行业监管标准正逐步与国际惯例接轨，银监会正按照全面风险管理的要求，对商业银行实行风险监管。

我行从1999年以来一直跟踪研究新协议和内部评级法，取得了一系列成果。2004年2月我行正式启动了内部评级法一期工程——全面风险管理整体规划，先后有数百人参与了一期工程建设，并于同年7月顺利验收。

一期工程的主要成果——《中国工商银行全面风险管理整体规划报告》系统地分析了我行当前的风险管理现状，在与新资本协议及国际银行先进做法进行差距对比分析的基础上，对我行未来几年公司治理改革和全面风险管理改革进行了整体规划并逐年设计了实施路线图。一期工程达到了预期效果。一是认清了差距，明确了目标，统一了思想。全面风险管理是一个动态的过程，建立全面风险管理体系是一项系统工程，从战略制定到各项具体经营管理活动，涉及银行董事会、管理层以及其他操作人员等各个层面。通过现状诊断和差距分析，使我们认识到了构建全面风险管理体系的艰巨性；

通过目标环境和实施路线图设计，使我们认识到，只要认真总结汲取国际先进银行的经验教训，充分发挥自身的后发优势，完全有可能在较短时间内缩短与国际先进银行之间的差距。二是培养了人才。通过整体规划设计，特别是通过项目培训，在全行较大范围内普及和推广了关于全面风险管理的理念和知识，如新资本协议、内部评级法、风险战略、信用风险、市场风险、操作风险、资产负债管理、风险模型和工具、组合管理、风险数据库等，为下一步实施整体规划做好了人才储备。三是扩大了我行的影响。我行《整体规划》报告完成后，不少媒体对我行全面风险管理体系的建设情况进行了报道，银监会曾两次专题听取我行全面风险管理体系建设情况的汇报，一些银行也表示将借鉴我行全面风险管理体系的建设经验。

2004年，我行已向中国银监会承诺2007年达到内部评级法初级法的要求。2005年是我行实施《全面风险管理整体规划》的第一年。对于我们这样大规模的银行来说，要在3年左右的时间内达到内部评级法初级法的要求，时间紧迫，任务十分艰巨。2005年，我行内部评级法二期工程将以对公信贷内部评级法项目建设为重点，紧密配合我行即将启动的股份制改革来实施。

从实施《整体规划》难度看，对公信用风险内部评级法项目涉及面最广，时间跨度最长，数据要求最高。提高对公信用风险管理水平，是我行目前风险管理的重点。特别是，对公信用风险计量水平的高低，对我行下一步的组织流程重组、资产负债管理、经济资本管理，都有直接的影响。因此，2005年我行将以对公信贷内部评级法项目为重点，率先启动对公信贷风险参数度量项目。根据新资本协议的要求，银行对公信贷违约率至少需要5年的数据，测算违约损失率至少需要7年的数据。目前，我行的风险数据还没有实现集中管理，而且很大一部分风险数据还保存在书面文档里有待整理。对公信贷风险参数度量项目启动后，各分行要积极配合总行项目组做好风险数据的搜集整理工作。

三、适应投资体制改革的新形势，逐步建立项目可行性论证体系

2004年7月，国务院正式颁布实施了《关于投资体制改革的决定》。《决定》作为今后一个时期投资领域改革和发展的规定性文件，其最核心的内容是确立了企业的投资主体地位。《决定》规定“对于企业不使用政府投资建设的项目，一律不再实行审批制，区别不同情况实行核准制和备案制”。据有关方面权威测算，今后实行备案制的项目约占75%，也就是说大部分项目将实行备案制。即使对政府核准项目，政府也主要从行使公共管理职能的角度对外部性进行核准，这意味着政府不会再以经济效益不理想、资金来源不落实等理由否决企业的投资项目。

《决定》的出台将商业银行项目贷款评估部门历史性地推到了市场的前沿，项目贷款评估依据发生了重要转变，项目评估作为信贷风险防范的第一道关口，责任更重了。银行要想稳健发展，要想不断提高资产质量，降低不良贷款比例，必须具备靠自己的力量规避信贷风险的能力。国有商业银行在真正拥有了自主审贷权力的同时，必须要调整营销策略和评估重心，要学会科学预测客户的偿债能力和行业市场前景，把握客户的整体信用风险。

目前，投资体制改革相关配套法规细则还有待完善，投资体制改革的运行机制也有待进一步实践。我们应抓住这个有利时机，围绕全行信贷结构调整任务，采取积极措施，消化投资体制改革的影响，以投资体制改革为契机，从整体上提升我行信用风险防范水平和层次。

一是要修订目前的《项目贷款评估办法》，理顺项目贷款评估工作运行机制，保证评估基础资料的真实性，同时要改进工作作风，提高贷款评估工作效率。二是要做好评估前移工作，对仅需政府备案项目，贷款评估工作尽可能参与其前期论证及咨询评估过程；对需政府核准项目，加强与政府部门的沟通和银行同业及社会权威中介机构的合作，增强项目风险鉴别能力。三是要大力加强项目贷款评估基础工作，着力构建信用评价标准参数体系，提高行业分析工作的深度，从定性和定量两方面保障项目决策水平的不断提高。

四、切实做好2005年几项基础工作

2005年全行评估工作任务很重，头绪不少。要统筹兼顾，妥善安排，全面落实好2005年的工作计划。在这里，我想再强调几点。

（一）完善我行客户评级和债项评级工具，提升风险分析计量水平。目前，我们在客户评级和债项评级的研发和实践上已经取得了阶段性的成果，客户评级体系覆盖面不断扩大，已经存储了4年的数据用于计算违约率；债项评级体系已在全行平稳试运行，它的作用在试运行中已初步体现。这两项评级业务是我行信用风险防范的主要平台，是未来我行实施内部评级法的一个基础。为将我行客户评级和债项评级工具纳入内部评级法的轨道，必须首先要在理念和框架上与《巴塞尔新资本协议》接轨，在此基础上下大力气，尽快提升我行评级工具的风险计量分析水平。

在客户信用评级方面，2005年要升级客户信用评级软件，保证评级方法科学合理；继续填补我行评级体系的空白点，向新协议要求的覆盖五类信用风险的客户评级体系迈进；用历史和经验的数据每年定期对评级结果进行验证，对各级别违约概率进行修正，以适应市场和经营环境的客观变化。在债项评级方面，2005年要进一步扩大我行债项评级覆盖面，尤其要在债项评级体系的数据接轨、数据积累以及定量分析方面取得实质性进展，并在抵（质）押担保工具风险计

量方面实现突破。只有这样才能实现贷款定价、资本配置乃至组合管理服务。只有真正提升了客户信用评级和债项评级的水平，才能逐步实现整体量化行业风险和区域风险。

（二）建立和完善抵（质）押物管理体系。2004年，总行评估部牵头组织对我行抵（质）押物管理现状进行了全面深入地调查。调查发现，我行还没有建立完善的抵（质）押物管理信息系统，系统中主要是抵（质）押物的初始评估价值，管理手段落后，有用信息较少，无法满足信贷管理部门整体掌握抵（质）押物状况的需要。同时，系统的不健全使抵（质）押物从初次抵押到最终处置拍卖的全过程无法清楚地记录，导致贷款问责制无法真正落实。此外，还有他项权证不齐备，抵（质）押物实际状况、成新程度都不清楚等问题。因此，抵（质）押物的管理还是一个薄弱环节。2005年要把这项工作抓起来，进一步建立、完善管理体系，力求做到从初始抵押，一直到最终处置全过程的信息都能记载下来。这项工作很有意义，也非常重要。

为了进一步完善全面风险管理体系，按照新资本协议内部评级法的要求，必须抓紧建立和完善我行抵（质）押物管理体系。2005年主要做好两项工作，即建立抵（质）押物管理系统数据库和制定我行抵（质）押物管理估值办法。总行已将抵（质）押物管理系统列为2005年重点开发的科技项目，该系统将实现对抵（质）押品的分类管理、价值评估、监测和检查、违约后的回收统计等功能，并能保证与抵（质）品有关的所有数据的长期完整保存。系统的建立将全面规范我行抵（质）押物的管理，为按内部评级法高级法要求计算违约损失率提供更完整的数据基础。各行须高度重视此项工作，积极按照总行建立抵（质）押物管理系统数据库和制定估值办法的工作要求，逐步建立和完善我行抵（质）押物管理体系。要像管理客户一样，管理好抵（质）押物。

（三）加强专业化培训，造就一支高素质的评估人才队伍。评级工具的完善和风险管理体系的构建并不能代替信贷人员的信用分析能力，信贷人员主观判断能力的高低直接关系到我行信贷资产质量的好坏。姜行长在年初的分行行长会议上明确提出“要加快造就一批熟悉国际规则、具有较强实践能力的风险投资专家、高级理财顾问、金融工程师、金融分析师等新型金融专家队伍”。我们要按照这个精神大力加强全行信贷评估队伍的专业化培训，力争在三到五年内建立信用分析师（风险经理）的内部资质认证体系。设立初级、中级、高级三个级别的信用分析师，通过培训、考试等途径，确定评估人员的信用分析师资格，并为中级、高级信用分析师提供更多的培训机会。广大评估人员要有紧迫感和责任感，要结合总行专业化培训方向，努力学习，及时更新业务知识，在实践中有效运用新的评估理论和方法，不断提升自身专业素质和思想素质，以适应新形势、新任务的需要。

同志们，面对全新的机遇和挑战，全行评估队伍要抓住有利时机，及早规划，尽快落实，一如既往地发扬锐意进取、勇于创新的精神，努力推动信贷评估工作再上新台阶，为加快我行现代金融企业建设而努力奋斗！

在中国工商银行中间业务工作会议结束时的讲话

杨凯生

（2005年2月22日 根据录音整理）

全行中间业务工作会议历时两天，今天下午就要结束了。会议开始时，福荣副行长对2004年中间业务工作进行了全面总结，指出了当前中间业务发展中存在的差距和问题，部署了2005年中间业务发展目标和工作措施。我赞同福荣同志的讲话。总行8个相关业务部门的负责人就本专业2005年中间业务增收重点和工作要求作了专题发言。9家分行从不同角度介绍了各自发展中间业务的措施和体会。总行投资银行部对2004年全行中间业务收入情况进行了简要分析。会议还邀请人民银行行长助理易纲同志就利率市场化和商业银行金融创新问题作了专题讲座。这次会议时间虽然不长，但内容很多，很丰富，信息量很大，我想大家一定会很有收获。这次会议还安排了半天的讨论，在讨论过程中，大家结合本行的情况，对2005年至2007年我行中间业务的发展方向和工作措施提出了一些很好的意见和建议，会后，总行将认真归纳大家提出的建议，修改完善《中间业务2005－2007年发展规划》和《2005年中间业务工作指引》，并尽早下发全行。

总的来讲，这次会议达到了预期目的，效果是好的。下面，我再讲几点意见，供大家参考。

一、我行中间业务发展很快，但差距仍然不小，潜力仍然很大

2000年至2004年五年间，全行中间业务收入由22.9亿元增长到115.4亿元，增长了5倍，年均增长38%，列四大国有银行之首，并成为第一家境内机构中间业务收入过百亿元的商业银行。同期，全行人均中间业务收入由0.6万元增加到3.1万元，增长了5倍；中间业务收入与利差收入的比例由7.48%增长到14%，提高了6.5个百分点。中间业务的快速发展，对于增强我行整体经营实力和市场竞争能力，促进全行经营效益增长和业务结构优化，推动全行经营理念的转变发挥了重要作用。这些成绩来之不易，是全行上下共同努力的结果，凝聚了各级行中间业务牵头部门和相关业务部门员工的心血，对此应予以充分的肯定。

在肯定成绩的同时，要清醒地看到我们的差距和不足。由于我们真正抓中间业务的时间还不长，迄今为止，与传统的资产负债业务相比，中间业务经营规模仍然不够大，管理基础仍然比较薄弱，综合竞争实力仍然不强。中间业务收入与利差收入的比例虽然近年来迅速提高，但仍然只有14%，对全行盈利水平的影响还是比较有限，存贷利差作为全行盈利主要来源的收益结构并没有实质性改变。此外，与同业相比虽然我们中间业务收入量按境内口径在几大银行中位居第一，但若按境内外全口径相比，我们仍落后于中国银行的155亿元。相对于经营规模和资源拥有量，我行中间业务发展的差距也十分明显。我行2004年每万元资产中间业务收入只有20.6元，低于建行（28.5元）和中行（25.6元）；全行平均每个网点实现中间业务收入65万元，比中行（91万元）低26万元。从中间业务收入同业占比看，2004年我行还有所下降，四大国有银行2004年共实现中间业务收入388.6亿元，我行占比29.6%，比上年下降1.2个百分点；四大国有银行共增加中间业务收入128.9亿元，我行占比28.3%，比上年下降7个百分点。当然，这里可能有统计口径不尽一致的问题，但应该看到，我行中间业务的竞争优势并不明显。

与国外商业银行相比，我们的差距更大。他们的中间业务收入占比普遍已达40%以上。我行现在的收入占比仅相当于美国一些银行20世纪40年代的水平。如果我们今后若干年内仍保持前几年的发展速度，每年中间业务收入占比提高3个百分点左右，则需要近十年的时间才能赶上。还应该看到，前几年我们中间业务收入的高速增长有一定的特殊因素，如基数较低、收费政策调整等。中间业务未来要一直保持这样的高速发展，难度很大，需要我们花更大的力气，下更大的工夫。与收入占比差距更大的还是我们中间业务的品种结构和质量，我行中间业务产品结构较为落后，劳动密集型、智力密集型和技术密集型三类中间业务发展不够协调，高附加值、高技术含量的中间业务发展明显不足，对全行中间业务收入的贡献度较低。2004年，投资银行、个人理财、电子银行、资产托管等新兴中间业务收入占全行中间业务收入的比例仅为16%。而花旗集团投资银行、衍生产品交易、资产证券化、信托活动、保险等业务手续费和佣金收入2002年和2003年分别为179亿美元和243亿美元，分别占非利息收入的52%和66%。

差距同时也意味着潜力。我认为，只要全行进一步统一思想认识，采取得力措施，认认真真落实《中间业务2005－2007年发展规划》，我行的中间业务完全可以继续保持快速发展态势，为全行经营结构和收入结构的调整做出新的更大贡献。

二、进一步加快中间业务发展势在必行

我国金融业对外开放不断扩大、银行业改革日益深化的新形势，要求我们必须进一步加快中间业务的发展。哪家银行对这个问题了解得越深，认识得越早，哪家银行就越有可能真正培育起自己的核心竞争力，就越有把握在下一步的发展中赢得先机。

（一）大力发展中间业务是国际大银行的通行做法。第二次世界大战结束后，西方发达国家商业银行盈利模式的转变大体经历了三个阶段。早期是银行主导阶段。其主要特点是，全社会融资方式以间接融资为主，商业银行是融资行为的主要媒介，当时资本市场还不发达，市场投资工具还不多。商业银行在融资行为中处于优势地位，其主要收入来源为利息收入。后来就进入了市场主导阶段。其特点是，非银行金融市场有所发展，直接融资市场份额逐渐扩大，金融脱媒速度加快。资本市场快速扩容，投融资渠道增多，新产品层出不穷。借款人对银行贷款的依赖性下降，但对银行中间服务的需求明显增加。在这一阶段，一方面金融市场格局的演变导致商业银行存贷款增长趋缓，利息收入下降，另一方面也迫使商业银行开始参与资本市场，大力发展中间业务，增加非利息收入。再后来就是所谓的金融市场多样化阶段。随着金融体系格局的深入演变，直接融资比重不断上升，间接融资比重则逐渐下降，企业重组购并盛行，消费者金融服务的需求越来越多，各种金融工具和金融衍生产品越来越丰富，资产管理、理财服务、基金管理和咨询顾问等逐渐成为银行业的重要收入来源。商业银行主要利润来源由传统利差收入转为佣金和手续费等收入。从20世纪90年代中后期开始，一些发达国家银行非利息收入占比平均每年以一个百分点的速度增长，对银行总收入的贡献度多在30%以上，不少超过了50%。

从国际上一些商业银行发展的历史可以看出，从仅关注存贷业务转向重视中间业务，从单一的货币市场走

向整体的金融市场，从主要依赖利差收入变为离不开非利息收入，是银行业发展的一个重要趋势。可以预见的是，国外商业银行进入我国市场后，他们不会简单地与我们拼网点，抢存款，争贷款。他们的业务重点将会放在中间业务和私人银行业务领域。他们将依靠其先进的经营理念，成熟的产品体系，丰富的服务经验，与我们竞争高端客户和非利息收入。面对这样的形势，我们只有加快业务转型步伐，才能在市场上立于不败之地。

（二）加快发展中间业务是适应新的监管要求和保证我行稳健发展的必要措施。2004 年 6 月 26 日，《巴塞尔新资本协议》正式颁布，并计划于 2006 年底开始逐步实施。新协议始终强调要稳妥处理“资本、风险、收益”三者关系，其中最重要的关系就是“资本与风险”的关系。与 1988 年《巴塞尔新资本协议》相比，新协议把评估计量资本充足率的要求与银行面对的风险更紧密地结合起来，在满足 8% 的资本充足率底线的条件下，有多少风险就必须有多少资本，风险越大的银行资本就应该越多。

在以往很长一段时间内，我国商业银行资本金及资本充足率观念比较淡薄，在发放贷款时很少考虑资本金问题，资本监管比较宽松。近年来这种情况已经和正在发生深刻的变化，资本金及资本充足率问题已日益为各方所重视。银行监管正逐步从过去的合规性监管向风险监管转变，监管重心逐步从限制银行业务经营范围、产品价格等转向监管银行资本。2004 年 2 月，银监会颁布了《商业银行资本充足率监管办法》。办法将商业银行分为资本充足、资本不足和资本严重不足三类，并采取分类监管的措施。2004 年 3 月，银监会又发布了《中国银行、中国建设银行公司治理改革指引》，对改制的商业银行提出了更为严格的监管要求。

工商银行的改制已经迫在眉睫。与此同时，我们也已经向银监会承诺，将在 2007 年采用《巴塞尔新资本协议》所规定的内部评级法来计量和控制风险资本。这在一定程度上意味着，由于资本的硬约束，我们贷款的扩张将进一步受到限制。过去那种认为只要增加存款，就可以相应增加贷款，也就能够相应增加利润的经营理念必须改变了。且不说我们的信贷风险控制能力，能否经得起这种贷款无休止增长的考验，就从资本充足率角度看，我们也必须进一步调整利润结构，使盈利重心进一步向非利息收入靠拢。我行的发展战略要从以存贷款业务为主转移到资产、负债与中间业务并重的发展轨道上来。只有这样，才能有效解决资本有限增长与不断提高盈利能力之间的矛盾。

（三）进一步加快中间业务发展的条件已经基本具备。应该看到，我国国民经济将在相当长一段时间内继续保持快速稳定增长，居民消费结构将逐步升级，社会对金融服务的需求十分旺盛。新修订的《商业银行法》明确规定收费权是商业银行的基本权利，加上先前颁布的《商业银行中间业务暂行规定》和《商业银行服务价格管理暂行办法》，使商业银行发展中间业务已经基本有章可循，有法可依。目前监管部门正在越来越多地鼓励商业银行进行业务创新，并降低了一些中间业务的市场准入门槛。投资银行、电子银行、资产托管、衍生产品交易、现金管理、信息服务、代理保险、代理证券资金清算、银证银保合作、代客理财等金融产品日益被社会公众所接受。中间业务收费环境不断改善，同业协作机制初步形成，社会舆论逐步回归理性。金融服务的有偿化已逐渐为人们所理解。这有助于推动中间业务收费面的进一步合理扩大。随着各家银行中间业务管理的加强，收费减免规范化程度也在不断提高。尤为重要的是，近年来中间业务的快速发展，使大家看到了中间业务市场所蕴藏的巨大潜力，全行尤其是各级行领导的思想认识进一步统一，对中间业务的重视程度明显提高，为中间业务发展提供了组织领导保证。应该说，到目前为止，我行已初步形成了较为完善的中间业务品种体系和技术支撑系统，符合我行实际的中间业务管理组织体系和制度体系已初步形成。全行中间业务的进一步发展已经有了一个较好的基础。

总之，面对金融市场发展和金融改革深化的新形势，我们必须对原有的经营战略进行相应的调整。必须通过提升中间业务定位，大力发展中间业务，逐步改变主要依赖利差收入的经营结构和收入结构，在有效控制经营风险的前提下实现我行的可持续发展和经营效益的稳步增长。

三、以客户为中心，发挥整体优势，努力提高我行中间业务的服务水平和竞争能力

我们所指的中间业务，是创造非利息收入的各种收费业务的总称。从工作组织实施的角度看，中间业务具有两个特点。一是它涉及面很广，几乎覆盖了银行绝大多数业务部门。要推动中间业务的全面发展，必须依靠全行上下各部门、各专业的共同努力。二是由于客户需求的多样性、综合性，各项中间业务之间往往具有相关性、交叉性。要真正塑造一个好的中间业务产品，往往需要不同专业的综合支撑，需要各专业部门的相互配合和协调。目前我行中间业务产品种类并不少，多达十类 420 个产品，数量为同业第一。这反映出我行中间业务创新工作很有成效。但存在的问题是中间业务产品不够系统，不够连贯，产品线不够清晰。不少产品带有较浓厚的专业、部门色彩，产品服务功能单一。有的新产品推出对原有产品系列兼顾不够，也没有为未来创新预留空间。这导致了我们一些中间业务产品营销成本高，不容易形成有影响品牌，妨碍了我行中间业务的整体竞争能力。

产生这些问题的原因是多方面的。既有工作中的管理问题，也有内部经营机制还不够顺畅的问题，但更重

要的还是以客户为中心的经营理念不强。坚持以客户为中心的经营理念，一是要充分依托我行的技术、信息平台，对已有产品根据服务功能实行分门别类的梳理和系统划分，对业务运营平台和业务信息进行有效整合，并以此为基础，再根据不同客户的需求对一些产品的功能进行交叉性提升，设计出、改造出一批集支付型、消费型、顾问型、理财型和信息型于一体的产品。二是要下工夫培养一大批高素质、复合型的客户经理。目前我们的客户经理普遍具有较强的公关能力和营销意识，在业务一线发挥了重要作用。但不足的是无论公司客户经理还是个金客户经理，往往只熟悉与本部门、本专业有关的一些产品，对跨专业、跨部门的其他产品了解不够，对全行所具有的综合服务功能知之不多。要通过各种培训和实践锻炼，使客户经理成为推介我行各类中间业务的行家里手，成为反映客户需求的信息渠道，成为改进金融工具，完善产品功能的重要推动力量。三是要进一步强化全局意识和整体观念。要认识到以客户为中心，指的是以工商银行的客户为中心，而不是仅仅指以哪个部门、哪个专业的客户为中心，对客户服务水平的进一步提高需要全行各部门、各专业相互支持、协同作战。研发一个产品、设计某项服务功能，要兼顾上游客户、下游客户、公司客户、个人客户之间的各种需要，避免顾此失彼。在这个问题上，各级行中间业务牵头部门要多了解情况，多沟通协调，多反映信息，多发挥作用。各级领导尤其是分支机构一把手更要统筹全局，把握重点，组织好、推动好中间业务发展。

要围绕战略产品整合中间业务。我行目前开办的中间业务种类很多，并且还在快速增加。对这么多产品，我们要进行分析，要从我行的比较优势出发，确定战略产品，把战略性产品做大做强，并以此带动其他中间业务的发展。下一步全行中间业务发展要以个人理财、电子银行、牡丹卡、国际结算、现金管理、投资银行、资产托管等七大战略产品为主线，尽量将功能相近的产品整合到一起，不要轻易地另起炉灶。

要适当控制产品出台的速度和数量。产品创新是一件成本较高、风险较大的活动。国外一些大银行对此非常细致、严谨，每推出一个新品牌，都要经过周密的论证、测试和策划，一般来讲，要历时几年才推一个新产品。与此同时，他们对已有产品的维护非常重视。以现金管理产品为例，从20世纪70年代末现金管理产品面市以来，经历二十多年，其品牌名称从未改变，但服务内容已经有了很大变化。总的来说在现有情况下，要尽量通过不断扩展已有产品功能来满足市场和客户的新需求，要逐步减少那些功能过于单一、市场面过于狭窄的产品，不断提高新产品的边际收益。

四、加强管理，确保中间业务健康发展

相对资产负债业务而言，尽管中间业务整体风险要小一些，但也不是完全没有风险。如果防范控制不严、不到位，同样会给我行带来损失和危害。尤其是一些形成或可能形成或有负债和交易损失的中间业务，如担保、信用证、承兑汇票、衍生金融工具交易等，其风险程度并不亚于信贷业务。与此同时，随着全行中间业务创新步伐的加快，中间业务开办面的不断拓宽，我们与各种市场、各类机构的关联度日益密切，一些新的风险因素正在形成，中间业务的风险结构也日益复杂，中间业务面临的风险水平和风险类型正在逐渐增加。因此，我们对中间业务的风险问题要有充分的思想认识和工作准备，积极采取措施予以应对。

要加强中间业务的管理制度建设，将其纳入全行内控制度建设体系和全面风险管理体系，实现对表内业务风险和表外业务风险的统一管理。要先立规矩，再做事情。每一项新的中间业务在开办前，必须建立相应的操作规程、会计核算方法、收费标准和风险防范措施等。规矩不立好，不允许开办新的业务。各行要认真清除中间业务内控管理的盲点，做到在法律上不留隐患，在制度上不留空白，在内控上不留死角。要进一步加强对中间业务经营管理和财务收支的内部审计工作，严肃中间业务工作纪律。对在中间业务市场准入、产品开发、营销、收费、核算管理等环节存在的违规行为，要严肃处理。对可能形成或有负债的中间业务，必须视同信贷业务，实行严格的授权和授信管理。要注意避免对一些代理业务不适当的宣传，营销要注意策略，讲究分寸，防止将本该由客户承担的风险转嫁到工商银行身上。

要加强中间业务收费管理，确保收费依法合规，确保应收尽收，应入尽入。要坚持集中管理的原则，中间业务收费标准由总行中间业务委员会统一负责制定，各行不得擅自出台未经总行批准的收费项目。对中间业务收费要严格按照标准收取，该收的费一定要收上来。对确因业务开拓的长远需要而必须减免当期手续费的客户，应在认真分析投入产出、全面测算客户对我行的综合贡献度并履行必要的审批程序后方可减免，在覆盖成本费用和风险的前提下，兼顾市场竞争策略。从2004年总行对部分分行中间业务专项稽核情况来看，目前中间业务收费方面存在的一个主要问题是部分行中间业务收费费率低于总行标准，优惠幅度超过总行的规定。各行对此要引起高度重视。同时，要注意防止因乱收费而给我行中间业务造成不良影响，损害中间业务的声誉和长远发展。顾问咨询类业务收费要与提供的服务内容和服务质量相匹配。各行要进一步扩充顾问咨询业务内涵，增加服务项目，提升服务档次，不断提高市场竞争力。

中间业务的发展是一项系统工程，涉及领域广泛，牵扯部门较多，组织管理工作千头万绪，但它又是一个有机整体。要把中间业务工作做好，各级领导必须高度重视，各专业、各部门要增强统一法人意识，树立全行

一盘棋的观念，注意团结协作，发挥我行的整体优势，共同推进中间业务的发展。我们要按照年初分行行长会议的部署，明确目标和责任，扎扎实实地开展工作，确保中间业务收入一年上一个台阶，三年翻番，为实现《2005－2007年中间业务发展规划》所确定的各项目标任务做出应有的贡献。

在中国工商银行特殊资产处置工作视频会议上的讲话

杨凯生

（2005年5月25日根据录音整理）

目前，全行股份制改革正在按计划稳步向前推进，总行各部门、各分行以高度的责任感和紧迫感，深入扎实地做了大量工作，付出了极其艰苦的努力，但任务仍十分艰巨。自办实体、宾馆、培训中心、股权投资等特殊资产的处置工作取得了一定的进展，但按照整个股改时间表，下阶段特殊资产处置的时间非常紧迫。总行希望通过召开此次视频会议，对特殊资产处置工作进行安排和推动，促使全行进一步加快处置进度。下面我讲三点意见：

一、特殊资产的基本情况

在我行的非信贷资产构成中，有一部分资产是由于种种历史原因形成的，但根据国家相关法律法规商业银行不应持有的，也不适合进入未来股份公司的，这部分资产我们把它统称为特殊资产。如果不进行及时妥善的处置，将对我行未来上市构成法律障碍。这些资产过去分别由行内不同部门管理，体现在不同的会计科目上。各类资产如：（1）自办经济实体。（2）宾馆、酒店、培训中心。（3）金融学校。（4）170301科目长期股权投资。（5）190003科目待清理信托资产。（6）170305科目待清理长期股权投资。（7）170304科目委托持股。（8）职工住宅、宿舍。

二、加快处置特殊资产的重要意义

首先，加快特殊资产处置，是依法合规经营的需要。目前我行持有的绝大多数特殊资产，属《商业银行法》规定的商业银行原则上不能持有的非银行类股权投资，或是中国人民银行《关于金融机构与所办经济实体脱钩有关问题的紧急通知》中规定要清理的资产，持有和保留这些特殊资产，不符合国家有关法律法规的要求。

其次，加快特殊资产处置，是顺利推进我行改制上市的需要。继续持有上述特殊资产，将难以满足国际会计准则及有关上市规则的要求，境内外律师无法出具“清洁”的法律意见书，审计师也难以出具“标准”的无保留意见的审计报告，从而影响到我行引进战略投资者和改制上市工作。

最后，加快特殊资产处置，是改善经营效率和提高经营绩效的需要。自办实体、股权投资、酒店、宾馆、培训中心等非主营业务的特殊资产，大多是历史形成的，背景复杂、账务不清，盈利性和流动性都很差，大部分已成为各行经营管理的包袱。

因此，我们必须统一思想，痛下决心，克服困难，抓紧工作，尽快完成特殊资产的处置工作。

三、进一步加快处置特殊资产的几点要求

特殊资产的清理，是我行改制上市整体计划的一项重要工作和关键环节。目前总行相关部门已制定印发了一系列文件，对保留和处置的计划及时间表进行了安排，下面我就处置工作提几点要求：

（一）更新观念，统一认识。长期以来，一些同志受传统经营理念的影响，偏爱多占地、多建房子，或者为了使用的便利，喜欢建造和保有宾馆、酒店、培训中心、而对资产的合法性、合理性和盈利性缺乏深入评估。这种观念和行为忽视了资产效益和资本运营效率，忽视了依法合规经营的基本要求，应该坚决予以纠正。我们应从工商银行长远、健康发展的角度出发，着眼于整体资产的盈利性、流动性和资本效率，统一认识，加快处置历史遗留下来的这批资产。

（二）高度重视，落实责任。各行要充分认识做好此项工作的重要意义，将特殊资产的处置当做近期一项重点工作来抓。目前，有的行仅靠一两个同志在那里张罗这件事，那是不行的。各行要由行级领导负总责，股改办、计划财务、资产风险管理、人事、投资银行、教育、法律事务及办公室等相关部门要各司其职，密切配合，协同动作，以改制上市的大局为重，将总行对特殊资产处置的各项工作安排落实到位，确保按计划顺利

推进。

要充分利用此次改制的契机，争取在股份公司设立前基本完成，在上市前彻底解决这一历史遗留问题。决不能因此项工作的滞后影响全行整体改制的步伐。目前来看，时间非常紧迫，只剩5个月左右的时间了，各行在基本上完成非信贷风险资产剥离工作和土地确权办证工作后，一定要加大工作力度，投入足够的人力和物力，力争在9月底前完成此项工作。对于因重视不够，工作不力，未能按总行要求完成工作任务的分行，总行将追究主管领导的责任。

（三）依法合规，彻底处置。各行在处置工作中，既要坚决按照时间要求尽快处置，又要注意强调程序的依法合规，防范道德风险，最大程度保障我行权益。处置过程中尤其要注意以下几点：一是“公平、公正、公开”。各行在处置过程中，要尽量采取集中公开拍卖或招标等市场化方式，通过各种渠道寻找投资者，尤其是国有企业，激发投资者的购买欲望。处置特殊资产，必须经过集体研究，共同决策。

二是先难后易。各行要对本行的股权类投资、宾馆、酒店、培训中心、自办实体进行全面清理，按由难到易的顺序，优先处置难处置的、损失金额大的资产。

三是彻底处置。法律上认定完全处置的标准是，被投资企业的工商登记上工行不再是股东，并且受让方对工行没有追索权。因此，各行在处置中务必注意干净利索，不留后遗症。

四是禁止将有关资产处置给本行员工。由于历史原因，我行有一些员工在各类自办实体中工作过。总行经研究，明确禁止在这一次处置特殊资产的过程中，把对各类实体的投资转让、出售给这些员工。这是保证此次处置工作顺利、健康进行的需要。希望各行认真把关严格执行这一规定。

（四）区别对待，分类推进。总行相关部门在财务顾问和律师的协助下，针对每一类特殊资产，制定了具体的保留或处置建议、处置方式和法律流程指引，近期将印发到各行。各行要根据总行的处置建议和流程指引，制定详细的处置方案并组织实施，在依法合规和切实维护我行利益的前提下，从速予以处置。

对于自办经济实体的处置，由各行资产风险管理部门牵头。首先要进一步调查，全面掌握是否足额出资、有无对外债务和担保等情况，是否与我行有直接的产权关系或我行对其经营、财务和人事等方面有控制权，是否为我行工会或职工持股。根据出资是否到位情况，可采取注销法人实体或带瑕疵转让的方式处置；对于我行没有直接产权关系但有控制权的工会或职工持股或其他人持股的实体，必须解除工行的控制关系。各行对于拟以注销法人实体方式处置的自办经济实体，应当了解清楚是否存在大量的或有负债或责任，再决定是否按此方式处置，防止和避免增加我行对这些或有负债的承担义务。

对于宾馆、酒店、培训中心的处置，由各行固定资产清查及确权领导小组牵头。4月23日总行召开的关于做好固定资产清查与非信贷风险资产剥离工作的视频会议，已对此提出了具体要求，请各分行按照既定方案继续做好处置工作。拟保留的××家培训中心中，××家具备法人资格的必须在5月底前取得土地证和房产证，8月底前完成工商注销登记，理清债权债务后改为自用，如果规定时限后仍存在土地证、房产证不全或产权纠纷等问题的，根据总行《关于做好培训中心管理与处置工作的通知》（工银办发［2005］178号）文件要求，将一律处置掉，不再保留。对于其余153家要力争在9月底之前处置完毕，最迟年底必须处置完毕。

对于35家金融学校的处置，由各行教育或人力资源部门牵头。这些金融培训学校中凡具有法人资格的要在8月底前抓紧按照相应程序进行注销。不注销法人资格的应当在股份公司设立前转让完毕。各分行辖属的其他金融学校，要全部转让或注销。

需要强调的是，对于上述特殊资产的处置一定要注意把握两个要点：一是确实需要保留的，必须取消法人资格，并且确保产权清晰；二是对于产权不完备的资产，也可以处置，即带瑕疵处置。

对于170305待清理长期投资、190003待清理信托投资和170301长期股权投资3个科目下的待处置资产，非商业银行类股权投资必须全部进行处置。其中170305和190003科目下的处置工作由计划财务部牵头，170301科目下的处置工作由股改办牵头。目前这3个科目下的一部分股权类资产已进入转让给财政部的非信贷风险资产包中，下一步要配合华融资产管理公司做好核对和移交工作，特别是法律流程指引中股权转让的第三方同意和工商变更登记工作。其他未进入资产包的，各分行必须加大力度，尽快处置。

对于债转股所产生的委托持股，剥离进入资产包外剩余的78.61亿元，总行正在积极争取获得国家有关部门出具的证明，使我行的委托持股合法合规。

对于未能按住房改革政策要求进行出售的职工住宅、宿舍，各行要配合中介机构，做好对职工住宅的成因、用途、用人状况、使用年限、账面价值、科目归属等情况的调查。总行将根据近期统计的结果制定处置原则。

（五）认真细致，工作到位。

一要认真配合中介机构做好审计评估和法律尽职调查工作。我行持有的特殊资产成因复杂、管理分散，各分行要配合律师、审计师、资产评估师做好摸底调查和资料核对工作，为处置工作打好基础。2005年6月30日未处置完毕、留在账内的特殊资产，应当进行评估，对审计师认为应当合并报表处理的我行控股或有控制权的企业，律师将做更详细的尽职调查，各分行要予以积极协助，做好处置的后续收尾工作。

二要注意符合法律程序。转让给财政部和第三方的股权投资，要提前与其他股东沟通，根据被投资企业的性质，按照法律法规要求的程序予以转让。例如，对于有限责任公司股权的处置，要获得其他股东放弃优先权的同意函和股东大会同意股权转让的决议；对于中外合资经营企业，要获得其他股东的同意函、董事会决议和原审批机构的批准文件，保证股权转让有法律效力，确保处置彻底，避免引起纠纷，不留后患。

三要严格遵循相关审批程序。一级（直属）分行财务审查委员会根据总行规定的资产处置损失限额进行审批，具体处置权限按总行年度财务授权执行，不得转授权。超出分行审批权限的，要报总行计划财务部审批。总行计划财务部将对特殊资产处置过程中产生的损失统筹做出安排。

四要做好档案管理工作。对于特殊资产处置过程中的会议纪要、申请批复、转让协议等法律文本和手续，各行要认真做好归档和管理工作。处置完毕后，各行应在10月份向总行对口部门提交处置报告，并负责将相关资料复印一式两份，按照法律尽职调查的工作要求提交总行法律事务部，补充总行法律尽职调查资料库。

同志们，我今天讲的既是一项具体工作，也是一件关乎全局的大事。希望各行充分认识特殊资产处置工作的复杂性和艰巨性，立即行动起来，以高度的责任心和紧迫感，严格按照总行的统一部署和工作要求，全力以赴，精心组织，按时保质完成全行特殊资产处置工作，为股份制改革的顺利推进打下坚实的基础。

在中国工商银行2005年教师节座谈会上的讲话

杨凯生

（2005年9月9日 根据录音整理）

很高兴来参加这个会议，刚才听了九位同志的发言，听了蔡毅同志的讲话，感觉大家讲得非常好。我再讲几点意见，供同志们参考。

一、过去几年教育培训工作的回顾

刚才很多同志在发言中从不同的侧面对工商银行这几年的教育培训工作进行了回顾，蔡毅同志也基本概括了这几年全行员工培训工作取得的成绩。在过去的几年中，按照总行党委的要求，全行培训工作坚持“三个服务”的方针，逐渐加大了对各级管理者、业务骨干和一线员工的培训力度。所谓“三个服务”就是，坚持教育培训为全行的改革发展服务、为员工的成长服务、为业务的拓展服务。从培训的覆盖面和参加培训的人数占全行员工的比例来看，工商银行在整个金融系统也是排在前列的。正是这种连续、不间断的员工培训，明显改善和提高了各级管理者和全体员工的管理能力、业务技能和综合素质，使大家增强了现代商业银行的经营理念，掌握了经营方面的新知识和新技能。在一定程度上缓解了我行人才结构与业务发展不相适应的瓶颈制约，很好地体现了教育培训对改革发展和人员成长的基础性支撑作用。

这几年来，我们坚持专业培训与综合培训并重的原则，首先突出了对高中级管理人员的培训。因为对高中级管理人员来说，不但需要加强管理培训，但更重要的是综合素质的提高。总行从2000年开始，连续四年对全行中高级管理人员举办了EMBA和IMBA培训，很多学员表示受益匪浅。我们还加大了海外培训力度，选拔了一批业务骨干和中高级管理人员派往海外进行专题研究。为了适应股改的需要，为一级分行、二级分行和县支行行长连续举行了战略转型培训。同时，各分行结合自身的特点和需要，对各级管理者加强了综合素质提高培训。通过培训，各级管理人员现代经营理念确实得到了加强，综合管理素质确实得到了提高，知识结构确实得到了改善，同前几年相比，我行管理人员的素质已经上了一个更高的层次。这里面有人力资源变化的原因，但其中一个重要的原因是得益于全行培训工作的加强。

在抓紧高中级管理人员综合素质培训的同时，全行还加强了专业人员培训。教育培训部门紧跟全行各项业务的发展，及时开展了新业务、新产品、新制度的推进性培训，并且把培训覆盖到了所有需要的层面，做到了业务发展到哪里，培训就跟进到哪里，满足了业务发展对员工技能提出的要求。在开展这种推进性培训或者说跟踪性培训的同时，加强了引领性培训或者说促进性培训。比如说刚才蔡总在讲话中提到的风险调整后资本回报率的培训，这个内容的培训在两年以前就开始搞了，为我们现在的改革提前做好了理论培训上的准备。我们的绩效考核从明年开始也要有经济资本方面的内容。以前我们搞规模扩张不注意风险，讲存贷款不注意利润，后来逐渐讲利润了，注意到仅仅讲账面利润还不行，这里面和拨备的提取是否充分、应付的提取是否足够还有关系，所以又要讲账面利润和拨备前利润，现在我们又渐渐意识到这个还不够，不仅要看利润的绝对数，还要看单位利润占用资源的多少。这个资本不是过去营运资金的概念，对资本回报的考核必须是经过风险调整以后的资本回报率。譬如同样两个规模都是一千亿元的分行，但一个赚了十亿元、一个赚了八亿元的拨备前利润，仅从总量看，十亿元肯定比八亿元要好，但是两个行的风险是多大，它们占用的经济资本是多少，这里面都有一个比较。所以我们的转型不是一天之内就能完成的，我们的思维方式、经营理念是逐步变化的。在这个变化过程中，员工培训起到了重要作用。为了保障全行各种新业务的顺利推进，我们还进行了很多应急性培训，如CFP、CFA核心课程，投资银行、项目融资、资本运作、现金管理培训等，保障了全行各项新业务的开展，同时也为全行培养了一批业务骨干，总的效果是明显的。

这几年全行培训特别是一线员工的培训进一步实现了制度化、系统化和规范化。因为我们认识到广大一线员工是我行改革发展的基础，也是实现优质服务和防范操作风险的重点。为了改善服务质量、提高工作效率、规范工作行为，提高全行的竞争力，这些年来重点加强了一线柜员队伍、客户经理、后台监控队伍的培训，先后开展了个人理财中心核心竞争力、基金销售等方面的培训。经过大家的共同努力，全行一线员工普遍接受了一次以制度规范、操作规范、管理规范、岗位规范为主要内容的培训。同时统一了新入行员工培训教材，为一线员工培训的制度化、规范化和程序化打下了很好的基础。

按照国外银行的通常做法，教育培训部门与有关业务部门合作开展了岗位资格培训。在“营业网点柜员”、“个人客户经理”、“个人理财中心核心竞争力开发与管理”、“票据业务”等专业开展了岗位资格培训，进行了相应的资格考试。一些省分行进行了大规模的试点，为下一步逐步推开积累了经验。

回顾这些情况我们可以发现，我行的教育培训工作为提高员工素质做出了贡献，为新兴业务的开展做出了贡献，为规范全行的经营行为做出了贡献，在改革转型的特殊时期为提高全行员工的认识和统一大家的思想做出了贡献。其中对提高员工素质做出的贡献是显而易见的，为新兴业务的发展做出的贡献是比较明显的，为规范全行的经营行为做出了贡献，如刚才讲的包括一线员工、管理人员、专业人员培训，对于规范经营行为、操作行为都起到了重要作用。对改革转型期全行员工的思想认识统一方面所作的贡献，大家过去的体会可能不是最深，但是从我回行以后参加股改工作，感觉到全行上下对于股改工作的思想准备是比较充分的。全行各项股改工作之所以能够推进得比较快、比较顺利，这和全行上下思想的统一、认识的提高有着密切的关系。有些工作的量是难以想象的，如前不久开展的法律尽职调查，有关资料就达八十余吨；还有全行的土地、房屋确权工作，产权完善率原来只有百分之二十几、百分之三十几，经过全行努力，现在达到了97%。安永会计师事务所按照我国会计准则和国际会计准则，已经结束了对我行2003年、2004年和2005年上半年经营管理状况的审计，这些都是我们进行股份制改造进而实现上市的基础性工作。这些工作量之大，任务之艰巨，完成这些任务之困难程度是难以想象的。但是我们仅仅在半年时间内就完成了这些工作。中介机构结束任务以后，认为工商银行全行上下的决策能力、指挥能力和执行能力是经得起考验的。这和全行员工的思想认识统一有很大的关系，和全行教育培训部门这些年来所做的引领性培训是分不开的，是这几年来耳濡目染、潜移默化的结果。所以，我认为“十五”期间，全行培训工作取得了很大成绩，发挥了很大作用。我在这里代表总行党委向全体教师、教育工作者和对全行教育工作提供了支持的同志表示衷心感谢！

二、教育培训工作要进一步适应新形势新要求

2005年4月18日，国务院批准了工商银行进行股份制改造，现在我们许多工作已经做在了前面，完成了财务重组，剥离了7050亿元的不良资产，获得了150亿美元的注资。我们的资产负债表已实现根本的改变，不良贷款率是4.58%，资本充足率是9.12%，已经具备了一个好银行的条件。姜行长说，股份制改造对于我们工行将是一次脱胎换骨的变革，经营管理、增长方式、组织机构、业务流程都要发生一系列的改变。全行业务培训面临新的形势，如何使全行员工的素质尽快适应股改后新银行的需要，这是衡量全行教育培训工作下一阶段成果的主要标准。

目前，我行不良贷款率下降，甩掉了历史包袱，下一步还要引进战略投资者。这些工作完成以后，我行的资产结构、盈利能力将明显改善，但这只是万里长征走完了第一步，是新的起点。股改之后如何提高员工素质，如何保证股东权益，如何长期保持相关利益者的利益最大化，如何长期保持我们公司的市场价值，这些都是我们需要研究解决的问题，在这些方面我们会有大量的工作要做，总行党委一直在研究思考解决这些问题。

我们现在比较担心的是，虽然这些年来我们员工的素质有了很大的提高，但是应该看到就一个管治良好的上市公司的要求而言，在管理人员和员工队伍素质方面还有不小的差距，突出表现在我们人员的整体素质还不

高，优秀专业人才还比较短缺，而且这个差距在相当长的一个时期内都会继续存在。要解决这个问题有很多途径，一个是引进人才，一个是提高现有人员素质，全行教育培训工作者要深刻认识和认真分析股改新形势给教育培训工作带来的新要求，要找出进一步的措施和新方法，改进和提高教育培训质量，工作要上新台阶，在工商银行的改革发展过程中真正发挥人才保障和智力支撑的作用。

大家知道，2006 年年底我国金融业将按照加入世界贸易组织时的承诺全面对外开放。对于形势的分析，有各种各样不同的看法，是不是外资银行会马上大量的涌入，对中资银行造成很大的竞争和挑战？这倒不一定。因为一是市场准入的权力在我们手里；二是中资银行还是有着外资银行难以比拟的优势，我们的营销网络、结算网络以及对本土化市场的了解，都是外资银行难以达到的。但是外资银行拥有成熟的营销技术，他们对人才吸引、争夺的能力，开发、拓展高附加值业务的水平，都高于我们。我们将进入一个与外资银行全面竞争的新时期。我们的人才素养、队伍素质怎么尽快适应这种形势？刚才我们说到要引进一些确实有真才实学的人才。另一个我想最主要的途径，或者说最可靠的办法还是提高现有人才的素质，或者说把我们现有的员工培养成、改造成适应新形势要求的新一代银行员工。

从事培训工作的同志们要认清形势，更新理念，调整思路，对目前教育培训的方法、方式和内容进行必要的调整，不能停留在过去的水平，不能简单重复过去所做的工作。这对大家是新的要求和新的挑战。还是那句老话，教育者要先受教育，我们自己要把事情研究清楚，我们自己要把形势分析清楚，我们自己要把新形势带来的新任务认识清楚，否则就很难识别和评估培训质量，教育培训的作用就无法体现，就无法适应全行业务发展对员工素质提高的要求。我想今天来参加座谈会的同志，特别是总行教育部的同志要认真思考这个问题，下一步要开展深入细致的调查研究，要提出有针对性的改进措施，进一步提高培训工作的水平和质量。

同时，现在广大员工对自己职业生涯的规划和发展有很高的期望和要求。我们要因势利导，主动提供帮助，把员工职业生涯的实现变成政治思想工作中的重要组成部分。教育培训部门承担着责无旁贷的主要责任。面对新形势新任务，教育培训的内容既要包括业务内容，也要包括德育内容。要通过德育和智育培训，在全行营造积极向上、奋发有为的企业文化，以此来增强我行的向心力、凝聚力，引导广大员工树立正确的价值观、人生观。要为员工提供职业发展通道，要体现对员工更多的关心，增强员工对工商银行的认同感、归属感。在这个过程中，党委负有重要责任，教育部门也负有重要的责任，我希望大家能够重视这方面的培训。和专业培训相比，德育培训对我们来说还不够熟悉，效果更加难以把握。但是，从长远、从根本来讲这一点更重要，这方面的作用在若干年以后会体现出来。什么叫企业文化，我想企业文化就像一锅老汤，任何新东西进去涮出来都能变成一个味道。不同的企业有不同的文化。企业文化的建设、培育是一个慢工夫，我们要充分认识到在这个过程中教育培训部门担负着的重要责任。

三、今后几年教育培训工作的重点

未来五年特别是近三年是我国金融改革全面突破体制障碍、金融体系开放不断扩大、与国际接轨进入实质阶段的时期，也是工商银行在实现股份制改造之后能否保持持久稳定发展的关键时期。教育培训工作在新的环境下应该做好以下几项工作：

（一）继续提高对教育培训工作基础作用的认识。十年树木、百年树人。改革发展，教育为本。人才是企业核心竞争力的重要要素，要提高对这些问题的认识。刚才有的同志讲到，教育培训工作“说起来重要，做起来次要，忙起来不要”，这种情况要尽快得到改变。这几年总行党委对员工教育培训一直很重视，姜行长说：“许多东西都可以跨越式发展，唯独培训不能跨越，培训是不可逾越的工作过程”。这充分体现了总行对教育培训工作的重视，我希望各级行的领导同志能够进一步重视教育培训工作，自己带头学习，带头参加培训，带头在培训过程中讲课，以此带动全体员工的学习。一个人的学习欲望强不强、学习能力强不强，是心理年龄老不老的重要标准，如果你发现自己学习的欲望或学习的能力不如以前，说明你已经老了。如果你不想老得那么快，你就要保持强烈的学习欲望，要自觉地参与学习，带头学习，并且为员工的学习培训创造一个良好条件。

（二）继续强化教育培训在我行人才培养中的主渠道作用。要提高工商银行人力资本的整体水平，引进优秀人才，分流富余人员是一种方式，但最主要的途径还是要立足现实，加大对存量人力资源的投资、培养和开发。通过系统性的教育培训，逐步提高现有人员的岗位胜任能力，有效促进人力资本的增值。实际上，人员培训是一个“人才投资”的概念，我们要舍得在这方面下一些本钱，花一点投资。刚才有同志提出投入产出的概念，培训当然要有投入产出的概念。但我想将来不论怎么改革，无论怎么股份化，无论哪家战略投资者进来，他只要是真正的合格的战略投资者，他不会反对我们在员工培训上面花点钱。当然，前提是我们花得值。这些年来，在总行党委的重视下，我们的培训工作、院校建设没有受到经费和投入的约束，这不是我们的培训工作的瓶颈，这不是我们存在的问题。在签订战略投资者协议后，我相信我们与战略投资者在教育培训方面会取得共识，我们会继续强化教育培训在人才培养中的主渠道作用。

（三）进一步发挥教育培训对我行业务改革发展的支持作用。教育培训的生命力真正在哪里，就在于它对全行主体业务发展的重要促进作用、支持作用和引领作用。否则党委、行长再怎么说培训工作重要，也没用。所以我们一定要自觉把培训工作和支持业务发展融合在一起，我们要找到与不同时期改革发展的切入点，积极有效地参与到经营管理和业务发展创新的过程中来，通过培训特有的专业技术和资源，将经营管理每一个环节的知识和技能进行快速整理、提炼，并传递、推广到全体员工，进而延伸至客户中。我们一般讲培训是培训自己员工的概念，实际上有些培训要延伸到客户中，比如近两年我们信用卡的使用，POS机的安装、使用、故障排除等等问题，都需要与商户进行沟通培训。

（四）积极探索建立适应现代商业银行要求的教育培训新体系。这项工作是一个系统工程，面临许多问题，像前面提到的资格认证问题，教育培训如何和人员的使用、晋职、晋升紧密结合等等。否则就培训而讲培训，就培训而抓培训，孤军奋战，很难达到真正的效果。人力资源部门和教育培训部门要进一步加强沟通、协调和配合，把培训工作和人员的使用结合起来，把培训工作和岗位认证结合起来。教育培训部门主要是抓培训，岗位认证课程的培训、课程的组织、教材的编写、认证考试，都是我们的任务。但是具体哪些岗位需要有认证的资格、分多少层次来确定认证资格、人员的提拔使用需要什么样的培训经历等，需要人事、教育和业务主管部门进行调查研究、通力配合。新的教育培训工作体系是一个比较大的工程，要进一步深入研究，抓住股改的契机，把体系建好，为培训工作奠定一个更好的制度性基础。

最后我想讲一点，教育培训作为全行改革发展的一项基础性工作，只能加强不能削弱，无论工商银行发展到什么阶段，通过培训教育工作提高员工队伍的素质、提高员工队伍的业务技能、提高员工队伍的专业水平的要求不会变；通过教育培训工作引领、促进和推动业务发展的基本方针不会变；通过教育培训关心、帮助员工更好地制定职业生涯发展规划、帮助促进员工更好成长的出发点不会变。全行从事教育培训工作的同志们，总行党委对你们的工作寄予更高的希望，有更高的要求，希望你们进一步做好教育培训工作，为现代金融企业建设作出新的更大贡献。

认真贯彻落实科学发展观
进一步加强经营管理和内部控制

——在中国工商银行信贷业务管理高级培训班上的讲话

王为强

（2005年9月14日）

为进一步促进股份制改革的深入进行和各项业务的持续健康发展，总行决定继续举办面向一级分行主要领导的培训班。在此次培训班上，建清同志就全行经营发展战略作了重要讲话，借此机会，我就监事会2004年以来对工商银行财务状况和经营管理的检查情况作简要通报，并结合全行经营管理和内部控制中值得关注的几个问题，谈点看法和建议。

一、去年以来监事会检查的主要情况（略）

二、当前经营管理中应关注的几个问题

当前，全行已完成财务重组，解决了不良资产和财务包袱问题，从主要指标看，可以说一个新型稳健的商业银行已经诞生。但目前形势仍不容乐观，我们应该看到全行在经营理念、经营效率、市场定位、运营机制和管理控制能力等方面仍存在很大差距，存在着观念与环境、形势发展变化不相适应的矛盾，市场竞争与工行核心竞争力的矛盾，深化改革与风险控制的矛盾。另外，资产负债结构与成本收入结构、高端客户资源、风险管理能力与内部控制环境等方面都存在欠缺，在前面我已列举了监事会在检查中发现的部分问题，这些欠缺和问题是影响和制约工行加快经营发展的主要障碍。对此，我们必须要有清醒的认识。下面我着重就经营管理和内部控制方面的五个问题谈点看法与建议。

（一）关于合理制定经营战略，提高核心竞争力问题。目前，宏观经济发展正处于关键时期。宏观调控取得了明显成效，同时一些深层次的结构性问题也逐渐暴露出来，经济下行的压力较大，银行的外部风险正在积聚。特别是受国际市场和国内经济对外依存度加大的影响，企业经济效益出现明显下滑，亏损增加。部分企业

尤其是中小企业流动资金紧张，还款能力和还款意愿明显减弱，银行信用风险加大，不良资产反弹压力加大。加之财务重组后，不少分行账面利润为负数，人均资产和人均贷款资产较低，优质客户群分布过窄，市场营销和经营的压力很大。对此，我们要有清醒的认识，提前准备，主动应对。要结合工行自身情况和各地区实际，冷静观察，高度关注宏观经济走势和自身财务重组后经营管理面临的情况和问题，密切监测经济运行中主要指标的变化，做好相关产业的行业分析和风险判断。

要认真落实科学发展观，坚持“稳定政策、分类指导、深化改革、平稳增长”的原则，继续加强信贷总量和结构的调控，抑制盲目扩张冲动，加快经营模式和增长方式的转变，促进各项业务协调发展。所谓协调发展，就是如何在利率逐步市场化的环境下，逐步转变过于依赖存贷利差的盈利模式，努力形成多元化的利润来源，保持利润的稳步增长。这是中国银行业普遍面临的一个巨大挑战。要进一步明确市场定位和增长方式，制定科学的经营发展战略。工行经营发展战略的定位，应综合考虑中国国情、金融特点和监管状况。近期，应以“信贷资产营销为主导，投资交易、中间业务等综合发展”的模式，进一步实现经营模式和业务增长方式的转变，提高全行的核心竞争力。核心竞争力的提高要靠总行、分行上下联动，发挥合力，构建良好的客户营销机制，实行全方位的市场发展战略，其主要包括：第一，经营战略要顺应外部经济形势的发展，加强行业分析和预测，强化风险预警；第二，要根据当地市场、客户情况，对外部资源进行最佳选择和配置，加强信贷政策与产业政策的衔接，继续坚持“区别对待，有保有压”的原则，优化资产总量与客户结构；第三，要考虑不同地域的风险环境和自身抗风险能力，发挥自身优势，做到扬长避短，避免“大而全”或“小而全”的经营模式。

目前，有几个问题应予以关注：

一是抓紧推进精细化核算与管理，着力打造和提高核心竞争力。目前，全行各项业务生产都进入了高度集中的计算机系统，部分管理也纳入了系统功能，但现有的生产与管理系统还不能够实现按产品、按客户细分成本、收益及综合回报率的核算和分析，没有统一的方法和标准，耗时耗力，加大了管理成本。因此，应抓紧统一研究开发核心竞争力分析模型，实现对核心竞争力全面、准确、科学的分析，同时也可以把它作为成本管理、资源分配及员工激励的重要依据。

二是抓紧建立和完善协调统一的营销机制，提供全方位服务，保持在当地金融市场的主导地位。从目前全行状况看，机构设置有的是按客户分设，如公司业务、个人业务等部门；有的则是按产品分设，如银行卡业务部、电子银行部等。部门之间只有软协调，没有机制上的硬约束，不同程度地存在多头营销或部门之间互相推诿的情况，从而增加了内耗成本。为此，建立协调统一的营销机制是提高核心竞争力的基础和前提。能不能建立大批以客户经理为核心的高端客户营销团队是能否保持市场主导地位的关键。日本大通银行建立成熟的客户经理体系，成为联系银行和客户的桥梁，这一经验值得借鉴。其主要做法是，建立“客户经理+产品经理+主管行长”的综合营销模式，使得每一个客户经理都有众多的产品经理为其提供辅助和支持。因此，我们要做到一个高端客户配备一个营销团队，由客户主打产品的客户经理牵头，成员分别由熟悉工行各金融产品的员工组成。由营销团队设计不同客户的营销方案和维护方案，为客户提供全方位的金融产品组合服务，提高客户对工行的依赖度和贡献度。

三是实施客户结构调整，培育核心客户群。当前，要进一步分析不同客户的需求，在考虑综合回报和风险覆盖的前提下，充分满足客户的需要，努力实现“双赢”。要跳出传统的客户圈子，适应激烈竞争和综合改革的需要，实施分类营销，巩固优质客户，培育潜在客户，建立全新、高效的客户群体。加强行业前瞻性研究，扩大朝阳行业信贷投放力度。坚持以效益为导向，不分大小，只分优劣，加大对世界500强和中国500强企业的竞争力度，高度重视中小企业和高新技术企业市场。

四是提升服务竞争水平，改进营销方式。要采用多样化的营销手段，改变把单纯地与客户联欢、联谊作为重要营销手段的状况，加快培养一批具有较高素质、全面掌握工行各类产品、懂市场与营销的客户经理队伍。应在行政职务序列之外，加快实施客户经理职务序列，拓展客户经理个人发展空间。在各决策层、管理层和客户经理中营造科学的营销文化，大力提高营销效果。

（二）关于以质量为本，构建全面风险管理体系问题。风险管理是商业银行经营活动中一个永恒的话题，也是我行进行股改、完善公司治理、提升经营管理水平的重要内容。现代风险管理理论认为，风险既有损失可能，也有收益的可能。根据现行的银行会计制度，收益体现在当期，而风险显露滞后。目前，各级分支机构负责人和业务部门在考核中面临业务发展和风险控制的双重压力，由于业务指标是“当期的”、“现实的”，风险往往是“滞后的”、“潜在的”，因此导致部分经营管理者出现“重业务指标、轻风险管理”的短期行为，即使重视风险也主要是偏重于信贷业务的信用风险和柜面核算业务的操作风险的管理与控制，存在“头疼医头，脚疼医脚”的现象，而没有将风险和收益直接挂钩，形成全面风险管理的理念和体系。实施全面风险管理应做好以下几个方面的工作：

1. 抓紧构建全面风险管理系统。要根据《巴塞尔新资本协议》的要求，抓紧探索建立科学的全面风险管理体系，适应日趋复杂的金融风险环境。在全行要树立全面风险管理理念，倡导先进的风险管理文化，增强全员内控意识，切实防范道德风险和操作风险，从风险中创造效益。当前，要重点研究随着金融市场的多变、金融产品的丰富及业务环节的日益复杂，如何扩大风险管理的覆盖范围；怎样抓紧实现由单纯的信贷信用风险管理向全口径风险，包括市场风险、操作风险和流动性风险的全面风险管理转变；如何真正将风险管理覆盖于各分支机构、各项业务和各种产品，贯穿于事前监测、事中管理和事后处置的整个过程。同时，要着力研究提高风险管理技术水平。目前，国际商业银行的风险管理经验和技术已经达到能够主动控制风险的水平，如德国银行风险控制奉行“四眼原则”，同盯一笔业务，很有成效。还有贷款迁徙分析，内部评级法（IRB）、贷款分类管理等，给银行创新活动提供了有力保障。我们要借鉴国际商业银行风险管理信息系统的经验，结合面临的市场环境，充分利用现有的客户信息资源和历史数据，抓紧构建全行的风险管理信息系统，完善易于量化、操作性强的风险控制与管理方法，在规范风险管理和操作流程的基础上，真正发挥风险监测的预警能力，增强风险控制和化解能力，全面提升风险管理能力。

2. 全力控制潜在资产风险。财务重组以后，全行资产质量得到根本好转，但要切实注意和防止出现“前清后溢”的问题。一要密切关注一些地域，特别是包袱重的分行的资产风险问题。要进一步对现有存量贷款进行全面调查，摸清潜在风险的底数，研究制定控制劣变及清收处置预案。二要密切关注大额风险问题。要加强对贷款亿元以上大客户的动态监测，对潜在风险大和不具行业发展前景的，应抓紧压缩或退出。对大额潜在风险贷款，要逐户落实分行行级领导的控制、清收、转化责任。要提高集团统一授信的管理水平，实现对母子公司风险的双线控制，及时识别和控制集团违约和关联企业违约风险。三要密切关注不良贷款的抵押担保问题。剥离后剩余的不良贷款中抵押担保贷款占到97.3%，仍然存在还款来源不落实、抵押权难实现导致贷款最终损失的可能。我们决不能对第二还款来源期望过高，不能单纯把足额抵押作为评判风险高低的标准，将担保作为免除责任追究的挡箭牌，而应该将第一还款来源是否充足作为发放贷款的重要条件，做好贷前尽职调查，贷后加强企业现金流分析，及早发现经营困难的征兆。同时，还应抓紧建立抵（质）押物（权）价值评估体系。四要密切关注1999年以后发放贷款的质量劣变问题。要切实防范不良资产二次剥离中的操作风险，关注个人贷款中不良贷款“双上升”问题，加快探索和组建消费信贷审批中心和贷后管理中心，建立个人信贷审查审批、贷后监督管理和前台营销彻底分离的全过程风险防范体系。要健全假按揭贷款监控体系，强化责任认定追究。争取在股改或股改后较短时间内，全面解决潜在风险问题，使风险全部处于可控或覆盖的状态。

3. 在发展中提高风险控制能力。股改后，全行必然面临新一轮较快的发展，而风险控制能力并不会随着财务重组、股份公司成立而自然得到解决。在较快发展中，如何有效控制风险是我们面临的一个重要课题。总、分行应充分考虑风险因素差异（不同地域的风险环境、现有风险状况、自身抗风险能力等），实现区别化、差异化的发展战略和经营授权，确定科学的、与地域环境相匹配的发展定位。特别是对一度产生较大风险损失或经济欠发达地区的分行，应相应调整授权，扶持发展。通过发展，增加收益，提高覆盖风险能力，是这些行生存、发展、壮大的唯一出路。因此，应进一步研究根据不同区域风险状况，解决控制风险与发展的矛盾，从而形成全行集不同地域、不同客户、不同特色分行于一身的共同发展态势。

4. 将利率、汇率等市场风险纳入工作视野。利率与汇率虽然还没有完全实现市场化，但其给我们经营带来的影响已经显现。我们却对此研究不够，准备不充分。有些高管人员对利率风险、汇率风险的分析能力、市场议价能力还基本处于空白，甚至一些与之相关的基本理论和基本方法都不掌握。因此，应尽快提高对利率、汇率等市场风险的认知与控制能力，加强前瞻性分析和指导，努力在第一时间分析出利率、汇率变化给我们经营带来哪些风险、哪些发展机遇，借此可以推动哪些金融产品和金融服务。

（三）关于依法合规、审慎经营问题。当前，全行已制定了比较完善的内控制度和操作程序，并在总、分行和部分分支机构之间构建了矩阵式管理架构。但也有部分机构内控理念尚未确立，制度存在缺陷，规章制度和操作程序的执行力也较差。因此，完善制度建设，依法合规经营，按制度和操作程序办事，仍是各级行尤其是基层行的当务之急。

第一，切实加强信贷经营管理，着力提高资产质量和效益。目前，全行信贷业务还处于“亚健康”状态，发展能力、收益水平和内控能力不高，质量劣变风险、关联风险和个贷风险仍不同程度存在。如何坚持“既要防范金融风险，又要改善金融服务”的方针，在信贷经营管理上，进一步增强风险识别能力，做到细化客户、细分市场、区别对待、稳步推进信贷资产的营销与管理，仍是当前市场营销的主要任务。当前应重点关注和解决以下几个问题：

一是注意克服“羊群效应”。“羊群效应”是金融市场中的一种群体行为。即市场参与者不是根据自己获取的信息独立作出判断和决策，而是受其他市场参与者行为决策和整个行为环境的影响，采取与其他市场参与者相同的策略，从而产生市场参与者之间相互模仿、攀比、追随的倾向。结果是各项业务齐头并进，全面开展，对符合自身经营特点且有优势的业务重视不够，不能根据不同经济区域环境的变化情况，及时对分支机构预警，开展符合当地经济环境的业务品种，经营目标和业务发展模式严重受政策和市场环境左右，造成较大的金融风险。因此，要高度重视信息的独立判断和决策，发挥区域优势和本行的优势，加快发展特色业务和产品，防范“羊群效应”造成的金融风险。

二是信贷集中审批管理中的缺陷问题。信贷审批附加条件是必要的，但有些附加条件过高过严，且缺乏监督约束，忽视或办不到就先行贷款，实际是下放了贷款权限。因此，需研究权利和责任挂钩问题。审贷会机制有待改善，集体审批责任不清，虽集体决策，但又从不承担责任，在贷款出现问题进行问责时，出现扯皮现象，最终由审贷会最高签批人承担责任。此问题既有体制和机制问题，又有责任和效率问题，应切实抓紧研究解决。要借鉴国际先进银行的经验，抓紧建立和完善贷款主审查人或审批官的贷审制度，进行专业化和个性化的管理，提高审查质量和审批效率，逐步实施信贷审批管理与行政管理职能分离，将目前对机构的转授权逐步转变为个性化授权，夯实权利和责任，实行贷款发放须由最少两名以上精通业务的授权人员独立审核批准，实现由行政负责人签批向审批人与行政负责人双签，审批人独立审批过渡。

三是贷款审批决策层次高，监督管理层次低。贷款审批决策时，行长或副行长基本都是亲自过问和参与，而一旦贷款发放后（同样的价值量），其贷后管理、检查主要由经营人员负责完成，不仅管理层次低，而且缺少参与者和监督者。由于信贷员的工作水平、工作能力及责任心差别很大，工作质量很难保证且容易发生道德风险。为应付上级行的检查，有些信贷员凭印象和感觉，突击补齐贷后检查报告，甚至干脆放弃贷后管理，给贷款安全带来极大隐患。这个问题的实质是缺乏贷后定期正规的评估和分析制度。由于借款人生产经营不断变化，定期（一年或半年）对其经营状况、资产质量、现金流量、项目进度、融资状况、偿债能力、信誉状况等进行综合分析是十分必要和迫切的，应抓紧规范、落实。为此，切实增加信贷管理的参与者和监督者，设立多层面的贷后管理机制，提高贷款监督的管理层次，制定更加细化的管理制度，是防范信贷风险的当务之急。

第二，坚持“内控先行、制度优先”的原则，加快操作风险控制的基础建设。操作风险是由内部控制、人为因素、系统和外部事件四要素构成。其中，内部控制和人为因素是操作风险的关键因素。提高内控管理水平，营造良好的控制环境，是建立公司治理结构过程中必须解决的首要问题。加强操作风险控制的基础建设，目前应主要抓好三个方面：一是对现有规章制度抓紧清理和修订完善，使各项业务流程、各级管理人员和每个员工都处于严密的制度约束之下。二是对各项业务的流程及计算机系统进行内部控制的穿行测试。目前各项业务系统设计更多地考虑业务处理的需要，现在要注意增加并完善流程和系统的控制功能，在生产系统和管理系统中增加控制提示和风险提示功能，从系统和流程上实现对人为因素的控制。三是要尽快规范或出台业务和员工手册。做到按产品、按业务品种编制业务手册和员工手册，着力解决制度传导渠道不畅，员工很难全面掌握和可操作性不强的问题，使各项制度与业务发展、风险控制要求相适应。

第三，加大监督检查和处罚力度，克服“重制度建设，轻制度执行”现象。部分机构案件多发，主要原因就是有章不循、违章不究，陷于操作风险之中。为此，要切实发挥各专业部门、内审合规部门和监察部门的“三道防线”作用，加强合规性审计和检查，尤其对基层负责人要管理到位、监督到位。要加强风险控制与管理，解决管理者履职不到位、监督检查不到位、违规整改不到位和追究不到位的问题，严肃处理相关责任人。

（四）关于深化公司治理改革，全面提升经营管理水平问题。

1. 进一步提高对改革的认识。股份制公司治理改革是商业银行走向国际化、迈向现代化的需要，是银行自身发展的需要，也是更好维护广大客户利益的需要。但股份制改造只是手段，不是最终目的。我们要以股份制改造为契机，按照国际标准构建运行规范、管理科学、内控严密、运转高效的经营机制和管理体制，把工行办成真正的现代化商业银行。当前，一是要注意克服盲目乐观的情绪。部分人可能会满足于财务重组的成效，而看不到不良资产反弹的压力。应该说体制机制方面的深层次问题还没有得到根本解决。上市后的经营发展将面临更严格的监管要求、股东约束和市场选择。二是要普遍重视员工对股改的认识和信心问题。虽然总行的政策是不大批裁员，但一些员工对未来预期信心不足，对前途感到迷茫，因此，对自身知识储备与工作态度有短期行为。一些管理人员的工作前瞻性不强，忙于应付日常工作，工作部署层层上传下达，管理能力与执行能力不强。因此，要切实关注员工的意识激励。必须采取有效的宣传教育活动和保障措施，进一步激发员工的责任感和归宿感，使员工对工行的事业与未来充满信心，对自身在工行的职业发展与前途充满信心，从而进一步发挥其主观能动性和创造性。

2. 突出重点，狠抓改革措施的落实。

一是抓紧建立和规范公司治理的组织架构。目前，国际上公司治理结构形式多样，版本较多。但不管哪种形式和版本，都是以全面风险管理、内部控制和着力提高经营效益为中心，设立相应的管理体制和运行机制。我国普遍采用股东大会、董事会、监事会“三权分立”的形式，有各自的职责、议事规则和组织架构。如何按照公司章程和议事规则，理顺“三会”及高管的关系，形成科学、有效的决策、监督和管理机制；监事会如何充分行使监督权，向股东大会负责，对本行财务、董事会及其成员和行长等高级管理人员履职、尽职情况进行监督，防止其滥用职权，维护股东的合法权益等，都需要有个过程。总行各业务部门和各级分行也要有效保障监事会的知情权，按照规定及时向监事会提供有关的信息和资料，以便监事会对本行财务状况、风险控制和经营管理等情况进行有效的监督、检查和评价。

二是抓紧建立和完善激励约束机制。目前部分机构的内部考核和管理机制不到位，导致岗位人员流动、人员结构失衡、潜在风险增加，影响业务发展。有三个倾向值得注意：其一是业务考核缺乏对资产长期质量的奖励及问责追究制度，导致为保客户抢市场而简化操作程序甚至违规操作，或存在“捞一把就另谋高就”的心态和各种短期行为，违规贷款后把潜在风险扔给后任。其二是激励机制过分向中高管理层倾斜，对管理层激励多约束少；对基层员工惩治过多，激励不足，形成“收入分配上移，风险分配下移”，员工收入差距过大，挫伤基层积极性，容易诱发道德风险。其三是个人权力得不到有效制约。领导说了算，制度约束弱，导致员工对基层领导失去信心，基层案件高发。因此，在全行普遍建立公正合理的薪酬制度，激励与约束并重、长期与短期目标协调、定量与定性指标结合、物质奖励与精神激励并举的考核机制是当务之急。应积极探索实行按岗位价值和个人贡献度取酬的分配办法，构建员工多元化的职业发展通道，尤其要高度重视建立客户经理薪酬、职务和培训相结合的激励约束机制；要大胆探索经营管理层市场化配置，把组织考核与引入市场机制、公开招聘结合；要健全与信贷问责制相匹配的营销激励机制，加强对风险管理部门、产品管理部门与市场营销部门的关联考核，纠正“盲目抢市场”和“消极躲市场”两种不良倾向。还要不断改善分支行权利和责任统一的问题，促进各级管理人员正确认识权利，有效控制风险。

三是进一步调动全行积极性，共同促进发展。为确保改革收到实效，除了建立规范的公司治理架构和严明的内部权责制度，还要塑造与经营发展战略目标一致的包括团队精神在内的企业文化，上下联动，共促发展。近几年来，机构改革和内控管理发生了较大变化，但仍存在部门之间职能重叠，管理和营销各自为政，内控机制难成体系等状况，出现效率低下、信息传递不畅等问题。因此，进行体制和机制改革与创新势在必行。

（五）关于以人为本，强化内部监督与约束问题。

1. 加强全员培训，全面提高员工素质。全行要牢固树立“以人为本”的人力资源管理理念，努力营造优良的政策环境吸纳人才，同时把培养造就员工成才列为全行的重要发展目标之一。要建立员工持续培训制度，对员工特别是高管人员开展持续的业务知识、风险管理和工作能力的培训，不断更新知识、转变观念，树立先进理念，提高综合素质。要通过经常性的内部岗位轮换和部门间的人员交流，激发员工的工作激情，促进员工个人技能的全面发展。当前，要切实加强员工特别是高级管理人员的职业操守和道德教育，重点解决不能严守纪律、违规经营、违章操作的问题，提高干部员工的规范经营意识、遵章守纪意识和自我约束意识，营造“内控优先”的文化氛围。加快培育全行风险和合规文化，推动内控合规措施的执行力和内控有效性建设。

2. 抓好案件专项治理，强化内控管理。2004 年以来，各商业银行大案频发，已引起社会的广泛关注。国务院领导专门开会并批示对银行业的案件进行专项治理，银监会 2005 年也召开 6 次案件专项治理工作会议加强督导，工作力度很大。就工行而言，近年来的发案数和涉案金额总体呈下降趋势，案件堵截率和自查发现率也明显上升，说明案件治理和内控管理取得了较大成绩，但案防形势仍不容乐观。操作性风险的管控进步还不明显。

为此，要切实加强案件专项治理工作的领导，与业务工作同部署、同落实，将案件防范理念深入到每一个岗位、每一名员工。要加强对各级高管人员和主要负责人的监督检查，特别是加强基层机构负责人的监督和管理，重在强化权力制约机制，避免个人权力凌驾于制度之上，明确限定职权范围，强化内部制约机制，从制度上防止基层机构负责人违规操纵或直接操作一项具体业务。目前，“拉存款、垒大户”仍是发案的诱因，必须密切关注大客户和集团客户风险，堵塞管理漏洞，减少信用风险案件的发生。要抓紧建立健全重大业务报备制度，大额业务和异常交易要及时向上级业务管理部门备案，加大职能部门对基层机构业务的监督。同时，要严格执行基层负责人的定期轮岗制度和离任审计制度。加强对贷款审批、人事和财务管理等关键环节的监督，从源头遏制权力腐败。要坚持标本兼治、综合治理的思路，从道德建设、制度安排和监控机制三方面入手构建多方位立体的案件查防体系，解决好“不想作案”、“不能作案”和“不敢作案”的问题。

3. 要注意充分发挥内审和合规部门在内控监督体系中的作用。内部控制体系是整个银行风险防范体系的基础，地位十分重要。巴塞尔委员会《有效银行监管的核心原则》集中阐述了银行内部控制思想。倘若没有科学严密的内控机制和严格的内部管理，就根本谈不上有现代的商业银行，更得不到广大投资者的信任！近年来，全行在改革审计和内控体制，加强审计和监督评价方面做了大量工作，取得了明显成绩。但目前还存在一些突出问题：一是对内审作用重视不够。内审和合规部门队伍建设亟待加强，人员配备不足，且合格人员匮乏，队伍的年龄、知识结构有待改善，总量不足和结构性紧缺并存，业绩考核准则不完备。二是内审成果应用能力弱。查出问题后，更多地是碍于情面而放过或“从轻发落”，导致突然审计、连续检查和内部防控效应递减，存在“重检查、轻处理”的问题。三是内控执行有偏差，监督检查时重结果而忽视对经营过程的控制，有的风险防控措施只重形式而没有落到实处。四是审计方法和手段有待改进，目前仍偏重事后检查，前瞻性、预防性不足，审计手段和技术还不适应业务发展的需要。

为此，要切实加强对内审合规工作的组织和领导。在公司治理中要进一步明确和完善审计委员会、内审和合规部门的职能、定位，强化其作用。制定严格的内控人员行为标准，以保证执行力和公正性。要纠正和解决“重业务发展，轻稽核监督和合规建设”的倾向，进一步理顺内部审计和合规部门的组织结构，创造条件完善垂直化管理，确保工作的独立性、权威性；同时，要力求监控工作贴近风险业务的重要环节，注意提高监控的预防性。要切实加强内审和合规部门的人力资源配置，抓紧配备相应的专业人员，并着力提高业务能力和业务素质；同时，完善激励约束机制。要高度重视审计质量和审计结果的运用，并落实审计问责制；要改进审计和检查的方法和手段，从过去单一的合规性检查向绩效审计转变，从事后审计、抽样审计向制度审计、风险审计转变；要加快开发推广风险计量技术，尽快建立操作性风险管理平台，抓紧设立 IT 风险审计的组织机构，以全面提高风险管理的精细化和科学化水平。

总之，工商银行股份制改造是前所未有的一次深化改革、规范管理，实现稳健经营、综合发展的难得机遇，是走向国际化、迈向现代化的里程碑。只要全行上下抓住这次机遇，认真落实科学发展观，顺应形势和市场，深入进行体制和机制改革与创新，进一步加强经营管理和内部控制，全面推进各项业务的稳健发展，就一定会在较短时间内进入世界先进大银行的前列。

坚持从严治行　加大预防力度
努力完成党风廉政建设和反腐败工作任务

——在中国工商银行纪检监察工作会议上的讲话

陈克儒

（2005 年 3 月 9 日）

这次会议的主要任务是，深入学习贯彻国务院第三次廉政工作会议和中纪委五次全会及年初总行召开的分行行长会议精神，总结 2004 年全行党风廉政建设和反腐败工作，按照标本兼治、综合治理、惩防并举、注重预防的方针，研究部署 2005 年任务，提高反腐倡廉工作水平，为现代金融企业建设提供坚强保障。

一、2004 年全行党风廉政建设和反腐败工作回顾

2004 年，全行各级党委和纪检监察部门按照中纪委和总行党委部署，紧紧围绕全行改革发展中心任务，坚持教育、制度、监督并重，进一步加大工作力度，党风廉政建设和反腐败工作取得了新的进展。

——领导干部廉洁自律工作扎实推进。各行党委、纪委组织广大党员干部深入学习“三个代表”重要思想和江泽民同志反腐倡廉重要思想，认真贯彻胡锦涛总书记关于反腐倡廉工作的重要讲话精神，广泛开展学习牛玉儒等先进典型事迹活动，进一步形成了反腐倡廉“大宣教”格局。认真治理了领导干部违反规定收送现金、有价证券、支付凭证以及领导干部配偶、子女违反规定经商办企业问题，清理了处级以上领导干部违反规定在企业兼职、用公款为干部员工购买个人商业保险、领导干部拖欠公款或利用职权将公款借给亲朋使用等问题。全行共有 704 名处级以上领导干部职务变动后主动申报了落实配偶及子女从业有关规定情况；639 名科级以上干部上交收受赠送的现金 134.79 万元；清理违规住房 38 套，纠正违规住房面积 3654 平方米，收缴资金 18.2 万元。各级行党委、纪委负责人与下级行领导干部谈话 3888 人次，领导干部任前廉政谈话 6136 人次，对有苗头性问题的干部诫勉谈话 1829 人次，各级领导干部共述职述廉 27906 人次。总行对 8 个一级分行、直属分行以及 4 个直属单位落实党风廉政建设责任制情况进行了检查，其中获优秀等级的为浙江、北京、苏州分行及总行票据营业部。全年共对违反党风廉政建设责任制规定的 57 名科级以上领导干部进行了党纪政纪处分。

各行还认真组织参加了全国首届反腐倡廉公益广告

大赛活动，共上报中纪委作品94件，其中安徽分行制作的电脑动画作品获得全国银奖提名。

——深入查处了一批违法违纪案件。在查处内部经济案件的同时，组织查处了一批违规经营案件，其中总行纪委在年初查结广东南海支行、四川分行营业部高新支行违规发放贷款的案件后，又直接组织查处了北京朝阳支行和广西分行营业部账外经营及私设小金库、湖北分行营业部硚口支行违规剥离不良贷款、厦门分行低价处置贷款抵押物、三峡分行违规发放贷款、广东顺德支行账外经营等违规经营案件。全行共受理信访举报2619件（次），其中总行纪委监察室直接受理1387件（次），并对领导批示和上级转办要结果的16件信访件进行了直接查办，共对56名违规违纪领导干部进行了纪律处分和组织处理。

——案件防范工作得到进一步落实。《中国工商银行案件防范工作责任制暂行规定》得到了有效的贯彻落实，各级机构负责人责任意识进一步增强，防案件、防风险工作在大多数行得到重视和加强，总行及各行的专业部门针对案件高发的风险点和风险源，制定了各种有效措施，防范案件水平进一步提高。根据当前案发特点，各行结合实际，采取有力措施，严厉打击赌博歪风、加强员工日常行为动态掌握、加强权限卡管理、加强易发案部位防范等，防患于未然。“扫雷工程”进一步开展，全行共确定“雷区”6185个，整改各类问题31128例次。加大重点监控工作力度。总行对辽宁、河北、河南、湖南、广东5个分行进行了重点监控和帮促整改。各行也不同程度地加大了对重点监控行处、重点监控部位的整改工作力度，取得了明显效果。全行有14个一级分行和直属分行全年未发生2000元以上内部经济案件，同比增加75%。

——行风建设取得了新成果。按照总行党委要求，全行大力开展了树立科学发展观和正确业绩观、端正经营思想和转变经营理念活动，一些行重指标、轻内控，重眼前利益、忽视长远利益等不良倾向有所改变。狠刹铺张浪费等歪风，全行节约招待费2530.67万元；推动有关部门精简会议和严格控制出国（境）团组，全行共压缩各种会议费4398.95万元、出国考察费347.5万元。继续开展了民主评议行风活动，共有380个二级分行开通了行风监督热线，聘请行风监督员10544人，共受理举报行风问题545件次，查处问题152个。深入开展“十字”行风宣传教育，进一步提升了全行服务质量和水平。

——治本抓源头工作稳步推进。集中采购进一步规范。总行对数据中心整合工程主机系统及相关设备等35个采购项目进行了招投标；各行也都对集中采购实行了程序合规的招投标。集中采购有效地节约了成本，仅总行采购项目节约资金约占项目预算的24%。加强了对不良资产处置的监督和案件查处工作，查处案件6起。领导干部和各级管理人员选拔任用工作制度进一步健全。如总行在全辖范围内公开竞聘一级分行副行长6人；总行机关从331人中公开竞聘处级干部137人。加强了对小金库、截留中间业务收入、自办公司的清理工作。行务公开工作不断深化，群众关心行务、参与行务的意识明显增强。

——执法监察不断深入。全行成立执法监察组1286个，抽调纪检监察干部和业务骨干5140余人，投入工作日10859天，对3043个分支机构及其监察对象进行了执法监察。执法监察共立项1341个，其中总行和一级分行146个，二级分行1195个。全年所立项目已全部办结，共发现问题6555个，下达执法监察建议书2148份，提出执法建议4889条，被采纳4690条，督促和协助有关业务部门完善规章制度477个，推广先进典型29个。

——纪检监察干部队伍建设得到加强。各行根据工作需要和新形势下对纪检监察干部素质的要求，选调了一批政治素质好和业务能力强的年轻同志，充实到纪检监察部门领导岗位和工作岗位，增强了纪检监察工作活力。重视纪检监察工作理论研究，积极探索新形势下国有商业银行纪检监察工作新思路新方法，各行纪委书记、监察室主任共撰写各类专题调查研究报告47篇，上报中纪委组织的纪检监察工作理论征文82篇，其中上海分行报送的论文入选中纪委纪检监察工作理论研讨会。业务培训得到进一步加强，总行直接举办培训班3期，培训110人次。各行组织各种培训班372期，培训纪检监察干部8580人次。全行纪检监察干部的业务素质和工作能力明显提高。各行纪检监察部门认真执行总行纪检监察工作考核办法，努力把各项任务落到实处。经总行综合考评，2004年纪检监察工作取得前十名的是：山西、浙江、甘肃、海南、四川、北京、湖北、山东、广西和安徽分行。

2004年纪检监察工作在完成上述各项工作的同时，还圆满完成了两项较大任务：一是积极配合中央巡视组对我行开展巡视工作。2004年3月初到7月中旬，中纪委、中组部金融巡视组对总行党委领导班子开展了巡视。按照总行党委安排，纪检监察部门负责协调配合巡视组各项工作，及时提供了各种数据报表和有关文件、会议记录等资料，落实巡视组到各分行检查调研等，保障了中央巡视组各项工作顺利进行。二是组织工作组对辽宁分行进行全面检查。根据总行党委部署，总行纪委从监察、稽核、信贷、人事等八个部门抽调骨干组成工作组，对辽宁分行1999年以来信贷资产、内控管理、领导班子建设三个方面进行了为期近5个月的全面检查。通过检查，摸清了辽宁分行不良贷款底数，查明了不良贷款形成原因，严肃处理了一批违规责任人。对辽宁分行下一步信贷管理、内控管理和领导班子建设提出了改进建议，有力推动了辽宁分行各项工作的改进和加强。

总的来看，2004年全行反腐倡廉工作形势是好的，取得了新成效，为全行改革发展提供了有力保障。但也存在一些问题。比较突出的有：少数行没有认真落实党风廉政建设责任制，没有把加强党风廉政建设提高到促进全行改革发展的高度来认识，有的甚至忽视反腐倡廉工作；少数领导干部廉洁自律意识不强，仍然存在一些不廉洁行为；少数行案发形势严峻，发案数特别是百万元以上大案呈反弹趋势；少数基层机构负责人工作责任心不强，对员工思想行为动态分析掌握不够，不能及时发现和消除案件隐患；一些行对反腐倡廉工作中出现的新情况新问题研究不够，工作针对性不强、措施不力，跟不上形势发展；监督制约机制不够健全，还存在监督不力的问题等。对于上述问题，我们必须保持清醒的头脑，采取更加有力措施加以解决。

二、贯彻反腐倡廉工作方针，建立与完善惩治和预防腐败机制，加大预防腐败工作力度

党的十六届四中全会强调，要坚持标本兼治、综合治理、惩防并举、注重预防的方针，抓紧建立健全与社会主义市场经济体制相适应的教育、制度、监督并重的惩治和预防腐败体系。最近党中央又颁布了《建立健全教育、制度、监督并重的惩治和预防腐败体系实施纲要》，进一步明确了惩防体系建设的指导思想、主要目标和工作原则，这是当前和今后一个时期我们深入开展党风廉政建设和反腐败工作的指导性文件。各行党委要充分认识纲要的重要性，广泛开展宣传，认真组织学习，全面把握基本精神和主要内容，紧密结合实际，抓好贯彻落实。做到既要严肃查办违法违纪案件，严厉惩处腐败分子，坚决遏制腐败；又要用发展的思路和改革的办法，建立与完善全行惩治和预防腐败的长效机制，逐步把腐败现象和各类案件减少到最低程度。

一要发挥反腐倡廉教育的基础性作用，筑牢拒腐防变的思想道德防线。要继续深入学习“三个代表”重要思想和江泽民同志反腐倡廉重要思想，学习胡锦涛总书记关于反腐倡廉工作的重要讲话精神，引导广大党员特别是领导干部牢固树立马克思主义的世界观、人生观、价值观，坚持正确的权力观、地位观、利益观，常修从业之德、常思贪欲之害、常怀律己之心，正确处理个人利益与全局利益、眼前利益与长远利益的关系，摒弃各种不良倾向，自觉抵制腐朽思想的腐蚀。要不断丰富教育内容，创新教育形式，把反腐倡廉思想教育融入到各级领导干部和管理人员的选拔、管理、使用、培训等各个环节，坚持自律与他律、教育与管理相结合，增强教育的针对性和有效性，打牢反腐倡廉工作思想根基。要把反腐倡廉教育延伸到全行每个干部员工，扩大教育覆盖面，大力宣传全行廉政勤政、廉洁勤工先进典型，增强教育效果和干部员工反腐倡廉的信心。要大力倡导以艰苦奋斗、勤俭建行为主要内容的廉政文化，在全行树立以廉为荣、以贪为耻的良好风尚。

二要发扬民主，调动全行干部员工支持和参与反腐倡廉的积极性。要充分发扬党内民主，切实贯彻民主集中制和党员权利保障条例，认真开展批评与自我批评，提高及时发现和纠正错误能力。要逐步推行党务公开，增强党组织工作透明度，使党员更好地了解和参与党内事务。要加强基层行民主建设，大力推行行务公开制度，按照总行规定的项目和内容，及时向员工公开相关的行内事务，保障广大员工的知情权。对与员工利益密切相关的重大事项，要广泛听取员工意见，发挥员工参与监督作用，防范可能发生的腐败问题和各种不良倾向。

三要完善和落实制度，提高全行反腐倡廉的制度化水平。要进一步加大治本力度，根据当前全行改革发展进程，重点结合人事干部管理制度、信贷审批制度、不良资产清收处置制度、财务管理审批制度、集中采购与基建工程招投标制度、行政后勤服务制度等方面的改革，建立健全有利于防范腐败的机制，逐步铲除滋生腐败现象的土壤。要对近年来制定的一些规章制度进行认真梳理，在认真落实党中央、中纪委有关反腐倡廉法规制度的基础上，根据形势变化和任务要求，及时调整和完善，切实为防范和克服腐败现象提供坚实的制度保障，更好地用制度和法规规范权力的运行，约束全行各级干部和员工的从业行为。

四要进一步加强监督工作，保证各种权力的正确行使。要以决策和执行为重点环节，以人财物管理为重点领域，通过科学配置权力，健全权力运作程序，完善监督措施，逐步建立健全权力制约和监督机制，防止权力失控、决策失误、行为失范。要重点加强对各级行领导班子特别是一把手的监督，监督其贯彻执行党的金融方针政策及总行工作部署情况，落实民主集中制情况，以及领导班子集体议事诸如对重大经营决策、重要干部任免、大额资金使用等研究决定情况；加强对财务支出和各种贷款审批、不良资产处置、集中采购与基建工程招标等业务行为的监督，规范操作流程。深入贯彻落实党内监督条例，不断推动党内监督工作的深入开展。拓宽监督渠道，发挥工会、共青团等群众组织的监督作用，加强社会监督和舆论监督，提高监督的整体效能。

五要认真贯彻党风廉政建设责任制，进一步形成反腐倡廉的整体合力。各行党委要把反腐倡廉工作纳入到改革发展和党的建设总体工作之中，和业务工作统一部署，协调推进。一把手要对本单位反腐倡廉工作负总责，对重要工作和重大问题亲自抓，其他成员要分别负起职责范围内的直接领导责任。各专业部门要各司其职，按照责任分工，切实抓好本部门的反腐倡廉工作。纪检监察部门要认真履行组织协调职责，协助党委研究、部署、督促反腐倡廉各项工作，加强与各方面联系

和沟通，及时协调解决工作中的矛盾和问题。严格责任追究，维护责任制的严肃性。各行各部门要进一步增强政治责任感，齐心协力，进一步形成全行反腐倡廉整体合力，不断巩固和发展反腐败工作局面。

三、2005年全行党风廉政建设和反腐败工作任务

2005年，全行要深入贯彻十六届三中、四中全会和国务院第三次廉政工作会议、中纪委五次全会及年初总行召开的分行行长会议精神，全面落实科学发展观，紧紧围绕全行改革发展中心任务，坚持从严治行，加大预防力度，狠抓任务落实，努力取得党风廉政建设和反腐败工作新的成效。

（一）狠抓廉洁自律各项规定的落实，进一步促进领导干部廉洁自律。要以开展保持共产党员先进性教育活动为契机，进一步强化反腐倡廉教育。各行纪检监察部门要积极参加保持先进性教育活动，会同有关部门加强监督检查，保证教育活动顺利开展。要完善反腐倡廉“大宣教”工作格局，在领导干部中重点开展权力观教育，促使各级领导干部树立科学发展观和正确业绩观，切实做到务实、清廉、敬业，加强思想道德修养，始终保持高尚的情操和良好的生活作风，反对和防止腐化堕落行为。

要严格执行党的纪律，促进领导干部廉洁从业。各级领导干部要严格遵守“四大纪律八项要求”，认真贯彻落实中纪委有关廉洁自律的各项规定和《国有企业领导人员廉洁从业若干规定（试行）》，严格执行总行党委有关廉洁自律规定和要求。要从严执纪，加大组织处理力度，切实解决党风方面存在的突出问题。特别是对在以下几个方面继续顶风违纪的领导干部，必须严肃处理：（1）违反规定收送现金、有价证券和支付凭证的，按照组织程序一律先免职，再依据规定处理。（2）“跑官要官”的，要批评教育，不能提拔重用，在重要岗位上的要予以调整，已得到提拔的要坚决撤下来；对“跑官要官”制止不力造成用人严重失察失误的，要严肃追究有关领导责任。（3）放任、纵容配偶、子女及其配偶和身边工作人员利用领导干部职权和职务影响经商办企业或从事中介活动谋取非法利益的，要辞去现任职务或者由组织责令辞职，并按照规定给予纪律处分。（4）利用婚丧嫁娶等收钱敛财的，要严肃查处。（5）参加赌博的，应予以免职，再依据规定处理；到国（境）外赌博的，要从严惩处。

（二）继续加强案件查防工作，遏制案件高发势头。2005年全行案件查防工作总体目标是：当年新发生经济案件起数和涉案金额比上年减半，千人发案率控制在0.3以内，涉案资金追缴率达到50%以上，结案率达到75%以上，百万元以上大案力争下降30%以上。要完成上述目标，必须着力抓好以下几方面工作：

一要抓好案件查处工作。案件查处工作重点是，处级以上领导干部利用职权谋取非法利益的违法违纪案件，贪污、挪用公款案件，违规经营造成重大损失案件及内外部重大金融诈骗案件。要充分整合办案资源，发挥各专业部门，尤其是内审、合规部门在案件查处工作中的作用。要加大涉案资金追缴力度，协调好司法机关和地方纪委的关系，利用司法机关追缴涉案资金的手段和优势，最大限度地减少涉案资金的损失。要认真研究案发特点，改进办案方式方法，提高办案水平。要加强案件审理，严肃办案纪律，严格办案程序，依法依纪办案。要做好信访举报工作，认真处理群众来信来访，依纪依法规范信访举报工作，建立和完善经常性工作机制，提高各级行解决信访问题的能力。要妥善处理信访突出问题及群体性事件，对因决策失误、官僚主义造成严重后果的，要追究有关领导干部的责任。要提倡实名举报，既要注意从群众信访举报中发现案件线索，又要鉴别分析，保护各级行领导干部加强经营管理和推进改革创新的积极性。

二要抓好案件防范工作。要继续抓好《中国工商银行案件防范工作责任制暂行规定》的落实，将责任制落实到每一个专业、每一个网点、每一个岗位，形成牢不可破的防范网络。当前要重点加强对以下几个方面风险点和风险源的排查，并按有关规定严肃查处违规责任人员：一是要加强对基层机构权限卡管理。今后凡发现权限卡管理不善者，要给持卡人及上级主管一定纪律处分和经济处罚。对因权限卡被盗或不认真审核随意授权导致案件发生的，持卡人一律开除，上一级主管一律撤职。二是要加强对虚存实取案件防范。总行重申，上班期间，严禁柜员为本人办理任何业务，对违反此规定者一律解除劳动合同；严禁柜员擅自离开岗位，因故需要离开的，当班负责人必须对其经办业务进行认真核实，对因工作失职酿成案件的责任人一律开除。三是要加强对反交易业务的监督。营业机构授权人和事后监督人员要加强对柜台员工反交易业务的真实性和基本要素的审查，对反交易业务频繁的柜员要进行重点监控，对违反规定引发案件的责任人一律开除。四是要认真落实银企对账制度。要对企业账目逐户逐笔核对，并给予企业明确的风险提示。要特别加强对业务少、长期“睡眠户”企业的对账。加快对账中心建设，已设立对账中心的，严禁网点业务人员核对自己经办企业的账目。凡对账制度不落实或对账不认真的，一经发现，要给网点负责人、对账人员一定纪律处分和经济处罚，酿成案件的，一律解除对账人员劳动合同，网点负责人一律撤职。五是要加强对基层机构负责人的管理。严格落实交流制度，个别确实因为需要不能按时交流的，要强制休假，并对其进行离岗审计。要加强突击审计检查，尽早发现案件隐患。对交流制度不落实和审计走过场的，要追究上一级行行长、人事部门负责人和审计人员的责

任；对因交流制度不落实和审计未能发现问题而引发案件的，上一级行行长一律撤职，人事部门负责人和审计人员一律解除劳动合同。六是严禁干部员工赌博。凡违反总行规定，在任何场合进行任何形式赌博的，一经发现，是领导干部的一律先免职，是重要岗位人员的一律先调离，然后依据有关规定进行严肃处理，违反劳动合同的一律解除劳动合同，情节严重的一律开除。上述六条规定必须严格执行。要把防范大案作为防范工作的重中之重，今后凡是连续两次发生百万元以上大案的二级分行，行长要自动辞职。要逐级建立干部员工行为动态分析机制，及时掌握干部员工的行为动态，对发现重要岗位员工有问题的要及时调离，对发现有严重问题的员工要及时清除出行。

三要推进“扫雷工程”的制度化和规范化。各行要继续把“扫雷工程”作为一把手工程，纳入日常主要工作。要进一步延伸“扫雷工程”范围，扩大覆盖面，2005年“扫雷工程”重点对象是基层营业网点和管理人员，个人消费信贷、票据、牡丹卡、资产风险管理、国际业务等业务部门和科技、数据中心等技术保障部门。要针对扁平化管理后基层机构设置的新情况，积极探索实施“扫雷工程”新办法。总行将在2005年适当的时候召开“扫雷工程”经验交流会，各行也要以各种形式交流“扫雷工程”经验。要加强对“扫雷工程”的检查考核。各行要在3月底前和12月底前，分别将开展“扫雷工程”安排和检查考核情况书面上报总行纪委监察室。总行决定，2005年上半年由合规部门牵头、相关部门参与在全行开展一次依法合规大检查，各行纪检监察部门要积极配合，把“扫雷工程”与这次大检查紧密结合起来，进一步推动“扫雷工程”的深入开展。

四要加强对重点行处和岗位的监控。根据2004年全行发案情况，2005年总行确定对河北、广东、湖南、吉林、江苏和福建6个分行实施重点监控。各行要对所属机构2004年案发形势和内控管理工作情况进行分析研究，确定监控重点，抓好整改工作。

（三）加强行风建设，不断培育新风正气。一是要结合全行改革发展的实际深入贯彻落实科学发展观，用科学发展观统领改革发展全局。要进一步端正经营思想和经营理念，坚决防止盲目追求简单数量增长和规模扩张、急功近利的短期行为。二是要重点在各级行领导中树立正确的业绩观，坚决纠正夸大“业绩”，或为追求经营指标搞违规经营、弄虚作假的行为。三是要坚决纠正损害群众利益的不正之风。当前要特别注意纠正领导干部和管理人员与员工收入差距过度拉大的问题，要规范收入分配制度，强化对收入分配监控，切实在薪酬分配中保护和调动广大员工积极性。要维护员工合法权益，及时消除不稳定因素，尽量减少重复访、集体访和进京访，努力营造有利于全行改革发展的和谐环境。四是要继续大力倡导艰苦奋斗、勤俭建行的良好风尚，狠刹各种奢侈享乐和铺张浪费歪风，有效治理公款吃喝和高档娱乐等职务高消费问题。五是要继续广泛开展民主评议行风活动，通过开通监督热线、聘请监督员等方式，广泛听取社会群众的意见，及时解决群众反映的问题，树立工商银行良好形象。六是要继续开展职业道德教育和创建文明单位、文明窗口活动，通过开展读书演讲、知识竞赛等多种形式的企业文化活动，培育广大员工遵纪守法、爱岗敬业的良好风尚。

（四）深化改革，不断推进治本抓源头工作。一是要继续深化干部人事制度改革。要以科学化、民主化、制度化为目标，逐步建立完善与现代金融企业制度相适应的干部人事管理体系。要认真贯彻执行《党政领导干部选拔任用工作条例》和《中国工商银行管理人员选拔任用工作规定》，全面推行管理人员聘任制，在全行积极推进处级干部竞聘上岗；建立健全管理人员聘任和领导干部选拔过程中的监督约束机制，加强对干部选拔任用工作中的“暗箱操作”、“考察失真”、“带病提拔”等问题的监督检查，加大对用人失察失误的责任追究，阻断用人问题上的腐败根源。二是要继续深化财务制度改革。要制定符合现代金融企业管理要求、与国际会计准则接轨的财务会计制度，稳步实现新旧财务会计制度体系的接轨；完善费用预算与支出行为控制体系，规范集中采购流程，提高集中采购层次，扩大集中采购范围；积极推行财务集中改革，上收各分支机构财务支出核算事项，实现财务操作性职能与决策性职能、核算职能与管理职能、核算主体与被核算主体空间上的分离，构建集约高效的管理会计体系，减少易发生腐败的环节。三是要完善不良资产清收处置制度。要从制度上确保不良资产清收处置的合规操作，完善损失类贷款核销手续，加强账销案存管理，规范已核销贷款的会计核算，防范道德风险和操作风险；要在全行推广应用不良贷款管理、以物抵债管理和呆账核销管理系统，实现电子化审批与管理，建立标准化的不良贷款处置流程；要建立不良贷款清收处置全过程的责任认定和追究制度，严格防范和严厉查处各种弄虚作假和违规违纪行为。四是要深化监督检查制度。要加强对授权授信、信贷审批、不良资产处置、集中采购与基建工程项目招标等权力集中环节的监督检查，防止因人为操控、制度空转而产生腐败现象。各级纪检监察部门要加大监督检查力度，深入到各个工作环节，真正使各项制度落到实处，避免监督检查走过场，防止盲目“签字画押”致使本应暴露的腐败问题得到更深的潜藏。五是深化行务公开制度。要把行务公开作为发展民主、保障广大员工民主权利的主要内容，依规有序推进。2005年，各一级分行和直属分行机关、一级分行营业部及总行直属机构要建立职代会，并推行行务公开制度。各行要按照总行要求，将“四大类二十五项”内容向广大员工公开，自觉接受监督。

（五）深入开展执法监察，强化对各级领导干部的监督。2005年全行执法监察工作重点：一是针对各行领导班子执行党风廉政建设责任制和班子成员落实廉洁自律规定情况，进行专项执法监察，促进领导干部廉洁自律，增强廉洁从业意识；二是针对信贷和非信贷不良资产、固定资产“三清”工作，开展专项执法监察，规范决策和管理人员的行为，促进处置和消化不良资产；三是针对个人消费贷款案件增多的问题，对2003年以来个人消费信贷业务制度执行情况开展执法监察，促进内部管理和规章制度完善。此外，还要对二级分行以下机构负责人落实案件防范责任制情况和群众举报的“权钱人”重点领域里的问题，进行专项执法监察。各行要按照总行《2005年执法监察实施意见》，认真履行执法监察职能，合理配置监察资源，加强组织协调，与业务部门密切合作，查找问题特别是案件线索，严肃处理违法违纪人员。

（六）加强队伍建设，提高反腐倡廉工作能力。当前，全行正处于股份制改造即将全面启动的关键时期，完善公司治理和加强内部管理的任务十分繁重，对全行纪检监察队伍也提出了新的更高要求。各行纪检监察部门一定要认真学习和自觉实践“三个代表”重要思想，坚持党的宗旨，增强党性观念，树立科学发展观，努力提高自身素质，不断增强反腐倡廉工作能力和水平。目前，仍有部分一级分行、直属分行和相当一部分二级分行纪委书记职位长期空缺，这给反腐倡廉工作带来不利影响，各行党委要尽快采取措施加以解决，切实选调一批政治素质好、业务能力强的同志，充实到纪检监察工作领导岗位。6月底前各行要将所辖机构纪委书记配备情况书面报告总行纪委。对长期空缺或者兼职的要说明情况，并拿出限期解决办法。纪委书记不能分管涉及“人财物”等部门的工作，不符合规定的要限期改正。各级纪检监察干部要模范遵守党纪法规，自觉接受党组织、党员和广大员工的监督。要严格执行工作纪律特别是办案纪律，要敢于坚持原则，经受住各种诱惑和考验，自觉维护纪检监察部门的良好形象。

同志们，2005年是全行改革发展的关键一年，也是内控管理攻坚年，反腐倡廉工作任务十分艰巨。希望全行各级纪检监察部门和广大纪检监察干部认真实践“三个代表”重要思想，积极贯彻党中央、国务院关于反腐倡廉工作的总体部署，落实中纪委和总行党委的具体工作安排，与时俱进，开拓进取，扎实工作，努力开创全行党风廉政建设和反腐败工作的新局面。

以科学发展观统领工会工作
在现代金融企业建设中充分发挥工会组织的作用

——在中国工商银行工会工作会议上的报告

陈克儒

（2005年3月12日）

这次会议的任务是，以邓小平理论和“三个代表”重要思想为指导，深入贯彻党的十六大和十六届三中、四中全会精神，紧紧围绕分行行长会议的总体工作部署，认真回顾总结2004年工会工作，研究部署2005年工会工作任务。下面，我代表总行工会工作委员会作工作报告。

一、2004年工会工作回顾

2004年，是工商银行全面深化经营管理体制改革、加快推进现代金融企业建设的重要一年。一年来，全行各级工会在总行党委和中国金融工会的领导下，围绕中心、服务大局，以促进经营发展为己任，团结动员广大员工提高素质，争做贡献，自觉投身建立现代金融企业的实践，为保证改革、促进发展、维护稳定发挥了积极作用，工会各项工作取得长足进展。

（一）群众性的劳动竞赛活动取得新成效。各级工会以改善资产质量、提高经营效益为竞赛目标，以提高市场竞争能力和风险控制能力为竞赛主要内容，重点在个人金融业务领域和“理财金账户”、“金融@家”等新产品营销方面，积极组织开展多种形式的劳动竞赛和建功立业活动。各分行劳动竞赛领导小组有针对性地确定不同阶段竞赛的内容和形式，激发了员工的参与热情。在劳动竞赛和建功立业活动中，全行涌现出全国“五一”劳动奖章获得者、全国职工“创建示范岗”、“创新能手”、全国职工职业道德建设先进班组、全国先进女职工等共11类112个先进集体、511名先进个人。在庆祝“五一”劳模代表座谈会上，总行领导亲切接见了劳模代表，姜建清行长高度评价了劳模做出的出色成绩，号召广大员工向劳动模范学习，为工商银行的改革发展做出更大的贡献。各分行也都相应开展了评选表彰活动和宣传活动，较好地发挥了先进典型的影响和带动作用。总行还组织基层劳模参加了香港“商业银行服务与柜台业务”培训班的学习，积极为基层劳模开阔视野、更新观念创造条件。

（二）员工业余教育活动蓬勃开展。根据总行人才发展战略计划，各级工会积极组织开展“创建学习型银行，争做知识型员工”活动。在金融系统“创争”活动现场会上，上海长宁支行、福建莆田分行作为先进典型，介绍了他们坚持开展“创争”活动的经验。在全国总工会组织的“创争”活动知识竞赛中，全行有28.2万名员工参加，河北、上海分行工会获全国最佳组织奖，7个一级（直属）分行工会和43个基层单位获得全国优秀组织奖，参加人数和获奖单位之多是近年来首次。在全国职工“共铸诚信”主题辩论赛中，北京分行代表金融系统参加比赛并夺得金奖，为工商银行争了光，也为金融系统争了光。全行还组织开展了向许振超、金红英学习的活动以及女职工“素质达标、自学成才”等活动。这些活动的开展，为营造“学习型银行”的良好氛围，引导员工树立全员学习、全程学习、终身学习理念，不断提高学习能力、创新能力和竞争能力，发挥了积极作用。

在经常性的员工业余教育中，各级工会利用业余学校、周末课堂、网络教室以及远程教育进家门等形式，对一线员工进行遵章守纪、合规操作、应知应会和风险防范知识培训。据统计，全行现有员工业余学校3689个，培训员工994858人次，业余学校建校率、培训人次分别比上年提升44.7和36.1个百分点。在自学成才活动中，一批员工获得了学历和职业资格证书。一年来，还举办业务技术比赛8684次，310550名员工参加比赛。

（三）思想政治工作与维护稳定工作深入扎实。各级工会认真贯彻落实总行党委关于做好员工思想政治工作的要求，深入基层调查了解员工在经营管理体制改革过程中的思想状况，及时汇报，提出建议，为党委全面掌握员工思想状况提供依据。总行工会分组开展了部分分行员工思想状况和收入情况调研，建立了员工思想动态信息报告制度。各一级（直属）分行工会加强了劳动争议调解工作，全行目前已建立劳动争议调解委员会3861个，当年接待上访4068人次，受理劳动争议399件，其中成功调解347件。

（四）送温暖和员工救助工作力度加大。总行党委决定将全行员工自愿捐助的“奉献基金”改为“特困救助金”后，各级工会按照总行党委的部署，精心组织，扎实工作，迅速启动了员工救助工作，发放首批特困救助金1186.1万元，救助困难员工9642名，在行内外引起较大反响，《工人日报》、《金融时报》等进行了宣传报道。为体现总行党委对困难员工的关怀，各级工会还进一步加大送温暖工作力度，全年共慰问员工125419人次，筹措送温暖专项资金8278.1万元。针对湖南等4个分行基层因水灾和台风袭击造成员工家庭受损的情况，总行工会及时划拨专项慰问款，帮助员工渡过难关。通过各级工会努力，送温暖工作逐步实现制度化、规范化，困难员工基本能得到救助，全行员工的向心力和凝聚力显著增强。

（五）基层民主管理工作不断深化。在认真调研的基础上，总行工会对全行行务公开工作进行了阶段性总结，推广了福建分行行务公开工作的经验和做法，对行务公开工作开展情况进行了通报，提出二级分行及其以下机构行务公开工作向规范化发展的指导意见。一年来，全行行务公开工作健康发展，领导小组全部建立，办事机构落实，工作机制开始形成，监督工作做到及时跟进，工作方式有所创新。

各级职代会建设纳入工会目标管理考核，实行专项检查，具体指导，推进了基层民主管理的加强。全行已建职工代表大会3666个，比上年增加78个；召开职工代表大会6334次，比上年增加459次。各级工会还积极开展合理化建议活动，全年共征集建议106733条，其中34196条被采纳。

（六）服务管理工作稳步推进。总行工会在15个省市分行开展了个人客户满意度调查工作，调查结果显示客户总体满意度87%，较上年提升了14个百分点。调查报告得到总行领导的重视和肯定。各级工会继续开展服务质量的检查监督工作，并及时通报现场检查情况。各级工会把贯彻总行三个服务推荐标准作为工作重点，在抓落实上下工夫，促进了差别服务工作的开展。营业网点服务质量管理和控制试点工作迈出了新的步伐。一年来，全行优质文明服务工作有了较大进步，达标率逐年增加，共有929个单位和1338人次获省行级以上表彰。

（七）群众性文体活动丰富多彩。结合20周年行庆，各级工会广泛开展了各种形式的文体活动，讴歌工商银行20年来改革发展所取得的辉煌成就。在全总和国家体育总局举办的世界在华著名企业职工健身大赛中，上海、云南、河南三个分行组队代表我行参赛，分别获得艺术体操、登高金奖和三人篮球赛银奖，展现了工商银行员工拼搏向上的精神风貌。

（八）工会自身建设进一步加强。4个分行新配备了工委主任，一级（直属）分行工会主任已配备26名，占应配备的70.3%。在6个省分行成功进行了二级分行工会主席选举试点工作。完成了软件开发中心工会组建工作，全行工会组建率达到100%。开展了工会组织建设调研，对改制后的工会机构设置和人员配置进行了认真的研究；对基层工会兼职干部开展工作的做法和经验进行了积极摸索和总结。

各级工会还举办了以银行业务、维护员工权益、女工特殊权益保护等为主要内容的各级、各类培训班3176次，25286人次参加了培训。工会干部素质和能力有了新的提高，一大批优秀工会专兼职干部受到金融工会和各级地方工会的表彰。改进和完善工会工作目标管理考核办法。加强了工会宣传工作，全行工会工作信息动态和经验做法得到及时交流。

积极贯彻总行关于清理全行账户的要求，迅速清理了3870个工会账户，撤销3187个县级支行工会账户、104个职工技协账户，撤销的账户占全部账户的85%。坚持工会财务检查工作。一级（直属）分行工会财务全部实现电算化，工会经费网上集中管理模式开始运行，32个分行工会经费账户与总行工会账户实现链接。工会管理系统（一期）推广使用。

一年来的实践证明，紧跟党委工作部署，工会工作就有作为；竭诚为员工办实事、解难事，密切与员工的联系，工会工作才有生机和活力；与时俱进，转变观念，改进作风，工会工作才能不断创新，不断提升整体工作水平。成绩的取得，是党委正确领导、各级工会干部共同努力、广大员工积极参与的结果，同时也为今后开展工会工作打下了扎实的基础。在这里，我代表总行党委和工会工作委员会向关心支持工会工作的各级领导表示衷心的感谢！向各级工会干部表示诚挚的慰问！向全行广大员工表示亲切的问候！

在总结工作、肯定成绩的同时，我们还要清醒地看到，全行工会工作还存在不足和薄弱环节：一是结合股份制改革，研究解决工会面临的新问题、新情况还不够深入；二是对基层工会工作的指导，会议号召多、文件要求多，区别对待、分类指导少；三是工会的运行机制和活动方式与现代金融企业的要求还不相适应，工作创新的力度有待加强。我们要重视这些问题，在今后的工作中切实加以改进。

二、以科学发展观为指导，努力提高履职能力

科学发展观是党中央从新世纪新阶段我国发展全局出发提出的重大战略思想和指导方针。把科学发展观作为工会工作长期的指导思想，对全面提升工会工作水平，具有重要的现实意义和长远意义。各级工会干部要认真学习和深入领会科学发展观的丰富内涵和全局性战略意义，在实践中不断增强以科学发展观为指导的自觉性和坚定性。树立和落实科学发展观，必须体现在落实党委对工会工作的要求上，体现在准确全面履行好工会的职责上，从而充分发挥工会在支持改革、促进发展、维护稳定中的作用。

在过去的工作中，各级工会积极实践，努力探索，积累了宝贵的经验。这些经验也是今后工作中应当遵循的重要原则。

（一）增强政治意识，坚持党的领导是工会工作根本的政治原则。坚持党对工会工作的领导，是工会的政治优势和优良传统，是做好工会工作的根本保证。工会组织和工会干部，只有自觉接受党的领导，才能牢牢把握正确的政治方向，把广大员工团结在党的周围，战胜一切艰难险阻，不断开创新的事业。坚持党的领导，就必须在思想上、政治上、行动上自觉与党中央保持高度一致，坚决贯彻执行党的路线、方针、政策；就必须在接受上级工会指导的同时，自觉接受和服从同级党委的领导，定期向党委汇报、请示工作。工会干部特别是党员干部要自觉接受党的教育、管理和监督。

（二）增强大局意识，围绕全行中心开展工作是工会工作的重要原则。围绕中心、服务大局，是工会工作的重要原则，也是工会组织必须承担的基本任务。工会组织和工会干部要讲大局，把工会工作放到大局中去思考、去认识、去把握、去部署。当前，全行改革发展进入了一个关键时期，各级工会要在这场脱胎换骨的深刻变革，事关全局和长远发展的全新实践中，找准自己的位置，通过充分发挥桥梁和纽带作用，团结和调动广大员工积极投身改革。要加强形势教育和政策宣传，引导员工深刻认识改革的重要性和艰巨性。要结合员工职业生涯设计，开展理想信念教育，引导员工把实现个人价值与推进工商银行整体事业发展紧密联系起来，把智慧和力量凝聚到全行发展改革的宏伟目标上来。

（三）坚持与时俱进、增强创新意识是工会工作不断发展的动力。坚持解放思想、实事求是、与时俱进，是做好工会工作的必然要求。积极推进工会工作的创新，体现时代性、把握规律性、富于创造性，是工会工作不断取得进步的动力源泉和活力所在。创新要有良好的精神状态，要有使命感、责任感、进取心；创新必须刻苦学习、善于学习，理论联系实际，求真务实；创新必须吃透上级精神、领会实质，深入调查研究，善于发现新情况、解决新问题、总结新经验。

（四）表达和维护员工合法权益是工会工作的基本职责。工会在全面履行各项社会职能的同时，突出表达和维护员工合法权益的职能，既体现了党委的要求，也反映了员工的愿望，是新形势下工会存在和发展的客观需要，也是工会长期实践发展的必然结果。胡锦涛同志最近专门批示："完善在工会组织领导下的维权机制很有必要。要注意总结经验，不断强化职能，更好地为职工服务。"在全行积极推进改革，完善公司治理机制进程中，员工的经济利益、民主权利要得到切实的保障，部分困难员工的基本生活要得到有效的改善，工会就必须在充分发挥推动改革、促进发展、积极参与、大力帮扶作用的同时，认真维护员工的合法权益。各级工会都要深入开展调查研究，发现并及时向党委反映情况，提

出解决问题的建议。要充分发挥职代会的作用，敢于维权，善于维权。工会只有认真履行基本职责，把竭诚为员工服务作为自己工作的出发点和落脚点，使广大员工在改革中得到实实在在的利益，才能赢得员工的信赖和支持，才能完成党委赋予的任务。

（五）关心群众生活，为员工办实事、解难事、做好事是工会工作的基本要求。工会是员工之家，为员工诚心诚意办实事，尽心竭力解难事，坚持不懈做好事，是工会工作的基本要求。当前日渐深入的改革必然涉及到员工利益关系的调整，工会必须从本行实际出发，关心员工思想、工作和生活中的热点、难点问题，解决员工的紧迫问题，实实在在地为党委分忧，为员工解难。要积极宣传、细致解释改革的精神和政策，认真做好下岗分流人员的思想工作。要密切关注员工收入分配情况，切实监督住房公积金、基本养老金、医疗保险等保障体系的建立和完善。要高度重视特困员工的救助和帮扶。要关心员工的身心健康，帮助员工缓解压力，通过开展丰富的文化体育活动，真诚的、人性化的服务，增强员工队伍的凝聚力。工会组织要充分发挥桥梁纽带作用，把总行党委的关爱和温暖送到广大员工的心坎上，把广大员工紧密团结在党委的周围。

（六）培养高素质的员工队伍是工会组织的战略任务。国以才立，政以才治，业以才兴。工商银行要建设成为国际一流的现代金融企业，员工的素质是最根本、最关键的因素。员工素质的高低，不仅与工商银行事业的兴衰紧密相联，还关系到员工的全面发展和自身价值的实现。全面提高员工素质，努力培养和造就高素质的员工队伍，是工行所谋，员工所求。随着全行改革发展，一些员工素质难以适应现代金融企业需要、高素质金融人才十分匮乏等问题日渐凸显，工会工作要高度重视这些问题，把提高员工队伍素质作为长期的战略任务放在更加突出的位置，切实抓实抓好。要积极配合有关部门，采取有效措施，加强和改进员工思想政治教育，重点抓好一线员工队伍的知识化建设，组织员工学业务、学科学、学文化，深入开展“创建学习型银行、争做知识型员工”活动。工会只有努力发挥作为员工“大学校”的作用，才能在全行建设一支有理想、有文化、有道德、有纪律的员工队伍工作中担当起自己的历史使命。

（七）构建和谐稳定的新型劳动关系是工会工作的重要着力点。随着改革的日益深化，计划经济时期劳动关系的超稳定状态已被打破，员工劳动关系、利益关系的调整必将带来新情况、新问题，甚至可能产生十分复杂的矛盾。工会要注意分析总结新形势下劳动关系的新特点，及时向党委和上级工会反映情况，并从帮扶困难员工、完善维权机制，建立劳动争议预警制度、加强劳动争议调解，保证员工的参与权、知情权等方面，努力营造员工与工商银行共谋发展、共同奋斗、共享成果的和谐稳定的劳动关系，营造全行和谐发展的氛围。各级工会要认真贯彻中央构建和谐社会的战略决策，发挥工会组织的自身特点，以建立稳定协调的员工劳动关系为着力点，进一步实现好、维护好、发展好员工的切身利益，调动好、发挥好、保护好员工的积极性。

三、2005年工会工作任务

2005年全行工会工作的总体要求是：在总行党委和中国金融工会的领导下，深入贯彻党的十六大和十六届三中、四中全会精神，落实分行行长会议的总体工作部署，牢固树立科学发展观，努力增强大局意识，切实提高履职能力，充分发挥党联系群众的桥梁纽带作用，凝聚全行员工的智慧和力量，营造和谐稳定和充满活力的局面，确保全行“两个根本”转变和股份制改革目标的顺利实现。

为实现这一总体要求，各级工会要坚持确保员工队伍稳定，紧紧抓住宣传教育和开展建功立业活动两个重点，具体抓好十件事：

（一）加强思想教育工作，广泛开展“我为工行改革做贡献”活动。对国有商业银行进行股份制改造，是党中央、国务院做出的重大战略决策。各级工会要积极开展相关政策、知识的宣传教育工作，提高员工对国有商业银行股份制改造重要意义的认识，做到识大体、顾大局，拥护改革、支持改革、参与改革，保证改革顺利推行。要以“我为工行改革做贡献”活动为载体，把全行员工的思想、力量和智慧引导到做好本职工作，为改革做贡献上来。要适应完善公司治理机制的要求，把职业道德教育、依法合规教育、勤俭建行教育常态化，坚持不懈地在员工中培育坚强的职业道德信念，依法合规经营、严格按制度操作、防范风险在前的行为规范和勤俭建行、艰苦奋斗的高尚精神。要把员工思想教育活动搞实、搞细、搞扎实，贴近基层实际，贴近员工思想。要继续大力倡导“十字行风”和“六种精神”，为培育良好的企业文化发挥更大的作用。

（二）坚持做好员工思想稳定工作。要按照总行党委要求，切实关心关注涉及员工切身利益的问题，依法维护员工合法权益，同时要教育员工正确处理个人利益与整体利益、当前利益与长远利益的关系，耐心做好思想稳定工作。各级工会都要经常深入基层，了解和反映员工的思想状况，掌握员工生活困难情况。要通过员工思想政治工作联席会议制度，定期分析员工思想。要建立和完善员工思想动态联系点工作制度，畅通员工思想情况反映反馈渠道。要多尊重、多理解、多关心员工，采取疏导说服与解决具体问题相结合的方法，做好化解矛盾的工作。要配合做好信访工作，坚持预测、预防、预警的有机结合，积极开展不稳定因素的排查工作，发现重大倾向性、苗头性问题必须及时向党委和上级工会报告。要充分发挥各级劳动争议调解委员会作用，提高调解工作实效，把不稳定因素、问题和矛盾化解在基层，化解在萌芽状态，减少劳动争议和群体上访事件的发生。

（三）协调源头参与，推进基层民主建设。职代会是基层民主建设的主要形式。要坚持职代会制度，进一步提高二级分行职代会运行质量。要针对机构扁平化改革，开展职代会运行状况调查，增强职代会工作的针对性和有效性。总行党委把行务公开办公室的工作放在工会，工会要切实承担好这一任务。要突出抓好行务公开工作的深化，增强行务公开在促进基层民主建设，强化监督和服务改革发展中的作用。要继续坚持一级（直属）分行行务公开半年报告制度。一级分行机关和营业部要根据实际情况开展行务公开工作。要研究制定行务公开工作精细化管理办法，总结交流经验，推进行务公开的制度化、程序化和规范化。

（四）不断深化劳动竞赛和建功立业活动。要坚持围绕中心、服务大局，着眼于提高市场竞争能力、风险控制能力、满足客户需求能力和盈利能力，广泛深入开展劳动竞赛活动。2005 年要继续以建立“大个金”业务格局为重点组织劳动竞赛，精心筹划安排好 2005 年 10 月举办的“个人客户经理”业务比赛，以此促进个人金融理财业务水平的提高。要把核心产品和业务的市场营销纳入劳动竞赛内容，通过劳动竞赛这种方式积极扩展银行卡业务、电子银行业务、中间业务等有效市场占有率。各级工会在组织开展竞赛活动过程中，要注意探索新思路、新方式，制订内容丰富、形式新颖的竞赛方案，增强活动的吸引力和影响力，提高劳动竞赛成效。要把竞赛活动与员工岗位练兵活动相结合，总结、推广先进技能和操作方法，促进员工职业素质的提高，激励更多的员工成为业务能手。把劳动竞赛与企业文化建设结合起来，创争最佳网点、最佳员工和培育优质品牌。组织好员工合理化建议活动，注意从具体事情做起，通过合理化建议活动解决实际问题。进一步开展“巾帼建功立业”活动，重视发挥女员工的积极性。大力表彰在劳动竞赛和建功立业活动中涌现出的先进集体和先进个人，广泛深入地宣传他们的先进事迹和先进工作方法，弘扬劳模精神，推广劳模品牌。总行工会将在 6 月组织一次基层先进模范人物代表的学习与考察活动。2005 年是中华全国总工会成立 80 周年，各级工会要积极参加有关纪念活动和地方工会组织的全国劳模推荐、评选工作。

（五）进一步把“创建学习型银行，争做知识型员工”活动引向深入。“创争”活动是工会引导员工树立新的学习理念、提高员工整体素质的重要载体。各级工会要把“创争”活动作为一项长期工作抓好、抓出成效。总行工会将在 3 月底前提出深入开展“创争”活动的指导意见，年内配套建立评估制度，第三季度召开“创争”活动研讨会，总结经验，研究解决存在的问题，推动“创争”活动的深入发展。各级工会要结合本行实际，研究制订“创争”活动规划，创建有效载体，保证活动开展质量。要将“创争”活动与员工业务素质达标、业务比赛、岗位练兵、文明优质服务、产品营销、评选先进等一起统筹安排，避免多头布置。“创争”活动的重点要放在二级分行及其以下机构。金融工会要在第四季度进行金融系统“创争”活动评选表彰，各行要及早组织落实有关工作。

要积极配合教育部门加强对员工的职业培训和职业技能开发，满足员工学习需求，帮助员工全面发展。加强对一线员工岗位应知应会的培训，加大服务的知识含量，减少岗位操作风险，不断提高员工的实际操作能力、岗位适应能力、转岗从业能力和风险防范能力。进一步扩大员工业余教育覆盖面，设立远程教育课堂，有条件的行可以把远程教育引入员工宿舍和员工家庭。要积极配合和推动岗位资格培训和认证，为员工拓展职业发展空间创造条件。

（六）继续深化服务管理工作。服务工作是全行核心竞争力的重要组成部分。各行的服务管理工作要在党委的统一领导下，突出抓好四个方面的工作。

第一，坚持抓好《营业网点规范化服务标准》的贯彻执行，严格按照基本服务标准，为大众客户提供良好的服务。适应现代商业银行的服务特性，坚持服务的“适度性”。继续抓好营业网点服务质量管理试点工作。进一步改善二线为一线、上级为下级的内部服务。5 月份在全行开展一次服务工作检查，强化服务管理工作。

第二，继续贯彻执行总行的三个服务推荐性标准，把重点放在推进有差别服务的落实上。积极配合个人金融核心竞争力项目的实施，宣传交流差别服务的方法和经验，促进“理财金账户”、“金融@家”等先进金融产品和交易方式的市场营销。倡导产品展示和产品演示营销方式，改善客户交易方式的偏好和习惯，扩大离柜业务，减轻柜台压力，提高经营效益。

第三，提高客户满意度调查质量。从服务态度、服务效率、业务程序、金融产品、服务环境五个影响服务质量的要素出发，设计客户满意度测量指标，通过随机抽样、直接访谈等方法测定客户的满意度和产品再购买意向。尤其要注意优质客户的需求和满意度调查。除综合性调查外，开展“拳头”产品满意度的专项调查。改进公司客户满意度调查方式，通过直接深度访谈，了解公司客户的意见和建议。

第四，积极提出网点建设改进建议，重点在改善私密性保护、重视细节处理、提供车位以及减轻员工劳动强度等方面促进网点建设水平的进一步提高。制定“营业网点服务环境建设建议参考”，为一级（直属）分行工会做好这项工作提供帮助。做好三年一次的服务先进表彰工作。

（七）切实做好帮困救助和送温暖工作。各级工会要牢固树立“群众利益无小事”的思想，为广大员工特别是困难员工着想，把好事办好、把实事办实。要采取多种形式了解、关注员工特别是特困女员工的工作和生活，鼓励他们树立克服困难的信心。要通过细致调查，建立困难员工档案，实行困难员工动态管理，把送温暖工作进一步做好、做细。第四季度总行将按计划发放“特困救助金”1200万元，救助10000名左右的困难员工。各级行也要通过行政拨一点、工会拿一点、员工捐一点的办法，解决筹资渠道，确保救助工作落到实处。

（八）积极倡导实施员工帮助计划。要坚持以人为本，积极倡导实施员工帮助计划（EAP），将压力管理和情绪管理导入员工的工作和生活，为员工个人身心压力提供减压帮助。要通过举办健康讲座及心理咨询等活动，倡导科学健康的生活方式，减缓员工由于工作紧张和快节奏生活带来的精神压力，保持员工身心健康。要加强高管人员与各层面员工、员工与员工之间的交流沟通，创造和谐、健康、文明的工作环境。广泛开展群众性文体活动，做好参加金融系统第一届美术作品展以及桥牌、网球、徒步等比赛活动的组织工作。

（九）加强工会基层组织建设。要认真贯彻落实全国总工会《关于进一步加强工会基层工作的决定》，增强基层工会活力。要积极探索现代金融企业制度环境下工会组织建设的有效途径，制定加强工会组织建设的指导意见。要总结和推广机构扁平化改革后一些行工会工作好的经验和做法，在二级分行工会主席选举试点工作的基础上，继续推进二级分行工会主席选举工作。

深入开展创建职工之家活动。工会干部要以当前正在全行开展的党员先进性教育活动为契机，自觉加强理论修养，不断增强政治意识、大局意识和服务意识，端正思想作风和工作作风。要勤奋学习银行业务知识、公司治理知识、法律知识、企业管理知识等，不断提高业务素质。要按照全总的要求努力提高“五个能力”，即围绕中心、服务大局的能力，组织和动员员工的能力，表达和维护员工合法权益的能力，协调利益关系和化解矛盾的能力，为员工服务的能力。要重视加强对工会干部的培训，改进培训方式，提高培训质量。第二季度总行将举办工会主任培训班，在课程设置上，突出股份制改革、公司治理等方面的知识培训。要加强工会工作的理论学习与研究，坚持一级（直属）分行工会主要负责人每年至少提交1份调研报告制度。总行工会要重点对“股份公司、合资公司、上市公司等不同类型企业工会的工作运行模式、法律依据和工商银行改制后工会工作”进行深层次调研，并认真组织好全行工会系统的课题研究工作，为第三季度召开的第二届《工会论坛》做好准备。2005年是中国工商银行工会成立20周年，总行工会将组织编写工会工作20周年综述，以此推进工会文化建设。

（十）进一步完善目标考核工作，加强工会工作的基础管理，真正把工会办成员工之家。要适应新形势新任务，修改完善工会目标管理考核制度，突出工作重点，减轻基层工作负担，探索建立规范的目标评估体系和考核运行机制，明确评估的对象、标准、方法，增强针对性和可操作性，着重鼓励在本行考核排名较前、得到本行党委、基层和员工认可的分行工会。加快工会系统信息化建设，实现工会日常工作规范化、流程化。总行工会将建立工作流程指引，为基层工会提供样板，做到工会干部变化，岗位工作不削弱。要尽快启动工会管理系统的（二期）开发，依法收好、管好、用好工会经费。巩固账户清理成果，坚持工会财务分级使用，提高网上运行效率，保证工会经费管理的依法合规水平。做好年度预算编制和实际执行结果的管理审查，杜绝浪费。

同志们，2005年是工商银行实现历史性跨越、向现代金融企业目标迈进的关键一年，任务将更加繁重，对工会工作也提出了新的更高的要求。全行各级工会要以对工商银行事业高度负责的历史使命感，以饱满的精神状态和深入扎实的工作作风，与时俱进，开拓创新，努力做好全年的各项工作。

在中国工商银行共青团工作会议上的讲话

陈克儒

（2005年3月12日）

春回大地，万象更新。在全行改革发展即将步入历史性转折之际，我们聚首在首都北京，共同学习贯彻党的十六届四中全会、团的十五届三中全会和全国分行行长会议精神，总结回顾2004年的工作，研究部署当前和今后一个时期工作任务，进一步动员广大团员青年积极投身现代金融企业建设，与时俱进，开拓创新，推动新形势下的共青团工作迈上一个新台阶。

2004年，工商银行朝着建设现代金融企业的目标阔步前进，取得了显著成绩：全行经营效益大幅度提高，实现经营利润747亿元；资产质量继续改善，实现不良资产余额和比例双下降；存贷款业务健康发展，新兴业务和中间业务快速增长；业务和技术创新步伐加快，竞争发展能力显著增强；体制改革不断深化，内部管理不断加强。这些成绩为我行的现代金融企业建设事业打下了坚实的基础。

2004年，伴随着全行各项事业的蓬勃发展，各级团组织在各级党委的领导下，以十六大精神和科学发展观为指导，认真学习贯彻姜建清行长在总行机关青年座谈会上的讲话精神，勇于开拓，坚持创新，积极探索适应银行改革和青年发展需要的新的组织模式、工作思路和运行机制，取得了新的进步和成绩，为全行的改革发展做出了贡献。一年来，全行各级团组织广泛开展了以坚定理想信念、增强职业道德、弘扬工行精神为主要内容的思想教育活动，青年思想教育工作取得了新成效；深入开展了“人人使用、营销金融@家”、“牡丹灵通卡·e时代校园行”、“治理结构与风险防范”金融青年论坛等丰富多彩的青年岗位建功成才活动，推动了业务发展，促进了青年成长，提升了团组织凝聚力。以“青年文明号”活动开展十周年为契机，举办了“青年文明号与企业服务创新”论坛和全行“青年文明号”负责人经营管理培训班，“青年文明号”创建工作步入新阶段。改革创新工作方式和机制，提高服务能力，团的组织建设实现了新突破。在此，我代表总行党委向与会的各位代表，并通过你们向全行广大团干部和20万团员青年致以亲切的问候。

见喜析忧，谋近思远。2005年，我行将全面推进现代企业建设，这给全行各项工作提出了新的任务，为全行广大员工树立了新的奋斗目标，也对共青团工作提出了新的更高的要求。总行党委对共青团工作一直十分重视，前不久，姜建清行长主持召开总行党委会，专门听取总行团委的工作汇报，充分肯定了一年来全行共青团工作取得的成绩，明确了下一步做好全行共青团工作的方向，并就如何加强推优入党和青年人才队伍建设做了重要指示。各级团组织一定要认真学习领会，并切实贯彻到今后的各项工作中去。各级团组织要从建设现代金融企业的大局和战略的高度出发，主动适应全行改革发展要求，充分发挥团组织优势，树立和落实科学发展观，把广大团员青年的思想认识、聪明才智和工作热情统一到建设现代金融企业的事业上来，将全行共青团工作推向深入。

一、牢牢把握当前深化改革发展的战略机遇，最大限度把青年的智慧和力量凝聚到建设现代金融企业的事业上来

当前，全行正在全面深化管理体制和经营机制改革，加速推进经营模式和增长方式转变。这为广大团员青年提供了大显身手、大有作为的广阔舞台。广大团员青年要把握好这一时机，勤于学习、勇于创新、甘于奉献，努力在现代金融企业建设的进程中实现自身的价值。各级团组织一定要认清形势、着眼大局、把握机遇，切实增强工作责任感和紧迫感，以科学发展观为指导，教育青年、引导青年、凝聚青年、团结带领团员青年积极投身到现代金融企业的建设中去。

要适应现代商业银行的要求，教育引导广大团员青年树立良好的职业理想、职业发展观和职业道德。良好的职业理想、职业发展观和职业道德是现代商业银行对广大员工提出的新要求，是现代金融青年所必须具备的素质，也是我行共青团新时期思想教育工作的主要内容。各级团组织要用工行精神教育广大团员青年，引导他们树立“坚定改革信念、热爱工商银行、立足岗位奉献，与工商银行共发展”的职业理想；教育团员青年端正职业发展观，引导他们坚持业务学习与加强思想修养的统一、坚持学习书本知识与投身改革实践的统一、坚持实现自身价值与服务全行发展的统一、坚持树

立远大理想与脚踏实地工作的统一；教育团员青年养成符合现代商业银行要求的职业道德，引导他们树立珍惜职业生命、加强风险防范、爱岗敬业的职业意识和恪尽职守、遵章守纪、规范操作的职业操守。

要团结带领广大团员青年投身全行的改革发展大业，为工商银行的全面、协调和可持续发展做出新贡献。目前全行繁重的改革创新、市场营销、风险处置、清产核资、内部管理等各项工作任务，向青年这支生力军发出了新的召唤和新的要求。各级团组织要团结带领广大团员青年紧紧围绕全行的中心工作，广泛开展建功立业活动。要充分发挥广大团员青年的朝气蓬勃、勇往直前、不畏困难的优势，引导青年在急、难、新、重的任务中充分发挥生力军和突击队作用；充分发挥广大团员青年的创造性，引导广大团员青年增强创新意识，立足本职岗位开展创新创效活动；充分发挥团员青年参与改革的主动性与积极性，为全行改革发展献计献策、贡献智慧。

二、始终站在人才兴行、人才强行的战略高度，不断推进青年人才队伍建设

各级团组织要充分认识新形势下做好青年人才工作的重要性和紧迫性。人才资源已经成为当今社会最重要的资源，青年人才是人才队伍的重要组成部分，青年人才问题是关系党和国家事业发展的重要问题，也是工商银行兴旺发达的重要问题。做好青年人才工作是党赋予共青团的光荣职责。作为党的助手和后备军，共青团必须协助党做好青年人才工作，紧紧抓住为党培养青年人才这个工作着力点，为党的事业提供坚强的人才保证。做好青年人才工作也是人才强行战略的迫切需要。建设现代金融企业，人才是根本，工商银行要抓住战略机遇，实现大发展的需要，需要大批优秀青年人才，做好青年人才工作还是共青团竭诚服务青年的重要内容。成长成才是青年员工的根本需求，抓住这一根本需求，就抓住了服务青年的关键。

做好青年人才工作，首先要重视青年员工队伍整体素质的提高和优秀青年人才的职业发展。注重青年员工整体素质的提高是共青团服务青年宗旨的基本要求，也是青年人才工作的基本任务。各级团组织要紧密结合现代金融企业经营发展的需要，把提高广大团员青年的业务技能和职业素养放在突出位置。要通过组织读书学习、技能培训、岗位实践等多种手段和途径，努力培养一支作风过硬、业务精良、勤奋敬业的青年人才队伍。推动优秀青年人才的发展是提升我行核心竞争力的必然要求和关键，因此，要主动适应我行改革发展的需要，通过各种渠道，提高优秀青年人才的政策理论修养、管理决策能力和业务工作水平，努力培养一支具有全局眼光和战略思维、善于管理谋划和学习创新的青年专家队伍。

做好青年人才工作要紧紧抓住挖掘、集聚、培养、举荐四个关键环节。善于挖掘优秀青年人才。要通过具有时代特色、适应企业要求、符合青年特点的渠道和方式，为青年提供展示才华的舞台和脱颖而出的机会。各级团组织要通过青年创新创效、岗位技术比武、青年论坛、竞赛、评比等各种有效形式，加大工作力度，充分挖掘各方面的优秀青年人才。

主动集聚优秀青年人才。要利用各种方式将优秀青年人才聚集到团组织周围，并进而凝聚到党组织身边，凝聚到建设现代金融企业的大业上来。各级团组织要利用青年人才库、青年联合会等有效载体，强化团组织对优秀青年人才的集聚作用。

大力培养优秀青年人才。要充分发挥共青团作为团员青年学习、锻炼、成长的大学校职能，积极为青年学习提供机会、创造条件，通过教育育人、文化育人、实践育人，引导广大团员青年在学习中成才，在实践中成才。

积极举荐优秀青年人才。青年人才工作的成果最终要通过优秀青年人才的发展使用来体现，而举荐优秀青年人才则是其得以发展的重要推动手段。各级团组织最贴近青年、最了解青年、与青年有着天然的联系，要通过座谈会、研讨会、青年职业生涯导航等各种形式，不拘一格地积极向各级党委和有关部门举荐优秀青年人才。

三、主动适应全行改革发展的要求，全面加强团组织能力建设

能力建设是共青团的一项根本建设。共青团的能力，就是共青团按照党的要求，紧密结合青年和青年工作特点，充分发挥党的助手和后备军作用、党联系青年的桥梁纽带作用，促进青年一代成长成才，团结带领广大青年为工商银行的改革发展作贡献的本领。党的十六届四中全会提出，党的能力建设是当前加强党的建设的主要任务。共青团作为党的助手和后备军，学习贯彻党的十六届四中全会精神，就必须把加强能力建设作为加强团组织自身建设的一项战略任务来抓。具体来讲，就是要积极适应我行改革发展和青年工作的要求，切实增强团组织的服务能力、凝聚能力、学习能力和合作能力。

增强服务能力，就是要把竭诚服务青年做为一切工作的出发点和着力点，增强帮助青年解决学习、生活和工作中遇到的实际困难的能力。针对目前我行改革发展的形势任务和青年需求的多样化，各级团组织要积极创新服务手段，丰富服务项目，增强服务青年的能力。同时，要根据我行组织机构的变化，不断健全共青团组织的服务体系，扩大服务青年的覆盖面，提高服务青年的水平。

增强凝聚能力，就是要把全行青年最广泛地团结在各级党委的周围，凝聚到建设现代金融企业的事业上

来。各级团组织要充分发挥联系青年的桥梁纽带作用，通过共同的事业和先进的企业文化凝聚青年，团结带领广大团员青年为建设现代金融企业贡献青春和智慧。

增强学习能力，就是要既加强团组织自身的学习，努力培育学习型组织，又积极推动广大团员青年加强学习，努力成为学习型群体，从而始终保持共青团组织的生机和活力。

增强合作能力，就是要既加强行内团组织的合作，建立系统内、区域化的共建机制，又加强我行团组织与地方、企业、高校等团组织之间的合作，建立系统外、地域化的合作机制，形成团内团外、行内行外工作联通、优势互补、资源共享、共同发展的工作局面，以合作求活力，以合作促发展。

共青团的能力，很大程度上取决于团干部队伍的能力。团干部队伍的能力，直接关系到各级党委政策在青年工作中的落实，直接关系团组织的凝聚力和战斗力。建设一支能力强、素质高、德才兼备的团干部队伍，对提高团组织各项能力、做好共青团工作至关重要。这里我对团干部加强自身能力建设提四点要求：

第一，团干部要不断提高自身素质。全面建设现代金融企业的事业要求广大团干部不仅保持政治上过硬、思想上先进，还要懂业务、会管理，只有这样才能在不断变化的形势下找准共青团工作的着力点，才能在改革发展中挺立潮头，成为广大团员青年建功立业的模范。广大团干部要有紧迫感，要围绕全行的中心工作和重点任务，深入学习“三个代表”重要思想和银行新业务、新知识，努力提高自身的思想政治素质和业务工作水平。

第二，团干部要发挥表率作用。面对全行改革发展的新形势，各级团干部要增强表率意识和责任意识，从自身做起，提高自身修养，起到模范带头作用。要有虚心学习的态度、海纳百川的气度和勤勉敬业的作风。要坚持做到“五个克服”，即坚定做好青年工作的信心，克服工作中的畏难情绪；树立扎实的工作作风，克服工作中的形式主义；树立创新意识，克服墨守成规的做法；加快提高自身综合素质，克服安于现状的思想；努力提高理论研究水平，克服经验主义。要常怀感激之情，常葆进取之心，脚踏实地、兢兢业业、甘于奉献，认认真真做好每一项工作，不辜负党委的重托、青年的期望。

第三，团干部要不断增强创新意识。团的事业是常干常新的事业，团的活力来自创新。团干部是青年的一部分，也是青年中的优秀分子，更要发挥青年最少保守思想的优势，坚持不断创新。要善于把党的路线方针政策、党委的工作安排与青年工作的实际结合起来，根据全行改革发展和青年工作的需要推陈出新，创新青年工作的新思路、新办法、新举措，努力使青年工作更加适应现代金融企业建设的要求。

第四，团干部要不断加强与团员青年的密切联系。随着改革的不断深入，会不可避免地触及干部员工的切身利益，团员青年也难免会有一些模糊认识、思想困惑或者会遇到一些困难。我们团干部要时刻关注青年、了解青年，要满怀感情地对待青年，把青年的喜怒哀乐、安危冷暖挂在心上，用真情凝聚青年、团结青年。要倾听青年的呼声，了解他们的需求，解决他们的困难，廓清他们的迷惑，在工作上、生活上、学习上尽可能地给他们以帮助。要做青年工作的热心人和团员青年的贴心人，以自己的实际行动和表现感染大家、激励大家。

党委的领导和重视是全行共青团工作蓬勃发展的重要保证。各级党委要继续加强对共青团工作的领导，尽可能地为共青团工作的开展创造良好的条件。团干部大都是年轻干部，有激情、有干劲，各级党委要高标准、严要求、多关心，同时也要经常给他们出题目、压任务。共青团岗位是锻炼和考察年轻干部的岗位，要保持团干部队伍的流动性，为团干部创造到其他部门接受锻炼、增强能力的机会。同时及时选拔政策水平比较高、综合能力比较强的同志充实到共青团岗位上来，使共青团岗位有人来、留得住、出得去，始终保持蓬勃的生机和活力。

同志们，我行即将迎来现代金融企业建设的新阶段，广大团员青年是大有可为的，各级团组织也是大有可为的。各级团组织要始终坚持服务改革发展大局和服务青年的宗旨，团结和带领广大团员青年，开拓进取，扎实工作，不断创新，努力为建设现代金融企业做出新的更大的贡献。

打造三大平台 提升质量效益 全面开创会计结算工作新局面

——在中国工商银行会计结算工作会议上的讲话

张福荣

（2005年1月24日）

这次会议的主要任务是，认真贯彻年初分行行长会议精神，总结2004年全行会计结算工作，部署2005年任务，动员会计结算专业紧紧围绕全行中心工作，扎实推进会计改革，全面提高会计工作质量，加快开拓和创新结算业务，努力开创会计结算工作新局面。

下面，我谈三个方面的问题。

一、会计结算专业为全行改革发展做出重要贡献

2004年，全行综合改革和各项业务创新发展快速推进，会计结算专业面对经营管理中的新情况、新问题，胸怀大局、开拓创新、忘我奉献，在会计核算体制改革、会计业务流程再造、结算市场拓展、电子化系统推广、清算规范和参数管理以及风险控制等方面做了大量工作，圆满完成了各项任务，为全行改革和发展做出了重要贡献。

（一）会计核算体制改革顺利完成。经过两年多的努力，全行会计核算体制改革取得圆满成功，到2004年11月9日，全行所有网点账务上收到管辖支行。上收后系统运行良好，网点营业与业务处理秩序井然，新旧体制实现了平稳过渡。核算体制改革的成功，使我行成为国内第一家实现会计核算主体与经营主体相分离的商业银行，为全行经营管理体制改革和各项业务发展奠定了基础，对提高全行经营管理的集约化、精细化水平和提升风险控制力、综合竞争力具有重大而深远的意义。以新的核算体制为依托，各级行经营管理活动更加富有成效，相关改革措施得以顺利推进。核算体制改革后，全行内部账户、表外账户大幅减少，容易诱发案件的“支行辖内往来”科目被取消，上级行对高风险业务的监督控制能力大大增强；计算机系统日终处理、报表拆分时间大为缩短，网络查询速度加快，系统运行效率显著提高。

（二）会计业务流程再造取得重大进展。会计业务处理中心、监督中心和现金营运中心组建工作全面完成，会计业务流程再造稳步推进，初步形成了后台“大中心、大集中”，前台“大市场、大营销”的集约化经营格局，管理型会计体系架构基本建成。

完成组建会计业务处理中心。到2004年底，所有分行都建立了会计业务处理中心，部分会计业务开始集中处理，初步扭转了业务风险点分散且难以监控的局面，各种设施、设备利用率显著提高，管理更加规范。

完成组建监督中心，推动事后监督向事前、事中监督转型，集中监督的效果开始显现。全行负责核算监督的人员总量较组建前下降30%，但工作效率和质量反而大幅度提升。风险监控预警系统推广使用，形成了对重点环节、重点时间、重要交易和重要岗位的监控与预警，初步实现对业务核算的全过程动态控制。全行90%以上城区支行将银企对账纳入监督中心进行操作，对账效率明显提高，2004年底已完成了70%以上的应对账户的集中对账，有效维护了银企资金安全，降低了业务风险。

基本完成组建现金营运中心，原来分散在各业务库的备用库存集中到现金营运中心管理，降低了营业网点无效资金占用，效益十分显著。

稳步推进会计业务流程再造和网点综合化改造。完成了会计业务流程再造总体方案设计，投产了会计要素管理系统等电子化系统，提高了重点会计要素的集约化、电子化管理水平，前台业务流程进一步优化。网点综合化改造取得积极进展。

完成总会计委派制和会计检查员集中制改革，强化了支行总会计工作的独立性，加强了前台业务管理和核算事中控制；统一了会计检查的标准，整合了检查队伍，从而更加有效地控制了核算业务风险。

（三）结算业务增势强劲。2004年，全行会计结算专业紧紧抓住结算产品开发线、推广线和管理线，扎实推进各项工作，结算业务取得了新的发展。全年实现结算金额150万亿元，结算业务收入11.8亿元，超额完成计划并创历史新高。重点优势业务品种如支付结算代理、现金管理的核心竞争力进一步提升，业务管理进一步增强，风险防范措施更加到位。

支付结算代理业务再创新高。全年共办理各类支付结算代理业务524.1万笔，金额1.38万亿元，实现代理手续费收入1.1亿元。与新成立的浙商银行股份有限公司签订代签银行汇票协议，继续保持了100%的市场占有率；与汇丰银行、德意志银行和东京三菱银行签署了主机直连业务合作意向书；与美国银行签署了代理资金结算三方协议，为客户提供代理第三方支付和账户查询服务，开拓了高附加值代理业务新领域。

现金管理业务快速发展，成为塑造全行对公业务核心竞争力的支柱型产品。截至2004年末，全行共发展全国性现金管理客户192户、地区性客户3529户，现金管理业务进入健康发展期。与丰田汽车等一批跨国公司成功建立现金管理业务合作关系，也继续丰富了与壳牌石油、中油股份、航天科技等重点优质客户的合作内容。

黄金业务全面发展。由我行承担清算业务的交易所会员单位已达85家，占交易所全部会员单位的67%，代理黄金交易所清算资金633亿元，代客黄金、铂金交易量均较上年大幅增长，实现中间业务收入160万元。积极拓展黄金仓储业务，实现仓储费收入109万元。自营黄金业务实现历史性突破，实现自营收入200万元。个人黄金投资业务的筹划工作进展顺利，日前已得到主管部门的批准。

（四）清算业务运行平稳，管理更加到位。2004年，全行各级清算机构共处理人民币资金汇划和清算3.95亿笔，比上年增长351%；处理外汇资金收付清算230.2万笔，比上年增长22.8%；顺利完成14只新发基金的销售登记和资金清算工作，共处理各类基金交易624.2万笔，比上年增长367%。同时，成功投产了新的外汇账务系统、债券投资与资金交易系统、券款兑付结算系统以及外汇买卖集中平盘等系统，对SWIFT系统进行了升级，优化了全行PCC网络，业务处理电子化水平进一步提高，处理能力进一步增强。此外，通过强化制度建设，加强业务指导和管理，开展彻底全面的账务和收支数据核对，摸清了家底，进一步加强了清算业务内控管理。目前，全行各级清算机构外汇资金到账率达到99.5%以上的高水平，美元清算业务的直通率由2003年的60%左右提高到85%，欧元清算业务的直通率由2003年的37%提高到81%，管理水平和清算能力大大加强。

（五）业务处理信息化水平迈上新台阶。2004年，全行会计结算部门克服时间紧、任务重的困难，牵头组织了NOVA四个升级版本的测试投产工作，完成了总行本级上大机一期工程（计财报表）、数据中心整合和现金管理系统一期等重点项目的业务测试和投产实施工作，为提高全行业务处理信息化水平做出了重要贡献。

（六）参数管理进一步规范化。参数管理系统顺利投产，形成了以总行为核心、一级分行为主体、二级分行组成的参数管理新体制。我们从2003年开始实施参数集中，经过一年左右的时间，2004年这项工作取得了重大突破。参数工作的集中和程序化管理目标的初步实现，使我行成为国内首家实现大机参数集中管理的商业银行，参数规范化管理水平向前迈进了一大步。

会计结算专业一年来的工作，有力推动和促进了全行的改革发展，也充分展现了会计结算队伍高度的责任心、强烈的使命感以及特别能吃苦、特别能战斗的精神风貌。在此，我代表总行党委向同志们，并通过大家向广大会计结算员工表示最诚挚的谢意。

二、统一思想，提高认识，开创会计结算工作新局面

年初召开的分行行长会议，对2005年的各项工作做了全面部署，提出2005年和主要任务是：全面深化管理体制和经营机制改革，加速推进经营模式和增长方式转变，培育核心竞争力，增强风险控制力，显著提高经营效益。

从现在开始，全行将进入一个崭新的发展时期，业务发展和内部改革既有新的机遇，也充满新的挑战，对此我们要有清醒的认识和充分的思想准备。会计结算专业要想在新时期继续保持蓬勃的生命力，适应全行经营管理格局发展变化的需要，就必须审时度势，按照全行改革发展方向，紧扣全行中心开展工作；就必须谋近思远，系统性地推进会计改革，不断拓展和深化会计结算在全行经营管理格局中的职能作用；就必须开拓创新，正确认识和解决改革发展中的新情况和新问题。

这几年会计结算专业大力推进各项改革，初步建立起了集约高效的管理型会计体系，结算业务核心竞争力不断增强。但是必须清醒地看到，已经取得的成绩只是阶段性的，离改革目标还有一段距离。表现在会计核算不规范、核算质量不高的问题仍然客观存在；一些领域会计基础管理还比较薄弱，风险还没有得到有效控制；部分机构仍然习惯于“账平表对，万事大吉”的工作方式，墨守成规，缺乏业务开拓和创新精神。这些问题的存在一定程度上影响了会计职能和作用的发挥，必须尽快加以解决。

今后一段时期会计结算工作的指导思想是，坚持以科学发展观为指导，以深化改革为手段，以打造会计业务经营平台、支持平台和管理平台为依托，以全面提高会计工作质量、大力提升结算业务效益为目标，全面开创会计结算工作新局面。根据这一指导思想，全行要着重围绕以下几方面开展工作：

（一）全面提高会计工作质量。这是会计改革的首要目标，是会计结算专业实践科学发展观的根本要求。全面提高会计工作质量，一是要大力提高会计核算质量。核算是会计的基本职能，核算质量直接影响会计报告的真实性，影响到会计报告能否如实反映我行经营管

理活动的结果。以前我们搞会计核算，准绳和标准就是财政部等政府部门制定的会计制度和行内的核算纪律，有了问题在内部按照责任大小，处理责任机构和责任人就可以了。但是在建设现代金融企业的新形势下，会计核算的准绳，除了国内会计制度和行内核算纪律，更重要的是国际会计准则和信息披露等资本市场的其他规则。会计核算出了问题，不仅不能客观反映一个企业的财务状况和经营成果，更严重的是会丧失市场公信力，危及声誉，这是对任何人或任何机构进行任何程度的处罚都难以弥补和代替的。会计结算专业必须从这样的高度来认识会计核算的质量问题，切实通过推进改革和加强管理，保证和提高会计核算质量。

二是要提高会计风险管理质量，实现全面的、有效的操作风险管理。当前全行改革的一项紧迫任务，就是建立全面风险管理体系，对包括信用风险、市场风险和操作风险等在内的风险实施有效管理。对会计结算部门而言，增强操作风险的控制能力，提高操作风险管理水平，是会计管理工作的一个重要历史使命，是现阶段需要重点解决的一个课题。根据《巴赛尔新资本协议》要求，商业银行应当定性描述和定量计算操作风险，并按资本充足率的要求进行风险拨备。操作风险管理得好不好，不仅影响银行的利润表，还直接影响到资产负债表。操作风险管理水平较高的银行，可以用较低的资本带动更多的资产规模和更大的业务发展。因此，提高会计风险管理质量的意义十分重大。会计结算专业在长期的工作中，建立了较为完善的监督检查和风险防范的制度和方法体系，但是目前的监督检查主要还侧重于事后，覆盖全业务、贯穿全过程的风险管理流程还没有建立起来，另外对风险的认识还基本停留在定性描绘层次上，缺乏定量计算的方法和手段，这些都不能满足全面操作风险管理的要求，必须通过深化改革加以解决。

三是要提高会计的决策支持质量，建设决策支持型会计，大力增强会计工作支持经营管理决策的作用。我们讲会计要“立足本职”，这个“本职”不仅仅是搞好核算，管好风险，还包括参与决策，辅助决策。会计是企业最重要的经营管理信息系统，会计处理信息的过程，也是掌握业务经营来龙去脉的过程，因此会计具有参与决策、支持决策的客观优势，这在任何类型的企业里都是一样的。事实上，在国际上发达的商业银行中，提供决策支持是会计系统的高级功能之一，也是管理集约化、精细化的重要体现。对此，全行上下要进一步统一认识，不要以为经营决策与会计结算部门关系不大。我行要实现管理体制和经营机制的转变，必然需要有高质量的数据和信息为各项经营管理决策提供有力支持，会计结算专业的改革必须自觉适应这样的要求。

（二）大力提升结算业务效益。近年来，总行把增加中间业务收入、改善全行收入结构作为转变经营模式和增长模式的一项战略任务来抓。在全行中间业务发展规划中，结算业务的发展被置于非常重要的位置，要求以优势结算产品推动结算业务的全面快速发展。今明两年，全行计划新增3万个现金管理客户，支付结算代理业务继续保持市场领先优势，结算业务量增长20%以上。

为实现这一发展目标，必须积极采取各种措施大力提升结算业务效益。结算业务的效益，一方面体现为结算业务手续费、电子汇划费等直接收益。这些年结算业务增长势头很好，且当前增加结算直接收益潜力还很大。随着市场化程度不断加深，经济进一步发展，有结算需求的经济组织数量会大幅增加，经济组织之间的经济往来将更加活跃，结算产品定价更多将由市场决定，这些都为增加结算业务直接收益提供了广阔空间。另一方面体现在交叉销售上，就是用结算业务促进其他业务的发展，增加其他业务的收入。这几年市场营销的一个显著变化，就是结算业务带动资产和负债业务，而不是以往的靠资产业务来争取负债和结算业务，结算业务已经成为竞争客户，尤其是重点优质客户的切入点和突破口。这是一个非常大的变化，是市场经济发展的必然结果。在这种情况下，结算业务的价值体现在交叉销售其他类型的业务上面。我们向客户提供现金管理服务，有的情况下为了争取资产和负债业务，减免了结算手续费，这里面虽然没有看到直接的结算收益，但是结算业务的间接效益是显而易见的。大力提升结算业务效益，是会计结算专业改革创新的又一重要目标。

（三）努力打造“三大平台”。近年来，会计结算部门承担了核算管理、NOVA系统推广、市场营销支持、防范结算风险等大量工作，应该说是要求高、任务重、头绪多、责任大。在这种情况下，全面认识和准确把握会计结算工作，提高我们掌控全局的能力，显得尤为重要。

从会计职能和性质及我行实际来看，会计结算工作包括三个层面的内容。一是经营层面，就是以营业网点为主要渠道，对外提供结算服务，获得经营性收入。二是业务支持层面，就是通过集中处理业务和控制风险，向包括结算业务在内的全行相关业务提供支持。“三大中心”、清算中心以及参数管理中心的工作都可以划归到这个层面。三是业务管理层面，就是通过制度建设、业务考核等综合性管理工作，来控制和协调经营层面和业务支持层面的活动，使会计结算工作不断优化发展。各级会计管理机构从事的大都是业务管理层面的工作。这两年会计结算专业改革的一个重大成果，就是通过建设“三大中心”和参数中心，形成了新的功能平台，丰富和强化了会计业务支持层面的职能，为本专业和全行的经营管理提供了有力的平台支持。在这个基础上，要把平台建设工作向会计业务经营和管理两个层面推进，全面建设会计业务经营平台、业务支持平台和业务管理平台，形成“三大平台”有机结合、互为补充、协调发展的局面，为实现会计改革目标奠定更加坚实的基础。

要重点建设好会计业务经营平台。会计结算部门要进一步转变经营观念，彻底改变结算工作重操作、轻经营的状况，积极运用各种市场化手段，把结算业务经营好，不断提升结算业务的效益。要大力提升营业网点的营销功能和服务功能。完成“三大中心”建设和网点账务上收后，营业网点的结算操作压力减轻，工作重心应该转移到对中小客户的结算营销和服务上来，加大结算产品的柜面营销力度，大幅提高客户服务水平。要加大资源投入，使营业网点成为会计业务经营平台的载体和基础。要加强结算产品的开发力度，整体规划和统一管理产品开发，推进账户功能整合，系统性地实现结算产品创新，形成具备国际竞争力的结算产品体系。要整合业务管理资源，探索高效的结算业务管理模式，加强业务经营分析和考核，以高水准的管理促进业务发展。要整合人才资源，大力发掘和培养结算业务人才，形成一支懂市场、懂业务、懂技术的复合型结算业务人才队伍。

要进一步推进会计业务支持平台建设。一方面，要加快业务布局的调整，进一步提高业务集中处理程度，大幅度提升业务处理效率，降低处理成本。所有能够集中处理的业务，都要通过标准化和流程再造，逐步实现集中处理。另一方面，要建立操作风险的集中管理体系，实现对所有会计信息形成过程和所有会计业务处理过程的全面风险管理，消除会计操作风险管理盲区；要推进事后监督向事前和事中监督转型，实现操作风险全过程动态管理，形成识别、计量、缓释、控制和处置风险的系统性操作链条。要强化对操作风险的有效识别，形成“气象站”效应，提前对风险进行预警，防止风险的形成和积聚。要充分利用现代信息技术，逐步积累风险管理所需的数据库资源，立足于现有的信息，建立适合我行实际情况的操作风险管理模型，为定量计算会计结算专业的操作风险创造条件。同时，会计结算部门要积极参与全行的风险管理建设工作，把会计专业的操作风险管理和其他专业的风险管理有机结合起来，为其他专业的风险管理提供有利条件，发挥会计的基础作用。

要深化会计业务管理平台建设。首先要抓好会计核算质量管理，比照国际会计准则，系统性地梳理我行现行的会计核算制度，稳步推进行内会计核算制度与国际标准接轨，形成满足资本市场监管要求，满足投资者和其他利益相关人要求的会计核算标准体系。要不断完善以会计结算部门为核心的会计核算管理体制，进一步形成覆盖全行所有业务的全过程、动态的核算质量管理机制。会计结算部门要按照职能分工的要求，对所有业务的会计核算负起责任来，担负起制定和解释所有业务核算制度的职责。从业务设计开始，到业务经营管理的各个环节，凡是涉及到会计核算的，都要形成动态的核算质量管理。要建立健全核算质量问责制，加大对核算事故责任机构、责任人的处罚力度。要适时启动决策支持型会计体系建设，提高会计参与经营管理的程度。要改变现行简单的会计信息形式，提供丰富和高质量的会计信息，支持各级机构和各个部门的经营管理决策。要从会计角度开展内容丰富的经营活动分析，利用会计分析来揭示经营管理中存在的问题，引导经营管理行为。要通过成本核算，为产品定价提供客观、可靠的依据，积极推进会计技术平台从交易处理型向决策支持型发展。会计系统不能仅仅处理业务核算，更要具备较强的数据挖掘和分析功能。要借助决策支持型会计技术平台，全面提升会计决策支持的效率和效益。

三、2005 年会计结算工作的主要任务

2005 年，会计结算专业的任务依然很繁重，重点要做好以下工作：

（一）深化三大中心建设和业务流程改革。深化会计业务处理中心的建设，提高业务处理的标准化程度，为实现业务集中处理创造条件。已经满足条件的，要逐步纳入会计业务处理中心进行集中处理。要建立考核办法，加强对分行实施业务集中工作的考核激励。要加强业务指导和管理，在业务集中过程中保证客户服务质量，保证各项内控措施的效力。

对账工作要继续向监督中心集中，扩大集中对账的范围。要加强银企、同业、辖内、人民银行往来等各环节的账务核对，确保账务核对质量和银企双方资金的安全。要完善对账管理系统，统一客户对账系统平台，建立多渠道对账输出系统，实现电子与实物的有机结合，降低银行对账成本，同时实现多种渠道与客户个性化沟通，满足客户多样化需求。

强化现金营运中心管理。要实施现金营运中心工作的标准化、规范化管理，建立现金业务操作风险管理机制和考核体系。现金营运中心的建设要遵循方便调运、风险可控、互为备份、有利管理的原则。大城市行和省会城市行的现金营运中心不宜过于集中。要进一步拓展现金业务市场，做好同业现金代理业务、保管箱出租业务、代理硬币包装、零钞清点整理收费等业务的市场拓展工作，扩大中间业务收入，增加现金营运中心效益。特别要注意保管箱业务的管理，防范业务风险。要引入动态管理方法和技术，积累各网点现金需求量数据，动态分析现金需求量变化规律，提高现金需求量预测水平，在确保流动性的前提下，有效压缩库存，减少无效资金占用，提高现金营运效益。

要继续推进会计业务流程再造。在深入分析业务流程与会计核算关系的基础上，不断改进核算体系，通过流程优化和再造来提高会计信息质量。要对会计业务流程中涉及操作风险的环节和业务进行分析、识别和计

量，运用各种技术手段管理和控制操作风险。

要加强规范化管理，尽快建立健全业务集中处理模式下的管理制度体系，避免出现制度真空。修订会计核算制度，建立健全有关的业务操作规范，防范操作风险。对现行制度和操作规范没有覆盖到的环节，要逐一研究采取措施，并加强监督检查，消除风险隐患。

（二）切实提高核算质量。按照国际会计准则和现代金融企业的有关要求，制定和逐步实施新的会计核算质量标准。要全面深入地清理现行会计处理规范中相对陈旧、不能完全满足谨慎核算要求的规定，制定出更加接近国际会计准则的新会计核算质量标准。

加大会计信息质量专项治理工作力度，加强会计基础信息管理。采取非现场监控和现场检查等手段，加强对各级行会计科目使用情况的日常监管，确保全行会计信息的真实性。对于乱用科目的问题，一经发现，必须严肃处理。要按照监管机关及内部管理的要求，建立规范的表外业务核算管理规定，准确及时地反映表外业务情况。要认真组织会计检查，发挥好各级会计检查员的作用，以检查促进各级机构的会计核算管理。

逐笔落实其他应收款历史挂账的清理情况，全面检查制度落实情况。对提出违规挂账和进账要求的，会计部门要坚决予以抵制。要彻底清查其他应付款科目的余额变化情况及核算内容，对发现的违规行为，要坚决报告和纠正，积极改进管理，有效防范类似问题的发生。

加强标准化建设。从内部账户及相关参数表的改造入手，对全行内部账户的名称、编码、核算内容等制定统一的标准，进行全方位的标准化管理。各行要根据总行的总体部署，对本行内部账户及账务内容进行梳理、规范，全面实现全行账务管理标准化。要利用好参数表等硬控制手段来加强对内部账户的核算管理，通过改造与内部账户相关联的参数表和业务交易，降低核算风险，提高核算质量。

（三）探索建立会计操作风险管理体系。要结合会计结算专业特点，加快构建操作风险管理体系，实现全面操作风险管理。要充分利用计算机网络技术等高科技手段，形成风险识别、计量、监测、评估、报告、控制和考核在内的完整管理链条。要强化各项内控约束与激励机制在风险管理中的作用，提高会计操作风险管理水平和控制能力，维护全行正常运营和银企资金安全。

要按照《商业银行内部控制评价试行办法》的总体要求，对会计结算专业操作风险进行科学的界定、分类、识别、监测、量化、考核和控制，逐步探索按照风险状况对营业机构和库房进行分类的标准和量化方式，并逐级建立辖属行处风险排名表，实现操作风险管理的制度化和规范化。

要在全面监控的基础上，实施重点监控，有针对性地预防内外部欺诈等案件的发生。2005 年会计专业要重点防范盗窃、贪污库款案件的发生。在出入库的规定上，不能有任何松动。逐步推广使用 POS 上门收款系统，实现上门收款、现金调款、款箱运送人员资格认证管理，控制上门收款、调款风险。深入开展现金业务检查和突击查库，发现隐患，立即整改。

继续推进监督检查体系改革，充实检查队伍，增强检查的独立性和权威性，充分发挥监督检查人员在操作风险防控方面的重要作用。要有针对性地对全行会计管理人员和柜员进行系统的专业知识培训，端正会计人员对自身地位的认识，在全行会计队伍中逐步形成会计结算专业风险文化氛围，提高会计队伍的操作风险防范意识和能力。

加大反洗钱工作力度，对大额支付和可疑支付实施实时监控。要进一步推进反洗钱系统建设，优化功能，提高运行效率。要根据反洗钱工作的开展情况，修订和完善有关的反洗钱制度办法，并对分行落实反洗钱工作的情况进行检查。要落实反洗钱岗位要求，加强业务培训。同时，要加强与监管机关的联系和沟通，建立快速的情况通报渠道，在反洗钱工作中掌握主动。遇有重要问题，一定要及时上报上级行和当地人民银行。

（四）以现金管理业务跨越式发展为突破，推进结算业务快速健康发展。2005 年是落实现金管理业务跨越式发展目标的第一年，2005 年全行现金管理客户数要达到 1 万 5 千户，支付结算代理业务市场份额继续保持在 80% 以上，结算业务量争取突破 180 万亿元，中间业务收入实现大幅增长。为实现这一发展目标，要加快结算类产品创新，保持产品竞争力。要从整体上规划结算产品的开发，实现系统性产品创新。要加快研发外汇结算、信息增值、结算外包和人民币结算代理等市场需求旺盛、盈利空间相对较大的产品类型，进一步增强结算产品的核心竞争力。

加大市场推广和营销工作力度。各级会计结算部门要继续向市场部门提供有力的营销支持，做好向重点优质客户营销现金管理业务的各项工作。要采取多种手段，加强同业沟通，不断巩固支付结算代理的优势市场地位。要结合网点综合化改造，大力优化网点营销功能，增强对中小客户的营销。要总结 2004 年结算收费管理的经验，完善结算业务价格体系，增强价格的市场竞争力。要加强收费管理，坚持有偿服务，按质收费，规范减免手续，防止结算业务收费过程中的跑冒滴漏，做到应收尽收，切实增加结算中间业务收入。

切实提高结算产品的售后服务水平，以高质量、标准化的服务来提高客户的满意度和忠诚度。要形成制度化的服务质量管理体系，把服务监督纳入到会计监督体系中，强化对网点和柜员的服务质量考核。要继续完善现金管理利益还原考核办法，将还原考核的结果直接应用到网点、甚至柜员，以保证激励效果。

建立快速的市场反应机制，紧跟市场变化，抢占市场先机。继续做好全球现金管理、高附加值支付结算代理等新兴业务市场的开发和营销，保持在高端结算业务市场的主导地位。各行要建立由分管行长负责的现金管理业务协调小组，完善相关工作制度，在现金管理业务推广、营销、服务等方面发挥重要的协调作用。会计结算部门要发挥好牵头作用，有关部门要积极支持和配合。要进一步强化现金管理总分行联动、海内外分行联动和部门联动，推动业务快速发展。2005 年总行至少要组织一到两次大规模、高质量的现金管理推介会，争取更多的高质量客户。

（五）实施本外币清算一体化改革，提高清算业务的竞争力。2005 年，全行要完成本外币清算业务一体化改革，实现前后台全面分离，建立起科学合理的制衡机制，有效控制和防范风险，推动本外币业务协调发展，提高我行核心竞争力。要重点理顺清算业务管理体制，加强清算业务管理。要积极协助海外分行增强清算系统支持能力、业务处理能力和服务水平，将有条件的海外分行发展成为我行不同外汇币种在全球不同区域的清算业务处理中心，为我行海外业务发展提供支持保障。要加快本外币清算系统的整合和改造，统一本外币清算级次，统一本外币清算账务处理和对账方式，统一机构代码，统一清算平台。通过建立合理的账户结构，使一级分行实现对头寸的科学管理和充分利用。要关闭分行的境外账户，实现全行外汇资金清算业务通过总行账户集中清算。

本外币清算一体化改革是我行对资金清算管理体系进行的一项重大改革，牵涉面广、任务重、要求高。为此，各行在改革实施过程中必须坚持以下原则：一是要统一思想，提高认识，加强对本外币清算一体化改革的组织领导，加强清算业务的管理，于 2005 年 6 月底前，实现本外币清算业务集中在清算中心统一管理。二是要保证外汇清算业务管理的平稳过渡。要充实外汇清算业务办理人员和管理人员，切实保证清算业务管理的连续性。三是做好人员的调配工作，充实对辖内清算业务的管理、监督、检查力量，不断提高清算业务的管理水平。四是做好机构和业务整合前的各项准备工作。要认真办理业务资料交接，全面核对往来账务，完成与网点撤并相关联的系统参数调整。要把本外币清算改革中可能遇到的各种问题考虑周全，确保改革过程中核算质量、报文质量、服务质量、清算效率不受影响。要提早谋划业务整合后业务流程的优化工作，完善各项业务制度，规范业务操作，提高内部管理水平。

（六）加强清算中心各项工作，为全行发展提供强大的业务支持。要继续做好系统建设工作，2005 年要完成总行清算中心外汇清算业务上大机项目的上线投产工作，整合本外币资金汇划与清算系统，加快资金风险控制与管理系统建设，建立全行平台统一、数据共享的查询查复系统和对账销账系统，以技术进步增强清算中心的业务处理能力。

加强内部管理，保障业务的健康发展。要强化各项业务管理措施，切实控制和防范风险。要加强对全系统清算业务的管理与指导，提高报文质量，提高全行清算直通率，力争在两年内使欧元报文直通率提高至 90% 以上，美元报文直通率提高至 95% 以上。要加强考核，在对各分行业务处理情况密切监控的基础上进行数据的搜集、整理、统计和分析，评价各类考核指标，并定期公布考评结果。

要不断提高对各业务部门的服务水平。要在为前台部门提供优质服务的同时，充分利用后台部门的信息资源优势，建立完善的统计分析制度，加强数据统计分析和相关信息反馈工作。要通过对基础业务数据的收集、整理、挖掘、统计和分析，揭示业务运作状况，客观反映各业务部门的经营成果和经营业绩，提示潜在的业务风险，并提供完整的分析报告为决策支持服务。

（七）高质量完成系统开发与推广，增强参数管理系统功能。2005 年，全行系统开发和推广工作任务仍然很重。会计结算专业要高标准、高质量地完成好 NOVA 系统后续版本和其他重点应用系统的测试推广。要切实加强版本质量控制和测试规划，对测试推广实施全程质量管理。要加大指导和考核力度，分行相关业务、技术部门必须严格按照总行的统一要求，做好人员组织、业务培训、环境搭建和系统功能验证等各个环节工作，确保工作质量。

要继续完善参数管理系统功能，优化参数表的基本维护功能和统计分析功能，做好业务参数的统一设计与规划，稳步推进参数表综合化改造，加大参数监控管理力度，全面提升参数管理水平。

（八）大力提高会计结算专业人才素质。人才永远是我们事业发展的基础，开创会计结算工作新局面要求我们倍加珍视人才，倍加重视人才培养，大力提升会计队伍的知识结构和技能结构。各级行领导干部不仅要在工作和生活上关心和爱护会计人员，更要保护和引导好会计人员的学习热情，创造各种条件，帮助他们丰富知识，提高技能。同时，2005 年要把会计管理人员资格准入制度建立起来，并组织好考试工作。各级会计结算部门负责人、会计业务中心负责人、总会计、监管员、检查员等会计管理人员任职前必须通过业务资格考试，确保具备相应的业务技能和管理水平。要高度重视结算队伍建设，提高结算队伍素质，为促进结算业务整体发展，实现现金管理业务 3 万户发展目标提供人才保证。要根据业务经营需要，充实结算业务的营销队伍、产品开发队伍和业务管理队伍。要进一步强化业务培训，使结算业务人员不断获得学习机会，使结算产品研发人员能够及时和全面接触市场，了解新业务，掌握新情况，开发新产品，促进各项业务的健康发展。

同志们，随着全行改革的深入和创新发展步伐的加快，会计结算工作也将进入新的发展时期，希望大家用更加昂扬奋进的精神状态、更严谨务实的工作作风、更开阔的工作思维，不断开创会计结算工作的新局面，为全行的现代金融企业建设和经营模式增长方式的转变做出新的更大贡献。

加快项目推广　促进经营转型
提升个人金融业务的核心竞争力

——在个人理财中心核心竞争力项目推广现场会上的讲话

张福荣

（2005年2月1日）

今天，我们再一次召开个人理财中心核心竞争力项目（以下简称项目）推广现场会，目的是总结过去成功的经验，加深理解项目的实质内容，研究、部署深化项目推广工作，确保全行高质量地完成2005年项目推广任务，进而有效提升个人金融业务的核心竞争力，更好地迎接个人金融市场全面开放带来的机遇与挑战。下面，我讲四个方面的问题。

一、2004年项目推广工作的基本情况

2004年，在各级行的高度重视和支持下，全行圆满完成了个人理财中心核心竞争力项目“138”推广工程任务。截至2004年11月末，全行推广项目的网点达到1439家，完成年初提出的1400家项目推广计划的103%。这些项目的实施，促进了一批理财中心加快转变经营模式，增强了个人金融业务的整合营销能力和客户关系管理能力，为提升整体经营业绩奠定了基础。概括起来，有三个方面是需要肯定的：

（一）项目推广工作得到了各级行领导的高度重视。从掌握的情况看，绝大多数分行领导都具体过问、组织和部署项目实施工作，成立了由主管行长担任组长的项目实施领导小组，制定计划并严格落实，为完成目标推广提供了保证。从各行项目推广数量看，北京、广州、浙江、广东、上海分行进度较快，实施项目的网点超过390家，且达标率较高，占全行达标总量的37%，为全行完成项目推广计划做出突出贡献。

（二）多项举措保证了项目实施效果。

一是大力开展培训工作。一年来，总行集中培训了分行业务骨干、部分支行行长和网点负责人共计400人，各一级分行、直属分行共组织项目培训478次，合计培训2.2万人次。为统一培训内容，总行集中编写了项目标准培训教材——《个人理财中心核心竞争力项目培训》，并采用《教师用书》和《学生用书》两个分册，方便了教学工作。各分行在此基础上，通过网络、多媒体、流程演练、技术比赛等多种形式，强化了培训效果。2004年10月份，总行通过网上远程教育系统，组织了从试点支行行长到个人客户经理等五个层次近8000人参加的网上考试，进一步促进了学习和掌握项目的主要内容和核心思想。

二是落实流程制度，加强项目交流与辅导。在项目百家网点推广期间，总行修改完善了《个人理财中心管理运营手册》（3.0版），并将项目的主要流程形成一套工作制度，下发到了各分行。为加强制度执行，一年来，总行分期组织项目辅导组，深入各个分行和网点指导项目实施工作，各行也积极组织辖内各个分支行开展现场观摩、到先进行学习经验等活动，通过这些方式提高项目实施质量。例如，北京分行实行项目推广督导制度，通过督导组和督导员坚持不懈的现场督导、交叉检查、交流学习等工作，及时了解网点的推广进度、实施中的困难、取得的成绩，推动网点及时把握实施重点，改进工作流程；上海分行建立“三个一”的工作机制，及时解决项目实施中存在的问题，一线员工对项目实施的认识大大提高，工作积极性、主动性和创造性得到了充分发挥。

三是组织达标测评，保证项目实施质量。总行制定了《项目实施测评细则》和《达标验收标准》，对项目实施的质量提出具体要求。全行在年中和年末进行了两次达标测评工作，对项目实施的质量进行了验收。到2004年11月末，全行共有1033家理财中心初步达标，为项目进一步扩大推广奠定了基础。

（三）2004年项目实施取得比较满意的效果。

一是将“以客户为中心”的经营观念落到实处，资源配置得到进一步优化。项目的深入推广使全行进一步认识到个人理财中心在客户关系管理、销售复杂金融产品、提供个性化服务、竞争个人优质客户等方面的重要作用，个人理财中心开始由原来的只关注业务处理、简单推销产品的经营模式，向重点关注客户价值、维护

客户关系的经营模式转变。通过项目的实施和推广，个人理财中心人员结构、物理分区、服务渠道得到逐步调整和优化，从而更好地丰富了理财中心的营销功能，满足了客户的需要。截至2004年11月末，1033家个人理财中心个人客户经理、非现金柜员合计9015人，占网点总人数的比例为40%，比项目实施前提高14.5个百分点；现金柜员人数由项目实施前的10941人减少为10118人，人员占比由58%降为45%。此外，非现金柜台合计增加1354个，现金柜台累计压缩1082个。与此同时，项目的推广进一步强化了离柜业务对于提高网点运营效率、降低业务成本的重要作用。据统计，从2003年项目实施以来，1033家理财中心ATM单台日均交易量达到223笔，比项目实施前增加了51笔，增长32%；电话银行月均开户数达到11.1万户，比项目实施前增加了2.5万户，增长29%；实施项目的网点个人网上银行开户数已达90.4万户，个人网上银行（证书版）客户达37212户，占全行个人网银（证书版）客户数的55%，渠道整合、结构调整和业务分流取得了显著的效果。

二是进一步增强了竞争优质客户的能力，理财金账户得到快速发展。通过项目的实施，理财中心的功能和优势得到了充分发挥，客户的结构进一步优化。到2004年11月末，1033家理财中心各岗位推介的优质客户数量累计已达25.7万人，对我行理财金账户增长和客户关系维护起到了重要的支撑作用；各岗位推荐的待跟进优质客户达13.1万人，大量潜在的优质客户资源，可以有效提高下一步优质客户发展的针对性和成功率。实施项目以来，1033家理财中心理财金账户月均增量达2.8万户，较项目启动前三个月的月均增量增加了1万户，增长56%，效果相当显著。同时，客户关系维护工作得到加强，优质客户信息档案逐步规范，1033家个人理财中心共为37.35万优质客户建立了客户关系维护档案，优质客户建档率达到94%，增强了理财中心的交叉销售和关联销售能力，为深入开展优质客户精细化服务提供了发展平台。

三是网点经营效益得到进一步提高。通过项目实施，1033家网点在全行的业绩占比明显提高，个人理财中心的作用逐步增强。到2004年11月末，实施项目的网点人民币储蓄存款余额在全行占比达到20.2%，比2003年末增长1.3个百分点；外币储蓄存款余额占全行的44.9%，增长2.5个百分点；消费信贷余额占28.9%，增长4.6个百分点；个人中间业务收入占21.4%，增长2.7个百分点。

实践证明，项目的实施推广极大地提升了我行个人理财中心的经营管理水平，促进了我行个人金融业务经营模式、增长方式的转变以及经济效益的提高。项目不仅在内容上是一项创新，而且在推广方式上也进行了积极的探索，使我们在流程再造和战略调整方面走在了同业的前列，为打造新时期我行个人金融业务的核心竞争力奠定了基础。

从2004年工作情况看，我们存在的问题还要认真重视。项目推广在全行发展相当不平衡，各行实施项目的力度和效果还存在明显的差距，做得好的分支行和网点已经真正体会到了项目实施带来的利益，项目的各项要求已经成为员工的一项自觉行动；而做得差的分支行和网点还没有真正理解项目的精神实质和具体要求，观念和经营模式还没有真正改变过来。我们检查发现，个别网点还有做表面文章的现象，只追求项目的形式，不讲求实际的效果，这对我们的推广工作是有害的。项目实施的过程中，各行执行标准也不是完全的统一，一些理财中心岗位设置、职责分工、流程执行等不规范，分区不合理，营销、服务的重点还没有真正转到以维护客户关系为目标上来。

总之，项目推广计划网点执行不到位，对项目指导不到位，要求不高不严等问题，应该引起我们的重视，并在今后的工作中认真加以解决。

二、深化思想认识，转变经营观念，加快项目推广

针对项目实施中存在的问题，各级行领导和个金专业负责人要进一步提高对项目精神实质的理解，率先转变观念，高度负责地组织好项目推广工作，促进网点经营模式的整体转型，促进全行市场竞争能力的大幅提升。尤其要深化以下几个方面的认识：

（一）核心竞争力项目对工商银行个人金融业务的影响巨大。总行组织开发个人理财中心核心竞争力项目，是在对竞争个人优质客户、整合利用现有资源、转变网点经营模式深入思考的基础上提出来的，抓住了影响我行个人金融业务市场竞争能力的关键，对解决个人金融业务经营管理深层次问题有着重要意义。这个项目不同于普通的具有特定生命期和预期现金流的项目，而是一个立足长远、关系全局的项目。既是一个全方位的理财中心经营模式与管理制度，同时又是一个具有指导意义的岗位工作规范。因此不能将其作为一个简单项目加以推行，而是要从转变经营管理观念入手，掌握项目的精神实质，强化培训和现场指导，逐步扩大项目实施范围，分步骤地将项目推广到全行绝大多数营业网点。各行转变经营模式和业务增长方式的高度，认识和理解项目的推广和实施工作。

我们实施并扩大推广理财中心核心竞争力项目，就是要把“以客户为中心”的经营思想落到实处，推动营业网点经营模式转型和个人金融业务增长方式转变。具体地讲，就是在工作重点上，实现由简单的业务交易处理向个性化的营销服务和关系维护转变；在增长方式上，由原有粗放的、不区分客户层次、只求数量和规模的增长，转变成以客户细分为基础、以客户关系管理为

手段、创造并挖掘客户价值的增长方式；在营销方式上，由原来以产品为导向的推销方式，转向以市场调研为前提，深度分析客户需求，锁定目标市场的营销方式；在发展模式上，由以负债业务为主的单一发展模式，向资产、负债和中间业务全面发展的财富管理型模式转变。通过整合利用各种渠道、各个岗位和各类资源，形成相互协调的、有机联动的良性循环，从而提升个人金融业务的整体经营效益。

（二）核心竞争力项目对工商银行整体竞争力的提升具有决定作用。我行的个人金融业务经历了从储蓄业务到零售业务、再到个人金融业务的发展阶段。在传统储蓄业务阶段，我行通过规模扩张的方式，取得市场领先的地位。在零售业务阶段，通过大力发展代发工资、代理收付费等业务，吸引和稳定了大批客户，带动了储蓄业务的增长，促进了相关业务的快速发展。但随着市场竞争形势和客户需求的变化，原有的经营模式已经不能适应集约化经营的需要，加上网点的大量撤并和人员的精减，使我行已不具备明显的传统分销渠道优势。面对个人金融业务发展的新阶段新形势，如何打造核心竞争能力，以获得持续的竞争优势，已成为我行个人金融业务发展必须回答和解决的问题。

核心竞争力是企业独有的、竞争对手难以模仿的一种能力，它是企业获得长期竞争优势和最佳效益的源泉。当前，各家商业银行，特别是外资银行都不约而同地将个人金融作为业务发展的重点，并不遗余力地投入大量资源，希望在个人金融业务领域打造出核心竞争能力。在走集约化和信息化道路的背景下，网点和分销渠道金融产品的趋同性也使得产品创新很容易被竞争对手快速跟进或花样翻新。那么，在新形势下，个人金融业务的市场竞争拼的是什么？实际上拼的是综合的经营和管理能力。因此，项目的实施推广过程，也就是我们打造个人金融业务核心竞争能力的过程，具体地说就是在个人金融业务的关键领域——理财中心打造核心竞争力的过程，这个过程是一个不断探索和提高的过程，对我们广大个人金融业务的经营管理者来说充满了挑战，同时也提供了我行个人金融业务实现跨越式发展的难得机遇。

各行要正确理解项目致力于打造的核心竞争能力的本质，这个竞争能力不是简单的理财中心环境改造和人员增减。在当前的市场竞争环境下，这些都不是竞争对手难以模仿的因素，不是核心竞争能力的根本体现，只是参与市场竞争所必不可少的资源和条件。项目要做的归根结底还是转变经营管理模式，塑造理财中心的客户关系管理能力和整合营销能力，包括针对客户群体的分层服务能力、针对客户个体的持续维护能力、针对市场机会的业务拓展能力以及针对市场变化的迅速反应能力等等。这些能力的打造，必然要通过一套全新的流程和制度来实现，通过优秀团队和良好企业文化的建设来实现，通过转变思想观念、不断开拓创新来实现。因此说，项目是打造我行个人金融业务核心竞争力的一项基础工程。

（三）最大限度地创造客户价值、实现效益最大化是项目实施的原动力。企业的竞争优势产生于一个企业能够为客户创造的价值，对于我行个人金融业务来说，能否创造出个人客户特别是个人优质客户所需要的价值，直接决定了我行个人金融业务的竞争能力和市场地位。在项目实施中，我们需要关注客户，关注客户的利益诉求，通过各种手段提高客户的价值，让客户认可工商银行，认可工商银行的服务。我们要对客户进行识别引导，就是要把优质客户从普通客户中识别出来，为优质客户提供各种优先服务、个性化服务、增值化服务，从而大幅度地提升客户价值。我们要充分利用和向客户推介各种自助服务渠道、电子服务渠道，这样做不仅降低了银行的经营成本，也为客户提供了更加便捷的服务，同时，通过电子服务渠道的广泛应用，能够解放出更多的人力资源用于服务优质客户，从而形成个人金融业务经营管理的良性循环。我们为优质客户配置专属客户经理，就是要通过客户经理为优质客户提供持续的关系维护，通过及时提供理财建议或规划、定期或不定期地与客户交流、开展情感维护、征求客户需求、提供理财沙龙等手段，使客户切实感受到工商银行强大的服务能力，深入挖掘客户潜力和客户价值，建立更加紧密的伙伴式的合作关系，从而促进我行个人金融业务的结构调整。

最大限度地创造客户价值，为我行个人金融业务的经营管理提供了一个全新的视角。在个人金融业务经营转型的过程中，我们既要关注客户为银行带来的价值，也不能忽视银行为客户提供的价值，作为银行的经营管理者，我们必须兼顾两者。应该认识到，只有当银行创造并提供了客户价值之后，银行才会实现自身的价值，员工才会实现自身的价值。所以我们要教育员工正确看待客户价值的问题，实现客户价值、银行价值、员工价值的统一，从而真正树立起正确的价值观念。

（四）抓住战略机遇期，加快推广速度，提高项目质量。从2005年起我国将进入加入世界贸易组织的后过渡期，随着国内个人金融市场的快速发展和对外开放的日益推进，市场竞争的范围扩大、层次提升，激烈程度加剧，市场环境将更加复杂多变。我行个人金融业务加快经营转型的任务更加紧迫，机遇稍纵即逝。要在激烈的市场竞争中保持领先的市场地位，必须从市场发展现状和内部条件出发，从经营管理的基础着手，扎实工作、苦练内功，紧紧抓住当前项目实施和推广的有利时机，力争大有作为。

在2004年12月份的专业会议上，总行提出了2005年实现6000家网点推广项目的总体目标：即将项目推广到全部理财中心（共3000家），同时选择具备条件的3000家普通网点实施项目，推动这3000家普通网点向一般理财网点转型，构建理财中心、一般理财网点、普通网点三个类型的经营格局，提高理财中心及一般理财网点的客户关系管理能力和整合营销能力，构造相互协调配合、共同竞争优质客户的服务网络。项目推广由1000家扩大到6000家，对全行来讲，是一个非常大的挑战。尽管如此，我们还是要想办法把工作完成，各行要进一步总结经验，合理规划，创造性地做好推广工作。

三、规范服务流程，完善实施内容，追求更佳效果

理财中心集中了我行的优势资源，代表了我行服务的最高水平，是我行服务优质客户的主要阵地。项目的实施推广抓住了理财中心这个重点，有力地推动了我行理财中心经营模式的转变，大幅度地提升了理财中心的经营业绩。但项目实施是一个渐进的过程，是一个不断提高实施效果的过程，也是一个不断挖掘潜力的过程。我们注意到上海分行四平支行等第一批实施核心竞争力项目的网点，通过项目实施水平的不断提升，持续保持了各项经营指标的快速增长。到2004年11月末，四平支行存款余额在上海分行网点排名中，比项目实施前提高了42位，充分显示出项目实施给支行带来的发展和进步。各级行都要把提升质量、增加效益作为工作主攻方向，抓住不放，确保实效。

2005年，提高项目实施效果的总体思路是：以理财中心为重点，继续深化流程内容和执行标准，加大跟踪考评力度，提升系统应用水平和后台支持力度，强化对优质客户的服务能力，确保实施项目的理财中心继续取得良好的经营业绩。具体要把握好以下几个方面：

（一）规范服务流程，提高营销服务技能，深入开展定向营销活动，加快提升客户关系管理能力。要认真研究客户关系维护的内容、手段和方法，对关系维护流程做进一步的细化。要着重加强关系维护计划的制定和动态调整环节，推动优质客户的关系维护工作由自发的、片面的、局部的个体行为，转变为系统的、连贯的、全面的组织行为；要着重训练个人客户经理与客户建立和维护良好关系的本领和技能，提高营销技巧，提炼形成一整套包括客户经理岗位在内的适合于优质客户服务和营销工作的标准术语；开展目标客户群明确、市场定位准确、吸引力强的定向营销活动，瞄准潜在的优质客户市场，充分挖掘优质客户资源，扩大优质客户市场份额。

（二）加强后台专家队伍建设，增强全行整体的理财服务能力、信息分析能力和市场反应能力，提高个人优质客户服务水平。能否保持对个人金融市场变化的快速反应能力，及时制定应对措施，并将有关信息和建议迅速反馈给客户，最大限度地创造客户价值，将是衡量商业银行个人金融业务服务能力和水平的一个重要标准。要达到这一标准，就需要建立一个强大的后台专家队伍，集中全行的专业人才和优势资源，做好市场研究和分析工作。实施项目以来，一些行已经将充实后台专家力量作为项目推广的重要内容，并在竞争优质客户的过程中发挥了重要的作用，积累了丰富的经验。但多数行后台专家力量的配备还十分薄弱，个别行还处于空白状态，直接影响了对优质客户的服务能力。希望各个分行注意对专家队伍的选拔配备，提供良好的技术支持，将后台服务支持融入理财中心的优质客户服务流程之中，使全行理财专家的服务能力能够通过前台有效发挥出来。

（三）继续推动理财中心岗位结构和营销渠道调整，加强营业网点的营销力量，全面提高效益。目前来看，多数理财中心实施项目的时间还不长，业务结构调整还处于起步阶段，具体表现在现金柜台仍占据了理财中心最明显的位置和最大的区域，也占有半数以上的人力资源，自助设备和电子银行的利用率还不高。在这种经营格局下，理财中心必然局限于只是把操作性业务办好，无法将工作重心转移到对于优质客户的营销和服务上来。这里，举一个例子来说明抓住重点客户对提高我们收益水平的作用。2004年6月底，深圳分行存款余额在5万元以上客户达16.3万户，客户数占比为4.6%，而存款余额占比高达80.6%，户均存款为22.52万元。这就告诉我们，经营活动中一定要贯彻竞争优质客户的发展战略，继续加大对已实施项目理财中心的业务结构、岗位布局、营销渠道的调整力度，强化针对优质客户的服务和营销力量，推动网点经营能力、经营水平和经营业绩持续提高。

业务结构的调整最终要落实在人员结构的调整上，这里我们提出两个指标，一是所有理财中心柜外人员（包括客户经理主管1人、客户经理、非现金柜员，下同）占比应该在40%以上，人员总数在20人以上的理财中心，柜外人员的占比要达到50%以上；二是个人客户经理配备的基本原则是保证服务效率、服务质量和对客户要求的及时反应，其中，理财客户经理的配备要达到为所有的理财金账户客户或其他优质客户配备专属客户经理，并且每名理财客户经理维护的优质客户不超过200人。根据我行目前的实际情况，为了保证对优质客户的基本服务能力，理财中心的岗位调整要达到客户经理占20%以上，其中20人以上的理财中心客户经理占25%以上。

（四）发挥科技优势，提升利用信息技术竞争优质客户的能力。随着项目的深入实施和推广，提高个人金融业务系统应用水平越来越重要。为解决系统应用对营销能力的制约问题，总行个金部集中开发了个人客户营销系统。在系统成功投产后，需要解决的问题是如何将系统提供的客户分层服务和维护手段与项目实施的优质

客户服务流程结合在一起，调整完善现有服务流程，提高服务效率和持续服务能力，并有效降低客户经理的工作压力，这也是2005年进行项目再开发和试点推广的重点之一。

一方面与对公业务的信息应用系统相比，个人客户的信息应用系统建设由于其庞大的数据来源和复杂的数据结构，而成为科技开发的一个难题，系统必将走过一个不断完善的过程；另一方面，信息应用系统开发出来后，如何做好系统的应用推广工作，也是摆在我们面前的一个新课题，其推广应用的难度显然要大大超过目前正在使用的生产系统。因此，各行要充分认识到做好营销系统应用推广的重要性和艰巨性，在总行的统一部署下，积极开展试点应用和全面推广工作，促进项目实施水平再上一个新的台阶。

（五）调整理财中心及其岗位的考核办法，调动员工积极性。理财中心实施项目后，搭建了全新业务流程，岗位设置和职责也相应发生了变化，原有的绩效考核系统已不能适应职能转变和流程调整的需要，如果不及时进行调整，必将影响项目效果。在对各岗位绩效考核进行调整的同时，我们还要科学地评价理财中心整体的经营绩效水平，推动PVMS系统在已经实施项目的网点先行试点，以真实反映理财中心盈利能力，充分发挥大型理财中心的经营优势，为全面提高理财中心运营管理水平提供经验。为进一步加强对理财中心项目实施效果和经营绩效的监测，2005年总行将对1000家理财网点进行跟踪考评。

（六）做好项目在普通网点的推广工作。普通网点受资源和条件的限制，在优质客户的服务能力上存在不足，但并不是说普通网点在服务优质客户、分流柜台压力方面就无所作为了。必须进一步明确普通网点的经营定位，发挥普通网点自身的优势。做好普通网点的项目实施推广工作，关键是在理财中心项目的基础上，做好人员、岗位、分区、流程、制度等各方面的整合工作，既要通过资源整合和结构调整，满足优质客户营销服务的需要，又要使各项工作制度符合风险防控的最低要求。对普通网点核心竞争力项目的推广，希望各个分行具体研究和分析，加强指导，保证推广质量。

四、全面做好2005年项目推广工作

2005年项目推广面临着更大的挑战。一是完成项目建设的网点扩大到了1000家，这1000家理财中心是我行服务能力最强的一批网点，需要我们持续跟踪、巩固成果。二是全年新推广项目的网点要达到5000家，这些网点在资源配备、服务能力、人员素质上，与前面的1000家网点还存在着一定差距，需要我们积极创造条件促其达到预期目的。三是项目实施要有新突破。每家理财中心新增理财金账户客户不低于100户，增加储蓄存款不低于2000万元，中间业务收入不低于60万元，单机日均交易笔数达到220笔。为实现这个目标，需要我们进一步加大工作力度，保证将各项措施落实到位。

（一）精心组织，有计划、分步骤地完成项目推广任务。为了确保全年项目推广任务的顺利完成，总行已制定出项目分阶段推广的计划和进度表。每阶段计划能否顺利完成，都影响到全年计划能否顺利实现。各行必须高度重视，按照总行的部署，认真组织实施。要建立项目推广领导小组，加强工作统筹，严格落实分阶段推广计划，细化每个阶段的工作要求，高质量地开展推广工作。要进一步明确不同时期、不同行的工作重点，项目推广较快的分行要重点做好已实施项目网点的调研、指导工作，不断深化和改进营销服务流程和技巧，提高项目实施效果；项目实施较慢的分行要在保证项目实施质量的基础上，逐步扩大项目实施范围，加快项目推广进度。

（二）以千家理财中心为基础，为项目实施提供更高的起点和平台。2004年千家理财中心项目推广任务的顺利完成，为2005年项目的扩大推广奠定了基础。2005年的项目推广工作应该而且能够站在一个更高的起点和平台上，进一步提高项目推广实施的效率和效果。各行要严格落实项目实施的有关要求，从项目启动开始就力争做到职责标准化、流程规范化、考核科学化、工作制度化。要将项目实施的前期准备作为重要环节来抓，提前做好现有网点分区情况、设备情况、人员情况等方面的调查，对每个网点如何调整进行充分论证，尽快形成方案。在制定和落实网点调整方案的工作中，要特别注意将2005年的网点布局调整和装修改造工作与项目实施工作相结合，确保2005年推广项目的网点在分区设计上符合项目要求。要选拔优秀人才充实到一线营业网点，合理利用金融理财师等专业人才，为项目实施搭建良好的平台，实现网点经营管理的全方位调整。

（三）组建项目督导组，做好项目培训工作。加强项目的集中培训和辅导检查，是做好项目实施推广工作的成功经验。2005年，各行要指定专业人员，组建项目督导的专家队伍，保证每10个理财中心就有一人专门负责项目辅导和检查工作，帮助理财中心深刻掌握项目实施的具体流程和细节，增强沟通和指导能力，不断提高项目实施效果和经营绩效水平。在项目集中培训上，总行将直接负责项目督导员和部分支行行长的培训，同时，总行将组织培训教师做好标准课程体系，各行可以有计划地组织人员参加培训。

（四）做好组织发动，加强总结宣传。2005年项目推广的任务十分艰巨，涉及5000个网点、约4万名员工，因此做好项目实施的动员工作十分必要。各行要做深入细致的思想发动，讲清意义和目标，提出具体要求，充分调动员工的参与积极性。同时，在项目推广过

程中，要特别注意总结、宣传基层网点好的经验和做法，及时解决项目实施中出现的问题，保证项目推广工作不出偏差。

（五）认真做好项目的深度开发及试点工作。2005年核心竞争力项目面临着新的开发和试点任务，我们既要及时深化和规范现有的理财中心经营管理流程，又要切实解决项目在普通网点的应用问题，积极研究项目流程在包括对公和对私业务的综合性网点的操作规范，将营销系统的应用与项目实施相结合，扩大平衡计分卡考核管理系统的试点。因此，在开发和试点过程中，需要各行包括各个层面的业务骨干给予大力支持，形成一个项目开发的专家团队，在这方面请各行继续积极地配合和支持。

同志们，2005年的项目推广工作进入了提高层次和扩大范围的关键时期，项目推广的成败关系到我行个人金融业务的战略转型能否顺利实现，关系到全行个人金融业务转变经营模式和增长方式的根本变革，关系到我行个人金融业务核心竞争能力的形成。为此，我们要坚定信心、着眼长远、扎实工作，以创新的精神、改革的魄力、负责的态度切实做好项目推广工作，为实现个人金融业务的可持续发展、打造工商银行的核心竞争能力做出更大贡献！

在中国工商银行中间业务工作会议上的讲话

张福荣

（2005年2月21日 根据录音整理）

这次会议的主要任务是，贯彻落实全国分行行长会议精神，总结2004年全行中间业务工作，部署2005年中间业务创新发展和经营管理任务，全面启动《中间业务2005～2007年发展规划》，动员全行进一步转变经营观念，推动中间业务实现跨越式发展，促进全行经营模式与增长方式的转变。下面，我讲几个方面的意见。

一、2004年中间业务工作成效显著

2004年，全行积极贯彻落实科学发展观，按照“调整结构、创新产品、开拓市场、规范收费、加强管理、增加收入”的经营思路，统一思想认识，明确中间业务市场定位，推行精细化管理，加强风险控制，完善考核激励机制，圆满完成了全年中间业务经营计划，提前两年基本实现了《中间业务2003～2006年发展规划》所确定的主要目标。

（一）中间业务收入实现历史性突破。全行境内机构当年实现中间业务收入115.4亿元，完成全年计划的115.4%，比上年增加36.5亿元，增长46.3%，实现了连续五年的快速增长，在中资银行中率先突破100亿元，并首次升至同业市场第一位。

从各类中间业务收入情况来看，全部超额完成计划任务，呈现全面快速增长的良好态势。当年实现代理业务收入24.5亿元，增长23%；外汇中间业务收入23.8亿元，增长51%；人民币结算业务收入23.4亿元，增长36%；银行卡中间业务收入16亿元，增长60%；投资银行业务收入10.3亿元，增长114%；电子银行业务收入2.33亿元，增长112%；资产托管业务收入1.82亿元，增长110%；个人理财及信息服务业务收入1.7亿元，担保承诺业务收入1.65亿元，也都有一定幅度的增长。

从各分行中间业务收入增长情况看，突出重点、协调发展的战略格局进一步形成。各个分行中间业务收入全面增长，有29家分行完成了总行下达的任务指标，20家分行居当地同业首位。

（二）中间业务的综合贡献度进一步提高。中间业务收入增长率超过利差收入增长率34个百分点，比上年提高11个百分点。中间业务收入与利差收入的比例比上年提高3.3个百分点。全行人均中间业务收入3.06万元，比上年增加1.39万元，增长45%。一批地处经济发达地区的分行，依托中间业务的发展，增强了资产、负债等各项业务的经营活力，巩固了在同业竞争中的优势地位；一些财务包袱较重的分行，通过加快中间业务发展，初步改变了经营困难局面。中间业务的快速发展，有效地促进了全行经营结构和盈利模式的转变，加快了资产、负债、中间业务相互促进、良性互动、协调发展经营格局的形成。

（三）中间业务整合创新取得新进展。现金管理业务不断完善，形成了包括收款服务、付款服务、投资服务、融资服务四类37个服务项目的业务体系，产品功能已接近国际先进银行水平。投资银行业务领域进一步扩大，为200多家企业提供了企业理财、重组并购、结构化融资等财务顾问服务，规范了资信业务，完成了国

内商业银行首例不良贷款证券化项目，启动了间接银团业务，推动了贷款流通市场的形成。理财金账户的市场影响力进一步提高，品牌价值得到提升。推出了牡丹运通卡、中小企业网上银行业务、企业年金等多项新业务。全行核心中间业务品种的增加，进一步丰富了个人理财和企业理财等产品系列，巩固了传统中间业务优势，扩展了中间业务新的市场空间和收入渠道。2004年全行新兴中间业务实现收入17.9亿元，比上年增长78%，占全部中间业务收入的15.6%，比上年提高3个百分点。

（四）中间业务管理日益规范。各分行全面推行了中间业务“一把手”工程，部分分行调整、改组了中间业务委员会，完善了中间业务委员会的工作规则。绝大多数分行都明确了中间业务牵头组织部门。全行顺利实施了《2003年版中间业务收费标准》和《中间业务收费减免管理办法》，严格执行了中间业务收费减免制度，加强了对协议费率的管理。总行还出台了《中间业务定价管理办法》，统一了全行中间业务定价原则、定价方法和定价程序，并建立了与中国银行业协会和其他三大国有商业银行的沟通机制，实现了对中间业务收费标准的规范和科学管理。改革了营销体制，整合了营销渠道，加强了系统间和专业部门间的协调配合，加大了资产、负债与中间业务的捆绑营销和组合营销力度，较好地发挥了整体功能。各行普遍提高了中间业务在分行行长经营绩效考核中的比重，多数分行建立了中间业务奖励制度，中间业务考核激励力度加大。目前，全行基本形成了包括产品定价、收费减免、收入核算、考核评价等内容的较为完善的中间业务管理规范，从制度上保障了中间业务依法合规经营和健康发展。

2004年全行中间业务经营发展的业绩来之不易，是全行上下共同努力的结果。各级中间业务委员会、中间业务牵头组织部门和各相关业务部门更是为此付出了极其艰苦的努力。这次会上，总行将对2004年度全行中间业务工作中涌现出的先进集体和个人进行表彰，对他们的工作给予充分肯定。

我们在充分肯定成绩的同时，也应清醒地看到中间业务发展中的问题和差距。一是中间业务收入同业占比有所下降。2004年，四大国有商业银行共实现中间业务收入388.6亿元，我行占比为29.6%，比上年下降1.2个百分点；四大国有商业银行中间业务收入比上年共增加128.9亿元，我行占比为28.3%，比上年下降7个百分点。如果按境内外机构全口径计算，我行中间业务收入仍低于中国银行。以上数据说明，中间业务市场的竞争形势十分严峻，我行中间业务发展速度和质量还不容乐观。二是少数行对发展中间业务仍然缺乏足够的重视和正确的认识。有的分行还没有拿出应有的精力、投入必要的财力、安排得力的人员去拓展和经营中间业务。三是个别行尚未形成有效的中间业务协调机制。牵头部门权威性不够高，组织、协调的作用没有充分发挥；个别行的相关专业部门各自为战，中间业务与资产、负债业务联动效应不足，中间业务产品整合、组合营销力度不够，对客户、网点、电子化等优势资源利用效率不高，整体功能没有全面形成。四是中间业务经营结构仍不够理想。特别是部分技术含量高、智力密集型中间业务发展相对滞后，高成本、低附加值业务占比较大，转变中间业务收入增长方式刻不容缓。五是中间业务核算质量需要提高。上述问题，必须引起我们高度重视，在今后的工作中加以研究解决。

二、中间业务发展面临的形势及未来三年的目标与战略

以中间业务收入突破百亿元为标志，我行中间业务经营发展站在了一个新的起点。进一步推进中间业务跨越式发展的一个基本前提和先决条件，就是要以开放的思维和宽广的视野分析判断中间业务发展面临的形势，站在现代金融企业建设全局的高度认识加快发展中间业务的战略意义，切实增强责任感和紧迫感。

要深刻认识中间业务发展面临的巨大机遇和市场空间。尤其要充分认识到我国经济持续快速发展，经济结构加快调整，居民消费结构全面升级，创造了丰富的中间业务服务需求；《商业银行中间业务暂行规定》和《商业银行服务价格管理暂行办法》的颁布，监管部门鼓励金融创新政策的陆续出台，服务有偿的金融消费理念的渐入人心，为商业银行中间业务健康发展提供了良好的市场环境。虽然这几年我行实现了中间业务的持续高增长，但是与市场环境的深刻变化，与国际现代大银行中间业务收入占总收入比重高达40%～50%的发展水平相比，还处在较低的发展层次，成长空间很大。

要深刻认识中间业务发展面临的激烈竞争形势和严峻挑战。相对于传统业务，中间业务具有产品差异性大、价格敏感度低、复制难度高的特点，是构成银行核心竞争力的重要组成部分。从当前竞争特点和未来发展趋势看，谁赢得了中间业务发展优势，谁就占据了整个市场竞争的制高点。随着加入世界贸易组织后过渡期的结束和金融业全面开放，外资金融机构进入中国市场步伐越来越快，业务经营范围不断扩大，这些外资金融机构以其先进的经营理念、成熟的产品体系和高效的服务机制正在对国内银行经营发展形成日益巨大的冲击，而且竞争的首要和核心领域就是中间业务。国际竞争的加剧和国内商业银行现代金融企业建设进程的加快，也极大地推动了国内各银行中间业务的发展。近年来国内各家银行都将中间业务作为重点发展领域，制定了较高的发展目标，竞争形势十分严峻。

要深刻认识到发展中间业务是推进全行经营转型和现代金融企业建设的重要战略抉择。无论是经济结构的战略调整、市场需求层次的提升、国际化竞争的加剧，

还是金融“脱媒”和利率市场化趋势的发展，都必将加剧银行传统业务的衰退速度和程度，加大传统业务经营风险和成本，传统经营格局已很难维系银行未来的生存发展。银行要实现持续发展，必须及时调整市场定位，转变经营模式和增长方式，大力拓展中间业务等新兴市场和业务领域，增加经营品种，扩大业务范围，增强新的增长因素的拉动作用，实现盈利来源多元化。

我们还应看到，发展中间业务也是适应现代金融企业成长规律的必然选择。中间业务的资本要求相对较低，可以有效缓解银行规模扩张—资本短缺的瓶颈约束，中间业务收入边际效应明显，能够减轻经济周期性变化对银行风险与效益带来的负面影响。由于历史的原因，我行信贷资产占比高、风险大，资本充足率低，大力发展中间业务对我们推进现代金融企业建设尤其有着特殊重要的意义。在国际资本市场，中间业务收入占比往往成为衡量银行发展水平和竞争能力的重要指标，对投资者具有很强的吸引力。尽快做大做强中间业务，使其进一步成为我行的核心业务之一，有利于我行成功吸引战略投资者，也有利于提升我行未来在国际资本市场的价值。

根据银行业全面开放后的同业竞争形势和我行现代金融企业建设的总体部署，总行决定尽快实施《中间业务2005~2007年发展规划》。近来，总行相继召开了行长办公会、中间业务座谈会，在广泛征求各方面意见和建议的基础上，基本确定了未来三年全行中间业务发展的总体要求、思路和目标任务。这次会上还将安排专题讨论，待进一步进行修改完善后付诸实施。

未来三年全行中间业务发展的总体要求是：确立重点发展中间业务的战略导向，按照“明确目标、完善考核，积极发展、加快创新，整合业务、树立品牌，重点突破、齐头并进，严格管理、加强内控”的原则，将中间业务发展成为我行的核心业务，以核心业务竞争核心客户，以核心客户带动资产、负债业务与中间业务的协调发展，促进全行业务结构和收益结构的战略性调整，打造核心竞争力，推动全行经营模式和增长方式的进一步转变。

主要目标任务是：未来三年，全行要确保实现中间业务收入527亿元，力争达到585亿元。其中：2005年实现140亿元，力争150亿元；2006年实现176亿元，力争195亿元；2007年实现211亿元，力争240亿元。中间业务收入年均增长率确保达到24%，力争30%。

——在确保发展质量的前提下做大规模。充分发挥各种资源优势，积极探索新的业务领域，努力拓展中间业务范围，不断扩大中间业务市场占有率和社会影响力，巩固我行最大清算银行、托管银行和最先进电子银行的地位，保持我行在中资银行中中间业务门类最全、品种最多、规模最大的竞争优势。

——全行中间业务服务质量和服务效率要有显著提高。建立起面向市场的产品开发流程和管理体制，在对基础产品进行有效整合的基础上，加快金融产品一体化创新，扩大原创性产品比例，做到“人无我有、人有我优、人优我新、人新我特”。

围绕上述目标任务，未来三年，全行要着重实施五大战略举措。

（一）实施中间业务重点发展战略。各行要切实转变观念，把中间业务作为一项支柱和战略性业务，放在重点发展位置，在人、财、物各类资源配置上进行倾斜，促其加快发展，努力在当地同业做到中间业务收入最大、竞争力最强。要在全行经营结构和市场定位调整中，把中间业务作为所有分支机构共同的发展重点。地处经济发达地区、内部管理水平较高的分行，要实行资产、负债与中间业务的协调发展；地处经济欠发达地区的分行，要重点发展中间业务和负债业务等低风险业务。相当部分县支行和二级分行都要将经营重心转移到中间业务和负债业务上来。要进一步提高中间业务考核权重，调动各行发展中间业务的积极性。要在全行开展中间业务知识培训，在较短时间内把二级分行、县支行行长轮训一遍，帮助他们尽快提高中间业务经营管理能力。

（二）实施中间业务创新战略。创新的重点要放在理财、现金管理、投资银行、同业交叉销售、代客风险管理、电子银行、资产托管等业务领域，形成为银行同业、证券、保险、基金和企业年金以及各类要素市场提供结算服务和其他配套金融服务的业务体系，打造一批高技术含量和高附加值的知名品牌。

（三）实施中间业务结构优化升级战略。要按照各类中间业务的综合贡献度，实行有区别的考核激励政策，引导各行大力发展重点中间业务品种。要将个人理财、电子银行、牡丹卡、国际结算、本外币清算及现金管理、投资银行、资产托管等业务打造成全行战略性中间业务产品，形成科学合理、有竞争力的产品体系。以战略性产品带动中间业务的全面发展，不断优化中间业务品种结构，扩大中间业务收入来源，提高新兴中间业务对全行中间业务收入的贡献度，确保中间业务收入可持续增长。

（四）实施中间业务综合营销战略。要进一步改进中间业务的组织领导，完善中间业务委员会和牵头部门的组织、协调和推动职能，建立健全各有关专业发展中间业务的激励约束机制，加强中间业务与资产负债业务的整合营销、物理网点与电子银行渠道的协调营销以及境内外机构的联动营销，充分发挥整体功能和各种资源优势，推动中间业务快速发展。

（五）实施中间业务精品战略。要完善中间业务流程和操作规范，建设全行统一的中间业务管理系统，打造前中后台分离、决策有效制衡、风险有效防范的中间业务内部控制与管理体系，长久保持中间业务低险高效的业务品质。

三、2005年中间业务创新发展与经营管理的主要任务和措施

2005年是我行推进现代金融企业制度建设的关键一年，也是实施《中间业务2005~2007年发展规划》的开局之年，实现中间业务更快更好地发展意义重大。根据全行中间业务三年发展规划，2005年中间业务工作的总体要求是，认真落实重点发展中间业务战略，以增加中间业务收入为核心，积极推进产品创新和资源整合，努力提高服务质量，切实防范经营风险，巩固扩大竞争优势，确保实施《中间业务2005~2007年发展规划》有个良好开局。

经营收入目标：全行中间业务收入确保完成140亿元，与利差收入的比例至少提高2个百分点，超过16%。境内机构中间业务收入总额和增加额占四家国有商业银行比重力争比上年分别提高至少1个百分点和3个百分点，总体上继续保持同业领先地位。其中，中间业务收入列当地四家国有商业银行第一的一级（直属）分行达到25家，比上年增加5家。中间业务收入超过2亿元的分行达到30家，比上年增加8家；超过5亿元的分行达到10家，比上年增加4家；超过10亿元的分行达到4家，比上年增加2家。

结构调整目标：手续费收入占中间业务收入的比重比上年至少提高6个百分点，达到85%以上；其他营业收入占中间业务收入的比重控制在3%以内。本币结算、银行卡、外汇、代理等传统优势中间业务收入继续保持稳定增长，现金管理、投资银行、电子银行、个人理财、代理保险、衍生产品交易、资产托管等新兴中间业务收入增长率高于全行中间业务收入平均增长率20个百分点。

产品整合创新目标：围绕市场资信、国债理财、财务顾问和个人理财，创新中间业务新产品或服务项目3~5个。现金管理服务内涵继续扩大，品牌形象进一步提升。

风险控制目标：中间业务政策风险继续保持零记录，全年无重大突发事件和经济案件发生。

为确保实现上述目标，全行要重点做好以下几方面的工作：

（一）因地制宜确定中间业务发展思路。我国经济区域性发展特征明显，各地金融资源状况、信用环境、中间业务市场发育程度以及各行经营管理水平差异很大。因此，各分行一定要紧密结合当地市场环境和本行实际情况，充分发挥自己的优势，因地制宜研究确定落实总行关于中间业务发展战略规划的工作思路，提出区域化的策略措施。

经济发达地区金融资源丰富，中间业务发展潜力巨大。这些分行一定要切实抓住机遇，充分利用各种有利条件，加快客户、业务、队伍结构调整，加强中间业务与资产、负债业务的互动力度，完善中间业务创新发展机制，不断培育新的收入增长点，确保中间业务经营发展水平有较大提高，中间业务收入有更快的增长。

经济欠发达地区分行更要把发展中间业务作为转变经营模式和增长方式，扭转经营困难局面的最佳出路，加快形成具有区域特色的中间业务发展模式。这几年，黑龙江、江西、吉林、贵州、甘肃、内蒙等一些分行中间业务收入呈现快速增长的态势，有的甚至总体或部分项目超过了发达地区分行的发展水平。这些分行的经验充分证明，立足于当地发展环境，欠发达地区中间业务也有着较大的发展空间，关键在于能否转变观念和找到一条适应当地市场环境与本行经营管理特点的发展路子。观念左右思路，思路决定出路。总行希望这些分行一定要从转变观念入手，因地制宜谋划中间业务发展。要注重市场细分，重点抓好省会城市行和综合经济实力排名靠前的城市行，实施分类指导，一行一策，尽快形成中间业务优势群体，并以此辐射其他基层机构。要选准目标客户，有针对性地抓好重点业务发展和市场拓展，以重点业务带动其他中间业务的发展。

2005年，总行也将更加注重通过完善差别考核制度、优化资源配置等措施，鼓励处于不同经济区域的分行因地制宜发展中间业务。总行支持各分行在中间业务领域开展各种形式的合作，通过联手协作、技术转让、人才培训等方式，实现分行间相互支持和共同提高。

（二）加强中间业务经营发展的组织协调。要扩充中间业务委员会组成部门及其职能。根据全行中间业务发展的需要，增加内控合规、信贷管理、风险管理等部门为中间业务委员会成员单位。进一步健全中间业务委员会工作制度，切实发挥各级行中间业务委员会对中间业务工作的统筹和指导作用。

要进一步加强中间业务牵头组织工作。中间业务牵头组织部门要不断适应中间业务发展新的形势任务要求，调整工作思路，创新工作方法。要在认真做好中间业务经营策略制定、计划跟踪、收费管理和各项协调工作的同时，逐步强化在推动产品整合、组织新业务培训、协调同业关系以及产品开发推广等方面的职能，为中间业务发展提供更有效、更直接、更主动的服务。要按照有利于业务发展、有利于集中管理、有利于风险控制的原则，加强各分支机构中间业务组织体系建设，充实中间业务组织推动力量，理顺管理渠道，切实发挥作用。要注意保持中间业务牵头组织部门和管理人员的相对稳定。

发展中间业务是一项全局性的工作，一定要高度重视牵头部门、各业务部门和各级行间的协调联动。要根据中间业务经营特点，细化各业务部门、各级行在中间业务市场开发、产品管理、客户营销、业务计划、信息收集和经营评价等方面的职责，定期分析本专业、本行

中间业务收入及在系统的位次变化情况，深入研究同业动态，建立良好的信息反馈和沟通机制，营造整体优势。

（三）努力提高中间业务服务水平。服务质量是商业银行核心竞争力的有机组成部分。在社会经济快速发展的时代，尤其是在银行中间业务实行有偿服务和社会其他行业服务质量不断提高的背景下，客户对银行服务要求也在日益提高，全行必须不断增强服务意识，创新服务方式，完善服务手段，提高服务效率，提升服务质量和服务品位，这是增强中间业务竞争力的根本所在。

要加快完善服务体系。要在综合考虑风险控制的前提下，按照“复杂业务规范化，简单业务自助化”的思路，再造业务流程，提高服务和管理效率。要尽快制定和完善我行各类中间业务服务标准，不断充实服务内容，提升服务层次，增强为客户量身定制个性化解决方案的能力。要尽快构建我行中间业务售后服务体系，创新售后服务，制定售后服务管理办法，选配业务素质较高、投资理财能力强的人员对已销售的业务产品进行售后跟踪服务，提高客户对我行服务的信任度、忠诚度和依赖度。要建立服务管理档案，虚心听取客户对服务工作的意见和建议，有针对性地解决服务薄弱环节。

要积极推行差别化服务。中间业务品种繁多，服务对象广泛，客户需求层次差异较大，因此更应注重服务的差别化和个性化。要充分利用客户信息系统，科学测算客户对我行效益的综合贡献度，并据此为客户提供不同层次的服务，改变服务一种模式、产品千人一面的状况，以标准化服务普通客户，以个性化服务高端客户。要充分发挥物理网点与电子银行、自助银行紧密结合的服务网络优势，运用宣传推介、价格杠杆等多种手段，引导客户合理选择服务渠道和方式，把最好的服务资源投向价值最高的客户，提高服务资源配置效率。

要加强中间业务专业队伍建设。要编制《中间业务产品手册》，以中间业务培训为先导推动中间业务发展，不断提高柜面操作人员、营销人员和管理人员的专业化水平。要进一步完善客户经理选拔、培训、考核和激励机制，用营销业绩、工作能力和客户满意度来综合衡量客户经理的贡献。加快培养一支有专业素养、敬业精神、竞争能力的客户经理队伍。

要积极培育优秀的企业文化。创新服务理念，树立以服务创出品牌、以服务赢得客户的新理念，让每一位员工深知自己的一言一行都代表工商银行的形象和声誉。要加强对服务质量的考核评价，树立优质服务典型。要严格奖惩制度，对因服务问题造成恶劣影响或重大损失的或连续多次被客户投诉而又整改不力的单位和个人，要予以严肃处理。

（四）切实加强中间业务风险管理。从全行目前已经开办的中间业务种类看，除担保承诺和金融衍生产品交易业务外，大多数中间业务属于低风险业务，但也有其特殊的风险表现形式，主要是政策风险、操作风险、关联风险和信誉风险。全行在中间业务快速发展、收入快速增长的过程中，一定要倍加关注中间业务风险问题，正确处理业务发展与风险控制的关系，全面加强内部管理，提高风险管理和防范能力。

一是要严格业务审批和收费管理。各行要按照《中间业务管理办法》，做好新开办中间业务的备案和报批工作。要严肃中间业务定价和收费纪律，总行将颁布《中间业务品种目录》，与《中间业务收入会计核算规程》和《中间业务收费标准》相衔接，为各行依法合规收费提供依据，各行不得擅自设立收费项目和改变收费标准。要规范中间业务收费标准公示制度，做到公示标准统一、公示内容规范。未经总行同意，各分行不得就中间业务收费政策、我行中间业务价格策略向媒体发表意见。要加强与价格管理部门的沟通，争取他们的理解与支持。各分行要根据本行实际制定管理办法，进一步加强对协议价中间业务收费的管理。

二是要加强各类中间业务协议文本管理。要规范合同文本，做到同类业务实行同一标准格式合同文本。各类中间业务协议既要符合金融监管法律法规，也要符合物价管理、消费者权益保护、合同管理等法律法规，对容易产生歧义的表述，对服务内容和收费要求不明确的协议，要立即采取补救措施。要根据中间业务委托—代理性质和风险与收益对称的原则，逐一检查各项业务是否承担了不该承担的责任。严禁在营销中间业务产品时，向客户做无明确期限的优惠承诺。

三是要加强风险监控。按照“一项业务一本手册，一个流程一项制度，一个岗位一套规定”的工作要求，切实加强各项中间业务基础管理制度建设，强化对中间业务的全过程监控，杜绝违规操作。要按照《商业银行资本充足率管理办法》，加强对或有资产、或有负债业务和衍生产品交易业务的管理和风险限额控制。

四是要高度关注与同业合作的业务风险。从总行到分行都要密切关注银行、保险、证券业的发展态势，吸取同业在中间业务领域出现风险的教训，严防同业合作风险。要严格审查合作对象的准入资格和合作产品的合规性，防止与资本金不实、内部控制不到位、未取得相关业务开办资格的机构开展业务往来，防止因合作对象出现经营危机导致我行信誉受损。各级行营销人员在营销合作产品时，必须向客户进行必要的风险提示，严禁误导客户。目前，国家有关部门正对会计师事务所等社会化中介机构服务市场进行清理整顿，各行要切实加强与这些社会化中介机构合作开办中间业务的管理，防范中介机构违规带来的风险。

五是要提高应对突发事件的能力。中间业务涉及千家万户，监管部门较多，媒体关注程度较高。对中间业务发展过程中出现的一些新情况新问题，各级行要按照“稳妥、谨慎、多沟通、多协调”的原则妥善处理。完善各类突发事件应急预案，提高防范和处置突发事件的能力，力争将矛盾解决在基层，化解在萌芽状态，维护我行的品牌形象和社会声誉。建立全行中间业务风险分析和信息报告制度，启动中间业务信息平台建设，增强风险预警能力。

（五）完善中间业务考核激励机制。总行将对分行行长经营绩效考核办法进行调整完善，加大中间业务考核力度。各分行可先行一步，进一步强化考核的约束与导向作用。要将中间业务收入纳入各级客户经理和产品管理部门的考核范畴，综合评价其实际贡献，正确进行核算。要完善并改进对机构网点的综合业绩评价体系，有效调动机构网点发展中间业务的积极性。

同志们，当前及今后一个时期中间业务发展面临难得的市场机遇和更加激烈的市场竞争，全行快速推进的“两个转变”和现代金融企业建设也对中间业务发展提出了更高的要求。全行一定要深刻理解和深入落实总行全面开发和重点发展中间业务的战略部署，认清形势，明确目标，再接再厉，开拓进取，以更足的干劲、更实的作风，再攀中间业务发展新高峰。

在中国工商银行现金管理业务座谈会结束时的讲话

张福荣

（2005 年 2 月 23 日）

这次全行现金管理业务座谈会是在总行制定了现金管理业务跨越式发展目标，现金管理业务面临新的发展形势下召开的一次重要会议。会议的几个议题，都是影响现金管理业务进一步发展的重要问题。在两天的会议中，各分行和相关部门分别从不同的角度，对现金管理业务发展提出了很好的意见和建议。大家进一步沟通了情况，统一了思想，开阔了思路，有助于我们认清当前形势，把握业务发展方向，更加有效地落实总行的决策部署。会议开得很成功，达到了预期目的。下面，我结合大家的发言情况，谈几点意见。

一、近年来发展现金管理业务的基本经验

自上次现金管理业务研讨会以来，海内外分行和总行各部门对现金管理的核心业务地位认识有了全面的提高，达到了空前的一致。各行对现金管理业务都给予了高度重视，积极探索新的业务管理模式，大力开拓市场，在较短的时间内取得了较好的成绩。在全行的共同努力下，我行现金管理业务的市场品牌形象不断提升，在高端客户的市场份额始终处于领先地位，进入了健康、快速发展时期。从近几年现金管理业务发展进程看，我们可以概括出以下几点基本经验：

（一）坚持立足市场，适应客户需求，是取得良好营销效果的根本所在。在市场经济条件下，立足市场是商业银行各项业务生存发展的根本。我行的现金管理业务就是在及时捕捉市场需求的情况下，向客户提供的具有较强针对性和个性化的综合金融服务。在业务开办之初，总行就提出要立足市场，将重点优质客户作为目标客户，采取普遍宣传、重点推介、上门拜访、参与投标等多种形式，不断加大现金管理产品的营销力度。各行还根据实际情况，采取了许多行之有效的营销策略，比如细分目标客户、产品分类包装、实施项目组制等等。通过持续、高强度的市场推广和适当的营销策略，我行现金管理的高端品牌形象得以确立，现金管理产品的价值得到市场认可，现金管理客户的数量迅速增长。截至 2004 年末，全行与东风汽车有限公司等 3721 家客户签订了现金管理服务协议（其中全国性客户 192 家，地区性客户 3529 家），共向这些现金管理客户的近 2 万家上下游及附属单位提供了现金管理服务，从而与这些客户形成了日益紧密的合作关系，在带来大量直接收益的同时，有力促进了全行资产负债业务的发展。

（二）注重部门联动、总分行联动、海内外分行联动，加强整合营销，是现金管理业务快速发展的保证。现金管理跨地域、跨产品线运营的特点非常突出。如一般的大型客户的资金都要在不同的分行、甚至海内外分行之间调度，需要分行之间紧密配合；一套全面的现金管理方案在总行要涉及十多个部门，在分行也要七八个部门，需要部门之间紧密配合。为此，总行提出了“三个联动”的原则，充分发挥团队精神，坚持对客户实施整合营销，争取达到“一个客户、一个服务团队、一套解决方案”的效果。总体上看，各行和各部门之间基本达到了这一要求。绝大部分分行都成立了现金管理业务协调小组，积极协调解决业务发展过程中出现的问题。在总行直接竞标的壳牌、东风汽车、西门子等多个项目中，由各部门组成的项目组，充分发挥团队精神，整合营销的效果很好。对全国性现金管理客户如中石油、财政部等系统大户的营销，更是依赖总分行之间

以及分行之间紧密协作。海内外联动营销的例子也很多，比如新加坡分行和广东分行协作营销佳杰科技，汉城分行与总行联动营销三星、LG 等，东京分行与总行联动营销日立等日资企业，法兰克福分行与上海分行联动营销宜家等等。特别需要指出的是，各行和各部门在内部利益分配机制不健全的情况下，能够牢固树立统一法人意识，积极贯彻整合营销思路，努力保持整体服务水平，对现金管理业务的快速推广发挥了关键作用。

（三）加强产品整合与创新，建立完善的现金管理产品体系，是提高现金管理业务竞争力的关键。针对客户的结算需求变化快、且结算产品易于模仿的特点，总行积极进行产品创新，开发了即时通、支票直通车、外汇汇款等新的结算产品。电子银行系列产品、外汇和人民币理财产品也得到不断创新。各行还针对当地客户的特殊需求，自行开发许多功能适用的系统和产品。在开发新产品的同时，全行不断推进产品的整合创新，把不同专业、不同服务渠道的产品整合到现金管理项下，不断丰富和完善了现金管理的综合服务功能。通过近几年的发展，我行已经形成了 4 大类 37 个小类的现金管理系列产品，功能和内容与国际先进银行接近，覆盖了大部分国内和跨国公司客户的需求。部分功能先进的现金管理产品如集团账户、日间透支、电子银行贵宾室、集团理财等，满足了高端客户的现金管理需求，市场推广效果很好。2004 年投产的现金管理服务系统（一期），进一步提高了业务处理的自动化、集约化水平，产品服务功能进一步完备。电子银行产品功能进一步提升，产品优势得到增强。通过持续不断的产品整合创新，扩大了现金管理产品的增值空间，保证了现金管理服务的特色和竞争力。

（四）注重风险控制，是现金管理业务健康发展的保障。多数现金管理客户的资金流量大、进出账户频繁，有的还要提供上门收送款和收送单服务，潜在的风险不容忽视。近来，现金管理方案越来越多地涉及融资和日间透支服务，存在一定的信用风险。现金管理的日常操作个性化强、时间要求紧，还有可能带来操作风险。此外，在活跃的产品创新过程中，还存在一定的法律风险。由于各分行和各部门正确处理了市场开拓与业务管理之间的关系，对风险防范常抓不懈，至今未发生案件或风险损失，保障了现金管理业务的健康发展。

从大家的发言中还可以发现，各行能够按照统一法人的要求，严格执行协议，规范和统一各项业务操作，并在业务组织和服务管理上进行了许多有益的创新，有力地保证了现金管理的服务质量，维护了现金管理品牌。

但我们必须看到，在现金管理业务的发展中还存在着一些不容忽视的问题。如：我行还没有真正建立起制度化的、有效的跨部门、跨分行业务协作机制；市场反应速度还不能满足业务快速发展的要求；服务标准地区化差异的问题仍然存在；产品功能与客户需求还有一定差距。这些问题如不加以解决，将制约和影响现金管理业务的发展。

二、现金管理业务面临的市场形势

与三年前相比，现金管理业务市场形势已经发生了一些重要变化，对我行现金管理业务发展的各个环节都将产生深刻的影响。认清当前的市场形势对于进一步推进现金管理业务发展非常重要。

（一）市场容量快速扩大，需求层次不断提高。与业务起步阶段相比，目前有现金管理业务需求的客户数量成倍增长，各个行业中都出现了一批积极推进财务集约化管理的企业，甚至是全行业系统性地推进资金集中，如石油、电信、电力、财政系统等。随着集约化财务管理思想的进一步普及以及中小客户和全球现金管理新兴市场的开发，在今后相当长的一段时期内，现金管理客户数量还将保持快速增长。同时，现金管理需求层次不断提高，从原来简单的快速回笼销售款、收支两条线，发展到现在的全方位现金管理需求，包括银企直联、本外币理财、资金池、实时账户信息服务等。现在的客户已越来越要求获得更大的现金管理效益，选择合作银行的商业化运作也更加成熟，越来越多的客户采用招标等市场化方式选择现金管理主办银行，对售后服务标准提出详细的需求，并善于利用捆绑业务方式和银行间的竞争来压低现金管理服务价格，以获得更多的财务利益。这对我们营销现金管理业务，提高效益都是一个很大的压力。

（二）现金管理成为同业竞争的重点，竞争异常激烈。目前，各家银行都已认识到现金管理的重要性，积极竞争客户和市场。建设银行开发投产了“重点客户系统”，为其重点客户提供专用的资金汇划和账户信息报告通道。中国银行凭借在外币业务上的优势，与我行积极争夺跨国公司和中资企业境外分部的现金管理业务。农业银行除了开发“现金管理系统”，提升境内本币的汇款能力外，还与境外机构合作开发“西联汇款”系统，初步形成全球资金汇划能力。同时，农业银行网点优势明显，对烟草、财政、电信等系统性大户，具有很强竞争力。股份制商业银行、城市商业银行也纷纷利用其成本或价格优势，与我行竞争区域性的现金管理客户。特别是招商银行在一些竞标项目中异军突起，竞争力不可小觑。随着业务的进一步发展，中资银行间的竞争还将更加激烈。

（三）外资银行的进入对现金管理业务提出了新的挑战。人民币业务逐渐放开以及外汇管制逐渐放松后，外资银行明显加快了进入我国现金管理业务市场的步伐。以前外资银行在境内的现金管理服务主要是为了配合其总部的业务，通过与四家国有商业银行合作，借助四家银行的网络来服务其跨国公司客户。但是随着中国市场容量的扩大，外资银行正逐步把现金管理业务作为发展重点，与中资银行直接展开正面竞争。我行在竞标壳牌、东风、西门子等客户现金管理业务的过程中，直接竞争对手就是渣打、花旗、汇丰和摩根大通等外资银行。有些外资银行还积极参股中资银行，获取网点资源，力图从根本上提升包括现金管理业务在内的综合经营实力。例如，汇丰银行参股交通银行后，可以将其成熟的现金管理产品体系、跨国公司客户资源、业务经验等优势与交通银行的境内网点优势相结合，对中资银行构成强大的威胁。同时，外资银行还利用其全球网络和外币业务实力，积极竞争中资企业境外分部的现金管理业务，对我们发展全球现金管理业务形成压力。例如，中远集团的境外现金管理由摩根大通和花旗银行提供；联想集团的全球现金管理也由花旗银行提供。随着中国市场和国际市场进一步融合，中、外资企业将进一步深入对方的业务市场，我行与外资银行直接竞争现金管理业务已不可避免。

面对客户需求和同业竞争的变化，我行不进则退。因此，我们一方面要把握现金管理业务蕴藏的巨大市场潜力，坚定发展这项业务的决心。同时，要采取积极措施，不断增强我行在产品、技术等方面的优势，为应对更加激烈的竞争做好充分准备。

三、下一阶段现金管理业务的发展目标

根据全行现金管理业务的总体发展水平和面临的新形势，结合全行改革发展规划，总行对现金管理业务提出了新的发展目标：用两年时间发展3万个现金管理客户；以现金管理业务为依托，稳定1万亿元对公存款；大力增加中间业务收入，促进全行收入结构的调整。这一目标是今后一段时期现金管理工作的指针，全行上下要共同努力，抓好落实。

（一）现金管理业务发展目标是一项顺应全行改革发展的战略安排。制定现金管理业务发展目标，是顺应对公客户加强财务集约化管理的要求，充分发挥我行在网点、技术、业务经验等方面的优势，提高我行对公业务领域核心竞争力，使我行能够在金融市场全方位对外开放、竞争格局全面分化组合的前夕，赢得有利的市场竞争位置的战略安排；也是开辟账户管理、电子银行等新的中间业务收入来源，促进收入结构的调整，推动全行从追求资产扩张的外延式发展模式，向追求技术创新、提升服务品牌价值的内涵式发展模式转变的重大决策。各行务必要从这样的高度来认识和落实现金管理业务的发展目标。

（二）全行要坚定实现现金管理业务发展目标的信心。此次总行制定的现金管理业务发展目标，是在认真测算我行对公客户数量、存款结构，全面考虑业务发展潜力的基础上确定的。应该说，这个目标比较客观地反映了我行现金管理业务的未来发展空间，经过全行上下的努力是完全可以实现的。有的同志提出疑问，认为我们目前的现金管理客户还不到4000户，而且是近几年的累积发展结果，现在要一下子发展这么多，可不可行？这些担心听起来不是没有道理，但认真分析一下，就觉得这些担心是缺乏市场分析造成的，是不必要的。前几年我们发展的目标客户主要定位于大型企业集团、跨国公司、政府机构等数量有限的客户，其实还有很多类型的客户没有开发，比如说数量众多的中小客户。从这个角度看，现金管理业务市场开发还处于起步阶段。市场容量很大。因此只要各行打开思路，放开眼界，细分客户，积极引导和培育市场，两年3万户的目标完全可以实现。

（三）现金管理业务的发展要坚持数量和质量的统一。我们提出3万户的数量指标，不是单纯强调发展规模，更不是单纯考核发展客户数量，而是要在追求发展质量的基础上扩大业务规模。要在开发新客户的同时，更多地获得中间业务收入，促进全行收入结构的改善。因此各行在市场推广工作中，要注意质量、数量的统一，对重点客户的综合现金管理方案要继续保持高端品牌形象，对标准产品推广要注重产品的直接收益。在具体的考核指标设计上，既要有质量指标，也要有数量指标，形成系统、全面的考核指标体系，引导全行实现现金管理业务规模、效益的同步增长。

四、大力发展现金管理业务的几点意见

这次会上，各行都谈了2005年开展现金管理业务的思路和措施，很有针对性。下面，我就这个问题谈几点意见：

（一）继续抓好大型优质客户的现金管理业务市场。以企业集团和跨国公司为代表的大型优质客户，一直是我行现金管理的重要目标客户。这些客户往往也是我行的存款、贷款大户，对我行的存贷款业务影响较大。继续抓好大客户现金管理业务市场，是现金管理业务长期不变的工作重点。大客户的市场影响力强，与其合作可以提升我行现金管理业务的品牌价值，增强品牌影响力。各行在竞争客户的过程中，可能经常被问到已有的参照客户，如果参照客户的现金管理做得好，就很有说服力。拓展大客户现金管理业务市场，还可以利用大客户业务范围广的特点，为交叉营销其他产品创造条件。很多分行从实践中认识到，现金管理已经成为我行向大客户营销各类金融业务的敲门砖，我们要充分发挥好这一作用，以现金管理为切入点拓宽合作空间，附加更多本外币理财、风险管理和投资银行等增值服务。各行在营销大型客户方面都积累了较丰富的经验，希望各行继续发挥团队精神，加强整体营销，采取科学的策略做好大型优质客户的现金管理业务市场拓展工作。

（二）积极开发中小客户现金管理业务市场。对中小客户现金管理市场，以前我们的认识有些不一致。我

行目前多数现金管理客户，都是大型企业集团。即使一些地区性的现金管理客户，大多也是当地的大企业，中小企业比较少。把大客户作为目标客户，主要是因为这些客户比较早地提出了成熟的业务需求，各行也非常重视用新业务来巩固与他们的合作关系。但是不能因此就认为只有大企业才有现金管理需求，现金管理业务的目标客户就是大企业，而对中小客户提供一般的结算服务就可以了，不用做现金管理业务。这样的认识和理解不利于现金管理业务的发展。从2005年开始，全行都要把中小客户作为现金管理业务的重点推广目标。

首先，要高度重视中小客户的现金管理服务需求。中小客户的现金管理服务需求是客观存在的。而且在强化财务管理、降低成本方面的意义并不亚于大企业。中小企业非常欢迎成本低、操作简单、效果明显的现金管理产品和服务。以前有的分行推广结算存折，帮助中小客户解决了大问题，市场反映热烈，深受中小企业的欢迎。我们决不能忽视这个市场。

其次，要深入开发中小客户现金管理业务市场的巨大潜力。现在各家银行都很重视向重点客户营销现金管理产品，但是大客户数量就这么多，竞争必然激烈。为了获得市场份额，银行之间搞价格战，拿自己的利润补贴客户，使得大客户现金管理业务的收益水平不断下降，这在很大程度上是大客户有限的市场容量造成的。而中小客户数量众多，为现金管理业务提供了广阔的发展空间。中小客户虽然单个客户业务量、贡献度相对较小，但合计的结算量、贡献的手续费却占全行总量的大部分。同时，中小客户现金管理需求比较一致，易于标准化，产品开发和推广成本低。此外，中小客户经营空间有限，业务协调也比较容易。因此，开发中小客户市场是继续推进现金管理业务的必然选择。

最后，基层行要在开发中小客户现金管理业务市场中发挥重要作用。要创造各种有利条件，充分调动基层行营销现金管理产品和服务的积极性和能动性。基层行要彻底改变服务方式，要积极主动上门拜访客户，跟踪研究客户的现金管理服务需求，向客户推广“即时通”、“网上银行”等新产品，帮助客户提高理财效率、降低成本。要结合会计业务流程再造、前后台业务分离和网点综合化改造，大幅度优化网点营销功能，提升网点宣传营销现金管理产品和服务的能力。我们每个支行如果都能把对中小客户的现金管理业务塑造成精品服务，形成良好的市场口碑，这个市场就打开了。

（三）积极开拓机构客户的现金管理业务市场。机构客户是2005年要重点开发的另一个现金管理业务重要目标客户群。和一般的公司客户相比，机构客户一般没有资产业务需求，其金融需求主要集中在现金管理等中间业务上。按成本收益测算，机构客户的综合收益是比较可观的，而且总体风险比较低。这几年，我行向保险、证券、财政、税务等机构大户分别推出了“银保通”、“银关通”、“银财通”、“银税通”等现金管理服务，帮助这些客户管理系统内的资金，实现有效的支付控制，降低支付风险，得到了这些客户的认可。这些机构客户的社会影响面大，向他们提供现金管理服务，还能带动企业客户的相关业务，提高我行的社会效益和品牌价值。因此，各行要建立更加高效的营销团队，充分发挥市场部门和业务管理部门的整体功能，做好机构客户现金管理业务市场拓展工作。市场部门要对当地机构客户的现金管理需求进行全面的调查，掌握客户情况，特别是对财政等系统大户，要逐级提供现金管理服务，帮助其建立授权支付、“银税通”以及其他类型的现金管理系统，提升对重点机构客户的个性化服务水平。

要加强机构客户现金管理产品的统一规范管理。社保、税务等机构客户的现金管理社会影响面广，要把对这些机构的产品和服务管理，把规范流程操作、提高产品和服务质量作为重点工作来抓。广东分行在营销广东社保局的全省代理征收和发放社保费的过程中，为有关参保单位提供咨询答疑热线，业务开办后对客户的具体操作逐笔跟踪，及时解决出现的问题，树立了良好的市场形象。各有关部门一定要按业务分工，把对机构客户的资金清算、代理支付等现金管理产品和服务统一管起来，进一步加快产品开发，加强产品质量维护和服务管理，为市场部门营销机构客户提供强大的业务和产品支持。

（四）稳步开发全球现金管理业务市场。拓展全球现金管理业务是我行国际化发展战略的重要组成部分。在经济全球化和资本全球流动的大背景下，推行全球现金管理是我行现金管理业务发展到一定阶段的必然要求，对我们巩固和发展与高端客户的合作关系意义重大，是落实我行的跨国经营战略的重要工作。最近，总行拟定了《全球现金管理业务发展方案》，力求通过稳步推进全球现金管理业务，增强我行在外币和境外的业务经营实力，扩大我行在现金管理业务上的优势，各境内外机构和各有关部门要认真抓好落实。

当前，要以外汇汇款推广为切入点，打通全球汇路，为全球现金管理业务拓展创造必要条件。实施全球现金管理需要认清我行现有条件和外部市场条件，需要在全球现金管理市场拓展方面有一个正确定位，不可能一蹴而就，外汇汇划产品不仅直接收益大，也是全球现金管理最基础的产品。因此，当务之急是要打通全球的汇路。近来，我行的外汇汇款暨清算系统（RFC系统）、GLOBUS系统、国际结算系统（ISEE系统）的相继投产，使我行国际结算业务处理能力得到了全面强化，系统的业务处理速度和质量已具有了与同业竞争的能力。总行已制定了外汇汇划产品推广方案，并策划了品牌。各境内外机构应当按总行的统一规划，加强协作，共同做好市场调研和外汇汇款产品推广工作。要规范宣传口号，统一营销策略，避免因承诺不能落实而在海外市场引起负面效应。

要研究采取切实可行的市场竞争策略。考虑文化认同和服务能力限制等方面的原因，全球现金管理首先应以竞争跨国经营的中资企业为突破口，对中资企业提出的外汇现金管理需求，要通过外汇汇款和网上银行系统等手段及时予以满足，实现对国内企业的本外币一体化现金管理服务。对“走出去”的中资企业，要采取“客户跟随”策略，及时跟进金融服务。对没有我行网点的国家和地区，可利用当地的战略合作行提供服务，使我行成为中资客户的“全球现金管理行”，向其提供“一家银行，全套方案”式服务。另外，要以人民币优势切入外资客户的全球现金管理，我行第一步要确保成为外资客户首选的“人民币现金管理行”，再利用人民币现金管理业务上的核心竞争力，争取其外币业务。

要按本外币一体化原则开发现金管理产品。适应跨国经营企业总部对本外币、境内外实行统一的现金管理的要求，充分借鉴外资银行经验，积极推进本外币清算系统一体化建设和境外分行业务处理系统建设，开发本外币合一的付款产品、收款产品、流动性管理产品和投资产品体系。充分发挥网上银行业务优势，积极发展境外网上银行客户，利用互联网提供远程支付控制，提供实时、全面的账户信息报告等电子化服务，满足客户全球现金管理服务需要。

要建立高效的境内外分行联动协作机制。部门之间、境内外分行之间应建立起有效的、制度化的信息沟通渠道，实现客户资源信息共享，为联动营销创造条件，从而形成快速的全球市场反应能力。总行国际业务部要充分发挥主渠道作用，积极促进境外分行和总行有关业务部门的直接联系，保证相互之间能及时了解业务状况和传递最新业务需求。总行公司业务部要以客户为主线，根据客户的业务扩展范围和需求，及时建立针对每一客户的跨境营销联络网。同时，境外分行也要主动以客户为主线，与有关分行和总行有关部门建立日常联系制度，及时提供有价值的海外市场信息。境内分行也要进一步加强对市场和客户的研究，深入、准确地把握不同类型客户的需求特点，为跨境市场营销和新产品开发提供决策支持

（五）加快推进对公账户整合，增强现金管理产品开发的及时性、灵活性和持续性。现金管理产品的基本载体是账户，而账户功能的整合则是集约化管理的根本要求。现金管理服务的价值就是帮助客户以最有效率的方式、在不同性质的账户间合理分配资金，在合理控制风险的前提下实现资金收益最大化。对公账户整合之后，客户可以利用整合账户，通过自助、柜面终端、网上终端、电话、手机、传真等灵活方式获得全面的现金管理服务，我行也能够及时掌握客户的全面信息，提升管理、决策和市场营销的针对性和有效性。对公账户整合也是我行业务处理客户化的重要一环。一些分行反映我行新产品开发周期长、灵活性差的问题，关键在于我行的 NOVA 系统中基础的账户服务功能不全，大多产品开发都涉及主机数据库结构改造。实现对公账户整合，可为各类现金管理产品开发提供更加有利的技术和业务平台，使我行的产品具有更快的响应速度和更灵活的服务功能。这项工作事关重大，从现在开始就要认真抓起来，初期可在不动主机数据库结构的情况下做些优化，但要尽快启动全面的改造整合工作。与此同时，对当前需求较为强烈的异地集团多级账户、自动委托贷款、资金池（合并计息）、透支管理等现金管理产品，要加快开发，缩短产品开发周期，及时适应市场的发展趋势。

（六）建立规范化的后续服务管理机制。许多分行的同志都谈到我们的后续服务管理问题。大家反映，我们的产品功能还可以，但是后续服务跟不上，客户有了问题得不到快速、周到的解决，客户意见很大；各地的服务标准不统一，与我行宣传的“系统统一、产品功能统一”的形象不一致，让客户无所适从。这些问题反映出我行内部没有一个系统性的制度保证客户的后续服务，也没有建立能够搜集产品使用情况的信息库；对售后的情况不了解。这些状况都反映了我们的服务管理工作还比较粗放。因此，我们要下大力气尽快建立规范化的后续服务管理机制，把服务质量管理纳入日常业务管理，加强后续的服务质量监督；建立客户服务调查反馈制度，把客户的评价和反馈纳入业务处理人员的考核体系。要进一步规范有关操作制度，在适应当地特殊要求的基础上，总体上统一全行在同一项业务上的操作标准。要根据客户反映的情况，逐一搞清楚差异化操作的原因，尽快加以解决。同时，要加强业务培训，提高人员素质，防止因员工技术问题造成差异化操作。要探索建立专业化的现金管理售后服务响应机构，保证客户的问题能够得到快速、准确的反馈和解决。

（七）加快建立合理的内部利益分配机制。2004 年现金管理研讨会上，我们就提出要解决在现金管理承办行、协办行之间建立合理的利益分配机制的问题。现在这项工作已经取得了重大进展，总行印发了现金管理业务考核还原办法，在分行行长绩效考评中把归集到承办行的存款按照归集资金占比还原给协办行，并还原相应的利息收入，对由承办行打包收费和整体减免的中间业务收入，也向协办行还原。这个办法是我行利用市场机制来保护和调动现金管理协办行积极性的初步尝试。下一步要认真落实该办法，对全国性的现金管理客户要逐一确定考核还原方法，并要加快相应的计算机系统开发，确保考核还原数据的真实性。各行也要按这一办法研究辖内的利益分配问题，确保激励措施能落实到具体的经办网点和经办人员。

对于在部门之间建立价值和成本的转移机制问题，也需要加快研究解决，以充分、合理地体现各个部门在

现金管理业务中的贡献，调动各相关部门共同推进现金管理业务发展的积极性。要把现金管理业务纳入部门业绩价值管理系统，更好地体现现金管理业务对各项业务的贡献。

（八）加强现金管理专业队伍建设。总行一直高度重视现金管理专业队伍的建设问题，各行也采取了很多办法加强这支专业队伍建设，配备了一定数量的现金管理产品经理。未来几年，全行要实现三万户现金管理客户的发展目标，离不开一大批高素质的现金管理专业人才。2005 年，总行将继续抓好对分行有关人员的培训，各分行则要把支行现金管理产品经理和客户经理作为培训重点，全面提高基层人员对现金管理的认识和业务素质。同时，还要加强对境外分行营销人员的培训，提高营销境外客户的能力。要积极探索建立现金管理产品经理的激励约束机制，制定相应的资格准入制度、工作制度和业绩考核制度，充分调动他们的工作积极性。

希望通过这次座谈会，全行能够进一步认清现金管理业务发展形势，坚定信心，采取切实有效措施，确保实现现金管理业务的跨越式发展目标，为工商银行的现代金融企业建设做出新的贡献。

努力构建安全保卫长效机制
确保全行改革发展顺利进行

——在中国工商银行保卫工作会议上的讲话

张福荣

（2005 年 3 月 8 日）

这次保卫工作会议的主要任务是，贯彻落实国务院安全生产会议和全行分行行长会议精神，充分认清形势，全面部署 2005 年的安全生产和保卫工作，确保全行改革发展的顺利进行。下面我谈三个方面的问题。

一、近年来保卫工作的回顾

（一）守押社会化改革取得显著进展。为适应现代商业银行发展的需要，提高守押质量，化解风险，降低成本，全行于 1996 年开始进行守押工作社会化改革。到 2004 年底，35 个一级（直属）分行中，有 28 个进行了守押社会化改革，其中包括 212 个二级分行，1387 个县支行，分别占二级分行和县支行总数的 55.2% 和 53.3%。422 个金库实现了社会化值守，9601 个营业网点实行了社会化押运，9326 个上门收款的网点也实现了社会化押运。

守押社会化改革彻底打破了银行保卫工作长时期形成的行行养兵、处处配枪、家家守押的旧观念、旧格局，金库管理集中化程度有了很大提高，保卫资源的配置更趋科学合理。截至 2004 年末，全行库点总数已由 2000 年初的×××个减至×××个，减幅达 65.6%；地市级分行实现一城一库的×××个，占比达到 83%。同时保卫专职守押人员大量减少，涉枪风险明显降低，截至 2004 年底，全行专职守押人员由 2000 年初的 27499 人减至 11367 人，守押枪支由××××支减至××××支，分别下降了 58.66% 和 76.37%。涉枪案件（事故）以及因此造成的人员伤亡，从 20 世纪 90 年代年均 10.7 起和 11.7 人，分别降至近几年的年均 2.2 起和 1.8 人。2004 年还首次实现了年度无涉枪案件（事故）的历史性突破。辽宁、四川、上海、北京、天津、大连等 6 个分行，上缴了全部守押枪支，彻底杜绝了守押操作风险和涉枪风险。

（二）安全防范设施建设迈上新台阶。在 2001 年全行保卫工作会议上，总行提出用几年时间实现全行安全防护设施全部达标的目标，现在这个目标已基本实现。截至 2004 年末，全行营业场所的防弹玻璃、电视监控、夜间报警设施和与 110 报警联网率分别达到了 98.48%、98.57%、97.51% 和 95.93%，较 2001 年初分别提高了 40.08、48.97、32.81 和 23.43 个百分点；金库电视监控和报警设施安装率达到 100%，运钞车也全部达标。据公安部 2005 年初组织的全国金融行业安全保卫工作检查情况反馈看，我行的安全防范设施建设水平处于同业领先位置。

（三）案件防控取得新进步。我行外部案件防控工作在四大国有商业银行中连续 8 年保持着发案率最低、防范成功率最高的纪录，其中有两年案件防范成功率超过了 90%。2004 年，全行抢劫、盗窃、诈骗等三类案件发案率又较上年下降了 20.4%，风险资金下降了 88.2%。

近年来，各级行案防工作都积极探索在贴近业务、服务业务的新途径、新办法，并取得了可喜成绩。如重庆分行保卫部门从一起ATM犯罪入手，认真开展调研，找到症结所在后主动向相关业务部门提出安全工作建议，弥补了管理上的漏洞，消除了不法分子盗取储户资金的隐患。辽宁鞍山分行保卫部主动配合公安机关，成功地破获了区域性团伙票据诈骗犯罪，为打击票据犯罪提供了新的经验。

（四）制度体系不断得到充实完善。近来我们在已有的《中国工商银行保卫工作操作规程》的基础上，按照国务院《专职守护押运人员枪支使用管理条例》的要求，先后制定了《中国工商银行枪支弹药管理使用暂行办法》、《中国工商银行防暴枪操作规程》和《中国工商银行防范诈骗抢劫盗窃涉枪案件（事故）工作考评暂行办法》；为加强和规范防抢劫工作，制定了《中国工商银行营业网点、金库和运钞车防抢劫暂行规定》；为加强安全生产管理，建立健全了突发事件应急处置机制，起草了《重大刑事治安案件防范处置预案》、《预防和处置群体性事件应急预案》和《办公营业场所消防应急处置预案》。一系列新的规章制度的建立和完善，使全行保卫工作基本形成了操作依程序、办事有制度、过程有监控、违规有处罚的安全管理环境。

回顾这几年来的工作，各级保卫部门认真贯彻总行党委的总体部署和要求，在维护全行的稳定，保障员工生命和国家财产安全，确保各项改革发展顺利进行等方面做出了很大贡献。在此，我代表总行党委向在座的各行领导和保卫部门的负责人，并通过你们向所有辛勤工作在保卫战线上的同志们表示感谢，并致以亲切的问候。

二、认清安全形势，找准工作差距

目前，全国安全形势虽然总体上比较稳定，但随着改革的日渐深入，一些深层次的矛盾和问题逐步显现，社会治安问题仍比较突出。主要表现在：一是刑事犯罪总量始终在高位运行。根据公安部通报，1997年以前，全国刑事犯罪案件每年大体在××万起左右。1997年以后明显上升，2000年××万起，2003年达到××万起，6年时间翻了一番。2004年前三个季度全国公安机关共立刑事案件××万起，同比上升××%，其中两抢（抢劫、抢夺）案件××万起，同比上升××%，盗窃案件××万起，同比上升××%；治安案件××万起，同比上升××%。尤其是爆炸、投毒、杀人、绑架、抢劫等严重暴力犯罪增多，系列杀人、持枪杀人、杀害绑架人质、爆炸抢劫运钞车等重大刑事案件时有发生。二是侵财犯罪突出，经济犯罪大幅增长。1997年以来，全国公安机关所立侵财案件一直占全部刑事案件的××%以上，且涉案金额越来越大，几千万元、上亿元的案件时有发生，严重破坏了社会主义市场经济秩序。三是新型犯罪不断出现。近年来，计算机网络犯罪、证券犯罪、信用卡犯罪等新型犯罪不断出现，并且这些新型犯罪往往智能化程度很高，侦破的难度较大。四是犯罪的动态性增强。随着人财物的大流动，跨地区流动犯罪越来越突出。犯罪分子作案后逃避打击的能力增强，行踪不定，往往甲地作案、乙地窝赃、丙地销赃，造成侦破难、查证难、抓捕难。同时，随着对外开放的进一步扩大，刑事犯罪出现了国际化的趋势，特别是一些国际毒品犯罪集团、国际诈骗集团，已经越来越多地把犯罪目标对准我国，进行渗透。

从全国金融系统安全形势看，应该说也是不容乐观的。2005年以来金融系统连续发生涉案金额巨大的恶性案件，对国有商业银行的综合改革构成巨大威胁，社会反响强烈，中央和国务院领导高度重视。我行虽然2004年没有发生太大的外部案件，抢劫案件也全部成功防范了，但涉案数十万元、甚至上百万元的诈骗案件也有发生，说明全行在安全生产和保卫工作管理方面仍存在一些问题，应该引起足够的重视。一是安全生产意识不到位。主要表现为管理层中部分领导没有充分认识新形势下保卫工作的重要性，重经营、轻安全的观念没有从根本上得到扭转。如在守押社会化改革中，个别具备条件的行，没有积极组织实施改革；一些实现了守押社会化改革的行，由于个别领导片面地认为保卫工作就是守库押运，致使守押移交后即将保卫机构撤并，这是非常错误的。哪些行把保卫机构撤掉了，要统计和说明原因。还有的基层机构名义上有兼职保卫人员，但因其身兼数职，精力有限，保卫岗位名存实亡，安全制度形同虚设。个别基层机构管理松懈，操作人员思想麻痹，违规现象屡查不禁。二是少数行安全防范设施建设水平差距较大。有的分行至今还有近四分之一的营业网点没有安装防弹玻璃，一半的网点没有安装夜间报警设施，安全隐患很大。保卫部门要进行一次彻底调查，了解清楚存在这些问题的行向上级报告没有，报告给哪个部门，什么时间报告的，为什么没有解决。如果因此出现被抢、被盗，要追究所有不作为人员的责任。三是现金营运中心的安全管理有待进一步加强。少数分行金库安全技防水平低，缺乏对管库、守库人员的硬约束机制，造成监守自盗案件时有发生。四是枪支风险尚存。由于种种原因，部分行换装防暴枪、收缴军用枪支的工作没有如期完成，导致全行在用枪支中仍有39%的军用枪，数百支库存枪支未能及时上缴，潜在风险很大。我们对这些问题一定要高度重视，在今后的工作中认真加以解决。

三、今后一个时期保卫工作的主要任务

（一）以高度的政治责任感，依法强化安全生产和保卫工作管理。

一是要深刻认识安全生产工作的重要性。安全生产事关人民群众生命财产安全，事关改革发展和稳定的大局，是实现全面建设小康社会宏伟目标，实施可持续发展战略的重要组成部分，是维护人民群众根本利益的具

体体现。国际经验表明，社会经济发展到一定阶段，通常是结构变动最剧烈、各种矛盾最突出的时期。近两年全国重大安全生产事故频发，造成的人员伤亡和财产损失触目惊心，应该说是有其内在的规律性。党中央、国务院高度重视安全生产问题，近年来做出了许多重大部署。出台了《安全生产法》，成立了国家安全生产管理机构，以法律形式明确了各级政府、部门、单位和人员的安全生产责任，对重点行业和领域开展专项整治，在全社会积极推行安全生产监管体系。2004 年国务院专门下发了《关于进一步加强安全生产工作的决定》，明确做好安全生产工作的思路和措施，并在岁末年初 1 个月的时间里，连续两次召开全国电视电话会议，专门部署安全生产工作。中央经济工作会议也进一步突出强调要“认真抓好安全生产，加大工作力度，坚决防止重大安全事故，保护人民群众的生命财产安全”，“进一步加强安全生产工作，完善安全生产管理体制和机制，增加对安全设施的投入，消除各种隐患，预防和减少重大事故的发生”。

抓好安全生产是任何企业和单位责无旁贷的头等大事。从企业管理角度看，安全生产是任何企业生存和可持续发展的基本保障。工商银行要发展成为具有国际竞争力的现代金融企业，其中一个重要方面就是要建立起符合现代金融企业要求的安全性标准，形成科学严密高效的企业安全文化，为业务发展提供安全环境和强有力的支持。但是，我们有些同志特别一些基层分支机构的负责人还没有充分认识这一点。有些同志一提到安全生产，就简单地把它和矿难、爆炸以及煤炭、化工等行业联系起来，认为和银行没有什么直接关系，这是非常不正确的。银行作为承担资金融通职能、经营货币的特殊企业，是我国社会主义市场经济体系的核心环节。银行的安全生产如果出了问题，会直接影响货币资金的正常运转和经济秩序的稳定，甚至可能会形成局部金融风波，影响社会稳定，这是要承担政治和社会责任的。各级行、各个机构的负责人一定要深刻认识安全生产的重要性和特殊性，要下大力气抓好这项工作。从某种意义上来讲，能否抓好安全生产，是对各级领导干部政治水平和经营管理现代金融企业能力的重要检验。

二是要依法做好保卫工作。2004 年 12 月 1 日开始施行的《企业事业单位内部治安保卫条例》（以下简称《条例》），是我国第一次以行政法规的形式全面系统规范和加强单位内部保卫工作，是在新的历史时期通过立法形式加强人员生命安全保护，维护单位正常工作、生产和经营秩序，进而达到维护稳定，实现全社会长治久安的目标。从我国企事业单位内部治安保卫工作发展的历史沿革看，此前几十年一直是通过规范性文件来管理保卫工作，现在有了专项法规，标志着这项工作进入到全新的历史阶段。《条例》也为我行构建安全生产长效机制，健全内部保卫工作体制提供了强有力的法律依据。

各级行要认真组织学习《条例》，深刻理解贯彻落实好《条例》，对于保证安全生产，维护一方平安所具有的重要现实意义，要以高度的政治责任感处理好改革发展和安全稳定的关系，依照和运用《条例》来指导和规范保卫工作，确保员工生命、国家财产和全行经营发展安全。要把学习贯彻《条例》与认真落实国务院《关于进一步加强安全生产工作的决定》有机结合起来，重点抓好安全保卫单位负责制的落实，突出主要领导是治安保卫工作第一责任人的法律定位。实践证明，只有领导重视，把保卫工作纳入总体工作一同部署，及时解决保卫工作中的重大问题，才能保证安全管理各项措施得到贯彻落实，否则“抓安全、促发展”就是空话。要坚持“谁主管、谁负责”的原则，通过抓好责任制的落实，把各级经营机构、业务部门的安全管理责任内容和要求具体化，分解落实到每一个岗位和每一名员工，将安全管理工作的外在压力转化为各单位、各部门的内在动力，将安全措施从被动约束转化为员工的自觉行为，促使方方面面都来关心、帮助、支持和加强保卫工作。要把学习贯彻《条例》与加强保卫队伍的建设紧密结合。银行作为《条例》明确规定的治安保卫重点单位，必须建立健全保卫组织、配备专职保卫人员。当前首先要做好治安保卫重点单位的申报和政府确认工作。现金营运中心、南北数据中心、自行守押的机构、办理现金业务的营业场所、各行的业务库和县支行（含）以上机构的经营办公场所都是我行的治安保卫重点单位，各行要主动进行申报，争取政府和公安机关的支持，尽快落实治安保卫重点单位的法律定位。其次要做好保卫组织的建设工作。《条例》明确规定治安保卫重点单位必须建立保卫组织，避免在社会经济体制改革时期，因企事业单位领导者认识不足造成随意撤并保卫组织，削弱保卫工作。各级行对此要高度重视，我们重申单位工作评价仍然坚持安全一票否决制。如果属应该设立保卫组织而没有设立造成安全上出了问题的，主要领导要承担直接责任。

（二）维护全行改革大局，积极稳妥推进守押体制改革。就商业银行而言，守押外包是国际通行做法，在很大程度上可以有效地规避银行的风险。为此，总行对推进全行守押社会化改革的态度是非常坚决的。近年来，全行守押社会化改革取得了很大成绩，2004 年在守押社会化改革经验交流会议上，我们已经进行了阶段性总结。但应该看到全行守押社会化改革发展不够平衡，目前还有 7 个一级（直属）分行没有进行这项改革，有的分行经营情况和当地市场环境都不错，却迟迟没有推开。当然这里面会有一些客观原因，但是我们经过分析认为，主观态度不积极是个重要因素。希望还没有开展社会化守押改革的分行不要再犹豫和观望，2005 年内必须有所突破；已经部分进行改革的分行，要扩大改革覆盖面，提高社会化、规范化程度。市场环境比较好的地区，可以利用竞争机制，在守押服务模式、安全防范设施的维护保养以及办公营业场所的安全服务等方面进行适应实际需要、符合市场发展规律的改革探索和尝试。当地没有守押公司的分行，要贯彻总行守押改革经验交流会议精神，主动催化市场，设法尽快打开局面。暂不具备改革条件的县支行及其以下机构，应该继续积极推进同业寄库代押，为今后改革奠定基础。

应该指出的是，守押社会化改革不是简单的守押移交，各行在具体操作中要增强成本意识，认真执行《中国工商银行守押社会化改革管理办法》，精确测算需求，与守押公司细算账、算精账，监督守押公司严格履行合同、保证服务质量，努力实现改革效益的最大化，取得更好的守押效果。

（三）加强设施标准化建设，提高防范科技水平。近年来全行安全防范设施建设取得了突飞猛进的发展，安防设施投入在固定资产中已经占有相当的比重，各级保卫部门有责任有义务把这个摊子管好，充分发挥安防设施的功能和作用。安全防范设施建设上欠账的行要在2005年内填平补齐，总行将在下半年对各行落实和解决情况进行检查。新建和改建安防设施的行要以新颁布的《银行营业场所风险等级和防护级别（GA38－2004）》和《安全防范工程设计规范（GB50348－2004）》为标准，从推广远程异地守库系统入手，努力提高安防设施的科技水平。

近年来，全行构建了“下管一级，监控两级”的管理模式。保卫工作要紧跟全行经营管理模式的转变，提高科技含量，在利用技术手段实现对基层操作层面的直接监督和管理的前提下，逐步提升管理层次。2004年总行在广东分行组织召开了远程异地守库现场会，介绍推广了福建分行通过增加科技含量，利用技术设施的硬约束，防范金库管理中的操作风险和道德风险，以及利用科技手段对出入库工作进行远程非现场监督检查的经验做法。年初总行技术项目审查委员会已经通过并印发了金库远程视频监控系统建设技术规范，为推广普及这项工作提供了技术支持。各分行要加强组织领导和部门协调，积极稳妥推广远程异地守库模式，争取更多的行实现利用远程异地监控系统进行守库，利用科技手段实现对管库和出入库人员的有效监管、对守库工作进行非现场管理和检查，实现安全管理。

（四）提高案件防控水平，确保全行改革顺利进行。

一是确保实现案件防控目标。保卫部门作为银行防控抢劫、盗窃、诈骗等外部刑事治安案件的职能管理部门，必须指导协助各级行特别是基层机构加强对营业场所、金库等一线人员的安全防范意识教育、防范技能培训和防范工作质量监控，提高其预防和应对抢劫、盗窃、诈骗、爆炸和恐怖威胁等犯罪的能力，防止各类案件特别是大案和恶性案件发生。但是外部案件防控不是保卫部门能独立完成的，需要各级机构、各个部门和每一名员工的共同努力，保卫部门要积极主动地与其他部门以及基层机构管理人员沟通、协调，努力营造群防群治的大保卫格局。当然，外部案件由于更多地受外部环境制约，许多因素我们无法掌控，其防控工作与内部案件有所不同，这就更需要保卫部门加倍提高警惕，力争通过严密的防范监控，将案发几率降到最低。案件的综合处置能力也是保卫管理人员所应具备的基本素质之一。发生了案件，保卫部门必须及时迅速地作出反应，保卫人员要清楚地明了案发原因，精确指出责任点，并能够向有关业务管理部门提出建设性的补救和防范措施。

二是提高应对突发事件的能力。为有效维护社会稳定，使各地方、各行业确保一方平安，2004年国务院专门召开会议研究部署建立突发公共事件应急机制工作，明确把金融支付和清算系统事故，金融挤兑，抢劫、爆炸和金融诈骗等列为突发公共事件。按照国务院会议的要求，总行制定了《中国工商银行业务应急方案和安全应急方案》（以下简称《方案》），各级行要充分认识到有效预防和妥善应对突发事件，对于保证全行顺利发展的重要作用，根据总行的《方案》，结合本行情况，建立健全突发事件应急机制，细化突发事件应对措施，确保对突发事件能够做到早发现、早报告、早控制、早解决。各级保卫部门要充分发挥职能作用，在加强防控抢劫、爆炸、涉枪等重大刑事治安案件的同时，积极配合有关部门做好消防和群体性突发事件的预防处置工作，维护正常经营办公秩序。

三是加强重点目标的安全保卫。数据中心和现金营运中心作为全行业务和现金运营的中枢是保卫工作的重中之重。数据中心和现金营运中心必须严格按照《条例》和《中国工商银行现金营运中心管理办法》，健全内部治安保卫工作机制，加强自身保卫工作的组织建设和制度建设，落实领导责任制和安全管理措施，建立起全方位的物理防范体系。现金营运中心要特别加强监控、门禁系统建设，利用科技手段固化安全操作程序，实现对管库、出入库人员规范化操作的监督管理和硬约束，全面加强外防和内控管理。保卫部门必须加强对数据中心和现金营运中心安全管理工作的检查和监管，总行保卫部要将数据中心的安全工作比照一级分行进行管理，定期进行检查；各级保卫部门要积极协助业务部门做好现金营运中心的安全保卫管理工作，确保安全生产万无一失。

四是继续严格控制涉枪案件事故。坚持依法配枪、管枪、用枪，最大限度地降低枪支数量。对不适合持枪的人员必须坚决调整。各行要将防暴枪换装和库存枪支上缴列入重要工作日程，年内必须完成。需要总行向公安部统一反映的，一级分行要写出专题报告，由总行统一反映。

（五）拓展保卫工作领域，加强保卫队伍建设。

一要积极开拓保卫工作的新领域。我们说保卫专业要强化为业务服务的意识，努力提供专业化的安全服务，其中包含着实实在在的内容。实事求是地说，目前全行保卫队伍的总体素质与上述目标还有一定的距离。保卫部门要成为新时期银行安全工作的职能机构，就必须具备配合业务部门防控风险的能力。各级行保卫人员要认真学习相关金融业务知识，深入研究和把握个人消费信贷、银行卡、电子银行、现金业务等领域新型犯罪的特点和规律，在风险预警分析、案件防范控制等方面，主动为业务部门提供全方位的安全服务和支持。总行将继续举办相关培训，各级行也要开展有助于保卫人员转变管理理念、有助于适应业务工作需要的防诈骗、防高科技智能型犯罪的教育培训，提高保卫人员的业务能力和案件防范水平，促进保卫人员由操作型向具备有多种能力的复合型人才转变。各级行的保卫人员都要有一种时不我待的紧迫感和责任感，主动适应业务发展需要，努力成为现代金融企业的安全管理专家。

二要找准保卫工作的切入点和落脚点。保卫部门要加快提高自身的能力和水平，担负起对全行经营发展的安全进行科学评估和有效管理的责任。2004 年，总行保卫部开展的调研式检查将安全监管定位于服务，受到受检基层单位的欢迎，取得了比较好的效果。由此可以看出，保卫部门只有从全行改革发展的大局出发，从业务发展和基层安全管理的需要出发，从有利于业务稳健运行出发，积极为行领导、为业务部门、为基层行出主意、想办法、提建议，充分发挥好安全管理职能部门的作用，才能够有所作为，才能在全行总体工作中确立应有的地位。

三要实现保卫工作的精细化管理。各行要制定精细化管理标准，力争做到对全部营业场所和防范目标实行有针对性的分类管理。要深入挖掘保卫潜力，合理配置和充分利用资源，提高保卫工作的质量和效率，促使现有保卫机构和人员发挥更大效能。

2005 年初的全行分行行长会议提出全年防范抢劫、盗窃、诈骗三类案件成功率要达到 90% 以上，这是一个很高的目标，任务是非常艰巨的。希望保卫战线的同志们要以对国家财产和员工生命安全高度负责的政治态度，以求真务实的工作作风，再接再厉，勤奋工作，为确保全行改革发展和稳定的大局做出新的贡献。

完善组织体系　强化营销职能 实现我行消费信贷业务的健康发展

——在中国工商银行个人消费信贷工作会议上的讲话

张福荣

（2005 年 3 月 15 日）

这次会议的主要任务是，回顾近年来消费信贷业务发展的基本情况，分析当前面临的形势，安排 2005 年消费信贷工作任务，动员全行积极推进消费信贷业务的健康发展，全面增强个人金融业务核心竞争能力。下面我讲三点意见。

一、近年来全行消费信贷业务持续发展，资产质量和经营效益稳步提升

2001 年至 2004 年是我行消费信贷业务发展的重要时期。四年来，我们坚定不移地贯彻落实国家扩大消费需求的宏观经济政策，始终坚持开拓市场与防范风险并重的指导方针，密切跟踪市场的变化，从满足客户需求出发，积极实施重点业务、重点客户、重点地区的经营策略，经过全行上下特别是广大消费信贷业务人员的不懈努力，我行消费信贷业务逐步走上制度化、规范化、集约化发展的道路。主要体现在以下几个方面：

第一，自上而下组建了专业化的消费信贷经营管理机构。消费信贷业务由分散型、粗放型的经营模式，逐步转变到以支行为营销平台，二级分行集中控制风险，实行前后台业务流程相分离的经营管理体制，为业务健康发展提供了组织保障和人力资源支持。

第二，基本建立了相对成熟的消费信贷产品体系。适应市场变化和不断增长的客户需求，努力开发创新消费信贷系列产品，业务品种日趋丰富和完备，形成了以个人住房贷款、个人汽车消费贷款、个人综合消费贷款为主体，以个人质押贷款、个人助学贷款、个人小额短期信用贷款为补充的产品体系，基本满足了不同客户的贷款需求。

第三，初步形成了比较完善的制度体系。我们一贯坚持业务发展制度先行的原则，始终把加强内控、防范风险放在突出位置，从不断完善消费信贷业务规章制度入手，建立了涵盖前中后台全流程的一系列业务规章和管理制度，通过推行业务操作的标准化和风险管理的规

范化，为促进消费信贷业务健康发展奠定了坚实的基础。

第四，搭建了比较先进的科技平台。全行努力推进消费信贷业务的科技化进程，改变了落后的手工操作方式，实现了全系统、全品种、全流程的计算机操作与管理。依托技术领先、运行高效的消费信贷台账系统，建立了“下管一级、全面监控”的业务监控模式，在提高业务处理效率，改进客户服务的同时，初步实现了消费信贷业务管理的科学化、标准化、规范化。

第五，初步建立了符合国际现代商业银行标准的贷款风险管理体系。各级行高度重视不良贷款清收、转化工作，不断探索化解贷款风险的有效方式和途径，风险管理的能力稳步提高，保证了消费信贷业务沿着质量效益型道路稳健发展。

第六，逐步形成适合全行业务发展运作模式的“三个重点”的发展策略。依托个人金融业务的整体优势，注重竞争“三高客户”，突出重点产品，鼓励和支持重点分行优先发展，积极拓展优质信贷市场，实现了资产质量和经营效益的同步增长，贷款总量迅速扩大，优质客户数量显著增加，经营效益大幅度提高。消费信贷业务的发展，不仅极大地扩展了个人金融业务的增长空间和服务内涵，保证了我行竞争个人优质客户战略的实施，也促进了全行信贷结构的调整和优化，为提高全行盈利能力和核心竞争能力做出了积极的贡献。

截至2004年末，全行个人消费贷款余额4838亿元，较2000年末增加4009亿元，增加了近5倍。贷款户数达到397万户，增加了1.68倍。个人消费贷款余额占全行各项贷款的比重为13.41%，较2000年提高8个百分点。四年来全行累计发放个人消费贷款10011亿元，累计收回5810亿元，收回再贷率达到58%。个人消费贷款累计实现利息收入640亿元，收息率保持在99%以上。不良贷款余额67.62亿元，不良率为1.4%，达到了流动性、安全性、效益性的统一，实现了规模、效益和质量的同步协调发展。

回顾四年来消费信贷业务发展的历程，可以说取得了显著的成绩，尤其重要的是，锻炼了队伍，培养了一批专业人才，在激烈的市场竞争中积累了宝贵的经验，为进一步加快业务发展奠定了基础。

在充分肯定成绩的同时，我们也应该清醒地认识到，当前消费信贷业务发展中一些深层次的问题还没有得到解决，面对竞争激烈的消费信贷市场，与国际先进商业银行相比，与不断变化的客户需求相比，仍然存在一定的差距。主要表现在：一是现代商业银行的经营理念还没有真正形成，增长方式还没有实现真正的转变。体现在有些机构的管理层对消费信贷业务的重要性认识不足，对消费信贷业务的市场潜力、综合效益和长远发展研究不深，对发展消费信贷业务的支持力度远远不够。二是业务组织管理体系与消费信贷业务发展的要求和特点不相适应。专业人员数量不足、素质不高的问题没有从根本上加以解决。在开拓市场与防范风险的过程中，对于如何建立起运作有序、高效、专业化的管理架构解决的不够好。三是对消费信贷营销策略的研究比较肤浅，营销方式比较简单，营销管理水平比较低，营销效果不突出，等客上门现象仍然存在，主动营销意识和能力不足，对市场和客户缺乏细分，对风险的把握和控制缺乏现代技术手段的支撑，精细化管理水平不高。四是产品设计和功能存在缺陷，产品线不够完整，市场敏感性不足，业务创新落后于市场的快速变化，不能及时满足个人客户的需要，与竞争对手相比缺乏明显的优势。以上几个方面的问题，归纳起来，从根本上来说，就是我们对消费信贷业务的自身特点认识不全面，对其运作规律缺乏透彻的认识和足够的把握能力，从而导致我们在经营理念上，在资源投入上，在市场与风险的结合点上，往往出现偏差，在一定程度上影响了消费信贷业务的快速健康发展。这些问题必须引起高度重视并尽快加以解决。

二、认清形势，把握机遇，推进消费信贷业务的健康发展

（一）我行消费信贷业务面临严峻的竞争态势。由于主客观因素的共同影响，自2004年5月份以来，我行消费贷款（除个人住房贷款）连续负增长，增量同业占比持续下降。从2005年前两个月情况看，消费贷款增长滞缓的状况未能得到扭转，重点产品增长乏力，重点区域竞争力下降，发展前景不容乐观。2005年前两个月消费贷款增减变化主要呈现以下特点：

一是贷款增长速度趋缓。截至2月末，全行个人消费贷款余额4892.48亿元，较年初新增54.38亿元，同比少增81.72亿元，业务发展不够理想。

二是不同业务品种增长情况反差很大。从贷款品种看，个人住房贷款实现持续增长，个人住房贷款余额比年初增加77.61亿元，占个人消费贷款增加总额的142%，但与2004年同期相比，少增42.12亿元，增幅呈下降趋势。其中个人住房按揭贷款比年初增加67.47亿元，占个人住房贷款增加额的86%。除个人住房贷款外，其他个人消费贷款继2004年5月份以来连续10个月负增长，较年初减少23.23亿元，个人汽车贷款、个人质押贷款、个人助学贷款、小额信用贷款余额全面下降。其中，个人汽车消费贷款和综合消费贷款降幅最为突出。汽车消费贷款延续2004年下滑的势头，前两个月减少15.47亿元，占个人消费贷款减少总额的66%；个人综合消费贷款自2004年11月份开始由增转降，前两个月比年初减少7.08亿元，占个人消费贷款下降总额的30%。

三是业务发展的区域结构不均衡。从地区特点分析，各行业务发展差异较大。截至2月末，有13个一级（直属）分行个人消费贷款余额在100亿元以上，分别是广东、上海、浙江、北京、江苏、山东、深圳、四川、广西、河北、河南、福建、云南分行，以上13个一级（直属）分行个人消费贷款余额合计为3522.26亿元，占全行个人消费贷款总额的72%。2005年前两个月，全行有15个分行个人消费贷款出现负增长，其中，有10家分行个人住房贷款负增长，有30家分行其他个人消费贷款负增长。特别是有10家分行个人住房贷款和其他个人消费贷款双双负增长，令人担忧。这10家分行依次是：北京、四川、吉林、内蒙古、辽宁、黑龙江、大连、深圳、厦门、青海分行。2005年前2个月个人消费贷款增加较多的分行，按照绝对额排序，依次是浙江、江苏、广东、上海、山东、安徽分行。个人消费贷款下降最多的分行，依次是北京、四川、吉林、新疆、内蒙古、辽宁、黑龙江、大连、深圳、厦门分行。

四是新增消费贷款市场份额趋降。与金融同业比较，截至2005年2月末，在四家国有商业银行中，我行个人消费贷款存量占比为31.87%，位居首位；增量占比位居中行、建行之后，列第三位。其中，个人住房贷款增长额占比低于中国银行14.98个百分点。

2005年以来，消费贷款增长滞缓、占比下降，既有客观方面的原因，也有主观方面的问题。从客观因素和外部环境看，2004年以来国家实施宏观调控政策的作用和影响逐渐显现，商业银行提高信贷门槛，收权严控，包括加息等都对消费贷款增长带来不利影响。但从主观原因分析，在同一宏观经济背景下，若面对同样的市场，风险水平相同时，我们的市场占比下降，就说明我们在思想认识、重视程度和资源投入上存在差距，说明我们在产品创新和客户服务方面没有特点和优势。消费信贷是未来商业银行发展的一项重要资产业务，有良好的发展前景和巨大的市场空间。市场占比的持续下滑，意味着消费信贷业务的综合竞争力在减弱、我行的优质客户在流失。如果我们不迅速扭转这种被动局面，就会使好不容易后来居上夺取的市场主导者的地位，又得而复失，这势必削弱我行个人金融业务的综合竞争能力，也将对全行收益结构和信贷结构的调整带来不利影响，并将影响到全行“大个金”战略目标的实现。个人金融业务中资产、负债和中间业务是一个完整的相互联系的有机整体，作为国内第一大零售银行，如果我们不能为个人客户提供全面的金融服务，就会失去一块最有潜力的信贷市场。个人消费贷款余额的升降，不仅仅关系到一块资产业务的取舍和市场份额的变化，它直接影响到几百万优质客户的稳定，影响到上千亿元存款业务以及中间业务的发展。如果我行失去了这块个人资产业务，就将失去持续发展的动力。对此，各行领导要有清醒的认识，高度重视消费贷款营销工作，针对当前面临的严峻形势，坚决采取果断措施，尽快扭转被动局面。在严格控制风险的前提下，个人消费贷款负增长的分行，力争3月末实现止降回升。

（二）消费信贷业务有着巨大的发展空间。从国际商业银行发展的过程来看，消费信贷业务因其市场潜力大，盈利能力强，风险相对分散，附加值较高，受到各家商业银行的高度重视，成为其经营战略的重要组成部分。据权威机构统计，目前美国前10大银行中，零售业务资产占商业银行总资产的平均比重为49%，消费信贷业务已成为其主要收入来源。如花旗银行最近几年的信贷收入来源中，消费信贷业务收入的平均占比超过40%。汇丰银行2003年度盈利的一半来自个人金融业务，其中个人贷款业务占16%。而我行2004年底个人消费贷款占全行总贷款的比率仅为13.4%，个人消费贷款利息收入237亿元，占全行总收入的12.54%。与国际商业银行先进水平相比，我行个人消费贷款资产和收入占比都明显偏低，同时也预示出我行消费信贷业务未来巨大的发展空间。

截至2004年末，全行各项贷款余额36067亿元，个人消费贷款余额4838亿元，贷款户数达到397万户。如果按照各项贷款每年平均增长8%，消费贷款每年平均增长15%的发展速度，五年以后全行个人消费贷款余额将达到9730亿元，将近一万亿元。消费贷款余额占全行各项贷款的比重将由目前的13.4%提高到20.1%。消费贷款年度增量占比将由目前的26.3%提高到38.9%。如能将风险控制在目前水平，并按照目前消费贷款平均收益率5.45%计算，不考虑其他间接收益，五年后，消费贷款对当年全行贷款利息收入增加额的贡献度将会达到49%，将近50%。消费贷款经营效益的快速增长，对全行盈利结构的改善，对工商银行市场竞争力的增强将发挥巨大的作用。随着国内金融市场的全面开放，我行消费信贷业务面临新的发展机遇，同时来自于境内外商业银行的竞争将日趋激烈，如果我们不能深刻认识未来面临的严峻竞争形势，不能从战略高度对消费信贷业务长远发展具有前瞻性的认识和把握，将丧失历史的机遇。经过几年的不懈努力，当前我行消费信贷业务已具备了快速发展的基础，全行应乘势前进，从战略发展的角度，从加快推进股份制改革的全局出发，重新认识消费信贷业务的重要作用，增强历史责任感、紧迫感和危机意识，加大资源投入，加快业务发展。

（三）全面认识和正确把握消费信贷经营发展和体制改革的重要意义。总行决定对消费信贷业务经营管理体制实施重大改革，并已经就此做出统一部署。这是从有利于完善公司治理机制，有利于进一步提高消费信贷业务竞争力出发，本着理顺职能分工，合理配置资源，强化市场营销和加强风险防控的原则，推出的一项重要改革措施。整合机构职能，实行前后台职能分离，决不是简单的机构合并和人员划转，而是着眼于未来长远发展，促进消费信贷业务健康持续发展的战略选择，既是有效防范风险的客观需要，也是强化市场营销的必要措施。各行要充分认识和正确把握这次改革的重要意义，按照要求如期完成改革任务。

消费信贷前台和后台部门要通力合作，密切配合，共同推动消费信贷业务的健康快速发展。前后台两大业务部门是一个职能分工明确、总体目标一致的统一整体，区别在于工作内容不同，职责各有侧重。前后台职能的发挥都要融汇于全面的风险管理之中，并且在不同的层面和业务环节发挥作用。前后台对于市场营销都有共同推动的责任，都要以满足客户需求、占领有效市场、提高经营效益和竞争能力为共同目标。营销竞争力的高低，取决于业务管理全流程的高效协调配合，取决于前后台两个部门的协调运作。任何片面追求单一目标的绝对化做法，都会对消费信贷业务发展带来不利的影响。强大的市场营销能力是消费信贷业务持续发展的基础和动力，有效的风险控制能力是消费信贷业务核心竞争力的体现。各级行不管是前台还是后台，不管是管理层还是经办行，要始终坚持开拓市场与防范风险并重的经营原则，一切市场营销措施的出台都要把防范风险作为前提，各项规章制度都要以市场和客户的需要为出发点。风险管理以市场为基础，以客户为对象，风险管理工作的组织和开展要考虑营销服务的完整性和系统性，考虑对目标市场和竞争力的影响，考虑优质客户的满意度和有效市场定位。后台部门是抓好贷款营销的有力支持和保障，要切实贯彻以客户为中心，以市场为导向的经营思想，根据市场变化，及时调整信贷政策，提高审批效率，支持前台业务部门的市场营销和客户服务工作。要坚持全面、科学、可持续的发展观，实现消费信贷业务速度、质量、效益的协调发展。决不允许不顾自身风险控制能力，追求消费信贷业务规模的盲目扩张，更不允许单纯为了追求零风险而不顾业务发展，导致优质客户流失，市场份额下降，丧失发展的机遇和竞争的主动权。前后台部门要建立密切协作、良性互动的工作机制，坚决防止各行其是，坚决杜绝重此薄彼的倾向，坚决避免内耗。

三、理顺体制，健全机制，做好2005年消费信贷市场营销工作

2005年已经过去近四分之一的时间，从计划执行情况看，效果不够理想；与竞争对手相比，也存在明显的差距。2005年是我行消费信贷体制改革的第一年，面临着各种复杂因素的影响，时间紧迫，任务繁重，形势严峻。如果我们不认清当前的形势，不采取强有力的措施，还是按部就班地部署安排工作，2005年预定的目标和任务就很难完成。各行要切实增强使命感和工作责任感，给予消费信贷业务发展足够的重视，采取切实有效的措施，尽快扭转目前消费贷款增长迟缓的被动局面。

2005年全行消费信贷业务的总体发展要求和经营目标，我们已经在2004年年末召开的个人金融工作会议上做出了统一部署。我在这里强调和重申，2005年消费信贷业务发展的总体要求是：推进机构改革，加快职能转变，整合消费信贷产品，优化业务操作流程，加强消费信贷与公司信贷业务联动，增强大中城市竞争能力，实现跨越式发展，把消费信贷业务打造成我行的业务精品和优质资产。2005年消费信贷市场营销的总体目标是，实现全年个人消费贷款新增750亿元，其中，个人住房贷款新增650亿元，其他个人消费贷款新增100亿元。

为实现全年发展目标，我们要重点做好以下工作：

（一）完善机构，充实人员。消费信贷业务实行一体化整合营销以后，前台市场营销部门承担开拓市场、防范风险、客户服务和客户关系管理的职责，工作责任加大，营销任务繁重，当前必须抓紧充实各级行市场营销力量，建立专业化的市场营销队伍。机构设置和人员配备必须与业务发展的规模、管理客户的数量、岗位职能要求相适应。各一级（直属）分行，都必须设立专业化的营销管理机构。凡是消费贷款余额达到100亿元以上的一级（直属）分行，必须配备专职的部门负责人。原从事个人住房贷款的营销人员要随职能整合划转到消费信贷业务部门。一级分行营业部、二级分行承担合作单位、中介机构的直接营销，处于公司信贷和消费信贷业务联动机制的关键环节，肩负消费贷款营销组织推动、业务督导、人员培训等多种职能，对于消费贷款余额超10亿元的一级分行营业部、二级分行，必须在个人金融部门内明确专业化的管理机构和人员。经办消费信贷业务的支行，机构设置和人员配备要按照总行关于前台业务分离流程的要求，认真落实。每个支行专职信贷人员配备不得少于3人。同时按照每位客户经理最多管理300个客户的标准，合理配备和充实专业信贷人员。这里特别强调，一级（直属）分行消费信贷市场营销部门机构设置和人员配备工作，力争在第一季度内完成。二级分行、支行必须在4月底之前完成。总行将加强对机构设置和人员配备工作的监测、检查、督导，确保按期完成机构整合工作。各行要抓紧落实，积极组织开展贷款营销，层层落实营销目标，确保完成全年消费贷款增长计划。

（二）建立密切配合、相互协调、运作有序、良性互动的工作机制。消费信贷业务整合后，要按照以客户为中心的原则，树立“大市场”、“大营销”的全局观念和“一盘棋”思想，以满足客户需求为中心，统一开展市场营销，最大限度地调动各种资源，实现消费信

贷业务综合效益的最大化。首先，要加强消费信贷业务与负债业务、中间业务等个人金融业务的联动。要立足于个人客户整体资源，运用数据仓库和客户关系管理系统，整合客户资源，共享客户信息，综合评价客户价值，分析客户潜在信贷需求，开展消费信贷产品组合创新，探索交叉销售模式，实现个人资产、负债、中间业务的相互促进和有机协调发展。其次，要加强与电子银行、银行卡等消费信贷服务相关部门的联动。充分发挥各种营销渠道、金融工具和系统载体的作用，借助先进的科技手段和全行整体资源优势，最大限度地提高全行整体经营效益。最后，要通过建立联席会议制度、交叉考核制度和情况通报制度，明确工作流程和主要权责，实现消费信贷前后台部门的有机衔接和系统联动。消费信贷业务前台要加强与贷款审批中心、贷后管理机构、公司业务等部门的信息沟通和工作协调，与贷款审批管理部门共同研究市场，分析客户需求，争取对市场营销工作的有力支持。消费信贷审批部门要树立市场意识、风险意识和保障意识，对于前台营销提交的客户贷款申请，迅速响应，提高审批效率和整体支持效率，坚决避免由于部门的目标分割和利益冲突对市场营销产生不利影响。

（三）继续贯彻落实“三个重点”的经营策略，加快重点地区和大中城市行消费信贷业务的快速发展。2005年要继续以“三高”客户为目标客户群体，充分借鉴国外先进的分析工具和技术手段，引入国际商业银行的管理方法和计量技术，进一步细分客户和市场，针对不同客户，提供更加个性化的服务，增强对优质客户的营销能力。要继续突出抓好重点分行的发展，总行在综合考虑区域特点、业务规模、风险水平、管理能力等因素的基础上，确定广东、上海、浙江、北京、江苏、山东、深圳、广西、福建、四川、云南等分行为全行消费信贷业务发展的重点分行。同时，为进一步细化和延伸重点分行的管理，总行将选择消费贷款余额在10亿元以上、不良贷款率在2%以下的50家一级分行营业部、二级分行作为重点支持机构。无论重点一级（直属）分行，还是重点一级分行营业部、二级分行，总行都将给予更加具体的政策支持，优先在重点分行进行新业务品种的试点和推广，支持和鼓励重点分行根据区域经济金融特点，开展业务创新。重点分行要承担消费信贷业务加快发展的责任。各级行也要按照管辖的范围，相应确定本地区消费信贷业务重点发展机构，重点支持市场经济发育比较完善、社会信用环境较好、客户资源丰富的地区，鼓励和扶持经办机构在严格防控风险的前提下，实现业务的快速健康发展。

（四）建立消费信贷与公司信贷业务的联动营销机制。房地产开发贷款是个人住房按揭业务的资源保障，是拉动个人住房信贷业务发展的重要基础，个人住房按揭市场的开拓，有利于开发贷款的及时收回，降低开发贷款风险。总行、一级分行、二级分行都要建立消费信贷与公司信贷业务的信息共享机制、捆绑销售机制。各级行要建立部门联席会议制度，定期研究政策走向，分析市场变化，交流住房开发贷款与个人住房按揭贷款的具体合作和配套跟进情况，检查比例考核执行情况。公司业务部应定期向消费信贷业务部门通报开发贷款、开发商信息，实现住房开发贷款和个人住房按揭贷款按比例均衡发放，为个人住房贷款营销提供有效资源。消费信贷业务部门要及时跟进营销、靠前营销，贷款审批部门要及时审批，确保效率，落实工作任务。对于开发贷款和个人住房按揭的年度营销计划，要实行捆绑销售，联动考核，封闭运行，住房开发贷款与个人住房按揭贷款的发放要按照1:2.5的比例进行监测和管理。要制定住房开发贷款、个人按揭贷款的总量投放与比例考核的具体方案，建立贷款投放的按月监测、按季通报制度，加强对联动考核工作的检查督导。

2005年我行房地产开发贷款划归公司业务部门统一管理后，总行将着手研究制定《个人信贷业务与公司信贷业务联合营销方案》，明确职责分工和工作流程。各级行要开展多层次、立体化的联动营销，通过营销优质住房开发项目贷款、知名品牌汽车生产厂家贷款、优质经销商贷款（含票据融资），支持和培育大型优质房地产开发企业和住宅项目，竞争和储备个人住房按揭资源；通过支持优质汽车经销商的融资需求，稳健发展个人汽车消费信贷业务；通过优质公司业务，有重点的发展个人贷款客户的集团营销。对于非我行住房开发贷款带来的按揭资源，各行消费信贷业务部门也要积极争取，全力营销，通过加大奖励措施，加强对他行房地产贷款按揭项目的竞争营销，促进我行住房金融业务的全面健康发展。

（五）加快业务整合创新和发展的步伐。随着消费信贷业务实现统一营销管理，我们要根据市场需求，抓紧整合各类消费贷款产品，进一步完善和丰富产品线，形成新的产品体系，解决长期以来产品功能重叠、滞后于市场的问题。为进一步加快业务创新步伐，适应个体私营经济快速增长的需要，2005年总行将加快分析研究个人经营贷款产品的可行性方案和管理办法，在取得监管部门批准和先行试点的基础上，逐步推向市场。届时，个人住房类贷款中的个人商用房贷款将纳入个人经营贷款管理，取消个人其他住房贷款。个人住房装修贷款和个人家居贷款等统一归入个人综合消费贷款管理。

个人住房贷款业务在全行消费信贷业务发展中具有举足轻重的作用，也是同业竞争最为激烈的领域。2005年以来，我行个人住房贷款增速减缓，占比下滑，竞争力下降，各级行必须予以高度重视，要全面分析原因，研究应对措施，重点加大商品房贷款的投入，发挥对个人住房按揭的拉动作用，确保个人住房贷款业务在同业中的竞争优势。特别是2005年个人住房贷款余额下降的北京、辽宁、四川、黑龙江、内蒙古、深圳、大连、吉林、厦门、青海等分行，务必要迎头赶上，遏制持续下滑势头，实现健康发展。

个人综合消费贷款是我行消费信贷业务的主要产品之一，其以个人客户自有房产抵押为主，具有适应范围广、贷款用途灵活等特点，受到社会和客户的广泛欢迎。各行要认真分析2005年以来综合消费贷款萎缩的原因，挖掘市场潜力，注重发挥优势，促进其稳步健康增长。个人汽车消费贷款业务的发展值得大家关注。2004年以来，我们在局部地区的个别分行出现了一些问题，暴露出一些风险，这其中有客观环境和市场变化的原因，但是我们认为更主要的问题，还在于一些分行在风险点的认识和风险环节的把握上缺乏经验，相关规章制度贯彻落实不到位。汽车消费市场增长空间巨大，风险可控，我们要在有效控制风险的前提下，寻求更加科学有效的防范风险运作模式，严格贷款条件，积极稳妥地发展，平稳有序地加以推进。个人质押贷款是低风险信贷产品，应该从优化操作流程入手，积极扩大与其他个人金融产品的交叉销售，拓宽质押品的范围，并探索将货币市场基金、工资账户、经营权等纳入质押品范围的可行性，拓展我行个人质押贷款业务的发展空间。个人助学贷款业务管理模式改革以后，各地招投标工作相继进行，目前已接近尾声。助学贷款业务是一项政策性很强的工作，各行要从支持国家教育事业发展的高度充分认识，正确对待，加强与地方政府教育、财政、高校等相关部门和单位的合作，认真负责地做好这项工作。

（六）采取有效措施，提高消费信贷市场营销队伍的工作能力和管理水平。消费贷款营销任务十分艰巨，各行在抓好机构组建和人员配备工作的同时，要明确主管行领导，选拔熟悉信贷业务、有较强市场营销能力的优秀人才，担当消费信贷市场营销部门负责人，切实担负起工作职责。要自上而下，逐级落实贷款营销目标，层层分解到行，落实到人，考核到岗。各级管理行要建立日常监测制度，派出工作组，分片包干，明确任务和职责，加强对重点分行的督导。同时要健全考核激励制度，鼓舞士气，纠正只罚不奖的现象，调动个人客户经理开拓市场的积极性。要加强业务培训，提高人员素质和管理水平。消费信贷业务整合以后，对从业人员提出了更高的要求。总行将在整合产品、统一流程的基础上，编写标准化的培训教材，并组织开展从业人员岗位资格认证工作。各行按照总行统一安排，分级做好相关培训工作，切实提高人员素质，提高管理能力，适应业务快速发展的需要。

为进一步提高消费信贷营销的效果，总行近期计划组织一次全行性消费贷款营销活动，以消费贷款突破5000亿元为近期目标，以完成全年营销任务为年度目标。届时，各行要按照总行的统一部署，切实抓好市场营销活动的组织工作，选准目标市场和客户群体，制订营销方案，明确考核目标，动员全行力量，积极开展贷款营销活动，塑造我行“幸福贷款”的优质品牌形象。

同志们，面对激烈的竞争形势和艰巨的工作任务，全行上下要振奋精神，开拓进取，树立信心，抓住有利时机，采取有力措施，努力开拓消费信贷业务的新局面，为促进全行经营目标的实现做出新的更大的贡献。

认真开展依法合规大检查　全面强化操作风险管理

——2005年度全行依法合规大检查动员报告

张福荣

（2005年3月16日）

刚才，建清同志代表总行党委，对构建完善高效的现代商业银行内部控制体系进行了安排部署，要求这次会议结束后立即组织全行开展依法合规大检查。我们要按照建清行长的要求认真贯彻落实。现在我就如何搞好这次依法合规大检查工作讲三点具体意见：

一、高度重视，充分发动

近几年来，我行通过贯彻落实从严治行方针，强化内部管理，在一定程度上对基层营业机构增强风险防范意识、提高风险防范水平起到了促进作用，特别是

2002年以来我行连续开展的依法合规大检查和各种专项检查活动收效显著，查处了一批案件，处理了一批违法违规的责任人，化解了一些重大操作风险，清除了一些案件隐患。但是，我们也要清醒地认识到，全行内部管理还存在一些与现代商业银行要求不相适应，且迫切需要解决的问题。个别机构负责人风险意识淡薄，对一线人员日常的异常行为缺乏分析、掌控，疏于管理，执纪不严；一些基层营业机构规章制度形同虚设，有章不循、违法违规操作的现象屡有发生；全行在内控管理中还存在不少隐患和漏洞，操作风险仍然十分突出。因此，加强内控制度建设与管理，防止发生重大操作风险和违法犯罪案件，避免给国家资产和银行信誉造成损失，仍然是当前我们面临的一项十分重要和紧迫任务。

近一段时期，国内商业银行连续发生几起巨额金融案件，社会反响很大，给银行的资产和信誉造成了巨大损失。对此，国务院有关领导做出了一系列重要批示，深刻指出银行内部管理方面存在的突出问题。银监会也先后几次召开会议，做出了相关部署。为了深入贯彻落实国务院领导同志的批示精神和银监会的有关会议精神，提高案件防范意识和内控管理水平，排除案件隐患，坚决遏制金融犯罪行为，总行决定3月至5月在全行范围开展依法合规大检查活动。刚才建清行长指出，加强和完善内部控制体系是国际金融业在复杂多变的风险环境中生存发展的经验总结，是适应我国金融监管环境的客观需要，是我行提高风险防控能力和经营管理水平的内在要求，也是我行实施股份制改革所必须解决的首要问题。这次依法合规大检查是2005年我行加强内控建设，坚决遏制各类案件和违规行为的一项重大举措，总行党委要求各级行务必高度重视，加强领导，广泛发动，精心组织，务求"大检查"取得实效。

二、加强领导，精心组织

全行依法合规大检查时间是3月21日至5月31日。检查的内容主要包括2004年1月1日以来基层负责人和重要岗位人员管理和履职情况，会计结算、个人金融、电子银行、银行卡业务和安全保卫等方面的内控制度建设和规章制度落实情况以及对春节前进行的安全防范和加强内控管理工作大检查中发现问题的整改情况。各一级（直属）分行对二级分行会计业务处理中心、现金营运中心和监督中心的检查面要达到100%；对公营业网点的检查面达到100%；对个人金融业务网点的检查面达到100%。总行营业部、牡丹卡中心、票据中心、清算中心、外汇交易中心、人民币交易中心等机构要根据实施方案进行自查，自查面100%。信贷、资金业务大检查将另行部署。

依法合规大检查由各一级（直属）分行具体组织实施，并抽调得力人员组成若干检查组，开展检查工作。总行将组织38个工作组对所有分行的部分营业机构及其重要部位和总行直营机构进行抽查。

一要成立依法合规大检查领导小组。总行成立由张福荣副行长任组长，陈克儒纪委书记任副组长，总行内控合规部、内审局、监察室、保卫部、办公室、人事部、会计结算部、个人金融业务部、银行卡部、电子银行部等10个部门总经理和主任为成员的依法合规大检查领导小组。领导小组下设大检查办公室，办公室设在内控合规部。

各分行也要相应成立由行领导任组长，相关部门主要负责同志为成员的依法合规大检查领导小组，具体领导大检查工作。各分行大检查领导小组对大检查中发现的重大案件要立即向总行领导小组报告，不得延误。对检查中发现的重大事故或案件线索要做出应急预案，及时做出反应，采取必要的应急措施。

二要加强对重要岗位和重要人员的检查工作。各分行在检查前要对被检查单位的重要岗位和重要人员做一次认真的分析。要重点检查各项规章制度是否能够覆盖到所有部门、业务领域、岗位和操作环节；是否按操作规程办理业务；规章制度是否得到了贯彻落实；差错事故是否得到了及时纠正；岗位责任制是否明确有效并真正执行。检查中要特别关注尚未建立会计业务处理中心、现金营运中心和监督中心的单位；基层负责人或重要岗位人员未执行轮岗制度、离岗稽核制度和强制休假制度的营业网点；未建立集中对账机构或无交叉银企对账的单位；地处边远、常规专项检查频率较低的单位。对参与黄、赌、毒活动的员工以及经商办企业、不正常交友等问题和现象的员工要予以重点排查。具体检查内容总行已经拟定了检查提纲。请各行依此开展大检查工作。

三要精心组织大检查工作。所有分支机构都要精心组织，充分做好依法合规大检查的各项准备工作。要结合本行的实际情况，精心研究制订具体的检查方案。要抽调辖区内可以动员的精干力量，组成工作组并对参加检查的人员进行集中培训，学习各项规章制度和检查内容，使之了解和掌握检查的工作要求，做好大检查工作。

四要加强整改措施落实情况的检查。对春节前开展的安全防范和内控管理大检查中的整改措施落实情况进行检查。对尚未落实的要限时整改并专题报告。

三、落实责任，确保质量

要建立依法合规大检查工作责任机制。对检查中发现的问题要提出有针对性的整改措施，依照有关规章制度严肃处理相关责任人。对发现的违法案件，要移交司法机关处理。这次检查中要突出领导负责制和责任追究制。大检查结束后，各分行的最终检查报告要经过分行大检查领导小组组长签字后上报总行大检查领导小组。要以营业网点为单位出具检查报告，报告中要说明检查组成员的分工。报告形成后，检查组成员要签字并经被检查单位负责人签字后归档保管。凡发现问题隐瞒不报或应发现问题而没有发现的要追究检查人员的责任。

要严守纪律，扎实工作。检查中要轻车简从，严格遵守廉洁自律各项规定。要保证检查质量，不得走过场。对所有应检查的内容都要无一遗漏地进行检查，不留死角。总行检查组在检查中可视发现问题的情节轻重扩大抽查范围和延长检查时间。对大检查中发现的违章违规的责任人要分清责任，依照《中国工商银行稽核处罚暂行规定》、《中国工商银行违反规章制度人员处理的暂行规定》和《中国工商银行案件防范工作责任制暂行规定》提出处理意见，按照人事管理权限做出处理。

要建立定期检查报告制度。各一级（直属）分行每周一下班前向总行大检查办公室报告上周大检查工作情况。总行大检查办公室负责整理各分行检查情况报告，编发《大检查工作简报》，指导和推动全行检查工作。

要注重检查效果，保证大检查工作质量。依法合规大检查不仅要有一定声势，更要看检查的效果。对于检查中发现的管理漏洞和隐患，要立即整改；因各种原因不能立即整改的，要指定有关部门在大检查后落实整改措施，明确整改时间。各行检查结束后，要进行认真总结，检查报告要真实反映检查中发现的各类问题。同志们，这次“拉网式”依法合规大检查的目的就是要消除监守自盗、内部违规和外部欺诈的隐患，进一步强化操作风险管理，切实防范道德风险和信用风险，规范业务操作行为，坚决惩处违法违规人员。我们期望通过这次依法合规大检查进一步完善内控制度，强化内部管理，提升管理水平，为我行的综合改革和健康发展创造良好的环境。

在中国工商银行民主党派、无党派和归侨侨眷代表座谈会上的讲话

张福荣

（2005年3月23日）

这次民主党派、无党派和归侨侨眷代表座谈会，是在全行认真学习贯彻党的十六届四中全会和十届全国人大三次会议精神，进一步深化综合改革的重要时刻召开的一次重要会议。总行党委对这次会议很重视，党委组织部做了认真准备。今天，8个民主党派和无党派人士、归侨侨眷、党外知识分子的30多名代表，从全国各地赶来参加会议。在这里，我代表总行党委，对同志们表示热烈的欢迎，对大家多年来为全行改革发展作出的贡献表示衷心的感谢。同时，也希望通过你们向全行各民主党派、无党派人士、归侨侨眷和党外知识分子转达总行党委的亲切慰问和衷心谢意！下面，我受总行党委的委托，主要讲三个方面的内容。

一、全行改革发展的基本情况

工商银行自1984年成立以来，已经走过了21年的历程。21年来，全行按照党中央、国务院关于金融工作的总体部署，在总行党委的正确领导下，在包括广大统战人士在内的全行员工的共同努力下，取得了改革发展的巨大成就。总资产由建行初期的3000亿元，发展到2004年底的5.56万亿元，存、贷款余额分别由建行初期的1700亿元和2470亿元，发展到4.9万亿元、3.6万亿元，业务范围从传统的存、贷、汇，拓展到现在法律允许范围内的多元化业务领域，经营网络由本土延伸到世界主要金融中心，服务和管理的手段实现了由手工操作到信息化处理的跨越，营销渠道完成了由单一的柜面向实体机构、自助设备和虚拟银行的转变，目前，我行已发展成为国内资产规模最大、网络和业务体系完备、技术水平先进、经营资源丰富、盈利能力较强的商业银行。

改革开放之初，邓小平就明确指出了“要把银行办成真正的银行”的改革方向。20多年来，工商银行几代人朝着这个方向作出了不懈努力，经历了创业阶段、国有专业银行阶段、国有商业银行阶段，目前正在进入全面建设现代金融企业的新阶段。

近年来，全行改革的成效非常显著，主要体现在五个方面：第一，商业银行的经营理念基本确立。全行的风险意识有所增强，经营目标更加明确，商业银行的发展观、效益观、质量观、管理观和创新观初步形成。第二，机构改革成效显著。重组了内部经营管理体系，撤并了境内部分低效、无效机构，在具备条件的分行推行扁平化管理，对部分业务实行专业化管理和公司化经营，优化了海外机构布局。机构和人员调整稳步推进，

为我们构建现代金融企业创造了条件，打下了坚实的基础。第三，内控机制不断完善。制约机制趋于健全，各项业务审批、决策的科学化和民主化程度提高，“全口径”的质量管理体系和“全封闭”的效益考核机制作用明显，授权授信、监测检查制度和手段日益完备，业务流程再造取得新的进展，内审和内控体系建设基本完成，正在发挥重要作用。第四，信息化建设领先同业。建立了国际一流的数据中心，搭建了统一、标准、规范的应用平台，推广了功能完善的综合管理和业务处理系统。第五，创新能力不断增强，新的管理手段、服务方式和金融产品不断推出，树立了崭新的市场形象。

2004年，全行面对复杂多变的市场环境和经营管理中的新情况新问题，认真贯彻国家宏观调控政策，落实金融监管要求，积极推进综合改革和业务创新，加强内部管理和风险控制，进一步转变经营模式和增长方式，使各类业务继续保持了健康发展的良好势头，取得了新发展和新成效：一是经营效益大幅度提高。全行实现经营利润747亿元，在连续四年效益快速增长的基础上，又比上年增加111亿元。二是资产质量继续改善。在严格执行五级分类标准、增强贷款质量真实性的基础上，实现不良资产余额和比率双下降，全部不良资产率降至14.2%，下降1.94个百分点。不良贷款率降至19.0%，下降2.23个百分点。非信贷风险资产大幅减少。三是存贷款业务健康发展。境内分行本外币各项存款增加4476亿元，各项贷款增加2889亿元。四是中间业务和新业务快速增长。我行的中间业务实现连续五年的快速增长，在中资银行中率先突破100亿元，并首次升至同业市场第一位。境内机构实现中间业务收入115亿元，同比增长46%，中间业务收入与存贷利差收入的比例达到14%，提高3个百分点。新业务得到持续健康的发展。以个人金融业务为例，积极推行经营模式和增长方式的转变，全力构建“大个金”经营格局，加快产品创新步伐，加强品牌推广和市场营销，使个人金融业务的核心竞争力全面增强，个人金融业务在国内国际金融市场的影响力逐步扩大。

2004年，全行抓住经营管理中的主要矛盾和突出问题，重点突破，协调推进，全面深化内部管理体制改革。各个专业在体制改革和机制创新方面都有新的突破。改革发展的新成就和经营管理的新进步使我行在国内外的声誉和影响力进一步提升。2004年我行在《欧洲货币》、《银行家》、《环球金融》等国际知名媒体和机构开展的评优评级中，获得了“中国最佳银行”、“中国最佳零售银行”、“中国最佳个人网上银行”、“中国最佳托管银行”等11个重要奖项。工商银行的发展进步，离不开全行各民主党派、无党派和归侨侨眷的积极努力，包含着你们辛勤的汗水和智慧。

二、全行统一战线工作情况

统一战线是我们党的总路线和总政策的一部分。多年来，中国共产党一直奉行多党合作和政治协商的基本政治制度，不断发展与各民主党派的真诚、有效合作，努力形成最广泛的统一战线。无论是在新民主主义革命时期、社会主义革命和建设时期，还是在社会主义现代化建设的新时期，统一战线都发挥了重要的不可替代的作用。中国革命和建设的历史经验证明，把绝大多数人团结在共产党周围，结成最广泛的统一战线，是战胜一切困难、夺取革命和建设事业胜利的强大力量源泉。在新的历史时期，统一战线仍然起着不可或缺的作用。我们要实现祖国的完全统一，全面建设小康社会，构建社会主义和谐社会，发展社会主义民主政治，繁荣有中国特色的社会主义文化，这些目标的实现都离不开统一战线，离不开民主党派、无党派人士的关心、支持和参与。在全面推进工商银行现代金融企业的建设中，巩固和发展最广泛统一战线的意义同样十分重大。我们希望加强与各民主党派合作共事，选拔和推荐更多优秀党外干部担任领导职务，做好侨务工作和党外知识分子等各阶层人士工作，团结一切可以团结的力量，为加快建设现代金融企业，提供更深厚的群众基础和更广泛的政治动力。

我行的统一战线工作，是我行党组织联系党外人士的纽带，是反映党外人士意见、建议和要求的重要渠道，在促进党的建设工作、推动全行事业发展等方面，始终发挥着积极的不可替代的作用。目前，全行有1500多名民主党派的党员，比2000年初增加了300多名，增长20%以上。这些同志在为工商银行勤奋工作、忘我奉献的同时，还在各民主党派内或社会上担任重要职务，为推动社会的民主进步贡献自己的力量。工商银行民主党派队伍的不断壮大，对全行改革发展有着积极的意义，我们对此非常欢迎。

近年来，总行党委始终把维护统一战线作为重要工作之一，努力建立了一整套统战工作的机制。一是加强与统一战线各方面人士的联系沟通，增进了了解和共识。总行党委一直都非常关心民主党派、无党派人士的工作、学习和生活，通过各种形式与大家保持联系，共商全行改革发展大计。1999年和2002年召开了民主党派、无党派人士和归侨侨眷代表座谈会。每年“两会”召开期间，总行党委书记、行长姜建清同志都召集我行系统“两会”代表中的民主党派代表进行座谈，听取他们对我行改革发展和统战工作的意见。每年年底，总行和各分行党委都会以上门慰问、寄发新年贺卡等形式向全行的民主党派、无党派人士和归侨侨眷致以问候，感谢大家对工行事业做出的贡献。二是积极做好为民主党派的服务工作。各级行认真培养、选拔有影响、有代表性、有参政议政能力的党外代表人士，并向全国侨联委员会、全国归侨侨眷代表大会推荐代表人选，有的同志已在民主党派中央任职。三是注意培养和选拔民主党派、无党派的同志担任各级领导职务，把他们安排在重要的工作岗位上，发挥他们的专长。今天在座的各位代表中，基本上都是各行、各专业、各类岗位的骨干，都在各自的岗位上发挥着重要的作用。四是支持民主党派的组织发展工作。民主党派要在行里发展党员，我们的态度很明确，只要本人自愿，民主党派愿意接收，我们不仅不干预，还积极支持。

同时，我们也看到，全行各民主党派、无党派和归侨侨眷对金融事业，对工商银行的发展寄予了厚望。在总行组织的“为金融改革发展献计献策”、“为金融业支持西部大开发献计献策”、“中国金融业如何应对加入世界贸易组织带来的机遇与挑战献计献策”三次活动中，我行系统各民主党派、无党派人士和归侨侨眷积极响应，共有500多人次报送了论文，提出了很好的建议，其中一些论文获得了较高的奖项。这既是同志们的荣誉，也是工商银行的荣誉。正是由于大家对工商银行的改革发展非常关心，才能写出高质量的论文。每年，民主党派、无党派人士和归侨侨眷都会以信件等多种方式，表达自己的建议、希望、要求，我们都认真加以研究和采纳。2005年元旦前，总行党委收到了重庆市涪陵分行80多岁的退休侨眷于仁山同志寄来的题为“高瞻远瞩”的水墨画和毛主席“念奴娇·昆仑”毛笔字各一幅，希望总行党委能够高瞻远瞩，引领全行保持正确的改革发展方向，这反映了一位老员工、老侨眷对工行的关心和热爱。总行党委和各级党组织一定会不辱使命，不负重托，带领全行员工不断推进各项改革，保持各项业务持续、健康发展。

三、做好新形势下统一战线工作，共同努力建设现代金融企业

在20多年改革发展取得巨大成就的基础上，我们即将进入全面突破体制性障碍、加快建立现代金融企业制度的关键时期。对国有商业银行实行股份制改造，建立现代银行制度，是党中央、国务院经过慎重考虑作出的重大决策，是一次从观念到体制、机制的彻底革命，其蕴涵的风险和挑战，改革的艰巨性、复杂性是前所未有的。我们还将全面推进以转变经营模式和增长方式为主要内容的经营战略转型。这就要求我们必须进一步坚持以科学发展观为指导，牢固树立现代商业银行经营理念，强化经营发展的资本约束、成本约束和风险约束，加快培育核心竞争力，不断增强风险控制力，坚定不移地走质量效益型的可持续发展道路，构建多元化、价值型和可持续发展的经营新格局。在新的形势任务下，更需要各民主党派成员在内的全行员工齐心协力，团结合作，形成最广泛的统一战线，共同推进全行的改革发展。为此，真诚希望各民主党派、无党派的同志和我们一起做好以下几个方面的工作：

一是欢迎各民主党派关注、关心、参与和促进我行保持共产党员先进性教育活动。为贯彻落实中共十六届四中全会精神，加强党的执政能力，中共中央决定，从2005年1月开始，用一年半左右时间，在全党分三批开展以实践“三个代表”重要思想为主要内容的保持共产党员先进性教育活动，其目的是“提高党员素质，加强基层组织，服务人民群众，促进各项工作”。开展这项活动，是党中央在深入研究新世纪新阶段的形势任务和党员队伍状况的基础上，审时度势、深思熟虑作出的战略决策和部署，是落实科学发展观和构建社会主义和谐社会中加强执政能力建设的一项重大基础工程，是实现全面建设小康社会宏伟目标、推进中国特色社会主义伟大事业的重要保证。

开展这项活动，也是我们工商银行改革发展和队伍建设的内在要求。总行党委对此十分重视，从事关党的执政能力提高和执政地位巩固的高度，从事关党和人民事业的兴旺发达与国家的长治久安的高度，从事关工商银行现代金融企业建设的高度，充分认识其重要性和必要性。根据中央的总体部署和安排，全行先进性教育活动按照“统一领导、逐级开展、压茬进行、全程督查”的原则，分两个批次进行，每批次集中学习教育分“学习动员、分析评议、整改提高”三个阶段进行，集中学习教育时间不少于3个月，总的活动时间不少于6个月。各批次时间安排为：第一批为总行机关，时间为2005年1月到6月；第二批为各一级（直属）分行、直属单位机关及其所属分支机构，时间为7月到12月，分行内部机构逐级开展，压茬进行。

目前，总行机关先进性教育活动开局良好，已圆满完成学习动员阶段的任务，进入了“分析评议”阶段。这一阶段有一个基础性的重要工作，就是向各个层面征求意见。中国共产党要解决好保持先进性的重大课题，完成好提高执政能力这个重大任务，需要各民主党派、工商联和无党派人士的大力支持。3月初，我们已经向党政机关、一些客户、业务上有联系的单位以及各分行发出了征求意见函，征集到许多很好、很诚恳的意见。今天，我们召开这次座谈会，一个重要议题就是向在座的各位，并通过你们向全行广大民主党派、无党派人士和归侨侨眷征求意见。在此，我代表总行党委和总行先进性教育活动领导小组，恳请大家积极支持和帮助总行搞好这一阶段的工作，希望大家广开言路，根据掌握的情况，对总行党委班子和各部室的工作提出意见、建议。思想和作风方面的意见要提，改革发展和经营管理方面的意见也要提；可以对集体提，也可以对个人提；可以书面方式提，也可以电话、信函等方式提。从目前来看，总行机关征求意见的范围比较广泛，取得的效果也比较好。我们相信，通过这次广泛的征求意见，一定会使总行的工作作风进一步转变，工作效率、服务水

平、决策能力和管理水平进一步提高。

二是和我们一起做好人才的吸引、培养和使用工作，为全行的改革发展提供智力支持和人才保证。当前，我行改革已进入攻坚阶段，要提高核心竞争力，实现建设现代金融企业的战略目标，人才是关键。各民主党派具有人才荟萃、智力密集、联系广泛的优势，汇集了大量高中级知识分子和专家学者，是推动我行改革发展的一支重要力量。根据全行近三年人才工作规划，高级管理人才和专家型人才是人才工作的重中之重，这其中不乏民主党派、无党派人士。另外，总行准备制定海外人才引进计划，重点引进精通国际业务、投资银行业务、风险评估、跨国集团营销等我行发展急需的人才，这些人才中很多也是民主党派、无党派人士。充分尊重人才，大胆使用人才，这既是国家实施人才战略的需要，也是工商银行发展战略的需要。今后，要紧紧把握住全行改革发展大局，通过进一步加强与统战人士的联系，多发现和推荐优秀人才，充分调动各方面人士的积极性，为统战人士施展才华提供广阔的舞台。

三是和我们一起做好员工的思想工作，调动各方面的积极性。前一阶段，总行做了一次员工思想状况调查。从调查结果来看，当前全行员工队伍思想状况的主流是稳定健康、积极向上的，但不同层面的员工表现出较大程度的差异性。应该说，这种差异性是符合事物的发展规律的。在调查中，也发现员工对我行的改革发展有这样那样的想法。因此，我们应该有针对性地做好思想工作，使一些想法得到很好地转化，成为发展的动力。当前，总行党委正在按照党中央、国务院的要求，正确处理改革、发展和稳定的关系，坚持以人为本，逐步解决员工思想中的各种问题。通过加强形势教育和政策宣传，引导员工正确认识形势，正确对待改革中面临的各种困难和矛盾；通过释疑解惑，帮助员工转变观念，坚定信心，促使员工理解和支持改革，积极投身改革；通过引导员工正确认识个人利益和集体利益、当前利益和长远利益的关系，促使员工树立良好的职业理想、职业信念，将个人职业发展、自我价值实现融入工行事业的发展之中。希望民主党派、无党派同志们站在更高的层面上，共同关心员工，做好员工的思想工作。

工商银行的发展速度在加快，盈利能力在增强，我们要让每名员工都能享受到改革发展的成果，把解决思想问题与实际问题结合起来，创造一个良好的工作氛围和人文环境。2004 年总行从助困基金中拿出 1100 多万元，此外，还从党费和工会会费中各拿出一部分资金，总计 1400 多万元，帮助了 1 万多名困难员工。此外，各分行也都做了大量工作，在社会上、行内员工中产生了很好的反响。今后，我们将继续把这项扶危济困送温暖活动开展好。

四是和我们一起做好维护稳定的工作，巩固和发展安定团结的政治局面，为全行改革发展创造一个和谐的环境。最近，胡锦涛总书记在省部级主要领导干部提高构建社会主义和谐社会能力专题研讨班上发表重要讲话，全面分析了当前国际国内形势和我们党肩负的使命，深刻阐述了构建社会主义和谐社会的重大意义，明确提出了构建社会主义和谐社会的基本特征、重要原则和工作任务，并就加强和改善党对构建社会主义和谐社会各项工作的领导提出了具体要求。这对我们做好现代金融企业建设关键时期的维护稳定工作，具有重要的指导意义。大家要认识到，随着改革攻坚的深入，必将越来越多地触及深层次矛盾和一些经济利益调整。在改革发展与稳定的关系上，既要坚持正确的改革方向，坚定不移地推进“两个转变”，又要把改革的力度、发展的速度和当前的可承受程度统一起来，使改革发展稳定相互协调、相互促进。我们要求各级行出台重大改革措施，要做充分的调查研究和科学论证，充分听取各方面的意见，包括听取民主党派、无党派人士的意见。特别是在涉及员工利益的问题上，一定要切实做到办法周密稳妥，依法维护员工权益；工作要深入细致，防止简单粗暴。近来总行采取了很多措施，维护员工的利益，维护全行的安定团结。当然，不稳定的因素始终是客观存在的，而且随着改革的深入，各种矛盾可能还会增加。我们会坚决按照党和国家的方针政策，认真地、实事求是地处理上访和信访问题，妥善处理好各种复杂矛盾。同时也需要大家和我们一起更好地配合，努力把矛盾和问题解决在基层、解决在萌芽状态，为工商银行的改革发展营造良好的环境。

总行党委已经确立了明确的奋斗目标，就是把工商银行真正建设成为资本充足、内控严密、运营安全、服务和效益良好的现代金融企业。我们面临着进行股份制改造，完善公司治理结构，推进业务流程和组织机构重组，建立严谨、高效、规范的内控体系，形成全面、系统、科学的风险管理体系，全面实施业务整合创新，实施人才兴行战略，切实提高工商银行的核心竞争力的艰巨任务。我们真诚地希望全行各民主党派、无党派人士，各位归侨、侨眷、台胞和党外知识分子，继续为全行改革发展事业献计献策、贡献自己的力量。

在依法合规大检查总行检查组进场前动员会上的讲话

张福荣

（2005 年 4 月 7 日 根据录音整理）

从 3 月 16 日总行召开动员会开始，全行依法合规大检查已经进行 20 多天时间了。从我们了解和掌握的情况看，各一级分行、直属分行都已经行动起来，按照总行的统一部署，认真地组织推进大检查工作。在检查中每个行都发现了一些问题，有的还是比较严重的问题，有的行还揭露出了百万元以上的案件。这一方面反映了我们内控管理工作面临的形势仍然非常严峻，同时也说明总行组织这次大检查是非常必要和及时的。为了切实保证大检查工作能够收到实效，总行决定派出检查组开展现场检查指导，推动大检查工作深入进行。总行共从内控合规部、内部审计局、监察室、人事部、办公室、保卫部、会计部、个金部、电子银行部、银行卡部等 10 个部门和 10 个内审分局、直属分局抽调了 256 名同志，组成了 41 个检查组，计划利用 1 个多月的时间，对全行 37 个一级分行、直属分行和总行直属营业机构的依法合规大检查工作进行现场检查。下面我讲三个方面的意见：

一、总行检查组的工作任务

总行这次决定组织 41 个检查组，直接对分支机构进行检查，这样的规模在工商银行的历史上好像是第一次。这充分表明总行党委对这次检查高度重视，下了很大的决心。总行党委希望通过这次大检查进一步夯实基础，坚决有效地遏制各类案件和违法违规行为的发生，为工商银行的改革发展创造良好的条件。

各个检查组要对被检查行基层负责人以及重要岗位人员的履职情况，会计结算、个人金融、电子银行、银行卡、安全保卫等各个方面的内控制度建设及制度落实情况进行全面检查。通过对各行的检查，使我们对全行情况有个更清楚的了解，能够推动整个检查工作。每个检查组都要抓好对本组人员的培训，每个检查人员都要认真学习、全面了解大检查的内容。每个检查组都要有针对性地制定具体检查方案和检查提纲，明确检查方法，统一检查标准。检查组内应该有明确、合理的分工，建立检查责任制。

各检查组的组长要负起全面的责任，精心地组织这次检查工作。检查中要抓住重点，不放过疑点。发现重大问题和案件线索，要果断采取应急措施并向上级行报告，未经总行同意，不得擅自对外披露相关的信息。因为银行的内控问题现在是非常敏感的，希望将这条纪律要求传达到各个分行。为了保证检查质量，各个检查组的组长可以针对检查中发现的问题，决定是否延长检查组时间、扩大检查范围。但要及时向总行大检查领导小组报告。

二、检查的方法步骤

各个检查组下周要进入被检查行，迅速展开工作。

首先，要听取一级分行和直属机构前一阶段大检查开展情况的汇报，了解被检查行的工作进度和存在的问题，并要了解总行在春节前组织开展的安全防范和内控管理大检查的整改落实情况。在此基础上，认真疏理、讨论，有针对性地提出进一步搞好大检查的工作意见，并为开展现场检查做好准备。

各个检查组应该采取随机抽查的方式，确定检查网点。对检查中发现的问题，一定要组织人员及时和亲自进行核实，并认定责任。要根据《中国工商银行稽核处罚暂行规定》、《中国工商银行关于对违反规章制度人员处理的暂行规定》和《中国工商银行案件防范工作责任制的暂行规定》，提出对违规机构和责任人的处罚意见，以及具体的整改要求。对于总行的直属机构，也要严格、认真地开展检查，检查的质量和标准不能降低。

衡量这次大检查是否达到预期效果，要看存在的问题是否全部检查出来，或者说基本上查出来；有关责任人是否按规定得到处理，查出来的问题是否整改到位，相应的规章制度是否进一步健全；从业人员的制度观念、遵章守纪观念和风险防范意识是否增强；检查后各类案件和事故是否明显减少。做到上面几条，我们的大检查就达到了预期目标。

三、对总行检查组的几点要求

第一，要严格遵守各项纪律。在大检查期间，检查组成员有事要向组长请假，组长有事要向总行大检查领导小组请假。组长尽可能地安排好工作，完成好组织上交办的任务。要严格遵守廉洁自律的各项规定，尽量不给基层行增加负担。

第二，要建立检查组报告制度。检查组到达检查地点后，要确定与总行大检查办公室的联系方式。要按总行大检查方案的要求，每周一下班前向总行大检查办公室报告检查情况，实时、动态地反映总行检查组的工作情况和发现的问题。现场检查结束之后，要就发现的问题及原因进行认真分析，提出处理和整改意见，实事求是、客观全面地撰写检查报告。

第三，要按照大检查方案要求开展工作。在检查范围上至少要覆盖到一级分行营业部和两个二级分行，对营业部和两个二级分行要分别抽查两个支行，每个支行至少要检查一个对公和个人网点。在检查总行直属机构时，还要对牡丹卡中心、票据营业部所属的分中心和分部进行检查。

第四，要明确检查时间。总行检查组对分支机构的检查时间确定为4月12日开始。“五一”长假期间，检查组是统一休息的，5月31日前完成现场检查工作。如果对某一机构现场检查工作量很大，问题比较复杂，可以延长检查时间。

同时，各被检查机构要做好配合工作。总行检查组进驻以后，被检查单位要积极配合，及时提供有关资料和必要的条件，保证大检查的工作能顺利进行。

做好新形势下的新闻宣传工作 为全行的改革发展创造良好的舆论环境

——在中国工商银行新闻宣传工作视频会议上的讲话

张福荣

（2005年4月14日）

这次新闻宣传工作会议的主要任务是，总结近两年来全行的新闻宣传工作，分析当前国有商业银行新闻宣传工作面临的新形势，研究部署今后一个时期新闻宣传工作的任务，统一思想，提高认识，明确责任，落实措施，努力为我行的改革发展营造良好的社会舆论环境。下面，我讲几点意见。

一、近两年新闻宣传工作取得了很大成绩

近两年，全行认真贯彻党和国家的金融政策，坚持科学发展观，树立现代商业银行经营理念，积极转变经营模式和增长方式，全面推进内部管理和业务拓展，各项工作都取得了显著成绩，改革发展不断迈上新的台阶。这是全行广大干部员工辛勤工作的结果，新闻宣传工作也功不可没。2003年以来，各级行办公室和从事新闻宣传的同志们围绕全行的中心工作，充分利用各类新闻媒体，组织策划形式多样的宣传活动，外树形象，内增动力，在提高透明度、规范信息披露、促进产品营销、塑造良好的社会信誉等方面发挥了重要的作用，既正面引导了社会舆论，充分展示了工商银行的新理念、新业务、新形象，又提高了广大员工的职业荣誉感，增强了建设现代金融企业的信心和决心。主要体现在以下几个方面：

（一）新闻报道的量大面广。这两年全行发布的新闻稿件数量多、频率高、覆盖面大。据不完全统计，2003年以来全行共对外发布新闻稿件3000多篇，平均每天达四五篇，被全国各类新闻媒体采用的数量超过10万篇次。其中总行对外发布新闻稿件320多篇，组织新闻发布会、记者见面会、访谈近百次。中央级各类新闻媒体刊播总行的新闻稿件超过了4000篇次，如果将网络、地方及专业媒体统计在内，总行发布稿件的采用量这两年超过了2万篇次。在报道的广度上，既积极宣传支持经济发展、服务社会和我行改革发展的成就，也注重了对业务和品牌的宣传，形成了强大的宣传攻势。

（二）新闻报道的深度不断延展。组织刊播了一批分析透彻、观点鲜明的新闻评论、新闻分析和专题报道，产生了积极的社会影响。加强了对新闻报道的策划，注重围绕银行改革的热点和社会关注的焦点来选题，选择影响大的媒体刊播系列文章，中央电视台《新闻联播》、新华社《国内动态清样》、人民日报、经济日报、金融时报的头版头条及《财经》杂志封面报道等强势栏目和版面对我行进行了专题报道，影响大、反响好。有些分行不仅注重新闻宣传在本区域的影响，还争取让重要内容在全国性的媒体上刊发。浙江分行改进对中小企业服务的做法被新华社《国内动态清样》采用。有些分行注重围绕客户关注的服务问题策划新闻选题。北京分行选择有效媒体，对离柜业务分阶段地进行了全面宣传，收到了良好的效果。

（三）充分发挥了全行协调联动的宣传优势。总行重新策划设计了我行的形象广告，规范了户外标识实施标准。在总行的统一策划下，各级行还组织了牡丹卡、个人理财、电子银行、现金管理和住房按揭等20余次覆盖全国的大型业务营销宣传活动，推出了“理财金账户”、“幸福之家”、“金融e通道”、“金融@家”“工行债市通”、“汇市通”等新的业务品牌。上海分行创办了《行家》杂志和《新理财》报纸，开展了春节“幸运工行娃，祝福千万家”、五一“理财交响月”和国庆“金秋理财风”三大黄金周主题营销活动。江苏分行和河南分行组织了新业务营销团到二级分行巡回推介。总行、分行和支行统一策划、统一组织、统一行动，新闻宣传与业务营销和形象推广一体化推进，是近两年来提高宣传效果的一条成功经验。

（四）新闻宣传形式丰富多彩。深入研究新闻信息的传播规律，根据广播、电视、报刊、杂志和网络等媒体的不同特点，发布不同的新闻信息，实行个性化传播，形成了组合多种传播渠道和覆盖不同人群的立体化传播态势。总行在向专业财经媒体发布新闻稿的同时，还提供大量的背景材料，引导其进行深入报道，加强了信息传播的合力和持续影响力。天津分行和重庆分行在当地的报纸和电台开辟了宣传专栏，增强了传播的有效性。

（五）完善了新闻宣传工作的制度规范。总行建立了新闻发言人和新闻审批制度，对新闻宣传工作实行了归口管理，明确了新闻纪律，规范了新闻发布程序，保证了对外信息披露的准确性和权威性。浙江分行制定实施了《接待新闻采访（投诉）管理办法》，对接待新闻采访和监督工作应遵循的原则、日常新闻采访的接待程序以及新闻投诉的处理进行了规范。湖北分行在新闻宣传工作中建立了目标责任制、统计上报制度和考核激励机制。这些制度措施保证了全行新闻宣传工作的规范运作和有序进行。

（六）新闻危机预防和处理能力有所提高。各级行的媒体公关意识增强，注重全方位维护媒体关系，既不断加强与党报、党刊等主流媒体的深度合作，又特别重视与有较大社会影响力的新兴市场化媒体的及时有效沟通；既注意与对口记者建立密切的关系，又注重与媒体高层的联系，建立了比较顺畅的沟通渠道。总行每天对各类新闻媒体发布的信息进行实时监测，同时与部分重点媒体的编辑形成了对重大负面报道进行通气的默契，及时发现负面报道苗头，尽快采取补救措施，有效遏制了负面报道的蔓延。河北分行和海南分行充分发挥新闻记者文明服务监督员的桥梁作用，争取媒体的理解和支持，有效防止了负面报道的发生。

在肯定成绩的同时，我们也要看到在当前的社会舆论环境下，新闻宣传工作与全行两个文明建设的要求相比还存在着一些不足：一是统一的新闻危机处理机制不够完善，控制和处置新闻宣传突发事件的能力有待进一步提高。二是统筹规划不够，全行性的新闻宣传的组织策划还不多，宣传形式还比较单一，宣传资源整合不够。三是新闻宣传工作考核奖惩机制不健全，总行各部门和各分行的积极性发挥得不够。四是执行新闻宣传纪律还不够有力，随意对外发布我行信息的现象未能杜绝。以上这些问题需要我们在今后的工作中认真加以解决。

二、当前新闻宣传工作面临的新形势和新任务

做好新闻宣传工作必须从实际出发，全面深入地分析形势，结合时代特点和自身发展的方向来创造性地开展工作。当前，银行的新闻宣传工作面临的形势比较复杂，出现了许多新情况、新问题，需要我们认真研究，正确把握，因势利导。

一是社会对银行信息的关注程度提高。随着社会主义市场经济的发展和改革开放的深入，金融的地位越来越重要。银行稳定事关国家金融安全，银行改革发展与经济和社会发展紧密相连，银行的产品和服务与人民生活息息相关。而在经济金融全球化的大环境下，国内银行与国际金融市场也是联系在一起的。因此，银行新闻信息日益受到从国内到国外、从领导机关到社会公众、从法人客户到一般消费者的普遍关注。尽管他们获取银行新闻信息的目的不同，兴趣点也有很大差异，但有一点是相同的，那就是普遍不满足于银行新闻宣传仅停留在泛泛的工作层面的介绍上，或是把自己的意见、产品简单地向外传递和推销。受众的多角度要求我们建立更加透明和高效率的对外沟通模式，开展个性化和有深度的新闻宣传。

二是金融监管要求银行增加信息透明度。建立规范透明的信息披露制度，及时真实地披露经营信息，既是外部监管的客观要求，也是建设现代金融企业的内在需要。将来我们还要接受更加严格的市场监管和舆论监督。当前国有商业银行的改革已日益成为社会关注的焦点，舆论导向对银行改革的成败具有非常大的影响。有鉴于此，银监会近期两次召集各大银行研究和布置新闻宣传工作，要求各行加大正面宣传力度，对内统一思想，对外增强社会对国有银行改革的信心，创造一个良好的舆论环境。这在以往是不多见的，反映了高层监管部门对国有商业银行新闻宣传工作非常重视和高度关注，也加大了我们做好新闻宣传工作的责任。

三是新闻媒体呈现新格局。随着传媒业的进一步改革开放，我国媒体市场化程度较前几年有很大的提高，出现了许多商业化运作的媒体，其报道的方式、手段和角度都有别于传统的媒体，编辑思想和经营方针也有较大的独立性，原有的传媒市场格局已经被打破，形成了主流媒体与各种专业媒体相互竞争的局面。传媒的影响

力也发生了巨大变化，一些传统的强势媒体，其实际的社会影响力正在受到挑战，而一些新兴的、市场化程度高的媒体，在传播领域的地位则持续上升，尤其是网络媒体，已经成为银行业新闻传播的主渠道之一。媒体的多元化要求我们必须对新闻宣传进行统一策划，以更灵活的方式增强针对性，提高有效性，注重整体影响和效果。

四是市场竞争态势发生了变化。目前全球范围内的商业界包括金融界经历了价格竞争、质量竞争和服务竞争后，已开始进入以形象推广和品牌建设为核心的声誉竞争的阶段。这种竞争是全方位的，也更加激烈。从某种程度上说，声誉是企业的生命，品牌是企业的价值。有调查显示，世界“财富500强”公司20年前无形资产只占总资产的5%，但进入21世纪后，这个比例超过了70%，其中企业声誉和品牌的无形价值占据了比较大的比例。而声誉和品牌的树立，离不开形象宣传和品牌“包装”。当前我们正面临着实现从以国家信誉为主向以建立企业信誉为主的转变。这就要求我们在市场和客户心中真正树立起工商银行独具特色的企业信誉和品牌形象。唯如此，才能为企业价值的持续增长装上强大的引擎，工商银行的长远发展才有坚实的基础。要在新的竞争发展环境中立于不败之地，做好新闻宣传、形象策划、品牌推广工作十分重要。新形势对宣传工作提出了新的要求，宣传工作的内容、方式和着眼点，都必须因势而变，才能肩负起新的历史使命。

五是新闻宣传已经成为银行经营管理中不可或缺的一环。从大经营、大管理的角度看，银行的每一项政策措施、每一个改革环节、每一次业务活动都离不开新闻宣传，新闻宣传贯穿在市场调研、经营决策、内部管理、科研开发、产品营销、客户服务、信息反馈等各个阶段，融入了业务开拓和改革发展的各个环节。这要求新闻宣传要找新路子，辟新途径，以最恰当的方式，及时准确地将信息传递出去，提高对市场和客户的影响力。

新闻宣传本质上是公共关系，是一门科学和艺术，需要以准确的信息为依托，通过有效沟通的形式来发挥作用。从全行的工作大局出发，适应形势发展的需要，我行新闻宣传工作的任务要从过去的主要是行务公开、经验交流和工作介绍，转变到树立和提升企业形象、进行市场营销和营造有利于改革发展的舆论环境上来。

（一）新闻宣传工作的核心任务是维护和提升企业形象，为全行的改革发展构建良好的舆论氛围。我们要通过积极有效的工作，努力使公众和媒体进一步系统地、清晰地了解我行的业务开展情况和发展方向，充分展示工商银行的核心竞争优势和发展前景，不断向社会各个阶层传递这样一个重要的信息：工商银行有信心、也有能力圆满完成党和国家赋予的光荣使命。要达到这一目的，新闻宣传工作要唱响主旋律，让社会与公众了解工商银行的发展思路、管理水平、产品创新、科技进步、优质服务等，树立我行良好的市场形象，提升社会认知度和满意度，扩大未来的投资者和客户群体，提升内在价值和社会价值。

（二）新闻宣传要承载企业文化内涵，注重理念渗透，成功进行市场营销，不断提升我行的市场影响力。实践证明，新闻宣传作用发挥得好，客户就与工商银行联系得紧密；新闻宣传作用发挥得不够，就有可能激化客户的不满，严重的会引起法律纠纷，带来不利的社会影响与信誉风险。新闻宣传工作应成为我行与客户建立联系、增进了解的桥梁和纽带。工商银行拥有上亿个人客户、800万法人客户，通过新闻宣传与广大客户建立良好的联系，使他们了解工商银行的发展实力，增强客户的美誉度与忠诚度，可以说是一种低成本、高效率的营销。新的产品和服务可以通过新闻媒体广泛告知，让银行与客户通过媒体形成互动。在联系客户、进行产品和服务营销时，要防止仅就消息而发消息的简单做法，那样达不到沟通效果最大化，要有文化营销的意识，多进行理念的渗透，通过新闻宣传影响客户的金融消费方式和消费意识，强化客户对我行产品和服务的信任和依赖程度。

（三）新闻宣传要搭建内部交流平台，拓展员工接受信息的渠道，增强工商银行的凝聚力和广大员工的向心力。面临的新形势、新任务，要求全行2万个分支机构、38万名员工心往一处想，劲往一处使，我们的事业才能不断推向前进。要达到思想和行动一致，各级机构除了常用的手段外，还应当充分重视新闻宣传工作的内部宣教功能。员工都是改革发展的实践者，同时也是我行正面形象的宣传者。我们要通过新闻宣传使员工了解我行的发展战略、经营理念、管理机制和运营模式，统一思想和行动；同时也要通过宣传对负面新闻进行及时回应，解除员工心中的疑惑，避免负面新闻炒作导致士气涣散；另外还要通过新闻宣传活动，交流工作中的好经验、好做法，介绍新发展、新动向，推动各级分支机构、各个业务部门之间相互学习、相互启发、相互借鉴，实现共同发展。

（四）新闻宣传要从大局出发，注意媒体关系维护，预防和化解危机，减少负面影响。从某种意义上讲，新闻宣传是一把“双刃剑”，正面的报道可以提升银行的形象和信誉，增强竞争力，而负面的报道则能造成新闻危机，从而引发公众对银行公司治理有效性的怀疑，导致银行的信誉和形象受到损害，甚至危及金融稳定。新闻媒体具有公众立场和独立的视角，我们的发展离不开媒体的支持和帮助，我们也一直欢迎媒体对我们进行舆论监督，并建立了主动披露信息的机制，以加强市场约束。但是，由于目前媒体对银行业新闻资源的需求量与挖掘力度不断加大，社会各界人士对银行业改革信息的反应也很强烈，当前个别的新闻媒体存在一种炒作的不良风气，有的媒体之间互相攀比，盲目求新求快求独家，挖掘负面报道的力度越来越大，想借此吸引广大受众眼球，增加影响力。特别需要注意的是，当前网络媒体正处于勃兴时期，其传播快、覆盖广、成本低、互动性强、能多次传播、反复放大的特点，使负面新闻的防范更加困难。这要引起我们的高度关注。我们的新闻宣传工作应该趋利避害，切实担当起应对负面信息，维护金融稳定，维护工商银行的声誉，减少信誉风险和经营风险的职责。

三、努力做好新形势下的新闻宣传工作

当前的新形势和新任务对我们做好新闻工作提出了新的要求。改革发展的新进展、新成果需要我们广泛深入地宣传，工作中出现的新情况和新问题，也需要我们全面系统地反映，经营模式和增长方式的转变更为新闻宣传工作提供了广阔的舞台。各级行宣传主管部门和从事新闻宣传的同志必须与时俱进，在观念、机制、内容以及形式上加快创新，努力将新闻宣传工作推向一个新的高度。

（一）统一思想，提高认识，围绕改革发展大局开展新闻宣传工作。对于银行来说，新闻宣传在某种程度上是改革发展的战鼓，是从严治行的号令，是市场营销的喉舌。各级行要高度重视并正确对待新闻宣传工作，坚决克服两种倾向，一是认为宣传工作可有可无，或者一味保持所谓的“低调”，该报道的不报道，该宣传的不宣传，该澄清的不澄清；二是片面追求曝光率，为了宣传而宣传，热衷于媒体“做秀”。目前对新闻宣传工作重视不够的问题比较突出，认为银行工作只要抓住经营管理和市场服务就抓住了“大头儿”，新闻宣传不过是“锦上添花”的事。这种片面认识要改变。新闻宣传无小事，一次策划好、角度准的宣传可以为工作打开局面，而一篇负面消息、几个错误的数字也可能引发信任危机。我们要从大局着眼开展新闻宣传工作，从有利于工商银行的整体形象，有利于促进业务发展与市场开拓的角度出发，正确引导舆论。各级行的领导同志，除了善经营、会管理、懂技术外，还要学会在复杂的市场条件下运用新闻宣传手段维护我行的形象和声誉。

（二）明确责任，归口管理，建立健全新闻宣传工作机制。首先，要明确责任机制。各级行主要负责同志要从声誉管理的角度出发，切实担当起新闻宣传工作第一责任人的职责，主管领导负有直接领导和具体组织的责任，各级行办公室是新闻宣传工作的责任部门，负责管理本级行新闻宣传的日常工作，统一组织新闻宣传内容、统一确定宣传形式、统一对外发布信息。其次，要明确任务目标。各级行要制定量化的新闻宣传目标，结合改革发展目标和业务开展情况，对一个时期的新闻宣传工作进行整体策划，制定包括内容和形式在内的具体的新闻宣传实施计划，避免新闻宣传的随意性。最后，要完善考核机制。总行每年都要对全行的新闻宣传工作进行考核，评选组织奖、创新奖和好新闻奖，对于宣传工作成效显著、负面报道控制得力的分行，总行将给予表彰，对表现突出的宣传人员将给予奖励，对于整体报道无起色、由于负面报道处理不当而导致恶劣影响的分行将进行通报批评，并追究相关人员的责任。希望各分行比照总行的做法，也建立和完善新闻宣传工作考核奖惩机制。

（三）发挥整体功能，实行总分行联动，调动各方面开展新闻宣传工作的积极性。要建立新闻宣传联动机制，尽快在全行形成上下左右协调搞宣传的局面。要及时对新闻媒体发布消息，提高我行相关信息在全国各类媒体上的采用率和关注度，全方位、多角度地对外传播我行取得的进步与成就。对于全行性的重大新闻事件，要由总行统一制定宣传计划，统一宣传内容和口径，统一宣传形式和时间，总分行联手在中央和地方媒体上进行统一发布，提升新闻宣传效果。各级行相关部门要配合办公室做好新闻宣传工作，加强联系，注意衔接，防止脱节。总行各部门要在认真分析、仔细研究的基础上，提出本部门的业务宣传课题，由办公室根据全行工作推进情况，统筹规划新闻内容，统一策划宣传形式，力争做到新闻报道天天见，宣传活动不断线。要建立部门新闻宣传计划与营销宣传费用挂钩的机制，调动各个部门的积极性。各分行也要整合宣传力量，合理配置资源，形成联动机制，增强宣传效果。既要立足当地，加大在各类有影响的地方媒体上的宣传力度，增强工行在本地区的市场影响力，又要注意提高宣传档次，扩大宣传的覆盖面。同时，各级行还要抓好业务宣传网络和队伍建设，抓好新闻宣传人员培训工作，不断提高专业人员的新闻采写能力。总之，要通过各种渠道，发挥多个积极性，使全行新闻宣传工作形成规模和声势。

（四）内容丰富，形式多样，注重新闻宣传实际效果。在新闻宣传内容上，既要及时发布我行开发投产的新产品和推出的新服务等动态信息，又要撰写有数字、有分析、有观点的深度文章投放媒体，加强对舆论的引导和影响。宣传形式要尽量灵活多样，科学合理地组合媒体，除了通过发布通稿、组织专题文章、进行专题访谈、召开新闻发布会和记者见面会等传统有效的方式外，还可以探索聘请有名望、专业知识深厚的第三方撰写媒体专栏文章等形式，新闻宣传还要合理把握节奏，延长公众持续关注的时间，通过广泛有效的传播，确保宣传效果最大化。在媒体选择上不仅要重视党报，还要重视都市报，不仅要重视传统媒体，还要重视网络媒体；在语言使用上应尽量使用大众能够听得懂的，避免信息的无效传播。

（五）严肃纪律，加强管理，保护国家秘密和银行商业秘密安全。目前我行新闻宣传纪律教育仍然不够，部分机构与人员纪律和保密观念不强，从总行到分行都

存在对媒体提供不恰当信息的情况。有的是碍于情面和个人私交，有的是掌握了一定的信息源，不负责任地对媒体透露涉密信息，在某些经济发达、传媒发展程度高的地区，此类问题显得更加突出。这种状况必须改变。总行在此重申，新闻发布和信息披露实行分级负责制，总行本身产生的新闻信息和涉及全行性的发展战略、经营策略、竞争方略以及各类业务情况和数据等，统一由总行进行披露；一二级分行按照管理范围和经营权限，负责宣传本级行及辖属机构的新闻信息和相关情况。未经授权任何单位和个人不得越权发布新闻信息。

各级行都要建立新闻发言人制度，规范新闻发布程序，确保对外信息披露的准确性和权威性。任何部门、个人不得发表任何与国家经济金融工作方针政策相悖、与总行口径不一致的言论，严禁未经授权擅自对外提供重要经营管理信息，任何人不准未经许可即接受新闻媒体采访。新闻宣传工作要遵守保密原则，不该宣传的内容坚决不能对外发布，所有新闻稿件和专题文章不得披露未解密文件的文字、数据和图像等内容，员工个人发表论文或专题调研文章，不得涉及我行重要财务数据或经营管理秘密。要堵住秘密信息外漏通道，追究失泄密人员的责任。要实行审批原则，新闻宣传的具体内容必须经有权人审批后方可发出。对行领导在各种会议或其他场合的正式或非正式讲话，未经本人同意不得以任何方式对外提供，员工以所在行名义或就所在行业务发展等事项接受新闻媒体采访，应事先报本级行办公室同意，并由办公室做好与新闻媒体的沟通、衔接和交流工作。

最近媒体对工商银行的改制问题十分关注。此事政策性强，涉及的问题非常敏感。总行在此明确，有关工商银行财务重组、股份制改造、引进战略投资者等相关问题，均由总行办公室和股改办按照国家政策和党委部署统一对外披露，除此以外，任何单位和个人均无权向外透露相关信息。这要作为一条严肃的纪律来执行。

（六）搞好媒体关系维护，加强沟通，切实做好危机公关工作。银行是信誉部门，也是高风险行业，经营管理中不可避免地会出现一些差错或案件。新闻媒体对银行工作中的问题进行报道或披露，有利于社会对银行进行监督，有利于促进银行加强管理、改进工作。对此我们是非常欢迎的。我们要预防和处置的新闻危机，是那些恶意攻击和不当的炒作，是那些捕风捉影和胡编乱造。各级行在新闻宣传工作中要进一步提高危机意识，按照“有效防范，明确责任，讲究技巧，积极应对”的原则制定预防和处置预案。要把危机预防作为第一原则，各级行要切实加强与当地新闻主管部门、新闻媒体的联系，及时了解和掌握信息，沟通情况，随时对媒体报道进行监测，定期对可能发生的危机与风险进行分析，及时把问题解决在萌芽之中。危机一旦出现，要立即启动处置预案，主动作为，积极应对。面对危机不敢说、不去说，讳莫如深，一味推挡，只能引起无端猜测，导致事态恶化；而如果不负责任地随意表态，口径不一，多头对外，更会使问题复杂化。关键时刻，行领导要亲自组织，认真研究，果断决策，必要时主要负责同志要亲自出面与媒体沟通情况，答复问题，化解危机。如何处理新闻危机往往考验的是管理者的政策水平和见识。总之，要通过系列措施防止新闻危机不发生、少发生，一旦发生要在第一时间发现并妥善及时处置，将不良影响控制到最低。

同志们，工商银行的改革发展正处在一个关键时期，营造一个和谐的舆论环境十分重要。对此，新闻宣传工作责任重大，任务光荣，我们要提高本领，引导各类媒体奏响推动工商银行不断前进的旋律，为全行的改革发展不断做出新贡献。

统一思想　振奋精神
努力促进个人贷款的稳步持续增长

——在中国工商银行加快个人信贷业务市场发展视频会议上的讲话

张福荣

（2005 年 5 月 26 日）

当前全行正在按照既定工作部署全力推进股份制改造。在这一关键时刻，我们召开这次会议，就是要认真落实总行行长办公会提出的关于加快个人信贷业务市场发展的工作要求，分析前 4 个月个人信贷业务市场发展情况，研究部署下一阶段的工作目标和措施，进一步统一思想，坚定信心，尽快扭转当前个人信贷业务增长乏力的不利局面，努力实现个人贷款的持续、均衡增长，开创个人信贷市场营销工作的新局面。下面我谈三个方面的意见。

一、2005年以来个人信贷业务发展状况

2005年以来，全行各级消费信贷业务部门认真贯彻总行经营战略部署和消费信贷专业工作会议精神，加快理顺个人信贷业务经营管理体制，积极转变工作职能，加强市场调研分析，努力推动个人信贷产品体系和业务流程完善，全面开展品牌宣传和业务营销活动，积极促进业务发展，取得了一定成效。前4个月，全行个人贷款累计投放661.86亿元，累计收回565.16亿元；实现利息收入89.74亿元，较2004年同期多收16.2亿元，增长22.06%，继续保持较高的盈利增长水平，为全行经营效益的提高做出了积极贡献。浙江、江苏、山东等部分重点分行继续发挥了龙头骨干作用，对全行个人信贷业务发展起到了重要拉动作用，安徽、重庆等分行认真结合本地优势，积极拓展个人信贷市场，也取得了较好业绩。

但从全行个人信贷计划整体执行情况看，市场拓展还是不够理想，营销效果不能令人满意，发展前景不容乐观。概括起来说，主要存在以下四个方面的问题。

一是个人贷款增长乏力，市场拓展形势比较严峻。截至4月末，全行个人贷款余额4934.82亿元，比年初增加96.73亿元，仅完成全年贷款投放计划的12.9%。其中个人住房贷款余额4260.77亿元，比年初增加136.21亿元，仅完成全年计划的20.9%；个人消费贷款余额674.06亿元，比年初减少39.48亿元。

二是区域发展不平衡，部分重点分行贷款出现负增长。从各分行贷款累计新增额来看，截至4月末，个人贷款较年初增加的有浙江、江苏、山东、广东、上海、安徽、河南、重庆、江西、湖北、湖南、河北、福建、青岛、云南、海南、陕西、贵州、广西、厦门、深圳、甘肃等22个分行，共计增加147.48亿元，贷款增长行和累计增加额与2004年同期相比分别减少11个分行和201亿元。全行共有13个分行个人贷款比年初负增长，累计减少额达50.75亿元，与2004年同期相比负增长行增加10个分行、贷款多下降48亿元，贷款下降行和累降额急剧增多。特别是北京、四川、内蒙古、黑龙江、宁波等5个分行，贷款累计比年初下降38.72亿元，占全行个人贷款累降额的76.29%。4月末，全行个人贷款余额超百亿元的13个重点分行贷款余额3562.63亿元，占全行余额的72.06%，比年初增加85.42亿元，占全行新增额的88.3%。但是，在13个重点分行中，个人贷款增减变化情况反差很大，除浙江、江苏、山东、广东、上海等5个分行增长较为明显以外，其他行增长缓慢，其中北京、四川分行则出现余额持续大幅度下降。

三是主导产品竞争乏力，对全行个人贷款增长带动作用减弱。个人住房贷款作为全行个人贷款业务发展的主体，2005年以来发展趋缓，4月末全行个人住房贷款余额为4260.77亿元，占全部个人贷款余额的86.34%，比年初增加136.21亿元，同比少增52%。个人汽车贷款一直延续2004年5月份以来的下滑态势，贷款余额持续下降，比年初下降30.61亿元。个人综合消费贷款自2004年7月份以来总体上也呈下滑态势，比年初下降10.53亿元。个人汽车贷款和个人综合消费贷款共计下降41.14亿元。

四是同业占比持续下滑，市场竞争优势减弱。与其他三家国有商业银行比较，我行个人贷款余额占比继续处于领先地位，但贷款增量占比下降。4月末，在四家国有商业银行中，我行个人住房贷款余额占比为33%，位居首位，但增量占比仅为24%，居第三位。我行个人住房贷款增量占比下滑的势头越来越大，从2004年2月份开始一直落后于中行，差距也由2004年底的5.6个百分点扩大到2005年4月末的16.3个百分点，竞争形势相当严峻。

自年初以来，全行个人贷款投放缓慢，增量市场占比下降的趋势未能得到有效缓解，原因是多方面的，既有国家宏观政策调控、调高贷款利率、规范汽车销售市场、相关法律法规和司法解释出台、个人贷款市场竞争激烈等外部客观因素，也有我们自身的主观问题。在同样的宏观经济环境下，我行个人贷款业务出现同业市场占比下降、发展区域萎缩等现象，很大程度反映出我们在推进内部机构改革、职能调整、贷款前后台分离，健全风险控制机制的同时，对市场营销工作重视不够、措施不多；在个人贷款经营资源的投入上，在业务发展与风险控制关系的把握上，在相关产品的开发整合上，在各管理部门的协调沟通配合上等诸多方面还存在着问题，市场拓展工作与同业竞争对手相比，与我们自身的发展目标相比，都存在着较大的差距。如果我们不能迅速扭转目前市场发展的不利局面，势必影响和损害我行在个人信贷业务市场的地位和形象，势必影响和损害我行“大个金”发展战略的全面实施，对我行信贷结构的优化调整、信贷收益的提高和信贷风险的分散，对维护和竞争个人优质客户、增加股东回报、减少资本约束压力和促进我行实施股份制改革等方面都将产生直接负面影响。各行一定要从全行业务长远发展大局和战略高度出发，对目前个人信贷业务经营发展面临的不利局面和严峻形势有充分的认识和清醒的判断，按照总行的统一部署，采取坚决果断的措施，努力促进贷款增长，尽快扭转被动局面。

二、近期的工作目标

为扭转目前个人信贷业务增长滞缓的局面，确保9月底前我行个人信贷市场拓展取得明显成效，个人贷款明显增长，总行结合各行2005年以来贷款增长情况，确定以下发展目标：

总体目标：力争在6月末实现个人住房贷款余额比年初增加220亿元，9月末比年初增加450亿元；6月份实现个人消费贷款余额下降幅度明显减缓，从8月份开始实现当月正增长。

按照差别管理、分类指导的原则，根据各类行业务发展的实际，明确以下具体目标：

——个人贷款年度营销计划执行进度较快的分行，如广东、上海、浙江、江苏、山东、安徽、重庆等分行要自加压力，努力实现业务持续增长，6月底前完成年度营销计划的50%，9月底完成80%，确保同业市场占比不下降，继续发挥全行业务发展的龙头作用。

——个人贷款年度营销计划执行进度较慢的分行，如河北、河南、湖北、湖南、江西、广西、福建、云南、深圳等分行要深挖潜力，加快业务发展，确保6月底前完成年度营销计划的40%，9月底完成70%。

——个人贷款余额负增长的北京、四川、黑龙江、吉林、辽宁、宁波、内蒙古、天津、山西、新疆、大连等分行，要认真分析自身原因，加大工作力度，多措并举，6月份当月实现正增长，并力争在9月末个人贷款比年初有一定的增长。

会后，总行将把上述目标任务，逐一分解落实到各分行，各分行务必层层分解，逐级落实，积极行动，确保完成。

三、工作要求和措施

（一）进一步统一思想，坚定个人信贷业务发展信心。从国际现代商业银行的发展历程看，个人信贷业务以其风险资本权重低、资产质量较高、溢价能力强、盈利空间大等特点正在成为各商业银行竞相争夺的重点业务品种。国内各主要商业银行也竞相将个人信贷业务作为战略发展重点，投入大量人力、物力，争夺市场份额。各行要切实增强危机意识和竞争意识，进一步统一思想，充分认识个人信贷业务发展对我行信贷结构调整，构建“大个金”经营格局，竞争优质客户的重要意义，同时也应看到，经过近几年全行上下的共同努力，我行的个人信贷产品体系已基本健全，“幸福贷款”品牌形象基本树立，相关业务规章制度不断完善和规范，前后台分离的组织管理体系初步构建。更为重要的是，培养锻炼了一支具备较高业务素质的经营管理队伍，积累了一定经验。这些都为我行今后个人信贷业务的加快发展奠定了较为扎实的基础。总行始终高度重视个人信贷业务的发展，各行一定要坚定信心不动摇，充分认识和发挥我行个人信贷业务的网点优势、品牌优势、客户优势，努力实现个人信贷业务的稳步持续发展。

（二）加强组织领导，实行个人信贷业务发展领导责任制。个人信贷业务作为一项新兴业务，正处在业务成长期，迫切需要各级行领导给予更多的关心与指导。各级行都要逐级建立个人信贷业务发展领导责任制，主管行领导要对本行个人信贷业务发展承担主要领导责任。当前，个人信贷业务面临较多外部市场及政策变化因素，我行内部新的个人信贷经营管理体制又处于磨合过程中，各级行主管行领导要围绕个人信贷业务经营发展目标，积极组织和协调相关部门，定期召开个人信贷业务发展分析协调会，督导各部门加强整体联动，努力推动个人信贷业务健康持续快速发展。对6月末个人信贷发展任务目标完成较差的分行，总行将通报批评，并责其认真分析原因，提出改进措施上报总行；9月末市场拓展仍未见起色、贷款持续下降、市场份额萎缩的分行，主管行领导要到总行专题汇报，说明原因。

从6月份起，总行将进一步强化个人信贷业务发展情况通报制度，逐旬通报各行个人信贷业务发展进度。各级行也要健全和完善相应的通报制度，逐旬对分支行市场发展目标的完成情况和相应工作措施执行情况进行通报，对工作乏力的分支行，要采取综合措施督促其改进。

（三）建立个人信贷业务市场拓展考核激励机制。适当合理的考核激励机制是充分调动市场营销人员工作积极性，提高市场营销效率的有力手段。各行要结合本地实际，尽快建立健全个人信贷业务市场拓展考核激励机制，将个人信贷客户经理和相关管理人员的工资、奖金与其市场拓展情况挂钩。奖金分配要突出前台个人贷款营销部门和客户经理，并且要确保大部分奖金直接奖励到一线客户经理，以真正发挥其激励作用。各行要认真落实总行统一部署，以全行正在开展的消费贷款营销与业务宣传活动为契机，结合市场拓展考核激励机制的建立，选准目标市场，充分调动个人贷款营销客户经理的工作积极性，鼓舞士气，振奋精神，在全行营造大力拓展个人信贷业务的良好氛围。

（四）加快完善个人住房按揭贷款和住房开发贷款的经营联动工作机制。从当前市场发展现状看，个人住房按揭贷款与住房开发贷款的联动机制仍具有相当大的优势，即以开发贷款带动按揭贷款发展，以按揭贷款促进开发贷款有效运行。住房开发贷款与个人住房按揭贷款的经营联动体现于贷款营销、审查审批、贷后管理的全过程，关系到各级行的消费信贷业务、公司业务、信贷管理等多个部门。各一级（直属）分行、二级分行相关部门要以客户为中心，按照总行工作部署，明确职责分工和工作流程，积极促进个人住房贷款与住房开发贷款协调发展。消费信贷业务部门要积极主动加强与相关部门的沟通交流，公司业务、信贷管理部门也要从全行业务发展高度出发予以密切配合，积极解决业务发展存在的问题，构建顺畅有效的工作协作机制。

总行按照1:2.5的总体比例确定了全行住房开发贷款和个人住房按揭贷款年度营销目标，各行要结合实际，综合测算并量化本行年度个人住房按揭贷款和住房开发贷款营销目标。公司客户经理要开展捆绑营销，在营销开发贷款时，必须承担落实与房地产开发公司签署按揭协议的职责。信贷管理部门在审批发放开发贷款时要坚持由我行办理住房按揭贷款，并把是否签署按揭协议作为开发贷款贷后管理的重点内容，以确保经营联动目标的实现。住房开发贷款投放持续乏力的分行，要采取各种有效措施，鼓励和推动公司业务部门积极拓展有按揭资源的优质商品房开发项目，扩大住房按揭资源，为住房按揭贷款业务发展提供坚实基础。

对我行没有住房开发贷款投放的优质住房按揭项目，各行要采取各种必要措施加强对房地产开发商等合作单位及相关人员的公关营销，巩固和扩大我行个人住房贷款市场。

（五）消费信贷前台与后台要密切配合，确保个人信贷业务操作流程顺畅。消费信贷经营管理体制改革后，能否协调好前后台两个部门的关系，有效地调动和发挥两个部门的积极性，已成为个人信贷业务可持续发展的关键。各行要从个人信贷业务发展的整体利益出发，牢固树立后台为前台服务、全行为客户服务的思想，树立大市场、大营销的经营理念，兼顾市场发展与资产质量，建立业务协调发展的运行机制。消费信贷业务部门作为前台营销部门，要充分依托个人理财中心、营业网点等营销网络，发挥“大个金”综合优势，结合各地业务发展实际，锁定目标客户群体，开展各种有较强针对性的营销活动，同时认真履行贷前调查职责，严把客户准入第一关，遴选优质客户。消费信贷管理部门、个人贷款审批中心作为后台部门也要树立市场发展意识，规范和理顺贷款审查审批流程，建立健全贷款限时审批制度，切实提高贷款审批效率，确保个人信贷业务流程顺畅，切实防止因业务流程不畅、审查审批不及时，造成客户流失、市场丢失。

（六）集中精力，突出抓好个人住房贷款等重点产品的市场发展。个人住房贷款发展对全行个人贷款业务发展举足轻重。当前国家出台的宏观调控措施，最终目的是要确保我国住房市场健康持续发展。随着我国国民经济的持续快速发展，居民收入和生活水平的不断提高，个人住房需求还将稳步增加。对此，各行要有充分认识，把个人住房贷款发展作为全行个人贷款发展工作的重中之重，务必抓好做实。在认真做好个人一手房按揭贷款的同时，积极探索开展个人二手房贷款。重点分行要确保个人住房贷款余额稳步增长，同业市场占比与年初相比不下降。具有发展潜力的分行要深入分析市场需求，完善工作机制，积极拓展个人住房贷款市场，确保按时完成工作目标。出现负增长的分行尤其是贷款规模和市场发展潜力较大的分行要克服消极思想，多从主观和自身找原因，深入查找与先进分行和金融同业的差距与不足，切实采取有力措施，迎头赶上，坚决遏制贷款持续下滑势头，尽快实现止跌回升。

总行正在拟定《中国工商银行个人经营贷款管理办法》，将尽快在部分重点分行试点开办。各试点分行要认真研究个人经营贷款不同于一般个人消费贷款的经营特点，深入分析本地个人经营贷款市场需求和经营环境，在切实防范风险的前提下，选准目标市场，采取主动上门营销、媒体宣传等多种方式，大力拓展个人经营贷款业务，使其成为我行新的个人贷款拳头产品和效益增长点。

未试点开办个人经营贷款的分行，要大力开展以个人自有房产作抵押的个人综合消费贷款。要优先选择职业和收入稳定且信用良好的“三高”客户为重点营销目标，拓展贷款用途，加大市场营销力度，将个人综合消费贷款业务进一步做大做强。各行要充分借助个人理财中心、营业网点等平台，拓宽质押品范围，针对不同质押品种，差别营销，并在切实办妥质押物止付冻结的前提下，优化贷款操作流程，缩短办理时间，大力拓展低风险的个人质押贷款业务。

（七）创新营销模式，提高市场营销水平。当前，个人信贷市场竞争激烈，而个人信贷业务同质化的特点又迫切要求我们必须不断创新营销模式和市场营销手段，以增强市场营销能力。因此，各行要下苦功夫，切实转变营销理念，增强主动营销意识，改进营销模式。要继续强化“幸福贷款”、“幸福之家”、“幸福快车”等我行个人贷款品牌的市场宣传，不断扩大其市场影响力和社会知名度。要彻底改变等客上门的被动营销模式，主动走出去，有针对性地上门营销个人住房按揭贷款、个人综合消费贷款等产品。要对已有信贷合作客户进行深入分析，认真遴选和培育一批长期信贷合作关系良好的个人优质客户，联合行内相关部门为其提供一揽子金融服务，使其成为我行个人信贷业务的忠诚客户。要认真分析本地个人贷款市场需求，细分目标市场，着力营销自身具有明显优势的个人贷款产品，提高和巩固产品竞争力，并以此带动其他个人贷款业务全面发展。

同志们，个人信贷业务的发展正处于一个关键时期，全行上下要高度重视个人信贷业务发展，进一步振奋精神，扎实工作，牢牢把握当前的发展机遇，努力实现我行个人贷款业务的持续健康发展。

深化对账改革与参数管理
全面提升风险控制水平

——在深化对账改革暨参数规范化管理改革动员会议上的讲话

张福荣

（2005年8月24日）

2004年以来，经过全行会计结算部门及有关部门的共同努力，我行参数管理工作取得了令人满意的成绩。以参数集中管理为核心内容的参数管理一期改革顺利完成，全行已经建立起以总行为核心、一级分行为主体、二级分行为重要组成的参数集中管理体制，各行组建了专业化的参数管理机构和队伍，全面投产了参数管理系统，将160余张参数表全部纳入系统，66张区域参数表上收到总行统一管理维护，地区性参数表也全部上收到一级（直属）分行，并且具备了批量维护、预置维护等较为先进的系统功能，参数维护的效率和质量有了明显提高，高度集中化、程序化的管理模式初步形成。

同时，银企对账工作也向建立集中对账体系的目标迈进了一大步，各行加快推进会计业务经营平台、支持平台和管理平台建设，形成了“三大平台”有机结合、互为补充、协调发展的局面。从2003年底开始，在以前后台业务分离为核心的业务流程再造过程中，按照“在科学评价测量服务效率、控制操作风险和道德风险的基础上合理划分出前后台处理的业务范围，最大限度地进行前后台分离，配套实施系统改造和制度创新，满足客户即时服务需要”的总体原则和目标，将原分散在各网点的对账职能分离出来，并按照中心——辐射式的架构设计了新的工作组织体系，建立了专业化的运作与管理模式。每个城市分行都设立专门机构，负责对城区辖属机构客户的对账工作；边远县（市）支行设立专职对账岗位，隶属于对账机构领导，作为集中对账机构对账岗位的延伸，负责本县（市）辖属机构银企账务的核对。经过一年多的努力，目前全行共配备对账工作人员4127人（其中远郊县支行1862人），已有94%的城区支行纳入了集中对账范围，90%的账户实现了集中对账，我行银企对账工作基本实现了规范化、标准化、程序化的目标。

2005年，根据总行关于“全面深化管理体制和经营机制改革，加速推进经营模式和增长方式转变，培育核心竞争力，增强风险控制力，显著提高经营效益”的总体部署和今后一段时期会计结算工作的发展要求，全行参数管理改革和对账改革都要向更深层次推进。参数管理改革要在实现集中管理目标的基础上，将重点转向规范化管理。主要是对现有参数设置和管理中存在的问题和薄弱环节进行一次全方位的清理，从总行层面和分行层面同步推进改革，根据业务核算和管理的需要对参数的设置标准从内容和形式上进行全面规范，通过参数手段对业务流程实行更为有效的控制，在提高核算质量、规范业务操作、防范和控制风险上发挥更大的作用。对账改革则是要按照总行提出的建立集中对账组织体系、完善对账机制与对账手段的目标，以及7月份的分行长工作会议明确的“第三季度前全面完成两级对账中心的组建，加强集中对账工作的风险控制与管理”的要求，加快落实各项改革任务。

下面我就这两项工作讲三个方面的意见。

一、参数规范化管理改革的重要意义及主要内容

（一）推行参数规范化管理是提升业务管理水平和风险控制能力的重要手段。参数管理是几年前我行在开发综合业务系统时引入的一种先进的设计思想，旨在通过系统中参数的设置实现对业务的管理和控制，可以说，参数是系统的灵魂。近几年，随着我行各项业务的快速发展，参数的作用体现得越来越明显。全行不同专业不同类型的业务，从柜员管理到账户管理，从账务核算的处理到利率政策的贯彻执行等各方面都可以通过参数进行灵活有效的引导和控制，参数在业务创新发展、提升核心竞争力和风险控制等很多方面都起着十分重要的作用，而且其效能随着全行改革发展和管理信息化建设还会得到更加充分地发挥和体现。

近两年，随着全行参数管理工作的加强以及参数集中管理改革目标的基本实现，参数管理级次低、部门分散的问题已经得到了有效解决。但是，在原分散管理模式下形成的参数设置标准不统一的状况仍未得到根本的改变，集中管理与标准多元化之间的矛盾已成为参数管

理改革进一步深化的主要障碍。同时，现行体系中一些影响参数规范化、精细化管理的问题也逐渐显现，影响了参数集中管理效能的充分发挥。因此，实施参数规范化管理，建立起科学、统一、规范的参数管理体系，将是提高全行参数管理效能、风险防控水平、集约化经营管理程度、市场快速应变能力以及产品创新能力，最终实现机制、管理、技术等方面的整体良性互动的有效手段，也是完善全行公司治理结构，深化股份制改革的重要内容。

（二）参数规范化管理是一项包含四项核心内容的系统工程。即将实施的参数规范化管理改革，从四个方面着手对全行核算业务、参数表业务和参数设置标准进行规范，力争在较大程度上提高我行的参数业务管理水平和核算管理水平。

一是实施“参数1007项目改造工程”，建立科学、规范的内部核算管理体系。“参数1007项目改造工程”是总行为加强内部风险控制、规范全行内部核算行为，经过一年多的规划和准备，将在全行实施的内部核算规范化管理项目。这个项目就是以改造有关控制内部账户的参数表为切入点，通过统一全行内部科目、账户核算标准，改造相关参数表结构，完善系统控制功能等一系列规范改造措施，来彻底根治我行内部核算管理长期存在的一些深层次问题，构建起核算管理高度集中、控制手段安全有效、适应业务管理和风险控制要求的内部账户管理体系，从根本上实现总行统一管理全行内部核算的目标。

二是实施“利率参数统一管理项目”，建立规范、灵活的利率管理机制。这个项目是总行为适应利率市场化发展需要，彻底解决利率执行不够规范、调整手段比较落后的问题，从2005年上半年开始着手实施的一个项目。它是通过系统改造和建立统一的利率标准，从根本上实现总行对基准利率的统一管理和分行对市场利率的个性化设置，建立起既符合规范管理又能够适应快速、灵活的市场反应要求的利率管理机制。

三是实施“地区参数表统一管理项目”，最大限度的整合全行业务执行标准和业务处理标准。这个项目是总行为彻底解决地区参数表设置内容不统一，业务处理标准不一致，管理行为不规范的问题，在实现所有区域性参数表上收总行统一管理的基础上，进一步对地区参数表设置内容进行规范管理的一个项目。这个项目将在对现有98张地区参数表进行科学分类的基础上，从总行和省行两个层面同时开展对地区参数表中有关业务处理标准和设置内容的规范和统一，强化参数在业务核算和系统运行中的管理、控制与服务功能，促进各项业务健康发展。

四是实施“关联维护项目”，构建程序化参数管理平台。这个项目是针对目前参数维护仍然依靠人工经验、随意性较大问题，通过提供程序化、智能化、自动化的参数维护手段，来提高参数工作质量和效率的一个系统功能优化项目。它是以参数管理系统为基础平台，通过在系统中建立参数表关联维护指引库，将我们积累起来的经验用程序化的形式体现出来，指导各级参数人员规范完成各类参数表的维护工作，实现参数表维护工作的规范化。同时，该项目还全面揭示了参数与业务的关系，体现出参数在业务管理、制度落实、内控防范中的作用，能帮助业务管理人员清晰认识业务处理过程中的关键点，从而有针对性地提高业务管理和风险控制水平。

上述四个项目既相对独立，又有紧密联系，是参数规范化管理改革的有机组成部分。因此，实施参数规范化管理改革要整体推进，特别是省分行这一层要把握全局，统筹安排，协调推进。

二、集中对账改革进展情况以及下一步工作方向

（一）集中对账改革已取得了初步成效。长期以来，对账工作就是银行与企业内部查错防弊、是防止经济案件发生的有效手段。传统的对账方式是由银行在各营业网点分散地向客户发放对账单并收回对账回执，2003年以前，我行一直都是采用这种对账方式。这种传统的对账方式在当时的历史条件下，发挥了积极的作用，但也暴露出其手段单一、效率低下、质量不高等弊端。随着我行业务处理系统功能的逐步升级完善，管理信息化平台的建立，特别是网上银行的开通，为银行与客户提供了电子化的先进对账手段，对账工作向更加智能化的方向发展具备了条件。

2003年底，按照会计结算业务集约化经营管理的要求，我行开始实施以前后台业务分离为核心的流程再造，同时开始建立新的集中对账体系。自实施集中对账以来，在完善全行内部控制体系，有效控制操作风险方面发挥了重要作用。具体表现在：首先，集中对账规范了银行一方的核算行为，阻断了前台记账操作与后台账务核对之间的关联，改变了多年来形成的记账对账“一手清”的状况，在管理上强化了查错补漏的防线，对案件的发生有明显的抑制作用。其次，集中对账督促企业一方更加重视未达账项的核对。由于集中对账加大了对账频率，并且实行上门面对面对账、定期不定期对账等方式，能促使企业财务人员及时记账，增加了客户在工行开户办业务的安全感和信任感。最后，集中对账还大量减少了基层机构对账人员的占用，缓解了前台人员和网点的压力。此外，集中对账通过建立专职的银企账务监督队伍，促进了监督中心工作的转型，初步形成了对前台业务营销、交易行为，对中台账务处理、会计核算实行深层次监督预警的集约化标准化运作后台，即我们讲的“大后台”。2004年通过集中对账发现内外部案件××起，金额××多万元。由此可见实现对账与前

台业务分离，是消除对账环节风险隐患的必要措施，这是我们经过无数惨痛教训换来的宝贵经验。

（二）集中对账改革的发展方向。虽然我们在集中对账改革方面做了大量工作，也取得了一定成效，但还存在着一些深层次的问题需要进一步研究解决。首先，我们感到部分行对银企对账工作重要性的认识有待提高；人员配备不齐不力的问题应该限期解决，未对重点账户实行动态管理，未按规定期限发放和收回对账单，对账率远远没有达标的状况也应尽快改观。其次，站在全行的角度综合考虑，我行每种需进行对账的业务均设计了独立的对账单，横向分散在会计、银行卡、个金、住房等部门，纵向上各类对账单发放的集中程度不同，没有形成以客户为中心的格局。最后，由于我行内部资金流动频繁、金额巨大，系统内往来及系统内往来收支项目的账务核对显得尤为重要，每年年终决算结束后，都会发现一些由于账务核算错误或清算不及时等原因造成的会计信息失真的情况，随着内外部信息质量要求的不断提高，必须要有专人来解决这些问题。

为了有效解决上述问题，进一步完善和改进对账工作，总行最近提出了对账工作要达到“上收、集中、电子化”的目标要求，通过对核算对账组织和操作模式的改革，进一步形成横向与纵向结合的集约化运作机制。横向上要按照科学、效率的原则进行业务整合，发挥整体优势，更好地体现“以客户为中心”；纵向上要将管理层次上移，加强上级行的集中管理能力。根据这一思路，为了建立防范操作风险的长效机制，改变目前对账部门分散的状况，更好地服务客户。总行决定在省、自治区分行组建对账中心，从而形成“3+1”的后台业务中心格局，即在现金营运中心，会计业务处理中心，监督中心的基础上增加了一个对账中心，总体形成一个大的后台。对账中心成立后，应逐步集中各类对账业务，并根据业务需要将原有的对账工作在不同级次的对账机构间进行划分，明确职能，同时考虑到对账机构掌握大量的客户账务信息，要增加大额异常交易监测预警职能，在实现集约的同时满足效率的要求，更有效地控制风险，提高内部管理水平。

对账业务的处理应采取“中心——辐射”的方式：省区分行对账中心负责全辖非面对面对账单的发放及营业部的面对面对账，隶属于同级会计结算部，由会计结算部门的副总经理（副处长）兼任中心负责人；二级分行对账中心挂靠在现有的监督中心之内；省区分行对账中心与二级分行中心分工各有侧重，共同完成对账工作；省区分行营业部的对账工作由省区分行对账中心完成，营业部不再另设对账中心。直辖市及直属分行仍保持在监督中心内设立集中对账机构的模式，就是在监督中心里设立一个对账中心。对于因地理位置偏远，不具备条件将对账集中到上级机构的县支行，要在支行一级设置独立的对账岗位，并报一级分行核准。这样全行的对账体系包括三个层面，即省分行、二级分行和不具备集中条件而设立独立对账岗位的县支行。

三、认真完成参数规范化管理改革和对账体系改革任务

参数规范化管理改革和对账体系改革是2005年全行会计管理改革中的两项核心工作。对于参数规范化管理改革，在此之前总行已对所涉及的四个项目做了大量细致的准备工作，目前已基本就绪，进入到向全行推广实施的关键阶段，对于对账体系改革工作，也是时间非常紧迫，任务非常繁重。各行要深刻认识这两项改革工作的重要性和艰巨性，进一步明确工作目标，加快工作进度。在此我提几点具体要求：

（一）充分估计到参数规范化管理工作的难度。在这次会议上，总行还安排了对参数规范化管理四项核心工作内容的介绍，同时为保证各项工作的顺利实施，针对每个项目都制定了比较周详的工作方案，对各项目的工作目标、内容和要求等都作了详细说明和规划。由于前期准备工作主要在总行，分行对这些项目可能还不太熟悉，因此，在项目具体介绍过程中各行一定要认真学习领会，抓住关键，深入理解。

参数规范化管理工作所涉及的每一个项目，尽管共同目标一致，我们也要求将它们作为一项整体工作去组织和把握，但是从项目具体实施内容来看，还是各有侧重，每一个项目都有相当大的难度和工作量，均应该当作一项重大工程来组织实施。

从“1007工程”来看，它不仅涉及到参数表、业务交易、账户状态等程序的改造，总行需要制订全行统一的账户管理标准，而全行有845万多个内部户，分布在各个地区的各个网点，每个分行都需要按照统一的标准做大量的账户核对、清理、规范和移行工作，可以说工程涉及范围广，触及问题深，组织难度高，业务关联性强，且工作量巨大。

从利率参数统一管理项目来看，它是即将投产的全行大型版本——NOVA2.0版本中唯一涉及到系统账户结构改造的项目，是整个大版本能否顺利投产的重要基础项目；而且该项目的投产涉及地区广、账户众多、数据移行量大、关系到全行所有计息账户的核算工作，且与客户关联紧密，操作起来也有较大难度。

从地区参数表统一管理项目来看，它的核心内容是参数数据的统一，而地区参数表又涉及业务核算的各个方面，因此，要求分行必须周详地考虑总行和本行自身的业务和管理需要，制定出满足要求的统一核算标准，并且需要通过严密的测试确保这一标准在系统中安全运行。

从关联维护项目来看，它是全面梳理银行各项业务，对业务进行详细的划分，再对参数进行详尽的分解，建立起科学全面的业务与参数、参数与参数之间

关联关系的一个项目，其脉络复杂，内容庞大。同时，它还是今后全行进行任何一项参数维护的重要途径，其核心库建立的质量以及每位参数人员对其操作的熟练程度，都将直接影响参数维护工作的质量，影响核算业务的处理质量。因此，需要各行充分利用测试的机会，熟练掌握操作流程，对核心库进行充分、细致的验证。

总之，各行要充分估计这项工作的难度，积极做好应对和准备工作，确保改革万无一失，顺利推进。

（二）充分认识组建对账中心的必要性和迫切性。组建对账中心，对全行总体经营发展和竞争力的提高将起到十分重要的作用，这几年我们没有发生大的恶性案件，特别是银企对账环节中没有发生大的问题，与对账业务的集中是有直接关系的。也就是说，工商银行良好的信誉和企业形象是和先进的管理手段分不开的。现在提出要加快组建对账中心也是进一步深化股份制改革、完善公司治理机制的需要。所以各行要正确认识它的必要性和紧迫性。

首先，这是后台业务集约经营管理的客观要求。通过在省区分行集中制作、发放对账信息，可以进一步保证对账单发放的及时性和可控性；整合全行各类客户资源，将同一客户的多种对账单整合，可以为客户提供统一化、标准化、规范化服务，提高全行对账服务质量与效率；实行集中对账可以用相对较少的人员完成原来分散在不同专业、不同部门的工作；推行对账集中和专业化可以节省设备投入，降低营运与维护消耗，降低经营成本。

其次，这是进一步完善业务中心职能的需要。我们2004年成立会计业务“三大中心”后，会计专业的对账工作统一集中到城市分行监督中心办理。除对账外，监督中心的职能还主要包括核算监督、预警监控、会计档案缩微等。实施省区分行综合对账管理与运作将进一步提升对账工作的管理层次，是进一步完善我行会计内部控制机制的客观要求，是对现有会计“三大中心”组织体系的有益补充。

最后，这是提高我行会计信息质量的有效途径。为了满足业务处理与账务核对相分离的要求，在省区分行成立独立的对账中心并组织对辖内的同业往来、人民银行往来、系统内往来及系统内往来收支等项目进行定期有效的核对，将大幅度提高我行会计信息的质量，更好地满足内部决策和外部监管的需要。

（三）高度重视，周密部署，精心做好组织实施工作。无论是参数规范化管理改革，还是对账体系改革，任务都很艰巨。一方面，参数规范化管理的每个项目都是一种创新和突破，而且许多工作涉及全行范围，甚至所有网点，在仅有的四个月时间里，要完成大量的制定标准、核对账户信息、编制移行文件、移行测试等工作，组织难度和工作量是非常大的；同时参数工作几乎覆盖了全行各个业务领域，牵涉到全行基础的账户信息，需要各个部门真正做到密切配合和通力合作，这对总行和分行的组织领导能力、协调配合能力等都是一次严峻的考验。另一方面，组建对账中心也是一项系统工程，涉及业务调整、人员调整、营业场所调整、设备调整等诸多方面。因此，为了确保两项改革的顺利推进，各分行一定要给予高度重视，相关部门要全力配合，共同为改革积极创造条件，保证改革能够按期保质完成。

总行会计结算部参数管理中心牵头负责参数规范化管理改革工作的组织实施，并将成立参数规范化管理工作小组，具体负责协调和组织推动等事项。各分行主管行长要亲自抓，协调有关部门，督导各项任务完成。分行会计结算部门要做好牵头协调和组织落实工作。总行和分行都要制定出规范化管理的总体实施方案和具体工作计划，保证这项工作能够落到实处。

为了保证对账体系改革工作的完成，各分行要由主管行长负责，会计结算部门协调各相关业务部门做好这项工作。从时间上讲，要按照总行要求，在第三季度末之前完成对账中心的组建工作。人员方面，要保证集中的面对面对账人员要按照每400个重点账户配备1个人的标准进行配备；另外要为对账工作提供必要的办公场所、办公设备和交通工具。

在这两项工作中，希望作为牵头部门的会计结算部门与其他部门很好地配合，建立各种有效的沟通渠道，确保全行参数规范化管理改革和对账体系改革顺利实施。

同志们，进一步深化参数规范化管理改革和对账体系改革，将从根本上规范我行核算管理，强化内部控制，提高核心竞争力，从而为加速我行股份制改革和现代金融企业建设步伐发挥非常重要的作用。希望各行以饱满的工作热情、严谨的工作作风完成好改革的各项工作。

认清形势 创新思路 发挥会计职能作用

——在2005年度高级会计管理人员研修班上的讲话

张福荣

（2005年9月27日）

我们这次研修班是在工商银行改革发展进入一个新阶段的时候举办的，它的意义不同于以往，也不同于一个一般的工作培训。我相信通过这个研修班，大家可以着眼新的形势任务，学习很多新的知识，开拓思路，了解会计改革新的趋势，提高我们组织、领导和做好会计结算工作的能力。下面，我想谈三个方面的内容，一是对2005年的工作做一个回顾和总结，二是对会计工作创新思路谈几点认识，三是对2005年后一阶段工作谈几点意见。

一、全力打造三个平台，会计结算工作取得新的成绩

2005年以来，全行各个部门、各个领域围绕股份制改造进行了一系列的重要变革。作为全行各项工作基础平台的会计结算部门也做了大量卓有成效的工作。我们可以看到，在股改中的每一项重大动作、每一个环节的工作，几乎都会经过会计制度和会计核算的闸口。与此同时，全面风险管理的许多新职责、新任务也越来越多地集中在会计结算部门。面对新的形势和挑战，总行做出了会计结算专业要打造管理、经营和业务支持三大平台的战略部署。全行各级会计结算部门围绕三大平台建设，不畏艰难，奋力拼搏，出色地完成了各项工作任务。

（一）打造科学的管理平台，有效地推动了股改进程。会计结算工作既是全行各项管理工作的重要平台，也是全行股改工作的必要平台。为了建设好这个平台，各级会计结算部门着重抓了三个方面的工作：

一是构建新的会计政策和会计制度。从年初开始，总行会计结算部门就组织力量对我行的会计基本制度进行了全面改造，初步形成了适应股份制改革需要的新会计制度，完善了相关的业务需求方案、科目调整、报表体系转换等一系列配套举措，我行新旧会计体系的转换工作基本完成，2006年年初就会实行新的会计制度。这些工作为我行实施谨慎的会计制度，满足国内外资本市场的信息披露要求奠定了坚实的基础。

二是高效优质地组织核算工作。在注资和不良资产剥离工作中，全行会计结算部门精心组织了损失类贷款、可疑类贷款剥离销账的测试、投产以及剥离贷款的停息测试，为不良资产剥离奠定了系统基础；利用参数表以最快速度在全行统一新增了38个会计科目，开立了相关总账及96个外币核算账户，为注资和不良资产的剥离创造了便捷的账务处理条件。在此期间，全行会计结算人员加班加点，不辞辛劳，连续作战，批量剥离处理不良资产46万余笔，手工联机剥离处理不良资产2万余笔，高效率、高质量地完成了全部注资和不良资产剥离的会计核算任务，充分展示了会计结算战线的凝聚力、战斗力和良好的精神风貌。在不良资产剥离和随后的尽职调查过程中，会计结算部门，包括我们的清算中心，还配合股改和外部审计，做了大量艰苦细致的工作，并经受了外部审计的检验，这说明我们的工作质量是好的，核算质量是高的，基础工作是扎实的。

三是狠抓内控建设。2005年以来，在总行的统一部署下，内控管理方面重点抓了七项工作。（1）全面展开风险检查。结合全行依法合规大检查，全行会计结算部门对所辖网点和机构的118项会计结算业务风险要点进行了全面自查和抽查，摸清了风险现状、风险成因，强化了对风险多发环节的管理；（2）继续推进后台业务集中管理，深入探索操作风险集中管理的新思路和新方法；（3）规范会计科目设置与监测，对前台核算操作实行系统硬约束和远程监控；（4）进一步深化监督检查体系改革；（5）进一步改革对账操作与组织模式，就是我们提出的“三加一”模式，在省行组建对账中心，在二级分行组建集中对账机构，目前这项工作仍在进行中；（6）稳步推进会计业务流程再造；（7）构建了强大的操作风险案例库。通过这些工作，我行会计结算业务内部控制的能力得到了进一步提高。前九个月，会计结算业务的发案率一直处于比较低的水平，没有出现危及我行整体声誉的重大风险问题。特别是在股改的过程中，没有发生重大问题，应该说是一个贡献，这就充分反映了会计管理体制改革、核算体制改革的成果，也证明了这两项改革是非常适时和正确的。工商银行的会计管理体制改革和核算体制改革启动较早，从综

合业务系统全面投产到现在，已经有三年时间了，在这期间，我们的改革不断深入，效果日益显现。

（二）打造和谐的经营平台，实现了结算业务的持续发展。会计结算部门肩负着两类经营平台的建设：一方面是通过会计核算部门和柜台服务窗口，为全行各项业务营销提供支持；另一方面是为自身的结算业务经营提供平台支持。全行会计结算部门在以上两个方面都取得了丰硕成果，特别是在自身的现金管理服务和支付结算代理业务方面，更显示了良好的竞争优势。

一是打造和提升了现金管理服务的品牌形象。科学制定和落实了现金管理业务的市场营销战略和策略，扩大了我行现金管理服务的市场影响力和客户群。会同有关部门完善了现金管理业务考核机制，从根本上解决了长期阻碍现金管理业务进一步发展的利益协调问题。统一了业务标准，为解决服务标准地区化差异的矛盾提供了依据。继续研发重点现金管理产品，增加高附加值现金管理产品种类，扩大了我行现金管理品牌影响。“全球快汇”的推广工作全面推进，我们通过各类媒体，多渠道展开“全球快汇”的推广宣传活动，提高了“全球快汇”的社会认知度，“全球快汇”的影响力已经初步形成，特别是在海外市场的认知度有了较大提升，加强了对各级行的业务培训，外汇汇划清算服务质量和业务量同步增长。据统计，全行第三季度汇划清算业务量同比增加近15%。

二是巩固和拓展了支付结算代理业务市场。在继续维护重点客户关系，巩固现有业务优势的同时，积极创新代理业务模式，寻找新的合作突破口。上半年，我行首次开办了代理股份制商业银行区域性银行汇票资金清算业务，这标志着我行的支付结算代理业务已从代理单一的支付工具本身拓展到整体的清算代理，实现了我行支付结算代理业务发展史上的一项重大创新和发展。此外，针对外资银行的特点，采取多种措施推进了代理外资银行业务。

（三）打造安全的业务支持平台，不断完善生产系统建设。从广义上讲，作为全行资金总闸口和重要的对外窗口，会计结算部门的各项工作都是全行业务支持平台的构成部分。从狭义上讲，安全而高效的生产系统则是最重要的业务支持平台。近年来，我们的生产系统进行了多次升级，在国内外银行同业中一直保持领先的地位，这也是我行科技竞争优势的重要体现。2005年以来，我们的生产系统建设又迈出了新的步伐。首先，NOVA1.5版本核心内容顺利投产，NOVA1.6和个人账户计息等一批重大系统投产测试工作顺利进行。期间，会计结算部门做了大量细致而繁重的工作。其次，参数集约化、标准化管理初见成效，参数管理的作用日益显现。通过集约化参数管理，全行利率参数调整实现了新突破，全行核算和账务处理工作的效率和质量进一步提高。总行参数管理中心还深入研究、精心制定了我行参数标准化管理工作的长远规划，并开始逐步实施。在这个过程中，各分行也给予了很多支持和配合。

目前，我们的生产系统仍在不断完善中，几乎每个季度都有一个版本投产，相关的外围系统和支持系统也在不断地增加或是调整。这期间，会计部门的工作量一直是很大的，是一环扣一环抓过来的，一步接一步走过来的。多年来会计结算部门识大体，顾大局，为工商银行的经营与发展做出了很大的贡献，取得了可喜的成绩。2005年以来，更是克服了重重困难，圆满完成了各项工作任务，为全行股份制改革的顺利推进做出了重要贡献，这一点是应该充分肯定的。

二、创新工作思路，切实发挥会计职能作用

工商银行的股份制改革已经迈出了重要的一步，今后更重要的一项任务是实现经营模式和增长方式的根本转变。实现“两个转变”必将带动经营观念和管理格局的一系列深刻变化，对我们做好会计结算工作提出了更新、更高的要求。

（一）立足会计本职，充分发挥职能作用。过去几年来我行积极推进会计改革，极大地丰富了会计职能的内涵，目前核算和管理已经成为我行会计体系的中心职能。立足会计本职，就是要求我们继续发挥好会计核算和会计管理两个方面的职能作用。

首先要发挥好会计核算职能。核算是会计的基础职能，用现代会计理论来讲就是进行会计确认、计量、记录和报告。股份制公司的建立极大促进了会计核算职能的发展，披露会计核算的最终成果会成为我们会计部门一项重要的法定义务。会计核算的质量问题不再仅仅局限于影响企业内部，而且对股东、债权人、监管机构等外部利益相关者，对维护公司的市场公信力和资本市场的稳定健康发展也将产生重大影响。因此现代资本市场普遍建立起规范的会计准则体系、审计准则体系，以提高会计信息质量。股份公司内部也通过建立正式和完善的会计机构和会计信息系统来行使会计核算职能，使得会计系统的地位进一步凸显。我们工商银行在完成股份制改革以后，各方面的经营管理活动、履行资本市场义务等等都必然进一步依赖会计系统的核算职能。因此，随着股改的深入，会计工作的分量是越来越重的，地位越来越重要，各级会计部门要充分认识这一点，进一步增强责任感，切实发挥好会计的核算职能。

其次要充分开发会计管理职能。管理是会计职能的新发展，也是一个重点发展方向。过去银行长时间是以核算职能为主，认为会计就是核算。明确赋予会计管理职能，仅仅是近几年来的事情，时间并不长，但它却是一个重点发展方向。会计的管理职能，主要体现在会计计量方法、技术和企业管理活动的结合，体现在会计和内部控制以及全面风险管理体系的结合。会计计量方法和技术应用于管理活动，既发展了会计职能，也丰富了

企业管理手段。现代管理学把计量作为实现高效率、高效能管理的一个重要前提，无法计量就无法管理。把科学精确的计量应用在计划、组织、控制等管理活动中，就提高了管理效率，避免了盲目管理和低效管理。当前，国际上先进的商业银行普遍重视将会计计量用于管理活动，他们的会计系统能够为各个事业部、业务单元、工作小组甚至具体业务人员提供多角度的会计信息，显示财务资源分布、经营业绩等各方面的动态情况。这些信息为实现合理的资源调配、业务规划、流程控制和业绩考核提供了基础，除了在管理中应用会计计量外，会计的管理职能还体现在业务、交易的管理和监督上面，是构成内部控制和全面风险管理的重要组成部分。我们现在的会计系统初步发挥了这方面的作用，通过强化会计要素管理和控制，对全行各项业务进行了事前、事中和事后监督。但是我们要达到高效率的管理还需要一个过程。

（二）深化会计管理，提高经营管理水平。随着改革的深入，全行经营管理必然对会计结算工作提出更高的要求。我们除了立足本职外，还要深化会计管理，提高管理效能和效率，以此促进全行经营管理水平的提高。

深化会计管理，就是要积极转变观念，树立管理的效率观。管理活动讲效率，是市场竞争机制向企业内部管理延伸的自然结果，是我们全部的经营管理活动进一步面向市场的自然结果。经营活动是不是有效率，根本上是取决于我们管理活动的效率水平。评价管理活动，要从效率和效能两个方面来入手，无效果的管理和效率低下的管理都是不可取的。

树立管理的效率观，对我们各级管理机构和管理人员提出了更高的要求。我们的各类管理活动，比如交易流程管理、会计核算管理、产品开发管理、员工培训管理、风险管理等等，都要实现效果和效率的最佳组合。要把成本管理、时间管理的方法逐步引入到上述管理活动中，为提高管理活动效率创造条件，进而为提高全行经营活动的效率创造条件。我们会计结算专业有条件走在全行的前面，树立起管理的效率观，用管理效率观引导会计结算专业的管理活动。这应该是深化会计管理的一个要求。

深化会计管理，就是要拓展会计管理范围，消除管理盲区。凡是属于会计职能范围内的管理对象，都应该纳入到会计的管理范围中来，这一点是毫无疑义的。作为一个成功的企业和一个成功的企业管理者，必须深刻认识到会计管理的重要性，进而把应该纳入会计管理的内容全部纳入进来，这样才能实施全方位的管理。会计管理的主要对象是会计信息系统和会计业务。会计信息系统包括财务会计系统和管理会计系统，对会计信息系统的管理包括会计制度管理、核算流程管理、成本计量管理等等，内容比较多。会计业务的管理包括支付结算产品开发、支付系统建设、交易流程管理和风险管理，等等。随着我们经营管理活动的进一步发展以及市场的不断变化，会计的管理范围还会进一步增加、扩大。

深化会计管理，就是要优化会计管理手段。要实现有效率的管理和拓展管理范围，必须不断优化管理方法和手段。一个是要在进一步完善操作流程控制、业务检查监督等微观管理手段的基础上，着力开发以数据统计为基础的宏观管理方法，实现宏观、微观管理工具的组合运用，为实现专业的整体管理目标提供有力的工具支持。当今，研究会计管理是一个潮流，也是个必然，所以我们从事会计管理工作的同志一定要能够集中一点时间，做深入的思考，使我们的工作能够有深度，使会计管理的作用能够真正发挥出来。我们通过研究会计业务操作风险的规律性，可以设定会计业务总体的风险控制目标，进而为风险管理过程控制、管理结果评价提供客观依据，实现风险管理效果和效率的结合。另外一个是要开发各类管理会计计量工具。会计计量工具在发达商业银行管理实践中的运用时间并不长，但是发展非常迅速，各家银行根据自身管理特点和要求，开发了各类会计计量工具，运用于经营管理活动。整体而言，会计计量工具的应用并没有一个具有普遍意义的标准模式，不同商业银行的经营管理模式和要求不同，会计计量工具的应用范围和方法也不同。这就要求我们在透彻研究自身管理活动、组织架构的实际需求和特点的基础上，抓住强化管理的突出问题来稳步推进会计计量工具的开发和应用。这方面的知识和资料，总行会计部门可以不定期地给各个分行做一些交流和沟通，使大家对这项工作有更深刻的了解。

（三）创新思路，拓展会计工作的新领域。我想可以尝试以下三方面的工作。

一是产品营销服务管理向价值链管理延伸。第一个方面的尝试是引进价值链管理的原理，将支付结算业务从简单的产品营销服务管理向价值链管理延伸。支付结算业务是由一系列增值性活动连接起来的作业链条，价值链管理的目标，就是识别和评估支付结算产品设计、开发、销售等各个作业环节的价值贡献能力，进行投入产出比较分析，增加高附加值环节，剔除低附加值环节，提升整个结算业务链的价值，增强业务竞争力。

价值链管理体现了管理的效率观，能够推动会计管理从粗放型向集约型的转化。引入价值链管理要求我们兼顾整体和个别。一方面着眼于研究经营管理活动整体，分析各个作业环节的经营管理活动是否有助于增进服务和产品的最终价值，避免过去我们的管理措施有时出现“顾此失彼”的现象。另一方面深入研究各个作业环节经营管理活动的增值水平，将各个环节的增值水平和竞争对手进行比较，和历史最好水平进行比较，从而发现细节差异并采取改进措施，从根本上提高我行的业务经营实力。

引入价值链管理，要建立起作业成本计算方法，为准确计量各个作业环节的增值水平提供工具。现代商业银行普遍使用作业成本法计量产品成本。和传统的成本计量方法不同，它是一种流程导向的成本计算方法，能够建立银行提供产品的各个作业环节的资源消耗和成本之间的关系，很好地解决银行业产品种类繁多，间接费用金额大，间接费用和产品关系复杂，在传统成本计算方法下难以合理准确分配间接费用的问题。因此，作业成本法是最适应银行业、最为先进的成本计量方法，我们有必要尝试使用作业成本法来计量各作业环节成本，为准确计算和管理价值链打下基础。

二是交易处理流程管理向核算流程管理延伸。近年来随着科技应用水平的提高，我行大部分业务已经实现了交易处理和会计核算功能的整合，系统可以自动根据交易性质记载有关科目的发生额，并自动生成会计报表。但是交易处理并不因此就等同于会计核算，交易是会计核算的对象，会计核算是对交易结果的反映，交易处理和会计核算仍然是两类不同性质的活动，因此交易处理流程的管理不能混同于会计核算管理。这就要求我们采用不同的管理原则、管理要求和管理方法，实现从交易处理流程管理向核算流程管理的延伸。

从交易处理流程管理向核算流程管理延伸，实际上拓展了会计的管理范围。全行各个专业的交易事项的会计核算都必须纳入到会计结算专业的核算管理流程，会计核算的各个环节，包括确认、计量、记录和报告的全过程也都要纳入到核算管理流程中来，以保证所有交易事项的核算都符合会计政策和会计准则的要求，对外报送的会计信息质量能够满足各类信息使用者的要求；要建立规范化的核算管理体系，切实保证并不断提高会计信息质量。会计结算部门要统一管理所有交易的会计确认和计量标准，并稳步推进我行的会计政策、核算制度与国际会计标准接轨。这是一项非常重要的工作，也是一项非常权威性的工作。要把它延伸到位，就需要我们深入研究它的标准、方法，并建立会计科目管理、会计报表管理、核算检查监督制度、核算风险预警等一整套核算管理方法，以降低核算差错，防止会计信息欺诈，并利用会计信息揭示经营中的风险。

把交易处理和会计核算区别管理后，对公结算和出纳等将作为一项业务来经营和管理。作为交易型业务，对公结算和出纳业务的管理将区别于会计管理。我们应逐步把对公结算和出纳业务的操作管理制度、操作规程、风险管理措施和会计制度区别开来，保持业务操作规则的灵活性和会计核算制度的相对稳定性，为搞好对公结算业务经营和打造会计结算经营平台创造条件。

三是操作风险管理从定性工具向定量工具延伸。操作风险管理是会计管理的重点内容。现代商业银行风险管理的实践证明，从个案来看操作风险是可以通过强化控制手段等定性管理工具得到消除，或者说得到控制，但是从一个较长时间来看，操作风险的发生呈现统计学上的规律性，这种规律性并非通过强化控制手段就可以完全人为改变，或者说强化控制的成本在经济上是不可行的。因此国际上先进的商业银行已经从控制操作风险转向管理操作风险，即承认发生操作风险在整体上具有不可避免性，同时致力于开发操作风险的预测、识别等系统性管理技术和定量工具，计算操作风险分布的统计特征，设定操作风险管理的目标值。同时满足资本方面的要求。我们现在有条件借鉴这样的思路，引入定量工具来管理会计结算专业的操作风险。建立这样一个体系之后，我们评判会计结算专业风险管理的业绩时，就可以用目标值作为一个更加客观、更加可操作的尺子来衡量了，这样既找到了一个衡量的标准，也找到了一个控制的方法和手段。

三、继续努力，确保2005年会计工作有一个良好的结局

这次研修班结束以后，大家要继续按照总行的部署，积极开展工作，努力完成年初确定的各项工作任务。

（一）对会计信息实行精细化管理，打造高质量的会计信息，逐步挖掘会计信息对经营决策的支持功能。要以新会计基本制度的制订和实施为契机，着眼于提高会计信息的可靠性、相关性，逐步挖掘会计信息对经营决策的支持功能，对全行会计信息的生产全过程进行进一步规范化、精细化的管理。

1. 加快新会计基本制度的制订和实施进程，规范会计科目管理，强化科目监测，确保会计信息的可靠性。一是要尽快建立起统一的覆盖全行所有会计事项和交易的会计确认和计量新标准体系，并把新会计标准体系尽快融入到业务处理系统中去，尽快完成审慎的新财务会计基本制度的建设和实施。二是要结合新会计基本制度的实施，调整我行的会计科目体系，规范会计科目的设置、调整、停用和撤销流程，保持合理的会计科目数量，尽快扭转当前会计科目设置的部门化和统计化趋势。这个问题如果不解决，我们的会计管理就不会是很科学、很有序的。三是要尽快完善全行的科目监测体系，对会计科目的使用情况进行事中监控，规范会计科目的使用。

2. 在遵循我国监管机构要求的基础上，参照国际会计惯例建立起完整的对内对外的会计报表体系，确保会计信息的相关性。一是对外披露的会计报表在设计上既要符合国内的会计准则和会计制度等相关法规制度，也要参照国际标准，真实、准确、完整地反映全行的财务状况和经营成果；二是对内提供的会计报表在设计上要充分注重决策有用性，注重揭示经营性风险隐患和经营成本，为全行的正确决策提供服务；三是要规范合并

报表的编制过程，充实报表编制力量，提高报表编制的自动化程度。

3. 进一步加大对会计基础信息的挖掘和利用力度，为管理决策提供真实、完整、准确、及时的信息。一是要以内部账户统一管理为基础，逐步开发会计基础信息管理支持系统，建立起会计结算部门的账户信息平台，加强对会计信息的深入挖掘与利用。二是要进一步扩展已有的会计规范化管理平台，增加柜员核算质量管理功能，为各级机构提供会计管理工作质量分析数据和分析手段。三是要逐步实现总会计、营业经理等基层会计管理人员工作日志的电子化，用计算机硬控制手段来规范基层会计核算管理人员的管理流程，快速、简便地反映他们的履职信息，拓宽非现场检查渠道。

（二）继续优化会计结算业务流程，进一步推进会计结算业务内控建设，不断提升内控管理水平。在会计结算业务内控建设方面我们已经做了很多工作，在会计核算体系、组织体系、监督检查体系、业务操作流程等各个方面都进行了很多有益的探索和实践，对提高内控管理水平，控制操作风险起到了有效作用。下一步要把这些工作进一步引向深入，重点做好五项工作：

第一，要开始启动会计结算业务操作风险管理工程，构建风险识别、计量、监测、报告、控制、考核及风险责任明确界定为一体的操作风险管理体系，有效控制会计结算业务的操作风险。

第二，要进一步探索账务核算层次上收到二级分行的理论和实践，淡化支行管理职能。账务上收到二级分行，从理论上是行得通的，部分分行也已有所实践，下一步要总结这方面的经验，使它在全行变成一个现实，这样可以为会计管理体系和业务流程改革及其他业务领域改革的深化创造有利条件。

第三，要进一步理顺会计结算业务操作流程，深化前后台业务分离和后台业务的集中处理，充实会计业务处理中心、监督中心和现金营运中心的职能。一是要继续加强票据提回集中处理批量自动和半自动处理模式的建设；继续加快省区分行对账中心建设，整合对账职能和对账单，优化对账系统功能；加快监控预警系统在监督中心的应用。二是根据各行前后台分离后形成的后台业务在处理模式现状、外在环境和条件的成熟程度，选取标准化程度高的业务逐步纳入会计业务处理中心进行集中处理。三是要着手制定会计业务处理中心、监督中心、现金营运中心各项业务的操作规范，完善操作流程，以有效防范后台业务操作风险。

第四，要努力构造会计监督检查体系，科学配置总会计、营业经理、监管员、检查员与监督中心资源，合理规划职能，形成相辅相成、高效集约的会计检查监督体系，搭建起会计结算业务操作风险的防火墙，有效控制核算操作风险，为操作风险管理提供人员和组织保障。

第五，要着手探索和建立新型的会计人才管理体系，实行会计业务经理职务序列管理，拓展会计人员晋升渠道，减少会计专业人才流失，稳定会计队伍。

（三）发挥现金管理品牌作用，大力拓展优质结算市场，竞争和巩固优质客户。一是以打造精品服务为宗旨，继续做好现金管理服务宣传与培训工作，继续大力拓展新客户并维护好现有客户关系。要在前期工作的基础上，继续有选择有针对性地开展多样化的宣传与营销活动，全力塑造我行现金管理服务的品牌形象，力争实现 2005 年 15000 户的现金管理客户发展目标。二是以培育核心业务为目的，继续完善相关业务系统功能，并修订有关制度，围绕现金管理系统的投产工作，展开全行新一轮的现金管理培训工作。三是在实现业务快速发展的同时，在全行展开结算风险调查与培训，完善结算风险防范措施。四是继续加强“全球快汇”推广，并以此为契机，进一步整合和丰富我行汇划清算产品体系，奠定“全球快汇”的核心体品牌地位。

（四）加快重点系统的开发，积极推进参数集中化与标准化改革工作。一是要周密准备、精心组织，完成好 NOVA2. 0 和 2. 1 版本的测试投产工作。二是要继续优化会计业务量统计系统，力争年内完成版本开发。三是稳步推进参数表的规范上收工作。四是完善相关参数业务需求，全面启动参数的优化改造，积极做好相关项目的开发准备工作。

同志们，这几年来会计结算专业在强化操作风险管理、拓展结算业务市场、创建管理型会计体系等各个方面付出了很大努力，为全行核心竞争力的提高做出了很大贡献。希望大家继续保持昂扬的斗志，积极探索，深入实践，努力完成全年工作任务。

加强信贷风险的集中控制与管理
保障全行信贷业务的可稳健持续发展

——在2005年全行信贷管理工作会议上的讲话

牛锡明

(2005年1月21日)

刚刚过去的一年是中国工商银行取得丰硕成果的一年。这一年，我行连续获得了国际和亚洲相关领域的多项大奖，先后有《欧洲货币》、《银行家》、《金融亚洲》、《亚洲货币》、《环球金融》等多家国际知名媒体和评级机构将“中国最佳银行”、“亚洲区最佳贸易、项目融资银行”等11个重要奖项给予了工商银行，充分表明工商银行良好的经营业绩、管理水平和发展前景得到了国际银行业的认可。这一年，全行上下认真贯彻落实国家宏观调控政策措施，努力开拓新的业务领域和市场，各项业务健康发展。截至12月末，各项贷款增加2889亿元，增长8.7%；实现经营利润747亿元；当年压缩不良贷款额171亿元，不良贷款率降至19%，比上年下降2.23个百分点。这些成绩的取得与全行各级信贷管理部门员工的辛勤努力密不可分。一年来，全行信贷管理工作紧紧围绕提高信贷资产质量这条主线，通过行业信贷政策指导和统一授信控制，坚持“有保有压”、“有进有退”的原则，优化信贷资源配置，进一步完善信贷风险控制体系和风险控制手段，全面整治和强化贷后管理，为全行的改革发展做出了重要贡献。在日常工作中，许多同志无私奉献，任劳任怨，从严把关，忘我工作，经常加班加点，付出了辛勤的汗水，为全行信贷管理水平的提高作出了艰苦的努力，在此我谨代表总行党委向大家表示衷心的感谢和诚挚的问候。

2005年是工商银行实施整体改制、构建现代金融企业制度至关重要的一年，在刚刚结束的全国分行行长会议上，姜行长对2005年的信贷管理工作提出了很高的目标和要求，在这次会上，信贷管理部魏国雄总经理要对2005年信贷管理工作做出具体安排，在此，我着重强调四个问题：

一、要把新增贷款不良率控制在2%以内作为信贷管理的首要目标

根据我国加入世界贸易组织的承诺，到2006年我国将要对国外金融机构全面开放金融市场，届时金融竞争将更加激烈。而要在激烈的同业竞争中占得先机，就必须将全行的不良贷款率控制在较低水平。按照现代商业银行经营管理要求，评价一个银行信贷风险控制能力的指标主要是信贷资产质量，衡量信贷资产质量的主要指标是不良贷款率。如果能把不良贷款率控制在2%以内，我们就是一家高质量、高管理水平的好银行；如果不良贷款率达到4%，我们只能是一家管理水平一般的银行；如果不良贷款率超过5%，说明这家银行风险控制能力较弱，难以管好市场经济条件下的商业银行贷款。不良贷款率2%是评价我行信贷风险控制能力的重要指标，对此全行必须保持清醒的认识。目前我们的新增贷款不良率已接近2%，随着时间的推移，控制的难度越来越大，今后两年内能否控制住是对我们的重大考验。从2005年起，全行上下必须打一场控制、压缩不良贷款的攻坚战，尽一切努力把不良贷款率控制在2%以内。

一要确保1999年以来的新增贷款不良率控制在2%以内。到2004年末，全行公司客户1999年以来新增贷款不良率已达到1.83%，稍有懈怠就可能突破。从38个一级（直属）分行1999年以来新增贷款不良率的情况看，2004年底有10个分行控制在1%以内；有12个分行控制在2%以内；另有10个分行控制在2%至4%；已有6个分行超过5%。2004年总行工作组检查了辽宁分行的新增贷款质量，其1999年以来的新增贷款不良率高达16%。这说明各分行所处的信用环境和风险管理水平差距巨大，有的分行风险控制能力太弱。这种状况如不改变，全行的新增贷款不良率控制在2%以内的目标就很难实现。从2005年起，我们要建立不良贷款真实性评价制度，不允许人为隐瞒不良贷款，对任期内隐瞒不良贷款的也要追究责任；强化贷款的停牌整顿制度，对不良贷款率超过2%的分支机构，要在贷款审批、贷款经营、审批人资质、经济处罚和责任追究方面作出更加严格的规定。

二要抓紧从亚健康客户退出，防止存量贷款的劣变。截至2004年末，全行1998年以前的存量正常类贷款中信用等级在A－级以下的客户贷款还有1800亿元，在1999年以来的增量贷款中还有A－级以下的客户贷

款1200亿元。这部分贷款虽然从目前看尚属于正常，但是实际上是未来不良贷款产生的主要来源，清收、转化、压缩和退出这部分贷款是2005年信贷工作的重要任务。2005年上半年信贷管理部、资产风险管理部要联合行动，用250亿元呆账准备金压缩600亿元的不良贷款。信贷管理部已经按户分笔排出了名单，会后将下达各分行，各分行要集中力量采取各种有效的措施确保压缩任务的完成。

三要继续加强行业信贷政策指导，防范行业信贷风险。2005年要继续控制钢铁、电解铝、水泥等行业的信贷额度，各项贷款必须控制在行业信贷额度之内。要核定并控制开发区的信贷额度，重点支持国家级和经济较发达区域的省级开发区，严控地市级开发区，坚决退出县以下开发区。要特别关注电力行业贷款中的政策性风险，2005年对电力行业的贷款要有保有压有选择，重点支持国家级电力企业，有选择地支持省级电力企业和外资电力企业；重点支持核电、大中型水电，有选择地支持大火电，对小火电、小水电要坚决退出。对未经国家审批或核准的电力项目不能发放项目贷款；对符合条件的项目如需发放项目临时周转贷款，必须报总行审批。目前我行的电力生产企业贷款已达1585亿元，预计2005年还将增加数百亿元。电力行业新的过度投资问题比较突出，三年后电力紧张局面将大大缓解，电力行业资产负债率高，成本高的问题会突出出来，贷款的潜在风险加大。对此，我们必须保持清醒认识，切不可在电力行业信贷投放上失控。

四要加强信贷总量和信贷流量的管理。2005年总行加强了涵盖表内表外业务和信贷进入退出的全口径信贷总量与流量的管理，改变了过去只考核表内，只考核增量的做法。从长远看，我行的贷款总量不会永远增加，到一定额度后就会以存量结构调整为主。这两年的收回再贷量已超过增加量证明了这一点。信贷的流量管理会越来越重要。加强对信贷流量的管理既可以更多地增加效益，也可以降低潜在风险，是加强信贷管理的重要手段。各行必须高度重视对信贷退出的管理，总行下达的信贷退出计划必须坚决完成。近几年来，银行承兑汇票、信用证、各种担保业务越来越大，控制风险的问题也越来越突出。目前我行的表外业务已达6361.76亿元，控制不好也会形成巨额风险。在加强表内业务管理的同时，我们必须加强表外业务的管理，要像表内业务那样加强表外业务的审批、监测和贷后管理。2005年总行将制定表外业务的五级分类管理制度，预先评价表外业务的风险。要建立表外业务的会计统计分析制度，全面真实地统计表外业务数量，在此基础上核定表外业务中的各类分项额度，控制表外业务风险。

五要完善贷款大户及大额贷款风险监测分析机制，切实防范和化解大额贷款风险。2004年以来，德隆系、三九集团、新疆啤酒花等企业相继出现债务危机，我行信贷风险集中显现，不仅增加了全行控制、压缩不良贷款的难度，也在不同程度上对我行的信誉带来一定的负面影响。为防止类似事件再次发生，总行和各一级（直属）分行必须切实加强对大额贷款、集团及关联客户贷款风险的监测和控制。2004年以来，总行通过信贷管理系统对我行贷款余额在5亿元以上的客户逐户进行监测分析，发现风险隐患随时向全行预警，对及早发现大额贷款的风险发挥了积极作用。2005年总行将继续对5亿元以上的贷款客户逐户监测，逐户报送贷后检查分析报告。对5亿元以下1亿元以上的贷款，各一级（直属）分行要按季逐户进行监测分析，并将监测分析报告报送分行行长，发现风险隐患及时向基层行预警，研究提出风险防控方案。在此基础上，各一级（直属）分行的行长或主管信贷副行长至少每季度听取一次辖内大额贷款客户的信贷风险分析汇报，及时掌握这些大额贷款风险状况，及早研究制定防范信贷风险的措施。通过一年来对贷款大户的监测分析，有一个问题必须引起大家高度重视，就是企业过度融资问题。德隆、三九、啤酒花都明显存在过度融资问题。过度融资问题不重视，我们还要吃大亏。对于优质客户和项目，也一定要控制融资总额和同业占比，不可为了眼前利益而盲目融资。总行的行业贷款控制额度和关联客户授信额度是控制过度融资的重要手段，各行必须坚决执行。

二、在有效控制信贷风险的前提下积极拓展优质信贷市场，提高工商银行的信贷市场竞争力

信贷市场核心竞争力表现为在有效控制信贷风险前提下的优质信贷市场拓展能力。衡量信贷工作水平高低的指标有两个：一个是信贷资产质量，就我行来说，就是看不良贷款率能否控制在2%以内；另一个是优质信贷市场占比，看我们在优质信贷市场的占比是否与我行的地位相适应。在加强信贷风险控制的同时，我们切不能忽视开拓信贷市场。信贷管理部门要在有效控制信贷风险的前提下支持公司业务部门积极开拓优质信贷市场。支持开拓信贷市场也是信贷管理部门的一项重要职责。信贷管理部门支持市场开拓应重点做好以下几项工作：

一是要提高客户授信和贷款审批的效率。要建立分层次营销和一站式审批的信贷营销和审批体系，对客户要按优良程度和贷款金额大小，分成不同客户群，有的客户群要由一级分行和总行直接营销，直接提出客户需求调查报告。要建立以一级分行和总行公司业务部门为核心的优质客户营销体系，提高营销层次。客户贷款需求要坚持一站式审查，直接提交给有权签批行的信贷管理部门审查并报批。

二是实行授信方案集中统一审批与具体业务分散审批相结合的审贷机制，解决集中统一审批效率不高与分

散审批风险控制不力的矛盾。除压缩授信客户外，对每个客户核定最高综合授信方案一律由一级（直属）分行和总行审批，并要创造条件，逐步过渡到全部集中总行审批或总行派出的区域授信分中心审批。实行授信方案集中统一审批后，在上级行核定的最高综合授信额度以内办理一年期以下的短期融资业务时，下级行可不受具体业务审批权限的限制。对项目贷款，今后总行也只是审批核定授信额度，在总行核定的项目授信额度内发放贷款，均由一级（直属）分行根据项目的具体情况自行审批。

三是改变目前由相关部门负责人或备案委员参加审贷会议集体审议贷款的模式，实行专职审贷人员集体审议贷款的方法。首先是整合现有的授信中心和审批中心职能分工，将授信中心更名为授信业务审查中心，审批中心更名为授信业务审议中心。授信业务审查中心主要负责授信方案和具体信贷业务的审查，提出审查意见，提交授信业务审议中心集体审议。授信业务审议中心在全行范围内选聘一部分信贷经验丰富、熟悉企业财务会计及资产评估知识的委员专司集体审议，使集体审议工作日常化、专职化和规范化。

四是在部分分行试行信贷执行官与有权签批人双签审批制度，按照统一法人的意志决策贷款。总行 2005 年拟在六个一级（直属）分行试行信贷执行官与分行领导双签审批信贷业务的制度，凡报经有权审批人签批的信贷业务在报送有权签批人审批之前，都要先送上级行派驻的信贷执行官审批，经信贷执行官审批同意后方可报行长或主管副行长签批。信贷执行官审批不同意办理的，行长或主管副行长不得审批同意办理；信贷执行官审批同意的，行长或主管副行长可以不同意。信贷执行官由上级行聘任并给予相应授权，专司信贷审批。

五是在积极支持开拓项目信贷市场的同时，加大支持开拓贸易融资市场和中小企业信贷市场的工作力度。2005 年要整合创新信贷产品，开发针对国内外贸易特点的短期融资系列品种，形成适应市场需要和风险管理要求的贸易融资类信贷产品。2005 年选择浙江分行试点新的小企业信贷管理办法，同地方政府联手承担风险，降低小企业信贷准入门槛，建立严格的贷款预警与停牌整顿制度、审批人资格认证制度和责任追究制度，稳健拓展小企业信贷市场。

三、进一步完善信贷风险内控机制，从制度上规避和防范各类操作风险

针对目前我行信贷管理中的薄弱环节，2005 年要重点抓好以下四个方面的工作：

一是准确界定信贷业务前、后台的职能和分工，明确各自工作范围，形成前后台相互支持、相互制约的信贷风险控制体系。2001 年下半年，总行对信贷机构进行了整合和调整，设立了公司业务部和信贷管理部，分别履行前台营销和后台管理职能。运行三年多来，总体上体现了前后台分离的要求和目的。但受各种因素的影响，有些业务的边界还是界定得不很清楚，影响了各自职能的发挥。根据银监会检查提出的要求，2005 年总行已明确由信贷管理部负责制定公司客户的授信方案和调整授信额度，联合评审也将由信贷管理部负责牵头。各一级（直属）分行也要按照职责清晰、相互制约的原则对信贷业务的前后台职能做一次清理，明确各自职责范围，真正做到前后台分工明确，审贷分离。

二是要以贯彻银监会《商业银行授信工作尽职指引》为契机，进一步整合业务流程。明确各个环节、各个岗位的工作职责和任务，细化考核内容，真正做到每个环节、岗位工作有目标，考核有内容，奖罚有标准。为此，总行已经根据银监会《商业银行授信工作尽职指引》的要求制定了《公司客户授信业务操作规程》，近期即将下发。各分行要组织相关人员认真学习，弄清每个环节、岗位尽职工作要求，进一步规范操作，防范操作风险和道德风险。

三是建立严格的新增不良贷款责任追究制度、责任档案制度和大额贷款风险控制负责人制度。从 2005 年起，贷款逾期三个月或认定为不良的，要由信贷管理部门牵头进行检查，对评级、授信、调查、审查、审议、审批和贷后管理各环节的工作人员的责任进行认定，严格追究责任人的责任。总行和各一级（直属）分行要逐户逐笔建立不良贷款责任档案，对现场检查情况、各环节工作人员的责任认定及追究情况、清收责任人和清收结果等情况记录在案。一级（直属）分行的行级领导要担当 1 亿元以上贷款大户的风险控制负责人，并对风险控制处理不当承担相应的责任。

四是加强贷款核保与操作中心的建设。2005 年，总行将在辽宁分行试点建立贷款核保与操作中心，对贷款的担保由独立的部门认定抵押品或保证人的合法有效性，提高担保的真实可靠性。贷款审批后，要由操作中心人员负责落实贷款审批条件和要求，并办理贷款发放手续。

四、做好房地产贷款的管理工作，切实防范房地产信贷风险

针对公司法人客户和自然人客户防范控制风险的不同特点，总行 2005 年将住房金融业务部改建为个人消费信贷管理部，专司个人信贷业务的管理，原由住房金融业务部门管理的住房开发贷款、土地储备贷款及商用房贷款将按前后台分离的原则，分别划归公司业务部和信贷管理部门管理。对各级行信贷管理部门来讲，由于住房信贷业务不仅是一项专业性和政策性都比较强的业务，而且是一项新的业务，要做好管理绝不是很容易的事，必须认真研究房地产信贷的相关政策，关注房地产市场的变化，从头做起。当前要特别注意做好以下几方面工作。

一是要健全房地产行业信贷分析制度，控制好住房

开发贷款的投向。2004年以来，国家加大了房地产业的宏观调控力度，房地产信贷政策更加严格。继2003年人民银行将房地产开发企业项目资本金比例提高到30%后，2004年4月国务院又规定房地产开发项目资本金必须达到35%，同时进一步加强了土地市场的清理整顿，使房地产企业开发贷款的有效需求下降。与此同时，由于部分地区房地产市场已持续扩张了较长一段时间，房地产投资快速增长的势头也开始出现回落。因此，我们要在对房地产的市场变化趋势进行分析的基础上，不定期对房地产行业信贷风险进行分析评价，帮助和引导全行正确认识房地产行业的各种风险因素，做好房地产信贷管理工作。要密切关注房价和地价变化，及时发布全国或区域性房地产行业信息，继续坚持以大中城市为业务主体的梯度发展战略，推进房地产贷款向纵深层次发展。继续坚持以省会城市为重点的房地产信贷业务方针，严格控制经济环境和社会信用状况较差的高风险地区房地产信贷投入。

二是要继续坚持房地产贷款的分类管理。要坚决杜绝用流动资金贷款支持房地产开发项目。房地产开发项目必须经过评估后才能审批贷款。在房地产项目贷款中，土地储备贷款仍然实行专项指标管理，并对有权发放土地储备贷款的城市分行继续实行名单制。商用房开发贷款继续专项严格控制，严禁贷款用于楼堂馆所项目；对住房开发贷款继续实行与个人按揭贷款比例挂钩的办法，用有限的住房开发贷款资源带动更多的个人住房按揭业务。

三是要规范房地产开发企业统一授信管理，防范和控制房地产开发企业因过度融资和多头融资形成的贷款风险。2004年年底我行的房地产贷款余额已达1688亿元，其中不良贷款额××亿元，不良贷款率××，虽然这一比例低于全行法人客户的不良贷款率，但应看到，房地产贷款中没有政策性遗留问题，全部是自营业务。如果用1999年以来的贷款不良率来比较，房地产开发贷款的不良率还是比较高的。2005年上半年要集中力量清收压缩这125亿元的不良贷款，争取年底的不良率有明显下降。要依托CM2002信贷管理系统平台，切实做好房地产开发贷款及商用房开发贷款、土地储备贷款的监测分析，将风险管理关口前移，使房地产信贷监测分析工作进一步制度化和规范化。要合理核定房地产开发企业的授信额度，通过统一授信防止企业的过度融资行为，2005年要对有大额融资的房地产开发企业全部集中总行统一授信，其他企业集中到一级（直属）分行统一授信。要严格实施房地产信贷业务预警、整改和停牌制度，建立健全房地产信贷市场进入和退出机制。对新增房地产不良贷款要及时进行检查分析，明确管理责任，采取有效措施尽快化解风险。

同志们，工商银行的改革与发展已取得了很大的成绩，信贷风险管理工作也积累了一定的经验。只要我们按照总行党委制定的改革发展方略坚定地走下去，我们一定能够把贷款质量控制在国际先进商业银行的水平，一定能够把工商银行办成具有高质量、高盈利、高管理水平的现代商业银行。让我们为此而共同努力。

努力建设符合现代金融企业需要的管理信息体系

——在中国工商银行管理信息工作会议上的讲话

牛锡明

（2005年2月25日）

这次会议的主要任务是，认真贯彻分行行长会议精神，总结回顾近年来管理信息工作，安排部署2005年全行管理信息体系建设任务。这次会议开得比较早，比上年提前了一个月，就是要向大家传递一个重要信息，加快管理信息体系建设的要求越来越紧迫。下面，我讲几点意见。

一、管理信息工作成为全行经营管理不可分割的重要组成部分

2004年是我行改革发展取得丰硕成果的一年。全行认真贯彻国家宏观调控政策，积极推进综合改革和业务创新，保持各类业务的健康发展，经营效益大幅提高，资产质量继续改善，市场声誉和国际影响力进一步提升，《银行家》、《欧洲货币》、《环球金融》、《金融亚洲》等多家国际知名媒体和评级机构先后将“中国最佳银行”等11个奖项给予我行。这充分表明我行良好的经营业绩、管理水平和发展前景得到了国际银行业的认可，也充分显示了管理信息工作的成效。

我们高兴地看到，近几年来，全行管理信息工作以构建符合现代商业银行需要的管理信息体系为重点，以

提高数据信息的科学性和准确性为核心，以信息披露和内部网讯为窗口，以综合统计、监管统计和数据仓库系统为平台，以现代信息技术为手段，围绕全行综合信息的采集、加工、管理、发布，完善信息平台，整合信息资源，提高数据质量，强化统计分析，加强制度建设，规范信息发布，已经走过了从局部到全面、从分散到集成的发展阶段，基本奠定了新体系运行基础，较好发挥了信息中枢作用，为全行改革发展和经营管理提供了重要支持。概括起来，主要表现为四个特点：

（一）管理信息积累规模巨大。管理信息综合统计系统（CS2002）和监管报表系统（SIS），涵盖了全行境内外、本外币的业务信息，集中了全行分部门、分机构的经营信息，汇聚了各种业务、各类项目的风险信息，从不同角度全面、及时、连续地反映着全行业务经营与主要客户的动态和静态情况，既有最新数据，也有历史数据，是国内商业银行中规模最大的统计数据信息系统。同时，各地区的金融统计数据与金融同业数据也按规定的渠道集中在各级行管理信息部门。总、分行《网讯》利用网络优势，快速汇集全行经营管理动态信息，及时采集经济金融政策信息，广泛收集国际国内市场信息，总行《网讯》年处理信息 15.7 万条、发布 7.8 万条，分行《网讯》年处理信息突破 80 万条，并对历年信息整理分类，成为全行及时获取和随时查询的信息资料库。数据仓库系统贮存着全行各类经营主体、不同经营层次的产品、客户、机构、渠道、人员、岗位等综合指标的海量数据，能够为各级行资金、人力、物力资源向效益最大化方向调整提供依据。

（二）管理信息载体基本配套。总行管理信息部切实加强信息产品开发，形成了《经营分析简报》、《资产负债旬月报》、《中间业务月报》、《资产质量分析月报》、《同业分析月报》等系列分析载体，全方位、多角度、高频率地反映全行本外币、境内外主要经营指标执行情况，为领导科学决策和部门加强管理提供了有价值的参考。《统计在线》设置了灵活的通用查询功能，将最近数据、最新要求与系统升级内容提供给全行查询使用，实现了统计数据的广泛共享，提高了统计数据的使用效率，加强了总分行之间、分行与分行之间的统计信息交流。客户关系管理系统（CRM）功能有效拓展，通过贷款损失概率分析、客户群分布规律分析、单客户贡献分析，实现了全行客户信息的集成管理和综合应用。不少分行利用自身数据优势，深度加工数据信息，形成了一批有价值的分析资料，不仅对本行的经营决策产生了重要影响，而且也向总行提供了重要的区域经营情况。

（三）管理信息工作质量和效率明显提高。数据清理富有成效，数据误差由年初的 198.3 亿元下降到年末的 2.6 万元，平均误差控制在亿分之一以内，数据的可靠性显著增强。特别关注客户信息系统（CIIS）作用凸显，截至 2005 年 2 月 18 日，已堵住 587 名个人不良信用客户再融资 8906 万元，成为跨专业、跨地域风险防范的有效屏障。统计自动化取得了历史性跨越，综合统计系统（CS2002）实现了 12 个专业 400 多张报表的 T+1 自动生成和管理应用，监管报表系统（SIS）实现了资产负债旬报采用大机数据向监管部门的报送。统计监控范围进一步拓宽，资本充足率、表外业务、非信贷资产统计体系先后建立，满足了我行全面加强管理的需要；实行境外分行和控股机构按境内口径统一报送统计数据，实现了境内外机构的统计并表管理，将统计监控的范围扩大到了集团层面。专业管理能力继续增强，制定了主机数据统计管理、数据仓库业务管理、网讯运行管理等制度办法，规范了工作程序。发展战略研究稳步推进，信息披露课题研究、统计事权划分调研、管理信息系统规划全面展开，部分成果已经开始发挥工作指导作用。

（四）管理信息地位明显提升。随着工作新局面的不断开拓，管理信息部门的地位作用凸现。大机数据质量核对工作极大地提高了全行数据的有效性，进而推动全行管理水平跃上一个新台阶。特别关注客户信息系统当年立项、当年投产、当年见效，有效防范了跨专业、跨地区的信用风险。统计报表 T+1 快速生成和应用，成为我行精细化管理的标志之一。监管统计指标体系的建立，填补了我行全面风险统计的一项空白，监管报表质量明显提高，受到银监会的通报表扬。对外信息工作捷报频传，在提升工商银行的市场形象和国际影响力方面发挥了积极作用。与《欧洲货币》共同举办了“中国论坛：资本市场与公司治理”，在国内外引起较大反响。《网讯》作为全行的电子日报影响愈来愈大，已成为各级行领导和员工了解全行工作动态和经营情况的重要途径，深刻影响着我们的思想和行动。数据仓库在探索中发展，目前已发展到三大系统并行、多个专业共用，日益渗透到核心业务之中。

这些成绩的取得，表明管理信息工作走上了持续健康发展的快车道，已经成为全行经营管理不可或缺的重要组成部分。在此，我对全行管理信息部门与时俱进、求真务实的工作作风提出表扬，对管理信息战线全体员工表示慰问，对相关部门的支持配合表示感谢。

二、管理信息工作面临严峻挑战和多方压力

2005 年元月中旬总行召开的分行行长会议，动员全行按照党中央、国务院确定的国有商业银行改革目标，落实科学的发展观，谋近思远，抓住根本，把握大局，扎扎实实推进现代金融企业建设。会议要求，推进经营转型，走质量效益型可持续发展道路；做好股改准备，加速构建现代金融企业制度；统筹改革创新，推进市场营销、风险处置、清产核资、内部管理等各项工作。这次会议是一个重要的里程碑，掀开了工商银行全

面深化改革、建设现代金融企业的新篇章，同时也给管理信息工作提出了新的要求，这就是建立现代金融企业管理信息体系。与过去相比，新体系的发展空间和业务范围都有极大拓展，并赋予参与风险控制、服务银行监管、完善信息披露等新的重要任务，服务领域更加宽广，工作任务更加繁重，工作要求更加严格，供需矛盾更加突出，来自各方的压力明显增大。

（一）充分认识深化银行改革对管理信息工作的挑战。股份制改造是脱胎换骨的革命，将引起全行经营模式和增长方式、管理体制和运行机制、产权结构和业务结构、业务流程和组织架构的一系列变革，需要加快不良资产清收处置、做好非信贷风险资产清理和固定资产清查，需要积极引进国内外战略投资者、充实资本金、完善公司治理结构，需要抓紧制定和论证各项方案、提出中长期发展目标、做好上市推介等。所有这些工作，都需要提供准确及时、高质量、全方位的管理信息支持。特别是达到上市目标后，严格的信息披露作为强制性法定要求，更需要持之以恒、一丝不苟地去完成，给管理信息工作以长期持续的压力。这就要求我们管理信息部门，必须加快建设安全和效率达到国际先进水平的管理信息中心，构造功能强大的数据仓库和管理平台，建立完善的现代金融企业管理信息体系，全面实现管理信息化，成为名副其实、效能一流的信息中心。

（二）充分认识强化银行监管对管理信息工作的挑战。完善银行监管，是金融体制改革的既定方针。在银行监管工作中，无论是静态地评估存在的风险，还是动态地预测潜伏的风险；无论进行工作进度考核，还是建立风险监测机制，都离不开丰富、坚实的统计信息保障。银监会明确提出，统计信息工作既是监管工作流程的起点，也是监管成效的集中反映。银行业监管工作的全过程，就是充分利用统计信息进行观察、分析、判断、预警的全过程。要求发挥统计信息在监管工作中的基础性作用，满足现场检查和非现场监管的需要，满足风险预警防范的需要；要求各银行业金融机构建立并完善统计矩阵的管理功能，集中统一，归口管理；要求加强针对性、趋势性数据研究分析，发现和反映全局性、前瞻性的问题；要求各银行业机构建立以高管人员为统计责任人的追究制度，确保统计信息的及时、准确、完整。最近，银监会依据《银行业监督管理法》，明确统计信息是银行监管的唯一依据；人民银行也强调金融统计是国家制定货币政策和监督货币政策执行的重要依据，要求进一步提高统计信息工作的质量和效率，发挥统计信息在金融调控中的基础作用。

（三）充分认识加强经营管理对管理信息工作的挑战。按照坚持科学的发展观、建设现代金融企业的要求，我行业务处理模式要实现以银行产品为中心到以客户为中心的转变，经营管理模式要实现定性管理向定量管理的转变，更加强调发展数量与发展质量的协调统一。特别是要重点推进全口径信贷总量和流量管理，分品种、分区域调控信贷投放，实施经营结构的调整优化，构建多元化、价值型经营新格局，健全资产质量真实性评价和管理制度，完善全面风险管理体系，改造业务流程和组织机构，构建规范有效的内控体系等。所有这些工作都需要管理信息部门提供更有价值的信息产品，提供体现管理水平的定量分析信息，提供指导资源配置的分类考核信息，提供反映经营成果的跟踪监测信息。这些更广泛、更高层次的信息产品需求，要求管理信息向专门化、高级化演进，实现跨地域、超空间、大范围的渗透，适应银行核心业务对管理信息依赖度不断提高的要求，加快管理信息工作创新发展，改进服务方式，完善服务内容，提高服务质量。

（四）充分认识参与国际竞争对管理信息工作的挑战。随着现代科学技术的发展，国际商业银行先后走上了管理信息化的道路。一些世界大型商业银行，早在20世纪80年代中期，就建立起管理信息系统（MIS），实现了对业务交易信息和经营管理信息的一体化管理。到90年代初期，建立起决策支持系统（DDS），实现了对信息分析加工的集成管理。90年代中期，建立起超大型数据仓库体系，实现了各类信息的最优整合，从而为增强市场竞争能力、提升经营管理水平提供了强大的信息支持。在市场开拓方面，能够提供各类客户信用度、贡献度、产品需求等详尽的信息，支持以客户为中心的产品开发和个性化服务；在同业竞争领域，能够提供竞争对手业务、产品、管理、服务、成本、竞争策略、组织体系等准确的信息，支持制定有针对性的竞争和发展对策；在经营管理上，能够提供各个机构、各类部门、各种产品、各项业务等具体的成本收益信息，支持实现效益最大化；在风险控制上，能够提供地区、行业、产品、企业、项目风险程度的分类信息，推动资产负债结构的合理调整和优化；在外部反映方面，能够提供外部政策、经济环境变化的预测信息，支持及时调整、改进经营计划。国际同业管理信息化的快速发展，是对我行管理信息工作追赶国际先进水平的巨大压力。

我们应该清醒地看到，我们的信息供给仍然有很多不如人意之处。譬如：多套报表并行、数据口径不一，全行数据信息的可信度和有效性亟待提高；信息资源分散，数据整合不够，信息供给不足与信息资源浪费并存；信息孤岛现象突出，信息系统对接困难，跨系统获取信息的障碍较多。这些问题的存在，加重了管理信息工作的压力，加大了管理信息体系建设的难度。

形势逼人，不进则退。各级行、各部门特别是管理信息战线的同志们，要以奋发有为的精神状态和求真务实的优良作风，变压力为动力，变挑战为机遇，努力做好管理信息工作，为深化改革服务，为强化监管服务，为改善管理服务，加快追赶国际先进水平的步伐。

三、努力建设符合现代金融企业需要的管理信息体系

建设现代金融企业管理信息体系，是我行综合改革的目标之一。总体要求是，标准统一，内容完备，技术先进，管理集约；满足战略决策、市场竞争、经营管理、风险控制的信息支持需要，满足金融监管、市场约束、对外交流、国际合作的信息披露需要。标准统一，就是要求信息采集、加工、管理、发布都要按照统一的标准运作，实现全行生产交易系统、监督控制系统、管理信息系统的对接，达到信息共享，数据兼容；内容完备，就是要求信息内容完整、全面，涵盖内部信息和外部信息，融全行改革发展、业务经营、内部管理与客户信息于一体，集国家政策、监管动向、同业情报与市场信息于一身；技术先进，就是要求运用现代信息技术，统驭先进计量模型，对采集的信息进行深度开发，综合应用，实现信息价值最大化，支持领导决策，服务经营管理，引导市场营销，协调产品开发，加强风险控制；管理集约，就是要求按照统一法人的意志，把全行业务经营数据和各类管理信息集中到总行管理信息部，集权管理，授权使用，达到信息公开与市场约束的有机统一，实现内部支持和外部披露的双重目标。

建设现代金融企业管理信息体系的时间、步骤要与全行综合改革总体目标保持一致。全行管理信息部门要担当起新体系建设的历史责任，按照年初分行行长会议要求，围绕全行改革发展中心任务，积极转变思想观念和工作方式，加强全行数据基础管理，加快信息处理平台建设，完善管理信息工作内容，尽快把管理信息部门建设成为全行的统计局、数据库和参谋部。

根据总行的统一部署，总行管理信息部研究提出了2005年工作意见，明确了工作重点，刘志刚总经理将在这次会上做出具体安排。我这里着重强调工作中要注意解决好的几个问题。

（一）树立信息标准意识，推进全行数据标准体系建设。标准就是准绳。“百工从事，皆有法所度”。有了统一的标准，系统对接、信息共享才会有的放矢，数据提取、信息披露才有坚实基础，数据积累、信息利用才能持续进行，外部监管、内部控制才可顺利接轨。这是一项功在当前、利及长远的基础工作，也是一项关系全局、工作浩繁的系统工程，涉及国家法规与规划，牵动行内部门和系统，也关联历史继承、现实需求、未来发展，任务光荣而艰巨。总行已经下定决心，把全行数据标准体系建设作为2005年和今后长期的战略任务来抓。各行也要坚定攻关莫畏难的意志，采取得力措施，规范数据标识，减少数据缺失，推动全行数据标准化建设。管理信息部门要发挥牵头作用，建立协作组织，抓好联合攻关，业务发展到哪里，标准跟进到哪里。有关部门要顾全大局，认真做好专项工作，按照标准要求，缺什么补什么，缺多少补多少。各分行要主动参与，整体联动，从初始信息抓起，逐行逐项清查，补录信息标识，争取用两三年的时间，建立起全行统一的数据标准体系，有效管理和规范应用各类数据信息资源。

（二）树立责权均衡意识，强化统计事权约束机制。合理划分统计事权，明晰综合统计与专业统计的范围和指标，明确统计工作主管部门与参与部门的权利和义务，是组织开展统计工作的重要步骤，是规范全行统计行为、加强统计报表管理的先决条件，是解决数出多门、重复统计问题的根本措施。总行再次强调：管理信息部门承担全行综合统计任务，统一管理全行统计数据和报表，负责制定覆盖全行统计工作的管理制度，建立相应的配套约束机制，明权定责，理顺关系，实现统计事权的有章可循，促使综合统计与专业统计相辅相成，保证全行统计事权统一管理的顺利实施。各业务部门要按照统计事权要求，组织开展专业统计活动，遵循统一的统计制度，采用统一的指标口径和计算方法，认真负责地向统计主管部门报送数据。专业统计接受综合统计的指导和监督，同一指标的统计口径必须与综合统计保持一致，确保全行经营管理数据的及时采集、准确汇总和真实反映。要及时研究解决信贷资产分类统计问题，综合统计依照监管要求按五级分类统计，专业统计依照内控要求按12级分类统计，两类统计口径要衔接一致，分得开、合得住，不能出现逻辑矛盾。需要强调的是，2004年11月1日开始执行的《银行业监管统计暂行办法》，将各商业银行的统计责任人确定为各级行的主管行长。根据工商银行的机构设置情况，总行明确：各级行主管管理信息工作的行领导为统计责任人，管理信息部门主要负责人为统计协调责任人，管理信息部门综合统计负责人为统计直接责任人，相关业务部门负责人为数据填报责任人，各级行统计人员为统计工作第一责任人。各级行领导要切实承担统计责任，支持管理信息部门大胆行使对统计工作的监督管理权，各部门要自觉服从监督管理。

（三）树立质量管理意识，确立数据信息的权威性。质量是产品的生命。数据是经济金融信息必备内容。数据质量的好坏决定了经济金融信息的质量，进而影响经济金融决策的质量。《统计法》、《金融统计管理办法》、《银行业监管统计暂行办法》一致强调统计数据的真实性、准确性，明确规定：公布统计信息必须以统计部门提供的数据为准，从法规层面保证了统计数据信息的唯一性，树立了统计数据信息的权威。要真正确立统计数据信息的权威性，根本的一条就是数据质量过硬，只有真实可信，统计数据才有不容置疑的权威性。从国际经验看，要满足管理信息化的需要，数据就必须准确、及时、完整、可信、易懂；在管理信息化过程中，大量精力要花费在数据清理和数据整合上。2005年，全行数据质量核对必须紧抓不放，要在巩固资产负

债、损益数据质量核对成果的基础上，启动全行资产质量数据、利率风险管理数据、流动性风险管理数据的质量核对。总行要进一步加强对数据质量核对工作的领导，继续实行定期通报和重点行制度。希望各分行领导要继续加强协调和指导，管理信息部门要继续履行牵头职责，相关部门要各负其责，认真解决涉及会计科目规范使用、信贷台账按时更新、资金票据交易登记、系统改造数据移行、机构整合及时归并等一系列问题，确保大机数据质量，共同维护统计数据信息的权威。要抓紧解决表外业务统计数据来源问题。表外业务统计数据源难以落实，折射出的是我行表外业务管理中的问题。要从表外业务管理入手，理顺管理体制，明确部门职责，规范会计科目，细化业务核算，建立勾稽关系，严格数据核对，避免夸大或隐藏业务风险。

（四）树立市场约束意识，建立信息披露与报告机制。信息披露与报告制度是资本市场赖以存在和发展的基石，是所有公司进入资本市场必须遵守的监管制度，是现代公司治理的重要内容和上市公司必须承担的法定义务，是《巴塞尔新资本协议》第三支柱（市场纪律）的核心。商业银行无论上市与否，信息公开化和透明度要求都会越来越高，市场约束力都会越来越强。我行要实现改制上市的目标，要建设成为现代金融企业，必须遵守市场纪律，依法合规地进行信息披露，把信息披露水平提高到全球公开上市要求的标准。总行管理信息部要按照境内外信息披露的法律法规要求，抓紧制订和认真执行全行信息披露与报告制度，拓宽系统覆盖面，提高数据匹配度，缩小与多层次监管、多地区上市信息披露规定要求的差距，积极为股改上市做好准备。各级行和各部门要强化全行统一法人意识，在业务制度制订和业务系统建设中切实满足信息披露要求，不允许延误应披露和报告信息的提取，不允许超出授权发布任何信息。

（五）树立科学决策意识，加紧构建全行信息分析平台。分析是决策的基础，信息是分析的依据。建设数据集成处理的数据仓库，提高信息分析加工能力，运用先进技术支持科学决策，是提高我行经营管理水平和竞争能力的战略工程。随着数据仓库系统在全行的推广应用，各级行对数据仓库的认识基本到位，加快发展的积极性高涨。同时，资产负债报表大机取数的初步实现，也奠定了信息分析工作的基础。管理信息部要抓住有利时机，启动信息分析体系的建设，以数据仓库系统提供的海量数据为基础，开发全行经营分析平台和产品管理平台。要在开发建设中注重分析型技术，在实际应用中突出分析型产品，不断创新信息分析方法，加强经营和风险分析，把开发建设与推广应用有机结合起来，把管理信息工作与业务工作密切联系起来。在数据仓库众多子系统中，特别关注客户信息系统（CIIS）的建设目标，是实现对信用不良客户的业务风险自动化刚性控制。2005 年该系统与人民银行征信系统对接后，我行既可提供自身客户的信息，也可获取他行客户的信息，对于防范和控制跨行融资风险具有重要作用。人民银行征信系统是建立全社会信用体系的重要组成部分，各级行和各部门要充分认识和高度重视这项工作，按照人民银行部署和总行统一安排，高效率、高质量地完成相关配套建设任务。

（六）树立信息导向意识，为改革发展稳定提供舆论支持。要充分发挥总、分行“网讯”的宣传舆论导向作用，坚持解放思想、实事求是、与时俱进，坚持围绕中心、服务大局、有所作为，坚持贴近改革、贴近业务、贴近基层，强化信息交流和工作指引功能，及时发布总行决策层的经营理念和战略部署，统一全行思想，指导全行中心工作和重点业务的开展，主动采集总行各部门和各分行经营管理和业务发展中的动态信息，快速反映各级行工作中的新情况、新问题、新经验，推动中心工作和重点业务工作的开展，促进全行经营目标的顺利实现。要改进和创新信息发布方式，突出导向性，提高时效性，增强可读性。要牢固树立安全保密意识，进一步加强制度建设和“网讯”系统的运行管理，确保“网讯”信息的安全保密和系统的稳定运行。

建设现代金融企业管理信息体系，需要一支勤于思考、善于分析、勇于创新的管理信息队伍。各行要重点补充一些受过正规教育、具备扎实理论基础、具有信息产品开发能力的专业分析人员。管理信息战线的全体同志要迎难而上，奋发进取，主动通过岗位培训和观摩交流提高自身素质，适应管理信息工作创新性、综合性、前瞻性的要求。各部门要关心支持管理信息工作，做好相互间协作配合。希望大家继续发扬求真务实、埋头苦干的优良传统，振奋精神，开拓创新，全面推进现代金融企业管理信息体系建设，努力为全行改革发展做出更大贡献！

构建个人消费信贷风险管理体系 确保消费信贷业务持续健康发展

——在中国工商银行消费信贷管理工作会议上的讲话

牛锡明

（2005年4月8日）

近年来，我行按照党中央、国务院确定的国有商业银行改革目标，全面深化体制改革，加强内部管理和风险控制，推进现代金融企业建设，取得了显著成效。2004年，我行获得了《欧洲货币》、《银行家》等多家国际知名媒体和评级机构的11个重要奖项，表明我行良好的经营业绩、管理水平和发展前景得到了国际认可。这些成绩的取得与全行消费信贷业务的持续健康发展密不可分。截至2004年末，全行消费贷款余额4838亿元，占全行信贷总额的比重达到13.9%；消费贷款不良率1.40%，保持了优良的贷款品质；消费贷款实现利息收入239.2亿元，占全行利息收入的17.6%，消费信贷业务的发展取得了明显成效，为我行调整信贷结构、改善资产质量、提高经营效益作出了重要贡献。多年来，全行消费信贷战线的干部员工开拓进取，团结奋斗，无私奉献，辛勤工作，为打造我行个人消费信贷业务“精品”作出了积极贡献，在此我谨代表总行党委向大家表示衷心的感谢和诚挚的问候。

这次会议是我行召开的第一次个人消费信贷管理工作会议，是一次统一思想认识，全面构建个人消费信贷风险管理体系，确保完成2005年消费信贷管理工作任务的会议。在此，我讲两点意见：

一、构建个人消费信贷风险管理体系的意义及基本思路

构建消费信贷风险管理体系是我行完善公司治理结构的重要组成部分。近几年来，全行按照国家确定的国有商业银行改革目标，积极推进综合改革和业务创新，加强内部管理和风险控制，资产质量和经营效益有了很大改善。但是我们应清醒地看到，目前我行经营模式仍然比较粗放，风险防控能力还不强，内控管理水平还不高，业务流程还需整合，风险管理体系和公司治理结构的完善还有很长的路要走。根据总行党委的战略部署，为进一步推进改革与发展，完善公司治理结构，加强风险控制，2005年总行全面启动了消费信贷业务管理体制改革，这是继2001年公司信贷业务前后台分离以来的一次重要的信贷体制改革。各行要高度重视并深刻领会这次改革对改变消费信贷业务经营模式和增长方式，构建符合内控管理要求的风险管理体系的深远意义。此次改革的基本思路是：按照法人和个人分开、前后台分离的原则，实施前台统一营销，后台集中管理的经营管理模式。总行已组建了消费信贷管理部，各级行消费信贷管理部门也已基本到位，新组建的消费信贷管理部门负责全行消费信贷的风险管理工作。构建消费信贷风险管理体系、履行消费信贷风险管理职责的历史使命落在了我们肩上。大家知道，市场竞争的压力往往迫使人们把工作的重心放在市场开拓上，而可能忽视风险控制，同时利润的现实性和风险的滞后性也容易使人们产生重市场轻管理的错误倾向。因此，为了有效防范和控制信贷风险，实现真正意义上的风险制约机制，必须实现前后台彻底分开。从国际现代商业银行经营管理模式看，都是前后台分开的。前后台分开后，前台建立市场营销体系，后台建立风险控制体系，才能形成真正意义上的风险制约机制。

构建消费信贷风险管理体系是消费信贷业务长期可持续发展的根本保证。今后5年个人消费信贷业务的基本发展目标是：全行消费信贷业务每年增长700～800亿元左右，到2009年全行消费信贷余额达到8000亿元左右，占全行信贷余额的比重达到20%左右。要实现上述数量增长目标并不太难，难的是如何确保业务的长期可持续发展，即如何在有效控制风险的前提下继续保持该业务的市场竞争力。自1998年来，我行消费贷款余额从168亿元增加到2004年末的4838亿元，增长了31倍，发展速度非常快。高速增长我们做到了，但长期稳健增长我们是否也能做到，还不敢说。我们知道，信贷规模的增长是要与补充资本金、风险拨备和管理能力相匹配的，现行的消费信贷业务操作和管理体系已不能承载该项业务更大规模的发展，需要从机构、流程、管理程序等方面逐步建立一套风险控制体系。同时目前全行消费信贷业务在规模扩大的同时，贷款风险也在逐步显现，假按揭、假车贷等问题反映出的违规操作、管

理薄弱等问题已日益突出。因此，进一步改革消费信贷经营管理体制，理顺业务流程，根本改变消费信贷经营模式和增长方式已刻不容缓。

总行党委对消费信贷业务寄予厚望，各行要统一思想，深刻领会建立消费信贷风险管理体系对完善我行公司治理结构和确保消费信贷业务持续健康发展的深远意义，在改革发展的新形势下，继续为工商银行消费信贷业务发展作出应有的贡献。

构建消费信贷风险管理体系的基本思路是：

（一）消费信贷业务的管理目标是不良贷款率控制在2%以内。信贷资产质量是评价一家银行信贷风险控制能力的重要指标。如果能把不良贷款率控制在2%以内，我们就是一家高质量、高管理水平的好银行；如果不良贷款率达到4%，我们只能是一家管理水平一般的银行；如果不良贷款率超过5%，说明这家银行风险控制能力较弱，难以管好市场经济条件下的商业银行贷款。我行消费信贷业务是近年按照商业银行的经营原则和适应市场需要发展起来的，不存在历史遗留问题，所以，消费信贷业务的管理目标是不良贷款率控制在2%以内，这是评价我们消费信贷管理工作是否成功的重要标志，对此全行必须保持清醒的认识。

（二）建立新增贷款风险防控体系。要通过改进流程来控制新发放贷款的操作风险。我们现在有两个流程，一个是个人住房贷款流程，一个是个人消费贷款流程，要整合成一个流程。消费信贷管理部要在2005年内对各类消费信贷品种流程进行梳理，将消费信贷管理工作细化到每个操作环节，将每个环节的工作职责落实到人，各环节之间要建立相互制约的监督机制，即建立“四只眼睛”监督机制，一个人干、一个人看，干完后还有人看的监督。只有这样才能有效防范业务操作中的道德风险，防范假按揭贷款和案件的发生。过去，我们贷款的发放流程是客户经理受理贷款申请并进行贷款调查后，提交信贷科长审查和支行行长审批，审批同意的再交客户经理办理核保和贷款发放手续。在审查和审批环节把关不严的情况下，基本上一笔贷款就是由客户经理一人操办，监督制约不够。如四川袁梅案件和上海朱伟案件的发生就与监督不够有直接关系。要通过改进流程，让调查人完成调查工作，将贷款申请资料交由审批中心审查审批后不再回到调查人手中，而由第三人即综合岗来完成资料的传递、核保和贷款发放手续，从流程上实现风险隔离。

要建立独立的贷款审批体系。个人消费信贷业务的审查审批要一律纳入消费信贷审批中心，审批中心要从机构上与贷款经办行分离。审批中心的审查人要对每一笔贷款提出独立审查意见，特别要注重防范假按揭和假车贷风险；审批人可逐步实行个性化授权，即根据审批人的工作责任心、工作能力和业绩等实行差别化授权，审批人可在授权范围内独立审批贷款，经审批同意的贷款，贷款经办行行长可以决定该笔贷款是否发放。

要建立贷后监督机制。重点对贷款审批和发放过程的合规性、档案资料的完整性进行逐笔监督。这个环节很重要，从我们对假按揭和案件的核查情况看，几乎都是由于违规操作造成的，加上贷款发放后长期无人监督，贷款风险不能及时发现，不仅助长了违规放贷行为，而且因风险不能及时处置而使风险不断加大形成损失。今后，经贷后监督员监督并签字的档案资料才能移交档案库归档。真正做到做完的事有人看。贷后监督员也可根据工作需要实行派驻制。

（三）建立存量贷款风险控制体系。要建立集中的贷后管理体系。贷后管理一直是我行消费信贷管理中的薄弱环节，尽管我们对贷后管理工作提出了不少规定和要求，但在目前的考核体系和业务的传统增长模式下，贷款行更习惯于追求业务规模和数量的增长，而忽视贷后管理和风险控制，支行客户经理往往要负责贷款营销、调查、落实贷款担保、贷款发放及贷后管理等多项工作，这不仅使客户经理不堪重负，而且也不符合风险控制和风险隔离的要求。因此，贷后管理工作应从机构上与贷款经办行分离，纳入二级分行消费信贷贷后管理中心集中管理。

要建立消费信贷业务逐级监测体系。贷后管理中心应对辖内贷款经办机构的贷款质量状况进行全面监测，尤其要防止正常类贷款向关注类贷款劣变和关注类贷款向不良贷款劣变，要对不良贷款进行逐笔监测。各级消费信贷管理部门要根据业务管理需要逐级确定监测内容。要在监测基础上形成风险核查、停牌、退出制度。

要根据贷款不同形态进行分段管理。对不同形态的贷款和不同违约期限的贷款分别采取电话、上门、发律师函、诉讼等方式进行管理和清收。贷后管理中心要对不同形态的贷款实行分段管理、专人负责，一旦贷款形态变化，则管理任务应随之移交相应管理人员，即贷后管理应按贷款风险程度的不同实行分段管理和换手管理，形成流程化、集约化、专门化的贷款集中管理和清收模式。

要建立风险识别和真实性评价机制。风险识别是风险管理的基础，要统一消费信贷五级分类标准，研究拟订十二级分类办法。要建立不良贷款真实性评价制度，关键是要把正常类和关注类贷款中的潜在风险贷款反映出来，已认定的假按揭贷款不能再放在正常贷款中。只有保证了贷款的真实性，我们才能根据贷款风险程度的大小采取相应的风险控制措施，以避免潜在风险转化为现实风险。

（四）建立个人信贷效益核算体系。经营效益是评价一个品种、一个经营机构经营成功与否的重要指标，在目前效益核算数据不够准确、真实的情况下，我们只能用不良贷款率和收息率来评价信贷业务经营管理的好坏。从2005年起，我们要着手建立消费信贷效益核算体系，只有建立了科学、合理的效益核算体系，我们才能知道我们整天干的工作是否为工商银行赚到了利润，赚了多少利润，哪个品种盈利，哪个地方盈利，只有这样才能为我们的资源分配、经营决策和管理提供依据。

二、当前个人消费信贷管理的几项重点工作

2005年是消费信贷管理部门组建并承担风险管理职责的第一年，也是全行建立消费信贷风险管理体系的关键年，工作任务非常繁重，全行上下要振奋精神，奋力拼搏，努力在构建风险管理体系、加强信贷管理、支持前台营销等方面作出积极贡献。2005年要做好以下工作：

（一）组建消费信贷管理机构。要按照法人与个人分开、前后台分离的原则进行机构设立，要从机构、人员和职责上彻底实行前后台分离。仍沿用旧模式或未实行前后台分开的分行必须尽快按总行党委确定的改革思路和要求把消费信贷管理机构设立起来。可单设消费信贷管理部的22家分行都要设立消费信贷管理部；不单设消费信贷管理部的分行，其消费信贷管理职能由信贷管理部承担，并配备专职的领导和管理人员，专司消费信贷管理工作。要在二级分行（含）以上机构组建或整合消费信贷审批中心和贷后管理中心，分别负责消费信贷的集中审查审批和贷后管理工作，建立起专职化、集约化审查审批和贷后管理机制，使贷款审查审批和贷后管理工作从贷款经办行分离出来，实现贷款营销、审批、管理三分离的风险控制体系。要按照"人随业务走"的原则，将从事消费信贷管理工作的员工划转至消费信贷管理部门，同时要根据工作需要配备与业务发展和管理要求相适应的干部员工队伍。

（二）加强政策指导，严格贷款投向。要建立住房、汽车等的行业和市场分析制度。密切关注行业政策、市场供求、交易价格及区域市场的变化情况，及时做出信贷政策指导。截至2004年末，我行个人住房贷款余额已达4125亿元，占全部消费贷款的85.3%。个人住房贷款是我行个人信贷中占比最大、发展潜力也最大的贷款品种，该业务是随着我国住房市场的发展同步发展起来的，这一阶段的住房价格一直处于上升趋势，市场风险尚未显现。但我们不能掉以轻心，要密切关注国家宏观经济政策和房价走势。2004年，全国房地产交易价格上涨了14.4%，涨幅较大，部分地区确实存在房价上涨过快、投资购房比例过大、供需结构不合理等问题，已引起国务院和人民银行等相关部门的高度关注。近期，人民银行取消了个人住房贷款优惠利率。各行要密切关注利率政策调整对住房市场的影响，认真研究利率调整及利率市场化对贷款风险管理提出的要求。要尽快建立住房市场分析指标体系，适时做出政策指导，及时防范信贷风险。对汽车行业和市场也要进行分析，目前汽车价格下降较快，要尽快调整汽车信贷政策，设定好汽车贷款经营模式，严格控制贷款成数。

要严格消费信贷品种投向。继续加大对个人住房贷款、个人质押贷款的投入，适度发展个人商用房贷款，谨慎发放汽车消费贷款。加强对借款申请人消费贷款用途的审查，对贷款用于投资的应严格控制。

要严防假按揭和假车贷。假按揭和假车贷是影响我行消费信贷质量的主要风险因素，各行在拓展消费信贷优质市场时，不能忽视风险控制，要对按揭项目开发商、汽车经销商等进行严格调查和审查，严防假按揭和假车贷风险。

（三）严把贷款审批关。到4月初，全行消费信贷业务基本上已集中到审批中心审批，各行要按要求选拔具有良好职业道德、责任心强、业务技能好、业绩突出的专业人员担任专职审批人。审批是信贷流程中的重要环节，各行要对审批人选拔聘任工作高度重视，认真负责，逐步建立起一支业务熟练、经验丰富、原则性强、相对稳定的审批人队伍。并要逐步建立对审批人的评价考核制度、业绩档案制度和审批人职级晋升制度。各行对审批人工作量、质量、效率及工作技能态度和遵章守纪等情况要进行综合评价与考核，并与绩效工资挂钩，考核结果要记录归档。同时，总行要逐步将审批人纳入我行技术职务序列范畴进行管理，形成审批人职级晋升的通道。

（四）加大监测力度，控制贷款风险。要利用信贷管理台账系统对消费贷款质量状况进行监测，对贷款行贷款质量状况、违约贷款及大额不良贷款情况、贷款经办人员经办贷款的质量情况等进行监测。贷后管理中心要做到对违约贷款的逐笔监测，各级消费信贷管理部门要做到对辖内大额风险贷款进行逐笔监测，并形成定期监测分析报告制度。要建立非现场和现场核查工作制度。核查要有结果，结果要形成报告，报告要有处理意见，意见落实要有跟踪和监督，处理过程要有记录，记录要进行归档，要形成一盯到底的风险核查、揭示和处理的全过程控制制度。

要整合并完善消费信贷预警、整改和停牌制度。目前个人住房和其他消费贷款停牌标准不一致，要尽快统一。2004年，全行共对608家分支行实施了消费信贷业务预警、整改和停牌，其中预警314家、整改108家、停牌186家，对及时控制风险起到了明显效果。有的分行反映停牌影响市场发展，我们不禁要问，消费信贷业务是应该片面追求数量的扩张，还是有质量的增长？不良贷款率都超过5%了仍继续放贷，只能使贷款风险更大。2005年总行还要继续加大停牌工作力度，并对停牌行在贷款调查及所属审批中心的贷款审查审批工作的责任追究、经济处罚等方面作出严格的规定。

要建立消费信贷业务准入和退出机制。真正使业务发展与各行人员配备、管理水平及当地市场资源情况相适应。总行要对经办消费信贷业务的贷款行制定准入标

准，新开办消费信贷业务的行要经申请批准。消费信贷业务要从市场资源缺乏、经营管理水平低下、业务规模较小的支行逐步退出。2004 年总行取消了 142 家支行的个人住房贷款经办权。2005 年，要在健全制度的基础上加大退出力度。只有这样才能做到资源的有效配置。

（五）大力清收不良贷款，有效化解贷款风险。截至 2004 年末，全行消费信贷不良率为 1.40%，若考虑关注类贷款 74 亿元中有一部分会劣变为不良贷款，则控制在 2% 以内的任务将十分艰巨。2005 年 1～2 月份，全行消费信贷不良贷款上升了 18 亿元，不良率达 1.75%，关注类贷款上升 39 亿元，形势十分严峻。从现在起，全行上下必须打一场控制、压缩关注类贷款和不良贷款的攻坚战，尽一切努力控制关注类贷款劣变，把不良贷款率始终控制在 2% 以内，这是对我们的重大考验。总行消费信贷管理部已将 2005 年的清收任务进行了分解，会后将下达各行，各行要根据不良贷款和关注类贷款清收潜力和难易程度，逐项目或逐户分类制定清收方案并组织落实，确保完成压降任务。

一要加大不良贷款清收转化力度。各行要加强组织领导，主管行长要亲自挂帅，协调相关部门做好清收处置工作。从 2005 年起，总行将力争每年拿出 20 亿元左右呆账准备金核销个人消费不良贷款。各级消费信贷管理部要与资产风险管理部门密切配合，摸清底数，有步骤、有计划地积极组织核销材料，及时上报核销。

二要把截至 2 月末的 113 亿元的关注类贷款作为清收转化的主要对象，防止贷款形态劣变。目前关注类贷款总量及其上升趋势已不容忽视，关注类贷款比年初上升 1 亿元以上的分行已有 13 家，其中广东、山东分行关注类贷款上升额超过了 3 亿元。这部分贷款是未来不良贷款产生的主要来源，各行要把清收、转化和压缩这部分贷款作为重要工作任务来抓，防止贷款劣变，争取 2005 年将此类贷款压缩至 50 亿元以内。

三要摸清正常类贷款中的潜在风险贷款。目前个人贷款五级分类是按违约期限由计算机系统自动划分的，这种方式杜绝了不良贷款指标的人为调整。但一些已出现风险仍由开发商保证金垫款或实际是假按揭、假车贷但仍由保证人垫款的贷款风险却难以揭示。为保证贷款质量的真实性，2005 年总行将启动贷款真实性认定程序，经认定为不良的贷款不能继续放在正常类贷款中。各行要对正常和关注类贷款进行全面排查，摸清如假按揭、假车贷、保证金垫款、批量还款等潜在风险贷款情况，以准确、及时地揭示和处置贷款风险。

四要建立严格的新增不良贷款责任追究制度和责任档案制度。经认定为不良的贷款，要由消费信贷管理部牵头进行责任检查，对贷款调查、审查、审批和贷后管理各个环节的工作人员进行责任认定，严格追究责任人。各级消费信贷管理部门要逐级建立不良贷款责任档案，对现场检查情况、责任认定和追究情况、清收责任人和清收结果等情况进行记录和归档，形成责任档案。

（六）整合消费信贷操作与管理系统。信贷管理系统是业务操作的平台，是信贷管理的眼睛，信息技术的运用将从根本上改变我们传统的生产管理模式，它不仅可降低成本，提高效率，还可通过控制减少传统手工操作的随意性。目前个人住房贷款和其他消费贷款分属两个信贷台账子系统，为统一技术平台，统一操作流程，整合消费信贷业务，实现消费信贷业务电子化的全面升级，总行已于前年启动“个人信贷管理系统（PCM2003）”的开发工作，力争 2005 年年内完成开发并在全行投产。这是工商银行的一件大事，消费信贷管理部要把 PCM2003 系统开发投产工作作为 2005 年的重要任务，确保 2005 年新系统的投产使用。在新系统投产前，各级消费信贷管理部要加强两套消费信贷管理系统的维护和管理工作，依托系统做好日常业务的监控和风险贷款的管理工作。

（七）支持前台营销，拓展优质市场。信贷市场核心竞争力表现为在有效控制信贷风险前提下的优质信贷市场拓展能力。因此，在加强消费信贷风险控制的同时，切不能忽视信贷市场的开拓。消费信贷管理部门要在有效控制风险的前提下，支持消费信贷业务部门开拓信贷市场，并要将其作为一项重要职责。目前首先要提高审批效率，各行消费信贷审批中心要在规定时间内完成审批工作，并可根据具体情况，实行集中审批和向贷款行派驻审批员相结合的工作机制，在防范风险的同时提高审批效率。

同志们，2005 年是工商银行全面深化改革关键一年，也是实施消费信贷业务前后台分离、推进管理体制和经营模式彻底转变的重要一年，我们要以强烈的事业心和责任感，改革创新，开拓进取，加强管理，为确保消费信贷业务的可持续发展，推进工商银行现代金融企业建设而共同奋斗。

在部分分行消费信贷管理工作座谈会上的讲话

牛锡明

（2005年6月15日　根据录音整理）

2005年，总行党委下决心实施消费信贷业务前后台分离的体制改革，着手建立消费信贷营销体系和风险管理体系，这对今后消费信贷业务的持续健康发展具有重要意义。今天召开19个分行参加的消费信贷管理工作座谈会，目的是想听一听各行贯彻消费信贷前后台分离体制改革和专业会议精神的情况，了解信贷审批中心、贷后管理中心的组建进展情况，以及假按揭贷款的防范与控制情况。听了大家的汇报之后，我感到多数分行能认真贯彻总行的决策部署，工作抓得紧抓得实，信贷审批中心、贷后管理中心的建设和假按揭、假车贷的防范工作取得了较好的成效。但也有一些分行的工作与总行要求还有较大差距，个别分行还在观望等待。2005年全行消费信贷管理工作必须抓好三项任务：一是防控假按揭贷款要取得明显成效；二是要建立信贷审批中心，实现消费信贷业务的集中审查和审批；三是要建立贷后管理中心，将消费信贷的贷后管理工作全部纳入该中心管理。

一、坚决防控假按揭信贷，确保消费信贷资产质量

假按揭贷款（包括假车贷）是影响我行个人信贷资产质量最大的风险因素。据消费信贷管理部近期的调查显示，截至2005年4月末，全行假按揭贷款占同期全部个人消费不良贷款余额89亿元的34.23%。分析假按揭贷款的成因，一是由于开发商利用虚假资料骗贷，而贷款经办人员又审查不严；二是少数管理人员或工作人员同企业共谋诈骗我行贷款；三是我行一些基层负责人出于多种原因，对不符合法人贷款条件的房地产开发企业和汽车经销商发放贷款。这其中属于第二、第三种情况的不在少数。更为恶劣的是，河南三门峡分行卢氏县支行甚至用假按揭方式套取个人住房贷款弥补本行费用不足。不良贷款剥离后，防范假按揭贷款风险是我们保持消费信贷资产质量的关键环节。如果假按揭贷款防不住，将不仅影响我行消费信贷资产的质量，还将对我行信誉造成不良影响。2004年某国有银行北京分行6亿多元假按揭贷款被曝光后，社会反响很大，这对我们是个警示。随着我行财务重组工作的完成，全行法人客户不良贷款率可降到6%左右，预计2006年可降到4%左右，而个人贷款风险释放后不良率则可能要达到2.56%。如果假按揭防控不住，个人贷款不良率将有可能超过3%，甚至超过4%。如果这种情况发生，那么我行的一个精品贷款业务就在我们手里做成了次品贷款业务，最后很有可能就变成了劣品贷款业务，那时我们在座的各位都将无法交代。我们必须深刻认识假按揭贷款的严重危害，采取坚决措施杜绝假按揭的发生。事实上，只要我们防控住了假按揭贷款，也就防控住了消费信贷业务的主要风险。因此，全行上下必须高度重视这个问题，下更大力气，把防范和控制假按揭贷款工作作为消费信贷管理工作的头等大事来抓。

从各行汇报情况看，假按揭贷款并不是每个行都存在，主要集中在几个行。一般来说，假按揭贷款的发生与该行行长的经营理念、管理水平和道德行为有直接关系，防范假按揭贷款的关键在于各级行行长。因此，总行2005年不仅要对发生假按揭贷款的分支机构坚决停牌整顿，而且要追究直接审批人、主管副行长和行长的责任。2005年哪个分行再出现假按揭，我就找哪个分行的领导诫勉谈话。谈话两次还不能解决问题的，将采取进一步的处理措施。对假按揭贷款的直接审批人，要逐笔进行责任认定并严肃处理。实践证明，如果措施得力，假按揭贷款是完全可以防控住的。比如，广东分行营业部是较早出现假按揭贷款的分行，但自从该行2002年采取措施、加强管理以来，便再没有出现假按揭贷款。其实，在防控假按揭贷款这一问题上，各行都有很好的经验，如开发商准入名单制、个贷审查核实制、双人谈话责任制等等。因此，只要全行真正重视这个问题，采取得力措施，那么我们就一定能够防控住假按揭贷款。总行将在总结各行经验的基础上，抓紧制定一整套严格的管理制度和责任认定追究制度，明确假按揭贷款的审批人、分管行领导和一把手的责任。同时要建立假按揭贷款监测体系，将监测指标列入总行考核指标中。要重点监测批量还款、批量付息的按揭贷款，一旦确定为假按揭贷款，要立即采取风险防范措施，并查处责任人。

二、建立信贷审批中心，实行贷款集中审查审批

消费信贷业务前后台分离的重要标志就是营销和审批职责的彻底分开。营销部门的职责是在目标市场上积极主动营销客户，做大有效贷款市场，而审查审批部门的职责是在有效控制风险的前提下，支持市场营销，按标准审查审批贷款，二者要协调配合，最终达到在控制风险的前提下拓展市场的目的。目前，大多数分行已按总行要求组建了信贷审批中心，但还有一些分行没有组建或没有按总行的要求组建，如有的信贷审批中心的审批人员还隶属于支行，没有体现前后台分离的原则。信贷审批中心的建立一定要体现独立性，机构和人员都要与支行彻底分开。信贷风险控制必须要靠“下控一级”的方式来完成，自己营销的贷款由自己审批，难以控制风险。我行改制完成后，个人贷款的营销权将会更多地下放给支行，而审查审批权则要集中到隶属于上一级行的信贷审批中心，支行营销来的贷款必须要提交给信贷审批中心独立审批。将来工商银行要上市，要引进战略投资者，投资者最关注的一个问题就是信贷风险防控机制是否已经建立，信贷流程中的各岗位是否有制约，是否形成了一套前后台业务相互制约的模式和制度。我们目前正在进行的消费信贷管理体制改革，是适应股改需要、建立现代公司治理机制的一项重要内容。

信贷审批中心的职责是审查审批，不能只批不审。审查中要注意两个重要环节：一个是给客户打电话，核实贷款的真实性；另一个是核保，确定抵押物的真实性。信贷审批中心工作量会很大，要配备专门的核保队伍。我们建审批中心的目的是实现审贷分离，而不是实行品种分割。小企业贷款和个人贷款的管理有很多类似的地方，放在一个审批中心审批是可以的。建立垂直的信贷风险管理体系，实际上就是要形成信贷审批的相互制约机制。因此，一个二级分行应该只设一个审批中心，大额贷款直接提交一级分行审批，小额贷款、小企业贷款可以和个人贷款整合到一起，由二级分行的信贷审批中心审批。我行改制完成后，将建立分层次客户营销体系。大企业和大额贷款主要靠总行和一级分行营销，总行、一级分行的客户经理是营销的主力，二级分行主要是配合上级行营销。而小企业、小额贷款和个人贷款的营销主要在二级分行以下的分支机构。这就是分层次的营销体系和垂直的风险控制体系的内涵所在。这是一个很大的改革，我们目前所做的工作实际上是为将来的经营管理打基础，因此各行要从股份制改革的高度来认识这个问题。只有这样做，我们的治理结构和制约机制才能够明晰，投资者才能够放心投资。各行要借这次改革的机会理顺机构设置，不要担心会因此而影响审批效率。实际上如果有专门的人负责审批和管理贷款，效率是会提高的。各行一定要做好二级分行和支行的思想工作，讲清改革的大局，消除他们的思想顾虑，促进早日实现改革目标。

与此同时，要选拔具有良好职业道德、高度责任心、业务熟悉、踏实肯干的业务干部来担任专职审查、审批人，尤其要配好审批中心主任，这一点非常重要。审批中心主任选好了，其辖内贷款的准入关也就把住了。但如果审批主任没选好，贷款风险反而会加大。因此，审批中心是否能真正发挥作用，关键还要看审批中心专职审查审批人员的配备情况。

三、组建贷后管理中心，集中进行贷款监测和催收

组建贷后管理中心标志着工商银行个人贷款风险管理框架的建立。这是因为个人贷款的风险控制体系是前台、中台和后台三条线建设，前台是客户营销线，以消费信贷业务部门和客户经理为主体；中台是风险控制线，以贷款审批中心和风险经理为主体；后台是贷款管理线，以贷后管理中心和管理经理为主体。个贷有两个显著的特点：一个是有实物抵押，另一个是按月等额还本付息。只要把抵押物押住，每个月都能收回本息，个贷的风险就大大降低。这也是我们设计贷后管理机制的基本思路。否则，如果像管法人客户那样管个贷，我们则可能要投入很大的资源，管理成本也会很高。我们可以这样设想：假设在一个中等城市的二级分行，下属有15个支行，每个支行有4万~5万个个人贷款户。对这些个贷进行管理，可以有两种思路：一种是由15个支行分散监测和管理，另一种是二级分行建立一个贷后管理中心，由该中心集中监测和管理。实践证明，后一种思路要比前一种好，因为后一种思路实行了贷款营销与贷后监测管理的分离，更易于及早发现风险，节约人力，节约成本。客户经理营销来的贷款提交风险经理审批；审批发放后的贷款交由贷后管理中心监测和管理，一旦不能按月还款，管理经理可以电话催收、发催收函、发律师函，以至进行法律诉讼。客户经理要保证客户、资料和抵押物的真实性；风险经理要核实客户的真实性和抵押物的真实合法性；而管理经理则要按时、按程序催款，按规定提起诉讼。这样一来，一旦贷款出现风险，很容易就能查出哪个环节出的问题，也便于相应地建立责任追究制度。所以，只有建立了贷后管理中心，个贷的风险管理体系才得以完成。

贷后管理中心要实现三个集中，一是管理经理的集中，贷后管理中心要配备一定数量的管理经理。二是监测的集中，把个人贷款全部集中到贷后管理中心来监控和催收。通过计算机信息系统进行自动监测，一旦借款人出现违约，计算机信息系统就会自动提示违约借款人的基本信息，管理经理就可以采取相应的催收措施，如果催收不成功，则可立即转入下一个环节，由法律人员采取诉讼等措施进行清收。这就彻底改变了过去一个信

贷员既要营销贷款，又要进行贷款催收、诉讼等贷后管理工作。事实上，许多不良贷款的形成与贷后管理不到位有很大关系，一些违约贷款只要我们监测到位，检查及时，催收有力，是完全可以收回的，一些假按揭贷款也是可以通过贷后监测及时发现并采取必要措施挽回或减少损失的。因此，我们要把分散在各支行的贷后管理工作集中到贷后管理中心管理，由贷后管理中心来负责个人贷款的监测、催收等工作，从而形成一套风险识别、控制和处置的程序和方法，以及时、有效地控制信贷风险。三是有条件的行可以实行贷款档案的集中。这方面广东分行营业部做得很好，他们建立了集中的档案库，把10万户个人贷款档案集中起来，并建立了档案入库、调阅、查询制度，既方便了基层行查询，又方便了管理中心管理，一举两得。此外，贷后管理中心的建立，还可以为我行将来开展个人客户增值服务业务奠定基础。比如，广东分行营业部集中了10万个客户，贷后管理中心可根据还款记录、贷款金额和客户基本信息等分析筛选出目标客户，提供增值服务，从而派生出大量的个人客户资产和中间业务。这次我们来推广广东分行营业部的经验，就是要在全行推广贷后集中管理的经验。

由上可知，贷后集中管理有以下四个方面的好处：一是可以通过集中监测而尽早发现问题，及时采取相应措施；二是可以大大提高管理效率，如广东分行营业部共有10万个客户，只要49人管理；三是可以做到档案集中，保证资料的完整有效；四是可为以后开展增值服务业务提供条件。因此，各行一定要高度重视这项工作，力争在2005年年底前基本完成贷后管理中心的组建工作。当然，各行在组建贷后管理中心时，也要考虑自身的业务发展规模和增长潜力，要进行成本测算。具体来说，是一个二级分行建一个贷后管理中心，还是两个或多个二级分行共同组建一个跨区域的贷后管理中心，要根据业务量和贷款收入能否覆盖其贷款成本的情况而定。

2005年各行务必认真做好上述三项工作，为消费信贷风险管理体系的建立创造条件，促进消费信贷管理水平上一个新台阶。

此外，2005年的消费信贷管理工作除了完成以上三项任务外，还要实施三项配套措施：一是投产使用PCM2003个人信贷管理系统。目前PCM2003个人信贷管理系统已基本开发完毕，计划于11月份选3家分行进行1～2个月的试运行，力争2006年6月份前完成全行的推广投产工作。二是完善停复牌制度。这是我们加强管理的一个强有力手段，2005年要整合和扩大停复牌的覆盖范围，将经营权、审批人资格纳入停牌范围。对超过总行风险控制线的机构，不仅要停其审批权，而且要停其经营权；对一些没有发展潜力地区的分支机构，也要停经营权；对于审批的贷款出现较多不良贷款或假按揭贷款的审批人，要根据情况对其实施停牌，直至取消其审批人资格。三是实行审批人资格认证制度。要通过建立完善审批人资格考试、审批人业绩考核和审批人档案管理制度，提高审批人职业素质，强化对审批人的约束，规范审批行为。

关于提升工商银行的信贷核心竞争力问题

——在中国工商银行信贷业务管理高级培训班上的讲话

牛锡明

（2005年9月14日 根据录音整理）

今天我谈一谈提高工商银行信贷核心竞争力问题。主要讲三个方面的内容：第一个是为什么要提升信贷核心竞争力，第二个是怎样提升信贷核心竞争力，第三个是创建工商银行的信贷风险文化。

一、为什么要提升信贷核心竞争力

财务重组以后，我行的各项经营指标都很好。资本充足率达到9%以上，不良贷款率4.58%，其中1999年以来的贷款不良率1.42%，贷款的拨备覆盖率达到100%，预计2005年的经营利润可以突破900亿元，我行的贷款总额即使在剥离以后也达到3.1万亿元，世界排名第二，包括花旗银行和汇丰银行在内的很多国际大银行都排在我们的后面。信贷结构调整取得明显成效，自工商银行成立以来一直困扰我们的流动资金贷款一支独大的局面彻底改变，我们用了六年半的时间，把流动资金贷款占比降到35%，项目和房地产贷款占比提升到37%，票据贴现占比上升到12%，个人贷款占比提高到16%，这与十年前流动资金贷款占80%的情况有了根本性的变化。工商银行的鸡蛋不再放在一个篮子里面了，“流动资金是个筐，什么都往里面装”的状况彻底改变，贷款的总量风险大大降低。这是值得我们大家骄傲自豪的一件大事。另一个在工商银行历史上值得永远记住的辉煌成就是，从1999年以来，我们历尽千辛万苦，付出艰辛劳动，用了六年半的时间搬掉了三座大山，一座是不良贷款12307亿元，另一座是非信贷风险资产损失1800多亿元，还有一座是借新还旧贷款10090亿元。

三座大山已经搬掉，股份制改造业已启动，股份公司成立在即，公开发行上市也已提到议事日程。面对这样一个新形势，我们应该怎么办？我们原来熟悉的“搬山”工作已不是第一位的了，而大量不熟悉的工作在等待着我们去学习研究。现在大家包括我在内普遍有压力感，因压力而着急，为工商银行的发展着急，为控制信贷风险着急，为开拓信贷市场着急，为剩余资金的出路着急，为应对利率市场化着急。红军长征之后，毛主席说“更喜岷山千里雪，三军过后尽开颜”。我们现在还开不了颜，我们是“今喜不良全剥离，剥离之后更着急”。剥离以后既要保证信贷资产质量，又要积极开拓信贷市场，在质量与效益的把握上给我们提出了更高的要求。贷款放不出去着急，放出去收不回来着急，收回来了也着急。但是这种着急比我们1999年以前贷款放出去就收不回来的着急感觉要好得多，现在每年收回7000~8000亿元的贷款，说明其质量好、流动性好，所以是一种愉快的着急。从1999年以来的情况来看，我们实际上是为了生存而战，而财务重组以后，我们将要为发展而战。在发展中，有三个问题需要重点研究和解决：第一个是质量和效益，第二个是结构与效率，第三个是核心竞争力问题。信贷核心竞争力是工商银行核心竞争力的重要组成部分，因此我们需要研究提升工商银行的信贷核心竞争力。

信贷核心竞争力实际上是工商银行抗风险能力和发展能力，是在有效控制风险前提下的市场拓展能力，我认为这是对信贷核心竞争力的高度概括。信贷核心竞争力的评价指标有两项，一项是风险控制能力，就是能不能把拨备覆盖下的不良贷款率控制在4%以内，其中新增贷款的不良率控制在2%以内。第二项指标就是信贷市场的拓展能力，能否每年在优质信贷市场上争得1万亿元左右的贷款份额，保持2500亿元以上的增长额。

二、怎样提升信贷核心竞争力

要从五个方面提升信贷核心竞争力：

（一）在细分信贷市场的基础上明确市场定位。这个问题我们以前也多次研究过，但是总的看还是对市场细分和市场定位研究得不够。如果仍然做专业银行，我们没有研究信贷市场的必要。1995年以前工商银行是国家专业银行，放款缺乏自主性，贷款方向和领域也受限制，只能贷流动资金支持工商企业，不能涉足基建贷款领域。但是从1998年中央金融工作会议以后，国家不再干预银行的经营，工商银行可以自主掌握贷款的投向和投量，可以作为商业银行经营了。商业银行经营意味着我们必须按照市场法则和商业银行的经营原则去考虑贷款的质量和效益，这是非常大的转变。对一个企业而言，它是通过产品这个载体体现经营的。比如海尔，我们是通过海尔冰箱而对企业的经营管理逐步了解的，冰箱的质量与服务体现了经营管理水平的高低。商业银行也是企业，也要树立产品的概念，把我们的经营管理紧紧地同产品联系到一起，通过产品和服务体现我们的经营理念。

具体到信贷来说，就是围绕信贷产品的管理与服务，设计与开发我们整个的管理体系，把银行服务放在产品中。研究设计出既能防范风险，又能便利客户，让客户愿意使用的信贷产品，这就是以产品贯穿于经营管理始终的理念。如你想让产品适用于客户，就要对客户群进行分析，对市场进行细分，区分不同客户的需求和风险状况来开发信贷产品，最终提升我们的信贷核心竞争力。细分信贷市场是我们的一项重要工作，在细分信贷市场的基础上，确定好市场定位，确定好客户群，针对不同的客户群，设计出既能够控制风险，又能够适应客户需求的信贷产品，这是我们作为商业银行今后需要很好研究的问题。市场的细分和定位主要职责不在基层，而在总行和一级分行。市场细分不是基层信贷员的职责，而是总行和一级分行高管人员的职责。所以，今后我们要拿出相当精力来分析全国的信贷市场，分析本省的信贷市场，在这个基础上确定哪些人去做这个领域的信贷市场，哪些人去做那个领域的信贷市场，这户企业应当如何竞争，那户企业应当如何防范风险，总行和一级分行要在提升信贷核心竞争力中发挥好这种主导作用。

从全国的情况来看，信贷市场的潜力还是非常大的，我觉得未来三年我们还有18000亿元的信贷市场可以发展。

第一个市场是基本建设项目贷款领域，大致能有10000亿元的信贷市场。比如公路和港口有1600亿元，铁路有2000亿元，电力在未来几年也有1500亿元左右，城市建设和开发区的贷款还有1200多亿元，另外还有煤炭、航空、航天等领域。这里我想给大家一个信息，就是未来一段时间内我们竞争大项目和基础设施项目贷款的经营方针不变。目前还很难找到一块足够大的市场来替代基础设施贷款，只要是中国的经济能够保持强劲的增长势头，基础设施领域应该是一个很大的市场，并且风险是相对可控的，因此我们在这个领域的竞争力度不能减弱。

第二个市场是流动资金贷款市场，约有4000多亿元。主要集中在两块：中小企业信贷这一块市场有3000亿元。目前在我们2.2万亿元的法人客户贷款中，中小企业的贷款只有6300多亿元，其中小企业的贷款900多亿元。如何开拓小企业信贷市场，特别是在开拓小企业信贷市场的同时，摸索出适合小企业特点的信贷管理方式和信贷业务产品，需要我们很好研究。管理小企业贷款肯定和管理大企业贷款不一样，大企业的贷款管理要越来越集中，小企业的贷款应该逐步比照个人贷款来管理；大额贷款要靠集体审贷，小额贷款要靠个人贷款审批责任制，通过建立一种相互制约的个人贷款审批机制，去解决小企业贷款审批效率问题。贸易融资市场也有上千亿元，关键在于设计出与贸易融资特点相适应的产品，我们一直没有很好解决贸易融资的产品设计问题。票据和信用证风险相对较小，是因为资金是以票据和信用证为载体进行流转的，资金被挪用的概率很小。我们必须设计出适应贸易融资的信贷产品，这种产品要紧紧同企业的物流和资金流联系在一起，实现贷款随着资金流和物流封闭运行，而不只是考虑企业的信用等级。如果我们能通过计算机把企业的贷款账户和结算账户紧密连在一起，贸易融资业务风险就能得到有效控制。在贸易融资这个领域里面对我们的信贷产品提出了新的要求，传统的流动资金贷款的管理方法已经不能适应新的要求，必须要改进。

第三个市场是个人贷款市场，少说也有2000亿元。在中国个人贷款的市场还是非常大的，我们现在最关键的还是要把握住楼盘，把握住按揭资源。按揭资源储存的不够，所以我们2005年个人按揭贷款增加较慢。这一块市场目前看风险也不大，但一定要注意防范假按揭，假按揭贷款是个人贷款的最大风险源。

第四个市场是票据市场，约有2000亿元的发展空间。

从以上几个方面分析，今后三年，可供我们竞争的优质信贷市场有18000多亿元。我们如何在这些领域布局，开展竞争，是今后三年要研究的重点。当然我们所说的信贷市场的竞争，也不能仅仅理解为贷款的竞争。今后的信贷市场竞争是一个综合的竞争，是客户综合回报的竞争，而不单纯是贷款的竞争。贷款只是其中的一部分，不会是全部，客户的综合价值、综合回报比贷款更加重要。一个客户对银行的贡献是多方面的，包括贷款的利息、结算、电子银行、个人业务等各个方面，我们的客户经理要竞争客户，提高综合回报，而不仅仅是争贷款。因此客户经理不能仅仅懂信贷，还要懂结算、保险、基金、电子银行、个人业务等，这样才能对客户的综合价值进行深度挖掘。

（二）建立分层次、一体化的营销体系。分层次、一体化的营销体系，指的是大客户、大项目必须由总行或一级分行牵头营销。营销不仅仅是基层的事情，尤其是大客户和大项目需要的是高层营销，需要总行和一级分行出面营销，有时还要由总行和一级分行行长牵头营销。一级分行的公司业务部必须直接营销大客户。总行公司部目前已经和一百多个大型优质客户建立了联系，并且已经开始直接受理业务。今后我们对大客户要提高营销层次，各级行的行长就是大客户经理，基层行要根据总行或一级分行的指示办事，做好客户关系的维护，落实贷后管理工作。这种大银行与大客户直接对话、大银行通过客户服务体系提供服务的方式是现代商业银行服务模式。有些同志可能会提出，分行直接营销存在路途远、不便管理等困难。我觉得总行都可以直接营销，一级分行也应该可以直接营销，刚开始可能不适应，但经过一段时间摸索，就慢慢熟悉了。这种总行和一级分行直接营销的体系肯定比基层营销的效果好，起码得到信息要快。小客户和小额贷款要放到基层行去营销，并且逐步实行个性化的审批和集中监测，不能自己审批的贷款自己监测。这种集中监测、换手管理的方式比较适应小额贷款，便于及早发现问题，提高管理效率。

（三）加强个人信贷风险的控制。个人贷款的管理应当简单明了、方便实用，不宜太复杂，不要比照法人客户的管理方式去管理个人贷款。要设计出一套简洁实用抓住要害的管理方法，逐步实现个人贷款管理的流水化作业。个人信贷风险的控制要抓住四点：一是坚决防范假按揭，如果工商银行能够有效防范假按揭，个人贷款的风险就很小。二是建立信贷审批中心，移位审批，这是一个制约道德风险的有效手段。信贷审批中心的一个重要职责就是电话核实贷款客户的真实性。三是建立贷款催收中心，集中贷款的监测与催收。基层行营销的个人贷款经过审批发放后，应将档案移交贷款催收中心管理。贷款催收中心要充分利用计算机系统对每一笔贷款的还款情况进行实时监测，一旦贷款逾期，马上进行催收，若经催收无效，则进入司法程序，对于确实无法收回的贷款及时进行核销，但要做好账销案存管理工作。四是要加快PCM2003系统建设。个人贷款具有存在抵押物和分期还款两个特点，因此只要我们把个人贷款营销——审批发放——监测催收——收回全过程形成一套闭合的管理体系，并且在PCM2003中实现流程控制，就可以有效地防范风险，提高工作效率。个人贷款下一步要加强三条线建设：第一条线是制度建设，围绕前台、中台、后台来完善各项规章制度。第二条线是以制度为基础完善操作流程，按流程操作。第三条线是以流程为基础完善PCM2003，以计算机加强流程的控制与管理。这三条线将大大提高个人贷款的管理水平。

（四）加强法人客户信贷风险的控制。行业信贷政策、产品信贷政策和区域信贷政策，是我们控制信贷总量风险的三大政策。这几年来的实践证明，作为一个中国信贷资产规模最大的商业银行，必须学会运用这三大政策，才能控制信贷总量风险，保持总体上避免出现全局性风险。

行业信贷政策既要发挥行业信贷风险控制的作用，继续对高风险行业实行客户名单制和贷款限额控制；也要发挥信贷市场开拓的指导作用，告诉大家在哪些行业还有增加贷款的空间，支持大家积极参与市场竞争。行业信贷政策在以上两方面都要发挥作用，成为既能防范风险，也能指导市场开拓的有效工具。

在产品信贷政策方面，当前最重要的是要加快流动资金贷款产品的创新。信贷管理部已经进行了一些贷款产品的设计和开发，做得很好，下一步要把这项工作推向深入，力争创造出更多的适应客户需要的贷款产品。通过贷款产品的创新，彻底改变传统的流动资金贷款管理模式，提高风险防控能力。在流动资金贷款的创新中，关键要把握好以下三点：一是必须与用途相连接，不能不问用途。流动资金贷款可以是企业生产经营资金，也可以是垫付性质的搭桥贷款，但不管是用于哪个方面，我们都要弄清真实用途，按用途监管和操作，防止流动资金贷款被挪作他用，这是保证贷款安全的第一关。二是与还款的资金来源相连接，确保有充足的还款来源，并能有效控制还款资金。与还款资金来源连接可以是约定的资金账户，也可以是应收账款，以应收账款做抵押发放贷款较不问用途而发放的流动资金贷款风险要小，因为在放款时要审查应收账款收回来的可能性以及如何控制好资金流向。资金流的控制比信用等级的控制更难更复杂，但更有效。如果能把企业账户资金和往来款项控制住，就可以适当放宽准入标准，做更多的业务。三是与还款的期限相连接，尽量实行分期还款制。贷款审批时可核定一个额度，发放时可分期分笔发放，分期分笔偿还。分期还款制度有利于我们及时发现风险，个人贷款的分期还款制度已证明这一点。今后在流动资金贷款产品创新中，以上三个关键点要把握住，要紧紧和用途相连，紧紧和还款源相连，并采用分期还款方式。

区域信贷政策是我们这次剥离不良资产以后，需要进一步研究的问题。区域信贷政策的核心是对那些信用环境好、市场潜力大、风险控制能力强的地区“降低准入门槛，提高风险监管”，就像美国的大学一样，进来是宽松的，出去是严格的。1999 年以来的贷款已经经营了五六年，不良贷款率在地区之间存在很大差别，有些地区比较高，有些地区比较低。不良率低是因为信用环境好和风险掌控力强两个原因。对于这样一些地区，我们可以逐步降低准入门槛，逐步把一些贷款权限放给这些行，由其自己掌控风险。总行则加强贷后监管，监测总体贷款不良率和分产品贷款不良率是否突破 2%、贷款质量是否真实，是否出现大额的风险贷款。一旦发现上述问题，总行就将启动应急预案，最终实行停牌。下一步总行将在评级、授权授信、行业信贷政策等方面加以改进，进一步完善区域信贷政策。从全国来看，每一个地区都有亮点，也有风险点。从一级分行来看，每个二级分行也都有发光点和风险点。因此在一级分行内部也应实行有区别的区域信贷政策，不能搞“一刀切”，不能授权授信文件来了，图方便不分青红皂白一股脑地转授下去，那是不行的。要把你这个地区分析透，这个二级分行有没有信贷市场，做哪一块信贷市场，怎样去做信贷市场，进行分门别类的授权、授信，并配之以相适应的信贷规模，这样才能做到开拓市场有目标，控制风险有手段。而对一些风险掌控力较弱、信用环境较差的地区，应该是收紧评级、授权和授信，提高信贷的准入门槛。所以这种区域信贷政策在总行的层面上是针对一级分行，在一级分行的层面上是针对二级分行，每一级都要把下一级的信贷市场分析透，相应地在信贷风险的掌控上，确定不同的区域信贷政策。

除了行业、产品和区域信贷政策以外，我们还应该坚持贷款审批的独立性。2004 年在辽宁分行建立了贷款审批中心和贷款监测中心，并且要求贷款审批中心独立于二级分行，直接隶属于一级分行，这是一个制约贷款风险的重要手段。如果没有制约，自己营销的贷款自己审批，结果可能是不良贷款也自己掩盖着，一换行长就冒出一大批不良贷款。以后要建立贷款审批和贷款营销相互制约的机制，使保持贷款审批的独立性成为一种制度规定。在贷款审批中应当坚持一站式审批，不要层层审批。属于总行的权限，需要报总行审批的贷款，不要求分行再进行横向报送和审批，分行直接行文上报总行即可，一级分行就是前台的调查部门。总行的审批中心就是审查部门。属于谁的权限，由谁来执行审查审批，这种一站式审批才能提高效率。

要保证担保的有效性，真正能够起到第二还款来源的作用。这一次剥离的不良贷款中，有 80% 多是担保贷款，可以看出我们以前的担保没有多大的效用。各位行长回去可以统计一下，1999 年以来你们从担保人身上收回了多少贷款，往往是大部分担保人因为破产或关闭等原因而丧失还款能力，有小部分的担保人虽然有还款能力，但因为想维系好大客户的关系，也并没有从担保人身上收回多少钱。若想放一笔有担保人的贷款，需要评价担保人到期能否确实还款，如果担保人和借款企业关联性很强，这种担保没用，必须视同信用贷款管理。虽然名义上有担保，但在内部管理上不能视同有担保，只能按照信用贷款管理，要把借款人的第一还款来源抓住，才能保证贷款的安全。如果第一还款来源抓不住，贷款安全性就没有保证，所以担保的有效性问题我们要很好研究，要分出几类来，哪种类型的担保，担保人可以还钱；哪种类型的担保关联度太高，是不能保证还钱的，那么这种担保在管理上必须作为信用贷款管理。

大额贷款和关联客户的监测非常重要。我们从 2003 年开始逐步建立了 1 亿元以上贷款大户的监测，贷后管理得到明显加强。2005 年 6 月底，我行有贷款余额在 1 亿元以上的客户 4114 个，贷款额 16180 亿元，占整个法人客户贷款的 71.9%。其中 5 亿元以上的 733 户，贷款额 9313 亿元。如果我们对 1 亿元以上的大客户进行全面监测和经常分析，我们就可以把一大部分风险防范住，至少 71.9% 的风险可以防住，这是一条非常重要的措施，我们一定要坚持下去。5 亿元以上的大额贷款客户管理以总行为主，一级分行配合，这733户中目前已发现40户有潜在风险，正在逐步给各一级分行发布风险提示和预警通知。对这733户要做到每一户都监测得非常准确不太可能，但是大部分还是准确的，如果总行风险提示的内容与该客户实际情况不符，一级分行可以反映，可以和总行共同研究和探讨。这40户中有15到20户问题是比较大的，应当引起分行的高度关注。我们的判断水平应该说还是可以的，这几年来绝大部分在市场上出风险的大户，都在我们的掌握当中。如在德隆、三九、普尔斯马特出现风险以前我们已经退出了几个亿元贷款，河北帝贤我们也退了两亿元，所以这种大客户的监测对于我们提前发现风险很关键。1亿~5亿元的贷款客户希望分行很好地监测起来，一级分行的行长一定要重视这个问题，你要想不坐在火山口上，就必须把这些1亿元的贷款大户管起来。下一步除了继续加强大额贷款客户的监测以外，还要加强关联客户的授信监测，看看这个关联客户群体给了多少授信，在授信之下有多少贷款。如果我们把大额贷款客户和大额关联授信体都监测起来了，我们对最大的两个风险点就能做到心中有数，就可以由过去经常是出了问题才事后统计，转变为对风险的事前预警，大大提高我们的风险管理能力。

要保证贷款质量的真实性，就要做到不良贷款既不能超报，也不能瞒报。以前由于历史的问题，在正常贷款中总有一部分事实不良贷款，这一次通过剥离释放了1000多亿元，高潜在风险贷款已经释放完毕。但是在上半年的关注类贷款当中还有小部分具有潜在风险特征的贷款，这部分贷款要在下半年和2006年上半年彻底挤干净。2005年下半年要通过核销200亿元来处置500亿元的关注类贷款，2006年再处置800亿~1000亿元关注类贷款，这样贷款质量就比较真实了。贷款质量的真实性要有硬约束，我们推行12级分类，是把逾期和欠息作为很关键的硬指标，一旦正常贷款出现逾期和欠息，就要分析贷款质量的变化，没有充分理由说明贷款风险没有加大，就必须将其放到不良贷款中。今后要把3000多亿元的关注类贷款作为信贷监测、退出、清收转化的重点。资产质量外部审计是保证真实性的重要手段，每个行都要有质量偏离度的考核，偏离度不应超过0.5个百分点。此外，还要考核各行的不良贷款迁徙率。要针对贷款质量的真实性，建立责任追究制度和引咎辞职制度，产生了不良贷款，就必须进行责任认定和追究。在事实分析的基础上，对主观管理不到位和道德风险的责任要追究。当然确实是因为客观原因造成的，还是要实事求是地加以区分，不能笔笔追究责任，搞得人人自危，不然就没人放贷款了。要通过引咎辞职制度来追究管理责任，一个地区新发放的贷款连续出现大额不良贷款、不良率大大超过2%的控制目标，行长就要扪心自问，有没有管理责任？有管理责任的就应该引咎辞职。

（五）建立经济资本配置和拨备制度。这个问题杨行长已经深入讲过，我就不再讲了。

三、创建工商银行的信贷风险管理文化

1984年工商银行成立时，我们的贷款余额2400亿元，到了1998年贷款余额达到2.2万亿元，其中有47%成为了不良贷款。这1万多亿元的不良贷款值得我们深思。按照人民银行的说法，国有商业银行在过去产生的不良贷款当中，80%是由于客观原因，由于企业改制所造成的，但是仍然有20%是由于我们管理不到位，或者说是由于经营管理有偏差所造成的。这2000多亿元的不良贷款大致占1998年贷款余额的10%，这个比例远远高于国际商业银行的不良贷款率，也揭示了我们经营管理方面的问题。从1999年以来到2005年6月这一段时间，我们的贷款余额达到3.1万亿元，其中1998年前的贷款还剩2000亿元，1999年以后发放的达到2.9万亿元，这2.9万亿元贷款的不良率只有1.42%，这同1998年以前的贷款不良率47%相比，是一个翻天覆地的变化。为什么有这样大的变化呢？我觉得一是国家不再干预银行经营，二是我们的经营理念有了根本转变，三是CM2002计算机系统的应用，这是管好资产质量的三大关键。如果政府仍在干预银行，银行只能跟着政府的指挥棒转，无法按市场原则运作；如果理念不转到质量和效益型发展轨道上来，不调整信贷结构，传统加工企业贷款仍会产生高风险；如果不推行CM2002计算机管理系统，就没有硬约束，新的管理理念也落实不下去。从工商银行这几年发展变化的情况看，我们的生存能力源于抗风险的能力，而不在于我们发放贷款的能力，质量出效益，质量出利润，今天900多亿元的经营利润，绝大部分是来自于新发放的不良率只有1.42%的2.9万亿元贷款。所以工商银行今后的生存发展能力也还要看我们的抗风险能力，看风险掌控能力。

做大容易做强难。工商银行要想做大并不困难，现在就很大，贷款总量已经位居世界第二，每年我们要想增加四五千亿的贷款也能做到，但是做强很困难。要把工商银行做成一个高质量的银行，需要靠在座各位和广大员工的艰辛努力。扩张容易管好难。我们历史上曾经大规模的扩张过，但是扩张后因为管理跟不上，产生了许多后遗症，一年产生的后遗症，十年都解决不完。管理水平不仅仅是管理制度，它是一个集人员素质、管理理念、管理制度、管理手段于一身的系统工程。很多企业在扩张时飞速发展，但又在一夜之间崩溃垮台。所以我们在面对发展时要积极但不要急躁，银行需要的是稳健发展而不是飞速发展。银行本身就是一个高风险行业，不可能飞速发展，飞速发展必将产生大量的风险。如果我们太着急就容易产生急躁情绪，急躁就会非理性决策，会对我们今后的经营埋下负面影响。

资产质量需要“十年磨一剑”。利润是体现在当年

的，但是资产质量是当年看不出来的，一个银行要把资产质量做成高水平，需要“十年磨一剑”。1999年以来我们发放了29000亿元贷款，这29000亿元的贷款应该说管理得很好，如果我们能把这样好的资产质量保持到十年、十五年或二十年以后，这才能说明我们具有较高的管理水平。我们对环境要有清醒的认识，50%的风险来自环境。我们这六年半能保持这么好的贷款质量，主要是因为我们坚持了审慎经营的原则。这几年来我们没有盲目冒进，盲目跟风，说明我们在风险意识方面有了很大的提高，三年以前大家可能认为总行管理的过于严格，但是现在回过头来看，也许可能认为管理还不到位，还需要加强，这主要是因为我们现在的风险意识和三年前相比大大提高了。中国的市场还是一个不完全成熟的市场，还是一个发展中的市场，处在这样一个市场中，我们必须对环境有一个清醒的认识，对我们的管理水平有清醒的认识。管理是一个体系，这个体系的形成是一个渐进的过程，不要以为我们制定了很多规章制度，管理水平就提高了，这个体系中不仅有规章制度，还有人的素质和意识，还有管理手段和工具等等，这些不会因为剥离不良资产而一夜发生突变。我们在经营当中必须坚持“依法合规、稳健经营”的原则。“依法合规、稳健经营”是工商银行信贷风险管理文化的核心，无论何时我们都不能脱离这个核心。我们必须发展，因为不发展就没有出路，但是我们的发展一定要坚持稳健的原则，不能大起大落，哪怕发展的慢一些，一年两年看不出来，坚持三年五年甚至十年以后，很多银行恐怕都要落到我们后面。大家可以看看世界上历史悠久的大银行，他们每年业绩增长不是很快，但能够坚持百年就成了国际知名的大银行。如果我们能把工商银行高质量保持十年，我们也将成为国际知名大银行。

在信贷风险管理上要形成制约的机制。前台负责市场营销的行长、处于中间位置的行长和后台负责风险管理的行长之间要相互制约，相互促进。负责前台的行长可以更侧重市场营销，但也要有风险意识；负责后台的行长要更侧重风险控制，但也要有市场意识；一把手要做好平衡，既不能一味鼓励前台开拓市场，也不能一味鼓励后台控制风险，而要把两者之间的关系协调好。我们的信贷核心竞争力，从本质上讲，就是一方面要开拓市场，另一方面要控制好风险，两方面要互相结合、相辅相成，成为一个有机的整体。我们在信贷管理当中要杜绝关系贷款、人情贷款和招呼贷款，一切按规矩办，按程序办，就可以大大降低不良贷款。希望我们的高管人员要牢记这一点，凡是找你打招呼的贷款，很可能都是有问题的，对待这样的贷款要非常慎重。我们各级行的行长交友要慎重，特别是和民营企业打交道，要保持原则，交往保持适当距离，不谋私利，贷款不打招呼。只要我们在工作当中没有私利，就可以杜绝人情贷款。不能无原则地交往，在和贷款客户的交往当中还是要保持一定的距离，这是一个基本原则。我们检查这几年来的问题贷款，虽然都是基层信贷人员发放的，但是背后隐约可见有高层打招呼的痕迹。要逐步提高信贷审批程序的透明度。目前客户要想申请贷款往往通过熟人介绍，这是我们信贷管理当中的一个盲区，这表明信贷审查审批程序不透明，不公开，以后应该明确信贷业务的受理、审查、审批的整个流程，让每一个客户都能明白如何办理一笔贷款，让客户知道是按照程序而不是按照关系去申请贷款，这也是我们防范道德风险的一项重要措施。

今天主要讲了个人对提高工商银行信贷核心竞争力的一些理解和看法，供大家参考。

统一组织　规范操作
确保圆满完成不良贷款剥离工作

——在中国工商银行分行行长工作会议上的讲话

张　衢

（2005年4月22日）

刚才，建清行长、凯生副行长对我行的财务重组和股份制改革的有关工作进行了部署，各行要认真贯彻落实。不良贷款剥离是股份制改革的基础，时间紧迫，任务艰巨，总行将很快进行全面责任重大安排。下面，我谈几点具体意见。

一、统一领导，精心组织，严格按照总行部署实施不良贷款剥离

对工商银行实施股份制改革，是国家深化金融改革的重要举措，也是我行改革发展的重大机遇。不良贷款

的剥离处置作为前期工作的核心内容，是当前全行的头等大事，更是我们面临的重大考验。这项工作完成得好坏，不仅直接关系到我行股改的成败，而且会对今后的长远发展带来深刻影响。各行要深刻认识这项工作的重大意义，将其作为当前全行各项工作的重中之重，以高度的责任心和紧迫感，按照总行统一部署，精心组织，规范操作，确保高标准、高质量、高效率地完成不良贷款剥离工作。

初步测算，此次剥离共涉及不良贷款客户××万户，不良贷款余额6350亿元，整个剥离工作要在两个月内完成，其中损失类贷款剥离的准备工作要在5月15日前完成，时间紧、任务重、工作量大，而且政策性很强，需要强有力的组织领导来推动。为此，总行已经成立了由行领导挂帅的不良资产处置领导小组，统领全行不良贷款剥离工作，审议不良贷款剥离工作中的重要事项；成立了不良资产处置工作小组（设在资产风险管理部），负责贷款剥离的具体组织与协调工作，包括组织剥离项目的申报、审查与审批，收集剥离工作中的问题和建议，并及时报告不良资产处置领导小组研究解决。总行还将成立不良资产处置督查小组，由内审、内控、监察、人事、信贷、计财、会计、法律等部门参加，负责对全行贷款剥离工作进行督导和检查，确保合规操作。各分行也要成立相应机构，加强对本行不良资产剥离工作的组织领导，并实行行长责任制。即成立由行长任组长、分管副行长任副组长的不良资产处置领导小组，负责本行贷款剥离工作的组织领导和重要事项的审议；成立由资产风险管理部门牵头，信贷、会计、法律、计财、内控和监察等部门参加的不良资产处置工作小组，负责按照总行统一部署对可疑类、损失类贷款申报材料进行审查、汇总、分析及报告；成立由相关部门参加的不良资产处置督查小组，完成相应的工作职责。各个工作组、各相关部门要各司其职，各负其责，加强协作，密切配合，确保不良贷款剥离工作快速、周密、有条不紊地进行。

二、锁定总量，分类控制，确保可疑与损失类贷款按总行计划剥离

本次剥离可疑与损失类贷款的时点日为2005年4月30日，除上海、浙江、宁波、苏州四家分行的可疑类贷款，以及各行个人住房、个人消费、银行卡透支三个业务品种的可疑与损失类贷款外，将对各分行的可疑与损失类贷款全部剥离。

（一）剥离工作操作原则。

第一，审核并锁定各行可疑与损失类贷款的剥离额度。在3月末各行可疑与损失类贷款余额的基础上，剔除其中的个人住房、个人消费和银行卡透支三个品种余额，并对核销等作必要调整后，锁定各行可疑与损失类贷款剥离额度，下达给各行，要求严格掌握，不得擅自突破。

第二，除核销之外通过清收处置腾出的空间可等额转入相应的不良贷款。即4月份各行通过现金清收、以物抵债和重组转化三种方式消化了可疑或损失类贷款，可以按规定的程序转入相应额度的不良贷款。

第三，由核销形成的不良贷款空额一律上收总行。4月1日以后总行安排核销不良贷款腾出的空额一律上收总行，并等额调减相关分行可疑或损失类贷款剥离额度。4月底前，总行将安排2004年度已批准的政策性破产企业中的正常、关注和次级类贷款调入可疑类，各行要严格按照总行通知要求进行操作。

第四，对已经确定不剥离的可疑或损失类贷款额度，各行不得再用其他贷款顶替。

这里要再次明确，除核销之外的清收处置腾出的空间可由各行通过五级分类认定程序等额转入不良贷款外，可疑或损失类贷款的任何调整变动都要以总行资产风险管理部的书面通知为准，各行自行调整的一律无效，应立即予以纠正。凡因自行其是对剥离工作乃至对整体改制工作造成影响的，将追究相关人员的责任。

（二）认真做好待剥离可疑与损失类贷款总表与明细的对应工作。各行要将总行核定的可疑与损失类贷款的剥离额度分解到户。对于一户企业贷款存在不同分类形态的，要分解对应到笔。总表与明细表要对应起来，对信贷台账中的不良贷款情况也要认真梳理，做到总表、明细、信贷台账数据一致。信贷部门要在台账系统中对拟剥离贷款加注标识。

（三）继续做好潜在风险贷款的压降和不良贷款的控制工作。4月份是全行不良贷款剥离准备工作的关键阶段，各行一定要树立大局观念，统筹安排不良贷款剥离的准备工作和潜在风险贷款的压降工作，并确保4月末全行不良贷款余额不上升。总行对潜在风险贷款压降有明确的条件和操作程序、步骤与安排，各分行要严格按照总行要求操作。

三、统一部署，全行动员，在规定时间内完成可疑类贷款剥离工作

在待剥离的不良贷款中，可疑类贷款无论金额和户数都是最大的，是剥离工作的重点，任务很艰巨，需解决的问题很多，可能遇到的困难很大。为在6月20日前全部完成可疑类贷款的剥离和资金交割工作，各分行要严格按照总行确定的工作进度要求，落实责任制，全力以赴抓好相关工作。

（一）尽快完成可疑类贷款卖方尽职调查工作。做好可疑类贷款卖方尽职调查工作，是买方尽职调查的前提，是可疑类贷款剥离的必备环节。卖方尽职调查工作的质量和进度，对可疑类贷款能否顺利剥离和剥离进度影响很大，各行务必要高度重视，确保高质量、高效率地完成。总行要求，卖方尽职调查工作要在5月18日

前全面结束。由于这项工作涉及客户多，金额大，需要填制的表格也较多，部分数据的查找有一定工作量和难度，各行一定要增强紧迫感，切实加强组织领导，全面动员资产风险、信贷管理、公司业务、会计结算、信息科技和管理信息等相关部门的力量，齐心协力搞好尽职调查。可疑类贷款大行的任务更加艰巨，更要举全行之力，加班加点打歼灭战，确保在规定时间内完成尽职调查工作。

4 月 25 日，总行将召开一次可疑类贷款卖方尽职调查动员和培训工作视频会议，全面部署调查工作。会后即印发《可疑类贷款尽职调查工作方案》，全面启动尽职调查工作。这里，我先讲一些需要注意的三个主要问题：

一是在时间紧、部分贷款尚有变化的情况下，各行要全盘考虑辖内可疑类贷款的总体情况，可以先选择贷款余额和贷款形态不发生变化的项目填制尽职调查工作表，确保按时高效地完成可疑类贷款尽职调查工作。二是要坚持实事求是的原则，认真负责地做好信息收集工作，保证尽职调查数据的真实、准确和完整，经得起外部机构的后续核查。要明确责任，根据现有的信息资源如实填写报表，不得弄虚作假。三是要本着对国有资产高度负责的态度，力争尽可能完整地收集、填写尽职调查资料，不能因为时间紧、有难度而放松查找的努力。

为提高效率，总行科技部已着手开发专项程序，并将尽快投入应用，这样可采用将信贷台账中已有的信息资料自动导入和手工补录相结合的方式加快完成尽职调查表的填制。各类调查数据都统一纳入电子档案。

（二）严格把关，确保可疑类贷款剥离工作不留后遗症。为切实做到剥离后债权债务关系清晰、不留后遗症，各行要按照总行有关文件和政策的要求，严格审核，认真把关，不允许出现剥离后再发生追索我行担保、出资等方面责任或者被资产管理公司要求赎回的情况。为此，对下列情况有关分行要限期自查自纠：一是对 2005 年以来擅自从损失类逆向调整到可疑类的贷款，如果没有确切证据表明贷款调整有符合规定的政策依据，则必须在 4 月 30 日之前纠正复位。二是对涉及自办公司的可疑类贷款要进行彻底检查，我行资本金没有足额到位的自办公司贷款、由我行提供担保且无法免除担保责任的贷款，一律不得纳入剥离范围。三是对我行已签订书面协议承诺放弃债权的贷款、分支机构为借款人的贷款等可能引起争议或引发问题的贷款也不得剥离。

总行将建立可疑类贷款剥离责任检查制度，对因弄虚作假造成损害我行利益或影响我行声誉的问题，要严肃查处有关责任人。

（三）精心组织，确保按时间进度，高质量、高效率地完成可疑类贷款剥离工作。按照人民银行提出的分包模式，我行可疑类贷款将分为 35 个资产包，即除上海、浙江、宁波、苏州分行外，其余 32 家一级（直属）分行、2 家准直属分行（三峡、广东分行营业部）和总行营业部各一个资产包。为指导和规范各行的剥离工作，总行即将印发《中国工商银行可疑类贷款剥离操作规程》。各行要严格按照《规程》和工作进度要求抓紧开展工作，6 月 20 日前，所有一级（直属）分行都要完成审查批复工作，并向总行报送总结报告和项目清单。

各级行要由行长负总责，强化并落实对申报、审查工作的组织管理。一是要严格按照总行规定的要件、程序和时间等要求组卷，确保材料的真实性、完整性和准确性。二是要采取有效方式，集中人员，集中时间，集中地点，集中开展工作，着力提高组卷质量和审查效率。三是要严肃审查纪律，注意合规操作，切实保证审查质量。四是要抓紧动员、细化落实进度目标，确保按总行进度要求完成每一个环节的工作。辽宁、广东、黑龙江、吉林、山东、河南、江苏和湖北 8 家可疑类贷款大行占总额的 56.5%，工作任务更重，尤其要全行动员，严密组织，确保能跟得上全行的工作进度。五是要按户梳理和归集整理贷款档案，重要文件缺失的，必须逐户说明原因并提供由一级分行行长签字确认的书面证明材料。

关于剥离账务处理、档案交接等具体事宜，总行将根据人民银行要求另行安排。

四、统一政令，规范操作，在规定期限内完成损失类贷款剥离和债权移交工作

根据国家批准我行的财务重组方案，各行必须在 5 月 15 日前完成损失类贷款的剥离和债权移交的准备工作。特别是广东、吉林、黑龙江、湖北、江西、河北、河南、湖南、陕西、山东等 10 家分行损失类贷款余额大，占全行的 60% 以上，更要统筹安排好人力和时间，保证工作进度。

（一）5 月 1 日前完成损失类贷款报表填制工作。各行要严格按照总行下达的损失类贷款剥离控制数，锁定损失类贷款金额与项目名单，汇总形成《损失类贷款项目清单》报总行（同时提供电子版清单表格）。为确保《清单》数据准确无误，各分行要建立数据采集、核对、复查责任制度，指定专人逐户核对。

（二）5 月 15 日前完成损失类贷款剥离资料审查和做好交接准备。报请财政部同意后，总行授权各一级（直属）分行具体负责本辖区损失类贷款剥离工作。申报剥离材料应当包括责任认定、债权证明和损失证明等三项内容。各分行要严格按照总行《中国工商银行损失类贷款剥离工作规程》（报经财政部审定后另行印发）的有关要求，切实做好待剥离损失类贷款清单核对、审查以及相关资料的准备工作。

（三）在规定时间内完成档案资料移交工作。按

照财政部的要求，总行与资产管理公司统一签订债权移交协议后，各分行应按照已报送总行的《损失类贷款项目清单》，与资产管理公司当地办事处办理业务档案移交手续。对已确定剥离的损失类贷款项目，需要移交的档案资料主要包括：证明债权债务关系成立和担保权益存在且诉讼时效、保证期间未丧失的所有法律文书或凭据；所有诉讼类法律文书；反映借款人和担保人情况的所有档案资料；信贷管理过程中的全部资料和电子信息。各行要按照财政部规定的档案交接内容、交接方式和交接程序，配合资产管理公司在规定时间内做好档案资料移交工作。有关时间要求另行通知。

五、严格审查审批，严肃工作纪律，确保依法合规操作

可疑类、损失类贷款剥离是一项政策性强、涉及面广、时间紧、操作难度大的重要工作，为确保剥离工作规范有序地推进，各级行要严格按照国家和总行有关政策规定，全面领会文件精神，建立健全各项责任制度，保证依法合规操作。我在此强调一下各部门的职责，请各分行会后做好工作安排：资产风险管理部门对剥离材料是否齐全负责，信贷管理部门对债权证明材料是否完备真实负责，计财、会计部门对剥离数据和有关会计凭证的一致性和准确性负责，法律部门对有关法律文件真实性和合法性负责，内审、内控、监察和人事等部门对损失责任认定与追究工作负责。在保证信息资料真实完整的同时，严防剥离过程中可能出现的操作风险和道德风险，坚决杜绝用违规方式去解决原有的违规和历史遗留问题。这里总行明确以下几条纪律，各行要严格执行：一是严禁越权超范围剥离不良贷款；二是严禁各行未经总行同意擅自调整贷款形态，尤其是逆向调整形态；三是严禁抽掉、丢失和伪造、编造剥离材料；四是严禁发生因工作责任心不强而导致部分不良贷款应剥未剥、留滞我行的渎职行为；五是严禁在对责任认定不清、追究不到位的情况下实施不良贷款剥离。各级行要对剥离工作实行一把手负责制，并要坚持集体审议决策。各级行成立的不良资产剥离督导检查组，要对不良贷款剥离项目审查审批和档案资料移交全过程进行跟踪督导检查，重点对责任认定和追究情况严格监督把关。在全行剥离工作结束后，要组织一次彻底的大检查，确保剥离工作经得起监管部门的检查，经得起历史的检验。

六、一手抓剥离，一手抓清收，统筹兼顾重点工作与常规工作

在做好不良贷款剥离工作的同时，还要继续做好不良贷款清收处置工作。自5月份开始，清收处置工作重心要有所调整，重点做好次级类贷款、保留下来不予剥离的可疑类贷款的清收以及潜在风险贷款的压降工作。各行要对留存的不良贷款进行一次全面彻底的摸底调查，测算不良贷款清收潜力与预计损失，制定切实可行的清收策略和处置预案，综合运用各项政策与手段，努力提高不良贷款清收处置效果。上海、浙江、苏州和宁波分行要抓住这次剥离工作量较小的机会，集中精力做好不良贷款的清收处置工作，为全行贷款质量的改善继续做出新的贡献。各行要将清收处置工作的重心前移，认真贯彻执行总行关于潜在风险贷款压降工作各项要求，切实按照“实事求是，规范操作，多策并举，务求实效”的原则，综合运用各种行之有效的作法，做好潜在风险贷款压降工作，进一步夯实信贷资产质量。

同志们，这次不良贷款剥离是我行财务重组阶段最重要的工作内容之一。我们要全力以赴，按时高效地完成各项工作任务，并以这次不良贷款剥离为新的起点，进一步强化风险防控意识，尽快建立起风险管理与控制的长效机制，保证今后全行信贷资产质量的长期稳定和持续改善。

总结经验　明确目标
推动全行信息科技工作再上新台阶

——在科技发展研讨会上的讲话

张　衢

（2004年11月25日 根据录音整理）

这次会议的主要任务是，总结前一阶段科技工作，分析当前科技发展面临的形势，研究2005年及今后一段时期科技工作的目标任务，推动全行信息科技工作再上新的台阶。下面，我讲三方面内容。

一、这次会议的背景与意义

这次科技发展研讨会是在两个背景下召开的：

一是全年科技工作任务顺利完成。2004 年在科技任务非常艰巨的情况下，全行科技部门经过不懈努力，顺利完成了一系列重大科技工程和项目。数据中心整合工程的完成，标志着“9991 工程”建设全面竣工，实现了科技体系的整合优化；NOVA 全功能银行系统版本的开发投产，推出了一系列应用项目；全行网络改造、灾备系统建设等重点任务圆满完成，全行信息化建设基础框架基本确立。在全行科技基础工程基本完成、信息化建设即将迈入更高发展阶段的历史时刻，非常需要对前一阶段科技工作进行总结和评价，以有利于下一阶段工作的顺利开展。

二是需要明确科技发展新阶段的目标和方向。在“9991 工程”建设全面完成后，我们需要前瞻性地思考下一个阶段科技发展方向，制定出更高的科技发展目标，从技术上、管理上取得新的突破，进一步营造出我行的科技优势。

这次会议有三点意义：首先，有助于我们正确认识全行的科技优势。通过认真总结我行的科技发展状况，全面比较同业情况，分析我行科技发展的具体优势，有利于我们更好地利用和不断巩固扩大科技优势。其次，有助于我们明确今后的发展方向，鼓舞全行科技部门迎接新的工作任务，再创新的辉煌。最后，有助于我们在总结经验教训的基础上，进一步提高科技管理水平。工商银行作为科技集约化建设的开创者，从实施“9991 工程”开始，一步步探索，许多方案经过反复论证。五年来我们走过了一条曲折前进的道路，无论是在技术策略还是组织推进上，都曾经面临过许多困难和问题，承受了多方面的压力和挑战，在实践过程中既有成功的经验，也有失误的教训，需要认真回顾和总结，从而使我们的科技管理更加成熟，并为下一阶段的科技发展树立更高的目标，推动工商银行的科技进步。

二、对过去五年科技工作的回顾与评价

（一）通过五年来的建设，我行的科技体系已经全面成型。从“9991 工程”实施以来，我行科技无论在硬件设施、软件应用、组织体制还是经营管理等方面都已经基本成型，建立了工商银行科技基础平台的框架体系。目前我行已经圆满完成了十五科技规划目标，并有所超越。如在应用软件研发方面，当时的目标是完成第二代应用系统即 CB2000 系统的开发推广，而现在已经发展到第三代 NOVA 系统，以客户为中心的产品体系更加丰富，应用体系结构更加清晰合理，管理信息化程度更加深入。我们完成了世界级的、亚洲最大的数据中心建设，各项管理指标基本达到国外数据中心的平均水平。

我行的科技领先优势得到业界的广泛认同，2004 年我行的数据集中工程项目被评为银行科技发展特等奖，在国内同行业中引以自豪；我们的科技成果也得到社会的普遍赞赏，在金融展览会等多项活动中，社会各界给予了高度的评价；我们的科技实力得到国家有关部门的肯定，我行承担的“十五”科技攻关项目全部通过了国家科技部的正式验收；我们的科技地位得到国际公认，安永、普华等许多知名的国际会计师事务所、评估公司都对我行的科技水平给予较高评价。

目前，科技已经成为工商银行的核心竞争力，成为全行业务发展的强大支柱。总体说来，我行的科技优势体现在以下几个方面：

1. 数据中心整合工作基本完成后，形成了具有工商银行自身特点、效率和安全性高的数据处理和运行体系。自 1998 年以来，我行将原有的 47 个数据中心首先集中到 36 个省市分行的数据中心，再进一步集中到南北两个数据中心，最后整合到一个数据中心，这个过程非常艰难，但我们一步步走过来了。在数据集中的同时，建立了高级别的灾备系统，全行的运行管理水平也普遍提高。同时，我们把分散在总行一些部门的独立于大机系统的小计算机系统也进行了整合，逐步迁移、合并到总行机房统一管理。海外数据中心从 2003 年开始，克服各种困难，说服当地金融监管当局解除限制，逐步将亚洲 5 家分行的数据以及运行迁移到海外数据中心，2005 年计划将伦敦子银行的数据也迁移过来，海外数据中心基本成型。

大型数据中心的成功建设，充分证明了总行党委的决策是正确的，领导和组织的过程是严密的，技术方案是科学可行的，科技队伍素质是高水平的。我们全部依靠自身力量完成这一浩大的高科技工程，确实承担了一定的风险，但也实实在在锻炼了科技队伍。

2. 整个软件系统成型，功能日趋丰富，品质不断优化。在这五年中，我们从最初的 SAFE 系统发展到 CB2000 系统，又提升到 NOVA 第三代系统，现在可以说进入开花结果的阶段。应用产品质量不断提高，投产经验日益成熟，每年完成两百多个项目的开发推广。这几年我行完成的项目反映出以下一些特点：一是在重要业务环节的应用上取得突破，表现为整个系统结构性的重大变革，如经过一年多的开发，银行卡业务实现了前后台的真正分离，实现了银行卡核算、财务、账单、报表的集中；账户核算系统改革取得显著进展，总账从网点上收到了支行。二是一些主要业务取得突破，以前的一些应用短板，如清算系统、国际业务系统、业绩价值管理系统和信用卡系统，2004 年都取得了重要进展。三是整体应用水平提高了，软件投产非常平稳，对正常业务运营的影响大大降低了。对比同业的情况，同样投产一个新系统，有的银行要停办两三天的业务，而我们只要停数小时。四是整体优势更加明显。如网点撤并系

统推出后，网点数从原来的4万多个减少到目前的2万多个，内部账户减少了一半，有效减少了经营成本，简化了运行程序。同时，整个系统构造更加简单，内部逻辑结构也更加合理，系统更加安全可靠。五是我行电子银行业务遥遥领先，网上银行连续四年占据80%的市场份额，这是很不简单的。电子银行业务的发展与技术水平密切相关，这些成绩的取得发挥了我行数据集中等方面的优势，这两年来我们实施了网站整合、电话银行托管、异地漫游等一系列措施，电子银行技术平台达到先进水平。六是我行的统计系统实现了从大机直接取数，在国内各家银行中率先实现了统计报表T+1，现在第二天早上9点多各类数据基本就出来了，对支持领导决策、指导全行业务起到了很大作用。

3. 生产运行进入了一个新阶段。整个系统的运行更加安全、有序，推动全行业务和管理迈上新台阶。一是全行科技部门在指导思想上真正体现了以安全为中心，一切工作围绕安全运行这一主题来开展；管理措施转移到以安全经营为重点上来，调动一切技术的、管理的力量，为安全运行服务。软件开发中心也集中力量为数据中心的安全生产服务。二是建立了一系列的生产管理办法，有的已成为金融业的行业标准。三是以安全运行为目的的技术升级卓有成效，整个运行管理水平与技术水平同步提升。四是各部门职责更加明确，应急处理机制逐步形成。通过南北中心的进一步整合，管理文化进一步得到了统一。五是在培养科技领导层及管理干部上力度加大，通过派出去、请进来，科技干部队伍素质得到了进一步提高。

4. 科技管理跃上新台阶。我行科技体制的组织架构基本形成，各数据中心、软件开发中心和各研发部逐步建立，分工合作，形成了很好的工作机制。在科技管理上，一是抓基础建设，形成了一整套科技管理的制度，并不断修订、完善。二是抓体系的建设，包括数据中心和运行分控中心管理模式的设计，现已日趋完善。三是抓技术进步，对系统的结构进行改造，对全行二级骨干网络全面改造，为全行的安全运行发挥了重大作用。四是形成了一支集中管理的队伍，更加适应数据集中的工作要求。

（二）目前科技工作中存在的问题。

1. 科技运行和安全管理方面经验仍然不足。我行科技体系主要是依靠自己的力量逐步建立起来的。在运行管理上还需要通过加强培训、学习、摸索总结经验，不断加以完善，有一个从量变到质变的过程。国外大企业的数据中心在几十年的运行维护中积累了丰富的管理经验，与之相比，我行还有较大的差距。我们对生产运行的规律还处在不断摸索的阶段，还没有实现从必然王国到自由王国的转变，出现问题还不能够快速准确地判断，排除问题也需要较长的时间。如果我们这方面的工作能够加快提高起来，我行科技领先优势会很好地体现在生产运行和管理上，即使其他银行数据集中了，但由于缺少管理经验，管理上的差距还将继续存在。

2. 应用开发还不能很好地适应市场竞争需要。表现在两个方面：一是开发队伍无论在数量上还是素质上都无法满足要求。目前软件开发中心1100多人的队伍中，多半是新手，需要时间来积累经验。这些科技人员不仅要掌握应用系统研发的技能技巧，还要领会掌握工商银行的业务规律、特征，了解工商银行的企业文化，这需要一个过程。二是产品整合非常困难。业务整体的需求设计、需求决策力量还很薄弱，缺少一支整合的力量，没有专门的整合机构。如安永会计师事务所在审计中就指出我行的统计、核算、财务三块数据与系统相互分割、不一致。现在一个产品自成一个系统，共用平台太少，下阶段要一个个进行整合。其他银行虽然前期落后，但却有后发优势，我们需要花费大量精力进行整合，他们则能跨越这个阶段迎头赶上。这个问题必须引起大家的高度重视，认真做好安排。

3. 整个科技发展的职能分工和结构方面有待进一步完善。“9991工程”结束以后，新的科技格局业已形成，如何适应新的工作要求，还有待于进一步调整。

三、2005年及今后科技工作的形势与任务

回顾前一阶段科技工作，我行科技体系实现了“五年成型”，展望未来，当是“三年成熟”，即今后三年应该是科技体系更加完善、管理更加成熟、技术更加进步的三年。我们应该认真分析目前形势，及早做好发展规划。

（一）科技工作面临的形势。目前我行科技工作面临着四大压力，主要体现在：

1. 股份制改造对科技工作的压力。工商银行的股改工作2005年将进入实质性阶段，面临着管理体系的设计再造问题。我行管理体制的每一项改变，都涉及到科技应用体系的改造。我行与国外银行的重要差距之一，在于成本核算系统和绩效评价系统较为滞后。按照新的监管要求设计的指标体系会有一些变化，核算系统要大大加强，风险管理体系需要彻底再造。在整个改革过程中，科技将承担很重的任务。

2. 市场竞争的压力。随着金融市场的全面开放，竞争愈加激烈，业务发展的重点和方向也将会发生一些重大的变化，对科技的压力就在于如何保持我行的技术先进，如何再造优势；各项新业务能否继续领跑，在人员、机构不断减少而业务刚性增长的情况下，科技支持的方向是什么、设备要配置到什么程度，都需要认真思考。比如ATM业务量，2003年是每台日均120笔业务，2004年到180笔，估计2005年要到200多笔，这个数据表明设备配置不足。要实现电子化、分流柜面业务，必须依靠自助设备。自助设备和网上银行的发展是一个方向，国外银行自助和网上银行业务已经占到40%～

50%，而我行只占业务量的20%，显示出差距和潜力，有很大的发展空间。金融产品的模仿性很高，各家银行在市场上的差距只有一两步。如果科技超前，很快就能凸显业务优势，若落后一点，优势就会丧失。所以，如何保持市场领先优势对科技的压力很大。

3. 管理信息化的压力。经营管理的信息化也是目前我们与国外商业银行的一项主要差距，我们对业务的整合和管理的深层次分析尚处于以经验判断为主的水平上，还未能提升到通过模型、系统分析的方式，缺乏通过信息化普及到每个人，使其成为一种分析工具的水平。各部门对信息的综合利用程度还很低，例如对个人客户的分析，个人金融、住房按揭和信用卡自成体系，没有形成统一、全方位的“大个金”客户信息管理系统。

4. 科技本身的压力。我行面临着科技本身怎么进步才能保持在同业中的竞争优势和领先地位的压力。现在其他银行的发展步伐很快，再过两三年其他银行数据集中后，我们靠什么继续保持领先，需要我们科技战线的同志认真思考，要不断迎接新的挑战，付出更大的努力，取得更快的进步。

（二）2005年业务发展的几项重点。最近，总行党委对2005年业务发展的重点进行了研究，科技部门要着重围绕这些重点展开工作。

1. 整合个人银行业务。个人客户市场是我行下一步的主攻方向，要实现大发展。2005年全行要建立统一的个人金融业务平台，全面整合个金、银行卡和个人网上银行，统一账户、介质、对账单和密码。这将给各项业务带来一个结构性调整，涉及到系统的整合、信息的归集与共享，以及统一出口等问题。

2. 全面完成国际业务系统。近年来我国进出口业务持续大幅度增长，经济的外向型特征越来越明显，给我行国际业务的发展带来更大机遇和挑战。我行的国际结算市场份额始终在20%左右，而中国银行迄今为止还占50%的份额，差距是明显的。要实现国际业务的突破，科技开发任务十分艰巨。2004年要完成集中式国际结算单证处理中心系统的实施和推广工作；将外汇清算系统整合到NOVA系统，实现外汇账务和人民币账务核算的本外币一体化经营。只有这样，网银的外汇资金汇划、多币种的现金管理、本外币总账、国际卡的清算等许多问题才会迎刃而解。要以银企直联为突破口，竞争外资企业的现金管理，争取能在两家大的外资公司取得突破，以后的营销就会更加有利。此外，贸易融资业务系统也是我行2005年国际业务开发的一个重点。2005年要争取使我行的国际业务系统在技术上能够与中行相抗衡，提升国际业务竞争力。

3. 财务系统的应用推广。业绩价值系统在浙江分行试点基本成功，2005年将在全国范围内推广。现在的问题主要在于对新产品的核算和成本分摊上。新业务是我们以后发展的重点，如何科学调整参数、分摊成本至关重要。这项工作做好了，才能更有力地推动新业务的发展，使大家都有积极性去发展前沿性业务，而不仅仅只有维护老业务的积极性。成本分摊要体现公平原则，也要有一定的导向性，兼顾账户上各个派生产品。对于这个系统，科技部门肩负着推广和不断优化的任务。

（三）科技管理信息化以及基础建设问题。

1. 要完善系统建设，确保安全运行。数据中心整合后，需要摸索出适应一个数据中心的运作模式，如何从技术上、管理上、监控上、灾备上、应急措施上进一步完善系统，是一个紧迫的课题。只有安全运行，才能保持工商银行正常的经营秩序。

2. 关于整个系统的设计改造问题。NOVA系统功能在不断完善，但发展过程中也存在一些问题。从管理层角度来看，数据集中后全行管理水平相应提高，但是风险也更大了，系统一停就会影响全行。因此我们要思考下一步如何优化系统设计，分散风险，在个别业务系统停止运行时不造成全部业务的停机，不影响全局。这涉及到系统的设计改造、风险防范体系的再造等方面，需要更好地处理和平衡提高效率与防范风险的关系，要围绕最大限度减少风险这一目标，进行换位思考。因此要从战略高度出发，在完善第三代系统的同时，构思规划第四代系统，作为今后升级的储备。

3. 科技部门要对产品需求进行规范。要建立一支资深的应用产品集成设计队伍，在技术上进行权威性的规范，深入分析、筛选、整合业务部门提出的产品需求。科技部门必须建立起非常清晰的体系结构和技术规范，将各部门提出的业务需求规范到标准的应用模式中。

4. 关于装备的配置问题。要对应用设备的配置进行科学的规划和合理的规范，要有整体方案，做到心中有数。

（四）正确认识科技部门在新的发展阶段的责任。经过前一阶段的努力，工商银行建立了完整的科技体系，确立了技术领先优势，造就了一大批素质高和管理经验丰富的科技人员。今后几年，我行进入建立现代公司治理结构、改革产权制度的关键时期。科技部门将承担更加繁重的任务，责任更加重大。

科技作为核心竞争力，某种程度上决定着全行的经营方式和发展方式。从根本上说，科技部门在银行始终处于第二线，就好像部队的装备部，但是科技水平决定了工商银行的经营管理水平。如电子银行业务、现金管理业务等都是科技型业务，具有强大的市场竞争力。科技也决定了竞争方式和竞争领域问题。新业务的开发速度成为各业务和管理部门最为关注的问题，一项新业务开发出来能很快推向市场，就形成竞争力，因此，应用产品的开发能力和速度也成了实际的竞争力。总行每年在科技上投入几十亿资金，目的是为了增强我行的科技实力，增强核心竞争力，推进经营方式和管理体制的转变，增强我行在同业竞争中的地位。科技在股份制改造中肩负着重要责任。应用开发到位了，管理要求就可以很快实现，各项改革就能顺利地推进。从市场发展的现状看，科技成为支撑我行生存和发展的关键因素。全行生产运行体系的稳定状况、业务安全问题、风险问题和创新问题，都取决于科技水平和组织能力。目前我行的应用开发项目每年都以50%的速度上升，说明了市场需求非常旺盛。前两年科技工作重点集中在基础建设上面，2005年应用开发任务将更加繁重。依据发展规律，应用开发到达一定程度后，必将再次进行基础改造，所以要一边加大应用项目的开发力度，一边继续对基础性工程建设进行整体思考和设计。

同志们，科技工作事关整个工商银行的改革发展，任务非常艰巨。面对新形势、新任务，科技部门必须充满信心，充分认识自己的优势和能力，要用新思路、新举措，创建新的优势，承担起重任。我们已经成功打造了一个非常好的科技平台，我们也一定能在这个平台上创造更好的成绩，使之更具有竞争力，更符合工商银行未来发展的要求。

实现信息化发展新跨越
加速推进全行经营管理模式的转变

——在中国工商银行科技工作会议上的讲话

张　衢

（2005年1月27日）

2005年的科技工作会议是在我们圆满完成了一系列重大工程任务、信息化建设进入到一个新的发展阶段背景下召开的。会议的主要任务是总结前一阶段的工作经验，部署下一阶段的科技任务，动员全行科技人员为我行现代金融企业建设做出新的贡献。下面，我讲三个方面的意见。

一、信息科技持续发展，有力提升了全行的核心竞争力，为经营战略转型奠定了坚实的科技基础

2004年，我行积极推进综合改革，继续保持和扩大了各项业务稳健经营与健康发展的良好态势。全行科技部门深刻领会并认真贯彻总行党委的要求，以安全生产为前提，大力推进信息系统运行平台建设，努力创新业务产品和应用方式，深化科技管理，有力促进了全行信息化建设和经营管理水平的提升。

（一）南北两大数据中心实施了数据系统的迁移整合，全行高度集约化的科技体系架构基本建立。2004年，我们从集中生产运行平台和整合研发机构入手，构建了集约化程度高、同时也更为科学的科技运行、研发、测试和管理体系。全新的信息科技体系框架基本形成。

首先，在数据集中的基础上，实施了两大数据中心整合工程，建立了高度集成的生产运行体系。2004年10月底，两大数据中心的主机系统全部成功迁入位于数据中心（上海）的新系统，完成了物理整合的主体工作，今明两年，还将逐步把数据中心（北京）的开放平台系统迁入数据中心（上海），全面完成运行系统的整合目标。数据中心整合工程的建成，有效消除了两大数据中心管理的差异性，直接提高了信息处理效率。在数据中心整合后，总行统计报表的生成时间从原来T+1模式下的上午10点提前至8：30。建立独立的测试中心及灾备中心的条件也相应具备，目前在数据中心（北京）的灾备环境已初步建立，测试环境正在搭建，2005年就可以正式投入运作。

其次，海外数据中心集中了亚洲七家海外机构的业务运行职能，2005年还将陆续推进欧洲分行的数据集中工作。各专业的应用系统也逐步实现了集中管理和运行。目前，总行集约化的组织架构日益成熟，整体工作链条更加清晰、科学，产品创新能力更加强大。同时，各分行也开始启动集约化工程建设，辖内生产运行、应用开发、科技管理逐步向省级分控中心集中，形成新的科技模式。2004年，北京、江苏等分行集约化管理模式试点成功，许多分行也陆续将综合前置、通用网关和中间业务平台，以及辖内特色业务和经营管理的创新开发逐步集中到省行，有力提升了分行的科技管理水平，取得了显著的经济效益。

目前，我行科技管理体系已发展为总行和一级分行

两级管理、二级分行负责运行维护的模式。这种适应我行经营管理特点的科技体系，简化了技术体系和管理层次，形成了制度健全、运行稳定、管理有序、指挥有效的合理架构，促进了全行各项经营管理活动的开展，更为今后深入推进业务流程改造和经营管理变革铺平了道路。

（二）运行监控和安全防范措施不断强化，生产运行水平稳步提升，风险管理体系逐步完善。随着信息化的深入发展，全行各项经营管理活动对计算机系统的依赖程度不断提高，安全运行管理和风险防范的重要性日益突出。几年来，各级信息科技部门紧密围绕“安全和发展”这一主题，不断从应急响应、监控分析、灾备建设、安全检查、网络防控等方面改进安全风险管理，取得了显著的成果。

一是经过两年的技术攻关，2003 年我们初步建成了两大数据中心互为灾备的体系结构。随着数据中心整合工程的实施，2004 年底又在数据中心（北京）建立了规模扩大一倍的远程异地灾难备份环境，同时还建立了同城与异地两套磁带备份系统，为防范数据中心的运行风险提供了可靠保障。我行已居于金融业灾难备份体系建设的前列。

二是全行总控中心建设不断向前推进，生产运行的技术管理手段得到进一步加强。2004 年，集中监控、集中存储和统一集成项目又取得了新的进展，促进了系统运行管理工作的自动化和规范化，全年通过该系统处理的各类生产问题和变更超过 3.7 万个。通过严密的技术监控，提高了各级生产系统运行的安全性、问题响应的灵敏性。

三是在各级科技部门建立了一整套应急机制。经过制定与细化应急管理制度、组织多层面的应急演练，数据中心和各分行建立了有效的应急管理机制。同时，加强了对系统和应用的优化改造，完善了网络与设备的备份机制，保证了信息系统的高可用性。此外，科技部门与业务部门紧密配合，制定了各类业务应急管理办法，通过业务管理和技术手段的协调运用，进一步完善了我行业务连续运作机制。

四是通过几年的努力，完成了总行至一级分行、一级分行到二级分行的两级骨干网络改造，启动了二级分行到网点的接入网络改造，精简了原有的三级骨干网络，使全行网络架构更加清晰与扁平化。我行先进的网络结构和充足的网络容量，满足了业务实时运行、大流量信息传输的需求。同时进一步加强了全行网络监控力度，优化了数据中心和一级分行的网络安全体系结构，增强了对外网入侵的安全防护能力。

（三）应用产品研发能力逐步增强，为全行改革发展和经营管理提供了有力的支持。近年来，我行新业务、新产品的研发能力显著提升，全功能银行系统作为全行的业务应用平台功能不断优化，科技领先优势通过产品创新得以充分体现，显著增强了全行的核心竞争力。

第一，依托先进的技术手段，为客户提供了丰富的金融产品。现金管理、LOF 基金、银财通等高技术含量、高附加值产品进一步丰富，理财金账户、金融@家等品牌功能不断增强，市场影响力持续扩大；国际结算系统全面推广，外汇买卖集中平盘、外汇账务清算等新应用系统陆续推出，促进了国际业务的发展；资产托管、黄金业务等新兴业务系统快速投产，为竞争市场做出了重要贡献。

第二，一些重点业务应用的流程改造取得重大突破。银行卡集中项目实现了核算、财务、授权、报表的集中，推进了业务流程的整合；账户核算系统的总账从网点提升到支行，内部账户大幅度减少，促进了核算体系的改革；网点撤并系统的应用，使我行主机系统网点数从原来的 4 万多个减少到 2 万多个，降低了经营成本，简化了系统结构；个人金融、信贷管理、资金管理等系统改造逐步实施，实现了个人信贷前后台初步分离，深化了资金管理体制改革。

第三，电子银行渠道有了新的发展。2004 年全面完成了 6 家分行网站与总行网站的整合，统一了全行网站整体形象。全面建成了南北两大电话银行托管中心，黑龙江、宁夏、北京、青海、新疆、上海、海南等七家分行以及牡丹卡中心电话银行业务成功挂接到托管中心，使我行电话银行系统逐步向集约化、一体化管理迈进。2004 年电子银行业务交易额 38.4 万亿元，同业市场份额占比过半，连续四年遥遥领先。

第四，管理信息化建设深入推进。启动了数据仓库整体规划建设，拓展了个人客户、法人客户等系统的功能；业绩价值管理系统和财务归集还原系统成功投产，初步实现了财务核算的精细化与标准化，增强了成本管理的科学性；参数管理系统的推出将主要参数表的维护进一步集中到总行和一级分行，大大降低了由于参数维护问题带来的系统运行风险；进一步优化了信贷管理系统，提高了风险管理的应用水平。

（四）科技管理能力进一步提升。各项科技制度逐步完善，科技管理日益规范，队伍素质进一步提升，奠定了信息科技可持续发展的基础。

一是建立了完整的生产运行管理制度体系。与生产管理的变化相适应，几年来，科技部门不断扩充生产管理制度的内涵，完善各种实施细则和操作流程，科技管理的标准化和规范化程度进一步提高。我行《集中式数据中心体系规范》等标准还被人民银行采纳，作为金融业的行业标准推行。

二是科技资源管理更加严谨，科技投入效益进一步提高。近年来，总行对全行科技资金、科技设备的管理力度明显加大，通过严格把关，规范操作，合理安排，督促检查，保证了科技重点工程和项目的顺利实施，提高了资源投入的综合效益。

三是科技项目管理更加科学。2004年完善了项目管理制度，健全了立项、开发、版本发布、考核验收全过程的管理流程；充分发挥技术审查委员会的职能，加强了对项目实施方案的审查。几年来我行应用开发项目数量一直以每年30%的比例增长，2004年立项数目达到454个。软件产品的开发不断规范，应用产品的质量稳步提升，版本投产平稳运行。

四是科技队伍素质普遍提高。经过三年的发展，我行数据中心队伍达到509人，不仅锻炼出了工程建设的组织实施能力，也逐步具备了超大型数据中心的日常运行维护和管理能力，数据中心已经拥有几十名大机系统维护专业工程师和具备资格认证的网络维护工程师。北京研发部与软件开发中心整合后，总行直接管理的软件开发队伍（含杭州研发部）达到了1192人，开发力量逐步增强。目前全行从事科技工作的人员为11768人，占比为3.09%。其中科技部门在编工作人员为8964人，由于二级分行和支行机构精简撤并等因素，分布在非科技部门从事专职科技工作的人员为2804人。

总体上看，我行继续保持在业界的科技领先优势。数据中心（上海）主机装机容量达到15900 MIPS，支持全行2万个营业网点、1.7万台ATM、11.6万台POS、近6千台自助终端的运营，承担着中国银行业1/3的结算处理任务，日均处理业务量3476万笔、高峰日达到5157万笔，其运行规模已经达到国际大型数据中心的标准。五年间我行两次全面更新核心业务系统，目前的全功能银行系统集全行各专业的业务操作、经营管理和分析决策功能于一体，应用体系的广度与深度在国内遥遥领先。

我行科技发展水平在业界引以为荣，胡锦涛总书记以及人民银行、银监会有关领导亲自视察过我行软件开发中心、数据中心，并给予了高度评价。我行在各种科技评审活动中屡获殊荣，2005年我行的数据集中工程项目被评为银行科技发展特等奖，这是十几年来金融系统的首个特等奖。我们承担的“十五”科技攻关项目全部通过了国家科技部的正式验收。同时我行的科技地位在国际也享有盛誉，安永、普华等许多重要的国际咨询公司、会计师事务所也充分认可我行的科技发展水平。这些成果的取得，是科技战线广大员工无私奉献、不断创新、努力钻研、团结协作的结果，在此，我代表总行党委向全行的科技工作者表示衷心的感谢。

总结过去的工作，主要有三条经验。一是多年来全行高度重视科技建设，始终坚定不移地推进科技进步与发展，投入了大量人力和资金，确保了信息化建设的持续发展。二是科技发展战略明确，技术路线贯彻始终，组织管理措施有力，使我们克服了重重困难，顺利实现了发展目标。三是我行自主培养了一支强大的应用研发和运行管理队伍，技术素质和管理水平逐步提升，几代科技人员承前启后，传承了勇于拼搏、无私奉献的优良传统。同时，也得益于全行上下的同心协力，各级行、各部门的全力支持，才取得了今天的科技成果。

在看到成绩的同时，我们也要清醒地认识到当前信息科技工作中还存在一些薄弱环节：一是数据中心整合工程完成后，相应的职责调整尚未完全到位，生产、测试、研发等管理环节需要进一步理顺；二是应用开发需求整合不够，目前产品开发较快，但各自独立性强，相互之间关联性差，应用产品体系结构有待进一步优化和整合；三是科技安全运行风险还不能完全得到控制。目前仍有部分行对生产运行的重视程度不够，措施落实不到位，运行故障时有发生。在总体故障率大大减少的情况下，数据中心的生产运行管理水平还需要进一步提升。

二、科技部门面临的新形势和新使命

从2005年起，我行的体制改革将进入实质性突破阶段，按照全国分行行长会议上的总体部署，将全面启动和深化各项改革，整体构建现代金融企业制度。信息科技工作是各项业务创新及经营管理改革实施的基础，是发挥支撑和保障作用的技术平台。因此，在今后的改革和发展中，科技部门将承担更加繁重、艰巨的任务，责任更加重大。

（一）改革发展的新形势赋予信息化建设新的历史任务。主要体现在以下四个方面：

第一，面临着大力推动业务流程和组织体系改造的任务。管理体制、业务流程和组织结构重组再造是完善公司治理改革中的一项重要内容，而这项改革势必要求在现有应用体系的基础上进行大规模改造，部分系统甚至需要重新设计开发。可以说各专业创新和改造任务都要通过科技创新来实现，应用系统的开发进度事关改革推进的速度，应用系统的完善程度决定了改革实施的深度和质量。可以预见的是，随着全行股份制改造启动时间的日益迫近，各专业会陆续启动需求整理工作，各项开发任务将落在科技部门的肩上，应用系统的完善和整合工作将十分繁重和紧迫。

第二，面临着推进管理信息化和提升经营管理水平的任务。经营管理信息化程度较低是目前我行与国外商业银行相比的一项明显差距。数据集中后，我行前台系统服务效率进一步提升，与国际大型商业银行的柜面业务处理水平基本相当。但在后台管理决策方面还存在较明显的差距。我们对业务融合和管理分析还处在以经验判断为主的状态，没有提升到通过模型和系统分析的方式进行决策，缺乏对信息工具的有效利用。各部门对信息综合利用的程度还不高，还没有将信息化普及到具体管理流程和岗位。尽管我行应用水平在逐年提高，但专业间应用系统缺乏内在的逻辑联系，客户信息资源缺乏有效整合。特别是个人金融、住房金融、信用卡等业务的客户信息管理系统需要整合统一，并构建起数据仓库系统，便于各个层面的分析应用，才能更好地为客户提供个性化服务，为经营管理提供决策支持。此外，随着专业化管理的进一步加强，财务核算、国际业务等多个体系也都将进行集中和整合，继续完善和深入开发各类管理系统的任务十分繁重。

第三，面临各项业务创新和提高市场竞争力的任务。2006 年我国金融市场将全面开放，市场竞争将更加激烈，我行业务发展战略和竞争策略也将随之发生重大变化。科技部门肩负着继续保持和扩大技术领先优势、保持强大业务创新能力和市场竞争能力的任务，应用研发的数量将进一步增长，要求将进一步提高。科技部门要认真考虑应用开发的重点和方向以及技术设备的配置等重要问题。当前，在全行人员和机构进一步减少而业务不断刚性增长的条件下，科技部门尤其要重视促进业务处理从柜面向电子渠道的分流。2004 年我行 ATM 业务量迅速增长，从 2003 年每台日均业务量 120 笔上升到 2004 年的 230 笔，经济发达地区单台 ATM 日均业务量更大。这种发展速度迫使我们要加深对业务未来发展前景的认识，转变观念，以客户的需求为中心，加大信息化投入，用电子化设备、网上银行、电话银行等渠道分流柜面业务压力，提高对客户的服务质量。

第四，面临着提高科技管理水平和保证安全运行的艰巨任务。我行的信息科技如何继续保持在同业中的领先地位，保持与业务相适应的发展速度，是科技部门自身可持续发展的内在压力。如果我们的科技管理水平不能进一步提高，应用开发能力不能满足业务发展的要求，那么科技工作将会十分被动，这种内在压力比外部压力更加紧迫。目前数据中心的系统可用率虽然已经达到 99.95%，但是我们对系统运行能力应从对客户提供的服务角度来衡量，要以确保对一线的连续性服务为标准，无论是柜面营业，还是电子渠道、信用卡的服务，都要千方百计力争做到不停机，减少停机对作业服务的影响。要进一步提高生产运行质量，从而更好地为业务部门和客户服务，更好地维护工商银行的形象。科技部门要认真思考下一阶段的发展思路，认真研究如何提升数据中心的管理能力，减少信息系统的计划停机时间，使我行的运行管理能力达到国际先进数据中心的水平。要深入探索如何改进我行的应用体系，降低运行风险，促进业务发展。

（二）信息科技工作在当前形势下的特点。新时期的科技工作主要呈现出以下两个特点：

第一，科技工作在我行未来发展中的地位越来越突出。

一是业务发展越来越依靠科技的支撑。随着我行改革发展的不断深入，各业务部门提出的业务需求逐年增加，科技部门承担的任务也越来越重，为了适应业务的发展，几年来软件开发中心的人员快速增长，数量已达到 1100 多人，说明业务发展与科技发展是密切相关的。各分行的情况也是如此，业务发展越快的分行，科技开发项目越多，技术力量越强。因此，各行要重视加强科技力量，通过科技手段的支撑，保持下一阶段业务的快速发展。

二是各项业务中科技含量越来越高。近年来，科技含量高的业务产品成为市场竞争中的焦点。如电子银行、现金管理、基金、证券、企业年金等业务都带有很高的科技成分，不需要很多柜员直接参与。电子银行业务量目前占全行全部核算业务的 22%，预计 2005 年底将达到 25%；交易金额占结算总金额的 25%，预计年底将达到 28%。在国外，离柜型业务占比高达 40%，柜面的操作人员大大减少。高收益业务往往是科技含量高、操作人员少的业务。今后我国银行业务的发展趋势是新业务的技术含量越来越高，科技的重要作用将更加突出，表现在不仅要积极与业务部门配合，支持业务产品的营销，而且还要在产品研发过程中提供完善的需求分析和综合设计功能。

三是科技向管理渗透，业务部门对信息管理的要求日益提升，管理信息化成为主要趋势。提高管理层的科技素质，加强管理层面使用信息技术进行日常经营活动的能力，成为提高管理水平的一项重要内容。在科技已深深融入各项银行业务的今天，业务部门需要一批既懂科技又懂业务的人员，以满足综合管理和创新的迫切要求。因此，在科技部门力量不断壮大的同时，业务部门也要相应增加技术人员，科技部门要与业务部门进行更广泛的人员交流，建立科技人员的流动机制，使业务与科技部门间沟通更加顺畅、业务整合更有成效。

第二，推进科技体制改革、完善科技体系建设的任务越来越紧迫。

一是在数据集中后，全行科技开发、科技管理、运行风险管理模式发生了很大变化，既改变了总行的科技管理模式，也改变了分行的管理模式，分行科技职能转型问题提到议事日程，分行集约化管理成为必由之路。

二是在总行集中应用开发的模式下，各一级分行科技应用开发人员必须集中，以满足统一管理、集约发展的要求。分行应用开发的主要任务是解决本地业务发展的问题。目前一些分行科技力量强，针对当地客户的应用开发速度很快，保证和促进了市场营销工作。另一些分行开发力量相对较弱，市场营销能力也受到制约。各分行要根据自身实际情况，加强科技开发的集中管理，努力解决辖内机构本地化业务问题。

三是在科技人员总量不足和高素质人员相对缺乏的情况下，人员集中可以提高科技开发水平。目前全行有一万多名列入科技统计的人员，其中属于技术人员数量在 70% 左右，分布也很分散。在进一步提高科技人员水平和素质的同时，要集中使用有限的技术力量，进一步调整科技职能，以适应科技集约化管理的要求。

（三）安全运行管理越来越重要。数据集中后，总体上全行生产运行的安全性逐步提高，故障率大大降低。运行风险管理工作呈现以下五个特征：一是整体性与个性共存，总行数据中心与分行分控部门的运行风险同时存在。二是效率性和风险性必须兼顾。运行效率提高了，出现运行故障后的涉及面、影响程度也加大了，因此在系统设计时要兼顾效率和安全两个因素，为了确保生产安全，必要时只能在某些方面放弃效率要求。三是必须坚持技术与管理并重。要维护运行体系的安全，既要从技术提升方面努力，也要从管理上防范，两者不可偏废。四是科技基础建设与应用开发并举。科技部门内部的基本技术体系建设，要随应用的进展而不断完善，要保证在基础性建设方面的投入，避免由于运行总量的增长而带来的风险。五是整合与创新是基本出路。当前，各项业务整合、技术整合、专业整合、管理整合等任务都提到议事日程上来，要通过整合的过程改造业务流程，使复杂的系统更加科学化。同时，要不断加强技术创新，采用新技术优化系统结构，保障运行安全。上述课题，科技部门要根据安全运行工作的特点，从战略角度进行研究。为做好总中心与分控中心之间的协调工作，要进一步明确分控中心的主要责任。在技术管理方面，总行信息科技部要进行全面协调管理，制定严格的技术管理规范，加强对分控中心的技术指导和培训。在行政、人事、业务管理方面，各一级分行要加强管理，严格落实安全生产运行责任制，将工作能力强、认真负责的人员选派到分控中心，确保辖内的安全生产运行。

三、下阶段科技发展的工作重点和要求

在数据中心整合工程结束之后，全行重大科技工程建设基本完成，工商银行集约化的科技体系框架全面建立。下一阶段，我们要继续突出“安全、发展”两个主题，围绕全行改革产权制度、建立现代公司治理架构的中心任务，实现科技体系更加完善、管理更加成熟、技术更加进步，继续保持与扩大信息科技领先优势。目前，总行已经研究制定了三年滚动发展规划，也提出了2005年的科技工作目标和重点工作任务。有关具体的信息科技工作任务目标，总行信息科技部将作专门布置。在此我就下一阶段的科技工作提出几点要求。

（一）落实好数据中心整合后各科技部门以及各分行的职责。各部门要尽快完成数据中心整合后的职能调整，这是事关全行生产运行稳定和保持正常管理秩序的大事，是十分紧迫的任务。只有职责调整到位，各项管理制度才能落实，各种工作关系才能理顺。

总行信息科技部作为全行科技工作的归口管理部门，要做好组织协调工作。各中心要从全行信息系统安全生产的大局出发，主动沟通，密切配合，落实好生产、测试、灾备、研发工作中的管理职责。各一级分行要做好辖内生产运行、应用开发和科技管理工作，集中辖内科技资源，进一步强化一级分行的管理职能。要通过明确各单位的职责，确保我行信息系统各环节运作的高效、畅通，切实提高全行生产运行和应用开发水平。

在职责调整过程中，会遇到各种困难，有时管理上的改革比技术改造更加艰难。希望各部门继续发扬多年来形成的团结协作的优良作风，各司其责，相互配合，共同努力，圆满完成这一艰巨任务。

（二）确保全行一体化的生产系统安全稳定运行。一个稳定的信息系统平台是全行改革发展的重要条件，安全生产运行至关重要，不仅关系到各项业务的顺利开展，关系到体制改革的进程，也关系到我行的对外形象。2005年总行确定的系统可用率指标比2004年又有所提升，因此要求全行各级科技部门要高度重视，扎扎实实地落实总行各项要求，保护好稳定运行这一成果。

首先，要把保证全行信息系统的安全生产运行作为科技部门首要任务，全方位加强安全生产运行管理。数据中心、各分行运行部门责任重大，要切实强化管理意识。开发、测试、管理等部门的工作也直接影响到生产运行的稳定，同样不可有丝毫懈怠。

其次，要加强信息系统的风险防范措施。要按计划完成开放平台应用系统的迁移，实现生产运行的一体化管理。在完善主机系统灾备建设的同时，启动开放平台系统灾备建设。要继续深化应急管理，加强生产系统切换演练。同时，优化全行网络结构，加强网络安全防护，建立起一支信息安全防护专业队伍，提高运行风险防范能力。

最后，各单位要严格安全生产运行的管理。2004年部分分行陆续发生了生产运行事故，究其原因，有些是因为技术应用问题，有些是因为应急措施不健全，还有一些明显是由于管理不到位造成的，如在营业时间进行生产变更而引发了辖内停机故障等。2005年总行具体部署了一系列措施来提高全行生产运行水平，尤其是要提高分行运行管理和运行维护能力。各行领导要引起高度重视，加强对运行管理的投入。各级科技部门要严格执行制度，扎实落实应急演练、投产测试、技术培训、运行考核等管理措施，使全辖安全运行水平得到明显提高。

（三）根据全行业务创新与流程再造要求，突出重点、加快应用产品开发，提高经营管理和风险控制水平。

第一是实现个人金融产品的整合。2005年，总行党委明确提出实施“大个金”经营发展战略，推进个人金融业务进入高成长阶段。科技部门要密切配合个人金融、银行卡、电子银行等部门对应用系统进行改造，建立统一的“大个金”系统平台，实现各渠道个人账户、介质、密码和账单的统一，推出完整的个人金融业务营销系统。

第二是推进企业金融产品的整合。要拓展现有现金管理平台的功能，研究海外分行现金管理业务，逐步建

立起全球现金管理系统。进一步整合、强化我行资金结算、投资银行等拳头产品，以个性化和高技术含量的增值型综合金融产品提高针对大型企业、集团公司、外资企业和系统客户的市场竞争力。

第三是要在本外币核算与清算一体化建设方面实现突破。只有这一瓶颈问题解决后，网上银行的外汇资金汇划、美元现金管理、外汇账户透支、国际卡清算等一系列问题才会迎刃而解。同时，要完成总行单证处理中心建设、外卡收单系统改造等一系列项目，加强境内外业务联动，促进我行国际业务的拓展，快速提升我行国际结算的竞争力。

第四是进一步提升网上银行、电话银行的集约化水平。整合网上银行国际卡网站和个人网站，推进16家分行一体化电话银行集中托管工作。整合、优化网银产品的功能和业务流程，使之更加精细化、人性化。

第五是加快信息资源的整合，提高风险控制水平。进行客户信息的整合与共享，开发出全行统一的客户信息系统（ECIS），建立企业级数据仓库EDW模型，将个人客户关系管理（PCRM）、企业客户关系管理（CCRM）等数据集市应用逐步整合到一起，为信用评估、贷款评级、市场营销、风险监控建立科学的分析模型。配合人民银行推广个人征信系统，促进金融行业信息的交流与共享。按照现代金融企业的监管要求，构建全面风险管理系统，实现各类风险的计算机硬控制。整合各种管理报表，提供满足多层次监管和披露要求的报表口径。

第六是进一步完善业绩价值考核（PVMS）系统，进行财务系统的集中改造，建立完整的内部核算系统，使产品核算和成本分摊更加准确、科学，促进全行财务管理水平的进一步提高。

（四）各分行科技部门要转变职能，推进集约化管理。在全行集中生产运行、集中开发的大环境下，2005年将通过全面实施NOTES、综合前置、中间业务平台等项目实现省分行的技术集中；通过集中应用开发、集中科技管理等措施推进省分行的管理集中。总行信息科技部要加强对分行集约化建设项目的指导和支持，软件开发中心要按照省行集中的发展原则，建立新的应用产品设计模式。

各分行在科技管理方面，一是要加大科技项目的管理力度，按照总行的要求加强立项，通过总行的信息平台跟踪了解全行项目情况，避免项目的盲目开发和重复开发。二是要认真落实总行项目的推进计划，对于总行统一组织集中采购的项目，抓紧时间签约并加快安装进度，尽快投产，不要再重复程序，以提高工作效率，降低成本。三是要按照科技统一管理的原则进行信息化建设，对科技项目的实施和开发严格实行归口管理，各专业不得自行组织科技开发和设备采购。

（五）提高科技队伍素质，保持科技发展的持续动力。目前总行科技队伍不断壮大，开发和运行维护力量都形成了规模，但是由于新进人员较多，其对业务流程方式还缺乏一定的了解，需要一定的周期去适应。因此，要继续花大力气抓好科技人员的培养。同时，总行各科技部门要加强资源整合，在网络、系统、设备、应用支持等方面实行技术专业化管理，这样才能提高科技资源的综合使用效率，建立专业化管理链条，最大限度地发挥整体合力。各分行也要充分认识科技工作的重要性，落实总行科技管理的要求，集中和加强科技力量，不仅要充实科技部门的人员，也要加强业务部门的科技力量。同时，要采取多种形式提高技术人员的专业素质，不仅要提高技术水平，也要提高业务素质。管理层还要提高对科技的管理能力，把科技发展始终作为全行改革的“发动机”，推动各项业务的快速发展。

同志们，2005年我行将步入战略转型的关键阶段，信息化建设任务繁重而艰巨，科技部门和科技工作者肩负着光荣的使命。希望大家团结一致，振奋精神，按照总行党委的部署，扎实深入地做好各项工作，继续保持我行科技领先优势，为全行科技发展做出更大贡献。

拓展市场　保持优势
促进电子银行业务再上新台阶

——在中国工商银行电子银行业务工作会议上的讲话

张　衢

（2005年1月18日根据录音整理）

这次会议的主要任务是，认真贯彻分行行长会议精神，紧密围绕全行改革发展的中心任务，总结2004年电子银行业务发展情况，分析电子银行业务竞争发展面临的形势，部署2005年电子银行工作任务，进一步调动全行力量，加速推进电子银行业务发展，占领市场，保持优势，促进电子银行业务发展再上新台阶，并以此推动全行经营转型和服务模式转型，迅速提升核心竞争力。下面我讲三个方面的意见。

一、2004年电子银行业务发展成绩显著

2004年，全行坚持以客户为中心，以创新为动力，以效益为目标，大力发展电子银行业务，取得了很大成绩，全面巩固了国内同业领先地位。电子银行已经成为了我行竞争优质客户的重要手段，业务创新的重要平台，提升综合经营效益的新生力量。

（一）电子银行业务继续快速发展。2004年，全行电子银行业务在前几年快速增长的基础上，继续保持高速发展态势，全面超额完成了年初制定的各项工作目标。电子银行交易额达38.4万亿元，完成全年计划的142%，同比增长72.3%；业务笔数达25.8亿笔，占同期全行业务量的20.2%，较上年上升了4.5个百分点。网上银行实现交易额34万亿元，完成全年计划的136%，同比增长75.3%，交易笔数达7868万笔，同比增长1.9倍；电话银行交易额10645亿元，完成全年计划的118%；电子银行业务实现收入2.35亿元，完成全年计划的123%，同比增长106%。

网上银行个人客户和企业客户分别新增404万户和4.75万户，累计分别达到972万户和11.7万户；电话银行个人和企业客户分别新增361万户、9.9万户，累计分别达到1725万户和88.6万户；在线支付年交易额达到57亿元，比上年增长185%，成为国内最大的电子商务在线支付服务提供商；网站影响力显著提升，全年网站总点击率达2.15亿次，同比增长2.6倍。我行电子银行业务的快速发展，得到了国内外同业的高度评价。在获得“全球最佳银行网站”、“中国最佳企业网上银行”之后，又蝉联了美国《环球金融》杂志评选的“中国最佳个人网上银行”称号，并荣获了第五届最受股（网）民喜爱的“中国优秀财经证券网站”银行类网站第一名。

成绩来之不易，各行都为此付出了艰辛努力。一些发达地区分行发挥了先行者的作用，如北京、上海、江苏、广东、浙江、深圳等分行网上银行企业客户和个人客户总数占到了全行总量的50%以上，保持了在当地同业和全行的领先地位；还有些分行为了在激烈竞争的环境下进一步扩大优势，进行了积极探索，如安徽、河南、湖南、山西等分行在个人网上银行开户、网上纳税、业务转型等方面积累了经验，为全行电子银行业务的持续快速发展做出了积极贡献。

（二）竞争和服务优质客户作用更为突出。电子银行已经成为我行竞争优质客户、拓展边缘客户、密切银企关系的法宝。充分发挥集团理财、银企互联、贵宾室、网上支付结算代理等优势功能，成功争取了三元集团、华润集团、日联银行、国家开发投资公司等一批优质客户，其中仅深圳分行就争取到了日均存款1000万元以上的大型优质客户11家。稳定了总后、中石油、国航、TCL、湘财证券、大连期货交易所等一大批集团客户，并与1562家外资银行、中小商业银行建立了网上支付结算代理关系。截至2004年末，全行共有网上银行集团客户18329户，占全部网上银行企业客户数的16.7%。电子银行已经成为我行现金管理服务的核心产品，在与我行签订现金管理服务协议的3721家客户中，有2679家使用了电子银行服务，占全部现金管理客户的72%。电子银行业务的发展，有效带动了存款、贷款、结算等传统业务的增长。如广东分行发展优质客户14家，增加存款10亿元；北京分行通过举行“理财e站通现金管理服务推介会”和跟踪式营销，在短短的1个月内就成功竞争到9家大型优质客户，新增存款4亿元。

（三）市场营销形式多样，成效明显。全行围绕抓网站资源、行内推广应用以及新产品宣传营销三个重点，开展了一系列大规模的市场宣传营销，取得了明显效果。一是联合全国近50家大型网站，开展了“工行‘金融@家’，开户送礼、证书免年费、交易有奖”大型营销活动，并在新浪、搜狐等大型网站展开宣传攻势，扩大了市场知名度和影响力。个人网上银行月均开户量由活动前的34万户上升到45万户，电子商务市场份额迅速扩大，我行在联众、淘宝、腾讯等著名网站的交易额占比迅速上升到40%～60%。二是与体委和联众网站合作，冠名工行“金融@家杯”2004全国电子竞技运动会休闲类赛事活动，52万人参加了赛事，扩大了“金融@家”品牌在网民中的影响。三是与红十字总会、北京青基会合作开展了“点一次鼠标，献一份爱心”网上慈善募捐活动，在促进国内慈善事业发展的同时，提高了我行电子银行品牌的美誉度。四是实施强强联合，与联想共同推出了宽带“一键上网银”家用电脑，为培育和拓展个人网上银行市场创造了良好条件。五是制定了全行统一的营销方案，组织开展了电话银行香港漫游、手机银行（短信）、外汇汇款、B股清算、网上信用证等新产品、新功能营销活动。六是加快行内营销推广力度，成功实现分支机构高管人员工资和总行员工工资网上代发，实现了网上缴纳团费、工会会费以及计财等部门的资金行内划转等，有效促进了全行员工对电子银行的体验和认识，进一步营造了全员宣传营销和使用电子银行的良好氛围。

各行积极配合总行的各项营销活动，深入开展了多种形式的特色营销，如天津、大连、江西、宁波、云南等分行分别开展了以公促私、高校网上行、给客户一封信、打折优惠、冠名网络游戏等一系列促销活动，成功

将“金融@家”打造成为具有较强市场竞争力、高质量、高效益的业务品牌，促进了电子银行经营目标的全面实现。

（四）产品创新和集约化建设取得重大进展。2004年开发投产了一批具有良好市场前景的电子银行产品，完善了服务功能。一是进一步细分客户市场，推出了面向中小企业的普及版企业网上银行，加大了对中小企业的电子化金融服务支持力度。二是适应企业集团理财的需要，新增集团公司多级资金上收、网上信用证、外汇汇款、通知存款、银期转账等多项创新业务，强化了优势功能，进一步完善了网上银行本外币业务体系。三是不断优化网上银行系统结构，突出了服务的人性化和操作的简便化。四是推出了基于短信方式的手机银行，拓展了移动金融支付市场，方便了客户，逐步打造出以网上银行、电话银行、手机银行、多媒体自助终端为主体的电子银行产品体系，大大增强了竞争能力。

全行电子银行集约化程度进一步提高，成功完成了天津、广东、浙江、深圳、上海5家分行网站整合，彻底解决了一个地区两个网站、两套运营系统、两套运营和服务人员的分散状况，统一了网上银行服务界面；建成了一体化电话银行南、北两大托管中心，并托管了宁夏、北京、新疆、青海、上海、海南等6家分行电话银行，在国内同业中率先实现了全国范围内电话银行异地漫游及香港漫游，丰富了服务功能，提升了标准化服务质量，降低了运营成本，提高了经营效益。

（五）业务管理水平不断提高，客户服务能力不断增强。根据流程变革和业务创新的要求，将17个分散的办法、规定整合为一个统一的电子银行业务管理办法，建立了适应电子银行业务健康发展的系统化管理制度。根据“一项业务一本手册，一个流程一项制度，一个岗位一套规定”的要求，制定了科学规范的电子银行业务操作规程，将电子银行按业务种类划分为125项具体业务，详细规定了各项业务的操作流程。配合一体化电话银行托管进程，制定了托管业务收费管理办法，并在托管工程中引入市场化的调节机制，促进了全行电话银行运营水平的不断提高。调整并增设了电子银行业务收入核算科目，为深入开展经营效益分析创造了良好条件。在全行范围内全面推广电子银行事后监督系统，实现了电子银行业务事后监督向系统化、自动化的监督方式转变，内控防范能力大大增强。加强了电子银行业务制度落实情况的监督检查，及时揭露并纠正违规行为，有效控制了风险点，保障了业务健康发展。

充分发挥电子银行渠道服务优势，完善了电话、短信和网络等多渠道的电子银行服务体系，电子银行中心电话接听率保持在90%以上，实现了网上论坛24小时专业化服务和管理，加强了对客户的使用指导。积极向网上银行企业客户和个人证书客户提供电话银行外拨服务，认真听取客户意见，及时解决相关问题，进一步树立了良好的服务形象。

（六）业务收入水平大幅提高，综合经营效益日益凸显。2004年电子银行业务收入增长迅速，账面直接收入2.35亿元，是2001年全行首次统计电子银行业务账面收入的19倍，较2003年增长106%，高于全行中间业务收入的平均增幅，在中间业务收入中的占比也由2003年的1.4%提高到2%，直接创收能力有了较大提高。其中仅上海分行一家梅琳凯特约网站当年就实现了650万元的电子商务收入。电子银行较大的间接效益也日益显现。一是通过电子银行竞争和稳定了一大批优质客户，吸收和稳定了大量存款。二是分流了大量柜面业务，节约了成本。据初步测算，2004年电子银行业务笔数25.8亿笔，相当于全行5200个营业网点的业务量，以每个网点50万元营运成本、10个员工、人均人力成本5万元/年估算，约节约了62亿元经营成本。

2004全行电子银行业务取得了很好的业绩，实现了快速发展，为推进我行现代商业银行建设进程做出了积极贡献，广大干部员工为此付出了辛勤劳动和艰苦努力。在这里，我代表总行党委向大家，并通过你们向全行电子银行部门的全体干部员工表示亲切的慰问和衷心的感谢。

在总结成绩的同时，我们也要清醒地认识到电子银行业务发展中还存在着一些问题。一是我行网上银行客户数与网民数及我行客户数相比，占比仍然较低。2004年全国网民有9400万人，我行个人网上银行客户仅占网民的10.3%；全行个人客户达1亿个，个人网上银行客户仅占个人客户的10%，网上银行企业客户占全行企业客户的比例则更低。二是少数分行未能正确处理长远利益和近期利益的关系，没有从战略高度来重视和发展电子银行业务，对电子银行产品营销的组织和落实不到位。个别行甚至没有将电子银行业务纳入行长绩效考核，在一定程度上影响了业务发展。三是个别分行未将电子银行的目标任务和工作量纳入柜员和客户经理的业绩考核，网点柜员和客户经理缺乏主动营销电子银行的意识和动力。四是电子银行产品仍有待完善，客户服务及时响应机制还不够健全。产品功能还没有真正形成“傻瓜式”的操作和引导方式，影响了客户使用；客户服务能力不能适应业务快速增长的需要，客户问题难以得到及时解决。要实现我行电子银行业务的持续快速发展，必须对这些问题予以高度重视，及时加以解决。

二、认清形势，进一步增强发展电子银行业务的紧迫感

2005年，随着网络经济的发展，同业竞争的加剧，以及我行股份制改革的全面推进，大力发展电子银行业务，迅速占领市场，保持领先优势，已是势在必行。

（一）应对日趋激烈的市场竞争需要加快发展电子银行业务。由于电子银行在竞争优质客户和降低经营成

本等方面的优势日益显现，近两年几乎所有的银行都认识到电子银行业务对整个银行生存发展的重要意义，从而将发展电子银行业务提高到了前所未有的战略高度，在机构设置、人员配备、市场营销、科技研发力量投入、业务管理等方面都对电子银行给予很大的倾斜和支持。目前，国内各大银行已相继成立了电子银行部，并着手建立相应的电子银行产品开发、业务管理、市场营销和发展规划体系。例如建行已经在全国所有的一级分行和大部分二级分行设立了电子银行经营管理部门，并将2004年、2005年作为电子银行超常规发展年，2004年1~10月，建行电子银行客户增速较快，网上银行个人客户新增300万户，比上年末增长3.4倍；网上银行企业客户新增39573户，比上年末增长1.4倍，新增网上银行企业客户数量甚至超过了我行同期新增数。

随着中国银行业全面开放承诺时限的日益迫近，外资银行扬长避短，利用电子银行渠道以及品牌和服务优势争夺高端客户已经成为其必然的选择。他们纷纷将电子银行作为突破网点局限，与中资银行竞争的重要手段。如花旗银行针对不同的客户，已经建立了多个电子银行平台，其中“花旗在线”已经成为该行积极推进全球现金管理服务的核心手段。汇丰银行50%以上的交易型业务已通过电子银行渠道（包括电子网点）完成，设有柜员的网点（卓越理财网点）则专门为高端客户提供增值服务。面对国内外银行加快发展电子银行业务，同业竞争日趋激烈的严峻形势，我们必须进一步提高认识，加快电子银行发展步伐，巩固和扩大领先优势，持久保持市场竞争力。

（二）日益信息化的外部环境需要加快发展电子银行业务。近年来，我国信息化发展十分迅速。截至2004年末，我国固定电话和移动电话用户已经分别达到3.1亿户和3.3亿户，分别较两年前增长了46%和60%，移动电话和固定电话普及率均达到了25%，移动短信量近2000亿条，较2003年增长了60%。网民数达到9400万人，上网计算机4160万台，网民对网上银行的知晓率已达90%。电子支付状况大大改善，网上银行、电话银行、手机银行等新型电子银行业务已被人们特别是年轻一代所熟悉和使用。电子商务迅速发展，网上支付额已达到电子商务支付额的41.8%，2004年通过我行B2B、B2C在线支付完成的购物交易额达到57亿元，较上年增长185%。同时，随着经济全球化和资金集中管理趋势，客户日益要求银行能够提供足不出户、跨地区、跨国境、365天24小时不间断的全方位金融服务。电子银行突破时空限制、功能丰富、自助服务的特点，能更好地满足客户需求，改变和创新人们的生活方式，实现“3A”（任何时候、任何地方、任何方式）金融服务。因此，加快电子银行业务的发展是大势所趋。

（三）实现全行经营和服务模式的成功转型需要加快发展电子银行业务。随着我行改革的深入，全行一方面亟须进行网点结构布局的战略性调整，另一方面又必须切实解决因业务量增长而产生的柜面压力增大、排队等候等现实问题。因此，必须加速业务转型，改变过去为所有客户提供同质服务的经营管理模式，针对不同客户实行差别服务，为高端客户提供优质服务。大力发展电子银行，把柜面和客户经理等资源更多地向高端客户倾斜，是促进业务转型的重要途径。一是通过大力发展电子银行，既可以把适合客户自助办理的业务分流到各种电子化渠道，有效缓解柜面压力，使网点业务人员有更多的时间和精力为高端客户提供优质服务，实现柜面业务重心由传统低效业务向高附加值业务的转移，还能以电子银行渠道服务于网点无法覆盖的区域和客户，实现“撤柜台不撤服务、减网点不减业务”的目标。二是通过不断完善电子银行产品功能，可以为高端客户提供电子化的现金管理服务，进一步增强服务优质客户的能力。三是有助于充分发挥网点营销职能，实现网点由单一交易型向综合性的营销型、交易型、服务型转变。四是有利于网点内部资源的重新配置，促进网点业务流程、客户结构、人力资源配置的整体优化，细分目标客户，为客户提供差异化服务，从根本上促进业务转型。

（四）巩固和增强我行结算优势需要加快发展电子银行业务。电子银行是运用信息及网络技术创造的新的银行经营方式，其核心基础是银行结算的延伸，将银行的业务直接延伸到客户端。清算、结算是工商银行的传统优势所在，但目前随着其他商业银行结算网络的不断完善，我们传统的结算优势正面临严峻的挑战。网上银行具有结算网的系统，是银行的新体系，是一种全新的银行。要保持并增强结算优势，必须大力发展电子银行，通过结算延伸的方法来增强客户稳固性，把原有的结算优势从网点通过网络延伸到客户，最终实现我们的网络更广，实现银行末端与客户的固定连接，并使之成为银行网络的系统成员。由于结算业务是对公客户的主要银行业务需求，因此，保持结算优势，对工商银行发展优质对公客户具有十分重要的意义。我们必须要从造就结算新优势的高度来加快网上银行业务的发展，如果忽视了这一点，原有的结算优势将会失去。

（五）全面提升我行核心竞争力需要加快发展电子银行业务。要把工商银行建设成为具有较强国际竞争力的现代商业银行，不仅要降低不良资产、完善公司治理结构、加强风险管理，还要通过产品和服务创新全面提升核心竞争力。电子银行业务的发展对于全行竞争力的提升具有重要作用。因为电子银行是创新整合的平台，不仅能提高对客户的服务能力和水平，给客户带来极大便利，而且能大幅度降低服务成本；电子银行是一站式理财的平台，通过电子银行集团理财等功能，能实现大企业的跨地区、跨国境的实时资金调度，适应大企业集团资金、财务集中管理的需要，有利于竞争优质客户，并带动传统业务的发展；电子银行是自助服务的平台，业务成本低，有利于分流柜面业务，提高银行经营效益；电子银行是对外营销宣传、服务的平台，有利于集约化营销和服务客户，提高营销和服务水平。

三、采取有效措施，进一步加快电子银行业务发展步伐

2005年，全行要从提升核心竞争能力的战略高度，以占领市场、扩大市场规模为中心任务，以快速扩张网上银行开户数和业务量为重点，加大对公和对私网点的业务捆绑销售，大力进行宣传营销，促进传统业务向电子银行业务的转型，提高电子银行业务量和客户占比，增加电子银行业务收入，实现电子银行业务发展新的飞跃。

2005年电子银行业务具体发展目标是：

——网上银行个人客户新增400万户，其中个人证书客户力争达到50万户；网上银行企业客户新增15万户，力争达到20万户，其中企业证书客户新增3万户；电话银行个人客户新增200万户；电话银行企业客户新增5万户；手机银行（短信）客户新增3万户。

——电子银行交易额实现40万亿元，其中网上银行交易额实现37万亿元，电话银行交易额突破1万亿元；电子银行业务笔数占全行业务笔数的比率力争达到25%。

——电子银行业务收入实现3亿元。

为确保实现上述目标，全行要重点做好以下几方面的工作：

（一）高度重视电子银行业务发展，继续保持业务领先优势。大力发展电子银行是我行一项长期而富有挑战性的任务，是关系到我行经营和服务模式能否成功转型、客户结构能否切实改善、核心竞争能力能否有效提升、增收节支目标能否顺利实现的大事。目前我行电子银行业务在国内同业具有一定的优势，但这种优势存在的基础尚不牢固，稍有放松就容易消失。各级行领导必须要清醒地认识到这一点，高度重视电子银行业务的发展，切实转变观念，带头学习有关电子银行业务知识，以前瞻性的眼光、开拓性的思维和务实性的态度，研究解决业务发展过程中存在的问题，确保电子银行业务领先优势，通过大力发展电子银行促进业务转型。

（二）加大市场营销力度，促进客户数量和业务量迅速增长。在电子银行业务发展初期，我们主要从提高认识、启动市场的角度积极开展宣传营销，以形成技术、业务、舆论等领先的市场基础。经过全行的艰苦努力，此项工作已经取得了良好成效。但目前抢占先机的压力依然很重，进一步拓展市场、迅速扩张客户数量仍然是今后两年全行电子银行工作的主要任务。从网民的构成看，本科以上的网民已经占了总量的31%，25岁以上的网民占了48%，月收入1000元以上的网民占了47%，这些都是我们的目标客户，是需要进一步争取的市场。而我行目前个人网上银行客户数仅占网民总量的10%，发展潜力很大。2005年各专业要协同发展市场，以巩固强势地位。当前发展的重点依然是个人网上银行客户和中小企业客户。要在网站和网民、对公客户市场的快速成长期阶段，以网站作为宣传营销的主渠道，通过银行和网站的共同发展，进一步扩大客户市场。要以网民的比重计算个人网上银行的客户市场份额，特别是重点城市行，要紧紧抓住网站和中小企业资源丰富、网民数量相对较大的特点，进一步加快发展速度。

目前我行网上银行共有11.2万户对公客户，仅占全行320万户对公客户的3.5%，说明网上银行对公客户的营销还没有取得实质性进展。在客户对网上银行的安全性尚存顾虑的情况下，为了切实解决网上银行对公客户的发展问题，必须要牢固树立“先普及，再提高”的指导思想，手把手地牵着客户进入工商银行网络，通过提供相对简单的网上返传对账单、余额查询等功能，迅速普及网上银行，并逐步将客户引导到具有更多功能的企业网上银行。要将对公客户的发展作为2005年全行电子银行业务发展的一个重要突破口，力求将全行10%以上的对公客户发展成为网上银行客户。

一是加强营业网点业务宣传和捆绑销售。要在客户办理开户、结算、换卡、交费等柜台业务时，主动推介电子银行业务，做好对公、对私业务与电子银行的捆绑营销和开户注册。二是开展形式多样的营销活动，通过网络宣传、网点营销和走入社区、学校、机关等活动，将更多客户发展成为电子银行客户，提高电子银行客户在全行客户中的占比。三是要大力发展中小企业客户和个人客户。充分利用新推出的企业网上银行普及版注册简单、操作方便的特点，大力普及企业网上银行，占领企业客户市场，引导广大中小企业客户上网体验，并及时将普及版客户升级到企业网上银行或银企互联，促进业务笔数和交易额的全面发展。要以个人高端客户及对安全性有较高要求和交易频繁的客户为发展对象，加大个人网上银行客户证书的营销力度。四是以集团理财、银企互联、收付款、支付结算代理、代发工资、代报销等电子银行优势产品为突破口，大力发展金融同业、军队、税务、烟草、航空、财政等大客户，抓住龙头，以点带面，扩大行业、系统客户的数量和业务量，努力为优质客户提供良好服务。五是大力发展特约网站，做大电子商务市场。要深化与特约网站的合作，综合利用网站资源，及时将各大网站发展成为特约网站，建立战略合作关系，力争成为各大型网站第一支付平台。利用网站加强电子银行业务宣传，扩大电子银行品牌知名度和网上支付交易额。要尽快为所有特约网站开通手机银行（短信）支付功能，促进移动支付业务的发展，提高在线支付的市场份额。六是要加大行内应用的推广，广泛开展行内营销，倡导行内员工使用我行电子银行产品。

七是要持续开展唤醒睡眠户活动，通过电话主动外拨、寄送对账单、网点友情提示、推荐新产品等方式激活睡眠户，不断提高客户质量。

业务量的增长需要通过营销市场、引导客户使用的途径来实现。当我们面对近1000万户的网上银行个人客户时，必须要考虑客户使用网上银行的产品数量以及业务量。如果没有基本的业务量为依托，网上银行的价值则无法体现，也就失去了收费基础。在市场营销过程中，要以网上银行基本功能带动起步，以汇款、缴费、理财等增值服务功能的拓展来提高业务量，稳定电子银行用户。要以客户对业务品种的需求顺序作为产品营销推广的先后次序，切实有针对性地开展营销，进一步提高客户使用电子银行产品的数量和兴趣，并通过实现相关业务的挂接，进一步提高业务量，扩大收费基础，提升电子银行价值。

（三）加速促进全行业务经营和服务模式转型。要充分发挥电子银行分流柜面压力的作用，促进业务快速转型。2005年，要试点开展“电子银行服务专区示范工程”，即各一级分行、直属分行要在各重点城市行选择2家至3家业务量较大的网点，进行“电子银行服务专区示范工程”试点。各行要在机具配备、网络改造和网点装修方面给予试点网点以财力倾斜，试点网点要开辟电子银行业务专区，配备95588专线电话、自助终端和ATM等电子银行设备。每个试点网点要有数名精通电子银行业务的客户经理，积极引导客户通过电子银行办理业务。要建立相应的考核和激励机制，使电子银行业务量与柜员、客户经理及整个网点的工作业绩挂钩，调动试点网点业务人员的积极性，试点网点要在试点期内实现电子银行业务量增长30%，业务量占比超过30%，力争达到40%的目标。试点成功后，要及时总结经验，尽快在有条件的网点推广。

（四）加快产品创新，大力推广应用新产品。产品创新是电子银行发展的关键，要继续加快创新步伐，保持和扩大我行电子银行产品的优势。一是优化集团理财、银企互联、支付结算代理、外汇买卖、转账汇款、B2C和B2B等拳头产品，优化网上银行、电话银行的信息引导，使各项功能的信息提示更准确、说明更清晰、操作更简单、交易更快捷。二是适时推出网上个人外汇汇款、C2C、委托贷款、票据托管、集中式银保通、电话银行黄金买卖等新产品，扩大手机银行（短信）客户服务范围，进一步增强产品竞争能力。三是完成国际卡和个人网上银行系统整合，并以南北两大电话银行托管系统为基础，完成部分分行的电话银行托管工作，加大渠道和业务整合力度，不断提高集约化经营管理水平。四是在继续扩大国内同业领先优势的基础上，积极探索海外电子银行业务发展模式，努力实施“走出去”的产品创新战略，逐步满足国内企业跨国管理资金和国外企业使用我行网上银行的需要。要确保电子银行各项创新产品和功能都能在全辖范围内得到广泛应用，电子银行业务量占比不断提高。

（五）发挥全行整体优势，建立良好的营销机制和服务机制。由于网上银行服务的特点是技术功能型，并以专家支持、文字指导、以一对万、全天候的服务为表现特征，是一种不见面的服务，需要我们改变服务方式与其相适应。电子银行的服务问题正随着业务的快速发展而逐步显现，主要表现在“门难进”、“没处问”和“看不懂”三种形式，反映了产品设计还没有真正到位，缺乏相应的客户营销。“门难进”主要表现为证书安装困难，“没处问”主要表现为客户的问题未能得到及时解决，“看不懂”主要表现为通俗化不够，引导和提示文字专业性过强。要切实提高电子银行的服务水平，必须解决好这三个问题。要实现“傻瓜式”安装，并确保引导和提示文字的通俗易懂。要在没有语音提醒的情况下，以网络牵手的方式主动引导客户使用网上银行，并推荐使用新产品新功能。要重视突出安全性和可用性的宣传服务，逐步引导、教育客户消除安全顾虑，并推介上网，进一步提高电子银行客户服务水平。

领导重视、员工素质和经营方式是影响电子银行业务发展的三个重要因素。在电子银行业务的快速发展过程中，我们的经营方式问题已经逐步暴露，具体表现在营销方式的创造和组织机构的设置上，表现在服务体系和服务能力跟不上业务发展的速度上，这已经成为制约电子银行业务进一步大发展的“瓶颈”。由于营销和服务模式是与市场发展相互依存、相互推进的，因此，必须通过创造新的营销和服务模式来巩固和发展已有成果。如果缺乏强有力的服务体系的支撑，要推进市场营销的发展将十分困难。我们一定要从调整原有的业务组织体系、调整考核办法入手，着手建立适应业务快速发展需要的服务机制。

要适应电子银行业务快速发展的需要，落实业务管理部门，明确职责，尽快建立与业务发展相适应的干部员工队伍。电子银行、公司、机构、会计、个金等部门要密切配合，将任务和业务量分解落实到客户经理和柜员的业务考核中。加大电子银行业务在行长业绩考核中的力度，发挥全行整体优势营销电子银行。各行要落实专人负责辖区内电子银行业务的营销推介，为优质大型客户量身定制电子银行服务方案；为优质客户提供上门服务，及时解决客户使用中遇到的疑难问题，扩大客户使用我行产品的种类；充分发挥网点员工、电话银行、手机银行的服务作用，为客户提供及时的电子银行业务支持和使用指导，切实提高全行服务水平。

（六）强化业务管理，加大业务培训。随着我行电子银行业务规模的迅速扩大，发生内、外部案件的可能性也会随之增加。要借鉴国际银行业风险管理及内部控制的先进理念，加强制度建设，建立科学有效、便于操作的制度体系。同时，要狠抓制度落实，进一步强化业务管理，切实防范风险。要组织各级管理人员认真学习制度，准确掌握电子银行的风险点和控制方法，切实提高管理人员的业务管理水平；加强对业务经办人员的培训，使之熟练掌握各项业务的操作方法，提高业务处理能力，确保各项制度落实到位；组织开展业务制度检查，加强事后监督，坚决杜绝违规操作；要广泛开展业务培训，使各级管理人员、市场营销人员和业务经办人员充分了解电子银行有关产品的功能、特点和使用方法，做到能讲、会用；要进一步加强对客户安全使用电子银行知识的宣传和培训，增强其防范风险意识和能力。

（七）广开收入渠道，大幅提高电子银行经营效益。为全面反映电子银行收入的实际状况，进一步扩大收入来源，总行重新设置了电子银行科目，对电子银行收入的考核将由过去只考核年服务费、代理类收入等5个科目，扩展到包括结算类和外汇汇款收入在内的8个电子银行二级核算科目的全口径考核。各行要在继续扩大电子银行年服务费、证书差价费等收入的同时，广开渠道，努力增加直接业务收入。一是利用网上银行足不出户、没有营业时间限制和资金即时到账等特点，大力发展网上企业和个人汇款，以及网上代理行业务，努力增加电子银行结算类业务收入。二是大力发展B2B和B2C特约网站，积极引导客户网上支付，努力扩大电子商务业务收入。三是广泛开展网上收款（收费站）、代发工资、代报销等各类代理业务，努力促进电子银行代理业务收入的增长。要认真贯彻落实总行关于电子银行收入减免的规定，防止跑、冒、滴、漏，进一步提高电子银行直接效益。要积极引导客户自助使用电子银行，充分发挥电子银行竞争优质客户、分流柜面压力的作用，大幅度提高电子银行间接效益，提高电子银行对全行综合效益的贡献度。

同志们，2005年电子银行业务发展既面临全行经营转型加快而带来的良好机遇，又面临更加激烈的同业竞争形势，各行务必抓住时机，充分发挥优势，以占领市场为目标，加大业务拓展力度，促进电子银行业务的快速发展。我们希望在东部经济发达地区分行继续保持电子银行业务快速发展的同时，在中西部地区也能够崛起一批电子银行业务的优秀行，走在全行经营转型的前列，为把工商银行建设成为具有较强国际竞争力的现代金融企业做出更大贡献。

加强管理　加快清收
打赢不良资产攻坚战关键一役

——在中国工商银行资产风险管理工作会议上的讲话

张　衢

（2005年1月30日 根据录音整理）

这次年度资产风险管理工作会议是近几年来开得最早的。这主要是考虑到，2005年我们面临着前所未有的紧迫形势与艰巨任务，需要早安排、早落实、早见效。这次会议的主要任务是，认真贯彻分行行长会议精神，围绕全行改革发展的目标要求，研究部署当前的不良贷款清收处置与管理工作，为推进现代金融企业建设打好基础。下面，我谈三方面意见。

一、2004年的资产风险管理工作取得了显著成效

2004年，全行认真贯彻国家宏观调控政策，积极推进综合改革和业务创新，保持各类业务的健康发展，圆满完成了各项工作任务。经营效益大幅度提高，在连续四年效益快速增长的基础上，全行境内外机构实现经营利润747亿元，比上年增加112亿元。资产质量继续改善，在五级分类准确性进一步提高、长期积累的潜在风险得以释放的基础上，不良资产余额和比率实现双下降，境内机构不良贷款余额为7022.63亿元，不良贷款占比19.47%，分别较年初下降158亿元和2.17个百分点，境内外机构全部不良资产率降至14.2%。不良贷款清收处置各项指标均创历史最高纪录。全行累计清收处置不良贷款1194.3亿元，比上年增加300.9亿元，完成全年清收处置计划的119.4%。现金清收不良贷款433.4亿元，比上年增加25.7亿元，其中通过还款免息政策收回不良贷款98.9亿元，也是此项工作开展以来的最好水平；抵债资产抵入处置双过百亿元，抵入额与处置额分别为132.4亿元和174.6亿元；累计核销呆账495.8亿元，为超额完成不良贷款清收处置工作发挥

了重要作用。

我们还高兴地看到，自2001年全行开展资产质量攻坚工作以来，不良贷款快速下降，资产结构不断优化，信贷资产质量持续四年大幅度改善。2001年以来不良贷款余额累计下降1223亿元，年均下降306亿元；不良贷款占比下降14.97个百分点，年均下降3.74个百分点。全行累计清收处置不良贷款3612亿元，年均清收处置903亿元，清收处置率逐年提高，2004年达到16.63%，其中累计现金清收不良贷款1552亿元，年均收现388亿元。这些成绩是来之不易的，总行党委是充分肯定的。在此，我代表总行党委向近年来特别是2004年以来在资产风险管理战线工作的全体干部员工表示诚挚的问候与衷心的感谢！

回首2004年，我们度过了不平凡而又难忘的一年。在全年清收处置不良贷款1000亿元的艰巨任务面前，全行没有畏难退缩，而是调动积极性，有计划、有层次、有重点地推进各项工作；在不断变化的复杂形势中，我们不是被动应付，而是直面以对，在变化中调整计划与策略；在不良贷款出现反弹和处置难度日益加大的压力下，我们没有知难而退，而是迎难而上，经受住了考验，赢得了胜利。各行的工作成效有目共睹，在不良贷款管理与处置工作中涌现出了不少优秀集体和先进事迹，这次会上总行将对部分分行进行表彰，就是为了肯定与鼓励先进，带动全行资产风险管理工作更快更好地开展。一年来，资产风险管理工作取得的成绩与经验值得我们认真总结。

（一）积极创新处置方式，实现了由传统方式清收向多种处置方式并举的跨越。不良贷款进入攻坚阶段后，处置资源不断减少，处置任务日益艰巨，仅靠一般性的常规手段清收已经不能满足更多、更快地收回不良贷款的要求。在做好常规清收工作的同时，很多分行拓宽思路，创新方法，在快速处置不良贷款方面探索出了新路子。继2003年天津分行与政府合作整体处置不良贷款取得突破性成效之后，2004年重庆分行又经国务院批准开展了银政合作整体处置不良贷款工作，两家分行当年共整体处置不良贷款163亿元，占全行不良贷款清收处置总额的14%，为完成全年不良贷款处置任务做出了较大贡献。还有许多分行在不良贷款处置工作中充分发挥主观能动性，加强组织推动，利用现有政策加快清收处置。江西、云南、浙江、贵州和内蒙古等5家分行采取分行业、分区域处置不良贷款的方式，取得了不错的成绩。上海和北京分行采取以物抵债方式集中处置不良贷款，也收到很好的效果。

（二）全面引入精细化管理理念，实现了由重处置轻管理向管理与处置并重、以管理促处置的跨越。多年来，我们对不良贷款的管理很大程度上是通过清收处置来实现，以处置替代管理的状况普遍存在，管理比较粗放，精细化程度较低。2004年初，全行资产风险管理工作会议提出对不良贷款实行精细化管理的要求，并出台了一系列精细化管理工作措施。2004年上半年，全行开展了对不良贷款的首次摸底调查，通过对单户100万元以上不良贷款的逐笔排查，逐户摸清了不良贷款的基本情况和主要特征，掌握了不良贷款的清收潜力和存在的困难，对做好今后的不良贷款管理和清收处置工作具有重要意义。随后全行开展的对不良贷款按清收潜力分档分类管理及处置预案管理等做法都取得了很好的效果。2004年上半年，全行对小额不良贷款企业进行了集中清理，共计清理不良贷款企业7.3万户，全行不良贷款客户总数降幅达三分之一，有效利用管理资源，优化了资源配置，这是很了不起的，一年做了很多年才能完成的工作。精细化管理理念的提出和相应工作的开展，推动着不良贷款管理开始进入精耕细作阶段。

（三）严格规范不良贷款处置行为，实现了由单纯指标推动向风险制度引领的跨越。随着全行资产风险管理工作的深入开展和不良贷款清收处置的不断创新，需要我们对业务工作中存在的风险有足够的重视并树立风险防范意识，加强风险管理制度建设与从业人员职业道德建设。在当前形势下，强调规范操作和防范风险与追求清收处置业绩二者同样重要。2004年总行在上海召开的资产风险管理工作会议，对全行清收处置不良贷款的规范操作、防范风险问题进行了全面部署，提出风险管理部门要通过业务经营全过程的规范管理和风险文化的持续倡导，快速平稳地推动资产风险管理和不良贷款处置工作。为规范不良贷款处置流程，主动防范业务风险，2004年总行制定了《关于切实防范清收处置不良资产工作中道德风险的意见》，对于清收处置工作中的风险点、风险源提出了具体的防范措施和要求。同时还针对银政合作整体处置不良贷款和小规模处置不良贷款业务分别制定了管理规定与意见，明确了业务范围和操作流程，严格责任追究制度。组织了呆账核销工作的全面检查，保证了全行呆账核销工作依法合规开展。各行也都采取了许多行之有效的做法与具体措施，促进了不良资产管理的加强和清收处置工作的规范化。

（四）充实风险管理委员会职能，推进全面风险管理体系建设。2004年，从总行到分行的风险管理委员会在职能和工作内容上都进行了较大的调整和充实。总行重组了风险管理委员会，制定了新的委员会章程，明确了全面风险管理框架，各部门的风险管理水平进一步提高，涵盖信用风险、市场风险、操作风险和流动性风险的全面风险管理体系建设进入实施阶段。2004年8月，总行召开了第一次全行风险管理委员会秘书长会议，随即又印发了加强分行风险管理委员会工作的指导意见。大多数分行都能认真贯彻落实总行要求，围绕当前风险管理的重点问题做了大量卓有成效的工作，在研究制定风险管理策略、防范化解各种经营风险、提高资产质量、指导全行不良资产处置及管理方面发挥了重要的作用。不少分行还在风险管理委员会下面专设了不良资产处置审查审批机构，对不良资产清收处置中的突出问题进行及时研究，对重大项目实行专业化集体审查，既大大提高了处置决策的效率，也有效防止了各类风险隐患的发生，保障了全年清收处置任务的圆满完成。

2004 年全行资产风险管理工作取得好的成绩，原因是多方面的，我看以下几点需要充分肯定：一是从总行到各基层行对不良贷款问题更加重视。从一定意义上说，不良贷款问题就是全行当前最主要的问题，抓好了不良贷款问题，就抓住了改革发展的关键和经营管理的核心。2004 年各行业务的发展、效益的改善是与全力抓不良贷款问题密切相关的。二是全行经营状况的根本改善和经营效益的大幅度提升为扩大清收成果提供了强力的财务支持。2004 年全行经营利润的 90% 以上都用于了处置不良资产，其中核销不良贷款比上年增加了 231 亿元，这是一个很大的增长比例。三是各部门对资产风险管理部门的工作给予了大力支持。在很多行，不良贷款问题不再是一个部门与分管行长的事情，而是全行、是多个部门共同的任务，这是解决不良贷款问题的重要保证。四是得益于 2004 年资产风险管理部门业务职能的调整与从业人员的敬业进取和艰苦努力。2004 年，全行资产风险管理部门转换职能，专事清收处置不良贷款，机制更加到位，业务更加专一，精力更加集中，行为更加规范有序，政策运用能力也越来越强。事实证明，这支队伍在实战中经受了锻炼，是能够打硬仗的。

二、正确认识资产风险管理工作面临的严峻形势和任务

2005 年是工商银行实施改制重组、建设现代金融企业至关重要的一年。国家已经确定了国有商业银行改革的目标与方向，工商银行股份制改造的各项准备也在加快进行。工商银行的股份制改造不论何时进行、采用何种方式进行，都要以建设现代金融企业为目标，以解决不良贷款问题为前提。资产风险管理部门作为不良贷款管理与处置的专业部门，在解决不良贷款问题上责无旁贷，必须全速清收处置不良贷款，为改制重组扫清障碍。在前不久召开的分行行长会议上，总行党委明确提出：要增强风险控制力，夯实资产质量基础，做好不良贷款清收处置工作，实现上半年清收处置不良贷款 600 亿元的目标。这是 2005 年资产风险管理工作的指导思想与目标要求，我们一定要贯彻好、落实好。

当前，资产风险管理工作面临的新情况比以往任何时候都更为复杂。一是全年工作的压力更多地体现在上半年任务的艰巨性。2005 年的任务很重，要做的事情很多，而所有的工作都要在上半年见成效，时间紧迫是对我们这支队伍的现实考验，我们必须立即行动起来，争取主动。二是存量贷款风险的释放直接加大了清收处置不良贷款的压力。大力压缩存量贷款潜在性风险，确保贷款真实性，夯实信贷资产质量基础，是 2005 年全行信贷工作的重要内容，而且上半年要压缩 50% 以上存在潜在性风险的贷款。压缩这些贷款的出路是：通过正常途径收回一块，通过不良贷款处置清收一块，其余部分会反映到不良贷款中来。为了实现不良贷款总量的下降，我们必须清收处置更多的不良贷款来消化这部分风险贷款，这就需要我们做更多的工作。三是不良贷款结构继续恶化的趋势加大了控制不良贷款总量的压力。目前来看，我们一方面要在上半年完成 600 亿元不良贷款的清收处置任务，更重要的是还要通过加强管理来有效控制不良贷款结构，防止不良贷款结构的继续恶化，特别要做好可疑类和损失类贷款的手续完善和确权明责等基础工作，为全局性工作争取主动。这些工作量大面广，全行必须高度重视，全力以赴，才能做好。四是部分机构处置和管理工作滞后拖了全行解决不良贷款问题的后腿。近年来，全行信贷资产质量改善的速度很快，不少分行的信贷资产质量已经达到监管目标要求或更高水平，开始走上了现代商业银行的良性发展轨道。但还有不少机构的信贷资产质量基础很脆弱，甚至出现不良贷款不降反增的问题，需要引起高度注意。信贷资产质量迟迟没有改善，会与先进行的距离越拉越大。目前，机构之间不良贷款已经由总量的差别发展到结构的差别，再发展到质的差别就很难赶上了。五是清收处置不良贷款的压力将逐步转化为科学化、精细化管理贷款质量的压力。尽管当前清收处置不良贷款的难度很大，但通过努力还是可以达到的。然而，管理不良贷款就更不容易了，我们不仅要全面了解不良贷款的实情，更要学习掌握现代商业银行的管理理论与实务；不仅要做好业务，还要培养一支善管理的队伍，更要培育先进的风险文化。这些工作不能等，都要从现在做起。

在这样众多的压力之下，我们还要看到做好工作的诸多有利因素。首先，国家关于加快国有商业银行综合改革步伐的决定将鼓舞全行的信心，我们应该有一鼓作气、做好最后冲刺的决战准备与必胜信念；其次，解决不良贷款问题已经成为全行的一致行动，形成了集团军作战方式，2005 年上半年，总行还将拿出全部的新增财务资源约 400 亿元用于消化不良资产，全行上下对不良贷款问题的高度重视和有力的财务支持，为做好这一工作提供了保障；最后，经过几年来的实践，我们这支队伍已经具备了相当的实战经验，越是困难的形势下，越是能战斗，越能打胜仗。全体资产风险管理人员一定要满怀信心，肩负起资产风险管理专业的重要职责，全面完成不良贷款管理与处置工作任务，为工商银行的改革发展贡献力量。

三、全力以赴，迎接挑战，确保实现工作目标

对于 2005 年的不良贷款管理与清收处置工作，总

行资产风险管理部做出了详尽可行的安排，各行要认真贯彻执行。在此，我重点强调以下几个问题。

（一）高度重视，精心组织，以强烈的紧迫感和责任心做好不良贷款管理与清收处置工作。总行已经下达了2005年上半年不良贷款的清收处置计划和管理目标任务，这些计划任务是根据资产风险管理工作面临的新情况与新问题，经过系统研究后制定的，其中的清收处置计划能否完成，关系到全行资产质量的改善与信贷风险的转化；管理目标任务能否完成，关系到风险管理工作水平的提高与工商银行综合改革的顺利推进。各行要从推进全行改革与发展的高度认识不良贷款管理与清收处置工作，不能因工作任务重、难度大而存有畏难情绪，要更多地从管理能力和水平上找差距，从新形势下工作责任找动力，明确努力方向，理清工作思路，全力以赴做好工作。要树立与时间赛跑的抢收意识和更加精细的管理理念，将指标任务尽快分解下达、层层落实，力争第一季度取得明显成效，实现不良贷款清收处置“开门红”，确保完成上半年各项工作任务。成败在此一役，各级行领导干部一定要高度重视，切实加强组织领导，确保本行工作取得实质性进展。不良贷款大行更要自加压力，奋力自救，行领导要直接抓大户、抓重点户，实现重点突破，决不能因个别机构工作的滞后而影响全行工作的大局。

（二）讲究策略，精于谋划，充分运用政策加快不良贷款清收处置。不良贷款管理与清收处置工作的策略问题十分重要。不良贷款攻坚啃的是硬骨头，来不得半点投机取巧，但作为领导者和组织管理者，必须讲究方法，确定重点，合理组织，创新手段，积极推进，通过创造性地开展工作才能找到工作的突破口。管理层面和操作环节都有策略可讲，科学分配指标有策略，合理摆布时间有策略，充分运用政策有策略，整合利用资源也有策略。当前最重要的就是把握时间机遇，动用一切手段。对于不良贷款处置应该从易到难，按照不良贷款形成时间的长短、清收潜力的大小、价值贬损的快慢，实现快收多收；对于不良贷款管理可以由难渐易，按照手续的完备程度、贷款确权的状态、损失程度的高低，先解决棘手问题，重点做好可疑类贷款的确权明责和损失类贷款的手续完善工作，力保我行权益。为进一步优化信贷结构，资产风险管理部门要与信贷管理部门密切配合，加强对关注类贷款的管理与监测分析工作，及时排查风险隐患，合理选择退出时机，逐户研究制定提前退出和清收处置策略，化解隐性风险。对于现有政策要应用尽用、用足用好。比如还款免息政策，是我行牵头经过努力才向国家争取来的一项政策，它改变了以往银行对任何债权都没有自主豁免权的状况，是不良贷款清收处置的有效政策工具，我们应该充分利用。而全行账上高达4000多亿元的表外欠息也使我们有条件进一步扩大这项政策运用的广度与深度，各行要以减免表外利息为谈判筹码，调动企业与我行签订还款免息协议或提前履约还款的积极性。还有以物抵债政策，作为处置不良贷款的有效通道，也应该进一步发挥作用。2005年上半年，一方面要按照“处置无条件”的要求，快速处置存量抵债资产，另一方面要按照“抵入有选择”的要求，择优选择资产抵债。需要特别注意的是，不管是存量的还是新抵入的抵债资产，都要争取在6月底前多处置、快处置，保证不产生财务遗留问题。2005年的核销工作也要进一步加大力度，要用250亿元的呆账准备金撬动600亿元不良贷款的消化。总行将对呆账核销资源进行集中统一调控，按照当期受偿率的高低，在继续做好常规核销的同时，有策略、有重点地统筹安排核销资源，使呆账准备金这一紧缺资源得到最佳利用。

（三）规范管理，完善手续，做好不良贷款管理各项基础工作。针对多年来忽视管理、以处置替代管理的状况，2004年总行提出了对不良贷款进行精细化管理的要求，经过一年的实践收到了很好的效果。但是，不良贷款管理水平不高的问题还没有得到根本解决，手续不完善、确权率不高、责任不明确的现象在各行都不同程度地存在，这对于我行权益的维护极为不利，还可能影响到改制重组的准备工作。因此，2005年各行要通过对不良贷款的全面排查，在摸清不良贷款手续完备程度的基础上，全面做好不良贷款确权工作、责任认定工作和手续完备工作。要把不良贷款的手续完善和确权明责作为财务重组前的一项重要工作来落实，确保情况真实、认定准确、手续完备、资料齐全，经得起任何部门、任何时候、任何形式的检查。要摸清底数，增强工作的预见性和主动性，只有这样，一旦机遇来临我们才能抓住用好。要制定不良贷款确权明责的基本要素和最低标准，对手续不齐或存在瑕疵、达不到权益认定标准的要事先测算分类，做到心中有数，并寻求解决办法，避免到时乱了阵脚，特别要注意不良债权时效的延续性，避免出现时效性中断问题，防止债权失效。要逐户建立不良贷款责任档案，对现场检查情况、各环节工作人员的责任认定及追究情况进行全过程记录。需要说明的是，责任认定的目的在于摸清情况，区分主客观原因。

（四）健全制度，严密操作，防范处置过程中的道德风险和操作风险。尽管2004年总行在防范风险方面出台了很多办法，做了很多工作，但是在不良贷款清收处置工作进展到攻坚阶段后，仍有个别机构或个人不能正确处理加快处置与防范风险的关系，有的为了完成清收任务，采取不合规的操作手法，致使工作产生遗留问题；有的缺乏保密意识，在不良贷款处置的谈判过程中随意摊牌露底，使我行工作陷入被动；有的甚至滥用清收工作中的处置权和费用权，钻空子牟私利。2004年在不良资产处置环节发生的几起案件值得我们反思并吸取教训。作为不良贷款处置与管理的专业部门，在繁重的任务面前不仅要尽职更要尽责，工作中应该少一些教训多一些经验，少一些失误多一些贡献，保证依法合规操作，保证一方平安。当前一要制定不良贷款管理办法，建立清收处置工作流程，推广应用不良贷款管理与处置操作系统，通过专业化的管理办法、标准化的处置流程和科学化的电子管理系统，逐步达到以完备的制度与严密的流程去主动防控风险的目的；二要加大监督检查力度，各级稽核监督部门要对不良资产处置工作进行定期现场检查，并把不良资产责任认定作为2005年内部审计工作的重点内容之一，资产风险管理部门要做好自查并随时自觉接受有关部门的检查；三要加强风险文化建设和职业道德教育，强化风险防范意识，避免泄露机密，防止弄虚作假，杜绝违规行为。

（五）加强引导，加大投入，保障不良贷款管理与清收处置任务的顺利完成。各行要对于2005年上半年的不良贷款清收处置与管理工作进行合理安排，既要加快清收处置进度，又要加强不良贷款管理，对各种问题都要有充分思想准备，从容应对，忙而不乱，注重效率，有序工作，把握机会，迎接考验。既要确保不良贷款总额和比率继续降低，又要保持不良贷款结构的稳定性，不以局部利益自行调整贷款形态，特别要禁止逆向调整不良贷款结构。总行将对各行不良贷款清收处置进度、余额和形态变动情况、手续完备和确权明责工作进展情况等进行严密监测和分析，对工作进展缓慢的将予以通报，发现违反规定的将严肃处理。各行要服从大局，严格按照总行的要求开展工作，不能自行其是。为了加强对专业工作的引导，总行2005年还将进一步强化考核和奖励制度，制定半年考核办法，调整考核指标，按月考核工作进展，同时加大奖励力度，对有突出贡献的机构和个人进行奖励。各行也要做好考核奖励工作的组织管理与资源配置，配合并保障各项工作任务的完成。

（六）更新观念，谋近思远，全面提高风险管理工作水平。2005年的不良贷款管理与清收处置工作虽然时间紧任务重，但又充满期待。在做好各项工作的同时，当前要注意防止两种倾向，一是盲目预测，坐等政策，寄希望于国家尽快实施剥离，因而无所作为、工作停滞；二是对于今后的工作没有准备，认为剥离之后就万事大吉，不良贷款管理从此淡化。这两种思想都是极为有害的，不良贷款有可能一次性剥离，但是不良贷款产生的原因不会随之消失，我们的风险管理水平也不可能在一夜之间提高，不良贷款管理仍将是商业银行的长期任务与永恒课题。资产风险管理专业既要做好当前的不良贷款管理与清收处置工作，为我行财务重组与股份制改造的顺利实施创造条件，更要充分认识风险管理工作的重要性和长期性，从现在开始建立新的工作规范与机制，努力创造新的管理秩序和方法，为今后的风险管理工作转型打下良好基础。

同志们，当前我们正处在加快建设现代金融企业建设的关键时刻，不良贷款清收处置进入倒计时阶段，管理任务也同样繁重而紧迫。全行资产风险管理战线的同志们一定要以高度的责任心和饱满的精神状态，奋力拼搏，背水一战，夺取清收处置不良资产攻坚战的最终胜利！

深化改革　奋力开拓
推动牡丹卡业务持续健康快速发展

——在中国工商银行银行卡业务工作会议上的讲话

张　衢

（2005年2月25日）

这次会议的主要任务是，贯彻落实分行行长会议精神，总结2004年银行卡工作，部署2005年任务，动员全行围绕改革发展总体目标，按照科学发展观的要求，深化改革，奋力开拓，推动牡丹卡业务持续、健康、快速发展。下面，我讲几点意见。

一、2004年银行卡业务成绩显著

2004年，全行银行卡专业面对激烈的同业竞争和来自各方面的困难与挑战，深入思考，积极探索，拼搏进取，在各级行、各专业的支持配合和共同努力下，各项工作取得了可喜成绩。

——信用卡发卡量继续增长。截至2004年末，全行牡丹卡发卡量达到1.1亿张，较年初增长16.1%。其中，信用卡（包括准贷记卡、贷记卡和国际卡）发卡量达到674.1万张，较年初净增20.8万张。全年累计发行信用卡158.9万张，新增发卡率25.6%，其中贷记

卡和国际信用卡的新增发卡率分别达到47.4%和73.6%；客户更新率25%，客户结构得到改善，为信用卡业务稳健发展夯实了基础。

——卡消费额快速增长。全年累计实现牡丹卡消费额1585.7亿元，比上年增长63%；卡均消费额1424元，比上年增长40.6%。其中，信用卡消费额541.8亿元，比上年增长58%，完成全年计划的117%，提前一年实现累计消费额较2002年翻一番的三年滚动发展目标；卡均消费额达到8037元，比上年增长53.3%。外卡收单交易额达到51.9亿元，比上年增长50.1%，完成全年计划的124%。

——透支规模稳步扩大，资产质量保持同业领先水平。截至2004年末，全行信用卡透支余额30.5亿元，比年初增长7.7%，其中国际信用卡透支余额比年初增长41%，重点产品表现出良好的发展活力。180天以上不良透支余额9218万元，不良透支率3%，均控制在年初确定的风险控制指标以内，风险防控工作取得阶段性成效。

——收入结构显著优化，经营效益进一步提高。2004年，全行信用卡业务累计实现各项收入30.6亿元，比上年增长20.8%。其中，中间业务收入10.5亿元，增长49%；透支利息收入4.6亿元，增长40%。中间业务收入和利息收入分别占信用卡收入增量的65%和25%，在总收入中的占比分别比上年提高6个和2个百分点，成为拉动收入增长的主要动力。

总结过去一年来的工作，有以下几个突出特点：

（一）全行对信用卡业务的认识进一步深化。面对信用卡业务同业竞争的压力和不断变化的市场需求，全行在实践中思考，在改革中探索，在发展中学习，对信用卡的产品特征、盈利模式、管理方式以及加快发展的重要性有了更深入的认识，经营观念有了实质性的转变，简单追求规模扩张的经营方式逐步被注重提高业务经营品质的理念和模式所取代，正确处理“市场、效益、质量”三者关系和“注重质量、讲究效益、稳健经营、规范管理”的要求在业务发展中得到了较好落实。2004年，我行信用卡消费额、业务收入、经营效益、卡均指标的增幅均显著高于信用卡发卡量增幅，表明全行在突出抓好质量、效益，加快提升信用卡核心竞争力和盈利能力方面取得了新的进步。北京、广东、上海、浙江和江苏等一级分行以及浙江省分行营业部、厦门分行、广东省分行营业部、宁波分行和苏州分行，在银行卡业务经营管理工作中取得突出成绩，在全行年度经营绩效考评中名列前茅，为牡丹卡业务的持续快速发展做出了较大贡献；贵州、广西、河北、陕西、重庆等一级分行以及河南省分行营业部、河北省分行营业部和贵州省分行营业部，经营绩效考评与上年相比也有明显进步，市场潜力得到有效挖掘。

（二）业务创新步伐加快，竞争和发展能力显著增强。全行上下密切配合，顺利完成了省分行制卡集中、全行授权集中和信用卡账务集中项目的投产工作，提高了集约化管理水平。与国际先进发卡公司的业务合作取得突破性进展，牡丹运通卡顺利发行，为我行与美国运通公司开展全面合作奠定了基础。开发了牡丹国际信用卡服务热线香港漫游、自助卡片启用、自助购汇还款等新的服务项目，丰富了用卡功能。推出了“VISA验证”网上购物安全服务，提高了持卡人网上购物的安全性。对原有国际借记卡进行了功能整合，在外币单账户基础上增加了人民币账户，实现了单币与双币国际借记卡的自然融合。发行了国内首张万事达品牌牡丹白金卡，进一步提升了牡丹卡的品牌形象，丰富了服务内涵，赢得了高端客户市场的领先优势。牡丹白金卡虽然刚刚发行210余张，但单卡月均消费额超过6万元。成功发行牡丹上航联名卡和牡丹海航联名卡，密切了我行与航空领域的业务合作，壮大了优质客户群体，拓展了业务发展空间。牡丹海航卡自2004年8月首发到年末，已发卡2.5万张，实现直接消费额3000多万元，北京、武汉、海口等城市行的发卡量位居35个发卡行前列，占总发卡量的一半以上。按照总行统一部署，各级行组织开展了牡丹国际信用卡大型营销活动和滚动式、不间断的主题营销活动，为持卡人提供办卡有礼、刷卡抽奖、刷卡赠年费、积分换年费、消费积分换国航里程等优惠服务，促进了消费额的快速增长。“联网通用”工作进一步深化，在国内同业首批实现了“银联”标识人民币卡在香港、澳门使用，并于近期扩展到泰国、韩国和新加坡，跨行交易量显著提升，被中国银联评为“2004年受理方交易第一名”及“2004年跨行业务规范最佳推动机构”。我行还荣获万事达卡国际组织颁发的“2004年最佳收单银行”、“2004年最佳联名卡——中国工商银行海航卡”、“2004年最佳白金卡”三项大奖和VISA国际组织颁发的“最佳奥运借记卡推广奖”、“杰出收单业务奖”。

（三）风险和内控管理水平有了新的提高。针对信用卡的产品特点和风险特征，加强了对信用卡业务的全过程风险控制，严格实行受理、调查、审查、审批岗位分离，将发卡作业和管理集中到发卡机构，在国内同业中率先建立了信用卡独立审批人制度，形成了一套科学化的审核机制，强化了对风险的源头控制，促进了信用卡业务的规范化、标准化运作。注重“申请人自身信用状况”和“第一还款来源”，积极稳妥地推行了免担保发卡，将“有选择地发展目标客户”作为信用风险管理的基础，根据特定客户群体的风险度相应调整发卡政策，增强了风险控制的主动性。对当地市场需求较为旺盛且风险管理能力较强的分行采取了积极的透支业务发展策略，以效益最大化、风险可控作为透支风险管理的基本导向，促进了透支业务的健康发展。广东、厦门、北京、浙江、江苏、山东和上海等经济发达区域分行的信用卡透支规模增量居全行前列，合计增长1.6亿元，占全行的73%，而不良透支增量只占全行的54%，透支业务的区域结构显著改善。以遏制刷卡套现和透支支付生产经营性贷款为重点，强化对发卡机构的风险监控，对存在风险隐患的机构及时预警，有效提高了机构风险防范水平。在全国范围内投产了透支台账及风险管理系统优化版本，统一了各类信用卡的逾期等级分类方法和标准，使我行信用卡风险管理工作步入了新阶段。进一步深化信用卡制度建设和内控管理，针对卡账务集中投产、省分行集中制卡、万事达白金卡和牡丹运通卡发行等新的业务内容，制定了一系列管理规定和操作规程。加大稽核检查工作力度，年内先后对108家发卡机构进行了银行卡业务制度执行情况、禁止刷卡套现落实情况、信用卡呆账核销情况专项检查。针对检查中发现的问题，积极督导发卡机构落实整改要求，查堵经营管理漏洞，规范了业务操作。

上述成绩来之不易，离不开各级行领导的关心支持以及各专业的密切配合，更凝聚着在座各级卡业务主管领导和银行卡专业广大干部员工的心血和汗水。借此机会，向大家表示亲切的慰问和衷心的感谢！

在总结成绩的同时，我们也应看到在信用卡业务改革发展进程中，还存在一些不容忽视的问题。主要表现在：

一是部分分行发卡量增长情况不够理想。2004年，只有6家分行完成了发卡增量计划，甘肃、天津、云南、福建等13家分行发卡量出现负增长。作为全年重点工作之一的营业网点“一日一卡”营销活动也未能取得应有成效，计划完成率仅为48%，参加活动的50家城市行中只有3家完成了发卡计划，重点行的资源优势和龙头作用没有得到充分体现，表明尚未形成打造精品品牌推动牡丹国际卡的发展战略。

二是个别机构的风险管理工作存在薄弱环节。有的二级分行风险观念淡薄，管理失控，违规开展业务，造成部分持卡人将资金用于生产或流通领域，形成大额不良透支。部分发卡机构工作人员合规经营意识不强，通过内部交易，采取虚拟转入、转出的手法更改部分持卡人的透支起始日期，掩盖经营中出现的风险。湖南、海南和三峡分行信用卡不良透支占比分别高达15.6%、15.2%和8.7%，不良透支余额占到全行的26.3%。

我们必须对这些问题引起高度重视，进一步转变思想观念，以科学发展观统领信用卡业务经营，坚持从全局和长远着眼寻找解决问题的有效途径，坚定不移地走质量效益型发展之路，为开创我行信用卡改革发展的新局面创造良好条件。

二、2005年银行卡工作的总体要求和目标任务

年初的分行行长会议提出了2005年全行工作的总体要求和主要目标。结合全行中心工作任务和国内信用卡市场的实际情况，2005年银行卡工作的总体要求是：认真贯彻分行行长会议精神，积极落实我行信用卡业务改革发展的指导思想，进一步推进经营方式转变，实施“三卡”整合和卡业务后台管理向总行、省行集中，大力拓展信用卡市场，强化资产质量和风险管理，全面加强规章制度和内控建设，推动牡丹卡业务持续、健康、快速地发展。2005年银行卡业务的主要经营目标是：信用卡（包括国际信用卡、人民币贷记卡、准贷记卡）发卡量增加90万张，其中牡丹国际信用卡26.5万张（牡丹运通卡13万张）；大力发展双币种借记卡；实现信用卡直接消费额800亿元，其中牡丹运通卡消费交易额2200万美元；外卡收单交易额达到65亿元；有效换卡率不低于80%，月动卡率不低于50%；信用卡透支余额达到35亿元，180天以上不良透支总额控制在1.1亿元以内，占比控制在3.5%以内，坏账核销金额控制在2500万元以内；实现信用卡业务收入28亿元，其中主营业务收入16.2亿元（中间业务收入11.2亿元，利息收入5亿元）。

全行要把2005年作为银行卡的业务发展年和深化管理年，切实抓好以下工作，确保实现上述目标。

（一）进一步转变思想观念，充分认识加快信用卡业务发展的重要意义。推动我行信用卡业务快速发展，既是满足客户和市场的需要，也是服务和促进全行经营发展的需要。与借记卡相比，信用卡在应用功能、服务品质等方面具有独特优势，尤其是国际卡和贷记卡产品的循环信用、透支免息还款期、消费积分、折扣优惠、促销奖励、国内外通用以及身份象征等功能，能够满足客户的特定需求，对于中、高端客户有着更强的吸引力。如果我们不能通过大力发展信用卡业务来及时满足客户需求，必然会造成客户的流失。同时，信用卡业务是个人金融业务的重要组成部分，是我行重要的效益增长点。加快信用卡业务发展，对于我行推进经营战略转型，转变效益增长方式，培育、筛选、稳定有信用、高贡献度的优质客户群体具有重要意义。目前，国外银行的私人业务收入一般占到全部业务收入的30%以上，汇丰银行达到40%，花旗银行高达60%，而我行仅为12%，比重还比较低，市场潜力很大。因此，加快业务转型是发展的必然趋势。2005年总行提出要着力发展包括信用卡在内的个人金融业务，目的就是尽快提高我行中间业务收入在总收入中的占比。同时，银行卡与全行整体业务的关联性越来越强，许多客户正是因为使用了牡丹卡，或有了用卡的需求，逐渐与我行发生业务往来，并最终成为对我行贡献度很高的优质客户。虽然我行在信用卡产品经营上具有先行优势，但如果在新的竞争形势和市场机遇面前营销滞后，进展缓慢，就会丧失竞争优势与市场先机，最终影响全行综合服务水平和整体竞争能力的提升。

信用卡业务的发展成效如何，是检验各级行风险控制能力和市场开拓能力的重要内容。不能片面地从控制风险出发，面对信用卡市场的现实需求无所作为，丧失

大好的市场机遇。壮大信用卡业务事关工商银行的整体发展，并不仅仅是银行卡一个部门的工作，必须协调运用全行合力，各相关部门密切配合、鼎力支持，实现行内部门之间的协调联动、资源共享和优势互补。各级行要切实转变观念，着眼于稳定客户和提高全行综合效益，合理把握信用卡与借记卡的关系，综合推广我行的各种产品，积极引导客户办理信用卡，扩大持卡消费。我行有高达1亿户的借记卡客户、1100万户个人网上银行客户，信用卡客户基础十分雄厚。各专业要有针对性地从中筛选优质客户，向其营销信用卡。

（二）实施“三卡”整合和卡业务后台管理向总行、省行集中，完善制度流程，优化系统功能。

一要积极稳妥地推进“三卡”整合和省行后台业务的集中。“三卡”整合和省行发卡后台业务集中是总行关于深化银行卡专业化经营改革的一项重要决策，是2005年全行面临的一项非常重要的改革攻坚任务。由于历史沿革的原因，我行的信用卡品种繁多，业务处理方式互有差异且比较复杂，不便于客户了解和认知，也不便于前台营销。因此，要在坚持牡丹国际信用卡与人民币贷记卡产品功能优势互补、保证贷记卡平稳移行和业务平稳过渡、确保移行后客户服务水平不降低，并通过产品创新和流程再造为客户提供更加优质服务的基础上，全力推进整合和集中工程。产品整合方面，要随着现有国际卡、贷记卡和信用卡章程整合为《牡丹信用卡章程》，将三卡的名称统一为“牡丹信用卡”，按币种分为人民币信用卡和双币信用卡，消除过多的名称给客户造成的误解。为满足持卡人的用卡需求，随着贷记卡与国际卡的整合，双币信用卡要具有根据客户需要选择开通或关闭其外币账户的功能，同时要对国际卡和贷记卡的相关计息规定进行整合。在发卡后台业务向省分行集中方面，要重点推进发卡审批作业向省行集中的进程，加快前后台业务的分离，防范经营风险，建立起一级分行的管理系统平台，增强省分行卡部的管理能力和经营责任。在风险控制方面，要从申请表受理、传递、建档到透支催收的整个过程，采用额度控制、任务分配、处理队列等自动化的控制方法，加强业务处理中的系统控制，进一步提高全行信用卡业务的风险控制水平。

“三卡”整合和卡后台业务集中工作涉及到系统、人员、机构、业务等多个层面的改革，需要全行上下协调动作，共同完成。目前，业务需求已经编写完成并提交开发，总行相关部门要密切配合，尽快将工作落实到位。各分行要高度重视，深刻认识到这项工作是降低经营管理成本、增强风险控制能力、促进信用卡业务发展的重要措施，全力组织推动。省行分管行长要亲自抓这项工作，可以成立由分管行领导挂帅的领导小组，按照总行统一部署，制定实施方案，先抓试点，由易到难渐次推进。要密切把握集中后的业务变化，保证业务平稳过渡，努力缩短整合过程中的磨合运行周期。要正确处理改革与发展的关系，以集中改革为契机，大力开拓市场，更好地促进业务发展，决不能出现集中发卡后业务停滞下降或效率低下的情况。

二要调整省市分行银行卡部门的经营管理职能和工作重心。省行银行卡业务部要由纯粹的管理部门向经营管理部门转变，强化经营意识和管理职能。要将二级分行的信用卡独立审批人集中到省行，加强对风险的源头控制，提高业务运作效率。要做好辖内的发卡审批、风险监控、业务检查和制卡等工作，强化激励约束机制，把握好市场开拓与风险防控的平衡点，确保各项任务的完成。二级分行发卡机构要抓好市场营销、商户维护、客户服务、透支清收等工作，大力发展卡业务，增强市场竞争力和盈利能力。整个过程能否平稳过渡，既顺利完成后台集中，又保证发卡任务的完成，是对省行卡部的思想观念和组织能力的检验，是对省市分行领导能力和经营思想的检验，务必充分重视，确保成功转型。

三要整合制度流程，完善业务保证体系。针对整合和集中后的有关职能和流程变化，总行卡中心要及时修订完善相关制度，加强作业规范化管理。

四要优化系统功能，推进业务创新。要充分发挥全行的信息科技优势，优化信用卡系统的各项功能，提高牡丹卡客户服务水平和业务管理水平。本着以客户为中心的原则，开发信用卡消费“输密”由客户自选的功能，实现国际信用卡自动还款功能和客户透支后及时提醒功能，组织研发欧元、人民币多币种信用卡等。按照中国人民银行的要求，积极开展EMV迁移的准备工作，加快系统改造，实现对EMV标准银行卡的受理功能；着手研发符合EMV标准的牡丹信用卡，顺应全球信用卡发展趋势，提高对欺诈风险的防范能力。

（三）突出重点，加强营销，抓好市场的组织推动工作。

一要继续坚持以国际信用卡为核心、分类指导、重点区域重点发展的市场策略。对国际信用卡发展给予政策倾斜，加大考核力度。对重点市场、大中城市行在任务分配上予以侧重，优先配置资源，引导重点行深入挖掘高端产品需求，促进现有客户的升级转换，壮大高端客户群体。要突出抓好“牡丹运通卡”的营销工作，总行确定广东、上海、北京、浙江、江苏等分行为牡丹运通卡的重点发卡行，计划把发卡城市扩大到10个左右，并分解下达发卡量和消费额目标任务。各有关分行要根据总行的《牡丹运通卡营销方案》，用好优惠政策，细化营销措施，大力引导客户办卡和持卡消费，确保并力争超额完成既定的任务目标。这次会后，总行将立即召开有关分行参加的座谈会，对牡丹运通卡营销工作进行专题部署。要积极宣传国际借记卡（双币种）申领简便、年费低廉、全球通用的功能优势，面向目标市场努力扩大发卡量，为国际信用卡培育基础客户群。

二要拓宽发卡途径，构建多层次、多渠道的分销体系。要继续做好网点营销发卡工作，优化组织机制和奖励措施，加强督导和考核，调动网点和客户经理的发卡积极性。各相关专业要协调联动，认真落实信用卡与行内其他产品的捆绑营销。北京、上海、广州、深圳、杭州、武汉、厦门、苏州等经济发达地区分行要积极探索与保险、电信、旅行社等机构合作发卡，提高营销效果。要加大对重点客户的直销力度，积极采取人员直销、电话行销、网上办卡等方式，充分利用95588电话银行和ICBC网站等我行信息网络资源营销信用卡。针对跨国集团来华人士和海外华人，尝试通过我行海外分支机构开展代理发卡。

三要组织开展有针对性的主题营销活动。抓住节假日和消费、旅游黄金时期，结合当地经济环境和客户消费特点，开展有特色的办卡与消费有奖促销活动。加强市场和目标客户细分，针对不同级别的持卡人开展高尔夫精英赛、“牡丹之旅”、礼品赠送、幸运抽奖和消费积分等活动，为持卡人提供更多优惠，激励客户用卡。要高度重视客户维护工作，不能过度“清水份”和随意销卡，而要想办法将其激活，减少营销成本。截至2004年末，全行的新发未启用卡、换卡未启用卡和过期未超过6个月的卡高达110万张，其中北京、浙江、上海、广东和江苏居前5位，有效卡的增长潜力巨大。各行要加强对上述客户的营销服务，采取拨打电话、发送手机短信、首次消费赠送礼品等手段唤醒未启用卡，提高有效卡量。要及时开通我行“银联”标识牡丹卡的境外使用功能，扩展我行信用卡的使用范围。针对“银联”标识人民币信用卡在港、澳及泰国、韩国和新加坡开通受理业务，加强与“银联”机构的协调配合，组织有针对性的促销活动。年费减免等优惠措施要优先向换卡客户倾斜，促进发卡量和消费额的增长。

四要加强合作项目的管理与开发。一方面要加强对上航联名卡、海航联名卡、新世界联名卡等现有项目的跟踪管理和维护，积极争取合作单位配合，做好客户资源转换工作。另一方面要大力拓展新的合作项目。做好中石油联名卡在全国的首期推广工作；开发大学校园联名卡项目，在完善风险控制措施的前提下，提供透支、小额助学资金、消费打折优惠、提供信用评价等针对性服务，挖掘大学生客户资源；寻求与国内最大的汽车服务机构——“中联车盟”的业务合作，为拥有私家车的客户提供免费车辆救援和车辆装饰、维修刷卡优惠等增值服务，以此拉动发卡和消费的增长。

五要优化商户结构，拓展收单渠道。各行要在维护、巩固现有优质商户的基础上，积极拓展新型领域的商户市场，在增加受理商户的同时，不断扩展行业范围。北京、上海、广东等分行要重点拓展航空、石油、电信、星级酒店等高端商户市场。云南、海南、陕西等分行要重点围绕当地旅游、会展等特色经济开展收单业务。各行都要做好公务用卡及当地最优质商户的发展工作。要进一步拓展特惠商户网络，为持卡人提供长期、优质的特惠活动，促进收单交易额的提高。

六要认真做好中国人民银行牵头组织的银行卡业务宣传活动。2005年上半年，由中国人民银行主办、中国银联承办，在全国开展声势浩大的“银行卡之春——中国银行卡产业回顾与展望”大型宣传活动。总行将于近期制定印发《银行卡宣传活动实施方案》，各行要利用这一有利时机，结合我行信用卡市场营销和业务发展的实际，开展广告、新闻宣传和专题推介活动，扩大信用卡的营销。

（四）加强资产质量和风险管理，促进信用卡业务的健康发展。信用卡业务发展始终要贯彻稳健审慎经营、防范和控制市场与操作风险的经营方针，加强风险内控管理，确保健康稳定发展。要正确处理业务发展与防范风险的关系，确保各项质量指标的实现，并杜绝重大的案件事故。总行2005年初印发了《中国工商银行信用卡发卡信用政策（个人卡）》，为发卡机构提供了具体、完整的发卡政策指南。各行要据此进一步加强目标客户研究，针对当地信用环境和市场特点细化发卡策略，在有效防范风险的前提下促进资产业务的发展，增强我行信用卡的盈利能力。

一要进一步规范发卡审核作业。总行将制定《审核作业操作指引》，规范调查岗、审查岗的具体工作内容。加快“审核作业系统”开发进程，建立高效、标准的审核作业流程，提高审核工作效率，控制操作风险。各行要利用我行“公民身份证号码信息查询系统”、“特别关注客户信息系统”和中国人民银行“个人征信系统”，通过科技手段为查询客户身份提供支持。进一步规范发卡机构风险岗位操作，全面推行作业流程的标准化，对发卡风险实施全过程控制。

二要继续加强发卡机构风险监控。抓紧制定新版《异常交易监控操作指引》，提高发卡机构异常交易监控岗位作业的规范化水平。研究确定更为科学的机构风险监控指标，及时监控发卡机构风险状况，通过业务质询等方式给予业务指导和预警，坚持按月通报、警告和停牌制度。总行将在本次会议上就数据仓库的使用方法作专题演示，各分行要认真学习，熟练掌握和应用，发挥数据仓库及信用卡透支台账等系统工具的功能，提高对辖内发卡机构风险监控的有效性。

三要加强欺诈风险防控。加快“外卡收单系统整合”及“外卡收单风险监控系统”项目实施，完善外卡收单欺诈风险防控手段，增强对收单欺诈交易的防范能力。总行将根据有关业务规定，对收单欺诈风险突出的收单机构和商户及时予以通报、警告或责令解约处理。要针对发卡欺诈风险特点建立发卡欺诈风险监控系统，并开发推广万事达网上安全支付等功能。

四要做好透支催收工作。尽快制定《牡丹信用卡透支催收业务流程》，在全行推行透支催收标准化管理，规范发卡机构的催收行为。加大司法催收力度，扩大以法律诉讼手段追收透支的范围，并探索利用社会资源提高催收效果。

（五）加强内控管理和业务检查，提高业务运行质量。要继续推进信用卡内控制度建设，制定《中国工商银行发卡机构内控评价实施细则（试行）》，并据此组织开展对全行发卡机构的内控评价。强化监督检查职能，全面提高内部检查和外部监督、现场检查和非现场检查的工作成效。针对2004年在全辖开展的禁止刷卡套现、呆坏账核销专项检查中发现的问题，跟踪发卡机构的整改落实情况，做好后续检查。要深入推动“联网通用”工作，进一步密切与中国银联的业务联系，及时协调解决跨行业务生产运行中出现的问题，努力保持跨行系统运行的稳定，提高跨行业务质量。

（六）强化经营计划考评的导向职能，提升信用卡业务经营价值。要做好信用卡综合经营计划的分解下达及执行工作。总行本着“着眼市场、控制风险、分层制定、滚动编制、明确定位、强化价值”的原则，制定了2005年度信用卡业务综合经营计划。该计划包括“四个层次十三项”经营指标，体现了以发卡营销工作为基础，以做大做强信用卡发卡行业务为核心，带动刷卡消费业务持续发展，最终实现经营收入快速提升的目标。各行要围绕总行下达的综合经营计划，制定切实可行的落实措施，发挥全行的信息、客户和网点优势，确保完成各项综合经营计划指标。

要逐级做好绩效考评工作。2005年全行信用卡业务绩效考评办法维持了2004年的指标体系，适当调整了指标权重，体现了“抓源头、促市场、求发展”的导向。各行要在辖内信用卡业务考评工作中贯彻总行考评导向，认真做好信用卡经营业绩的还原工作，保持与分行总体经营收入、中间业务收入和资产负债考评工作的衔接。信用卡业务“集中核算、效益返还”的核算模式完全顾及了各行的利益，有利于调动各级行开展信用卡业务的积极性，各级行、各有关部门要充分发挥这一新机制的激励效应，进一步加快把业务搞上去。

同志们，2005年是我行改革发展中的关键一年。信用卡业务将面临更加严峻的竞争和挑战，任务艰巨而繁重。各行要进一步增强责任感和紧迫感，牢牢抓住当前业务发展的大好机遇，振奋精神，扎实工作，把我行信用卡业务发展提高到一个新水平。

全行动员　统一行动
顺利完成可疑类贷款尽职调查工作

——在中国工商银行可疑类贷款尽职调查工作会议上的讲话

张　衢

（2005年4月25日）

在刚刚结束的分行行长工作会议上，总行党委对全行股份制改革和不良资产剥离工作进行了全面部署与总体安排。对工商银行实施股份制改革，是党中央、国务院做出的重大战略决策，是深化金融改革的重要举措。工商银行实行股份制改革中的一项重要内容是对可疑与损失类贷款进行剥离。这次不良贷款剥离工作涉及面广、政策性强、作业难度大、时限很紧，其中可疑类贷款的尽职调查作为不良贷款剥离工作的主要环节，即将全面铺开。今天会议的主要任务，就是对可疑类贷款尽职调查工作做出具体布置，并对尽职调查工作表的填制进行培训和演示。下面我提几点要求。

一、高度重视尽职调查工作，为不良贷款剥离创造良好开端

对可疑类贷款开展卖方尽职调查是这次不良贷款剥离工作的第一步，是买方进场开展尽职调查的必要前提，更是确保可疑类贷款顺利剥离的重要基础。这项工作完成得如何，不仅直接关系到整个不良贷款剥离工作的进程，而且还关系到全行股份制改革的顺利进行。各行应充分认识到这项工作的重要性和紧迫性，切实加强尽职调查工作的组织领导。各级行的行长要亲自挂帅，对尽职调查的安排部署、时间进度和工作质量全面负责，分管行长要抓好具体落实。要组织相关部门和得力人员，严格按照总行确定的工作进度时间表与具体要求，周密安排、有序开展，快速高效地完成可疑类贷款卖方尽职调查表格的填制，确保按时完成尽职调查工作。

二、做好专业人员培训，为尽职调查工作提供技术保障

可疑类贷款尽职调查工作的主要内容就是填写卖方尽职

调查表格。由于填表的技术性和数据的真实性要求很高，今天总行请华融资产管理公司的同志对尽职调查工作进行远程培训，主要目的就是使大家能够快速、规范、准确地完成尽职调查表的填写，能够按计划对可疑类贷款进行剥离，为实现我行股份制改革的整体安排赢得主动。通过这次培训，我们可以学习掌握不良贷款尽职调查的方式和方法，这既是对各级领导和专业干部依法合规意识与风险防控理念的一次再教育，也为我行改制后不良贷款的管理与处置提供了借鉴。各行要高度重视尽职调查表填写的培训工作，在最短时间内学会尽职调查表的填写技能，并做好本行专业人员的再培训，确保顺利完成尽职调查工作。人民银行、各资产管理公司等单位对我行尽职调查和培训工作给予了指导与大力支持，在此，我们表示衷心的感谢。

三、全面开展尽职调查，确保在规定时间内完成表格填制工作

今天的会议和培训结束后，总行将印发《可疑类贷款尽职调查工作方案》，全面启动尽职调查工作。各行要立即投入到可疑类贷款卖方尽职调查工作中。有关尽职调查工作的具体要求，总行还将做出详细安排，在这里我先强调几点。

一是做好尽职调查工作的组织发动。按照这次不良贷款剥离计划，我行要在6月20日前完成绝大部分法人客户可疑类贷款的剥离工作，其中卖方尽职调查工作要在5月15日前全面结束。除上海、浙江、宁波和苏州4家分行外，有35个机构（包括总行营业部）都面临着可疑类贷款的尽职调查和剥离工作。由于时间紧迫，各分行要立即将工作重心转移到可疑类贷款尽职调查工作上来，切实加强组织领导，全面动员资产风险、信贷管理、公司业务、会计结算、信息科技、管理信息和办公室等相关部门，齐心协力搞好尽职调查，确保在规定时间内完成任务。特别是可疑类贷款额度大、户数多的辽宁、广东、黑龙江、吉林、山东、河南、江苏和湖北等分行，更要发动全行力量，严密组织，跟上全行的工作进度。各分行要针对分支机构可疑类贷款的分布情况，合理配置调查力量，突出重点，整体推进，把调查工作做深做细，把各类问题考虑充分，解决彻底。

二是实事求是、规范操作。各行要坚持实事求是的原则，认真负责地做好信息收集工作，保证尽职调查数据的真实、准确和完整，经得起外部机构的后续核查。要明确责任，根据现有的信息资源如实填写报表，有什么提供什么，不得弄虚作假，不得编造虚假材料。要本着对国有资产高度负责的态度，力争收集、填写尽可能完整的尽职调查资料。不能因为时间紧、资料查找难度大等原因而放松查找的努力。在填写尽职调查表格的同时，还要做好各种档案资料的归集工作，为下一步不良贷款剥离和档案资料交接做好准备。要建立管户人员工作责任制度，逐户确定尽职调查表格填报责任人，谁管的户由谁对填写质量和进度负全责，如因发生填报错误、披露虚假信息等问题导致剥离障碍的，事后将严肃追究有关人员责任。要建立抽查制度，确保尽职调查数据信息真实准确，严防个别分支机构因责任心不强而发生少填、漏填、错填、误填数据。

三是按照总行要求尽快开展尽职调查工作。今天的动员和培训结束后，各行要于4月27日前完成对辖内相关业务人员的培训，在培训过程中要请华融资产管理公司各办事处工作人员进行指导。4月28日，各行同步启动可疑类贷款卖方尽职调查工作，调查数据时点为2005年4月30日。在时间紧、部分贷款尚有变化的情况下，各行要全盘考虑辖内可疑类贷款的总体情况，按照先易后难的原则做出序时安排，先选择贷款余额和贷款形态不再发生变化的项目填制尽职调查工作表。可疑类贷款余额较小的分行要适当加快工作进度，尽量往前赶，争取提前完成尽职调查工作。总行信息科技部已开发完成专项程序，将信贷台账中已有的信息自动导入调查表格，这部分自动导入的信息约占全部表格栏目的27%，各行除手工补录空白栏目外，还要注意核对自动导入的数据，保证数据的一致性。

四、建立高效工作机制，保障尽职调查工作高质量完成

为了加强对尽职调查工作的跟踪督导，各级行不良资产处置督查小组要及时介入，开展巡查。一级分行、二级分行领导班子成员要分片包干，分工负责，深入基层，落实进度，并对工作进展情况及时进行统计和分析，定期通报。要按照总行要求落实联系人制度，各级行都要指定专人负责本行与上下级行之间尽职调查工作相关信息的接收与发送，确保信息传递及时、畅通。总行开通了24小时热线，对尽职调查工作随时进行答疑和指导，各行工作中遇到问题要及时反映，确保按计划完成工作任务。各级行领导、有关部门要在后勤保障方面给予全力支持和配合，做好人员调配、技术支持和后勤保障等各项工作，为尽职调查工作创造良好的工作环境。

同志们，即将开展的可疑类贷款尽职调查工作，是对全行参与此项工作的广大员工能力和素质的一次锻炼，也是对我们这支队伍的意志和品质的考验，我们肩负的任务艰巨而光荣。为确保如期完成任务，不少同志不得不放弃即将到来的“五一”假期，加班加点，各行要为放假期间坚守工作岗位的同志提供必需的服务与津贴，并为他们安排好以后的轮休时间。在这里，我代表总行党委向你们为工商银行美好的明天而付出的努力和辛劳表示衷心的感谢和诚挚的敬意。

统筹安排　规范操作 确保圆满完成损失类贷款剥离工作

——在中国工商银行损失类贷款剥离工作会议上的讲话

张　衢

（2005 年 4 月 29 日）

全行分行行长工作会议以来，我行的股份制改革和不良贷款剥离工作已经全面铺开。4 月 25 日总行召开了可疑类贷款尽职调查工作会议，启动了可疑类贷款剥离工作。今天会议的主要任务，是对损失类贷款剥离工作进行全面部署和具体安排。下面我讲几点意见。

一、提高认识，在充分准备的基础上开展损失类贷款剥离工作

不良贷款剥离是我行股份制改革的重要基础，而损失类贷款剥离是不良贷款剥离工作的两项重要内容之一。损失类贷款剥离工作完成得如何，关系到整个不良贷款剥离工作的进程。

自 2004 年 10 月以来，全行对损失类贷款的处置做了充分的准备。一是在对损失类贷款应收尽收的同时，尽最大可能对损失类贷款进行了核销，并有效缓解了潜在贷款风险释放的压力；二是按月监控损失类贷款余额变动情况，保持了损失类贷款余额的基本稳定，为我行的股份制改革赢得了先机；三是开展了损失类贷款手续完善和确权明责等基础工作，2004 年第四季度以来，全行在完善贷款手续、补充档案资料方面做了大量富有成效的工作，提高了不良贷款精细化管理水平，也为损失类贷款的剥离创造了有利条件；四是基本理顺了不良贷款形态，解决了损失类贷款形态交叉的问题，处理了许多个案，用几个月的时间解决了存在多年的问题。现在看来，我们所做的这些工作是及时的、必要的，不仅为做好损失类贷款剥离工作奠定了基础，也为全行股份制改革争取了主动。

损失类贷款剥离工作即将正式启动。近来，总行为顺利剥离不良贷款做了很多工作，并得到了财政部的认可。各行要充分认识到这项工作对全行股份制改革进程的影响，抓住机遇，做足准备，按总行规定的时间进度和工作要求，快速高效地开展损失类贷款剥离工作。

二、统筹安排，开辟不良贷款剥离第二战场

此次损失类贷款剥离的时点日为 2005 年 4 月 30 日，涉及所有一级分行、直属分行，三峡、苏州分行及总行营业部的法人客户损失类贷款，贷款余额 1760 亿元、客户 5 万多户，所有剥离项目档案资料移交前的准备工作要在 5 月 15 日前全部完成。

损失类贷款与可疑类贷款的剥离方式有所不同，损失类贷款的剥离手续相对单一。但是，本次损失类贷款剥离同过去损失类贷款的核销一样，规范性、政策性要求很严，时间更紧，需要严格按照国家有关部门要求办理。我们要在短短的半个月时间内，完成所有剥离项目的档案资料整理、勾对和移交准备工作，确实很不容易。同时，由于损失类贷款形成时间长，档案资料缺失较多，且存在一户企业多种贷款形态的情况，除了按户组卷之外，还有一些贷款需要按笔组卷，增加了操作的复杂性。不良贷款剥离后我行还会面临与资产管理公司共管一户企业的问题，工作的难度和压力都是可想而知的。各行必须切实加强组织领导，全面动员资产风险管理、信贷管理、公司业务、会计结算、信息科技、管理信息和办公室等相关部门，在做好可疑类贷款尽职调查工作的同时，要马上开辟第二战场，同步展开损失类贷款剥离工作。各行不良资产处置领导小组全面负责损失类贷款剥离工作的组织领导，不良资产处置工作小组负责损失类贷款剥离的具体工作，不良资产处置督查小组要对损失类贷款剥离工作进行督导和检查，确保依法合规操作。损失类贷款余额较小、户数较少的分行，要尽量提前完成剥离的准备工作，为其他工作赢得时间。广东、吉林、黑龙江、湖北、江西、河北、河南、湖南、陕西和山东 10 家分行，损失类贷款余额占全行的 60% 以上，而这些分行基本上也是可疑类贷款大行，尤其要调动全行力量，统一配置资源，合理摆布工作时间，两条线作战，整体推进可疑类贷款尽职调查和损失类贷款剥离工作，确保全行不良贷款剥离工作如期完成。

三、规范操作，确保损失类贷款剥离工作顺利完成

根据国家有关部门对损失类贷款剥离的政策要求，

总行制定了《损失类贷款剥离工作方案》，各行要严格按照方案规定的方法步骤、时间进度和具体要求开展工作。

总行将在3月31日报表统计的各分行损失类贷款余额基础上，根据4月份的调整情况，分地区确定各行损失类贷款剥离额度，同时将损失类贷款余额锁定在1760亿元。5月1日前，总行将确定各分行损失类贷款剥离额度。各分行要完成明细对应工作，锁定分户剥离名单，并根据最终确定的剥离额度和分户企业名单，做好损失类贷款的档案资料整理与组卷，以及后续的资料移交与账务处理工作。要在5月8日前基本完成剥离项目档案资料的整理工作，在5月12日前完成清单勾对和组卷工作，同时完成辖内相关数据的汇总工作。5月15日前，全行要完成所有剥离项目的档案资料分类整理及移交准备工作，并保证准备移交的各项数据、资料与总行下达的剥离额度和分户明细清单保持一致，为损失类贷款的顺利剥离打牢基础。

各行要根据《财政部 人民银行关于国有商业银行第二次不良贷款剥离中档案资料交接有关问题的通知》（财金［2005］33号）和《关于国有商业银行第二次剥离不良贷款整改工作有关问题的通知》（财金［2005］35号）精神，按照“如实整理、应交尽交”的原则做好损失类贷款档案资料的整理和移交工作。对损失类贷款剥离项目的档案资料，要在组卷整理前尽快组织一次全面清理、核查和必要的补充工作，不能擅自抽调应移交的资料，也不能伪造、编造虚假档案材料，确保剥离档案资料的真实、准确与完整。各行工作中遇到政策和技术方面的问题，要及时向总行请示，不得自作主张。对于损失类贷款剥离工作中的违规违纪行为，各级行不良资产处置督查小组要根据《财政部 人民银行 银监会〈关于加强国有商业银行不良贷款剥离过程中责任追究工作的通知〉》（财金［2004］77号）精神和我行相关文件要求，严肃追究有关机构和人员的责任。

四、做好总结，全面提升风险管理水平

随着损失类贷款的剥离，全行的不良贷款将会有较大幅度的下降，但这并不意味着风险管理水平从此就得到了提高。损失类贷款虽然一次性剥离了，但要牢记不良贷款形成的深刻教训，并让这个教训转化成为我们一笔宝贵的财富，为今后的信贷管理提供借鉴，通过全面总结，深刻反省以前信贷管理和风险防控工作中存在的问题，改进信贷管理工作，真正提高风险防控水平。各行在做好损失类贷款剥离工作的同时，还要结合责任认定与追究工作及时进行总结，不仅要总结剥离工作情况，更要对剥离的损失类贷款项目进行案例分析，查找主客观原因，发现存在的不足，加强管理，健全制度，尽快建立起风险防控的长效机制。

同志们，损失类贷款的剥离，是我行彻底解决不良资产问题、顺利实施财务重组的重要步骤，我们一定要发动全行，齐心协力，确保按时完成损失类贷款剥离工作，为工商银行股份制改革做出更大的贡献。

严密组织　继续奋战
确保圆满完成可疑类贷款剥离工作

——在中国工商银行可疑类贷款剥离工作会议上的讲话

张　衢

（2005年5月16日）

2005年4月下旬以来，全行认真贯彻总行的统一部署与既定安排，不良贷款剥离工作正在按计划快速有序地向前推进。在这期间，总行分别召开了可疑类贷款尽职调查工作会议和损失类贷款剥离工作会议，对剥离工作进行了分阶段的序时安排。目前全行可疑类贷款的尽职调查工作已经告一段落，损失类贷款的组卷工作也全部结束，不良贷款剥离工作开始进入可疑类贷款剥离组卷阶段，同时可疑类贷款的买方尽职调查也已经全面展开。今天会议的主要任务是，对可疑类贷款剥离组卷工作做出部署与安排，并对可疑类贷款剥离工作方案及组卷要求进行说明和演示。下面我讲几点意见。

一、肯定成绩，前一阶段不良贷款剥离工作取得了重要成果

自股份制改革启动以来，全行围绕不良贷款剥离做了大量卓有成效的工作。从4月份分行行长工作会议开始，总行对不良贷款剥离工作做出了一环扣一环的周密部署与安排，陆续召开两次视频会议，对可疑

类贷款尽职调查和损失类贷款剥离组卷工作分别进行了布置。在锁定基数、核实调整的基础上确定并下达可疑与损失类贷款的剥离额度，明确了剥离范围。积极向人民银行和财政部汇报有关情况，赢得了主管部门的支持，争取了工作的主动。制定可疑类贷款尽职调查工作方案和操作指南以及损失类贷款剥离工作方案，促进了全行剥离工作的顺利开展。总行还制定了相关的规章制度，严格防范剥离工作中的操作风险和道德风险。编发《不良贷款剥离工作专报》、开通电话热线、在NOTES平台上开辟信息专栏，及时通报工作进展并解答工作中的问题等。这一系列工作对全行不良贷款剥离起到了理性安排、有序推进、规范操作和控制风险的作用。

各行认真贯彻总行部署，加强组织推动，统筹配置资源，组建专业团队，合理安排分工，同步开展可疑类贷款尽职调查和损失类贷款组卷工作。通过成立组织机构、建立信息通道、加强督导检查、实行通报制度等各种有效做法，保证了不良贷款剥离工作按计划全面推进。尤其是在“五一”长假期间，全行近万名同志放弃休息，加班加点，忘我工作，涌现出了很多感人的事迹，也激励着我们把今后的各项工作做得更好。在全行上下的共同努力下，目前可疑类贷款卖方尽职调查和损失类贷款组卷工作已经全面完成，为下一步剥离工作奠定了良好的基础。还值得一提的是，全行在紧锣密鼓做好不良贷款剥离工作的同时，清收处置工作也没有放松。前4个月，全行共清收处置不良贷款442亿元，同比多处置126亿元。4月份当月清收处置不良贷款193亿元，同比多处置121亿元，提高了170%，其中现金清收50亿元，同比多清收23亿元，创近年来单月现金清收不良贷款最高记录，这是特别值得肯定的。4月份全行在消化较多潜在性贷款风险的同时，还实现了全行不良贷款余额比年初略有下降，不良贷款率也下降了0.23个百分点，全行信贷资产质量继续得到改善。这些业绩是在全行不良贷款剥离工作任务十分繁重的情况下取得的，实属不易。在此，我代表总行党委向在不良贷款剥离和处置工作中付出了辛苦努力的同志们致以诚挚的慰问和衷心的感谢！

二、把握特性，积极有序地做好可疑类贷款剥离工作

全行可疑类贷款卖方尽职调查已经结束，买方调查已经进场。当前各行要在做好尽职调查工作总结的基础上，全面开展可疑类贷款剥离组卷工作，为下一步顺利实施移交和账务处理做好充分准备。此次可疑类贷款剥离工作涉及除上海、浙江、宁波、苏州分行外的32家一级（直属）分行、三峡分行、广东分行营业部和总行营业部共35家机构的可疑类贷款，贷款余额4590亿元、客户6万多户。整个剥离工作需经历确定剥离额度与企业明细、尽职调查、档案资料整理与组卷、资料移交、资金清算与账务处理等多个步骤。具体剥离采取分包操作（35家机构35个资产包）的方式，由中国人民银行、财政部、银监会等单位联合成立招标工作组，向4家资产管理公司招标处置。招标完成后，我行以资产包为单位分别向竞买中标机构移交剥离资料。所有剥离项目移交前的资料整理、勾对、复核和组卷工作要在5月31日前结束，可疑类贷款招标和资金清算力争在6月20日前全部完成。

可疑类贷款剥离与损失类贷款剥离一样，都是不良贷款剥离工作的重要组成部分，这项工作完成的好坏，对整个不良贷款剥离工作质量和进度有着至关重要的影响。可疑类贷款剥离具有与损失类贷款剥离不同的一些特性：一是可疑类贷款金额更大、户数更多、情况更复杂，仅从剥离额度看就比损失类贷款多一倍。二是可疑类贷款剥离的操作环节更多、难度更大，要经过卖方和买方尽职调查以及资料整理、组卷与移交等多个步骤。一户企业同时存在可疑类与损失类两种贷款形态的，在对损失类贷款组卷之后，还要继续对可疑类贷款进行组卷。三是可疑类贷款剥离的方式更复杂、商业性更强。我们不仅要应对资产管理公司竞标收购我行剥离资产，还要面临剥离的后续处置要求。可疑类贷款剥离后我行与资产管理公司共管一户债务企业的情况也比损失类贷款更多。四是可疑类贷款买方尽职调查与组卷工作同时进行，我行需要做好买方尽职调查的配合工作，这也在一定程度上分散了剥离组卷工作的精力。与此同时，我们还必须考虑到时间的紧迫要求。因此，可疑类贷款剥离比损失类贷款剥离任务更艰巨、要求也更高，是对我们的又一次重要考验。

当然，我们更要看到做好可疑类贷款剥离工作的有利方面。2004年以来全行对不良贷款实行精细化管理的各种举措，客观上为做好这次剥离工作创造了基础性条件。2004年上半年开展的法人客户不良贷款尽职调查使我们摸清了自身家底，熟悉了客户情况，掌握了基础数据，完善了管理制度；2004年第四季度以来全行在完善不良贷款手续、补充档案资料和确权明责等方面所做的基础工作，同样为这次剥离工作做了有益的铺垫。前一阶段开展的损失类贷款组卷工作又为可疑类贷款组卷工作积累了经验。更重要的是，全行不良贷款剥离工作开始以来，形成了有效的组织管理体系，广大员工展现出了吃苦耐劳、奋勇拼搏的精神，这都为顺利完成剥离工作任务提供了重要保障。各行要充分认识并高度重视可疑类贷款剥离工作，承继不良贷款剥离工作开展以来的各种有效组织方式和工作方法，发扬连续作战的精神，按照总行的统一部署，再接再厉，高质量、高效率地做好可疑类贷款剥离工作，确保全行不良贷款剥离工作稳扎稳打、不断推进。

三、加强管理，保质保量完成可疑类贷款组卷工作

根据国家有关部门对可疑类贷款剥离的政策要求，总行制定了《可疑类贷款剥离工作方案》。各行要严格按照《方案》规定及可疑类贷款剥离项目档案资料整理与组卷的要求，抓紧开展工作。

一是有效组织，合理安排。要集中人员、集中时间、集中地点，采取有效方式，集中开展工作。要以资产包为单位，35家机构一把手对可疑类贷款剥离组卷的工作进度和工作质量负责。可疑类贷款大行要继续全行动员，调动一切积极因素，做好剥离组卷工作。前期尽职调查工作因任务重而进展滞后的分行，要在组卷工作中加强力量；对前期组织方式不妥而影响工作进度的，要改进方法，加快进度，不拖全行后腿；前期工作进展较快的分行要继续发挥优势，争取提前完成任务。各二级分行也要实行行长负责制，对可疑类贷款档案资料的完整性、真实性以及数据的准确性、一致性负责。各级行不良资产处置领导小组、工作小组和督查小组要切实履行职责，强化并落实对剥离组卷工作的组织、管理与监督。各级领导和专业部门要层层细化落实任务指标，确保按总行进度要求完成每一个环节的工作。总行将定期通报各行组卷工作进展情况，各行也要加大通报力度，确保如期完成可疑类贷款组卷工作。

二是严格要求，规范操作。要按照总行规定的要件、程序和时间等要求组卷，切实保证组卷工作质量。各二级分行要抓紧完成可疑类贷款剥离项目的档案资料整理和归集，负责在规定时间内完成剥离项目信贷档案资料和其他资料原件的整理和勾对工作；重要文件缺失的，必须逐户说明并提供由行长签字确认的书面证明材料。各一级（直属）分行对剥离额度和分户企业明细对应负责，既不能超范围剥离，也不能遗漏或置换已经列入剥离清单的项目；要在5月底前最终完成对剥离项目的复核和组卷工作，确保档案资料真实、完整并按期移交，同时做好案例分析和总结工作。

三是严肃纪律，防范风险。各行要保证信息资料真实完整、操作程序依法合规，严防剥离过程中可能出现的操作风险和道德风险。总行强调，可疑类贷款剥离与损失类贷款剥离都是指令性计划，各行要绝对服从总行的统一部署与总体安排，严格按照总行确定的剥离范围、额度和规定的工作方案进行操作，做到剥离项目不更改，执行方案不走样，档案资料不做假，商业机密不泄露。剥离工作期间，各行要做好将来我行与资产竞买中标机构共管债务企业的资产保全工作，同时要注意剥离企业主债权诉讼时效和保证合同诉讼时效，防止诉讼时效丧失。既要确保剥离期间不出现问题，又要保证剥离之后不遗留问题。

四、统筹安排，同步推进不良贷款剥离与清收处置工作

当前，不良贷款剥离的各项工作已经全面铺开并取得了阶段性成果。今天的会议重点安排了可疑类贷款剥离组卷工作，另外还有可疑类贷款买方尽职调查、损失类贷款资料移交的准备工作等也要同步进行。各行要合理摆布各项工作，分出轻重缓急，进行拆分组合，做到统筹兼顾，忙而有序。

一是配合资产管理公司做好买方尽职调查工作。买方尽职调查是继卖方尽职调查之后，对可疑类贷款进行全面调查的重要组成部分，也是可疑类贷款定价的基础和实施剥离的前提。由人民银行、财政部和资产管理公司组成的买方联合尽职调查小组已于5月15日进场，按剥离户数30%的比例对我行的可疑类贷款进行抽样调查，调查工作预计6月10日前全部结束。各行要高度重视，认真负责地做好各资产包抽样调查的总体协调工作。要指定专门的联系人，全程配合买方开展尽职调查，包括查阅资料、查看企业现场和回答调查人员询问等。有关人员要本着对剥离工作负责的态度，以不延误、不误导为原则协助做好买方尽职调查工作。在工作过程中要注意保证档案资料完整无缺，确保可疑类贷款最终顺利剥离。

二是做好损失类贷款剥离项目档案资料移交的准备工作。近日，总行到财政部汇报了我行股份制改革及损失类贷款剥离组卷工作的进展情况。财政部原则同意我行在5月底前对损失类贷款剥离进行账务处理并做好卷宗移交准备。总行将在近期对卷宗移交与账务处理方式作出统一安排，各行要按照总行规定的档案资料交接内容、交接方式和交接程序，以报送总行的《损失类贷款项目清单》为依据，妥善安排，做好档案资料移交的准备工作，保证届时真实完整地移交资料。

三是继续做好不良贷款清收处置工作。可疑与损失类贷款剥离后，我行不良贷款的基本问题得到解决。但是我们还将面临潜在贷款风险释放的压力和更高的监管要求，剩余的不良贷款也需要我们继续清收。总行已经发出通知，自5月份开始，全行不良贷款清收处置工作重心要转向做好未剥离的可疑类贷款和次级类贷款的清收工作。各行要在不折不扣完成不良贷款剥离任务的同时，继续运用各项政策与综合化手段，做好现金清收、贷款重组等常规工作，符合核销条件的项目要及时申报核销，同时加快处置方式创新，努力实现不良贷款更多更快地收回。

同志们，不良贷款剥离工作的前一阶段，我们已经打了几个漂亮仗，各行要继续发扬艰苦奋斗的精神，一鼓作气，乘胜前进，在可疑类贷款剥离下一阶段的战役中夺取更大的胜利。

进一步提升信息系统生产运行质量 确保我行股份制改革的顺利推进

——在中国工商银行生产运行管理工作会议上的讲话

张 衢

（2005年7月12日 根据录音整理）

这次会议是在我行股份制改革全面推进、财务重组顺利完成、经营状况得到根本改善的历史时刻召开的，也是在生产系统持续稳定运行、连续十五个月未发生重大生产事故的形势下召开的。会议的主要任务是，总结2005年以来全行信息系统建设和运行管理情况，进一步明确股份制改革对信息化建设的有关要求，部署下一阶段的重点任务。下面，我讲三个方面的问题。

一、全行信息系统生产运行质量和管理水平稳步提高

上半年，全行各项业务经营发展健康平稳，经营效益继续攀高，境内外机构实现经营利润416亿元；损失类资产和可疑类贷款剥离后，资产质量有了根本改善，境内外机构不良贷款余额下降到1464亿元，比年初的7022亿元减少了5570亿元，不良贷款率从年初的19.47％降至4.58％；资本充足率和核心资本充足率全面达到监管要求，为我行全面建设现代金融企业奠定了良好的财务基础。同时，固定资产清查确权进度超过95％，很多分行提前完成了任务，为我行下一步的股份制改造创造了良好的条件。中介机构的评估、安永的审计、战略引资谈判工作正在按计划开展，资产质量的真实性管理得到了进一步加强。

上半年，全行科技部门和广大科技干部员工充分发扬勇于创新、甘于奉献的精神，认真落实科技工作任务，紧密围绕服务和推进股份制改革这一大局，与业务部门密切配合，克服新的重大任务多、业务需求变化频繁、开发测试及投产压力大等众多困难，出色完成了各项预定计划和许多新的工作任务，研发、测试、生产运行机制进一步理顺，集约化科技管理不断增强，各项重大科技工程项目的实施顺利推进，科技开发能力、科技管理能力明显提升，全行信息系统安全稳定运行，为全行的改革发展提供了强有力的支持。上半年的工作成绩主要表现在以下几个方面：

（一）全行生产系统运行管理成绩显著。2005年是数据中心主机生产系统整合后的第一年，全行充分发挥一体化运行优势，统一生产运行管理，落实各项技术安全措施，强化制度建设，加强全行性的安全运行检查，使全行信息系统的可用率达到历史最好水平，未发生重大生产事故，为各项改革的顺利推进提供了可靠的技术环境。2005年前6个月，数据中心信息系统平均可用率达到了99.91％（含计划内停机），超过了年初制定的99.8％的目标，同比上升0.09个百分点。全行日均业务量达到3686万笔，日峰值达到5009万笔，存储的账户数为5.33亿个。

数据中心整合工程实施以来，各中心的工作职能相应调整，研发、测试和生产运行工作链条更加明晰，管理水平不断提升。上半年，数据中心（上海）狠抓运行问题管理，落实新的制度要求，开展生产系统应急演练，对重大变更组织做好风险评估和风险防范工作，通过精细化管理确保了生产系统的安全稳定运行。数据中心（北京）作为全行测试中心，半年来在测试中心建设、测试环境切换和NOVA各阶段版本测试中做了大量的工作，同时完成了我行首次应用级灾难恢复演练等任务。软件开发中心如期发布了两个综合性应用版本，对应用问题及时跟踪解决，加大了对各中心的技术支持和境外业务科技开发力度。海外数据中心在保证海外生产系统稳定运行的同时，顺利通过了香港罗兵咸永道会计师事务所（PWC）的安全审计，完成了伦敦子银行的数据集中。各分行根据总行总体工作部署，在不断加强生产运行监控和变更管理的基础上，针对电源和网络等集中问题，实施了机房改造及辖内网络安全改造工作，取得较好的成效。

（二）科技基础平台不断夯实。

一是生产系统更加集中。开放平台迁移工作按计划稳步推进，上半年资金交易市场等8个应用系统从数据中心（北京）顺利迁移到数据中心（上海），我行一体化生产运行管理的优势进一步扩大。3月份，伦敦子银行核心业务处理系统顺利迁移到海外数据中心，这是我行第一家欧洲分行业务处理系统集中到海外数据中心，标志着我行海外分行数据集中工程取得了新的进展。

二是生产运行管理更加自动化。上半年开发和实施了批量并行一体化（TWS）项目，基本实现两大中心一体化的运行管理。总控中心相关系统不断优化升级，完成了集中监控和统一集成项目在全行范围内的推广。

三是全行网络安全改造逐步推进。一级分行辖内网络结构调整及安全改造项目完成在河南等分行的试点工作，并已进入全行推广实施阶段。

四是灾难备份系统不断完善，制定了ITCP信息系统连续运作计划，我行信息系统首次应用级灾难恢复演练取得了圆满成功。

（三）一大批应用产品陆续推出。上半年，根据全行业务发展和股改工作要求，在项目多、涉及面广、时间紧、任务重的情况下，信息科技部、软件开发中心、数据中心以及各分行紧密配合，圆满完成了全功能银行系统1.5和1.6两个全行性综合版本的开发、测试和投产工作，其中包含了国际卡V+系统升级、个人营销管理、会计核算体系改革、国际结算单证处理中心等多个重点项目。牡丹卡业务系统不断升级优化，短信提醒、海航卡和外卡收单等功能和产品不断推出，金卡系统的跨行交易成功率达到了97.84%，在国内各大银行中继续保持首位。新终端平台项目在深圳分行试点成功，为全行推广实施积累了经验，目前正在浙江分行进行试点。

在集约化电子银行体系建设方面，网上银行功能不断丰富，一体化电话银行分行托管工作进入全面实施阶段。上半年，甘肃、内蒙、辽宁、吉林分行电话银行业务顺利挂接到北方托管中心，分行电话银行系统功能更加丰富，我行集约化经营优势进一步显现。

（四）全力以赴支持我行股改工作快速推进。上半年，科技部门加班加点，承担多项突发性工作，积极配合业务部门，落实各项股份制改革重要任务。一是克服资源紧张、政策不确定等多种困难，主动参与方案制定，及时开发应用产品，以技术手段有力支持了不良资产的尽职调查数据采集、损失类贷款剥离及可疑类贷款停息剥离等工作，大大减轻了分行业务人员手工处理不良资产数据的工作压力，有力地保证了不良资产剥离各项工作的按时完成。二是在综合版本测试投产并行的情况下，按照云南分行部分网点转让要求，积极调配开发和测试资源，顺利实施数据移交和网络切换，圆满完成云南分行部分县域支行45个网点的整体移交工作。三是财务集中管理、资金集中改革等相关项目的开发工作进展顺利，2005年下半年起将陆续发布版本。

（五）科技队伍建设和科技集约化管理不断加强。目前全行从事科技工作的人员共有11343人，其中科技部门在编工作人员为8729人，分布在非科技部门从事专职科技工作的人员为2614人。一级（直属）分行辖内科技人员为6920人，其中集中在分行本部的科技人员为2287人，科技队伍进一步得到充实。

根据数据中心整合后科技体系管理的要求，总行科技部门的职能不断调整优化，分行科技集约化管理稳步推进。通过推广使用科技项目管理系统和计算机资源管理系统，全行科技项目、科技资源逐步达到精细化管理。总行下发了以《信息系统运行管理制度2.0》为代表的一批制度办法，规范了生产运行和安全管理，明确了考核指标，把运行管理从生产延伸到开发和测试环节。各分行科技集约化管理工作逐步展开，一级分行的生产运行、应用开发、科技管理职能得以增强，在支持分行业务创新和经营管理的基础上，配合营销的作用也越来越突出。

上半年各项工作取得的成绩来之不易，凝聚着大家的辛勤劳动，在此我代表总行党委向全行科技人员以及分管科技工作的领导干部表示衷心的感谢和诚挚的问候。

当然，我们也应清醒地认识到，目前工作中还存在不少问题和薄弱之处。一是信息系统还存在一些生产运行事故。上半年在数据中心总体运行平稳的情况下，一级（直属）分行全辖性的生产故障发生4起，暴露出分行在技术规范执行、设备日常维护、应急管理和防病毒等方面还有不足。二是数据中心整合后，总行相关科技部门生产、开发、测试职能进行了调整，但是工作机制还没有完全理顺。特别是两大数据中心在相互协调方面还存在一些问题，如在投产交接过程中生产和测试环境不一致、投产交接不够规范等。三是还有一些技术进步过程中的问题，需要不断加快改造和引进新技术来解决。建行宣布2005年11月实现全行数据的集中，还有一些小银行，也实现了数据集中，这说明在集中平台上我们的优势不是唯一的，后来者可能会一步到位或跳跃式发展，我们今天的优势明天就会受到挑战。应当看到科技发展、科技进步自身的特征，科技稍慢一点就会失去优势。从这个层面来说我们的科技工作来不得半点的骄傲自满，要有一种发展的紧迫感，要继续增加投入，加强开发力度，使科技领先尽快转换成业务发展的生产力。

二、下半年全行科技工作的主要任务

2005年是工商银行改制重组、建设现代金融企业的重要一年。对工商银行实施股份制改革，是党中央、国务院做出的重大战略决策，是深化金融改革的重要举措。当前，我行股份制改革正在全面向前推进，并进入攻坚阶段。这是一次历史性机遇，需要全行员工统一思想、更新观念，增强主人翁责任感与历史使命感，更好地发挥积极性、主动性和创造性，全力以赴地克服前进中的困难和问题。

要完成好股份制改革和公司治理制度的建设这一复杂和高标准的系统工程，必须紧紧依托信息技术的力量，充分发挥我行技术领先的优势。股份制改革最重要的是管理方式的变革，传统商业银行与现代商业银行最大的差别在于管理信息化。目前我们的薄弱环节正是缺乏全面风险控制和有效的财务核算手段，对原有体系改造的任务繁重而艰巨，包括管理信息化新产品开发、综合性新业务开发、电子银行业务系统的优势保持以及信用卡应用系统的优化等。因此，下一阶段全行科技部门仍面临着前所未有的紧迫形势与艰巨任务，要把思想和行动统一到建设现代金融企业的目标上来，明确任务，再接再厉，着力做好以下几方面重点工作：

一要以建设现代商业银行作为信息化发展目标。总行根据党中央、国务院的决策部署，制定了股份制改革的总体目标、实施方案。我行股份制改革每件大事都与科技工作有关，科技部门要积极配合，大力支持全行股份制改革各项工作。只有建立集中统一的业务处理系统、电子银行系统以及完整的数据仓库，进一步提高管理信息化水平，才能满足各项改革要求。希望科技部门以这次股改为动力，高度重视，密切联系各分行、各个专业要求的实际，以锐意创新、勇于奉献、竭诚工作的精神，努力完成各项工作任务。同时，我们还要配合全行业务发展规划，制定适应改制上市要求的中长期科技规划，从服务客户和支持全行内部管理角度出发，深入研究IT治理、技术发展方向和应用体系建设等重点任务。

二要抓紧全行性重点应用系统的开发。随着我行产权制度和公司治理结构改革的不断深入，我行管理体制和经营机制的转变步伐将越来越快，全行应用产品研发任务也将日益繁重，大家要站在推进全行改革与发展的高度，以强烈的紧迫感和责任心，快速推进重点应用产品的研发工作。首先要认真分析我行的科技现状，研究我行科技发展的弱势和不足，了解在未来发展中哪些是强势业务。只有准确掌握了自身的不足，才能正确部署下一阶段工作。因此科技部门要冷静思考，充分征求业务部门的意见，盯紧各家银行的发展态势，加快自身的发展步伐。

当前，重点应用系统的开发主要有两个方面：一是面向客户服务的产品。要尽快适应业务发展的要求和市场竞争的需要，加快一些组合型金融产品和新型产品开发，提高金融产品的市场竞争力。二是管理系列的产品。在管理信息化建设方面要建立起完整的企业级数据仓库及应用系统，满足财务管理、成本核算分析、经营决策分析等系统建设方面的需要。根据我行股份制改革后的监管要求，我们必须建立起强有力的风险管理和内控管理平台，实现对全行经营管理活动的全方位和全过程控制，并要建立起符合资本市场要求的信息披露与报告系统。

三要加快推进重大基础工程建设。基础工程建设是全行科技发展的根基，也是安全生产运行的基石，必须提前实施，同时要注意保持系统、网络及配置方面的前瞻性。各级科技部门要根据总行的统一部署，配合完成总行相关开放平台应用系统迁移等后续工作；推进ECC总控中心相关系统优化升级、一级分行辖内网络安全、网络结构优化调整等基础工程项目的实施；启动挂接海外数据中心计划，力争年内完成法兰克福分行信息系统的挂接；启动海外数据中心灾备及系统整合工作，在数据中心（上海）建立海外数据中心灾备环境；与业务部门紧密配合，完成业务级主机灾备系统的演练。

四要认真做好应用推广及分行特色业务开发工作。各分行要在落实好总行各项应用测试与推广任务的同时，适应分行特色业务创新发展的要求，积极支持分行地方性业务的开发工作。

一是认真落实总行重点项目的推广计划，尤其是大个金整合、会计流程再造等全行性重点应用系统以及配合我行股改工作而开发的资金集中改革、财务集中管理等应用系统。这些系统对于我行下一步的改革发展具有十分重要的意义，各行一定要高度重视，严格执行技术方案，认真落实总行各相关部门关于测试、培训、投产工作的要求，提高工作质量。

二是充分发挥分行灵活快捷的应用开发特点，提高分行的科技创新能力。各行科技部门要在遵循总行“四统一”的发展原则和技术规范的前提下，积极配合分行业务部门，优质高效地做好分行辖内特色业务开发。

三是发挥我行科技创新优势，强化服务意识，为我行营销提供技术支持和技术咨询，积极主动协助业务部门和一线客户经理做好产品营销、客户服务以及商务谈判等有关工作，促进信息技术与银行业务和客户服务的深度结合。

五要积极推进分行科技集约化管理。根据我行集约化经营的发展方向，分行科技的相对集中是一个必然的趋势。为进一步提高各分行生产运行和应用开发水平，强化一级分行科技集约管理水平，总行提出了各分行实行集约化科技管理的总体要求。两年多来，大部分分行积极行动，锐意创新，尤其是江苏和北京分行作为省、市集约化科技管理的试点行，在分行集约化科技管理工作方面更是率先取得了显著成效。但在各分行实施推广过程中也发现了不少困难和问题，部分分行进展不够理想，对集约化的总体思路及总体要求认识不够到位。根据近期总行信息科技部的调查，目前26家一级分行中仅有6家完成了与所属分行营业部科技机构整合，仅有15家分行进行了部分职能（如网络维护、应用开发等职能）的整合；各分行综合前置平台、网关和中间业务平台的集中工作还在进展当中。这里，我强调两点：一是虽然各分行有各自特点，但对全省的科技人员必须统一管理，要以浙江、上海、北京、江苏分行为榜样，真正实现科技集约化管理。要把全行的研发力量集中到一级分行进行集中统一管理使用。二是必要的管理控制平台（如综合前置、中间业务平台）必须集中到一级分行，尚未集中的十家分行下半年必须加快进度，作为硬任务去落实，否则在管理控制上会带来很多麻烦，在资源配置上也有很多浪费。大家必须清楚地看到，实施分行集约化管理的目的，正是为了适应全行体制改革和业务改革的需要，分行只有集中了技术优势力量，才能有效化解因业务生产系统分散所带来安全隐患，进一步提高科技资源的使用效率，真正实现全行统一、标准和规范的科技管理。

为此，我希望各行主管科技的领导以及科技部门的负责同志，要深刻认识分行科技管理改革的必要性和总体目标，在总行的指导下积极推进分行科技集约化管理工作，准确把握总行的技术方案和指导原则，认真落实各项部署，强化一级分行科技集约化管理职能，将生产运行、应用开发、科技管理等职能逐步统一到一级分行，力争在年底前全行基本完成一级分行科技集约化管理。一级分行信息科技部门要根据总行统一部署，负责辖内的生产运行与科技管理，根据当地分行业务需要，开发一些特色应用系统。二级分行科技部门主要负责其辖内信息系统的运行维护和设备维护工作。各单位在实施中遇到的问题要及时向总行汇报。

三、对全行生产运行管理工作的几点要求

经过各级科技部门的共同努力，全行生产运行工作取得了显著成绩，生产运行管理经验不断丰富，信息系统运行更加安全可靠。虽然我们的运行能力在逐步提高，但运行管理贯穿科技工作的始终，不是一次性工程任务，因此要克服小成则满的思想，对安全运行管理常抓不懈。在此我提几个方面的要求：

第一，要以开展先进性教育活动为契机，进一步落实生产运行管理的重要责任。下半年保持共产党员先进性教育在全行铺开，各数据中心、软件开发中心领导班子要充分重视，扎实落实总行各项工作安排和措施，结合党员干部的思想状况和工作实际，以搞好共产党员先进性教育为动力，认真落实生产运行管理各项工作，实现“两手抓、两促进”。一是充分认识确保全行信息安全运行的重大责任，以及科技部门在下半年业务发展和股份改革中的重要任务，把安全运行放在一切工作的首位，警钟长鸣，长抓不懈。要正确处理先进性教育与保证安全生产的关系，不仅“规定动作”一步不能少，“自选动作”也要落实好。各中心班子要结合思想实际，认真检查存在的各种问题，以身作则，认真研究，确保先进性教育不走过场，收到实效。二是要加强领导班子的协调配合，落实各个部门的责任制，严格执行和落实安全制度，不断进行安全教育。班子要经常地研究安全运行工作并列入议事日程，定期进行安全检查。总行信息科技部也要不断检查监督，认真组织解决内控部门检查发现的各种问题，逐项落实。

第二，要建立严密的安全生产管理体系。

一是要明确各单位的责任制。信息科技部要落实安全管理责任制，各数据中心和软件开发中心落实运行和开发责任制，各一级分行和分控中心落实辖内运行管理和应用开发安全责任制，业务部门落实需求和业务管理责任制。要将责任与考核和奖惩紧密结合，确保安全运行管理到位。

二是切实提升管理水平。各单位要高度重视，严格制度管理，采取切实可行的措施，保障各项制度和技术规范的落实以及流程的执行，从根本上减少问题，杜绝出现违规行为。

三是建立技术网络支持体系。要借鉴国外经验，充分利用全行的技术资源，建立远程的网络支持体系，把全行有一定技术能力、管理能力的科技人员纳入到这个支持体系里，进行非现场的网络办公，提供技术服务。

四是建立协作配合机制。开发、测试、灾备、运行是一体化的运行链条，不能因为职能机构设置的不同而阻碍这一运行机制。各级科技部门要在信息科技部的统一领导下，共同维护全行安全生产运行。要提高领导班子的决策能力和紧急问题处理能力，各数据中心要有三位领导人员在岗。要发挥每一名技术人员的积极性，鼓励其对技术问题提出意见和建议。

这里，我想特别强调的是，两大数据中心的协调问题。两大数据中心都要将协调作为极其重要的一个问题，做到衔接好、协调好。数据中心（北京）要不断跟踪数据中心（上海）的生产系统的变化，数据中心（上海）的每一个变化都要及时转达数据中心（北京），确保两大中心环境的一致性。两大中心务必充分信任，虽然分工不同，但责任是紧密相连的。要更多地通过管理手段、管理方式的改进来减少管理过程中的问题。所以在整合开发、测试、投产、运行中要进一步协调相互关系，切实解决好过去遗留的问题，保证生产系统的安全运行。在数据中心整合后，统一以往两大数据中心在管理方式、管理文化和处理方式上的差异是我们必须解决的重大问题。下阶段数据中心（上海）要进一步加强两个系统管理方式的整合，信息科技部要组织推进深层次整合，软件开发中心要从应用软件上积极配合，希望年内彻底解决这一问题。

第三，要重视技术进步，提升运行管理的质量和水平。

一是要继续引进先进的管理技术。我们引进外国专家咨询服务后，重要的是认真分析他们提出的问题，比较学习他们在思考角度、认识深度及处理方式上与我们的差异性。要认真对待外国专家提出的整改建议，结合中国的特点，结合工商银行自身运行的特点，完善我们的管理思想。

二是要采用先进的技术工具辅助管理。信息化管理要求我们尽可能多地运用一些工具，提高各种监控工作

的使用效率，优化ECC的总控系统和网络管理系统，实现自动化的监控。要充分消化引进的各种工具，各级管理人员要尽快熟悉、掌握工具的使用。

第四，要在集中采购工作中保护我行利益。通过集中采购，目前我行设备采购价格已有了大幅下降，但与国外市场相比，还有降价的余地。目前ATM服务商全行还有较多，各行服务价格也有很大差异。希望各行在2005年的服务采购中，尽可能统一服务商，努力保护我行利益。

同志们，下半年我们的工作任务非常重，在这样的竞争环境下，希望各分行分管领导和科技部门的同志们，进一步增强责任心，努力工作，为全行的股份制改革与业务发展做出更大的贡献，也为全行的科技进步做出更大的贡献！

在银行卡市场拓展工作会议上的讲话

张　衢

（2005年8月16日 根据录音整理）

参加这次会议的都是工商银行信用卡的重点发卡行。这18家分行的发卡量占了全行的66.8%，消费额占77.6%，收单占90%以上，是全行信用卡业务的重点市场。你们在信用卡业务发展中付出了心血，做出了很大贡献。借此机会向在座各位、并通过你们向信用卡专业的同志们表示衷心的感谢和慰问！

刚才徐志宏总裁对2005年前7个月信用卡业务经营情况作了总体介绍，对存在的问题进行了分析，讲得很清楚。你们既是重点行，又是相对落后行。我分析了一下，全行在信用卡市场占比上两极现象明显。第一极是重点行，除了几个城市行如厦门、重庆分行市场占比是第一，大连、青岛分行是第二外，其他分行在当地市场占比都是第三或第四；第二极是经济欠发达地区的分行，在当地的市场占比基本上都保持第一位。看到这个数字我感到很惊讶，这说明一个问题：我们在发达地区相对落后了。另外，重点行完成发卡任务的情况也不好。所以我来参加这次会，主要不是讲成绩，而是要重点指出信用卡业务发展中存在问题的严重性。想借此机会和大家从工商银行的整体发展来认识信用卡问题，揭示出信用卡业务发展中存在的一些深层次问题以及会带来的预期后果，找出解决问题的办法。下面我主要讲三个方面的内容：

一、信用卡业务市场分析

工商银行牡丹卡在社会上的口碑是好的。万事达组织对牡丹卡实际使用状况很好，但社会征询结果不如人意感到十分疑惑。实际上，这个问题反映了两个方面，一方面反映了牡丹卡经过十几年的发展，经过大家的努力已经在社会上形成了一个非常好的客户基础和品牌形象以及在持卡人当中的信誉、在商户当中的信誉，这是客观存在的。我行信用卡业务总的市场占比基本是33%，在五家行（工、农、中、建、招）当中还有三分天下。这说明我们在长期的运行当中逐步筛选了一批比较好的客户，并把这个客户群牢牢地控制在手里。我行680万张信用卡所对应的客户群是成熟稳定的，这批客户所对应的消费量也是稳定的。而其他银行新兴客户多，还面临一个筛选的过程。这方面我们有一定的优势，要在今后的工作中继续加强，维护好这个客户群，进一步巩固已经形成的强大业务基础。另一方面也暴露出我们的工作不适应快速变化的市场竞争环境和对信用卡业务的新要求。

（一）信用卡业务发展状况。主要有四个方面：

一是发卡总量已经下降到第三位。我行的信用卡发卡量曾经是龙头老大，现在到了第三位，说明我行现在的信用卡客户群没有他行的大，发展缺乏后劲，在新市场的争夺上我们丧失了优势，形势十分严峻。新市场丢失，总量就会下降，随之带来的龙头老大效应就没有了。我们要审视失去龙头地位预示着什么，要有危机感和紧迫感。

二是新增发卡量少了，竞争力下降。这从本质上表明我们的工作运行机制、工作措施所起的作用下降。2005年前7个月新增发卡量84万张，按照这个趋势，全年也就110万张左右，前年新发卡量300万张，从数字上来看我们的市场营销能力、竞争能力下降了一多半。

三是发达地区落后。总行关于信用业务的发展战略非常清晰，发达地区是我们市场竞争的重点地区，决定未来的命运。我们首先应该在竞争最激烈的发达地区和中心城市赢得领先地位。对这个市场总行是全力支持的，整体资源和各方面政策都向这个市场倾斜。但现在的问题是，我行信用卡在重点地区落后了，这次参加会议的18家行，发卡总量比年初下降了10万张，这是一个危险的信号。现在信用卡发展已经到了最重要、最关键的时候，如果发达地区行不迎头赶上，尽快扭转局面，后果将十分严重。

四是信心不足。表现在连续两年的发卡任务完成不好。2004年总行提出130万张任务，结果仅完成了近40万张，计划和实际完成情况之间的巨额差距令人吃惊。信用卡业务不同于存款业务，存款的整个增长波动情况主要受经济规律的影响，而卡业务营销效果直接反映了分行的工作力度。新发卡量下降了一多半，实际上体现了营销力量及效果减了一半，这说到底是一个工作信心问题，而精神状态的落后是很可怕的。

（二）加快信用卡业务发展的重要性。跟大家一起来分析这些真实的状况是为了引起大家的重视。信用卡业务的发展是全行共同的责任，共同的任务，我们要从工商银行未来发展的角度来提高认识，来增强紧迫感、危机感和责任感，重整旗鼓，夺回我们应有的阵地。这次会议，就是要统一认识，重新开创信用卡业务发展的蓬勃势头。

一是信用卡业务是未来商业银行发展的重要根基。这一点不言而喻。外国商业银行进入中国首先考虑的是信用卡业务，因为信用卡业务在国外已经被证实是银行盈利的主体业务之一，占到银行总收入的30%至40%，有的甚至高达60%至70%。在中国人均GDP达到1000美元时，信用卡业务发展有了良好的基础，当提升到2000～3000美元时，信用卡将是一个普遍的市场，跟发达国家一样成为每个人的支付工具。个人银行业务中，按揭和消费信贷都是针对特定对象的业务，信用卡业务则是广泛性业务，这正是国外银行重视信用卡业务的基本原因。如果我行这几年不打好卡业务基础，将会在战略上失误从而导致根基动摇，也就无法构建起强大的私人银行业务。

二是信用卡是争夺个人客户的最好途径。外资银行在中国通常只有一两个网点，如何发展客户？信用卡、网上银行是最重要的手段。外资银行挖掘客户最简便的手段就是发卡，通过发卡抢夺市场。这是其进入中国选择客户的重要途径。信用卡可利用全国商户的POS、商户系统、交换系统及ATM，解决了其网点少的问题。我们对外资银行发展信用卡的挑战认识不清，实际上是没有按照国际化银行经营趋势来判断未来市场。我行现在公司贷款占据绝对地位，但今后利率市场化的冲击必然会改变我们现在的业务结构。对国外已经成为业务主流和主要收入来源的信用卡业务，如果我们现在不抢先把客户抓牢，未来会很危险。国外银行的个私业务占比超过50%～60%，我们也要往这个方向努力，而且这是大势所趋。所以发展信用卡业务事关工行的前途。

再看国内银行的情况。招商银行银行卡客户已达3700万户，工商银行1亿户，招商银行的银行卡客户量占到我们的1/3强了，这是很大的挑战。而且他们的客户大都是中高端客户。从这个角度说，不承认招商银行对我们的挑战是不行的。所以我始终强调要看市场，看客户。广发银行信用卡发展也很快，浦发银行、交通银行与外资银行合作发卡，使我们面对更加激烈的竞争。我们必须增强危机感、紧迫感，进而把这种危机感、紧迫感上升到一种责任感。

信用卡业务是工商银行的一项非常重要的业务。如果信用卡业务下降，受损害的首先是分行，后果非常严重。具体表现为：

第一，失去客户。就信用卡而言，我行每年销卡流失100万客户，实际上这100万客户并不是没有潜力的，有许多是因为唤醒不够、维护不力，致使卡失效而被清理。营销和发展一个客户需要付出很多成本，这么随意销卡而流失客户令人痛心。当客户的服务需求得不到满足的时候，客户就会选择离开，这其中有很多是高质量的持卡人，有许多富裕者，他们的流失非常可惜。在东亚市场上信用卡竞争最激烈的几个地方如中国台湾、韩国、中国香港的银行都总结说，信用卡没有忠实的客户。为什么？因为客户随着利益走，谁的优惠更多，客户就会选择哪家银行的信用卡，客户使用的只是银行提供的金融服务。

第二，失去未来的盈利基础。从今后发展而言，我们的个私业务、卡业务的收入将逐步提高到40%、50%，如果信用卡这一块短缺，上述目标很难达到。信用卡业务是重要的中间业务之一。信用卡除了一半是存款的往来收入，另外一半是信用卡消费佣金、年费和透支利息收入。发展中间业务是必然趋势，这在国外是很大的一块，各行也都在大力抓。中间业务收入来源的主体是传统的结算业务，包括外币结算方面的收入。第二块是外汇中间业务，如各种开证、外汇业务收入等。第三块就是卡的收入。还有一块是网银收入。工行原来的结算量占整个银行系统的60%，现在已经降到40%，以后增量是有限的。银行卡消费的收入增长很快，每年都有30%～40%，这是我们今后的一个重要发展方向。如果信用卡业务不发展，中间业务的发展必然受影响。目前我行在信用卡市场消费的比重还是第一，但如果他行卡量上去以后，消费量也必然会上升，我行的市场份额就会下降。

第三，失去我们十几年呕心沥血建立起来的卡业务市场基础。我们从1989年开始开办卡业务，投入了大量的人、财、物来培育市场，逐步形成了一个现在普遍接受信用卡的商业市场。当市场成熟的时候，我们自己反倒落后了，枉付了成本，为他人做了嫁衣。

（三）信用卡业务发展落后的原因分析。如果不找到原因，问题还会重现，今天开了会，大家讲一讲，回去抓一抓，过两天又老样子，因为未解决根本问题，不能对症下药。

第一，从客观上分析，信用卡集中体制是不是导致落后的原因。如果是，各家银行都进行了信用卡集中，为什么他们的卡业务能取得很快的发展呢？招商银行在上海成立信用卡中心，两年时间国际卡就发展到200多万张，而我行的国际卡前后十年时间才发展到20多万张，而且举步维艰。从硬件上看，我们人员多、机构多、客户基础好，招商银行人员少、机构少，没有理由竞争不过他们。建行、中行也都成立了信用卡中心，原以为我们卡中心成立中的一些问题他们也会遇到，但现实是他们发展很快。他们用什么来突破传统体制并在新的体制下形成一种新的市场竞争力，这值得我们学习。所以我认为不是体制问题，不是因为卡中心的成立影响了发卡，相反卡中心的成立进一步规范了卡业务的风险控制。

第二，是因为收入归口牡丹卡中心分配不合理的原因吗？我记得2004年下半年总行提出信用卡集中的时候，不少分行都提出过卡业务存款归谁和收入分配的问题。现在收入全部返还给分行，但市场份额还是下降。所以我认为这不是财务分配的问题。

第三，是否因为奖励不到位呢？对牡丹卡的发展总行出台了很多奖励制度，如2004年年底总行拿出500万元，对信用卡发卡进行奖励，每发一张卡奖10块钱，但要求年费要收回来，到最后也没有取得实际效果。又如营销一张运通卡总行奖励40元钱，但积极性仍然不高。如此丰厚的物质奖励也无法调动积极性，这实质是一种消极对待的危险信号。由此看来，不是客观上的原因造成信用卡发展落后，而要从主观上找原因。我觉得是认识问题、观念问题、执行问题，归根到底是领导问题，主要表现在经营思想混乱，缺乏紧迫感、危机感、责任感，缺乏一种奋进的状态。对信用卡业务是未来主营业务的认识不清楚，把体制上分专业管理的趋势，视为代理关系，放弃整体资源优势，孤军作战。有的行甚至提出要代理其他银行发卡，这种对市场、对未来发展的认识是根本错误的，没有从未来市场来看信用卡业务。

二、信用卡业务发展中亟待解决的几个问题

当前信用卡业务发展中有不少观念还比较模糊，这些观念不理清，信用卡业务的发展就会偏离正道。理清观念，解放思想，实际上就是统一认识，为信用卡的发展明确一个良好的方向。

一是要不要继续清理“水分”的问题。2000年到2002年这段时间，当时有大量的无效卡、睡眠卡，有必要进行清理。多数信用卡有效期是两年，如今三四年过去了还在清理“水分”，这是不允许的。清理过程中有的分行一次清掉总发卡量的一半，不可思议，实际上是借清理“水分”来掩盖工作不力和市场拓展落后，从根本上忘记了发展是硬道理这个第一要务，是典型的粗放经营。信用卡的发行是有成本的，一个客户从营销、审查、发卡到系统运行各个环节都会产生成本，到最后轻易把它销掉很可惜。卡发行后应该尽力维护，不断启动客户使用，这是正常业务管理工作的一个组成部分，当消费量达到一定金额后，成本就可以得到补偿。过度清理“水分”说明成本意识差，市场意识差，大量淘汰客户既否定了原有的工作，又丢掉了市场，很不应该。不可否认，在发卡时可能会有一些低效卡，但这是少数，因为发卡审查和管理都很严格。这样每年自然淘汰部分卡，就应进入到一个正常的工作流程里去，就不能再把工作精力继续放在清理“水分”上去了。

二是考核问题。在考核上始终要把以客户为中心，将服务客户、争夺市场放到第一位，而不要在完成指标上动心计。同时卡中心要合理设计考核指标，因为现有一些考核指标不合理，也有一些是鞭打快牛的指标。大家不要把考核结果看得太重，而要看重市场和客户，把在当地争夺业务的主动性看得更高。业务计划要有严肃性。这两年，没有分行向总行报告任务完不成，也没有一家分行报告市场份额在下降。这种消极对待计划的精神状态与工商银行传统的争强不服输的文化是背离的。有不少行在指标上动脑筋、做文章，以虚假的东西来求得更高的位置。指标通常不能完全反映一个行的真实状态，比如说主营业务收入的比重及增长问题，只要降低存款收入，主营业务收入比重就会增长，透支业务收入在各项收入中的占比也一样；还有单产提高问题，我们2004年设计了一个理想化的指标考核体系，代表未来的发展趋势，而且经过测算，浙江分行正好吻合，但这个指标体系过份强调了单卡质量问题，最终导致不少分行不再增加发卡量，这是很消极的。因此，如果丢了市场，任何考核都没有意义。如果有的分行提出能够得到市场第一而要求总行不考核，我可以同意。对一些发达行可以放松一些考核，让他们减少羁绊，更轻松地发展。指标考核是一种度量，是约束和激励相结合，不能把考核当成一种消极被动的东西，在不发展的情况下，在市场占比下降的情况下，一切考核都没有意义。所以建议对考核体系做适当修改。

三是经营目标问题。信用卡业务的发展目标就是争夺优质市场，争夺优质客户群，进而通过卡业务的各项功能取得财务上的盈利。在我行成为股份制商业银行以后，各项业务如何加快发展，如何争得更多的利润，是各个专业、各个分行的一项重要任务。信用卡业务是未来盈利的主体业务，要充分看到它的增长潜力。现在每卡一年收入200~300元，1000万张卡收入能达到20亿~30亿元。我们的目标是要尽快达到1000万张信用卡，而1000万张卡所占客户比重很小，在1亿个客户中平均10个人一张卡。按照“二八”定律，1亿个客户中有2000万个是优质客户，2000万个优质客户中一半领卡，我们的发卡量就能达到1000万张。再加上一

般客户的成长，至少还有1000万张。所以发行2000万张信用卡应该不成问题。如果每一张卡收入300元，全行就能创收60个亿。完全可以覆盖经营成本，并盈利。信用卡业务单笔发生额很小，要盈利必须增加规模。前年进行的一个调查表明，在297个发卡行当中，前100家分行的规模基本上在5万户以上，是盈利的；靠后的两百家分行规模都在一两万张以下，都是亏损的。所以这种规模型业务必须增加发卡总量，规模达不到肯定亏损，因为不能有效分摊经营成本。今后卡业务的成本还会提高，需要规模来支撑。

信用卡业务靠什么来盈利？透支，还是消费，众说纷纭。从银行家的角度来看，卡是一种介质，代表一个账户和一种工具。介质的功能是自然引申的。第一是开户就有存款，存款就有利差。第二是支付，通过消费赚取佣金。第三是透支，超过免息期的透支收取利息。第四是账户管理费、年费。此外还有超限费、滞纳金等。从目前卡收益的构成看，50%的来源是存款，20%是透支，30%是消费，作为经营者必须多者兼顾，各种功能缺一不可，对银行经营来说，用不同的功能满足不同客户的不同需求，进而赚取利润至关重要。如透支也是以消费为基础和前提的，逾期透支能赚高利息，但风险很大。

再讲一讲信用卡和借记卡的区别问题。银行卡能赚取佣金、年费、透支、存款息差等收入，那么如何区分借记卡和贷记卡，借记卡和贷记卡两项业务是否存在矛盾呢？二者并不矛盾，各有所长。第一，客户有不同的需求层次和生活方式。如白金卡的持卡人一般收入很高，通常不会发生高额逾期透支，但会大量消费，银行能赚取消费回佣。所以银行只能按照客户的生活方式来赚钱。第二，两种卡涉及的风险不同。借记卡没有风险，信用卡有风险，在持卡人透支免息期间，银行有垫付资金成本和风险成本，因此要有相应的风险控制措施。信用卡具有借记卡所没有的功能，如透支和商户优惠。比如白金卡有几百万元的航空意外保险，是借记卡没有的。两种卡体现的信誉也不同，信用卡是身份的象征，国外不少商户不受理平面的借记卡。两者的年费也不同，一个高，一个低。在国外两者的佣金不一样，借记卡回佣较低，信用卡回佣高。贷记卡透支超过免息期能带来相应利息收入，借记卡没有。各家银行在争夺客户时采用信用卡方式非常有效，用借记卡就不一定有效。因此不能仅仅给客户发借记卡，当别的银行发给他信用卡时，客户就会跟着走了。因此要不断从借记卡中筛选出有信用卡需求的客户。

四是客户层的定位问题。信用卡业务发展不好，在于我们没有找到客户层。我们拥有丰富的客户资源可供挖掘：第一，1亿个个人客户，完全可以从中筛选出一两千万个信用卡客户。为了工行的整体利益，需要全行各个专业包括个金专业和卡专业联手，特别是分行一定要从维护客户的角度来抓卡业务。第二，网上银行客户。到7月份我行拥有1313万网银客户，其中25岁以上的有780万人，大专以上的有1000万人，其中硕士、博士就有76万人，每月收入在3000元以上的有260万人。这1300万户网银客户当中已拥有信用卡的大概只有100~200万户，潜力很大。还有理财金客户，都是重要的客户源。第二，集团、机构客户的公务卡市场，现在刚刚兴起，各家银行都在争夺。问题在于我们有没有从客户信息当中去筛选，做细致的工作。曾经问及万事达卡中国区总裁如何看待外包发卡？他的回答是使用外包都是小银行做的，工行那么大的客户群无需外包，内部挖掘即可。如香港分行缺少个人客户资源，外包成为主要发卡渠道，卡均成本达到540~1100元，难以实现盈利。如何把1亿个客户的资料从数据仓库导出至关重要，也是银行降低发卡成本的关键。我们还具有丰富的机构资源，2万个网点机构每天发行一张卡就是2万张卡。要充分发挥这2万个机构的作用，这是最大的优势。

五是风险和市场营销的关系问题。这是经营银行必须面对的一个普遍性问题，信用卡业务也不能违背这个基本问题。我行股份制改造以后，风险的控制将更加严格，现在全行不良贷款率只有4.6%，到年底可能更低，信用卡不良透支至少不能高于平均水平。信用卡发展史上曾发生过两次重大的风险问题。一次是20世纪90年代的协议透支。大量通过信用卡透支放贷，收入很高，一两年后协议透支暴露出巨额亏损。通常愿意支付高利率的人多有赖账动机，教训沉痛。第二次是在2000年以后利用公司集体办卡套现作案。湖南几个二级分行就是这样，其他行也存在这种现象。要防止重蹈覆辙，关键是要走出一条新的路子，形成一种新的体制、新的机制。在社会信用环境正在重构、赖账容易追透难这样一种高风险状况下一定要在控制风险的前提下发展业务。现在倡导前后台分离，如会计、储蓄、信贷已经进行前后台分离，信贷的前后台分离更是严格，彻底从组织机构进行了分离。信用卡业务现在还未从组织上进行分离，仍是几个人包揽前后台，所以这两年发生了三起信用卡案件，两起是前台跟客户勾结起来作案，制造假卡；一起是葫芦岛市分行信用卡部经理利用测试卡环节作案。2004年完成了制卡集中，解决了制卡的风险问题，现在为了解决发卡环节的风险问题，总行提出了审批后台的集中。审批后台的集中在技术上简单，但要注意发卡效率。在旧观念上搞审批和发卡集中，从申请表递交上来到审批环节已经半个月了，审查完到打卡又需半个月，一张卡一个月发不出来。所以在集中过程当中要采取严密的制度，避免发卡效率降低，不发达的地方可先行一步，发达的地方建设两个审批中心。从总体上看，信用卡风险不是很大，但控制不好也会出大问题。韩国在2001年的时候，消费信用达到了顶点，特别表现在信用卡上，当年的信用卡消费金额比2000年增长了88%，大概每一个用卡人一年消费了16000美元，非常繁荣，利润也达到2亿韩元，几个主要信用卡公司的资本回报率都达到52%。15岁以上的韩国人平均每人使用4张不同的信用卡，拥有10张以上信用卡的人数超过了23万人。当时韩国被认为是信用卡市场发展最好的国家。但是问题很快暴露，2002年10月以后银行信用卡业务利润整体亏损，最后亏损总额达到4128亿韩元，大部分信用卡公司陷入困境，最大的LG公司几近破产。中国台湾的情况也类似，最后台湾当局不得不采取透支6个月必须撇账的措施。这次总行也提出6个月不能收回的透支必须全额提取呆账准备金，但不能在6个月后才计算为不良。VISA亚洲区的负责人曾说，透支管理是银行内部的风险偏好，逾期透支收入是银行获得的，VISA只是从消费中得到分成，他们并不倡导消费者透支。万事达组织也谈到不会倡导客户透支。信用卡最早兴起的时候，是针对信用层次最高的客户即富裕阶层发行的，这些人不存在付不出钱的问题，因此在开始仅是一种支付工具。后来在竞争中逐步延伸出信用卡的消费信贷功能，由此也带来了风险问题。现在中国台湾的银行也不鼓励和倡导客户透支。他们对信用卡的考核，有卡量的市场占比，有消费的市场占比，也有循环消费信贷的市场占比，没有特别强调透支。由此可见，客户有什么需求，银行就提供什么样的功能，这就叫以客户为中心。我上次在杭州调查时发现，杭州人比较富，大多数人不会逾期透支，总行下达的透支指标很难完成，因为这是当地的消费习惯。还有比如北京人习惯不用密码，江浙、上海这一带的居民爱用密码，如果强行规定用或不用，就会丧失客户。所以我们始终要以客户为中心，以市场为中心，从客户需求出发来设计信用卡功能，来发展卡业务并获得盈利。

六是服务问题。2005年上半年卡业务发生了几件大事。一是北京分行的牡丹交通卡补办收费事件败诉。二是网上关于我行信用卡透支0.24元被罚息860元的辩论，最后不仅860元钱退给持卡人，而且极大地伤害了我行声誉。在社会征询银行卡信誉时，新浪网的调查19%以上反映牡丹卡不好，居各家银行之首，这实际上很大程度是受那一场辩论的影响。我们要诚信办卡，不能设陷阱，赚客户忘记归还透支的罚息，结果客户走了。图小利，对客户不诚信，不是我们作为大银行的办卡方向。我们要全心全意为客户服务，增强客户对工行的信任，从而增加信用卡消费额，这是高明的经营之道。抓服务，首先要理顺卡本身存在的各种各样的制度问题，消除用卡陷阱，对客户疏忽而导致的失误要提醒。信用卡章程、对账单、密码单上要使用老百姓看得懂的语言，要通俗易懂。要主动去适应客户，尽量使客户感到亲切、方便。其次要提高效率。如承诺15天内发卡，必须让客户在15天之内得到卡，就是加班也要完成，承诺的事项一定要办到。最后要细化服务。服务流程、电话银行的应答和柜面服务，还有资金清算等服务细节都必须注意。比如外汇还款还不能实现T+1的问题、卡中心不能受理外币还款的问题等，要逐一去解决。

三、关于下半年工作的指导思想

围绕着市场的进一步开发和培育，围绕着信用卡未来的发展，如何做好做大信用卡业务，是这次会议的中心。具体的工作任务进行了布置，我再提几点要求：第一，发达地区行市场份额要力争回升到第二，以后再争老大，这是指导经营的战略定位。第二，2005年发卡任务要力争完成，或有比较好的起色。第三，要使员工充分认识卡业务在未来业务发展中的作用，鼓舞士气，增强大家的信心，共同培育、整合全行的资源，促使这项业务有一个良好的发展基础。第四，要认真总结经验教训，深入研究当地信用卡业务发展中存在的问题，有针对性地改善服务。希望各位分管行长认真研究服务中存在的问题，并确定哪些是总行运行机制上存在的问题，哪些是分行在具体作业层面上的问题。属于总行的问题，牡丹卡中心要逐一研究解决，一定要为分行拓展市场做好服务，只有服务改善了，才能给大家提出更高的要求。还有后台集中问题、卡业务的整合问题、分中心管理的问题，要充分尊重分行提出的建议，并逐个认真解决，力求信用卡业务在未来有一个良好的发展。

加强组织领导　抢抓时间进度
确保按时完成已剥离自办公司遗留问题处理工作

——在已剥离自办公司遗留问题处理工作会议上的讲话

张　衢

（2005 年 10 月 19 日 根据录音整理）

今天总行召开这次会议，主要任务是对已剥离自办公司遗留问题的处理工作进行研究和部署，明确工作内容和要求，推动全行加快工作进度，确保2005年年底前全面完成工作任务。下面，我主要讲三个问题：

一、已剥离自办公司遗留问题现状以及前一阶段解决处理工作开展情况

在2000年的第一次不良资产剥离中，按照总行的统一部署，全行将×××户自办经济实体的×××亿元债权剥离到了华融资产管理公司。华融资产管理公司在接收以后，对其中的部分债权以转让等形式进行了处理。有些新的债权人采用对自办公司提起诉讼的方式行使债权，由于我行与一部分自办公司的法律关系并未解除以及部分自办公司存在的一些历史遗留问题，导致我行部分分行被司法机关判决败诉并承担相应的经济损失。

为全面了解这些遗留问题涉及的范围和金额，自2004年以来，根据总行的统一部署，各有关分行与华融资产管理公司相关办事处就有关情况联合进行了调查、核对。调查涉及全行29个分行及总行营业部，共××户自办公司，各行对其中××户的调查结果与华融资产管理公司进行了核对，其中××户核对结果一致。根据目前统计结果，自办公司的遗留问题主要体现在以下三个方面：

一是部分自办公司注册资本金未到位或者未足额到位。

二是我行为自办公司贷款提供了担保。

三是我行占用自办公司现金及实物资产等。

这几类问题的存在，使我行面临着潜在法律风险。按照有关法律规定，股东在出资额度内与其他股东共同对公司的债务承担着连带责任，如果在公司设立时出资不足或公司成立后抽逃出资，股东将要承担虚假出资或抽逃出资的民事赔偿责任；担保人在债务人不能清偿到期债务时，将承担履行债务的责任；没有合法原因占用他人财物的，占用人将要以返还财产、赔偿损失等形式承担民事责任。这些方面的法律关系，各行都很清楚，我们在长期的清理不良资产工作中就是以这样的手段和方式来追索我们自己的债务人的。同样，债权人也会以这样的法律依据来追索作为债务人的工商银行自办经济实体的责任。这就意味着，如果自办公司目前的债权人追索债权，而自办公司又无力偿还，那么我行作为贷款的担保人将被追究担保责任；作为自办公司的股东，一旦有证据表明存在虚假出资和抽逃出资的情况，将被追究相应的民事赔偿责任；对于无偿占用自办公司资产的，在相关权利人主张权利时，必须立即返还。未来一段时间，随着已剥离自办公司遗留问题处置工作的深入，我行对自办公司出资不到位以及提供担保等问题还有可能不断暴露出来。

为了尽快解决自办公司遗留问题，总行资产风险管理部9月下旬专门印发文件（工银险管［2005］99号），对处理工作进行了具体部署。各行按照总行工作部署，积极开展调查核对工作，现已就大部分情况与华融资产管理公司核对一致，部分行还制定并上报了处理方案。

二、认真对待前期工作中存在的问题，充分认识解决自办公司遗留问题的必要性和紧迫性

自办公司问题是我行上次不良资产剥离中唯一的遗留问题。这些问题的存在，使我行随时面临被起诉的风险，不仅可能增加潜在的财务损失，也牵扯了各分行很多的精力。华融公司已经正式向我行提出希望统一解决自办公司遗留问题，总行也已就此问题进行了多次协调，各行也着手开展了一些基础性的工作，取得一些进展和成效，但前期处理工作中还存在着以下几个突出问题：

一是思想认识不到位，法律意识淡薄。总行从2004年就提出了彻底解决自办公司问题的要求，时至今日工作进度仍然不够理想，其中一个重要原因就在

于有的分行对彻底解决自办公司问题的重要性和紧迫性认识不足，法律意识不强，没有充分意识和估计到，如果自办公司问题久拖不决，在带给我行资金损失的同时，还会对社会形象甚至股改工作带来一定影响。

二是组织不得力，责任不落实。已剥离自办公司的遗留问题属于历史问题，情况复杂，解决起来确实难度较大，需要各行加强领导，协调风险、法律、财务等各部门共同研究解决方案。但许多分行没有根据任务量和工作难度进行必要的工作组织；有的责任不明确，人员不到位，工作无计划，实施无效果；有的没有组织足够的力量对疑难问题进行研究、解决，而是简单地将基层行上报的情况汇总上报，把关不严。

三是底数不清，情况不明。虽然总行组织了数次摸底调查，还要求分行同华融公司共同在摸底调查表上签章确认，但目前我们对已剥离自办公司中存在的历史遗留问题仍然没有全面掌握。

四是方案不可行，措施不具体。从目前上报总行的处理方案看，主要存在的问题是，缺乏对情况的深入分析以及同债权人的充分沟通，所提方案措施不具体，操作性不强，流于形式多。还有的过分强调客观困难，缺乏主动性、针对性和实效性强的办法。

五是决策不果断，工作进展慢。对于事实清楚、情况明确、并与华融公司共同确认属我行占用自办公司资产的，有些分行未能果断决策，立即清退，即使在总行对此提出明确要求后，有些分行仍没有及时提出清退方案。还有的分行自对已剥离自办公司遗留问题调查核实工作开展以来，工作进度迟缓，数据填报质量较差，迟误了全行的工作进度。

当前，我行正处在改革发展的关键时期，股份公司即将成立，引进战略投资者工作正在进行之中，如果进展顺利，2006 年我行有可能在国内或国外资本市场公开上市。而这些自办公司遗留问题的存在，对我行目前正在进行的股份制改革以及上市等工作带来诸多不利。因此各行务必要对后续处理工作的重要性和紧迫性有清醒正确的认识，以高度负责的态度积极应对和解决这些问题。

三、明确目标，落实责任，确保年底前完成全部工作任务

现在距离年底还有两个多月时间，我们一定要发扬不良资产剥离工作中表现出来的团结拼搏精神，以最小的成本、最少的时间、最简便的方式，合法合规地解决这些遗留问题。总行已经下发了有关文件，对这项工作作了具体部署。我在这里强调：已剥离自办公司遗留问题的处理工作在 2005 年年底前务必完成。为此，提出以下几点具体要求：

（一）加强组织领导。各行要建立起由资产风险、法律事务、计划财务等有关部门组成的处理工作领导小组，由主管资产风险管理工作的行领导任组长，作为本行处理工作的第一责任人。下设领导小组工作办公室，设在资产风险管理部。领导小组要切实承担起督促、协调、指导的职能，带领各有关部门，分工负责、团结协作，采取得力措施，全力推动此项工作，不得以任何理由推诿和拖延。会后各行要将处理工作领导小组的建立情况上报总行资产风险管理部。

（二）全面摸清底数。要本着实事求是、认真负责的态度，对尚未核对和核对后仍存在分歧、情况不明的问题，继续开展调查和核对工作，整理完善有关档案资料。11 月 15 日前要与华融资产管理公司相关办事处完成相关调查核实事项。核对后，确实存在占用资产情况的，要确保 10 月底以前完成全部占用资产的清退工作；存在出资不到位或我行为自办公司贷款提供担保等情况的，要尽快制定处理方案并最迟于 11 月 15 日前上报总行。

（三）逐户制定处理方案。详实具体、操作性强的处理方案是尽快解决自办公司遗留问题的重要前提。各行要对此予以足够重视，指定专人，落实责任，逐户制定处理方案。对情况复杂的项目，要经处理工作领导小组集体研究审议，主管行领导要对处理方案严格把关。处理方案应当包括以下几方面内容：1. 经法律部门审查后我行确实应承担责任的金额；2. 解决我行承担责任问题的方式及涉及资金金额；3. 具体时间计划；4. 需要上级行提供的支持和协助等。方案应尽量翔实、具体，具有可操作性，保证方案一经总行批复便可立即组织实施。在各行上报全部处理方案后，总行将在汇总分析的基础上与华融资产管理公司等债权人协商谈判。同时，将根据各行上报的方案，及时提出下一步处理工作指导意见，加强对各行的政策指导和工作支持。处理方案经总行审核批复后，各行要按照先易后难的原则抓紧落实。对于重大疑难项目，总行将根据实际需要采取集中会审的方式进行处理。

（四）分类采取措施。对于经核实我行确实占用自办公司现金和其他资产的，要立即返还；确实难以立即返还的，要制定清退方案，列明清退计划并尽快实施；对于无法返还的实物资产，要经协商后合理作价补偿；如果因所占用资产用于营业网点而难以清退并确实需要购买的，要向总行请示，并通过谈判协商确定合理的购买价格。

对经核实一致的自办公司债权，要与华融资产管理公司等债权人积极配合，搜集整理有关证据，准确界定已剥离自办公司债权是否丧失诉讼时效，做好我行应承担经济责任金额的认定工作，努力维护我行权益。

对于经过法律部门审核认定确实存在我行出资不到位或未足额到位以及我行为自办公司贷款提供担保等情

况，确应承担经济责任的，总行鼓励各行通过终结自办公司法人资格的方式彻底解决出资和担保责任问题，也可通过与债权人协商的方式减免我行的出资和担保责任。

需要采用与债权人协商途径处理的，协商工作要尽早进行，选择合法、有效、成本最小的解决方式，力争与债权人就减少或免除我行责任达成一致意见，有关协商处理方案要及时上报总行。

（五）加大监管力度。总行将建立处理工作日报制度，实时监测各行处理工作进展情况，并坚持每半月通报制度。各行也要建立起有效的激励考核工作机制，切实落实责任制，确保处理工作在2005年年底前全部完成。对于工作进展缓慢、措施不力的分行，将责成主管行领导到总行专题汇报。各行的领导小组要对处理工作的合法合规性负责，确保处理工作干净彻底，不留任何后遗症。对于处理工作中遇到的疑难问题，各行要及时向总行报告。

同志们，已剥离自办公司债权遗留问题处理工作事关我行股改大局，大家要充分认识做好此项工作的重要意义，切实将其作为近期的一项重点工作来抓，以高度的责任心和紧迫感，本着依法合规、实事求是的原则，采取切实可行的工作措施，加快工作进度，确保彻底解决已剥离自办公司遗留问题，为我行的改革发展创造良好的外部环境。

适应形势　明确目标
继续推动国际业务健康发展

——在中国工商银行国际业务工作会议上的讲话

王丽丽

（2005年2月21日）

这次国际业务工作会议的主要任务是，全面贯彻科学发展观，认真落实分行行长会议精神，总结2004年的工作，分析当前的形势，明确2005年国际业务的主要任务和工作重点。下面，我讲几点意见。

一、2004年全行国际业务实现快速稳健发展

2004年，全行深入贯彻总行党委关于发展国际业务的各项部署，着力市场营销，巩固管理基础，注重产品创新，密切协同配合，使我行的国际业务又向前迈进了一大步。主要表现在：

（一）经营效益显著提高。2004年，全行实现外汇经营利润7.58亿美元，实现外汇中间业务收入31.26亿元人民币，增长31.6%，以占全行7.3%的资产规模，创造了占全行26.9%的中间业务收入。其中境外机构实现经营利润1.68亿美元，实现账面利润1.42亿美元，实现中间业务收入6.44亿元人民币。

（二）经营规模不断扩大。2004年末，全行外汇总资产495.3亿美元，比上年增加了54.3亿美元。共办理国际结算业务2122亿美元，增长23.6%。代客外汇资金业务1489亿美元，增长26%。我行国际结算、贸易融资、外汇资金项下推出的多项新业务和新产品在市场上获得广泛的影响力。2004年我行被《新兴市场》杂志评为“亚洲地区最佳贸易融资银行”。

（三）资产质量不断优化。2004年末，全行外汇不良贷款余额为31.02亿美元，比2003年末下降了2.96个百分点。境外机构不良资产率0.88%，下降1.06个百分点，达到国际先进水平。

（四）跨国经营稳步推进。2004年末，境外机构总数达100家，比2003年末增加了29家。代理行总数达1018家，网络遍布全球6大洲107个国家和地区。境外机构收入结构中，中间业务收入占营业净收入的比例达24%，高于全行平均水平16个百分点；境外资产回报率达0.73%。近两年来，境外机构本地化经营步伐逐步加快，以中间业务收入为主的非利息收入快速增长且占比上升，以存款为主的负债业务有了较快发展，境外融资能力明显增强。以中间业务为核心、资产负债业务协调发展的良好局面正在形成。

（五）内控与风险管理日趋完善。国际业务基础工作继续巩固，制度建设、内控以及风险管理不断得到加强和完善。国际结算、贸易融资、外汇资金、代理行管理、境外机构管理等领域均形成了较为完善的制度体系和管理机制。

（六）电子化建设取得突破性进展。2004年国际结算系统，CM2002贸易融资、转贷款、代理行授信管理子系统，以及外汇买卖集中平盘和远期结售汇系统的陆续投产，进一步提升了我行国际业务的电子化水平。业

务管理由以前的制度性软控制转变为系统流程上的硬控制，风险监测模式由以前的事后检查转变为实时监控，为业务健康发展奠定了坚实基础。网上银行业务开始推出，实现了网上开证和境内外汇资金调拨服务功能。经过努力，我行国际业务电子化建设已基本赶上了全行电子化的发展步伐，并实现了外汇业务系统与人民币系统之间的初步融合。

总体来看，过去的一年，是全行积极贯彻国家宏观调控政策，认真落实科学发展观，保持国际业务良好发展势头的一年；是确保全行外汇资金流动性，防范化解各种风险，资产质量不断优化的一年；是各部门密切配合、协同作战，使我行国际业务又向前迈进一大步的一年。对此，我代表总行党委对大家的辛勤努力，对大家为工行的发展所做出的贡献表示衷心感谢。

二、当前面临的形势和任务

跨入新世纪以来，经济全球化与加强区域合作成为世界经济领域的一个重要趋势。2004 年全球贸易总额已超过 10 万亿美元，增幅达 7.5%。我国对外贸易超过 1.16 万亿美元，一跃成为世界第三大贸易国。据预测，2005 年我国对外贸易还将以 15% 以上的速度增长。与此同时，我国经济增长也将继续保持快速发展的势头。截至 2004 年末，全国累计批准设立外商投资企业超过 50 万个，合同外资金额超过 1 万亿美元，实际使用外资金额超过 5500 亿美元。目前，全球 500 家跨国公司已有 400 多家来华投资，世界排名前列的汽车巨头全部进入中国，世界 IT 产业 100 强中已有 90 多家进入中国，外资投向服务业的步伐在加快。总的来看，我国正在成为世界生产、供应和研发体系中的重要环节。

在国家提出的利用好“两种资源、两个市场”，支持国内企业“走出去”战略的指引下，我国企业的国际化程度显著提高，截至 2004 年末，我国对外直接投资累计超过 400 亿美元，投资对象遍布世界 160 多个国家和地区，境外中资企业超过 7000 家，我国已经成为全球第五大对外直接投资国。我国对外承包工程累计超过 1100 亿美元，对外劳务合作累计超过 300 亿美元。这一趋势方兴未艾。目前，贸易型企业已经广泛分布于欧、美、日等发达国家及港澳地区；资源开发型企业陆续进军非洲、美洲、大洋洲及俄罗斯等资源较丰富的国家和地区；境外加工贸易型企业集中于发展中国家。随着我国加入世界贸易组织，其他世界贸易组织成员国逐步放宽对中国出口商品的限制，给予海外中资企业相应的国民待遇，我国企业面临前所未有的发展机遇，对商业银行全球服务的需求也会相应增加。

在我国对外开放的大背景下，外汇管理部门逐步放宽了政策限制。2004 年以来出台的一系列政策，如扩大企业外汇账户限额、允许企业按照规定购汇或使用国内外汇贷款用于境外投资、允许跨国公司外汇资金内部运营管理、规范统一境内中外资银行外债使用、放松个人财产对外转移限制等，都将引发企业和个人更丰富的国际业务需求。

但我们也要看到面临的挑战和压力。从对外经贸发展态势看，国际石油价格的大幅上涨以及高位运行，国际贸易保护主义的抬头已经并将继续影响到我国经济和对外贸易的发展。美国鼓励境外投资回流、国内对外商投资企业所得税的改革考虑也将影响我国利用外资规模的增长。跨国公司外汇资金内部运营管理给我行现金管理业务带来了新的挑战。随着外向型企业国际化程度的不断提高，其所面临的市场风险、经营风险、政策风险等日益复杂，对我行的服务也提出了全新的要求。从竞争态势看，国内金融市场继续开放，外资银行在华业务在深度和广度两个方面同时拓展，其综合服务能力将进一步加强。中行、建行及一批中小商业银行改制上市先行一步，轻装上阵，对我行包括国际业务在内的各项业务的发展形成巨大的竞争压力。

从内部来看，我行国际业务客户基础仍比较薄弱，现有客户的国际业务资源潜力尚未充分发挥，新的优质客户资源亟待拓展；本外币一体化营销、产品设计和后台保障等有待加强；部分政策制度与业务发展和产品创新格局不配套；外汇资金统一配置的格局尚未形成；国际结算业务结构不尽合理，出口结算、非贸易结算比重仍然偏低，流失了部分低风险的市场资源；内外联动机制有待进一步加强；部分境外机构客户结构趋同，新客户开发不足，单一客户风险相对集中；全球授信工作尚不能满足我行对跨国公司的整体营销需要；海外机构信息化建设相对滞后，我行国内领先的科技优势在境外得不到充分发挥，甚至成为我行国际化发展的瓶颈。形势逼人，不进则退。我们必须有效化解面临的压力和问题。

2002 年 10 月，全行国际业务工作会议提出了未来 5 年国际业务发展战略和主要经营目标。通过两年来的工作实践，我们进一步深化了对国际业务发展战略的认识，坚定了实现 5 年发展目标的信心。根据我行国际业务面临的形势以及我行即将实施股份制改革对国际业务发展提出的新要求，2005 全行国际业务工作总的指导思想是：全面贯彻科学发展观，优化资源配置，再造业务流程；加强市场营销，实行整体联动；深化重点战略，加快产品创新；强化风险管理，注重结构调整；促进本外币业务均衡协调发展，继续提高国际业务的发展质量和效益。

2005 年国际业务主要经营发展目标是：外汇利润增长 10%；外汇中间业务收入增长 30%；外汇不良贷款比率下降 3 个百分点；外汇存款增加 8 亿美元，其中外币储蓄存款增加 2 亿美元，外汇对公存款增加 6 亿美元；外汇贷款增加 20 亿美元；国际结算、外汇资金等主要国际业务指标在四大国有商业银行的占比力争提高1至2个百分点。积极探索跨国经营新模式，完成设立卢森堡子银行工作，实现在印度尼西亚和俄罗斯设立营业性机构的突破；继续推进境外机构以上、中间业务收入占比达25%以上、不良资产率控制在1%以内、拨备覆盖率保持在100%以上、成本收入比率控制在43%以内，促进境外机构经营绩效和业务结构持续优化。

上述经营目标未考虑我行年内重组改制因素，股改启动后外汇利润增长等部分经营目标将作必要调整。

三、继续实行整体联动，促进国际业务健康快速发展

（一）加强市场拓展，巩固和扩大国际业务客户基础。在我行目前的客户群体中，外向型企业占比不高；在全国数十万家优质外向型企业中，我行的市场占比较低，这对我行国际业务市场的拓展和客户结构的调整都是极为不利的。因此，国际业务部门要积极配合和协调各级市场营销部门的市场营销工作，加大对我行尚未进入的优质客户市场的营销，积极拓展新的市场空间。要进一步挖掘本外币存量贷款客户特别是优质客户的国际业务潜力，充分发挥信贷投放对国际结算等中间业务的拉动效用，争取这些客户在我行的国际业务与信贷业务占比基本相当，提高综合回报。要针对外商投资企业和中小民营企业成为外贸增长主要动力的变化，继续抓好外商投资企业和优秀中小民营企业的国际业务拓展工作。要加强对中小企业国际业务需求的研究和分析，策略性地进入那些处于成长期但有发展潜力的中小企业。要适应服务业扩大对外开放的格局，大力抓好服务业招商引资的金融配套服务和业务拓展工作。

各行要在深入分析本地市场资源的前提下，拟订国际业务重点客户名单，制定客户发展计划，并在细分客户的基础上，开展分类营销。要加强对重要行业、重点客户的综合价值度和综合收益的测算，并以此作为我行制定营销策略和加强风险控制的重要依据。要进一步明确职能分工，形成各相关业务部门齐抓国际业务市场的新局面。公司业务部门要在整体风险偏好不降低的情况下，把增加在我行开立外汇账户的法人客户数量作为一项重要的业务发展指标，下达给客户经理，大力提高国际业务市场份额。个人金融业务部门要针对重点客户群体，统筹制定整体营销策略，将国际业务作为个人金融业务发展的重要方面，并将境外个人金融业务纳入整体安排，打造我行国际化的个人金融业务品牌。机构业务部门要抓住我国资本项目往来管理趋向宽松的机会，加大对境内中外资金融机构、社团法人和QFII、QDII等机构客户的营销力度。

各境外机构也要服从总行市场营销部门对国际业务的整体规划和工作布置，抓好客户营销工作。既要继续立足本地化，将当地注册的大型跨国公司、透明度较高的上市公司、重大基础设施和能源项目的公用事业公司作为重点营销对象，又要认真调查和掌握国内企业“走出去”情况，把中资跨国公司、在国内投资的外资跨国公司、规模大信誉好的民营跨国公司作为重点，密切跟踪，努力为其做好全球金融服务。

（二）进一步完善管理办法，推动贸易融资业务的健康发展。根据年初分行行长会议精神，优化信贷结构，大力发展符合条件的短期流动资金贷款是2005年我行信贷工作的一个重点。贸易融资业务是我行服务进出口企业，拓展信贷服务功能的重要业务种类，要加大信贷资源对国际业务的倾斜力度。2005年总行将进一步推行适合贸易融资业务发展的授信管理机制，其具体安排有关部门总经理会在发言中专门介绍，各行要认真贯彻落实。总行近期还出台了专业外贸企业信用等级评定办法，相关系统即将投产，各行要学习掌握相关政策。国际业务部门要根据贸易融资业务的特性，建立起有针对性的贷后风险监测机制，对大宗进口商品的国际、国内价格进行跟踪监测与定期分析，对市场价格波动较大等风险隐患要提前发布预警报告，并采取避险措施。

（三）努力扩大资金来源，提高外汇资金运营水平。外汇存款是国际业务的经营基础。各行要高度重视外汇存款工作，采取多种有效措施大力争揽外汇存款。要切实抓好外资企业、海外上市公司、跨国公司的外汇资本金账户、经常项目外汇结算账户的营销和开户工作，着重在设计产品、提供理财方案等各方面提供良好的金融服务，从业务源头抓住外汇存款资源。要针对客户需求，大力开拓外汇代客理财与风险管理业务，以综合性的优质服务提高外汇对公存款的竞争力。要进一步丰富个人外汇理财产品序列，积极拓展结构性存款等外汇理财产品范围。要做好新产品的营销规划，建立统一销售渠道，提高宣传与推广力度。境外机构也要积极发展各类负债业务，特别是客户存款业务，争取资金自求平衡。要继续加大以提高汇价折算方式的外汇存款、外汇中间业务收入的考核力度。

要加强对全行外汇存贷款期限结构、利率结构、余期结构的分析测算，推进全行外汇资产负债结构管理，提高外汇资金的综合营运收益率。要合理摆布外汇资金的期限结构、利率结构和币种结构，提高流动性管理水平，合理安排备付头寸，实现外汇资金营运安全性、流动性和盈利性的协调平衡。研究外汇资金全额管理的实现模式，强化对外汇资金结构的规划与控制，提高总行对全行外汇资金的控制力，实现外汇资金在全行范围内的优化配置。牢固树立资本价值等管理会计理念，建立健全科学的外汇资金营运业绩考核体系和配套的激励制度，引入风险成本计量方法，逐步将总行外汇资金营运部门建成全行重要的利润中心。

（四）强化产品创新与整合，继续推动外汇中间业务发展。外汇中间业务收入一直是全行中间业务收入的主要来源之一。最近，总行明确提出优先发展中间业务战略。各行要充分发挥我行本外币整体优势和资产负债业务传统优势，加强本币与外币、资产与负债业务的互动支持，把外汇中间业务收入作为选择国际业务目标客户的主要标准，实现中间业务服务对现有国际业务客户的全方位覆盖和对国际业务客户资源的深度挖掘，推动外汇中间业务快速优先发展。

要建立完整的外汇中间业务产品和服务体系，确立在价格、效率、质量、服务方式等方面的相对优势。总行国际业务部已建立产品创新的专门队伍，把产品研发、制度更新和流程再造作为重点工作加以推动。各行要密切跟踪市场需求，整合业务、技术资源，建立上下联动机制，提高产品研发响应速度，加大产品推广力度。大力发展代客外汇理财和风险管理、外汇现金管理、财务顾问和国际投融资顾问等综合性、知识密集型外汇中间业务的产品和服务。加强与境外有影响力的代理行和境内其他金融机构合作，在外汇中间业务领域建立战略协作关系，注重吸收引进，努力提高核心竞争力。要充分发挥外汇买卖集中平盘系统的集约经营优势，大力拓展外汇买卖和结售汇业务。加大对外汇市场的研究力度，及时为客户提供高水平的投资咨询服务，构造良好的外汇买卖业务的交易环境。要加强福费廷、国际保理业务的深度挖掘与推广，在防范风险的基础上，积极研发推出进口保理、中介性保理等新产品，并针对不同客户的多样化需求，推出个性化服务方案。

要大力发展资本项下结算和非贸易结算业务，提高此类结算在国际结算总量中的占比。要把非贸易结算业务作为2005年的一项业务增长点加以推动，使此项业务的占比与我行的市场地位相适应。国际业务部门要不断丰富非贸易结算产品，发展个人因私购汇、留学生汇款、预结汇汇款等业务，提高服务个人客户的效率。会计结算部门要尽快实现外汇汇款业务的后台集中管理，减少业务处理环节，疏通系统自动化处理渠道，切实提高外汇汇款的时效性。个人金融部门要充分利用我行的境外机构、代理行网络和RFC业务系统，积极营销汇款直通车等个人汇款业务。要积极研究利用全行整体优势推进境外机构个人零售业务发展的措施，制定全行零售业务产品整合方案，逐步完善利用全行全球网络推广该类产品的技术手段，使境外行零售业务有所突破。

（五）继续推进境外机构发展，加强境外机构管理。要继续按照“壮大亚洲、巩固欧洲、突破美洲”的布局原则，结合新时期国家经济外交工作的战略布局要求，以兼并重组和设立分行、子银行、代表机构等多种方式积极参与全球经营，加快在周边国家及与我国经贸往来热点地区的网络建设。2005年要通过收购方式设立我行印度尼西亚子银行。抓紧启动莫斯科代表处升格为子银行的工作程序，争取年内有实质性进展。充分利用卢森堡监管政策宽松和欧盟单一护照制优势，设立卢森堡子银行，为我行扩展欧洲大陆经营网络奠定基础。近期可通过其收购比利时华比银行，并将其改制成为我行卢森堡子银行的分行。继续推进在美国和澳大利亚建立营业性机构的工作。抓紧调研潜在市场，继续做好拉美及我国周边国家的政治、经济、金融环境及市场准入调研。

进一步加强总行对境外机构的管理力度，健全各部门“分工负责、协调统一”的境外业务管理体制。特别要加强对管理相对薄弱、风险相对较大的资产业务管理。要指导和督促境外机构实施《巴塞尔新资本协议》。总行国际业务部要制定海外机构监管核查清单，加强对境外机构业务数据的集中管理，建立定期常规监控和不定期重点监控相结合的境外业务统计分析和监测机制。加大业务检查的频度和力度，实行分类监管并对三、四类机构实施重点监测和远程监控，在此基础上逐步推出预警制度。

完善境外行授信管理制度，将境外客户管理和评级纳入全行信贷客户管理和评级系统。各境外分行要以《中国工商银行公司法人客户统一授信管理办法》为基础，结合当地实际情况制定实施细则并规范客户授信管理，对已授信客户进行彻底清查并逐步纳入全行统一授信体系。要规范和理顺新客户的授信审批流程，实现全部境外授信客户的数据集中管理。对关联企业的风险、信用类贷款的风险、表外业务的风险实施总量控制。严格落实审贷委员会的决策问责制和新设机构的辅导期制度。

（六）完善考核体系，加大培训力度。积极引入新的考评理念，建立健全科学合理的国际业务绩效考核体系，提高考核指标的针对性和对经营行为的导向性，提高考核结果与经营资源配置的关联度。考核体系要涵盖国际业务各相关部门，进一步巩固完善各部门密切配合、协同作战的经营管理体制。国际业务绩效考核指标中，要加入市场拓展指标，引导分行扩大客户市场。要建立科学的国际业务专项奖励基金分配机制，打破专业限制和部门限制，对在国际业务市场拓展、风险控制、保障支持中发挥积极作用的有关部门和个人都应纳入奖励范围。

继续完善境外机构的指标评价及考核体系，制定内外联动绩效考评办法。继续完善对境外机构第一负责人和管理层的考核评价，协助境外机构建立包括各个层级、各个岗位的考核评价体系。

加强国际业务队伍建设，建立完整的国际业务从业人员序列和国际业务客户经理队伍。要充实国际业务重点行市场营销部门的国际业务专业营销人员。制定全面系统的培训计划，进一步快速提高国际业务从业人员的职业素质，培养更多的国际业务专业人才，以适应业务快速发展的需要。要进一步完善外派人员选拔机制，拓宽选拔渠道，扩大选人视野，在全行范围内选拔一批精通银行业务、熟悉信息科技、善于协调管理的复合型人才，列入外派人员和境外机构管理人员备选名单，增强外派人员选拔的公开性和科学性。

（七）推动业务流程整合再造，提高集约化程度。加快外汇资金业务中台建设进度，实现对全行外汇资金业务市场风险、信用风险及操作风险的有效监控。加快单证中心组建进程，尽快实现单证业务的集约化经营与标准化管理，降低操作风险，提高服务质量。

继续将国际业务电子化建设作为全行科技工作的一大重点。将国际业务系统建设融合在全行电子化的整体框架之内，做好技术发展规划，保证项目建设的现实性、前瞻性和兼容性。按照国际标准统一本外币清算格式，推动本外币清算一体化，在此基础上开发全球现金管理业务系统，实现全球资金集中和运营管理功能。加快境内外系统平台整合，做好 CM2002 系统向境外延伸工作，年内力争将境外信贷及贸易融资业务纳入全行信贷管理系统。开发境外 MIDAS 系统与全行主机系统接口，将境外业务纳入全行主机系统管理。通过以上措施，力争使我行在为跨国公司提供全球统一授信、结算融资和以现金管理为核心的一揽子金融服务上取得突破。加快研究制定网上银行和电话银行的境外服务方案。

（八）全面排查摸底，加快外汇不良资产清收处置。做好不良资产清收处置，是 2005 年全行工作的一大重点。国际业务部门要正确认识当前形势，增强压缩和控制不良资产的责任感和紧迫感，不能放松工作要求，更不能因处理工作复杂而产生畏难情绪，要主动配合有关部门彻底解决外汇不良资产问题，为全行股份制改革做好准备。一是全面排查摸底，把家底搞清楚，与全行不良资产处置工作保持统一步调。外汇不良资产主要包括外汇不良贷款、信用证垫款、保函垫款、外国政府转贷款垫款、贸易融资不良资产、外汇资金拆借逾期、境外机构不良资产等。各级国际业务部门要加强与风险管理部门、信贷管理部门、公司业务部门的协作，确保将外汇不良资产纳入全行统一的不良资产管理、以物抵债和呆账核销管理系统。对同一客户的本外币不良资产，各行要统筹兼顾，全面考虑，统一制定清收转化计划，确定清转措施与核销方案。二是要对亚健康资产进行科学分类，确保我行在改制后不良资产不出现反弹，资产质量可持续保持在一个较高水平。三是加快不良资产处置进程。各行要正确认识加强管理与加快处置的关系，坚持清收与管理并重，把握时机大力处置不良资产。对金额较大、涉及面广、操作复杂的处置个案要由一级分行牵头，制订本外币配套的综合处置方案。

（九）实施全面风险管理，提高防控风险能力。正确处理加强风险管理与保持市场拓展力度之间的辩证关系。2004 年，银监会和总行稽核监督局、国际业务部在对国际结算和贸易融资业务的专项检查中发现了一些问题，境外机构在接受外部审计中也暴露出一些问题。如个别分行存在超权限办理信用证业务，办理无效担保等重大违规事件，并由此导致了新增不良资产。有些分行虽没有出现不良资产，但也存在规章制度执行不严，业务审查不严，贷后管理分工不明确等风险隐患。因此，加强国际业务风险防范刻不容缓。各行要认真整改并落实责任制，以此为契机，举一反三，进一步强化业务管理，整章建制，加强依法合规教育，确保我行外汇业务健康发展。

这里还要特别强调一下加强反洗钱工作。各行必须严格执行人民银行、外汇管理局关于反洗钱的相关制度办法以及我行外汇业务反洗钱操作规程、大额和可疑外汇交易报告制度。针对最近国际“热钱”频繁进出中国的情况，以及大量新业务带来的新情况，各行要严格执行支付结算、外汇账户管理、结售付汇及进出口核销等方面的管理规定，在办理相关国际结算和贸易融资业务时要严格审查贸易合同，对低报进口、高报出口和预收货款、虚构贸易背景等异常行为提高警惕，严加防范，避免成为国际投机分子的洗钱渠道。在代客业务中，尤其要关注异常交易，凡偏离市场条件的一律谨慎处理，并及时报告。要建立健全外汇领域反洗钱工作岗位责任制，配备专职人员，履行外汇反洗钱工作职责。

同志们，2005 年是我行推进现代金融企业建设的关键一年，全行上下一定要认真贯彻总行党委关于发展国际业务的各项部署，振奋精神，团结奋斗，努力完成 2005 年的各项任务，为工商银行改革发展做出更大的贡献。

做好机构金融业务工作 为建设现代金融企业做贡献

——在中国工商银行机构业务暨银行保险业务工作会议上的讲话

王丽丽

（2005年2月28日）

这次会议的主要任务是，认真贯彻年初分行行长会议精神，总结2004年机构业务工作，分析当前面临的形势，全面部署2005年机构业务工作任务。本次会议还要专门研究银行保险工作。下面，我讲几点意见。

一、2004年机构业务支持了全行的改革和发展

2004年，全行认真贯彻国家宏观调控政策，落实金融监管要求，积极推进各项综合改革和业务创新，保持了各项业务的稳定、健康发展。全年境内外机构实现经营利润747亿元，账面利润33亿元。我行的经营业绩及服务水平也得到了国内外金融业的充分认可，《欧洲货币》、《银行家》、《环球金融》等国际知名媒体和机构，相继评定我行为“中国最佳银行”、“中国最佳零售银行”、“中国最佳个人网上银行”、“中国最佳托管银行”，标准普尔将我行的前景展望由稳定调升为正面。

可以说，全行改革和发展取得的成绩是和大家的努力分不开的。一年来，全行机构业务部门的同志们，紧紧围绕总行决策部署和目标要求，坚持以客户为中心，以市场为导向，建立和完善营销机制，巩固和拓展优质市场，圆满地实现了各项工作目标，支持和促进了全行的改革和发展。2004年末，全行机构存款余额为8228.77亿元，比年初增加943.21亿元，增幅为12.95%，占对公存款余额的29.2%，超额完成全年增存900亿元的计划任务；包括代理财政、信托计划资金收付、代理银行及证券同业的资金清算、代理保险、代理证券在内的各项中间业务得到了全面发展，累计实现中间业务收入约8.56亿元，占全行中间业务收入的7.4%；积极稳妥地开展资产类业务，各类融资业务风险得到有效控制，全年共与各类机构客户开展资金拆借、债券回购、票据贴现等融资业务2万多亿元，没有发生坏账，实现了资产、负债及中间业务的协调与健康发展。

总的来说，过去一年里，全行机构业务工作在以下几个方面取得了明显成效。

（一）加强了营销体系和营销机制的建设。近几年来，随着全行机构业务的稳定发展，各行越来越认识到其对于扩大资金来源、拓展中间业务收入的重要性，一些分行利用机构客户联系面广、市场影响力大的特点，在为政府类公共部门及金融类客户提供金融服务的同时，还挖掘和培养了一大批优质公司及个人类客户，有效带动和促进了其他业务的发展，促进了全行经营模式和增长方式的转变。

经过三年多的努力，机构业务组织体系基本建立，大部分分行成立了机构业务部门，未成立专职部门的分行也都明确了具体的负责部门。一些城市分行根据当地业务量大、机构客户服务工作任务重的特点，也成立了机构业务部门。机构业务组织体系的建立和完善，为全行机构业务的开展提供了有效的组织保障。同时，各级行在建立和完善营销机制方面也不断取得新的进展。2004年，全行在前几年工作的基础上，全面推进总行、分行、开户行三级营销网络建设，将全行60户特大型客户纳入营销管理体系，分工协作，联动营销。建立健全了客户经理制，完善了考评体系，开展了多层次的客户经理培训工作，提高了我行对重点客户的服务能力，

（二）积极开展了富有成效的市场营销。全行加强了对客户的价值管理，积极开展各类营销活动，密切了与优质客户的合作关系，取得了较好的营销效果。

在有效竞争政府机构业务方面，总分行联动策划，对中央预算单位全系统及地方财政部门进行了大型的市场营销活动。北京、山东、广东及新疆等分行抓住契机，充分利用我行的资金及科技优势，成立了专门的财政金融服务工作小组，为政府机构提供账户管理、代收代缴、支付结算以及科技含量高、附加值高的新型金融服务，巩固和发展了与财政、海关、税务等部门的关系。同时，一大批基层行还以政府部门推行政务体制与社会保障制度改革、财政和税务代理为契机，积极争取社会保障基金及地方财政专项资金的管理工作。通过全行上下联动营销，提高了我行在公共部门的地位和形

象，增强了客户对我行的信赖，带动了政府机构存款和中间业务的快速发展。

在军队金融服务方面，按照总行的统一部署，各大军区总部所在地分行抓住解放军四总部、各军兵种、武警总部、七大军区、三大舰队等重点客户，开展了"工行网银进军营"大型主题系列营销活动，为其度身订做了网上银行产品，并制定了相应的服务方案，成功举办了多次"军银金融产品"推介会及新产品推广会。我行细致周到的服务，赢得了军队客户的信任，加深了双方的合作关系，稳固并扩大了军队存款及代理资金收付业务的市场份额，促进了我行网上银行产品在军队中的推广和普及。

在与金融同业合作方面，全行紧紧围绕"竞合时代，与金融同业携手同行"的营销主题，细分目标客户，将政策性银行、国有银行、全国股份制银行及部分经营规范的城市商业银行、农村信用社、信托投资公司作为营销重点，通过多种营销手段，扩大了代理支付结算、票据融资、债券投资领域的市场份额。山西、深圳、浙江和江苏分行还利用我行的代理优势，大力推介网上代理业务，积极探索与这些客户在货币互存、可转换债券担保、次级债、国际业务等领域的合作。

在与证券业合作方面，针对2004年证券市场持续低迷，证券公司普遍经营困难的情况，始终坚持对证券公司实行分类管理，重点做好资本实力较强、经营规范的优质客户营销工作。上海、深圳、安徽、湖南和广西分行认真研究辖内重点证券公司业务需求，在风险可控的前提下提供优质金融服务套餐，密切了与重点证券公司的战略合作关系。结合证监会对保证金存管改革的总体要求，总行组织部分分行共同为国信证券公司设计了保证金独立存管方案，被监管部门认定为优质证券公司保证金存管改革的样板，提高了我行的市场影响力和业内声誉，有效带动了银企直联、网上银行集团理财、银证转账等电子银行产品在优质证券公司中的推广应用。通过努力，在证券市场总体资金量大幅下滑，市场竞争激烈的情况下，稳住了我行银证合作领域的优质市场份额。

在与保险业合作方面，注重与保险公司的资源共享，积极推荐我行的账户管理、债市通、基金、资产托管等业务产品，增强了对保险公司的销售能力。北京、广东、山东、上海和河南分行认真落实总行制定的与保险公司业务合作计划，细分目标市场，选择重点合作伙伴、重点区域、重点产品，开展富有特色、银保互动的营销活动，实现了银行保险业务与我行理财业务的有机融合。部分分行还积极参与银保合作产品的设计，与保险公司共同研究新产品的推广策略，不断拓展新市场，挖掘新客户，取得了良好的营销效果。2004年全行代理保险业务实现手续费收入7.45亿元，较2004年同期增长27.6%，总体市场份额在国内同业中仍居首位。

（三）初步整合与打造了机构业务品牌体系。2004年，全行充分利用市场领导者地位优势，加大了对具有竞争力产品的改造升级，同时，针对机构客户金融服务需求多样化、变化快的特点，不断进行产品创新，初步打造形成了机构业务的品牌体系。

在现有产品的整合与改进方面，对"银财通"、"银关通"、"银税通"的功能进行了改进和完善，提高了对政府类客户的服务水平和效率。同时，通过产品推介、座谈会、发放宣传材料等多种途径，积极开展品牌营销，提升了我行银政合作产品的社会知名度和对政府类客户的吸引力，扩大了产品的覆盖范围；对现有的网上银行、住房信贷、信用卡等产品进行了整合，推出了满足军队系统个性需求的军银系列产品，提高了在军队客户市场的竞争能力；针对三大期货交易所及其会员之间的资金流转特点，在现有业务基础上，整合开发了交易所网上银行业务系统，为交易所和其会员之间的资金调度及其控制会员的清算风险提供了便利。

在产品创新方面，认真研究各类机构客户的业务需求，先后推出了代理支付和代理交费、代理信托计划、集中式银证通、第三方存管及网上银行银期转账等新产品，并开展了针对性的市场推介活动。新产品的不断推出扩大了我行的服务手段，提高了对机构客户的金融服务水平和市场竞争力。此外，结合全行的业务发展战略，认真研究机构客户的发展变化，探索创新与银行同业及政府的合作模式，认真研究全行银保业务流程再造，以及我行全面进入保险业的发展模式，提高了我行与机构客户的合作层次。

（四）有效地控制了各类业务合作风险。针对金融类客户特别是证券、信托行业客户信用风险暴露较多的问题，全面加强了授信管理和制度建设，有效控制了业务风险。

2004年年初，总行在认真总结机构客户特性、业务风险程度、分行管理经验的基础上，制定下发了授信工作指导意见和授权审批方案，重点加强了票据、贷款、拆借等融资业务和证券、信托行业客户的授信控制，并组织分行对各类有融资业务需求的客户进行了授信审查和检查。各分行认真执行总行有关授信的管理规定，全年授信工作开展顺利，有效地防范了风险，保证了资金拆借、国债回购、股票质押贷款、票据业务的健康发展。

在业务开展过程中，总行从制度环节入手，注重完善各项规章制度，先后制定下发了银证通、银关通的业务管理办法和社保业务、国内代理行管理、加强证券公司融资及保证金存管专项风险控制等方面的指导意见；建立了证券、信托公司分类监控台账，动态监测风险情况；及时调查了解代理银行承兑汇票、代理信托计划、证券公司网点装修贷款等业务的开展情况，并针对风险状况，组织分行逐户制定了融资清收计划，成功收回了广东证券、武汉证券、蔚深证券、银河证券和南方证券共计5亿元的高风险融资。在代理信托计划资金的收付过程中，全行始终把谨慎选择合作伙伴及合作产品作为风险防范的重要环节，及时监控信托计划的运营情况，目前我行代理的信托计划全部运作正常。

总之，2004年，全行机构业务部门的同志们上下同心，团结一致，努力拼搏，以高度的责任感和使命感，克服了种种困难，为机构客户提供了良好的金融服务，赢得了客户的信任和支持，推动全行机构业务上了一个新台阶。在此，我代表总行党委向广大机构业务部门的同志们表示最诚挚的谢意。

在看到成绩的同时，我们也应认识到，工作中还存在一定的问题，比如银证合作业务、银保业务的行内分工模式尚未完全理顺，与政府、军队及金融同业的合作广度和深度还不够，同业融资中还存在一些风险隐患，机构业务队伍建设及人员素质还不能完全满足业务发展的需要，业绩考核和激励机制还有待健全，等等。对这些问题，全行一定要高度重视，切实加以解决。

二、2005年全行机构业务面临的形势

1月中旬，总行召开的分行行长会议，提出了2005年的总体经营目标和工作要求。2005年全行计划实现经营利润820亿元，不良资产下降650亿元，增加存款4500亿元，其中储蓄存款增加2230亿元，公司存款增加1360亿元，机构存款增加910亿元，贷款增加2800亿元，实现各类中间业务收入140亿元。机构业务部门必须紧紧围绕全行的经营和改革发展目标，适应全行经营模式和增长方式的转变，认真分析机构业务面临的形势，研究机构业务发展的模式，在大力发展机构客户负债业务，稳妥开展机构客户融资业务的同时，通过产品创新，服务创新，有效拓展中间业务，使机构金融业务成为全行重要的利润增长点。

从总体上看，我国经济运行的良好态势，金融体制改革的顺利进行，为全行机构业务的健康快速发展提供了难得的发展机遇。

从与政府机构的合作来看，国民经济的持续健康发展，为财政收入的增长创造了有利条件，从而为我行银政业务的发展提供了广阔空间。有关部门预计，2005年财政收入增长率仍能达到14%，外贸出口增长15%左右，关税收入仍将保持较高的增长速度。2005年财政国库管理制度改革将进一步推进，中央财政将全面实行集中支付，对所有中央级有非税收入的预算单位实施非税收入收缴改革。各级地方政府也将深化“收支两条线”管理，推进政府非税收入收缴管理制度改革，最终将所有政府性收入纳入规范的收入收缴管理轨道，财政部门在政府机构资金管理中的龙头和主导地位将进一步加强。税务部门也将不断完善税收制度和内部管理，推进税收管理信息化建设，提高征管质量和效率。所有这些变化，一方面给我行与政府机构的业务合作带来新的发展机遇，同时也对我行的服务手段和服务水平提出了新的要求，只有不断分析客户需求，配合政府推广电子政务和各项行政改革，加大服务产品创新，才能巩固我行与政府机构部门传统的合作关系，扩大双方合作领域与合作层次，提高政府类客户对我行的综合贡献度。

从军队业务方面来看，目前军队存款80%的市场份额在我行，其来源稳定，成本较低，对我行机构业务发展贡献较大，且我国的国防费用拨款逐年有所增加，我行军队业务发展前景看好。但是，我们也应充分认识到，当前的市场竞争形势还非常激烈，巩固市场优势的难度很大。同时，在国防费用总体水平还比较低，后勤保障任务艰巨而繁重的情况下，提高军费使用效率已成为军队客户资金管理的重要目标，其对银行服务的要求也越来越高。我行只有通过完善的金融服务，配合解放军后勤及装备系统进行资金管理体制改革，提高资金使用效率，才能从容应对市场竞争，确保我行在军队业务中的存款及代理支付业务市场份额。

从与银行、信托类客户合作方面来看，当前金融改革力度的不断加大，国有商业银行股份制改革提速，股份制商业银行加快了引进战略投资者的步伐，城市商业银行规范治理取得成效，农村信用社的改革正向全国推进，信托公司分类监管与治理也正在全面展开，财务公司随着《企业集团财务公司管理办法》的出台，市场准入放宽。这些改革措施有效地促进了金融业的创新与发展，同业之间的合作正变得越来越广泛，越来越规范。如何发挥我行的综合优势，通过加大同业合作，促进全行各项业务的发展，是当前机构业务部门需要认真研究的课题。

从银证合作方面来看，资本市场的发展，也出现了可喜的变化，随着《国务院关于推进资本市场改革开放和稳定发展的若干意见》的贯彻实施，证券市场正面临转机，银证合作蕴涵着新的契机。当然也必须注意到，资本市场的发展仍面临着市场主体运作不规范、市场结构仍需完善等问题。目前，一部分证券公司财务状况严重恶化，亏损严重。2004年先后有南方、德恒、恒信、中富、汉唐和闽发等多家证券公司被托管经营或行政接管。这就要求我们必须在发展银证合作业务的同时，增强风险防范意识，善于识别和规避风险。也唯有如此，才能积极创造与优质重点客户的有利合作条件，才能保持我行在银证合作领域的领先优势。

从银保业务方面来看，随着保险政策的变革，银行与保险公司的合作具有了更大的空间。预计2005年银行保险业务的市场规模将稳健增长，总量规模在1000~1100亿元。银保合作的主体将不断扩大，由传统的寿险公司、财险公司扩大到出口信用保险公司、专业健康险公司、养老金公司及专业的农业保险公司

以及外资保险公司。银保产品的结构将进一步调整，人性化、个性化的保障型产品将逐步取代趸缴型分红产品。银行保险业务的渠道将呈现多元化发展趋势，理财中心、网上银行、电话银行、直邮销售等将成为重要的销售渠道。另外，银保合作的领域也将大幅拓宽，从保险资金直接进入股票市场，到获准购买银行次级债，到外资公司在商业银行存放协议存款等等，都将极大地丰富银保合作的内涵和外延，除代理销售、代收代付、银行存款、资金结算等传统合作领域外，保险资产托管、网上投保、深度融资、现金管理、数据库挖掘、客户资料共享等将成为银保业务合作的全新领域，发展前景广阔。

总之，2005 年全行的机构业务是挑战与机遇并存的一年。根据总行党委对全行工作的战略部署及对机构业务工作的要求，机构业务部制定了 2005 年工作目标，即存款增加 910 亿元，实现中间业务收入 10 亿元，资产业务审慎稳妥开展。可以说，这个任务目标是具有一定挑战性的，但也是实现全行总体经营目标所必须的，是在深入分析 2005 年业务形势和市场环境的基础上提出来的，是经过努力完全可以实现的。全行机构业务的同志们，一定要认清形势，明确方向，迎难而上，扎实工作，努力完成 2005 年的机构业务工作目标。

三、关于 2005 年全行机构业务工作的几点要求

（一）坚持科学发展观，处理好业务发展的几个重要关系。近年来，全行机构业务有了长足的发展，但我们也应该看到，坚持科学发展观仍是我们面临的一个重要课题，必须正确处理好以下几方面的关系：

一是要处理好市场营销与经营效益的关系。开展市场营销最终目的是实现经营效益的最大化。因此，在客户拓展中，要加强投入产出分析、成本效益分析，注重研究客户对我行的综合贡献度，不能为片面追求市场份额而忽视成本收益的核算，只有这样才能把机构业务培育成我行的重要利润来源，促进全行经营模式和增长方式的转变。

二是要处理好业务拓展与风险防范及规范经营的关系。防范风险是商业银行经营管理的永恒主题。我们在任何时候发展机构业务都必须坚持依法合规经营，严格防范风险，决不能片面强调市场营销而忽视风险的防范，或单纯为了满足客户的需求而违法违规操作。2005 年，机构业务总体发展环境较好，但部分行业仍面临着一定的不确定性，风险防范仍然是 2005 年的一项重要工作，各级行应引起高度重视。

三是要处理好不同类型机构业务协调发展的关系。大体来讲，我行机构业务可以分为两种类型，一类是对我行客户及资金资源依赖性较强的业务合作，比如融资类业务、代理销售理财产品类业务；另一类是我行需要客户进行各类资源支持的合作，比如大部分负债业务及各类代理业务，两类业务营销难度有很大的差异。在业务开展中，必须通盘考虑，开展整合营销，利用资源互换，通过传统业务及低附加值的业务带动各项创新业务及高附加值业务的开展，实现我行利益的最大化。

（二）坚持创新，把握重点，提高营销质量和效果。机构客户具有系统性强、分布广的特点，在与银行业务合作中，龙头及公司总部起着重要的决策和导向作用。因此，在 2005 年市场营销工作中，总行、各分支行要注意抓住重点客户、重点合作领域，开展特色营销。

要密切关注政府转变职能、加强电子政务建设、财政支付体制及军队财务体制改革以及银行、证券、保险、信托行业的最新改革动态和发展策略变化，及时调整全行重点客户分类政策，确保我行的重点客户战略能得到有效实施。在具体营销过程中，全行上下要团结协作，形成合力，加大营销力度，除了做好基础性营销工作外，要重点开展一些具有市场影响力的大型主题营销活动和创新营销活动，提高营销档次。要通过多种营销方式，了解客户的发展状况及对银行金融服务的需求变化特点，及时研究解决客户的服务需求，提高客户的满意度和忠诚度。在各类理财产品的营销方面，要积极进行合作方式、营销模式及营销渠道的创新，通过参与理财产品的前期设计，实现保险、证券、信托类理财产品的开发和销售一条龙，全面提高我行的金融理财服务功能。

在与客户的业务合作中，还要把握好业务重心和切入点，有效带动我行与机构客户的全面合作。要通过制定差异化的客户资源配置策略，在网点资源分配、融资政策上对重点客户予以倾斜，建立我行与优质证券、银行、信托、保险类公司的战略合作关系，积极探索新的合作模式及业务领域，大力发展交叉销售，通过资源互换增强我行的整体营销能力。

（三）全力打造“金牌”业务品牌体系。随着市场经济的纵深发展，各市场主体对金融产品的需求和使用也越来越理性，能否提供及时高效的金融产品服务是客户选择合作银行时考虑的首要问题，这一点在银行、证券、信托类客户中更为明显。全行要在抓好重点客户营销工作的同时，分析整理现有的产品，结合我行机构业务的发展战略，制定产品发展和创新策略，加强市场需求论证、产品设计和市场推介等环节的工作，全力打造一批市场需求相对旺盛、前景已经明朗、能够充分发挥我行优势、业务风险相对可控、可以进一步提高客户对我行产品依存度的，与银行同业、信托、证券、保险、政府、军队合作紧密相关的系列“金牌”产品，提高我行机构业务的市场竞争力。

（四）理顺业务流程，建立科学绩效考评机制。目前，机构业务部门在大部分机构客户服务领域较好地发挥了牵头组织作用，有效促进了全行机构业务的大发

展，但由于历史原因，在许多领域仍然存在着多头对外、分散营销的情况，一定程度上影响了业务的拓展，也不利于有效防范业务合作风险。2005 年，各行要加强行内相关部门的沟通，理顺现有的业务流程，充分发挥机构业务部门的牵头营销职能。同时，要认真研究现有机构业务的核算体系，探索建立总、分行之间，不同业务部门之间科学的绩效考核体系和利益分配机制，充分调动各层面的积极性，形成合力，促进我行机构业务快速发展。

（五）进一步加强营销组织体系和队伍建设。目前，全行机构业务的组织体系已基本完备，但仍不能完全适应机构业务快速发展的需要。各行要结合自身业务特点和工作重心，加强组织体系建设，为机构业务的发展提供充分的组织保障。要按照总行的统一要求，建立和完善总行、分行、支行三级联动营销机制，充分发挥机构客户总部所在地分行的牵头优势，加强分行之间的横向联合，充分发挥我行的整体合力。要制定人员补充计划，加强培训工作，努力提高员工素质，改善对客户的服务水平。

同志们，2005 年全行机构业务目标已经制定，方向已经明确。大家一定要以高度的使命感和责任感，围绕全行建设现代金融企业的宏伟目标，认真落实总行关于发展机构业务的一系列部署，统一思想，积极开拓，规范经营，努力实现全行机构业务持续、快速、健康发展，把机构业务培育成为全行重要的利润增长点，为建设现代金融企业做出新贡献。

发展银行保险业务
推进全行经营结构调整

——在中国工商银行机构业务暨银行保险业务工作会议上的讲话

王丽丽

（2005 年 3 月 1 日）

这次会议是总行召开的第一次银行保险业务工作会议，主要任务是认真贯彻分行行长会议精神，总结银保业务发展经验，分析银保业务发展面临的机遇和挑战，明确业务定位和发展目标，谋近思远，开拓创新，大力发展银行保险业务，推进全行经营结构的战略性调整。下面，讲几点意见。

一、充分认识发展银行保险业务的重要性

银行保险是在经济全球化和金融一体化的宏观背景下，银行业务与保险业务交互渗透、银行资本与保险资本相互融合的产物。全球有影响力的大型金融集团都积极通过新建、合资、并购、销售协议等方式发展银行保险，国内各家商业银行也将其视为构建多元化经营格局、打造金融集团的重要支柱型业务。可以说，银行保险是银保双方提升金融服务品质、增强核心竞争力的现实选择。

（一）发展银行保险有利于构建全功能银行体系。随着加入世贸组织承诺的逐步兑现，CPEA 协议的深入实施，国内金融业加大了开放力度，保险市场成为开放程度最高的金融领域。外资保险公司在经营地域和业务范围上已经没有任何商业限制，除了部分涉及到社会责任的法定保险业务以外，可以在国内任何区域和领域开办业务。同时，银行业开放步伐也在加快，目前已经允许外资银行在上海、深圳、天津、大连、北京、厦门等 16 个城市，办理外币和人民币业务。外资金融集团逐步进入国内市场，已成为中国金融体系的重要组成部分。至 2004 年末，进入国内市场的外资银行共计 200 余家，获准经营人民币业务的已达 105 家；进入保险市场的外资公司共有 41 家，外资集团在国内银行和保险市场的占比分别为 3. 8% 和 3% 。

根据我国政府所做的承诺，2006 年 12 月 11 日以后中国金融市场将全面对外开放。这些进入中国的、具有全球影响力的外资金融集团，不仅在资金实力、国际网络、管理经验、技术水平等方面具有相对优势，还均拥有银行、保险、投资银行、资产管理等全能型组织架构，综合竞争优势明显。为此，国内各家商业银行也在努力摸索尝试，通过资本渗透进入保险领域，为发展真正的银行保险奠定基础，并借此来探索金融控股集团的可行性道路。

目前，我行正处在改革发展的关键时期，面对诸多实力强大、理念先进的国际、国内竞争者，如果仍然依靠传统信贷业务的发展，将很难有大的市场作为。因此，全行必须未雨绸缪，认真研究以银行为主业的全功能银行发展策略，尤其是要借鉴国际现代银行发展银行

保险的经验，通过与保险公司合作，形成资金互动、工具复合和业务交叉，从而分散风险，增强银行竞争力，获取更加广阔的生存和发展空间。

（二）发展银行保险有利于实现经营结构的战略性调整。在竞争加剧和金融脱媒的深刻影响下，许多的商业银行开始进入保险领域，通过发展银行保险来改变业务结构和收入结构，在为传统银行可持续发展注入后续动力方面发挥着越来越重要的作用。

首先是有利于实现金融资源的整合利用。与保险公司开展业务合作，通过地区性互补、业务互补和产品的交叉销售，有利于银行重新整合资源，发挥整体优势，降低交易成本，提高资产回报率，创造更大的综合收益。

其次是有利于规避与化解经营风险。保险业经营的主要对象是各种风险，保险公司通过识别动态风险，运用财务手段和再保险方式来转嫁与化解风险。进入保险领域，有助于学习其风险管理技术，借鉴风险管理经验，规避与防范银行业务风险，在银行业务和非银行金融业务之间建立精巧的风险与收益平衡机制。

最后是有利于稳定客户关系。实践表明，客户真正关心的是金融产品能否满足自己的需求，而不会太在意产品是由谁提供的。向客户提供的金融服务种类越多，越能满足客户多样化、个性化需求，客户的脱落率就越低，长久的客户关系就越容易建立和维护。因此，为客户提供一体化、一揽子的金融解决方案，正成为市场的一种趋势。通过与保险公司开展合作，将代理销售的保险产品作为理财套餐的内容，可以有效丰富银行理财产品的内涵，满足客户储蓄、保障、投资等多元化金融需求，从而推动“以产品为中心”向“以客户为中心”的转型。

从我行现阶段的经营结构来看，大致是一个“三七开”的格局：利润方面，存贷款的利差收入约占总收入的三分之二，债券收入和中间业务收入大概占三分之一。资产方面，信贷资产占近三分之二，非信贷资产占三分之一。随着我国利率市场化的逐步推进、金融脱媒现象日益显现，信贷业务已从原来的卖方市场转变为买方市场，以存贷利差为主要收入来源的经营结构必然难以为继，必须要实现银行经营模式和增长方式的战略性转变。对此，全行要树立科学的发展观，寻求新的利润增长点，致力于经营结构的战略性调整，与包括保险公司在内的金融机构开展广泛合作，从而实现全行从传统的利差收入向利差收入与中间业务收入并重的结构转变，实现由传统的资产负债业务向资产负债业务与中间业务并重的结构转变，从根本上解决我行的发展问题。

（三）发展银行保险有利于增强核心竞争力。打造优秀的商业银行，关键在于锻造核心竞争力。核心竞争力包括两个主要方面，一是核心的客户，二是核心的业务。发展银行保险，既争取到了核心的保险公司客户，又打造了银行未来的核心业务，是增强核心竞争力的重要方式之一。

首先，优质的保险公司是我行的核心客户。从成本约束条件来看，核心客户的风险扣除比较小，盈利空间比较大。由于肩负经济“助推器”和社会“稳定器”的作用，国家给予保险业一系列的政策倾斜和支持，保险公司的资金运作渠道不断放宽，从1995年的投资银行存款、国债，到如今的进入银行间市场进行现券交易与国债回购、购买部分企业债券、投资证券投资基金、境外运用外汇资金，2004年10月又进一步开放至投资国内A股市场。相对宽泛的资金运用渠道使其比其他产业公司偿付能力更强，与银行可能合作的领域越来越宽，从而能够很好地带动银行核心竞争力的提升。

其次，争取核心客户的过程，就是竞争优质市场的过程，这也是防范风险的重要手段。近几年来，我国保险业从原来很小的资产规模发展到2004年末的11854亿元，是国内目前发展速度最快的朝阳行业，处于历史最好的发展时期。财险、寿险、健康险和年金市场是我们积极争取的优质市场，如果在优质的市场中争取到优质的保险公司客户，那就有效防范了风险，为全行调整经营结构做出了积极的贡献。

最后，银保业务是具有发展前景的新型中间业务。不同的业务种类对成本约束条件的要求不同：贷款的财务成本要求最高，投资收益要求的财务成本最少，中间业务没有资本金要求，没有拨备成本，只需要耗费人力成本和部分技术投资成本，就可能产生可观的边际收益。可以看出，银行保险是符合全行核心竞争力要求的一项新型中间业务。

总之，发展银行保险业务是着眼未来、惠及长远的大事，有助于促进中间业务收入的大幅提升，推动经营结构的有效转型，加快核心竞争力的锻造，以及客户忠诚度的进一步提高。此外，还能够借鉴保险公司优秀的营销文化，共同构建多位一体的培训体系，提升一线员工的综合素质和销售技巧。此外还可为部分冗员安置问题提供补充性、灵活性的解决手段。银保业务的大力发展，必将为全行的综合改革和业务发展贡献新的力量。

二、全行发展银行保险业务面临的机遇与挑战

（一）国内保险市场发展现状与前景。近几年来，在我国经济持续高速增长、市场化改革深入推进的背景下，保险业呈现出前所未有的发展速度，不仅创造了令人瞩目的经营业绩，而且创新了保险理论，实现了由传统保险向现代保险发展阶段的快速转变。

一是业务量迅速扩容，业务领域不断开拓。2004年，全国实现保费收入4319亿元，同比增长11.3%，其中财产保险一改1996年以来落后于寿险市场的格局，以25.4%的增幅快速发展，保费收入达1125亿元。受

保险公司主动调整业务结构和加息等因素的影响，人身险业务增幅明显放缓，同比只增长7.2%，但人身险保费收入也已达3194亿元，且内涵价值明显增加，增强了可持续发展能力。近两年来，出口信用保险对我国的对外贸易和对外投资提供了保险支持，医疗事故责任险等新型保险产品开始试点，进一步开拓了新的服务领域。

二是保险资金量增幅较快，运用渠道进一步拓宽。2004年，中国保险业总资产突破1万亿元大关，达11853亿元，可运用资金余额达11249亿元。随着一系列政策的放宽，保险外汇资金可以实现境外运用，保险资金被允许直接投资股票市场、银行次级债和可转换公司债券，外资保险公司可向商业银行办理协议存款。目前，保险公司的投资结构有所改善，银行次级债和可转换债券成为保险公司投资的新亮点。

三是保险主体不断增加，组织形式有所创新。随着保险业的全面开放，保险市场主体大量增加。截至2004年末，我国共有保险公司71家，其中国有保险公司1家，中资股份制公司30家，中外合资保险公司20家，外国保险公司分公司21家，保险中介公司933家，保险经纪公司200家，保险公估公司182家。初步形成了以国有控股保险股份公司为主体、中外资保险公司并存、多家保险公司竞争发展、中介公司活跃其间的保险格局。在原来产、寿险公司的基础上，专业的健康险公司、养老金公司、汽车险公司、农业险公司纷纷获批筹建，保险市场专业化程度加强。保险主体的组织形式也有了突破，相互制保险公司开始在国内出现。

四是监管体系进一步完善，产品结构开始调整。保监会先后出台了《保险公司管理规定》、《保险保障基金管理办法》等一系列规章制度，保证保险市场的偿付能力，简化保险产品审批报备手续，为保险产品创新创造了更加宽松的环境。与此同时，风险保障型产品发展加快，由原来功能单一的保障型产品，向兼具投资和保障的复杂保险产品转化，分红险、投连险、万能险不断推陈出新，业务品质得到提升。

展望未来，党的十六大提出“到2020年我国将全面建成小康社会”的宏伟蓝图，届时我国人均GDP将达到3000美元，按照世界对应发展程度国家的保险水平，我国的保险深度至少应达到GDP的6%，相当于目前的2倍；保险密度则至少应达到人均300美元以上，相当于现阶段的8倍。在新的发展时期和更加开放的市场环境下，中国的保险业将担当“促进改革、保障经济、稳定社会、造福人民”的重要使命，面临历史上难得的发展机遇，呈现出新的发展态势。

一是业务发展与业务结构调整相结合。根据2005年1月份召开的全国保险工作会议精神，中国保险业将继续以发展为主线，坚持做大做强的行业目标，在保持一定发展速度的基础上，加快结构调整，从“讲求规模”到注重“规模和结构并重”，为保持健康发展奠定良好基础。

二是市场主体将向多形式、多元化发展。2005年中国保险业将继续扩大对外开放，在积极引进健康险、责任险和农业险等外资保险公司的同时，鼓励外资保险公司到中西部和东北地区设立营业机构；对中外资保险公司实施统一监管，创造公平竞争的环境；加强国际交流与合作，扩大中国保险业的国际影响。

三是在产品开发方面将以保障型产品为主导。分红险在经历了四年多的市场考验后，受诸多因素的影响，已呈现出明显的下行趋势。在保险业共同倡导回归保险保障本质的呼声中，今后几年保险产品开发将以保障型为主，不断扩大商业养老和健康保险的覆盖面，努力使保障型产品和投资型产品协调发展。

四是保险市场作为金融子市场将发挥更大的作用。随着保险公司上市和投资理财型保险产品的发展，保险市场对资本市场的依存度会增加。随着保险资金广泛投资于债券、股票和证券投资基金，保险公司日益成为资本市场重要的机构投资者，保险市场对资本市场的作用和影响也会越来越大。随着可运用保险资金的数量不断增大，保险市场与货币市场等金融子市场之间的关联性也将增强，为加强银保之间的合作创造更大的空间。

（二）国内银保市场发展状况。随着保险市场的做大做强，银行保险市场也得到极大的发展。业务规模从2001年的45亿元快速增长至2004年末的900亿元，不仅一跃成为各家保险公司的第三大营销主渠道，而且对商业银行中间业务收入的贡献也逐步提高，2004年末各家银行的银保业务收入占中间业务收入的平均值为10%。可以初步预见的是，2005年银保市场将会继续快速发展，并呈现以下几个特点：

一是业务规模将在不断规范中稳健增长。受保险公司主动调整业务结构和加息等因素的影响，2005年国内银保业务的发展将进入结构盘整期，据专家预计，2005年银保市场的总量规模在1000~1100亿元。

二是银保合作的主体和内涵将不断扩大。随着保险市场经营主体和组织形式的多元化，银保合作主体将由传统的寿险公司、财险公司扩大到出口信用保险公司、专业健康险公司、养老金公司及专业的农业保险公司等，同时将有更多的外资保险公司在银行保险市场中发挥影响力。另一方面随着保险公司业务管理的专业化，过去几年银保业务寿险领域独大的局面将会有所改变。与银行业务结合更为紧密的贷款保证保险、抵押物保险等将会在银行改制上市过程中发挥一定作用。非寿险投资型产品等纳入到银行理财计划，将会成为银保产险业务合作新的利润增长点。

三是银保产品的结构将进一步调整。2005年保险监管部门提出以开发保障型产品为主导，在人性化、个性化的保险产品设计中突出保障功能的转型思路。与之相适应，银行保险产品也将从目前的以分红险为主向分红险、投连险、万能寿险、年金险、健康险和纯保障型等多种产品的组合变化。

四是银保合作的领域将大幅拓宽。除现有的大额协议存款、现券交易及回购业务外，相互认购次级债也将成为银保合作的新内容。此外，银行保险业务还将从代理销售、代收代付、银行存款、资金结算等传统合作领域向保险资产托管、网上投保、深度融资、现金管理、数据库挖掘、客户资料共享等领域进一步扩展和延伸。

五是银行保险业务的渠道呈现多元化发展趋势。随着银保产品的结构调整，由单一的分红险转变为多种银保产品组合，柜面已不能满足相对复杂的保险产品的销售需要，通过理财中心、网上、电话、直邮等渠道可以有效弥补柜面销售的不足，扩大银行销售的半径。

（三）我行银保业务的现状。我行自 1992 年开始介入保险领域的合作以来，始终占据国内银保市场的领军地位，在业务规模、销售渠道和产品结构等方面均处于同业前列。

首先，银行保险业务收入增长迅速。代理保险业务手续费收入大幅增长，从 2000 年的 1830 万元上升至 2004 年的 7.45 亿元，翻了近 40 倍，占全行中间业务收入的 6.5%。代理销售的市场份额一直保持同业第一，从 2000 年代理销售 6 亿元到 2004 年的 296 亿元，市场份额稳定在 30% 以上。在 2004 年全国银保市场整体增长放缓的环境下，业务总体规模仍然保持市场第一，代理保险业务量达到了 7.45 亿元。

其次，与重点伙伴的合作取得了突破。从总行到分行都抓住了保险市场重点的优质客户，寿险公司如国寿、平安、太平、新华、泰康、友邦保险等，财险公司如华泰、人保、太平洋、太平等，此外还与 50 余家国内外保险公司保持业务往来，并积极寻找健康险、养老险、农业险等新市场的先机。银保合作以代理保险为龙头，以银行存款、资金结算、现金管理、基金销售、电子商务、网上投保、银行卡业务为重要交叉销售环节，以银保通系统互联、保险资产托管、全行资产统保、企业年金、冗员安置、客户资源共享等为新型合作领域，与保险公司互为金融服务客户，合作领域日趋广泛和深入。截至 2004 年底，全行共与 10 家保险公司签署了《全面业务合作协议》，还签署了多项相关专业合作协议，银保业务取得较为丰硕的成果。

最后，银保业务专业化管理得到有效加强。全行确立了银保业务的牵头管理部门，坚持以业务流程再造为重要手段，以全面推进与保险公司的交叉合作为营销目标，认真落实合作计划，取得了较好的效果。行内机构业务、投资银行、个人金融业务、公司业务、电子银行、消费信贷、牡丹卡中心、资金营运、资产托管、会计结算等部门相互配合，共同出台了银行保险业务相关的配套措施和管理办法，基本建立了保险公司客户评价体系、考核激励机制，初步构架了银保业务的培训体系，进一步明确了会计核算和统计分析制度、分行授权和签约管理制度，强化了手续费收入的入账管理和核算检查，收入入账比率进一步提高。

尽管全行的银行保险业务取得了很大的成绩，积累了一定的经验，但也存在一些不容忽视的问题。

一是对银保业务重要性的认识还非常不足，经营理念没有完全转变，影响业务的长远发展；二是对银保业务的管控能力仍显薄弱，业务收入对全行贡献度有待提高；三是由于缺乏有效的协调机制，经营银保业务的众多部门的整体功能发挥不够；四是银保业务的结构尚需调整，优化度和整合度尚显不足。一方面是银保业务的资产、负债、中间业务发展还不够协调，目前仍以代理保险业务为主，其他资产业务、负债业务、中间业务还没有充分开展，与保险公司客户在电子商务、银行卡、信息系统等方面的相互合作还需要加强。另一方面是银保产品的结构不够合理，需要在保障型和投资型产品上各有侧重、协调发展。对此全行一定要高度重视，下大力气认真加以解决。

三、关于发展银行保险业务的几点要求

2005 年是我行启动股份制改造、全面推进经营模式和增长方式的转变、加快建设现代金融企业的关键一年。要围绕这一中心任务，大力发展银行保险业务，努力为全行改革发展做出新贡献。当前要突出抓好以下几项工作：

（一）切实更新经营观念，积极推进“三个转变”。发展银行保险业务，对于优化全行经营结构、调整增长方式、提高核心竞争力、实现持续增长具有十分重要的意义。全行要全面分析银保业务面临的新形势，转变思想，更新观念，全盘规划，加快实现“三个转变”，推动银保业务发展再上一个新台阶。

一要抓住契机，实现银保业务由单一型向立体型转变。目前全行银保业务，仍呈现出单一化特点，将银保业务等同于代理保险业务，而忽视了与保险公司在资金结算、现金管理、电子商务、资产托管、联名卡发行等方面开展立体型和交叉型合作。要把银保业务作为银行经营的重要组成部分，实现与行内相关资产、负债业务的相互渗透。

二要加大力度，实现银保业务由规模型向效益型转变。目前我行在银保市场的业务份额最大，但手续费收入与规模不相匹配。因此，今后要更加重视加强手续费收入管理，特别是加强对产险业务收入的管控力度，在严防“跑、冒、滴、漏”的基础上，选择经济效益高，与银行产品融合度好的业务进行营销，提升银保业务的综合效益。

三要加强合作，实现银保业务由被动式销售到主动式销售的转变。改变与保险公司的合作模式，变被动式

销售为主动式销售，将银保产品纳入银行整体理财计划，提高一揽子营销水平和客户满意度。

（二）统筹兼顾，妥善处理业务发展的几个关系。要按照“统一科技平台、统一产品标准、统一制度规范、统一处理模式”的要求，将分散在各个部门的银保资源，根据有利于客户价值创造的原则进行重组，将银保业务与现金管理、集团理财、银企互联、网上银行、资产托管等强势业务和品牌的销售联动起来，实施“银行保险统一工程”。即统一营销、统一签约、统一协调、统一管理和统一规范，扩大银保业务在规模和收益方面的领先优势，切实发挥银行保险对全行改革的积极作用。业务发展过程中，要特别处理好几个关系：

首先是处理好银保业务发展与整体业务联动的关系。银行保险业务是一项牵涉多个业务领域的新型中间业务，其发展要和全行其他业务发展有机联动起来。一方面，要提高对发展银行保险业务的重视程度，加强银行保险业务整体宣传和推广，提升业务品牌价值和内涵价值，继续扩大在国内银保市场的领先优势。另一方面，要加强对保险行业的营销力度，整体实施与保险公司的全面合作，深度营销包括银行存款、资产托管、现金管理、网上银行以及基金业务等在内的银行产品，加大银行业务向保险公司的渗透力度，实现银保互补业务在质和量上的突破。

其次是处理好业务发展与激励挂钩的关系。银行保险业务发展潜力巨大，是提高中间业务收入对全行利润贡献度的突破点，全行要下大力气建立完善的决策制衡机制和考核激励机制，将银保业务与其他中间业务、集体与个人利益挂钩考核结合起来，最大限度地激发拓展银保业务的内在动力，为提高全行经营收入做贡献。

最后是处理好牵头组织与部门协调的关系。全行的银保资源比较分散，需要牵头管理和相关部门的协同配合。对外，必须形成一个整体，一股合力，最大限度地满足客户对各种金融服务的需求；对内，要进一步完善各级行横向协调机制，明晰银保业务牵头管理和相关部门的职责，建立起权责明确、程序严密、配合密切、运转协调的运行机制，保证银保业务的统一管理和营销。

（三）提高银行保险业务的综合回报。以价值创造为导向，是现代商业银行的经营法则。在银行保险业务的营销中，全行要抓住国内外保险市场发展的良机，开展成本效益分析，制定科学的客户、产品、渠道、区域等市场推广政策，提高银行保险业务对全行的综合回报。

要加强市场细分，做好客户分类营销。应紧紧抓住三类客户进行重点营销：一是占据市场绝对份额、业已与我行建立合作关系的现有重点产险、寿险公司；二是已经或即将与我行有资本合作的中、外资保险公司；三是在银行保险、健康险、年金险、团体险、农业险、信用险等专业领域新近设立的中、外资保险公司。通过尝试建立客户价值评价体系，逐步引入准入退出机制，拓展与保险公司在融资、托管、结算、电子商务等方面的合作。通过动态跟踪客户需求，不断创新金融产品和服务模式，实现经营资源向“追求客户价值为导向”的模式转变。

要深化重点区域营销，优化区域经营布局。进一步推进区域发展战略，加大对利润中心地区和大中城市行资源配置的倾斜力度。

要加强非寿险业务的整合。结合各行市场状况和信贷业务发展特点，整合现有财险业务资源，实现业务规模和效益的突破性增长。同时要注意培养学习型团队，密切关注市场的变化，迅速掌握新型市场对商业银行的需求，及时把握拓展企业年金、团体保险、健康险和出口信用险等新型领域的商机，扩大我行银保业务的内涵与外延。

要逐步优化产品结构，推动银保业务创新。认真研究银保业务与银行业务融合问题，与保险公司共同探讨研究银保产品从设计、试点到推广的供给销售链条，将保险产品作为全行产品的一个重要组成部分，优化产品结构，提高综合效益，向客户提供保值、增值、损失补偿、年金给付和各类保障等相结合的多元化服务。

要加强开发合作，促进银保业务收入多元化。全行要把附加值低、不能有效体现竞争优势的业务进行重组和改造，强调现金柜台、理财中心、网上银行、信贷业务等对银行保险的协同营销。特别要将银行保险业务的发展和网上银行、电话银行等电子银行的发展结合起来，认真研究网上保险发展模式，发挥全行客户资源和营销网络优势，促进银保业务收入的多元化发展。

（四）加强风险控制，保证银保业务规范健康发展。做大做强银行保险业务，实现经营绩效的提高，以及资产组合和业务组合的协调，必须要有到位的管理和相应人才的匹配。如果仅仅重视银行保险业务规模的扩大，甚至是无选择、不规范的盲目增长，忽略了保险市场发展的制约条件，忽视了合作保险公司的偿付能力，缺乏精巧周密的协调，就会加大现有结构的失衡，导致银保业务的风险损失。

针对现阶段已经初现端倪的银行信誉外溢风险，各行要特别引起高度重视，从强化内控机制入手，全面加强风险防范和控制。一要提高风险评估能力，关注保险公司、特别是寿险公司的偿付能力风险，建立保险公司风险预警分析指标体系，加强对保险公司经营风险的识别和风险防范，科学评级，规范授信，同时建立准入退出制度，用市场机制汰弱留强。二要注意代理销售过程中的合规宣传，维护银行的信誉和品牌。三要确立风险责任认定和归责制度，注意培养银行保险业务的议价能力。这几年银保业务的费率水平有所降低，关键在于一些分支机构在与保险公司的谈判中让出了部分边际收益。从业务的长远发展来看，议价能力就是防范风险的能力。银行保险的整体利润提高了，就可以增强抵御政策风险、利率风险的能力。同时，也要加强对内部风险的控制，制定和完善规章制度，规范业务操作流程，加强监督核算，利用计算机系统实现全程监控，同时加强对分支机构业务的管理，注意控制逆向选择等道德风险的防范，杜绝手续费流失、费率标准混乱、盲目选择合作对象等问题。

同志们，大力发展银行保险业务，将有助于推进全行经营模式和增长方式的战略性转型。全行上下一定要按照总行关于改革发展的整体部署，做大做强银行保险业务，为我行经营结构调整做出贡献，谱写现代金融企业建设的新篇章！

努力开拓市场　锐意改革创新
推动公司金融业务全面发展

——在中国工商银行公司金融业务工作会议上的讲话

王丽丽

（2005 年 4 月 12 日）

这次公司金融业务工作会议的主要任务是，贯彻年初分行行长会议精神，总结 2004 年成绩和经验，研究和部署 2005 年工作。关于 2005 年的公司金融业务工作，汤一诵同志将做具体安排。这里，我着重就全行公司金融业务发展情况、面临的形势以及需要把握好的主要问题，讲几点意见。

一、2004 年全行公司金融业务取得了较好成绩

2004 年全行各条业务线都取得了良好的经营成果。境内外机构共实现经营利润 747 亿元，创历史新高；五级分类不良贷款余额和比率双下降，其中不良贷款余额下降 171 亿元，不良率降至 19.0%。境内分行本外币各项存款增加 4476 亿元，全行各项存款余额已突破 5 万亿元；各项贷款增加 2889 亿元；实现中间业务收入 115 亿元，同比增长 46%。2004 年我行还获《欧洲货币》、《银行家》等国际知名媒体和机构评选的“中国最佳银行”等 11 个重要奖项，标准普尔将我行的前景展望由稳定调升为正面，这表明改革发展的新成就和经营管理的新进步使我行在国内国际市场的声誉和影响力进一步提升。

公司存贷款业务分别占全行各项存贷款余额的 31% 和 72.2%。2004 年公司业务市场营销成绩显著，为全行经营状况持续改善作出了重要贡献。全年本外币公司存款增加 1016 亿元，占全行存款增量的 22.7%，其中外汇存款净增 19.8 亿美元，扭转了连续两年下降的局面。项目贷款增加 1671 亿元，占全行新增贷款的 60%，且贷款结构继续优化，90% 以上的新增贷款投向了公路、电力等基础设施领域，年末基础设施领域项目贷款余额已占全部项目贷款余额的 65.9%。一般流动资金贷款下降 1358 亿元，坚决退出了一批不良信用客户。贷款质量不断提高，境内机构公司不良贷款余额同比下降 171 亿元，不良率下降 2.23 个百分点；委托贷款业务快速增长，2004 年发放委托贷款 460 亿元，同比增长 50%。与 3721 家客户包括铁道部、壳牌公司、国电集团等一批重点大客户签订了现金管理服务协议或网络结算协议，企业网上银行新增客户 4.75 万户。

过去的一年，公司金融业务战线上的全体员工坚持以市场为导向，以客户为中心，振奋精神，团结协作，付出了艰苦的劳动，克服了种种困难，圆满完成了各项工作任务，在市场营销和客户服务方面均创造了佳绩。在此，我代表总行党委，向在座各位，并通过你们向全行从事公司金融业务的同志们表示由衷的感谢！

回顾 2004 年的公司金融业务，有以下几个突出的特点：

（一）竞争优质行业、优秀客户和重大项目取得进展，客户结构继续改善。一是重点行业板块营销有了突破性进展，直接带动了我行客户结构和贷款结构的改善。累计向电力、公路、铁路、港口、城建、石油石化、电信等七大重点行业板块投放贷款 2698 亿元，占项目贷款投放额的 84%，其中新增贷款 1676 亿元，是公司信贷业务的主要增长点。这些行业板块中的龙头企业，包括四大石油、四大电信、九大电力、铁道部及下属重点路局、交通部及下属主要交通厅、高速公路集团、三大航空集团等都已成为与我行有紧密关系的客户。此外，还加强了对其他行业排头兵企业的营销力度，进一步密切了与三大汽车集团、三大远洋运输集团、三大钢铁集团等的合作关系。二是加大了对跨国公

司的营销力度。2004年全行把跨国公司作为营销重点，确定了营销目标并分解下达各行，年中又扩大了总行牵头营销客户当中跨国公司的占比，通过总部营销、高层互访、海内外联动营销、竞争现金管理业务、提供全方位金融服务等方式，巩固了与一大批跨国公司客户的关系，也探索和积累了有益的经验。三是储备了一大批优质项目，项目贷款发展后劲比较足。除正式承诺的项目贷款外，全行共为800多个项目出具了有条件贷款承诺函，承诺贷款金额折合人民币1.4万亿元。为469个项目出具贷款意向书，意向金额合计1772亿元。组织完成了33个联合评审项目，金额折合人民币1228亿元。这为我行及早介入一些优质项目创造有利的条件。

（二）创新推动了服务升级和产品结构优化。近年来，公司业务的创新能力不断增强，新产品推广速度加快，公司金融产品体系日益丰富，能够越来越多地为客户度身定做金融服务方案，总体服务水平得到提升，创新的效应不断显现。例如，我们为铁道部提供的结构化融资方案，开创了对铁路系统营销的新局面，使我行在铁道部的贷款余额当年翻了一番，委托及信托贷款业务、金融衍生产品业务大幅增长，当年还承诺铁路基建贷款1246亿元，同业占比达62%，有28家分行从中受益。我们还尝试进入贷款二级市场，认购了开行担保的低风险债权约500亿元，通过这种有选择地购入或出售部分信贷资产，调整优化信贷资产结构；设计了内保外贷方案，首次获得外汇管理局20亿美元的额度批复，为我行竞争国内大型企业的海外融资业务提供了强有力的手段；实施产业链营销，通过为一汽丰田、广州本田、诺基亚、柯达等跨国公司提供经销商融资方案，推动了与上述客户的全面合作；银团贷款成为我行的一项品牌业务，2004年我行牵头或参加银团贷款总额度超过500亿元，其中由我行担任高级协调牵头行的广东LNG项目银团贷款，被《欧洲货币》、《国际项目融资》等五家国际性权威杂志评为2004年度最佳项目融资奖；获得了资金池业务开办资格，增强了我行现金管理业务竞争力。另外，我行在集团客户关联企业保函集中开立、与中石油合作推出“中油牡丹联名卡”、全球备用银团、“信托账户”贷款等方面都有成功的尝试。

（三）营销机制逐步完善，营销手段推陈出新，新业务开拓有较大突破。我行在营销机制方面做了大量有益的探索，国际上一些先进的营销理念和营销方法被我们消化吸收并且逐步制度化。例如，总行牵头营销制度日益完善，2004年总行牵头营销客户从83户增加到139户，一批国际知名跨国公司、效益好有发展潜力的全国性公司，以及国家重点行业企业，跨区域的铁路局、重点港口、电网、大江大河流域开发公司等都纳入了总行牵头营销范围；很多分行已经建立了以客户经理为主体的营销机制，完善了客户经理考评奖惩制度，调动了其工作积极性；实施总分行及海内外联动、联合评审、行内银团、客户经理小组、跨部门的业务竞标小组等方式，大大提高了对优质客户的服务效率和竞争能力。特别是全行联动方式对增强营销效果发挥了重要作用，值得充分肯定和总结。我们在营销手段上，也有很多创新和探索，收到了很好的成效。例如总分行联合组织现金管理业务路演，通过组织“跨国公司领导人联谊招待晚会”、举办“中国论坛：资本市场与公司治理”盛会，进行深度营销，反响良好。同时我们还尝试通过测算客户综合贡献来指导营销，提高了营销重点客户的议价能力。

（四）各分行因地制宜，创造性开展营销工作，积累了有益经验。各行能结合实际，灵活运用各种营销手段，创造性地开展工作，在开拓市场、竞争优质客户的过程中创出了佳绩，积累了经验。湖北、江西、北京、四川等分行与总行公司业务部协调联动，紧紧抓住铁道部开展龙头营销，实现了铁路行业基建项目融资的重大突破。贵州、内蒙分行集中优势资源加强电力板块开展营销，迅速提高了在当地电力市场的贷款份额，并由此改善了全行的信贷结构。宁夏分行尝试推行扁平化管理，提高了市场反应速度。上海分行利用“全球授信”、“票据池”等创新产品，积极竞争跨国公司在华的重要项目，巩固和发展了客户关系。浙江分行紧紧抓住总行进行中小企业信贷试点的机遇，积极组织服务方式和产品创新，扩大了优秀中小企业市场。山东分行以优质项目贷款的营销带动信贷结构调整，取得良好效果。

二、认清形势，更新观念，坚定不移地推进公司业务改革发展

2005年，我行的综合改革将进入一个新阶段，外部的市场环境、政策环境会有很多新的变化，自身改革也会触及一些深层矛盾和问题，同志们对此要有清醒的认识和充分的准备。我行公司金融业务管理体系建立以来，历经三年多的艰难探索，积累很多经验，但也还有一些需要改进和完善的地方。在此，我想结合行内外的形势，就今后全行公司金融业务的改革与发展谈几点意见。

（一）顺应形势发展，努力提高我行的市场敏感性和从容应对竞争的能力。当前，我国正处在市场经济转轨时期，宏观政策和市场形势发展变化很快。从政策层面看，投融资体制改革、财政和货币双稳健的经济政策、以信息化带动新型工业化的产业政策和各地区相互促进、共同发展的区域发展战略已经相继出台，人民币汇率体制改革、利率市场化改革等金融领域的重大改革也呼之欲出，这对我行公司金融业务发展既是机遇也是挑战。从市场形势看，一方面，我国经济的持续平稳较快增长为商业银行提供了更广阔的市场空间，另一方面，同业竞争将更加激烈，公司业务有效需求相对不足

的矛盾将日益凸现。因此，能否把握宏观政策调整的方向和节奏，不断发现和开拓新的市场，事关工商银行生存与发展。公司业务部门必须善于从市场和宏观政策的变化中发现问题、寻找机会，做到顺势而为。

一要准确把握宏观调控政策，找准公司业务营销重点。2004 年中央采取的一系列宏观调控措施取得了明显成效，国民经济保持了平稳较快发展。但是经济运行中的突出矛盾还没有根本解决，表现在固定资产投资规模仍然偏大，部分行业低水平重复建设现象较为严重，投资扩张的冲动依然存在；煤电油运供求关系仍然紧张；部分上游产品价格涨幅持续偏高，成本推动型通货膨胀压力仍然存在并有加大的可能；货币信贷增长的结构性矛盾和货币资金体外循环加剧的隐忧，使得经济和金融中的不稳定因素增加。为此，党中央、国务院要求以科学发展观统领经济工作，不断巩固和发展宏观调控成果。在这样的大背景下，我行应保持清醒头脑，警惕扩张冲动可能潜伏的信贷风险，加强信贷政策与国家产业政策的衔接配合，重点支持符合国家产业政策和市场准入条件的项目建设，加大对国家需要重点扶持领域和企业自主创新产品的支持力度。对于钢铁、水泥、电解铝等出现严重重复建设的行业，要继续进行较为严格的信贷控制。对于煤电油运等国家重点发展的瓶颈行业，要继续加大支持力度，但营销重点要放在抗风险能力强、行业地位稳固的大中企业上面，不可不加选择地一拥而上。

二要适应投融资体制改革需要，提高市场应变能力。2004 年 7 月，国务院颁布了《关于投资体制改革的决定》，启动了新一轮的投资体制改革，核心是改革现行政府主导型的投融资体制，政府投资将逐步退出竞争性领域，转而增加对公共服务领域的投资。随着投融资体制改革的深化，政府、企业、银行的角色将发生深刻的变化，政府投资项目将更多地引入市场机制，市场准入标准将进一步完善，企业将拥有更大的投融资自主权。这项改革对商业银行信贷业务的影响是多方面的，我们应认真研究积极应对。例如，投融资决策主体变了，我们的营销策略也应该做出相应调整，除了继续关注政府有关部门的投资动向外，还应该更多地重视与业主的沟通，争取在第一时间获得企业的第一手投融资信息。再如随着国家干预的减少，商业银行要对贷款项目做出更准确的独立判断和决策，这无疑对全行的风险控制和信贷管理体系提出了更高的要求，对我行的决策能力提出了更严峻的挑战。

三要充分认识同业竞争形势，努力提高竞争力。目前四大国有商业银行在国内市场上仍居于主导地位，短时期内这种竞争格局不会改变。但随着银行业开放程度进一步加深，原有市场格局将进一步打破，竞争会更加激烈。从总体上看，国有商业银行在存贷款等传统业务上具有很大优势，但在一些高附加值的中间业务方面，并不具备优势。挑战首先来自外资银行。当前，外资银行在华的业务范围和客户群不断扩大，盈利能力日益增强。截至 2004 年末，在华外资银行总数已超过 60 家，其在现金管理、投资银行、外汇授信、高端信贷产品等方面具有明显的优势，汇丰、花旗、美洲银行等国际大银行在中国已经拥有了一大批忠实的客户，包括跨国公司客户。国内中小银行，特别是股份制商业银行的竞争力也不容忽视，他们凭借灵活的机制、高效的管理，已经越来越普遍地渗透到国有商业银行的传统市场领域。这种竞争态势必将对我行的公司金融业务发展带来重大影响。对此，我们既要有危机感，正视市场空间面临威胁的客观事实，又要看到我行作为本土银行的资源优势和客户基础，看到综合改革所取得的进展以及自身竞争力的稳步提高，以充足的信心迎接挑战。

四要加强市场分析，增强营销工作的目的性和前瞻性。在公司金融业务从卖方市场向买方市场过渡的过程中，我行的营销工作也经历了由等客上门到主动出击的转变，这是一次从思想观念到组织机构的深刻转变；随着市场的成熟和竞争的加剧，我们还必须实现又一次转变，即营销工作由自发到自觉、由感性到理性的转变，把营销行为建立在对市场的理性认识和全行统一指导的框架下。要实现这一新的转变，首要的是建立有效的市场分析制度。通过专业的分析研究，捕捉市场机会、发现潜在风险、及时提出扩大市场份额或有效规避风险的思路和措施。在这方面我们已经做了一些成功的尝试，如 2004 年总行公司业务部印发了行业营销指导意见，效果比较好。但这还不够，市场分析工作要在深度和广度上进一步加强，要动员公司业务系统的优秀人才，多做一些深入调查和前瞻性研究，并逐步把这项工作制度化。市场分析的内容，要包括行业、区域、客户和产品等层面。要率先对煤电油运、基础设施、房地产等我行贷款比较集中的行业以及教育、传媒、物流等新兴行业进行分析；要根据国民经济梯次发展的特征，结合我国的区域发展战略，研究不同分行的营销重点和目标市场；要全面梳理、深度细分不同客户群的特征，针对垄断行业客户、跨国公司、中小企业、行业龙头客户等提出差异化的营销思路。这项工作要长期坚持，逐步积累，不断深化，力求达到同业优秀水平。

（二）正视存在的问题，坚定不移地推进公司金融业务改革。我行的公司金融业务发展到今天，取得了很好的成绩，也暴露出一些矛盾和问题，突出表现在：营销机制仍然不够顺畅，缺乏职责清晰、运转高效的市场营销平台；前后台部门之间、不同分支机构之间的配合协调有待继续改善；信贷业务流程环节较多，对市场尤其对优质客户响应效率有待提高；创新能力不足，创新机制不完善，尤其是高端产品创新效率达不到优秀客户的要求；营销人员素质与公司业务发展要求差距较大，人才缺乏的局面没有得到根本改观，等等。这些问题与我们体制上的不合理有直接关系。要解决这些问题，根本的出路在于改革，要借助股份制改革的契机，再造公司金融业务流程，对业务流程当中不适应市场要求的环节进行改造、重整和完善，尽快提高服务客户、响应市场的效率，提高公司业务的市场竞争力。

这样的改革是一项长期、艰巨的任务，2005 年主要做好以下几方面的工作：一是启动对公司业务受理流程的调整。主要设想是从 2005 年开始，对于总行直接营销的重要客户，总行公司业务部可以直接接受客户申请，制定服务方案，提交后台部门审批。总行公司业务部还可受理一级（直属）分行和总行营业部申请加快评审、决策和产品支持的公司业务。这次会议将对这项新的业务流程进行讨论，待总行的流程确定后，各一级（直属）分行可以比照进行相应的改革。二是调整总行牵头营销客户的授信分工。从 2005 年开始，总行牵头营销客户授信方案全部由公司业务部负责，方案完成后交由信贷管理部审查、报批。三是对重大客户和重大项目的联合评审机制继续保留，但在业务流程上做适当调整，其中总行牵头营销的客户和项目由公司业务部提出评审建议，其他由分行直接报总行信贷管理部。四是临时周转贷款的核准仍由总行公司业务部负责。五是在总行公司业务部内部设立若干跨国公司业务管理处，专门负责跨国公司营销工作。

当然，这些只是公司业务改革和流程再造的一部分内容，随着股份制改革的启动和深入，公司业务改革和流程再造会逐步全面推开。大家既要对我行的公司金融业务发展充满信心，辩证地看待发展中存在的问题；又要开动脑筋，积极思考如何深化改革。比如如何使重点项目和客户审批绿色通道制度化？怎样重整信贷流程，精简信贷审批环节，实现信贷流程扁平化？等等。各行要集思广益，有好的意见或建议积极向总行反映。

（三）正确处理好几个关系，保持业务协调发展。除针对存在问题，积极调整和改革外，在具体业务工作中，还要注意处理好几个方面的关系。

一是正确处理控制风险与开拓市场的关系。工商银行追求的是在有效控制风险的前提下拓展市场的能力，这也是我行核心竞争力的体现。没有市场就没有一切，这一点必须成为全行员工的共识。我们要坚持科学的发展观，科学发展观首先讲的是发展，同时强调可持续性、全面、协调。在日常工作中，风险控制与市场开拓的矛盾始终存在，风险控制部门与市场营销部门在一些具体业务问题的认识上常常会发生分歧。从控制风险的要求和审贷分离的原则上来讲，前后台矛盾的存在是正常的，关键是如何在风险与收益之间权衡。后台部门必须控制风险，但不能回避风险；前台部门必须以客户为中心，但也不能牺牲我行利益迁就客户，不顾风险地盲目抓市场。要在前后台之间建立顺畅的沟通渠道和信息共享机制，同时探索更加有效的岗位评价机制，把前后台业绩联系起来考核，从制度上保证决策过程更加科学合理，工作目标更加协调一致。

二是正确处理营销大客户、大项目与抓好系统管理的关系。营销大客户和系统管理是公司业务部门，特别是总行和一级分行公司业务部门的两项重要职能。从我行实践看，目前各级行公司业务部门在资源配置上更愿意倾向于客户营销，尤其是在大客户、大项目营销方面下的力气很大，收效也比较明显，但是系统管理相对薄弱，管理手段相对缺乏。这种状况不利于全行统一营销平台的构建和客户服务水平的提高。同时，客户营销与系统管理的关系也反映出局部与全局的关系，如果系统管理不到位，有可能导致分支机构各自为战，不能顾全大局，使我行整体利益受损。所以，今后应注意加强系统管理工作，并尽可能与大客户营销结合起来，做到全行“一盘棋”，体现出工商银行公司金融业务的整体竞争力。

三是正确处理部门分工与统一营销的关系。“一站式”服务已经成为现代商业银行的基本服务方式，但由于分工、考核、还有利益分配等多方面因素的影响，有些行在统一营销方面做得不到位，一些做法有悖于“一站式”服务的原则，多头营销的问题还时有发生，不但给客户造成了麻烦，也影响了营销效果损害了我行形象。因此必须重申，今后全行要继续坚定不移地坚持公司金融业务改革的方向，坚持以客户为中心，以市场为导向，积极组织统一营销，为客户提供完善的“一站式”服务。尤其在营销电力、交通、石化等系统大客户时，一定要注意总分行各部门以及分行与分行之间的协调一致、统一对外，切不可因局部利益影响全行营销大局。

四是正确处理重点客户的个性化服务与一般客户的标准化服务的关系。目前，我行对重点客户与一般客户在服务流程上没有明显区别，业务审批流程没有体现出客户风险程度和贡献度的差异，一定程度上浪费了业务资源，增加了工作量，也降低了对重点客户的响应效率。今后公司业务部门要会同信贷管理、评估等相关部门研究对策，在进一步规范对一般客户的标准化服务的同时，突出加强对重点客户的个性化服务，在处理流程、业务办理时效、客户经理配置等方面有所体现，适当缩短决策链条，增强对重点客户服务的灵活性。

三、以改革为动力，全面推进 2005 年公司金融业务健康发展

国有商业银行股份制改革，是党的十六大、十六届三中全会做出的深化金融改革的战略决策。继中国银行和中国建设银行之后，2005 年我行的股份制改革工作将被提上日程，这是事关工商银行全局和长远的战略问题。2005 年的公司金融业务也应围绕这一大局展开，一方面积极研究推动业务流程和营销机制的改革，另一方面要以发展为第一要务，积极拓展市场，提高盈利能

力，为股改提供强有力的支持。

2005年全行公司金融业务的总体工作思路是，全面贯彻落实分行行长会议精神，以创新推动营销，以改革促进发展，通过完善营销机制和再造业务流程，全面提升公司金融业务的竞争力。

具体目标是：全年本币公司类客户贷款新增1400亿元，其中项目贷款增加1500亿元，房地产贷款增加200亿元，一般流动资金贷款下降300亿元。现汇贷款新增12亿美元。公司客户人民币存款增加1360亿元，外汇存款增加6亿美元。委托贷款增加200亿元，清收老委贷120亿元。中间业务收入较快增长。客户结构进一步优化。

下面就2005年的工作提出几点要求：

（一）以项目贷款为主线，推进公司信贷产品多元化经营。当前及今后一段时期，我行公司金融业务的主要收入仍然来自信贷业务。2005年各行要继续把信贷业务作为营销的重点，坚持有进有退、动态优化的原则，积极调整信贷品种、行业、客户、区域和期限结构，保持信贷业务持续的竞争力。从信贷品种结构的摆布来讲，2005年主要增长点仍然是项目信贷，其次是票据业务，而对一般性流动资金贷款要继续坚持有保有压的原则，以结构调整为主，坚决退出不良信用客户领域。从信贷行业和客户结构来讲，2005年的重点继续定位在电力、石油石化、电信、公路、铁路、港口、城建、航空、煤炭等重点行业板块。对于这些行业中的优秀客户，特别是总行直接营销客户，应最大限度地做好其融资业务和服务，扩大我行市场份额，力争保持较高的融资比例；同时积极参与这类客户的海外并购和重大项目融资，以授信业务为纽带强化与其全面合作关系。除上述板块，对于区域性大型企业集团、跨区域经营的集团企业、优秀上市公司、大型商贸物流企业、教科文卫等公共事业，也要作为重点信贷客户进行营销。但这类客户的风险程度差异较大，要对具体客户进行具体分析，在有效控制风险的前提下确定营销和服务思路。

由于信贷产品的同质化特征，优质信贷资源争夺激烈，为市场营销与风险防范增添了难度。为此，我行应注重提高信贷业务的技术含量和附加值。要注意跟踪客户需求，推进短期融资票据化、探索长期融资证券化、开发国内信用证项下贸易融资新产品、加大对项目融资和表外信贷业务产品的创新。要积极发展内保外贷和出口买方信贷业务，抢抓大型企业实施“走出去”战略而带来的市场商机。

各级行公司业务部门要有高度的市场敏感性，关注市场上出现的新型金融产品，分析它们可能给我行经营带来的影响，研究应对措施。如近期人民银行正在研究的短期融资券，作为一种很有发展潜力的直接融资工具，一旦被推广，必将分流很大一部分优质信贷资源，要重视并注意跟踪其进展情况。

（二）大力拓展中间业务，继续改善公司金融业务的收益结构。年初分行长会上提出了实施中间业务跨越式发展的战略思路。从2005年起，总行将组织实施中间业务三年发展规划，以增加中间业务收入为核心，整合优化服务产品和营销渠道，实现中间业务收入三年翻番。从收益结构看，目前利差收入占了公司业务收入的绝大部分。今后我行公司业务应逐步实行战略转型，提高中间业务收入占比。各行在日常营销工作中，应充分注意信贷业务与中间业务的互动发展、交叉营销，通过信贷业务争取中间业务，使信贷业务的派生收益最大化。

中间业务的范围很广，我这里想着重讲一下现金管理、电子银行和投资银行业务。通过几年的努力，现金管理已经成为我行的品牌业务，成为竞争优质公司客户的拳头产品和服务平台。依托我行科技领先优势，电子银行业务特别是企业网上银行业务这几年发展迅速，已经占据了垄断性的市场份额，同时也成为我行现金管理的核心工具。以理财服务为核心的投资银行业务发展也很快，2004年收入已突破10亿元，2005年要进一步将重点放在财务顾问、并购重组、结构性融资、银团贷款安排等领域。总之，各行在营销工作中应有意识地充分运用这些产品，以此提升公司金融业务的附加值和竞争力，提升客户的满意度和忠诚度。同时要继续关注本外币结算业务，因为大型优质客户基本上都是外向型的企业，在其业务中，有大量的国际结算和外汇业务，我们要通过本外币结合的竞争优势，尽可能提升综合回报率。在我行有融资的客户，中间业务同业占比应不低于融资比例；对于跨国公司客户，要重点营销现金管理、电子银行、信息服务等产品。

（三）做好房地产信贷工作，促进房地产金融业务持续、健康发展。总行2005年对住房金融管理体制进行了改革，按照前后台分离的原则，把房地产贷款的营销与管理职能分别划归公司业务部和信贷管理部门负责。各行要认真按照总行有关文件要求，尽快将房地产贷款业务划转至公司业务部门，并按照人随业务走的原则，在公司业务部设置专门的工作岗位，配备专业化的客户经理，完善组织体系，明确工作职责，保证房地产贷款业务持续、健康发展。

要继续坚持以大中城市为业务主体的梯度发展战略，保持北京、上海、浙江、江苏、广东、山东、深圳等7家分行的业务优势地位，同时，密切关注行业发展态势，注意防范部分地区房地产投资过热带来的信贷风险，加强行业指导，合理配置信贷资源，支持以省会城市为重点的大城市分行房地产信贷业务，推进集约化经营的业务发展格局。

要抓住国家宏观调控的契机，大力拓展优质房地产客户，切实做好客户结构调整工作，加快形成我行房地产业的优质合作伙伴群。今后，总行将统一负责对和记黄埔、新世界集团、新鸿基、恒基等大型港资地产集团的直接营销，建立总分行联动、海内外联动的营销机制，从源头上争取获得一批优良的信贷资源。同时，总行还将牵头组织一级（直属）分行，对国内一些跨地区开发的大型优质房地产企业实行整体营销，组织、策划和直接参与重点分行对大型房地产企业或重大项目的营销工作，通过上下联动、横向联动等方式，加大营销力度，并通过创新业务产品，改进对优质企业的服务。各一级（直属）分行也要在辖围内选定部分优质房地产企业作为直接营销客户，密切合作关系，加大信贷投入力度，积极拓展各类中间业务和按揭贷款业务，提高优质客户的数量和业务占比。

要重点发展住房开发贷款业务，稳步发展商用房开发贷款和土地储备贷款业务，保持良好的住房金融业务格局。要在严格控制风险的前提下，积极支持区位环境良好、建筑品质优良、具有良好社会品牌形象的住宅小区建设，抓好住房开发贷款和个人按揭贷款业务的联动，通过开发贷款和个人住房贷款的封闭运作，为我行创造持续优质的按揭资源。

（四）关注中小企业市场，培育中小企业客户群。今后我行发展中小企业客户的重点应该放在高科技企业、技术含量高或拥有自主知识产权的工业企业、紧缺行业的原材料制造与加工业、外商投资的中小企业、产业链定位明确并为大型优质企业提供配套或合作的中小企业，等等。2005 年，全行所有分支机构都可在分类管理的基础上，按照总行《关于印发中小企业信贷经营管理有关制度的通知》要求，积极办理小企业信贷业务。近期国务院出台了《关于鼓励支持和引导个体私营等非公有制经济发展的若干意见》，非公经济发展的壁垒进一步破除，作为非公经济主体的中小企业将迎来更多的发展机会，对此各行要密切关注。

要拓宽中小企业的业务范围，除信贷业务外，还要做好结算、电子银行、国际业务、个人金融等全方位服务，深度挖掘客户价值。要研究中小企业的发展特征和集群特征，不同分行要采取差异化的策略发展本地区有比较优势的中小企业群体。鉴于中小企业的买方市场特征，其营销组织和营销模式应区别于大型客户，服务和管理的主体应该是二级分行和支行，但总行和一级分行的公司业务部门要承担起系统管理和指导的责任。

（五）继续完善营销机制，积极探索营销新思路。公司业务部门对营销工作中一些好的做法要加以总结完善，并尽可能制度化。如总行牵头营销的制度，对于营销重点客户发挥了很好的作用，也得到了越来越多客户的肯定和支持，2005 年要进一步扩大总行牵头营销客户的数量，并将此做法逐步推广到所有一级分行。与此同时，要为牵头营销客户做出更多有针对性的制度安排，赋予他们更多的优先权，简化业务流程，提高服务效率。要通过完善客户经理网络，以现金管理等一批拳头产品的创新和营销为突破，提供个性化、高技术含量的增值型综合金融服务方案，增强对这类客户的综合竞争和服务能力。要针对不同客户的特点采取差异化的营销方式。如对跨国公司客户，要加强总部营销，通过客户总部的辐射和带动作用，推动全行对其在华投资企业的营销和服务。

（六）积极清收处置老委贷。为了加快全行非信贷风险资产处置，做好我行股改上市前的准备工作，老委贷的清收处置工作必须在 2005 年 6 月底之前全部完成。各行要认真准备，对已经清理核对的老委贷，根据我行承担风险的状况采取不同清收处置措施。对我行承担风险的或责任不清的，要由各一级分行风险委员会审查同意后处理。具体处置意见本次会议上将做布置，会后总行还要下发通知，各行认真遵照执行。同时，各行要加强对新委贷的管理，严格审批流程，确保合规操作，防止产生新的风险。

（七）重视人才、培养人才、留住人才。我行每年都有部分优秀的管理人员和客户经理流失，希望各行着眼于长远，着眼于工商银行的事业，多一点人才危机感，尽可能创造条件，留住人才。具体到公司金融业务，重点要完善客户经理制，特别是考核评价和激励机制。总行正在借助股份制改革的机会，完善员工考核评价体系，逐步推行基于岗位价值评估和业绩驱动的薪酬制度，加快形成与现代金融企业相适应的选人用人新机制。今后要突出培训对人才的激励作用，把客户经理培训作为提高公司金融业务竞争力的重要工作，通过专业培训提高客户经理队伍的整体素质，改善我行人力资源充足、人才资源短缺的状况。2005 年总行将对全行客户经理队伍进行分层次、大范围的培训，并启动客户经理资格认证工作，明确对各级客户经理的任职资格和上岗要求。总行还将在分行实践的基础上，提出公司客户经理的绩效考核方案，建立责权利紧密结合的公司客户经理业绩考评体系。

同志们，市场营销是一件充满智慧和富于挑战的工作，需要坚忍不拔的意志品质和严谨细致的工作作风，我们 2004 年的工作取得了很好的成绩，2005 年希望大家再接再厉，把握机遇，开拓创新，借着改革的东风，推动公司金融业务经营发展迈上新的台阶。

充分发挥法律专业职能优势
保障全行改革发展目标顺利实现

——在中国工商银行法律事务工作会议上的讲话

王丽丽

（2005 年 4 月 19 日）

这次会议的主要任务是，贯彻落实年初分行行长会议精神，总结近两年全行法律事务工作，分析面临的新形势，明确当前法律事务工作的主要任务和要求，动员全行各级法律部门和法律人员进一步发挥专业职能和优势，为全行各项改革发展目标的顺利实现提供有力的法律支持和保障。下面，我讲几点意见：

一、近两年全行法律事务工作回顾

近两年全行各级法律部门认真贯彻落实总行党委的工作部署，围绕全行中心任务，创新工作思路和举措，在加强法律风险控制的同时，有力地支持了业务创新发展，各项工作取得显著的成绩。概括起来，主要体现在以下几个方面：

（一）积极运用法律手段清收处置不良资产。全行各级法律部门紧紧围绕提高资产质量和经营效益这个中心，主动发挥法律专业优势，研究制定切实可行的清收处置工作计划和实施方案，综合运用诉讼和非诉讼各种法律手段大力清收和处置不良资产，上下联动，协同作战，不畏艰难，攻克难关，取得了十分突出的成绩。2003 年全行法律部门运用法律手段清收不良资产总额 272.73 亿元，其中现金 193.26 亿元，占全行现金清收总数的 47.4%；2004 年清收不良资产总额 248.78 亿元，其中现金 195.3 亿元，占全行现金清收总数的 45%。从 2001 年总行组织开展“三个一批”专项活动以来的 4 年时间，全行法律部门运用法律手段清收各类资产总额达 1022 亿元，其中现金 708 亿元，为改善全行资产质量、提高经营效益做出了重要贡献。

（二）充分发挥专业技能，支持业务经营发展。各级行法律部门以支持业务发展和防控法律风险为宗旨，认真履行法律咨询审查职能。在具体工作中，以重点客户、中长期大额贷款、银团贷款、贸易融资、出口信贷以及重要经营决策事项为重点，加大提前介入和主动参与的力度，将法律风险控制关口前移，努力为业务部门提供深层次、高质量的法律服务支持。在南海石化、宁波分行资产证券化、受让国家开发银行贷款债权等一批重大项目中，总行及有关分行法律部门积极参加有关工作，在交易方案制定、结构设计、条件安排、业务谈判、法律文件制作等各个环节中，充分发挥内部法律顾问作用，确保项目顺利完成。与此同时，法律部门在处理重要业务事件和复杂法律问题的方面也发挥出特有的作用，得到总行领导和相关业务部门的高度评价。如总行法律事务部迅速成功地申请解除了美国财政部 OFAC 对我行大客户（中石油）730 万美元资金的冻结，避免了我行资金损失和不良影响；妥善处理上海巴黎国际银行和青岛国际银行股权转让、华商银行资产剥离和重组涉及的大量复杂的法律事务，保证了上述交易事项顺利完成。近两年，全行法律部门处理各类书面咨询事项 22 万多件，出具法律意见书约 24.5 万多份，参加各类业务谈判 4 万多次，书面审查各种交易类合同标的金额累计近 2.5 万亿元，揭示风险点约 18.4 万个，提出风险控制措施约 21.5 万条。这些工作有效地预防和控制了全行经营管理活动中遇到的各种法律风险，为业务经营发展提供了有力的法律支持和保障。

（三）加强内部监控，提高诉讼案件管理水平。近两年，全行诉讼案件管理工作得到明显加强和改进，有效维护了我行的合法权益。建立了诉讼案件授权管理制度，通过逐级实行区别授权和分类指导，严把诉前论证和诉讼审批关，力求以最低的诉讼成本、最佳的诉讼方案获取最大的诉讼效益。改进被诉案件监督管理，建立被诉案件月度报告制度，对百万元以上被诉案件进行重点监控。开发投产诉讼案件管理系统，建立诉讼案件管理信息平台，初步实现对全行诉讼案件的实时统计和监测。大力压缩“诉讼费垫款”和“待处理经济纠纷垫款”，清理非信贷风险资产。妥善处理分支机构之间的内部经济纠纷。2003 年和 2004 年，全行各级法律部门办结各类经济纠纷案件 31000 多件，总标的额约 730 亿元，其中胜诉案件 30000 余件，胜诉金额约 723 亿元，胜诉率达 98.7%；办理被诉案件 1500 多件，避免经济损失约 22.2 亿元。这些诉讼案件，绝大多数是由我行内部法律人员自己代理，不仅取得了令人满意的诉讼成果，同时也为我行节省了大量的律师代理费用。

（四）组织推动反洗钱工作成效显著。自2002年我行启动反洗钱工作以来，总行及各分行法律部门认真履行反洗钱牵头部门职责，根据反洗钱监管法规和监管要求，积极推动我行反洗钱内控制度建设，组织协调各级行反洗钱工作。总行、各一级（直属）分行和二级分行均成立了反洗钱工作领导小组，以及人民币对公业务、个人业务和外汇业务三个反洗钱专业小组；行内会计结算、个人金融、国际业务、银行卡、资金营运等相关业务部门设立了反洗钱岗位；按照人民银行反洗钱监管规定，总行制定了7个反洗钱内控制度办法，使各级行反洗钱工作有章可循。2004年，总行法律部牵头组织对10个分行反洗钱工作进行专项检查，进一步促进了基层行反洗钱工作。总行在SWIFT/PCC系统终端和RFC汇款系统安装了受制裁名单过滤系统，为有效执行联合国等国际组织的制裁决议提供了技术保障；本外币大额交易数据报送系统投产运行，进一步提高了大额交易数据的报送质量和效率。总行法律部编写了《反洗钱手册》，在网讯开设反洗钱专栏，向全行员工宣传普及反洗钱知识，介绍反洗钱最新动态，解读反洗钱政策法规，分析反洗钱典型案例。各级行也采取多种方式，加大反洗钱宣传力度，组织开展反洗钱培训，增强了员工的反洗钱意识和技能。

（五）法律事务工作制度进一步优化完善。近两年，根据全行改革发展需要和风险控制要求，总行全面修订了法律事务工作核心制度，引导和推动法律事务工作迈上新台阶。一是修订了《中国工商银行法律审查办法》，扩大了法律审查工作范围，细化了法律审查程序和要求，制定了部门分工协作制度，构建了贯穿事前、事中和事后全过程的法律风险控制机制。二是在对原有经济纠纷管理制度进行修改完善的基础上，重新制定了《中国工商银行诉讼案件管理办法》，规定了授权管理、分级负责、讲求诉讼成本与诉讼效益等原则，分类规范了起诉案件、被诉案件的论证、审批及操作处理流程，完善了诉讼案件成本费用管理和诉讼案件信息系统管理制度，强化了案件分析报告、诉讼代理、指导监督等管理措施，为进一步加强和改进全行诉讼案件管理工作奠定了制度基础。三是修改完善了《分行行长经营绩效考评依法合规专项实施细则》和《法律事务工作考评办法》，修订了考核指标，调整了考评方法，增强了考评工作的指导性，对推动全行依法合规经营、提高法律事务工作水平发挥了积极作用。四是制定了《外聘律师管理办法》，建立了公开透明、择优选择、节省费用、监督考核的外聘律师管理制度，促进全行外聘律师管理工作不断走向规范化。各分行也结合实际进一步细化和健全相关的制度办法，全行的法律事务工作制度从整体上得到了明显的优化和完善。

以上几个方面的工作业绩充分表明，各级法律事务部门和法律专业人员是我行改革发展中不可缺少的生力军，是一支精干的有战斗力的队伍，对支持业务创新发展、防范化解法律风险、清收处置不良资产、保障依法合规经营发挥了不可替代的重要作用，做出了突出的贡献。借此机会，我代表总行党委向全行各级法律事务部门和法律专业人员表示衷心的感谢和诚挚的问候。

在肯定成绩的同时，我们也注意到，随着我行改革发展和全面风险管理进入一个新的阶段，法律事务工作面临许多新的挑战和要求；经营管理活动中的法律风险控制工作需要进一步强化；各类诉讼案件特别是被诉案件的管理水平需要进一步提高；全行法律事务部门和法律专业人员总体力量不足，人员流失现象比较突出，法律人员队伍建设需要进一步加强。这些问题应当引起各级行充分重视，认真予以研究解决。

二、法律事务工作面临的新形势

当前，工商银行正处在一个继往开来的历史关口，面对建设现代金融企业的难得历史机遇。全行上下从经营理念、管理体制、运行机制、风险管理、治理结构等各个方面正在经历一场脱胎换骨的变革。在这场变革中，法律事务工作也面临新的形势和要求。概括起来，集中体现在以下三个方面：

（一）股份制改革需要法律事务部门参与并承担重要的工作。目前，我行股份制改革工作序幕已经拉开。全行非信贷风险资产清理和固定资产清查确权等工作已全面展开，不良贷款清收处置工作也正在抓紧进行。这几项工作对于夯实我行资产质量基础，顺利完成财务重组具有重要意义。其中，涉及许多复杂的法律问题需要解决。另一方面，作为股改上市必经程序的法律尽职调查和资料库建立工作也已经启动。法律尽职调查和资料库建立是股改上市的一项重要基础性工作，做好这项工作有助于我们摸清家底，保证信息披露文件的真实、准确和完整，确保改制后的股份公司符合国内外有关监管法规的要求。这项工作涉及面广，涵盖公司设立及历史沿革、业务许可、债权债务和重大合同、诉讼、仲裁和行政处罚等方面，工作量非常大，且工作质量和效率要求很高。此外，股份制改革还涉及公司章程、董事会议事规则等公司治理法律文件的制定、公司名称、注册登记信息和债权债务手续变更等大量的法律事务。这些工作不仅需要法律部门直接参与，有些还需要法律部门发挥核心作用。在我行改制上市和今后的发展中，法律部门将承担越来越重要的任务，这将对全行法律部门的工作能力、质量和效率提出新的挑战。

（二）加快业务创新发展对法律事务工作提出了更高要求。今后几年是我行以股改为突破口实现经营模式和增长方式转变，培育和增强核心竞争力的关键时期。2005年，我行各项业务发展步伐将大大加快。如公司信贷业务将重点做好石油石化、电信、港口、城建等重点行业板块优秀客户的融资服务，推进短期融资票据化，探索长期融资证券化，开发国内信用证贸易融资新产品，加大对项目融资和表外信贷业务产品的创新。个人金融业务将抓住居民消费结构升级和金融需求多元化带来的发展机遇，着力构建“大个金”经营格局，对产品线和业务流程进行再造整合，丰富个人理财产品品种。国际业务将加强对贸易融资和外汇中间业务产品的整合创新，重点加强福费廷、国际保理业务的深度挖掘和推广，积极发展代客外汇理财和风险管理、国际投融资顾问等综合性、知识密集型外汇中间业务。机构业务将加大对信托、证券、保险、政府、军队等重点客户的营销力度，积极开拓银行保险业务。这些业务的发展创新都离不开法律部门的积极参与和支持。法律部门既要加大支持业务发展创新，又要有效识别和控制法律风险，如何妥善地把握和处理好两者的关系，这是对全行法律部门专业素质和业务能力的一个考验。

（三）加强内部控制和全面风险管理要求法律部门进一步发挥职能作用。当前，加强内部控制和风险管理具有十分突出的重要性和紧迫性。与我行改制上市的目标相适应，必须尽快建立健全符合现代商业银行治理要求的内部控制和风险管理体制。法律部门在内部控制和风险管理中的作用是不可或缺的，主要体现在以下四个方面：一是通过对经营管理事项进行法律审查，审慎识别法律风险，及时提示和控制风险，堵塞管理漏洞，降低操作风险。二是发挥授权管理的内控杠杆作用，组织实施对境内外机构和业务部门的年度基本授权、转授权和特别授权工作，协调做好分类指导和动态监控，严禁各类越权经营行为。三是对各类经济纠纷进行管理监控，通过审批、代理和协调处理诉讼案件，对一些投诉纠纷最终演变为诉讼案件的具体原因进行调研，化解经营管理中遇到的法律风险，依法维护我行合法权益。四是作为反洗钱工作牵头部门，组织协调反洗钱工作，推动反洗钱内控制度的完善和落实。鉴于反洗钱工作的特殊重要性，下面我着重讲一下这个问题。

洗钱活动助长刑事犯罪，扰乱经济秩序，危害经济金融安全。随着全球经济一体化进程不断加快，国际社会对反洗钱越来越重视，各国监管法规普遍要求商业银行等金融机构承担反洗钱义务，监管当局对金融机构履行反洗钱义务的监管措施也日趋严厉。2002 年 11 月，美国纽约百老汇国民银行因为没有依法建立反洗钱制度，报告大额可疑资金交易，被罚款 400 万美元。2004 年，美国里格斯银行因卷入洗钱交易被处以 2500 万美元的罚款，名誉扫地；俄罗斯中央银行吊销了一家涉嫌洗钱的商业银行经营许可证，由此引发银行挤兑风潮，波及 200 多家银行。2005 年 3 月，以色列最大的商业银行——“工人银行”由于涉嫌洗钱被警方调查，有可能成为以色列历史上最大的一起洗钱案件。

近年来，我国政府也十分重视打击和预防洗钱犯罪，积极开展反洗钱国际合作。2005 年 2 月，我国政府以观察员身份加入了反洗钱金融行动特别工作组（FATF），我国《反洗钱法》的立法工作已经启动，反洗钱监管标准正逐步与国际接轨。2004 年，人民银行对包括我行在内的商业银行进行了一次反洗钱大检查。检查结果表明，我行反洗钱工作总体上符合监管要求，但仍存在一些问题和不足，个别分支机构因存在大额可疑交易漏报等问题而被监管机关给予警告和罚款。从 2005 年开始，人民银行将进一步加大反洗钱监管力度，对不履行反洗钱法律义务的金融机构及有关责任人员，将依法予以处罚。

上述情况表明，反洗钱工作面临的形势日趋严峻，监管要求越来越高。特别是在我行股改上市的关键时期，如果在这方面出现问题或失误，将会损害我行的声誉和形象。这就要求我们必须进一步重视反洗钱工作，严格落实反洗钱内控制度，切实履行反洗钱法律义务，扎实、有效地做好反洗钱工作。

三、做好法律事务工作的总体要求

当前，全行法律事务工作要适应我行改革发展的新形势和新要求，以参与和支持股份制改革为重点，精心做好财务重组和改制上市有关法律工作，积极支持业务创新与发展，进一步加强法律风险控制，提高防范和化解法律风险水平，为我行顺利实现改革发展目标提供有力的法律支持和保障。在这里，我强调以下几点要求：

（一）充分发挥专业职能，为股份制改革提供法律支持和保障。要着力做好财务重组过程中运用法律手段清收不良资产工作。根据年初分行行长会议确定的不良资产清收处置目标，各级行要切实加强对依法清收和胜诉执行工作的组织领导，结合本行实际研究制定执行清收计划，落实目标和责任，确保完成全年尤其是上半年依法清收处置任务。要认真总结依法清收工作经验，改进和创新不良资产清收方法，注意诉讼手段和非诉讼手段相互结合，富有成效地开展清收工作。要优先清收回收率高、形成时间短、价值贬损快的不良资产，重点清收近两年新发生的不良贷款、次级类不良贷款和个人类不良贷款。要努力降低清收成本，千方百计地扩大现金清收的数量和比例，进一步提高胜诉案件执行率。

精心做好改制上市法律工作。根据我行改制上市的总体安排和工作进程，各行要认真组织实施各个阶段的相关法律事务工作。目前，要抓紧做好两项工作：一是全行固定资产确权和产权完善以及不良贷款确权过程中法律文件审核工作，妥善处理相关的法律事务；二是协助做好法律尽职调查和资料库建立工作，按照总行的统一部署和我行聘请的改制上市中介机构的要求，尽职整理和提供所需要的各类法律文件和资料，确保有关法律文件和资料真实、准确、完整。各行股改法律工作小组和法律事务部门要认真履行职责，周密组织安排各项工作，与行内有关部门密切沟通与配合，高质量、高效率地做好我行改制上市过程中的法律事务工作，为改制上市提供有力的法律支持。

（二）积极支持业务创新发展，构建全程法律风险控制机制。加大对业务发展和创新的法律支持力度，审慎预防、识别和控制法律风险。对重点客户、重点项目、贸易融资、出口信贷以及中长期项目融资和银团贷款等，要加大提前介入和主动参与的力度，与有关业务部门密切协作，通过参与前期运作、业务谈判、洽谈会、协调会、联合评审等，充分发挥法律专业优势和职能，从交易方案制定、结构设计、条件安排和法律文件制作等方面，尽职履行法律咨询审查职责，全力支持业务发展和市场竞争。对重要业务事项风险控制措施和交易条件的落实及履行情况，要主动进行跟踪了解与监督，及时研究解决出现的问题。要积极支持各类业务创新活动，通过协助制定和审查相关业务管理办法、操作规程和合同文本，重点关注业务创新涉及的法律依据、法律关系及法律风险控制措施，预先识别和消除各种风险隐患，保障业务创新的合法性、合规性。各级行要认真落实和执行《中国工商银行法律审查办法》，法律事务部门和有关业务部门要各司其职，各尽其责，通力协作，相互配合，不断健全和完善贯穿事前、事中和事后的全程法律风险控制机制，有效识别和防控法律风险，切实保障经营管理行为的合法性和债权的安全性。

（三）严格落实诉讼管理制度，从源头抓起，强化被诉案件监督管理。各级行要认真执行《中国工商银行诉讼案件管理办法》，严格遵守诉讼案件授权管理规定，切实落实各项诉讼管理制度。起诉案件要讲求时效性和可执行性，严格履行诉前论证和审批程序。争取以最低的诉讼成本谋取最大的诉讼效益，杜绝盲目起诉和无效益诉讼行为。要把握恰当的诉讼时机，根据债务人的经营状况和财产清偿能力，制定切实可行的诉讼方案，确保胜诉后的执行效果，千方百计提高胜诉执行率。

要加大对被诉案件的监督管理力度。根据我行的经营管理体制，各级行要对本行发生的被诉案件负第一责任。要重视被诉案件可能给银行造成的信誉损失和经济损失，审慎稳妥地处理各类被诉案件。要从客户投诉环节入手，建立协调处理机制，努力消除和预防由客户投诉转化为银行被诉的风险。业务部门要及时妥善处理业务投诉，不能任其发展成为诉讼案件。对于敏感时期发生的被诉案件和敏感性较强的被诉案件，各级行要在第一时间上报总行。上级行要加强对下级行被诉案件的监督管理，指导和帮助下级行做好应诉工作，尽可能规避和防止败诉风险。要建立被诉案件个案月度报告和季度分析报告制度，通过对被诉案件基本情况、发案特点、被诉成因及相关业务操作和管理中存在的问题进行分析总结，有针对性地提出改善经营管理和内部控制、防范和化解银行被诉风险的建议和对策。

要继续做好诉讼费垫款和待处理经济纠纷垫款的清理压缩工作，严格按照总行有关规定处理两个科目的垫款，从严控制两个科目垫款的增加幅度，清理不规范的垫款，杜绝不按制度办事的行为，努力压缩和降低两个科目垫款余额，减轻和消化非信贷风险资产的包袱。

（四）认真履行反洗钱职责，加强和改进反洗钱工作。各级行要进一步加强对反洗钱工作的组织领导，把反洗钱作为一项重要工作，认真执行人民银行和总行制定的反洗钱各项规定，健全反洗钱岗位责任制，落实反洗钱内控制度。近期，总行法律事务部将成立反洗钱处，有条件的分行应设立相应的机构，没有机构的，至少要安排1～2名人员专职从事反洗钱工作。各行要严格执行了解客户、开户审查、账户管理和保存交易记录等制度，认真履行大额和可疑交易报告职责。要加强对大额和可疑交易的监测分析，仔细提取相关数据加以甄别和确认，落实报告员制度，按照规定的程序、时间和方式，报送大额和可疑交易数据和信息，严禁发生漏报和瞒报现象。各级行反洗钱领导小组办公室和各专业反洗钱小组之间要建立沟通协调机制，定期交流反洗钱工作信息，分析本行反洗钱工作形势，解决反洗钱工作中遇到的问题，使反洗钱工作经常化、制度化。

各级行要重视和加强反洗钱宣传培训工作，利用多种形式提高各级管理人员、有关业务人员和一线员工对反洗钱工作重要性的认识，增强反洗钱责任意识。要制定本行反洗钱持续培训计划，分期分批地对反洗钱岗位人员、反洗钱报告员和一线员工进行反洗钱培训，培养反洗钱技能，提高对可疑交易的识别和判断能力。同时，各级内审部门、内控合规部门以及有关业务部门要切实加强对反洗钱工作的监督检查，纠正和查处违规行为，确保各项反洗钱内控制度得到有效的执行和落实。要注意总结反洗钱工作经验，不断完善制度，堵塞漏洞，推动反洗钱工作扎实、深入地开展下去。

（五）进一步重视法律事务工作，切实加强法律专业队伍建设。历史经验和现实需要充分证明，商业银行要保持依法合规稳健运行、有效防范和控制法律风险离不开法律事务工作，推进银行业务创新发展、实施股份制改革和完善公司治理同样需要有力的法律支持。在我行全面建设现代金融企业的历史条件下，各级行要进一步重视法律事务工作，在经营管理过程中注意发挥法律部门的职能作用，为法律部门履行支持业务发展、控制法律风险的职责提供良好的内部环境和条件。总行强调，法律事务部门是各一级分行、直属分行必设的机构，法律事务部门的负责人必须懂专业，具备任职资格；个别尚未设立法律事务部门的一级（直属）分行要尽快设立；有条件的二级分行也应设立法律事务机构，没有机构的，至少要有2～3名专职的法律工作人员。随着法律部门承担的工作任务越来越多，各分行要进一步充实法律部门人员力量，适当补充和增加法律专业人员，确保法律人员力量与本行的业务发展和风险控制需要相适应。法律专业人员是银行内部稀缺的人力资源，各分行在招收新员工时，应当注意吸收法律专业人员，做好法律专业人员的储备工作；要注重培养、选拔和使用法律专业骨干，加强业务培训，采取适当的激励措施，稳定法律专业骨干队伍，调动法律专业人员的工作热情和积极性。各行要积极稳妥地推行法律顾问职务序列制度，积极参加当地司法部门组织推行的公司律师试点工作，为行内法律专业人员创造一个适合成长的职业发展空间，努力造就一支业务专、素质高、爱行敬业的法律专业队伍。

同志们，当前我行正处于推进现代金融企业建设的关键时期，总行党委对全行改革发展已经提出明确的战略部署和具体的工作目标。希望全行各级法律部门和法律人员发扬成绩，再接再厉，以强烈的事业心和责任感，努力做好各方面的工作，为工商银行的改革发展建功立业，争取做出新的更大的贡献。

在中国工商银行创建学习型党组织研讨会上的讲话

刘立宪

（2005 年 11 月 4 日 根据录音整理）

这次创建学习型党组织研讨会是我们在面临更为繁重的学习任务的特殊形势下召开的。十六届五中全会审议通过的《中共中央关于制定国民经济和社会发展第十一个五年规划的建议》描绘了未来五年经济社会发展的宏伟蓝图。其中对金融事业的发展和国有商业银行的改革提出了新的更高的标准。前不久，中央政治局常委、国务院副总理黄菊同志到我行调研，对我行下一步的改革发展也提出了明确要求，对工商银行的发展寄予厚望。大家都知道，10 月 28 日，中国工商银行股份有限公司挂牌成立了，但这只标志着股份制改造站在了一个新起点，而不是结束。我们面临的是如何学习好“十一五”规划建议和进一步推进股改工作深入发展的新形势，这对全行学习新的知识，解决新的问题，提出了新的要求。这次研讨会根据新形势的要求，确定的主题是：深入学习贯彻“三个代表”重要思想，交流创建学习型党组织的成功经验和有效方式，研究在股份制条件下进一步做好创建学习型党组织的思路、措施和途径，共同探索建立健全使工商银行广大党员“长期受教育，永葆先进性”的长效机制，推动创建学习型党组织工作深入开展。两天来，与会各分行围绕会议主题都介绍了各自的做法和经验，相互借鉴，取长补短，在许多方面形成了共识，明确了下一步工作的思路，进一步增强了做好创建学习型党组织工作的自觉性和紧迫感。总的看，这次研讨会开得比较成功，达到了预期的目的。

下面我就进一步做好学习型党组织创建工作讲三点意见。

一、充分认识创建学习型党组织的重要意义

重视学习、善于学习是我们党夺取事业胜利的一条重要历史经验，通过加强学习提高党的执政能力，提高党的战斗力和凝聚力也是我们党的优良传统。毛泽东同志曾先后发表《改造我们的学习》、《反对党八股》等一系列重要文章，极大地提高了广大党员干部把马克思主义基本原理运用于中国革命实际的水平。邓小平同志着眼于我国改革开放和社会主义现代化建设新的历史实践，提出“全党同志一定要善于学习，善于重新学习”。江泽民同志发出了“21 世纪的中国应处处成为人人皆学之邦”的号召，并在十六大报告中明确提出“形成全民学习、终身学习的学习型社会，促进人的全面发展”的总体要求。胡锦涛同志在党的十六届四中全会上强调要“努力建设学习型政党”，并指出“为了适应党和国家事业发展的需要，为了更好地承担起党和人民所赋予的重任，我们必须进一步加强学习”。这些论述都集中反映了我们党对学习的高度重视，反映了我们党对加强和改进学习的不懈探索，同时也充分说明在新的历史条件下，要更好地担当起时代赋予的庄严使命，就必须坚持学习，重视学习，加强学习。

创建学习型党组织就是要求各级党组织在加强思想、组织、作风建设的过程中着力营造浓厚的学习氛围，树立先进的学习理念、建立持续学习的机制，引导党员干部立足本职，带头学习、加强学习、终身学习，使学习成为一种经常化、普遍化和制度化的行为，从而

在精神状态上保持创新的锐气，在思想观念上保持创新的源泉，在组织建设上保持创新的活力。创建学习型党组织作为新时期加强党的建设，保持党的先进性，提高党的执政能力的一项重要举措，对于提高全行广大党员的学习力和党员队伍的综合素质，增强各级党组织的活力，推进现代金融企业建设具有十分重要的意义。

首先，创建学习型党组织是建立保持共产党员先进性长效机制的重要载体。2005 年以来，按照中央的统一部署和要求，总行机关和全行分支机构分两批先后开展了保持共产党员先进性教育活动。在全行广大党员干部的共同努力下，全行先进性教育活动圆满完成了学习动员、分析评议和整改提高等阶段的各项任务，取得了明显成效，广大干部员工和客户是满意的，也得到了中央保持共产党员先进性教育活动领导小组的肯定。我们也应该看到，先进性教育活动有阶段性和时间性，而先进性建设却是无止境的。中央保持共产党员先进性教育活动领导小组组长贺国强同志指出，先进性教育活动要取得实践、制度和理论三个方面的成果。其中制度成果的关键就是建立健全保持共产党员先进性的长效机制。下一步，各级党组织要按照中央和总行党委的要求，结合学习贯彻十六届五中全会精神，做好先进性教育活动巩固和扩大整改成果的各项工作，把抓好整改与建章立制结合起来，把开展先进性教育活动与抓好经常性的教育管理结合起来，努力形成使党员“长期受教育，永葆先进性”的长效机制。从一定意义上讲，先进性教育活动在工作目标、主要任务、学习原则、制度要求等方面与创建学习型党组织的理念是一致的，两者都是要探索新时期党员教育管理、充分发挥党组织战斗堡垒作用的长效机制。创建学习型党组织正是在实践中探索出来的一种用新的理念开展工作的有效载体，有利于把先进性教育活动中好的做法和经验固化下来形成制度，并持之以恒地坚持下去。我们就是要通过学习型党组织的创建，使广大党员不断地加强学习、改进学习、深化学习，真正把学习作为一种觉悟、一种修养、一种境界和一种责任，始终保持与时俱进，开拓创新的精神状态，从而在党组织内形成人人自觉学习、善于学习、终身学习的良好氛围，为保持共产党员先进性提供持久的动力和保障。

其次，创建学习型党组织是发挥党组织政治核心作用和提高党员素质的有效途径。党的基层组织是党在社会基层组织中的战斗堡垒，是党的全部工作和战斗力的基础，担负着组织党员认真学习马克思列宁主义、毛泽东思想、邓小平理论和“三个代表”重要思想，学习党的路线、方针、政策及决议，学习党的基本知识，学习科学、文化和业务知识的基本任务。党员是党的肌体的细胞和党的活动主体，党员素质的好坏，关系到党的形象、党的威信。从总体上看，全行各级党组织是有战斗力的，能够带领广大党员适应改革发展的新形势，立足本职，脚踏实地，艰苦奋斗，开拓进取，积极应对新的形势和挑战，不断提高业务技能和工作水平，在改革发展稳定的各项工作中发挥了模范带头作用。但是也要看到，随着股份制改革的全面推进，新的形势对各级党组织作用的发挥，对全行广大党员干部的履岗履职能力和综合素质提出了新的更高的要求。创建学习型党组织，就是要充分发挥党组织的政治优势和组织优势，按照《党章》的规定落实好党员的权利和义务，组织党员认真制订学习目标和学习计划，为党员干部提供一个全面学习理论知识与业务知识的平台。同时要通过党员的模范带头作用，带领广大员工以学习为基础，以创新为手段，以发展为目的，把坚定理想信念、树立远大目标与提高认识、增强信心、实现股改目标结合起来，把树立正确的世界观、人生观、价值观与立足本职、投身股改、无私奉献结合起来，始终保持党员队伍的先进性、纯洁性，不断增强党组织的创造力、凝聚力和战斗力。

最后，创建学习型党组织是建设现代金融企业和学习型银行的内在要求。当前，全行改革发展进入了一个新的历史阶段，股份制改革快速协调推进，管理工作进一步加强，创新发展取得显著成效，经营状况得到根本改善。以中国工商银行股份有限公司挂牌成立为标志，我们在现代金融企业建设中迈出了扎实的一步。但是我们同时也面对许多挑战，在公司治理结构、资产质量、盈利能力以及创新水平等方面与现代金融企业的要求仍有较大差距。解决这些问题需要全行广大员工的加倍努力和团结奋斗，更需要发挥各级党组织的政治核心作用和广大党员的先锋模范作用。总行党委书记、董事长姜建清同志指出：“工商银行建立学习型银行是未来生存、竞争和发展的需要”。在 2005 年总行机关“七一”座谈会上他进一步强调：“要通过创建学习型党支部，促使广大党员干部并以此带动全体员工始终保持一种积极主动的学习状态，始终保持一种科学的态度和创新的精神，不断将学习成果转化为制度创新、业务创新、科技创新的成效，转化为经营管理的成效”。创建学习型党组织，就是要切实增强建设学习型银行的紧迫感和责任感，把学习摆到事关工商银行现代金融企业建设成败的高度来认识，充分调动全行党员干部学习的积极性，紧紧围绕推进股份制改造的任务要求，采用多种方式持续不断地学习新知识，增强新能力，以学习应对挑战，以学习增强才干，以学习凝聚智慧，以学习推进各项事业的全面发展，在推进工商银行股份制改革的伟大实践中发挥更大的作用。

二、以先进理念为指导，积极探索创建学习型党组织的规律与方法

科学的理论是实践的指南。创建学习型党组织作为一项全新的探索，需要我们以马列主义、毛泽东思想和

邓小平理论、“三个代表”重要思想为指导，发扬党的优良学风，贯彻落实党中央关于加强学习的一系列重要要求，同时也应注意运用现代管理理论工具。现代管理理论之一的学习型组织理论对于学习型党组织创建工作有一定借鉴意义。这一理论以鼓励个人、团队有组织的学习为特征，以增强组织成员的学习力、创新力为目的，对企业在激烈的市场竞争中如何保持优势，赢得未来具有一定的指导意义。党组织作为学习型组织的一种，在很多方面都可以参考这一理论的内容。比如说，学习型组织理论的核心内容是强调通过学习，提高人的综合素质，而党的建设和发展也要求我们学习新理论、新知识，提高党员队伍素质，增强党员的创新能力、管理能力和执行能力；比如说，学习型组织理论强调要改善组织成员的思维方式，学会系统思考，而不断改进思想方法和工作方法是党的建设的重要内容，要求全体党员坚持辩证唯物主义和历史唯物主义观点，用全面的、辩证的、联系的、发展的观点看待问题；比如说，学习型组织理论强调要强化以“共同愿景”为基础的团队精神，这与党的建设所要求的以共同奋斗目标为基础的团结协作精神是一致的；再比如说，学习型组织理论强调学后要有新行为，而党的建设要求我们的党员要理论联系实际，学以致用，针对不断变化的新形势、新任务，学习新理论，寻求新对策，解决新问题。因此，我们可以把学习型组织理论中的一些有效的方法运用到学习型党组织的创建工作中去，紧密联系党员干部的思想实际，不断探索创建学习型党组织的规律和方法。

第一，树立先进的学习理念是创建学习型党组织的前提。思想是行动的先导。在创建学习型党组织的过程中，首先要充分发挥党的政治、思想和组织优势，在党员干部中树立先进的学习理念。一是树立终身学习的理念。学历有终点，学习无止境。一个人接受的学历教育，只是其终身学习进程中的一个相对短暂的阶段，通过实践不断地学习则是更为重要的过程。在当今知识经济时代，一个人所掌握的知识如果每年不能更新7%，其拥有某种知识的优势就会迅速失去。学习上的进步是一切进步的先导，学习上的落后是一切落后的根源。党员干部必须不断学习，把学习作为自身进步的阶梯，把知识作为与时俱进的不竭动力，把个人的学习意愿与工商银行的改革发展目标有机结合起来，培养强烈的求知精神和浓厚的学习兴趣，孜孜不倦，永不懈怠，变“要我学”为“我要学”，发扬学习永不嫌晚、学习永不嫌多、学习永不嫌累的精神，树立起终身学习的理念，以学习的进步推动事业的发展。二是树立“团队学习”理念。团队学习是持续发展的基础。在重视个人学习和个人智力开发的同时，还要重视组织成员的合作学习和群体智力的开发，组织成员分享知识、沟通思想的过程也是党组织凝聚力、创造力和战斗力不断增强的过程。三是树立工作学习化、学习工作化的理念。把工作的过程看作是学习的过程，把学习与工作一样要求，一样对待，把学习融入党员自身的工作和各级党组织的工作中，使学习成为党员塑造自我、完善自我的过程，成为党组织积极进取、开拓创新的不竭动力。

第二，提高创新型学习的能力是创建学习型党组织的重点。我们可以把学习分为两种类型：一种是维持型学习，也可以称为应用型学习，它的功能在于获得已有的知识、经验，以提高解决当前已经发生问题的能力；另一种是创新型学习，它的功能在于通过学习提高一个人发现、吸收新信息和提出新问题的能力，以迎接和处理未来社会日新月异的变化。要想在现代社会竞争中取胜，仅仅抓住眼下时机，仅仅适应当前的社会是远远不够的，还必须把握未来发展的时机。因此，我们要把“学会学习”作为学习最主要的任务，培养党员干部创新型学习的能力。一是要提高吸取知识的能力。面对新领域、新事物、新情况，必须提高吸取知识特别是新知识的能力，努力使党员干部的思想水平、知识结构和认知水平不断提高。二是要提高思考问题的能力。学习和思考是相互关联、密不可分的认知过程。只学习不思考，学习就是肤浅的，没有深化。思考是学习的继续，思考的过程是对照比较、学以致用、融会贯通的过程，也是理论联系实际不可或缺的重要环节。只有认真思考，才能不断修正、调整、丰富、提高自己。三是要提高理论联系实际的能力。理论联系实际，是我们党一贯倡导的马克思主义学风。我们不但要善于把学习到的理论知识用来解决工作中遇到的实际问题和矛盾，还要对下一步的工作做出预见和判断，未雨绸缪，提高工作的主动性和创造性。

第三，精心培育学习载体是创建学习型党组织的基础。创建学习型党组织，必须有实实在在的载体，吸引广大党员广泛参与，才能增强工作的实效性、感召力和吸引力。首先，要充分利用和完善现有的学习载体，把人才兴行战略的指导思想、总体规划和培养方法，与学习型党组织创建工作有机结合起来，使二者相辅相成，相互促进。其次，要不断推动学习载体的创新，紧密结合改革发展和经营管理实际，运用先进的学习理念，设计和培育灵活多样、能够满足各层面党员干部学习需要的新载体。要充分运用现代科技手段，完善学习网络，拓展学习空间，增强学习效果，使传统阵地学习与现代传媒学习两种优势，得到更有效的发挥，为组织学习和党员个人自学创造条件。最后，载体的设计和培育要和党组织的工作紧密结合，做到学习工作一体化，把先进的学习理念渗透到整个党组织的日常管理中去。

第四，充分发挥党员的主体作用是创建学习型党组织的关键。党员是创建学习型党组织的主体，而不是被动的受教育者。工商银行现有党员22万余名，能否充分调动他们的积极性和主动性，能否充分发挥他们的主体作用，是决定创建工作能否取得实效的关键。要充分尊重广大党员的学习参与权和学习选择权，组织党员深入探讨交流创建学习型党组织的途径、方法和经验，认真听取党员的意见和建议，积极营造党员发表意见的良好氛围，为党员参与创建工作、发挥主体作用创造条件。要激发党员干部立足岗位成才的紧迫感，引导党员干部把求知、成才的愿望融入到创建学习型党组织、促进金融事业发展的实践中。要强调全员参与，形成全员共识，为党员发挥才智提供舞台，注重发挥集体智慧，不断激发党员参与的内在动力。

三、加强领导，把学习型党组织创建工作不断引向深入

创建学习型党组织是一项系统工程，是一个不断学习、不断认识、不断创新、不断提高的过程，不可能一蹴而就。全行各级党组织要在创建学习型党组织的工作中坚持做到四个“贯穿始终”。

第一，坚持把制度建设贯穿始终。学习制度化是加强学习的有力保证。全行各级党组织要坚持把制度建设贯穿于创建工作的始终。一是要建立和完善领导机制。创建学习型党组织，关键在领导。各级党员领导干部要树立“责任人”意识，切实负起组织、指导、保障、督促等方面的责任，及时发现问题，及时总结提高，带头成为勤奋学习、善于思考的模范，解放思想、与时俱进的模范，勇于实践、锐意创新的模范。二是建立和完善学习机制。科学合理的学习机制是建设学习型党组织的动力源泉。在学习型党组织里，学习不仅仅是党员个人的自觉行为，而且是一种规范的组织行为。要建立党员干部“不得不学”、“不得不好好学”的制度和机制，使学习培训制度化、经常化和规范化。三是要建立和完善激励机制。好的学习激励机制是创建学习型党组织的持久动力。要把学习作为判断干部素质、认定干部实绩的重要条件，与单位评先、工作考核挂起钩来。要充分发挥先进典型的示范作用，通过大张旗鼓地表彰和宣传，营造刻苦学习、勤奋工作、争先创优的良好氛围。

第二，坚持把转变观念贯穿始终。思想观念的转变是最根本的转变。学习型党组织的创建是一项长期的工作，而党员干部思想观念的转变更需要坚持不懈的努力。有的党员干部对创建工作存在模糊认识，认为不过是“订订计划，走走过场”，把创建学习型党组织看作是虚而不实的东西，忽视或削弱学习；有的重业务知识、轻理论学习，认为现在是以股份制改革为中心，看的是业绩，讲的是利润，把工作做好就可以了，学不学理论无关紧要；有的把“学习型党组织”与组织学习等同起来，被动应付，深不下去，说起来重要，做起来次要，忙起来不要；有的把学习和工作对立起来，认为抓学习影响工作，即使学了，也不能联系实际，不能解决思想上和工作上存在的问题，等等。这些思想倾向都是片面的，有害的。解决这些思想问题，全行各级党组织就要坚持把转变观念贯穿于创建工作的始终，做到“两手抓”，即一手抓思想建设，通过培训、辅导、分享与反思，帮助党员干部树立学习光荣、学习高尚的思想观念，树立“学则进、不学则退”的思想观念，树立学无止境、终身学习的思想观念，努力形成自觉学习、主动学习、善于学习的良好风尚；一手抓业务实践，千方百计、不拘一格地探索学习与业务相结合的途径、方法，把新知识应用于现代金融企业的建设之中，使学习能够最终体现为效益，不断激发党员干部的学习意识、学习热情与学习能力，使学习和工作相得益彰，在学习中工作，在工作中学习，形成浓厚的学习氛围。

第三，坚持把力求实效贯穿始终。学习的目的全在于运用，在于不断提高人的学习力和创造力，促进人的全面发展。因此，学习要注重联系实际，做到思想和行动统一，内容和形式统一，学习和效果统一。克服那种华而不实、形式主义的做法，注重学习人员的层次性、内容的针对性、方法方式的有效性，不断充实学习内容，丰富学习形式，切实提高学习效果和学习质量。要紧紧抓住提高党员干部综合素质这一中心环节，围绕总行党委提出的“效益、质量、管理、发展、创新”以及“效率、结构、竞争力”的要求，以“坚持科学的发展观、转变经营模式和增长方式”为重点，以提高党员干部“战略决策能力、经营管理能力、市场竞争能力、推动创新能力、统筹协调能力”为目标，科学选择学习的内容、范围和专业，把学习政治理论与学习建设现代金融企业所需要的各种知识有机结合起来，不断提高从实际出发、正确贯彻执行党的路线、方针、政策的水平，努力将广大党员干部锻炼成有技术、懂管理、会经营的复合型人才。通过有针对性地学习，使党员干部感到学有所得，解渴管用，在工作实践中尝到学习的甜头，从而激发学习兴趣，形成良性循环。

第四，坚持把创新与变革贯穿始终。学习是创新的基石，创新是学习的目的，是学习活动的本质要求，也是提高组织学习能力的根本。绝不能仅仅把学习作为创建学习型党组织的目标，学习只是创建的手段。换句话说，学习这种行为确实能产生新知识，而新知识本身并不足以建立一个学习型党组织。新知识必须转化为提高党组织的创造力、凝聚力和战斗力才能显现其价值。全行各级党组织要坚持把创新与变革贯穿于创建工作的始终。一是要善于反思。注意把握新情况、研究新问题，认真分析查找业务工作、党组织建设以及党员干部队伍建设中存在的问题和原因，以进一步理清工作思路，把握工作规律，明确工作目标。二是要及时总结。对创建学习型党组织的经验和做法要及时进行总结，不断研究解决存在的问题，完善创建措施，促进创建活动的经常化、制度化、规范化和科学化。三是要发动群众。通过组织开展群众性活动，鼓励大家献计献策，勇于创新，敢于创新，努力营造人人能参与、个个敢争先、不断有

创新的良好氛围。总之，要在学习和反思的基础上不断创新与变革，把创新与变革作为创建学习型党组织的主旋律，通过工作理念、思维方式、活动方式、管理机制、评价标准、领导角色、发展模式等的创新与变革，不断提升党组织的持续创新能力，为党组织的发展提供不竭的动力。

同志们，创建学习型党组织是创建学习型社会的重要组成部分，是实现创建学习型银行目标的具体步骤。我们要以求真务实的精神，积极探索、开拓创新、力求实效，努力把全行各级党组织建设成为充满创造力、凝聚力和战斗力的学习型组织，更好地发挥党委的政治核心作用、党支部的战斗堡垒作用和党员的先锋模范作用，为工商银行现代金融企业建设做出新的更大的贡献。

第八部分
理论研究和调研成果

执行编辑：陈　明

理论研究及学术交流综述

总行城市金融研究所

2005 年，随着工商银行股份制改革的正式启动，全行金融理论研究工作取得了显著进展。应用性课题与金融理论研究、学术团队建设和学术交流工作取得了丰硕成果。

一、围绕全行改革发展的关键问题，策划并组织总行年度重大课题研究，服务总行战略决策

（一）围绕工商银行股份制改造、管理创新及经营结构调整的战略性问题，策划并组织了三个方面 21 个课题的研究。

1. 关于全行中长期发展战略规划及盈利模式研究。包括 2 个课题，《中国工商银行 2006－2015 年发展战略纲要的三年实施计划》和《股改后成本控制与盈利模式研究》，其中《股改后成本控制与盈利模式研究》明确了工商银行股改上市后的五年发展目标，并通过成本、风险和收益的制衡研究以及五项成本压力测试、业务竞争压力测试和分产品压力测试研究分析，提出了转变工商银行经营模式、增长方式和盈利模式，提高成本风险控制能力和经营效率的具体思路。

2. 关于股改上市过程中的关键问题研究。包括了 5 个课题，主要内容为：《工商银行资本管理及营运体系的框架设计与实施方案》以《巴塞尔新资本协议》为指引，界定和论述了资本管理的基本概念和框架体系，分析了国际银行业以及工商银行资本管理的历史沿革和经验教训，提出了有计划、分步骤地构建工商银行资本管理及营运体系的实施方案。《商业银行股份制改造与上市法律问题研究》对我国商业银行股份制改造及上市进程中涉及的若干法律问题进行了论述，并提出了若干建设性的意见和建议。《上市银行监管与信息披露规范研究》以公开发行上市为目标，提出了“建立健全监管报告和信息披露的制度规范和行为准则，用信息采集标准化保证信息披露规范化”的总策略，建议建立全行统一的信息披露指标数据库，加强与监管报告和信息披露相关制度的配套建设，整合监管报告和披露信息的采集流程，并建立与监管报告和信息披露规范相适应的组织机制。《工商银行会计标准转轨相关问题研究》在对国内外通行会计标准进行总体比较的基础上，结合工商银行现状和我国会计标准，就工商银行会计标准转轨过程中可能遇到的问题进行了分析。《商业银行健全的内部控制体系研究》从内部控制环境、风险评估与监测预警、内部控制制度与措施、监督评价与纠正、信息处理及传导等五个方面，具体阐述了如何建立商业银行健全的内控体系。

3. 关于推动经营结构战略转型的重大问题研究。包括了 14 个课题，主要内容为：《改制后的人力资源管理体制研究》明确了改制后工商银行人力资源管理体制改革的目标和内容，即在清晰的业务流程和有效的组织架构前提下，建立职务能上能下、人员能进能出、收入能高能低、员工与企业共同发展、以岗位为基础的、市场化人力资源管理体系。《中间业务发展与收益结构转型》以工商银行中间业务收费进程为线索，分析了工商银行中间业务发展现状和存在的主要问题，提出了 2006 年工商银行中间业务发展思路。《关于加快工商银行理财业务创新与发展的研究报告》分析了在新的经营环境下加快工商银行理财业务创新与发展的必要性和可行性，指出了理财业务创新发展的目标和总体思路及工作建议。《工商银行个人金融产品整合策略研究》从分析工商银行个金产品存在问题及整合的必要性入手，借鉴先进商业银行个金产品整合方法，从产品策略、产品研发管理机构和队伍、产品研发管理、产品定价、产品风险管理等角度论证了工商银行个金产品的整合策略。《小企业信贷业务经营管理研究》在总结国外同业经验做法的基础上，分析了我国小企业融资特点，结合近年来工商银行小企业信贷经营管理的实践，针对存在的问题，从体制、机制、管理制度建设等方面提出了相应措施。《信用卡业务与“大个金”战略——互补、协同与发展》提出未来两三年是工商银行发展信用卡业务的重要机遇期。信用卡业务作为“大个金”战略不可或缺的部分，应在市场营销、销售管理、客户服务和风险管理等方面与个人金融业务协同发展。《建立大中心，服务大客户，全面提高公司业务竞争力——关于提高工商银行公司业务竞争力的研究》通过分析工商银行公司金融业务的现状以及面临的内外部环境，进一步明确了工商银行公司业务部门的职能定位，并建议扩大总行直接营销客户范围，充实总行客户经理队伍，拓宽公司业务产品线，大力发展高端业务，实现集约式营销，创新激励机制吸引优秀人才。《工商银行国际化发展研究》通过分析银行业国际化发展的动因和进程，认为中资银行国际化是中资银行发展的必然选择，进而

在明确商业银行国际化成败的决定因素的基础上，提出了工商银行国际化的中长期目标和发展战略。《科技资源整合与应用产品创新》主要包括了国内外同业在科技应用产品创新和整合方面的经验以及工商银行应用产品现状分析等内容，提出了加大科技资源整合力度、加快应用产品创新的具体措施。《建立以岗位胜任能力为基础的员工培训体系构想》在深入分析未来几年教育培训工作面临的新形势和新任务的基础上，提出了建立以银行发展战略需要为导向、以培养岗位胜任能力为基础、以提高人力资本价值为目标的现代金融企业教育培训体系的总体思路。《中外托管服务比较及中国工商银行托管业务发展报告》通过对“全球托管服务”和“中外托管服务比较”分析，形成了对国内托管服务发展趋势的基本判断，并结合工商银行实际，提出了发展工商银行托管业务的基本思路。《我国养老保障制度改革与商业银行的企业年金业务》通过剖析我国养老保障体系存在的问题和发展方向，论述了商业银行在我国养老保障制度改革中所面临的机遇与挑战以及工商银行企业年金业务的发展战略。《银证合作与工商银行经营结构转型》论证了完善银证合作、构建新型银证合作模式，已成为工商银行实现经营结构转型、建立现代金融企业的重要途径，并提出了工商银行银证合作的发展指引方针。《基于风险——收益均衡控制的商业银行信用风险管理研究》重点研究了RAROC风险管理思想和风险控制技术，并凭借CM2002信贷管理系统提供的数据和数据处理能力，对工商银行近三年来有关区域信贷的RAROC及其在信贷风险管理中的实际应用情况进行了实证分析。

（二）强化同业比较研究，跟踪金融改革焦点问题。

1.《德意志银行经营转型案例研究（1998－2004）》依据国内外公开资料，概括、梳理和分析了德意志银行1998～2004年经营转型的动因、措施、成效和启示，为工商银行推进经营转型提供了参考。

2.《中、建、交行经营及改革态势的比较研究》比较分析了中、建、交三行在财务重组、引资、公司治理等股改重要环节中的异同之处及产生这些差异的根源，提出了目前国有商业银行改革中存在的主要问题与对策建议，为工商银行深化股份制改革，完善公司治理提供了参考与借鉴。

3.《商业银行机构扁平化管理改革试点案例研究——以工商银行山东莱芜市分行为例》围绕工商银行山东省莱芜分行机构扁平化管理改革试点案例，对试点措施、成效及问题进行了详细分析，并进一步探讨了下一步改革的思路，为工商银行深化机构管理体制改革提供了参考依据。

4.《我国境内上市银行改制重组方式的比较研究》围绕同业改革动态及金融改革焦点问题，比较研究了境内上市的上海浦东发展银行、民生银行、招商银行和华夏银行改制重组的案例，深化了对同业改革及重组问题的认识。

5.《我国境内上市银行上市方式及上市绩效的比较研究》比较分析了我国境内上市的上海浦东发展银行、民生银行、招商银行和华夏银行的上市方式及上市前后财务绩效和市场表现的变化，探讨了四行上市方式选择的得失及原因。

6.《H股上市银行的系列研究》包括《交通银行股改上市历程分析》、《建设银行股改上市历程跟踪与分析》和《建行IPO及其对工商银行的影响》三篇研究成果，分别回顾、分析了交通银行、建设银行股改上市的历程、举措、成效和问题，并探讨了建设银行IPO对工商银行IPO的借鉴意义。

7.《我国体外循环资金基本状况和管理对策研究》讨论了当前我国体外循环资金的现状及特点，分析了体外资金循环的成因及其治理思路。

8.《中资银行迎接外资银行全面竞争的策略研究》回顾了在华外资银行的发展历程及发展前景，并从市场份额、客户营销、业务经营及人才吸引等方面分析了外资银行对中资银行形成的挑战，结合当前中国银行业的改制过程，提出了中资银行对外资银行竞争的应对策略。

9.《企业破产法对工商银行债权的影响》以工商银行日照分行为调查样本，分析了近年来企业破产对工商银行日照分行债权的影响，总结了工商银行在维护债权工作中遇到的问题和困难以及新破产法可能对商业银行债权的影响。最后提出了对企业破产相关法律的修改建议以及商业银行研究运用破产法、防范风险的建议。

10.《进入中国市场的境外资金研究》在估算境外资金的流入态势和规模的基础上，分析了其入境的动因和主要途径，并提出了相应的对策建议。

11.《债券市场发展与商业银行经营机会研究》通过对中国债券市场发展的总体概况、功能演进和发展趋势以及制约因素的分析，提出了商业银行债券投资业务和债券中介业务发展面临的问题，及相应政策建议。

12.《关于工商银行在拉美设立机构的调研报告》介绍了巴西、智利和阿根廷的经济金融环境和外资银行准入及监管要求，就工商银行在拉美设立机构提出了意见和建议。

（三）关注研究国内外经济形势及发展动态，服务改革决策。

1. 跟踪分析国内国际经济金融发展态势，撰写了4份《中国工商银行国际经营背景分析》和4份《中国工商银行国内经营背景分析》以及关于国际和国内经济金融形势的各12篇《经济金融走势分析》。

2. 按季撰写、编发《研究报告》，跟踪分析加入世界贸易组织以来金融开放城市的金融市场竞争态势，了解外资银行业务发展和金融创新的重点，为行领导决策提供参考。

（四）跟踪同业及金融改革动态，反馈改革信息。

1. 跟踪同业发展动态，撰写了7篇《研究信息》。分别是《四大行表现差异明显，综合竞争力亟待提高》、《各界对工商银行获得注资、启动股改的反应》、《交通银行股份发售与风险提示》、《建设银行实施经济资本预算管理的成效及问题》、《建设银行上市中税收优惠等关键问题》、《“花旗违规丑闻”对国内银行合规风险控制的警示》和《在华外资银行走势：回顾与展望》。

2. 针对金融改革热点、焦点问题，编写了10篇《研究信息》。分别是《电力行业贷款面临新风险》、《世界贸易组织未来变革的方向》、《近期商业银行人民币理财产品及其争论》、《KYC一体化风险管理》、《美国银行业公司治理改革的新进展》、《债券市场发展与商业银行债券投资》、《从背动负债到主动负债》、《当前学界正在批判西方新自由主义思潮》、《参加赴德国法兰克福市场营销培训班的学习体会与思考》和《应对短期融资券发展的策略分析》。

3. 围绕重点行业变化情况对工商银行业务、风险的影响，编写了《环保风暴刮向电力行业》、《央行住房信贷政策调整动态分析》、《近期货币信贷增长态势分析》和《境内外汇资金市场的几个动向》等8篇专题研究信息。

4. 加强与银监会、商务部等国家有关部门的联系与沟通，做好我国加入世界贸易组织银行业谈判工作，并设立了“世界贸易组织新一轮服务贸易谈判银行业相关问题我方要价研究专题”，组织完成了《中资银行海外拓展及市场准入研究》等专题研究报告。

5. 加强与外交部、商务部及贸促会等国家有关部门的联系与沟通，做好亚太经合组织工商咨询理事会（ABAC）的相关工作。

二、推动群众性学术活动的新发展，强化博士后研究与学术交流

（一）围绕全行改革发展的中心议题，推动学会系统群众性学术活动和金融科研工作发展。

1. 积极组织学会系统群众性金融科研工作，科研成果丰硕。2005年是工商银行改制启动年，总行学会围绕工商银行股份制改造及经营结构战略转型的需要，确定了学会系统的12个重点课题，各行学会（各团体会员）积极认领了重点课题，并结合各行实际情况确定了自选课题。2005年共完成课题报告300余篇，其中总行学会重点课题占60%，分行自选课题占40%。课题报告的质量也普遍有所提高，内容更加贴近业务发展的需要，研究有所深入，形式渐趋丰富，效果日益明显。

2. 学会制度建设、金融学术人才培养及为工商银行改革发展提供智力支持等工作取得了新的成效。2005年组织了全国城市金融学会优秀论文评选，出版了《中国城市金融学会优秀论文集》，并组织了优秀团体会员评比，评出了5个最佳团体会员和10个优秀团体会员。在2005年的秘书长培训班上，学会邀请了国际知名金融机构的管理人员和研究人员，结合国外银行业的公司治理经验对各位秘书长进行了现代商业银行公司治理专题培训。此外，在2005年8月工商银行股份有限公司挂牌前夕，召开了中国城市金融学会常务理事会会议暨工商银行战略发展咨询会议，财政部、人民银行、中央汇金公司的领导和20多位专家学者出席了会议。在会上，姜建清行长首次披露了工商银行的股改方案和改制后的发展战略，与会的各位专家提出了许多宝贵意见和建议，对工商银行成功挂牌起到了积极作用。

（二）对外学术交流活动进一步发展，学会“对外窗口”职能不断增强。

1. 2005年11月，学会联合台北金融研究发展基金会，在上海举办了首届“两岸票据市场与业务研讨会”。来自两岸的票据业务监管部门、相关经营机构的负责人及有关专家学者参加了会议。上海市常务副市长冯国勤、人民银行副行长苏宁、工商银行行长杨凯生、副行长王丽丽出席了会议并作了致辞和演讲。会议为两岸金融业务的交流、借鉴和互动开创了先河，成效显著。

2. 2005年5月，日本金融学会常务理事、熊本学园大学校长坂本正教授率团来工商银行城市金融研究所访问，并做了《日本银行混业经营的经验与教训》的演讲。2005年10月，樊志刚副所长率团赴日本进行了回访和学术交流，参加了日方组织的“中日银行业公司治理学术研讨会”并发表了主题演讲。

（三）基层学会群众性学术活动日益繁荣，成为推动工商银行应用研究发展的重要力量。

2005年，各分行学会在认真组织完成总行学会任务的同时，还结合本行实际开展了一系列丰富多彩的群众性学术活动。通过座谈、讲座、研讨会、学术沙龙等多种形式，研究、宣传、普及新业务、新知识；联合当地科研机构和高等院校的专家学者，共同攻克业务难题；利用网讯、课题汇编等手段，交流经验，宣传研究成果；参与地方政府部门、人民银行、银监会、社科联等组织的学术活动，承担调研课题等。基层学会群众性学术活动日益繁荣，成为推动工商银行应用研究发展的重要力量。

（四）博士后科研工作进一步加强。

1. 博士后流动站管理更加规范，博士后课题研究日益深入。2005年博士后科研工作站进一步加强了博士后的工作流程管理和学术管理。博士后的入站选拔、出站答辩和定期考核等工作更加规范化、制度化，对博

士后的课题撰写、论文发表和学术演讲提出了更高的标准和要求。2005年6月第一届博士后的课题报告全部顺利通过出站评审，其中1篇被一致评定为优秀出站报告，4篇被评定为良好，报告获得了行内外专家学者的肯定和赞誉。第二届、第三届博士后的课题研究进展顺利，进展速度和研究质量显著提高，部分同志提前完成了课题写作。2005年在站博士后共在学术期刊及各类会议上发表学术论文20余篇，人均达到3篇以上，其中2篇论文在学术期刊举办的征文活动中获奖。

2. 博士后课题成果交流更加充分，理论创新能力不断增强。2005年"博士后论坛"就商业银行公司治理、投行业务发展模式、信贷业务发展趋势、利率风险管理、操作风险管理等当前银行业关注的热点问题公开举行了8次学术研讨会，总行部室员工、博士后和其他学术爱好者累计超过300人次参与了学术交流活动。2005年11月，还与华融资产管理公司博士后工作站联合举办了"股改与工行发展"学术论坛，就中国工商银行股改后的信贷业务发展、引资上市模式、不良资产及金融创新等专题做了学术报告。

三、充分发挥《中国城市金融》、《金融论坛》的宣传导向和理论研究的学术平台作用

（一）以创新的思路不断提升行刊质量，研究探讨工商银行改革发展策略。

1. 宣传中国工商银行综合改革、创新发展的新成就。中国工商银行股份有限公司于2005年10月28日成立，是工商银行发展史上的重大事件。《中国城市金融》以大量篇幅的图文报道，使全行干部员工清楚地认识到实行股份制改革是党中央、国务院根据全国经济金融战略的全局需要，审时度势采取的重大措施。增强了全行干部员工承前启后、继往开来的使命感，促使他们以正确的态度、饱满的热情，立足本职岗位，为工商银行的改革与发展贡献力量。

2. 宣传工商银行"质量、效益、速度"并重的科学发展理念。《中国城市金融》宣传了工商银行认真贯彻科学发展观和国家宏观调控政策，狠抓信贷管理体制改革，提高信贷管理水平，加强风险防范能力和各种经验做法。

3. 瞄准经济金融的热点、焦点问题展开深入探讨。《中国城市金融》增加了"焦点观察"、"市场瞭望"、"观点"等栏目，推出了《透析中航油期权投机事件》、《人民币理财产品热销的冷思考》、《房贷新政的背景、影响及应对策略》、《当前我国经济运行中的突出问题》、《房地产贷款风险与未来发展》等反映我国金融业焦点问题的文章。

（二）提升核心期刊的学术水平，不断开阔研究视野，推动学术交流。

1. 围绕工商银行的中心工作，组织编发了《风险管理、内部控制与国有商业银行海外上市》、《基于作业的商业银行操作风险管理框架：实践者的视角》、《管理能力、战略转型与商业银行成长》、《我国投资银行业市场结构、规模与绩效实证研究》、《基于行为金融学的行为投资分析方法》、《股权结构能否影响控制权转移后企业治理效率的变化》和《转轨经济中我国股票市场的制度缺陷与政府行为》等一批高质量的学术研究文章，为工商银行改革发展提供了智力支持。

2. 发挥《金融论坛》的学术优势，关注经济金融生活中的重大问题，不断扩大《金融论坛》的学术影响力。2005年，《金融论坛》在坚持商业银行应用理论研究的定位的同时，加大了关注宏观经济金融的力度，相继刊发了《2004年国内宏观形势分析与2005年形势及政策走向》、《2004年国际经济金融走势及其对我国经济金融的影响分析》以及《金融困境下的模块化分解与金融现代化》、《中国金融周期的基本特征与分析结论》等一批研究成果。

3. 加强编读往来不断提高《金融论坛》的核心期刊地位。2005年，《金融论坛》举办了"我心目中的优秀论文"读者有奖评选活动，评出了《股权结构能否影响控制权转移后企业治理效率的变化》等5篇优秀论文的同时，也增进了编读关系。2005年，《金融论坛》继续保持了中国人文社会科学核心期刊、中文核心期刊、中文社会科学引文索引（CSSCI）来源期刊的核心期刊地位，并实现了总被引频次、影响因子、即年指标、WEB下载率等指标较上年翻一番。

四、反映工商银行改革发展历程，推进行史编修工作

（一）完成《中国工商银行行史（1984－2003年）提纲（送审稿）》。2005年初，召开了中国工商银行行史编修工作会议，行史编修组完成《中国工商银行行史（1984～2003年）提纲》（送审稿），明确了工商银行行史编修的基本架构，送至各顾问委员、咨询委员审阅。

（二）讨论审定《中国工商银行行史（1984～2003年）提纲》。为征求各位顾问委员、咨询委员对《中国工商银行行史（1984～2003年）提纲（送审稿）》的意见，城市金融研究所行史编修室组织了三次咨询工作会议，广泛征求了顾问委员、咨询委员的修改意见。2005年5月20日，总行召开行长办公会议，专门研究、审定行史编修提纲，杨凯生和张福荣两位行领导肯定了上一阶段行史编写工作的成果并提出了下一阶段的编写要求。2005年8月召开的中国工商银行行史编修工作会议，讨论并最后确认了《中国工商银行行史（1983～2004年）提纲》，获得行领导批准后，《行史》编修工作正式进入了分工写作阶段。

关于商业银行资本总量与结构的研究

总行计划财务部

商业银行资本包括三个层面：账面资本、监管资本和经济资本。账面资本是指各种形式的具有资本本质的项目，依据一定的会计方法和规则在银行资产负债上的反映。监管资本又叫法定资本，是指银行为从事既定业务按照监管机构要求所需维持的资本。经济资本是指银行为能够足够应对未来业务运营中可能出现的波动或非预期损失所需要维持的资本。一般说来，监管资本和经济资本是银行主动的或者被动的管理目标，账面资本则服从和服务于上述两者的需要。现阶段，工商银行资本目标的设定主要考虑监管要求，可以分解为总量目标与结构目标两个相互关联的方面。

一、最优资本总量和结构的理论分析

（一）最优资本结构理论。现代资本结构理论（MM 理论）认为，在充分考虑赋税和破产成本的情况下，银行的负债与自有资本之间存在一个最优的比例，在这个比例下，银行的价值将实现最大化（如下图 A 点所示）。

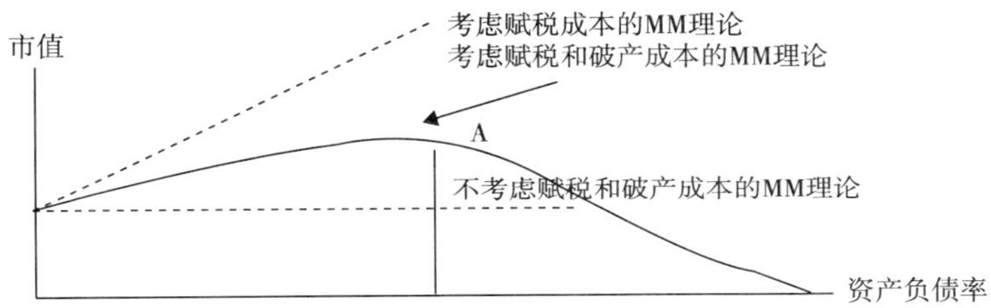

现代经济资本理论进一步发展了银行资本理论，将资本与银行的全面风险联系起来，根据银行的非预期损失确定银行应该持有的资本数量，以确保银行有足够的资本覆盖可能的风险损失。

在现实中，由于银行的实际情况千差万别，风险衡量技术存在很大差异，确定一家银行的最优资本结构是非常困难的。一般情况下，银行要根据监管要求、资本成本、股东回报、风险程度、经营规模、外部评级等多方面因素综合考虑，合理确定自身的实际资本结构。

（二）决定银行资本的实际因素。

1. 资本总量的决定因素。从下限看，银行资本总量主要是由资本监管规定即最低资本充足率要求决定的。根据《巴塞尔协议》（新老协议关于资本定义和标准的规定基本相同）规定，这一最低比率为 8%，即银行的资本总量不能低于加权风险资产的 8%。同时，由于核心资本在资本总量中起着决定作用，《巴塞尔协议》还规定了核心资本充足率不能低于 4%，即银行的核心资本不能低于加权风险资产的 4%。

从上限看，资本总量主要受资本回报因素的制约。对银行股东来说，并不是资本总量越多越好，核心资本充足率过高，固然能够达到稳健经营的目的，但制约了资本效率的进一步提高。理论分析表明，在不考虑资本比率降低对银行成本影响的前提下，资本回报率（ROE）与核心资本充足率之间存在反向变动的关系（公式中假定 ROE 中的资本与资本充足率公式中的核心资本一致，实际中可能存在不同程度的差异，与各国监管规定有关）：

$$ROE = ROA \times \frac{1}{RW} \times \frac{1}{CCar} \qquad \text{（公式一）}$$

其中：ROA 为资产收益率；

RW 为平均风险权重；

$$\text{核心资本充足率 } CCar = \frac{\text{核心资本}}{\text{加权风险资产}}\text{。}$$

即：在其他条件不变的情况下，核心资本充足率越高，核心资本数量越大，资本回报率（ROE）越低。反之，如果核心资本充足率越低，资本回报率就会越高，股东得到的回报就越大。股东一般不愿意保留太多资本。但核心资本的降低除受最低监管比率的限制外，还要考虑银行的规模、未来的资产扩张、对外股权投资等因素。因此，银行一般要在最低监管规定之上预留出一定的核心资本，以满足各方面额外的资本需求。一般而言，规模较小的银行，其资本充足率需要保持较高的水平。

2. 资本结构的决定因素。《巴塞尔资本协议》规定了银行资本由核心资本和附属资本构成，其中核心资本包括普通股股东权益、永久性非累积优先股、留存收益、并表子公司中的少数股东利益，减去商誉和规定的其他无形资产。附属资本包括未公开准备、重估准备、对贷款和租赁损失的一般准备、永久性负债和其他混合负债/股权资本工具以及可转换次级债券和长期次级债券等。在实践中，银行资本结构的选择取决于资本质量、股权成本、股权集中度、筹资费用和渠道等多方面因素。

从银行资本的质量看，不同形式的资本在承担未来不确定损失方面的可信赖程度和顺序不同。其中，核心资本中股权资本及相关盈余是银行损失的最终承担者，因而质量最高；附属资本中，各类准备承担损失的重要性要弱于股权资本，被划分在附属资本的“上层”，而次级债虽然能够在一定程度上承担银行损失，但在次序上要后于其他资本形式，因而其质量最低。由于上述原因，《巴塞尔协议》限定了低质量形式资本的运用，规定附属资本不能超过核心资本的100%（超出此限额的部分允许存在但不被视为资本），其中贷款损失一般准备被限定在加权风险资产的1.25%以内，“下层”附属资本限定在核心资本的50%以内。

从成本角度看，由于投资银行资本的风险溢价相对一般企业投资要高出4%～6%左右，因而回报要求也高。据估计，G－10国家银行的股权成本在7%～10%左右，其中美国银行业的股权成本在6%～12%。而次级债由于能够避税，其利息支出成本比股权成本要低得多，目前国内发行的次级债票面利率在5%左右。

从股权结构看，股权融资会稀释现有股东权益，让渡部分所有权和控制权；而债务融资避免了现有股东所有权稀释，但财务杠杆和其他债务比率会受到影响，还要还本付息，影响未来的现金流。

	普通股	混合一级	强制可转债	累积永久性优先股	上市型次级可转债	长期次级债券
资本成本	最高	⟵			⟶	最低
到期期限	永久	永久	强制转换	永久	3－5年	5－30年
BIS级别	一级	一级	二级	二级	二级	二级
息票/股息结构	股息	费累积息票	累积息票/息票	累积息票	非累积息票	非累积息票
投票权	有	无	转换	转换	转换	无
股东权益摊薄	立即	否	推迟*	有/无	推迟*	否
会计处理	权益	权益	权益/债务	权益	债务	债务
契约	无	无	无	无	有	有

* 可能包括重新制定转换价。

从筹资费用看，在美国发行股票的承销费用可能占融资额的5%～10%，再加上专业顾问费用等其他必要支出约7%～8%，发行费用的总额会占到融资总额的12%～18%；而次级债的发行则相对简单，支付的费用一般占融资额的2%～3%。

从筹集渠道看，资本筹集形式也与金融市场环境和融资途径的便利性有关，无论是股本融资还是发行债券，都要受市场成熟程度、管制性政策等因素的制约，也与投资者投资意愿有关。

总之，银行资本结构的选择需要综合考虑多方面因素确定。在英美等金融市场较发达国家，企业融资的顺序符合资本结构理论中的“啄食顺序原则（pecking order rule）”，即在内源融资和外源融资中首选内源融资，在外源融资中的直接融资和间接融资中首选间接融资，在直接融资中的债券融资和股票融资中首选债券融资。

二、关于资本标准的监管规定

在资本监管方面，《巴塞尔资本协议》提出的最低资本监管标准已被世界上绝大多数国家采用，成为评价银行资本状况的通行指标。

从世界多数国家和地区监管当局的规定看，基本是参照了《巴塞尔协议》的要求，对银行业提出了8%的最低资本要求。同时，有的国家或地区还根据审慎监管的需要，对资本充足率的最低标准提出了更高的要求。如香港要求上市银行的资本充足率警戒水平为10%。德国规定银行贷款和投资不得超过自有资本的18倍，如果将德国银行资产风险权重按60%计算，其对应的资本充足率约为9.3%。美国的FDIC把银行资本充足水平划分为5个等级，即：资本相当充足（资本充足率大于10%，且核心资本充足率大于6%）、资本充足（资本充足率大于8%，且核心资本充足率大于4%）、资本不充足、资本相当不充足和危险性不充足。其中除第一类没有规定校正要求外，其他几类均规定了“及时校正措施”。

自2004年3月1日起，我国实施了新的《商业银行资本充足率管理办法》，该办法与《巴塞尔资本协议》基本接轨，规定了资本的定义和组成，提出了8%的最低资本充足率监管标准。同时，根据资本充足水平进行分类，对资本不足的银行规定了监管措施。

三、最优资本总量和结构的实证分析

（一）国际银行业的资本充足率情况。1990 年以来，国际银行业的核心资本充足率虽然有所波动，但整体保持在 4.5% 以上。根据《世界经济年鉴》统计，20 世纪 90 年代国际银行业核心资本充足水平为 4.51%，2000～2002 年分别为 4.86%、4.67% 和 4.62%，其中部分发达国家银行业的资本充足率均在 10% 以上。

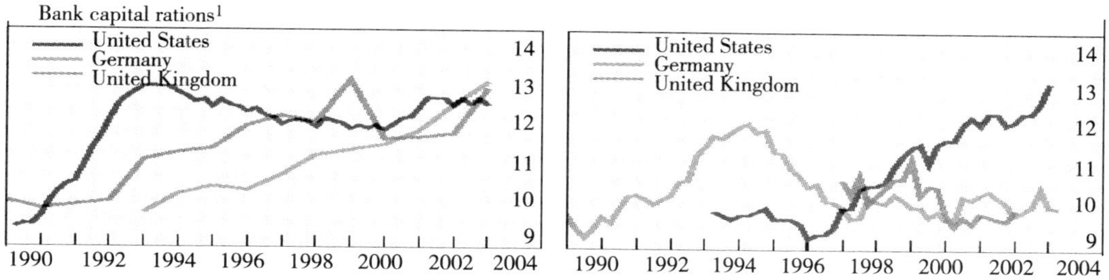

1 Total capital as a percentage of risk-weighted assets.

Source：National data.

部分国家银行业资本充足率变动情况

近年来，美国银行业资本充足率呈上升趋势，1999 年至 2003 年资本充足率平均为 12.05%，核心资本充足率平均为 9.05%。2003 年末资本充足率达到 12.58%，核心资本充足率达到 9.55%。

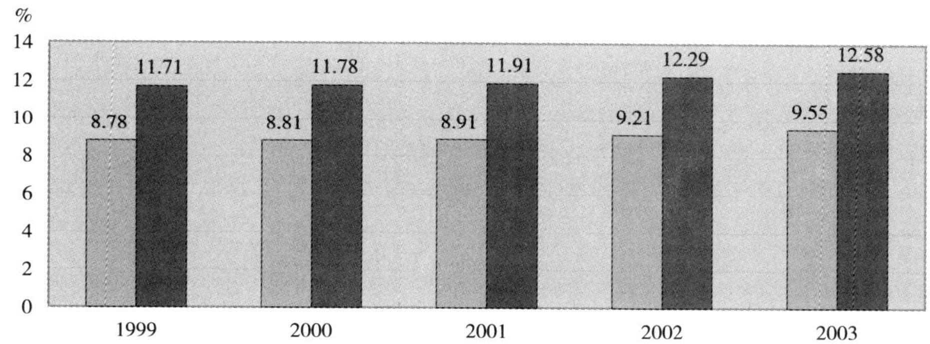

1999～2003 年美国银行业资本充足率情况

（二）2003 年世界前 100 家大银行的资本充足率情况。根据《银行家》杂志和各家银行年报的数据显示，2003 年末，世界前 100 家银行资本充足率最高的为 22.18%，最低的为 5.52%，平均为 11.94%；核心资本充足率最高的为 12.80%，最低的为 3.88%，平均为 8.53%。平均资本回报率为 18.67%（经营利润口径），资产回报率为 0.92%。

如果剔除经营效益不好的 12 家日本的银行、4 家中国的银行和 1 家韩国的银行，世界前 100 家大银行（绝大多数是欧美银行）的资本充足率最低的为 9.30%，平均为 12.18%；核心资本充足率最低的为 6.30%，平均为 8.62%。平均资本回报率为 20.59%（经营利润口径），资产回报率为 1.03%。

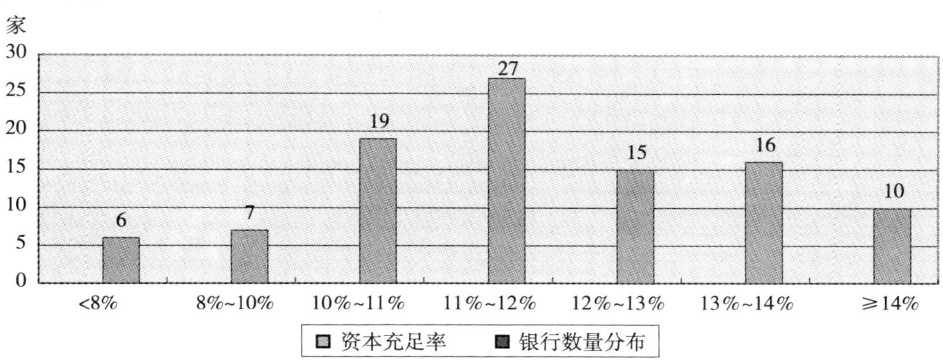

世界 100 家大银行资本充足情况表

在100家大银行中，资本充足率低于8%的只有5家，主要是中国的银行。高于10%的有87家，占比87%，其中，10%～11%的有19家，11%～12%的有27家，12%～13%的有15家，13%～14%的有16家，14%以上的有10家，多数集中在10%～14%区间。

从核心资本充足率看，在79家可获得数据的银行中，4%以下的只有1家，4%～6%的有6家，6%以上的有72家。在6%以上的当中，6%～7%的有10家，7%～8%的有24家，8%～9%的有15家，9%～10%的有8家，10%～11%的有10家，11%～13%的有5家，多数集中在7%～11%。

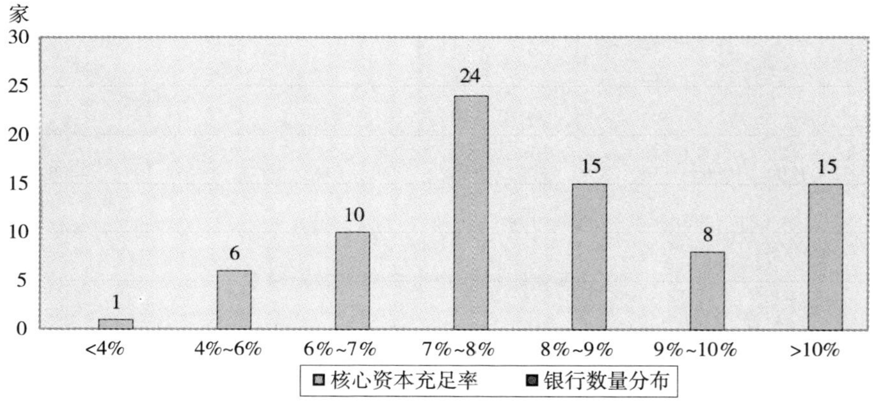

世界100家大银行核心资本充足情况表

（三）典型案例分析—花旗银行。花旗银行作为世界性大型银行，其资本结构具有一定的代表性。近几年，花旗银行的盈利水平不断提高，通过留存收益补充了大量的核心资本，同时还发行次级债券补充附属资本。因此，花旗银行的资本充足率稳步提高，资本结构也保持了较好形态。

2000年到2004年第一季度，花旗银行的资本充足率平均达11.54%，超过监管当局规定的8%的最低资本要求3.54个百分点，比美国FDIC规定的10%的"资本十分充足标准"也高出1.54个百分点；核心资本充足率平均为8.63%，是监管当局规定的4%最低标准的2倍多，比6%的"资本十分充足标准"也高出2.63个百分点。

花旗银行资本结构表

单位：百万美元

	2004年第一季度	2003	2002	2001	2000	平均数
核心资本	68964	66871	59012	58448	54498	61558.6
附属资本	25382	23472	19305	17349	18550	20811.6
总资本	94346	90343	78317	75797	73048	82370.2
加权风险资产	769914	750293	696339	694035	650351	712186.4
核心资本充足率	8.96%	8.91%	8.47%	8.42%	8.38%	8.63%
资本充足率	12.25%	12.04%	11.25%	10.92%	11.23%	11.54%

从花旗银行2003年末的资本结构看，其核心资本与附属资本的比例约为3:1。核心资本中，留存收益占主要部分，普通股、优先股只占很少部分，表明花旗银行主要通过内部积累增加核心资本。附属资本中，次级债务占总资本（净额）的15%左右，占核心资本净额的20%，在附属资本中占比超过了50%。

花旗银行2003年资本结构情况

银行资本形式	金额（百万美元）	占总资本的比例（%）
核心资本		
普通股	55	0.06
留存收益（包括资本公积等）	96834	107.18
少数股东权益	1158	1.28
优先股	1125	1.25

续表

银行资本形式	金额（百万美元）	占总资本的比例（%）
其他	6257	6.93
扣减项合计	-38558	-42.68
合计	66871	74.02
附属资本		0.00
一般准备	9545	10.57
次级债券和票据	13573	15.02
其他	399	0.44
扣减项	-45	-0.05
总计	23472	25.98
总资本	90343	100.00

2003年末，花旗银行的表内外加权风险资产为7502亿美元，表内资产总额12640亿美元，加权风险资产占表内资产的59.35%，与工商银行目前的比例相差不大。

（四）我国商业银行的资本充足率情况。

1. 国内上市银行的资本充足率情况。截至2004年10月，在我国境内上市的商业银行共有5家，分别为：招商银行、民生银行、浦发银行、深发展和华夏银行。这五家上市银行2003年末资本充足率平均为8.81%，2003年度平均为9.20%。除浦发银行外，各行2003年年报都没有对外披露核心资本充足率。

国内上市银行的资本充足率一般都处于下降趋势，部分银行的资本充足率甚至已经降到监管标准之下。下降的原因除银行缺乏严格的资本约束观念，资产扩张过快外，资本补充渠道狭窄也是重要因素。

国内上市银行2002年和2003年资本充足率情况表

名称	2003年12月31日 资本充足率情况（%）		2002年12月31日 资本充足率情况（%）	
	年末数	平均数	年末数	平均数
招商银行	9.49	11.16	12.57	14.53
民生银行	8.62	8.78	8.22	8.54
浦发银行	8.64	8.90	8.54	9.20
深发展A	6.96	7.87	9.49	9.39
华夏银行	10.32	9.28	8.50	8.30
平均数	8.81	9.20	9.46	9.99

注：数据来源于各行网站上披露的2003年年报。

2. 中国银行和中国建设银行注资前后资本充足率情况。中国银行和中国建设银行在2003年12月30日接受了中央汇金公司的450亿美元的注资后，原所有者权益转为拨备，按照新办法计算，两家银行的资本充足率均超过了6.5%。

中国银行和建设银行注资前后资本充足率情况表

名称	2003年12月31日 注资后资本充足率情况（%）		2003年12月31日 注资前资本充足率情况（%）	
	年末数	核心资本充足率	年末数	核心资本充足率
中国银行	6.98	6.18	7.69	7.11
建设银行	6.51	5.88	7.58	5.17

注：1. 表中2003年数据来源于各行2003年年报。

2. 注资后，中国银行和建设银行的原所有者权益转为贷款损失专项准备，并按照审慎原则不再计入资本，因此根据银监会新办法计算，注资后的资本充足率反而有所降低。

在资本结构方面，股份公司设立后，建设银行的核心资本包括中央汇金公司的225亿美元注资（部分通过建银投资投入）以及国家电网公司30亿元、上海宝钢集团公司30亿元、中国长江电力股份有限公司20亿元等发起人的投资；另已发行233亿元次级债券用于补充附属资本。中国银行的核心资本包括中央汇金公司225亿美元的注资，另已发行260.7亿元次级债券补充附属资本。

两家银行通过资产重组、发行次级债券等方式补充资本，并通过多种渠道降低不良资产和风险加权资产，因此，两行资本充足率稳步提升。截至2004年6月末，中国银行资本充足率为8.3%，建设银行资本充足率为8.17%（含6月前发行的次级债券），达到了银监会关于资本充足率的监管要求和上市银行的资本充足性标准。

四、结论与建议

根据以上对商业银行资本总量和结构的理论分析以及国内外商业银行的实证研究，我们得出以下几个结论：一是银行资本总量和结构的确定必须根据银行自身实际情况，在综合考虑多方面因素的基础上进行选择，一般要在监管标准之上确定一个合理的区间。二是国际优秀银行的资本充足率保持在较高水平，一般在10%～14%，平均值在12%左右；核心资本充足率在6%～10%，平均值在8.5%左右。三是国际银行业的核心资本与附属资本一般比例在2.5～3∶1；附属资本中次级债券约占核心资本净额的20%～40%。四是由于缺乏有效的资本补充渠道和资本管理机制，我国银行业资本充足率水平普遍较低，且呈现下降趋势。

根据工商银行综合改革目标和发展战略，参考国内外银行的资本水平和结构，我们对工商银行的资本总量和结构提出以下建议：一是工商银行核心资本充足率应保持在7%～10%，资本充足率应保持在10%～13%。可发行核心资本净额20%～40%数量的长期次级债券，用于补充附属资本。二是工商银行未来上市后，资本补充的主要途径应是：通过内部积累补充核心资本，通过发行次级债券补充附属资本。三是要建立有效的资本管理机制。强化资本约束，确保资产的稳健增长。逐步推行经济资本管理，提高资本使用效率。四是要优化资产结构，提高盈利能力，奠定资本管理的基础。

根据对工商银行资本充足率的建议目标，结合监管当局的指引要求，我们利用公式一对工商银行的资本回报率进行了模拟测算（见下表）。测算表明，当工商银行总资产收益率（ROA）达到1%左右、核心资本充足率在7%～10%，且加权风险资产比例为60%的情况下，资本回报率（ROE）会在16%～23%（以上未考虑股利分配因素）。

工商银行ROE模拟测算表

ROE		RW=55%				RW=60%				RW=65%			
		CCar				CCar				CCar			
		7%	8%	9%	10%	7%	8%	9%	10%	7%	8%	9%	10%
ROA	0.58%	15.06%	13.18%	11.72%	10.55%	13.81%	12.08%	10.74%	9.67%	12.75%	11.15%	9.91%	8.92%
	0.65%	16.88%	14.77%	13.13%	11.82%	15.48%	13.54%	12.04%	10.83%	14.29%	12.50%	11.11%	10.00%
	0.71%	18.44%	16.14%	14.34%	12.91%	16.90%	14.79%	13.15%	11.83%	15.60%	13.65%	12.14%	10.92%
	0.81%	21.04%	18.41%	16.36%	14.73%	19.29%	16.88%	15.00%	13.50%	17.80%	15.58%	13.85%	12.46%
	1.00%	25.97%	22.73%	20.20%	18.18%	23.81%	20.83%	18.52%	16.67%	21.98%	19.23%	17.09%	15.38%
	1.17%	30.39%	26.59%	23.64%	21.27%	27.86%	24.38%	21.67%	19.50%	25.71%	22.50%	20.00%	18.00%
	1.20%	31.17%	27.27%	24.24%	21.82%	28.57%	25.00%	22.22%	20.00%	26.37%	23.08%	20.51%	18.46%

注：ROA取值中，0.58%、0.65%、0.71%、0.81%、1.17%、1.20%分别为银监会关于中国银行、中国建设银行股份制改革监管指引中规定的2005年、2007年目标值及国际参考值。1%为世界前100家银行的平均值。

RW取值：工商银行目前的RW为60%左右。花旗银行2003年末的RW为59.35%。未来工商银行表内加权风险资产比例将下降，表外加权风险资产将上升，表内外加权风险资产比例可能在55%－70%。

中国工商银行2004年度采购业务情况分析

总行计划财务部

为摸清工商银行采购业务的整体情况，更加有效地组织工商银行集中采购工作，总行计划财务部从采购项目、数量、金额、资金来源、集中采购方式等方面对2004年度工商银行采购以及集中采购总体情况进行了深入调查分析，并对进一步加强和规范采购管理工作提出了意见建议。

一、采购工作总体情况

工商银行2004年采购总金额223.45亿元，比2003年260亿元减少36.55亿元，下降14.06%。采购分类情况：物品类94.63亿元，比2003年144亿元减少49.37亿元，下降34.28%，占比为42%；工程类52.87亿元与2003年53亿元基本持平，占比为24%；服务类75.95亿元比2003年的63亿元上升20.56%，占比为34%。初步分析，2004年工商银行采购总额比2003年下降的原因是，工商银行固定资产新增额和经营性费用总额均有所下降。

工商银行经营性费用采购100.65亿元，比2003年131亿元减少30.35亿元，下降23.16%，占45%；固定资产、在建工程采购70.4亿元，比2003年105亿元减少34.6亿元，下降32.95%，占32%；无形资产科目采购6.2亿元，占3%，比2003年2亿元增加4.2亿元，增长210%；长期待摊费用5.32亿元，比2003年10亿元减少4.86亿元，下降48.6%，占2.7%。

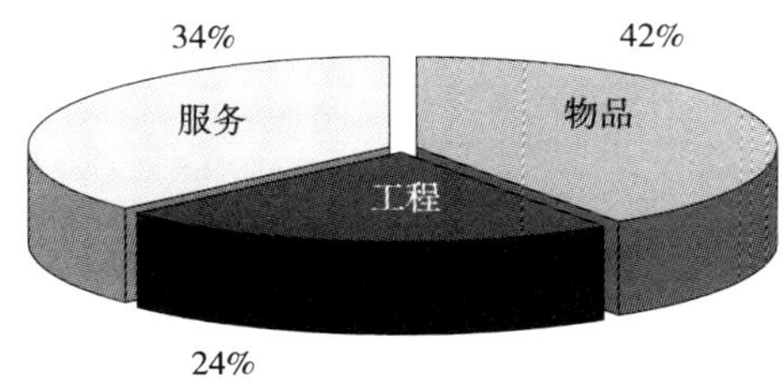

全行采购分类占比示意图

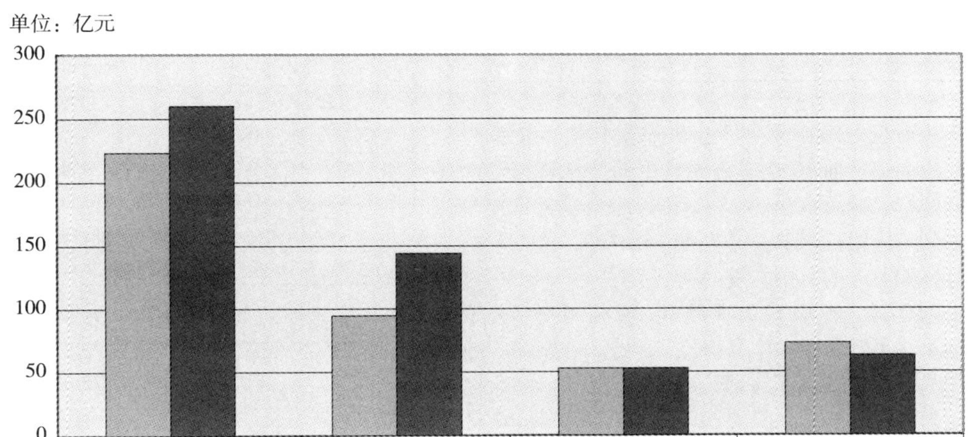

	总金额	物品类	工程类	服务类
2004年	223.45	94.63	52.87	72.72
2003年	260	144	53	63

二、采购业务主要特点

（一）采购项目高度集中。工商银行采购项目分为三大项目（物品、工程、服务），以下又分成28个主要项目。其中采购金额排在前10位的主要项目采购金额合计为176.23亿元，占工商银行采购总金额的79%。

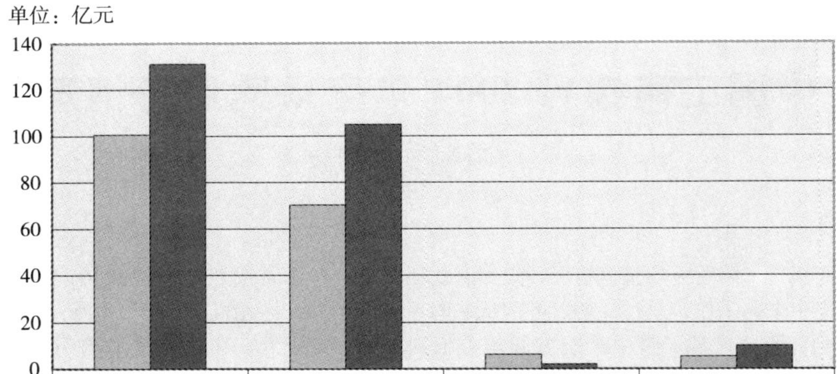

	全行经营性费用	固定资产、在建工程	无形资产科目	长期待摊费用
2004年	100.65	70.4	6.2	5.32
2003年	131	105	2	10

主要采购项目情况表（前十位）

项目	采购金额（万元）	占比
业务专用电子产品	542565.71	24.28%
房屋建设	267729.45	11.98%
公共服务	245705.87	11.00%
租赁服务	136221.94	6.10%
消耗用品	113914.58	5.10%
后勤服务	104926.99	4.70%
印刷品	90334.79	4.04%
差旅会议餐饮服务	90022.99	4.03%
计算机类办公自动化产品	88534.73	3.96%
房屋装饰	82378.26	3.69%

由上表可见，2004年度全年不包括其他科技采购项目，仅工商银行前10位采购项目中的信息科技投入就占工商银行采购总金额的28.24%，房屋建设及装饰投入也占到工商银行采购总金额的15.67%，这三者是工商银行采购业务的重中之重。

在采购金额排前10位的项目中，有相当一部分是单位金额小，不容易引人注意的公共服务、印刷品、办公消耗用品等日常开支，这部分的采购支出合计45亿元，占工商银行采购总金额的20%。租赁开支13.62亿元，占工商银行采购支出的6.09%，其中房屋租赁12.38亿元，这说明房屋租赁已成为工商银行网点投入的重要方式之一。

（二）各分行采购规模与业务规模基本匹配。工商银行采购金额较高的是北京、广东、上海等分行，占工商银行采购总金额的比例分别为7.3%、6.64%、6.39%，采购金额前10位分行的采购金额占工商银行采购总金额的比例为46.93%，这些分行对工商银行集中采购工作的影响较大。采购金额较低的是三峡、宁夏、青海等分行，后10位分行采购金额合计占工商银行采购总金额的比例为6.49%，小于广东分行一家的采购金额。由此可见，各分行的采购规模基本上与各行的资产、业务规模相匹配。

采购金额前十位的分行

名次	单位	采购总额（万元）	工商银行占比
1	北京分行	163126.36	7.30%
2	广东分行	148480.88	6.64%
3	上海分行	142843.98	6.39%
4	江苏分行	121491.93	5.44%
5	山东分行	93548.39	4.19%
6	河南分行	91714.10	4.10%
7	（广东分行营业部）	（83290.82）	（3.73%）
8	浙江分行	75657.64	3.39%
9	河北分行	73794.96	3.30%
10	四川分行	69804.94	3.12%
11	山西分行	68178.22	3.05%
	前十位小计	1048641.40	46.93%

采购金额后十位的分行

名次	单位	采购总额（万元）	工商银行占比
10	重庆分行	23112.94	1.03%
9	宁波分行	23099.38	1.03%
8	苏州分行	23009.02	1.03%
7	大连分行	15886.44	0.71%
6	厦门分行	13689.08	0.61%
5	海南分行	12303.96	0.55%
4	青岛分行	10684.04	0.48%
3	青海分行	10024.25	0.45%
2	宁夏分行	7146.86	0.32%
1	三峡分行	6090.55	0.27%
	后十位小计	145046.52	6.49%

（三）各业务主管部门采购金额差异较大。从采购业务主管部门来看，办公行政部门采购业务占工商银行采购业务的45.25%，采购金额大、采购内容广泛，集中采购的潜力较大。信息科技部门、计划财务部门主管的采购业务量居第二、三位，会计出纳和保卫部门采购业务总量相对较小。

主管部门	采购金额（万元）	采购金额占比	集中采购占比
信息科技	643065.34	28.78%	79.71%
办公行政	1011073.44	45.25%	24.40%
安全保卫	23972.31	1.07%	26.85%
会计出纳	102278.78	4.58%	49.35%
计划财务	454168.49	20.33%	48.18%

（四）采购资金支出集中在二级分行及以下机构。工商银行采购总金额为223.45亿元，其中总行采购金额为26.7亿元，占工商银行采购总金额的11.95%；一级分行采购金额为42.4亿元，占工商银行采购总金额的18.98%；二级分行及以下采购金额为154.35亿元，占工商银行采购总金额的69.07%，总行、一级分行与二级分行三者比例为1∶1.58∶5.75。

从分行采购情况来看，上海、深圳等城市分行和青海、宁夏等实行扁平化管理的分行采购业务更多地集中在一级分行（直属分行），采购工作管理集中程度较高，有利于集中采购的推广。

采购资金集中程度最高的十家分行

单位：万元

单位	采购金额	其中：一级分行	一级分行占比
深圳分行	31806.30	31806.30	100.00%
上海分行	142843.98	96428.26	67.51%
厦门分行	13689.08	8338.77	60.92%
宁波分行	23099.38	11884.01	51.45%
青海分行	10024.25	4456.08	44.45%

续表

单位	采购金额	其中：一级分行	一级分行占比
北京分行	163126.36	72069.23	44.18%
宁夏分行	7146.86	3002.45	42.01%
安徽分行	47555.14	18973.63	39.90%
大连分行	15886.44	5906.20	37.18%
重庆分行	23112.94	7832.95	33.89%

（五）全年采购进度极不均衡。各分行2004年各季度采购资金支出分布情况有较大差别，工商银行第四季度采购金额占全年采购总金额比例最高，为48.01%；第一季度采购金额占比最低。第四季度突击采购的现象应引起注意。

三、集中采购工作情况

在2004年度工商银行223.45亿元的采购总额中，可实行集中采购的部分为185.52亿元。工商银行集中采购金额累计100.18亿元，比2003年的60亿元上升66.97%，集中采购金额占可实行集中采购金额比例为54%，比2003年33%上升21个百分点。工商银行共组织集中采购项目2333个，节约采购支出14.8亿元，其中总行组织集中采购项目48个，供应商评审项目10个，项目预算28亿元，节约资金6.4亿元，节约率23%；各分行共组织集中采购项目2275个，预算金额66.96亿元，成交金额58.62亿元，节约资金8.35亿元，预算节约率达12.47%。

2004年，工商银行在采购总额减少36亿元的前提下，集中采购金额较2003年增加40亿元。按照工商银行38万员工计算，人均采购金额为5.88万元，比2003年的6.5万元下降9.54%；人均集中采购金额达到2.64万元，比2003年的1.58万元增长67%。无论从总量指标还是人均指标来看，工商银行2004年度集中采购工作都较2003年度取得了显著的进步。

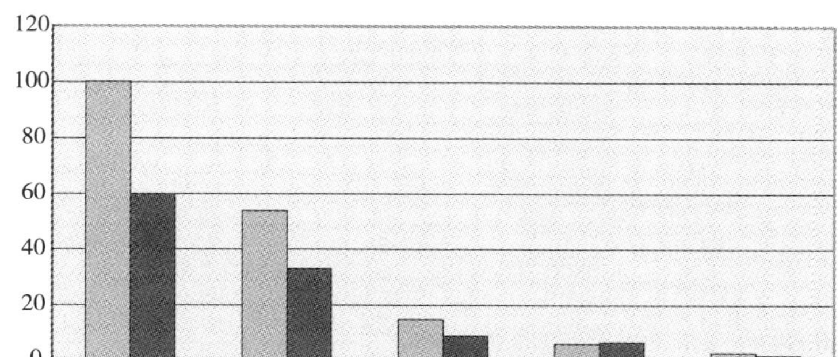

	集中采购金额（亿元）	集中采购金额占比（%）	节约金额（亿元）	人均采购金额（万元）	人均集中采购金额（万元）
2004年	100.18	54	14.8	5.88	2.64
2003年	60	33	8.8	6.5	1.58

（一）集中采购资金分布。在工商银行100.18亿元集中采购资金中物品类集中采购金额54.22亿元，占集中采购总金额54%；工程类集中采购金额21.24亿元，占集中采购总金额的21%；服务类集中采购金额24.72亿元，占集中采购总金额的25%。物品类集中采购金额占集中采购总金额的一半以上，其中业务用电子产品项目的集中采购占比最高，达到84%，这说明工商银行的电子设备集中采购工作已经取得了较大的成效；办公用低值易耗品、消耗用品、租赁服务等项目的集中采购占比较低，分别仅为21.74%、23.51%、23.89%，这说明在办公用低值易耗品、消耗用品和租赁方面的集中采购工作还需要大力加强。

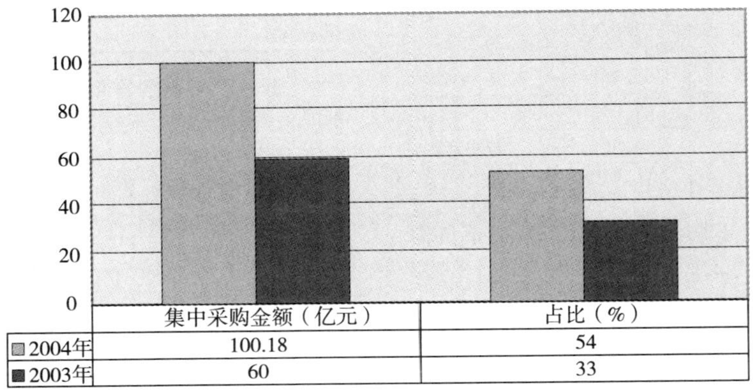

集中采购金额占比示意图

2004年分行采购总体情况统计表

项目	采购金额（亿元）	总计金额占比（%）	集中采购金额（亿元）	集中采购与采购金额占比（%）
物品类	94.63	42.35	54.22	54.12
工程类	52.87	23.66	21.24	21.20
服务类	72.72	32.54	24.72	24.68
工商银行总计	223.45	100.00	100.18	100.00

（二）各分行集中采购情况。集中采购金额最高的是广东、江苏和山东分行，集中采购金额均超过5亿元，分别为6.75亿元、6.19亿元和5.21亿元；采购金额前10位分行采购金额合计占工商银行集中采购总额的55.98%。集中采购金额最低的是三峡、宁夏和广西分行，集中采购金额分别为1600万元、2214万元和2945万元；采购金额后10位分行采购金额合计占工商银行集中采购总额的5.70%。各行集中采购金额与各行业务规模基本匹配。

集中采购金额前十位的分行

单位	采购合计		集中采购	
	金额（万元）	工商银行占比（%）	金额（万元）	工商银行占比（%）
广东分行	148480.88	7.55	67542.97	8.73
江苏分行	121491.93	6.17	61931.41	8.01
山东分行	93548.39	4.75	52101.33	6.74
上海分行	142843.98	7.26	42030.94	5.44
（广东分行营业部）	（83290.82）	（4.23）	（39576.76）	（5.12）
四川分行	69804.94	3.55	37440.58	4.84
北京分行	163126.36	8.29	35333.41	4.57
天津分行	38840.24	1.97	35167.45	4.55
吉林分行	60068.94	3.05	34607.05	4.48
福建分行	63362.88	3.22	33502.62	4.33
河北分行	73794.96	3.75	33163.71	4.29
前十位小计	975363.50	49.56	432821.47	55.98

集中采购金额占比超过 50% 的有 12 家分行。集中采购金额占比低于 30% 的分行有 13 家。

（三）各业务主管部门采购情况。按采购业务主管部门分类情况来看，办公行政部门主管的采购业务量占工商银行采购业务总量 45.25%，居工商银行采购业务量首位，其中集中采购金额为 24.67 亿元，集中采购占比为 24.4%，其集中采购的潜力较大。信息科技部门主管的采购业务量居第二位，其中集中采购金额为 51.25 亿元，集中采购占比为 79.71%，在各业务主管部门中集中采购占比最高。计划财务部门主管的采购业务量居第三位，其中集中采购金额为 21.88 亿元，集中采购占比为 48.18%。会计出纳和保卫部门采购业务总量相对较小，但采购项目集中，专业性较强，规格相对统一，便于实行集中采购。可以看到，各业务部门集中采购还有相当大的潜力，集中采购部门要加强与业务部门的沟通协作，加大集中采购工作力度，进一步推进集中采购工作规范实施。

按业务主管部门分类集中采购占比表

主管部门	采购金额（万元）	采购金额占比（%）	集中采购金额（万元）	集中采购占比（%）
信息科技	643065.34	28.78	512587.11	79.71
办公行政	1011073.44	45.25	246701.92	24.40
安全保卫	23972.31	1.07	6435.71	26.85
会计出纳	102278.78	4.58	50472.80	49.35
计划财务	454168.49	20.33	218821.26	48.18

（四）集中采购资金在分行的分布情况。一级分行集中采购金额合计为 16.12 亿元，占集中采购总额的 16%；二级分行及以下集中采购金额为 61.21 亿元，占集中采购总额的 61%，二者之比为 1:3.8。

从各分行情况来看，深圳、大连、厦门等城市分行，以及辽宁、河南、宁夏等分行集中采购资金更多地集中在一级分行（直属分行），集中采购工作管理集中程度较高，有利于集中采购的推广。

一级分行本级集中采购金额占比前十位的分行

单位	采购金额（万元）	集中采购金额（万元）	其中：集中采购一级分行金额（万元）	一级分行占比（%）	集中采购金额占比（%）
深圳分行	31806.30	24512.55	24512.55	100.00	77.07
大连分行	15886.44	3618.61	2993.52	82.73	22.78
厦门分行	13689.08	6709.01	5461.42	81.40	49.01
宁夏分行	7146.86	2214.32	1750.73	79.06	30.98
宁波分行	23099.38	3649.96	2668.09	73.10	15.80
辽宁分行	67559.75	14228.88	8225.60	57.81	21.06
河南分行	91714.10	14970.67	8467.85	56.56	16.32
重庆分行	23112.94	10673.92	5692.82	53.33	46.18
三峡分行	6090.55	1600.16	830.59	51.91	26.27
上海分行	142843.98	42030.94	21648.42	51.51	29.42

一级分行本级集中采购金额占比后十位的分行

单位	采购金额（万元）	集中采购金额（万元）	其中：集中采购一级分行金额（万元）	一级分行占比（%）	集中采购金额占比（%）
河北分行	73794.96	33163.71	3389.73	10.22	44.94
陕西分行	42307.26	27650.70	2020.69	7.31	65.36
广东分行	148480.88	67542.97	4780.83	7.08	45.49
福建分行	63362.88	33502.62	2342.70	6.99	52.87

续表

单位	采购金额（万元）	集中采购金额（万元）	其中：集中采购一级分行金额（万元）	一级分行占比（%）	集中采购金额占比（%）
四川分行	69804.94	37440.58	2530.25	6.76	53.64
江苏分行	121491.93	61931.41	3962.35	6.40	50.98
黑龙江分行	60050.92	20736.56	1033.76	4.99	34.53
吉林分行	60068.94	34607.05	1484.25	4.29	57.61
云南分行	37659.61	10974.13	459.39	4.19	29.14
浙江分行	75657.64	26278.81	119.55	0.45	34.73

（五）全年各季度集中采购金额分布情况。各季度集中采购金额分布有所差别，第四季度集中采购金额在全年集中采购金额占比最高，为66.77%；第一季度集中采购金额占比最低，为6.29%。

各分行集中采购金额季度分布情况表

分类	第一季度		第二季度		第三季度		第四季度	
	集中采购金额（万元）	全年占比（%）	集中采购金额（万元）	全年占比（%）	集中采购金额（万元）	全年占比（%）	集中采购金额（万元）	全年占比（%）
物品类	23467	5.94	50544	12.80	52658	13.34	268056	67.90
工程类	4163	1.96	19464	9.18	19839	9.36	168465	79.48
服务类	20986	12.59	34609	20.76	31238	18.74	79787	47.87
采购合计	48616	6.29	104617	13.53	103736	13.41	516308	66.77

（六）各类集中采购方式占比情况。工商银行集中采购项目中，公开招标项目占比为7.69%，邀请招标项目占比为16.53%，询价项目占比为38.38%，竞争性谈判项目占比为4.28%，单一来源项目占比为33.12%。询价和单一来源项目占所有集中采购项目的61.5%，而招标和竞争性谈判项目的占比相对较小。鉴于此，为更好地确保工商银行利益，各行应在集中采购方式的选择方面做更多的工作，增加招标和竞争性谈判项目的占比，减少单一来源采购项目，提高采购工作的竞争性。

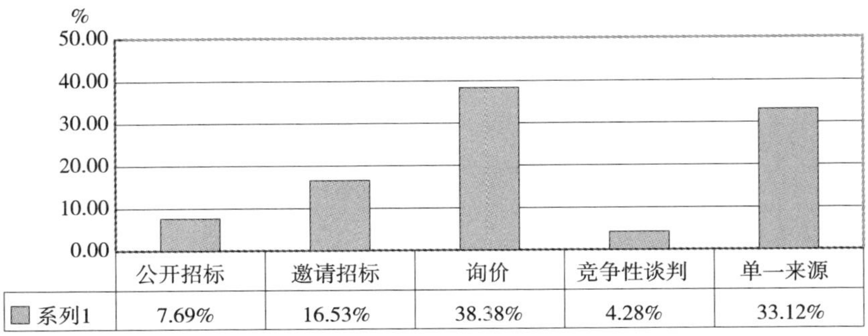

集中采购方式占比示意图

（七）集中采购工作的效益情况。工商银行2004年度通过集中采购节约采购资金14.85亿元，比2003年的8.8亿元增长68.75%。以工商银行存贷款实际利差2.93%、计提呆账准备金1%来计算，相当于营销优质客户贷款769亿元。由此可见，集中采购对工商银行经营效益的贡献正逐步显现。

集中采购项目节约资金最多的是上海分行，节约资金为1.483亿元，其次为浙江分行，节约资金为1.48亿元；

集中采购项目节约金额最高的十家分行

	预算金额（万元）	成交金额（万元）	节约金额（万元）	节约率（%）
上海分行	82346.28	67513.04	14833.24	18.01
浙江分行	83408.78	68611.41	14797.37	17.74
江苏分行	51612.56	40475.75	11136.81	21.58
湖北分行	18388.65	15117.87	3270.78	17.79
河北分行	14423.38	11674.96	2748.42	19.06
北京分行	7946.99	6030.66	1916.33	24.11
甘肃分行	9296.47	7708.56	1587.91	17.08
山东分行	18658.80	17135.00	1523.80	8.17
山西分行	14521.32	13222.16	1299.16	8.95
黑龙江分行	11556.54	10272.05	1284.49	11.11

集中采购项目节约率最高的十家分行

分行名称	预算金额（万元）	成交金额（万元）	节约金额（万元）	节约率（%）
海南分行	3074.18	2298.35	775.83	25.24
北京分行	7946.99	6030.66	1916.33	24.11
江苏分行	51612.56	40475.75	11136.81	21.58
河北分行	14423.38	11674.96	2748.42	19.06
上海分行	82346.28	67513.04	14833.24	18.01
湖北分行	18388.65	15117.87	3270.78	17.79
浙江分行	83408.78	68611.41	14797.37	17.74
湖南分行	5655.09	4657.07	998.02	17.65
甘肃分行	9296.47	7708.56	1587.91	17.08
福建分行	5341.24	4465.91	875.33	16.39

四、存在问题

（一）部分分行对集中采购工作重视程度不够。一是部分分行把采购工作仅仅当作行政后勤部门的支持职能，尚未意识到采购业务是工商银行财务资源配置的重要手段，对业务发展具有重要作用，认识上的不到位导致相应的管理工作不到位。二是集中采购机构人员落实到位情况仍不理想，尽管总行多次就机构问题提出具体要求，但一级分行集中采购工作人员兼职比例过大，部分分行集中采购机构负责人尚未确定，以致各项集中采购工作难以有效开展，工作效率难以保证。三是部分分行对集中采购项目月度统计报表和季度统计报表工作重视程度不够，上报的月报和季报错误较多，集中采购项目数量和采购金额数据不准确，影响了工商银行采购情况分析的客观性和准确性。

（二）集中采购范围较窄，部分项目集中采购占比不高。2004 年度工商银行集中采购占比虽然比 2003 年提高了 21 个百分点，但是其中信息科技类产品集中采购金额达 50.84 亿元，建筑工程类集中采购金额达 21.24 亿元，集中采购占比分别达到 80% 和 47.91%；其他所有采购项目合计集中采购金额为 31.25 亿元，集中采购占比较低，例如办公用低值易耗品、消耗用品、专用设备、租赁服务等项目集中采购占比均较低。

（三）各分行的集中采购工作开展情况参差不齐。各分行对集中采购工作的重视程度不同，导致集中采购工作差异较大，集中采购金额最高的分行达 6.75 亿元，而最低的分行只有 1600 万元；集中采购节约资金最高的分行达 1.538 亿元，而最低的分行仅为 15.84 万元；集中采购占比最高的分行达 90.54%，而最低的分行只有 9.15%。

（四）采购进度严重失衡。2004 年各季度采购资金支出分布差异较大，工商银行第四季度采购金额占全年采购总金额的 48.01%，而各季度集中采购金额分布也有同样特征，第四季度集中采购金额在全年集中采购总金额占比为 66.77%。由此可见，第四季度是全年采购和集中采购的高峰期。短期内大量采购，使得采购工作量剧增，对集中采购项目的实施质量和经济效益等方面造成不利影响，应引起工商银行各机构和部门的注意，科学合理地安排采购计划，确保全年采购工作的均衡性。

五、进一步规范采购管理和推动集中采购工作的意见

（一）扩大集中采购覆盖范围。据统计，2004 年度工商银行租赁服务、消耗用品和办公用低值易耗品等项目的采购金额分别为 13.62 亿元、11.39 亿元和 2.68 亿元，但集中采购占比分别只有 23.89%、23.51% 和 21.74%，集中采购占比相对较低。各行要对这些项目进行重点突破，提高集中采购占比，特别要积极试行办公用低值易耗品及消耗用品集中采购。对一些采购金额较大又具备集中采账条件的项目，例如办公自动化设备、会计出纳机具、印刷品、专用设备、后勤服务等项目，各行则要继续加大集中采购工作力度。

（二）加强业务指导，促进集中采购工作水平的全面提高。针对部分分行集中采购金额占比较低的情况，加强专题调查，帮助这些分行尽快找出工作薄弱环节，拓宽集中采购领域，改进工作方式方法；提高集中采购工作水平。

（三）加强对集中采购工作的监督与考核。整合工商银行物流管理和集中采购流程，完善监督、考核机制，实现工商银行业务资源投入的采购计划、集中采购实施及与之配套的库存管理、耗用管理、质量管理全过程的流程优化。建立必要的监督、考核、奖惩机制，推动各行积极开展集中采购工作。

（四）提高采购工作的计划性，均衡把握全年采购进度。各行集中采购部门应与业务主管部门密切合作，科学制定采购计划，合理安排采购工作进度，在保证业务需要的前提下，避免突击采购，保持采购工作的均衡性，提高采购工作的效率和质量，切实降低采购成本。

关于工商银行应对直接融资冲击的对策研究

总行投资银行部

一、对当前直接融资市场发展趋势的几点判断

经历二十多年发展，我国已形成以银行业为主体，证券、保险、信托、基金等多种金融机构并存的较为完善的金融体系。近两年来国家加快了金融行业的全面改革，三大国有商业银行股份制改革及政策性银行、农村信用社、城市商业银行、邮政储蓄、资产管理公司等改制快速推进；股权分置改革稳步展开，申银万国、国泰君安、银河证券等大型券商的注资和重组紧锣密鼓地进行；保险业开放步伐加快，基金行业增添新兴力量，信托业重整和创新不断。金融改革的一个重要方向就是大力推进直接融资的发展并促进银行机构的市场化。银行间债券市场逐步成为新兴的企业直接融资市场，股票和企业债等资本市场面临新的发展机遇，这将对金融市场格局和企业融资方式产生重大冲击，并对银行业发展战略和经营策略产生重要影响。

（一）短期融资券快速发展，银行间市场重要性日益增强。2005 年 5 月 24 日，人民银行发布了《短期融资券管理办法》，允许符合条件的企业在银行间债券市场向合格机构投资者发行短期融资券，商业银行可获得主承销商资格。次日，以工商银行、中国银行、建设银行、光大银行为主承销商，华能电力、振华港机、国航股份、五矿集团、国家开发投资公司等 5 家企业发行了 7 只不同期限的短期融资券，总面额共 109 亿元，企业短期融资券市场开始全面启动。近几个月内，短期融资券成为企业融资市场的热点，至 10 月 31 日，已公告发行短期融资券的非金融企业达到 32 家，规模达到 879 亿元。光大银行担任 8 家企业的短期融资券主承销商，建设银行、中信银行分别担当 5 家企业的短期融资券主承销商，工商银行及农行分别主承销 3 家列在其后。

从供给、需求和政策推动等三方面来看，短期融资券将得到较快的发展。首先，从目前发行的短期融资券来看，1 年期发行利率基本稳定在 2.92%，加上 0.15% ~0.5% 的承销费和其他费用，企业的融资成本大致在 3.2% ~3.4%，比同期流动资金贷款节约 2% 以上的融资成本，企业发行短期融资券的积极性很高。很多大型优质企业都纷纷提出了发行需求。中国联通、中国电信、中石化股份公司都已分别发行 100 亿元短期融资券。中石化集团公司 100 亿元、铁道部 500 亿元等超大金额的短期融资券也已发行。其次，短期融资券在资金市场上受到追捧。2005 年 5 月，央行 1 年期票据收益率为 2.1% 左右，但其后一路走低，到 10 月份降低至 1.3% 左右，与短期融资券的收益差扩大到 1.6% 左右，使得短期融资券在银行间债券市场有很大需求。除银行间债券市场参与者之外，近期货币市场基金也已获准投资短期融资券。最后，央行和监管部门政策支持力度很大，并将短期融资券作为推动直接融资，改变企业融资方式的重要手段。预计 2005 年发行量可能超过 1500 亿元，在一到两年的时间内，短期融资券将形成一个 2000 亿元左右的存量市场，年发行量将保持在 3000 亿元左右。电信、能源、交通等基础设施板块的优质企业将集中出现发行高峰，银行短期信贷需求下降。

随着短期融资券快速发展，银行间债券市场在企业直接融资领域的重要性逐渐加强。经过 8 年发展，截至 2004 年底，银行间债券市场的规模达到了 51700 亿元人民币，同期交易所债券市场的国债、企业债和可转债流通市值总额为 4338 亿元，银行间债券市场规模占两个市场总额的 92%。银行间债券市场参与者已达 5354 家，成为以大型机构投资者为核心、众多中小机构投资者参与的重要市场。2004 年 04 铁道债等 7 只企业债相继进入银行间市场，2005 年 7 月在交易所发行的北京能源投资公司债券（05 京能债）也于 10 月申请进入银行间市场交易；2005 年 5 月，人民银行允许将金融债券发行人范围扩大到企业集团财务公司；年内建设银行和国家开发银行试点发行的 MBS、ABS 等证券化产品也将在银行间市场推出。这一系列创新丰富了银行间债券市场的债券品种，也为今后中长期公司债券进入银行间债券市场发行奠定了基础。随着人民银行有关负责人柜继表达了要将银行间债券市场变为企业债券重要发行和交易市场的意图，企业中长期债券在银行间市场出现将成为一个重要的趋势。

（二）股权分置改革稳步推进，股票市场融资功能得以改善。尽管我国股票和企业债券市场近 4 年多发展较为缓慢，但资本市场发展的长期趋势并没有改变。首先，发行股票仍是大型企业重要的直接融资方式。目前，沪深两市上市公司已到 1389 家，近几年股票年发行（包括海外发行）额度约为 1500 亿元。尽管 2005 年 4 月以来由于股权分置改革而使得国内市场新股发行有

所减慢和一度暂停，但神华集团、交通银行等大型企业集团仍然在香港成功上市，融资金额分别达255亿港元和146亿港元。10月底，建设银行赴港上市融资622亿港元。其次，股权分置改革将消除资本市场发展的一个重要障碍。到9月，股权分置改革前两批试点46家上市公司的改革基本完成，并逐步进入全面改革阶段。在股权分置改革基本完成，实施新老划断之后，股票市场的融资功能将得到加强与完善。最后，支持股票市场的发展是长期持续的政策导向。2004年初，国务院发布推动资本市场发展的九条意见。在股权分置改革过程中，国务院以及证监会、国资委等相关部委表现出了前所未有的决心，采取了降低印花税、成立投资者保护基金、重组券商等一系列重要措施，申银万国、国泰君安、银河证券等券商获得了注资和再贷款，南方证券重组为建银证券，北京证券也有外资入股。此外，允许银行设立基金公司，允许保险公司直接入市，放宽国有企业投资股票的限制等措施，也有力支持了股票市场资金的活跃。经过一段时期的调整之后，股票市场的融资功能将得到进一步完善。

（三）企业债券改革步伐加快，市场发行明显提速。我国企业债券发展始于20世纪80年代中期，90年代初曾一度出现乱集资、乱拆借的局面，在政府一系列严厉措施的整顿下，企业债券在1993年到1997年的规模出现萎缩。1998年央行的政策调整建议为企业债券的带来了新的机遇，但总体来说发展仍较为缓慢。近几年来每年一级市场发行额徘徊在200亿~300亿元上下，且二级市场交易也不太活跃。管理层已意识到这一点，并采取一系列政策和措施加以推进。首先是加快企业债券管理政策的修改。有消息称《企业债券管理条例》修改版本将不久推出，新条例在发行体制、利率定价、投资制度、担保体制、交易制度以及信用评级六大方面都将有所突破。届时企业债券发行的门槛将能够降低，有望改成备案制、核准制，发行利率限制以及强制银行担保等方面都可能得以松动，对商业银行在企业债投资和承销方面的限制也有可能有所放松。其次，2005年来央行主导的企业短期融资券的迅速发展，客观上也刺激和推动了国家发改委和证监会主导的企业债券的发展，发行额度和审批速度明显加快。国务院2005年批准的第一批企业债券额度512亿元已基本完成，第三季度国家发改委将下达第二批发行额度，规模有望达到500亿元，全年总规模有望突破1000亿元。最后，企业债券可能在银行间债券市场发行。人民银行负责人指出，积极推动企业债券在银行间市场交易流通，促进企业债券在银行间债券市场面向机构投资者招标发行，推动企业债券市场的发展。还希望通过培养大批合格的机构投资者，发展多层次的债券市场。从中不难看出要将短期融资券“长期化”，在银行间债券市场发行企业债券的深意。随着传统交易所企业债券市场的发展和银行间市场企业债券的兴起，企业债券将得以快速发展。

（四）企业资产证券化产品面世，直接融资创新涌现。除了股票、债券、短期融资券外，一些新的直接融资创新产品正不断出现，丰富了企业直接融资渠道。继信贷资产证券化之后，有关部门又批准以企业为发行主体的资产证券化产品“中国联通CDMA网络租赁费收益计划”。该收益计划产品由中金公司设计推出，于2005年9月初在上海证券交易所大宗交易系统上市，总金额为32亿元，定性为固定收益证券，投资收益率分别为2.55%和2.8%。收益计划的转让对象为机构投资者，募集资金用于购买联通CDMA网络租赁费中不超过基础资产预期收益金额的收益权。中国银行提供担保并作为账户托管银行。该计划固定收益性质和大宗交易等安排，一方面适应了投资者的投资需求，另一方面使企业可以较低的财务成本在很短的期限内达到融资目的，将成为企业直接融资的重要渠道之一。“联通收益计划”是中国证监会批准企业资产证券化试点的第一单，接下来中国联通还准备发行63亿元收益计划，中国网通等企业也在筹划发行收益计划等融资工具。一些创新类证券公司还将推出高速公路应收款、医疗设备租赁费等资产证券化产品。以此为雏形可能形成一个每年数百亿元甚至近千亿元的企业直接融资新市场。

总体来看，随着短期融资券的推出和快速发展，股票、企业债等的推进和完善，企业资产证券化等创新产品的涌现，企业直接融资市场已经进入新的发展阶段，金融市场的深刻变革正在发生。

二、直接融资发展给工商银行带来的挑战与机遇

直接融资的发展将对我国金融格局产生重大影响，在给银行传统业务带来挑战的同时，也存在着新的发展机会。国际银行业转型的经验表明，如果能够利用自身优势成功实施转型，银行仍然能够成为金融市场的主体。

（一）直接融资对银行贷款的替代作用集中显现。国际经验表明，随着直接融资市场的发展，企业融资对银行信贷的依赖程度不断降低，“脱媒”效应将日益明显。西方国家及中国香港等地的银行信贷资产多年来呈递减趋势。2003年美国商业银行贷款余额仅为4万多亿美元，而同期股票市场总市值约为20万亿美元，各种债券总余额为22万亿美元。德意志银行1989年贷款总额就已达1200亿美元，但在总资产大幅上升的同时，德意志银行目前贷款总额也仅为1380亿美元左右。近期我国短期融资券和企业资产证券化等产品的集中放量推出，更让商业银行体会到了对短期贷款的强烈挤出效应，甚至超过2000年前后股票市场繁荣时期的冲击。首先，短期融资券的低财务成本对企业形成巨大吸引

力。7月中国联通发行短期融资券所筹集的100亿元全部下划联通各省分公司用于偿还银行贷款，其中归还建行各省行合计约46亿元、开行30亿元、工行各省行24亿元，为联通节约近3亿元的财务成本。另外据上海、江苏两地不完全统计部分企业发行短期融资券后已归还了工商银行贷款22亿元。其次，短期融资券对银行短期贷款有比股票和企业债更强的直接替代作用。从公司财务的角度来看，股权融资比债务融资更难得，股权资金能降低财务杠杆比率并优化财务结构，增强进一步获取债务融资的能力。短期融资券的债务融资性质，使得企业有很强的冲动从增量和存量两个方面替代已有的短期流动资金贷款，实现总体降低财务成本的目的。再次，短期融资券的放量快速发行，更形成集中的替代效应。在近半年之内数十家最大型、最优质的企业每家发行十亿元、几十亿元甚至上百亿元的短期融资券，这种大规模的密集直接融资在近年来是少有的。最后，在短期融资券和收益计划等短期直接融资工具到期后，各企业都准备采取滚动发行的方式长期发行，这将进一步影响工商银行未来的贷款增量。由于参与直接融资的企业多为电信、交通、电力、石化等在工商银行贷款量大的大型优质企业，且目前短期融资券等金融工具发行的主要目的就是归还各家银行借款，工商银行面临的优质贷款还款压力巨大。加之中电信、中联通、中石化、铁道部等超大型企业短期融资券的发行都未由工商银行承销，这使工商银行维护客户关系、稳定优质贷款大户的工作更加艰巨。

（二）传统经营方式将难以留住大型优质客户。从国外的情况来看，直接融资对银行信贷的冲击首先体现在大型优质客户领域。如汇丰集团从大型企业客户获取的利息收入仅占总收入的30%，花旗集团大客户的利息收入也远小于非利息收入。信贷业务已经不再是大型企业金融需求的主体。在我国现阶段，大型企业客户的贷款收入仍然是银行主要的收入来源，这些客户成为竞争的焦点。各家银行竞相采取降低利率水平和贷款条件、减免收费业务等手段来争抢这些核心客户。然而，直接融资方式的发展使得大型优质企业可选择的融资渠道更为丰富，短期大额资金需求可以通过发行短期融资券、资产支持证券等得以满足，长期资金可以选择在资本市场上发行企业债、股票、可转债等筹集。与西方国家转型阶段相似，银行贷款对大型优质企业的重要性日益降低，甚至渐渐不再是最主要的金融需求。用贷款价格来争取客户的竞争手段效果大打折扣。花旗银行一名高级经理曾感叹到：“各家银行在资产负债业务上相互杀价想要留住的优质客户始终会离银行而去，美国的银行没有能够挽留住，欧洲的银行没有挽留住，中国的银行最终也将无法留住！”如何继续成为大型优质客户的主要金融服务和产品提供者，是面对直接融资冲击必须解决的问题。

（三）工商银行已具备应对直接融资挑战的较好基础。工商银行较早意识到了直接融资可能带来的冲击，并制定和采取了相应的战略和策略，在一些领域确立了优势。

首先，积极为银行业综合经营做了准备。2002年工商银行在业界率先成立投资银行部，探索除了证券承销和交易之外的不受牌照限制的各项投资银行业务，重点拓展了重组并购、结构化融资、财务顾问、资产证券化、发行上市顾问、资产管理等各类业务，收入从2001年的1000多万元增长到2004年的10.3亿元，占中间业务收入的比例也从0.37%提高到9%，完成了包括宁波不良资产证券化、张裕集团股权转让、上广电银团贷款等有较大影响力的项目。作为上市财务顾问协助江苏亚洲环保、广东亨达利等完成尽职调查和相关工作，叙作了江苏交通债、上海申能集团企业债等项目的财务顾问及债券担保业务。除了宁波分行不良资产证券化项目之外，还在浙江、深圳等分行继续探索资产证券化的可能性。同时，工商银行综合运用投资银行、网上银行、现金管理等工具为企业提供整体解决方案和综合金融服务。如2005年7月，江苏分行就积极探索为大型集团企业客户提供高端常年财务顾问服务的新模式，同太平洋建设、华西村等9家战略型客户分别签署了期限为3~5年、每年20万~100万元顾问费的常年财务顾问协议，配备专门的项目经理和服务团队，提供全方位、持续性、个性化的常年财务顾问服务。除项目融资、银团贷款、并购重组、企业债券、境外上市等投资银行业务外，还综合了信贷、会计结算、国际业务、电子银行、银行卡等相应配套服务。此外，2005年7月工商银行同CSFB以及中远集团成立了工银瑞信基金管理公司，成为工商银行开展公募资本市场又一重要战略举措。

其次，工商银行具备应对直接融资的综合优势。工商银行作为最大的银行间债券市场参与者，为短期融资券业务及未来的中长期企业债券承销交易创造了条件；雄厚的资金成为日后开拓直接融资市场的重要后盾；多元的渠道和广泛的客户资源，为提供综合服务奠定了基础。

最后，工商银行拥有国内同业最丰富的产品线，在清算、代理、现金管理等领域优势明显，并具有一批能够为客户提供较低成本的融资产品，如结构化融资、票据、保理、委托贷款等，市场竞争力较强。

（四）转型后的商业银行仍能成为金融市场的主体。发达国家也曾经历银行间接融资为主导、利差为主要收入来源的发展阶段。但后来随着直接融资市场发展，金融脱媒速度加快，企业对银行信贷的依赖程度不断下降，国际大银行意识到高等级的大企业终将舍弃信贷业务而更多选择多样化金融服务，于是纷纷主动实施了战略转型。一方面主动争取扩大业务范围，逐步突破监管政策限制进入直接融资市场，围绕大型客户需求，提供投资银行、资产管理、结构化融资等综合服务。如花旗银行专设企业金融与投资银行部，向大客户提供股票债券的承销与交易、机构经纪、顾问服务、外汇、结构化产品、衍生工具、借贷等投资银行和商业银行服务。汇丰集团也成立企业银行、投资银行与资本市场业务部，为大型企业和机构提供综合金融解决方案，包括债务融资、股本融资、结构化融资及银团贷款、财务顾问等投资银行服务，股权、外汇、固定收益证券等资本市场服务以及结算、贸易和证券等交易服务等。2005年4月，日本瑞穗金融集团组建了全球公司业务集团、全球零售业务集团和全球资产及财富管理集团三大业务线，由全球公司业务集团面向世界级大公司客户，整合瑞穗内部银行部门及综合证券业务部门，提供包括商业银行及投资银行业务在内的高端综合金融服务。

另一方面，各大银行重新挖掘自身潜力，回归清算、风险管理、综合理财等其他机构不具备的银行业核心能力，结算、投资银行、衍生品交易、资产管理等业务成为重要的非利差收入来源。德意志银行1989年到2004年净利息收入由66%下降到24%，而收费及佣金从27%增长到46%。花旗银行2000年后来自贷款的收入为40%左右，剔除贷款手续费后纯利差占比更低，而收费和佣金等非利息收入却从2001年的14%上升到2003年的17%左右。日本瑞穗集团从2002年到2004年，其非利息收入也由42%上升到54%。

从目前国际金融市场格局来看，花旗、汇丰、摩根、德意志等各大银行已经通过适时转型，较好地适应了直接融资市场发展带来的冲击，通过为大客户提供综合化的服务并挖掘清算、理财、风险管理等核心能力，继续成为企业融资市场上的主力。直接融资对商业银行带来冲击的同时，也带来了业务转型和实施业务多元化的机遇。目前工商银行已能开展大多数资本市场业务，短期融资券、资产证券化等直接融资创新产品的发展也为工商银行拓宽收入渠道、优化收益结构、降低信贷风险、实现经营方式和增长模式转变带来机遇。只要我们能够正确实施战略转型，工商银行仍将在未来的金融市场中保持领导地位。

三、构建适合工商银行转型的发展战略

面对日趋增强的直接融资冲击，工商银行应加快战略布局调整，巩固多元化业务优势，促进业务协调发展，为客户提供综合服务，成功实现战略转型。

（一）加快收益结构调整，巩固多元业务优势。合理的收益结构能够使银行在获取最大利润的同时，抵抗市场环境的波动，提高可持续发展能力。工商银行目前已形成业务多元化优势，拥有10大类420多种中间业务。然而，目前工商银行中间业务收入占比仅为10%左右，有必要进一步加快收益结构调整，巩固多元业务优势。

首先是继续加快中间业务增长，实现中间业务同资产负债业务协调发展。一是要进一步加快实施中间业务重点发展战略，在人、财、物各类资源配置上进行倾斜，促其加快发展。地处经济发达地区、内部管理水平较高的分行，要实行资产、负债与中间业务的协调发展；地处经济欠发达地区的分行，要重点发展中间业务和负债业务等低风险业务。二是要实施中间业务结构优化升级战略，将个人理财、电子银行、牡丹卡、国际结算、本外币清算及现金管理、投资银行、资产托管等业务打造成工商银行战略性中间业务产品，形成科学合理、有竞争力的产品体系。提高新兴中间业务对工商银行中间业务收入的贡献度，确保中间业务收入可持续增长。三是要实施中间业务综合营销战略。要进一步改进中间业务的组织领导，完善中间业务委员会和牵头部门的组织、协调和推动职能，建立健全各有关专业发展中间业务的激励约束机制，加强中间业务与资产负债业务的整合营销、物理网点与电子银行渠道的协调营销以及境内外机构的联动营销，充分发挥整体功能和各种资源优势，推动中间业务快速发展。四是实施中间业务精品战略。要完善中间业务流程和操作规范，建设工商银行统一的中间业务管理系统，打造前中后台分离、决策有效制衡、风险有效防范的中间业务内部控制与管理体系，长久保持中间业务低险高效的业务品质。

其次是要加快业务领域拓展和产品创新，形成完善的金融服务功能布局。银行业综合经营是未来发展的大趋势，面对日益加快的直接融资市场创新，面对明年金融业全面开放后大型国际混业集团的竞争，工商银行也必须巩固已有的综合经营领先优势，在投资银行、基金、保险、交易等领域形成新的核心竞争力。工商银行目前已形成较完整的投资银行产品体系，在重组并购、银团贷款、资产证券化、财务顾问等领域初步建立了优势，今后要在利用工商银行传统业务优势发展投资银行业务的同时，拓展交叉金融产品、企业资产管理等业务，加快以收购、新设的方式获取证券承销交易资格的步伐。设立工银瑞信基金公司之后，应在做大业务规模，提高业务品质的同时，丰富基金产品，树立和巩固品牌。

（二）充分整合行内资源，实现业务协调发展。面对直接融资和资本市场的快速发展，工商银行必须能够前瞻性地制定竞争策略，开发和储备竞争性产品，并能够强有力地营销和实施服务方案。然而由于业务职能划分、条块分割等历史原因，工商银行在战略研究、新产品开发、客户营销和投资银行业务领域的力量还较为分散，整体合力体现尚不够充分。有必要整合业务资源，促进信贷业务与中间业务、传统业务与投资银行等新兴业务的互动发展，发挥工商银行全面综合金融服务的优势。

首先要整合行内分散的投资银行业务资源，加强在资本市场运营的能力。一是投资银行部门应以业务专家的身份积极进入客户营销渠道，深度挖掘客户的综合金融服务需求。二是投资银行部应加大研究力量配置，强化资本市场竞争战略研究，加强产品开发能力，研究跨市场金融产品、结构化融资和各类金融衍生产品。三是要解决银团业务多部门经营管理的问题，逐步实现重组并购业务的专业化经营管理，并更大地发挥投资银行部在短期融资券、资产证券产品和企业债券等承销活动中的功能。四是加强对行属投行机构、咨询和评级等业务实体的管理和资源整合，并通过收购、新设、整合等方式获取证券牌照资格。

其次要充分利用资金、网络、客户等资源优势，探索投资银行业务与传统业务的互动发展。庞大的清算、结算网络，领先的资产负债业务以及遍布各地的客户资源是工商银行区别于证券公司等金融机构的巨大优势，充分利用将能显现巨大效应。一是工商银行应在控制风险的前提下探索以融资优势支持投资银行业务。大型国际金融集团或全能银行往往通过为客户提供融资便利来争取承销及重组并购等投行业务机会。近期花旗银行与建行无法就战略投资达成协议是其失去担当建行 IPO 承销商的重要原因，而瑞银集团则以战略投资者的身份在未来中国银行上市承销商竞争中处于有利地位。高盛公司通过提供 5 亿美元的过桥融资承诺顺利担当联想收购 IBM 个人电脑业务财务顾问。朗迅科技在为其剥离微电子部门 AGERE 选择投行时，只愿意委托能提供信用支持的银行，为此摩根斯坦利不得不同意购买 26 亿美元的朗讯债券，而高盛则因拒绝参与信贷计划而被排除到该交易之外。二是加强客户资源共享并提高综合贡献度。商业银行的客户资源是其开展投行业务的重要优势。根据麦肯锡的统计，2001 年，全能银行和商业银行的投资级债券和高收益债券业务分别有 52% 和 72% 来自于当前的贷款客户；收购兼并类业务有 56% 来自于其贷款客户；股票发行业务有 44% 来自贷款客户。通过共享客户资源，可以在为客户提供综合金融服务的前提下提高客户对工商银行的综合贡献度。工商银行重组剥离后，许多客户不再与工商银行存在信贷关系，工商银行的客户基础面临削弱的风险。但这些客户完全有可能存在投行业务需求，可以通过发展投行业务使原有信贷客户向投行客户转化，维系和拓展工商银行的客户资源优势。

（三）更新客户服务模式，提供综合金融服务。资本市场的发展导致了客户需求的变化，与之相应，工商银行也应该采取新的客户营销和服务模式，为客户提供综合的金融服务。

第一是要构建以客户为中心的客户服务体系。针对大企业客户大额、复杂的金融需求，国外大型银行一般由专门的企业与投资银行业务集团提供从投资银行到信贷及交易等各类综合、复杂的服务；而针对个人和中小企业客户小额、简单的金融需求，则一般由零售银行或个人金融集团提供服务。花旗、汇丰、德意志、瑞穗等国际大银行近几年经过多次组织重构和整合之后，都先后建立了三大主要业务线：针对大客户的企业与金融服务集团、针对个人和中小企业的个人金融集团以及针对高端客户理财的私人银行与资产管理集团。随着金融产品的丰富和客户需求的变化，工商银行也应逐步建立以客户为中心的组织形式，加强针对大型企业客户服务的相关业务部门的整合与协作。

第二是要实施组合营销，有选择地推广顾问营销模式。首先建立客户关系经理和产品经理协作营销的组合营销方式，由专职的客户经理全面维护客户关系，由各业务线的产品经理提供支持。顾问式营销是高盛、美林等国际大投行，IBM、毕博等 IT 咨询公司所经常采用的营销方式，近来也越来越多地为国际先进银行采用。汇丰银行往往以顾问服务切入大客户营销，有针对性地陈述宏观经济、行业领域或相关专项研究成果，向客户灌输新的理念或提供专业顾问意见，发现客户需求并维持客户关系，为后期业务开展打下基础。2005 年 7 月江苏分行为 9 家战略客户提供常年财务顾问服务，优先获取未来的融资、投行、结算、国际等业务机会就是顾问式营销的一次有益尝试。今后工商银行应有选择地推广这种顾问先导的营销模式。

第三是要采取专业团队服务模式。应该组织专业服务团队，针对大型企业客户提供一揽子的优质服务方案，提供过桥融资、短期融资券、债券承销、股票发行、票据融资、理财与投资等一揽子综合解决方案。在形成以客户为中心的大企业服务集团之后，采用矩阵管理模式，针对客户需求更多地开展跨专业部门的合作。

第四是建立服务定价及业绩评价体系，理顺综合金融服务中利和费收入之间的关系。国外银行利差和费用比例较为协调，除了资本市场的承销交易等收费之外，账户管理费、贷款承诺费、交易服务费、财务顾问费等也是非利息收入中重要的部分。如 2002 年到 2004 年，瑞穗集团存贷款及信用债券业务相关手续费占贷款及票据贴现利息收入的比例按 7%、9% 和 12% 逐年上升，且占各年总费用及佣金收入的 25% 左右。完成股份制改革之后，工商银行将朝着股东价值最大化的现代银行经营目标转变，有必要重新审视收益结构中利差和收费的构成及组合关系。一是改变利和费收入的观念，形成利息和非利息收入协调发展的合理发展观，减少过分强调利息收入而轻易减免非利息收入的现象。二是在符合监管政策的范围内，拓展收费业务品种，尤其是加强推进贷款承诺、存款账户管理等资产负债相关收费业务，研究进一步增加电子银行、资产托管等业务收费的策略。三是要逐步建立综合的利费组合定价机制，根据客户风险状况和偿债能力、外部竞争及未来潜力，灵活制定利费结合的策略。对偿债能力可靠的客户可采用较高利率辅以较低费率的定价组合；对于风险较大的客户，则可以考虑采用较高利率辅以多种费率的定价组合；对于未来用他行贷款替代的可能性加大的客户，可以采用较低利率辅以较高费率的定价组合，先锁定一次性成本，减少贷款被置换的可能性。在利费组合定价的同时，研究建立各业务部门绩效评价和利益分享机制，防止产生利息收入和非利息收入等同于各自牵头部门业绩的片面看法。

通过上述战略的调整，工商银行将能够较好地组织资源，强化全面的金融服务功能，促进传统业务与新兴业务的协调发展，适应并引导企业客户融资方式转变带来的金融格局变化，在未来全球化市场竞争中具备较强的持续竞争能力。

四、应对直接融资的具体对策和措施研究

为了应对以短期融资券和联通收益计划为代表品种的直接融资市场发展对工商银行带来的现实冲击，在策略层面，建议采用“积极拓展直接融资，主动引导变革；挖掘整合内部资源，以创新应对创新”的思路，分步骤有重点地实施各项任务：分两路主动出击直接融资市场，在银行间债券市场加强短期融资券业务，拓展以企业财务公司为发行主体的金融债承销，参与信贷资产证券化，奠定银行间市场企业债券承销基础；在证券交易所市场继续开展上市发债顾问及担保业务，积极争取企业债券承销资格和企业资产证券化发行资格，多种方式获取股票承销牌照；挖掘自身潜力，探索贷款业务与直接融资配合；整合已有低成本融资产品，以组合产品应对直接融资带来冲击。可考虑按下面的时间表启动各项关键措施。

（一）成立直接融资业务协调委员会，集中力量应对挑战。面对当前的严峻形势，建议在总行组建专门的直接融资业务协调委员会，集中人力和优势资源，积极参与企业直接融资项目。工商银行在资金实力、业务品种、银行间市场影响力和客户资源等多方面都具有较大的优势，但由于业务职能划分、条块分割等原因，在对以短期融资券为代表的企业直接融资新产品营销方面整体合力体现不够充分，使工商银行新产品发展受到影响。目前工商银行参与短期融资券发行等业务涉及到信贷、资金、投行、公司、托管等多个部门，建议由相关部门牵头组建工作小组，市场部门先期积极介入企业直接融资工具发行，集中力量对优势客户进行重点营销，提高工作效率和营销成功率。对于实现的效益，可以通过建立一个合理的收益分配机制在相关部门之间分配，以提高部门之间的合作积极性。这样不仅有助于扩大工商银行经营业务量，获取较多的低风险中间业务收入（以承销100亿元一年期短期融资券为例，主承销商可以获得约6‰的中间业务收入，包括3000万元的承销费和约3000万元的价差收入），扩大工商银行在该业务领域的影响力，而且对维护客户关系，在一定程度上稳定工商银行现有贷款具有重要作用。

表1　策略路线图—关键任务及阶段重点

		2005年	2006年	2007年	2008年
银行间市场	短期融资券				
	企业财务公司金融债				
	信贷资产证券化				
	银行间市场企业债承销				
交易所市场	上市发债顾问与担保				
	争取企业债承销资格				
	获取股票牌照				
	企业资产证券化				
内部整合	直接融资业务协调委员会				
	贷款与直接融资配合				
	新产品开发委员会				

（二）以短期融资券为切入点，强化银行间市场优势。在短期融资券业务开展几个月来，光大银行、中信实业银行凭借没有贷款流失担忧，市场反应灵活等优势，已分别承销8只和5只短期融资券，名列前两位；工商银行已承销振华港机、中粮集团、济南钢铁等三只短期融资券，在承销企业数量上与中行、建行并列业内第三。下阶段工商银行应主动出击，采取更有力措施推进短期融资券业务。一是要转换思想观念。从过去几个月的情况来看，在短期融资券给客户带来的财务成本节约和企业形象提升面前，原来建立的银企合作关系往往

是比较脆弱的，而且短期融资券业务发展已经预示了一种趋势，如果不能统一思想，变被动为主动，只是一味因怕失去信贷业务而不向企业推介短期融资券业务，结果往往是贷款流失且丢失掉短期融资券业务市场机遇。二是在营销方面要做好对优质客户的关系培养和业务跟踪，准确定位，果断出击。密切关注大型重点企业集团业务特点和融资需求的变化并保持长期跟踪和研究，以保证能够及时抓住商机，主动营销，增强效果。在目标选择上，应该优先对工商银行贷款少于他行的客户进行大力营销，积极争取主承销业务。对于工商银行贷款大户，根据不同情况采取不同措施：对于资金缺乏的企业，结合其资金需求度身定制短期融资券发行方案，积极营销，确保并巩固工商银行主承销地位；对于暂无资金需求的贷款大户，应主动宣传并密切和企业的联系以锁定该客户，一旦发行则在第一时间揽得主承销资格，防止机遇流失。三是要优化流程，加强配合，提高效率。工商银行已经下发相关管理办法，但同竞争对手相比，在营销与业务衔接、发行效率等方面还有不足。总分行和相关部门之间要进一步明确分工加强协作，形成合力，确保从内部环节加快业务推进速度。四是加大投入，充实力量，建立相应绩效评价体系。目前总行相关部门已初步建立起短期融资券业务团队，部分分行也已积累一定业务经验，下一步应加大人员投入和团队培养，客观评价各环节在业务中的相应绩效，合理激励有贡献的团队和个人。五是加强与监管部门的沟通。进一步加强同人民银行等主管部门的沟通，跟踪政策变化，及时获取信息和业务机会。

银行间债券市场是未来企业直接融资的重要市场，工商银行还应巩固在信贷资产证券化领域已经形成的优势，积极为未来银行间市场的企业债券承销及交易业务做准备。工商银行已经在不良资产证券化、顾问型资产证券化等方面积累了一定的实践经验和人才储备。下一步一是要积极关注建行和国家开发银行证券化试点进展情况，一旦时机成熟，政策允许，立即推出符合规模经济要求、操作规范的证券化项目，建立行内产品线。二是以中长期信贷资产证券化为切入点，逐渐将业务品种扩展至住房按揭贷款、汽车消费贷款、信用卡应收款等，最终使资产证券化成为工商银行调整资产结构和盈利模式的重要手段。三是加快推行顾问型的企业资产证券化业务，为有融资需求的企业和其他金融机构提供证券化结构、交易方式和定价等设计和咨询服务，帮助客户降低融资成本、改善资本结构。积极为寻求较高收益率理财产品的客户提供理财方案，目前能够投资资产收益计划的机构投资者仅限于企业年金、社保基金和企业财务公司，因此可考虑由工商银行企业年金中心来参与认购再卖给市场投资者。四是营销证券公司在资本市场发行的资产支持证券的信用增级和托管业务。目前资产支持证券产品多采用银行担保的方式获得信用增级，由于资产支持证券产品实施了风险隔离，其担保风险相对较低。工商银行应积极争取担任资产支持证券产品的担保行和资金托管行，增加中间业务收入。五是着手研究在银行间市场发行的、以企业为发行主体的中长期企业债券（或称为资产支持票据）等未来可能获批的新型产品，积极同监管部门沟通，提前做好准备，确定营销思路，争取优先获得业务承销资格。六是加强对企业财务公司发行金融债券的研究和业务探索，将其作为企业在银行间市场融资的重要直接融资品种来对待。

（三）开展上市顾问及发债担保，争取交易所市场业务牌照。上海证券交易所和深圳证券交易所是股票、资产管理计划、资本市场衍生产品的主要发行和交易场所，是企业直接融资重要场所。争取股票、企业债、资产管理计划等各项业务牌照，是工商银行完善金融功能布局的重要措施。由于牌照限制，工商银行还不能直接从事股票及企业债券的承销和交易，但在发债担保、上市推荐顾问工作上已取得较大进展并积累了一定经验。下一步一是进一步推进各类企业债券发行的财务顾问，同证券公司合作，熟悉了解交易所市场企业债承销的各项流程和关键风险点，为未来独立开展承销业务奠定基础。二是开展各项债券担保业务，作为提供综合金融服务的重要措施。目前债券担保收取的担保费率偏低，与承担的风险不对称。建议未来应考虑争取较高担保费率，或以利费综合定价方式提高业务的综合收益。三是继续努力争取企业债券的承销和交易牌照。从国家开发银行获取企业债券承销资格，工商银行获准成立投资银行部、设立基金公司以及央行等监管部门近期在不同场合的表态来看，此项政策坚冰有希望打破。我部已向银监会提交开办企业债券承销业务的申请，应进一步推动和加强同人民银行、银监会、证监会等监管部门的沟通，争取尽快获得企业债券承销牌照许可。四是加快通过多种渠道获取股票承销资格。近期建银投资已经通过重组南方证券建立了新的建银证券，北京证券、华夏证券的重组也已基本完成。目前以收购方式获取股票发行承销业务牌照是比较可行的选择。可以研究通过直接重组一家国内证券公司，或者通过工商东亚以外资间接控股国内公司的方式进入国内市场。五是积极争取交易所市场的专项资产管理计划业务牌照。加强同银监会、证监会的沟通，择机在交易所市场推出企业理财、企业资产证券化等业务。

（四）发挥资金优势，推动贷款与直接融资业务互动发展。

第一，充分以贷款资源推动直接融资业务的营销。工商银行在综合利用传统优势发展投行业务方面已经处于业界领先地位，投行业务的快速发展同公司、信贷、资金等业务部门的直接支持和间接推动密不可分。面对短期融资券等直接融资业务的迅猛发展，工商银行的存量贷款往往因为企业采用直接融资方式而“被动替代”。而花旗、摩根等混业金融集团以及美林、高盛等纯投行在开展直接融资业务的时候，则大量采用了“主动替代型”的过桥贷款。由于有后续的股票、债券或银团款项作为还款保障，过桥贷款本身风险较低。花旗、摩根近年来迅速在承销市场上超越摩根斯坦利等老牌投行的例子充分显示了以过桥融资撬动业务的巨大威力。目前，工商银行的贷款创新也加快了步伐，并购贷款品种促进了企业收购资产型的并购业务发展，2005 年计划推出的搭桥贷款、备月贷款等新品种，对于直接融资也都将有较大推动作用。随着工商银行信贷评估和风险管理水平的提高，下一步应继续加大贷款创新对直接融资业务的支持力度，在政策允许、风险可控的前提下逐步放宽搭桥贷款的限制，并适当扩大并购贷款的适用范围，持续增强工商银行在直接融资市场的竞争能力。

第二，将担保等表外业务资源用于配合直接融资业务，提高综合收益率。工商银行目前有表外业务 7400 多亿元，总收入仅 8.9 亿元，平均收益率 0.12%。根据资本充足率管理办法，一般负债担保、远期票据承兑等业务等同于贷款的授信业务，具有 100% 的资产风险权重，对资本充足率的影响完全等同于贷款。在目前的环境下，一些大型企业客户已确定选择发行公司债、可转债等直接融资方式而不采用贷款融资。在此情况下工商银行如果直接提供担保，则只能得到较低收益（目前工商银行提供企业债担保费率往往只有 0.1%），担保资源没有得到充分利用。另外，在工商银行使用担保工具之后，客户获取了长期的直接融资，工商银行进一步拓展该客户贷款业务的空间大大减少。因此，工商银行应充分利用担保资源来配合短期融资券承销、资产收益计划、财务顾问、并购等直接融资业务的发展，提高综合收益。

第三，加强直接融资业务对信贷业务的支持作用。在传统业务的支持下，工商银行的资本市场业务将得到更快发展，对贷款业务的支持作用也将更为明显。一是用于支持直接融资的搭桥贷款、并购贷款等新业务品种的快速发展将为信贷业务带来新的增长空间。二是对高端客户的常年财务顾问业务，能优先获取客户的贷款业务机会。如江苏分行 9 家战略企业的财务顾问服务使工商银行成为长期投融资服务的优先提供者。三是针对中小企业的常年财务顾问使得工商银行能够更多掌握客户相关信息和资信状况，为筛选优质中小企业创造了条件，降低了中小企业信贷业务风险。四是企业改制、并购重组等也能带动资产负债业务的发展。如张裕集团改制使工商银行的存款增加 6 亿元，而担当晨鸣纸业改制顾问使工商银行扭转了在传统业务的营销和谈判过程中的弱势地位。下一步在发展直接融资业务的时候也应充分体现对传统业务的配合作用，争取获得最大的综合收益。

（五）整合行内创新资源，以组合产品应对直接融资竞争。为客户提供综合金融服务是工商银行在今后竞争中的重要手段。作为业务多元化程度最高的银行，工商银行已经形成了一批有竞争力、成本较低的融资产品。如工商银行曾利用股权、债权、信托、票据、委托贷款等多种工具和手段，为铁道部、上港集箱等客户提供了较低成本的结构化融资方案；工商银行建立了业界首家直营的票据业务机构，客户可通过票据贴现业务实现短期融资；工商银行应收账款保理也为客户提供了新的资金融通手段。这些优势是工商银行长期积累的结果，也是各业务部门产品创新能力的具体体现。为应对直接融资带来的挑战，下一步应进一步整合行内创新资源，推出组合产品应对竞争。一是进一步加强各业务线的创新能力，重点研究如何综合应用结构化融资、票据、保理、委托贷款、利率和汇率风险管理等领域的优势，增强各类产品的开发和营销推广能力。二是要建立组合产品创新机制，与组合营销和团队服务模式相配套。考虑针对大型客户建立由信贷、公司、投行、资金、国际、会计等部门组成的企业级客户产品创新委员会，定期审议组合产品方案并组织力量开发实施。三是工商银行较低成本的融资产品和产品组合应适时适度、有针对性地推出，形成一定的创新储备。避免过早推出创新产品而损失自己已有的成本，也防止过晚推出产品而被竞争对手抢走先机，在竞争中处于被动局面。四是培育和挖掘中小企业客户。直接融资对中小企业信贷市场冲击较小，可通过设计合理的风险防范措施和适当的业务品种，依据不同行业、不同区域、不同客户群的需求特征和风险特征，合理分配、动态调整信贷资源，推动公司信贷业务持续健康发展。

（六）加强风险防范，提高抵御风险能力。随着企业直接融资产品的不断推出，在对工商银行传统贷款产生置换效应的同时，也对工商银行存量贷款的风险状况产生影响，特别是一些优先级债券和资产证券化产品将在一定程度上影响工商银行的贷款偿付。因此需要密切关注企业直接融资计划及其融资后的资产负债率、流动比率等财务指标变化和所融资金的投向情况，适时采取债权保全措施。同时，由于银行参与企业直接融资很大程度上是对风险的一种分担，因此需要相关部门建立系统而灵活的风险识别、监测和控制机制，加强对表外业务的管理。此外，要严控关联业务风险。在直接融资业务和信贷业务之间构筑受理和审批相分离、融资方案设计和贷款审查相分离的“防火墙”。对涉及贷款的直接融资业务，贷款由信贷评估部门、信贷管理部门或各级信贷政策委员会严格按照信贷政策独立评估、审查、审批，投资银行部门不参与贷款决策。在承销、自营、经纪与受托管理业务等业务领域，实现自营业务与代理业务在人员、机构、信息和账户等方面的隔离。

我们相信，在切实转变思想认识，加快实施战略转型，并有效执行具体竞争策略的基础上，通过各部门通力合作与总分行联动，工商银行一定能够整合资源，发挥优势，主动适应并引导直接融资带来的冲击，继续在不断变化的金融市场中保持领导地位。

2005 年短期融资券市场情况分析及对策

总行资金营运部

2005 年 5 月 23 日，中国人民银行发布了《短期融资券管理办法》，决定在银行间债券市场引入短期融资券。从其后几个月的市场反映情况看，短期融资券以其市场化发行方式和成本优势深受机构投资者和企业的欢迎。尤其是在 2005 年货币市场流动性十分充裕、利率持续走低的情况下，信用度较好和收益率较高的短期融资券一经推出，即成为货币市场基金争相购买的对象。截至 2005 年 9 月 30 日，已有 22 家企业在银行间债券市场发行了短期融资券，融资总额达到 562 亿元。已取得短期融资券主承销商资格的商业银行达 12 家，24 家金融机构获得了承销团成员资格。

一、短期融资券市场的基本情况

短期融资券是指境内具有法人资格的非金融企业，在银行间债券市场发行并约定在一定期限内还本付息的有价证券。短期融资券采取主承销商推介、承销团承销、备案发行、余额管理等市场化方式发行。目前，我国短期融资券市场主要呈现以下几个特点：

（一）人民银行力推短期融资券产品。人民银行是短期融资券的管理机构，发行短期融资券的目的就是为了拓宽企业直接融资渠道，丰富货币市场交易产品，完善货币政策传导机制，防止广义货币量过快增长，促进货币市场和资本市场的协调发展，维护金融整体稳定。2005 年，人民银行把短期融资券发行作为金融市场改革的一项重要举措来抓，并将该产品作为货币市场中的主打创新产品积极推向市场，按照国外 CP 市场的通行惯例，在承销、发行、交易等环节采取了多项市场化设计，其中备案发行制度和市场化定价原则是其核心体现。根据市场预计，2005 年底短期融资券市场余额将突破 1500 亿元，明年将达到 5000 亿元左右。

（二）短期融资券市场认可度高。短期融资券的发行实现了企业债券市场的突破，它取消了担保限制，作为信用产品进入市场；在银行间债券市场流通，交易方便快捷；产品期限较短，满足市场不同投资者的需求。特别是该产品发行周期短、成本低、手续简便，发行周期一般在 2－3 个月，成本比同期流动资金贷款利率低约 2 个百分点，且可以滚动发行。2005 年，不仅大型国企如中国联通、华能国际、中粮集团等纷纷登陆短期融资券市场，而且一些行业内领先、业绩优良的中小企业也陆续获准通过短期融资券进行融资，市场需求非常旺盛。

（三）短期融资券业务收益可观。对于主承销商来说，短期融资券的收益主要来自两个方面：一是承销费收入，二是投资的价差收入。以承销 100 亿元一年期短期融资券为例，主承销商可以获得约 3000 万元的承销费收入，同时，由于一二级市场的利差达到 100 个基点左右，价差收入约为 3000 万元。如持券到期则可获得高达 2.92% 的年收益率，收入 8760 万元，远高于一年期央行票据的收益率（目前约 1.32%）和超额备付金 0.99% 的利率水平。除承销费和投资收益外，承销短期融资券还可以带动商业银行存款和结算业务的发展，综合收益非常可观。

（四）短期融资券承销市场竞争日趋激烈。随着承销主体逐渐增多，短期融资券市场的竞争愈演愈烈。2005 年，工、农、中、建、交、光大、中信、招商、华夏、民生、浦发和兴业等 12 家商业银行获得了主承销资格，12 家创新试点类证券公司获得了承销团成员资格。从市场竞争态势来看，目前股份制商业银行特别是光大银行和中信实业银行在该业务上投入较大，光大银行通过成立专门机构、落实专业人员、实行承销份额与个人收入挂钩等措施，大力拓展短期融资券市场。由于短期融资券产品对流动资金贷款具有替代性，国有商业银行往往“守”的意识较浓，而股份制商业银行相对顾虑较少，营销力度大，有的甚至采取变通方式突破承销费率底线的做法来抢占优质客户，一定程度上导致国有商业银行的客户资源开始流失。

二、工商银行开展短期融资券业务的情况

（一）业务开展情况。工商银行于 2005 年 5 月 25 日首批获得短期融资券主承销商资格，5 月 26 日即成功发行了 05 振华港机 CP01，金额 12 亿元；9 月 19 日发行了 05 中粮 CP01，金额 30 亿元；9 月 28 日发行了 05 济钢 CP01，备案金额 30 亿元，首期发行 10 亿元。3 支短期融资券发行期限均为一年，发行利率为 2.92%。发行户数占全部发行短期融资券企业数的 13.6%，备案发行金额占比为 12.8%，发行户数和备案发行金额在 7 家已开始办理此项业务的主承销商中排名第三，在四大国有商业银行中排名第一。在投资

方面，工商银行参与了迄今为止所有22支短期融资券的承销团，在一级市场累计中标46.3亿元，在一级市场分销7亿元，投资余额为34.8亿元，其中列入1740其他债券科目核算的短期融资券余额为26.3亿元；列入1706自营债券买卖科目核算的余额为8.5亿元。

（二）采取的主要措施。一是建立运作机制，明确工作职责。为积极做好短期融资券业务的拓展工作，总行专门制定下发了《中国工商银行短期融资券承销业务管理暂行办法》，明确总行资金营运部为短期融资券承销业务的牵头管理部门，负责项目组织和发行实施工作，公司业务部为牵头营销部门，信贷管理部为授信管理部门，投资银行部为尽职调查部门，法律事务部为法律审查和法律纠纷处理部门。该暂行办法要求各分行参照总行有关规定明确相关部门职责，加强与总行的信息沟通，在总行的统一指导下开展项目实施工作。二是加强业务培训，全行联动营销。总行通过会议、网讯、印制宣传资料等多种形式开展短期融资券产品知识介绍，并多层次地组织专题讲座和辅导培训，培养了一批专业人员。7月8日，总行举办次级债和新产品推介会，向邀请与会的30多家全国重点企业详尽推介短期融资券产品，取得较好效果。为充分调动分行营销积极性，总行对短期融资券承销业务的中间业务净收入实行按季结算、全额返还给分行。上海、深圳、山东、山西、江苏、安徽、浙江等分行高度重视辖内短期融资券承销业务的组织推动，工作进展良好。三是构架承销网络，提高发行成功率。健全的发行网络和众多合作密切的交易伙伴，是企业短期融资券成功发行的重要保障。工商银行是国内少数几家国债甲类承销商和政策性金融债券主要承销商之一，是公开市场一级交易商、银行间市场双边报价商、首批债券结算代理行、首批企业短期融资券主承销商等全资格市场成员。凭借在银行间市场的龙头地位和广泛的业务客户网络，工商银行迅速建立起强大的短期融资券承销和分销平台。目前，工商银行已与所有获得主承销资格的金融机构在短期融资券业务方面建立了业务合作关系，并参加了所有已发行短期融资券项目的承销团。四是围绕客户需求，提高服务质量。在前期营销阶段，工商银行通过法人授权的方式与意向企业签订合作意向书，根据客户的资金用途和现金流情况度身定制发行方案，为客户节约财务成本、减轻还款压力。在尽职调查阶段，派专人协调有关中介机构，为客户提供高效专业的发行辅导服务。在报备核准阶段，加强与人民银行的沟通联系，缩短发行报备周期。在发行实施阶段，工商银行提供一揽子专业化服务，保证企业发行成功并及时获得募集资金。

三、下一步应重点加强的几项工作措施

工商银行短期融资券承销业务开展较早，并取得了一定的成绩，但市场优势并不明显，也不牢固。尽管在已发行短期融资券的主承销商中工商银行排名第三位，但与第一位相比，发行户数只有其一半，备案发行金额仅为其三分之一。在近期中国电信300亿元、铁道部首期200亿元等大型项目中未能竞得主承销资格，而且有的股份制商业银行已经通过短期融资券业务，渗透到原来传统业务难以进入的工商银行优质客户群中，工商银行优质业务市场和核心客户资源流失的形势日益严峻。对此，全行要引起高度重视，切实转变观念，抢抓机遇，奋力拓展，不断提升工商银行短期融资券承销业务的竞争力。

一要加快转变观念，进一步增强拓展短期融资券承销业务的责任感和紧迫感。全行要正确认识短期融资券对商业银行的影响。从短期来看，优质企业通过发行短期融资券拓宽了直接融资渠道，将逐步替代商业银行的流动资金贷款和传统票据业务，不断加剧“金融脱媒”。但从长期来看，一方面，短期信贷票据化的趋势并不会以商业银行的意愿为转移；另一方面，短期融资券的发行有利于商业银行真正走上市场化经营的道路，提高资金的市场化运作水平，实现商业银行的长远利益。各级行一定要增强机遇意识，善于把当前的不利因素转化为长远有利的条件，把短期融资券的发行作为调整工商银行信贷客户结构的重要机遇，逐步改变信贷业务过度依赖大型客户的局面，积极寻求并开拓优质小企业等新的信贷市场；作为加强与大型优质企业构建新型长期合作关系的重要机遇，不断探索多元化经营的途径，提高综合金融服务水平；作为加快经营模式和增长方式转型的重要机遇，创新产品发展理财业务，逐渐成为各种新型融资工具、衍生产品的创造者和做市商，不断扩大新的利润增长源。

二要完善工作机制，发挥全行整体功能优势。各级行、各部门要按照总行《短期融资券承销业务管理暂行办法》的有关要求，完善业务流程和工作机制，加强部门之间的信息交流和共享，防止出现信息梗阻的现象，提高客户需求的响应速度。要积极改进和创新金融服务，不断满足优质客户日益多元化的金融服务需求，提升优质客户的满意度。

三要加大工作力度，不断提高短期融资券承销业务市场份额。各行要充分发挥工商银行作为首批短期融资券主承销商的优势，加大组织推动和市场营销工作力度。要本着“谁营销、谁受益”的原则，制定考核办法，完善奖励措施，充分调动各级行拓展短期融资券承销业务的积极性，力争年底全行短期融资券承销市场份额有明显提升。

抢抓机遇　重点突破
实现企业年金业务的良好开局

——广东省分行营业部企业年金业务开展情况调查

总行企业年金中心

企业年金业务是一项投入少、风险小、综合收益高、市场空间广阔的新型中间业务。在企业年金市场起步阶段，工商银行年金业务工作走在业界前列，在首批企业年金基金管理机构资格认证中，一举取得账户管理人、托管人两项资格。在总行的统一部署下，各分行结合自身实际，克服企业认识不足、有效需求缺乏、政府配套政策待完善等困难，积极开展客户营销和业务推广。2005年工商银行年金业务市场局面初步打开，从年初仅有2家分行与客户有合作意向，到已有广东、上海、北京、深圳、江西、山西等20余家分行开始启动企业年金业务。

在前一阶段年金业务工作中，广东省分行营业部积极探索，抢抓机遇，重点突破，实现了业务快速发展。截至2005年6月末，该部与10家重点企业建立了年金业务合作关系，管理个人账户33000多个，托管资产30亿元，并与一批重点营销对象建立了密切联系。该部在拓展企业年金业务的实践中摸索出来的经验对于推动工商银行年金业务发展具有借鉴意义。他们的主要做法是：

一、领导重视，动员各方资源拓展优质市场

（一）领导高度重视。广东省分行营业部领导充分认识到年金业务具有广阔的发展前景，不仅能带来丰厚的中间业务收益，还能带来可观的资金沉淀，更是实现经营结构和收入增长模式转变的重要切入点之一，对全部长远经营发展具有重要意义。为此，营业部领导多次在支行行长会议上强调年金业务工作的重要性，还专门召开支行行长会议，统一支行的思想认识，研究布置发展年金业务工作策略和措施。

（二）动员各方资源支持。早在2004年11月，广东分行营业部就在机构业务部内成立年金及托管业务科，配备5名专职人员，从组织和人才上保障业务开展。制定广东分行营业部年金工作规划和营销战略，从目标和机制上引导年金业务开拓。同时营业部领导还亲自参与市场营销，既提高营销效果，又起到很好的示范效应。

（三）及时解决业务发展中存在的问题。年金业务开展初期，由于部分基层机构业务不熟悉，加之相关政策不明朗，客户对年金认识不足，有效市场需求缺乏，给营销带来很大困难。针对这种状况，广东省分行营业部主要采取了以下四项针对性措施：一是做好培训工作，提高营销人员的专业素质。二是针对新业务先入为主的特点，重点做好业务开办初期的宣传工作，抢先进入年金业务领域。三是紧跟市场和客户需求，及时更新服务方案，向客户传递全方位服务信息。四是树立“培养客户、培育市场”的经营理念，引导和帮助客户建立企业年金计划。

二、细分目标市场，上下联动营销

（一）建立分层次的营销服务体系。广东省分行营业部对年金业务营销工作进行了明确分工，对重点大户和系统性、行业性的客户由营业部直接营销，提高营销服务层次；对中小客户则主要由各支行负责营销，充分发挥基层机构的积极性。营业部通过直接营销收到了很好的效果：一是通过直接营销实现了重点目标客户如电力、交通、烟草等行业性系统客户的突破；二是通过直接与客户交流和制定服务方案，获得大量经验和第一手的客户需求信息；三是有利于增强对各支行业务指导的针对性。

（二）实施差别化营销服务。针对不同类型客户的实际情况，广东省分行营业部采取针对性措施，实施差异化服务，实现了重点突破。一是对原在广东省分行营业部办理补充养老保险的铁路系统等单位，配合其补充养老转为年金的转制工作，以系统升级为突破口，将原个人账户转入年金账户管理系统，并重新签订合作协议。二是在营销国有企业时积极争取国资委的支持。利用广东省企业管理人绩效考核制度改革的时机，与国资委联合举办了几期重点企业研讨会，营销广东省分行营业部年金业务，并建议国资委将建立年金计划与管理人绩效考核挂钩，取得了很好的效果。三是针对三资龙头企业对同行具有较强示范作用的特点，选择日立电梯、广州本田等龙头企业为突破口，开展以点带面的营销工作，发挥龙头企业的影响力，有效拓展了潜力巨大的三资企业年金市场。四是将年金账户管理业务与托管业务

有机结合，延伸服务功能，拓宽服务领域。该部2004年成功争取到南方电网年金托管业务后，坚持不懈地向其推介工商银行账户管理业务，争取客户在运行原有电力企业年金中心账户管理系统的同时试运行工商银行账户管理系统。近期该部了解到电网公司将脱离电力企业年金中心独立运作的信息后，针对客户需求设计了企业承办、完全外包、部分外包三种年金账户管理模式，重点推荐银行外包为主、自助录入为辅的运作模式，受到客户的认可。五是对已购买保险产品方式建立年金计划的企业，针对保险产品收益不理想和不规范等问题，向客户进行诚恳的分析，积极推介工商银行理财产品，以比较优势赢得客户信任。

（三）适时改变营销策略。该部在业务开展初期组织过多次大型年金业务营销推介会，对前期市场推动起到了积极作用。但随着营销工作向深层次发展，他们认识到，这种大型推介会与客户的深层次交流非常有限，于是及时将工作重点从普遍撒网式的营销转入重点突破的针对性营销。如他们针对重点系统和行业客户召开小型研讨会，加强了与客户的深层次交流，减少了客户的各种顾虑。又如2005年7月份，该部组织电力、铁路等四家重点大型企业参观数据中心（上海），并进行年金业务系统介绍，有效促进了重点系统客户的市场开拓工作。

（四）注重发挥整体合力。在业务开展过程中，广东省分行营业部年金业务主管部门重视与会计、公司等部门的密切合作，并注重发挥营业网点的“窗口”作用，积极宣传年金业务。重点做好在该部办理工资代发业务企业的宣传工作，挖掘潜在目标客户。

三、加强同业合作，以一揽子服务赢得竞争优势

（一）加强市场研究，分析客户需求。从市场需求看，为降低成本负担，企业年金委托人（企业和职工）普遍要求金融机构提供“一站式”综合服务。同时，各企业年金计划具有不同风险和收益偏好，需要市场提供不同风险/收益特征的金融产品。这使得企业年金市场与货币市场、保险市场、资本市场交叉融合，需要一揽子金融服务才能解决。

广东分行营业部充分认识到企业年金市场的这一特点，积极借鉴香港强积金和国外养老金管理经验，加强产品和营销机制创新，积极完善年金投资咨询顾问服务，提出为企业提供包括年金计划建立、资金归集、账户管理、基金托管、投资增值在内的一揽子服务，从而有效提升了市场竞争能力，取得很好的效果。

（二）加强同业合作，提供一揽子年金服务。由于基金管理公司在基金投资管理方面具有明显优势，是银行企业年金投资咨询业务理想的合作伙伴。加强与优秀的基金公司合作，为客户提供包括受托咨询、账户管理、基金托管和投资管理在内的一揽子年金服务，可以形成优势互补、强强联合的营销格局。也正是基于这样的认识，广东省分行营业部筛选了经营较稳健、业绩较佳的易方达基金管理公司和南方基金管理公司作合作伙伴，就年金业务进行全方位合作。

普华永道《反欺诈计划与控制的关键要素》研究报告

总行内控合规部

近年来，部分国有商业银行分支机构接连发生违法违规重大案件，引起了社会公众和监管机构的普遍关注。深入分析这些问题的成因，欺诈是一个极其重要的因素，因此，构建一个完善、有效的反欺诈体系，强化内控合规管理，显得十分必要和紧迫。普华永道会计师事务所对美国近年来有关反欺诈方面的理论和实践进行了深入研究，并形成了《反欺诈计划与控制的关键要素》（《key elements of antifraud programs and controls》）的研究报告，现翻译整理如下，供参考。

一、背景

政治和法律环境

在发生一系列备受瞩目的公司丑闻后，美国国会2002年通过了《萨班斯—奥克斯利法案》，旨在恢复股东对公开上市交易证券的信心。接着，证券交易委员会、纽约证券交易所、国家证券交易协会和公众公司会计监督委员会采用和推荐了一系列制度、规章、强制性计划和程序，以适应新法案的要求。除了在应用性和具体细节上的一些变化外，新的规章制度具有同样的目标：

- 提高公司会计报告的透明度。
- 通过要求董事会成员和公司行政领导对财务决算承担个人责任来强化会计责任。
- 更多地重视和关注为防范、发现、调查和补救欺诈以及不当行为所做的努力。

传统上，董事会和管理层就负有经营管理公司和准

备财务披露的责任。如果曾经有某些疑惑之处，新法令则充分明确了这些人员要负责构建、验证有效的内部控制并进行监控，以防范和及时发现欺诈性财务报告。

欺诈的概念

欺诈是一个比较宽泛的概念，它通常是指为了获取不公平或非法的所得而实施的故意行为。典型的财务欺诈可以分为四大类别：

• 欺诈性财务报告——大部分欺诈性财务报告涉及利润操纵，源于不当的收入确认，资产高估或负债低估。

• 资产误用——此类欺诈行为包括内部和外部欺诈，比如盗用，工薪欺诈和盗窃。

• 不正当目的的支出和负债——此类欺诈行为是指商业行贿、公共行贿，以及其他不当支出计划。

• 采取欺诈方式获取收入与资产和避免成本与费用——此类欺诈行为是指一个实体实施的不利于雇员或第三方的行为，或采取不正当的方式逃避费用，如税务欺诈。

反欺诈的要旨：防范与及时发现

受《萨班斯—奥克斯利法案》影响的公司，现在必须建立和实施“反欺诈计划和控制”，并在每年的全面审计中对计划和控制进行评价。尽管大部分公司已经开始实施反欺诈计划的部分内容，比如行为和道德准则，但为达到新法令的要求和避免被审计师发现内部控制的重要缺陷或重大漏洞，他们仍需加强这方面的计划。私人公司，尤其是那些在他们的发展战略中有公开发行债务、IPO或与公开上市公司进行交易计划的私人公司，也应当懂得如何有效管理欺诈问题。除了缓释法律和监管风险外，欺诈管理提供了一个重要的成本节约机会，这将直接影响公司的盈亏平衡底线。

尽管美国国会、国家证券与交易委员会和公众公司会计监督委员会还没有就构成有效的反欺诈计划与控制的要素进行描绘，但普华永道已经识别出有效反欺诈计划的关键要素，这些要素建立在新法令、规章及准则所共享的核心原则基础上：预防和及时发现欺诈。

COSO的内部控制框架

组织管理层必须在一个由专家团体建立的、适当的和可识别的控制框架基础上评价公司财务披露内部控制的有效性。在美国，资助者委员会（COSO）发布了他们的内控控制整体框架，目前该框架已被组织管理层和审计人员用来评价内部控制体系。鉴于美国的大部分公司和审计人员都采用该框架来确认和审计内部控制的有效性程度，由此我们也采用COSO框架。

通过应用COSO内部控制框架的五个要素（控制环境、欺诈风险评估、控制活动、信息交流与沟通和持续监测），普华永道列举了设计良好、运行有效的内部控制计划特性，并提供了关于多种缺陷的指引，这些缺陷通常源于一个或多个关键控制要素的缺失或无效。

反欺诈计划和控制必须包括COSO框架的五大要素，尤其是对控制环境必须给以重点关注，因为组织高管层的基调影响到组织中员工的控制意识。

二、应用COSO内部控制框架的五大要素

（一）控制环境。控制环境是指一些无形要素，如诚实性、价值观和员工信任度和管理层的哲学观与经营风格，同时也涉及这些无形要素的具体表现，如管理层进行权责分配、组织和开发人力资源的方式。除此之外，控制环境还应说明董事会和审计委员会的角色。控制环境对经营活动的组织结构、目标制定和风险评估都具有普遍而深入的影响。它也影响风险评估、控制活动、信息交流与沟通和监督活动。但是，控制环境不是孤立的，它受实体历史和文化的影响，进而又影响到人员日常经营活动中的控制意识。由于90%的欺诈活动发生在高级管理层层次，构建强有力的反欺诈计划和控制是一个健康控制环境的核心内容。

1. 道德/行为准则。《萨班斯—奥克斯利法案》406条款和国家证券与交易委员会终极规则（the SEC's Final Rule）中的“2002年《萨班斯—奥克斯利法案》中406、407条款的披露要求”，要求每一个注册发行人披露是否采用了一个道德准则，该准则适用于公司的高级执行官、主要财务官员、主要会计官员或控制人以及履行类似职能的其他人员。如果公司没有采用类似的道德准则，必须说明原因。纽约证券交易所和纳斯达克交易所的规则也要求采用和公开披露商业道德行为准则，准则适用于所有的董事、管理人员和雇员，并要求说明必须给予重点关注的具体主题。

终极规则中所定义的“道德准则”作为一个书面化的标准，旨在通过合理设计以发现以下不当行为：

• 诚实品德和道德行为，包括正确处理个人与工作关系中实际存在或潜在的利益冲突。

• 在向国家证券与交易委员会和在进行其他公开沟通活动时准备或提交的报告、文件中，注册发行人以全面、公正、准确、及时和易懂的方式进行披露。

• 遵循施行的政府法律、规章和制度。

• 及时向道德准则中确定的适当人员报告内部发生的违反准则行为。

• 描述欺诈行为的基本要素。

• 遵循道德准则的义务和制裁违反准则的人。

设计和文件化

有效的行为准则是一个有效的控制环境和反欺诈计划的基本要素。一家公司的行为准则应当适用于所有在公司会计或财务报告中履行监督职能的人，包括能够对财务披露的内容或对准备财务披露资料的人（例如，对这些人负有直接领导责任或监督责任）施加影响的人，如董事会或类似管理和治理机构的成员、首席执行官、首席运营官、总顾问、首席会计官、内部审计负责

人或控制人、税务或类似职位的负责人。

由于可能存在明显或实际的利益冲突，行为准则应该适用于公司内外多方，包括对与供应商、客户、投资者、债权人、保险人、竞争者、审计人员等诸如此类的关系方的关系和交易有重大影响的任何人。准则应该清楚阐明什么是欺诈行为、准则责任体系的构建方式以及对不遵从行为的制裁措施。它应该关注以下方面：利益冲突；公司机遇；信息的保密性；公平交易；公司资产的保护与正确使用；关联方交易；违法活动；法律、规章与制度的遵从；管理层对准则的监控。董事或执行官对准则的任何放弃都应该经过董事会的批准并按针对注册发行人的8－k条款要求迅速进行披露。行为准则应当确立清楚而客观的标准以便于遵从，同时还应建立一个公正的程序来确定是否存在违反准则的行为。董事会和审计委员会在监督行为准则的执行上负有关键责任。他们的监督角色应该在董事会和审计委员会的章程以及相应的会议纪要文件内明确记载。

作为一项最佳实务，普华永道认为行为准则应该涵盖所有雇员，保证被发现的不当行为案例或危及道德准则的强迫行为能够被及时报告。

运行的有效性

仅有行为准则的存在并不能证明它的有效性。

• 行为准则必须定期（通过雇员手册、政策指南、内部网络等途径）向所有相关人员进行有效的沟通。沟通的无效妨碍了全面行为准则有效地发挥作用和形成一个适宜的“高层基调”。

• 雇员应当证明他们收到并阅读了行为准则。一般通过一个确认程序来证实。每年公司有关人员返传的行为准则遵从情况确认信息，包括对未收到反馈情况和其他例外情形的适当跟踪机制，为确保雇员阅知行为准则提供了充分证据。

• 要求雇员在被雇用时及以后定期参加培训时能够证明组织已经致力于使员工清楚行为准则的内容和要求。培训应该紧紧围绕“高层基调”、行为准则以及每个人在报告实际或可疑的欺诈或不当行为中所负的责任来进行。互动式的培训也许能够提供更好的证据，表明行为准则已被很好地传达，雇员已经收到、阅读和领会准则。

• 要求管理层和审计委员会对准则的执行情况进行监督。会议纪要应当证明他们已经进行持续或定期监督。

美国判决指引手册第八章将“防范和发现违法行为的有效计划”表述为经过合理设计、实施和执行的计划，一般来说它能有效地防范和发现犯罪行为。所以，一家公司必须采取合理的措施确保雇员已经清楚体现在行为准则中的观念。

缺陷评价

如果一家公司没有一个经董事会和审计委员会批准、有效运作且文件化的行为准则，至少可以说是一个重要缺陷和存在重大漏洞的强烈信号。行为准则应当同时关注内部交易和外部交易，并且至少覆盖所有在会计或财务报告中履行监督职能的所有个体。

有效运行的证据包括：一个向所有相关人员传达行为准则的方案；一个年度确认程序；上岗培训及上岗后的定期培训；审计委员会的积极参与和监督。

公众公司会计监督委员会建议的审计准则提出，在内部控制环境中与欺诈防范、识别和发现有关的控制对欺诈风险有广泛而深远的影响。因此，缺乏审计委员会的参与和监督是财务披露内部控制存在重要缺陷的一个强烈信号。需要进一步说明的是，道德和行为准则的有效实施与执行可以通过某种形式的持续沟通来证实，如确认或培训。

2. 道德热线和舞弊揭发程序。《萨班斯—奥克斯利法案》301章、证券与交易委员会终极规则中的“公开上市公司审计委员会标准”以及该规则中的公开上市标准都要求每个发行人的审计委员会建立有关的程序以实现：

• 收集和保留与会计、内部会计控制或审计事件相关的信息，以及处理证券发行人涉及这些方面的指控。

• 雇员可以保密、匿名的方式提交对可疑会计或审计事项的关注。

设计和文件化

终极规则并没有规定审计委员会必须建立的具体程序，因为SEC相信审计委员会应当具有一定的灵活性以便根据他们的环境开发和应用适当的程序。

所有受《萨班斯—奥克斯利法案》404条款影响的公众公司（不仅仅是上市公司），都必须有一条道德热线或类似于该法案301条款所要求的舞弊举报程序。道德热线应该为雇员和其他人员提供一个途径以实现：

• 交流沟通对可能违背行为准则情况的关心而不必担心遭到报复，包括不道德行为和实际存在或怀疑的欺诈行为，如果喜欢可以采取匿名方式。

• 在做出具有重大法律或道德影响的决策前获得建议。

该项计划应当独立于管理层运作。这种独立性可以通过独立的第三方对该计划的管理以提供吸纳机制（the intake mechanism），或者通过在组织内部设立一个中立方来获得。这个中立方可以是拥有适当经验和客观性的道德官员、合规官员、内部审计师等，他们直接向审计委员会报告工作。可能关系到审计委员会和外部审计师的麻烦事也应得到正确的处理。审计委员会应对计划进行独立的评价和跟踪。

监督管理层为这项计划建立的程序和确保任何报告事项都能传递到审计委员会或董事会是审计委员会的责任。审计委员会有责任评价定期提交的有关报告，这些报告与确定的或可疑欺诈的性质、状况和处理有关。

程序应该被充分的文件化。另外，内部审计师或独立方应该对道德热线或舞弊举报程序进行穿行测试，以帮助审计委员会理解该程序。穿行测试应该追踪所接到的不同类型电话，从最初接到信息、公司采取的跟踪程序和解决措施、直到最后告知审计委员会（如果适当的话）的全过程都要进行测试。通过对打电话人的反馈也能对设计的适当性进行分析。

运行的有效性

热线或举报程序运行的有效性应当得到评估。评估时应考虑：是否所有员工都知道热线？是否鼓励报告有嫌疑的欺诈？员工是否确实报告可能的不当行为？跟踪程序是否适当和及时？针对难度较大的决策员工是否利用热线获得建议？该程序应该通过对多种形式沟通的检查和有嫌疑欺诈事件的抽样来进行检验。由于从根本上来说道德热线是一个被动的程序，它依赖于每个雇员的主动性，使用量也许是程序有效性的一个很好指标，从中可以看出人们是否相信他们被鼓励报告每一个有嫌疑欺诈。突击调查或“倾听程序”也能提供关于员工看法和使用道德热线意愿的信息，并可通过征求员工意见和打电话给客户和供应商加以确认。应当通过与审计委员会成员和外部或内部顾问的谈话获得审计委员会积极参与的证据。在审计委员会的会议纪要和与反映违规行为及所采取措施的报告中也应当反映委员会的参与情况。

缺陷评价

有效的道德热线或舞弊举报程序既是对欺诈行为的一个威慑，也是揭示实际欺诈行为和可疑欺诈行为的一种重要方式。缺少该程序意味着对《萨班斯—奥克斯利法案》和SEC终极规则及上市标准的不遵从。基于这些原因，缺少一个充分设计和有效运行的道德热线或舞弊举报程序暗含着财务报告内部控制存在重要缺陷。

3. 雇佣与晋升。组织应建立适当的标准来雇用和晋升最合适的人，标准的重点应关注教育背景、以前的工作经历、过去取得的业绩以及诚实品德和行为道德方面的证据，以此表明组织致力于找到有能力和值得信任的人。标准也应包括对组织将要被雇用或被提升到组织中某个需要给予信任位置的个体进行背景调查。如雇佣时已经对他进行了某些或全部的调查，则在此人提升时不需要重复进行这些调查。需要给予信任的位置包括前文所提到的在会计或财务报告中承担监督角色的人，以及能够直接接触公司的资产或信息系统的安全官员等类似人员。

设计与文件化

背景调查的范围应该包括：教育背景，雇佣历史，犯罪记录。

程序应该文件化。另外，普华永道将与独立证明人会谈作为组织的一项最佳实务予以推荐。代表审计委员会工作的内部审计或独立方应该对背景调查程序进行穿行测试。

运行的有效性

人力资源部门应该进行背景调查并在雇员的档案中保存有关的记录。调查程序的有效性应该通过抽样检查进行测试，确定调查是否进行以及必要的文档是否被保存。

缺陷评价

对被考虑雇佣或晋升到前文所提重要岗位的人员，一个组织如果不按已识别的所有领域进行实质性的背景调查，这将是财务报告内部控制存在重要缺陷的一个强烈信号。联邦法院的判决指引也支持这方面的工作。

4. 董事会和审计委员会的监督。董事会的受托责任是监督管理层建立起来的财务报告内部控制和有关程序，这些程序是管理层建立起来以确信内部控制有效运行的措施。董事会也有责任评估管理层欺诈风险和保证控制措施到位，以防范、阻止和发现管理层欺诈行为。审计委员会的许多监督都通过体现在一个有效反欺诈程序的其他要素中。

组织的董事会和审计委员会在很大程度上影响控制环境和“高层基调”。因此，审计委员会应当避免受管理层影响。

设计和文件化

董事会定期系统地评价管理层建立起来的财务报告内部控制，并将这些责任写进董事会章程。这种监督应该延伸至：

- 管理层的反欺诈计划和控制，包括对欺诈风险的识别和实施的反欺诈措施。
- 管理层践踏控制或对财务报告过程施加不适当影响的可能性。
- 雇员报告所关注问题的机制。
- 获取和评价定期报告，这些报告对已确定有嫌疑或可疑欺诈和不当行为的性质、状况和最终的处理方式进行说明。
- 关注欺诈风险的内部审计计划和表达内部审计对管理层建立恰当内部控制义务或报告欺诈怀疑或欺诈嫌疑关注的保证机制。
- 吸收法律、会计和其他专家参加调查有嫌疑的欺诈或可疑欺诈。
- 评价管理层在决定重大估计事项时采用的会计原则、政策和估计方法。
- 评价管理层参与的重大非常规交易。
- 内部审计师和外部审计师提交给董事会和审计委员会的工作报告。

运行的有效性

董事会和审计委员会对欺诈监督的适当性应当通过与董事会和审计委员会成员的谈话或委员会的会议纪要来证实。董事会和审计委员会独立于管理层，他们的监督范围包括：

• 考虑董事会和审计委员会会议的频率和性质，评价是否安排了足够的会议时间考虑欺诈问题。

• 确保审计委员会成员评价下述方面事项时考虑欺诈的可能性：

——管理层所采用的会计原则，政策和估计。

——管理层参与的重大非常规交易。

• 评价管理层对欺诈风险的评估。

• 与独立的内部审计师就他们对潜在的欺诈风险看法进行讨论。

缺陷评价

因为PCAOB（公众公司会计监督委员会）建议的审计准则高度关注欺诈问题和审计委员会有效性的影响因素，对欺诈问题和反欺诈计划与控制的消极态度将是存在重要缺陷的强烈信号。NYSE（纽约证券交易所）和NASDAQ（纳斯达克证券交易所）规则都要求董事会和审计委员会积极参与欺诈监督。

5. 调查和补救。“高层基调”和反欺诈计划是公司内部控制环境最重要方面之一，是管理层、审计委员会和董事会对反欺诈程序中识别的重要缺陷和重大漏洞的回应方式，也是他们对怀疑、有嫌疑的或实际的欺诈行为的回应方式。PCAOB建议的审计准则中126条提到，当重要缺陷被传达到管理层和审计委员会后，经过一段合理时间仍未得到改正的被视为重大缺陷的强烈信号。

《萨班斯—奥克斯利法案》302条款和SEC终极规则中的“公司季度和年度披露的认证”要求主要执行官和主要财务官向证券发行人的审计师和董事会的审计委员会（或履行类似职能的人）披露有关情况，并构成认证程序的一部分：

• 内部控制的设计和运行中存在的对证券发行人记录、处理、汇总和报告财务数据能力产生不利影响的重要缺陷；他们已经向证券发行人的审计师指出了内部控制中存在的重大漏洞。

• 所有涉及公司管理层或在内部控制中担当重要角色的雇员的欺诈行为，无论重要还是不重要。

设计和文件化

公司必须开发一个标准化的程序来反映对欺诈的嫌疑或怀疑。不应当等到发现欺诈问题后才着手开发调查程序。管理层、审计委员会和董事会必须采取适当的行动处理已经识别的内部控制重要缺陷与重大漏洞和怀疑、嫌疑或实际发生的重大欺诈行为，以及牵涉高管层的任何数量级的欺诈行为。在具体实施上，公司的行动通常应包括：

• 对事件做彻底的调查和评估，可能的话还应包括独立律师的调查。

• 评价和改善受影响业务部门的内部控制，如合适的话也可延伸至组织中的其他部门。

• 通过培训和沟通强化单位的政策和程序、价值观、行为准则和期望。

• 采取恰当而连续的行动防范违规行为。

• 当错误行为发生和雇员受到纪律处分时，在不点名基础上进行可能的交流与沟通，如与员工的常规沟通等。

• 在向SEC定期提交的报告中进行适当披露。

公司应当建立和维护程序、流程和解决方案的文件化。内部审计或独立方应该代表审计委员会对该程序进行穿行测试。

运行的效率

关于有效补救的构成要素很大程度上往往是建立在亡羊补牢基础上，审计委员会应该确保采取适当而及时的后续行动。该项评价应该包括事件调查的抽样检查和有嫌疑的重大不当行为的补救（管理层已识别）。对难度较大的决策应当征求律师的意见。应当通过询问和审查证据以确定以前发现的重要缺陷和重大漏洞已经被纠正或补救，或者致力于此方面工作的努力正在进行。审计委员会积极参与的证据应该反映在委员会的会议纪要和有关报告中，这些报告记录了调查过程和采取的后续行动。

缺陷评价

PCAOB建议的审计准则中指出，一家公司如果不能做到以下两点就表明其内部控制存在重要缺陷和有存在重大漏洞的强烈信号：一是向外部审计师或审计委员会披露重要缺陷或欺诈；二是对已识别的重要缺陷、重大漏洞和实际欺诈或可疑欺诈行为采取有效的补救措施。

（二）欺诈风险评估。组织应当将对潜在欺诈问题的考虑作为组织全面风险评价或管理计划的一个组成部分。欺诈风险评估是在传统风险评估基础上的扩展，它建立在计划和场景基础上而不是建立在控制风险或固有风险基础上。评估应该考虑欺诈和不当行为发生的多种形式，包括利于公司和不利于公司利益的。欺诈评估应当考虑内部控制中容易被管理层绕过的漏洞所在，并制定可行的计划覆盖现有的所有控制活动，这也许需要另外增加相应的控制活动。

欺诈评估程序应当考虑实体中容易发生欺诈的薄弱环节和它对财务报告的潜在影响。《萨班斯—奥克斯利法案》103条款要求独立审计师对公司内部控制进行评价，充分关注控制执行以确信“证券发行人的所有收支都根据管理层和董事会的相应授权进行”。在SEC的终极规则中是指“非授权获得、使用或处置”机构的资产。

管理层的欺诈风险评价应当包括欺诈性财务报告的可能性、资产盗用和非授权或不正当的收入与支出。管理层评价应该考虑高级管理人员或董事的欺诈风险，因为根据PCAOB建议的审计准则中126条的表述，“涉及高级管理层的任何量级欺诈”都构成重要缺陷或是存在重大漏洞的一个强烈信号。另外，根据独立审计准则

99 号 36 条，管理层在进行欺诈风险评价时应当考虑管理人员实施欺诈行为的刺激和压力。

为产生实效，管理层的欺诈风险评价应当建立在全面和循环往复的基础上，而不是采取一种非正式或偶然的方式。COSO 框架指出，当经营环境发生变化，引入新产品和进入新市场，以及公司重组时都需进行风险评价。管理层在进行这些评价时应当纳入欺诈风险。

管理层应当在全公司范围、业务单位以及重要账户层次进行欺诈风险评价。管理层风险评价活动的性质和内容应当与实体规模和经营活动的复杂性相匹配（例如，在一些规模较小、集中化管理的组织中风险评价不需太正式和结构化）。

设计与文件化

一个有效的欺诈风险评估体系的核心要素包括：

• 系统化（不是随意性的）的评估程序。

• 考虑潜在的欺诈方案和场景。

• 全公司、重要业务单位和重要账户层面的风险评价。

• 评估对组织而言每类风险发生的可能性和严重程度。

• 评估每类欺诈风险产生的风险暴露。

• 通过内部审计对风险评价程序的有效性进行测试。

• 审计委员会的文件化监督，包括对管理层践踏内部控制风险的考虑。

在履行受托责任时，审计委员会和董事会有义务考虑：自身拥有关于公司主要经营的知识；在各部门中流行的欺诈类型和管理层财务欺诈风险；保证已经采取控制或缓释措施以发现和防范欺诈行为。董事会和审计委员会应当考虑管理层风险评估流程，特别要关注如下几方面：

• 识别记载欺诈风险的程序。

• 管理层认为的欺诈类型（欺诈性财务报告，资产盗用，非授权或不正当的收支，或高级管理人员欺诈）。

• 考虑风险的层次（全公司范围，业务单位和重要账户）。

• 欺诈发生的概率（很有可能，有可能和几乎不可能）。

• 欺诈的重要性水平（无关紧要的，紧要的或重大的）。

关于风险控制成本与控制或缓释该风险所带来利益的对比关系，管理层需要对此得出他们自己的结论。但是，组织应当有一个文件化的程序去评定、识别和估计欺诈风险。

根据独立审计准则 99 号，审计委员会应当与独立审计人员就管理层的风险评估程序和内部控制体系进行公开、坦诚的对话，尤其应当包括以下方面的讨论：

• 组织对欺诈性财务报告的敏感性。

• 资产盗用或非授权收支的风险暴露。

• 审计委员会对欺诈风险和管理层践踏内部控制风险的看法。

• 审计委员会是否具有关于可疑或实际欺诈行为的相关知识。

• 该领域委员会监督活动的性质。

运行的有效性

由于有效的风险评价没有一个固定模式，因此应当对定期的系统化风险评估进行文件化记载。在评价内部审计测试时也要对财务报告风险进行评估。审计委员会的欺诈风险评价和与外部审计师的讨论应当在审计委员会的会议纪要中体现。

缺陷评价

PCAOB 建议的审计准则 24 条和 126 条中都指出，考虑到有效的风险评估程序对有效的财务报告内部控制体系和发现、阻止欺诈和察觉欺诈的极端重要性，缺乏对管理层风险评价程序和审计委员会参与以及评估的充分文件化记载是存在重要缺陷的强烈信号，也许意味着存在重大漏洞。

（三）控制活动。一旦欺诈风险评估工作开始进行，组织应当识别出所运用的缓释欺诈风险的控制活动。在一个反欺诈管理计划的框架内，控制活动是指管理层所实施的识别、防范和缓释欺诈性财务报告或滥用组织资产的行动。反欺诈控制活动应当存在于组织的各个层级和职能部门，并涵盖一系列不同的措施，如：审批、授权、验证、核对、职责分离、经营业绩和资产安全的评价等。

在管理层认为存在高欺诈风险的区域（如收入确认和非标准分类账的录入），还包括财务报告程序和管理人员践踏控制的可能性，管理层应该评估是否已经实施了适当的控制措施。鉴于信息技术在支持经营和交易处理过程中的重要性，管理层应当对计算机产生的信息实施适当的控制和维护。

组织的经营环境会影响它的欺诈风险暴露水平，并可能带来独特的外部报告要求，或特别的法律或监管要求。一个组织的反欺诈计划应当考虑所实施的控制活动是否足够充分以覆盖组织所有的业务活动；这些控制设计能够恰当地实现发现、防范和缓释组织所面对的特定欺诈风险的目的；这些控制措施是否被正确应用以充分处理组织独特的经营活动和欺诈风险。

设计和文件化

管理层应当设计必要的控制活动以适应欺诈风险评估的需要。为保证在风险评估过程中识别的所有重大风险暴露都已得到充分缓释，这些必须的控制活动应当以合适的方式进行文件化记载。这项工作一般是通过与业务流程的关联或映射程序来实现的，将潜在的错报风险与控制活动和相关的财务披露声明关联起来。审计委员会应当在其会议纪要中证明它已经对控制活动设计的充分性和运行的有效性进行了监督和审查。内部审计部门或第三方应当代表审计委员会进行穿行测试以评估控制活动设计的有效性。

运行效率

控制活动的测试应当涵盖所有已经识别出存在欺诈风险的业务流程。

缺陷评价

针对所有已识别的欺诈风险，如果缺乏一个经过充分设计、文件化和系统测试的控制活动体系，这将是存在重要缺陷的一个强烈信号。应当评价特定欺诈行为控制中的缺陷以确定是否构成一个重大漏洞，不管是在个体上还是总体上。

（四）信息交流与沟通。有效的交流沟通是反欺诈程序和政策取得成功的重要因素。反欺诈政策必须被清楚地表述，以及清楚说明每个员工在该计划中承担的职责。该信息必须被有效地传达给每个员工，也就是说采用统一的形式和时间框架让员工去履行他们的义务。因此，对一个组织反欺诈计划的评价应当考虑政策的内容是否合适、及时、最新以及是否被正确地分发到所有合适的对象。

为确实发挥实效，关于公司反欺诈政策和程序的交流沟通必须在整个组织内上下之间充分进行。所有的员工必须接收到一个清楚的信号，公司很严肃的致力于反欺诈。此外，每个员工必须全面认识到公司反欺诈程序的所有相关方面和在遵循和执行反欺诈政策中他的角色和责任。每位员工都必须知道什么样的行为是期望的或可接受的，什么样的行为是不可接受的。

每个员工还必须有有效的途径交流沟通关于欺诈根源的重要信息。最后，关于公司反欺诈政策的有效沟通还必须在公司和外部有关方面之间进行，如顾客、供应商、监管者和股东。

设计和文件化

公司必须致力于有效的知识管理。就反欺诈来说，意味着能够收集和共享关于已经识别的欺诈风险、欺诈控制活动的优势和弱点、欺诈的怀疑与确认以及补救措施的信息。在这些方面的努力中，公司应当考虑将信息技术系统作为一个重要工具加以利用。

公司的信息技术系统应当覆盖COSO框架的五个要素，并成为反欺诈计划的一个有机组成部分。进一步来说，IT审计通常涉及许多与欺诈相关的问题，如系统资源的接触，数据认证等类似问题。

关于信息技术系统，反欺诈计划与控制应当注意：

• 在管理层的欺诈风险评估中考虑技术引发的风险，例如通过操纵系统时钟来影响入账和记录的截止时间。

• IT安全控制，不断加大对非授权接触和物理侵入防范和探测工作的重视。

• 系统接触职责分离的影响。

• 欺诈探测和监控工具的充分性，例如与欺诈相关的计算机辅助审计工具。

组织的计算机环境和用于及时发现和阻止欺诈的自动化控制，包括系统安全，都应当被文件化。

运行的有效性

除了在“控制环境”和“欺诈风险评估”章节中描述的程序外，对信息采集和公司反欺诈计划沟通的有效性评价还应包括：

• 公司的行为准则和反欺诈陈述是否能够在公司的网站或向SEC提交的文件中获得。

• 向员工提供关于如何识别和应对伦理挑战方面的知识培训的频率和充分性。

• 在组织范围内收集和共享欺诈信息能力的足够性。

• 公司交流事件调查结果或所采取惩罚措施的方式。

• IT人员对计算机程序的不恰当修改，如篡改财务报告。

• 系统对关键控制的逃避，如利用信息系统绕过控制活动。

• 计算机滥用的调查能力，如对计算机争论或事件的响应能力和在一段足够的期间内维护系统日志以便进行调查活动。

应当就计算机安全的一般控制进行测试，以确认他们是否有效运行。

缺陷评价

不充分的培训和交流沟通以及知识管理缺陷可能构成一个重要的控制缺陷。培训计划和交流沟通的缺失、高级管理层对欺诈信息收集的关注不够是存在重要缺陷的强烈信号。

由于IT安全控制对信息发起、记录、处理与报告具有深远而广泛的影响，这个领域的任何漏洞都会给欺诈提供可乘之机，因而这也是存在重要控制缺陷的一个强烈信号。

（五）持续监测。与所有的内部控制一样，公司必须对反欺诈控制、程序和政策进行监测，也就是说，持续进行定期的成效评估。为合理确信反欺诈程序的有效性，管理层需要判断和确定必要的独立评估或审计频率。在做出这个决定前，应当考虑以下方面：组织所发生变化的程度和性质以及相关的风险、执行控制活动人员的能力与经验，以及持续监测的结果。

信息技术在创造了机会的同时也制造了风险。利用计算机辅助审计工具能显著提高组织监测活动的效率。另外，大量的软件可供组织选用去搜索和发现欺诈活动。

设计和文件化

持续监测存在于经营活动的全过程并且应当植入企

业各项常规和重复进行的经营活动中。包括常规管理和监测活动以及员工在履行他们职责过程当中采取的其他行动。单独评价的范围和频率主要依赖于欺诈风险评估与持续监测程序的有效性程度。由于独立评价发生在事实之后，通过持续的日常监测将可以更加迅速地发现问题。

独立评价通常由内部审计部门或类似职能部门来组织进行。对组织监测活动的计划、方法和范围予以文件化并进行经常的评价是十分有必要的。内部审计部门的监督已经在“控制环境”章节中讨论过。

运行的有效性

在考虑组织对反欺诈控制有效性的监测程度时，持续性监测活动和内部审计部门或其他部门的独立评价都应考虑在内。管理层监测系统的评价应当证明如下事项：

- 反欺诈计划和政策实施与监测中管理层的责任。
- 对重要缺陷和重大控制漏洞的快速、充分反应。
- 定期比较会计系统的记录金额和实物资产。
- 对内部和外部审计师关于加强反欺诈控制建议的回应度。

除了在“控制环境”章节中讨论的外，内部审计部门的评价应当关注：

- 在反欺诈方面，内部审计活动性质、程度、范围的充分性和有效性。尽管充分性的确定存在主观因素，但是审计计划应当以文件方式记载风险评估、审计程序和工作记录。滚动计划（rotational planning）应当包括对公司地理位置的关注，尽管公司位置不大可能成为实质性重大欺诈风险的原因但可能导致较高的欺诈风险。
- 个人的知识和工作经历，以及他们是否通过定期和充分的培训获得关于反欺诈的知识。

缺陷评价

对反欺诈计划的有效性监测缺乏文件化的制度，在内部审计部门（或类似部门）年度工作计划确定的范围中没有针对欺诈的例行审计，这都是存在重要缺陷的强烈信号。

三、总结与结论

（一）总体大于部分之和。为形成一个有效的反欺诈计划，上述所讨论的要素必须整合在一起，并将他们作为一个有机的系统从总体上加以考虑。多个要素的缺失或COSO框架控制要素的缺失会引起对反欺诈计划充分性的顾虑。任何一个缺陷都应当从总体上加以评估，并考虑他们是否以某种方式组合起来形成一个重要缺陷，这些重要缺陷是否共同发生作用形成一个重大的控制漏洞。

（二）不要“一刀切”。绝大部分组织都有反欺诈计划的正式文件。但一些小型、推行集中化管理的组织例外，在这些组织中对诚实和行为道德的强调重点是通过CEO和高管层的看得见的直接参与体现的，包括员工会议，与顾客和卖主交易，以及诸如此类的活动。在此情形下，行为准则文件化和有效沟通的缺乏也许不会对控制环境的有效性产生不利影响。此例外情形通常只适用于员工人数不超过50人且仅在一个地方经营的组织。但是，在所有的情形中，高级管理层的直接参与应当得到确认。这可以通过“倾听程序”很好地完成——重要问题还可以通过询问员工及给顾客和卖主打电话得到佐证。

（三）合适的对待方式。欺诈很容易从一处小的丛林之火蔓延为一次全面的大爆发。但是如果有了适当的工具和主动的意愿，即使不能完全避免欺诈，公司至少可以及早发现欺诈和减少因此带来的损失。建立了如前所描述的反欺诈计划的公司将能满足合规性要求。但更为重要的是，为实现股东的期望和帮助公众恢复对金融市场的信心，公司还有很长一段路要走。最后，欺诈管理将使经营更加理性。欺诈防范和探测创造了大幅节约成本的机会，这将直接影响到公司的盈亏平衡底线，并能显著改善公司的财务业绩。

附录：

A：反欺诈法律、规章和标准的重要内容

B：重要缺陷和重大漏洞的定义

C：重要缺陷信号一览表

D：关键行动建议的速查指引

附录 A：

反欺诈法律、规章和标准的重要内容

权威文件	日期	有关规定
美国审判委员会（USSC）[1]	1991.11	• 引入有效道德与合规风险管理的七条标准，已经成为有效合规管理的基准[2] • 非强制性的第三方评价；仅当公司寻求缓释因公司的不当行为所招致的惩罚时才评价计划 • USSC在2003年10月成立了特别顾问小组对七条建议进行补充[3]
2002年《萨班斯—奥克斯利法案》[4]103、404条款（《萨班斯法案》或404条款）	2002.7	• §103：“发行人的收支……必须根据管理层和董事会的授权” • §404：要求管理层对财务报告内部控制的有效性做出声明

续表

权威文件	日期	有关规定
审计准则的表述，“财务审计中的欺诈考虑”[5]现已成为PCAOB暂定标准的一部分（SAS99）	2002.10	• 适用于注册发行人和非注册发行人的财务报表审计 • 要求审计师：（1）识别由于欺诈可能导致重大错报的风险；（2）在考虑对实体的计划和控制的评价结果的基础上评估识别的风险；（3）回应评估结果，包括但不限于下列变革： －全面审计方法 －所执行具体审计程序的性质，时限和范围 －跟踪管理层违背控制的程序 • 一张由许多协会共同设计的附表，表名为“反欺诈管理的程序与控制”，提供了一些程序和控制的范例，供实体实施用于防范、阻止和发现欺诈
针对《萨班斯—奥克斯利法案》404条款的SEC终极规则，“财务报告内部控制的管理层报告和对交易法要求的定期报告披露内容的认证”[6]（SEC终极规则）	2003.6	• 提及“非授权取得，使月或处置”组织的资产 • 要求管理层对公司财务报告内部控制的设计和运行的有效性进行评估 • 明确指出要求强制进行管理评估的控制包括与欺诈防范、识别和探测相关的控制
公众公司会计监督委员会（PCAOB）建议的审计准则[7]	2003.10	• 要求审计师对公司财务披露很可能产生重大影响的欺诈风险控制进行评价，包括但不限于： －公司资产的不恰当使用 －风险评估 －道德/行为准则 －内部审计的充分性 －处理投诉问题程序的充分性 • 评价必须同时包括程序和控制的设计与运行的有效性两方面 • 确定“至少是一个重要缺陷”和重大漏洞的“强烈信号”的情形： －发现高级管理人员任何欺诈行为 －在一个大型、复杂的组织中内部审计部门或风险评估部门无效 －受监管行业中结构复杂的组织监管合规部门无效
经批准的NYSE公司治理建议修正案和NASDAQ的多项建议修正案[8]（挂牌交易市场）	2003.11	• 建议与证券交易法和已发布的适用于全国证券交易的制度与规章一致，尤其要符合交易法6（b）章的要求 • “特别值得注意的是委员会发现经修订的NYSE公司治理建议与交易法的6（b）章相吻合，与其他法令相比，交易法的制定是为了促进证券交易和防范欺诈与操纵市场的行为和活动……”［加以强调］

注释：

1. 美国审判指引手册第八章（2002年12月）可以在下述网址中获得：
   http：//www.ussc.gov/2002guid/tabconchapt8.htm［USSG］
2. 七条标准是：
   1）组织必须建立合规标准和程序供员工和其他代理人遵从，以达到能合理降低犯罪行为发生可能性的目的。
   2）必须指派组织高层管理人员的特定个体全面负责监督对这些标准和程序的遵守情况。
   3）组织必须运用足够的小心，以防止把重大的自由支配权授给组织知道或通过勤勉测试应该知道有从事非法活动倾向的个人。
   4）组织应必须采取多种措施将它的标准和程序有效的传达给所有员工和其他代理人，比如，要求参加培训计划和分发以一种实用方式说明公司要求行为的出版物。
   5）公司必须采取合理的步骤以实现对标准的遵从，例如，利用经合理设计的监测和审计系统探测员工和其他代理人的犯罪行为，建立和公开一个报告系统以使员工和其他代理人能够在不担心遭到报复的情况下报告组织内其他人员的犯罪行为。
   6）必须通过建立适当的惩罚机制保证标准得到一贯执行，如合适可包括对未能发现冒犯行为负有责任的个人进行惩戒。对冒犯行为负有责任的个人给予严肃的惩戒是实施标准的一个必要要素；但是，适当的惩戒形式将视具体情形而定。

7）在一个冒犯行为被发现后，组织必须采取合理措施迅速应对冒犯行为并防止类似行为的再次发生——包括为了预防和发现违法行为对组织的计划进行所有必要的修改。

3. 若想查看内容总结，表中内容或整个报告，请参见网页 http：//www. ussc. gov/corp/advgrp. htm，附加标准包括：

1）公司必须促进形成一种遵守法律的文化。
2）中高级管理层必须知晓该计划的有关内容。
3）董事会必须了解该计划并且实施合理的监督。
4）高级管理人员必须向董事会报计划的实施和有效性情况。
5）公司必须对董事会、管理层和其他员工进行培训，合适的话对代理人也需进行培训。
6）必须为员工寻求有关事项的指导提供系统支持。
7）要求对合规程序进行定期评价。
8）合规程序必须提供适当的激励促进员工按合规程序的规定执行工作任务。
9）公司必须致力于持续的风险评价，并根据风险评估获得的反馈信息设计、实施和修改合规程序。
10）风险评价包括在可能性和风险的严重性基础上进行优先排序。

详见“特别顾问小组对联邦组织判决指引的修改建议”，BNA/ACCA 合规手册：公司责任的防范。

4. 2002 年《萨班斯—奥克斯利法案》，15 U. S. C. 7201 条（2002）。
5. 审计准则委员会，独立审计准则，“财务审计中的欺诈考虑”（2002. 10）。
6. 美国证券与交易委员会，“关于财务报告内部控制的管理层报告和对交易法要求的定期报告披露内容的证明”，版本号：33－8238（2003. 6. 5）［68 FR 36636］。
7. 公众公司会计监督委员会，“建议的审计准则：在进行财务报表审计时执行财务报告内部控制审计”，版本号：2003－017（2003. 10. 7）。
8. 2003 年 11 月 4 号，美国证券与交易委员会批准了纽约证券交易所有限公司（“NYSE”或“Exchange”）的以修正案 1 号进行修订（2003. 4. 4）制度修改建议，纳斯达克的独立董事建议（SR－NASD－2002－141，2002. 10. 9）修正案；纳斯达克持续关注建议（修改了 SR－NASD－2002－77）；纳斯达克关联方交易建议（SR－NASD－2002－80）修正案；纳斯达克证券发行人适用性建议（SR－NASD－2002－138）修正案；纳斯达克行为准则建议（SR－NASD－2002－139）。

附录 B：

重要缺陷和重大漏洞的定义

根据 404 条款规定，管理层必须评估潜在错报的可能性，即使实际的错报也许不会发生。PCAOB 建议的审计准则也谈到，当管理层或员工在正常履行分配给他们职责的过程中，如果控制的设计或运行不能让他们及时防范或发现错报就说明内部控制存在缺陷。这些内部控制缺陷的严重程度位于无关紧要到构成重大漏洞之间：

- 无关紧要—识别出的这类例外情况被认为是可忽略的，不重要的，或个别的。但是，就单个来说两个或更多的不重要内部控制缺陷加（如倍增对特定账户或业务单位而言的普通缺陷）在一起可能形成一个重要缺陷。
- 重要缺陷—在按照公认会计准则编制外部财务报告的过程中，一个内部控制缺陷会对公司发起、记录、处理或报告信息的能力产生不利影响。一个重要缺陷是指一些单独的缺陷或缺陷的组合，他们有可能导致财务报告中一个在金额上决不是无关紧要的误报不能被防范或发现。
- 重大漏洞—一个重要缺陷其本身或与其他重要缺陷结合在一起有可能导致财务报告中的一个重大错报不能被防范或发现。

附录 C：

重要缺陷信号一览表

明确最低要求是很困难的，因为程序和控制必须作为一个整体来看待。下面是一个详细的清单，从其本身来说，他们是表明内部控制存在重要缺陷的强烈信号。

COSO 框架要素	重要缺陷的强烈信号	权威参考文件
控制环境 管理层责任	高管层对反欺诈程序与控制的监督无效	《萨班斯—奥克斯斯利法案》§404 SEC 终极规则 PCAOB 第 19、第 24、第 41、第 128、第 148 段 USSG 第八章
审计委员会	审计委员会消极的实施监督。它没能积极关注欺诈活动	SAS99（表格） COSO 第八章 PCAOB 第 24、第 57、第 59 段 SAS 99（表格） COSO 第二章 《萨班斯—奥克斯斯利法案》§406
行为/道德准则	准则不存在，或准则不能处理利益冲突，关联方交易，违法行为和管理层与董事会的监测	SEC 终极规则 PCAOB 第 24 段 USSG 第八章 COSO 第二章
热线	举报程序在设计或运行上存在重要缺陷	《萨班斯—奥克斯斯利法案》§301 SEC 审计委员会规则 §11C① PCAOB 第 24 段 USSG 第八章
雇佣和晋升程序	对被考虑雇佣或晋升到一个给予充分信任位置的个人没有进行深入的背景调查	PCAOB 第 24 段 USSG 第八章
调查程序	对可疑欺诈的指控缺乏充分的响应程序	USSG 第八章 COSO 第二章
补救措施	对已识别的重要缺陷，重大漏洞，实际欺诈或可疑欺诈未能采取适当、前后一致的补救行动	
风险评价 风险评价程序	欺诈风险评价未系统进行，呈现非正式性和偶然性	PCAOB 第 24、第 50 段 SAS 99（表格） COSO 第三章
欺诈考虑	管理层未考虑欺诈性财务报告风险，资产盗用风险，非授权收支风险和高级管理层欺诈风险	《萨班斯—奥克斯斯利法案》§103 SEC 审计委员会规则 11A3 章 PCAOB 第 6、第 24、第 126、第 128 段、附录 C SAS99 第 5 段
欺诈的可能性与重要性	管理层风险评价程序没能识别风险的可能性和重要程度。如果没有考虑下列风险，管理层应当进行说明：（1）重大并且有可能发生的风险；（2）很有可能并且在金额上比较重要的风险；（3）金额上比较重要并且有可能发生的风险	PCAOB 第 8、第 119 - 123 段 SAS99 第 40 段 COSO 第三章

① 美国证券与交易委员会，“上市公司审计委员会准则”，版本号：33 - 8220，34 - 47654（2003.4.25）。

续表

COSO 框架要素	重要缺陷的强烈信号	权威参考文件
组织内的层次	在欺诈风险评估中管理层未能考虑重要业务单位或重要程序	PCAOB 第 55、第 60－71 段、附录 B SAS99 第 38 段 COSO 第二章
管理层践踏风险	公司（包括审计委员会）没有充分考虑管理层践踏风险	PCAOB 第 140 段 SAS99 第 42 段
控制活动 风险评估链接	管理层不能将特定的控制活动与已识别的风险对应	PCAOB 第 43－46、第 50 条 SAS 第 99、第 44－45 段 SAS 99（表格） COSO 第四章
信息交流与沟通 培训	关于道德准则和其他欺诈涉及领域的培训不存在或无效	PCAOB 第 50 段 SAS 99（表格） USSG 第八章
知识管理	关于欺诈风险，控制活动和已识别不当行为补救措施的信息收集与共享机制不存在或存在严重缺陷	PCAOB 第 50 段 USSG 第八章 COSO 第五章
信息系统与技术	管理层未能：（1）在欺诈风险评估中考虑信息技术；（2）维护充分的安全与接触控制；（3）利用信息技术防范和发现欺诈；（4）拥有计算机滥用调查的能力	
监测 管理层监测	在日常经营活动中没有考虑欺诈的可能性	PCAOB 第 24、第 50 段 USSG 第八章 SAS 99 附录 A COSO 第六章
内部审计评价	内部审计部门在计划和实施年度审计循环时没有充分关注欺诈风险	PCAOB 第 24、第 126 段 SAS 99 附录 A
	内部审计部门未能引入具有丰富欺诈知识和经验的专业人士	PCAOB 第 24、第 126 条 国际内部审计协会（IIA）准则 § 1210. A2① 国际内部审计协会（IIA）实务建议②

附录 D：

关键行动建议的速查指引

尽管反欺诈计划的要素在多数公众公司中已经到位（如行为与道德准则），公司仍将有必要采取一些补充行动以避免重要缺陷和重大漏洞。下表所列示的领域可能需要补充行动。

① 内部审计师协会，“内部审计专业实务国际准则”。

② 内部审计师协会，“实务建议 1210. A2－1：欺诈识别”。

要素	当前的一般实务	关键行动
董事会和审计委员会监督	消极监督	欺诈风险评估程序和反欺诈对策的积极监督 部门责任和就欺诈问题与内部和外部审计进行互动
“欺诈”的范围	无统一的定义	广泛的定义包括：（1）欺诈性财务报告；（2）非授权获得、使用和处置资产
调查与补救	非结构化的	实施标准化的程序响应对欺诈的怀疑或指控 在文件化上努力以对违犯者采取适当、前后一致的行动，改进控制和采取新的手段防止再次发生
欺诈风险评估	很少进行	持续和系统化的风险评估程序是：（1）在业务单位和重要账户层次进行；（2）识别有可能发生并且金额较大的欺诈风险。欺诈风险评估应当建立在计划和场景的基础上，而不是建立在控制风险或固有风险的基础上。欺诈风险评估应当考虑存在哪些薄弱环节易被管理层践踏和采取手段绕过既有内部控制活动
建立控制活动与已识别特定风险的关联	很少进行	识别用于缓释已识别欺诈风险的流程、控制和其他程序
欺诈监测	很少进行	将对欺诈的持续性监测引入标准化和重复性的经营活动中
欺诈审计	很少进行	在计划和实施年度内部审计循环的过程中重视欺诈风险 内部审计人员获得关于欺诈知识的培训
知识管理	很少进行	共享欺诈风险、反欺诈控制活动、欺诈指控和补救措施方面的信息；使用软件工具

关于部分二级分行扁平化改革试点情况的调研报告

总行人事部

二级分行扁平化改革对于精简机构管理层次、提高经营管理效率具有重要意义。近年来，一些分行根据总行统一要求，结合区域实际，积极推进二级分行扁平化改革试点，在整合业务流程、优化组织架构、完善激励机制等方面进行了有益探索，取得了较好成效。总行人事部最近对部分分行进行了调研，并重点总结了四川雅安分行和河南平顶山分行的主要做法与经验。

四川雅安分行扁平化改革情况

2002 年以来，四川雅安分行以业务流程再造为契机，在辖内开展了扁平化改革试点，通过精简机构管理层次，整合内部组织结构，强化分行直接经营力度，深化干部制度和薪酬制度改革，取得了可喜的成绩。

一、雅安市分行基本情况

雅安市地处川藏交通要道，距成都 133 公里，下辖七县一区，人口 152 万人，GDP 总量约占四川全省 1%，为全省经济欠发达地区。雅安城市不大，但资源丰富，辖内现有瀑布沟水电站、熊猫基地等 5 个国家级省级重点开发项目。在西部大开发的推动下，雅安市近两年经济发展加快，GDP 年均递增 12%，发展潜力可观。

雅安分行现有营业机构 18 个，其中一级支行 1 个，二级支行 3 个，分理处 13 个；全部从业人员 447 人。虽然规模不大，但主要经营指标在当地金融同业均处于领先地位。截至 2004 年末，雅安分行各项存款余额 31.2 亿元，在四家国有商业银行的占比为 39.4%；各项贷款余额 27.3 亿元，占比为 48.3%，均居当地同业第一。2004 年在四川分行辖内 18 个二级分行经营绩效考核中名列第一位。

二、扁平化改革的主要做法

（一）整合网点业务流程，全面推进会计核算一体化改革。雅安分行自 2002 年以来积极推行了网点服务功能综合化、柜面业务流程整合和劳动组合优化等系列改革，在全行范围内推行了大堂经理制、综合柜员制、弹性工作制和分区服务。先后完成了综合化网点会计、出纳、储蓄业务的整合，账务辅导监督和事后监督职能上收，会计、出纳、个金、银行卡、外汇业务核算职能整合等工作。经过整合，城区网点柜面员工由 164 人减为 128 人，为充实营销队伍创造了条件，网点业务流程整合也为分行本部的内设机构改革奠定了基础。

（二）整合强化前台营销部门，以客户为中心组建法人客户部和个人客户部两大营销机构。法人客户部主要负责对全辖优质法人客户的营销服务和客户关系管理，对普通法人贷款客户的前台信贷管理和产品管理，包括分销渠道的管理、产品服务环境的建设和售后服务管理等。法人客户部设立客户经理、客户经理助理、产品经理和综合管理等岗位。个人客户部由原个人金融、银行卡和住房金融部门中涉及个人客户营销和管理的职能整合重组而成，目标是构建以个人客户经理队伍、营业网点和电子网络三大营销渠道为支撑的“大个金”服务体系。个人客户部现下设个人客户服务中心、个人信贷及银行卡审批中心、个人业务管理中心三个二级职能机构，其中个人客户服务中心配备客户经理和产品经理，主要负责高端个人客户的营销服务和关系维护、个人金融产品的分销渠道管理，以及产品使用环境建设和相关售后服务等；个人信贷及银行卡审批中心按前、后台分离原则设立，主要负责个人贷款及银行卡的审查、审核、审批及贷后管理工作；个人业务管理中心主要负责提供后台支持服务、外围机具设备的日常维护管理等工作。两大营销部门的组建，突出了以客户为中心的经营理念，为强化营销、控制风险、集约经营奠定了良好基础。

（三）调整分行内设机构，完善中后台风险控制和支持保障部门。在前台营销部门整合的基础上，进一步将原有 15 个处室整合为信贷管理部、会计技术保障部、资金财务部、人力资源部、综合管理部和稽核监察部等 6 个部门，并按集约化管理要求设置了业务处理中心、监督中心和现金管理中心，附属于会计技术保障部。通过上述整合，形成了以营业网点和市场营销部门为前台，以资金财务部与信贷管理部为中台，以综合管理部、人力资源部、会计技术保障部和稽核监督部等部门为后台，前、中、后台有效分工、合理制衡的组织架构体系。前台围绕客户服务，优质高效地满足客户需求；中台围绕前台运行，为前台提供资源配置、支持保障和管理；后台对全行所有业务经营和内控管理进行稽核、监督和纪律监察。

改革前雅安市分行内设机构有19个处室，改革后整合为2个营销部门，6个职能部门和3个附属中心，大大提高了集约化经营管理程度。为了便于上下沟通，雅安分行逐一明确了与省分行内设机构的对应关系，并且在综合管理部、稽核监察部等部门实行一套人马、多块牌子、合署办公的形式，确保上级行的各项管理要求顺利落实。如下表所示：

雅安分行各部室与省分行职能部门对应关系表

类别	部门	与省分行对应部门及主要职能
前台市场营销部门	法人客户部	负责全行法人优质客户及普通法人贷款客户的服务营销、关系管理和对应法人客户产品管理，包括本外币存贷款业务、各种中间业务及其他业务（住房开发贷款业务等）
	个人客户部	负责全行个人客户的营销服务、个人产品管理及分销渠道建设与维护、个人信贷业务审查审批（个人金融、电子银行、银行卡、个人住房）
中台经营管理部门	资金财务部	资金营运部、计划财务部、管理信息部
	信贷管理部	信贷管理部、信贷评估部、资产风险管理部、法律事务部以及住房金融业务部、机构业务部、国际业务部的相关信贷业务后台管理
后台支持保障部门	综合管理部	办公室、保卫部、工会办公室
	人力资源部	人力资源部、宣传教育部、离退休服务中心
	会计技保部	会计结算部、信息科技部以及银行卡业务部、电子银行部、个人金融业务部、国际业务部的核算管理及相关后台支持
	稽核监督部	稽核监督部、监察室

（四）精简机构管理层次，实行扁平化直通式管理。从2003年5月开始，分步对全辖基层营业机构实施了扁平化直通式管理：首先对市分行所在城区及近郊的营业网点实行扁平化管理，撤销市分行营业部，原营业部城区网点整合为7个市分行直管网点，将近郊的芦山县支行、名山县支行降格为市分行直管分理处，相关管理职能分解上收到市分行各部门。将稍远的天全县支行、荥经县支行、汉源分理处改建为二级支行，改建后的支行不设内设机构，干部配置上只设1名行长、1名协助行长工作的综合主管，弱化其经营管理职能，强化其营销服务功能，并切实加大市分行对这些支行的直通式管理力度。石棉县支行由于距离雅安市区较远，仍然维持了一级支行的管理模式。

三、扁平化改革后的管理模式

（一）会计核算管理模式。主要如下：

1. 组建会计技术保障部。将个人金融、银行卡、电子银行、中间业务的核算管理职能统一到会计技术保障部，由其负责全辖业务核算管理、检查、辅导、技术保障等项工作。将原有分散在各支行、各专业的会计检查辅导员集中到市分行会计部，打破专业分工、实施综合检查。

2. 成立现金管理中心。中心负责集中办理城区行及附近县支行的现金调拨、上门收款、ATM加钞、向人民银行领缴现金等工作，并承担了全辖凭证管理中心、会计档案管理中心等职责。

3. 实行业务集约化处理。将全辖的票据交换中心、清算中心、事后监督中心、档案缩微中心、对账中心、企业网上银行制证行、开户行业务集中处理中心、基金登记中心、中间业务处理中心、系统运行管理中心、ATM业务处理中心等职能全部集中到二级分行，新组建的业务处理中心、监督中心运行顺利。

（二）资金营运和财务管理模式。全辖的资金营运统一上收到分行资金财务部。财务计划、财务核算、财务报账、工资发放、大额采购、招投标，以及对各支行、片区、营销部门的经营业绩考核评价、财务费用指标的分配、全面成本管理等管理职能也都上收到市分行资金财务部。资金财务部成为全行资金营运与资源配置的中心。

（三）信贷审批模式。在市分行法人客户部、个人客户部和石棉县支行都设立建立了贷款调查小组，每笔贷款先由贷款调查小组初审后提出融资意见，并对调查结果负责；市分行信贷管理部审贷小组对前台贷款调查小组提交的资料进行审查，审查合格后提交审贷委或行长审批，确保贷款审查审批人员不与客户见面；在信贷管理部设立贷后监测检查中心，集中负责贷后检查监督、实施贷款非现场监测、对贷款客户进行现场检查督导、定期对全行法人客户特别是重点客户开展信贷资产质量和风险分析等。按以上业务流程运行后，贷前调查、贷款审查、贷后检查三个关键管理环节既相互分离，责任分明；又环环紧扣，衔接紧密。同时，由于将信贷评估、评级授信、审查审批、资产风险管理、法律事务等职能统一归口于信贷管理部一个部门履行，大大提高了贷款评估、审查、上报、审批、不良贷款处置等环节的工作效率，较好地满足了优质信贷市场拓展与强化风险管理的需要。

（四）风险内控模式。通过会计核算一体化改革，由分专业核算改为统一核算，由分散管理变为统一管理，既实行了会计、出纳、储蓄、电子银行等业务的综合监督，又按不同的业务种类、金额实行了重点监督。通过会计检查辅导员的集中以及各项会计业务的集约化处理，加强了对各项业务的集中管理与监督。分行还组建了稽核监察部，主要负责业务稽核监督和行政执法监察管理。

（五）劳动人事管理模式。将全辖所有干部、员工集中到市分行统一管理，支行不再设办公室和人事管理岗位。员工档案、劳动合同、工资总额分配、工资发放、职称、保险统筹、机构管理、城区及周边县授权卡管理集中到市分行人力资源部统一进行。支行保留党、团、工会、妇女等基层组织。

四、扁平化改革的配套措施

（一）深化人事制度改革，建立能上能下的用人机制。雅安分行通过实施全员竞聘，压缩管理人员职数，优化员工岗位配置，初步建立了干部能上能下、员工能进能出的用人机制。市分行内设部门只设1名正职，不设副职，同时依据专业分工设置若干专业主管，淡化行政管理色彩，强化专业经营导向。管理人员统一实行三年聘期制，期满自动免职，重新竞聘。在对各部门重新定岗定编的基础上，全部员工根据岗位要求和自身特点实行竞争上岗，最大限度地实现人力资源的优化配置。

为了保证干部制度改革的平稳进行，分行对主动退出正副经理职位的干部给予保留三年收入待遇的优惠政策，鼓励年龄偏大的干部主动让贤。通过公开竞聘，原市分行29名中层干部主动辞职，其中17人参加竞聘，竞聘上同级职位的有6人，落聘的11人均不再担任领导职务。

（二）改革薪酬分配体系，构建多层次激励机制。以岗位价值、岗位贡献为核心，重构工资结构体系，推进薪酬激励制度改革，打破了以等级工资为主的工资分配方式，建立了以基础工资和绩效工资为主体、以奖励工资为补充的收入分配体系。基础工资按员工的学历、职称、工龄等确定；绩效工资按员工所在岗位工作内容、责任风险，技能要求、劳动强度等因素统一确定系数，再按实际学历、职称、资历、工作业绩成果进行上下浮动。岗位工资系数最高可达2.4－3.4，最低的为0.9。各类别、各层级员工的考核分配，由员工所在单位的负责人（支行行长、直属网点、部门经理）根据市分行薪酬分配的指导意见，结合自身特点和发展重心自行制定考核办法，定期提出考核分配方案，提交市分行人力资源部审核后统一计发到员工的工资卡上。对突出贡献、课题创新、阶段性重点工作等实施项目奖励。

雅安分行还在此基础上推行了全面成本管理，进一步将经营成本细分到支行、网点和部门，基本上对全部成本都进行了量化并分摊到各成本责任中心，做到每个机构甚至每个人都有一本成本账，并将业绩考评与成本费用进行挂钩。

河南平顶山分行扁平化改革情况

2001年以来，河南平顶山分行积极探索扁平化改革试点，深入开展组织架构调整和业务流程再造，通过压缩机构管理层次，增强集约化营销力度，各方面工作都取得了长足发展。

一、平顶山分行基本情况

平顶山市位于河南省中南部，是一座以煤炭、电力、钢铁、纺织、化工、建材等能源和原材料为支柱产业的中小工业城市。国有经济成分高度集中，中小企业数量多、规模小，非公有制经济整体发展水平低，全市经济发展水平始终在全省下游徘徊。全市金融网点近千家，同业竞争非常激烈。

扁平化改革前，平顶山分行2000年末的各项存款余额62.6亿元，各项贷款余额37.5亿元，账面亏损6762万元。经过三年的开拓发展，截至2004年末，平顶山分行各项存款余额达到109亿元，新增存款同业市场占比46%，中间业务收入3044万元，实现经营利润1.38亿元，综合绩效等级列河南省分行第二名。

二、扁平化改革的主要做法

（一）理清改革思路，更新思想观念。平顶山分行在深入调查的基础上，找出了制约该行质量和效益提高的根本症结：管理链条长，运行成本高，信息传导慢，工作效率低。针对原有体制中存在的弊端，该行提出了“以扁平化改革为切入点，进行机构整合和流程再造”的改革思路。为了统一思想，提高认识，该行党委多次召开不同层面的座谈会、研讨会、动员会，认真分析转换经营机制的紧迫性和实施扁平化改革的可行性，从而在全行上下形成共识，促使员工理解、支持和参与改革。市分行成立了扁平化改革领导小组，研究制定了详细的实施方案，明确了改革的指导思想、原则和目标，确定了改革的方法、步骤和时间表，提交职代会讨论，并报省行审批，从2001年下半年开始，正式拉开了改革的帷幕。

（二）推进网点整合，优化组织架构。

首先是撤并低效网点。平顶山分行对全辖营业网点开展了综合绩效评价，并根据评价结果对其进行了大规模调整，撤并整合了间距近、资源少、风险防范能力差、扭亏无望的营业网点。2001 年以来累计撤并网点 41 个，机构总量压缩了 47%，其中支行由 14 个减少到 11 个，分理处由 28 个减少到 20 个，储蓄所由 46 个减少到 16 个。同时，对地理位置较好、市场前景可观的营业网点进行了装修改造，将 6 个储蓄所升格为分理处、3 个分理处升格为二级支行。营业网点的优化整合，为压缩机构总量、推行扁平化管理奠定了基础。

其次是撤销支行内设机构。2001 年，该行将 7 个城区支行的所有内设机构全部撤销，支行的市场营销和支持保障功能及相应的人财物资源上收到市分行直接管理，拆分后的城区支行只保留柜面营业网点，行使综合核算和柜面营销职能。县支行内设机构由 13 个减少到 2 个，县支行定位于市行的客户服务部，重点突出其营销职能。

最后是整合分行内设机构。分行将本部的 28 个部门压缩到 7 个，撤销 10 大中心，组建 1 个中心，合并功能相近的部门。经过整合，分行本部内设机构压缩了近五分之四。

通过上述调整，平顶山分行初步建立起精简高效的扁平化组织架构：前台以法人业务部、个人业务部、结算业务部为主体形成“大营销”格局，中台以信贷审批中心和内控监督部为主体形成“大内控”格局，后台以综合信息部、人事管理部、资金财务部为主体形成“大管理”格局。前、中、后台职责清晰，分工明确，扩大了分行管理半径，压缩了管理层次，提高了工作效率。如下表所示：

平顶山分行内设机构整合情况

	现有部室	整合部室	主要职能
前台	法人业务部	公司业务部、机构业务部、国际业务部、票据业务部	负责法人客户存款、贷款、中间业务、投资银行、电子银行等产品营销，以及客户咨询、市场研发、金融需求登记等
	个人业务部	个人金融业务部、住房信贷部、银行卡部	负责个人客户存款、贷款、中间业务、电子银行等产品营销和需求调查工作
	结算业务部	会计结算部、电子银行部、信息科技部、保卫部	承担所有客户的现金管理、转账结算、信息科技、电子银行等产品营销和需求调查，以及营业网点管理、安全保卫等
中台	信贷审批中心	信贷管理部、资产风险管理部、法律事务部	负责全行各类信贷业务的审查审批以及不良资产处置、法律事务
	内控监督部	稽核监督部、监察室	承担全行内控管理和纪检监察工作
后台	资金财务部	资金营运部、计划财务部	承担经营计划制定、网点评价、成本控制、固定资产管理、资金营运、财务管理、产品定价等工作
	人事管理部	人力资源部、离退休管理中心、团委	人力资源配置、员工培训、绩效评价、离退休人员管理、共青团工作
	综合信息部	办公室、管理信息部、工会委员会、后勤服务中心	负责全行综合协调、信息统计、决策支持、后勤保障、服务管理、员工维权等

（三）再造业务流程，健全运作体系。与机构整合和职能转变相适应，对各项业务流程进行了优化整合，健全了市场营销、会计核算、信贷审批、内控监督、业绩评价、劳动人事等六大运作体系，为扁平化组织架构的顺利平稳运行提供了保障。

1. 以客户为中心的营销体系。把撤销支行内设机构分流的大量人员充实到分行营销部门，建立了以法人业务部、个人业务部、结算业务部为龙头的“前台大营销”格局。法人业务部的 150 多名客户经理，按行业、按系统成立 24 个营销小组。个人业务部的 200 多名客户经理，按区域分成 19 个营销小组。结算业务部以城区营业网点为依托，强力营销结算、储蓄、电子银行及其他中间业务产品，并组建了 100 多人的柜面业务经理队伍。特别值得一提的是，平顶山分行在营销渠道管理方面进行了大胆创新，将网点管理和柜面营销工作全部划归结算业务部负责，把大量个人客户经理从营业网点分离出来，集中到分行个人业务部统一管理，改变过去以网点为依托的营销模式，迫使他们直接面向市场，努力争取客户，取得了非常明显的效果。

为了发挥全行整体营销功能，分行还成立了业务营销协调领导小组，负责协调各营销部门在营销过程中出现的跨部门问题，以及营销利润分成问题。以法人业务部 24 个行业小组为依托，成立由法人业务经理、个人业务经理、结算业务经理组成的业务营销小组，建立起一一对应关系，形成一体化营销链条。通过建立市场营销链，明确责、权、利关系，实现各营销部门信息共享，优势互补，整体联动，互相推进，全方位、多层次营销工商银行各类金融产品。

2. 一体化会计核算体系。以综合业务系统平台为依托推行了核算管理一体化改革，将全行各营业网点的会计、出纳和个人金融柜面业务实行综合，并上收至市行直接统一核算、统一管理，突出市分行直接经营和全面调控的职能作用，提高一线网点业务处理能力和创效水平。通过统一核算制度、统一核算要素、统一制度检查、统一凭证配送、统一现金管理、统一柜面业务、统一科技和安全保障，实现了柜面业务制度执行、制度检查、账务处理、内部管理的规范化、标准化、程序化，增强了对会计、出纳、储蓄三大专业的整体管理控制能力，提升了柜面综合化服务水平。综合网点、综合窗口、综合柜员和客户经理制的推行，使柜面成为实施全方位、立体化营销的前沿阵地，取得了良好的业绩。

3. 集约化信贷审批体系。上收了支行的信贷审批权限，根据信贷业务前后台分离的要求，在分行本部成立了信贷审批中心，实行信贷业务的集约化审批。信贷审批中心作为综合化的业务处理中心，全面履行各类信贷业务的审查审批、法律事务、不良资产处置以及客户政策咨询、金融需求登记等职责，涵盖了信贷审查审批中心、贷后管理中心、个人消费信贷中心、住房按揭中心等所有中心的业务范围，既实现了前后台有效分离，保证了信贷管理制度的落实，又提高了集约化管理程度，解决了多个中心重复设置问题。在加强授权管理的前提下，重新制定了适应扁平化组织架构的信贷审批程序。客户办理一笔贷款业务由原来的六七个环节，简化为“客户经理调查——本部门经理签字——有权签批人或审贷委签批”三个环节，提高了贷款营销服务的工作效率。

4. 全面严格的内控监督体系。坚持落实内控优先原则，分行一把手对内控建设负总责，纪委书记和总稽核对依法合规经营目标完成情况具体分工负责。分行配备13名总会计，分别派驻到各支行，劳动人事关系挂靠结算业务部，专职做好事中的监督检查以及授权等工作，突出其超脱性和独立性。内控监督部配备了16名风险经理，组成6个督导小组，分别派驻到各业务部门，履行事前风险预警、事中风险控制、事后风险监督等职责。结算业务部配备10名专职结算制度检查辅导员，负责对各营业网点制度执行情况的检查和指导。

5. 科学合理的考核评价体系。根据全面成本管理原则，借助业绩价值评价系统，以产品销售情况表、资产负债表、损益表和特殊贡献申报表为考核和分配依据，制定了经营费用分配办法和员工收入分配办法。通过“四张表”管理，使每个部门和员工都成为一个模拟核算主体，部门所得费用与创利能力和贡献大小挂钩，客户经理的收入水平与工作绩效高度关联，合理拉开了收入差距，有效调动了员工的积极性。

6. 能上能下的用人机制。压缩管理层级，精简内设机构，必然会使一些管理人员失去“位子”，丢掉“帽子”；加大营销力度，直接面对市场，也使许多员工面临知识结构调整和技能提高的压力。为解决这些问题，平顶山分行深入开展人事制度改革，建立起能上能下的用人机制。

一是打破干部终身制，实行干部聘用制。实行以扁平化为基础的综合改革以后，二线领导岗位职数大大减少，中层干部富余的矛盾凸现。该行在加强思想教育、淡化干部行政级别和“官本位”意识的基础上，将原有的副科级以上中层干部一律免职，根据新的岗位，在全员中实行公开竞聘上岗。为了激活干部管理机制，还制定了中层管理人员考核奖惩办法，严格奖罚，动态管理，对不称职的中层干部和中级客户经理予以解聘，重新进行缺岗竞聘。2001年以来，先后有51名中层干部和10名中级客户经理因不适应岗位工作落聘。

二是压缩管理人员编制，扩大市场营销队伍。按照“管理人员从严核编，柜面人员按制度核编，营销人员按需求核编”的原则，合理核定各部门的人员编制，有效配置人力资源。分行内设部室只设1名正职管理人员，各营业网点也只配备1名行政负责人。对于落聘和富余的中层干部以及分行机关的二线人员，鼓励他们转聘到以营销和清收不良资产为主的一线业务岗位。凡机关人员竞聘到营销岗位的，一年内每人每月可享受100元的转岗培训费，以激励其提高技能，尽快进入新角色、适应新岗位。

三是以推行综合柜员制为契机，分流柜面人员。会计、出纳、储蓄三大专业柜面人员由改革前的773人减少为550人，从中选聘了100多人作为柜面业务经理，以柜面为主阵地，维护和发展高端客户，提高网点的服务质量。同时，分流100多人充实到法人业务部和个人业务部从事市场营销工作。

四是加大培训力度，提高员工综合素质。近年来，该行先后投资300多万元，开展了大规模、多层次、系统性、多样化的培训，请业务部门经理、保险公司优秀营销人员、著名专家学者来行授课，组织干部和员工到北京大学、杭州和长春金融研修院、海尔集团参加培训，组织员工到省行跟班作业。2001年以来组织各类培训班100多期，达4000多人次，平均每个员工脱产学习达4次以上。通过各类职业技能培训，员工的思想观念、业务技能、知识水平得到很大转变和提高，为全行改革的顺利推进和可持续发展提供了强大智力支持。2003年，该行被评为总行先进教育培训单位。

通过建立动态的用人机制，该行人力资源结构得到调整和优化。2004年末，全行在岗员工1218人，比2000年末减少743人，减幅38%。部门和支行正职以上管理人员为47人，比2000年末减少118人。管理人员、营销人员和柜面人员分别占全员的3.78%、53.28%和42.94%。从总体上看，保留了优秀的管理人才和业务骨干、技术尖子，全员素质经过培训明显提高，特别是一线营销力量的充实和加强，为各项业务发展提供了人才基础和组织保障。

厦门分行扁平化改革试点的主要做法及成效

总行人事部

业务流程再造和组织结构改革是工商银行股份制改革工作中的一项重要内容。为了精简机构管理层次、提高经营管理效率，根据总行机构改革试点安排，厦门分行于2005年8月起全面实施对辖属网点的“直通式管理”，在整合业务流程、优化组织架构、完善管理机制等方面进行了积极的探索，取得了初步效果。

一、扁平化改革的主要内容

厦门分行是工商银行5个直属分行之一，下辖1家营业部、13家一级支行和67家基层网点，从业人员2143人。2004年末资产总额243亿元，存款余额229亿元，贷款余额183亿元，人均有效资产938万元。2005年初厦门分行按照“以客户为中心，以效益为导向，以内控为基础和以人为本、循序渐进”的原则，对原有业务流程进行了科学、系统、全面的分析诊断，经过近半年时间的深入研究与反复论证，推出了涵盖市场营销、资金营运、计划财务、会计结算、人力资源、内控合规等各个专业的业务流程重组方案。总体改革思路是“以推行集约化经营为目标整合业务流程，以梳理业务流程为基础优化组织架构”。

（一）整合业务流程。主要包括以下7个方面的内容：

1. 构建分层次营销体系。为改变传统的“分行管理、支行营销”模式，构建“以客户为中心”的扁平化市场营销体系，厦门分行确定了一批分行直接营销的法人客户，制定了《直接营销客户管理办法》，对分行直接营销客户的确定、直接营销操作流程、相关人员考核与管理办法等进行了规范。通过缩短营销服务链条，加强客户分类管理，建立起“分行营销—分支行联动营销—支行营销”的多层次营销体系，分行客户经理直接营销分行重点大客户，同时协助支行营销中等客户，支行独立营销中小客户。

2. 加强信贷风险控制。按照前后台分离和集中风险控制原则，厦门分行改变原来分支行两级审查审批制度，将支行原有信贷审查审批职能上收至分行。除低风险担保业务外，辖内公司客户信贷业务一律由分行审批中心进行审查审批，各基层行不再具有公司贷款审批权。分行审批中心在保证审查质量的同时，还加强了工作效率管理，多数业务能做到一天内审结。

3. 健全会计管理体系。一是再造了会计业务管理流程，相应规范了有关操作制度和管理办法，包括网点现金调拨处理手续、空白重要凭证管理、久悬未取款项管理、现金短溢款处理、特大额授权业务加押传真等。二是账务核算，开展了网点撤并与会计报表拆分测试工作，为下一步支行账务全面上收到分行做好了准备。三是加强了会计核算事权划分管理，将全辖网点划分为大、中、小三类，柜员划分为8个等级，重新核定了各类网点的业务处理额度和各类岗位的操作、授权额度，通过系统硬控制有效防范操作风险，提高会计核算质量。四是全面实施分行集中委派总会计制度，分行向会计业务处理中心、银行卡营业中心和所有网点派驻坐班总会计，坐班总会计履行网点监督检查与事中授权控制职责。

4. 建立资金集中管理体系。为了加强对辖内资金的统一集中、配置与计价，厦门分行开发投产了“资金集中管理系统”，制定了《人民币资金集中管理办法》，取消了各支行（部）除备付金账户外的其他资金账户，支行不再进行资金业务操作。在此基础上，厦门分行还在不断完善资金集中管理系统的统计分析功能，加快实现计财资金运用考核指标与资金集中管理系统的相关数据对接。

5. 改革财务管理体系。为了建立统筹成本、风险与效益的财务管理体系，厦门分行完成了分行财务集中改革，取消了支行财务核算层级，即改变过去支行分散支付、自行记账的做法，实行由分行集中支付、直接记账。这种转变不仅降低了财务操作风险，而且促进了财务管理由核算型向决策型转变。同时，厦门分行不断完善与扁平化管理模式相适应的考核评价体系，重新制定了《网点经营绩效考评办法》，加快建立分产品、分机构、分部门的业绩价值评价系统，强化了专业化经营管理。

6. 完善内部控制机制。适应扁平化改革后管理对象和管理环境的变化，厦门分行采取了一系列完善内部控制机制的措施。一是在原分行内部控制领导小组的基础上，成立分行内部控制管理委员会，相应制定了《内部控制管理委员会规程》，进一步健全了内部控制工作机制。二是建立了内部控制持续跟踪检查制度，将内控合规部、会计监督中心、坐班总会计、会计检查员的各类检查监督信息进行分类汇总，着手建立“操作风险监测档案”。三是制定了各专业内控制度审核办法，在开办新业务和重组业务流程时，督促业务管理部门及时制定或修改有关制度、岗位设置、操作流程、处理手续等。四是完善了内控年度综合评价工作，根据扁平化管理需要修订对各类支行的内控评价办法与标准，强化了基层机构的内控工作问责制。

7. 改革支持保障体系。伴随支行管理职能的上收，为了让网点支行集中精力拓展业务，厦门分行将全辖网点的支持保障工作集中至分行统一管理，相应整合了有关操作流程，制定了《机构扁平化改革支持保障管理暂行规定》、《档案工作暂行管理办法》等有关制度，规范了公文管理、行政印章管理、信访管理、设备管理、技术支持及故障报修等操作规程。

（二）优化组织结构。在整合业务管理流程、缩短信息传递链条、加强集约化经营的基础上，厦门分行相应对分行本部机构设置和分支机构管理职能进行了调整。

1. 调整分行本部内设机构。按照个人客户业务流程再造要求，厦门分行撤销了住房金融业务部和住房按揭中心，组建了消费信贷管理部。消费信贷管理部负责消费信贷业务的流程设计、审查审批、贷后风险监测与管理、不良资产催收与处置等。在此基础上，厦门分行对个人住房贷款和个人消费贷款业务流程进行了梳理与整合。同时，按照法人客户资产业务流程整合要求，将公司业务部下属评估部和信贷管理部下属授信中心的职能进行整合，成立了信贷评审部，统一负责辖内法人客户评级、统一授信、项目评估、资产质量分类评审等工作。

2. 精简机构管理层级。一是全面上收了一级支行管理职能，相应撤销一级支行内设机构，实行“分行—网点（支行）”两级机构管理模式。二是撤销合并了一批间距近、同质性、覆盖面窄、机会成本高的网点，营业网点数由原来的81家减少至68家。三是争取将所有营业网点定位于支行级机构，同时规范拟升格分理处的经营范围。

3. 加强网点分类管理。由于各网点间的经营基础、规模、效益等差距较大，为优化资源配置，厦门分行根据经营规模和业务范围将所有网点支行划分为三大类。一级支行经营全面业务，包括各项法人及个人业务，基本由原来的管理支行组成；准一级支行经营范围与一级支行相同，由原来部分规模较大的营业网点改建而成；二级支行重点经营个人金融业务和中间业务，由其他营业网点组成。准一级支行在地理位置上与一级支行形成互补，与一级支行共同组成一个覆盖全辖的综合业务营销与服务网络。与之相配套，在绩效考核、费用分配、人员管理等方面对各类网点实行差异化管理。

（三）改革人力资源管理体制。根据组织结构变革的需要，厦门分行对所有网点支行负责人进行了调整与配备，并根据网点业务量、营业时间、岗位要求等因素，重新测算核定了每个网点的人员编制。通过人力资源的调整优化，原支行内设机构管理人员一部分调整到分行财务集中审查组、信贷审批中心等业务集中处理中心岗位，一部分充实到分支行市场营销岗位。

以扁平化改革为契机，该行还实行了岗位分类管理，按照“以岗定薪、按绩取酬”的原则，探索薪酬管理体制改革，实行差异化的薪酬管理与考核办法。现已完成对公司客户营销人员的全面调查，建立起以综合贡献度为主要考核指标的客户经理业绩评价体系，并制定了《法人客户经理绩效考核办法》。

二、扁平化改革取得的初步成效

厦门分行扁平化改革方案事前经过了比较充分的研究论证，各项改革措施安排周密，推进有序，从目前情况来看，总体改革进展比较平稳，取得了一定成效。

（一）基本建立起精简、高效的扁平化组织架构。改革前，厦门分行平均每家一级支行管理5个营业网点，支行管理幅度低于大部分城市分行。目前，厦门分行直接管理68个营业网点，率先在直属分行中实现了分行对辖内所有网点的直通式管理。通过压缩管理层级和管理机构，缩短了信息传递链条，提高了组织反应效率，分支行的经营观念明显增强，管理效率和管理水平得到提高。

（二）优化了网点人力资源配置。根据厦门分行制定的网点人员编制测算，一级支行（含）以下机构的从业人员中，一线员工（主要包括网点临柜人员、营销人员）占比将由改革前的72%提高到86%，二线员工（主要包括业务营运类、支持保障类人员）占比将由原来的8%降低至0，管理人员（主要包括支行、网点负责人和支行内设机构经理）将由原来的20%降低至14%。通过人员结构的调整，一定程度上缓解了原来支行管理层臃肿与网点一线员工紧张之间的矛盾。

（三）促进了分行经营效益的提高。通过削减冗余的管理链条和中间环节，优化经营资源配置和转移经营重点，扁平化改革在推动经营效益与经营效率提高方面初显成效。10月末，厦门分行存款余额比6月末增加18亿元，贷款余额增加1.4亿元，中间业务收入增长64%。从第三季末的效益情况看，经营利润增长48%，成本收入比下降1.4个百分点。

关于2004年个人客户满意度情况的调查报告

总行工会工作委员会

为全面、准确地测量个人客户满意度状况，总行工会与北京、天津、上海、重庆、宁波、深圳分行工会，辽宁、江苏、浙江、福建、湖北、广东、四川、云南、陕西省分行营业部工会组织开展了个人客户满意度调查。

一、基本情况

本次调查设置了服务态度、服务资源和产品功能三个方面共16项客户满意程度评价指标，并对调查方法做了改进，分别采取问卷调查和直接访谈的方式。接受随机问卷调查的客户（包括高端客户）1804人，直接访谈高端客户32人。

在问卷调查客户中，青年客户占43%，50岁以上的客户占22%。具有大专以上学历的客户占67%。按收入划分，月收入在3000元以下的客户占69%，其中1000元以下的占17%；3000元以上的占31%，其中10000元以上的占5%。

直接访谈高端客户主要在北京、上海、浙江、广东、深圳5个分行进行，在32人中，最小年龄28岁，最大年龄71岁，平均年龄为47岁；91%的客户具有大专以上学历；从事的主要职业包括公务员、企业中高级管理人员、私企老板、进出口贸易商以及退休人员等。

深圳分行分析客户构成对总体满意度的影响：文化程度越高、年龄越大、收入越高的客户，对服务的总体满意度评价越低。这一分析具有代表性。

二、调查结果及分析

（一）客户总体满意度指标有所上升。对1804名客户的问卷调查结果显示，总体满意度为87%，比2003年上升14个百分点，客户对工商银行过去一年保证和提升服务水平的努力给予了充分的认可。

总体满意度采用打分方式表示，数字1－10代表客户的满意程度，数值越大，满意程度越高；数值越小，则满意程度越低。据统计，对工商银行服务总体满意程度评价打8－10分的客户占86%，打5分以下的占4%。80%的客户满意率是商业银行普遍认为可以接受的标准。如果以8分为满意基数，工商银行客户满意率已经达到可以接受的水平，但也不能排除现场客户构成和调查时间段选择等因素的影响，即便如此，工商银行80%的客户满意率是可以确认的。

对高端客户没有设置总体满意度指标，但从对有代表性的“理财金账户服务”满意率分析，32位高端客户中有30人申办了“理财金账户”，其中有27位表示满意，占90%；有3人表示不满意，认为“理财金账户”没有实质内容，表面的东西多；仅有2人因不了解没有办理。这表明“理财金账户”作为高端产品品牌有很高的市场认知度。但在表示满意的高端客户中，较大程度上是“有限制的满意”，还没有达到“惊喜”、“心动”的程度。这可以从相关指标得到印证，如“对理财客户经理服务”满意率为97%，但也提出了希望：加强专业知识及相关知识的培训；提供深层次服务和合理的理财建议；多提供个性化的服务。回答理财有无收益这一问题，22位客户认为有收益或有一些收益，8位认为没有收益或基本没有收益，有2位客户则是没有购买理财产品，也不抱希望。客户的回答一定程度反映了理财业务的现实状况。从理财服务的核心内容和客户的核心需求看，客户“婉转的希望”和对收益的评价，说明要把“理财金账户”真正打造为优势品牌还需要很大的改进。

（二）客户分项评价指标的满意度分布情况。大众客户对“大堂客户经理的服务”满意度评价最高。在15个分项评价指标中满意度平均指数超过8分的有14个，平均数为8.46分，与总体满意程度分值基本一致。客户对“大堂客户经理的服务”满意度评价最高，得分为8.99分，与访谈调查的结果也基本一致。这表明大堂客户经理已经成为一个不可或缺的重要岗位。

大众客户最不满意的是“在营业网点附近容易找到停车位”项目得分最低为7.21分。在高端客户中最希望改进的也是在营业网点建有停车位，占53%。由此可以看出，客户特别是高端客户已经把有没有停车位看作是否方便的重要因素。

在接受访谈的高端客户中，希望改进的方面，按所占比例大小排序，有38%希望在业务程序和价格上能有适当区别；有34%希望能在最快的时间内使用新产品，特别是适合高端客户使用的产品；有34%希望有专门的区域办理业务；有28%希望改进或增加营业网点内保护个人私密的设施；有25%希望为办理现金业务提供方便；有22%希望经常收到金融信息。

接受问卷调查客户对15项指标评价情况表

满意度评价指标	满意度得分	排名
您对大堂客户经理的服务	8.99	1
您的询问得到及时回答	8.89	2
员工乐于帮助您并努力解决问题	8.75	3
您对营业大厅的环境感到舒适	8.69	4
您感受到员工对您的重视	8.67	5
您办理业务时的私密性得到了保护	8.65	6
您对个人理财金账户的服务	8.60	7
您对员工能熟练、快速的处理业务	8.55	8
您的电话被立即接听并有效处理	8.49	9
您能方便地找到营业网点	8.48	10
您不满意时员工会主动道歉	8.37	11
您对自动柜员机的服务	8.29	12
您对牡丹卡的服务	8.26	13
员工知道您的姓氏并礼貌称呼	8.04	14
您在营业网点附近容易找到停车位	7.21	15
平均满意程度	8.46	

（三）对服务态度、服务资源和产品服务的分类项分析。

1. 对服务态度的满意度评价。如将大堂客户经理服务、及时回答询问、帮助解决问题、受到重视、及时接听电话、主动道歉、礼貌称呼7项指标归为服务态度类项，调查结果显示个人客户对工商银行员工的服务态度是满意的。据统计，7项服务态度调查指标的满意度平均得分为8.61分，与2003年该类项86%的满意率基本持平。另有主动道歉和礼貌称呼等3项指标低于平均值，表明员工还缺乏道歉和无错道歉的意识，还不习惯说“对不起”。关于“员工知道您的姓氏并礼貌称呼”，因总行对高端客户和大众客户服务有不同的要求标准，且调查问卷包含高端客户，因此目前这项指标只有统计上的意义。

接受问卷调查客户对7项服务态度指标评价情况

序号	满意度评价指标	满意度得分
1	您对大堂客户经理的服务	8.99
2	您的询问得到及时回答	8.89
3	员工乐于帮助您并努力解决问题	8.75
4	您感受到员工对您的重视	8.67
5	您的电话被立即接听并有效处理	8.49
6	您不满意时员工会主动道歉	8.37
7	员工知道您的姓氏并礼貌称呼	8.04
员工服务态度的满意度评价平均分		8.61

2. 对服务资源的满意度评价。在“员工能熟练快速处理业务”、“对营业环境感到舒适”、“私密性得到保护”、“容易找到网点”、“容易找到车位”5项服务资源类项中，有4项指标在平均值以上。其中“营业大厅环境舒适”和“办理业务时私密性得到保护”分别得8.69分和8.65分。值得重视的是，客户对“员工能熟练快速处理业务”满意度只有8.55分，是服务资源类项中可控制指标得分最低的一项，比较“容易找到网点”、“容易找到车位”两项难以控制指标，得分不能令人满意。还需要指出，“私密性得到保护”指标得到较高分值，说明近年来网点建设的内涵和人性化有质的提高，但同时也存在着大部分网点“一米线”难以落实，一些网点的私密性保护设施功能不完备的实际情况，这方面的改进应继续得到重视。

32位被访谈的高端客户均表示感受到了有差别的服务，有24人感受到了优先服务，占75%；有12人感受到了优惠服务，占38%；部分客户反映理财金账户的后续服务未及时跟进，有些网点不具备为客户优先办理业务的环境和条件，理财金账户的服务被打折扣。一位高端客户讲，他在家附近的一个网点取现，当时排队的人很多，柜员为他优先办理了业务，但却遭到了其他客户的辱骂，觉得很不舒服。有高端客户建议把“贵宾室”改为“理财金账户室”，以减少对普通客户的刺激。

在与高端客户访谈中，有12位客户选择日常时间办理理财业务，占38%，这些客户一般时间充裕或可自主支配时间。有6位客户选择双休日办理理财业务，占18%，认为休息时间办理理财业务可与家人一起商量。有14位客户选择“无所谓”，占44%，对办理理财业务没有特定的时间要求。

接受问卷调查客户对5项服务资源指标评价情况

序号	满意度评价指标	满意度得分
1	您对营业大厅的环境感到舒适	8.69
2	您办理业务时的私密性得到保护	8.65
3	您对员工能熟练、快速的处理业务	8.55
4	您能方便找到营业网点	8.48
5	您在营业网点附近容易找到停车位	7.21
服务资源的满意度评价平均分		8.32

3. 对产品服务的满意度评价。客户对产品服务类项的指标满意度评价平均值为8.38分，由此可以认定客户对工商银行产品服务是基本满意的。“理财金账户”、“金融e通道”、“金融@家”等推向市场后，受到普遍欢迎。加大了自动柜员机的投入力度，缓解了柜台压力。用卡环境得到改善，牡丹卡服务的满意度由2003年的56%上升到2004年的82.6%，提高了近27个百分点。在32位高端客户中，有22位经常使用牡丹

卡，占69%；有4位客户有时用牡丹卡，占12%；有6位客户不用牡丹卡（其中有个别客户用理财金账户卡替代牡丹卡），占19%。对牡丹卡服务满意的有19人，占73%；不满意的有7人，占27%。有的高端客户认为，牡丹国际卡申请太麻烦，换卡不方便，售后服务不佳。客户建议在推出新产品前，应尽量使产品功能完善，充分考虑今后使用过程中可能出现的问题，提高产品质量。

接受问卷调查客户对3项产品服务指标评价情况

序号	满意度评价指标	满意度得分
1	您对个人理财金账户的服务	8.60
2	您对自动柜员机的服务	8.29
3	您对牡丹卡的服务	8.26
产品服务各项指标满意度评价平均分		8.38

（四）客户经常使用的金融产品和交易方式。传统的金融产品和交易方式依然是客户的首要选择。从调查结果看，客户使用工商银行金融产品和交易方式依次为：柜台人工服务、自动柜员机、牡丹卡、“95588”电话银行、缴费通、个人网上银行，与2003年客户的选择顺序基本一致。这次调查虽仍有81%的客户选择柜面人工服务，但比2003年下降了8%，另有72%的客户经常使用自动柜员机等自助设备，上升了11%。这是一个可喜的变化。但是，牡丹卡、“95588”电话银行、网上银行等先进的金融产品或交易方式，在调查中却遭到令人难以置信的冷遇，分别比2003年下降了15%、4%和9%，其中个人网上银行下降幅度高达50%。接受访谈的高端客户中的调查情况也颇为尴尬。据统计，高端客户还没有一人摆脱传统柜台人工服务，平均每人每月办理4次，最多者高达每月20次，占90%的交易是办理存、取款。有20位高端客户已开办个人网上银行，占63%，其中经常使用并进行网上交易的只有9人，占45%；有时使用的有11人，占55%。未开办个人网上银行的达12人，占37%。调查结果显示，传统的人工存取款业务仍然是客户使用金融产品和交易方式的第一选择，个人网上银行产品市场覆盖率偏低，这在大众客户和高端客户中大体一样。

接受问卷调查客户经常使用金融产品和交易方式情况

	2004年	2003年	比2003年增减
柜台人工服务	81%	89%	-8%
自动柜员机	72%	61%	+11%
牡丹卡	41%	56%	-15%
“95588”电话银行	26%	30%	-4%
缴费通	12%	未调查	
个人网上银行	9%	18%	-9%

三、客户认为最不满意事例分析

在“请您举出最不满意的事例”指标中，客户认为最不满意的事例：

（一）有高达60%的客户抱怨在营业网点办理业务排队等候时间长。这个问题一直是客户意见最集中、反映最突出，也是最容易引发客户不满或投诉的原因之一。“排队等候时间长”实际上是两个问题，一是“排队”，二是“等候时间长”。形成“排队”现象，有客户结构和客户交易习惯的原因，而“等候时间长”则与业务程序、员工操作效率和业务熟练程度有关。

（二）有34%的客户反映到工行办理业务停车不方便。据浙江分行调查显示，78位问卷调查客户中有29人要求提供停车位，占比37%；22位访谈客户中有6人要求提供停车位，占比27%。

（三）有14%的客户对工商银行的产品不满意。一方面，客户认为工商银行目前推出的部分产品服务不到位，有待进一步完善。如“95588”人工服务接不通、网上银行速度慢、信用卡申办手续繁杂等。另一方面，客户认为工商银行新产品开发未能满足个性化需求。

除此之外，还有14%的客户对自动柜员机发生故障不能使用表示不满；12%的客户认为营业场所私密性保护还有待于进一步完善；10%的客户不知如何开通网上银行；9%的客户在使用“95588”电话银行时人工服务接不通；6%的客户认为员工服务态度不好；5%的客户认为员工专业素质欠缺。

四、几点建议

（一）重视满足客户核心需求，培植和提高核心竞争力。客户需求是分层次、多样化的。但一般来讲，客户办理银行业务所期望的主要是：财富的保值增值，安全与私密性保护，便捷与效率，受到重视和尊重，其中财富的保值增值需求具有普遍性，是客户的根本需求或核心需求。培植和提高核心竞争力，应进一步在提高满足客户核心需求的能力上下工夫，扩大有效市场的占有率。面对利率市场化趋势，需要在财富增值、财富代理、财富保管上更加细分客户需求，在产品研发、市场营销、产品宣传方面突出满足客户核心需求的功能。客户核心需求因人而异，因时而异，在客户中主要是在高端客户中，加强“人性化”、“个性化”、“差异化”服务方案设计，在客户最需要的方面了解、满足和创造客户需求。

（二）正确处理大众客户与高端客户服务的关系。实行有差别服务体现了满足客户需求这一服务的基本属性，能够为高端客户提供什么样的服务，反映了一个企业服务的最高水平。一方面这种服务应建立在不降低大众客户服务标准的基础上，真正按“八要、九不、十做到”规定的基本标准为大众客户提供服务。另一方面，注意消弭大众客户过高的期望值。按照银行独有的服务特性加强营业网点的精细化管理，尽快取消大众客户服务区内与业务无关的非实质性服务的设施，降低大众客户的期望值。按照基本标准提供服务，降低大众客户的期望值，应作为当前保持和提高客户满意率的重要内容。

（三）加强营业网点服务环境建设。营业网点建设应区别于一般的服务企业，充分体现银行服务的特性。在分区服务的基础上，进一步统一和细化私密性保护设施、业务等候、理财隔断、非现金柜台隔断、停车位建设的要求，并形成规范。在大众客户“业务等候区”，取消放置沙发等高档休闲用品。改进“明展大亮”地办理理财业务的情况，注意将“一米线”落实到非现金业务中。有内部车位的网点，都应提供给高端客户使用。应对外资银行对高端客户市场的争夺，落实总行《重点客户服务推荐标准》，在金融资源富集的大中城市行加紧建设一批“高门槛”网点，为高端客户提供专属的空间和通道，提供“一站式”的高品质服务，逐步改变高端客户服务与大众客户服务混杂的情况。建设能够提供非现金业务和自助服务的单体式网点，减少小型网点数量，以集中人力、集中资源建设品牌网点。

网点建设以及用具、设施配置应以人为本，注意减轻员工劳动强度，方便员工操作。在网点建设中应听取工会和员工的意见。

（四）注重客户满意度调查。客户满意度调查也是一种客户需求调查，了解客户期望和诉求是持续改进服务的基础资源。除周期性的综合调查外，还应开展以影响服务质量要素为主要内容的专项调查，为业务发展和经营决策提供参考。目前开展的调查属于内部调查，因调查地点、调查时间段的选择以及调查指标的设计，难免出现客户满意度指数的偏差。为了更加准确地了解客户满意度，2005 年应聘请社会调查公司进行第三者调查，并同内部调查一起作为服务质量管理的重要内容。

关于加快北京分行经营模式和增长方式转变 构建和谐银行的思考

北京分行 易会满

近年来，北京分行不断深化综合改革，大力推进传统国有银行向现代金融企业转型。特别是 2003 年北京分行全面实施改革发展四年规划以来，北京分行现代商业银行经营理念进一步确立，风险控制能力和经营管理水平显著提高，经营利润持续攀升，资产质量不断改善，为北京分行继续深化改革和健康发展奠定了坚实基础。2005 年上半年，北京分行各项业务继续保持平稳增长，实现本外币经营利润 60.55 亿元，同比增加 3.25 亿元，完成全年计划的 45.01%；提取本外币呆账准备金 8.31 亿元，完成全年计划的 64.28%；实现本外币中间业务收入 5.03 亿元，完成全年计划的 38.69%。成本收入比为 18.26%，低于工商银行系统平均水平 18 个百分点。截至 2005 年 6 月末，北京分行本外币存款达到 9282 亿元，比年初增加 1139 亿元。剔除剥离因素，各项贷款比年初增加 136 亿元。不良资产剥离后，北京分行五级不良贷款余额 94.59 亿元，非信贷类不良资产 7.01 亿元，不良资产率 1.05%，不良贷款率 4.69%。

我们在看到成绩的同时，更应清醒地认识到，北京分行的外部经济金融形势在快速变化，股改后内部经营环境也发生根本性转变，我们必须居安思危，未雨绸缪，加快推进经营模式和增长方式转变，才能更好地适应未来经济金融形势和工商银行股份制改革新的任务要求。

一、北京分行业务发展面临的新形势

（一）股改新形势对北京分行经营管理水平提出更高要求。股份制改革的根本目的是完善公司治理结构，转换经营理念和机制，提高经营绩效，把工商银行建设成具有国际竞争力的现代金融企业。财务重组后，对北京分行的内部治理提出了全新的要求：一是对资产质量提出更高要求。这次财务重组北京分行共剥离不良贷款 136.68 亿元，在释放了部分潜在风险贷款后，不良率为 4.69%，高于工商银行系统平均水平。二是对财务管理提出更高要求。财务集中，全面成本管理等财务管理改革的实施，对北京分行传统财务管理职能是一个新挑战。三是对风险管理提出更高要求。无论是建立覆盖信用风险、市场风险、操作风险和流动性风险的全面风险管理体系，还是推行内部评级法，搭建先进的风险管理平台，都是对北京分行管理能力和队伍素质的重大考验。四是对内控管理水平提出更高要求。改制上市进程中，任何负面信息都会对工商银行声誉产生不良影响，甚至会延缓上市进程。因此，进一步完善内控体系，建立风险防范的长效机制显得尤为迫切。

（二）利率市场化对北京分行业务发展提出更高要求。2005 年以来，央行下调了存款准备金利率和超额准备金利率，批准了企业发行短期融资券，利率市场化进程大大提速。这将对北京分行业务发展产生深远影响：一方面，在当前我国金融企业流动性普遍过剩的情况下，利率市场化势必导致利差的进一步收窄和上存资金利率下调，对北京分行经营利润影响巨大。如，2005年前6个月，北京分行日均上存资金5652亿元，按此规模测算，上存利率每下调0.5个百分点，利润就会下降28亿元。另一方面，伴随着金融市场的深化发展，企业“脱媒”现象逐渐增多。大型集团公司通过资金归集、循环贷款、法人账户透支等金融创新产品降低资金占用，提高营运效率，同时通过资本市场和货币市场融资，大大降低了对银行间接融资的依赖度。而北京分行法人客户以大企业为主，客户融资和议价能力强，央行批准部分大型国企发行短期融资债，对北京分行贷款的稳定性和收益率造成直接冲击。从金融市场发展趋势看，商业银行主动负债管理将不可避免，存款立行时代将淡出历史舞台，在现有经营格局下，北京分行业务的持续发展面临严峻挑战。

（三）同业竞争加剧对北京分行竞争能力提出更高要求。北京是银行同业竞争最激烈的城市之一。目前，北京已批准外资银行开展人民币业务，2006年底将全面开放金融市场。在同业竞争日益加剧的情况下，截至2005年6月末，北京分行个人按揭贷款、住房开发贷款和流动资金贷款却均为负增长，中间业务收入也增长乏力，市场开拓能力有待提高。究其原因，一是激励分配机制尚未完全到位，客户经理吃大锅饭现象较为严重，营销压力难以有效传导到一线，营销战略与目标不能有效转化为营销行动与业绩。二是营销模式和业务流程囿于传统国有企业，服务于三资、民营和中小企业的业务理念、机制、流程和队伍尚未形成，对优质客户需求响应不快。三是网点竞争力有待提升。北京分行物理网点数量占北京同业网点总数的1/5，但其2/3为单一储蓄网点，综合化服务水平低，特别是城区部分网点营业面积狭小、服务设施落后，客户排队办理业务的现象较为普遍，经济效益不高。

（四）城市产业布局调整对北京分行区域协调发展战略提出更高要求。近几年，北京产业布局快速调整，以现代制造业为代表的第二产业快速向郊区转移，“奥运经济”、基础设施建设、房地产业在城乡结合部以及部分郊区兴起，成为北京新一轮经济增长点。城区传统国有企业衰落，取而代之的是现代服务业以及其他新兴行业的崛起。随着第三产业的迅猛发展，其产值占GDP比重已超过60%，城市经济形态正在向服务型和生态型转变。目前，北京规划重点发展现代服务业、高新技术产业和现代制造业，着力构建“两轴—两带—多中心”的城市经济新格局。北京的产业结构升级和经济布局调整，带动了北京分行经济金融资源和客户结构的改变。当前，如何适应经济金融资源的聚合与分散，完善区域发展战略，打造特色业务和精品银行，已成为北京分行值得深入研究的重要课题。

（五）金融监管深化对北京分行全面风险管理提出更高要求。近几年，监管部门的监管方式发生很大变化，逐步由事后监管转变为事前监管，结果监管转变为过程监管，局部监管转变为全面监管。银监会出台的《商业银行资本金充足率管理办法》，要求商业银行加强资本约束，建立覆盖信用风险、市场风险和操作风险的全面风险管理体系。北京分行面临按照监管部门和总行要求，建立科学的资本配置体系，强化对经营单位和业务单元的资本约束，建立以资本回报率为主线的资源配置、风险管理和绩效考评体系，实现资本对各项经营活动的刚性约束的挑战。

（六）社会阶层分化对北京分行客户竞争策略提出更高要求。改革开放以来，北京社会经济快速发展，社会阶层逐步分化，白领阶层已初具规模，财富社会特征日益明显。而目前，北京分行个人客户结构和业务结构仍不尽合理，低效客户和低效业务占比较高，因此，如何坚持“二八”定律，进一步实施差异化战略，抓好高端客户、重点客户和精品业务，以及如何选择合适的金融产品，帮助居民实现金融资产的安全和保值增值，已成为北京分行今后业务发展的新方向和基本指导思想。

二、和谐银行的衡量标准和构建手段

构建和谐银行是落实党中央提出的构建社会主义和谐社会精神的具体体现，也是建设良好金融生态环境的有机组成部分。我们要构建和谐银行就是要全面落实科学发展观要求，主动适应外部经济金融环境变化，改善金融生态环境，实现各项业务协调发展，保持收益稳定增长；就是要与社会经济形成良性互动，提供全面、优质、便捷、高效的金融服务，推动金融市场持续健康发展，减少社会交易成本，促进社会财富稳步增长，维护社会经济稳定；就是要主动适应客户与市场变化，调整经营战略，优化业务流程，实现客户满意度和企业利润相互增进，股东、社会、员工多赢局面；就是要自我完善、动态优化、协调发展，实现理念、机制、体制、流程、员工、社会影响良性循环；就是要具备健全的资本约束机制，合理的经营结构，完善的资源配置体系，谋求效益、规模、质量均衡发展，实现集约化经营；就是要依托当地金融资源，实施区域发展战略，推动当地经济持续健康发展。

（一）和谐银行的衡量标准。构建和谐银行最终要体现为经营效益的持续增长，围绕这个根本点，我们要坚持四个衡量标准。

1. 业务发展的均衡性和协调性。要实现本、外币业务，资产、负债和中间业务协调发展，整体推进。业务协调发展是银行经营管理者综合素质的全面体现，也是利润持续平稳增长的基石。

2. 经营结构的合理性和适应性。经营结构包括客户结构、业务结构、品种结构、网点结构、人员结构等方面。合理的经营结构是有效防范风险的基础，也是银行业务可持续性发展的根本。而经营结构的适应性则要求银行随着金融环境、客户偏好等的不断变化，主动调整客户结构、业务结构、品种结构、网点结构和人员结构，使经营结构始终与市场结构相协调，保持持久的运行活力。

3. 资产质量的健康性和稳定性。良好的资产质量离不开规范的管理和严格的风险控制。从目前北京分行的风险状况来看，信用风险仍是风险控制的首要任务；操作风险由于覆盖面广，是风险控制的难点；利率市场化后，市场风险控制日显重要。我们要通过建立健全全面风险控制体系，加强风险的计量、监测、预警和化解，切实防范信用风险、市场风险和操作风险，将不良贷款率控制在2%以内，持续保持资产质量的良好水平。

4. 股东、员工和社会全面发展。作为经营货币的特殊企业，改善经营绩效，提高股东回报率是银行的主要目标之一。与此同时，我们必须坚持以人为本，通过思想引导、职业培训和激励分配等手段，激发员工工作潜能，促进员工全面发展，实现员工个人目标与银行整体目标的有机统一，必须承担为客户提供全面优质服务，促进社会经济发展，维护社会稳定的职责。

（二）和谐银行的构建手段。

1. 超前的经营战略是方向。打造和谐银行，必须把握国内外经济金融形势的发展变化，特别是银行业发展趋势以及金融产品和市场的演变规律，在结合自身经营管理实际的基础上，制定未来三五年的经营战略，并围绕战略目标合理配置资源，为未来市场竞争积蓄力量。

2. 高素质的员工队伍是根本。任何经营战略、流程和政策都需要人来执行，高素质的员工队伍是建设和谐银行的根本保障。一要有良好的精神面貌。精神面貌好的银行，员工有较强的凝聚力、战斗力和执行力。二要有较高的业务素养。要有一支懂管理、擅经营、具备现代商业银行经营理念的队伍，能创造性的开展工作，确保经营目标的实现。

3. 全方位的管理手段是保障。构建和谐银行必须按照现代商业银行的经营规律、原则和特性进行管理，确保主动管理、过程管理和精细管理贯穿银行经营活动的始终。要树立大局意识，自觉研究外部市场和内部经营活动规律，及时调整经营策略和方法，提高管理的效能和效率。要加强对管理过程的监测、控制、反馈和调整，切实将管理战略、目标转变为现实经营成果。要按照全面成本管理要求，深化每个部门、产品、业务的投入产出分析，全面提高银行的整体效益。

4. 强有力的激励机制是动力。构建和谐银行要有多层次、全方位的激励机制。一是建立完善的激励制度。在收入分配上要体现个人的贡献度和所承担的风险，合理拉开收入档次。二是建立合理的人员晋升制度。要通过全方位的员工考核，依据员工的能力、业绩和品行，建立能上能下的晋升制度。三是建立良好的企业文化。营造岗位靠竞争、业绩靠努力、收入靠贡献的企业氛围，培养干部员工忠于职守的敬业精神和客观、公正的职业操守。

三、全方位构建和谐银行

面对股改后的新形势、新任务，我们要全面推进以经营模式和增长方式转变为核心的战略转型，牢固树立以创造价值为核心的经营理念，强化经营发展的资本、成本和风险约束，坚定不移地走质量效益型的可持续发展道路，努力把北京分行打造成具有核心竞争力的和谐银行。

（一）坚持资产、负债和中间业务协调发展。北京分行是传统存差大行，存贷比为21.6%，负债业务集中了大量人、财、物资源，资产业务增长乏力，中间业务增速较慢。面对利率市场化、资本约束加强等新形势，要积极拓展新市场和新业务，完善市场营销体系，推进经营战略转型。

1. 适度发展资产业务。信贷业务是北京分行主要的风险源，经营得好，满盘皆活；经营不好，满盘皆输。要通过几年的努力，把北京分行信贷业务办成精品工程，实现信贷总量、结构、风险管理、队伍建设、激励机制的协调推进和良性循环。一是坚持全行营销、立体营销。对总分行优质客户分层落实营销责任，分行直接营销一批大客户，支行做好大客户的日常关系维护，同时大力拓展中小企业信贷市场。推行预审批和预授信制度，组建六个信贷服务小组，分片包干指导支行开展信贷业务，提高信贷市场营销的效能和效率。二是实施优质客户战略。建立目标客户营销机制，在全市范围内展开拉网式行动，搜索优质客户资源。2005年上半年下发房地产、医院、高校等150户重点营销客户名单，专人挂牌营销。近期将下发中字头企业、北京市工商企业264户优质客户名单，指导支行重点营销。三是强化激励机制推动营销。出台公司客户经理和个人按揭贷款业务专项奖励办法，加大对营销人员的直接激励力度，充分调动分支行两级营销人员的积极性和协调性，将营销目标有效转化为客户经理的营销行动。

2. 大力发展中间业务。把中间业务摆在与资产、负债业务同等重要的地位，作为支柱业务来发展，是现代金融企业成长壮大的内在要求。

（1）强化组织和机制推动，解决发展动力问题。明确未来三年中间业务总体发展目标，2006年中间业务收入达到17亿元，2007年突破20亿元。把支行行长经营绩效考核中中间业务利润价值量系数由1.1提升到1.5，增设投资银行类业务拓展指标，并将中间业务收入指标分解到专业部门，加大客户经理中间业务奖励力度，提高营销积极性。

（2）拓展优质客户市场，解决发展基础问题。一是培育新的客户群，拓展新的增长点。深入挖掘北京集团总部、高校、医院、传媒、旅游酒店、国家部委等优质客户市场的中间业务潜力。2005年上半年成功营销铁道部资金清算中心、国家开发投资公司、中国网通北京分公司等多个大型集团的现金管理服务业务，试点北大、人大和北航的校园卡业务，下半年将大力拓展国家部委的公务卡市场。二是进一步挖掘存量客户深度价值。充分发挥北京分行物理网点、电子银行、自助银行等服务网络优势，整合分销渠道，为客户提供全方位服务。完善创新售后服务体系，提高客户对工商银行服务的满意度和忠诚度。推行多种中间业务产品的交叉营销和链式营销，提高客户综合贡献度。

（3）坚持重点产品重点发展，解决发展途径问题。全面梳理已开办的616项收费业务，明确重点发展业务和领域，集中有限资源重点投入。一是对人民币结算、代理证券、代理保险、汇兑等对收入起决定性影响的业务，坚持“巩固、提高”策略，继续发挥其收入贡献主力军作用。二是对代理基金、代发工资、代理养老金、代收公用事业费等收入贡献度较大但占用大量柜面资源的产品，坚持“规范、挖潜”策略，通过重签代理合同，规范收费，淘汰部分低效业务。三是将现金管理、国际业务、投资银行、电子银行、资产托管、个人理财、信用卡等高附加值和高技术含量产品，确定为北京分行的战略性产品，坚持“做精、做大”策略，打造具有市场影响力和竞争力的精品业务。

3. 巩固负债业务的优势地位。2005年上半年，北京分行本币存款较年初增加1206亿元，存款增量占到工行系统的34.8%，占到北京同业的40%，处于遥遥领先地位。为使这种优势地位对北京分行利润增长切实起到促进作用，我们一是实行分层次差异化的营销和管理策略，不断完善分、支行二级营销网络，建设优质客户营销体系。扩大与军队系统合作领域，提高对军队客户服务水平。加强对新开户的营销，增加对新户资源的考核权重，强化分支行快速反应和整体营销机制。二是实施主动负债管理，降低筹资成本。截至2005年6月末，北京分行对公存款定期比例为43.47%，比年初上升1.57个百分点，储蓄存款定期比例71.8%，比年初上升1.1个百分点。针对这种融资成本不断上升的情况，下一步将通过对支行考核定期与活期存款比例，以及通过“1+3”考核办法分流高成本储蓄存款，优化存款结构，降低融资成本。

（二）实施结构调整，坚持规模、质量、效益协调发展。北京分行资产规模和利润水平在系统内都居首位，但面对新的经济金融环境，在看到总量优势的同时，还必须看到深层次的结构性矛盾。如果这些矛盾不能很好地加以解决，势必影响北京分行的可持续性发展。

1. 优化客户和业务结构，保持效益稳定增长。目前，北京分行客户和业务结构存在不合理因素。一是低效业务占比高。如北京分行每年代发养老金业务1800多万笔，平均每笔588元，存款总额仅2亿多元；代收水费业务365万笔，手续费收入仅为160万元。这些业务占用了大量柜面资源，而且经常需要集中办理，结果造成网点排队问题严重，影响工商银行形象。二是低效个人客户占比较高。北京分行个人存款客户中5万元以下客户占比达到86.8%。低效客户群具有年龄高、收入和学历偏低的特征，难以有效分流，以致排挤了高端客户，在很大程度上影响了网点的经营效益。三是法人客户以大企业为主。2005年上半年对公存款增加896亿元，其中前5户新增存款占对公存款新增额的90%；不良资产剥离后，北京分行公司信贷客户仅存858户，其中前10位公司客户的信贷总量占公司贷款余额的44.7%。由此可见大客户对存贷款业务的稳定增长将形成很大压力。

客户是利润来源的基础。为主动调整客户和业务结构，从追求市场规模向挖掘客户深度价值转变，北京分行一是坚持成本效益原则，退出部分低效益业务领域。对于代收交通罚款、代发工资、代收养老金和公用事业费等业务，在新签或续签合同时，坚持投入与产出匹配，分流部分低效业务，减轻柜面压力。二是进一步探索“大个金”的经营格局，加快建立个人金融业务市场营销、客户关系管理、产品和服务研发以及风险控制体系。推广个人理财中心核心竞争力项目，提升理财中心客户关系管理能力和整合营销能力，探索在理财中心开展个人和小企业信贷业务，完善个人信贷业务专职营销和兼职营销体系，推动个人金融业务由储蓄业务单一发展向资产、负债和中间业务全面发展转型。并通过开展理财沙龙、客户联谊会等多种营销活动，争夺高端客户。2005年上半年北京分行推广个人理财中心核心竞争力项目网点58家，至此该项目网点已达到150家，占北京分行网点的27%。三是拓展中小企业信贷市场。中小企业信贷业务对优化北京分行客户结构，提高贷款收益率具有重要意义。北京分行传统中小企业贷款有104.7亿元，剥离了近80亿元，目前剩余的24.7亿元中小企业贷款，91%为潜在风险贷款，几乎全部损失。为此，北京分行专题研究了中小企业信贷业务，探索中小企业信贷经营规律，下一步将试点适合中小企业信贷业务的管理模式和风险控制机制，培养高素质信贷队伍使中小企业信贷业务走出一条新路。

2. 优化业务品种结构，推进各业务品种协调发展。一是积极拓展优质流动资金贷款市场，选择信用等级高、现金流量充裕、产品市场前景好的客户作为长期合作伙伴。2005年上半年，北京分行向华能集团、华能国际、北京大学、神华能源股份等优质客户新增流动资金贷款35.6亿元。二是大力发展住房金融业务。深化重点客户战略，选择北京乃至全国最优秀的开发商，开展目标客户营销；深化重点区域战略，对处于朝阳、海淀、丰台、通州、昌平等房地产开发重点区域的支行实施重点督导。取消个人按揭贷款中律师审查等不必要环节，优化业务流程；调整非京籍人员住房信贷政策，探索新的风险控制模式，挖掘潜在信贷市场。三是提高项目贷款营销能力。抓住北京市基础设施市场纵深开放的机遇，大力营销奥运、轨道交通、高速公路等项目；利用北京的“总部经济”优势，采取银团贷款方式营销重点项目。四是大力营销票据融资业务，加大直贴业务营销力度，快进快出，提高资金使用效率。对40个重点客户实施名单式营销，创新业务操作模式，适应客户票据融资方式多样化需求。

3. 优化网点结构，增强网点核心竞争力。目前，北京分行网点结构仍存在不合理因素：一是单一功能网点占比较高。北京分行现有对外营业网点553个，其中单一储蓄网点368个，占比67%。二是网点效益差距大。北京分行存款规模低于2亿元的网点102个，网均利润贡献76万元，远低于北京分行平均1786万元的水平。三是网点布局不合理。城区二环以内低效率网点密度最大，在综合网点和储蓄网点中，低效网点占比分别为35%、30%。

网点是商业银行业务发展的触角和利润源，也是参与市场竞争的基础。因此，为调整网点结构，提升网点功能，北京分行一是坚持成本效益原则，撤并亏损网点，集中有限资源发展优势网点。2005年底北京分行将撤并成立满三年，存款规模仍在亿元以下的网点。二是加大网点综合化改造，推进网点经营转型。突破传统网点管理模式，把网点整合为多渠道销售中心，为客户提供“一站式”、全方位的金融服务。清晰物理分区，对高端客户提供个性化和特色服务，对普通客户提供标准服务，完善服务层次与体系。力争在三年内将综合网点比例提高到65%左右。三是发挥物理网点与虚拟网点的协同效应。物理网点着重发展理财业务，提供综合化金融服务。虚拟网点提供简单、重复和标准化服务，降低营运成本。合理规划和统一配置自助机具，提高标准业务的自动化服务水平。

4. 优化人员结构，提高人力资源配置效率。北京分行人力资源供求存在结构性失衡，总量过剩与局部有效供应不足并存。一是各营业网点人力资源效率差异显著，忙闲不均现象突出。人均日工作量在200笔以上的网点59家，而50笔以下的也有42家，二者工作量相差4倍以上，支行人均存款最高的2.2亿元，最低的仅917万元。二是前台营销人员不足，后台操作人员、管理人员过多。分支行机关员工总计6353人，占北京分行在职员工的38.5%，支行平均管理幅度为1:5.6，低于1:7的合理管理幅度。

财务重组后，要从全局角度系统优化劳动力布局，提高人力资源配置效率。一是采取全值等量分析法，统一北京分行前台柜员标准工作量，科学确定各网点柜员的合理编制。二是按照合理管理幅度，探索支行本部与网点的标准劳动组合模式，精减本部管理人员。三是调整分行部门职能和机构设置，精简分行机关管理和后勤人员。四是建立内部劳动力市场，加大人力资源要素流动力度。据测算，目前北京分行14家支行一线缺员223人，20家支行一线超员313人。要通过建立合理机制，在全行范围内调配网点人力资源，解决结构性失衡问题。五是拓宽人员分流渠道。建立再就业中心，对富余人员进行转岗培训，充实到营销或清收队伍中。对培训后仍不胜任工作的，通过解除合同、内部退养、自谋职业等形式平稳分流安置。六是合理配置费用资源，强化网点人工成本收益费用率控制，实施“工资总额包干”、“工效挂钩”等工资性费用管理方案，调动基层行减人增效、减人增资的积极性。

（三）坚持业务发展与风险控制的协调推进。发展是硬道理，没有发展就没有优势地位，没有发展就会积累矛盾，但是发展要讲条件、讲约束，加快发展要以有效的风险防范为前提，不顾风险盲目发展将遗患无穷。为此，北京分行在强调发展是第一要务的同时，坚持风险控制的核心地位。分行负责全面风险管理，支行重点控制信用风险、操作风险和道德风险，基层分理处和储蓄所重点控制操作风险和道德风险，形成职责清晰、分工明确的三级风险管理责任链。

1. 加强信贷风险控制，提升信贷管理水平。一是转变经营理念，杜绝“速度情结”和“规模冲动”。修订支行行长经营绩效考评办法，提高资产质量指标考核权重，对不良贷款清收处置、非信贷风险资产清收处置等重点业务实施专项考评。建立支行处置新增不良贷款风险拨备制度，对月末法人客户超过新增不良贷款余额控制部分、个人客户超过不良贷款余额控制部分的，按50%计提风险拨备。二是加强信贷过程管理和精细化管理。建立和完善住房开发贷款的封闭管理机制，严格控制抵押物释放，按销售进度收回贷款。落实和督促项目贷款的分期还款计划，强调流动资金贷款与物资流和现金流的对应关系。加强关联风险控制，建立客户“关系树”数据库，推行主审查人全面负责关联客户行业分析、评级授信、信贷审查、监测及贷款督收“六位一体”的工作方式。完善集中审批制度，强化全过程和全方位监测，坚持“追月全查”制度，推进贷后管理专业化，全面提升信贷风险控制水平。三是完善问责制，落实信贷业务各环节的责任评议，做到责任到岗、责任考评、责任追究三个环节紧密相扣，环环问责，提升信贷制度执行效力。四是探索建立资本配置和约束机制，引导全行强化资本意识，优化信贷资产组合，把有限的经济资本配置到重点发展的业务上，扭转传统的“重数量、轻质量”，“重规模、轻效益”的粗放型发展模式。

2. 加强内控制度建设，健全操作风险防范体系。不断深化内控体系建设，建立以制度防风险的长效机制。一是重新梳理、整合北京分行各项规章制度和业务操作流程，减少制度的重叠、交叉或相互矛盾。二是规范基层网点负责人的准入和内控管理。2005 年上半年制定出台了《基层网点人员内控管理纲要》和《基层网点负责人管理办法》，明确基层负责人工作业绩、职业操守、定期轮换等要求，严格任职标准。制定基层网点标准化操作程序，防止以习惯替代经验、以情面替代制度而导致的操作风险。坚决贯彻基层网点负责人轮岗制度和强制休假制度，实施有效监督。三是突出抓好重要岗位和薄弱环节管理，重新界定重要岗位，明确岗位职责，有效防控操作风险高发点和对业务影响重大的敏感点。四是要建立员工行为动态分析机制，加强员工日常行为管理，实现案件防范关口前移。五是明确客户经理禁止性行为，杜绝客户经理业务“一手清”。六是在北京分行建立三级会计操作风险防控体系。强化委派制总会计和检查员职能，定期交流，在网点建立第一道防线；加强支行检查员、监管员现场和非现场监控作用，在支行建立第二道防线；协同分行会计结算、会计业务处理中心和内控合规部的监控作用，在分行建立第三道防线。

3. 探索新方法和新机制，提高利率风险防范水平。一是探索建立利率风险计量、监测和控制模型，加大对利率政策的研究，建立利率政策调整的快速反应机制。二是深化内部资金转移定价机制，引导支行调整资金结构、品种结构和运用渠道。通过调整支行上存资金利率，改变部分支行过度依赖存差收入的局面，促进资金运用的多元化，提高资金收益水平。三是细化同业存款利率政策。在考虑客户资金波动、综合贡献度、同业竞争等因素的基础上，按照利润最大化原则，严格掌握金融机构同业存款利率，降低融资成本。四是加强产品定价的研究与探索实践。深化内部资金转移定价机制，逐步实现科学的存贷款产品和金融衍生产品定价。五是完善分行利率管理制度，规范利率授权、监督、检查、分析和通报制度。

（四）实施区域发展战略，坚持区域的协调发展。经济与金融相辅相成，银行的发展既要立足本地经济金融资源，也要力促本地经济金融的发展。实施区域发展战略是区域发展差异性和商业银行经营标准同一性的要求，关键是要有进有退，有所为有所不为。对于支行而言，只有融合区域经济金融资源，发展特色业务，才能在激烈的竞争中处于不败之地。

1. 立足本地优势资源，创新业务运行模式，发展优势业务品种。北京是全国的政治和文化中心，第二产业中汽车制造业和微电子制造业的发展态势良好，是北京市政府重点扶持产业；第三产业中房地产业投资占总投资的比重超过 50%，近年来发展相对健康；教育业中有 211 类高校 23 所，非 211 类重点院校 32 所；有三级甲等医院 50 所，地区重点医院 12 所；星级酒店 486 家，其中高档（四星及以上）酒店 82 家，有科研院所近 4000 家。北京“总部经济”发达，有中央企业集团总部 124 家，外资跨国公司地区总部 25 家，跨国公司部分地区总部职能的投资性公司 137 家。未来三年北京将投资 3200 亿元建设各类基础设施，资金缺口较大。北京分行要紧紧围绕这些优势行业或领域来研究客户需求，创新业务品种，挖掘客户深度价值。如对集团总部营销银团贷款、现金管理、循环贷款、法人账户透支、非贸易结算等业务；对高校营销校园卡，对政府部门营销公务卡等业务。

2. 实施区域发展战略，坚持区别对待，分类指导方针。北京城市空间布局调整，为北京分行实施区域发展策略提供了契机，要实施一行一策，根据经济金融资源变化调整支行发展策略。一是对于传统老行，指导思想是紧紧围绕本地经济资源，加大客户结构、业务结构、品种结构、网点结构、人员结构的调整力度，通过结构调整实现持续健康发展。在客户结构上，要改变以传统国有企业和低端个人客户为主的局面；在网点结构上，要改变网点面积狭小、设施落后的局面，提高综合化网点比例，发展理财业务，适应城区白领阶层聚集的新形势；在队伍结构上，要改变人员包袱较重的局面，适当做“减法”，提高人力资源配置效率。二是对于具备较好经营资源的支行以及新成立的支行，指导思想是全力发展，通过发展优化经营结构。这类支行大多位于北京新的经济增长点区域，现代制造业、基础设施建设、房地产、奥运项目都有较好的发展前景，要把握历史机遇加快发展，扩大优质信贷资产规模。对于新兴经济区域中的大量三资企业、中小现代制造企业和世界 500 强企业，要不断创新业务模式，提高客户经理素质，提升营销和服务水平。三是对于资源匮乏的部分远郊支行，主要矛盾是经营效率问题，指导思想是重点发展负债业务和中间业务，通过精简机构，提高集约化水平和资源利用效率。

（五）以人为本，坚持企业、员工与社会协调发展。

1. 建立多层次的培训体系，建设学习型银行，全面提升人力资本价值。适应国内金融全面开放和工行股改新形势的需要，搭建全方位、多层次、有系统的培训体系。一是坚持重点培训与全员培训、常规培训与适应性培训相结合，促进管理人才、专业人才和操作人才三个层面人才的协调发展。2005 年上半年，北京分行组织了针对管理人员的“执行力提升”和“移动商学院”培训；组织实施了客户经理分层次、差异化培训，开展了信贷业务及理财中心核心竞争力项目推广等专业培训。对一线柜员重点实施了综合业务知识培训，完成了首次一线临柜人员英语口语考试，进一步推动了北京分行网点综合化进程。二是坚持现场培训和远程培训相结合，推广远程网络培训，建立分行教育培训电子化平台，扩大培训受众面，提高培训效率。三是坚持国内培训和国外培训相结合，加大员工境外培训力度，学习国外先进银行的经营理念和管理方式。

2. 深化激励分配制度，搭建科学的考评体系。在激励分配制度改革上，维持收入分配总量基本不变，重点进行结构调整，建立“以效定薪，以岗定薪，岗变、效变、薪酬变”的弹性薪酬机制，实现收益与贡献、收益与风险的匹配，确保留住重点人才、关键人才。一是进一步完善管理人员的激励分配制度。在北京分行推行基于岗位价值评估和业绩驱动的薪酬制度，2005 年上半年上收了支行管理人员的薪资管理，加大了对管理人员绩效挂钩考核的力度。对分行本部的管理人员，试行以岗定薪，打破薪酬与行政级别的直接挂钩，依据管理责任、财务贡献和风险程度确定岗位工资，依据岗位价值和考核结果确定绩效工资。二是深化客户经理激励分配制度，打破客户经理吃大锅饭的局面，提高其营销的积极性和主动性。建立分、支行两级考核体制，分行对支行的考核与支行整体营销贡献度挂钩；支行对员工的考核量化到员工与业务品种，实现员工绩效工资与贡献度直接挂钩。对个人按揭贷款等标准化产品，试行计件工资制度。三是探索信息科技人员的激励分配制度。信息科技人员薪酬水平参照社会软件开发和系统维护人员平均薪酬水平，按照项目完成进度、质量以及系统维护情况进行分配。四是探索柜员计件工资制，体现按劳分配原则。将业务量作为柜员薪酬分配的核心考核指标，辅之以服务质量、中间业务收入及各类金融产品营销任务完成情况，统一北京分行柜员薪酬分配制度，改变以往网点绩效分配标准差异较大的现象。

3. 深化全员管理，加强思想政治工作，为深化股改创造良好环境。要树立“首都金融无小事”的理念，充分发挥各级党委的先进性和战斗堡垒作用，加强对北京分行员工的组织管理，引导员工把所有智慧和精力凝聚到现代金融企业建设上来，为北京分行顺利完成股份制改造提供坚强的政治和组织保障。一是加强对北京分行员工的思想政治教育，把握员工思想动态，增强向心力和凝聚力。组织青年员工座谈会，大力宣传改革发展新成就和远景目标，激励青年员工奋发图强，为工商银行改革事业贡献力量。重视加强对离退休和内退员工的形势任务教育，发出了《致北京分行内退员工的公开信》，组织离退休和内退人员党支部坚持政治理论学习，通过政治上的引导和生活上的关心，帮助他们消除顾虑，正确理解改制，树立行兴我荣的思想。二是以稳定大局为重，坚决维护工商银行整体形象，对给工商银行形象造成负面影响的恶劣事件，按照相关规定严肃查处。三是把握宣传舆论导向，正确宣传股改目标任务和方针政策，帮助北京分行员工提高认识，转变观念，积极投身于工商银行改革发展事业。

关于推进山西分行零售业务发展的思考

山西分行　常瑞明

中国工商银行股份有限公司的成立，标志着工商银行的经营发展步入了崭新的时期。面对新的形势和挑战，如何找准经营定位、提升核心竞争力、实现经营模式和增长方式的根本转变，是山西分行当前及今后一个时期需要认真解决的重大战略课题。通过对山西分行经营环境、管理现状、客户结构、营销渠道等方面的分析，我们认为，山西分行把个人金融业务作为未来经营发展的支柱业务之一，不仅具有较好的经营基础，而且具有比较广阔的市场前景，对于山西分行实施经营转型意义重大。

一、发展零售业务是实现经营转型、提高经营效益的有效途径

（一）零售业务是银行提升核心竞争力的重要手段。零售业务具有成长性好、涉及范围广、客户数量众多、业务对象分散、风险相对较小、收益水平高等特点。在国外，以个人理财、个人融资为主的零售业务已成为一些先进商业银行的主营业务，成为银行的“利润稳定器”，为银行带来了较高的资本回报。2004 年花旗银行的零售业务占工商银行利润的比重高达 72%，汇丰银行达到 40%，美洲银行达到 41%。目前美国前十大银行中，零售业务资产占商业银行总资产的平均比率为 49%，比 20 年前提高了 22 个百分点。在金融全球化趋势下，国内资本市场得到快速发展，客户结构迅速分化，消费结构不断升级，刺激了个人融资需求的扩张，为个人金融业务带来了巨大商机，银行业纷纷瞄准这块“蛋糕”，零售业务正在成为国内银行业竞相拓展

的重要领域。

（二）零售业务在山西具有良好的发展前景。近年来，山西省国民经济实现了超常快速发展，“十五”期间，全省国民生产总值年均增长12%，高出全国平均增速3.2个百分点，经济实力明显增强，逐步扭转了山西主要经济指标在全国位次后移的局面。2005年，全省城镇居民家庭人均可支配收入达到8800元以上，比上年同期增长12%，在全国的排名由1999年的31位上升到目前的18位左右，人均收入增幅高于全国平均水平；农民人均纯收入达到2800元，较上年同期增长了8%；私营企业增长幅度跃居全国第一位，成为“中部崛起”的新生力量。至2004年末，全省金融机构的人民币储蓄存款余额已达到4120亿元，较年初增加了777亿元，比上年同期多增了778亿元，增长了38.6%。在“十一五”发展规划中，山西省的GDP预计年均增长10%以上，到2010年，城镇化水平达到45%，城镇居民人均可支配收入13600元，接近全国中等水平。可见，山西经济正处在快速发展的重要时期，城乡居民收入和个人资产的增加，个性化的投资理财需求，给山西分行发展零售业务带来了巨大的市场和新的机遇。

（三）山西分行具有比较明显的经营优势和基础。山西分行拥有比较广泛的客户资源、知名的品牌形象和先进的技术平台，这将为工商银行零售银行业务的快速发展提供有力的支撑。目前山西分行个人客户662万户，其中资产在5万元以上的重点个人客户近40万户，占比6%，高于全国平均水平；山西分行重点个人客户总资产余额1765亿元，在全国工行系统排第四位；重点个人客户人均资产45万元，在全国工行系统排第二位。尤其是2004年储蓄存款突破了800亿元大关，年末余额达到851亿元，较年初净增了114亿元，在四大商业银行的余额和增量占比分别为37%和32%，居于第一位，净增额在全国分行中排名第七位。大量的客户资源、社会资金集聚山西分行，形成了一定的规模效应，为发展收费业务提供了广泛的基础。目前山西分行个人中间业务收入已占到工商银行中间业务总收入的46.2%，较上年同期提高8.85个百分点；收入超百万元的个人产品增势明显，人民币结算、代理保险、银行卡、个人理财等已成为各类中间业务收入的主要来源，零售产品在工商银行的贡献度不断提升。

二、目前零售业务发展中存在的主要问题

伴随金融市场的全面开放，山西分行不仅要面对激烈的金融竞争和复杂多变的市场环境，而且还要主动适应资本约束和股东回报的要求。从2005年开始，总行新的经营管理机制和绩效考评体系正式实施，更加突出优化结构、提高效率的经营导向，通过总资产净回报率、中间业务收入占比、个人资产业务收入占比、个人优质客户占比等指标考核来引导个人金融业务的持续发展。目前，山西分行的客户、产品、渠道、队伍建设等已越来越不适应当前的发展形势，影响到核心竞争力的进一步提升。

一是客户贡献度偏低，发展能力较弱。由于多年来的不计成本效益、不讲投入产出的管理模式，导致山西分行长期忽视客户管理，经营资源和服务能力多被无效、低效客户所占据，对优质客户缺乏后续的跟进和维护，对潜在优质客户缺乏进一步整理和挖掘，高端客户无法享受到相应的服务，贡献度高的优质客户和富有发展潜力的客户占比偏低。目前，山西分行的重点个人客户中人均贡献仅为219元，低于全国工行270元的平均水平。在优质客户中，发展为理财金账户的仅有3126户，发展能力很低。可以看出山西分行对目标客户挖掘明显不够，分层次、差别化服务亟待加强。在山西分行管理的1254万户个人存款账户中，日均余额在500元以下的小额户数有608万户，占到全部个人账户数的48.5%，也就是说工商银行近50%的个人账户日均都在500元以下。这些大量小额存款账户不仅贡献度较低，而且占用了较多的系统资源，造成资源极大浪费，为维护这些账户山西分行每年都要投入大量资金，无形加大了运营成本，直接影响了山西分行的持续发展能力。

二是产品功能重叠，整体优势难以发挥。目前，银行的竞争主要集中在产品领域，随着市场竞争不断深化，产品的复制和模仿速度不断加快，产品的价格、品质、性能等同质化趋势明显。如山西分行基金代销、理财产品、个人按揭、代理收付、个人外汇买卖等品种一经推出，其他银行纷纷仿效，很难取得超越或持久的领先地位，真正具有本行特色优势的产品较少，产品研发和整合创新能力明显不足。同时，对于个人金融产品，部门多头开发包装，如个金部门的灵通卡、理财金账户，银行卡部门的准贷记卡、贷记卡，电子银行部门的个人网上银行、电话银行等，产品功能重复，难以形成整体优势。还有部门分工分散，协调配合不够，如ATM分别由信息科技部门和个金部管理和维护，因经常管理脱节，导致部分ATM不能正常运行，客户投诉多、意见大。

三是营销渠道单一，离柜业务发展缓慢。打造个人业务核心竞争力，渠道建设刻不容缓。目前，太原、大同、长治等几个较大城市已成为各商业银行抢滩设点的主战场。与其他股份制银行相比，山西分行在加大物理网点收缩的同时，在网点的迁建改造上投入明显不足。一方面，物理网点的总体竞争能力较弱。目前，山西分行只有91个网点推行了个人金融业务核心竞争力项目，占到物理网点总数的17.1%，尚未形成个人理财中心、一般理财网点和普通网点三个层次相互协调、相互配合的营销网络，网点布局改造任务依然艰巨。另一方面，

虚拟网点发展滞后。ATM、POS、电话银行、网上银行业务量和交易额比重相对较小，自助设备使用率较低，大量低端客户仍依赖于柜面服务这一渠道。2004 年山西分行 ATM 单机日均业务量低于全国工行平均水平近 40%；单机日均交易额低于全国工行平均水平 45%；83%以上的借记卡业务仍由网点柜面受理，业务分流步伐缓慢。

四是客户经理匮乏，营销方式落后。工商银行现从事零售业务的员工大量为前台柜员，尚未形成一支优质高效的个人客户经理队伍。据统计，工商银行个人客户经理只有 252 人，其中具有客户经理资格的仅 125 人。按照总行每个客户经理最多管理 200 名优质客户的要求，山西分行个人资产 20 万元以上的优质客户有 5.6 万户，须配备专职客户经理 280 人，现有个人客户经理数量明显不足，符合资格条件的比例就更低了，很难集中精力进行优质客户服务工作。由于专职客户经理短缺，且岗位变动频繁，多数网点在实际操作中都采用兼岗的方式配备客户经理，加之考核体系不明确，造成客户经理职责不清晰、相关业务不熟悉。此外，现有客户经理人员观念、知识和技能不适应形势发展的需要；营销意识和营销手段无法满足优质客户不断增长的金融需求；个人客户营销系统无人维护，对客户结构与业务需求分析较少，山西分行的优势产品营销还停留在初级层面上。

三、加快零售业务整合创新的总体思路

面对新的经营形势，必须抢抓发展机遇，补足差距，依托和发挥现有的优势，加快零售业务整合创新步伐，推进经营战略转型，努力实现零售业务跨越式的发展，逐步缩小与银行业先进水平的差距，不断提升零售业务核心竞争能力、盈利能力和可持续发展能力。

（一）以现代商业银行经营理念为指导，积极构建“大个金”经营发展格局。经营理念决定经营思路，经营思路引导经营行为。山西分行需要对零售业务重新定位思考，找准目标和突破口，积极拓展发展空间。零售业务因其具有非常好的成长性以及反经济周期的特点，是一项“常青树”业务，山西分行应更加重视发挥其作为稳定利润来源和分散经营风险的作用。牢固树立“大个金”的经营理念，深入研究客户、渠道、流程、产品等问题，加强组织协调和统筹管理，建立科学的决策支持体系和内部沟通机制，促进内部资源的整合利用和信息交流共享。要坚持以客户为中心，以创新为手段，全面提升服务意识、服务技能和服务质量，根据不同客户的不同要求，精心配置个性化的服务套餐，增强优质客户对山西分行的满意度和忠诚度。要坚持效益观念，以追求股东价值最大化和保持银行长期发展能力为目标，建立分客户、分产品、分渠道、分机构的科学评价核算体系，准确量化零售业务的成本收益，确立市场进入和退出标准，努力提高精细化管理水平。以推广业绩价值系统为契机，建立零售业务以利润为导向的经营模式，推动增长方式的根本转变。切实促进柜面业务由传统低效业务向高附加值业务的转移，杜绝不计成本、不讲效益、不顾质量地盲目发展。

（二）全面整合营销渠道，进一步提升网点竞争力。

一是加强营业网点的分类管理。根据有效客户资源和金融资源的变化情况，及时调整网点布局，优化网点结构，使机构网点设置与区域经济发展水平相适应。要以城市行及金融资产丰富的机构为中心，结合城市规划及发展方向，编制统一的近期、长期网点撤、并、迁、改、建规划，打造定位清晰、互为补充的多形态的网点经营网络。第一类是品质卓越的理财型网点，能为各类客户提供种类繁多的银行产品，满足各类不同客户需要。第二类是一般理财网点，以专门经营某几类个金主营业务为主，如出国留学、住房按揭、外汇买卖、汽车消费等，为优质客户提供专业化服务。第三类是方便快捷的普通网点，主要针对交易笔数多、金额小、网点分区布局受限的小型网点，通过整合柜台业务、分流低效益业务、规范业务流程等，提高网点业务处理效率，形成以快收快付为主的零售便利店。同时，充分利用网点业绩核算系统（PASN），根据人均有效资产、人均存款、人均利润等指标进行综合评价，加大对风险控制能力弱、盈利能力差、发展水平低下机构的撤并力度，促进机构网点经营效率的提升。

二是尽快提升物理网点竞争能力和服务水平。从实施个人金融业务核心竞争力项目入手，在人力、财力、物力资源配置上向理财中心倾斜，通过转变一线网点的经营观念、经营模式，重组业务流程，努力实现网点经营模式由单纯关注考核指标的粗放经营，向关注当前与长远综合效益目标的方向转变；客户服务流程由被动的、间断的服务，向建立主动识别引导、接触营销、业务处理、客户维护的全过程、连续的、标准的服务机制转变；岗位职能由无差异、操作型为主，向定岗定职、营销型、效益型转变；业务处理模式由前台操作、营销、控制相混合，向前台以营销服务客户为主、后台以集中业务操作监管为主的分工协作型转变，从而提升网点竞争力。

三是不断提高虚拟网点低成本业务交易量。从 2006 年起，山西分行计划每年新建 20 个离行式自助网点，到 2010 年达到 100 个以上。进一步分流柜面业务，对柜面代收代付业务进行梳理，能批量代扣的坚决上机代扣。同时加大对电子银行的宣传推介力度，使广大客户熟知接受使用工商银行的电子产品渠道，逐渐培养自助办理业务的习惯。

（三）优化客户结构，加强客户关系管理。调整客户结构要从不同的层面对客户进行分类，从收入、年龄、素质、职业等方面进行划分，根据客户使用产品的

效益贡献度进行划分，为不同的客户量身定制能够满足其不同需求的理财计划，使客户更多地使用工商银行的金融产品，巩固和发展中端客户，竞争高端客户，发展和培育潜力客户。对现有的高端客户，通过产品交叉营销和跟踪维护，稳定这部分优质客户资源，提高其忠诚度和贡献度，力争每年新增100个资产在千万元以上和500个资产在百万元以上的个人客户。重视潜力客户群的识别挖掘工作，把识别、引导、建档、营销、维护纳入日常管理工作中。继续组织对功能重复、金额较少、长期闲置的个人小额账户进行清理归并，通过整体压降小额账户数，达到分流低端客户，改善客户结构的目的。

（四）充实客户经理队伍，不断增强服务能力。客户经理是客户与银行间的产品信息交流大使。山西分行将继续加大客户经理制的推广力度，根据业务发展需要不断调整加强客户经理队伍力量，争取每名个人优质客户都有专职个人客户经理为其服务，使山西分行个人资产在50万元以上优质客户都能得到相应的维护和管理，享受到高质量、高效率、全方位的一体化服务，潜在优质客户也能同时得到维护和挖掘，进一步提升工商银行品牌形象和收入水平。要采取多种手段，把行内适合客户经理岗位的优秀人才选拔出来，充实到个人客户经理岗位，加强梯次培训力度，推行团队化管理模式，发挥其营销主力军作用。同时进一步完善客户经理考核奖励办法，设立突出贡献奖，对完成任务好、贡献大的客户经理予以重奖，运用激励机制来调动客户经理的积极性，提高营销业绩。

（五）致力产品整合创新，着力打造优势品牌。零售产品能否全面满足客户多样化的金融需求，是衡量一家银行是否具备市场竞争力的重要标准。要对经营管理机制进行有效的整合，尽快形成全力整体营销、内部信息顺畅、部门密切协调配合、后台支持前台的营销格局。对各类产品进行整合，形成以个人理财、个人结算、个人信贷、个人投资、个人外汇和银行卡六大系列相互关联、相互转换的财富管理型产品体系，努力为客户提供“一站式”服务，提高产品的持续竞争力。要在规避风险的前提下，启动新一轮“幸福贷款”品牌宣传和市场营销活动，着力推动个人贷款业务有效增长。通过创新产品性能和科技含量，丰富“理财金账户”、“白金卡”、“牡丹灵通卡·e时代”、“全球快汇”、“金融@家”、“U盾”、“汇财通”等产品附加值，扬长避短，努力打造富有特色的优势品牌。在产品投放布局上，通盘考虑、有的放矢，尽量将优势产品投放到有较好发展潜力和良好经济环境的区域，以便实现最佳投资效益组合。在市场拓展上，针对不同的客户，不同的业务特点，提供不同的金融套餐产品，吸引新客户，巩固老客户。通过现场演示、上门培训、电话指导等形式，强化新产品的售后服务。随着利率市场化改革的逐步推进，总行内部资金转移价格的下调及资金上存政策的调整，传统的储蓄存款业务更将面临非常大的利润压力，要保持个人金融业务的持续盈利能力，必须在积极促进降低储蓄存款成本的基础上，以个人中间业务与个人贷款业务为突破口，加快调整业务结构，转变增长方式。

（六）强化风险控制，确保零售业务健康持续发展。要通过准确识别和科学计量个人金融业务风险状况，制定相应的监测、控制和处置措施，建立全员、全程、全方位的风险管理体系，提高风险掌控能力。按照现代商业银行内控管理要求，全面改造业务和管理流程。在对零售业务营销与核算进行前后台分离、改革精简业务操作授权、完善各项业务制度的基础上，建立保障业务快速发展的风险管理体系。要结合产品创新和新业务投产的风险防范要求，认真分析划定零售业务管理及操作中的高风险环节及部位，及时预测风险环节，明确控制要点，做好个人理财中心、自助银行及个人客户经理、营销人员的业务风险和客户服务风险控制，通过业务培训、检查、监督等手段，确保防范措施落实到位。要强化对基层机构负责人的监督管理，坚决贯彻基层网点负责人轮岗和强制休假制度，全面实行支行以下网点会计主管委派制，有效遏制管理人员的违规行为。在全面完成营业网点经理委派的基础上，明确职责，强化授权管理，进一步提高内部控制和管理水平，促进零售业务持续、健康、稳步发展。

内蒙古分行积极适应股份制改造需要 全面推进二级分行经营机制综合改革

内蒙古分行　范尔钢

为适应工商银行股份制改革需要，进一步解决经营管理中的深层次问题，提升核心竞争力和综合服务水平，有效防范股改上市后的经营管理风险，内蒙古分行按照总行的总体要求，并密切结合自身实际，从2004年9月份开始，积极探索和推进以扁平化管理为核心的二级分行经营机制综合改革，收到了较明显成效。

一、充分理解和认识以扁平化管理为核心的二级分行经营机制综合改革的重要意义

实现工商银行股改上市，注资和剥离不良资产固然重要，但真正着眼点应该是公司治理机制的再造。完善公司治理是国有商业银行综合改革的核心。工商银行的改革发展，一靠人员，二靠机制，在解决好人的思想观念、思维模式等转变的同时，必须对目前经营管理中不够科学、不够合理、制约业务健康发展的机构组织体系及业务流程进行改革。这不仅是提高经营管理水平和竞争发展能力的需要，也是达到上市公司标准，赢得未来生存发展空间和良好市场表现的基本条件。

著名的“法约尔管理原则”认为：层级管理的纵向、横向管理路径太长会严重影响效率。因此，现代商业银行要提高管理效率，增强应变能力，进而更好地体现“以市场为导向，以客户为中心”的经营理念，就必须对过长的业务流程和过多的管理层级进行压缩，使管理的路径和通道缩短，管理的幅度加宽，也就是要推行“扁平化”管理。

组织和推行扁平化管理的过程，实际上是优化国有商业银行基本经营单位经营和管理流程的过程。二级分行作为国有商业银行统一法人体制下一个基本经营核算单位，经营规模相对适中，资产负债规模、管理半径、辖区内的分支机构网点设置，尤其是所辖各分支机构的经济发展环境、政策环境等均在同一行政区划内，差别不大，易于控制和管理，而且，二级分行内部已经形成了相对完整的经营管理体系，全行统一的资金清算汇划和综合业务系统，“费用实拨制”管理改革和信息科技的强有力支持为实施“扁平化”经营管理奠定了基础。鉴于此，内蒙古分行将以扁平化管理为核心的经营机制综合改革的主体定位于二级分行，力求通过整合、缩短管理通道和路径，优化和再造业务流程，建立与市场及客户需求相适应的组织结构体系和经营机制，并由此形成相互联动作用和整体合力，从而提高管理效率、市场应变能力和核心竞争力。

二、内蒙古分行在推进二级分行经营机制综合改革方面所做的积极探索

随着市场经济的发展和金融改革创新的深化，内蒙古分行内、外设机构的局限性逐渐显现，金融资源有限、经营规模过小、营业网点过散、管理幅度过窄、资源配置过粗、运作方式落后等状况，已难以适应商业银行经营发展的需要，全面推进经营机制综合改革工作显得十分迫切。

（一）加强调查研究，紧密结合实际，形成二级分行经营机制综合改革的基本架构。为深入推进二级分行经营机制综合改革，2004 年 10 月下旬，我带领课题组专程赴巴彦淖尔分行进行调查研究。调研过程中，通过发放调查问卷、座谈讨论、走访客户等形式，与二级分行共同研究经营机制方面存在的主要问题，深入剖析问题形成的原因及对业务发展的影响，积极探讨改进完善的方向和措施。经过认真思考，课题组以“提升效益、提高效率、降低成本、控制风险、强化内控和促进发展”为根本出发点，以整合组织架构，再造管理流程，重组营销体系，推进资金管理体制改革，实施全面成本管理，构建新型的市场营销、信贷管理、内控约束和考核激励机制等为主要内容，提出了二级分行经营机制综合改革的基本思路，拟定了《二级分行经营机制综合改革指导意见》（以下简称《指导意见》）。

《指导意见》先后提交内蒙古分行改革发展研讨会和两次党委（扩大）会议进行研究讨论。经过充分论证，反复修改，于 2005 年 2 月份正式印发各二级分行。我们要求各行在深入领会《指导意见》精神实质的基础上，结合实际，尽快拿出各自的具体实施方案，报分行审批后组织实施。目前，各行《实施方案》已全部上报分行，分行正根据内蒙古分行股份制改造的整体部署和具体要求，特别是结合总行《关于二级分行扁平化改革的指导意见》的相关规定，按照“一行一策，分类指导”的原则，逐一研究、审核并指导实施。

（二）二级分行经营机制综合改革的主要思路。

1. 总体目标和基本原则。二级分行经营机制综合改革总体目标：整合组织架构，再造管理流程，重组营销体系，推进资金管理体制改革，实施全面成本管理，构建新型的市场营销机制、信贷管理机制、内控约束机制和考核激励机制，优化经营资源配置，提升经营管理效果，培育核心竞争力，保证稳健运行和可持续发展。

二级分行经营机制综合改革原则：提升效益原则，以客户为中心，以效益为目标，以客户价值为依据，细分客户群，提高营销水平，追求效益最大化；提高效率原则，缩短管理半径，再造业务流程，整合业务支持资源，减少管理层次，提高办事效率和信息传递速度；降低成本原则，实施全面成本管理，建立全方位、多层次的分类绩效考评体系，优化经营资源配置，降低管理成本和交易成本，提高整体获利水平；控制风险原则，优化管理流程，完善风险机制，理顺风险、内控部门与专业部门之间的关系，构建全员、全程的全面风险管理体系；强化内控原则，完善主要业务调查、审查、审批、管理四个环节的风险控制，强化内控监督评价和责任追究，有效控制违章、违规、违纪行为；促进发展原则，测算分析改革前和改革后各阶段各项指标的发展变化情况，寻找差距，完善措施，确保在经营效益提升、资产风险控制、内控合规建设方面实现跨越式进步。

2. 重整组织框架，提高工作效率。实施和深化机构扁平化改革，对业务、管理、核算流程实施再造，彻底改变传统的以产品设部门、以职能设流程、以部门为中心分割业务的管理模式。一是纵向压缩，强化专业垂

直管理考核职能；二是横向延伸，探索与管理水平、管理半径相匹配的管理幅度，推进业务向纵深发展；三是从纵横两个方面切实加强经营管理责任的分解与落实。大力压缩无效、低效和不增值的流程和组织，削减营销服务一线与二级分行之间的不协调环节，畅通营销服务一线与二级分行之间的沟通渠道。

整合二级分行组织机构，按照市场营销、业务管理和风险控制、支持保障四个类型划分和设置部门，突出网点的柜面服务和营销职能。压缩机构总量规模，调整机构区域布局，继续加大低效机构撤并力度，提高单产和人均指标。规范机构管理层级，根据“总行—分行—支行”的机构管理目标模式，将符合条件的基层营业网点改建为一级或二级支行。

3. 构建科学业务流程，提高决策力和执行力。整合财务管理流程，统一财务事项核算层级和核算模式，逐步推进财务集中，实现财务核算标准化、报告标准化，构建内蒙古分行“大财务、一本账”的财务集中管理模式。

强化和再造会计核算业务流程，以实施前后台业务分离为切入点，优化常规业务处理流程，加快营业网点综合化改造步伐，合理定岗定编，明确工作职能，初步实现“网点全面受理、后台集约处理、业务全程监督、自动缩微归档”的功能。继续加强三大中心建设，推动三大中心的职能转变，推行以城市行为中心的、先进的、专业化的会计业务集约化处理和管理模式。

整合市场营销的机制与流程，明确二级分行、支行及营业网点的营销职责，整合和优化前台部门的营销职能，再造个人金融业务营销体系，前台实行以客户经理为核心的组织模式，集中营销资源，提高营销效果。加强客户经理队伍的培训和建设。

按照“全额集中、统一配置、分别计价”的原则重新构建科学的资金管理模式，建立一套完整、科学、有效的内部资金转移价格形成及运用机制，实现资金的纵向管理向纵横结合的资金池管理模式转变，统一配置和营运内蒙古分行资金。

4. 构建三级内控管理平台，营造健康内控环境。坚持科学发展观，针对内蒙分行辖区面积大、管理链条长、风险点较为分散，传统逐级垂直内控监督体系导致内蒙分行风险控制与系统管理能力逐级递减、相对较弱的实际，着力搭建以分行内部控制管理委员会为核心，以二级分行、支行内控体系为支点的三级内控管理平台。建立内控信息传导和反馈系统，向基层机构派驻内控特派员，及时反馈基层信息，有针对性地采取相应的控制措施，切实解决业务快速增长与管理能力提升相对缓慢的矛盾。

充分发挥自控、互控、监控三道防线的作用。将控制关口前移，实现业务事前、事中控制。相应增加二级分行经营绩效综合考评中内控指标内容及权重，加大内控问责力度，建立切实可行的内控评价考核体系。

按照权限制约的内控基本原则，制定实施对各类贷款及各项融资业务的事前双线合规审查制度、举报制度、各级转授权制度、内控履职制度，对各级管理人员权限实行有效的约束。

定期对内控制度执行情况进行考核、评比，对员工行为、执行制度和操作规程等进行动态管理，做出综合评价，落实内部管理否决制和行长问责制。严防基层机构负责人违规越权。对主观故意违规越权但未造成损失的分支机构，责令主管负责人引咎辞职；对主观故意形成重大风险或造成损失的班子，要求其集体引咎辞职。

5. 构建全面风险管理体系，进一步提高资产质量。明确风险管理委员会在内蒙古分行风险管理工作中的领导决策地位，构建以风险管理委员会为核心的全面风险管理体系。拓展风险管理委员会的管理职能，对信用风险、市场风险、操作风险和流动性风险实行统一控制，对表内和表外、信贷和非信贷风险资产，实行统一管理。改革并规范委员会议事规程，逐步试行委员投票表决制度、委员会议辩论制度与专家咨询制度，提高委员会的科学管理水平。

再造信贷管理流程。贷前决策，要建立相应的风险识别机制，避免决策失误风险；贷中管理，各级行和各部门要有效衔接，实行规范化、标准化管理模式，消除操作性风险；贷后管理，要通过及时有效的检查和法律支持，化解市场变化带来的风险，将风险约束在可承受范围内。

建立双控机制，形成条块互控管理模式。明确各分支机构领导和部门负责人的岗位职责。严格信贷“关系人”回避制度，严格遵守审批程序、相关业务流程及管理办法，严格贯彻执行审贷分离原则；具有贷款审批及签批资格的管理人员，不得以权力或职务便利干涉或影响贷款业务的调查、审查、发放、决策及贷后管理工作。

建立全面风险管理平台。整合运用风险管理标准，系统梳理业务及管理流程，识别、评估流程中的各类风险，确定控制措施及要求，建立系统、透明有效的管理体系，形成包括一级分行、二级分行和支行的三级风险管理平台，积累全面风险管理基础数据，实现对各类风险系统、连续、有效地控制，建立符合现代商业银行运作要求的内控机制和风险管理模式。

建立矩阵式风险管理体系。分行设立风险管理委员会，直接对行长负责；分行主要业务部门按所从事业务风险识别要求进行独立审查控制，分行业务部门、二级分行和支行应分别设立风险管理岗，形成以垂直监控和管理模式为主，横向监控和管理方式为辅的运作体系。

6. 构建科学考评机制，促进经营战略转型。在业绩价值管理、激励约束机制、考评结果运用方面进行大胆的探索和创新，建立直面市场、管理层和操作层的分层次绩效考评体系，形成业绩考评、收入分配、资源配置相统一的激励机制，促进经营模式和增长方式的战略转变。

进一步完善考评体系，制定分行本级、二级分行、支行、一线操作层四个层面考核办法，将内蒙古分行经营的各个层次纳入考评范围。考评指标设置要突出市场营销，清收压降不良贷款和内控合规建设三项重点工作；增加效益类指标分值，注重收入结构调整，重视利润风险含量和增长的质量；加大拨备成本和风险损失成本的制约，引导各行注重成本管理，加强成本核算；加大案件管理考核的计分权重，引导各行强化内控机制、防范化解经营风险。将年度经营管理目标纳入绩效考评，制定经营目标专项考评细则，并以考评结果为依据，实行各种形式的奖励分配，促进价值贡献与收入水平相协调，实现对领导层及员工绩效挂钩的标准分配。

构造科学有效的激励机制。适应工商银行股改新形势，加快建立能够体现市场竞争性、内部公平性、绩效激励性、管理便利性的薪酬激励机制。以岗位价值取代行政职级作为确定员工固定薪酬水平的基础，拉开员工横向收入差距。以岗位类别和工作性质为标准确定不同人员薪酬构成和考核方法，建立差异化薪酬制度。以员工绩效评价结果为依据确定绩效工资水平，拉开变动薪酬差距。以岗位市场价值为参照，建立一个以岗位绩效工资制为主体，兼顾内部公平和外部竞争力的薪酬体系。启动分支机构负责人的工资管理体制改革，下级行经营管理者收入水平和收入结构由上级行决定，部分绩效工资采取延期支付的方式，以约束短期行为和降低经营风险。

7. 构建与现代金融企业相适应的人力资源管理体制，为业务发展提供有力支持。坚持“人才兴行”战略，做好人才资源开发配置。扩展业务类职务序列范围，拓宽人才晋升渠道。健全干部监督约束机制，建立和完善竞争性选人用人机制，推行管理人员聘任制，努力形成择优进入、严格监督、有效激励、正常退出的良好机制。

以创“四好”领导班子活动为契机，做好领导班子调整配备工作，优化各级班子结构。加强干部队伍建设，积极培养使用优秀年轻干部。推进一级分行与二级分行之间、分支机构之间的干部交流工作，提高干部的综合素质。探索人员分流的有效途径，实行按需设岗、因岗设人，推行竞争上岗，疏通员工正常退出通道，促进人员规模与经营规模合理匹配。

8. 构建具有工商银行特色的企业文化。全面落实《内蒙古分行企业文化建设三年规划》，以确立以人为本思想、提升企业素质为内容，严格行内相关规章和制度，抓好服务、品牌和外在形象的建设，努力在内蒙古分行营造统一的核心价值观、企业精神、经营理念和共同的行为规范，为内蒙古分行的改革发展提供坚实的文化基础和制度保障。

三、二级分行经营机制综合改革成效初现

二级分行经营机制综合改革目前正在试行当中，从试点的巴彦淖尔分行半年来的情况看，经营发展势头良好，部门职责任务更加明确，员工凝聚力进一步增强，协调成本大大降低，工作效率明显提高，各项业务指标完成较好。

（一）思想观念的转变明显。通过对现代商业银行经营理念和经营机制综合改革指导意见的宣传和学习，广大员工特别是行领导深切认识到：实施股份制改造，实现经营战略转型以及内蒙古分行五年发展规划确定的经营目标，从根本上增强自身的核心竞争力，首先必须在观念上有所突破，即必须以股份制改革的有关要求来引导、规范、统一干部员工的经营观念，必须构建起符合现代商业银行经营理念的内在要求的依法合规经营意识、危机意识、发展意识、经营意识、创新意识和以人为本意识。

（二）经营机制的导向作用明显。一是建立起以“大公司”、“大个金”、“大内控”为主体的经营管理组织体系。二是优化了资源配置，降低了经营成本。主要表现在：人力资源配置趋于合理。整合后减少内设机构8个，压缩44%，机关人员减少18人（不含各中心人员），减幅为13%。人力资源配置向市场营销倾斜。三是提高了管理效率。通过机构整合，降低了经营决策传递的衰减度，决策措施可以直接落实到一线；统一对外经营策略，解决了对外竞争和业务开拓不协调、业务发展不平衡的问题；统一规章制度和经营工作部署，强化了工作步调的一致性；减少管理环节，提高了工作效率，减轻了基层负担，使基层能够集中精力抓好经营。四是进一步增强了市场竞争力。以客户为中心、以市场为导向设置内设机构，增强了市场竞争能力。改革前，同一客户的不同业务分别由不同部门营销，客户市场交叉，各算各的账、各攻各的关，难以形成营销合力，营销资源浪费严重，经营成本人为加大。通过机构整合，同一客户的不同业务由一个部门营销，适应了市场竞争需要，提高了综合竞争能力。五是进一步明确了贷后监督检查中心工作职能，设立了贷款审批中心和消费信贷管理中心，从而加强了贷款审查审批、贷后管理工作，探索构建防范和控制信贷风险的长效机制。六是内控机制更加完善。撤销核算中心，设立了会计业务处理中心、监督中心，使前台和后台工作分离，有效防范了操作风险发生；完善两级内控管理平台，建立了有效的风险事前防范、事中控制、事后监督与纠正的动态控制机制。

（三）对业务发展的促进作用明显。

1. 各项存款稳步增长。截至2005年6月末，该行各项人民币存款（包括同业存款）余额38.35亿元，

较年初增加2.62亿元，增长7.23%。其中：储蓄存款增长强劲，余额达24.7亿元，较年初增加2.58亿元，完成半年存款计划的184.18%，市场增量占比居当地四家国有商业银行首位。

2. 资产质量进一步提高。截至2005年6月末，该行各项人民币贷款余额32.13亿元，剔除核销、剥离贷款因素，实际较年初新增贷款2.19亿元，主要投向了电力、铁路、公路、能源建设等优质项目和客户。若剔除两家纸厂潜在风险贷款按计划转入因素，不良贷款占比为0.34%。

3. 收入结构明显改善。截至2005年6月末，中间业务品种达到42项，较上年增加了10项。实现中间业务收入454.1万元，较上年同期增加122.1万元，增长36.78%，完成半年计划的121.09%。

4. 经营效益稳步提升。截至2005年6月末，实现各项收入1.05亿元，同比增加0.16亿元。实现账面利润0.35亿元，实现经营利润0.53亿元，经营利润较上年同期增加0.15亿元，完成半年计划的113.89%。

四、二级分行经营机制综合改革试点中存在的问题及下一步计划

实施经营机制综合改革，是内蒙古分行适应新形势要求而进行的一次全新探索，没有现成的经验与模式可以借鉴。从试点情况看，改革虽取得了初步成效，但同时仍有一些问题没有得到根本解决。

一是二级分行本部管理观念和模式没有实现根本转变。二级分行的一些人员思想观念没有跟着组织机构的变化而变化，仍然以管理行的身份经营业务，停留在下指标、催任务、要数字的“官行”经营模式中。

二是业务流程和机构设置的整合问题还没有完全到位。目前各专业业务流程的再造基本上是各自为政，专业之间业务流程整合不够。二级分行直接进行市场开拓、业务营销的机制尚未真正运行起来。

三是绩效考评机制不完善，缺乏科学的考核办法。对二级分行内设部门绩效考核存在“平均主义”现象；对一线营业网点的考核仍以存款和中间业务指标为重；对员工的工作质量和效率缺乏科学的考核办法，员工贡献度没有很好地体现，在一定程度上影响了工作积极性。

四是营销机制尚需进一步理顺。由于公司业务部门和个人金融业务部门分别承担所有涉及对公和个人的贷款、存款及中间业务营销任务，加之业务开拓与内控管理机制不够协调，上下联动机制不很健全，业务操作流程欠规范，从而使内蒙古分行市场营销工作显得力不从心。

针对经营机制综合改革试点工作中出现的问题，内蒙古分行拟从六个方面作进一步的完善：一是按照集约化经营管理原则，优化组织结构，整合业务流程，加快建立有利于业务发展和市场竞争的全新的业务操作流程。二是以结构调整优化为基础，加快业务发展向集约型经营模式和多元化增值型增长方式的转变。三是构建全面有效的风险管理体制，运用先进科学的风险管理技术，确保业务健康持续发展。四是完善三级内控管理平台，创新控制评价体系，构建和谐内控环境。五是全面推行经济资本管理模式，构建与业务发展和风险控制相适应的经营绩效考评体系。六是进一步完善以满足战略发展要求为出发点的用人制度，建立以业绩驱动为核心，激励有力与约束有效的人力资源管理体系。

关于上海分行加快推进两个转变的调研报告

上海分行　孙持平

加快推进经营模式和增长方式转变，走质量效益型发展之路，是总行党委提出的战略要求，也是上海分行近两年来一直思考和努力探索的问题。结合上海分行面临的经营环境，上海分行党委就加快推进两个转变问题进行了多次学习研究，反复领会，我和班子的其他同志也就一些具体问题开展了调查研究。

一、明确战略目标定位，增强推进两个转变的紧迫感

观念的转变是根本转变。要实现上海分行增长方式和经营模式的转变，首先必须转变上海分行各级领导干部尤其是上海分行高级管理人员的思想观念，提高对实现两个转变重要性的认识，增强紧迫感和责任感。

（一）加快推进两个转变是适应上海产业结构调整的需要。以浦东开发开放为标志，近几年上海的经济和社会事业取得了全面发展，已进入人均GDP由5000美元向8000美元跨越的重要历史阶段，上海市委市政府已明确以“科教兴市”为主战略，以建设经济、金融、贸易、航运“四个中心”为总目标，整个经济运行正在或已经呈现出一些新的特点和趋势。一是重点发展先进制造业，通过引进和自主改造相结合，上海将建设一批代表当代先进水平的现代制造业和装备业，包括钢

铁、汽车、造船、大型电站设备、化工等，加快形成先进的制造业体系。二是优先发展现代服务业，在稳步提升金融、商贸、物流、房地产四大支柱产业基础上，上海正着力培育信息、航运、会展、中介四大新兴服务行业，重点发展文化、体育、教育、医疗四大潜力行业。三是加快上海郊区发展，推进"人口向城镇集中、产业向园区集中、土地向规模经营集中"，加快中心城区与郊区的联动发展。四是世博会已成为新一轮城市改造的重要动力。上海经济社会发展的特征决定了上海分行只有顺势而变，调整传统的业务结构、客户结构，才能抓住这一难得的历史机遇，实现新一轮的高质量高效益发展。

（二）加快推进两个转变是适应金融运行方式变化的需要。经济结构的调整，必然影响金融运行方式。近两年，上海全市贷款余额与GDP比率分别达到了1.84和1.76，传统信贷市场空间相对饱和。上海分行近几年信贷结构的不断调整，特别是不良贷款处置和亚健康贷款的退出，贷款的周转速度加快，流动性提高，贷款规模增长速度趋缓，也表明靠传统的贷款拉动型的增长已日趋困难。因此要适应上海金融运行方式的变化，上海分行必须加快转变增长方式，为客户提供新的产品和服务。

（三）加快推进两个转变是适应现代商业银行建设的需要。银行业是高风险行业，必须审慎经营，不能无限制扩张，也不允许超负荷经营。从国际先进商业银行的发展趋势来看，商业银行业务正由批发业务为主向批发、零售业务并存转变，由单一依靠利差收入向利息和非利息收入并重转变，且非利息收入占比逐步提高。随着国务院批准工行股改方案，一级法人治理体制将不断健全，资本和成本约束将日趋完善，内控管理将愈加严密，这要求上海分行必须加大调整的力度，培育新的增长点。上海是我国经济中心城市，各类要素市场比较齐全，金融业比较发达，因此，上海分行有条件，也有责任在转变增长方式和经营模式方面走在工商银行前列，探索出一条符合现代商业银行前进方向的发展之路。

根据上海分行面临的形势，上海分行党委通过调研提出了新一轮发展的目标，即在一级法人体制下，坚持"四个率先"（率先转变经营模式、率先处置不良资产、率先推进综合改革、率先构建人才高地），建设零售业务、批发业务、新兴业务三条业务线，形成与之相适应的集约化的业务营销、风险管理和运行支撑组织架构和运行机制，全面提升核心竞争力，实现质量效益规模协调发展，努力把上海分行办成具有国际中上等商业银行经营管理水平的一级分行。

二、以"五项调整"为抓手，突破发展瓶颈

"两个转变"的实质就是要求商业银行的发展要实现由单纯追求业务规模扩张向以"质量、效益和规模并举"的转变，既不能以牺牲质量和效益为代价去获取规模的扩张，又要确保上海分行在上海地区应有的发展速度和市场份额。为此，2005年以来上海分行以"五个调整"为工作重心开展工作，突破发展瓶颈，推进经营模式和增长方式的转变。

（一）注重营销思路调整，既抓增量拓展，又抓存量挖潜。客户资源较多和经营规模较大是上海分行的优势所在，但过去几年我们比较偏重于争揽新客户、新项目，而对存量客户的售后服务和综合挖潜重视不够，以致于出现了一方面辛辛苦苦营销新客户，另一方面因疏于维护而导致现有客户流失，回报率降低。为此，上海分行提出了要向存量要资源、要业务、要效益。

1. 摸清现状。通过全面分析和综合评估，我们对现有产品、业务和网点的发展及其价值量和潜力有了更全面、清晰的了解，在此基础上制定有针对性的策略，即对效益好、发展快的产品继续巩固维护，对价值量大、但占比不高的业务则加大投入，对人均效益低的网点则要求采取综合措施改进提高。

2. 明确目标。我们对上海分行2900家信贷客户按其信用情况、价值量和回报率高低进行排序，并按照"该进的进入，该挖的挖深，该留的留住，该退的退出"二十字方针，分别确定四类客户名单，采取不同的营销策略和政策措施。在重点拓展优质新客户和项目的同时，千方百计挖掘现有存量优质客户的业务潜力，提高其综合贡献率。

3. 完善营销体系。上海分行公司金融部和三个重点支行负责拓展总、分行级优质大客户，包括世界500强在沪投资企业、优质机构类客户，巩固和扩大现有优质大客户在上海分行的存贷款份额和中间业务占比；对于新的重点工程和重大项目，由上海分行公司金融部直接营销、受理。同时组建上海分行公司金融二部，负责除上述由分行直营业务外的其他公司金融业务的整体推动工作，包括中小企业业务和住房开发业务等。从而建立起分层营销、重点突出、分类指导的营销体系。

4. 加强考核。年初上海分行与各支行、相关业务部门签订了营销和维护客户的具体任务和指标，开展了六个项目的劳动竞赛，并在行长目标考核中细分出资产、负债及中间业务的专项考核，既考核增量，又考核存量，既考核结果，又考核过程。实行分月监测，按季考核，年末总评。从2005年上半年执行情况来看，存量维护和增量拓展工作取得了初步成效。与2004年同期相比，上海分行各项存款增加248亿元；剔除剥离等因素，各项贷款增加155.73亿元。

（二）注重业务结构调整，大力发展零售银行业务。零售银行业务是上海分行的优势业务，其中储蓄存款占全部存款的52.5%，个人按揭、个人消费贷款占整个人民币贷款余额22%，成为上海分行贷款结构调整和利息收入增加的一个新亮点。为此，上海分行提出

要从战略高度大力发展零售银行业务，打造零售银行业务核心品牌。

1. 明确方向，实施零售银行业务发展战略。转变重批发、轻零售的传统思想，与国外咨询机构合作完成零售银行业务发展战略研究课题，借鉴国外零售银行经验，提出了以客户为中心，实行业务线管理，逐步构建分层营销、集约运行、统一风险管理并以管理信息系统为平台的经营管理体系的新思路，努力把零售银行业务办成具有国际竞争力的一流业务。

2. 整合职能，逐步形成零售银行业务体系。按照零售银行业务线的方向，我们把个人金融业务、会计结算业务、电子银行业务、银行卡业务、个人按揭和消费贷款业务都划入了零售银行业务体系。在个人金融业务部下设立了消费信贷业务部和高端客户服务部，分别负责住房按揭、其他个人消费信贷业务营销管理和个人高端客户营销与维护管理，并计划于年内设立10个贵宾理财中心，专门为个人高端客户提供综合理财服务。同时继续大力推进个人金融业务核心竞争力项目建设，完善大众客户服务体系。

3. 完善流程，加强零售银行业务风险管理。个人资产业务纳入到零售银行业务体系后，上海分行实行了营销与审批、贷后管理以及不良资产处置分离的业务流程和风险管理制度。同时为加强操作风险管理，上海分行还专门成立了个人贷款质量监测中心，对个人按揭贷款集中进行逐笔审查，确保每笔贷款都符合政策、手续齐全、操作规范、档案完整。

（三）注重经营布局调整，重点拓展郊区业务。根据上海市发展规划，6000平方公里的上海郊区作为上海新一轮经济发展的重点区域和引擎，正在成为先进制造业、现代物流和外国投资公司的重要基地。而目前上海分行的经营布局还主要在市区，资源配置的重点也仍是市区支行。7个郊区支行虽然实现了三年前提出的存贷款余额、利润翻一番的目标任务，但其在郊区的市场份额并不高，在上海分行系统内也只占上海分行的10%左右，明显与蓬勃发展的郊区经济形势不相适应。为扭转这种不合理局面，我们在深入调研、统一认识的基础上，提出了“举全行之力、聚全行智慧，进一步加快推进郊区发展”的战略要求，既要促进郊区支行实现跨越式发展，也要使老的市区支行找到新的市场和发展空间。

1. 加强组织领导，制定和实施郊区支行发展纲要。上海分行成立了郊区业务发展推进委员会，由一名副行长专职负责，一名行级干部配合，下设推进办公室，负责联系协调，检查反馈和调查研究工作。制定并着手实施郊区支行今后三年发展纲要，明确要求以发展资产业务为重点实现市场突破，以优化资源配置为重心实现机制转变，以整合管理职能为中心实现体制创新，全面提升郊区支行的业务市场占比、经营管理水平和员工队伍素质，实现三年后郊区支行经营利润、资产、负债等主要指标再翻一番的目标，确立上海分行郊区业务的市场领先地位。

2. 加强对郊区支行业务发展的支持。一是根据绩效挂钩原则，对郊区支行的人力资源和经营费用实行倾斜，网点装修费用由上海分行单列，增加资源投入，实行放水养鱼。二是上海分行准备抽调100名干部充实郊区支行力量，为郊区支行发展壮大提供人才支撑。三是2005年第一季度上海分行领导分头到郊区调研，现场办公，拜会区委区府领导，对有关项目进行高层营销，密切了与当地政府、重点客户的关系。四是建立了三个郊区信贷业务工作小分队，协助郊区支行营销重点客户、重点项目，实行审查前移，提前介入，协助把关，提高竞争力。

3. 横向联动，发挥整体优势。根据产业梯度转移和区域发展定位要求，市区支行主动与有关郊区支行联系沟通，郊区支行则配合做好簿记和维护工作。对郊区支行营销的客户和项目，市区支行也要积极配合和支持。此外，市区支行还通过与郊区支行结对方式，选派业务骨干支援郊区，帮助郊区支行进行制度检查和操作辅导，提高郊区支行市场拓展能力和内控管理水平。

（四）注重客户结构调整，积极开拓中小企业客户市场。一直以来，上海分行贷款结构存在着两个比较突出的问题。一是贷款集中度过高。大型企业贷款占绝对份额，且有进一步向大型企业集中的趋势。2004年末，上海分行的大型企业贷款余额占比67.25%，虽然目前这些大企业的贷款质量尚好，但由于客户数量过少，风险过于集中，边际效益趋降，且易受宏观经济影响，不利于贷款业务的稳定发展。二是中长期贷款增长较快，占比过高，且呈继续上升趋势。2004年末，1年期以上贷款占比为54.31%，其中5年期以上的长期贷款占比已经上升到26.04%。

上海分行要改变贷款高度集中现状，关键是要转变“重大轻小”的经营思想，合理配置经营资源，把经营重心转移到大力发展中小企业信贷市场上来，把中小企业作为新的市场新的客户来培育和拓展。

1. 深入市场调研，明确发展目标。根据国外咨询公司的研究报告显示，上海的中小企业约26万户，它们将成为在沪银行业未来利润的重要来源，而目前正是大力拓展中小企业贷款市场的重要时机。鉴于此，上海分行制定了力争在三年内使中小企业贷款余额达到上海分行贷款规模10%，同业市场占比达到25%以上，成为上海优质中小企业主要融资行的战略目标。2005年我们力争新增贷款50亿元，新增客户2000户，不良贷款率控制在1%以下，并努力形成一个以优质大客户为主导、优质中小企业为基础，大中小并举、协调发展的客户结构。

2. 坚持“三个立足”原则，鼓励错位竞争。针对中小企业的生产经营特点，上海分行提出了立足实业型企业、立足辖区内企业和立足在工行开户的中小企业发展业务的要求。立足于实业型企业，是因为实业型企业的经济实力、生产销售情况比较容易了解和把握，风险识别和控制比较容易，特别是那些为支柱产业、行业龙头企业配套的生产企业，贷款风险相对可控，是上海分行积极营销和拓展的重点对象。对以“楼宇经济”为特点的贸易型企业和以会展、旅游为主体的服务业，需要进一步研究相应的产品和风险控制办法，加快突破这一新兴业务市场。立足于辖区内客户，就是要求各支行结合各区功能规划，从区域经济特点出发，努力打造“一行一品”，实现特色经营，错位经营。立足于在工行开户的企业就是要求各行从现有结算户中发现挖潜客户，实行交叉营销，加强综合服务，做大做强做精中小企业金融业务。

3. 发挥资源优势，建立组织架构，加快网点转型。根据总行规定，结合上海分行实际，经过试点，上海分行初步建立了二级支行负责营销、一级支行负责调查审批和贷后管理、上海分行中小企业金融业务部负责专业管理的信贷业务发展组织架构。上海分行还通过制定“2005 年上海市中小企业信贷工作指导意见”、“小企业信贷业务基本操作流程”和“中小企业信贷业务营销手册”等办法，对二级支行行长和客户经理进行了培训，促使上海分行上下认真学习和掌握总行有关政策和业务操作实务知识。此外，各支行也纷纷抽调信贷干部担任二级支行的行长和分管中小企业贷款业务的副行长。经过考核和授权，目前上海分行已有 208 家二级支行能够办理中小企业业务，大大促进了中小企业贷款业务和其他业务的发展。

（五）注重收入结构调整，优先发展新兴业务和中间业务。在收入结构方面，尽管目前上海分行还无法改变以利息收入为主的现状，但从长远看，改变盈利结构，增加非利息收入是必然趋势。为此，上海分行主要采取了以下措施调整收入结构：

1. 全面动员，抓住关键部门和重点业务，努力做大中间业务。充分发挥中间业务委员会的决策职能和牵头部门的组织协调作用，把发展中间业务、增加中间业务收入作为全行性重要任务，指标落实到行部，并实行按月监测，按季考核。2005 年主要从产品创新、强化营销、加强联动和细化管理等四大方面具体落实推进措施，力争年内实现中间业务收入 12.4 亿元，达到中间业务收入“覆盖”人力资源费用的目标要求。

2. 加强创新力度，培育盈利新模式。立足上海各类金融机构和要素市场集聚的区域优势，充分发挥上海分行既有的客户资源优势、人才优势和技术优势，在巩固上海分行传统业务优势的基础上，努力形成新兴的银行业务体系，增加新的盈利点。为此，上海分行加强了与各类金融机构客户在证券、保险、信托、基金、企业年金等方面的业务合作，加大了对货币市场、外汇市场、证券、期货和黄金等要素市场的拓展力度，还大力发展了投资银行、财务顾问等新兴业务。2005 年上半年，上海分行共牵头和参与银团项目 9 个，承贷金额 47.4 亿元，项目数量和承贷金额都比 2004 年同期增加。加大资金市场运作力度，在市场资金收益率下降的情况下，仍保持了 2004 年同期的收入水平。推出了代理银联外卡及外资银行境内本、外币清算业务，开通了个人黄金实物交易系统，争揽券商第三方独立存管业务，升级了银证通产品，将银证通使用区域扩大到对公客户。通过上述一系列的产品创新，提升了工行服务形象，也取得了良好的经营效益。

3. 发挥系统优势，转变服务方式。随着市场竞争加剧，客户对银行服务的要求也愈来愈高，传统的柜面服务、上门收款已无法适应当今的形势，而将银行服务和与客户终端相连接正成为一种新的服务方式。为此，我们充分发挥数据大集中和先进的信息系统优势，组建了专门的售后服务队伍，大力营销现金管理产品和电子银行产品，取得了实质性进展。2005 年上半年，上海分行新增了日立（中国）有限公司、上海浦东发展集团有限公司等 472 多家现金管理客户；电子银行累计实现业务 1.6 亿笔，交易金额达到 2 万亿元，其中电子商务 B2C 业务交易量 11 亿元，实现收入 2800 万元；推出法人客户金融服务卡，发行 10.5 万张，增加中间业务收入 210 多万元。快速发展的现金管理和电子银行等业务，不仅使上海分行尝到了发挥信息系统优势，争揽优质大客户的甜头，而且看到了发展的巨大潜力。

三、下一步工作的思考和打算

自实施“五项调整”以来，上海分行两个转变工作取得了一些初步成效，但当前市场开拓能力不强，业务增长缓慢是上海分行两个转变工作面临的最主要困难。为此，围绕两个转变的要求，上海分行下一步工作的主要思路是：

（一）继续推进“五项调整”，加大市场拓展力度。针对上海经济运行的新态势，上海分行将继续以“五项调整”为突破，细分市场，加大考核力度，力争既要完成业务发展的总量指标，又要完成结构调整的总体要求。坚持大、中、小并举，继续大力营销体现上海产业结构调整方向的重大项目、重点企业，同时加大中小企业市场拓展力度，积极稳妥地发展个人贷款业务。坚持资产负债和中间业务联动，发挥信息系统优势，大力发展与资本市场和各类要素市场配套的清算、托管等业务，加快中间业务发展。此外，结合上海市政府对区域功能定位的调整，对各支行实行分类指导、分类评价，推行“一区一策”，打造“一行一品”，培育支行经营特色，做精做细专项产品，从而促进不同功能支行的统筹发展，不同区域支行的协调发展和不同特点支行的错位发展，形成上海分行的整体优势、整合优势和规模优势，并最终实现全局发展的战略目标。

（二）深化内部改革，加快体制机制创新。为深入推进两个转变，我们按照总行的股份制改革思路，以事业部制为导向，加快批发、零售、新兴业务三条业务线整合改造。积极实施前台、中台和后台业务分离，对风险较大的核心业务逐步实行集中管理，加快批量业务上收步伐，抓紧现金营运中心、对账邮发中心建设，推行专业化操作和精细化管理。同时，认真贯彻总行关于二级分行扁平化改革意见，加快支行职能整合，精简内设机构，增加支行直辖网点数量，将目前的四个管理层级缩减为三个管理层级。结合网点建设改造，重新规划网点功能布局，将上海分行网点功能定位为财富管理中心、贵宾理财中心、综合理财中心、一般理财中心和金融便利店等五个类型，强化分层服务，打造一批名品名点。此外，上海分行还将继续改进和完善绩效考核办法，发挥绩效考评在经营管理中的导向和激励作用。

（三）以全面风险管理为主线，加强内控管理。根据银监会内控管理指引和总行内控管理规定，上海分行将进一步完善内控管理架构，健全内控管理委员会，下设信贷审查、资产风险、操作风险等若干专业委员会，将上海分行各类风险纳入统一管理，构建全方位、全过程的内控管理体系。同时，将内控管理纳入对高管人员的考核评价。对现行各项业务的规章制度进行全面梳理，形成制度管理、流程管理、岗位管理一体化的内控体系和运作机制，增强制度的可操作性和有效性。进一步健全大额贷款跟踪分析和预警预报制度，强化质量监控和责任认定，严防信贷风险。把可疑类贷款实行行内集中管理和处置，对各行、部实行全口径、全拨备的质量和利润考核，以进一步强化质量效益观念，优化资源配置。针对依法合规大检查发现的突出问题，重点抓好权限卡、银企对账、虚存实取和反交易、金库和印章管理、上门服务、印鉴卡、关键岗位轮岗及网点管理等八个重要环节的整改工作。加强内控队伍建设，培养一批内控专家，实行上岗考核，在一些关键岗位引入资格认证制度。上海分行决心力争用三年时间，健全内控管理体系，形成良好的内控文化，建成风险控制的长效机制，使上海分行内控管理达到工商银行先进水平。

关于江苏分行小企业信贷经营的实践与思考

江苏分行　施刚

一、小企业信贷经营的基本情况

（一）贷款规模快速增长。2005年末，江苏分行小企业信贷客户4462户、贷款余额210.86亿元，分别比年初新增1929户、134.73亿元，增幅分别达到76.15%、288.34%。新增额在全工商银行系统排名第一，占总行新增额的38.1%。从新增额看，苏州分行在系统内直属分行中列第一位，南通、无锡、常州分列系统内一类行前3位，其他行均位列系统内二类行前25位以内，其中有5家在前10位。

（二）贷款盈利性高。小企业综合收益率6.24%，是收益率最高的贷款品种，比江苏分行贷款平均收益率高1.17个百分点。从贷款利率看，上浮30%以上的2.77亿元，占比1.32%；上浮20%～30%的29.31亿元，占比13.93%；上浮10%～20%的99.55亿元，占比47.32%；上浮10%以下的78.74亿元，占比37.43%。同时，小企业客户业务带动效应明显。

（三）贷款安全性好。小企业贷款五级分类不良率仅为0.07%，比年初下降0.03个百分点。从担保方式看，抵押贷款占比78.37%，质押贷款占比9.93%，保证贷款占比11.5%，第二还款来源较为充足。从区域结构看，一类行贷款余额167.34亿元，占比79.36%，基本与市场资源分布相匹配。

（四）贷款流动性强。全年累计发放小企业贷款318.14亿元，贷款周转率达到1.51。年末整贷零偿贷款余额占比达到63%。从贷款期限看，7个月以内贷款余额40.39亿元，占比19.2%；7～9个月贷款余额100.47亿元，占比47.46%；9～12个月贷款余额67.99亿元，占比32.32%；12个月以上贷款余额1.52亿元，占比0.72%。

二、发展小企业信贷业务的主要措施

（一）统一思想，提高认识，明确小企业信贷经营的重要性。近年来，江苏分行一直致力于小企业市场的探索研究，要求江苏分行上下充分认识拓展小企业市场对调整信贷结构、实现可持续发展的重要战略意义。2005年以来，通过行长会、行务会和专业会等多种形式的传导灌输，进一步提高了江苏分行上下发展小企业信贷业务的思想认识。第一季度市行行长工作会议上，省分行在深入分析客户群发展状况的基础上，明确提出了以资产经营为中心，尤其是以小企业和个人类贷款经营为着力点的发展战略，有效统一了江苏分行的经营思想。4月份在南通召开现场研讨会，推广南通分行小企业发展的典型经验，并通过简报、网讯等行内媒介加强对先进经验和新产品案例的宣传，形成了良好的示范效应。6月初，在所有二级分行均被纳入总行小企业一类和二类行管理后，即召开小企业信贷工作会议，并下发了《进一步发展小企业金融业务的指导意见》，明确了小企业信贷业务发展的目标、机构、政策、流程和考核办法。在有效的组织推动下，积极拓展小企业市场逐步内化为各级行经营发展的主动要求，小企业信贷业务已经成为江苏分行新的业务增长点。

（二）健全组织架构，完善管理流程。

一是建立专业化的机构体系。明确省分行信贷管理部作为小企业信贷经营管理的牵头部门，负责全辖小企业信贷经营管理的组织推动。要求一类行单设小企业信贷经营管理中心，二类行将小企业信贷经营管理中心挂靠信贷管理部门，负责小企业信贷业务的指导、评级、授信、审批、考核和贷后管理。对支行实行分类管理，要求一类行中小企业资源丰富的支行分离法人客户和小企业的市场营销，单独设立小企业信贷营销部门；一类行的其他支行和二类行的支行在公司营销部门明确专人负责小企业信贷营销。目前已有107个支行开办了小企业信贷业务。

二是推行分类授权管理。江苏分行所有二级分行均被总行确定为小企业经营行，其中苏州、无锡、常州、南通等四行按照一类行管理，其他行按照二类行管理。按照放权严控的原则，省分行将总行规定可转授的小企业评级、授信、审批等信贷业务权限全部转授二级分行。一类行根据辖属支行2004年末公司客户本外币五级分类不良率情况，结合资产管理水平，按一定比例转授部分小企业流动资金贷款、银行承兑汇票、出口押汇以及总行允许转授的低风险信贷业务审批权，但最高比例不超过70%。二类行向年度信贷管理达标考核基本达标（含）以上的县级支行转授小企业低风险信贷业务审批权。对于停办法人客户信贷业务的17家县级支行，停办小企业信贷业务，低风险担保方式下的小企业贷款由市分行审批。

三是明确信贷责任。推行审批人制度，明确审批责任，小企业信贷业务转授权仅限于取得信贷审批人资格的相关人员。对于企业经营和财务状况良好、发展前景较好、融资风险可控、但需按特例规定办理的信贷业务，在二级分行行长作为小企业信贷业务合规经营、控制风险的第一责任人的前提下，由二级分行行长审批并报省分行备案。结合小企业和法人客户信贷管理水平，全面实行小企业信贷停牌整顿制度。对于小企业不良贷款率超过1.8%或法人客户信贷业务被总、省行停牌整顿的二级分行，给予限期清收转化不良贷款、业务整顿、停牌等处罚。

（三）创新金融服务，推进营销发展。

一是构建融资信息平台。省分行加强与经贸委小企业管理局、工商行政管理、行业协会等部门团体的联系，通过宣传江苏分行小企业信贷政策和业务发展情况，积极争取相关部门团体的支持，共收集购买了全省27123户规模以上工业企业信息，经过初步分析筛选，及时向各二级分行下发了企业名录。各二级分行采取推介会、银企座谈会、融资洽谈会等多种方式，主动向客户介绍江苏分行小企业金融产品和服务，扩大了社会影响，取得了较好效果。如南通分行通过组织召开百强民营企业座谈会、参与政府和电视台举办的《民营企业家论坛》等活动，有效宣传了江苏分行小企业信贷业务，为小企业信贷业务的快速发展奠定了基础。

二是突出营销重点。加强企业信息分析，认真总结客户群体的共性，以开发园区、专业市场、产业区域积聚群为源头，推行法人客户延伸营销，找准市场拓展的着力点，明确了小企业信贷业务的发展重点。如法人治理结构较为完善的三资小企业、具有一定基础和规模的工业生产小企业、大型流通市场中的优势小企业、为大型企业生产提供配套服务的原材料供应商，以出口业务为主、贸易融资需求特征明显的生产流通小企业等。

三是丰富服务内容。加快金融创新步伐，以创新的举措满足小企业的合理需求。对与大型优质企业有密切合作关系的小企业，重点营销应收账款质押、保理和票据业务；对具有价值稳定、变现能力强的大宗物品的小企业，重点营销动产质押、仓单质押和提单质押；对具有进出口业务的小企业，重点营销贸易融资业务；引入第三方信用担保机构，办理小企业信用担保融资业务；针对专业市场中的小企业，试行房地产抵押项下的流动资金循环贷款。创新贷款方式，对小企业实行一次贷款、分期还款的整贷零偿以及零贷零偿等还款方式。

（四）强化信贷管理，严格风险控制。

一是严把准入关口。在客户筛选过程中，重点选择资产总额较大、销售收入较高、资产负债率较低、融资额占销售额比例较小、房地产抵押率高的小企业，严禁进入不符合国家产业政策、缺乏现金流支撑的小企业，从源头防范风险。在贷款审查过程中，对小企业提出附加条件，提高风险防范能力，降低贷款风险。要求小企业以法人代表或主要股东的家庭资产承担连带责任、出具承诺，并对货款归行、国际结算等进行单独约定，提高议价水平，提升风险补偿能力。坚持审贷分离的原则，评级、授信和办理首笔业务时实行双人调查，贷款实行双人签批。

二是重视贷后监测。根据小企业信贷经营特点，重点监测企业往来账户使用情况，关注企业现金流量和担保能力变化。主管客户经理作为企业货款归行的第一责任人，在企业建立信贷关系的同时，开立电子银行结算账户，客户经理每月对企业的实际调查情况与电子银行结算账户的往来情况进行对比，及时发现风险因素。按照贷款余额的大小，不同类别企业的每月货款归行额必须由支行分管行长或行长签字确认。对货款归行额不足的，进行认真检查分析，达不到要求的企业，及时退出。加大检查力度，不定期对小企业贷款用途落实情况和抵（质）押、担保手续等情况作专项检查或抽查，杜绝风险隐患。建立定期监控分析制度，省分行每周根据总行反传数据，对江苏分行小企业信贷业务逐笔进行核查，并按月对各二级分行小企业信贷业务发展情况进行通报。

三是培育信贷文化。强化各级员工对小企业成长和发展规律的认识，加强小企业风险特征的分析，将风险意识贯穿于营销拓展和信贷管理的全过程。明确小企业信贷业务营销和管理岗位的工作职责，全辖共配备了946名客户经理、129名管理人员、209名贷后管理人员从事小企业信贷业务。加强员工培训工作，重点就小企业操作流程、风险点分析和防范、岗位职责等进行培训，不断提高风险防范意识。省分行直接对客户经理、网点负责人和信贷管理人员组织了3批专题培训。推行资格认证和持证上岗制度，1429人参加总行个性化授权和省分行小企业信贷业务经营管理资格考试，通过率达到97%。

三、发展小企业信贷业务的体会

（一）总行小企业信贷发展战略是切合实际的。要实现长期可持续发展，必须适应经济金融形势变化，不断发掘新的市场空间和增长点。前几年江苏分行大力拓展大客户、大项目、个人客户等领域，取得了很好的效果。但从发展潜力看，大客户大项目的市场空间越来越小。总行提出的小企业信贷发展战略适应了当前市场发展变化和江苏分行自身经营的需要，非常及时，也很符合实际。从江苏分行经营发展情况看，截至2005年12月末，法人客户流动资金贷款比年初下降32.72亿元，项目贷款同比少增134.84亿元，但小企业贷款增长134.73亿元，有效弥补了公司类客户的市场缺口，为完成全年信贷业务计划和财务计划奠定了坚实基础。

（二）重构组织架构是小企业信贷业务持续健康发展的前提。长期以来，由于大客户大项目收益见效快、风险延后，在大小企业客户共同使用同一营销前台的情况下，客户经理普遍惯于做大贷长，而忽视小企业。2005年以来，江苏分行对法人客户和小企业客户的营销平台进行了重构，各级行自上而下成立了小企业专营机构，这种专业化的经营体系明确了小企业发展的要求和客户经理的职责，很好地适应了小企业信贷经营的需要，为小企业信贷业务的快速发展奠定了基础。从基层行的经营实践看，凡是专门机构设立和人员配备比较早的分行，小企业信贷业务发展的速度也比较快。

（三）高效响应的业务流程是小企业信贷业务持续健康发展的有效保证。小企业信贷业务笔数多、响应效率快、操作成本高，与传统法人客户相比，小企业信贷业务更像社区银行业务，是劳动密集型和技术密集型相结合的业务，如果仍然按照法人客户的业务流程，将增加交易成本、降低服务效率，难以满足发展需要。对机构实行分类授权管理、全面推行审批人制度，这种更加贴近客户的业务流程适应了小企业信贷经营的特点，既有效提高了服务效率、降低了服务成本，又明确了风险责任、提升了风险防范的针对性。

（四）持续的创新能力是小企业信贷业务持续健康发展的动力。通过不断的“干中学”，江苏分行对小企业信贷业务的产品、营销、管理等方面进行了持续的创新实践，推动了小企业信贷的发展。在信贷管理方面，简化评价指标，更加注重定性指标和货款归行、用电用水等指标，较好地弥补了小企业信贷报表不规范、可信度差的问题。在金融产品方面，针对江苏小企业固定资产可抵押值对付息性债务覆盖率不高、但应收账款和存货较高的特点，积极提供对应于现金流、物流和单证流的信贷新品，有效解决了小企业信贷服务载体的问题。在贷款品种方面，全面推行整贷零偿、按月还款等新的贷款方式，既适应了小企业客户资金运用的特点，也强化了信贷风险控制。

四、下一步工作主要思路和措施

（一）明确发展目标。继续结合区域经济发展状况，把发展小企业金融业务作为今后一段时期的主要工作方向，持续推进业务经营结构和信贷客户结构的调整优化。进一步强化小企业信贷经营的组织推动，不断增强工作的主动性和创造性，规范管理和市场拓展并重，确保将小企业信贷业务发展为精品业务，成为江苏分行核心竞争力的重要组成部分。在深入分析当前经营形势的情况下，江苏分行制定了近两年小企业信贷发展目标：力争2007年小企业贷款余额达到450亿元，小企业贷款分别占全部贷款、公司客户贷款、流动资金贷款余额的15%、25%和35%。2006年新增小企业贷款110亿元。

（二）加快机构转型。结合全辖一类行和二类行所处的区域环境特点，进一步推进分支机构的小企业区域经营战略。一类行和二类行中的省分行营业部所处区域经济发达，法人客户仍然占据很重要的地位，将继续实行全面竞争策略，同步推进法人客户和小企业客户的市场营销，但在支行前台全面分离法人客户和小企业营销部门，各自营销所对应的客户群体，进一步提高专业化经营水平。其他二类行所处区域经济相对不发达，法人客户较少，则实行以小企业经营为主、法人客户为辅的经营战略，在提升法人客户管理层次的同时，将所有支行全部转变为小企业信贷的专营机构，一般客户经理转型从事小企业信贷经营业务。

（三）推进市场细分。2005年江苏分行着重抓了制造业小企业的营销拓展，取得了很好的效果。从江苏小企业发展特点看，贸易流通业非常发达，基本每个区域都有一定规模的大型贸易流通市场；苏中地区建筑业一直在国内具有很高的知名度，这些细分市场都蕴涵着巨大的金融商机。下一步江苏分行将在继续抓好制造业小企业的同时，把贸易流通业和建筑业小企业作为营销重点。适应流通市场内小企业金融服务的要求，将小企业信贷和个人经营性贷款相结合，以联保贷款、房产抵押下的循环贷款等业务新品为切入点，锁定在区域内乃至在全国有影响的大型贸易流通市场，将贸易流通型小企业发展成为新的业务增长点。以搭桥贷款、应收账款质押、保函等产品为切入点，进一步加大对建筑业金融市场的拓展力度，尽快实现建筑业小企业市场的新突破。

（四）实行综合营销。小企业相对法人客户而言，仍处于卖方市场，在做好小企业信贷服务的同时，江苏分行将进一步推行综合营销，最大程度地挖掘小企业的潜在价值。在常州分行试行“1+N”的营销模式，以小企业授信为切入点，与小企业客户签订一揽子合作协议，对包括国际结算、人民币结算、现金管理、网上银行、信用卡、理财金账户等在内的各类产品使用情况进行数量化约定，实现公司银行业务和个人金融业务、信贷业务和结算业务的交叉销售，提高总体收益水平。推行新产品路演，加强客户培训，引导客户全面了解江苏分行各类产品，激发客户潜在金融需求，扩大产品应用的覆盖面。

（五）探索定价机制。建立小企业综合贡献度分析系统，按照小企业对江苏分行的贡献情况，实行贷款利率的分类计价，在信贷审批环节予以确认，提高客户经理的议价意识和营销水平，提升差异化营销能力。今后将进一步加强数据积累，在测算小企业违约率和损失率的基础上，合理确定贷款价格，确保小企业贷款利息收入全面覆盖资本成本、风险成本和营运成本。今后一段时期内，在不断提高小企业综合贡献度的同时，确保全辖小企业贷款收益率比基准利率高15%以上。

（六）健全业务流程。按照前台分散、专业管理、流程制约的要求，不断完善从准入到处置的全过程业务流程。加强客户经理配备，推行团队式服务方式，按照多对一的模式，为前台客户经理配备助手专门从事案头工作，使前台客户经理将更多的精力投入市场营销，最大化发挥客户经理的营销职能。在强化前台和中台建设的同时，着重完善后台和处置流程的建设。逐步在二级分行和小企业规模较大的支行建立专业化和标准化的贷后管理中心，配备专门的风险经理和检查人员，着重就小企业第二还款来源、现金流状况和合规性操作进行检查监督，确保小企业信贷规范运作。进一步明确和界定营销、管理和处置的相关职责和业务流程，对出现风险的小企业信贷客户，在进行责任评议的基础上，由风险管理部门进行全面处置，实现专业化处置和快速处置，确保高受偿率，最大限度减少风险拨备占用。

（七）提升管理水平。推行小企业客户五库细分管理，将小企业客户细分为基础客户库、潜在客户库、目标客户库、现实客户库、退出客户库，实行差别化管理。坚持流动性管理，及时淘汰有潜在风险的小企业，确保客户的年度更新率达到10%。进一步完善贷款方式，2006年末整贷零偿贷款方式余额占比力争再提高10个百分点。整合现有会计、信贷信息资源，开发一体化小企业信贷风险管理系统，构建小企业信贷经营管理人员信贷决策支持平台，以先进科技手段提升信贷管理水平。按照“降低风险、简化操作、注重实效、提高效率”的原则，以监控客户现金流为核心，分别设置“客户现金流监控”、“融资业务预警”、“信贷业务考核”、“客户关系管理”和“报表自动生成”等五大功能模块，对小企业客户结算信息、资金使用情况及现金流量进行自动监控和分析，定期生成包含多种监控指标的经营报表，实现对重要风险信息的分析预警和小企业信贷业务的考核，为小企业信贷管理提供更加精细化、科学化的决策依据。

（八）加强队伍建设。在实行机构转型的同时，结合各级行小企业金融业务发展的步伐，继续选拔素质良好、业务过硬、经验丰富的信贷人员充实小企业业务经营队伍，保证小企业信贷业务持续健康发展。进一步加强机制建设，建立与小企业信贷业务经营相适应的分配激励制度，提高各级行营销管理小企业的积极性。继续推进小企业信贷经营资格认证，建立正常的进入退出通道，形成相应的压力和动力机制。实行分层次培训工作，开展对分支行管理层和信贷部门负责人等中高级管理人员的全面轮训，强化小企业信贷经营政策的传导；重点针对客户经理和审批人两大群体，从制度政策和实务操作两个层面有计划地开展小企业信贷经营专业培训。加强培训评估制度建设，不断提高培训质量。强化信贷经营理念的培育引导，推动全体从业人员加快树立“诚、慎、精、恒”的信贷经营理念。

关于浙江分行推进经营模式和增长方式转变的思考

浙江分行　徐新桥

近年来，浙江分行始终将经营模式和增长方式的转变摆在重要位置，不断推进集约化、精细化经营，为浙江分行持续健康发展打下了良好的基础。截至2005年4月末，浙江分行各项存款比年初增加161.3亿元，各项贷款比年初增加119.31亿元；不良贷款余额为38.91亿元，不良贷款率降至1.66%；第一季度实现账面利润17.38亿元，比2004年同期增长95.22%，实现经营利润19.2亿元，比2004年同期增长21.32%。但随着当前外部经营环境、同业竞争形势的不断变化和浙江分行内部改革的不断推进，我们感到，浙江分行转变经营模式和增长方式的步伐必须进一步加大，着力挖掘客户资源、市场资源和银行内部资源的潜力，才能更好地应对当前面临的压力和考验。为此，我就浙江分行如何进一步推进经营模式和增长方式的转变问题进行了调研和思考。

一、当前浙江分行外部经营环境发生较大变化

受国家宏观调控政策持续效应的影响，浙江经济运行中出现了较多值得关注的问题，突出表现为依靠高投入、高消耗、高排放换取工业增长的发展模式日益受到资源要素紧缺的约束，并直接导致工业生产增加值、效益、投资的“三回落”。第一季度全省固定资产投资增速延续了2004年以来的回落态势，全社会固定资产投资同比增长回落到7.5%，增幅比2004年同期下滑34.4个百分点，达到2000年以来的最低点；工业经济效益综合指数和利润呈下降态势，在全国位次后移；工业增加值比2004年同期增长18.3%，增幅同比下降4.4个百分点。从历次宏观调控情况看，浙江往往是反映最快、受政策影响最大的省份之一。因此预计下一步浙江的经济增长仍将面临严峻考验。

受浙江经济运行的影响，当前全省金融运行也出现了一些仍值得关注的新情况：一是企业存款增长乏力，存款资源增长有所回落。截至3月末，全省所有金融机构本外币各项存款余额比年初增加937.97亿元，同比少增52.08亿元，主要是企事业单位存款比年初下降2.37亿元，同比少增168.12亿元。二是企业经营效益回落，防范信贷风险的压力增大。实践证明，由投资膨胀引起经济过热所导致的信贷规模快速膨胀是最容易形成不良贷款的。为此，浙江分行的信贷政策和客户选择也面临调整，信贷风险防范能力面临新的考验。三是市场竞争主体日益增多，同业竞争更加激烈，竞争压力不断加大。继2000年所有股份制商业银行在杭州设立分支机构后，浙商银行和日本三井住友银行也相继入驻杭州。中行、建行经股改后体制机制更加完善，竞争能力逐渐恢复。同时，中小商业银行也已开始逐渐加大对大型优质客户、项目贷款等领域的竞争力度。

二、浙江分行经营结构出现的新问题

经营结构是一个行发展战略、经营取向、增长方式以及管理模式的外在表现。多年来，浙江分行坚持推进经营结构调整，客户结构、收入结构、业务结构都得到了明显优化。但是2004年以来，随着外部经营环境的变化，浙江分行经营结构与地方经济特点的匹配，与客户需求的契合方面出现了一些新问题，一定程度上影响了浙江分行可持续发展的能力。

（一）原有的优势信贷业务发展出现瓶颈，信贷业务结构面临调整。受固定资产投资增速下滑影响，项目贷款尤其是基础设施项目贷款资源减少。据测算，2005～2007年浙江省主要基础设施项目投资额在2200亿元左右，扣除30%资本金后，按照30%的市场份额来计算，减去每年70亿－80亿元的贷款回收额，浙江分行每年贷款新增额在80亿元左右，考虑其他零星项目和新增项目，估计不会超过120亿元，这与原来每年200亿－250亿元的贷款增量相去甚远。与此同时，个人住房贷款受国家加大房地产调控力度的影响，增量也可能出现较大幅度的下滑；流动资金贷款也不会有大的增量；而且浙江分行大中型企业贷款融资份额已达31%。下一步如何跟进浙江经济走势，挖掘和培育新的信贷市场，已成为浙江分行面临的一个迫切需要解决的现实问题。

（二）中高端个人客户占比较低，个人金融业务对浙江分行盈利贡献度有待提高。一方面，中高端个人客户占浙江分行个人客户比重偏低。截至第一季度末，浙江分行个人客户为1243.48万户，其中储蓄存款余额在5万元以上的中高端客户60.51万户，存款余额864.15亿元，占全部个人客户比重分别为4.72%和67.43%，这意味着目前浙江分行的个金资源主要被超过95%的低端客户所占用，直接影响了浙江分行盈利能力和优质客户服务能力的提高。另一方面，浙江分行中高端个人

客户占全省高收入群体比重偏低。2004年，浙江省人均GDP接近3000美元，人均可支配收入达到1758美元；另据有关资料统计，浙江省家庭年收入在6万~50万元（以家庭平均人口为三人计算）的中产阶层群体庞大，估计超过200万户，个人金融资源丰富。但由于浙江分行个人金融营销服务体系、产品体系、组织架构、人员素质等方面的原因，还有很大一批优质客户游离于浙江分行之外。

（三）优质法人客户出现分化，优质法人客户结构与浙江经济特点契合度有待进一步提高。浙江分行现有的优质法人客户基本是大项目、大企业，经过历年特别是2004年以来的定性客户清理、潜在风险客户清理后，客户数量急剧下降。截至2004年末，浙江分行法人客户总数剔除自然人后有6534户（含小型企业3676户），比年初下降1818户；AA-级以上客户（含定性评级）总数只有1164户，比年初下降了2290户为寻找新的优质客户源，浙江分行将着眼点落在了中小企业市场。经过几年的市场开发和总行的信贷政策支持，截至3月末，浙江分行中小企业贷款余额已占到浙江分行贷款余额的24.68%，户数已占浙江分行法人客户数的92.85%。但从当地经济特点和市场需求来看，浙江分行的中小企业贷款业务仍有较大的发展空间。目前在浙江分行办理融资的中小企业户数仅占全省中小企业户数的1.5%，贷款余额也仅占我省中小企业融资余额的10%。

（四）收入结构有待进一步改善。优化收入结构，努力提高资产生息水平和非利息收入比重，不仅是现代商业银行资本约束的内在要求，也是提高盈利能力和降低经营风险的必然选择。而目前浙江分行的存贷比和信贷资产占总资产比却呈现双高，存贷比已达83.8%。随着浙江分行加大对中小企业信贷市场的拓展力度，浙江分行的资产收益能力有进一步提高的可能。同时近三年来浙江分行中间业务收入虽然保持在年均52%的快速增长水平，中间业务收入与存贷利差收入的比例2004年达到7.63%，但与浙江分行14%的平均水平相比，浙江分行的非利息收入仍有较大的提升空间。

三、积极转变经营模式和增长方式，促进浙江分行持续健康和高质量高效益发展

当前内外部新形势、新变化对浙江分行的经营管理提出了新的挑战，但也提供了不少有利条件。浙江分行应顺势而为，根据宏观经济走势，依托浙江经济特点，抓住工行股改契机，努力保持浙江分行连年高速健康发展的良好态势，这其中关键点在于如何推动经营模式和增长方式的有效转变，使得浙江分行的经营管理更加符合形势变化和现代商业银行要求。我感觉，转变经营模式和增长方式，要在挖掘潜力上下工夫，进一步提升竞争能力、盈利能力；要充分发挥机制的作用，不断夯实经营管理基础；要把落脚点放在可持续健康发展上，继续保持浙江分行多年形成的良好经营局面。当前，重点要做好如下工作：

（一）“转”和“挖”并举，积极调整客户结构。所谓“转”就是要转变目标客户取向，推进客户结构战略转型。为此，一是要全力做大小企业市场，以总行小企业信贷试点为契机，巩固培育并不断扩大中小企业客户群，加快推出整贷零偿、循环周转贷款和应收款、产成品抵押贷款等新产品，进一步丰富浙江分行的业务品种体系，确保2005年中小企业贷款新增50亿元。二是要全力做大外向型企业市场，有效运用国际业务优势产品，以外币业务带动人民币业务，实现本外币一体化。三是要提高个人高端客户拓展能力，特别是10万元以上存款余额的高端客户，主动放弃高成本、低回报的个人客户，集中浙江分行资源优势，做大优质客户群。

所谓“挖”就是要挖掘市场潜力，尽力把视野和触角从本行已有客户扩展到市场中所有客户，以客户资源库为依托，全视野地去筛选优质客户和动态调整客户。为此，浙江分行指导各级行开展市场细分工作，把一定区域内的客户细分为现实客户、潜在客户和目标客户，其中现实客户是指已与浙江分行发生业务关系的客户，潜在客户是指在他行开户或新建企业中有发展潜力的客户，目标客户是在潜在客户范围内经过筛选、浙江分行近期拟争取的优质客户。在市场细分的基础上，自下而上建设潜在客户库和目标客户库，与CM2002系统（现实客户库）形成完整的客户市场信息库。目前，浙江分行信贷潜在客户库和目标客户库已基本实现全省联网，下一步要将其推广到对公存款、个人客户等领域，以更好地发挥客户库的作用。

在此基础上，加快配套建设客户管理系统，一要实现对客户信息的整合，把分散在存款、信贷、个金、银行卡、电子银行等各专业的信息整合起来，建立客户信息共享平台，打造浙江分行信息网络，建立灵敏高效的信息传导机制，提高市场营销的针对性和有效性。二要以客户贡献度和风险度为主线，利用计算机工具，实现对客户情况的自动分析和筛选，统一标准，以提高分析效率和分析质量。三要实现对客户产品需求的分析，即及时分析客户有多少产品需求，多少需求已得到满足，还有多少需求可以挖掘，并对其关联客户、上下游客户的延伸需求和服务进行综合分析，不断拓展产品和营销链，提高客户的忠诚度和贡献度。

（二）“联”与“合”并举，积极转变营销模式。所谓“联”，就是要建立健全联动机制，调动浙江分行资源和力量，增强市场营销效果。为此，一是要加强上下、内外的联动，建立上下内外畅通的信息传递渠道，及时掌握商机，及时采取措施。二是要加强资产业务与负债业务的联动，在有效控制风险和有利于客户维护的

前提下，充分考虑贷款发放的综合效益，对每一类贷款客户，都要根据其经营特点研究确定合理的存款留存率和销货款归行率，有针对性地加强后续管理和跟踪营销。三是要加强公司业务与个人业务的联动，加大对浙江分行现有公司客户的中高层管理人员个人金融业务的拓展和渗透，力争找准一个公司客户，营销一批个人客户和金融产品，同时通过加强对管理人员的关系管理，进一步巩固公司客户。四是要加强传统业务与新兴业务的联动，以传统业务带动新兴业务，以新兴业务巩固传统业务，使两者相辅相成、共同发展。五是要加强本外币业务的联动，进一步树立本外币一体化经营的思想，加大对客户本外币业务的综合推介力争力度，更好地满足客户综合需求，促进优质客户市场竞争能力的提高。

所谓“合”，一是要整合营销队伍。现在浙江分行约有客户经理2300人，其中公司业务客户经理1122人、专职个人客户经理500余人。对客户经理队伍进行整合，就是要在支行成立市场营销部，整合公、私业务客户经理队伍，着重培养客户经理维护高中端客户的能力，并实行一个口子对外。对多需求的大客户实行客户经理小组制，以解决支行层面客户经理专业知识相对有限和产品经理缺乏的问题，并防止因客户经理流动而给客户关系维护带来的不利影响。二是要整合考核办法，进一步完善客户经理考核系统，即在以贡献度和综合效益为中心设置考核指标的基础上，着重加强对客户经理市场潜力挖掘情况的考核，以更准确地考核客户经理的贡献度。三是要整合营销行为。改变目前上下级行多点营销、各自为战的局面，实行点面结合，强化合力营销，提高服务层次。对一些跨区域的重大项目，建立三级联动营销小组，由省、市、县（城区）行按照“整合资源、分级负责、整体联动、分层服务”的原则实行联动营销，并由省行合理分配各方的贷款份额或结算等其他业务，实现利益共享，从而充分调动各方的合力营销积极性。对管理总部外迁的大客户，要建立跨区域客户营销协调机制，加强横向联系和跨区域协调，以进一步巩固客户关系。对重点客户，要推行重点客户市分行直管模式，以利于整合资源，提高浙江分行营销及客户服务水平。

（三）资产业务和中间业务并举，积极转变盈利模式。

1. 努力扩大信贷资产综合收益。浙江信贷资源相对丰富、市场需求比较旺盛，因此未来一段时间，信贷业务仍将是浙江分行的主要利润来源，贷款利息收入仍将在浙江分行的收益结构中占据举足轻重的地位。但根据当前的市场特点和浙江分行存贷款情况，浙江分行要实现信贷经营思想、经营模式和经营重点的转变，并以此推动浙江分行盈利模式的转变。一是要树立信贷资产经营的理念，将信贷资产收益单纯依靠利息收入转变到推动信贷资产综合收益的最大化上。以提升综合盈利能力、拓展优质市场资源、维护优质客户关系、有效控制风险为基点经营信贷业务，采取牵头组织行内外银团贷款分销信贷资产，以及在总行支持下试办中长期贷款资产证券化等方式，通过加强信贷资产在二级市场的经营和运作，提高资金周转能力、运作水平和贷款流动性，扩大包括利差收益、银团贷款牵头手续费、承诺费、贷款管理费等信贷资产综合收益，不断提高信贷资金的盈利能力。二是要把优化信贷业务结构置于比总量扩张更加重要的位置，在信贷增量放缓的情况下，不断拓展优质信贷市场和提高高收益资产比重，促进信贷资产处于一个更佳的状态。重点是：推动项目贷款、流动资金贷款和个人贷款比例的合理调整；推动贷款行业比重、客户结构的合理调整；推动资产与负债期限结构的合理调整，使资产结构与风险控制目标、收益目标更加匹配，从而以信贷业务的内涵式发展提高贷款收益。三是要加强贷款定价管理，优化利率结构。要在成本精算、风险量化和市场导向的基础上，对贷款利率结构进行定量分析和监测，从而进一步优化贷款定价策略，制定出更实用易行的利率浮动标准，规范定价行为。努力使浙江分行上浮利率的贷款比重提高到50%以上，下浮利率的贷款比重逐步降到10%以内，基准利率的贷款比重控制在40%以内，以确保贷款收益率有新的提高。

2. 全力提高中间业务收入。浙江分行已制定了中间业务发展规划，把中间业务作为下一步浙江分行发展的支柱业务和战略性业务，目标是中间业务收入年均增长30%，2005年要达到8.4亿元，2006年要达到11亿元，中间业务收入与利差收入的比例每年提高1个百分点，到2006年接近10%，逐步使中间业务成为浙江分行的重要收入来源，浙江分行根据浙江分行中间业务发展状况，明确的重点业务是外汇中间业务、人民币结算业务、银行卡、代理业务，目前这四项业务收入占浙江分行全部中间业务收入比重分别为28%、22%、14%、10%，业务收入总量大、市场影响大、同业份额大，因此，对这四项业务必须高度关注，重点推介，锁定目标，确保逐年增长。浙江分行确定的潜力业务是投行业务和电子银行业务，这两项业务近两年年均增幅分别达到1871%和387%，市场空间大、产品更新快，因此，对这两项业务要实行领先发展战略，加强人、财、物各类资源投入，营造良好的市场氛围，以满足客户个性化需求为突破口，带动业务规模和收入总量的快速提升。

（四）局部风险控制和系统风险控制并举，切实提升信贷风险控制能力。工商银行实行股改，不良贷款剥离后，如何保持资产质量的持续优化是对浙江分行资产风险管理的考验。尽管浙江分行资产质量一直较好，但控制潜在风险和隐性风险的任务仍十分艰巨。在控制信贷风险方面，多年来浙江分行做了不少有益的探索，包括实行资产风险评议制度、报告制度，建立贷后管理考核体系，加强对关联企业、集团客户的监控，取得了很好的效果。在新的形势下，不仅要高度关注局部风险控制，更要在系统性风险控制方面迈出新的步伐。借鉴国外银行以及国内一些银行的做法，信贷风险控制应在以下几个方面有所转变：

1. 由客户风险管理为主向客户风险管理与债项风险管理并重转变。目前浙江分行的信贷管理比较重视对客户融资总量控制，但是客户的融资结构不一，风险程度也不同，不同的债项有不同的风险，优质客户也存在高风险业务，一般客户也有低风险业务。因此，应加强债项风险管理，由对客户融资总量控制向对客户风险总量控制转变，在客户评级的基础上，进一步考虑单笔融资的债务优先次序、担保结构和融资品种等特定风险要素，对客户实行风险总量授信，并在债项发生时就测算每笔债项的违约损失率，计算预期损失。同时，预期损失的计算也可为贷款定价和拨备计提提供科学依据，在浙江分行实施以风险调整后的资产回报为核心的业绩评价体系，引导各级经营单位自觉实现风险和收益的平衡。鉴于债项各项风险系数确定的复杂性，可以先在小企业信贷业务中进行试点后再推行。

2. 以经济资本预算引导信贷风险结构优化。经济资本作为用来覆盖非预期损失的资本，其数量决定着商业银行所能承担损失的大小。在完成股改后，要通过经济资本配置对业务部门和分支机构的风险总量进行控制。通过经济资本预算管理，在总行的风险偏好导向下，对行业、区域和产品实施差别化的经济资本分配系数，从而既可实现对风险总量的约束，又能引导分支机构自觉地进行风险结构组合，推进信贷风险结构调整。同时，通过经济资本配置，还可为科学的贷款定价、业绩评价和风险限额管理奠定坚实基础。

3. 以限额管理模式为切入点提升信贷风险控制层次。根据风险控制的重点，对风险的总量限额（如贷款额、交易额）、比例限额（如同业占比）、风险敞口限额、经济资本限额、区域限额、行业限额、客户限额和产品限额等额度进行控制，实施资产和风险的组合管理，从而实现信贷风险控制由单笔贷款、单项资产、单个客户等微观层面向行业、区域和客户群等中观、宏观层面拓展，提升风险的控制层次。2004 年浙江分行制订的结构调整方案中，明确了各类贷款产品的比例和行业贷款的比重等结构调整目标，初步具备了限额管理的雏形。

（五）体制建设和机制完善并举，积极推进管理模式再造。实现经营模式和增长方式转变是一项系统工程，要使经营和管理相辅相成、更加协调，必须要有管理模式配套改革的有效跟进做好体制建设和机制完善两篇文章。

在体制建设方面，关键是要尽快搭建起符合市场要求和现代商业银行发展方向的组织框架和流程体系。为此，一是要大力调整组织机构，推进扁平化管理。按照精简效能原则，进一步分离前后台业务，实现前台大市场、大营销，后台专业化、集中化，形成前台有效竞争、后台保障有力的新型管理模式；对支行职能进行重新定位，将其对网点机构的管理职能和业务管理职能逐步上收到二级分行，支行只保留市场营销和自身内部行政管理的职能。全面推行两部（市场部、业务管理部）一室（办公室）的内设机构模式，推进支行管理的扁平化。制定机构总量控制、合理布局和网点结构调整的总体规划及分步实施措施，推进机构网点的结构优化。一方面继续撤并低效营业网点，力争到 2006 年底，使县支行网点的平均存款余额达到 8000 万元以上。另一方面，将对达到一定业务规模的网点升格为二级支行，以扩大网点的营业功能，扩展业务范围，提升综合竞争能力。在此过程中，关键是要努力完成从主要依托物理网点向物理网点和虚拟网点并重发展的转变，特别是对于利润贡献率尚可或介于利润临界点的一般客户，要重点推介电子银行服务，尽量将大量柜口业务逐渐转移为离柜业务。二是要积极推进业务流程和管理流程的再造。按照“前后台分离，前台延伸、后台集中”的思路，对原来层层递延、分散处理的业务流程进行重组，逐步形成二级分行集中管理的模式。以“集中、高效、控制”为原则，凡是可以集中在后台处理的业务就不放到前台处理，凡是可以集中的业务就不分散处理。深化会计核算体制改革，进一步提升账务核算层次，缩短管理链条。不断强化业务处理中心、监督中心和现金中心的职能和作用，将条件成熟、客观允许的前台业务分步有序地集中到三大中心，减轻网点压力、提高控制能力。目前，深化财务集中管理，费用集中改革已在浙江分行全面铺开，要在深化内涵和扩展外延上做文章，统一重要财务事项核算层级，努力实现浙江分行财务集中的最终目标，构建流程清晰、标准统一、内控严密、监控有力、运转高效的财务管理体制。完善信贷审批中心、贷后管理中心和风险资产管理中心的建设，提高三大中心的独立性和权威性，提升信贷经营管理效率和对风险的控制力。

在机制完善方面，关键是要形成能够正确引导经营行为的考核评价体系和资源分配方法。为此，首先要改革经营绩效考评体系，建立能够平衡风险与收益，统筹成本、风险和资本约束的全新考核指标体系，减少有关规模扩张的指标及其权重，增加有关结构优化和内涵发展的量化指标及其权重，从而真正发挥出经营绩效考评体系在银行结构优化中的导向作用。其次，要通过推进精细化经营管理，一方面努力挖掘资源潜力，提高资源的应用效率；另一方面把资源配置作为一项投资活动来看待，按照投入产出的原则分配经营资源，逐步利用业绩价值管理系统进行资产资源效益差异分析，并采取有力措施消除不同机构相同产品、同一机构不同产品之间的产出效益差异，引导资源向高效益地区和高效益产品流动。

关于安徽分行加快柜面业务分流的调查与思考

安徽分行　刘卫星

低效、高耗业务和低端个人客户长期挤占安徽分行柜面服务资源，近年来随着业务的快速发展，柜面压力进一步加大，对高端个人客户形成了明显的排挤效应。加快柜面业务分流已成为当前业务经营中亟待解决的问题，为此，我专门组织力量进行了调查。

一、网点客户排队情况及原因分析

我们选取省行营业部具有代表性、业务较为全面的27个网点进行了实地调查。在被调查的网点中，有26个网点存在较为严重的客户排队现象，占比为96.3%。其中：每天70%以上的营业时间存在客户排队现象的网点有3个，占11.1%；50%～70%的营业时间存在排队现象的有10个，占37%；40%～50%的营业时间存在排队现象的有13个，占48.1%。综合全月情况看，客户办理业务平均等候时间为4.6分钟，但在业务高峰期，客户等候时间平均在20分钟以上。通过对业务数据的分析和实地验证，我们发现业务高峰期主要集中在两个时间段：

从每天来看，业务量主要集中在上午9点到11点和下午2点到4点之间，柜员人均每小时业务量达40.5笔。据测算，目前柜员每笔业务加权平均处理时间为2.7分钟，平均每小时可办理22.2笔业务。而在业务高峰期，业务量超过柜员可处理能力的82.4%。

从每月情况看，业务量主要集中在10日和25日前后，主要因为10日前后是代发工资较为集中的时间，而25日前后是代理缴费业务结账时期，需排队办理业务的网点大为增加。如每月10日，一半以上的营业时间存在排队现象的网点占96.3%，比平时高出59.3个百分点。

通过深入调查和分析，造成客户排队的原因主要有以下几个方面：

（一）客户结构不合理。2004年末，安徽分行约有个人客户309.3万个，其中：存款20万元以上的客户1.8万个，仅占客户总数的5.8%，存款余额占储蓄余额的12.9%；存款5万元至20万元的客户38.4万个，占客户总数的12.4%，存款余额占储蓄余额的34.5%；存款5万元以下低端客户为269.1万个，占客户总数的87%。这些低端客户主要办理小额现金存、取款和代理缴费业务，同时，他们习惯于传统的柜面业务处理方式，不易接受电子银行等新兴业务渠道，从而占用了大量的柜面服务资源，给柜面服务造成了较大的压力。

（二）应对措施不及时。2001年以来，安徽分行共撤并网点818个，减幅达53.3%，与此同时，业务量却增长了80.7%。面对新的形势，一些基层行只是采取增加服务窗口、延长营业时间等简单方法应对，而柜面业务分流工作不到位，整体业务处理能力未能有效满足客户的需求。同时，营业网点管理人员对柜面业务分流工作缺乏足够的认识，银行卡、网上银行、电话银行等新产品营销力度不够，导致网点排队问题日趋严重。

（三）业务处理复杂程度增大。NOVA系统投产后，个人金融业务流程发生了很大变化，柜面操作风险得到了有效控制，但也增加了授权业务量，授权业务量已占全部业务量30%以上，影响了业务处理效率。例如：1笔异地汇款业务需查询2次、授权3次，增加了柜员业务处理时间。加上近年来安徽分行推出的新业务较多，柜员办理新业务耗费的时间较长。

（四）业务分流不明显。目前，在安徽分行全部个人金融业务量中，柜面业务占82.9%，批量代扣业务占7.8%，自助设备占7.1%，网上银行、电话银行业务占2.2%，自助设备和电子银行对柜面业务分流的作用还有待进一步加强。从自助设备情况看，安徽分行ATM台日均业务量虽然由2000年的45笔提高到2005年5月份的145笔，增长了3.2倍，但仍然只相当于全国平均水平的61.2%，其中：日均业务量超过200笔的115台，占23.66%；日均业务量低于120笔的247台，占50.82%。在电子银行业务方面，由于代理缴费系统投产不久，2005年前5个月代理缴费业务只有7.9万笔。

（五）考核引导不到位。目前，安徽分行个人金融业务仍以存款和中间业务作为主要考核指标，内部营运类、客户类、持续改进类指标，如：反映新业务处理渠道的ATM等自助设备业务量，电话银行、网上银行交易量；反映业务分流的柜台平均业务量、现金业务比率、大额业务比率；反映工作效率的理财金账户维护功效、员工平均业务量、员工业务能力达标率等指标，尚未完全纳入考核体系，在一定程度上影响了营业网点和员工分流柜面业务的积极性。

二、加快柜面业务分流的主要措施

加快柜面业务分流，对安徽分行调整个人客户结构、优化个人业务结构以及推进个人金融业务战略转型具有重要意义。下一步，我们打算着力从以下几个方面入手，加快分流柜面业务。

（一）加快分层次服务体系建设。客户排队造成的最大问题是容易导致优质客户流失。长期以来，安徽分行的主要个人客户群为普通市民，储蓄存款在四家国有商业银行的占比高达35.7%，安徽分行要在短期内主动、大量地退出低端客户显然不太可行，排队问题将在一段时间内继续存在。在这种情况下，如何提高优质客户的服务满意度，稳步提高优质客户占比，就成为需要优先解决的问题。为此，安徽分行把实施个人理财中心核心竞争力项目，作为加快分层次服务体系建设，提高服务水平的重点来抓，2003年至2005年5月末，安徽分行已在77个网点推行个人理财中心核心竞争力项目，取得了很好的效果。首先是优化了资源配置。77个个人理财中心的个人客户经理、非现金柜员达到454人，比项目实施前增加188人；现金柜员人数由592减少到532人，占比下降6个百分点。其次是提高了服务优质客户的能力。77个个人理财中心已为9932个优质客户建立了客户档案，并提供重点服务；2005年以来，每个网点平均新发展理财金账户客户45户，是全省平均水平的2.8倍。最后是分流了柜面业务。77个个人理财中心ATM台日均业务量达到160笔，比项目实施前增长58.4%；每个网点平均个人网上银行开户数达515个，是全省平均水平的4.6倍。

我们2005年计划将核心竞争力项目扩大到162个（其中个人理财中心102个，一般理财网点60个），明年计划扩大到300个，占个人金融业务网点总数的53.96%。在加强硬件设施建设的同时，更加注重服务的软件投入。为理财中心配备与优质客户数量相称的专职个人客户经理，每名客户经理维护的优质客户不超过200人。配备专职大堂经理，识别、引导优质客户到理财中心或专柜办理业务，让其切身感受到自身价值。通过核心竞争力项目的加快推广，增强网点综合服务能力，积极为优质客户提供理财等个性化服务，改变过去对优质客户与普通客户无差别服务的传统模式。

根据总行要求，安徽分行还将根据区位、市场、环境等因素，把营业网点划分为财富管理中心、个人理财中心、一般理财网点和普通营业网点四个层次。财富管理中心提供私密性强、个性化程度高的理财顾问服务；个人理财中心主要服务中高端优质客户，为客户提供综合理财服务；一般理财网点定位于产品销售、客户服务、综合营销和经营利润中心；普通营业网点主要提供方便、快捷的收付业务服务，其中一部分发展为金融专卖店，以提供某一类主营业务服务为主。

（二）加快产品分销渠道建设。根据对省行营业部27个网点的调查，在柜面业务中，1000元以下的小额存取款业务占32%，代理缴费业务占36%，两项合计高达68%，也就是说，柜员每天2/3的时间都用于这些高耗业务上，而这些业务大部分可以通过电子银行渠道予以分流。因此，电子银行将成为分流柜面业务的主要渠道，我们争取用5年时间，使个人客户50%以上的业务量通过电子银行等离柜方式办理。

一是加大电子银行业务营销力度。过去，由于网点没有配备网上银行等硬件设施，客户对新业务没有亲身体验，操作方法不熟悉，导致电子银行业务使用率不高。2004年，安徽分行个人网上银行客户达30.52万户，但全年业务量只有440.77万笔，年均每户仅14.4笔。从2005年3月份开始，安徽分行在27个网点开展“电子银行服务专区示范工程”试点工作，在短短2个月的时间内，取得了明显成效。如省行营业部4个示范区网点，试点前柜面月均代理缴费业务高达6494笔，试点后已降至751笔，减少了88.4%，柜面压力大为缓解。在总结试点经验的基础上，我们将加快推广“电子银行服务专区示范工程”，计划2005年推广到所有的个人理财中心和一般理财网点，2006年进一步推广到400个营业网点，占个人金融业务网点总数的71.94%。在示范工程推广网点将开辟电子银行业务专区，配备上网计算机、95588专线电话、自助终端和ATM等自助设备，配备2名以上的客户经理，积极引导客户注册、使用电子银行办理业务。争取到明年12月份，示范工程推广网点电子银行业务量在全部个人金融业务量的占比超过30%，力争达到40%。

二是优化自助银行布局。据测算，在安徽境内新建自助银行成本一般在100万元左右，而以购买形式新建一个150平方米的营业网点需要215万元；按台日均业务量145笔计算，每笔ATM业务成本为0.64元（安徽分行ATM台年均支出为3.38万元，其中折旧2.25万元、年保费用0.73万元、通信费用0.4万元，按台日均业务量145笔计算，台年均业务量为52925笔，每笔业务成本为0.64元），而每笔柜面业务仅人力成本就为0.95元（安徽分行一般柜员人年均工资性费用为3.8万元，按日均业务量110笔计算，年均业务量为40150笔，每笔业务人力成本为0.95元），自助银行新建和运行成本均远低于传统营业网点。目前，安徽分行自助银行仅28个，且大多与营业网点并列设置，作用发挥不够显著。2005年我们将加快发展自助银行，力争再建72个，使总数达到100个左右。主要发展离行式自助银行，尽可能分布在繁华闹市区以及设立机构成本很高、距离营业网点较远的地方，避免与营业网点重叠，最大限度地发挥自助银行作用，与营业网点在服务时间和覆盖范围上实现优势互补。

三是提高自助设备的使用效率。加强对自助设备使用功能的宣传，解决部分中老年客户对自助设备“望而生畏”、不敢使用、不会使用的问题。拓展自助设备功能，尽快在ATM、多媒体自助终端上开发各类代理业务，并提供打印收费凭条功能，改变自助设备功能单一、对分流柜面业务作用不明显的状况。

四是加强对客户行为的引导。加快推广批量代扣业务，做好委托转账缴费业务的宣传，分流代发工资单位客户的代理缴费业务。大力开展“我代理、您放心”营销宣传活动，引导客户自助缴纳各种公用事业费。加大牡丹卡、网上银行、批量代扣缴费业务等个人金融业务产品组合营销力度，挖掘客户价值，拓宽业务处理渠道，缓解柜面压力。

（三）努力实现内部资源的高效配置。一是调整劳动组合。根据高峰期业务量分布情况，适时将对公与个人业务进行合理调整和有机组合，提高业务处理能力。实行弹性工作制，在人员和每人总工时相对不变的情况下，在每天业务的高峰期适当增加服务窗口，缓解高峰期排队现象。二是整合柜面资源。对现金区的服务窗口按类别设置，不同业务品种分窗口办理，有效提高柜员业务处理速度。发挥非现金区的分流职能，将个贷、挂失、银证通、电子银行注册、存折（灵通卡）开户等占用柜面时间较长的非现金业务，安排到非现金低柜受理和办理。

（四）积极发挥考核的导向作用。完善对营业网点的考核指标体系，增加内部营运类、持续改进类指标，并对营业网点提出柜面业务分流工作的具体目标，如每台ATM日均业务量要达到120笔以上，对达不到要求的进行布局调整；电子银行、批量代扣等非柜面代理缴费业务要占代收费业务的50%以上等。对营销批量代扣、电子银行、银行卡、转账缴费业务实行计件工资考核，拉开收入分配差距；对引导客户通过网上银行、电话银行等办理自助缴费业务成绩突出的员工进行奖励，充分调动员工营销离柜业务的积极性。

关于福建分行小企业信贷业务的调查与思考

福建分行　朱晓平

近年来，福建分行把小企业信贷业务作为新的业务增长点，认真实施小企业信贷业务发展战略，积极拓展优质小企业信贷市场，加快推进信贷结构的调整优化。

一、小企业信贷业务的发展现状和主要做法

截至2005年底，福建分行小企业信贷客户563户，贷款余额26.63亿元，比年初增长13.87亿元，增幅高达108.66%，不良率保持为0。

（一）积极尝试开发小企业信贷市场，不断探索适合小企业的评级授信方法和政策规范。

2002年起福建分行按照总行部署积极探索发展小企业信贷业务，以开辟新的业务和利润增长点。当年即确定了省行营业部、泉州、莆田、宁德四家区域内小企业经济比较发达的二级行部作为小企业信贷业务试点行。2003年，又把三明、南平、龙岩三家分行列入小企业信贷业务试点行。

2003年，福建分行下发了《关于进一步支持优秀小企业发展的通知》，对拟增加融资的A+级（含）以上，或者能够提供有效抵（质）押担保的小企业，可将1000万元（含）以内的授信审批权转授至小企业信贷业务各试点行；对小企业比较集中、管理水平较高、资产质量和经营效益较好的县级支行，各试点行部可以对其转授500万元（含）以下的流动资金贷款、银行承兑汇票的审批权；对有不良贷款记录，或有欠息记录的小企业，不得新增贷款。同年，又推出了“小巨人扶持计划”，选择信用状况好、经营管理水平高、主营产品有较高工艺技术水平和较强市场竞争力、近两年总资产和销售收入逐年增大、发展前景良好的小企业，作为该计划的扶持对象，简化业务流程，扩大审批权限至2000万元，并可贷款支持这些企业的技术更新和改造项目。

随着小企业信贷业务试点工作的逐渐深入，福建分行的相关管理办法也逐渐成熟、完善起来。2004年、2005年，福建分行根据总行的信贷政策，相继出台了《中小企业信贷业务经营管理办法（试行）》、《小型和微型企业信贷业务操作规程》和《小企业信用等级评定管理办法》，对中小企业的认定和分类、办理信贷业务的原则和办法，贷后管理、考核和激励机制等方面进行了规定。针对小企业信息不对称、财务报表不规范等特点，结合对当地经济环境、信用环境，以及企业所处行业发展状况、企业产品购销、能提供的抵（质）押品等情况，采用电费、税费、销售归行情况等易于收集的资料，进行评级和授信，使我分行小企业信贷业务的管理形成了切合实际、较为完整的体系，为推动小企业信贷业务的发展奠定了坚实的基础。

（二）积极组建专门的小企业信贷队伍，切实加强岗位培训和绩效考核。

抽调业务骨干，建立小企业信贷业务营销和管理队伍。并采取多种方式加强培训，保证每位从业人员都能

精通小企业信贷政策措施。为了保证上岗人员的业务素质，福建分行严格上岗考试，坚持持证上岗，先后有500多位员工通过了上岗考试，取得上岗资格，为开办小企业信贷业务提供了人才储备。为提高小企业信贷业务的审批质量，加强对小企业信贷业务审批人员的考核和认定，福建分行下发了《小企业信贷业务审批人管理办法》，组织信贷人员参加小企业信贷业务审批人员资格考试。经过认定，全辖共有200多位通过考试的员工，获得了相应级别的小企业信贷业务审批人资格。随后福建分行还专门下发了《中小企业信贷业务监测考核实施意见（试行）》，利用计算机网络系统对每笔小企业信贷业务实施非现场监测，对每位审批人员签批的贷款进行记录和统计，并定期对每个支行的小企业不良贷款情况进行考核通报。

（三）建立和完善小企业信贷营销激励机制，加大市场营销和信贷投放力度。一是理顺内部架构，明确工作程序，实行限时服务，提高工作效率。二是加强与政府相关部门的合作，通过各种渠道掌握潜在客户信息，选择一些经营管理能力强、财务状况好、有发展潜力，且有效抵（质）押品充足的企业，明确营销目标，提高营销效率。三是强化激励约束机制，修订奖惩办法，将小企业信贷从业人员的收入与其业务量、效益和贷款质量等综合绩效指标挂钩，上不封顶，及时兑现奖惩，调动从业人员的积极性。

（四）建立和完善小企业信贷业务创新机制，积极研究解决小企业信贷业务的特殊问题。注重结合全省小企业的发展特点，风险可控的基础上对信贷政策作出个性化安排。

1. 对能提供全额抵（质）押、融资余额在500万元（含）以内的小型企业，可视同微型企业，即不需要经过评级和授信，直接按照抵质押物及担保情况办理信贷业务，以更快、更好地满足小企业对资金的“短、平、快”需求。

2. 在确保小型企业抵（质）押方式分项授信额度不低于最高综合授信额度70%的前提下，可授予企业部分信用方式授信额度。

3. 根据基层行小企业信贷业务资源和信贷管理水平的实际情况，继续下放支行小企业信贷业务审批权限。实行个性化授权，对信贷管理基础较好的分支机构中，具有信贷业务审批人资格，具有一定经验和水平的工作人员，转授部分小企业信贷业务审批权，简化审批环节，提高审批效率，更好地满足小企业“短、平、快”和“急、频、少”的融资需求，使小企业信贷业务的发展有了良好的内部环境。

4. 简化评级、授信过程。对由良好资信的专业担保机构提供的不低于80%融资担保的小型企业，可根据担保金额，直接核定保证方式分项授信额度。

（五）积极构建小企业信贷风险防控体系，切实防范小企业信贷风险。目前社会信用体系尚不够完备，小企业信息不对称现象仍较严重，小企业信贷业务管理的难度较大、成本较高，总体风险依然较高。我分行下发了《关于加强小企业信贷业务管理的通知》，对办理小企业信贷业务的有关调查、审查、抵押、担保、利率等九个方面进行了规范，要求小企业信贷业务从业人员切实强化风险防控意识，依法合规、尽职尽责，严格执行《小型和微型企业信贷业务操作规程》。同时，从以下五个方面构建小企业信贷风险防控体系。一是调整结构，提高质量。要好中选优，优化小企业信贷业务的客户群体。二是因地制宜，梯度发展，决不盲目推动，一哄而上。三是完善监测预警体系，对不良贷款比率超限的支行，及时进行整顿。四是完善贷后管理机制。下发了《小型和微型企业信贷业务贷后管理办法》，规定了小企业信贷业务贷后检查的频度和检查内容，对有预警信息的客户加强跟踪检查，及时对有违约苗头的企业进行控制，强化了小企业信贷业务的管理。定期组织现场检查，强化内控制度建设，防范操作风险，确保小企业信贷业务的健康发展。五是坚持评议问责制度，对发生损失的贷款，及时进行责任评议，是尽职的，予以免责，是违规的，严肃处理。

二、发展小企业信贷业务需要解决的几个难点问题

（一）制度设计统一性与基层行执行灵活性之间的矛盾。有些制度无法因市场和客户进行创新，有的规定不符合市场的现实情况，执行难度大。比如评级中实行的财务报表核准制度，由于我国法制还不够健全，财务核准制度基本流于形式，福建分行过早附加这一前提条件，使许多效益好的中小企业信用等级低于企业的实际经营情况，加之福建分行发放新贷款需要归还旧贷款作为前提，不符合工业生产、企业生产连续性的现实情况等。

（二）信贷审批流程规范性与基层行营销时效性之间的矛盾。在业务流程上，福建分行对信贷产品的不同环节实行不断分割，分为评级、评估、授信、审批等环节，每个环节分处不同部门管理，环节过多，贷款审批总链条过长，时间效率低且部门间又各自为政，不适应业务竞争的紧张形势，难与同业开展竞争。

（三）评级标准过于严格与市场激烈竞争之间的矛盾。目前福建分行中小企业评级标准高、条件严，中小企业能完全达到标准的微乎其微。一是总行评级办法规定“经营期超过1年的新开户小企业等级最高只能是A+（a）”，由于这一部分的企业要么自身经济实力较强，以前不需银行融资；要么是福建分行争取到他行的优质客户。因抵押物的办理、变更手续需要一定的时间，对这类企业的介入，往往要先以保证方式的融资支持。但若这部分企业的等级不能达到AA-（aa）以上，不能

以保证方式融资支持，对他们的介入就很难。二是授信额度测算模块的担保资料来源于年初的等级评定所装载的担保资料明细，而企业在经营活动中有临时资金需要时，又会提供新的抵押物。但按评级操作流程规定：在评级后，又增加担保或变更担保信息的，也必须通过重评等级。这既增加工作量，又影响业务的开拓。

（四）担保要求过高与小企业现实情况之间的矛盾。担保问题是目前困扰中小企业融资的最大因素。企业一般很难提供符合福建分行担保要求的抵押物和担保单位。一是由于历史客观原因，目前普遍存在房产证、土地使用权证办理滞后的问题；二是企业为避税很难提供完税发票；三是抵（质）押登记、评估手续繁杂、环节多，且抵押登记和评估费用高，增加了贷款成本；四是中小企业担保机构尚处于成长期，规模小，资金实力弱，人员配备少，对解决企业贷款担保问题作用极小；五是绝大部分经营好、可信度高、且自身贷款能够提供抵押的企业为避免或有负债风险，一般不愿给他人提供担保；而愿意为他人提供保证的企业，往往也需要这些企业给予提供反担保，这就容易造成企业互保、循环担保。

（五）机构人员配备进度与制度执行之间的矛盾。目前，福建分行小企业信贷队伍已初步建成，福建分行营业部和泉州市分行还设立了小企业信贷业务机构挂靠信贷管理部门，专门负责对辖区内的小企业信贷业务的研究、集中审批和管理；其他二级分行虽然没设专门机构，但也指定专人负责这项工作，但与总行要求还有一定差距。基层支行没有成立小企业经营管理专门机构，个别支行没有补充与业务量匹配的业务和管理人员，造成有的制度根本无法执行。如“小企业贷款实行单笔结算制度，一笔贷款到期归还后，同一借款人如要求再贷款，必须更换贷款调查人，同一小企业贷款调查人不得连续担任”的规定，基层行普遍反映实际操作困难。

三、加快发展小企业信贷业务的几点思考

（一）进一步转变信贷经营理念。中小企业金融市场是最具成长性的市场、也是商业银行重要的利润增长点。加快调整优化信贷客户结构和收益结构，围绕风险和收益的匹配关系拓展业务，做深、做细、做实中小企业信贷市场，在风险可控范围内积极拓展优质中小企业信贷业务。具体的操作过程中，避免对企业规模、行业分类简单化，灵活根据客户有所取舍、有所作为，而不是简单依据企业大小、行业分类选择客户。

（二）进一步完善小企业信贷管理机制。在区域定位时，明确中小企业信贷业务必须符合重点区域优先发展战略，重点投向中心城区、工业园区及个私经济发达的闽南、闽北地区及全省十强乡镇，适应中小企业行业集聚的趋势，使信贷资源进一步向优质区域集中，将风险降到最低程度的同时获得更大的回报；在行业定位时，明确努力拓展当地块状经济中的优势行业、优势产品，重点支持制造业中的优势产业、新兴制造产业、成长性高的产业；在客户定位时，确立“宁缺毋滥”的原则，主要营销那些产权清晰、管理已具一定层次、自身经营积累相对较好、成长性好、销售资金回笼正常、业主商誉度高、无不良记录、有培育潜力的中小企业。在贷款发放过程中，要根据当前中小企业生产经营周期特点，明确以短期周转性流动资金为主，杜绝发放任何形式的“铺底贷款”、“短贷长用贷款”等，视客户外向型程度及业务特点，大力支持贸易项下融资及票据业务。

1. 明确机构职能。在四级机构的职能划分中，总行负责制定政策，原则不直接审批贷款；福建分行组织执行政策，并允许在辖区试办一定量的新业务，并直接审批部分贷款；二级分行为主经营，并审批增量贷款；县级支行负责存量贷款管理审批、优质客户管理审批。在组织架构方面，逐步实现扁平化管理模式。支行执行管理指导职能，在支行搭建小企业贷款管理平台，利用二级支行的操作平台，直接对各基层行信贷员进行管理，指导二级支行信贷员开展业务。

适当向二级分行下放AA级企业的信用等级评定权限，向基层行转授一定的信贷审批权限。按经营管理水平、业务量、不良贷款率等指标，在风险可控的前提下转授基层行一定的信贷业务审批权限，如：AA（含）以上省级开发区入驻企业、提供县级以上区域房地产抵押的企业，基层支行可在上级行核定的最高综合授信额度内自主审查、审批发放贷款，为小企业提供更加专业、快捷的融资服务。在民营经济发达地区、业务量大的二级分行，可考虑成立中小企业信贷业务部，配备专业人员。继续充实贷款营销人员，从人员上保证福建分行的服务水平和办理速度，提高工作效率；继续加强市场营销员的业务培训，尤其是对小企业财务报表的分析、贷款调查报告的规范化等方面进行专题辅导，以提高专业化水平。

2. 改造审批流程。推行评级授信一体化，授信额度内简化审批（上级行授信，下级行有全部审批权）；推行专职审贷委制度，设审批官或行长审批（两者取其一，不宜设两道）。简化审批环节，对能提供县级（含）以上区域房地产全额抵（质）押、融资余额在500万元以下的小型企业，视同微型企业办理信贷业务，以更好地满足小企业“短、平、快”的资金需求。对中小企业较为集中的各工业园区和专业市场，指定支行包干，每个支行负责一个区域，与小企业进行面对面的接触，实行地毯式调查。

3. 创新担保方式。选择一些产权清晰、内部管理机制完善，具有发展潜力的中小企业作为支持对象，创新贷款发放方式，如对贷款回笼快、信用记录好、有抵押财产的企业，可实行“最高限额抵押贷款”，即对现

有财产进行一次评估后，企业在不超过抵押财产一定比例的额度内，随用随贷。也可借鉴农村信用社小额联户联保贷款方式，即5－10户农户自愿结成联保小组，一户贷款出现风险，其他农户均承担连带责任，从而有效规避了信贷风险。量身定制循环贷款、定贷零还、分期还款、设定宽限期等多种不同于常规贷款的贷款方式。此外，还要拓宽担保物选择范围。当前法律、政策、银行都盯着不动产，而不动产资产是有限的，使得抵押贷款的路越走越窄，企业和银行都面临不动产资源的枯竭与对担保过分依赖这个矛盾。建立一个简单、高效、低成本的担保交易制度，是解决中小企业融资难的关键所在。在国外，应收账款、存货等动产被看作最有价值的担保物。美国70%的担保来自于动产担保，包括应收账款。

4. 实行优先原则。为大中型企业配套或服务的小企业，只要提供合法、有效、易变现的担保，可不受信用等级限制办理融资业务，最高获得2000万元的贷款；对小企业持有的由大中型企业签发或承兑的、符合总行规定范围的商业承兑汇票，优先给予贴现；对代理大中型企业出口的小型专业外贸公司，在占用被代理企业授信额度的情况下，可不受信用等级限制办理国际贸易融资业务。

（三）进一步完善小企业信贷营销服务体系。加强市场推介与行业营销，加快担保公司准入步伐。定期走访省内各大商会和行业协会，宣传中小企业金融业务，举办一系列营销活动。与各大专业担保公司加强合作，推动组建中小企业贷款担保公司，拓宽中小企业贷款的担保范围。进一步加强媒体宣传推广，扩大中小企业金融业务知晓率。将中小企业高级管理人员作为重点个人客户，营销网上银行、信用卡等核心产品，提高客户忠诚度。建立各级（总、省、二级）审批限时制；建立优质客户需求绿色通道，同类分险度的新品种需求能尽快满足；建立优质客户（或较低风险贷款）流失问责制，对上级行和审批人进行责任追查。

（四）进一步完善小企业信贷考核激励机制。加强考核分配，合理拉开差距，进一步调动客户经理工作积极性。进行产品成本和效益测算，与业绩挂钩；建立各岗位业绩考核办法，前台以业务量为主，后台业务量与质量挂钩；建立明细的岗位责任制与免责办法；建立未审通过贷款跟踪制（考核审批人能力）。

（五）进一步完善小企业信贷风险控制体系。小企业信贷风险在银行整个风险敞口明显不同于一般公司客户的风险特征。要尽快建立利率的风险定价机制，以足够利差来弥补小企业贷款的风险；要完善独立核算机制，独立考察小企业贷款业务的经营管理业绩。充分利用特别关注客户信息管理系统及人行征信系统进行风险防控，建立小企业违约信息通报机制，注意收集和掌握各自业务区域内的恶意违约客户相关信息，以防范风险。加强中小企业的授信审查和贷后管理，做到市场有效进入和退出。

关于江西分行改善经济欠发达地区二级分行经营状况的实践与思考

——对抚州分行经营发展情况的调查

江西分行　李安山

财务重组后如何增强欠发达地区二级分行生存发展能力，在股份制改造的新形势下实现其自身经营结构的进一步优化，风险防范能力的进一步提高，经营管理水平的进一步增强，是摆在我们江西分行面前的现实问题。为此，我一直对经济金融资源相对匮乏、经营管理基础相对薄弱的抚州分行如何走出困境十分关注，进行了深入的调查研究，想借此推动江西经济欠发达地区二级分行走出一条经营发展的新路子。

一、近年来抚州分行改革发展取得的主要成效

江西是一个经济欠发达的农业省份，长期以来，工业化、城市化水平较低，而抚州地区经济欠发达特征更为明显，整体经济发展水平在全省排位最后。该市经济总量小，工业化程度低，是境内既无上市公司，又无大型企业和大型项目的“三无”地区，经济增长率低于全省平均水平，而且是全省唯一没有铁路干线的地市。受经济金融环境以及自身经营机制的制约，三年前抚州市四家国有商业银行全部处于亏损的困境，而当时江西分行的抚州分行既面临着外部经济环境欠佳的压力，又积聚着长期粗放经营带来的冗员多、低效网点多和资金自给率低、资产质量低的突出矛盾。2001年末，该行有机构网点101个，人员1136人，存贷余额比为

115.4%，向省行借款31.5亿元，不良贷款率高达66.3%，账面亏损达10653万元，是江西分行经营绩效排位最后的二级分行。当时该行士气低落，找不到发展的路子。后来该行又急于摆脱困境，不顾当地市场和信用环境较差、实际管理水平薄弱的自身情况，业务发展急于求成，盲目冒进，又形成新的风险和损失。针对抚州分行的情况，我们进行了认真研究分析，认为抚州分行的问题，总体上是计划经济向市场经济转轨过程中，国有商业银行传统经营方式积聚矛盾的集中暴露，并且在部分二级分行中存在。如果像抚州分行这样的困难行和亏损行的问题不能及早得到解决，不仅这些行所占有的大量经营资源的效能不能得到充分发挥，而且会拖累和阻碍江西分行的发展进程。通过分析会诊，省行党委决定：按照区别对待、分类指导的原则，对抚州分行进行综合治理，直接帮促扶。三年来，该行在省行的指导帮助下实施了以下改革发展举措。

（一）找准定位。经过省、市两级班子共同研究分析，明确抚州分行必须根据当地经济和金融资源状况，理清发展思路，明确发展方向，搞好经营定位，有所为、有所不为，有什么金融资源发展什么样的金融业务，坚持做有管理、有质量、有效益的业务。确定抚州分行的经营定位是：在一段时期内，重点清收不良资产，大力发展中间业务和负债业务，资产业务重在队伍建设、蓄势待发；同时抓好“三个整合”，即整合机构、整合业务、整合人员，收缩经营半径，减轻经营包袱，形成经营合力，早日摆脱经营困境。

（二）撤点减员。低效、无效网点多和冗员包袱重是困扰抚州分行生存发展的一大障碍。面对这一难题，我们从2002年开始在该行全面启动了“整合机构、整合人员和整合业务”的撤点减员工作。经过三年的努力，抚州分行的机构由2001年底的101个减少到2004年底的38个，减幅63.4%；正式员工由2001年底的1136人减少到2004年末的497人，减幅56.25%。通过精简调整，该行的员工队伍逐步年轻化，素质有所提高，大专以上学历的员工占58.2%，中级以上专业技术职务的员工占30.4%，40岁以下的员工占67.7%。整合后，城区只保留以营销存贷款业务为主的文昌支行和以清收处置不良资产为主的城南支行，突出城区行的经营地位；对规模较小、效益欠佳的县支行（分理处）实行“一拖一”或“一拖二”，并合理进行布局。人员全部竞聘上岗，分流人员充实一线，全面推行综合柜员制。

（三）转换机制。一是建立完善绩效挂钩的分配机制。省行对抚州分行实行单独考核，并合理调整经营性费用、人力费用绩效挂钩力度，绩效考核分配向清收处置不良资产、存款和中间业务倾斜，做到目标、责任、考核到岗、到人。对员工个人实行按绩取酬，真正做到按业绩定收入，使创利部门员工收入高于非创利部门员工收入，营销部门员工收入高于非营销部门员工收入，贡献大的员工收入高于低贡献者的收入，较好地发挥考核办法的激励作用。二是建立完善优胜劣汰的用人机制。制定了客户经理考核管理办法，对客户经理实行了以业绩定等级，不同等级客户经理有相应营销目标，按其营销实绩确定其客户经理的等级和聘任；加大对干部工作业绩考核力度，对主要业务经营考核实行主管行长末位淘汰制。三是建立完善集约经营的业务运行机制。完善了资金集中管理办法实施细则，调动了支行处组织存款、降低筹资成本、增加利息收入、加快不良资产处置的积极性；推行了信贷集中审批、不良资产集中处置、财务集中管理，业务运行逐步向集约化、规范化和精细化转变。

（四）明确重点。一是举全行之力清收处置不良资产。通过锁定目标，落实责任，集中人员和精力，三年来累计清收处置不良贷款5.33亿元，其中现金清收1.43亿元。二是重点抓好负债业务发展。大力发展储蓄业务，积极推进精品网点和理财中心建设，特别是通过核心竞争力项目的实施，使该行在存款业务领域的优势逐步由网点数量向网点质量转变。尽管三年来该行网点总数减少60%，但储蓄存款仍保持稳定增长，增量同业占比由2001年的第4位跃居到2004年的第1位，居同业第二；活期存款余额占比较2001年末增加7.13个百分点，活期存款增量占比达93.9%；人均存款增长了2.2倍，网均存款增长了2.9倍。存款的快速增长及存款结构的改善，使该行负债业务贡献度显著提升。三是把大力发展中间业务作为扭亏增盈的突破口。突出重点客户、重点品种和重点支行，推进中间业务收入逐年快速增长。2002年、2003年和2004年中间业务收入增幅分别达到83.61%，154.02%和72.41%。中间业务的快速发展有力地促进了该行经营效益和收益结构的改善。

（五）夯实基础。一是夯实思想基础。为统一思想，鼓舞士气，理清思路，增强抚州分行各级领导班子和广大员工脱困的信心，省行党委确定了专门的联系组，并派出“十字新行风”督导组开展了为期4个月的调研和宣传工作。督导组深入抚州各支行，与员工进行面对面沟通与交流，通过开展“路在何方”的大讨论，组织召开发展战略务虚会，促使广大员工解放思想，转变观念，明确目标，为抚州分行的发展打下了良好的思想基础。二是夯实管理基础。针对经营管理中的薄弱环节，将个人贷款权限一律上收抚州分行；公司业务则由抚州分行负责营销，省行和抚州分行共同负责调查、评估、审查、审批工作。并重点加强了对个人住房贷款、个人综合消费贷款、银行卡业务的停复牌管理力度。对整改不到位的业务，坚决不予复牌；对达不到管理要求的业务坚决不办。抚州分行与信贷员逐一签订了贷后管理责任状，落实信贷管理责任；完善内控管理机制，结合开展“扫雷”工程，实施了内控“日必查”、“月必查”制度，做到检查与整改并重。三是夯实队伍基础。加强支行班子建设，选拔培养年轻优秀干部，对各支行（处）领导班子及干部进行无记名测评和考核；全面推行工作评价制度，促进工作作风的转变；加强员工培训，共举办各类培训班80期，培训员工2543人次。

经过三年来改革和管理工作的深入推进，抚州分行经营发展取得了初步成效，经营效益持续好转，迈出了扭亏脱困的坚实步伐。2004年，该行经营利润较2001年减亏9723万元，减幅86.05%，近三年平均每年减亏3241万元，全辖13个行有8个行实现盈利，其中“双盈”行有5个，盈利面62%。收支结构进一步改善，2004年中间业务收入占营业收入比重达12.96%；营业费用较2001年减少1308万元，降幅为23.61%。经初步测算，财务重组后，该行2005年可实现经营利润120万元，2006年考虑计提拨备，按现行利率计算，可实现经营利润1480万元。

抚州分行经营状况虽然有了较大改善，但股改后仍面临更多新的问题，困难会更大，这些问题的核心就是县级支行的生存与发展。我们清楚地认识到，江西经济基础薄弱的现状并没有改变，经济欠发达的不利条件对我们的经营发展构成了外在压力，传统经营理念和发展模式的束缚及管理水平的差异形成了内在制约，如何在改革后实现真正意义上的生存发展又将是我们各级行要面对的现实问题。

二、抚州分行经营现状及面临的问题

对于像抚州分行这样的基层行，通过实施股份制改造和财务重组一方面可以解决历史形成的不良资产和财务包袱，为持续、健康发展创造条件，可以按照总省行改革发展总体部署，逐步实现经营模式和增长方式的转变，进一步提高风险控制能力、竞争发展能力和盈利能力。但另一方面这些行也面临着有效资产不多，市场拓展与风险控制等一系列尖锐的矛盾。抚州分行现有3个城区支行，10个县级支行（包括降格后的分理处）。各项存款（含同业存款）42.3亿元，人均存款860万元，网均存款11435万元；各项贷款10.1亿元，人均贷款205万元，其中：正常类贷款6.4亿元，关注类贷款3.2亿元，次级类贷款4642万元，人均正常贷款（含关注类）195万元。所辖县支行中除南城、南丰、东乡等较大支行有3~4个网点外，其余基本是“一拖一”。人均存款最高的崇仁支行是1797万元，人均存款1000万元以下的支行有5个，最低的支行人均存款仅为374万元。除城区支行外，各县支行人均贷款普遍不多，10个县支行中有7个行人均贷款在100万元以下，其中崇仁支行正常贷款为零，资溪支行人均正常贷款为4万元，人均正常贷款最高的东乡县支行也仅有145万元。各支行中间业务发展也不平衡，人均中间业务收入最高的行是最低行的3倍多。

通过对抚州分行经营管理的分析研究，我们认为当前该行面临的主要困难：一是业务总量偏小。抚州分行人均存款不到1000万元，剥离不良资产后，人均有效资产不到200万元，相当一部分支行将无信贷业务可做，可收息的正常、关注贷款不足1000万元的支行就有5个，亿元以上的支行也仅有两家。同时抚州分行管理基础比较薄弱，风险点多，自身管理水平和风险控制能力还不足以支撑业务的快速发展。二是成本管理意识亟待解决。随着机构网点的大量撤并，许多闲置固定资产占用了经营资源，未产生应有的效益。据调查，抚州分行现共有闲置营业办公用房81项，计14536平方米。如东乡县支行2020平方米的办公大楼里现只有14个人办公（支行设有一个金库，当地没有社会化保安机构，其中有4个经警担任守库和押运职责），而且由于市区重新规划和新街的建设，大楼价值逐渐贬损。这个支行为此每年需支付近50多万元的折旧费、土地占用费及其他日常支出。三是管理层有待精简。一些县支行班子仍是“一正两副”，加上总会计、工会主任，经营管理层人员偏多，而客户经理队伍严重不足。四是思想观念有待进一步转变。该行部分员工思想上还存在一些模糊认识，有的认为股改就是“一剥了之”，今后可以轻装上阵，对今后工商银行将面临的一个全新的经营管理模式认识不足，对经营发展盲目乐观；还有部分员工由于怕担风险和责任，顾虑重重，形成不讲发展保饭碗的思想；一些支行行长习惯围绕上级计划搞“数字”，是“指标行长”，而不是“目标行长”，市场、客户的经营理念缺乏，企业文化、风险文化意识有待进一步树立和加强。五是员工素质与现代商业银行发展要求不相适应。抚州分行大量减员后，许多员工岗位进行了重新整合，特别是信贷专业人员变动较大，尽管加大了培训力度，但人员素质仍亟待提高。该行目前“一专多能”的综合业务型员工不多，熟悉银行业务、擅长市场营销的客户经理更少，员工技能比较单一。特别是县支行的信贷人员仅有2~5人，全部纳入综合信贷资金部门管理（即公司、个贷、公存、法律、统计、科技、国际业务在一起），只能分工兼职，无法在人员、岗位、组织上彻底分开，更需要综合技能的培养和提高。

三、提高欠发达地区行生存发展能力的对策

通过回头看抚州分行三年的脱困之路，分析股改后面临的新情况，我认为，大家搞好经营发展的决心和信心是坚定的。关键是要解决在新形势下，经济欠发达地区行发展什么和怎么发展问题？要坚持发展不动摇，必须学会在各项制约条件下的发展、讲求科学发展观的发展。要抢抓机遇，找准定位，创新思路，加快推进经营模式和增长方式的根本转变。抚州分行以及与其相类似的二级分行今后的经营定位应该是：围绕效益目标，坚决实行扁平化管理，集中审批，分类指导，加快转变经

营模式和增长方式，在低成本条件下做大负债业务，特别是围绕个人客户市场做大做强个人金融业务，构建“大个金”经营格局；大力发展中间业务，尽快将其做成支柱业务；稳健审慎发展公司业务，优化结构；提高成本管理意识，坚决减、并、卖、租无效、低效网点；继续合理减员，加大全员培训力度。

（一）加快推进城市行扁平化管理改革。以扁平化改革为切入点，深入推进机构、人员和业务的“三个整合”。继续压缩机构总量，在对网点综合绩效科学评价的基础上，坚决撤并低效、无效机构，同时根据城市规划和经营资源变化调整机构布局。对地理位置较好、市场前景可观的营业网点装修改造，有条件的分理处升格为二级支行。城区行实行扁平化直通式管理，撤消支行所有内设机构，支行的市场营销和支持保障功能及相应的人财物资源上收到分行直接管理，城区支行只保留柜面营业网点，行使综合核算和柜面营销职能。精简分行本部机构，整合强化前台营销部门，完善中后台风险控制和支持保障部门，构建前台市场营销、中台经营管理、后台支持保障的组织架构体系，压缩管理层级，加大二级分行直接营销力度，建立起面向客户、面向市场的快速营销服务体系。将各级管理层人员压缩到一个合理水平，精简下来的管理人员经过培训后，全部充实到营销一线，扩大市场营销队伍。加强客户经理队伍建设，调整充实客户经理队伍，强化客户经理营销职能，加快组建一支熟悉业务、知识全面、营销技能强的专业化客户经理队伍，使之成为拓展业务市场的主力军。

（二）高度重视分区域培训工作。股改后，人员岗位流动加快，要通过加强培训，使员工“能下能上”，找到适合自己的岗位。要坚持“以人为本”发展战略，进一步深化“全员培训工程”。在做好大范围、普及性培训工作的同时，根据人员素质的不同，因地制宜，有针对性地开展分层次、分区域、多样化培训，加快推进人才资源的整体开发。重点抓好经营管理人员、专业技术人员和业务操作人员三支队伍的培训工作，特别要加强对支行行长的现代商业银行经营理念培训，提高基层经营管理者稳健经营意识和驾驭市场风险的能力。稳步推行岗位资格培训，逐步形成以岗位资格性培训为基础，适应性培训为促进的教育培训新机制，通过各类职业技能培训，尽快使员工适应新形势发展要求。

（三）切实加强内控机制的建设。按照“内控优先、风险可控”原则，对风险业务的操作制度，工作流程和技术手段进行全面梳理、评价和重整，形成部门之间、员工之间、权力之间、业务之间、环节之间有效的相互制衡机制，从体制、机制上消除和防范操作风险。特别要强化各级经营管理层的内控管理意识和员工遵章守纪、规范操作意识，加大内控管理考核力度。要突出防范重点，提高内控管理的有效性和针对性。加强对易发案部位、重点风险领域和内控薄弱环节的检查、突查整治，加强对偏远营业网点机构的管理，切实消除监守自盗、内部重大违规和外部欺诈等隐患，对管理水平低下的无效益机构坚决撤销。

（四）加强财务管理和成本控制。突出成本管理意识，加强成本核算与控制。强化收入成本比控制，提高投入产出效益。在努力提高创利能力、增加收益的同时，加强成本费用管理，降低费用开支，各项业务都要考核收入，都要看最终能否盈利；每项业务都要讲成本，在产品推广和业务营销中不能不计成本盲目竞争，在费用使用上更不能我行我素，必须厉行节约，勤俭办行。财务支出要实行事前论证、事中监测、事后评估的全过程管理制度和一把手问责制度。各项费用要以收定支，量入为出，按照“保证开门费用、保障人力费用、压缩管理费用”的原则，统筹安排费用开支，杜绝浪费现象，将有限的财力用到支持业务发展上。减少无效、低效资产占用和费用支出，提高经营效益。

（五）制定切实可行的扶持政策。省行要加大区别对待、分类指导工作力度，根据二级分行区域发展实际，因地制宜制定切实可行的扶持政策，一行一定，一行一策，一行一帮，帮助困难落后地区行强身健体，增强生存能力、发展能力，建设和谐银行。具体的政策：一是在资金价格上实行分类指导。对以做大做强资产类业务的行和以负债业务为主的行实行有区别的资金价格，鼓励各行有什么资源做好什么业务。二是加大中间业务绩效挂钩力度。认真实施中间业务三年发展规划，大力发展中间业务。三是省行营业部向各二级分行以支付转移方式让利。在大行业、大系统资金集中的情况下，省行营业部向各二级分行适当让利，提高各行竞争系统优质客户的积极性。

关于河南分行发展银保业务的实践与思考

河南分行 左新亚

银保业务综合收益高、市场潜力大，是商业银行中间业务的一个重要品种。2002 年以来，河南分行尝试以银保业务为突破推动中间业务发展，取得了一些成效。日前我对河南分行银保业务开展情况进行了调研，有了一些心得体会，更加坚定了发展银保业务的信心。

一、河南分行银保业务基本情况

河南分行地处经济欠发达、金融资源相对匮乏、金融需求相对单一的中部地区。2002 年实现扭亏之后，河南分行党委在反思和调整经营思路的过程中，认识到提升经营绩效决对不能再走资产扩张的老路，必须扬长避短，发挥现有资源优势，争取在中间业务上取得突破。为此，河南分行提出了以银保业务为突破推进中间业务跨越式发展的经营思路，取得了明显成效。2002 年以来，河南分行累计代理销售各类保险 31.7 亿元，年均增长 63%；累计实现代理保险手续费收入 8505 万元，年均增长 100%。2004 年底，河南分行代理保险额居工行系统第 6 位、手续费收入居第 5 位，代理保险市场占比 31%，连续三年居河南省同业第一位。三年来，河南分行代理保险手续费收入占中间业务收入的比重由 1.4% 提升到 13.5%，高于工行系统平均水平 7 个百分点，年均增长 4.03 个百分点。代理保险业务的快速发展推动了中间业务收入的高速增长，2002 年以来河南分行中间业务收入年均增长 56%，高于工行系统平均水平 18 个百分点。

围绕推动银保业务发展，我们重点在以下方面进行了探索：

（一）统一规划管理，夯实银保业务发展基础。银保业务对国内银行来说是一项新兴业务，没有现成的管理模式，只有边发展边积累经验。这些年我们在实践中重点实施了“五个统一”。一是统一经营思想。我们经常在二级分行行长会议和专业工作会议上对发展银保业务进行思想动员，要求河南分行高度重视，将银保业务打造成中间业务“亮点”工程；每年都要研究制订年度银保业务发展计划，并将人、财、物等资源配置向银保业务倾斜；省行行级领导带队走访省内各家保险公司高层，进行高层营销，并通过召开银保协调会、座谈会、联谊会等进行互动交流，增进合作感情，共商合作大计，积极排除银保业务发展中的问题和障碍；省行银保业务牵头部门深入二级分行举办银保业务培训班，现场督促推动基层行开展银保工作。二是统一组织领导。我们明确机构业务部作为河南分行银保业务牵头部门，明确个人金融、公司业务、住房金融、国际业务、信息科技等部门为银保业务分类营销和支持保障部门，同时要求各基层机构明确专人负责管理银保业务。三是统一签定协议。为了规避政策风险和经营风险，我们统一与各家保险公司省级分公司签订《全面合作协议》和《代理保险产品专项协议》。截至 2004 年底，河南分行共与省内 14 家寿险和财险公司签定 14 个《全面合作协议》和 6 个《代理保险产品专项协议》，签约率达到 93%。四是统一议价管理。为提高对保险公司的议价能力，我们集中了与保险公司的议价权，由省行直接与保险公司按照险种、缴费年限等确定代理险种的费率，并对河南分行合同执行费率情况进行严格监督，从而既有效避免了道德风险的产生，又保护了保险公司的合作积极性。五是统一配置资源。我们根据各家保险公司对河南分行的利润贡献度，统一确定网点资源分配方案和险种代理方案，定期对方案进行调整，力争牢牢把握银保合作主动权。

（二）实施差别营销，增强银保业务营销针对性。一是突出重点区域。为发挥重点行的龙头带动作用，我们将经济相对发达、居民收入较高、保险市场比较成熟的郑州、平顶山、安阳作为银保业务重点发展地区，并对上述地区行配套实行资源倾斜政策。2004 年底，上述三个地区行代理各类保险 6 亿元，占河南分行代理保险额的 45%。二是突出重点公司。我们将把河南分行存款量大、资本实力雄厚、市场份额大、社会信誉度高的人寿、人保作为第一合作梯队；将把河南分行开通“银保通”系统、创新能力较强、产品销售方便且受欢迎程度高的太平、泰康、新华等作为第二合作梯队；其余公司作为第三合作梯队。在代理网点、代理险种、竞赛活动安排等方面采取差别资源配置，争取合作效益最大化。截至 2004 年底，河南分行代理人寿、人保产品分别占河南分行代理寿险和财险总额的 45%、63.22%。三是突出重点产品。我们根据银保市场发展变化和客户对保障类产品的需求意愿以及保障类产品高手续费的特点，尝试逐步加大保障类产品的代理销售力度，保障类产品代理额占代理保险总额的比重逐年提升，2004 年达到 12%，2005 年前 5 个月进一步上升到 15%。四是突出劳动竞赛。在银保业务发展实践中，我们发现劳动竞赛对于推动代理保险发展具有十分显著的作用，保险公司会在竞赛期间给予柜面销售人员额外激励，能够大大提高一线员工代理保险积极性。2002年以来，河南分行主动与人寿、太平洋、泰康、太平、新华等公司联系开展劳动竞赛11次，有力地推进了代理保险业务的发展。五是突出捆绑营销。为有效改变银保合作“一头沉”的局面，我们从挖掘保险公司的金融资源、营销资源和客户资源入手，积极拓展双方合作领域，力争实现银保合作边际收益最大化。截至2004年底，各家保险公司在河南分行存款28.2亿元，市场占比超过80%；8家保险公司开通了工商银行网上银行业务。此外，三年来保险公司与河南分行合作营销保单质押贷款1.5亿元，代河南分行营销银行卡1368张、理财金账户526个、银证通2842个。

（三）强化机制建设，推动银保业务健康发展。一是完善考核措施。每年年初省行根据上年河南分行代理保险情况，考虑近三年代理保险平均增幅，结合当年代理保险市场预测，制定省行相关部门和二级分行代理保险任务分配方案。对省行相关部门下达产品目标任务，具体是：个人金融业务部负责代理寿险任务，公司业务部负责代理企业险任务，住房金融业务部负责代理房贷险任务，国际业务部负责代理外贸险任务；对二级分行实行横向和纵向任务分配，横向细化至当地各保险公司，纵向分解至各基层网点。考核的到位，有力促进了银保业务的快速增长。2002年以来河南分行网点平均代理保险分别为69.31万元、101.84万元、139.03万元，年均增长41.73%。二是强化技术支撑。为有效降低代理成本，分流柜面压力，提高代理保险工作效率，我们着力推进银保业务电子化管理，实现远程出单，最大限度缩短客户在柜台等候时间。2004年河南分行与人寿、太平和新华开通了“银保通”系统，通过该系统代理寿险5亿元，占代理寿险总额的40%以上。目前河南分行财险“银保通”系统正处在调试阶段，该系统可实现12种财险产品远程出单，投产后必将迅速提高河南分行代理财险的能力。三是规范收入核算。严格执行《中国工商银行中间业务收费标准》，发挥会计结算部门的核算监督职能，将手续费收入指标与二级分行费用指标挂钩，杜绝“跑、冒、滴、漏”，确保收入核算的真实性和准确性。四是强化内控管理。我们坚持制度先行，先后制定完善了一系列银保业务的内控制度和操作流程，确保业务开办有“法”可依；加强协议管理，明确规定二级分行不得与各保险公司在当地的分公司签定协议，不得与省行未签定合作协议的保险公司建立业务合作关系，不得代理省行未签定代理协议的银保产品。同时我们还建立了银保业务日常稽核检查制度，严肃查处和及时纠正了部分行存在的不规范代理、私自截留手续费、私自索要手续费、误导宣传等问题。五是开展业务培训。银保业务发展变化快，知识含量高，需要建立制度化的培训体系来推动业务的开展。我们经常与保险公司联合举办银保业务培训班，聘请境内外资深银保专家，就银保业务行销策略与产品规划、销售文化和银行员工保险销售训练等内容对行内从业人员进行培训。2004年总行在远程教育系统上举办了网上银保业务培训，河南分行参训人数1130人，合格率达到85%。

二、进一步加快银保业务发展的思考

当前河南分行正以财务重组为新的起点，加快推进经营模式和增长方式的转变，这给银保业务发展提出了更高的要求。面对新形势，我认为应从以下三方面进一步加大力度，推动银保业务快速健康发展。

（一）以改革创新为先导，建设银保业务良好发展环境。一是改革管理模式。目前银保业务部门间合力不够、管理水平不高已成为制约银保业务进一步发展的主要障碍，必须加大改革力度，理顺体制机制，为银保业务发展再添动力。可尝试在二级分行建立保险兼业代理中心，将行内富余人员充实到中心担任客户经理，既可解决部分富余人员分流安置问题，又可增强银保业务的发展力量。二是推进同业合作。通过近几年的银保业务实践，我们认识到要增强对保险公司的议价能力，培育长远健康的合作关系，维护共同利益，必须加强同业合作。我们将加强与农行、建行、中行、邮储和农村信用社等银保业务发展大行及金融机构的协商和沟通，争取尽快成立银保兼业代理协会，统一对各家保险公司的合作政策和议价行为，避免恶性竞争。三是创新银保产品。目前银保产品不能完全适应银行销售是银保业务发展的另一个障碍，我们将与几家主要代理银行协商，根据银行销售特点和银行客户需求特点，共同向各家保险公司提出银保产品创新方案，推进银保产品升级，更好地满足客户的需要。

（二）以全面营销为抓手，深挖银保业务发展潜力。一是大力发展代理企业财险业务。代理财险业务平均手续费标准大大高于代理寿险业务，并且商业银行发展代理财险业务具有很多得天独厚的资源优势。2004年河南分行代理财险4868万元，虽然同比增长了33%，但代理额仅占代理保险总额的4%，严重滞后于代理寿险业务的发展步伐。我们将从以下几方面着手，尽快提升代理财险业务发展水平。第一要狠抓代理抵押物保险业务。截至2004年底，河南分行正常类抵押贷款余额为103亿元，其中AA－级以下企业抵押贷款79亿元，按照监管部门要求，财产抵押贷款的抵押物必须办理保险，再加上2005年河南分行预计新增企业财产抵押贷款50亿元，按平均企业财险费率5‰计算，河南分行可代理抵押保险保费7000余万元，实现手续费收入600余万元。第二要狠抓代理房贷险业务。预计2005年河南分行新增个人住房贷款16亿元，按贷款额占购房总价70%和房贷险平均费率0.5‰计算，2005年河南分行可代理房贷险保费1714万元，实现手续费收入150万元。第三要狠抓代理车辆险业务。预计2005年河南分行新增个人汽车消费贷款3亿元，按车辆险平均费率2.3%计算（不含基本险定额保费），河南分行可代理车辆险保费3614万元，实现手续费收入180万元。而且车辆险有常年需求，只要在服务上狠下工夫，可以确保每年稳定的代理车辆险手续费收入。第四要狠抓代理外贸险业务。预计2005年河南省贸易项下进出口交易额将超过70亿美元，其中通过河南分行办理结算量将达10亿美元，按可保比例6%计算，可营销外贸险6000万美元，约可实现手续费收入330万元。二是大力发展代理期缴产品。代理趸缴产品有利于扩大代理市场规模，但趸缴产品重理财、轻保障，不能充分满足客户特别是高端客户的保险需求，而且收益也比不上代理期缴产品。我们在继续大力代理趸缴产品的同时，将重点加大期缴产品的代理力度，争取进一步提升代理保险收益水平。三是大力发展代理年金险业务。当前我国年金保险正处于起步阶段，多家年金保险公司准备到河南铺摊设点，这些公司十分看好河南分行的客户资源。我们将认真规划，提前介入，银保联手公关年金保险市场，积极抢占市场先机，确立河南分行在省内代理年金保险的市场领先地位。

（三）以强化管理为保障，打造银保业务发展的坚实基础。一是切实做到统一考核。我们将逐步改革现行二级分行经营绩效考核办法，建立包括代理保费收入、手续费收入、手续费收入占中间业务收入比重、信贷客户投保率、保费收入市场占比、手续费收入市场占比等主要指标的新的银保业务考核指标体系，引导二级分行重视发展银保业务。二是加大技术创新力度，实现代理保险渠道多元化。我们将尽快与所有保险公司联合开通“银保通”系统，并将保障型产品、期缴产品、财险产品代理向理财中心转移。同时开发电子银行保险销售系统，将部分免于核保的寿、财险产品通过电话银行、网上银行代理。三是实施全面风险控制。将银保业务风险纳入全面风险管理，建立完善的风险防控的制度措施和业务流程，及时分析掌握可能出现的政策、法律、市场、信誉、财务和操作风险，切实提高风险防范能力和水平。

关于湖北分行拓展个人金融业务的实践与思考

湖北分行　吴宏波

个人金融业务作为工商银行的传统优势业务，在湖北分行曾一度停滞不前。为扭转这一局面，近年来湖北分行根据总行的统一部署，结合湖北经济金融环境特点，在个人金融业务经营思路、管理办法、营销策略等方面进行了一系列创新，取得了初步成效。湖北分行个人金融业务在全国一级分行中的综合考核排名由2003年第一季度的第31名上升到2003年末的第16名，2004年末进一步上升到第5名。

一、创新经营思路

现代管理学中有句经典名言：理念决定行为，行为决定命运。省分行新一届领导班子成立伊始，就明确提出了“观念决定行动，思路决定出路”的口号，并利用一切机会反复向包括个人金融业务战线员工在内的全行员工灌输，从以下四个方面推进个人金融业务发展思路的转变和创新。

（一）赋予储蓄业务新内涵，强化增存意识。储蓄业务是工商银行最重要的个人金融业务之一，是个人金融业务创新发展的基础。为把全行广大员工迅速引导到揽储增存等重要工作上来，我们深入分析发展储蓄业务对湖北省分行这样一个借差大行的重要作用，并赋予揽储增存新内涵，要求各级行处立足经营抓存款、立足发展抓存款、立足效益抓存款，通过揽储增存达到提高效益的目的。湖北分行通过算账、比较等方法，使全行员工充分认识到，增加存款归还巨额借款会产生可观的经营效益，也有利于促进存贷款业务的良性循环。与此同时，湖北分行加大了对同业占比的考核力度，将储蓄存款增量同业市场占比作为个人金融业务的一项重要指标，纳入综合考核体系进行监控考核，按月进行分析通报。由此，各级行员工对存款工作的重要意义有了新的认识，扩大市场占比的意识不断增强，储蓄存款净增额同业市场占比也呈现出稳中有升的趋势。

（二）运用辩证思维，理顺增存思路。通过定期听取各市州行领导班子集体汇报、集体“会诊”，召开分行行长会议、筹资工作会议等形式，帮助各行运用辩证思维，正确处理存款工作中的各种关系：一是主观与客观的关系。在分析工作的不足时，少讲客观、多讲主观，因为困难是客观存在的，不容易改变；而主观上的问题找得准，并及时、努力地加以解决，可以弥补或部分弥补客观原因造成的差距。少讲客观，多讲主观，还能够较好地防止以客观原因掩盖主观努力不够的现象。

二是花精力制定办法与下工夫狠抓落实的关系。制定必要的办法要花精力，但是办法制定好后，更要下功夫狠抓落实。抓落实不只是看怎么抓，更主要的是看抓得怎样，用业绩说话。三是时点数与时期数的关系。既要考虑时点数，也要考虑时期数，更多的是要集中精力抓好每天的存款，这是最能产生效益的存款。湖北分行从改进考核办法入手，通过完善机制引导各级行抓好日均存款。四是旺季与淡季的关系。业务旺季最容易甩开对手，也最容易被对手甩开。旺季工作要一天都不能耽误地狠抓。但是一年之中毕竟大部分时间属业务淡季，而真正的竞争也正是这个时期。因此湖北分行注重引导全行员工树立"只有淡季思想、没有淡季市场"的理念，始终绷紧揽储增存这根弦。五是增加存款与依法合规经营的关系。努力在全行员工中形成"违规的存款，一分钱都不要"的共识，切实吸取过去高息揽存的教训，不在利率上攀高低，重在服务上比优劣，依法合规抓存款。通过分析和把握揽储增存工作中的这些关系，对理顺工作思路、明确工作重点、发挥全行整体联动优势，起到了较好的促进作用。

（三）破除"两个误区"，拓宽增存视野。一是破除地理误区。长期以来，各支行特别是大中城市的城区支行，习惯于固守在本行所在辖区开展业务。以武汉市为例，省分行营业部各城区支行的业务范围基本定位在区，甚至街道，而一些股份制银行的武汉分行甚至一些支行则把目标市场定位于整个武汉市。尽管湖北分行的支行与股份制银行的分行人数相差不多，但是年存款增加额往往只是他们的几分之一。因此，分支机构走出传统地域限制，全面参与市场竞争，既十分重要，也非常迫切。二是破除历史经验误区。在实际工作中，各行在制定增存目标时多数情况下是依据前一年或二三年的平均增幅确定一个增存比例，认为只要超过上年增存数的一定比例就很了不起了。这是传统思维模式存在历史经验误区的典型表现。这种思维方式与激烈的同业竞争形势不相适应，且容易滋生小进则满思想。此外，还有工作方法上的经验误区，习惯于按部就班，缺乏开拓创新精神。破除"两个误区"思路的提出，在全行产生了良好的反响。一是各级行营销视野逐步开阔，揽存市场不断拓宽；二是各级行制定的增存目标更具挑战性，增存动力大为增强。

（四）构建"大个金"格局，提高增存效果。一是引导全行员工树立"大个金"经营理念，并开展"大个金"业务大家做的宣传动员，要求各职能部门协调运作，各项业务联动发展，使员工认识到"大个金"业务是全行的事，大家都要关心、支持"大个金"业务的发展。二是从省分行到各支行相继成立了个人金融业务指导委员会，加强了对个人金融业务的组织和领导。并明确个人金融业务部门为个人金融市场营销和客户服务的前台统一经营管理部门，其他为个人客户提供服务的相关部门为后台产品支持和服务响应部门。通过近一年的工作实践，"大个金"经营理念深入人心，员工的整合营销意识和技巧不断增强；各专业之间的营销隔层被打破，良性互动关系逐步形成。如湖北分行荆州市沙市支行客户经理在对某集团的营销工作中，一举营销了包括代发工资、理财金账户、灵通卡、个人电话银行、网上银行等几乎涵盖该行已开办的所有金融产品。许多行处出现了信贷人员在收贷收息的同时不忘营销银行卡、代理业务、网上银行等业务的可喜现象。

二、创新管理办法

良好的经营业绩来自于科学的管理方式和方法。发展个人金融业务，同样离不开科学的管理。

（一）整合业务资源，提高工作效率。

1. 整合网点资源。总的思路是，减少营业网点数量，完善网点服务功能，打造"精品"网点。2002年，湖北分行有对外营业机构972个，与高峰时的1996年相比，已经减少了1193个，减幅达55.1%。2003～2004年，湖北分行对效益低下的机构继续实行精简。到2004年末，全行营业机构已减至783个。在压缩机构总量的同时，对保留下来的机构进行了整体改造。在经营环境较好、金融资源丰富的机构，积极推行和落实"个人理财中心核心竞争力开发和管理"项目。通过压缩现金柜台，增加低柜区、理财区、咨询引导区和自助区，整合营销资源，充分发挥其增存主力军作用。近几年来，湖北分行先后投入资金1.7亿元，装修改造了266个个人理财中心，对51个总行级个人理财中心实施了核心竞争力开发与管理项目，取得了较好成效。各行还根据城市总体发展规划，按照"网点随着金融资源走"的原则，调整网点布局，在有发展前途的地段和区域增设机构。如孝感分行在该市东苑小区增设的北京路分理处，开业不到一年，存款就突破了1亿元大关。在压缩物理网点的同时，湖北分行加大科技投入，大力发展网上银行、电话银行、手机银行等电子银行业务，增加ATM数量，发展自助银行业务。截至2005年1月，湖北分行投入运行的ATM近500台，网点覆盖率达60%以上。

2. 整合人力资源。2002年以前，湖北分行个人金融业务主要是以营业网点为阵地，从事个人金融业务的员工大致可分为一线临柜人员和后台管理人员两类。综合业务系统投产之后，湖北分行对业务一线的柜面资源进行了全面整合。首先，全面推广综合柜员制。把多年来一直分开营业的储蓄、对公业务整合到一起，既减少营业人员，又使两项业务之间的资源得以共享。其次，加强个人金融业务客户经理队伍建设。湖北分行以前配备的客户经理，主要服务对象是公司客户或机构客户，对个人客户提供咨询服务的，一般只有在营业网点值班的大堂经理。2003年，湖北分行开始在全行推行个人客户经理制，选派专职人员跟踪服务于个人金融优质客户，拓展个人金融业务高端市场。截至2005年1月，湖北分行共有个人金融客户经理1198人，占全行个人金融业务从业人员总数的20.1%。一些分支行还实行了全员客户经理制，即将每个员工模拟成一个独立核算的单位，对其所营销、维护、管理的资产、负债和中间业务，按照对利润贡献度的比值，实行累计积分，按其贡献大小分别聘用为初级、中级、高级、资深和首席客户经理，并给予相应的待遇。如孝感市云梦支行由于实行全员客户经理制，机构降格和人员减少后业务不仅没有萎缩，而且不断发展壮大，2003年储蓄存款净增额同业占比达49%，2004年也一直居同业第一位，重新升格为二级支行。

3. 整合产品资源。产品资源的整合，实际上是个人金融业务产品的不断丰富和创新。实行会计核算一体化改革后，个人金融业务部门不再承担储蓄会计核算任务，其工作职能实现了由管理型向经营型的转换。除传统的储蓄存款、代收、代付、代发工资等业务外，湖北分行先后推出了牡丹灵通卡、汇款直通车、理财金账户、金融@家、代售基金、代理国债、代理保险、银证通、理财e站通、“幸福快车”贷款等数十个新的业务品种，以满足广大客户多元化的金融需求，丰富了“大个金”经营格局的内涵。全行在产品营销上逐步实行互相拉动的整体营销，通过银行卡业务营销拉动储蓄和个人中间业务，通过结算业务营销拉动个人客户的中间业务，通过个人住房贷款业务营销拉动个人客户代理保险业务和个人存款业务，通过公司业务和机构业务营销拉动个人高端优质客户业务，逐步改变了过去画地为牢、各自为战的营销格局。

（二）实施新型目标管理办法，用高目标带动大发展。新型目标管理办法的内涵是，管理者引导被管理者自行确定目标，并根据实际情况的变化和发展不断地调整和更新，辅以合理的考核激励机制，推动全行工作向高目标迈进，营造出“不争计划争市场，不比同期比同业，不盯任务盯对手”的良好氛围。湖北分行实施新型目标管理办法近两年来，在各业务部门、各层次的经营机构中，都有成功的实例。如黄冈市麻城支行，2003年初，该行将全年存款目标确定为确保4000万元争取5000万元，大家觉得能完成就很不错了。支行班子向市分行党委集体汇报后，他们主动将目标调整为确保5000万元争取6000万元，这一目标比上年要多增3000万元，多数干部为此感到任务很重。推行新型目标管理办法后，他们又主动将目标调整为确保6000万元争取8000万元，这对一个经济欠发达地区的县级支行来说，简直像天文数字，但新型目标管理办法调动了员工的主观能动性，当年8月份，该行各项存款净增额突破1亿元，他们又及时调整目标，年末实际增存1.19亿元。

（三）实施绩效挂钩考核，完善分配激励机制。为了保证新型目标管理办法落到实处，湖北分行从改革用人和考核分配机制入手，加强了必要的配套机制建设，如考核激励机制、目标竞聘制度和竞争上岗制度。在湖北分行，用任命的方式确定一线营业机构负责人已经成为历史，各储蓄所、分理处和部分二级支行负责人，全部实行打包竞标上岗。竞标上岗把预期收入、可享受的待遇与必须完成的工作目标挂起钩来，极大地调动了中标者的工作积极性。与行政任命相比，竞聘上岗的负责人在员工中更有威信，工作更容易开展。实行这项制度以来，各营业机构负责人普遍感到工作压力增大。如同逆水行舟不进则退，有时前进慢了，在别人都在快速前进的情况下，自己同样会落后。由于现实的业绩都能够得到应有的回报，再也没有人在业务发展中“留一手”或者“打埋伏”了。同时，对员工个人实行主要业务指标、服务质量指标、内控管理质量指标于一体的综合绩效挂钩考核，奖优罚劣，鼓励竞争。全行上下呈现出了“对外比同业、对内比先进”，不甘落后、争先创优的良好局面。

（四）实施抓大促重战略，提高大行大所的竞争能力。湖北分行突出抓了以省分行营业部为龙头的大中城市行的储蓄存款工作，省分行领导亲自带队，以其为工作联系点，并经常深入基层支行、分理处帮助分析情况，总结经验，完善措施，促进各项业务快速发展。同时继续狠抓大所存款增长，省分行对大所增存按月监控，按季通报，大中型网点的集约化经营水平不断提高，点均增存额列四大国有商业银行之首。在激励“快牛”的同时，湖北分行十分注重鞭打“慢牛”。对业务发展相当缓慢的行，省分行及时派出工作组进行现场督导，帮助其树信心，找市场，防止面上的先进掩盖后进的死角。为了促进后进单位迅速改变局面，省分行从2004年10月份开始，专门建立了个人金融业务后进单位通报制度，在对全行系统各支行增存情况进行排名的基础上，对储蓄存款增长后30名的单位及省分行营业部增存后40名的机构按旬通报。这一制度的实施，对后进单位起到了警戒和鞭策作用，成效也很明显。如武汉市38个储蓄负增长营业网点到2004年底已有15个实现了扭负增存，增存金额6000万元。

（五）抢抓业务旺季，组织开展大会战活动。年末岁初特别是元旦、春节期间客户资金流动较为频繁，是商业银行个人金融业务的黄金季节。从2003年开始，湖北分行打破了以往按年度组织营销和考核的常规，把当年10月到次年3月确定为业务旺季，在全行范围内组织以揽储增存为主要内容的个人金融业务旺季大会战。这种超前启动，整体营销，捕捉跨年度“行情”的做法，在市场竞争中收到了非常好的效果。

2003～2004年度大会战期间，湖北分行储蓄存款增加81.2亿元，增幅达13%；发行牡丹灵通卡71.6万张，完成预期目标的239%；开立理财金账户近9000户，完成预期目标的126%；教育储蓄增长24.5亿元，完成预期目标的245%；个人消费贷款、代理基金销售、代理发行国债进展也比较顺利，共实现个人中间业务收入3900多万元。2004年10月份开始，湖北分行又开展了第二次个人金融业务大会战。从近两个月的情况看，无论是存款还是中间业务，都有了一定的增长，尤其是为争取“两节”期间的黄金业务做好了思想和工作上的准备。

三、创新营销策略

卓有成效的市场营销，是商业银行捕捉客户心理、把握市场需求、改进服务方式、提高服务水平的重要手段，也是商业银行吸引和维系客户、提高客户忠诚度的有效途径。因此，湖北分行始终把创新营销策略摆在重要议事日程。

（一）变坐商为行商，走出柜台找市场。在金融机构不断增多，市场竞争日趋激烈的形势下，传统的坐等客户上门的服务方式，已完全不能适应时代发展的要求。个人金融客户经理及全员客户经理制度的实行，是变“坐商”为“行商”经营之道的有益尝试。湖北分行鼓励全行员工走出柜台这片狭小的空间，到外面广阔的市场上去寻找金融资源。荆州市沙市支行干部员工在实践中摸索出了立足小市场、发展中市场、走进大市场的“三个市场”工作方法。基本做法就是：以某一特定客户为支点，通过透析支点客户，推介相关业务并把营销的触角延伸到与支点客户业务相关联的客户，循序连环推进，从而使银行业务增容提速，外延不断扩张，形成“由小到中、由中及大”的市场营销体系。简单地讲，就是抓住一个支点（小市场）、网络一批客户（中市场）、覆盖一个区域（大市场）。该行运用这种方法拓展市场，收到了非常好的效果，湖北分行及时进行总结，并在全省范围内推广，其他单位和部门相继尝到了甜头。如孝感市分行员工在办理业务过程中，发现了一个在外地搞建筑的大客户，通过这个客户了解到孝感有一批跟他一样在东北搞建筑的老板。该行及时组织营销专班，由行长带队奔赴哈尔滨、长春等地，慰问这些身在异乡的老板们，同时带去了“牡丹灵通卡”、“理财金账户”、“汇款直通车”等个人金融产品。短短8天时间，该行异地发行牡丹灵通卡8000多张，基本上做到了“覆盖一个区域”。

（二）细分客户市场，营销重点产品。在市场营销中，湖北分行十分注重各种业务的整体推进，要求柜面营业人员在办理业务时，必须向客户至少推荐3种以上的其他业务品种。另一方面，结合实际情况，细分客户市场，实施重点产品营销战略。

（三）借助多种媒体，加大宣传力度。由于个人金融业务创新步伐较快，新的业务品种和服务方式不断推出，要使广大客户能够及时了解、熟悉和使用，宣传工作就显得至关重要。湖北分行结合实际，大力构造媒体宣传、阵地宣传和上门宣传等立体营销宣传网络。一是充分利用报纸、杂志、广播、电视、网络等新闻媒体进行日常广告宣传、业务推介、形象展示。除了大型节日、新产品推出之时、重要活动期间的专题广告宣传外，全行业余通讯员在各级各类媒体发表的宣传报道稿件数以千计。二是印制精美的宣传手册（折页）和小礼品，让工行形象深入人心。宣传手册（折页）尽可能采取通俗易懂的语言，让客户一目了然、一看就知道怎么操作。三是制作大型户外广告宣传牌。从2003年开始，省分行集中全行宣传费用的50%，重点开展了大型户外广告牌宣传。此外，各二级分行、各支行也因地制宜，在城市及重点农村做了大量的墙体广告。大型户外广告牌和墙体广告大都以个人金融业务产品为宣传内容，收到了广为告之的效果。

通过积极探索和认真落实创新发展措施，近年来湖北分行个人金融业务取得了较好的绩效，对全行经营的贡献度也明显提高。一是储蓄存款持续稳定增长。人民币储蓄存款在2003年突破性增加92.6亿元的基础上，2004年又增加92.8亿元，完成全年计划的138.5%。12月末，日均储蓄存款余额708亿元，同比增加91亿元。储蓄存款增量在当地四大国有商业银行中稳居第2位，在全行系统排名第7位。二是个人中间业务收入大幅度增长。2003年，实现个人中间业务收入5041万元，比上年多收2649万元，是上年的1.9倍；2004年又实现个人中间业务收入8205万元，同比增加3005万元。三是内部管理明显改善。自2002年4月开展“扫雷工程”以来，个人金融专业没有发生案件。

在看到成绩的同时，我们也深深感受到湖北分行个人金融业务发展中存在的一些问题，如个人金融业务资源和渠道的有机整合不够，竞争优质客户的能力不强，有些新产品如理财金账户的推广力度有待加强等。通过对湖北分行个人金融业务工作实践的分析和思考，我对如何更快更好地发展个人金融业务又有了一些新的认识。

第一，要全力打造个人金融业务核心竞争力。从湖北分行个人金融业务创新发展实践看，我认为打造个人金融业务核心竞争力关键在于，要能够最大限度地满足不同客户的需求，且在同业中处于领先地位的金融产品。先进的产品是先进服务的载体，是吸引客户特别是优质客户的物质基础。近年来，湖北分行的一些二级分行在机构网点减少60%甚至80%的情况下，储蓄存款却成倍增长，其中一个重要原因就是湖北分行个人金融业务产品体系比较健全、产品增值功能较强，对客户具有很大的吸引力。当前尤其值得研究的是，经过二十多年的改革发展，我国居民的个人财富已经形成了相当的规模，居民的个人理财需求越来越突出。据某机构调查显示，74%的被调查者对个人理财感兴趣，40%的个人客户需要理财服务。一场以个人理财产品竞争为主要内容的新一轮个人金融业务大战正在兴起。对此，必须予以高度重视。当务之急，一是要加快培养个人金融业务理财师队伍，切实提高个人金融业务从业人员素质。二是要适应和跟进客户的需求，有针对性地进行产品开发，打造湖北分行个人理财业务优势品牌。在大力发展个人负债业务、中间业务的同时，还要大力发展个人资产业务。有资料表明，在美国，消费信贷占银行贷款总额的比例达20%；在加拿大，银行普通贷款中的三分之一是向个人提供的。为此，湖北分行提出了“二对二”发展思路，即湖北分行的负债业务是对公存款和储蓄存款两块，两者基本平衡发展；资产业务是公司贷款和个人贷款两块，但目前个人贷款的比重太小，今后湖北分行将在保证质量和效益的前提下，加快个人消费性贷款和经营性贷款发展，提升个人金融业务的发展水平和层次。

第二，要善于研究、认识和开拓个人金融业务新市场。事实证明，个人金融业务市场空间是巨大的，但是能否正确地认识市场、有效地开发市场却并非易事，关键在于各级经营管理者及从业人员是否有敏锐独到的市场眼光。结合湖北分行实际情况，我们既要研究现实的市场，也在研究潜在的市场；既要研究当地客户，也在研究当地客户的异地业务；既要研究与其他国有商业银行的竞争策略，也要研究同股份制商业银行的竞争对策。近几年来，湖北分行根据总行的工作部署，推出了不少具备较强竞争优势的金融产品，取得了很好的成效，实践证明新兴业务的发展空间是巨大的。例如，针对武汉地区高校集中、博士生导师人数多的情况，湖北分行已考虑发展博士生导师个人金融业务市场。目前，湖北分行营业部已初步摸清全市2728位博士生导师在15所院校的分布状况，要求相关支行按照“博士生导师个人金融业务服务营销指引”，遵照“采集信息、接触营销、产品切入”的工作思路，逐校制订服务方案，力争2005年签订500份理财协议，制作50份理财策划书，通过个性化服务使在汉博士生导师成为湖北分行新的优质客户群体，并将服务逐步延伸到硕士生导师、教授、讲师及其他高校从业人员，从而拓展更大范围的高校优质个人客户群体。从2004年12月开始，仅短短一个月时间，营业部就对在汉博士生导师成功营销了320张理财金账户卡，吸收储蓄存款4500万元。

第三，要加快建立个人金融业务“利润中心”业绩评价体系。由于当前各级行从上级行拿回的费用是与其各项业务指标综合完成情况挂钩的，即使个人金融业务发展迅猛，但如果其他业务指标完成不理想，总的费用仍然会有所减少，由此难免造成个人金融业务从业人员的收入不能相应增加，从而反过来影响其积极性的进一步发挥。实行个人金融业务“利润中心”业绩评价管理模式，能够较准确地核算网点的盈亏状况，且员工的收入与之挂钩，盈利了，员工收入相应增加；亏损了，员工收入相应减少，对此员工是能够理解接受的，也会自觉地努力把业务做大做强。为此，建议总行全面总结试点工作经验，加快推广个人金融业务“利润中心”业绩评价体系推动个人金融业务的可持续发展。

关于湖南分行电子银行业务发展情况的调查与思考

湖南分行　白涛

近年来，湖南分行电子银行业务发展迅速，在提升湖南分行竞争能力和树立市场形象方面发挥了重要作用。为继续发挥电子银行业务优势，跟进“中部崛起”战略，推动湖南分行改革发展和经营、服务模式转型，我近期进行了专题调研。

一、基本情况

湖南分行组建电子银行业务部门以来，短短几年内，电子银行业务呈爆炸式突进和几何级数增长。2004年，湖南分行电子银行交易额达7608亿元，比2001年增长37倍，其中网上银行交易额猛升至7298亿元，比2001年增长39倍；业务收入732万元，比2001年增长27倍；企业网上银行和个人网上银行开户数达到21万户，比2001年增长53倍；交易量已占业务总量的27%，比2001年提高24个百分点，遥遥领先于省内同业。在总行电子银行业务综合考核中排名第七位。2005年第一季度，交易额达到3768亿元，同比增长3.5倍，保持了较好的增长势头。

电子银行业务的快速发展，使我们充分认识到在网络世界开展金融服务的无限潜力，强力推动着湖南分行竞争模式和经营格局的变革。

一是拓宽了业务领域，开辟了增收渠道。企业网上银行的集团理财、网上结算、收款业务、企业财务室和代理行等功能深受企业客户欢迎。个人网上银行的外汇买卖、证券业务、个人汇款和B2C功能也吸引了一大批高端个人客户，还有电话银行查询、转账、代理缴费功能等，都为拓宽湖南分行增值服务渠道、提高中间业务收入发挥了重要作用。2004年下半年，仅湘潭市三家大专院校就有1.3万名学生通过工行网上银行代缴学费，金额达7336万元。2004年，通过电子银行创造的年费收入、结算手续费收入、出售机具价差收入、电子汇划费收入等达1100多万元，构成了湖南分行重要的收益来源。

二是抢占了市场先机，增强了竞争能力。通过发挥湖南分行科技、网点、清算系统等战略性资源优势，推出系列领先同业、具有竞争力的电子银行产品，吸引和稳定了一大批优质客户。如湖南省盐业公司以前大部分结算业务和对公存款都在他行，我们通过企业网上银行集团理财这块“敲门砖”，将其80多家分支机构账户挖转到工行，由总部统一进行资金调拨和监控管理，该公司在湖南分行对公存款从400多万元上升到5000多万元。又如菲律宾客户康达水泥有限公司在湖南郴州投资建厂，总投资7.9亿元人民币，其中，资本金2.1亿元，湖南分行通过积极营销企业网上银行英文版的“集团理财”，在激烈的同业竞争中胜出，赢得该公司在湖南分行开立本、外币基本结算账户，并在菲律宾通过网上银行办理3000多万元人民币结算业务。又如湘财证券通过开办银企互联，实现了对全国26家分支机构的集中管理和监控。还有白沙集团和湘潭钢铁公司等多家银行竞争激烈的大型企业，通过使用湖南分行银企互联系统，在湖南分行办理各项业务的占比有了明显提高，日均资金结算量都在亿元以上。截至2004年末，湖南分行网上银行集团客户共有768户，占网上银行企业客户数的39%。如省石油公司、省电力公司、省移动通信公司、省武警总队、平安保险、湘财证券、家乐福等大型客户都成为湖南分行忠实的电子银行客户，90%以上的结算业务都通过湖南分行网上银行办理。

三是分流了柜面压力，促进了网点功能转型。电子银行业务的开展，实现了“撤柜台不撤服务、减网点不减业务”，有力地推进了机构改革。2004年，湖南分行虽撤并了176个营业网点，但业务总量继续稳步增长。同时，柜员也不再局限于重复、简单的业务操作，可以腾出更多的时间和精力为高端客户服务，柜面业务重心由传统低效业务向高附加值业务转移，柜台员工也逐渐从操作型向营销服务型转变。

四是降低了资源消耗，节省了网点运营成本。按2004年的电子银行人力投入和业务规模（仅包括网上、电话、自助终端）测算，当年湖南分行电子银行业务量相当于114个网点的业务量和1047名临柜人员一年的工作量。如按人均工资性费用和网点经营性费用5万元测算，一年节约5235万元，相当于一个二级分行一年的总费用。

二、机遇和挑战

当前，随着国家确立的“中部崛起”战略的逐步实施，湖南经济得到较快发展，电子银行业务迎来了新的发展机遇，同时，随着金融改革的不断深入和同业竞争的加剧，又面临着严峻的市场挑战。

（一）发展机遇。

1. 市场前景广阔。湖南省政府作出了以信息化带动和加快湖南新型工业化进程、构建“网上湖南”的工作部署，预计2005年全省GDP将增长10%左右；全省大型工贸企业将全部建立网站、网页，企业生产及管理信息化系统覆盖率达60%，计算机辅助技术应用率达80%；规模以上中小型企业财务管理计算机应用率达40%，生产及管理信息化系统应用率达30%。另一方面，湖南省文化素质和经济收入较高的网民平均每年以30%左右的速度递增，这部分人的消费理念更新较快，易于认可和接受新的金融产品，潜在客户市场较为可观。据预测，2005年湖南省个人计算机拥有量将增加到120万台；移动通信用户将增加到1020万户；固定电话用户将增加到1170万户；宽带用户数100万户，上网人数达450万人，上网人口普及率达到6%。拥有电脑、电话、手机的人口增加，为电子银行业务发展提供了广阔的市场基础。加之经过几年的市场培育，电子银行业务已逐渐为客户所接受，进入了快速扩容阶段。

2. 竞争优势明显。从当前情况看，工商银行的电子银行与其他国有银行相比，有功能领先优势；与股份制银行相比，有网点覆盖优势。

一是在系统建设上，虽建行和农行也在走大集中的路线，中行正向大集中靠拢，但三家银行网上银行功能目前还落后于工商银行；股份制银行中，电子银行发展最好的是招商银行，其网上银行系统在功能上与工商银行大体相同，但营业网点少，且集中分布在省会长沙，为大型集团客户提供服务存在明显劣势。而且，只有工商银行的网银系统能够满足大型集团客户在全国范围内异地资金归集和财务集中的要求。因此，当前是工商银行竞争集团大户的黄金时期，机会稍纵即逝，必须牢牢把握，抢占发展制高点。

省内同业网点数和电子银行产品功能比较

项目 单位	营业网点数（个）	转账结算	集团理财（实时处理）	贵宾室（自动收款等）（实时处理）	银企互联（实时处理）	B2B（实时处理）	代理行业务（实时处理）	企业财务室（实时处理）	收款业务（实时处理）
工行	737	有	有（全国范围内）	有（全国范围内）	有（全国范围内）	有	有	有	有
建行	520	有	无	有（全省范围内）	有（全省范围内）	有	无	有	无
招行	11	有	有（全国范围内）	有（全国范围内）	有（全国范围内）	有	无	有	有
中行	488	有	有（全国范围内）	无	有（全国范围内）	无	无	无	无
农行	1125	有	有（全省范围内）	有（全省范围内）	有（全省范围内）	有	无	有	有（仅能扣企业）

2004年省内同业前三位网上银行业务发展情况表

项目 单位	企业网上银行			个人网上银行		
	新增户数（户）	业务笔数（万笔）	交易额（亿元）	新增户数（万户）	业务笔数（万笔）	交易额（亿元）
工行	734	203	7298	10.96	310	20
建行	1147	43.38	898.14	9.63	111.7	20.7
招行	125	6.31	73.52	0.5895	0.235	0.0576

注：招商银行个人网上银行情况为其专业版数据。

二是在各项主要指标上，湖南分行的电子银行业务在省内还称得上“一枝独秀”。

三是在客户资源上，湖南分行拥有单位账户近8万户，个人活期账户1130万户，其中牡丹卡客户480万户。随着湖南新型工业化进程的加快，全省规模以上工业综合贡献度的提升，湖南分行在信贷业务等方面的既有优势，有利于拓展电子银行法人优质客户。从个人客户资源情况看，转账汇款、缴费、外汇买卖、网上购物、证券业务等都前景看好。

（二）发展瓶颈。从外部来看，存在以下几方面制约因素：

一是传统支付手段存在惯性。部分企业财务人员对传统支付手段存在明显依赖，而对电子银行普遍存在认识和理解上的误区，或对学习使用存在畏难情绪，或对交易安全信心不足，或认为产品定价不合理，个别还认为对自身岗位带来了威胁，在使用上存在抵触情绪。因此，大多仍然沿袭了原来办理业务的习惯。

二是客户使用效果不尽人意。在电子银行的使用过程中，一些客户反映操作程序较为繁琐，信息提示不全、个人客户证书安装下载较复杂、跨行交易有梗阻现象等，给办理业务带来了不便，也导致了不少“睡眠户”。

三是市场竞争激烈。招商银行率先推出一卡通、一网通等“拳头”产品，取得了个人网上银行的比较优势，并加大了企业网上银行的优化和市场推广力度。建设银行企业网上银行近两年发展速度很快，已对湖南分行的优质法人客户市场的拓展构成直接威胁。有的行还实施了灵活的收费机制和超常规的营销手段，湖南分行电子银行业务面临着激烈的市场竞争考验。

四是电子认证服务亟待规范。《电子签名法》2005年4月1日正式实行后，认证机构的准入机制和法律责任得到明确，但当前国内认证机构的透明度和资质水平有待进一步提高，监管也需要加强，在确保电子签名的真实性和电子交易的安全性方面还存在缺陷，影响了网上交易者的信心。

从内部来看，存在以下几方面制约因素：

一是思想认识仍有偏差。部分二级分行、基层支行管理层把电子银行业务看作传统业务的依附品，工作精力投入少，人力和费用资源配置少，仅仅满足于应付上级考核，绩效考核权重不够，部分二级分行对下辖支行和分理处甚至没有电子银行考核任务，任其自然发展；少数员工认为电子银行业务是专业部门的事，个别员工还片面认为电子银行与人工服务争客户，争岗位，因而产生抵触情绪。

二是整体联动不够。对外营销中，各级行业务部门对电子银行产品与其他业务的捆绑营销力度不够，存在各自为政、分散作业状况，这样既影响电子银行业务的深度拓展，又容易使客户产生不信任感。如对湖南分行前10位存款大户的抽样调查发现，至今未使用工商银行网上银行产品的仍有2家，交易总额不足800亿元（见下表）。个别基层单位为完成存款任务，甚至人为抬高电子银行开户门槛，设置划款障碍。另外，对集团理财上划存款相应减少收益的补偿不到位和客户大额资金异动监控难，挫伤了基层行的积极性，出现了不愿意营销发展集团客户的现象。加上电子银行效益计价体系不完善和绩效考核机制不到位等，少数从业人员缺乏主动宣传和营销的意识和动力。

湖南分行前10位存款大户网上银行使用情况

项目＼单位	存款余额（万元）	网银普及情况	网银交易额（亿元）
国防科技大学	125537	开发了内部企业银行系统	/
省直住房公积金管理中心	59631	开发了大机批量代发系统	/
常德卷烟厂	55711	已开通	23.5
湖南省财政厅社会保险处	53652	未开通	/
湘潭市财政局	34438	未开通	/
白沙集团资金结算中心	33303	已开通（银企互联）	420
湖南省电力公司	32616	已开通	75
湖南株冶火炬金属股份有限公司	30592	已开通	24
郴州市财政局	30000	已开通	19.5
湘潭钢铁股份有限公司	27747	已开通（银企互联）	230

三是售后服务矛盾突出。电子银行从业人员总量不足，既懂技术、又懂业务的人才尤其匮乏；基层行售后服务的基本配置不全，客户跟进服务滞后，对客户反映的问题没能归口管理，响应速度慢，甚至互相推诿。一些客户因得不到及时服务而放弃使用，造成了资源浪费。

四是竞争方略有待改进。精细化管理程度不高，客户管理前、后台脱节，没有建立一套完整的程序，以致不能及时反映电子银行产品市场开发投入资源量、综合贡献度、客户结构和需求动态等，不利于对客户的跟踪服务，也不利于对员工进行合理考核；市场细分不全面，板块营销做得不好。如教育板块，全省只有18所学校开通湖南分行网上银行，1所学校开通电话银行，其他如旅游、会展、保险证券、经济开发区和工业园区等板块也存在同类问题；市场营销手段和收费机制与他行相比，显得有些僵化，削弱了产品竞争力和渗透力，造成了部分价格敏感客户的流失；整合营销宣传不够，特别是针对特定目标市场的营销宣传，从业人员或多或少患有"营销近视症"，电子银行产品"养在深闺少人识"。

五是整体素质亟待提高。到目前为止，行内员工对电子银行业务仍停留在知之不多、使用较少阶段，行内账户、资金往来使用网银的比率低，培训任务还十分艰巨。客户经理和一线员工，对电子银行产品熟练程度也参差不齐，全面熟悉和掌握电子银行业务的更是寥寥无几，难以承担电子银行这一特殊产品的知识营销职能，更谈不上根据客户需求差别化营销电子银行产品，使得主要依靠营业网点和客户经理开拓市场的举措难以取得理想效果。

三、应对措施

下一阶段，湖南分行将紧紧围绕股份制改革的中心任务，正视电子银行业务发展的机遇和挑战，立足于提升核心竞争能力，突出整体营销，优化服务机制，完善考评体系，严格内控管理，加强队伍建设，全力向"追赶东部、领跑中西部"的奋斗目标迈进。具体从以下几个方面开展工作。

（一）坚持市场营销一体化。一是强化整体营销意识。首先从管理层抓起，运用考核导向，进一步提高各级行对电子银行的重视程度和人财物资源投入程度。引导客户对电子银行产品产生路径依赖，通过投入一定资源赢得市场占有率，避免为他行市场培育作"嫁衣裳"。二是发挥公司、机构、个金等业务部门的资源优势，将其与电子银行业务"无缝"整合，制订有效的营销发展计划，做到"三抓三不放"，即"抓大客户不放小客户，抓存量客户不放新开户，抓本行客户不放他行客户"，从源头上把握和拓展市场。在贷款发放时，试行将电子银行业务列入要件审查。通过集团理财、银企互联、贵宾室等电子银行优势产品，大力发展金融同业、军队、税务、高校、财政等系统大客户和理财金账户客户，进一步改善客户结构，切实改变机构、系统大户偏少的状况。2005年开展的"电子银行校园行"活动，组织专门队伍，量身定做个性化的一揽子营销方案，抢先占领高校市场。三是利用 PCRM（个人客户关系管理系统）和 CCRM（法人客户关系管理系统）等先进的统计分析系统和科技手段，深入了解客户的需求特点和偏好特征，不断丰富和完善客户信息数据库，为实现个性化服务及提高客户满意度奠定基础，提高电子银行产品在行内现有客户中的普及率。四是强化营业网点的日常营销。充分发挥网点优势和柜面直接营销的作用，发展量大面广的中小企业客户及个人客户。五是大力提高内部普及率，对系统内的资金往来，如工资发放、报销费用、缴纳党团费、个人房贷扣款等全部使用网上银行。

（二）推动绩效考评精细化。一是在考核指标设置上，坚持量质并举，充分发挥考核的“杠杆”作用，进一步突出质量、效益和业务占比的考核，如“动户率”、“离柜业务量”等指标，使考核体系更具科学性和公正性。二是在考核内容上逐步涵盖所有的银行离柜业务，既包括网上银行、电话银行和手机银行，还包括自助终端、ATM、POS、企业银行、批量代理业务等，确立大电子银行的概念，适当提高电子银行业务在柜员业务量考核中的权重，量化电子银行业务综合效益的指标和方法，全面反映各行电子银行业务的直接收益和间接贡献。三是对集团理财、银企互联等核心产品实行专项考核，拿出专项费用鼓励营销和推广。四是在经济相对发达的地区行推行“电子银行服务专区示范工程”，将电子银行业务量与柜员、客户经理及整个网点的工作业绩挂钩，加速促进湖南分行经营和服务模式转型。

（三）实现售后服务专业化。一是尽快建立与业务发展相适应的专业人才队伍和高效服务机制，将既懂技术、又懂业务的专业人才充实到电子银行部门，实现对内为员工尤其是柜台一线员工提供业务指导、新产品和新功能的培训等服务；对外为优质客户量身定制个性化服务方案，确保客户能积极、正常使用湖南分行网上银行产品。二是发挥省分行电话银行中心作为联系客户纽带的重要作用，实现电话银行中心由业务处理平台向全省客户服务中心职能转变，以电话银行人工服务为主，辅以网上银行、手机短信、电子邮箱等多种服务方式，充分发挥95588品牌优势和外拨服务功能，将信用卡、贷记卡透支催收，不良住房贷款的催收，产品使用情况反馈等纳入外拨服务系统管理。同时，积极开展个人证书客户的电话回访活动，提高证书的下载率和产品使用率。三是建立重点大客户档案和上门服务制度，不断满足重点大客户个性化服务要求。通过进一步落实二级分行和支行的电子银行专管员及其职责，发挥客户经理和电话银行回访的作用，建立高效的售后服务体系。

（四）促进风险监管规范化。一是加强制度执行监控管理。电子银行业务具有产品多、更新快、人员异动大的特点，通过加大规章制度执行情况的检查力度，确保制度规定落实到每一笔具体业务之中。二是加强柜员操作监控管理。对柜员的重要操作环节，如开户注册、证书制作发放、落地和可疑指令的处理及客户信息变更等进行监控管理，确保严格遵守操作规程。三是加强岗位职责监控管理。严格执行营销人员与经办人员岗位分离，对岗位设置和人员配备进行检查和监督，对存在违规违章行为给予严肃处理并及时整改。

（五）实行业务培训层次化。一是对管理层侧重于电子银行业务发展走向、同业竞争态势、优质市场营销等战略层面的培训。二是对专业人员侧重于业务管理、新产品和电子银行业务应用的培训。三是对客户经理侧重综合业务素质、各项产品特点及营销技巧的培训。四是对基层行经办人员利用前台柜员培训系统，侧重于基础知识及基本操作的培训。五是对优质客户单位的财务人员既做好产品和操作的培训，尝试提供“傻瓜式”操作手册，又做好产品安全性能的宣传。培训形式力求多样化，如集中培训、巡回培训（制作光碟）、知识竞赛、专题演示等，重点是抓好客户经理的系统培训，通过准入资格考试，竞聘上岗，将电子银行专管员逐步转型为产品经理，实行业务序列管理，着力培养一支高素质、战斗力强的专业队伍。

关于广西分行拓展优质信贷市场的实践与思考

广西分行　张恪理

实现信贷业务的可持续发展是工商银行面临的一个重大课题。过去一年多来，广西分行根据区域经济实际，在全面加强信贷管理、努力提高信贷风险防控水平的基础上，大力营销优质信贷市场，增加有效信贷资产，取得了明显成效。2004年初至2005年9月，贷款增长117亿元（剔除剥离因素），其中项目贷款、住房开发贷款、个人住房贷款合计增长137亿元。优质贷款的快速增长，增强了广西分行盈利能力，2004年实现经营利润9.36亿元，创历年新高；2005年1－9月又实现经营利润9.38亿元、账面利润4.05亿元，完成了全年计划的75%，再创历史同期最好水平，第三季度末广西分行经营绩效考评在全国排名第9位，分别比

2003年、2004年上升5位和4位。

一、转变观念，稳健发展，信贷业务经营取得实效

2004年4月，我到广西分行工作后，针对广西分行经营规模总量小、人均有效资产少、效益产出低的问题，在深入调研的基础上，结合广西经济金融特点，提出"发展、质量、效益"的经营理念，要求广西分行增强紧迫感和历史使命感，抓住机遇，扩大有效信贷资产，从根本上为解决历史遗留问题和今后加快发展夯实基础。一年来，广西分行的信贷业务经营管理状况发生了明显的变化。

（一）信贷营销体系逐步建立和完善。在优质信贷市场拓展过程中，相继采取了一系列措施加强信贷营销体系的建设。如成立由区分行行长任组长的贷款营销协调领导小组，专司对重点客户、重大项目贷款的协调组织工作；在广西分行实行信贷营销一把手负责制；实行区分行、二级分行及支行三级行整体联动营销，特别是加大区分行、二级分行本级对外营销力度，实行"高层营销、差别营销"策略；制定奖惩措施，明确贷款营销、调查、评估、授信、审查、审批等各个环节的责任人，要求负责到底，落实营销责任制等，构建了以营销部门为中心，以客户经理为主体，以科技和产品为支撑，各级行行长、营销部门、客户经理全方位共同参与、高效运转的营销体系。

（二）信贷风险控制水平得到提高。加快广西分行信贷经营理念的转变，坚持走风险可控、有质量、有效益的信贷业务发展之路。正确处理好量的扩张和质的提高之间的关系，每一笔贷款都坚持以控制风险、确保质量为前提，确保信贷资产质量经得起时间的检验，始终告诫员工决不能重蹈过去不顾风险、不讲质量地粗放经营、盲目扩张的老路，不断提高员工对控制风险极端重要性的认识。在具体做法上，采取严格审查审批管理、开展落实贷款前提条件专项审计、充分利用信贷综合管理系统加强对信贷资产的实时监控、实行贷款大户风险负责人制度、严肃追究不良贷款责任人的责任等有力措施，将信贷风险掌握在可防范、可控制的范围内，促使新增信贷资产质量始终保持良好水平。截至2005年8月末，1999年以来新增公司客户贷款不良率为0.28%，住房开发贷款不良率为1.1%，个人住房不良贷款率为0.9%。不良率均大大低于全国平均水平。

（三）信贷资产结构进一步优化。针对当时项目贷款比重偏低、劣质贷款客户数量偏多、优质客户数量偏少的状况，通过大力营销重大项目贷款、拓展住房金融业务、提高优质流动资金贷款市场份额，并加快劣质客户、劣质行业和劣质区域的退出步伐，持续调整优化信贷资产结构，

1. 大力营销重大项目贷款。以电力、高速公路、铁路、港口、石油石化、氧化铝、城市基础设施等国家重点建设产业以及文教、传媒等高成长性行业项目贷款为重点，全面加大营销力度。集中力量加强二次营销，及时跟进已承诺贷款项目，争取最大市场份额。在规范操作的前提下，开通"绿色通道"，精简业务流程，提高审批效率，保证贷款及时投放。2004年初至2005年9月末，累计投放项目贷款87亿元，项目贷款比重增加了12.6个百分点，达到43.6%。目前已审批待发放项目贷款仍有171亿元，出具重大项目有条件承诺函111.63亿元，储备优质项目贷款资源600亿元，为今后优质信贷业务的发展打下了扎实的基础。

2. 积极拓展优质住房信贷市场。紧抓广西中心城市建设加快、旧城改造力度加大、住房贷款市场需求旺盛的商机，根据国家对房地产宏观调控政策的变化和广西房地产市场发展趋势，将80%以上的贷款规模投向南宁、柳州、桂林等广西大中城市的重点企业、重点项目，将个人住房贷款与住房开发贷款联动营销，全面加快优质住房贷款业务发展。2005年9月末广西分行住房贷款较2004年初增长了52.5%，其中个人住房贷款增长52.2%，个人住房贷款比重增加了7.7个百分点，达到21%。继2004年8月份率先成为广西首家个人住房按揭贷款超百亿元银行以来，质量一直保持优良水平。

3. 着力提高优质短期信贷资产比重。一方面，逐步压缩一般加工类信贷市场，稳步拓展具有市场和规模优势的大型企业、发展潜力大的新兴中小企业流动资金信贷市场。2004年以来，90%以上的短期贷款投向优质客户，有效扩大了优质流动资金贷款比重。另一方面，主动适应企业短期融资票据化趋势，在严格防范操作风险、政策风险的基础上，积极发展票据业务，2004年至2005年9月累计办理票据融资58亿元，在有效支持企业流动资金需求的同时，促进了短期信贷资产结构的优化。

二、广西经济持续快速发展，为优质信贷业务发展提供了良好的外部环境

近年来，广西抓住国家西部大开发战略的深入实施，中国—东盟自由贸易区建设、泛珠三角区域合作全面启动以及中越合作"两廊一圈"和大湄公河次区域开发扎实推进带来的多重历史机遇，充分利用独特的区位优势、丰富的资源优势和国家给予的多种政策优势，实施经济结构重大调整，加快对外开放步伐，保持经济持续快速发展，经济运行进入高增长时期。2004年GDP增长11.8%，创1995年以来最高水平。2005年上半年GDP增长12.3%，列全国第11位、西部省区第2位。全年预计人均GDP将突破1000美元，经济发展继续保持高速增长的态势。

今后三年，广西将在国家的大力支持下，以重大项

目建设带动区域经济结构调整，加快实现资源优势转化为经济优势的战略转型，充分发挥连接东南亚和大西南地区国际大通道的区位优势，扩大对外开放。广西全长1050公里的红水河集中了70%的水力资源，规划建设10座梯级电站，目前已建成6座、在建2座，全部建成后年总发电量将达600亿度。防城、钦州、北海等沿海城市已建设万吨深水良港4个。连接华东、西南和通向东南亚的“4纵6横”高速公路网正在建设，总里程将达5353公里，其中列入国家高速公路网3432公里，在建和规划建设部分有2275公里，计划总投资达1542.7亿元；铁路新线建设和既有线改造里程将达到2800多公里。国家发改委已将广西龙滩水电站、百色水利枢纽工程、黔桂铁路扩能改造项目、洛湛铁路永州至玉林和茂名段、钦州电厂和天生桥至广东第4回500千伏输变电工程等六大工程项目列入了2005年国家重点建设项目。国务院最新发布的《我国铝工业专项发展规划和产业发展政策》，将广西、山西、贵州列为今后重点发展铝工业三大基地，促进铝生产向电力资源丰富的西部地区转移。2005~2007年，广西在建和将新开工的国家重点支持重大项目总投资超过2300亿元，其中：龙滩水电站、长洲水利枢纽、等19个电力项目总投资583亿元；阳朔至平乐、钟山至马江等13个高速公路项目总投资307亿元；洛湛线铁路新建和黔桂线铁路改造等项目总投资400亿元；平果铝二、三期和桂西氧化铝两个大型氧化铝项目、百色银海铝业总投资150亿元；钦州林浆纸一体化大型造纸项目总投资171亿元。广西经济高速发展的强劲态势，将为广西分行信贷业务的持续发展和结构调整提供良好的外部环境和重要的战略机遇。

三、抢抓新机遇，明确新目标，努力实现信贷业务的可持续发展

（一）全面增强优质信贷市场的机遇意识和紧迫感。优质信贷资产始终是广西分行经营管理的重要支撑，加快优质信贷业务发展，仍然是当前及今后的一项重要任务。广西日益增加的重大项目资源，为广西分行优质项目贷款的拓展提供了新的空间。目前，各家商业银行都把重大项目贷款作为重点竞争的目标市场，如果广西分行不能抓住当前国家加快广西重大项目建设的有利时机，积极挖掘和培育新的优质信贷市场，将会丧失一个增加优质信贷资产的重要机遇。金融市场逐步放开所带来的挑战，客观上也要求广西分行必须抓紧时间扩大优质信贷资产，为经营模式和增长方式转型打下更加扎实的基础。

（二）明确市场定位和营销目标。结合广西在今后三年内重点项目建设的发展规划，严格按照安全性、流动性和效益性原则，以增加优质项目贷款拉动贷款结构优化，实现与国民经济发展水平、自身经营管理水平相适应的信贷资产增长。在项目贷款上重点营销电力、交通、通讯、港口、石油石化等重大优质项目，以及铝业、林浆纸一体化、制糖等具有资源优势的企业和重点项目，适度支持城建、医疗卫生、教育、新闻出版、文化传媒、医药、烟草等行业。在短期贷款上全部投入资产负债率低、现金流量大、市场占有率高、信用等级在AA-以上的信贷客户，重点营销跨国公司、东盟十国在广西投资的企业、行业骨干企业、系统性和效益良好的大中型企业集团客户；有选择地支持市场前景看好、经营管理规范、资产负债率较低、现金流量充足、无不良信用记录的民营企业。在住房贷款（包括个人按揭贷款）上重点发展南宁、柳州、桂林等中心城市商品住宅建设项目，积极稳妥地发展城市居民个人消费贷款。力争2005~2007年每年新增贷款80亿~100亿元，到2007年末，各项贷款余额达到800亿元，其中住房开发贷款增加15亿元，个人住房贷款增加55亿元，到2007年末，全分行住房贷款余额达218亿元，增幅47%，确保市场占比份额第一。个人消费贷款增加2.97亿元，到2007年末贷款余额达10亿元，增幅42.2%。在稳定现有优质客户、淘汰劣势客户的同时，不断扩大优秀客户群体，力争AA-级（含）以上及未评级优势客户的贷款余额占比每年提高2个百分点以上。

（三）进一步健全营销机制。继续实行各级行领导营销负责制，强化合力营销，细化营销服务方案，签订重点客户服务建议书，确保对客户优质服务的连续性和金融产品后续服务的落实到位。积极与政府有关部门合作，争取政府关注并在重大项目营销上给予我分行更多的支持，配合广西分行协调有关部门和企业，督促加快完成项目立项、资本金到位等工作，尽快实现广西分行的信贷资金早到位，为拓展优质信贷市场营造良好的外部环境。对跨地区经营的大客户和重大项目，由区分行牵头，按照“统一营销、整体联动、分层服务”的原则，实行三级联动营销。合理分配各层次的贷款份额，促进各参与分行共同发展，充分调动各方营销积极性。进一步整合广西分行由1100名公司业务客户经理和1300名个人客户经理组成的营销队伍，合理调整公、私业务客户经理构成，精选一批客户经理和集中资源重点营销法人客户，增强维护高中端客户的能力，在切实维护好现有优质信贷市场的同时，积极培育和开拓新市场。进一步完善客户经理考核系统，在以贡献度和综合效益为中心设置考核指标的基础上，着重加强对客户经理市场潜力挖掘情况的考核，更准确地考核客户经理的贡献度，调动员工积极性。加强项目贷款与其他金融产品的营销联动，通过营销重大项目贷款，带动负债、优质短期贷款、票据融资、委托贷款、投资银行、国际金融等业务的发展。同时充分利用网络优势和技术优势，积极为重点项目建设企业提供现金管理、选择融资组

合、债务重组等理财服务，为企业提供自助银行、网上银行、电话银行等电子银行服务，实行“融资”与“融智”相结合，降低企业的经营成本，提高财务效益，稳定优质信贷客户资源。

（四）进一步优化信贷管理体系。强化信贷业务审批权的集中统一管理，设立风险经理专司贷款事前调查的复核工作及贷后管理职责，将客户经理原承担的贷后管理职能分离，通过专业化分工强化营销职能、提高贷后管理效率。继续加强信贷风险管理的文化建设，倡导和强化风险意识，规范全过程信贷风险管理行为；加强市场分析和贷款动态监控，通过信贷市场规划和授信政策导向，降低信贷业务系统性风险，规避贷款过度集中风险。

关于贵州分行抢抓西部大开发机遇着力调整优化信贷结构的调查报告

贵州分行　陈焕祥

近年来，贵州分行为优化信贷资源配置，调整信贷资产结构，在信贷管理和营销体制方面实施了多头并举的综合改革，特别是抢抓西部大开发机遇，积极开拓优质大项目和大客户信贷市场，大力调整信贷结构，实现了信贷资产质量、效益、规模的较好统一。

一、认真分析贵州分行信贷经营状况和面临的机遇

2000年下半年，贵州分行新班子成立后，全面分析了贵州分行资产业务的结构性问题和面临的发展机遇：

一是信贷结构亟须调整，资产质量亟待改善。在信贷资产质量结构方面，不良贷款余额大，占比高，结构不合理。2000年末，四级分类不良贷款余额84.69亿元，占比31.04%，其中呆滞、呆账贷款比重分别为66.39%、15.45%；五级分类不良贷款余额87.67亿元，占比高达32.46%，其中可疑类、损失类贷款比重分别为45.81%、23.24%。在信贷品种结构方面，传统的流动资金贷款特别是国有企业的不良流动资金贷款占比过高，项目贷款特别是优质基本建设项目贷款占比过低。2000年末流动资金、项目贷款、住房开发及个人消费（含个人住房）贷款的结构比为63:26:11。在客户信用等级结构方面，AA-级（含）以上客户贷款占比仅为36.69%，A级（含）以下客户贷款余额155.68亿元，占比达63.31%，客户信用等级结构不合理，潜在风险很大。

二是人均资产亟须提高，可持续发展能力亟待增强。2000年末，贵州分行存贷款余额分别为319.78亿元、270.06亿元。人均存款仅350余万元，人均贷款不到300万元。经营规模过小，整体质量不高，抗风险能力弱，可持续发展后劲不足。

三是区域经济环境较差。贵州省经济社会发展相对滞后，多项经济指标居全国末位，市场机制发育不健全，国有经济占比过高，民营经济总量弱小，涉外经济、高新技术发展落后。2000年，贵州省GDP总量为993亿元，人均GDP仅为2600余元，国有及国有控股产值占工业总产值的58.33%，这一特殊区域经济环境，决定了贵州分行不可能像东部分行那样，将发展重点放在民营经济、跨国公司、高新技术等业务领域，而是要抢抓西部大开发机遇，争办电力、高速公路、优质原材料等运作规范、风险较小的优质大项目。

四是西部大开发为贵州分行调整资产结构提供了可能。西部大开发特别是西电东送工程的实施，为贵州经济发展提供了难得的历史机遇。贵州落后的交通、城市基础设施等领域的建设，以及有独特比较优势的电力、原材料、药材、旅游等资源的开发，都为贵州分行抢抓历史机遇、争办大项目、推进资产业务在结构调整中实现健康发展提供了现实可能。

基于以上分析，贵州分行认为贵州分行的经营发展既面临自身资产质量不高、信贷结构有待调整、可持续发展能力不足和区域经济环境较差等问题和困难，也面临西部大开发带来的难得市场机遇。要应对挑战，抓住机遇，就必须顺势而为，有针对性地采取工作措施。积极推行信贷营销体制改革，大力竞争优质大项目和优质大客户，是建立适应贵州经济特点、信贷经营格局的必然选择。

二、完善营销机制，开拓优质信贷市场

认识统一后，贵州分行从制度机制建设等方面入手，采取一系列工作措施，确保了优质市场竞争工作的高效运作。

（一）加强制度体系建设，构建高效运作机制。一是明确竞争的目标客户和基本条件。目标客户主要包括：以“西电东送”为主的电力（水电、火电）、电网建设及配套的能源基地建设项目，国家确定的十五纵十三横国道主干线贵州境内交通建设项目，改善我省通讯

环境、扩大通信容量的重大电信项目，等等。基本条件主要包括：在贵州分行确定的电力、交通、优势原材料、住房等九大板块范围内，投向符合总行信贷政策的大项目；投资总额在2亿元以上、贷款额在1亿元以上的基础设施建设项目，投资总额在1亿元以上、贷款额在5000万元以上的优势工业项目和其他非生产领域项目，等等。二是明确组织架构和管理机制。省分行成立专门工作领导小组及其办公室，各二级分行分项目或客户成立争办小组。领导小组成员为省分行行领导，负责整个工作的策划、组织、指挥和协调。办公室设在省分行公司业务部，主要负责贯彻落实领导小组的工作部署，具体指导各二级分行争办工作。各争办小组则负责具体的争办工作，收集并定期反馈信息，制定详细的工作计划，组织具体的业务营销，实施项目的报审，等等。三是建立信息跟踪反馈机制。各二级分行第一责任人于每月5日前向省分行专门领导小组办公室上报工作进展情况，重要紧急情况随时报告。省分行及时将全贵州分行的工作情况向各争办小组进行通报。

（二）以“九大板块”为重点，实行“统一细分和名册管理”。“九大板块”经营目标，是贵州分行根据贵州的产业发展状况界定的信贷支持范围，即能源、交通、优势原材料、住房、通讯、烟酒、药业、市政和以旅游为主的非生产流通领域九大优势板块。在明确经营目标的同时，贵州分行实行“统一细分、名册管理”方式，即在全省范围内统一标准、统一操作、细分市场，将全省所有贷款客户划分为“优先支持、支持、适当支持、限制、退出、清收”六大类，对新兴优质企业或其他优质客户编制“争取”类名册，并对其实施动态管理。在具体操作中，将所有拟争办大项目的争办责任人、争办目标、时间进度等内容编制为统一名册，并以此指导、督促各行各相关责任人按进度和要求推进工作。“统一细分、名册管理”细化了工作，改进了管理，有力保障了竞争优质大项目、大客户工作的高效运转。

（三）搞好“三个结合”，做到“三个提前”。“三个结合”方面，一是行长亲自抓与专职项目经理具体抓相结合。在具体项目争办工作中，除了一个项目一个专班，专职项目经理具体负责日常争办工作之外，各级行一把手对辖内每一个确定争办的大项目负总责，亲自研究，亲自营销，亲自落实，既当司令员，又当战斗员。二是省行直接抓与地市行专班抓相结合。除地市行项目专班具体负责大项目业主营销外，省分行行领导还带领职能部门直接与客户谈判，直接向客户核心决策层营销，提升营销层次和效果。三是一次营销与二次营销相结合。在完成第一次营销、客户承诺一定贷款份额的基础上，积极做好二次营销，跟进后续工作，确保承诺份额的及时到位、尽早到位。

“三个提前”方面，一是提前介入。积极关注项目立项情况，对九大板块范围内、符合名册管理和总行信贷政策的电力、高速公路等项目，在其筹备阶段就提前介入，为项目业主提供咨询、理财等金融服务，帮助其申请立项审批，在同业尚未与项目业主接触前，抢占竞争先机。二是提前论证。在介入的过程中，贵州分行积极参与项目审批前的论证，掌握项目的第一手资料，适时进行系统内对项目的预评估，为项目的正式评估和报审奠定良好基础。三是提前报批。地市行、省分行在条件成熟时，适时将项目呈报上级行审批，时时处处体现快速、高效。“三个提前”的有效实施，保证了贵州分行在竞争大项目中信息灵敏、捷足先登、论证清楚、快审快批，达到了看得准、抓得牢、进得快、效益好的效果。

（四）实行区域责任制，签定目标责任状。实行区域责任制，一是指各行必须将辖区范围内的优质大项目拿到手，实际融资占比达到25%的给予奖励，低于10%的适当处罚，完全没有融资的扣减所在行两项费用。二是指项目业主与项目所在地跨行的，实行主办行和协办行体制。原则上，业主所在地行为主办行，项目实施地行为协办行。在主办行与协办行的利益分配上，采取以贡献论收益的办法，通过系统内联合贷款、内部资产转让等方法适当平衡。

为细化各级行、各相关人员的工作责任，省分行与二级分行签定了责任状，各行则将责任状确定目标进行层层分解，落实到每一个经办人，明确了各级行的总量和分量，使得“总体争办多少、每一个项目争办多少、每一个项目的年度计划争办多少”等要求清楚明白，一目了然，方便各行贯彻执行。

（五）权责统一，奖罚到位。为充分调动各级行竞争优质大项目的积极性，贵州分行建立实施了奖罚分明的激励约束机制。一是根据绩效考核的总体要求，对专职客户经理实行按所服务客户的综合贡献度为主要指标的分配制度。二是对有重大贡献的人员实施专项奖励。三是对竞争优质大项目工作不力的单位和个人进行适当处罚。对应列入或已列入贵州分行必争的优质大项目，由于工作不力、疏于管理、服务不到位等主观原因，造成业务分流或客户丢失的，对有关单位和个人采取限期整改、通报批评、经济处罚等措施，对造成严重后果的责任人给予下岗等处分。

三、拓展优质信贷市场取得的成效

（一）信贷结构得到优化。一是客户信用等级结构得到优化。2004年末，贵州分行AA-级（含）以上客户贷款占比由2000年末的36.69%提高到73.32%，提高了36.63个百分点。二是贷款品种结构得到优化。2004年末，贵州分行流动资金、项目贷款、住房开发及个人消费（含个人住房）贷款的结构比由2000年末的63:26:11调整优化为45:35:20的合理水平。三是贷款行业结构得到优化。2004 年末，贵州分行能源、交通、优势原材料、住房等九大板块贷款在全部贷款余额中的占比由 2000 年末的 58.33% 提高到 76.42%，提高了 18.09 个百分点。

（二）信贷风险得到有效防范。优质信贷市场的拓展，使贵州分行信贷风险防范的关口前移，提高了信贷风险防范的能力和效果。2004 年末，贵州分行五级分类不良贷款余额由 2000 年末的 87.67 亿元下降到 55.57 亿元，净下降 32.1 亿元；不良贷款占比由 32.46% 降至 10.72%，下降了 21.74 个百分点，不良贷款余额和不良率双双大幅下降。2001 年、2002 年、2004 年公司客户新增贷款不良率均为零，2003 年为 0.09%，也大大低于总行 0.5% 的控制线。并且存量贷款得到大量置换，1999 年以前的存量贷款仅余 68 亿元，占贵州分行公司客户（含房开）贷款余额的比重降至 15.74%。

（三）经营效益大幅提升。由 2000 年末账面亏损 1.99 亿元、经营亏损 2183 万元进步为 2004 年账面盈利 6794 万元、经营盈利 9.32 亿元，实现了由“双亏”向“双盈”的根本转变；经营利润由人均亏损 0.24 万元进步为人均盈利 14.13 万元；人均存款、贷款、中间业务收入分别达到 869 万元、786 万元、1.9 万元，较 2000 年末分别增长 148%、165%、913%。

（四）可持续发展能力不断增强。竞争优质大项目工作的有效实施，使贵州分行优质贷款大幅增长，与之相关的存款、中间业务、经营效益等主要经营指标随之呈现良好发展态势，对不良资产、财务包袱等历史遗留问题的处理消化能力大为提高。同时还为贵州分行后续发展储备了大量优质项目。

（五）同业竞争力逐步提高。竞争优质大项目工作的有效实施，大大提升了贵州分行对优质客户的服务水平。形成了事前介入、事中服务、事后关注的全过程服务体系，构建了核心营销在高层、督促指导在中层、具体服务在基层的多层级服务网络，整合了与贷款营销中有较强关联性的银行卡、电子银行等新型多功能服务渠道，提升了贵州分行综合竞争力。

（六）员工的凝聚力进一步增强。一方面，贵州分行持续的发展和美好的前景，使大多数员工改变了看不到希望、看不到前途、士气低落的精神状态，贵州分行员工积极性高涨，在工商银行的改革发展中找到了实现自己人生价值的舞台；另一方面，随着各项指标的进步和上升，贵州分行的经营性费用和人力费用有了适当增加，员工的工作和生活环境逐步得到改善，极大提高了员工的工作积极性，开创了和谐发展的良好局面。

总之，近年来贵州分行通过抓住西部大开发机遇，在加强风险控制的基础上，积极拓展优质大项目大客户信贷市场，给贵州分行带来了可喜的变化。贵州分行在全国一级分行行长综合经营目标考核中的经营级次由 2000 年末的 D++提升为 2004 年末的 B（新口径），上升 8 个级次，综合排名由 2000 年末的全国第 19 名跃升至 2004 年末的第 6 名，跃升 13 个名次。

关于青海分行认真总结经验　汲取历史教训
努力开创现代金融企业建设新局面的调查与思考

青海分行　李志诚

财务重组后青海分行的经营状况发生了根本性变化。面对新的形势任务，如何迎接新的挑战，实现青海分行健康快速发展，就此问题，我与班子成员进行了深入思考和全面调研。

一、财务重组后青海分行的基本情况

截至 2005 年 6 月末，青海分行各项资产 173 亿元，人均资产 890 万元；本外币存款余额 159.2 亿元（含同业存款），人均 819 万元；本外币贷款 96.8 亿元，人均 498 万元；流动资金贷款占全部贷款比重为 44%。存贷比 60.5%；不良资产 9.2 亿元，不良资产率为 5.3%，其中 99% 以上为不良贷款；经营利润 2960 万元，人均 1.52 万元，账面利润亏损 1.7 亿元；中间业务收入 1165 万元，人均 6000 元，占营业净收入的 6.69%；

通过股份制改造变化最大的有四个方面：一是不良贷款较年初下降 43.95 亿元，不良贷款率下降了 25.4 个百分点。非信贷风险资产从年初的 2 亿多元减至 304 万元。二是流动资金贷款占全部贷款的比重下降了 13 个百分点。三是存贷比下降 32.8 个百分点。四是房改损失、表内应收利息、抵债资产、案件损失、诉讼费垫款等财务包袱基本得到消化。

二、历史经验教训

青海分行 1986 年 8 月成立，19 年来，各项业务保持了较快的发展速度。各项存款增长 13.7 倍，人均存款增长 15.2 倍，网均存款增长 15 倍；其中对公存款增长15.3倍，储蓄存款增长12.2倍，各项贷款（不含剥离）增长7.5倍；机构从134个降到110个，净减少24个；正式员工从2391人减至1943人，净减少448人。科技应用水平不断提高，经营管理和风险控制能力持续增强；风险控制水平大幅提高；组织架构更趋合理，实现了对分支机构的扁平化管理。

回顾青海分行的发展历程，走过的是艰难曲折的道路，特别是一些无序扩张对经营发展影响较大，概括起来有六项：一是人员。1995年正式员工达到3411人，1999年从业人员达3844人，为青海分行最高纪录。二是存贷比。1996年存贷比达138.95%，超负荷经营严重。三是不良贷款。1998年不良贷款余额高达58.4亿元（按五级分类口径），不良率53.4%。四是账面亏损。2000年账面亏损1.67亿元。五是机构。1995年营业机构网点为237个。六是表内应收利息挂账。2000年表内应收利息达2.47亿元。

为了解决上述问题，青海分行上下付出了艰辛的努力，1995年至2005年6月末，从业人员净减1527人，减幅39.7%，减至2317人；存贷比从138.9%降至60.5%，下降了78.4个百分点；不良贷款减少了49.2亿元，减幅84.2%，减至9.2亿元；不良贷款率降至9.5%，下降了43.9个百分点。

19年来，青海分行经营反映出的最突出问题是资产质量问题，最严重的失误是信贷管理失误，最惨重的损失是贷款劣变而导致的贷款本息损失，最沉痛的教训是贷款发放的教训。

1. 不良贷款量超过了正常贷款量。从1995年到2005年上半年十年半的时间里，青海分行共核销不良贷款8.4亿元，2000年剥离、债转股贷款16.5亿元，2005年又剥离46.55亿元，共计71.5亿元。其中损失71.5亿元。加上现存的9.2亿元不良贷款，不良贷款总量为80.7亿元，以6月末各项贷款余额96.8亿元，进行静态计算，不良贷款率高达48%。如果再加上历年清收转化的不良贷款数，不良贷款率超过了50%。

2. 贷款本息损失较大。1995年到2005年6月末，青海分行自身核销表内应收利息2710万元、表外利息4.6亿元，2000年剥离、债转股时划转表内应收利息1.6亿元、表外利息1.5亿元，2005年又核销表内应收利息1.2亿元、表外利息15.94亿元，十年半共核销应收利息25.1亿元。如果加上剥离贷款本金71.5亿元，共计损失贷款本息96.6亿元。

3. 优质客户比例偏低。财务重组前，青海分行共有法人贷款客户666户，本次剥离华融资产管理公司530户后仅剩下136户。而136户中还有60户企业的贷款属于不良贷款。目前，贷款企业中贷款全部正常的76户，仅占666户全部法人客户的11%。

4. 经营效益逐年下滑。1999年至2005年6月末，连续亏损6年半，总亏损9亿元，年均亏损1.4亿元。

5. 信贷人员“受伤”严重。在剥离不良贷款责任认定中，涉及责任人245人次，除64人由于辞职、自谋职业等原因无法追究责任外，对106人追究了责任，占全部信贷人员的62%。

三、改制后面临的机遇和挑战

改制后，青海分行卸掉了不良资产和财务包袱，信贷结构、收益结构有了明显的改变，网点结构日趋合理，科技平台建设日益完善，风险掌控能力不断增强，青海分行具备了与他行竞争的制度机制，在考核机制、奖罚机制、分配机制、用人机制等方面，与同业同处于一个起跑线上。这些都为今后的经营提供了极为有利的条件。更为重要的是改制锻炼了一支吃苦耐劳、具有开拓创新精神的队伍。自2004年开始，连续开展了不良贷款尽职调查、历年国库券账务彻查以及财务重组的一系列工作，青海分行员工表现出了高度的责任意识和敬业精神，考验了队伍，锻炼了干部，凝聚了人心。但同时也面临着一些困难和挑战：

1. 人均占有水平低。截至6月末，青海分行人均存款819万元，人均贷款498万元，人均资产890万元，人均有效资产843万元，人均中间业务收入6000元，人均拨备前利润2004年5.9万元。上述指标分别为全国工行平均水平的61%、59%、53%、64%、34%、31%。

2. 不良贷款压降压力大。6月末，青海分行不良贷款为9.2亿元，不良率为9.5%，高于全国工行平均水平4.92个百分点，经总行认定的潜在风险贷款高达14.04亿元，清收转化不良贷款的任务十分艰巨。

3. 结构调整任务重。从客户结构分析，现有136户公司法人客户中44%的有问题，新的优质客户资源匮乏；个人金融业务客户中，5万元以上的存款客户占个金存款客户的5.9%、存款余额占个金存款的65%，存款余额在300元以下（含300元）的客户占个金账户数的73.18%，存款余额仅占个金存款的0.92%。从贷款结构分析，住房贷款占比6.42%，个人消费贷款占比0.46%，票据贴现贷款占比2.54%，三项合计仅占全部贷款的9.42%。从存贷比分析，不良贷款剥离后，存贷比为60.5%，有相当一部分资金需要寻找新的市场。

4. 盈利基础脆弱。6月末，合计23亿元，青海分行成本收入比高达64.37%，高出全国工行年均水平一半。

自2005年6月以来，青海分行员工对改制后青海分行的发展给予了高度关注，分行领导班子进行了深入思考和全面研究。2005年是青海分行19年来消化财务包袱最多的一年，也是经营困难最大的一年。经测算，在现有不良贷款控制在9.2亿元以内且形态不后移、各项存款年末力争达到170亿元、各项贷款达到100亿元、中间业务收入力争完成3000万元的前提下，2005年青海分行可实现经营利润8000万元。从明年开始，如果每年存款增加15亿元、贷款增加16亿元、中间业务收入年递增400万元，到2010年，各项存款余额大约达到245亿元，贷款达到180亿元，存贷比达到73%，中间业务年收入达到5000万元。如同时，不良贷款能够继续控制在9亿元以内，不良贷款率5%；网点数控制在90个以内；人员控制在2000人以内。按此预测发展，2010年账面盈利可达到3.6亿元；网均存款可达到2.7亿元，较2005年6月末增长86%；人均存款达到1255万元，增长50%；人均资产达到1250万元，增长40%；人均贷款达到900万元，增长81%；人均中间业务收入达到2.5万元，增长315%；实现人均账面利润18万元。如果能够实现这些指标，青海分行的大部分经营指标可以达到或者接近全国工商银行的平均水平，5年后青海分行人均账面利润可达到20万元。

四、加快经营转型步伐，实现稳健发展目标

根据股份公司成立后确定的发展方向，结合青海当地实际，青海分行当前及今后一个时期的发展思路是：全面贯彻落实工商银行改革发展的总体部署，牢固树立科学发展观和商业银行经营理念，以加快发展为主题，以质量效益为中心，以拓展优质高效市场为重点，调整经营结构，转变经营模式和增长方式，加强风险控制，努力把青海分行办成业务精品、资产精良、管理精细、队伍精干的现代金融企业。青海分行今后将坚持走“小而精”的经营发展之路。“小”是指相对于全国工商银行讲，经营规模小，机构少，人员少；“精”是相对于省内同业讲，业务精品、资产精良、管理精细、队伍精干，人均单产高、人均效益高。青海分行改革和发展的主要目标任务为：提高一个水平（人均水平，包括：人均资产水平、人均负债水平、人均中间业务收入水平、人均盈利水平），打好两个基础（可持续发展基础和规范管理基础），解决三大问题（贷款质量与效益问题、结构调整与资源配置问题、核心竞争力问题），完善四个机制（市场营销机制、风险控制机制、考核激励机制、岗位竞争机制）。

（一）积极转变思想观念。股份制改造是一次脱胎换骨的彻底改造，是一次新的历史性的跨越。在这样的变革时期，加快思想观念转变，是经营转型的关键。一是树立科学的发展观，强化现代商业银行的经营理念，拓宽经营思路，实现多元经营，真正从市场找商机、探新路，摒弃国有工商企业情结和对大中型企业的依赖心理。二是坚持集约化经营，强化资本和资源约束，科学配置和利用资金，处理好安全、流动性和收益之间的关系，提高资金的使用效益。

（二）大力推进结构调整。在巩固传统业务市场的基础上，依托工商银行科技优势、产品优势、服务优势、结算优势，大力调整资产结构、产品结构、客户结构和收入结构，努力提高收益水平和可持续发展的能力。

1. 调整资产结构，推进多元化经营。全面实施信贷精品工程，调整信贷品种、行业、客户和区域结构，根据信贷政策和产业政策导向，有保有压、区别对待，加快进入水电、火电、铁路等国家立项批准的基础设施建设领域和住房、个人消费等优质贷款领域，优化贷款投向和结构，保证新增贷款质量。在保持信贷资产合理适度增长的同时，提高非信贷盈利资产的比重，实现非信贷盈利资产营运的多元化和效益的最大化。

2. 调整收益结构，实施中间业务优先发展战略。以增加中间业务收入为核心，本着“夯实基础、规范管理、树立品牌”的原则，整合优化服务产品和销售渠道，发挥科技、产品、个性化综合服务优势，提升服务层次，实现收益结构、产品结构的调整和升级，提高高收益资产占比和总资产回报率。按照“把握先机、强化联动、扩大规模、提升服务、增加效益”的业务发展指导思想，进一步健全营销网络，完善考核奖励办法，加强中间业务产品的营销推广工作。重点拓展投资银行、现金管理、个人理财、资产托管、企业年金等业务，深度整合结算、融资、投资等系列产品，全面开拓银行卡业务市场，加强代理业务营销的统一管理，积极开展非融资类保函、企业资信等业务，逐步形成覆盖各个市场领域的高效益产品体系，扩大中间业务收入来源，增强可持续发展能力。

3. 优化区域经营结构，加快构建突出重点和注重特色的区域化发展布局。实施区域信贷政策，加强分类指导，加大对盈利行和重点行的支持力度，提升重点区域重点行的发展能力。

4. 优化网点、人力资源结构。以市场为导向，调整网点布局，优化人力资源配置，通过总量压缩和结构调整，提高机构单产和人均水平，建设精品机构。加强客户经理队伍建设，建立健全客户经理队伍的培训、选拔、考核、晋级、淘汰制度，提高客户经理队伍整体素质。

（三）严格风险管理。从金融发展态势和与日俱增的金融风险来看，未来商业银行的竞争，其核心就是风险管理水平的竞争。不良资产剥离后，青海分行现有信贷资产的潜在风险仍然较高，控制信贷风险的压力仍然很大，资产质量仍然是影响青海分行经营效益的主要因素。为此，一是完善全面风险管理体系。充分发挥风险管理委员会的职能作用，增强对信用风险和市场风险的综合防治控制能力。按照“集中管理、分散控制”原则，逐级逐部门落实操作风险管理责任，建立完整有效的操作风险识别、防范、处置、报告等制度。二是建立

员工道德风险防范体系。通过思想道德教育和内控规章制度的落实，培养员工牢固树立“风险管理出效益”的风险管理理念，营造全面风险管理氛围，增强员工合规经营和严防风险的自觉性。三是建立现代商业银行风险管理的长效机制。资产风险管理工作的重心由清收处置为重点向清收处置与全面风险管理并重转移，为经营转型提供机制保障；由单纯的惩戒风险管理为主的方式向惩戒型风险管理与激励型风险管理并重的风险管理机制转变，逐步完善激励与约束有机协调的奖惩机制。四是完善内控机制。本着全面、审慎、独立、有效、成本适度的原则，改进内部控制机制，健全内控合规管理职能，加强监督检查，建立与现代金融企业相适应的教育、制度、监督并重的内控防范机制，促进全辖提高内部管理水平。

（四）重点抓好个人金融业务和中间业务的发展。推进机构、业务和资源的整合，优化再造业务流程，建立统一、安全、高效、灵活的个人金融业务平台，加快产品创新步伐，打造服务品牌，实现多渠道分销、统一平台运作和分层次、一站式服务，提高网点的综合营销能力和服务水平。坚持对公存款、同业存款和储蓄存款并重，把增加存款总量与提高日均存款结合起来，按照“抓大、争优、促小”的市场发展战略，增强精细化服务，突出抓好水电、矿产、盐湖资源开发、部队、铁路、交通、电信等行业和企业的资金归集，确保系统大户存款稳中有增，有重点地拓展中小客户存款市场，努力提高低成本存款比重。

（五）以效益为中心，强化财务管理。坚持增收节支与规范核算并举，深化财务会计制度改革，建立健全绩效价值管理机制，完善财务预算管理制度，规范财务管理行为，优化资源配置，激发基层行的经营活力，调动全员增收节支的积极性，力争使青海分行经营效益迈上新台阶。改进财务预算管理，建立统筹成本、风险、资本的经营效益管理体系。完善经营绩效考评机制，实行综合性业务经营考核，引导基层行关注长期经营业绩，强化“人均”概念，逐步建立按综合效益、岗位价值和个人贡献度取酬的分配激励制度。积极推进资金管理体制改革，实现资金统一调度和集中配置，实现流动性风险和利率风险的归口集中控制。全面落实工作责任制，突出重点，挖掘收入潜力，节约成本支出，努力提高效益水平。

关于重庆分行强化内控监督管理的实践与思考

重庆分行　华耀纲

近年来，重庆分行坚持资产、负债、中间业务和内控管理并重的可持续健康发展理念，牢固树立强化内控、提高管理水平和防范事故案件就是增加效益的意识，针对以往案件频发、内控松散的突出问题，注重以强有力的制度建设和内控教育，促使员工不愿违规违纪；以构建全方位的内控管理体系，促使员工不能违规违纪；以严格的查处机制，促使员工不敢违规违纪，在重庆分行营造出良好的内控文化，为各项业务持续、健康、快速发展提供了有力保障。

从2003年到2005年上半年，重庆分行共清降不良资产近140亿元，新增优质信贷资产120亿元、新增各项存款143亿元、实现经营利润23亿元；在总行对一级分行的年度经营绩效考核中，排位大幅提升，2005年按新的考核办法考评名列第12名。未发生任何重大事故和内部案件，由过去案件多发区转为严控区。

回顾两年来取得的成绩，我们深刻感受到：正确处理业务开拓和内控管理的关系，是确保依法合规经营和可持续发展的关键。在实践中，具体做了以下三方面的工作：

一、以观念更新为先导，不断强化员工自律意识

一是坚决截断“以习惯代替制度、以情面代替纪律、以信任代替管理、以口头代替文字记载”的陋习源头，大张旗鼓开展“守规章、守法纪、严格自律、严谨从业”为主题的教育活动，从各类会议纪要、办法流程、业务文字记载、制度落实等诸多细节入手，切实帮助员工从思想上树立起遵章守纪的意识，严格培养规范操作的良好习惯。

二是坚持“岗位纪律”教育常抓不懈。对员工进行规定时间、规定内容的岗位纪律和制度学习，不断提高员工遵章守纪的自觉性，坚决抵制和纠正违规、违章行为，克服有章不依、执章不严的不良倾向。

三是坚持开展案例警示教育。以总行和金融同业通报的各类违规、违纪案例及处理结果为反面教材，组织员工学习讨论，对照分析原因，剖析诱发根源，增强员工对违规、违纪行为严重危害性的认识，强化违纪、违规、违章就是“踏雷区”、“触高压线”的意识。

四是着力营造内控文化氛围。充分发挥网络信息传

递快、受众面广的特点，在分行网讯上创办了内控园地，及时宣传内控管理文化，传达内控管理要求、报道内控管理动态、开展内控管理讨论，交流内控管理经验，从而在重庆分行营造了重视内控的良好氛围。

二、健全组织架构，完善内控机制，全力构建“大内控”格局

（一）精简管理层级次，构建内控架构。一是构建分行经营管理中心。按照总行完善公司治理，变部门银行为流程银行的总体要求，改革现有一级分行、二级分行（一级支行）、二级支行、分理处、储蓄所的五级经营管理模式，构建全新的一级分行、二级分行（一级支行和直属支行）、二级支行的三级经营管理模式。在市分行本部先后构建了若干经营管理中心，上收支行的部分管理职能，并对这些中心的组织架构和内部管理流程进行再造。二是压缩各级行本部内设机构和人员编制。严格按照“四部一室”的标准，即市场营销、前台操作、内部监督、综合管理等几大职能，整合各二级分行、支行机关内设机构，并通过全员竞聘，实现“定编、定岗、定责”，确保内控链条职责清晰，有效防控风险。

（二）加强组织领导，完善内控机制。

1. 全力打造“四大监督管理”体系。为对现有的监督管理模式进行系统整合和再造，分行从各级管理人员、业务、财务、信息化运营四方面入手，初步构建了四大监督管理体系。各专业部门和基层行根据分行的总体要求，结合本专业、本部门的主要风险点和重要控制环节，认真研究并制定了监督管理实施细则，确保将各种风险控制在可控范围内。

2. 继续强化内控管理组织体系。一是由行领导和部分部室总经理组成了内控管理委员会，并通过完善《内控管理委员会工作规则》明确了内控管理委员会的工作职责、任务、要求及议事规则。二是建立了“一线”联查联防机制，通过分行各部门横向沟通和分支行上下联动，对各经营机构内控外防实行联查联防，进一步完善了内控信息交流与共享机制。三是分行内控委员会通过定期或不定期牵头组织召开例会和相关部门联席会议，协调解决内控管理过程中的各种问题，促进和加强重庆分行内控制度建设。四是各分支行对现有的内控组织职责和权限进行梳理完善，增强内控委员会的组织领导责任，强化各职能部门和营业网点在内控执行和建设中的主体职能和作用。

3. 不断完善内控管理考评体系。在出台了“一线”联查联防暂行办法、稽核工作流程等一系列规章制度，进一步明确了各部门内控职责的基础上，建立了内控激励机制，加大对内控管理工作的考核力度，按季对专业处室和各支行的内控管理工作进行考核和通报，并纳入年度、季度绩效考核中，并以此为依据建立重庆分行内控监管处罚台账和违规人员档案。各分支行也因地制宜地制定了适合本行实际的内控管理考核办法，加强后续稽核、督促落实整改体现了“内控即效益”的思想。

（三）注重业务创新与流程再造，强化内控“三道关口”作用。

1. 重点抓好“三个深化”。一是深化信贷业务监督管理。从再造贷款流程入手，完善评估审查、贷款审批、贷时审核、贷后监测等流程管理，加强岗位职责分级授权、专家审贷的控制。制定了《审查审批制度》、《信贷业务现场检查暂行规定》、《信贷管理监督员制度》、《个人客户信用等级评估管理办法（试行）》等，使信贷业务岗位职责更加明晰，操作更加规范，制约到人，形成了多级次、多方位的制约网络。二是深化会计业务监督管理。构建和完善了“三大中心”（会计业务处理中心、现金营运中心、监督中心），通过再造业务流程，科学组织前、后台业务布局，简化前台业务处理，加速后台业务集中处理，大幅度提高了工作效率，较好地改变了操作风险点多，防范控制力度弱的局面，我们自行开发并投产了风险监控预警系统，对业务数据进行及时监控、实时预警和动态分析。三是深化中间业务收入核算规范管理。成立了中间业务推动委员会，负责制定中间业务发展策略、工作制度、定价标准等，并对中间业务的审批、收费、核算、管理、检查等做出了严格规定。针对银证通、外汇理财、银行卡、网上银行等新兴业务，制定出台了《代理业务管理办法》、《个人外汇理财管理实施细则》等相关管理办法，及时对新兴业务进行统一管理、统一核算，做到“业务发展、内控先行”。

2. 严守“两道防线”。第一，分支行严守前台业务操作“防线”。结合业务整合以及综合柜员制的推行，从建立内控责任目标着手，完善了客户经理、前台柜员等人员的岗位职责；按照控制操作风险的基本规定和要求，科学安排劳动组合，制定了《前台业务人员互控监督管理办法》、《员工内控管理积分制》等办法，实施前台业务专人监控和定期交流制；建立了员工行为动态分析、定期排查重点人员，实施违规违章告诫谈话制度；实行“主检查官”责任制等，前移防线风险控制。第二，市分行严守专业检查、纠正违规“防线”。充分发挥“三支检查队伍”（即市分行贷后检查队伍、前台业务检查员队伍和内部审计队伍）的作用，由分行行长为内控检查人员签发《特别检查证》，随时对网点进行抽查并纠正不规范操作行为，对业务发展过程中出现的新情况、新问题，及时采取有针对性的措施予以解决或防控，如上收审批权限、停止签发银行承兑汇票、对部分业务实行特别审查制度等，将风险因素及时消灭在萌芽状态。2005 年重庆分行组织了大规模的“依法合规”检查，由 165 人组成的 17 个检查小组分赴 19 个分支行对 382 个网点的负责人和重要岗位人员管理与履职

情况、会计结算业务、个人金融业务、电子银行业务、银行卡业务和安全保卫等六个方面258个项目开展了现场检查，除部分属于程序设置、设备配置方面的问题外，整改率为100%。

（四）内控管理综合部门各负其责，共筑内控再监督"防火墙"。

内控合规、监察、保卫三部室围绕再监督工作目标，各负其责，协作配合，对全辖实施再监督。内控合规部门按照风险导向和重要性原则，加大了内部审计力度。近两年来，先后开展了会计决算、个人消费贷款、个人住房按揭贷款、银行承兑汇票暨票据融资业务、贷后管理、电子银行业务系统运用及管理等47项专项审计；实现了三年内完成所辖基层营业机构负责人离岗审计任务的目标。纪检监察部门重点从加强领导干部廉政建设入手，狠抓党风廉政建设、案件防范两个责任制的落实，严格按照"四大纪律，八项要求"，通过民主生活会、群众测评、监督意见反映栏等方式，加强了对重庆分行183名副处级以上领导干部的行为监督。保卫部门引入"安全就是效益"的理念，从抓防火、防盗、防抢、防炸等重点部位和关键环节入手，加大了对营业场所安全检查力度，确保每个网点年抽查率在2次以上，检查面达100%，问题整改率达100%。

（五）以内控评价为推动力，促进重庆分行内控水平上台阶。

我们按照总行《中国工商银行基层行内控综合评价实施细则》，结合自身实际，研究制定了具体的内控评价实施方案，规范评价行为。评价过程注重落实内控评价组织领导，落实内控评价培训和内控评价责任。同时，坚持评价与完善制度相结合，评价与内控帮扶相结合，评价与问题整改相结合和评价与处罚教育相结合，不断推进基层行内控管理水平的提高。

三、创新查处方式，构建内控检查长效机制

在2005年开展的"依法合规"大检查及后续检查活动中，我们从着眼于构建内控长效机制入手，创新查处方式，重点解决屡查屡犯的顽疾，取得了较好的成效。

（一）要求重庆分行严格执行"四个落实到位"。

1. 复查和整改处理落实到位。要求对每个网点的复查不少于10个工作日，重点检查违规问题整改落实情况。对屡查屡犯、整改不落实的网点负责人及经办人逐一提出具体处理意见。

2. 整改责任落实到位。以网点为单位，制发《整改落实和后续责任确认单》，明确各级人员的工作责任，特别是"屡查屡犯"问题的责任，要求直接责任人、网点负责人、网点所在二级分行（一级支行）分管行长分别签字确定，以"三级连锁"的方式，有效防止了重大风险和违规现象的频发、重发现象。

3. 建档落实到位。即对大检查中发现的违规问题责任人员逐一建立个人档案，以书面形式通知当事人，并实行违规积分管理，加大违规行为占从业资格、业绩评价和绩效分配的考核权重。

4. 规章制度传导落实到位。即由内控部门牵头，各专业分口负责，统一制定下发《岗位须知》，明确前台各岗位风险防控的具体内容和职责，分发至每一位经办人员，并经其签字确认后，分别留存在当事人、分行相关部门和内控合规部。

（二）实施高强度的后续检查。在"四落实"到位后，我们又抽调60人组成15个后续检查小组，制定了统一的检查方案，对22个下辖行382个网点进行了"回头看"检查，主要采取问卷调查、抽看监控录像、运用预警信息系统，以及从大机信息中提取重要核查数据等方式，提高了后续检查的质量和效率。针对后续检查中发现的突出问题，对215人次予以了严厉惩处；对一贯严格规范操作的网点予以优秀积分记录和在重庆分行进行表彰，有效提高了各级负责人、经办人员履职尽责的责任心和积极性。

在构建内控长效机制建设的两年中，我们深刻地体会到：现代商业银行的经营管理是"风险与效益的博弈"，只有注重两者的协调，才能在有效防控风险的同时，实现经营效益的最大化。而在这一过程中，必须强调理念转变的教育先行，体系再造的组织依托、机制构建的持续长效，以及管理、查处方式的不断创新，方可实现真正意义上的可持续发展。

关于青岛分行提升营业网点综合竞争力的实践和思考

青岛分行 蔡治建

基层营业网点是目前我国商业银行业务发展的基础。众多高效的营业网点是工行核心竞争力的重要组成部分。青岛分行由于种种原因，营业网点的功能缺失严重，综合竞争力曾一度十分低下。针对这种情况，近年来，青岛分行按照总行关于机构改革的总体部署，在注重丰富营业网点功能，培育和提升营业网点的综合竞争

力方面进行了一些探索和实践，并取得了一定的成效。与2001年末我刚到青岛分行相比，在从业人员减少14%、网点减少24%的情况下，各项存款增加103亿元，增长39.3%，储蓄存款继续保持同业第一，对公存款也重新回到了同业第一的位置；经营利润达3.6亿元，增长7.2倍。

一、基层营业网点功能缺失的原因

为找出基层营业网点竞争力弱的原因，2002年我曾对所辖18个支行级营业单位和部分营业网点进行了调查和走访。通过调查发现，由于主客观方面的诸多因素，青岛分行基层营业网点的经营状况不容乐观。突出表现在网点的功能缺失严重，导致综合竞争力相对较弱。基层营业网点中，储蓄所145个，占83.3%，存款余额亿元以下网点124个（其中存款余额在5000万元以下的74个），青岛分行人均存款水平仅有700万元。

（一）网点布局不合理而且硬件基础较差。网点大多分布在老城区，在东部新城区和经济高速增长区的网点偏少。老城区网点所在地一方面金融机构饱和程度高，竞争激烈；另一方面金融资源增长趋势减缓，可持续发展能力不足，而且绝大多数网点基本实行的是封闭式、一字排开式的经营方式，同类网点功能趋同。具有综合理财功能的网点只有1个，而且还停留在硬件层面，除了一个大堂经理，理财咨询区基本处于闲置状态。网点的自助设备较少，全分行仅有133台ATM和67台自动补登折机，且利用率较低，ATM单机日均业务量仅为42笔。

（二）基层网点员工队伍素质不高。队伍整体呈现出总量过剩，结构性短缺的现象。一方面，全分行共有代办员310人，占比大。由于这些代办员基本上是员工子女或政府官员和大客户的亲属，清退困难。另一方面，员工队伍整体上业务素质低，岗位适应能力差。员工平均年龄大、学历层次低。36岁以上员工占比达62%；具有国民教育本科及以上学历的只占7.5%，而中专及以下学历的占53.2%。同时，大量人员安排在所谓的管理岗位，集中在二线，一线人员紧张。

（三）网点科技优势未能得到充分发挥。随着综合业务系统投产使用，新业务、新产品不断涌现，然而相应的业务管理规范、操作流程改革和劳动组合形式却相对滞后，新业务与旧制度之间的冲突不能得以根本解决。特别是柜面业务操作基于综合业务系统等新型的业务平台应用而得到革命性的变革，但相应的会计核算管理制度尚未全面修订和完全整合，人员组合仍然保持会计、出纳、储蓄相分离的旧模式，重复劳动和人力资源浪费现象严重。2002年初就发生了即墨支行红领分理处出纳利用刚投产的综合业务系统与旧劳动组合之间的漏洞挪用企业资金的案件。此外，员工知识结构老化和技能单一，对新业务和先进技术的掌握能力不强，导致先进设备的利用率不高。再加上新产品开发慢，跟不上业务发展的步伐，大量的代理业务依靠手工办理，业务推着科技走，科技创新能力也受到限制。

（四）网点服务意识和理念亟须转变。调查发现，青岛分行网点没有真正意义上的客户经理，只有6名大堂经理（实际职能主要是咨询服务）和17位储蓄外勤。各营业网点对服务工作的要求还停留在文明服务的层面上，部分网点坐商作风浓重，主动服务意识较差。服务理念也很落后，缺乏对目标客户的科学细分，竞争优质客户的手段单一，再加上考核指标设置的不合理，网点资源被大量低端客户占用，低端客户挤走优质客户问题突出。由于片面追求市场份额，代发工资业务虽然发展很快，但一到发工资的日子，各个网点人满为患。此外，网点之间的协同合作效应不能充分发挥，重本网点业务、轻它网点业务，同一类业务在青岛分行各网点之间服务标准不一，让客户难以适应。

（五）后勤保障支持不力。后勤体制改革虽然已经全面启动，但由于后勤服务工作长期在计划体制下运行，机关化、行政化的工作作风依然严重，与企业化、市场化的运作要求差距很大，不适应现代银行硬件设施的不断升级换代及社会整体服务水平不断提高的需要，二线为一线服务多停留在口头上。同时，科技支持也不足，表现在科技人员少，线路、设备故障率高，且得不到及时修复，以致出现了当地其他银行将手工办理业务作为业务竞争优势宣传的怪现象。

二、提升网点综合竞争力的主要措施

为扭转上述局面，根据总行有关决策部署，结合青岛城市发展的整体规划，2002年以来，青岛分行采取了一些行之有效的措施来提升营业网点的综合竞争力，达到增强网点营销能力和盈利能力的目的。

（一）积极调整优化网点布局，高效配置网点资源。由于历史的原因，青岛西部老城区发展日益缓慢。近年来，青岛市政府提出并大力实施了重点开发东部的发展战略。据此，青岛分行相应制定了西撤东扩的网点建设规划，加快了在东部新城区和经济高速增长区的网点建设步伐。2002年以来，以严格的量本利分析为依据，共撤并低效网点54个，迁址18个，储蓄所升格为分理处19个，综合型网点的比例由2001年末的22%提高到41%，还有7个分理处升格为二级支行。到2005年底，已完成总行下达的后三年撤并低效网点任务的52%。青岛分行人均存款水平1124万元，比2001年末增长61%；全分行亿元以下网点从124个降至49个，其中5000万元以下的从74个降至9个。积极开展个人理财中心核心竞争力项目试点工作，建成个人理财中心19个，仅2004年就增存3.7亿元，占全分行储蓄新增额的27%，发挥了揽存主力军的作用。

（二）加强培训和轮岗力度，提升员工综合素质。

一是组织各类培训班293期，培训19719人次，年人均2.2次。出台了鼓励员工自学成才的指导意见。2002年以来录用全日制正规院校本科及以上毕业生310名，有效改善了员工队伍的知识结构和年龄结构。至2005年11月末，基层营业网点在岗人员本科及以上学历占13.3%，比2001年末提高5.8个百分点；中专及以下学历占51.9%，下降1.3个百分点。二是在加强培训的基础上，加大各业务间轮岗、换岗的工作力度，努力培养综合柜员，目前综合柜员已经达到300余人；通过公开选拔等方式，初步建立了一支66人的个人客户经理队伍。三是通过压减二线人员、代办员全部归位到营业网点等措施充实一线人员，使全分行基层网点的平均从业人员达到8.1人，较2001年末提高1.5人，缓解了人员紧张压力。

（三）提高自助银行设备的利用率，有效分流柜面业务。加大电子自助设备投入力度。根据业务量情况，在市中心和人流密集的地区新建了4个自助银行，网点平均ATM数量由2001年的华急还新投入自助缴费机60台。大力宣传引导客户使用电子银行和自助设备，ATM日均业务量逐年增加，2004年11月份ATM单机日均业务量已达216笔，比2001年末增加174笔；批量代扣缴费业务月均达到5万余笔，金额0.6亿元。同时，加强科技安全管理，2003年以来，没有发生一次计划外停机，上联数据中心安全运行率达到100%，网络安全运转率达99.95%以上。

（四）优化劳动组合，提高劳动生产率。实行弹性工作制和满负荷工作法，要求各网点根据其业务忙闲规律，打破统一作息时间的做法，合理安排劳动组合，统一安排公休假，实行弹性工时、弹性窗口，减少人力资源浪费，解决排队问题和员工工作时间过长的问题。同时，在不违反内控要求的前提下，通过实行兼岗和短时间换岗办理授权业务和双人业务，减少了不必要的人力资源浪费。此外，青岛分行还采取指定业务量较小网点或成立专门柜台办理代收费业务等措施分流柜面小额现金业务；在完成会计核算一体化改革的基础上大力推行综合柜员制，推广“一站式”、“一手清”的柜面服务方式，减少客户在柜台之间的移动和重复排队现象。

（五）努力构建大服务格局，提高整体服务水平。一是加强组织领导。实行支行行级领导直接分管网点制度。同时将服务工作纳入行长经营目标考核，将服务工作与业务工作同布置、同考核，有计划、有要求、有检查、有评比。二是制定了《中国工商银行青岛市分行优质文明服务工作管理办法》，对服务工作的组织管理、工作制度、客户投诉处理、服务监督和奖惩等方面作了明确规定，使服务管理逐步走向规范化，大服务格局初步形成。三是大力组织开展“创建个性化服务品牌”活动。近几年来，培育出“李健工作站”（也是青岛市金融系统唯一的市级服务名牌）、龙口路分理处“真情服务、温馨家园”、“朱永红‘卡小情真’”等一批在岛城有影响的服务品牌和2个国家级“青年文明号”、6个总行级“青年文明号”和一批总行级优质文明服务示范窗口、先进集体、先进个人，重塑了工行在青岛当地的良好社会形象。四是整合分支行内设机构，提高工作效率。按照“以客户为中心、以市场为导向”的原则，对原有的分、支行内设机构进行了整合，分行本部内设机构由原来的22个减少到19个，支行内设机构由原来最多的15个减少到现在最多的8个，少的仅4个。通过此次大规模的内设机构改革，强化明晰了分、支行的管理营销职能，改变了过去多年来存在的机构设置重复、职能单一、办事环节多和效率低下的状况。五是重新明确支行对已剥离后勤人员的管理权，加强了对一线网点的后勤保障支持力度。同时要求分支行管理人员利用节假日到网点值班，协助做好客户疏导和安全保卫工作，了解基层情况，提出工作建议，改进工作作风。六是大力推进业务流程再造。完成了会计核算管理一体化改革；整合成立了三大业务中心，实现了前后台业务分离和后台集约化业务处理。七是将业务量作为对营业网点考核和一线柜员绩效工资分配的重要依据，有效解决了同一类业务在不同网点间的服务差异化问题。八是积极推行客户差别服务。在有条件网点实行分区服务或设立理财专柜，加强客户分析，建立优质客户档案，做好营销服务。目前全分行已发展理财金账户1.26万户，存款额11.8亿元，户均9.4万元。

三、几点启示

总结过去，意在更好地谋划未来。三年来提升网点综合竞争力的成功实践使青岛分行充分体会到，完善网点功能，优化资源配置，强化服务内涵，是打造青岛分行核心竞争力，促进业务发展和效益提高的重要手段，对于提高工商银行的市场竞争力和推进效益增长具有极重要的意义，同时也给青岛分行下一步发展带来了一些启示。

（一）提升员工队伍综合素质是根本。员工整体素质水平在一定程度上决定一个网点的经营管理水平。营业网点业务功能扩展，提供综合化服务，这些都对一线业务人员在长期分专业管理，基本按会计、出纳和储蓄三大专业设置岗位所形成的较为单一的业务素质提出了极大的挑战；网络银行时代的柜面服务也对一线业务人员的业务知识结构、操作技能和职业道德素养提出了新的标准和要求。目前不仅有相当部分操作层柜员的综合业务知识和技能跟不上综合柜员服务要求，同时也存在着相当部分网点负责人的综合业务素质不适应问题。全面熟悉营业网点柜面业务并具有管理能力的管理人员相当匮乏，特别是懂得信贷业务的管理人员和具备一定营销公关能力及较高综合业务素质的客户经理更少，严重制约着营业网点综合竞争力的提高。因此，在目前员工队伍的年龄和学历结构短期内难以改变的情况下，要建立一种培训和使用相结合的制度，通过培训考试考核上岗，促其尽快提高素质，不断适应新形势的要求。

要重点加强网点负责人和客户经理队伍的建设。选拔一批素质高、业务精、懂经营、会管理的年轻干部充实到管理岗位，定期组织业务培训，增强管理水平和业务开拓能力。积极鼓励现有信贷人员到一线营业网点工作，有目的地培养一批懂得信贷业务的业务骨干，为网点升格做好干部储备。同时选拔一批大学生，充实到客户经理岗位上（包括个人业务和对公业务），努力培育一批高素质的客户经理队伍。要将代理用工作为网点柜面用工的主要方式。随着社会节奏的不断加快，客户对银行柜面服务的主要要求就是快速、准确。同时，现代银行电脑系统功能的不断升级完善也使银行柜面业务正在成为一种相对简单的操作性劳动，工作经验的作用逐步弱化。年轻人反应快、活力足、可塑性强，对电脑网络和数据的敏感度高，在学习和接受新业务上具有先天优势，加之代理用工人力成本低、用工方式灵活，有助于保持一线活力。因此，应使代理用工成为今后网点柜面用工的主要方式。

（二）全方位提升服务水平是关键。服务质量是商业银行核心竞争力的重要组成部分。由于现阶段各商业银行金融服务的同一性和金融产品的非专利性质，银行无法通过市场分割、市场垄断和产品创新来创立和保持自己的核心竞争力，而只能以服务便利化作为竞争的主要手段。必须牢固树立“以客户为中心”的服务理念，努力构建大服务格局，在深入了解客户需求的基础上，优化配置服务资源，为客户提供高效的分层次服务，不断提升客户满意度。

一是要把做好柜面业务分流提升到优化客户结构，提升工行形象的高度来抓。目前各网点的柜面压力都很大，已直接影响到工商银行的客户结构和社会形象。要解决这个问题，一方面要做好内部挖潜，并通过收费方式压缩低效代理业务；另一方面要充分发挥工商银行的科技和电子银行优势，增加电子设备，并通过广告推介和大堂经理引导等方式加大宣传，大力发展客户自助和系统批量处理业务，发挥好电子银行的分销渠道作用，切实提高柜员的服务效能和工作效率，优化配置服务资源，改变工行低端客户集聚的大众银行形象。

二是必须建立完善由网点柜面、客户经理和电子银行三者有机构成的业务营销服务体系，实现从以账户（产品）为中心向以客户为中心转变，标准化产品向个性化服务转变，柜面被动推销向多方位的主动营销转变，大力实施优质客户个性化、普通客户标准化的分层次差别服务营销战略。要建立和完善对客户贡献度的科学评价分析体系。对贡献度大的优质客户引导开立理财金账户，实行专柜服务、座谈式服务、度身定制服务和家庭金融服务，集中经营资源向其倾斜；对贡献度小的一般客户提供标准化、电子化为主的柜面服务和自助服务；对贡献度为负的散户应逐步实行保本收费服务。

三是要加大产品创新和业务创新开发力度，大力提升理财服务水平。充分发挥自身优势，积极开发推出适应市场发展和不同层次客户群需求的理财产品，塑造理财品牌，大力发展个人财富管理业务，尽早实现从单纯的功能服务向综合性账户管理服务的战略转型，抢占未来个人金融服务的制高点。

四是实施网点再造，在合理摆布网点布局、不断完善功能、加快精品网点和特色网点建设步伐上下工夫，将工商银行在物理网点数量上的相对优势，通过优化组合形成质量上的绝对优势。要把握城市建设的脉搏，抓住城市改造的机会，采取“区别对待，择优扶植”政策，将对营业网点资源的整合与城市整体规划结合起来，在保持适度规模优势的基础上，努力争取地理优势和质量优势。对规模大、效益好的营业网点要实行倾斜政策，优先发展；对于规模小、效益一般，但有发展潜力的现有网点，要尽快向商贸中心、住宅中心、科技中心、开发区等区域迁移；对于在保本点以下无发展前景的网点和间距过密的网点则要坚决撤并，在保证工行服务区域基本衔接的基础上，达到减点、减人增效的目的。要根据各个网点所在区域的经济环境和人文特点，分析帮助其逐步形成自己的经营特色，创建服务品牌，在充分发展传统优势业务的同时，将特色经营作为提升核心竞争力的重要手段。如对地处居民区的网点，应以储蓄、个人消费信贷和个人中间业务为主；对地处商业区的网点应以代理中间业务和消费信贷业务为主；对地处高档住宅和写字楼区域的网点，则应以个人理财业务为主，有的可以设立一定的准入门槛，专门为贵宾级客户服务。在网点建设和改造过程中，要充分体现以客户为中心的原则，尽量为客户留下足够的空间，大力推广个性化服务模式。地理位置好的大型网点要装修改造成标准的理财服务中心，成为工行的精品网点。对一般网点也要积极利用现有条件，改建增设理财柜台，拉近与客户的距离，完善理财功能，大力发展理财业务。

五是城市分行要积极推行将支行的各项后勤服务保障工作扁平化统一集中的工作模式，建立一套直接为营业网点提供服务的办事高效、运转协调、行为规范、保证有力的社会化、集约化、专业化和一体化的后勤服务保障体制，使支行和一线营业网点能够真正从各项繁琐的事务中解脱出来，将主要精力放到发展业务上。

（三）充分发挥科技优势是提升竞争力的重要途径。随着现代计算机网络技术在银行业的广泛应用，科技在金融服务竞争中的地位日益重要。要加大科技投入，强势打造电子银行品牌，保持工行的科技领先地位，为提升网点竞争力提供强大的技术保障。要充分利用工商银行先进的全功能银行系统平台，加快实现对业务平台系统的集中整合、优化和升级，创立以统一规范的核算管理制度、扁平化的组织架构、前后台分离作业、集约化业务运行，以及具有标准化的操作规程和严密的参数控制为基础和支持的以客户为中心的柜面服务新模式，减少重复劳动，提高服务效能。进一步加强对电子银行产品和服务渠道的整合，并将电子银行作为业务发展的重要营销手段和渗透客户的最佳切入点，创新完善电子银行品牌和营销方式，锻造新的电子银行核心竞争力。

关于宁波分行开拓小企业金融业务市场情况的调查报告

宁波分行　郁炯彦

宁波历来是中小企业发达地区，中小企业在数量及对全市经济的贡献上占相当的份额。目前宁波市中小企业8.2万家，占企业总数的99%以上，其工业总产值、利税、出口额则分别占全市的85.2%、72.2%和88.1%，从业人员近180万。中小企业已经成为宁波经济发展的支柱，在确保宁波市经济稳定增长、缓解就业压力、拉动民间投资、优化经济结构、促进市场繁荣、保持社会稳定等方面都发挥了极大的作用。宁波中小企业撑起的服装、轴承、打火机等支柱产业，不仅是亚太地区重要的生产出口基地，在全球市场上亦显示出强劲的竞争力。2003年11月APEC中小企业服务联盟（APECSMESA）在宁波宣告成立，并且发表了《宁波宣言》，充分说明了宁波中小企业的实力和地位。

近年来，宁波分行牢牢把握区域经济发展的特点，始终坚持“大小并举”的经营策略，在大力竞争优质大型企业和重点项目的同时，高度重视中小企业市场的开拓，积极发挥小企业试点行的优势，进一步调整优化客户结构，加快信贷经营模式和业务增长方式的转变，全力推进小企业信贷业务发展。至2005年10月末，宁波分行有贷款余额法人客户共计1771户，贷款余额381.01亿元，不良贷款0.99亿元，不良率0.26%。其中：小型企业1133户，比年初增加315户，贷款余额50.8亿元，比年初增加17.02亿元，累计发放小企业贷款22.26亿元，不良贷款涉及2户、540万元，不良率0.11%。小企业户数占全部户数的63.98%，贷款余额占13.15%。

一、主要做法

一是积极贯彻落实总行小企业信贷业务会议精神，从战略高度重视发展小企业信贷业务。2005年8月11日总行在南京召开了小企业信贷业务座谈会，会后宁波分行邀请总行信贷管理部有关负责同志专门作了信贷风险管理和小企业信贷业务发展的有关报告，随后又召开行长办公会议，专题研究了小企业信贷业务的发展问题，提出了宁波分行小企业贷款在上半年增量9.8亿元的基础上，下半年再增加20亿元，使全年增量达到30亿元的奋斗目标。宁波分行上下进一步认识到加快小企业信贷业务发展已经不只是信贷业务拓展的一项内容，而是宁波分行股改后应对来自市场监管、成本、风险及资本约束和金融市场逐步放开所带来各种挑战的需要，是关系宁波分行生存发展的一项重要战略任务。

二是完善小企业信贷组织体系，加强营销队伍建设。宁波分行专门设立小企业信贷管理部（二级部），挂靠分行信贷管理部，负责宁波分行小企业信贷业务的政策制度管理、业务培训、贷后监督检查等工作，实行小企业信贷风险集中管理，进一步加强小企业信贷管理力量。实施小企业客户经理制。鉴于小企业客户的营销和服务与大企业客户有较大差异，市分行下发了《关于实行小企业客户经理制的通知》，要求各支行建立专职的小企业金融产品营销队伍，目前已配备小企业客户经理82名。并对小企业客户经理制定了专门的考核办法，根据其存款、贷款、中间业务的模拟利润，扣除相应成本，考核小企业客户经理的经营业绩，直接与收入分配挂钩，激发客户经理开拓市场的积极性；同时宁波分行加强客户经理小企业信贷业务培训，完善分层次的培训组织体系。分行主要负责组织培训宁波分行小企业信贷业务骨干，并根据需要对支行组织的培训提供指导和支持，各支行采取多种有效形式开展全员培训，保证所有小企业信贷业务相关人员的培训覆盖面达到100%。

三是做好市场细分，加大营销力度。明确市场定位，把中小企业的营销重点确定为“创业、资本积累初步完成，市场稳定，生产经营正常，固定资产和销售在一定规模以上，发展前景好，经营者素质高，信用良好”的优质中小企业。根据宁波分行的市场占比情况，市分行从2004年起开展“万户客户大营销活动”，提出了“通过两到三年的努力，到2006年实现新增1万户中小企业开户，根本改善宁波分行客户结构”的目标，并制定了专项考核办法，从新增客户数和新开户客户存款两方面对业务开展情况进行量和质的综合考核。

通过两到三年时间，在有效扩大客户群的同时主动退出一批“亚健康”类企业，使宁波分行客户质量得到明显提高，客户结构得到优化。2005 年 9 月 16 日市分行利用 APEC 在宁波召开会议的机会举办了中小企业金融产品推介会，通过向企业介绍宁波分行中小企业信贷政策及各种融资产品、结算产品、理财产品等，为宁波分行营销中小企业打下了良好基础。

四是完善定价机制，提高综合效益。根据风险与收益匹配原则，充分发挥利率的杠杆作用，将小企业贷款价格与企业贡献度、风险系数挂钩，不同的贡献度和风险系数下，实行不同的贷款利率，区别对待，有所差别。并且规定执行基准利率的必须报市分行审批，引导提高小企业对银行的综合贡献度。目前宁波分行小企业综合回报率在 10% 以上。

五是完善政策制度，加强风险控制。制定下发了《中国工商银行宁波市分行小型企业信贷管理实施细则》，为基层行办理信贷业务提供了操作性较强的指引，有利于防范风险。建立起一套比较完善的专业担保机构担保管理办法。为解决小企业担保难问题，宁波分行积极与有实力、守信用、经营规范的担保公司开展业务合作。对专业担保机构担保实施准入制，凡专业担保机构为宁波分行融资客户担保，须经市分行审查其偿债能力、管理水平、资金补充机制等情况，并认定、批准其担保资格。准入条件重点支持由财政出资参与建立并有相应资金补充机制、不以盈利为主要目的、旨在扶持当地中小企业发展的担保机构，并且每年度对担保机构进行考核评价。目前市分行已与宁波民营企业担保有限公司签订了业务合作协议，与宁波市中小企业担保公司的合作正在洽谈中。建立并落实了“信贷人员处罚规定”、“停牌制度”、“风险贷款责任评议”三位一体的贷后评价、考核、责任追究管理体系。对信贷人员违反制度规定等行为，相应给予、通报、经济处罚、重新认定从业资格等处罚措施。将小企业信贷不良率严格控制在 1% 以下，对不良率超 1% 的支行给予停牌处罚。实施新增不良贷款责任追究制度、责任档案制度，对评级、授信、调查（评估）、审查、审议、审批和贷后管理各环节人员是否尽职进行责任评议，严格责任追究。目前有两个支行的小企业不良率分别为 0.29% 和 0.43%，其余支行不良率为零。

二、制约小企业信贷业务发展的因素

尽管宁波分行小企业信贷有了一定的发展，但是信贷余额占比较小，到 2005 年 10 月末，宁波分行法人客户贷款余额 381.01 亿元，大型企业占比 67.03%，中型企业占比 19.82%，小企业占比为 13.15%，与宁波市小企业的发展态势和经济地位相比，宁波分行在小企业市场拓展力度和业务发展速度上还存在较大的差距。分析制约宁波分行小企业金融业务发展的主要因素有：

1. 思想认识上还没有充分统一。虽然从全局来看中小企业信贷市场对于宁波分行结构调整具有战略意义，如果形成一定规模其收益率较高。但在实际经营过程中，单个小企业对基层行业务发展贡献度不够大，不如大企业、大项目能明显提升经营业绩，因此部分基层行还是存在求大求快的经营思想，喜欢找大项目、大企业，而没有真正有效贯彻落实“大小并举，抓大不放小”的经营策略。

2. 针对小企业的金融产品不够丰富，相关的金融创新力度不够，难以满足小企业多种金融需求。小企业一般需要银行提供包括流动资金贷款、贸易融资等产品以实现其正常经营、发展，也需要银行提供各种方便快捷的结算产品以加快资金周转。但其对金融产品的需要往往存在额度相对较小，时效性强，频率高的特点。但宁波分行现有的针对小企业需求特点的金融产品相对较少，还难以充分满足中小企业个性化、多样化的金融需求。

3. 业务营销宣传力度不够。宁波分行目前从事营销岗位的人员只有 255 人，而有效开拓优质中小企业市场，必须投入大量的人力进行营销、维护和管理，如对于出口型企业，宁波分行必须提供十分细致的如上门收单等服务，才能保证其给予宁波分行较高的业务占比和收益。而目前宁波分行的客户经理力量还不能满足各方面的要求，也在客观上造成各支行将有限的人力集中投入到对大型企业的营销和服务上。另外由于专项费用指标控制，与股份制商业银行相比，宁波分行在业务和产品上的宣传投入明显不足。

4. 小企业相关信贷制度还不够完善，小企业办理信贷业务门槛较高。一是小企业评级中担保能力分值占比过高。按现行的小企业评级办法，甲、乙、丙类担保能力分值分别为 40 分、45 分、22 分，在客观上导致企业抵（质）押物价值与固定资产的多少、企业规模的大小基本决定了信用等级的高低，弱化了其他方面的权重。二是小企业的担保企业规定门槛较高，专业担保机构单户担保限额管理过于严格。目前规定：“单个客户以基金担保的信贷总额不得超过该担保基金总额的 10%”，在具体执行过程中发现，我市有政府财政支持的专业担保机构约有五家，而注册资金大多以 1000 万元至 3000 万元为主（最高的“宁波市民营企业贷款担保有限公司”为 3788 万元，最低的“余姚市中小企业信用担保有限公司”仅有 1000 万元）。按照 10% 的比例则担保机构担保的单个客户贷款额度仅能在 100 万元至 300 万元之间，与小企业经营实际需求不相符合，对小企业支持力度有限。

5. 小企业自身管理不规范，造成银行信贷管理难度加大。小企业在发展过程中会有一些实际问题，如信息不对称，部分小企业信用观念淡薄，拖欠银行本息，甚至恶意逃废、悬空银行债务等。

三、下一步发展小企业金融业务的主要措施

当前，随着股份公司的成立，工商银行的改革发展站在了新的历史起点，大力发展小企业金融服务市场是宁波分行改制后的一项重要发展战略。小企业是宁波经济的重要组成部分和支撑力量，也是宁波分行的重要客户群，下一步宁波分行将按照总行的总体战略部署，借鉴国际银行业先进经营理念和业务实践，努力实现小企业金融业务的跨越式发展。为此，宁波分行将采取以下措施：

（一）进一步提高思想认识和队伍素质。积极引导各行真正把思想统一到总行的战略部署上来，从支持国民经济发展和宁波分行经营结构调整的战略高度，充分认识拓展小企业金融业务的重要性和必要性，真正做到“大小并举”。加强小企业客户经理队伍建设，充实小企业金融业务人员，加强业务培训，分期分批对各支行行长、分管行长、客户经理、网点负责人和信贷管理人员进行小企业金融业务培训，确保相关人员的培训覆盖面达到100%，提高从业人员对信贷风险的判断识别能力，提高客户经理的市场竞争意识和风险防范意识。

（二）深化对分支机构的差别管理，制定系统的分类政策。依据各行信贷风险管理水平、区域市场资源及发展潜力、信用环境等因素，综合运用信贷业务转授权、信贷总量限额管理、行业信贷政策、客户信贷政策、产品信贷政策和风险控制等政策工具，对全辖17家分支机构进行系统全面的类别划分，对不同类别支行，实行差别化的信贷政策和风险控制标准，促使各行自主调整信贷结构和控制信贷风险，实现收益的最大化。支行也要根据本地区小企业资源状况、行业分布、经营管理模式、竞争实力、特色产业优势等不同特点，明确小企业信贷发展的支持重点和主要措施，制定合理的小企业信贷发展规划。

（三）不断提高小企业金融服务水平，增强综合服务能力。加强与担保公司业务合作，缓解小企业担保难的问题，分行将再适当扩大与担保公司的合作，支行应选择一家当地实力较强、由财政出资的担保公司开展业务合作，进一步解决小企业担保难问题。同时，在坚持对担保公司业务合作统一准入条件前提下，进一步统一协议文本、标准。在保证抵（质）押物合法、有效、易变现的前提下，积极探索开办应收账款、存货和其他物权质押担保，积极开拓小企业国际贸易融资业务市场。通过小企业贷款带动小企业存款、结算、中间业务、国际业务和投资银行等业务的发展，培育和挖掘潜在市场，促进宁波分行增长方式和收入结构的转变。

（四）针对小企业融资风险特征，创新和改进小企业信贷风险管理模式。对有潜在风险的小企业要及时退出，提高小企业客户群质量；突出小企业贷款的流动性管理，确保贷款伴随企业正常生产经营周期及时收回，避免成为铺底资金；合理确定小企业抵（质）押物价值，规范抵（质）押物管理；强化对小企业贷款归行情况的监测，及时掌握企业的生产经营变化情况；加强对小企业贷款余期的分析，尤其是对即将到期贷款偿还性的分析，防范信贷风险。

（五）进一步加强信贷资金的监管，确保贷款用途合理正常，并防范派生存款的外流。贷款资金流向监管实施部门分工协作制和信贷人员岗位责任制，贷款发放后，要求客户经理通过查阅会计部门提供的企业存款账户汇划明细、企业贷款资金使用支付凭证，进行企业资金流向分析，密切跟踪贷款的实际用途。如发现信贷资金被挪用，根据情况采取暂停其提款、停止发放新贷款、宣布贷款提前到期并收回全部贷款等风险防范措施。

关于厦门分行城市分行扁平化改革的探索与实践

厦门分行　方培生

2005年上半年，总行在厦门分行进行城市行机构扁平化改革试点，指导厦门分行在整合业务流程、优化组织架构、完善管理机制等方面进行了积极的探索。根据总行机构改革试点工作安排，厦门分行于2005年8月起对辖属网点全面启动实施了“直通式管理”。几个月来，扁平化改革进展顺利，并取得了初步成效。

一、厦门市分行的基本情况

一直以来，厦门分行实行分行—支行—分理处三级管理体制，机构层叠、管理职数占比偏高、信息传递环节多、管理决策效率不高等问题比较突出，在很大程度上影响了市场反应速度，导致市场竞争力和客户满意度下降。加之近几年厦门市多家商业银行纷纷推行扁平化改革，且成效显著，对厦门分行也构成了较大的竞争压力。因此，实施扁平化改革试点，探索城市分行管理新模式，不仅是总行为实施新的发展战略而赋予厦门分行的重任，也是厦门分行适应工商银行管理体制改革和本地激烈市场竞争形势，建设精品城市分行的必然选择。

二、扁平化改革的总体情况

厦门分行自2005年3月底开始着手扁平化改革的准备工作，在总行各相关部门的指导下，制定了扁平化改革总方案，以及涉及个人金融业务经营管理、法人金融业务经营管理、会计结算管理、资金集中管理、财务集中管理、支行经营绩效评价、内部控制体制、组织架构调整、人力资源管理、支持保障体系、客户经理管理11个方面的具体改革方案。4月底，总行人事部和相关部门到厦门分行实地调研，召开专题研究论证会及总行部室协调会，对改革方案进行了多次研究论证。经总行批准，厦门分行扁平化改革于2005年8月1日正式启动。

扁平化改革的总体思路是：以推行集约化经营为目标，整合业务流程，以梳理业务流程为基础，优化组织架构。改革的目标是：实行分行—支行两级机构管理模式，整合优化网点结构、加强网点分类管理，精简机构管理层次、上收支行管理职能，加大分行营销力度、提高集约经营水平，切实转变经营模式和增长方式，提高经营效益和管理效率，增强风险控制力和市场竞争力。厦门分行在扁平化改革方案的设计过程中，引入业务流程再造理念，将低效的作业环节予以精简，将职能交叉的流程予以整合，将风险集中的作业点予以重点监控，详细制定了分专业的业务流程重组方案。同时，合理确定二级分行的管理半径，切实加强和改善内控机制，大力推行集约化经营，将网点的账务、财务、资金、信贷审批管理和支持保障等职能全部集中至分行，有效降低了组织内部管理成本，加强了风险集中控制力度。

扁平化改革的原则：一是以客户为中心。以提高客户满意度和认同度为目标，提升营销层次，缩短营销通道，优化业务流程，提高厦门分行的市场反应速度和客户服务水平。二是以效益为导向。建立科学的商业银行考核评价体系，强化对支行、部门和员工的绩效考核与成本约束，以价值最大化为目标优化各项资源配置。三是以内控为基础。按照风险管理的要求，有效分离前后台业务，完善以内控“五大要素”为载体的内部控制体系，加强对支行和部门的有效监督与制衡。四是以人为本、循序渐进。充分考虑各种历史现实因素和员工对改革的承受能力，加强改革的宣传与协调工作，完善落实配套措施，稳步推进扁平化改革，促进各项业务健康发展。

三、扁平化改革的主要做法

（一）推进业务流程改革。

1. 构建以客户为中心的市场营销体系。在市场营销方面，厦门分行以提高客户满意度和认同度为目标，建立了分层次市场营销体系，分行和网点针对不同的客户群开展直接营销，提高了市场反应速度和客户服务水平。

一是按照“以客户为中心”的原则，统一对外营销窗口，整合有关部门的职能，实施本外币一体化营销。个人金融业务部、公司业务部和机构业务部作为前台营销部门，负责统筹协调客户经理、营业网点、电子网络等渠道资源，承担各类本外币资产业务、负债业务及结算等中间业务的营销管理与组织协调职能，并直接营销分行重点大客户。会计结算部、电子银行部、国际业务部、银行卡业务部等作为产品支持部门，负责为前台营销部门提供产品支持和技术保障。同时，为加强营销部门之间、营销部门与产品支持部门之间的协作，建立和完善有关信息沟通与利益共享机制，加快产品创新速度，及时满足客户需求。

二是改变过去“分行管理、支行营销”模式，建立“分行营销—分支行联动营销—支行营销”的多层次营销体系。根据业务规模与贡献度，每年初由分行业务发展委员会将所有潜在和存量法人客户划分为重点、中等和中小客户三类。分行本部前台营销部门负责直接营销重点客户；分行与网点支行合作营销中等客户；网点支行独立营销中小优质客户。目前，我分行已制定的直接营销客户的有关管理办法，对分行直接营销客户的确定、直接营销操作流程、相关人员的考核与管理等进行了规范。确定了一批分行直接营销的法人客户，由公司业务部定期监测这些直营客户在本行及其他商业银行的信用等级、授信额度、贷款余额等情况，并及时跟踪、协调和重点参与这些直营客户的营销工作。

三是全面实施客户经理制，充实分行和网点客户经理队伍，为客户提供全面的金融服务。在客户经理考核方面，分行制定了《法人客户经理绩效考核办法》，建立跨专业的综合贡献度评价及业绩考核系统，以产品为主线将所有业务按一定标准折算为客户经理综合贡献度。

2. 健全前后台分离的信贷管理体系。在信贷业务管理方面，我分行对原有信贷审批流程进行了精简，按照个人客户和法人客户分开、前后台分离和集中风险控制的原则，改变原来分支行两级审查审批制度，将支行原有信贷审查审批职能上收至分行。除低风险担保业务外，辖内公司客户信贷业务一律由分行审批中心进行审查审批，各基层行不再具有公司贷款审批权。前台包括具备开展资产业务资格的网点支行和分行市场营销部门，负责受理信贷业务申请、客户调查、贷后管理、客户维护、信贷资产质量类别初分及90天以内逾期贷款本息的清收等职能。90天以后逾期贷款本息的清收由特殊资产经营部集中处置。合理分割信贷中后台，信贷评审部履行中台决策职能，信贷管理部履行后台执行职能。涉及客户准入、客户战略和政策适用的评级、授信、评估工作由信贷评审部负责。在重新梳理修订岗位、流程、文本和信息流的基础上，理顺了交叉流程，缩短了审查审批链条，做到了“一站式”审查审批，提高了审批效率，多数业务做到一天内审结。

加强专职审贷队伍和专业风险经理队伍建设。在中后台推行信贷审查主审查人制。原有分支行的审核人员除充实到分行任主审查人外，部分转岗到营销队伍中，以充分发挥其专业骨干作用。推行专业风险经理制，使分行能够较全面具体地掌握全辖法人信贷业务的信用风险和操作风险状况，使风险管理更细更实。还成立了分行评审委，修订了分行贷审会规则，打破评审委和贷审会委员组成由行政领导参加的惯例，改由专业部门的专业人士参加，贯彻专业人员审贷的要求。所有新设立的一级和准一级支行均实现了信贷业务准入制度。

3. 改进个人金融业务经营管理体系。

一是理顺个人消费信贷管理流程。分行个人金融业务部负责消费信贷业务的营销管理、组织宣传和提交产品创新需求工作，支行客户经理负责消费信贷业务的营销、贷款受理与调查、贷后日常管理。消费信贷管理部集中管理全辖个人消费信贷业务的授权授信、审查审批、产品研发、贷后检查监测、不良资产处置等风险管理工作。消费信贷管理部内设消费信贷审批中心，负责全辖消费信贷业务的集中审查审批。

二是构建个人优质客户服务体系。加快经营模式转型，在更多网点推广实施个人理财中心和一般理财网点核心竞争力项目。组织实施个人理财客户经理岗位资格认证考试，公开选拔一批个人理财客户经理，组建一支上下联动的理财客户经理队伍。推广应用个人客户营销管理系统，提高项目流程的执行力度和操作效率，增强对优质客户的维护和营销能力。构建以支行为主营销渠道，分行直接参与，分支行上下联动的营销体系。在强化支行营销能力的同时，分行还增设了个人金融区域市场部、区域信贷部和区域财富中心，构建“个人理财中心——一般理财网点—普通网点”的分层次立体化营销服务体系，实现优质客户的分层次服务和差别化服务。

4. 推行一体化会计管理体系。

一是根据新的组织架构再造了会计业务流程，明确分行会计结算部承担会计核算管理、支付结算管理及营业机构核算业务管理的职能，由其统一管理全辖网点的柜面业务，并配备产品经理，为前台营销部门提供结算产品支持和现金管理服务。完善后台会计三大中心建设，简化部分柜面业务操作手续，规范有关操作制度和管理办法，包括网点现金调拨处理手续、空白重要凭证管理、久悬未取款项管理、现金短溢款处理、特大额授权业务加押传真等业务的处理。

二是精简账务核算层次，网点账务全面上收到分行，由分行会计业务处理中心统一管理。

三是加强会计核算事权划分管理。根据各网点实际情况，将全辖网点划分为大、中、小三类，柜员划分为8个等级，以适应不同网点的岗位设置需要。重新核定了各类网点的业务处理额度和各类岗位的操作、授权额度，通过系统设置参数，实现硬控制，有效防范操作风险，提高会计核算质量。制定了《营业网点柜员管理暂行办法》，明确业务经办、业务主办、业务主管的岗位职责与岗位轮换制度，加强对营业网点业务人员的管理，实现营业网点业务人员的合理配置。

四是加强网点会计风险管理，全面实行坐班总会计分行集中委派制和分行会计检查辅导员集中检查制。分行向会计业务处理中心、银行卡营业中心和所有网点派驻坐班总会计，坐班总会计根据分行制定的《总会计工作管理暂行办法》，履行网点监督检查与事中授权控制职责。总会计每年至少交流一次。分行还配备一定数量的总会计备员替班，进一步完善会计检查工作，定期对总会计的工作情况及网点的会计核算和内控管理情况进行巡回检查，以确保总会计坐班制落实到位。

5. 优化资金集中管理体系。按照“全额集中、统一配置、分类管理、差别计价”的原则构建资金扁平化管理体系。

一是制定了《资金集中管理办法》，从风险防范、制度建设、业务流程再造等方面，规范分行、支行相关的资金操作，缩减了管理链和中间环节，进一步明确资金集中管理的细节，使资金集中管理方案更具操作性。

二是启动资金集中管理，实行工商银行资金的全额集中和统一配置，取消了各支行（部门）除备付金账户外的其他资金账户，支行不再进行资金业务操作，从而彻底改变分行对支行资金的差额管理模式，实现了资金自下而上集中和自上而下配置的收支两条线管理，支行各类资金来源和资金运用分别以“上存分行款项”和“向分行借款”的形式由分行集中管理，辖内资金往来无须支行再行调整，取消支行的清算备付金管理和辖内资金调拨业务。分行资金管理系统每日自动统计支行的资金来源与运用，并自动调剂支行的资金余缺。

三是开发投产“资金集中管理系统”，并逐步完善系统功能，实现全辖管理层、营销部门的数据共享，为管理决策和营销提供参考。通过运用资金集中管理系统。对基础数据进行统计分析，分行管理层计算出不同支行的资金集中收益和资金配置支出，纳入对支行的考核系统，形成资金利率杠杆内部传导机制。利用这一系统，分行管理层可从总体营销策略出发，监控下级行业务的发展，并利用内部资金转移价格对集中资金和配置资金进行合理计价，确定每一项资产负债产品的内部成本和收益，提高基层营业机构在产品和客户营销、市场拓展、产品创新过程中的议价能力和成本意识，而下级行也可以通过该系统了解自身经营情况和资金使用效率，对经营管理作出适当调整。

资金集中管理体制的改革有利于分行通过内部资金价格将经营策略传导到工商银行的每一个部门、机构和产品，引导部门、机构和支行的经营行为，有利于占领市场、控制风险和优化资产负债结构，使工商银行负债业务和资产业务协调发展，促进工商银行质量和效益的提高。

6. 建立统筹成本、风险与效益的财务集中管理体系。根据"划分事项、统一标准、分级审批、集中支付"的改革思路，厦门分行建立了流程合理、标准统一、内控严格、监控有力、运转高效的财务集中管理体制，实现了财务管理操作职能与决策职能相分离、财务核算职能与财务管理职能相分离、财务核算主体与被核算主体相分离，规范了财务核算，有效防范了财务风险。

一是财务核算集中。按照价值最大化财务管理目标，完成了分行财务集中改革，实行预算管理与考核评价双线控制，取消了支行财务核算层级，由分行财务核算中心统一承担全辖所有支行及分行本级的财务核算，降低了财务操作风险，促进了财务管理由核算型向决策型转变。

二是审批权限相对集中。为突出支行的营销职能，并确保后勤、后台支持集中，厦门分行将财务事项分为支行审批事项和分行审批事项。保留支行与业务营销有关的日常经营性费用支出和绩效工资分配的审批权限，重要财务事项集中分行审批，实现大额资金权限集中。

三是财务审核集中。根据统一的财务核算及支出管理办法，财务核算中心对分、支行两级的财务支出按照统一标准进行审核，实现财务审核标准的统一和规范。

四是资金支付集中。分、支行的财务支出由财务核算中心集中支付，取消由各支行自主支付方式。分、支行发生财务支出需求时，经分、支行有权审批人审批、财务核算中心审核后直接支付资金，实现资金支付主体层次上收。

五是风险控制集中。随着划分财务事项、大额财务审批权限集中、财务审核集中、财务核算集中、资金支付主体层次上收，风险控制点不再分散在支行，而集中到了在分行财务核算中心，从而强化了分行对财务风险的控制。

此外，为完善扁平化组织架构下的考核评价体系，厦门分行通过研究不同产品、不同部门、不同劳动强度的差异，测算投入产出比率，量化部门、机构、员工的贡献度，建立健全支行与分行各部门之间的利益联动机制，强化以效益为中心的经营导向，推行以产品为主线的内部计价考核分配，重新制定了《网点经营绩效考评办法》，建立了分产品、分机构、分部门的业绩价值评价系统，强化了专业化经营管理，真正做到奖优罚劣，提高资源配置的科学性。

7. 健全严密的内部控制体系。

一是规范业务操作流程，建立一套完整、科学、有效的规章制度和操作程序。成立分行内部控制管理委员会，制定了《内部控制管理委员会规程》，进一步健全了内部控制工作机制。

二是建立了内部控制持续跟踪检查制度，将内控合规部、会计监督中心、坐班总会计、会计检查员的各类检查监督信息进行分类汇总，着手建立"操作风险监测档案"。

三是按照"内控优先"原则，进一步完善审核制度。制定各专业内控制度审核办法，在开办新业务和重组业务流程时，督促业务管理部门及时制定或修改有关制度、岗位设置、操作流程、处理手续等，促进制度建设与业务发展同步，避免因制度建设滞后带来的业务管理真空和漏洞。

四是完善了内控年度综合评价工作，根据扁平化管理需要修订对各类支行的内控评价办法与标准，强化了基层机构的内控工作问责制。

8. 建设高效的支持保障体系。支行管理职能上收的同时，为确保网点支行集中精力拓展业务，厦门分行将网点的支持保障工作集中至分行统一管理。一是由分行办公室牵头，全面整合了有关操作流程和制度办法，规范了公文管理、行政印章管理、信访管理、设备管理等各项工作。二是分行保卫部负责集中管理全辖网点的安全保卫工作，完善营业网点远程监控联网建设，推行集中监控、夜间异地值守、集中出警的安全保卫管理模式。

（二）推进组织结构扁平化改革。

一是完善分行决策机制，调整分行部门设置。按照民主集中制原则完善和规范分行党委议事规则、行长办公例会制度。落实党委领导下分工明确、各负其责的行领导分工负责制，同时对分行本部原有内设及附属机构的职能和机构设置进行适当整合，调整为业务拓展部门、业务支持部门、风险管理部门、综合管理部门和监督检查部门等5大类，共21个内设机构。

目前，按照个人客户业务流程再造要求，组建了消费信贷管理部，负责消费信贷业务的流程设计、审查审批、贷后风险监测与管理、不良资产催收与处置等。并对个人住房贷款和个人消费贷款业务流程进行了梳理与整合。同时，按照法人客户资产业务流程整合要求，将公司业务部下属评估部和信贷管理部下属授信中心的职能进行整合，成立了信贷评审部，统一负责辖内法人客户评级、统一授信、项目评估、资产质量分类评审等工作。

二是优化网点区域布局，提升基层网点层级。全面上收了一级支行管理职能，相应撤销一级支行内设机构，实行"分行—网点（支行）"两级机构管理模式。对现有物理网点和自助银行的区域布局与经营绩效进行分析，撤并整合了同址办公、间距近、同质性、覆盖面窄或机会成本高的13家网点，使营业网点数由81家减少到68家；增加自助银行数量，提高自助银行服务覆盖面，延长服务时间，分流低端业务。在此基础上将37个营业网点升格为支行级机构，每个网点支行至少配置4个有效营业窗口，提高服务质量，改善网点的市场形象。

三是实施网点分类管理，建设特色精品网点。由于各网点间的经营基础、规模、效益等差距较大，为优化资源配置，我分行根据经营规模和业务范围将所有网点支行划分为三大类。一级支行经营全面业务，包括各项法人及个人业务，基本由原来的管理支行组成；准一级支行经营范围与一级支行基本相同，由原来部分规模较大的营业网点改建而成；二级支行重点经营个人金融业务和中间业务，由其他营业网点组成。准一级支行在地理位置上与一级支行形成互补，与一级支行共同组成一个覆盖全辖的综合业务营销与服务网络。与之相配套，在绩效考核、费用分配、人员管理等方面对各类网点实行差异化管理。在网点考核管理方面，建立以利润为导向、全面分摊各项成本的网点支行考核指标体系，根据统一评价得分将网点支行分为A、B、C三类绩效等级，每类又细分为两个级次。网点支行考核指标体系及考核结果向全体员工公开。绩效考核结果与网点支行的经营授权、费用分配、职数管理和薪酬激励等挂钩，引导网点支行追求价值最大化。

四是建设体现和谐银行特点的党、群、工、团组织体系。根据支行党员数和网点分布，单独成立支行党支部或成立联合党支部。党（总）支部委员会经民主选举产生。以网点支行为单位召开党员领导干部民主生活会。同时，设置团支部和工会组织。

（三）完善以人为本的人力资源管理体系。

一是提高网点支行人力资源配置的科学性。根据组织结构改革的需要，对所有网点支行负责人进行配置调整，并集中管理全辖员工，统一发放薪酬。根据各网点支行的月均业务量及营业时间制、日均存贷款总量、标准岗位配备等因素，重新测算核定各个网点支行的人员编制。以编制数核定各网点支行的相关费用。借助综合柜员制的推行，研究建立科学的网点用工计算办法。根据网点内部等级，调整网点人员结构，充实市场营销队伍，严格控制管理人员职数。网点一线柜员推行社会化、市场化用工，实行规范的劳动合同管理。目前，通过调整优化人力资源，原支行内设机构管理人员一部分调整到分行财务集中审查组、信贷审批中心等业务集中处理中心岗位，一部分充实到分支行市场营销岗位。

二是按照“以岗定薪、按绩取酬”的原则，探索薪酬管理体制改革，根据员工岗位性质实行差异化的薪酬管理与考核办法。现已完成对公司客户营销人员的全面调查，建立起以综合贡献度为主要考核指标的客户经理业绩评价体系，并制定了《法人客户经理绩效考核办法》。

此外，为了满足扁平化改革过程中转岗、待岗员工的知识更新需求，建立模拟柜台和支行实习基地，提供各类专业技能培训。实行集中备员培训制度，采取内部调剂、计价派员的方式，满足网点支行的轮岗、缺岗需求，促进员工的培训和流动。

四、扁平化改革的初步成效

（一）基本建立了精干、高效的扁平化组织架构。改革后，实现了分行对辖内所有网点的直接管理。目前分行直接管理的营业网点68家，自助银行43家。通过压缩管理层级和管理机构，缩短了信息传递链条，提高了组织反应速度，分支行以客户为中心，以市场需求为导向的经营观念和经营意识明显增强，管理效率和管理水平得到提高。

（二）优化了网点人力资源配置。与2005年6月末情况比较，根据分行制定的网点人员编制测算，一级支行（含）以下机构的从业人员中，一线员工（主要包括网点临柜人员、营销人员）占比由原来的71.5%提高到86%，二线员工（主要包括业务营运类、支持保障类人员）占比由原来的8.1%降至0，管理人员（主要包括支行、网点负责人和支行内设机构经理）由原来的20.4%降至14%。由此，一定程度上缓解了原来支行管理队伍臃肿与网点一线员工紧张之间的矛盾。

（三）提高了经营效益。通过削减冗余的管理链条和中间环节，优化经营资源配置和调整经营重点，扁平化改革在推动经营效益与经营效率提高方面初显成效。2005年12月末，厦门分行存款余额比6月末增加25.78亿元，贷款余额增加18.77亿元，中间业务收入增加5037万元。全年主要经营指标超额完成计划目标，账面利润、经营利润、人民币存款创历史最好水平。全年实现账面利润3.77亿元，经营利润5.25亿元，可比口径比上年分别增长340.09%和34.90%；资产利润率1.74%，比上年末提高0.64个百分点。年末不良资产率1.73%，比年初下降13.47个百分点；不良贷款率2.93%，比年初下降14.5个百分点。全年各项存款余额比年初增加44.67亿元，各项贷款剔除剥离因素实际比年初增10.15亿元。

五、存在的问题与对策

从传统直线制组织结构到扁平化组织结构，每一种组织设计不可能是尽善尽美的。组织变革和创新就是一个趋利避害的过程。作为城市分行扁平化改革试点行，由于改革还处于启动初期的探索阶段，厦门分行在业务流程再造、管理机制改革等方面不可避免地遇到了一些新情况、新问题，需要不断研究解决。

（一）扁平化改革之后，分行本部既要承担对基层网点的直接管理引导和支持服务工作，还要加大直接参与营销的力度，这对于分行员工的能力和素质提出了较高的要求。然而，长期以来机关化的管理模式导致分行本部员工岗位固定、技能单一，难以适应新的工作要求。因此，必须加大员工培训和岗位轮换力度，努力培养学习型、复合型人才，并引入竞争性用人机制，根据需要及时补充高素质管理人才

（二）机构设置取消中间层级后，员工的职位晋升受到很大限制，在一定程度上影响了基层员工的上进心。对此，厦门分行一方面加大教育宣传力度，引导员

工淡化官本位意识，另一方面完善与绩效挂钩的利益分配机制，拓宽专业系列职务升迁渠道，为员工提供更多途径实现个人职业价值。

（三）随着网点定岗定编制度的实行，网点的人员结构、岗位设置、工作要求都发生了较大变化，但是改革方案中与之相配套的薪酬激励机制尚未完全建立起来。目前厦门分行正在营业部进行网点营销人员与操作人员的考核与薪酬改革试点；网点经营管理人员的薪酬激励机制还未实行；在扁平化过程中精简或调整下来的原来支行部分科室人员仍无新的固定岗位，处于"待岗"状态，如何对他们进行管理与分配薪酬还在进一步研究中。厦门分行将加快建立有效的薪酬激励机制，按照"以岗定薪、按绩取酬"的原则，逐步推进薪酬管理体制改革，建立公正、透明的业绩评价和薪酬分配机制，使员工薪酬体现其岗位价值与特点，提高员工收入与工作绩效关联度，充分调动员工的工作积极性。

（四）支行管理层次取消后网点管理职责部分缺位。分行对网点实行"直通式管理"后，人力资源部牵头负责工商银行网点整体布局和规划工作，计划财务部负责网点的绩效考评工作，会计结算部和个人金融业务部承担了68家物理网点的大部分日常业务管理工作。但是，会计结算部和个人金融业务部本身职能定位和资源配备的有限性在客观上造成了他们不能妥善、周全地协调管理好所有网点事宜。网点是分行各条业务线的最终汇集点，是各职能管理部门制定决策与下达任务指标的执行者，而目前网点管理的多头格局导致在部分环节上，分行对网点的管理控制不力，网点对分行下达决策的执行力较弱。对此，必须抓紧整合业务流程和管理流程并建立有效的督察机制。

广东营业部关于城市行集约化经营的调查与思考

广东省分行营业部　杨春林

近年来广东省分行营业部按照科学发展观的要求，认真落实总行、省行的决策部署，结合广州实际，积极探索城市行集约化经营改革的方法和措施，取得了较好成果。

一、实行城市行集约化经营的成效

广州作为广东省的省会城市，历来是金融业竞争的重点地区。广东省分行营业部属于中心城市行，总行和省分行一直非常重视，2002 年开始比照一级分行由总行直接管理。几年来，营业部积极探索城市行的集约化经营改革，收到了显著成效。

（一）盈利水平显著提高。2004 年各项盈利指标比 1999 年大幅度提高。账面利润从 18.7 亿元增长到 33.53 亿元，增长了 14.83 亿元，五年累计实现利润 156.63 亿元；经营利润从 12.9 亿元增长到 46.58 亿元，增长了 33.68 亿元，五年累计实现利润 186.48 亿元；人均经营利润从 11.7 万元增长到 48.4 万元，人均增利 36.7 万元；资产利润率从 0.8% 提高到 1.9%，上升了 1.1 个百分点；中间业务收入显著增长，2004 年达到 4.77 亿元。2002 年以来实现的利润占到全市各家银行利润总和的 50% 以上。

（二）资产质量明显改善。1999 年末不良贷款余额 242 亿元，加上几年来释放隐性风险贷款 169 亿元，实际不良贷款达 411 亿元，实际不良贷款率超过 50%。通过几年的努力，到 2004 年 12 月末，累计清收处置 261.2 亿元，不良贷款余额下降到 150.1 亿元，净下降 91.9 亿元；不良率下降到 9.95%，下降了 41 个百分点。资产结构得到优化。至 2004 年 12 月末，1998 年及以前年度信贷资产余额为 305.7 亿元，比 1998 年末下降了 408.3 亿元，实现了积极的退出。1999 年以来新增优质贷款 1192.6 亿元，占全部正常贷款的 87.8%，成为主要盈利资产。

（三）经营结构趋于合理。

一是资产结构明显改善。截至 2004 年 12 月末，一般流动资金贷款余额 583.16 亿元，占全部贷款的 38.7%，比 1999 年末下降了 21.3 个百分点；票据贴现、项目贷款、住房贷款和个人消费贷款的比重达到 61.3%，比 1999 年上升了 21.3 个百分点，形成了收入稳定、风险较小的资产结构。

二是客户结构不断优化。按客户贡献度细分对公客户，形成了一大批优质、稳定的公司和机构客户。积极培育个人优质客户，形成了高端个人客户群。理财金账户客户 70788 户，按揭贷款客户达 8 万多户，个人外汇买卖成交量年均达 100 亿美元以上。2004 年末，在法人信贷客户中 AA－级以上客户的比重达到 73.6%，比 1999 年末上升 30 多个百分点。2000 年以来退出、清理 A 级以下客户 1200 多户，退出亚健康企业贷款 190.5 亿元。

三是网点结构更趋合理。网点总数从 1999 年末的 480 个下降到 2004 年 12 月末的 405 个，减少 75 个网点；迁移网点258个，新建和装修网点达410多个，新兴的经济区、高档住宅区的网点布局基本合理；精品网点、集约化经营网点的数量不断增加，存款余额10亿元以上的网点达到15个，5亿元以上的网点达到79个，装修改造了41个网点理财中心。网点经营效益显著上升，人均存款从1700万元增加到2400万元，增长了44%；网均存款从2.78亿元增加到5.66亿元，增长了1倍多。

四是人员结构不断优化。通过减员增效，员工总数从10981人下降到9679人，净下降1302人。一方面，通过机制性减员约2138人，其中终止和解除劳动合同959人，内部退养677人，后勤社会化分流383人，自谋职业119人。另一方面，大力引进高素质、高学历人才，共吸收全日制大学本科以上学历的青年员工1550多人，本科以上员工占比达到33%，比1999年提高25.2个百分点。目前员工中有博士3人，硕士91人，本科学历员工2237人；中级以上职称员工占比19%。干部队伍年轻化、知识化程度显著提高。

（四）优质市场份额不断巩固和扩大。本外币各项存款（含同业存款）从1350亿元增长到2403.4亿元，增长了1053.4亿元，年均增长12.2%。机构存款余额达394.7亿元，成为经营资金的一项主要来源。本外币各项贷款健康发展，其中，个人住房贷款从5亿元增至224.8亿元，成为广州地区最大的住房按揭银行。我部在广州市银行同业占比指标和四大国有银行占比指标始终稳居第一位。目前本外币各项存款余额同业占比22.4%，四行占比37.7%，其中储蓄存款同业占比28.7%，四行占比37.7%；基金发行、国债及保险代理销售业务量在广州地区一直处于同业第一。各项贷款余额同业占比22.7%，四行占比41%，其中个人住房贷款余额同业占比30%，四行占比35.7%。

二、集约化经营改革的主要做法

长期以来，受传统计划经济观念影响，营业部专业银行的管理模式痕迹明显，加之长期属于计划单列市分行，营业部一直定位是管理行，即各项经营型业务都放到支行，负债业务放到营业网点；各支行都是全能支行，既行使管理职能，又要搞经营，业务范围无差别；支行和营业网点前后台业务不分，后台业务分散在支行及营业网点；以产品为中心设置机构和业务流程，由此造成管理链条长，管理不到位，冗员多，效率低，成本高，效益不佳，不适应越来越激烈的市场竞争和日趋复杂的风险管理要求。如不彻底改变，营业部有可能丧失中心城市行的核心竞争力。针对这种状况，从2000年开始，广东分行营业部逐步进行了集约化经营改革。

（一）加强内控，将风险大、业务复杂、内控外防要求高的业务集中处理。一是统一全辖的国际业务单证管理。成立国际业务操作中心，统一单证处理、外汇结算、资金清算和头寸管理，并将外汇资金营运纳入操作中心管理和经营。同时，还承担外汇衍生产品的开发及外汇业务的后台支持职能。二是集中全辖的金库业务。成立现金营运中心，设立三个中心库，集中管理辖内400多个网点现金调运，既控制了现钞管理风险，又压缩了现金库存，节约了成本支出。在此基础上，还成立现金清分中心，集中全辖现金封包款集中清点业务，减轻了柜员和网点的现金清点压力，压缩了无息资产的占用，提高了经营效益。三是集中票据提入、转贴现、后台会计业务。成立了会计业务处理中心，提入的票据实行集中验收、复核、清理、入账；集中办理辖内转贴现；集中办理标准化程度高的会计后台业务。四是全面实行资金集中管理体制改革，完善内部资金转移价格体系，引导广东营业部不断提高资金营运的深度效益。

（二）保证质量，将后台业务集中处理。一是成立监督中心，集中全辖对公业务和储蓄业务的事后监督，并不断完善其职能。二是成立对账中心，提高银企对账质量和效率，加强对账环节风险防范。三是成立稽核监督中心，集中监控检查全辖的业务经营情况，保证合规经营。四是推进法人客户、个人客户信贷业务后台管理的集约化。成立信贷审批中心，承担全辖法人客户各项贷款的审批职责，有效控制新增贷款的风险；成立中小企业信贷管理部，负责全辖中小企业各类信贷业务的管理，防范和化解中小企业信贷业务风险；成立个人信贷业务部，承担全辖个人信贷的审批、风险预警、质量控制工作。组建贷后监督检查中心，独立于贷款调查、审查、审批部门，承担全辖法人客户信贷业务非现场监测、现场检查和事后监督职能，强化信贷风险和操作风险的分析、预警和控制。

（三）提高效率，组建专业化经营队伍。一是健全不良资产集中清收处置模式。为加快处置不良贷款，2001年4月我部成立了特殊资产经营中心，充分发挥全广东营业部资源、政策、信息优势，加强不良资产的整体处置和经营力度，不断创新处置手段，大大降低了运作成本。2004年，按照“集中管理、分账经营、专业处置、分类考核”的经营原则，在调整特殊资产经营中心职能的基础上，成立了不良资产处置专业支行，与特殊资产经营中心合署经营，对全辖风险资产进行集中管理处置。专业支行实行优胜劣汰的用人机制和“收入下限保底、奖励上不封顶、按绩分季兑现、疑难专项重奖”的工资分配制度，对项目实行公开认购，充分调动了清收人员的积极性。截至2004年12月底，特殊资产经营中心累计清收转化不良资产62亿多元，取得良好效果。二是组建个人信贷业务贷后管理中心，承担全辖个人住房贷款和消费贷款的贷后管理、档案管理和催收、清收工作。组建以来累计收回个人住房不良贷款本息7.1亿元；累计收回违约1－3期贷款13亿元，下降额在广东营业部系统内排名第一；累计收回个人消费不良贷款6844万元。个人贷款业务贷后管理集中后，既促进了前台营销人员营销的积极性，解除了支行的后顾之忧，还规范了个人贷款操作，有效防范假按揭贷款发生，从而达到提高质量、推进个人贷款精品工程建设的目的。三是成立电话银行中心，并不断扩充和完善功能。

（四）竞争市场，建立高效的营销组织体系。按照“以客户为中心”的原则，营业部公司、机构、个金三大营销部门，负责全辖公司、机构、个人客户的资产、负债、中间业务的统一营销。同时为充分发挥本外币业务一体化优势，在营销部门充实了熟悉国际业务的人员，并针对市场特点，确定了分级营销的经营体系。本部营销部门组织重大项目的营销，牵头重点客户营销和重要新产品的开发与推介。开户支行负责客户的维护和日常营销工作，形成上有总经理、副总经理挂帅、中间有本部营销部门负责人牵头、下有开户支行行长负责、客户经理全程维护的高效的营销体系。

（五）增强活力，推进支行经营改革。针对改革前我部辖属支行营销职能不突出的特点，从2000年开始，广东分行营业部逐步加大了城区支行改革力度。首先，根据广州市经济发展状况和各区域发展水平，本着适应市场需求的原则，推进支行合理布局，并逐步进行了扁平化改造。先后组建了银山、五羊、南方、天平架、南沙、海印、华南、新塘、红棉等9个支行，填补了新兴发展地区工商银行网点的空白。在经济发展最快的南沙开发区、住房业务发展最快的番禺华南地区、位于经济技术开发区的重要发展地区新塘镇，广东分行营业部都先于他行建立了一级支行，抢占了业务发展的先机。这些新成立的支行业务发展相当快，有的已进入了一类行。其次，根据各行特点突出发展优势业务。目前已形成了一批国际业务、住房金融、公司业务、票据业务、个人金融业务、机构业务、银行卡业务等专业化程度较高的特色支行。最后，本着“精简、高效、以客户为中心”的原则对支行内设机构进行优化整合，采取分类管理、压缩二线的方法，将辖属支行分为三类：一类支行七科一室、二类支行五科一室、三类支行三科一室，并以资产规模和经营效益为依据，核定支行行级干部和中层干部职数，进一步突出支行的营销功能和经营功能。

（六）优化配置，推进网点经营改革。针对我部网点数量多，大多分布在老城区，且规模小、业务增长慢、功能分布不合理的现状，加大了网点结构调整的力度。通过撤并老城区网点，促使老城区网点的经营规模尽快达到合理水平，实现集约化经营。同时，适应广州城市发展重心东移的趋势，将网点资源逐步向东部优质客户资源丰富的地区转移，实现重新配置，达到与城市建设及经济发展同步。推行网点功能分区服务，大型网点分为现金服务区、非现金服务区、自助服务区和理财服务区；柜台设置由封闭向开放转变，增加非现金柜台，现金与非现金柜台比例为3:2，新建和有条件改造的营业网点，现金柜台与非现金柜台的设置为1:1。既保证了重点客户的优质服务，又使一般客户减少了等待时间，提高了服务质量。积极推进个人理财中心建设，试点并推广了核心竞争力项目，网点竞争力进一步增强。

总体来看，近年来的改革实践，突出了营业部统一经营和统一营销职能，减少了管理层次，降低了管理成本，初步形成了集约化的经营格局，各项业务迅速实现了从“争市场、扩规模”到“确保质量、提高效益”的转变。

三、推行集约化经营改革的体会与思考

（一）推行城市行集约化经营是商业银行经营发展的必然趋势。

首先，城市行的特殊地位决定了必须实行集约化经营。一是城市行是工商银行众多机构中的重要组成部分，资产占比高，经营效益好，经营地位重要。如广东省分行营业部占省分行资产的40%强，加上其他20个城市行，经营资产占省分行全辖的90%以上，抓好城市行的经营，对广东分行来说相当重要。城市行的集约化程度代表了工商银行的经营管理水平。二是中心城市成为境内外各家商业银行争夺的主阵地。目前13家中资商业银行在广州设立了分行，并已开设了近千家支行；15家外资商业银行在广州设立了分行。此外，城市商业银行和农村信用社也设立了众多的机构。广州银行业的竞争呈白热化态势。面对强大的竞争对手，能否取得较好的市场份额，能否在竞争中占居有利地位，关键要看这个行在竞争中是否反应快、效率高，能否做到经营成本低、管理好。要达到这样的目标必须摒弃粗放经营模式，实现集约化经营，提升核心竞争力。三是城市行客户众多。多层次的客户群和多元化的业务需求，对银行服务的要求更高。能否满足客户的需求是城市行业务发展的基础和前提。要达到这一要求，就必须走集约化、专业化和精细化的发展道路。四是城市行业务量大，产品丰富，业务风险点多，复杂程度高，能否安全经营是摆在商业银行面前的重要课题。只有集中统一的后台监控和管理，上收风险大管理难度高的业务，实现集约化经营，才能保证业务处理的合法合规，增强风险控制能力，实现安全经营的目的。

其次，城市行具备集约化经营的客观条件。一是具有明显的区位优势。营业部辖内各支行同处广州市，管理半径小。近年来随着广州城区规划和交通基础设施建设力度加大，市区和新兴地区之间交通发达，营业部与支行、支行与支行、网点业务来往日趋密切，信息沟通成本低，反馈及时，各项经营决策可迅速贯彻到全广东营业部，有利于发挥整体优势，实现集约经营。二是具有统一协调、配置资源的优势。推行集约化经营的关键是要打破各种界限，实现各种资源的统一、集中、优化配置。由于辖属机构均处于同一城区，人力、财务、客

户资源在全辖调配的阻力少、成本低，因而集约化经营机制运行效率高。在实践中，广东分行营业部通过建立涵盖全辖领导干部、重要岗位管理人员的公开竞聘机制和在全辖统一调配的后备干部库制度，初步形成了市场化的人力资源开发与管理体系；通过建立财务资源的集中管理与运用制度，加强集中采购、网点装修、资产处置、费用支出的统一管理，提高了财务资源配置效率；通过建立主办支行和协办支行工作分工和内部利益分配机制，实现了客户资源在全广东营业部的统一配置，发挥了整体营销功能。三是丰富的客户资源有利于推行集约化经营。广州作为华南地区的中心城市，经济持续、快速、健康发展，金融资源十分丰富，客户需求的个性化、多元化、高端化趋势明显，为广东分行营业部银行营销技术含量高的综合化高端产品提供了很好的客户基础。四是人力资源基本可以满足集约化经营的需要。由于广州地处经济发达区域，对全国各地人才吸引力较大。近年来，我部从高等院校引进了大量的本科生、研究生，员工队伍结构大大优化，年轻化、知识化程度得到提升，更容易接受新事物、新思想，为推进集约化经营提供了很好的人力基础。

（二）推行集约化经营要以突出发挥整体功能为着眼点。推行集约化经营必须确保营业部有效履行经营管理职能，调动和发挥全辖各级经营机构协调运作的整体功能。因此，在实践中，广东分行营业部加快了前后台业务分离，逐步将信贷审查审批、信贷评估、贷后管理与监督、不良资产处置、会计核算与监督等职能从支行分离出来，上收到营业部。同时，更加有效地发挥营业部本部在市场营销中的领导和统一指挥作用，强化城区支行的营销职能，鼓励各支行因地制宜开拓市场，业务逐步向专精化发展。基本形成了前台大市场、大营销，后台充分保障的经营格局。这种营业部本部与支行上下联动、分级营销的工作格局既突出了营销职能，又避免了不计成本、不讲风险的盲目竞争，加强了风险监控，体现了集约化经营的本质要求，进一步发挥了城市行的整体功能。

（三）推行集约化经营要妥善处理好业务流程再造问题。近年来，为确保集约化经营改革落到实处，我部对各种业务流程进行了规范改造。一是对个金、会计业务进行了大幅度的流程改造。整合了个金、会计业务操作规程，在全辖推行综合柜员制和核算管理一体化改革，将个金的会计监督与核算职能调整到会计部门，结束了个人金融部门管理网点的历史。由于后台业务集中处理，有效减轻了前台柜员的工作压力，使柜员有更多精力进行业务营销，增强了二级支行及营业网点的阵地营销职能。二是整合强化国际业务营销，实现了本外币一体化经营。在公司、机构和个金业务部门增加了擅长国际业务的负责人和营销人员，强化了本外币业务营销力度，取得了明显的营销效果。三是规范信贷资产管理程序。明确市场营销、贷款准入、信用评级、授信、贷款审批、事后监督、检查、预警、退出、清收的程序和规则，有效控制了信贷风险。

（四）推行集约化经营改革要坚持以人为本。一是分步推进市场化的人力资源开发管理体系建设。逐步在全广东营业部范围建立重要岗位公开竞聘机制，竞聘方式从缺位竞聘发展到待位竞聘，建立了后备干部库，有效地促进了人力资源的有序流动、优化配置、优胜劣汰。目前广东营业部超过40%的副经理级以上干部来自公开竞聘。逐步推出客户经理、业务经理、技术经理、法律顾问等业务职务序列，为员工提供多层次的成长渠道和发展空间。二是有计划、分步骤建立高效激励约束机制。2003年以来，推行了四定（即定岗、定责、定员、定价）改革，实行了“岗位靠竞争，薪酬看贡献”新的机制，优化了人力资源的配置。三是不断完善考核机制。按照我部经营战略转型的要求，逐步加大了质量、效益在支行综合经营绩效考核体系中的权重，增加国际业务、中间业务在考核体系中的权重，调整业务经营布局。建立二级支行和网点的考核排名机制，逐步建立和完善客户经理考核与管理办法，强化绩效挂钩，鼓励员工发挥主观能动性，充分调动广东营业部干部员工的工作积极性。

四、进一步深化集约化经营改革的措施

近年来，广东省分行营业部在推行城市行集约化经营过程中不断探索，初步形成了集约化经营的雏形，但是距离总行要求和商业银行经营管理的客观需要还有相当大的差距。随着广州城市经济的发展，他行集约化程度也在不断提高，深化我部的集约化经营改革非常必要和紧迫。下一步广东分行营业部将推出以下几项措施：

（一）进一步完善公司业务重点客户直接营销机制。深化公司业务的集约化经营改革，建立分级营销体系，建立“体系合理、运作高效、职能清晰、权责明确”的公司业务营销架构。

一是建立分级营销体系。建立重点客户和项目直接营销体系，充分发挥营业部本部的领导和公司业务部门熟悉市场、与政府及企业高层沟通方便、营销层次高的优势，进一步增强竞争重大客户和项目的能力，在市场竞争中占据有利地位。近期将集中全市100家综合贡献度高的公司客户及其相应的重点项目，由营业部本部直接营销。支行在做好重点客户日常维护工作的同时，充分利用支行服务面广的地缘优势，主要抓好中小法人客户和个人客户的资产负债及中间业务的营销，占领优质中小客户市场。

二是完善重点客户和项目的营销流程。在营业部成立公司业务直接营销委员会，指导重大业务营销的开展，从而有效统一组织协调行内信息、资金、人力资源，为营销工作提供全面支持。建立纵向客户经理营销

队伍，贡献度特别高的客户由营业部领导担任首席客户经理，公司业务部门负责人具体跟踪客户和项目的营销进度，动员全广东营业部的力量实现立体营销；贡献度较高的客户和项目由公司业务部门负责人牵头营销。同时按集约化经营的要求重组营业部公司业务部门内设机构，并根据市场细分原则，设立交通城建、轨道地铁、汽车航空、电力通讯、生产流通、非生产流通等六个专业小组，配备专职客户经理，直接组织营销全市行业系统大户、重点客户及重大项目，一跟到底，为客户提供一揽子综合金融服务，有效竞争市场。

三是建立分级绩效考核机制。营业部直接营销客户考核以综合贡献度为核心，实行分级考核。对营业部公司业务处及客户经理的考核以重点客户的业务增量为主、存量业务考核为次，促进其主动竞争市场，实现业务的持续增长。对支行及其客户经理的考核以重点客户的存量业务和中小客户增量业务为主，促进其加强对重点客户的日常维护和竞争中小客户市场。

（二）建立机构业务直接营销管理机制。机构业务系统性、政策性强，业务牵涉面广。近年来，随着经济体制改革的深入，机构客户的需求日益多元化、综合化，不仅要求存款、结算的优质服务，还要求资金集中收付管理、机构理财、同业拆借、资金托管和清算等综合化服务。如把机构业务的营销放在支行一级就会导致分散营销、管理环节多，同一客户往往有多家支行营销服务，不利于整体优势的发挥。为此，广东分行营业部将建立机构业务直接营销管理机制，加强机构重点客户的集中统一营销管理。

一是突出重点，将60个重点系统客户上收营业部本部直接营销。以“二八法则”确立上收标准，即营业部通过直接营销20%的重点机构客户，管理全广东营业部80%的机构存款及中间业务资源。机构业务处则以系统客户为中心，设立省直机构组、市属机构组、金融机构组、资产托管组等服务小组，并配备专职客户经理，对重点系统客户进行直接营销。

二是明确分工，实行上下联动的两级客户经理营销管理。营业部本部配备营销客户经理，开户支行行长（或主管副行长）作为日常维护的高级客户经理，与营业部营销客户经理共同做好重点系统客户的开拓、营销、维护和管理工作，并及时将大额资金变动或重大情况向营业部报告，共同研究解决问题。非重点系统客户的营销管理仍由支行负责。

（三）强化对中间业务的直接管理职能。充分发挥中间业务指导委员会的统一规划和指导职能，并组建营业部中间业务部，对全广东营业部中间业务进行直接管理。

一是加强对支行的分类指导，突出重点，促进全广东营业部中间业务均衡协调发展。建立中间业务数据查询和收费监控平台，强化中间业务成本核算，为各支行发展特色中间业务提供参考。严格中间业务收费减免程序，提高议价能力和整体盈利水平。

二是加快中间业务结构调整和产品整合创新。巩固和扩大人民币结算、银行卡、代理业务等传统优势市场，在外汇中间业务、投资银行、信息服务、担保承诺、电子银行业务等新兴中间业务方面取得新突破。按照成本核算原则，逐步退出低效市场，优化资源配置。鼓励各支行根据区域经济状况、客户群状况细分市场，做优做强特色中间业务。加大产品整合创新力度，对跨业务部门和本外币不同币种的关联性中间业务产品进行整合创新，推出高附加值、智力密集型产品，提升产品对不同市场层次需求的适应能力，从适应市场的单一被动发展模式向适应市场和创造有效需求市场兼顾的主动发展方式转变。

三是建立有效的激励约束机制，推进中间业务结构战略性调整。调整奖励机制，扩大对技术含量高、附加值高、主动开拓的新增业务的奖励比率，缩小对技术含量低、附加值低、存量业务的奖励比率，促进中间业务收入结构有效调整。逐步完善内部计价机制，各支行共同办理的中间业务，主办行收益不调整，对协办行进行模拟计价，在考核中还原，充分调动主办行和协办行的整体积极性。同时加强收费检查，防止中间业务收入的“跑、冒、滴、漏”。

（四）大力推进网点综合化经营。近几年，我部通过实施综合柜员制、网点功能分区服务、流程再造和核算管理一体化等一系列改革，网点的竞争力显著提高。但仍存在现有网点综合化程度低、网点资源未充分利用等问题，网点效益还有潜力可挖。大力推进网点综合化经营，充分发挥网点综合服务功能和阵地营销优势，促进对公业务、个人业务的协调发展，可以大大提高网点经营效益。

一是合理安排网点业务布局，优化劳动组合，强化网点营销功能，全面提升网点综合竞争力。将支行营业室打造为全功能综合网点，全面开拓对公业务和个人业务。对二级支行、办事处和分理处，进行综合化改造，充分发挥阵地营销功能。

二是正确处理好业务发展与风险控制的关系。二级支行行长在加强网点管理的同时，走出柜台，实施与客户面对面的直接营销。支行营业经理负责网点后台监控，对各项业务操作过程真实性和重要会计事项进行现场实时监督，强化营业网点的事中授权与控制，发现问题及时落实整改措施。

三是切实加强员工培训，提高员工素质，适应综合化改革的要求。提高柜员业务技能是深化网点综合化改革的关键，尤其要重视做好柜员、大堂经理、客户经理、理财经理的技能培训。要通过组织培训和员工的自我学习，将员工队伍培养成一支遵纪守法、善于学习、精通业务、具备较强营销能力、能够熟练掌握全功能银行系统的生力军。

强化城市行集约化经营是一个不断探索和实践的过程。广东分行营业部将按照总行的决策部署，总结经验教训，积极开拓创新，不断向先进的兄弟行学习，向国际银行业的先进水平看齐，取长补短，逐步建立起完善的集约化经营管理模式，充分发挥城市行的作用，为工商银行改革发展做出更大的贡献。

关于赴美参加商业银行内部审计培训情况的报告

总行内部审计局赴美培训班

2005年11月，工商银行总行内部审计局和10个内审分局及总行一些部门的有关人员组团，赴美参加了由总行教育部和美国伊利诺伊大学中国项目组联合组织的“商业银行内部审计培训班”。

培训期间，主要听取了伊利诺伊大学教授、美国联邦存款保险公司以及当地一家银行内部审计主管讲授的商业银行内部控制与管理、商业银行内部审计架构与管理、内部审计理论与商业银行内部审计实务、审计证据、年报分析、防欺诈、反洗钱等多项内容，并实地拜访了芝加哥 Laselle 银行的内部审计部门，与其探讨了内部审计组织架构、报告程序、工作方法等审计实践方面的内容。现将主要学习收获报告如下：

一、引发美国商业银行内部审计实践变化的主要原因

为顺应国际国内监管当局的要求，美国商业银行的内部审计以提供增值服务进而帮助组织实现目标为己任，积极向国际内部审计标准靠拢，进行无缝对接，敏锐地捕捉来自经济发展、国际国内监管、国际内部审计行业协会的各类信息，不断调整内部审计职能，适应内外部环境变化，保持并拓展内部审计职业的发展空间。引发美国银行业内部审计实践变化的主要因素有：

（一）经济环境的变化。2001年11月以来的美国安然公司、世通公司会计造假丑闻的披露，暴露出美国现行公司治理中存在的弊端。2002年7月30日，美国正式出台了旨在加强上市公司内部控制、强化高级管理层对财务信息披露责任的《萨班斯—奥克斯利法案》（以下简称《新法案》）。《新法案》明确要求上市公司高层管理人员，即首席执行官（CEO）和首席财务官（CFO）对公司向美国证券交易委员会提交的定期报表的真实性和准确性提供书面保证，还要求公司不断完善作为有效公司治理基石之一的内部审计体系，使之在改善公司管理信息不对称状况、提高公司财务信息可信度、建立完善的内部控制机制方面发挥更大作用。此外，《新法案》还清楚界定了外部审计向上市公司提供审计业务以及保管财务数据、设计和执行财务信息制度、资产评估或估价等咨询服务的范围。

（二）国际监管机构的导向性要求。巴塞尔委员会于2000年6月发布了一份关于内部控制和内部审计的文件，明确了判断银行内部控制是否充分的标准，一是在银行内部有能够独立行使对内部控制系统评价的内部审计职能部门；二是有独立的外部审计；三是内部审计对银行内部控制系统、资本评价程序、已有制度的充分性和有效性进行评价和持续监控，为银行管理层和监管者提供内部控制系统有效性方面的信息。为此，巴塞尔委员会对银行内部审计体系的构建提出了以下原则：每家银行都要有一个常设的符合自身营运特点和规模的内部审计部门，并保证有适度规模的内审人员履行职责；必须有审计章程，以保证内部审计的地位和权威；内部审计职能必须独立于被审计业务和常规的内部控制程序，以保证客观和公正，客观和公正地开展工作，远离偏见和不受干扰；每个内部审计师的执业能力和审计团队的服务水平对于银行内部审计职能的发挥至关重要；内部审计范围涵盖银行的各类活动和整个组织；内部审计还要对银行的风险管理系统进行定期评价，尤其是对内部资本、影响资本充足的风险进行定期评估和揭示。

（三）国际内部审计行业协会的指导意见。国际内部审计师协会（以下简称 IIA）2003年出版了《国际内部审计专业实务标准》（以下简称《标准》，于2004年1月生效）。《标准》对内部审计的最新解释是：“内部审计是一种独立、客观的确认和咨询活动，旨在增加价值和改善组织的运营。它通过应用系统的、规范的方法，评价并改善风险管理、控制和治理过程的效果，帮助组织实现其目标”。新的内部审计定义向业界传达了这样的信息：通过提高内部审计服务质量、推动有效的公司治理、满足相关利益方对内部审计的期望，维持内部审计职业的生存和发展空间。

二、当今美国银行业内部审计实践特征

（一）内部审计职能日趋宽泛，角色定位日趋多元。以芝加哥 Laselle 银行为例，该行是荷兰阿鹿银行

在美国设立的控股银行，依照美国的各项监管法规、荷兰总部的要求建立了内部审计委员会（董事会下设）指导下的内部审计部门，制定了内部审计章程，有明确的职责定位。Laselle银行的内部审计部门除开展传统意义上的运营审计、财务审计、特别调查、向公司管理层提供审计咨询服务、后续追踪审计等工作之外，还对新出现的风险管理技术的准确性、新产品的开发与推广前的风险进行揭示并提出建议；经常与管理层分享风险管理的有效经验；在全体员工和整个组织内部推行风险、控制方面的教育；执行连续的监管、互动实时的预防性和探测性的控制等方面的工作。

不同的职能赋予内部审计在组织中的角色更加多样化。内部审计在对风险管理、内部控制和公司治理过程的效果进行评价时，所起的作用更像是医生，对被评价者的薄弱之处开出有效处方，以改善其健康状况。在帮助管理层识别新产品、新系统中存在的各类风险，采取措施管理风险时，内部审计更像是顾问，与服务对象分享成功的风险控制经验。在承担对企业的员工进行公司政策、程序培训等职能时，内部审计看上去更像是教练员。在实施防欺诈调查、最大限度减低舞弊带来的损失时，内部审计则更像是警察。

（二）采用风险导向审计工作模式解决有限内部审计资源和审计工作范围宽泛的矛盾，并注重前移内部审计工作重心，提供预防式审计服务。内部审计资源的有限性和公司内外部相关利益方对内部审计工作的期望是一对矛盾。这使得美国商业银行内部审计更加重视采用风险导向审计工作模式，建立一套比较科学合理的由风险损失、风险程度、内部控制水平组成的三维风险矩阵分析方法。这套方法要求内部审计利用历史数据信息库对风险损失进行定量测算，运用定量和定性的指标计量被审计主体的固有风险，将其分为高中低三个等次，充分评价被审计主体采用的内部控制系统中能降低固有风险的控制因素，评价结果一般分为三等即满意、需改进、不满意。上述依据定量的风险评估模型、风险问卷或打分表的结果确定内部审计的重点和检查频率，在本质上依然属于内部审计对业务经营的事后控制。

为使内部审计最有效发挥其在风险管理、内部控制和治理程序中的增值作用，越来越多的内部审计主管开始凭借其专业质疑和职业审慎，将内部审计重点渐次从业务操作层面向管理控制层面、战略风险管理层面转移，将部分审计资源分配到影响全局、有碍组织发展的重大风险的前瞻性评价和揭示工作，以及对管理层应当采取的风险防范、控制活动进行建议上来。这种预防式的审计活动在性质上更偏向于咨询服务，可以通过避免损失而达到为组织增加价值的目的。

（三）内部审计通过在组织中推行“提供增加价值”审计服务理念，与管理层搭建起一种更为友善的工作关系，并努力达到内部审计的生存发展与管理效果提升的“双赢”境界。IIA最新的内部审计定义，明确了内部审计活动本身是确认和建议，其目标在于提供增值服务。从美国商业银行的例证中，我们体会到内部审计部门和人员已经远非组织内部的那样一帮经常指出管理层在哪方面做错了的评论员，而是向更为热心的风险管理和内部控制顾问的角色转变。

内部审计活动定位于“增加价值的服务”理念，极大地改善了内部审计与管理层之间的对立关系。审计人员在与管理层就经营中存在的各类风险和控制的瓶颈等问题主动进行沟通时，通过倾听管理层对风险降低、风险揭示的需求和管理层分享切实有效的风险控制经验、提出行之有效的解决问题的建议等多方努力，满足并超越管理层的预期，让受审计的对象感知到接受内部审计服务能为企业带来价值的增长，从而与内部审计部门建立起一种更为友善的协作关系。内部审计不断向管理层推广让受审计者愿意接受审计理念的过程，也是内部审计文化改变内部审计环境的过程，为内部审计提供了更为广阔的职业发展空间。

（四）内部审计和外部审计愈加注重审计计划的沟通、审计过程的合作、审计信息的共享，并保持较好的协作关系。巴塞尔委员会认为外部审计是完善的银行内部控制和公司治理架构中不可或缺的组成部分。这使越来越多的银行的董事会、高级管理层对内外部审计协同配合、全方位揭示风险寄予很高的期望，也开始要求内部审计执行的工作标准向外部审计靠拢。

《新法案》颁布之后，在财务信息披露的真实性方面，内部审计越来越需要和外部审计在对公司财务报表信息披露的可信度，以及编制流程的合规性审计方面保持密切合作，并被要求以外部审计的理念、方法来看待公司的经营成果，而且承担了比以往更多的对公众的信心保障职能。尤其在审计计划制定阶段，内外部审计之间要保持充分的沟通，就能做什么、做到什么程度、怎么去做等方面达成共识；在审计计划的实施过程中，保持相互合作，最大限度减少重复，更加注重审计结论的共享。这种借鉴与合作的关系，迫切要求内部审计保持先进的从业理念、思维方式和审计方法，精通国内外会计准则和监管所要求的信息披露标准。

（五）完备的内部审计人力资源管理计划和层次分明、分工合理的审计团队，确保了审计项目的高质量执行。在芝加哥Laselle银行，上至审计主管，下到普通的审计人员，都拥有良好的教育经历，90%以上获得注册内部审计师（CIA）、注册会计师（CPA）的职业资质。内部审计高级经理、项目经理、一般审计人员在审计流程中各负其责。一般审计人员收集审计所需的各类资料信息，并进行初步分析，在项目经理的指导下有序开展工作，各项目经理定期向高级审计经理汇报工作情况，高级审计经理根据所掌握的信息进行汇总、反馈或指导，从而形成一个环环相扣、整体协作的有效工作链条。

为维持整个审计团队的适任能力，内部审计人员定期接受有针对性的业务培训。通过对审计人员实施动态管理，促成审计人员和业务管理部门人员之间的双向流动，不仅为整个银行培育、输送懂得内部控制和风险管理的人才，改善内部审计环境，也将优秀的管理人才吸引到内部审计团队中，补充内部审计所需的业务专家型人才。

（六）大量应用现代化的计算机辅助审计工具与技术，以非现场分析、识别、计量风险为主，为现场审计提供指引。美国商业银行业务处理的集中化、网络化、电子化程度较高，给内部审计运用计算机采集和监测评价各项业务提供了信息平台。内部审计章程中明确规定内部审计拥有访问各类经营管理信息的权力，内部审计人员可以凭借良好的硬件配置、成熟的计算机审计辅助工具和审计信息管理系统，对审计项目所需数据进行全面的非现场采集、排查和分析，确定现场审计工作重点。此外，内部审计人员在远程工作时可以充分利用审计信息管理系统，及时得到总部的在线业务支持，现场的审计人员通过网络将每天采集的资料传往总部，印证非现场风险预警准确与否。通过大量应用计算机辅助审计工具，使审计工作效率得以不断提升。

三、赴美学习和考察的主要收获

此次赴美学习考察是在中国工商银行股份有限公司刚刚成立、迫切需要在现代公司治理架构下完善独立高效运作的内部审计体系这样一个特殊阶段进行的。通过对美国商业银行内部审计的最新实践的考察，既让我们看到了自身的差距，更让我们开阔了思路，使我们进一步认识到内部审计工作应该紧紧围绕工商银行总体发展目标，以增加银行价值、改善风险管理、内部控制和公司治理有效性为出发点和落脚点，要符合国际国内监管要求，以最新的内审准则为标尺，真正实现内部审计工作模式的根本转变，加强内部审计团队的业务素质，全面提升内部审计工作的水平、质量和效益，促进工商银行风险控制能力和管理水平的提高。主要加深了以下几方面的认识：

（一）完善适合国情、行情，独立、高效、持续提供增值服务的内部审计体系是工商银行良好公司治理的一个重要基石。我们从包括美国商业银行在内的众多国际先进商业银行内部审计发展实践、国际银行业监管最高机构发布的原则、国际内部审计行业协会的准则变迁中，清晰地认识到建立独立的、能够为组织提供增值服务的内部审计体系，对公司治理、公众利益会起到重要保障作用，也会给内部审计的职业发展带来巨大机遇。

良好有效的内部审计体系应该涵盖内部审计组织体系、制度体系、工作标准、职业的可持续发展等重要内容。具体讲就是内部审计部门应独立于经营管理层、直接向董事会负责；在董事会批准的内部审计章程框架内，有明确的职能定位、责任、权力、义务、工作范围、工作方式、与相关部门及分支机构的关系、报告路线和内部审计活动所需人、财资源管理等方面的规定，使内部审计工作独立地、不受干扰地进行；内部审计工作本身要遵从成熟的以风险为导向的工作模式，利用先进的工具和手段定期进行风险评估和计量，制定审计计划；建立并遵循一套完整、严格的内审制度、程序和审计技术；运用信息科技手段，加强对风险的非现场分析、监控工作，建立有效的报告和经验交流制度；将为组织提供增值服务作为衡量内部审计工作优劣的基本尺度。

目前工商银行内部审计与国际同业比较还存在较大差距，为适应建设国际一流商业银行的战略要求，我们要积极借鉴国际同业的先进理念和经验，利用三年左右的时间，逐步构建起以严格的审计确认和客观评价、合理的建议服务为职能，以风险管理、内部控制和公司治理过程的有效性为审计内容，依托强大的信息系统、高效的风险识别和完备的监测评估机制，遵循规范的审计程序，利用先进的审计技术，倡导风险导向的工作模式，借助公正、客观、保密、专业、胜任的审计团队的合力，持续向工商银行提供增值服务的内部审计体系。

（二）真正建立风险导向的内部审计工作模式是合理配置审计资源的关键所在。内部审计资源的有限性制约了审计范围的无限扩张，以风险为导向的审计工作模式是解决这一矛盾的关键。风险导向的审计工作模式需要有风险评估测试系统和内部控制评估测试系统作为技术支撑。国际大银行都已经建立和开发了内部审计风险评估测试系统，将被审计对象细分成地方区域、分支机构、业务部门、业务品种等不同类别，通过风险评估测试系统的判定，对被审计对象的风险进行定级，包括高风险区域、业务和产品等。同时结合内控评估测试系统，对被审计对象内部控制环境和有效性进行评估测试，将内部控制环境评为若干等级。对内部控制环境差、风险等级高的区域和业务加大审计频率和监控力度，合理分配审计资源，取得最优审计效果。

（三）推行增值审计的工作理念并谋求董事会、高级管理层的接受和认同是内部审计发展的必然趋势。国内外银行内部审计的发展实践表明，董事会期望内部审计在对组织内部风险管理、内部控制、公司治理的有效性评价工作上有独立、客观、准确的见解，能够定期听到来自内部审计对整个机构面临的各类风险及其管理状况的完整描述和可以帮助组织减少损失的有价值的建议。“建议”是内部审计能向组织提供的“产品”，只有得到他们的认同和采纳，才能实现审计活动本身的增值。董事会关心什么、管理层专注于什么、内部审计就应该去做什么。如目前工商银行正在加紧完善信用风险、市场风险、流动性风险、操作风险的全面风险管理体系，内部审计有必要独立行使风险管理评价的职责，以其独有的职业判断、专业质疑向董事会和高级管理层揭示风险管理体系的充分和有效，确保组织平稳安全地运营。

（四）深化转型期内部审计工作重点的研究和论证工作是内部审计职业健康和可持续发展的内在要求。工商银行转型期的工作重心主要集中在完善公司治理机制上，内部审计应渐次将工作重点转移到影响工商银行未来发展的内外部风险预警和揭示、提出建议等战略审计工作上来，研究和论证如何发挥内部审计在风险系统构建充分性和有效性的评价与建议职能，在新财务会计制度、信息披露制度的设计时提供顾问服务。

现阶段内部审计应着眼风险，集中整合现有审计资源，着力做好包括风险管理体系、内控状况有效性评价在内的审计评价项目；加强对财务报告信息披露真实性、完整性和准确性的检查评价；持续关注信贷业务风险控制、信贷政策的有效实施；关注有碍工商银行信息系统生产运行和信息安全的风险等审计项目。对那些增长快的业务和产品投入更多的关注，更加重视定期对高管人员进行任期经济责任审计，最大限度避免风险损失。

（五）注重人才战略的实施，解决内部审计人员的结构性矛盾，是内部审计质量的根本保证。国际化大银行的内部审计人员比例通常要占员工总数的0.5%～1%左右，而且对内部审计人员的教育经历、职业背景、专业资质的要求相当高，这些看似苛刻的职业准入条件从根本上保证了审计质量和为组织提供增值服务目标的实现。目前工商银行内部审计人员总量只有300余人，人员的知识结构、专业能力尚不能适应体制的转轨、经营的转型和业务创新发展的要求。实施人才战略，在未来三年内打造一支由具有国际内部审计理念的高层次管理人才、高水平内部审计专业人才和掌握国际领先审计技术的操作型人才组成的内部审计团队，将直接决定内部审计工作是否具有更高的价值含量。工商银行应整体规划内部审计人力资源的开发、管理、激励约束机制，通过多层次、全方位的教育培训，前瞻性地学习研究国际审计实务，整体提升人力资源价值。

关于赴美考察反洗钱情况的报告

总行赴美考察团

为借鉴国际商业银行反洗钱经验，进一步做好工商银行反洗钱工作，2005年10月20～30日，工商银行总行法律事务部、会计结算部和个人金融业务部共同组团赴美国进行了一次反洗钱工作考察。考察团先后拜访了美国银行（Bank of America）、Branch Banking&Trust Co.和中国银行纽约分行等商业银行，就其反洗钱工作的一般做法和主要经验进行了沟通和交流。同时，还与JWIC全球顾问咨询公司、安理国际律师事务所（ALLEN&OVERY）等机构进行了座谈，重点了解了美国反洗钱主要法律规范及美国花旗银行、美联银行和摩根大通银行在反洗钱方面的制度安排和相关经验。

一、美国反洗钱法律规范概况

美国反洗钱的立法以“9·11”事件为界，分为两个阶段：

第一阶段，“9·11”事件之前，主要表现为打击传统洗钱犯罪。美国国会先后颁布了《1970年银行保密法》、《1986年控制洗钱法令》、《1988年洗钱诉讼改进法》、《1990年银行欺诈公诉和纳税人补偿法案》、《1992年阿农齐奥—怀利反洗钱法令》、《1994年禁止洗钱法令》和《1998年洗钱和金融犯罪战略法案》等七部反洗钱法案，建立了现金交易报告制度，对洗钱罪进行了定义，在国际反洗钱领域发挥了重要的示范作用。

第二阶段，“9·11”事件以后，重点转向打击恐怖融资。2001年10月美国国会通过的《爱国者法案》中的第三部分《2001年国际洗钱消除及反恐怖主义分子金融法案》，就是专门针对反洗钱和反恐怖融资的立法。该法案对切断恐怖主义者的资金供给，金融机构负有的额外的客户识别、业务禁止、情报收集和报告等义务进行了明确规定。该法案值得各国金融机构重视的有以下几方面：

一是严厉打击利用代理行账户进行洗钱的行为。该法案规定，如果一家外国银行是离岸银行或被美国参加的反洗钱组织宣布为不合作国家的银行或美国财政部认为应对其进行特别关注的银行，则需对其代理行账户及其外国代理行的代理行账户持有人身份予以明确，并要履行更高要求的审慎程序，报告特别规定的可疑交易，对私人银行账户也有类似的规定；禁止为外国空壳银行开立代理行账户，并保证已开立的代理行账户不被外国空壳银行所利用。

二是引入了“初涉洗钱活动（primary money laundering concern)”的概念，即任何一个法域、任何一家境外金融机构、任何在境外开立的银行账户、任何类型的金融交易，如果被怀疑与美国当局所特别关注的违法犯罪活动或者非法金融活动有关，都可能遭受相应的反洗钱调查和其他相关措施。国会还可以授权财政部对其认为有必要的金融机构采取特定的审慎监管和相关措施，如可以查看任何在美国有代理行账户的外国银行有关此账户的记录。

三是将反洗钱的司法管辖扩展到国外，实施了“对国外洗钱的长臂司法管辖政策”，针对那些在外国犯罪后将犯罪所得资金转移到美国并且本人也逃到美国的罪犯，美国司法机关有可能以洗钱的罪名对其提起刑事诉讼并且没收其犯罪资金。同时，针对那些在美国境外卷入洗钱活动的外国金融机构，其在美国设有银行账户，则有可能在美国受到追究并且以其在美国境内的资产承担相应的法律责任。

四是将严格的反洗钱程序扩展到证券公司在内的各种金融机构。

二、美国商业银行反洗钱的一般做法和主要经验

在政府机构与金融机构分别担当反洗钱角色方面，美国重点强调金融机构的角色。商业银行是金融机构的主要组成部分，自然也成为反洗钱的最前沿和主战场。基于此，美国将反洗钱的核心工作放在商业银行，各项反洗钱法律规定都强调对商业银行的控制以及商业银行所必须履行的反洗钱义务。概括起来，主要有如下几方面：

（一）了解你的客户。1992 年，美国国会授权财政部发布行政法规，要求金融机构制定反洗钱的工作程序，包括“了解你的客户”这一程序。此后，1994 年制定的禁止洗钱法令、1996 年建立的汇款报告制和 2003 年 10 月 1 日生效的新的客户识别规定都对“了解你的客户”制度提出了更为具体的要求。根据该程序，商业银行主要应了解客户的整体框架、客户所从事的业务、客户经营思想及其拥有的资金、客户的客户及其供应商、客户的经营场地、客户汇出汇入资金的大致线路、客户财富的来源，客户合法形态等情况。并要求商业银行对客户提供的材料进行审核、保存，查阅已知或可疑恐怖分子或恐怖组织的名单。

（二）保存交易记录。金融机构必须完整地保留对客户或交易对象的身份记录和交易内容记录。《银行保密法》将记录保存制度分为四类：一是识别金融票据出售的记录，金融机构在开具或者出售 3000 美元以上的金融票据时，都必须识别和记录购买银行支票、汇票、现金支票、旅行支票的交易人的身份，并保存交易的有关信息和资料；二是交易建议、指令与申请的记录。即要求金融机构对涉及国内和国际资金转移的某些记录予以保存，包括对资金转移的申请人和受益人的名称、住址和账号等；三是信贷延长的记录。所有金融机构必须保存数额在 1 万美元以上的信贷延长的记录（不包括以不动产作抵押的信贷延长）；四是其他特别记录。根据有关法律规定，对于银行、证券经纪人和经销人、赌博公司和货币交易人与兑换人，还要求他们保存额外的记录，包括签名卡、开户声明、重建账户时存入的数额在 1000 美元以上的款项。金融机构保存交易记录的时间为 5 年，以备执法机构查处犯罪案件时查阅或调取，作为案件线索或者证据。

（三）报告大额和可疑交易。美国相关法规至少将交易报告分为三类：

1. 金融机构大额交易报告。其中包括：（1）货币交易报告。即要求对每一笔数额超过 1 万美元的存款、取款、货币兑换或者其他货币支付或转让的货币交易，向税务总署报告；（2）货币或者金融票据转移报告。即要求将通过陆地运输、邮寄、船运等方式转移任何形式的货币、旅行支票、以及可转让的金融票据，数额在 1 万美元以上的，向海关总署报告；（3）外国银行账户报告。任何受美国法律管辖的人，包括金融机构，在一个或者多个外国银行、证券公司或者其他金融账户拥有利益、签字权或者其他权利，并且在账户内的资金额在一个自然年度中的任何时候超过 1 万美元的，应当向财政部报告。

2. 金融机构可疑交易报告。金融机构遇有下列情形时，应当向有关司法机关或监管部门报告他们明知的或者怀疑是犯罪的交易活动：（1）怀疑某个职员或其下属的某个机构实施了犯罪或参与实施了犯罪的；（2）所造成的实际损失或可能造成的损失为 1000 美元以上，或者在不明损失原因情况下，造成的损失数额在 5000 美元以上的；（3）怀疑自己已被犯罪分子利用作为犯罪工具的。在这种情况下，不论所涉及的数额大小，均须报告。报告必须在发现损失或者明知、怀疑犯罪行为后的 30 日内向有关司法机关、监管部门提出，包括当地的检察机关和联邦调查局。

3. 其他人的交易报告。根据《国内税收法》的有关规定，除金融机构之外的其他商业机构或者个人，应当报告自己收到 1 万美元以上货币和特定的金融票据的交易行为。上述的其他商业机构或个人包括航空公司、旅馆、饭店、抵押经纪人以及飞机、古董、珠宝、贵金属、家庭用具、娱乐器具的批发商或零售商等。上述机构或者人员应当在客户交易时让客户填写税务总署特制的表格，向税务总署报告。

（四）建立完善的内控制度。金融机构必须建立和保持适当的内部控制制度和程序，以保证履行《银行保密法》及其配套法规的有关规定。内部控制制度和程序必须是以书面形式制定的，并且通过了董事会的批准和载入董事会的会议记录。其最低目标必须达到：为

不间断地履行反洗钱的义务提供程序上的保证；为银行职员或者任何银行之外的从业人员、机构提供监督履行上述义务的规范标准；指定专门人员负责履行日常的反洗钱工作。

（五）进行良好的反洗钱培训。美国在1992年就颁布专门法规，要求银行对雇员进行必要的反洗钱培训。规定银行下列人员应能识别洗钱现象：高级管理层、与客户联络人员、信贷部门、对私业务部门、从事汇出汇入款项的人员、现金出纳人员，以及任何能够接触客户或其账户的雇员。

（六）严格履行保密义务。根据法律规定，金融机构及其董事、高级职员、一般雇员或者任何其他代理人，在提出可疑交易报告后或者配合执法过程中，不得向任何与自己实施交易的人透露已向有关机关提出了可疑交易报告的情况，即不得泄露报告信息。否则，将受到法律追究。

（七）积极进行反洗钱合作。金融机构应尽可能与执法部门合作，不得利用改动、不完整的或有欺骗性的资料蒙骗执法部门。为了鼓励金融机构积极向司法机关或监管部门提供可疑报告，美国有关法律规定，金融机构或其从业人员出于善意向司法机关或监管部门报告可疑交易的，可以免予任何人依据美国国内法而提出的民事追究。

三、美国商业银行反洗钱工作实例

（一）花旗银行（Citibank）反洗钱措施和风险评估模型。商业银行在反洗钱方面主要面临以下风险：声誉风险、法律风险和监管风险。其中，声誉风险指关于银行反洗钱工作的不利宣传（不论属实与否）会导致公众对该机构的诚信失去信心；法律风险指因涉及洗钱行为而被吊销营业执照等；监管风险则指因涉及洗钱行为可能招致监管部门对其采取强制措施或罚款等。花旗银行为有效防范和控制洗钱风险采取了一系列行之有效的措施。

1. 建立客户接纳政策，对客户和产品进行合理分类，根据风险层级选择客户。花旗银行根据业务和客户地域、自身提供的产品和服务的性质、产品和服务被客户使用的预期方式及客户账户的性质等来选择是否接纳客户。

2. 建立相应的模式确保反洗钱和反恐怖融资在花旗银行内部被适当地重视。如取得银行高层的普遍支持，建设诚信和合规的企业文化，根据授权确定过失责任，确定每个雇员的反洗钱义务，以及对包括银行高层在内的所有员工进行持续培训。

3. 建立专门的反洗钱网站，进行反洗钱宣传教育和培训。该网站的栏目包括政策法规信息、内部规章制度、客户识别程序、反洗钱的组织机构、可疑交易行为示例、洗钱警告在线、反洗钱录像、反洗钱新闻、反洗钱国家风险评估、《爱国者法案》相关内容等，该网站有专人负责信息收集等工作。

4. 建立反洗钱合规机制。花旗银行反洗钱的目标是建立高效、全面的与业务相适应、对外部环境反应灵敏的反洗钱合规机制。其主要包括以下几个方面：一是严格履行尽职调查程序。在账户开立或建立业务关系时识别客户身份，收集、验证核实与风险评估相适应的信息；二是识别和向监管部门报告可疑交易。包括：提供及时、准确、全面的可疑交易报告并保存交易记录；根据对高风险客户的识别确立银行内部的风险关注点；三是通过对员工的持续培训来增强整个机构的反洗钱意识；四是加强内控制度建设。通过规范业务流程、完善反洗钱制度和进行独立的审计等建立内部反洗钱工作机制和程序；五是设立反洗钱合规官。反洗钱合规官负责对日常的反洗钱工作进行协调和指导。

花旗银行反洗钱和反恐怖融资工作的顺利进行有赖于建立了一项风险评估的模型（以下简称模型），包括国家风险评估、企业和实体风险评估、产品风险评估三个部分。

一是国家风险评估模型。国家风险评估，又称地域和国别风险评估。花旗银行将该类风险又划分为一级因素和分值因素。一级因素是指那些含有明显会导致高风险系数的因素；分值因素是指那些可以增加或减少风险系数的边缘因素，对确定整个国家风险不具有决定作用。一级因素主要包括：列入反洗钱金融行动特别工作组（FATF）或美国列出的不合作国家名单的国家；美国《爱国者法案》第311条所列的高恐怖融资风险国家；列入INCSR（国际毒品控制政策报告）、CIA列出的毒品来源或交易国家；被OECD列出的存在税收问题的国家；INCSR所指出的离岸银行所在国家。分值因素主要包括：INCSR列出的主要洗钱风险国家；INCSR列出的其他洗钱风险国家；INCSR、CIA列出的化学产品出产国；国际透明度，如腐败程度；INCSR所要求的是否有洗钱犯罪、毒品犯罪的规定；经济自由度；是否是FATF的成员国等。

二是企业和实体风险模型。花旗银行以NAICS（北美企业分类系统）作为识别2500个企业和实体的依据，采取较高标准进行风险评估。根据美国标准和国际惯例将企业或实体划分为高风险或低风险，划分的依据主要有：美国监管部门手册、银行保密检验手册、FATF洗钱类型、EGMONT集团规则、WOLFSBERG集团制定的原则。根据上述依据，大约130个企业和实体被定义为高风险类别，如：零售商店、批发商店、电力企业、经营高值商品商店、运输企业、服务企业、金融机构、娱乐企业等。

三是产品风险评估模型。花旗银行根据下列因素，将大约130类产品划分为高风险、中等风险和低风险产品：被监管者认定或评估为高风险产品、匿名受益人或有第三方当事人；现金或涉及现金的金融工具；发生于高风险地区的交易；资金，如客户资金；可以支持资金高速流动的产品；可以支持大额交易的产品，如ATM提取、现金支票、外币、外汇、进口信用证、POS交易等。

（二）美联银行（Wachovia Bank）反洗钱风险管理体系和程序。美联银行将反洗钱与反恐怖融资的职责放在合规部门。合规部门隶属于风险管理部门，是一个相对独立的部门，主要职责是确保银行对内部规章制度的遵守，具体包括识别和评估监管风险、制定内部合规政策及制度、对监管部门和客户的咨询提供意见、对员工的合规工作进行培训等。

美联银行合规风险管理包括外部管理和内部管理。外部管理包括监管部门和内部审计等的管理，其中内部审计被认为是独立于公司内部管理的部门。内部管理包括以下五层：第一层：业务部门合规人员（最基层）；第二层：主要合规官员；第三层：业务部门负责人、主要风险官员、运作风险委员会；第四层：CEO；最高层：审计和合规委员会、信贷和金融委员会、董事会。内部管理流程：业务部门合规人员向业务部门负责人、主要合规官员负责；主要合规官员与合规管理委员会沟通，并向主要风险官员、审计和风险委员会负责；主要风险官员与运作风险委员会沟通，并向CEO、信贷和金融委员会负责；CEO向董事会负责。在反洗钱方面还建立专门的工作程序。

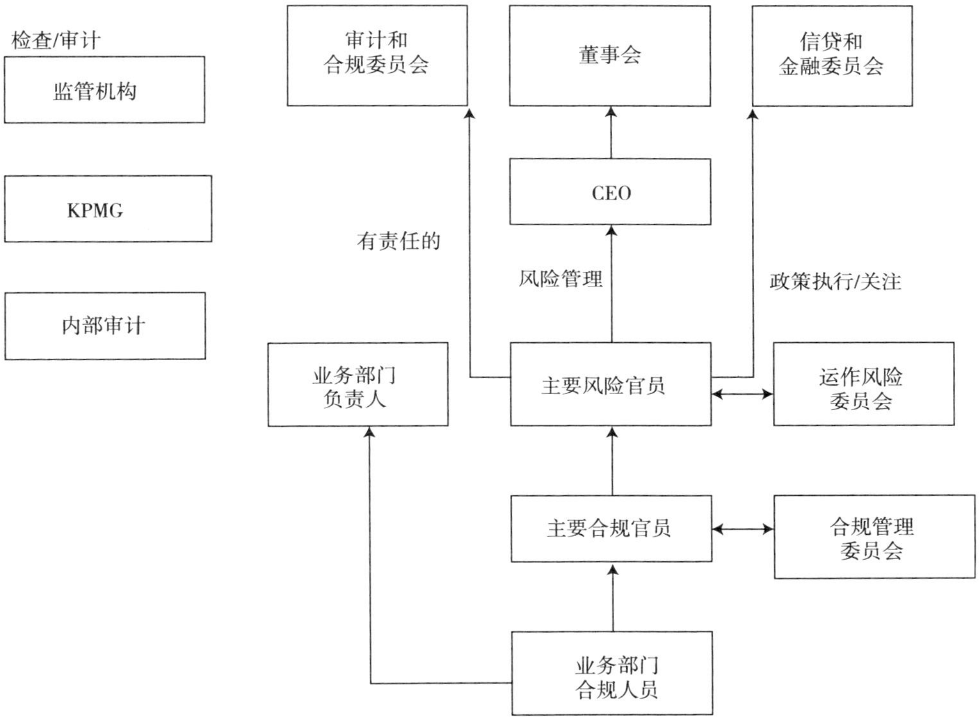

美联银行合规风险治理体系

1. 建立良好的公司治理机制。包括以下一些内容：制定有关公司价值观的文件、执行和确保遵循公司价值观的规则和体系；清晰地划分职责和决策权；董事会和高级管理人员、审计人员之间有良好的沟通程序；对高风险业务的特殊监控；具有高效的内控制度、内部或外部审计、风险管理等功能。

2. 明确各部门职责。银行高层全面支持反洗钱工作；业务运作部门切实执行各项反洗钱制度和政策；合规部门负责跟踪了解反洗钱政策发展情况、监控、协调和指导工商银行反洗钱工作。

3. 制定反洗钱政策和程序。合规部门制定的反洗钱政策和程序应主要包括以下几个方面：明确反洗钱监管部门的监管要求；界定银行内部各职能部门的职责；确定反洗钱客户接纳政策；界定最低和加强级的尽职调查措施；建立经常性的信息更新制度；进行新产品的合规性调查。

4. 严格执行“了解你的客户”制度。根据不同客户采取不同程度的尽职调查，对低风险业务进行一般尽职调查，对高风险业务进行加强级的尽职调查；获取客户信息的渠道主要是书面报告，也可以根据情况采取特别的方式，如实地调查。根据美国监管法规，高风险客户包括：金融机构、非银行金融机构（如货币托收、兑换、博彩业）、离岸公司和空壳公司、资金密集型企业（如旅行社、餐馆、珠宝加工、房地产中介等）、网上公司（特别是网上博彩、网上金融服务）、进出口公司、证券经纪公司等。高风险地区包括：新兴市场、银行保密天堂、被 FATF 或类似组织定义为高风险地区的国家、反洗钱工作薄弱的国家或地区。高风险产品包括：私人银行、电子银行业务、电汇或现金管理、支付账户、旅行支票、外汇交易等。

5. 交易监控。监控方式可以是手工或自动化的，但手工监控是不足的，自动化应当在利用现有系统的基础上进行。根据“了解你的客户”制度数据建立档案，包括预期和历史记录，同时监控账户和交易行为，考虑客户行为在整个银行业务中是否正常。交易监控的程序是“分析—调查—报告—采取行动”，即内部客户调查，记录调查结果，如有必要，向管理层报告或关闭账户或采取其他措施。

6. 雇员培训和沟通。对所有员工进行强制性培训，

向员工提供真实案例，以利于加深理解。对上一次反洗钱测试中不合格员工进行沟通、培训，并跟踪调查。每年进行一次员工反洗钱方面知识的测试。定期印发洗钱风险提示。

（三）摩根大通银行反洗钱合规官职责和反洗钱合规工作的五项基石。摩根大通银行在亚太地区有 65 名反洗钱合规官，负责 12 个国家和地区的反洗钱合规工作，同时还设有 35 名区域合规专家，合规专家来自于银行内部各相关业务部门。这些合规官和合规专家共同隶属于亚太区合规官，亚太区合规官则接受全球总顾问的领导。

摩根大通银行反洗钱合规官的主要职责有以下几项：一是制定必要的反洗钱政策，保证银行将这方面的政策传达到所有的有关职员；就银行反洗钱工作是否符合美国法律、全球政策和当地法律提供咨询，保证银行以恰当的方式与美国法律、全球政策和当地法律法规和政策保持一致。二是进行持续有效地培训，建立反洗钱合规文化。三是检查和监督，注重检查和监督方式的多样性和随机抽样检查以及现场检查的效果。四是与监管机构保持密切联系，积极与监管部门进行全面合作。一旦银行得知的事实足以合理地推断出交易涉嫌洗钱或恐怖融资，则应当采取符合法律的适当措施，包括报告监管部门、拒绝客户等。

摩根大通银行将内部治理机构、反洗钱政策和程序、客户尽职调查和可疑交易报告、监督和检查以及培训作为反洗钱合规工作的五项基石。第一，建立独立的人员充足的反洗钱部门。值得一提的是，在摩根大通银行内部治理结构中，总裁直接领导全球反洗钱风险监测委员会，该委员会还下设培训工作委员会、客户尽职调查工作委员会和沃尔斯堡集团工作委员会等三个专门委员会。三个委员会又根据工作需要设置相应的执行机构和职能部门。第二，在银行内部制定各种政策和程序，要求特定的工作人员担负相应责任来保障各项制度得到遵守。摩根大通银行的反洗钱政策强调银行反洗钱工作要有良好的外部法律环境和内部控制制度，并获得银行高层，包括董事会的支持；“了解你的客户”、交易的记录和保存、风险评估、培训和检查等则是银行完善反洗钱工作流程的关键要素。第三，根据对客户、国家和产品三者风险的评估来建立确认客户和受益人的程序，所有的客户只有通过这个程序才能被银行接受，另外对客户涉及使用数字和非实名开立的账户、高风险国家、离岸权限范围、高风险活动、政府官员等情况，应进行加强级尽职调查和额外审查。对不寻常或可疑行为进行确认和跟踪，并建立有关洗钱的定期报告制度。第四，建立动态、长期的检查和监督机制。第五，建立反洗钱的教育、培训和信息报告制度，对新员工进行反洗钱工作指导，要求相关人员了解自己在反洗钱方面的义务和本机构所制定的反洗钱政策和程序。

四、几点启示

美国商业银行反洗钱工作的有关经验给我们留下了深刻印象。当前，防范洗钱与恐怖融资风险越来越受到国际社会和各国金融机构的重视与关注。在工商银行完成股份制改革、积极推进跨国经营战略以及将在海外上市的背景下，对美国等西方国家商业银行反洗钱经验的了解和借鉴显得十分必要。通过这次专题考察，我们主要有以下几个方面的启示：

（一）强化反洗钱内部控制，有效防范和控制洗钱风险。美国商业银行反洗钱的实践表明，健全、有效的内部控制是反洗钱的重要手段。反洗钱内部控制是商业银行为预防和制止洗钱活动，顺利实现经营目标，而通过制定和实施一系列制度、程序和方法，对利用商业银行系统进行洗钱的行为进行事前防范、事中控制、事后监督、评估和纠正的动态过程和机制。2003 年，工商银行按照人民银行要求，结合工商银行实际，制定下发了人民币对公业务、人民币个人业务、外汇业务反洗钱操作规程，大额和可疑支付交易报告办法及境外营业性机构反洗钱规定等 7 个反洗钱内控制度办法。从实际操作情况来看，工商银行各项反洗钱内控制度操作性和针对性较强，实际执行效果比较好。但随着反洗钱工作的深入开展，也出现了一些需要研究解决的问题。目前，比较迫切的是要建立健全反洗钱信息交流与反馈程序。工商银行应研究建立存款人数据信息系统和各种业务或综合业务系统，记录和保存客户金融信息，真实、准确地进行信息交流和反馈，确保董事会、监事会、高级管理层及时了解本行的业务经营涉及的洗钱风险状况；确保每一项反洗钱信息能够传递给相关的反洗钱员工，及时防范洗钱风险。

（二）建立客户接纳政策和程序，对客户进行风

险评级管理。金融机构在与客户建立业务关系或进行交易时，应当根据有效的证明文件或其他可靠的身份识别资料，确定和记录客户身份，防止洗钱者利用匿名账户、假名账户或者不正确名称的账户进行洗钱活动。了解客户的身份是第一道“防火墙”，是事前的防御体系。它可以保证银行是在与确实存在的主体（包括自然人、法人实体）进行交易。这大大降低了银行机构成为金融犯罪和洗钱犯罪的受害者或工具的可能性，有利于预防洗钱活动和保持整个金融系统的健康。

客户接纳政策是“了解你的客户”制度的重要组成部分。从美国花旗银行的经验来看，银行等金融机构应建立明确的接纳客户政策和程序，对客户的背景、出生地、职业、关联账户、商业行为或其他风险指数给予合理关注。对那些可能会给银行造成较高风险的客户类型进行加强级的尽职调查；对那些拥有高数额但是资金来源不明确的客户、黑名单客户、列入联合国或美国制裁名单的客户，则应拒绝与之建立业务关系。

美国商业银行运用多种有效途径了解客户，对客户进行尽职调查的成功经验提示我们，应通过建立客户关系管理系统来了解和识别客户，对客户进行风险评级管理。客户关系管理（CRM）是指银行通过富有意义的沟通、理解并影响客户行为，最终实现获得客户、保留客户、增加客户忠诚度、增加客户对银行价值的目的。建立客户关系管理系统，不仅有利于增加银行利润，更重要的是银行在不额外增加人力和财力的情况下，能够达到反洗钱所要求的了解客户目的。工商银行有必要建立客户关系管理系统，改变目前银行员工分散式了解客户现状，利用强大的数据系统对账户和交易进行持续审查，有效控制和减少洗钱风险。

（三）加大技术支持力度，研究建立反洗钱风险评估模型。建立一个风险评估量化模型可以便捷地测量出某一国家（地区）、某一企业或某一产品在洗钱领域的风险程度，为制定反洗钱政策提供有力的支持。目前，国内商业银行反洗钱工作主要限于履行相应的交易信息报告义务，但是，从国际经验和长远发展来看，反洗钱将成为商业银行进行产品设计、业务经营和市场决策时应当考虑的重要问题。因此，研究建立一个类似于花旗银行风险评估模型的反洗钱风险评估系统具有现实意义。

（四）加强反洗钱培训，培育反洗钱员工队伍。应当建立持续性反洗钱培训机制，采取多种方式对新员工、在职人员和各级部门经理以及相关管理人员进行培训。对新入行员工要增加反洗钱知识考察；对新上岗员工要进行反洗钱认证考试，建立网络考试题库，实行网上考试、网上评分，成绩合格者授予反洗钱岗位人员资格；对其他员工也要进行广泛而持续的培训，通过培训使之提升对反洗钱工作重要性的认识，明白自身在反洗钱工作中的重要职责，切实提高反洗钱技能，更加有效地开展反洗钱工作。

（五）加强对境外机构反洗钱工作指导。“9·11”事件后，美国《爱国者法案》的颁布引起了全球金融机构的广泛关注。工商银行境外机构处在国际反洗钱工作的前沿阵地，面临严格的反洗钱法制监管环境。要注意加强对境外机构反洗钱工作指导。各境外机构也应切实加强反洗钱工作，自觉遵守所在国法律法规和监管当局反洗钱要求，加强与监管部门的沟通，积极配合当地监管部门防范和查处洗钱等犯罪行为。同时，各境外机构要认真落实总行反洗钱工作规章制度，加强相互之间的沟通与协作，有效防范和消除可能涉及的洗钱风险。

关于欧洲商业银行中小企业信贷业务经营管理情况的考察报告

总行信贷管理部

2005年9月，总行信贷管理部组团就欧洲商业银行中小企业信贷业务进行了考察。考察发现，欧洲商业银行中小企业信贷业务的组织架构设置、业务流程、风险防范、信贷决策支持系统、产品设计、业绩考核等方面的许多做法，值得我们学习和借鉴。

一、专门的中小企业信贷业务组织机构

考察团所拜访的银行大都建立了中小企业的经营管理部门，并实行严格的前后台分离。如德国中央合作银行（DZB）总行在公司和投资银行部下设了VR－Mittelstand处，并在德国15个城市的分支机构也设立了该机构。该机构专职负责中小企业客户关系管理，属前台部门，目前拥有雇员110人，主要为DZB所管辖的1100家地方合作银行拓展中小企业信贷市场提供支持，包括产品介绍、培训等。该机构一般不直接面对客户，如果地方合作银行特别要求，也可和当地合作银行共同

拜访客户，提供业务支持。

根据德国银行监管当局的要求，风险管理部门和市场关系部门必须相互独立，以实现“四只眼”原则（“Four eyes” rule）。DZB总行在风险和过程管理部（Risk and Process Management）下设风险管理、公司客户分析、风险处置处，负责公司企业（包括中小企业）的风险和过程管理，具体职能分工为：

● 风险管理处。主要职责为制定信贷操作流程和信贷政策，明确哪些贷款能够放，哪些不能放，以及贷款是否需要抵（质）押品；抵押品估值；开发评估信贷风险的数学模型；全行信贷风险报告的撰写等。

● 公司客户分析处。主要职责为对客户和贷款结构进行分析。在行业风险分析方面，重点关注15～20个行业，非关注行业内的贷款作为特例，进行个案研究。

● 风险处置处。主要职责为对风险贷款进行清收，包括采用重组、处置抵押品、诉讼等方式。

二、规范的业务流程

（一）贷款审查审批。欧洲商业银行中小企业贷款的审查审批程序，主要有以下特点：

● 在审批权限上，一般采用超权限上报的逐级审批方式。如西班牙大众银行，其地区分行的权限一般在300万欧元以内，支行的权限一般在100万欧元以内，地区分行和支行审批权限的大小主要取决于其信贷管理水平。按笔数统计，大约80%的贷款在分行决策，20%报总行审批。

● 对大额或疑难信贷业务，一般提交信贷审查委员会研究。如西班牙大众银行对超过1500万欧元以上的贷款，或同业占比超过50%且750万欧元以上的贷款都要经过信贷审查委员会。审贷委一般由8人组成，包括市场和风险管理部经理。审贷委每周开会一次，必要时可随时开会。再如上奥地利州银行规定，200万欧元以上的贷款，由董事会审批；50万～200万欧元的贷款，由信贷审查委员会审批。

● 在信贷操作流程上，各环节职责清晰。如上奥地利州银行（RLB）的信贷操作流程为：前台（客户经理）负责收集客户信息，并对信息的真实性、完整性负责；然后将客户信息提供给中台（融资部），融资部使用这些信息，通过RLB的风险评级模型进行评估，并形成评估报告，交客户经理。涉及到抵押物评估的，客户经理要将有关资料提交不动产公司（外部公司）进行评估，并形成报告；客户经理根据该笔贷款的审批权限，将有关资料报有关部门审批。

● 在信贷签批方面，欧洲商业银行对集体审议的贷款，一般以审议结果作为签批结果，不再上报最高签批人签批，即集体审议部门履行审批职能，而不是审查职能。如上奥地利州银行需董事会审批的贷款，董事会成员表决的结果就是审批结果，无需再报董事长签批；需由信贷审查委员会审批的贷款，审贷委的表决结果就是审批结果，也无需再报其他签批人签批。

（二）贷后检查。在欧洲商业银行，中小企业贷款发放后，一般交给专门的业务管理部门进行管理，如德国工业银行由信贷事务管理部门（Transaction Manage-

贷款风险全景图

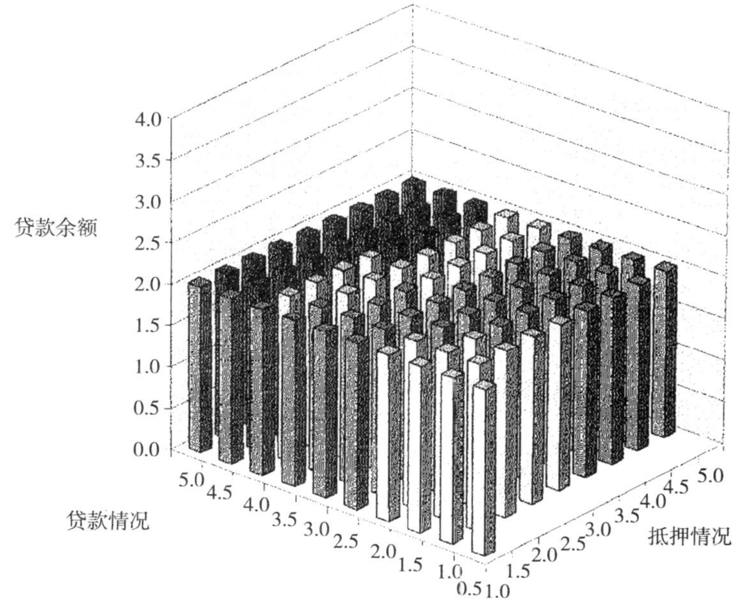

ment）来负责贷后检查。每个信贷人员大约管理 20 ~ 40 户中小企业。贷后检查的间隔周期根据检查内容确定，检查内容主要包括：

- 在贷款期内对中小企业的正常支付进行持续监控，属日常性工作，主要通过监控企业的结算情况来实现。
- 对中小企业的财务状况进行定期分析，每年至少一次，主要分析企业的财务报表。
- 风险评级，包括对中小企业的定性分析（如经营管理、所属行业情况、产品市场等）和对其财务报表的定量分析，测算客户的违约概率。每年至少一次。
- 抵押物检查。不同抵押物的检查周期不同，房产抵押一般 3 ~ 5 年检查一次。

通过贷后检查，客户经理要将有风险的贷款，根据风险程度的不同归入不同类别的名单：

- 黄色名单。表明贷款有潜在风险，这些风险可能来源于中小企业的战略风险。对有经营风险的中小企业，如果第二还款来源比较充足，也列入该名单。
- 关注名单。表明中小企业的风险在增大，这些风险可能来源于中小企业的经营风险或流动性风险。
- 贷款损失名单。表明中小企业的贷款面临部分或全部损失的风险。

对贷款进行分类后，客户经理需要提出相应降低风险的措施，对将进一步恶化的中小企业贷款，提交专业部门进行清收处理。

（三）贷款监测分析。对贷款定期进行监测分析是欧洲商业银行风险管理的重要组成部分，在多年实践中，欧洲商业银行创新了多种分析工具，其中上奥地利州银行（RLB）的全景图分析比较有代表性。该工具已经在 RLB 成功使用了 15 年。其基本原理为：按贷款风险和抵押风险将全行的贷款进行分类，通过不同分类结果确定全行的信用风险状况。操作方法为：

- 综合考虑客户评级、贷款产品、期限、还款方式等因素，确定一笔贷款的风险程度，用数字表示，分为 10 级，数字越大表示风险越高。
- 综合考虑抵押物（统称，表示第二还款来源）情况，确定其风险程度，用数字表示，分为 9 级，数字越大表示风险越高。
- 以贷款风险为横轴，抵押风险为纵轴，形成 90 个风险分类点。以贷款余额为竖轴，表示不同风险点 RLB 银行的贷款总量。从而形成 RLB 银行的贷款风险全景图。
- 根据风险情况将全景图分为三个区域：绿灯区，表示风险较低；黄灯区，表示风险暴露不稳定，潜在一定风险；红灯区，表示存在风险，违约率较高。
- 通过对不同时点的全景图进行对比，可反映 RLB 贷款风险的变化情况。

贷款和抵押风险分类表

贷款情况		抵押情况	
0.5	没有风险	1.0	风险低于 5%
1.0	优秀	1.5	风险 5% ~15%
1.5	非常好	2.0	风险 15% ~30%
2.0	好	2.5	风险 30% ~45%
2.5	一般	3.0	风险 45% ~55%
3.0	可以接受	3.5	风险 55% ~70%
3.5	弱	4.0	风险 70% ~85%
4.0	非常弱	4.5	风险 85% ~95%
4.5	有损失风险	5.0	风险 95% ~100%
5.0	损失		

（四）风险贷款处置。欧洲商业银行所称的风险贷款，不仅包括到期无法偿还本息的贷款，而且包括没有到期，但具有潜在风险的贷款。在贷款出现风险后，欧洲商业银行一般由贷后管理人员直接拜访客户，落实还款计划，并根据风险的大小采取不同的措施：对暂时生产经营困难，能够较好地落实还款计划的企业，一般通过延长贷款期限、调整利率等方式来处理；对可能进一步恶化的贷款，则转给专业部门通过诉讼、处理第二还款来源等方式进行清收。

三、严格的风险防范

（一）客户筛选管理。欧洲商业银行非常重视客户准入，认为这是信贷风险防范的重要关口，一般都有一套严格的准入门槛，其中德国工业银行（IKB）的客户选择系统最有代表性。通过该系统，IKB 可选择出本行的目标客户。其操作程序如下图所示，信贷人员将地区内所有客户（包括已与 IKB 建立信贷关系和没有建立信贷关系的）的相关信息，以及 IKB 银行对客户选择的有关要求录入系统，系统即可筛选出该地区 IKB 的目标客户群，IKB 称为目标客户三角。

IKB 对一个目标客户的基本要求有三个：客户评分在 3.5 分以下（分值越高，客户风险越大）；企业人数在 50 人以上；企业年销售额在 1000 万欧元以上。在对其现有存量客户和目标客户进行细分的基础上，根据不同客户采取相应措施：

- 进入目标客户三角，已建立信贷关系的客户，维持并及时了解客户的融资需求。
- 进入目标客户三角，尚未建立信贷关系的客户，主动拜访并营销客户。
- 没有进入目标客户三角，已建立信贷关系的客户，重点关注，并根据风险情况适时退出。

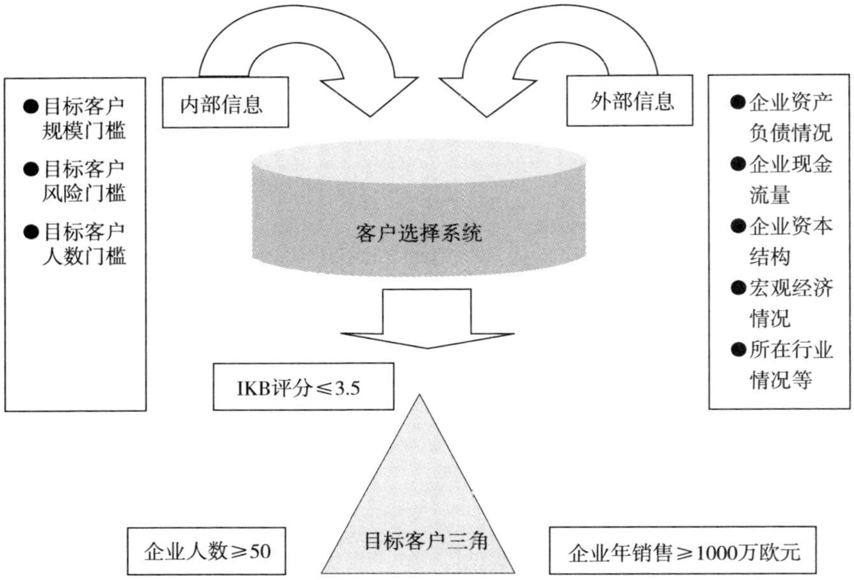

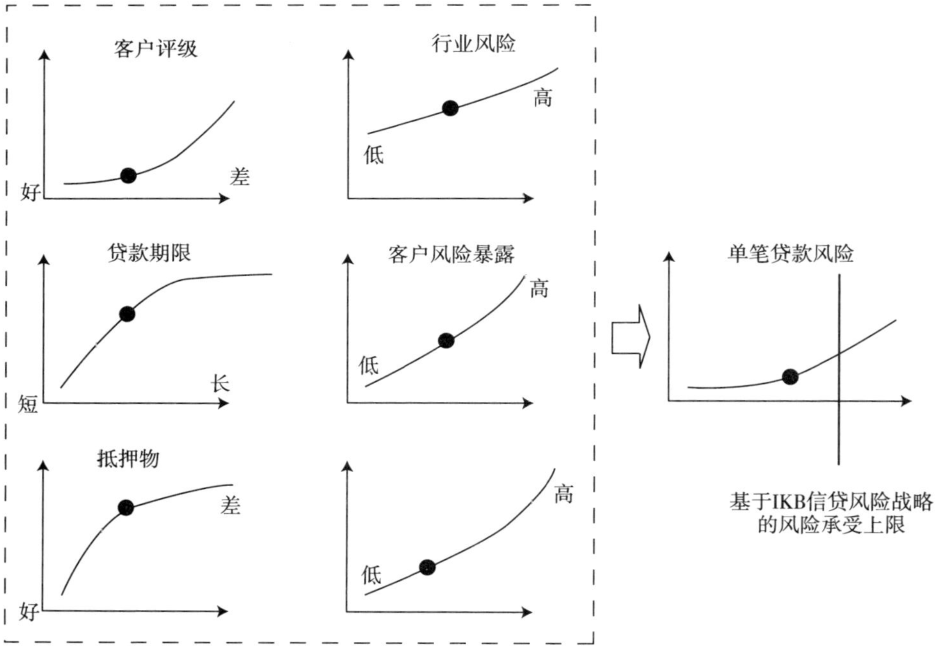

在上述客户细分的基础上，IKB 在每年初给每个客户经理（Corporate advisor）提供任务单，包括当年的客户营销名单、融资目标计划、客户维持或控制名单，以及业绩计算方法，作为年终客户经理考核的主要内容。

（二）贷款评级管理。为提高中小企业融资效率，欧洲商业银行对中小企业一般实行贷款评级管理，如德国工业银行（IKB）的组合管理工具（Portfolio management tool）。该工具在考虑影响贷款风险各种因素的基础上，对一笔贷款的风险进行整体判断，作为信贷决策和贷款管理的依据。其基本原理为：综合考虑客户评级、行业风险、贷款期限、客户风险暴露（客户负债情况）、抵押物、行业风险暴露等因素，计算该笔贷款的风险值，并与 IKB 董事会决定的信贷风险战略所要求的信贷风险承受上限相比，低于上限的，可以发放贷款；高于上限的，通过改变影响贷款风险的各种因素，使其低于上限后发放，否则不得发放。

该工具还可对已经发放贷款进行评估，经评估后贷款风险高于上限的，要进行重组以降低风险；低于上限，但比原风险上升的，要列入关注客户，必要时采取措施。

对组合管理工具中的客户评级，IKB 根据客户所需的融资产品进行了细分，并利用其历史数据开发了一套内部评级模型：

- 中小企业评级：回归模型（Regression Model）。
- 重组贷款客户评级：回归模型（Regression Model）。
- 房地产客户评级：单因素比率模型（Univariate Ratio – based Model）。
- 项目融资客户评级：单因素比率模型（Univariate Ratio – based Model）和情节模型（Scenario – Model）。
- 金融机构评级：主要利用外部评级，IKB 根据本行专家的意见进行修正。
- 国家评级：主要利用外部评级，IKB 根据本行专家的意见进行修正。

（三）行业风险控制。信贷战略规划是欧洲商业银行全面风险管理的重要内容之一，其规划的主要内容是运用计量模型对信贷业务风险情况进行评价和市场细分，最终确定合理的战略目标结构，如市场结构、业务品种结构、行业区域结构、企业规模结构、信用等级结构等。以巴伐利亚州银行（BLB）的行业风险控制为例，BLB 每年对不同行业都制定信贷限额，作为当年防范行业信贷集中风险的依据。制定信贷限额的主要因素有：

- 全行当年的资本收益率（R）。由董事会决定。
- 当年的信贷总限额（V）。由董事会决定，主要考虑资本约束情况、发展战略等因素。
- 不同行业的客户资源情况。通过对经营区域内不同行业的客户数量、融资需求等进行分析。
- 不同行业客户的收益情况（K）。将 BLB 存量客户风险调整后的收益情况分摊到不同行业。
- 其他因素。包括行业信贷集中情况、行业发展前景等。

不同行业信贷限额（I）的计算方法主要是求解以下方程，求解的结果再根据上述“其他因素”进行调整。

$$\begin{cases} \sum I_n = V \quad n = 1,2,3,\cdots \\ \sum K_n \times W_n = R \end{cases}$$

其中：W_n 为不同行业的融资权重。

四、以客户为中心的产品设计

欧洲商业银行一般都对中小企业设计单独的信贷产品。这些信贷产品的共同特点主要有：一是各信贷产品都针对中小企业的不同融资用途，并把企业未来的现金流作为偿还贷款的资金来源；二是各信贷产品均采用标准化方式操作，具有一套严格的操作流程；三是对个别中小企业个案性的业务需求，由银行市场、风险管理等部门共同研究解决。以德国中央合作银行（DZB）为例，其对中小企业的主要信贷产品如下：

- 基于中小企业资本和成本管理的产品，主要用于企业扩大再生产。包括中长期贷款、证券融资等。中小企业中长期贷款的期限一般为 5 ~ 7 年，还款方式根据企业未来的现金流量来确定，一般为分期还款。
- 基于支持中小企业销售的产品，主要用于企业交易性活动的资金需求。包括应收账款融资、出口融资等。
- 基于中小企业资产负债结构管理的产品，主要用于优化中小企业的资产负债结构。包括福费廷、并购融资、房地产租赁等。
- 基于中小企业流动性管理的产品，主要用于解决中小企业临时的资金流动性问题。包括透支、外币贷款等。
- 基于中小企业经营风险管理的产品，主要用于帮助中小企业规避经营风险。包括货币掉期、利率掉期等。

作为德国 1100 家地方合作银行的中央银行，德国中央合作银行专门设计了一些产品，以分散合作银行的中小企业信贷风险。如：

- 银团贷款，由 DZB 组织，一般金额在 200 ~ 500 万欧元。
- 标准联合贷款（Standard joint loans），主要用于分散地方合作银行的行业信贷集中风险，因为地方合作银行的服务范围有限，当地中小企业往往集中于某一行业，从而使贷款的行业集中度较高，但如果将所有合作银行视同一个整体，贷款的行业集中度可能并不高。操作流程为：地方合作银行根据其贷款的行业分布情况，将集中度较高行业的部分贷款交 DZB，DZB 将所有地方合作银行的贷款集中后，作为一个整体进行风险评估，并制定贷款的价格，各地方合作银行根据该价格按提供的贷款从 DZB 取得相应的贷款收益，DZB 按合作银行收益的 0.7% ~ 1.5% 收取费用（收费的高低根据不同合作银行提供贷款的风险状况来确定）。标准联合贷款的风险由 DZB 来承担。
- 贷款证券化（VR – Cricle）。DZB 将地方合作银行拟证券化的贷款集中后，通过独立的中介机构进行价值评估，然后以此为抵押，在资本市场发行证券。

五、高度电子化的信贷决策支持系统

欧洲各商业银行都拥有一套本行的信贷决策支持系统，并实行信贷业务操作全程电子化，而且该系统还具有信贷信息挖掘和分析功能。以西班牙大众银行（BPG）的信贷支持系统为例，该系统为信贷人员提供的客户信息的来源途径有四个，一是从西班牙中央银行信贷系统（CIR 系统）获取信息，CIR 系统可向大众银行提供客户在所有金融机构的贷款、违约等情况，每月更新；二是从各行业协会获取客户相关信息；三是从客户获取的相关信息，包括财务报表等；四是该客户在BPG的各种交易信息，包括存款、结算、各种收入等。BPG的信贷支持系统能够将上述信息分类、整理和分析，向信贷人员提供以下信息：

• 客户基本信息。包括客户在大众银行、他行的信用记录情况、客户所属行业情况等。

• 客户财务信息。主要是近三年的财务数据、财务指标的对比情况。

• 客户存贷款信息。包括过去5年客户在大众银行和他行的存款、贷款等信息。

• 客户收益信息。包括客户在过去12个月内和3个月内，给大众银行带来的各种收益情况。

• 关联企业信息。包括集团在大众银行、他行的存款、贷款情况，借款企业在集团中的地位等。

另外，系统在对上述信息分析的基础上，对潜在风险的贷款还具有预警功能。大众银行的预警分为三类：提示、预警、警告，对应四种处理方式：正常处理、不再增加融资、逐步减少融资和处置贷款。

六、科学的业绩考核办法

欧洲商业银行都对中小企业经营管理人员建立了相应的考核办法，各商业银行的具体考核方法不同，但从内容上看，一般既包括工作业绩，也包括工作质量。如德国工业银行为中小企业经营管理人员建立了以业绩和成功为导向的考核制度。考核内容包括硬件和软件两方面：

• 硬件方面。对市场拓展人员，包括营销户数、营销融资金额、利息收入等；对风险管理人员，包括减少风险资产的数量、避免损失准备提取的数量、及时监控现有资产风险组合量、行业风险分析等。

• 软件方面。包括工作质量、效率、个人目标等。

七、几点体会

（一）中小企业是国外商业银行的重要客户群。如德国工业银行的中小企业贷款余额占其全部贷款比重达33%。国外同业的中小企业信贷经营环境较好，大部分中小企业都有相对规范的财务报表，社会和法律对银行信贷权利的保护也非常有效。与此相比，我国在中小企业信贷业务的经营环境方面尚有差距，因而严格的区域信贷政策，以及对第二还款来源的关注就显得格外重要。

（二）国外同业在中小企业信贷经营管理中体现了系统性、规范性、时效性和以客户为中心的经营理念。

一是系统性。国外同业在制定中小企业信贷经营管理各环节的政策制度时，都具有较强的系统性，以保证各项操作在内容上环环相扣、相辅相成，避免不必要的重复工作。如在目标客户筛选方面，国外同业的操作流程为：收集并分析辖内所有企业的基本信息，根据本行的准入条件确定目标客户，并对目标客户和存量客户进行分析，继续支持已建立信贷关系的目标客户，主动营销尚未建立信贷关系的目标客户，逐步退出已建立信贷关系的非目标客户。这种操作，既避免了客户经理的盲目营销，提高了营销效果，同时又将目标客户筛选同信贷风险防范相结合，提高了审查审批人员的工作有效性，使目标客户筛选成为整个信贷经营管理中不可分割的一部分。

二是规范性。国外同业的中小企业信贷操作非常规范，其信贷政策制度一旦制定，都能够得到严格的贯彻，一般不会出现超越规定办理业务的现象。形成这种状况的重要原因之一是国外同业有一套系统规范的信贷政策制度，尤其是宏观信贷政策，如国外同业每年不但制定中小企业信贷投放总量目标，而且制定行业、区域、产品等结构投放目标。这些目标的执行层级在客户信贷政策之上，不能满足上述目标的客户，即使符合准入政策，也不得办理业务。这种系统规范的政策体系有效避免了信贷决策对具体客户政策的过度依赖，保证了各项政策的严格落实和信贷业务的规范操作。

三是时效性。提高融资效率就提高了银行在中小企业信贷市场上的竞争力，国外同业在中小企业信贷经营管理中充分体现了这种理念。如对中小企业贷款实行评级管理，即通过综合考虑客户经营情况、行业风险、贷款期限、客户负债、抵押物等因素，计算该笔贷款的风险值，作为信贷决策和贷款管理的依据。这种管理模式适应中小企业融资金额较小的特点，综合考虑影响中小企业贷款风险的各种因素，进行一次性审查审批，有效避免了对不同因素分次审查审批的冗长环节，大大提高了中小企业的融资服务效率。

四是以客户为中心。即在中小企业信贷经营管理中以客户的需求为导向。如国外同业设计中小企业信贷产品时都立足于支持企业发展，解决企业经营管理中问题的角度出发，不但容易得到中小企业的认可，而且由于各信贷产品对应企业不同的贷款用途，也便于银行把握还款来源，采取针对性的风险防范措施。

（三）国外同业各中小企业信贷操作环节的职责明晰。国外同业的中小企业信贷操作流程为：客户经理负责收集资料和信息，并对真实性负责；风险管理部门利用这些资料和信息，使用各种风险管理工具对客户和贷款风险进行分析，出具报告，交客户经理，并对分析结论负责；客户经理将相关资料和报告直接提交有权审批部门审批；贷款发放后，客户经理按规定收集企业的相关材料和信息，交贷后风险管理部门进行分析，并根据分析结果采取相应的贷后管理措施。这种流程，业务职责明确，操作环节清晰，不同环节的信贷人员相互制衡，协同工作，既提高了工作效率，又有效防范了信贷风险。

第九部分
综合统计

执行编辑：陈　明

中国工商银行股份有限公司资产负债表

单位：百万元人民币

	集团		银行	
	2005 年	2004 年	2005 年	2004 年
资产	12 月 31 日	12 月 31 日	12 月 31 日	12 月 31 日
流动资产：				
现金	30085	29894	29905	29735
存放中央银行款项	523788	478722	523667	478710
存放同业款项	16431	12024	16095	10367
拆放同业及其他金融机构	115731	57406	113831	64467
短期贷款	862283	1005663	853765	996528
应收进出口押汇	15178	9040	7466	7039
应收利息	22750	7695	22252	7074
其他应收款	21126	14844	20265	13757
贴现	392781	310191	392717	310148
买入返售款项	89235	21764	89235	21764
短期投资	162744	256716	162594	256462
一年内到期的长期债券投资	418694	63805	415627	59917
流动资产合计	2670826	2267764	2647419	2255968
长期资产：				
中长期贷款	1870747	1652682	1812663	1596014
非应计贷款	148564	730172	147653	728544
减：贷款损失准备	83692	598557	83168	597646
长期债券投资	1471275	897700	1466983	892946
长期股权投资	6929	13042	13316	19183
减：长期投资减值准备	277	29254	277	29254
固定资产原价	116050	120616	115572	119784
减：累计折旧	5998	42082	5889	41705
固定资产净值	110052	78534	109683	78079
减：固定资产减值准备	76	1958	76	1958
固定资产净额	109976	76576	109607	76121
在建工程	2665	2674	2665	2674
长期资产合计	3526187	2745035	3469442	2688582
其他资产：				
无形资产	1023	1088	863	903
长期待摊费用	658	1595	655	1592
抵债资产	6761	13373	6761	13373
递延税款借项	1196	10386	1196	10357
其他长期资产	247455	2702	247455	2702
其他资产合计	257093	29144	256930	28927
资产总计	6454106	5041943	6373791	4973477

续表

	集团		银行	
	2005年	2004年	2005年	2004年
负债及所有者权益	12月31日	12月31日	12月31日	12月31日
流动负债：				
短期存款	2438298	2177870	2383716	2141254
短期储蓄存款	2335276	2168039	2325535	2144316
财政性存款	30514	22667	30514	22667
向中央银行借款	–	28402	–	28402
同业存放款项	201550	180707	201725	181120
同业及其他金融机构拆入	31360	24988	29709	28715
卖出回购款项	32301	26339	33109	27167
汇出汇款	46520	44615	46517	44614
应解汇款	910	1271	910	1263
存入短期保证金	41969	38750	41870	38559
应付利息	38177	34342	37610	34032
应付工资及福利费	5126	3637	5049	3468
应交税金	19236	6418	19219	6394
其他应付款	49645	51504	48566	50375
流动负债合计	5270882	4809549	5204049	4752346
长期负债：				
长期存款	61889	53802	61321	53280
长期储蓄存款	772514	662652	772495	662630
存入长期保证金	9606	6816	9606	6814
长期应付款	967	1239	961	1238
长期借款	5351	5118	5351	5118
应付债券	43780	6974	35000	–
递延税款贷项	1160	–	1160	–
其他长期负债	30476	27969	30404	27895
长期负债合计	925743	764570	916298	756975
负债合计	6196625	5574119	6120347	5509321
少数股东权益	4037	3668	–	–
所有者权益：				
实收资本/股本	248000	160669	248000	160669
资本公积	–	1891	–	1891
盈余公积	375	14818	375	14818
一般风险准备	1700	–	1700	–
未分配利润/（累计亏损）	3538	（713591）	3641	（713488）
其中：建议分派股利	3537	–	3537	–
外币报表折算差额	（169）	369	（272）	266
所有者权益合计	253444	（535844）	253444	（535844）
负债及所有者权益总计	6454106	5041943	6373791	4973477

中国工商银行股份有限公司利润表

单位：百万元人民币

	集团		银行	
	2005 年	2004 年	2005 年	2004 年
营业收入				
贷款利息收入	157891	142332	154826	140492
金融企业往来收入	13437	10524	13351	10879
贴现利息收入	9045	7960	9044	7959
手续费收入	12376	9780	11787	9211
其他营业收入	340	726	298	627
营业收入合计	193089	171322	189306	169168
营业成本				
利息支出	81243	65861	78843	65378
金融企业往来支出	5356	4300	5359	4734
手续费支出	1830	1572	1796	1540
营业成本合计	88429	71733	85998	71652
营业费用	61293	47067	60120	46109
其中：业务及管理费	51192	38090	50069	37185
折旧费	10101	8977	10051	8924
投资收益	48100	28049	47996	28638
汇兑损益	(2209)	1079	(2494)	1086
营业利润	89258	81650	88690	81131
减：营业税金及附加	9419	8270	9417	8266
加：营业外收入	3274	2541	3274	2492
减：营业外支出	5050	1376	4968	1322
计提资产损失准备前利润总额	78063	74545	77579	74035
减：资产损失准备	18709	21667	18939	21685
计提资产损失准备后利润总额	59354	52878	58640	52350
减：所得税	25186	22534	24936	22361
减：少数股东收益	464	355	–	–
净利润	33704	29989	33704	29989

中国工商银行股份有限公司现金流量表

单位：百万元人民币

	集团		银行	
	2005 年度	2004 年度	2005 年度	2004 年度
一、经营活动产生的现金流量				
收回发放的中长期贷款	375130	493789	361043	492956
收回发放的短期贷款净额	143380	101716	142763	106321
收回发放的进出口押汇净额	–	184	–	1318
吸收的活期存款净额	353010	243424	351673	234196
吸收活期存款以外的其他存款	3290210	3504015	3220826	3442201
拆放同业及其他金融机构的资金净额	7584	2279	–	1088
同业及其他金融机构拆入的资金净额	6372	–	994	–
同业存放的资金净额	20843	–	20605	–
收取的利息	176180	161410	167787	159910
收取的手续费	12376	9780	11787	9211
收回的买入返售款项净额	–	8469	–	8469
收到的卖出回购款项净额	5962	10086	5942	10914
处置抵债资产收到的现金	3828	7835	3828	7835
收到的其他与经营活动有关的现金	11523	17145	8754	16462
现金流入小计	4406398	4560132	4296002	4490881
对外发放的中长期贷款	(674318)	(797726)	(659377)	(793641)
对外发放的贴现净额	(82590)	(152933)	(82569)	(153659)
对外发放的进出口押汇净额	(6138)	–	(427)	–
支付活期存款以外的其他存款本金	(3082206)	(3299317)	(3015412)	(3229046)
存放中央银行款项净额	(54454)	(71910)	(54342)	(71911)
存放同业款项净额	(3074)	(3811)	(4657)	(2502)
拆放同业及其他金融机构的资金净额	–	–	(23285)	–
同业存放款项净额	–	(14246)	–	(13195)
同业及其他金融机构拆入的资金净额	–	(212)	–	(2598)
偿还中央银行借款	(4865)	(232)	(4865)	(232)
偿还票据融资净额	–	(3749)	–	(3749)
支付的买入返售款项净额	(902)	–	(902)	–
支付的利息	(81715)	(67939)	(80267)	(68288)
支付的手续费	(1830)	(1572)	(1796)	(1540)
支付给职工以及为职工支付的现金	(31797)	(19127)	(31054)	(18514)
支付所得税	(2987)	(270)	(2762)	(77)
支付所得税以外的其他税费	(9154)	(8485)	(9148)	(8481)
支付其他与经营活动有关的现金	(35110)	(23154)	(34101)	(22978)
现金流出小计	(4071140)	(4464683)	(4004964)	(4390411)
因经营活动而产生的现金流量净额	335258	95449	291038	100470

续表

	集团		银行	
	2005 年度	2004 年度	2005 年度	2004 年度
二、投资活动产生的现金流量				
收回投资所收到的现金	326793	269879	326231	278411
购买子公司收到的现金净额	–	4450	–	–
投资债券利息收入所收到的现金	32795	25547	36172	25489
分得股利所收到的现金	2	17	239	266
处置固定资产和其他资产而收回的现金净额	5177	1730	5052	1564
收到的其他与投资活动有关的现金	297	373	297	373
现金流入小计	365064	301996	367991	306103
债券投资所支付的现金	(719996)	(467936)	(719806)	(477763)
购建固定资产和其他资产所支付的现金	(7623)	(6730)	(7475)	(6572)
增加在建工程所支付的现金	(2061)	(1850)	(2061)	(1850)
现金流出小计	(729680)	(476516)	(729342)	(486185)
投资活动产生的现金流量净额	(364616)	(174520)	(361351)	(180082)
三、筹资活动产生的现金流量				
增加股本所收到的现金	124148	–	124148	–
发行债券所收到的现金	35000	3294	35000	–
吸收权益性投资所收到的现金	166	1467	–	–
现金流入小计	159314	4761	159148	–
偿还已发行债券支付的现金	(138)	–	–	–
支付已发行债券利息	(1049)	(272)	(357)	–
划转华融资本金	–	(2)	–	(2)
分配股利或利润所支付的现金	(238)	(186)	–	–
现金流出小计	(1425)	(460)	(357)	(2)
筹资活动产生的现金流量净额	157889	4301	158791	(2)
汇率变动对现金的影响	(2126)	169	(2279)	240
四、现金及现金等价物净变动额	126405	(74601)	86199	(79374)

续表

	集团		银行	
	2005 年度	2004 年度	2005 年度	2004 年度
1. 将净利润调整为因经营活动而产生的现金流量				
净利润	33704	29989	33704	29989
加：少数股东收益	464	355	-	-
固定资产折旧	10101	8977	10051	8924
资产摊销	463	710	1172	699
资产损失准备	18709	21667	18939	21685
固定资产及其他资产处置净损益	(626)	(814)	(625)	(780)
投资收益	(48100)	(28049)	(47996)	(28638)
递延税款	10350	19129	10321	19149
支付已发行债券利息	1049	272	357	-
经营性应收项目的增加	(285988)	(412948)	(319271)	(404841)
经营性应付项目的增加	595132	456161	584386	454283
因经营活动而产生的现金流量净额	335258	95449	291038	100470
2. 不涉及现金收支的重大投资以及筹资活动				
剥离损失类贷款及非信贷资产	246000	-	246000	-
剥离不良资产后购买中央银行票据	430465	-	430465	-
资产评估净增值	47090	-	47090	-
3. 现金及现金等价物净增加/（减少）情况：				
现金年末余额	30085	29894	29905	29735
减：现金年初余额	29894	29585	29735	29540
加：现金等价物的年末余额	264339	138125	247575	161546
减：现金等价物的年初余额	138125	213035	161546	241115
现金及现金等价物净增加/（减少）额	126405	(74601)	86199	(79374)

中国工商银行股份有限公司资本充足率表

二〇〇五年十二月三十一日

单位：亿元人民币

项目	
核心资本净额	2555.86
资本净额	3118.44
加权风险资产净额	31522.06
核心资本充足率（%）	8.11%
资本充足率（%）	9.89%

中国工商银行贷款分类表

项目	2005年12月31日		2004年12月31日	
	余额（亿元）	占比（%）	余额（亿元）	占比（%）
贷款合计	**32895.53**	**100.00**	**37077.48**	**100.00**
正常类	28338.53	86.15	26197.08	70.66
关注类	3012.83	9.16	3033.84	8.18
不良贷款	**1544.17**	**4.69**	**7846.56**	**21.16**
次级类	930.49	2.83	1063.48	2.87
可疑类	567.04	1.72	3351.92	9.04
损失类	46.64	0.14	3431.16	9.25

2005年度中国工商银行牡丹卡业务量统计表

业务指标	2005年	年增长率（%）
牡丹卡总发卡量（万张）	14522	30.4
其中：信用卡发卡量（万张）	745	10.5
人民币借记卡（万张）	13777	31.7
牡丹卡年消费额（亿元）	2410	52.0
其中：信用卡消费额（亿元）	693.5	28.2
外卡收单年交易额（亿元）	63	21.2
信用卡透支余额（亿元）	34	9.7
牡丹卡特约单位（家）	149274	37.5
ATM（台）	18270	30.3
POS（台）	48433	3.7

2005年度中国工商银行电子银行业务量统计表

业务类别	注册客户数量			全年业务量		
	企业（万户）	个人（万户）	合计（万户）	业务笔数（万笔）	交易笔数（万笔）	交易金额（亿元）
网上银行	32.45	1485.73	1518.18	62207.56	19797.36	422456.14
电话银行	75.83	1872.83	1948.66	30349.79	7408.36	9546.64
手机银行（STK）		10.15	10.15	21.97	6.59	0.83
手机银行（短信）		32.93	32.93	39.06	4.14	0.15
企业银行	0.25		0.25	5887.89	5032.71	11789.29
自助银行				23651.87	14082.08	1339.73
其中：ATM				16427.78	10433.71	754.74
ATM				139626.95	84575.38	4572.80
POS机				23069.11	20303.32	5150.69
其他电子银行业务				96732.46	89253.39	13597.00
合计				365158.89	230029.61	467698.52

注：注册客户数量为截至2005年末的存量数，全年业务量为2005年当年发生数。

2005年度中国工商银行员工年龄、文化、政治面貌结构表

	总计	女	学历							政治面貌				年龄										
			研究生		本科	大专	中专	高中	初中及以下	中共党员	共青团员	民主党派	无党派	25岁以下	26岁至30岁	31岁至35岁	36岁至40岁	41岁至45岁	46岁至50岁	51岁至54岁	55岁至58岁		59岁以上	
			博士	硕士																	男	女	男	女
甲	1	2	3	4	5	6	7	8	9	10	11	12	13	14	15	16	17	18	19	20	21	22	23	24
总计	361623	162055	152	4071	105033	154070	45093	46102	7102	138039	27815	775	194996	12717	30802	69358	100259	105032	34356	7489	1358	27	222	3
总行	1444	470	69	575	639	127	11	17	6	1083	105	3	255	89	479	261	172	208	106	87	29	4	8	1
北京市	13607	8615	18	490	4275	6053	1461	1201	109	4701	1563	36	7307	796	1742	2256	3362	3221	1594	541	84		11	
天津市	7926	4171	1	38	1723	3043	1256	1725	140	2327	298	17	5284	208	393	1431	2189	2394	1118	141	51			1
河北省	19655	7876		53	5031	8307	2915	2901	448	8678	1077	29	9871	178	1714	4507	5247	6374	1434	170	22		9	
山西省	12498	5058		31	2617	5682	1261	2565	342	5357	835	17	6289	258	1039	2206	4104	3679	1022	163	24		3	
内蒙古区	10743	4607	1	12	2481	3842	1526	2337	544	4239	238	15	6251	208	518	1686	2965	3605	1387	314	48		12	
辽宁省	16727	7214		80	4534	9333	1037	1539	204	7331	1299	35	8062	239	1125	3220	4559	5424	1623	423	105		9	
大连市	3245	1874		66	1212	1523	67	346	31	1044	258	6	1937	163	307	953	712	775	243	57	26		9	
吉林省	11953	5375		100	3734	4467	2107	1445	100	4370	1033	40	6510	340	1261	1927	2157	4088	1804	340	35		1	
黑龙江省	16524	7664		31	3902	7667	2962	1731	231	6460	835	31	9198	367	1640	2699	4008	5564	1707	444	71	4	20	
上海市	10687	6050	10	151	3177	4005	1864	794	686	2674	1535	69	6409	986	1836	1886	2716	1920	848	382	98	1	14	
江苏省	19331	8392	2	168	4798	8100	1956	3928	379	6064	2369	31	10867	776	1429	3407	6043	5302	1820	462	82		9	1
浙江省	13106	6231	3	155	4476	5167	1426	1462	417	4487	1468	37	7114	807	1524	3113	3249	2988	1189	202	32	1	1	
宁波市	2387	1154		22	763	889	433	213	67	866	359	3	1159	158	269	513	582	534	263	59	7	1	1	
安徽省	12220	4713	1	58	3543	5786	1449	1232	151	4745	1206	38	6231	251	839	2176	3484	3868	1325	226	46		5	
福建省	9715	4074	1	35	2534	3614	1898	1345	288	3312	568	73	5762	241	574	1747	2906	2828	965	340	102		12	
厦门市	1639	843		23	622	524	193	210	67	536	38	4	1061	54	197	417	435	370	113	43	7		3	
江西省	9224	3455		37	2250	3654	1664	1397	222	3704	493	25	5002	331	817	1700	2577	2729	839	174	50	1	6	
山东省	16656	6301	1	116	5393	7336	2262	1429	119	7142	1028	22	8464	393	1182	3665	4132	5860	1260	161	3			
青岛市	2840	1353		24	914	1069	423	366	44	916	222	4	1698	170	228	409	563	1120	313	36	1			
河南省	16430	6357		66	4899	6880	2412	2092	81	7949	819	10	7652	295	1109	3170	4984	4907	1536	362	48	3	16	
湖北省	17759	7812	2	214	5133	7055	1906	3070	379	7186	519	19	10035	266	1152	3511	5168	5194	2032	356	61		19	
湖南省	12812	5453		48	3511	6115	1459	1489	190	5451	1006	24	6331	264	684	2107	4107	4331	1128	172	19			
广东省	21554	10402	9	401	7554	8362	2785	2090	353	8239	3063	20	10232	1842	2537	4926	5276	4630	1804	466	65	4	4	
深圳市	2960	1451	3	269	1179	1055	106	300	48	1100	156	1	1703	242	437	745	655	648	193	30	10			
广西区	8643	3953	1	13	2383	3506	1143	1468	129	3135	489	10	5009	147	357	1275	2462	3152	1022	206	17	1	4	
海南省	2124	734		23	759	969	140	209	24	731	454	7	932	17	215	502	724	510	117	30	6	2	1	
重庆市	6266	2863	2	31	1618	2445	1159	796	215	1979	367	22	3898	210	347	1108	1672	1709	947	246	26	1		

续表

	总计		学历								政治面貌				年龄										
		女	研究生		本科	大专	中专	高中	初中及以下	中共党员	共青团员	民主党派	无党派	25岁以下	26岁至30岁	31岁至35岁	36岁至40岁	41岁至45岁	46岁至50岁	51岁至54岁	55岁至58岁		59岁以上	
			博士	硕士																	男	女	男	女
甲	1	2	3	4	5	6	7	8	9	10	11	12	13	14	15	16	17	18	19	20	21	22	23	24
四川省	13952	6175		150	4955	6387	1435	802	223	5245	939	46	7722	624	1075	3132	4061	3401	1325	265	52	1	16	
贵州省	6362	2880		9	1606	2819	1027	630	271	2237	441	10	3674	255	445	912	1813	2059	674	151	42	1	10	
云南省	7946	3986	1	35	2334	3506	848	1054	168	2584	614	10	4738	152	675	1501	2578	2448	393	152	36		11	
陕西省	11304	4734	4	125	3140	5320	576	2036	103	4403	279	34	6588	225	711	2433	3824	3129	836	128	16		2	
甘肃省	6871	2838		20	2019	3337	855	569	71	2515	384	13	3959	121	412	1276	2610	2031	362	44	14		1	
青海省	1930	899		5	566	1051	135	148	25	707	73	7	1143	33	92	340	736	664	61	2	1		1	
宁夏区	2717	1421		2	710	1317	206	442	40	1036	160	1	1520	76	148	546	728	983	219	15	1		1	
新疆区	7331	3747		18	2234	3467	714	713	185	2581	312		4438	137	519	1302	2433	2182	676	69	11		2	
长春金融研修学院	49	19		7	33	9				32	2	3	12	4	1	3	4	27	9	1				
杭州金融研修学院	50	28		17	32			1		37		3	10	1	3	2	18	19	4	2		1		
上海票据营业部	213	102		27	143	42		1		98	27		88	24	43	63	47	26	5	4	1			
数据中心（北京）	237	66	5	56	141	31	2	2		106	76		55	43	79	48	31	20	10	5			1	
数据中心（上海）	275	85	5	54	186	21	5	2	2	107	129		39	80	90	41	25	24	4	5	5	1		
牡丹卡中心	475	241	4	30	284	144	8	5		177	42		256	65	126	105	82	66	20	9	2			
软件开发中心	1236	319	9	186	996	44	1			368	637		231	581	432	131	59	21	6	4	2			

2005年度中国工商银行机构名录

序号	机构名称
	总行内设机构名录
1	办公室（党委办公室）
2	管理信息部
3	计划财务部
4	投资银行部
5	资金营运部
6	机构业务部
7	个人金融业务部
8	银行卡业务部（牡丹卡中心）
9	资产托管部
10	企业年金中心
11	信贷管理部
12	公司业务部
13	消费信贷管理部
14	信贷评估部
15	资产风险管理部
16	会计结算部
17	国际业务部
18	营业部
19	内部审计局
20	内控合规部
21	法律事务部
22	信息科技部
23	电子银行部
24	人事部（党委组织部）
25	教育部（党委宣传部）
26	监察室
27	保 卫 部
28	工会工作委员会
29	直属党委
30	离退休人员管理部
31	城市金融研究所
32	股份制改革办公室
33	系统团委
34	业务营运中心工程指挥部
	直属机构名录
1	票据营业部
2	数据中心（北京）
3	数据中心（上海）
4	海外数据中心
5	软件开发中心
6	电子银行中心
7	国际结算单证中心

2005年度中国工商银行系统机构设置情况表

	总计	总行	一级分行	直属分行	二级分行	县(市)支行	城区支行	城郊办事处	二级支行	分理处	集镇办事处	储蓄所	一级分行营业部	直属分行营业部	二级分行营业部	其他营业部	各类中心	学院、职大	干校、中专	印刷厂、工具厂	疗养院招待所	其他
甲	1	2	3	4	5	6	7	8	9	10	11	12	13	14	15	16	17	18	19	20	21	22
总计	18764	1	30	5	382	1283	1745	6	3751	7147	15	4223	30	5	51	1	30	2	23	2	12	20
总行	2	1											1									
北京市	644		1		31	4			93	160		355										
天津市	341		1		24	3			168	38		102					2					3
河北省	1041		1		10	95	120		349	173		287	1		4				1			
山西省	543		1		10	65	88		110	142		125	1						1			
内蒙古区	611		1		11	50	58		12	247		225	1						1			5
辽宁省	756		1		12	28	116		73	95		428	1						1		1	
大连市	170			1		3	12		7	68		78		1								
吉林省	432		1		8	29	56		77	75		184	1									1
黑龙江省	667		1		12	54	143		1	142		309	1				1		2	1		
上海市	522		1		29				352	117		20	2									1
江苏省	1231		1		13	51	90		305	603		165	1			1			1			
浙江省	800		1		9	51	54		151	406		126	1				1					
宁波市	154			1		5	14		66	42		25		1								
安徽省	638		1		15	43	101	5	33	292	9	122	1		13		1		1			1
福建省	526		1		7	53	32		40	196		192	1				1		1			2
厦门市	69			1			15		46	6				1								
江西省	468		1		10	64	41		49	272		29	1		1							
山东省	1037		1		15	77	69		30	521	5	312	1		1				1		4	
青岛市	139			1		5	12		7	41		67		1			4		1			
河南省	950		1		16	83	103		49	517		167	1				3		1		2	7
湖北省	739		1		10	36	73		130	340		144	1		3				1			
湖南省	680		1		13	56	77		15	378		132	1		3				1		3	

续表

	总计	总行	一级分行	直属分行	二级分行	县(市)支行	城区支行	城郊办事处	二级支行	分理处	集镇办事处	储蓄所	一级分行营业部	直属分行营业部	二级分行营业部	其他营业部	各类中心	学院、职大	干校、中专	印刷厂、工具厂	疗养院招待所	其他
甲	1	2	3	4	5	6	7	8	9	10	11	12	13	14	15	16	17	18	19	20	21	22
广东省	1490		1		19	62	175		782	339	1	109	1							1		
深圳市	114			1			18		94					1								
广西区	506		1		10	54	57		43	297		40	1		3							
海南省	129		1		2	16	6		55	42		6	1									
重庆市	348		1		18	24	9		23	153		118	1						1			
四川省	802		1		18	57	43		95	512		74	1						1			
贵州省	331		1		8	41	36		53	188			1		2				1			
云南省	426		1		14	34	19		43	229		69	1		14		1		1			
陕西省	537		1		9	49	56		56	239		118	1		7				1			
甘肃省	387		1		14	35	20		283	11		19	1						1		2	
青海省	89		1		1	6	5		20	17		37	1						1			
宁夏区	109		1			10	6	1	16	50		23	1						1			
新疆区	318		1		14	40	21		25	199		16	1						1			
长管院	1																	1				
杭管院	1																	1				
上海票据中心	8																8					
北京数据中心	1																1					
上海数据中心	1																1					
牡丹卡中心	5																5					
软件中心	1																1					

第十部分
大事记

执行编辑：王元元

1月

1日《2005年度集中采购格式文本》在总行本部全面启用，包括四大类项目六种文件共25个文本。

3日 黑龙江分行在全省开展个人金融专业“进百家信用商场，增万名优质客户”活动。

4日 总行印发《2005年个人金融业务经营目标及工作要点》。

总行印发《中国工商银行员工内部退养管理办法（修订）》。

5日～6日 党委书记、行长姜建清和田瑞璋同志参加在京召开的中央保持共产党员先进性教育活动工作会议。

5日 王丽丽副行长会见台塑集团驻大陆首席代表李宗昌一行。

牛锡明副行长会见上海轻工控股（集团）公司董事长张敏一行。

6日 王丽丽副行长会见中国进出口银行副行长李郡。

7日 姜建清行长会见美林集团董事会副主席吉姆－奎格雷（Jim Quigley）一行。

张衢副行长应邀出席在京召开的中国电信与银行业新技术及应用研讨会。

王丽丽副行长应邀出席在京举行的中国国电集团财务公司开业庆典仪式。

7日～8日 田瑞璋同志参加在京召开的中央保持共产党员先进性教育活动督导培训工作会议。

8日 党委副书记、副行长杨凯生，纪委书记陈克儒参加在京召开的中央国家机关保持共产党员先进性教育活动动员大会暨第十九次党的工作会议以及中央国家机关第十七次纪检工作会议。

山东分行与山东省电力集团公司举办银企友好合作暨结算中心成立十周年庆典仪式。

10日 姜建清行长主持召开第1次行务会议，研究分行行长会议材料，分析全行经营状况、资产质量情况。

杨凯生副行长会见大和证券社长斋藤辰荣一行。

总行印发《关于规范延伸网点管理的通知》，对延伸网点设置与管理工作进行规范。

阿拉木图子银行与中国驻哈大使馆签署全面现金管理协议。

10日～11日 纪委书记陈克儒列席在京召开的中国共产党中央纪律检查委员会第五次全体会议。

11日 党委书记、行长姜建清参加在京召开的中国共产党中央纪律检查委员会第五次全体会议。

党委书记姜建清主持召开第2次党委会议，学习传达中央保持共产党员先进性教育工作会议精神，研究全行开展保持党员先进性教育活动安排。

12日～13日 中国工商银行分行行长会议在京举行。会议总结了2004年工作，部署2005年任务，并对不良贷款、非信贷类资产、固定资产清查等工作进行了安排，为股改工作的开展做好前期准备工作。姜建清行长作重要讲话。田瑞璋、杨凯生、陈克儒、张福荣、张衢、王丽丽、牛锡明、李晓鹏等总行领导同志出席会议。

13日 张衢副行长应邀出席在京举办的2005年中国银联成员机构新春联谊会。工商银行荣获中国银联颁发的“2004年受理方交易第一名”和“2004年跨行业务规范最佳推动机构”两项大奖。

全行各项存款余额达50694亿元人民币，成为国内首家存款余额超过5万亿元的金融机构。

中国银行业监督管理委员会以银监复［2005］11号文同意工商银行开办个人黄金买卖业务。

14日 党委书记、行长姜建清和田瑞璋同志参加中共中央总书记胡锦涛同志主持召开的新时期保持共产党员先进性教育问题报告会。

党委委员、副行长张福荣会见中国保险监督管理委员会主席助理周延礼一行，介绍开展保持共产党员先进性试点工作情况。

王丽丽副行长拜会国家电网公司副总经理陈月明。

河南分行开展“牡丹卡幸运万人总动员”大型主题营销活动。

17日 总行机关召开保持共产党员先进性教育活动动员大会。党委书记姜建清同志在会上作动员报告，并代表总行党委郑重承诺：第一，要发挥表率作用。总行党委领导班子成员要以普通党员的身份带头参加先进性教育活动，给广大党员作出示范。要带头学习，带头查摆问题，带头开展批评与自我批评，带头搞好整改。第二，认真抓好全行先进性教育活动的组织领导。要把先进性教育活动作为当前工商银行党建工作中的头等大事来抓，同推动当前各项工作结合起来，扎实推进，确保取得实实在在的效果。中央驻中国工商银行督导组组长刘文同志出席了会议并讲话。动员大会由党委副书记、副行长杨凯生同志主持。党委成员陈克儒、张衢、王丽丽、牛锡明同志，总行机关全体党员及部分入党积极分子参加了会议。总行机关保持共产党员先进性教育活动按中央要求正式启动。

张福荣副行长参加国务院在京召开的全国安全生产电视电话会议。

王丽丽副行长主持召开第2次总行办公会议，研究落实银监会关于商业银行市场风险资本要求计算表、计算说明的有关意见。

总行印发工银任免［2005］4号文件，聘吴醒同志为内部审计局局长（正厅级），免去其稽核监督局总经理（正厅级）职务。

江西分行研发的江西省财政统发工资管理系统投产。

18日 党委书记、行长姜建清参加中央在人民大会堂召开的牛玉儒同志先进事迹报告会。

中国工商银行2005年电子银行业务工作会议在京召开，张衢副行长出席并作题为《拓展市场 保持优势 促进电子银行业务再上新台阶》的讲话。

18日~21日 党委委员、纪委书记陈克儒代表总行党委赴陕西分行慰问基层困难员工。

19日~20日 姜建清行长赴香港出席工银亚洲董事会，期间先后拜会了香港金管局总裁任志刚、证监会主席沈联涛，并主持香港中国工商银行大厦命名暨工银亚洲迁址仪式。

19日 杨凯生副行长会见瑞士信贷第一波士顿亚太区CEO柯磊洛一行。

20日 牛锡明副行长会见普华永道全球金融咨询服务部主管合伙人Juan Pujadas一行。

中国工商银行个人金融产品整合项目启动会议召开，标志着全行个人金融业务改革创新将跨入一个崭新阶段。

总行印发《关于改革消费信贷业务管理体制的通知》，撤销总行住房金融业务部，组建消费信贷管理部，相应调整个人金融业务部、公司业务部、信贷管理部等部门职能。成立消费信贷业务部（二级部）隶属个人金融业务部。

20日~21日 党委委员、副行长张福荣代表总行党委赴江西分行慰问基层困难员工。

21日 姜建清行长参加国务院召开的全体会议，讨论政府工作报告。

张衢副行长参加中国人民银行在京召开的经济金融形势分析会。

中国工商银行2005年信贷管理工作会议在京召开。牛锡明副行长出席并作题为《加强信贷风险的集中控制与管理，保障工商银行的持续稳健发展》的讲话。

牛锡明副行长参加国务院总理温家宝在人民大会堂为加拿大总理保罗·马丁举行的欢迎晚宴。

重庆分行与重庆化医控股集团签订“85万吨甲醇”项目合作协议。

24日 张衢副行长参加中国银监会在京召开的国有银行2004年不良资产分析会。

张福荣副行长主持召开第3次总行办公会议，研究春节前安全保卫和内控工作有关问题。

24日~26日 中国工商银行2005年会计结算工作会议在京召开，张福荣副行长出席并讲话。

25日 杨凯生副行长主持召开中介机构选聘大会预备会议。会议原则通过了《关于中介机构选聘大会相关情况的报告》，同时对选聘工作的基本原则、选聘标准、投票规则以及具体工作安排等事项逐一进行了研究。

中国工商银行固定资产清查及产权完善工作电视电话会议在京召开，杨凯生副行长出席。会议要求各行必须高度重视固定资产产权完善工作，充分认识开展土地、房屋确权工作的重要性和艰巨性，提早安排、提早着手，严格按照总行的统一部署，成立确权工作领导小组，分阶段有重点地加快推进产权完善工作。

张福荣副行长应邀出席深圳发展银行在人民大会堂举行的招待会。

张衢副行长会见中国网通集团副总裁裴爱华一行。

纪委书记、机关党委书记陈克儒参加中央国家机关工委在京举办的“春节慰问‘两委’书记茶话会”。

26日 姜建清行长、王丽丽副行长会见上海汽车工业集团总公司总裁胡茂元一行。

杨凯生副行长会见美国摩根大通集团国际主席安浩德一行。

党委委员、副行长张衢代表党委慰问总行离退休老干部。

王丽丽副行长会见伦敦投资局首席执行官迈克尔·查尔顿（Michael Charlton）及伦敦市长顾问约翰·罗斯（John Ross）等一行。

26日~28日 牛锡明副行长赴武汉出席中国工商银行与中国石油天然气股份有限公司牡丹中油卡试点工作会议。

27日 姜建清行长会见美国友邦保险有限公司（AIA）董事长谢仕荣一行。

姜建清行长会见国防科工委副主任张维民。

杨凯生副行长会见瑞士信贷第一波士顿副主席Richard Thornburgh一行。

张福荣、王丽丽副行长主持召开总行反洗钱工作领导小组第一次会议，研究反洗钱工作措施。

张福荣副行长主持召开第4次总行办公会议，研究现金管理工作。

中国工商银行2005年信息科技工作会议在京召开，张衢副行长出席并作题为《实现信息化发展新跨跃 加速推进全行经营管理模式的改革》的讲话。

总行印发《中国工商银行票据资产质量五级分类管理办法（试行）》。自2005年1月起，对票据资产全面实施五级分类管理。这是国内首家商业银行将票据资产区别于信贷资产专门进行五级分类管理。

28日 姜建清行长会见高盛投资银行主席克里斯－柯尔（Chris Cole）及安联集团董事蔡德礼（Zedelius），商谈股份制改革和境外战略投资者等相关事宜。

总行机关举办优秀共产党员先进事迹报告会，全行系统5位优秀共产党员在会上分别介绍了各自的先进事迹。党委委员、纪委书记陈克儒主持报告会。党委书记姜建清、副书记杨凯生和党委委员张福荣、张衢、李晓鹏出席会议，总行机关全体党员及入党积极分子参加了会议。

29日 牛锡明副行长应邀出席中国华电集团银企联谊会并会见了该集团公司总经理贺恭。

总行参数管理中心开始对相关业务参数表进行上收，实施集中统一管理。

30日~31日 中国工商银行资产风险管理工作会议在京召开，张衢副行长出席并作题为《加强管理 加快清收 打赢不良资产攻坚战关键一役》的讲话。

1月30日~2月7日 王丽丽副行长率团赴英国和牙买加，出席了工银伦敦2005年第一次董事会，拜访了英国金融服务局（FSA）；参加了中国加勒比合作论坛有关活动，并在其中的金融专题论坛上做了主旨发言。

30日 中国工商银行荣获VISA国际组织颁发的2004年“杰出收单业务奖”、“最佳奥运借记卡推广奖”两项大奖。

31日 辽宁分行成功完成跨行支付系统连接模式改造。

大连分行首届家庭理财方案大赛落下帷幕。

1月31日~2月1日 张福荣副行长赴云南出席中国工商银行“个人理财中心核心竞争力”项目推广现场会并讲话。

1月 上海市银行博物馆荣获2004年度上海市科普教育基地联合会先进集体和浦东新区创建“全国科普示范城区”先进集体光荣称号。

2月

1日 张衢副行长会见安永公司远东区主席胡定旭一行。

上海分行95588电话银行异地转账服务功能正式开通。

2日 张衢副行长会见中国联合通信有限公司（联通集团）副总裁李正茂一行。

总行印发《中国工商银行内部控制规定》。

总行印发《中国工商银行常年财务顾问业务管理办法》。

天津分行成功办理了第一笔外债风险管理——日元利率掉期业务。

广西分行公开选拔管理人员，深入推进人事制度改革。

汉城分行成功营销南航汉城分公司开设账户，并开始为其办理存汇兑业务。

3日 姜建清、杨凯生、陈克儒、张福荣、张衢、牛锡明、李晓鹏等总行领导同志出席总行机关老同志迎春茶话会。

北京分行荣获VISA国际组织颁发的“优秀市场拓展奖”。

山西分行被当地政府评为“行风评议工作先进集体”。

4日 总行机关举办保持共产党员先进性教育活动专题报告会。党委书记姜建清同志结合当前改革发展形势为总行机关全体党员作了题为《坚持科学的发展观，推进经营模式和增长方式的转变，把党的先进性要求落实到现代金融企业建设中》的专题报告。纪委书记陈克儒同志主持报告会。党委副书记杨凯生、党委委员张福荣、张衢、牛锡明、李晓鹏等同志出席会议。

张衢副行长会见VISA中国区总经理熊安平一行。

牛锡明副行长会见华为公司副总裁纪平女士一行。

山东分行与中国进出口银行山东分行签订业务合作协议。

广东分行人民币储蓄存款余额突破3000亿元。

4日~6日 工商东亚董事长田瑞璋赴香港出席第二届董事会第10次会议。

5日 姜建清行长，杨凯生副行长，陈克儒纪委书记，张福荣、张衢、牛锡明、李晓鹏副行长出席总行机关春节团拜会。

姜建清行长参加中国银监会在京召开的查防商业银行违法违规案件工作会议。

牛锡明副行长会见中国长江三峡工程开发总公司副总经理林初学一行。

6日 党委书记姜建清同志主持总行党委理论学习中心组集中学习中纪委五次全会精神及中共中央《建立健全教育、制度、监督并重的惩治和预防腐败体系实施纲要》。党委副书记杨凯生、党委委员陈克儒、张福荣、张衢、牛锡明、李晓鹏同志参加了学习。

牛锡明副行长主持召开第5次总行办公会议，研究总行公司业务部、信贷管理部业务前后台分离有关问题。

总行印发《关于实行工资集中发放的通知》。从2005年起以直属分行、二级分行（含一级分行营业部）为单位实行员工工资集中发放，支行不再直接支付员工工资。

新疆分行成功营销吐哈油田。

16日 姜建清行长参加国务院召开的第三次廉政工作会议。

釜山分行开办指定账户汇款业务，并首批为在韩国釜山银行开户的23名韩籍在华留学生办理了此项业务。

17日 张福荣副行长主持召开第6次总行办公会议，研究防范大额支付风险问题。

18日 内蒙古分行与新华人寿保险内蒙古分公司签署业务合作协议。

18日~19日 中国工商银行信贷评估工作暨第四届信贷评估委员会会议在京召开，杨凯生副行长出席并讲话。

21日~22日 中国工商银行2005年中间业务工作会议在京召开，杨凯生行长、张福荣副行长出席并讲话。

21日 总行机关举行保持共产党员先进性教育活动辅导报告会，中纪委驻中科院纪检组组长、党组成员，全国党建研究会研究员，中组部党建研究所原所长王庭大同志作了题为《关于新时期保持共产党员先进性的问题》的专题讲座。党委书记姜建清、党委委员陈克儒、张福荣、张衢、王丽丽、牛锡明、李晓鹏同志及总行机关全体党员听取了辅导报告。

中国工商银行国际业务工作会议在京召开，王丽丽副行长出席并讲话。

22日 中国工商银行与中国石油天然气股份有限公司"牡丹中油联名卡合作协议签字仪式"在钓鱼台举行，姜建清行长、牛锡明、李晓鹏副行长出席并会见了中石油股份公司总裁蒋洁敏一行。

张福荣副行长会见景顺集团执行总裁麦高信一行，介绍了中国工商银行2004年基金代销业务情况，并希望双方以基金业务为基础，在基金代销、资产托管等领域探讨业务合作。

张衢副行长参加中国人民银行在京召开的国有商业银行第二次剥离不良贷款有关问题审计情况通报会。会议通报了国有商业银行第二次剥离不良贷款的审计情况、传达了国务院领导同志批示精神，并研究有关落实措施。

王丽丽副行长应邀出席丰田汽车金融（中国）有限公司在京举行的开业典礼，并会见了丰田金融服务株式会社全球总裁Ozaki。

黑龙江分行与哈尔滨海关举行营销联谊活动。

贵州分行公开竞聘处级管理岗位。

23日 姜建清行长会见花旗集团全球金融机构投资银行部主席毕嘉理（Hamid Biglari）一行。

王丽丽副行长会见联想集团有限公司高级副总裁兼CFO马雪征女士一行。

王丽丽副行长会见古巴国民银行副行长conzalez女士及古巴中央银行副行长拉左先生一行。

海外数据中心圆满完成了香港罗兵咸永道会计师事务所（PWC）对海外数据中心信息系统的安全审计工作。经过审计，未发现任何安全隐患。

23日~24日 中国工商银行现金管理业务座谈会在京召开，张福荣副行长出席并讲话。卢森堡分行、工银亚洲和阿拉木图子银行等7家境外机构也参加了会议。

24日 姜建清行长赴北京分行宣布总行党委关于任命易会满同志为北京分行行长、党委书记，李晓鹏同志不再兼任北京分行行长、党委书记的决定。

25日 姜建清行长，杨凯生、牛锡明副行长主持召开第8次总行办公会议，研究内部评级法工程建设工作。

中国工商银行银行卡业务工作会议在京召开，张衢副行长出席并作题为《深化改革　奋力开拓推动牡丹卡业务持续健康快速发展》的讲话。

张衢副行长接受中国银联《成员机构通讯》杂志专访，就银行卡业务发展，与信用卡国际组织及国外知名信用卡公司的合作等问题回答了记者的提问。

牛锡明副行长会见德国租赁公司董事会成员Ruediger Freiherr von Foelkersamb一行。

中国工商银行管理信息工作会议在京召开，牛锡明副行长出席并作题为《开拓创新　奋发进取　建设符合现代金融企业需要的管理信息体系》的讲话。

李晓鹏副行长应邀出席铁道部在京举行的2005年新春联谊活动。

28日 姜建清行长出席中国工商银行与韩国输出入银行在京举行合作协议签字仪式，并会见韩国输出入银行行长辛东奎。

杨凯生副行长会见高盛国际资产管理公司主席John Martin Taylor一行，就进一步加强双方在资产管理领域的业务合作等议题进行了交流和探讨。

总行机关举办了"我心目中的共产党员"演讲比赛。党委副书记杨凯生、党委委员陈克儒、张衢、王丽丽、牛锡明、李晓鹏等同志及总行机关全体党员观看了比赛。

张福荣副行长参加中国人民银行、中国银监会在京召开的加快落实国家助学贷款新政策电视电话会议。

中国工商银行机构业务暨银行保险业务工作会议在京召开，王丽丽副行长出席并讲话。

王丽丽副行长会见福特汽车公司财务副总裁Mr. Malcolm Macdonald及全球司库Ms Ann Marie Petach一行。

牛锡明副行长参加国家发展与改革委员会在京召开加快基础设施建设领导小组24次会议。

3月

1日 姜建清行长会见比利时富通集团执行委员会主席兼首席执行官（CEO）让·保罗·文通（Jean Paul Votron）一行，并陪同国务院副总理黄菊在人民大会堂会见了让·保罗·文通（Jean Paul Votron）一行。

姜建清行长会见来访的中国上海外经（集团）有限公司董事长周晓临一行，双方重点就"走出去"的战略合作交换了意见。

张福荣副行长主持召开总行信访工作领导小组会议。会议传达学习了近期胡锦涛、温家宝等中央领导同志对信访工作的重要批示和王刚同志在全国信访局长会议上讲话的有关精神，研究了下一步工作安排。

张衢副行长主持召开第9次总行办公会议，研究一体化电话银行托管业务收费管理办法。

数据中心（北京）正式开始接管一体化电话银行北方托管中心的生产运行及维护工作。

总行印发《关于进一步加强全行互联网网站及域名管理的通知》。

总行印发《关于全面开办个人理财业务的通知》，以及《中国工商银行人民币个人理财业务管理办法》和《中国工商银行人民币个人理财业务操作规程》。

2日 姜建清行长会见法国阿尔斯通公司董事长兼首席执行官柏珂龙（Patrick Kron）一行。

姜建清行长会见普华永道全球金融服务部主席合伙人菲尔·瑞特（Phil Rivett）一行，双方回顾了前期项目上的良好合作，并就国际银行业风险管理发展动态交换了意见。

姜建清行长、王丽丽副行长拜会中国五矿集团周中枢总裁、宋玉芳副总裁，就双方合作情况交换了意见。

杨凯生副行长会见瑞信公司全球首席财务官哈勃先生。

王丽丽副行长会见澳大利亚亚太经合组织（APEC）研究中心负责人华肯（Ken Waller），商谈双方合作开展银行业务培训事宜。

汉城分行与吉林延边分行联手推出中韩存汇通业务，即在韩中国人可委托汉城分行开设延边地区工行储蓄账户，由本人直接管理、支配账户内资金。

3日 党委书记姜建清主持召开第5次党委会议，听取了工会以及团委工作情况汇报。

姜建清行长主持召开风险管理委员2005年第1次会议，重点研究操作性风险管理问题和《风险管理委员会2005年工作计划草案》。会议讨论了姜建清行长在全行内控合规工作会议上的讲话稿，审议通过了内控合规部提交的《关于中国工商银行操作风险管理情况的报告》、《2005年度全行依法合规大检查实施方案》及《风险管理委员会2005年工作计划》，并确定2005年为“内控攻坚年”。杨凯生、张福荣、张衢、王丽丽副行长，陈克儒纪委书记，牛锡明副行长出席。

王丽丽副行长应邀出席在京举行的中国长江电力股份有限公司并购三峡电站1#、4#发电机组银团贷款合同签字仪式。

牛锡明副行长会见穆迪评级代表团一行。

总行印发《关于成立股份制改革机构的通知》。为加强各分行股份制改革工作力量，落实各项股改工作任务，推进全行股份制改革工作进程，决定在各分行、直属学院、直属机构成立股份制改革领导小组及其日常工作机构——股份制改革办公室，并围绕股改的核心工作，分别设立不良资产处置、资产评估、外部审计、法律事务等工作小组。

辽宁分行与中油股份公司辽宁销售分公司签署牡丹中油联名卡合作协议。

3日~20日 内蒙古分行对辖属13个二级分行及所有县支行内控管理工作进行检查验收。

4日 姜建清行长，王丽丽、牛锡明副行长会见甘肃省委书记苏荣，省委副书记韩忠信、陈学亨，省长陆浩，常务副省长徐守盛，省人大副主任程有清，省政府秘书长程正明等一行。双方就甘肃实施“工业强省”战略以及工商银行在支持甘肃经济发展方面开展合作交换意见。随后举行了中国工商银行与甘肃省政府合作协议签字仪式。

姜建清行长会见美国VISA国际组织亚太区副总裁兼中国区总经理熊安平。

姜建清行长会见武汉市市长李宪生一行。

杨凯生副行长会见美国友邦保险有限公司执行副总裁兼亚太区投资部总监朱泰和一行。

杨凯生副行长主持召开股份制改革中介机构工作启动会。会议介绍了股改工作组织流程及与中介机构的合作和协调机制，对各家中介机构提出了具体的工作要求。

王丽丽副行长会见中兴通讯高级副总裁韦在胜一行。

全行百强个人金融网点座次排定。上海分行南市斜桥支行以人民币储蓄存款余额36.85亿元，荣登人民币储蓄存款“百强个人金融网点”榜首；北京分行公主坟支行（原公主坟第三储蓄所）以外币储蓄存款余额0.95亿美元获得外币储蓄存款“百强个人金融网点”第一名。

4日~7日 中国工商银行人事组织工作会议暨优秀人事组织干部表彰会在京举行。姜建清行长在会上做重要讲话，张福荣副行长宣读了表彰决定。杨凯生、张衢、王丽丽副行长，陈克儒纪委书记，牛锡明副行长出席。

5日 姜建清行长列席第十届全国人民代表大会第三次会议开幕式。

杨凯生副行长参加中国人民银行在京召开中国工商银行重组改制过程中可疑类贷款剥离工作研讨会。

5日~7日 伦敦子银行Midas系统迁移海外数据中心工作圆满完成，标志着海外分行数据集中工程取得了新的跨越。

7日 姜建清行长、王丽丽副行长出席工银亚洲董事会2005年第1次会议。

杨凯生副行长会见中银国际基金公司执行总裁陈儒一行。

张福荣副行长、陈克儒纪委书记主持召开第10次总行办公会议，听取2005年依法合规大检查方案汇报，研究部署全行依法合规大检查工作。

纪委书记、机关党委书记陈克儒主持召开2005年第1次机关党委全委会，研究机关党委2005年工作安排及总行机关文明处室评比等项工作。

牛锡明副行长参加中国人民银行在京召开的关于房地产市场形势及金融政策报告会。

8日 党委书记、行长姜建清列席十届人大在京召开的第二次全体会议。

中国工商银行保卫工作视频会议在京召开，张福荣副行长出席并做题为《努力构建安全保卫长效机制 确保全行改革发展顺利进行》的讲话。

牛锡明副行长参加中国银监会在京召开的国有商业银行2005年监管工作会议。

辽宁分行雷锋储蓄所被全国妇联授予“巾帼文明岗”。

9日 党委书记、行长姜建清列席十届人大在京召开的第三次全体会议。

9日~10日 中国工商银行纪检监察工作会议在京召开。姜建清行长出席并讲话。陈克儒纪委书记在会上做了题为《坚持从严治行 加大预防力度 努力完成党风廉政建设和反腐败工作任务》的工作报告。

10日 姜建清行长、王丽丽副行长会见TCL集团股份有限公司总裁李东生一行。

姜建清行长会见台湾宏仁集团董事长王文洋一行。

10日~11日 纪委书记陈克儒出席中纪委、监察部在京召开的中央金融机构纪检监察部门负责人座谈会，并作题为《加大惩防力度 有效遏制金融案件发生》的发言。

11日 杨凯生副行长拜访国土资源部负小苏副部长，双方就工商银行股份制改革的进展及土地权属的完善问题交换意见。

中国工商银行中介机构培训工作视频会议在京召开，杨凯生副行长出席会议。

杨凯生副行长会见纽约银行执行副总裁euroclear一行。

杨凯生副行长会见安永会计师事务所中国区主席胡定旭。

张福荣副行长应邀赴中国人民银行研究生部出席“金融理财在中国”第二期国际论坛活动，并作题为《国内及商业银行个人理财业务发展》的演讲。

张衢副行长赴软件开发中心北京研发部进行工作调研。

王丽丽副行长会见内蒙古自治区人民政府副主席郝益东一行。

山东分行与中石油山东分公司签署牡丹中油联名卡合作协议。

12日~13日 中国工商银行2005年工会工作会议在京召开，工会工作委员会主任陈克儒同志出席并作题为《以科学发展观统领工会工作 在现代金融企业建设中充分发挥工会组织的作用》的讲话。

中国工商银行共青团工作会议在京召开，纪委书记陈克儒同志出席并讲话。

13日 党委书记、行长姜建清列席十届人大在京召开的第四次全体会议。

14日 党委书记、行长姜建清列席第十届全国人民代表大会第三次会议在京举行的闭幕会。

总行印发工银任免［2005］18号文件，任命宋宁为中国工商银行东京分行总经理，免去其厦门市分行副行长、党委委员职务；免去许金雷中国工商银行东京分行总经理职务，调伦敦子银行工作。

总行印发工银任免［2005］16号文件，任命许金雷为中国工商银行（伦敦）有限公司总经理；免去张可心中国工商银行（伦敦）有限公司总经理职务，调工商东亚金融控股有限公司任总经理职务。

总行印发《2005年工资总额分配办法》。该办法提供了开放式的工效挂钩平台，提高了分配透明度，构建了保障性收入的稳定增长机制，并导入薪酬管理中的市场竞争理念。

15日 中国工商银行个人消费信贷业务工作会议在京召开，张福荣副行长出席并作题为《完善组织系统 强化营销职能 实现中国工商银行消费信贷业务的健康发展》的讲话。

张福荣副行长参加中国银监会在京召开的国有商业银行违法违规案件专项治理工作第二次会议。

张衢副行长主持召开会议，研究应对媒体关于工行网银支付缺陷报道的具体措施。

王丽丽副行长会见大众汽车金融公司高级执行副总裁Mr. Giuseppe Savoini一行。

中国工商银行与中国再保险集团公司正式签署托管协议，该公司是工商银行保险资产托管业务的第一家再保险公司客户。至此，中国工商银行的保险资产托管客户涵盖了财险、寿险和再保险三种类型，成为了国内涵盖托管保险资产类型最全的托管银行。

16日 中国工商银行内控合规工作会议在京召开，姜建清行长在会上作题为《加快构建严密高效的内控体系，为建设现代金融企业提供坚强保障》的讲话。会议就2005年全行依法合规大检查工作进行了动员和部署。杨凯生、张福荣、张衢、王丽丽副行长，陈克儒纪委书记，牛锡明、李晓鹏副行长出席了会议。

党委书记姜建清主持总行党委理论学习中心组集中学习讨论胡锦涛、曾庆红同志在省部级主要领导干部关于提高构建社会主义和谐社会能力专题研讨班上的重要讲话。党委副书记杨凯生，党委委员陈克儒、张福荣、张衢、王丽丽、牛锡明等参加了学习。

姜建清行长主持召开第3次行长办公会议，研究成立基金公司事宜。

江西分行首次办理自行买入型福费廷业务。

17日 党委书记、行长姜建清，纪委书记、机关党委书记陈克儒出席总行机关青年座谈会，听取团员青年对总行先进性教育活动的意见建议，了解团员青年在思想、学习、工作和生活方面的愿望和要求，以便有针对性地改进工作，确保先进性教育活动取得扎扎实实的成效。

姜建清行长、王丽丽副行长会见中海油总公司总经理傅成玉一行。

张福荣副行长主持召开第11次总行办公会议，研究集中对账工作和加强权限卡管理问题。

王丽丽副行长会见互联基金公司总裁 Ken Miller 一行。

18日 姜建清行长会见美联储纽约副行长温伯格·德杰思（Gerald Dages）。

姜建清行长会见摩根斯坦利首席经济学家斯蒂芬·罗奇（Stephen Roach），就全球经济走势、中美经济、主要货币汇率问题交换了意见，并重点就人民币汇率形成机制与中美贸易关系的影响及相应的政治与社会意义进行了探讨。

总行机关召开保持共产党员先进性教育转入评议阶段动员大会。党委书记、行长姜建清同志作了动员讲话。中央驻中国工商银行督导组组长刘文同志出席并讲话。动员大会由陈克儒纪委书记主持。党委副书记杨凯生，党委委员张福荣、张衢、王丽丽、牛锡明、李晓鹏同志，总行机关全体党员及部分入党积极分子参加了大会。总行机关先进性教育活动由学习动员阶段正式转入分析评议阶段。

王丽丽副行长会见中航油集团副总经理李纯坚，双方就中航油债务重组进展情况进行商谈。

湖北分行与东风汽车有限公司签署资金集中管理协议。

18日~25日 总行分别在长春、天津、西安、上海、广州、贵州六个地区举办了8期股改工作培训班，对来自各一级、直属分行和二级分行的1500多名学员，就股改工作各级分支机构应承担的数据申报、汇总填表工作、法律和业务尽职调查工作进行了全面培训。

19日 姜建清行长会见美国国际集团（AIG）董事长兼首席执行官董事长 Greenberg 一行。

21日 姜建清行长会见候任以色列中央银行行长斯坦利·费希尔（Stanley Fisher）。

姜建清行长会见瑞士信贷第一波士顿（CSFB）首席执行官布兰迪·道根（Brady Dougan）和瑞士信贷集团执行董事局成员柯磊洛一行。

杨凯生副行长会见安永会计师事务所全球金融服务集团主席 Robert Stein 一行。

张衢副行长会见美国运通公司亚太区副总裁顾华龙（Kula）一行。

总行印发《关于开展依法合规大检查的通知》。

总行印发《关于加强收入分配管理的通知》，对规范营业网点员工工资分配、推进经营管理者薪酬改革、加强工资支付、协调员工收入差距等提出要求。

21日~22日 牛锡明副行长参加2005年中国银监会在京召开的统计工作会议。

22日 姜建清行长会见汇丰集团主席庞约翰（John Bond）、亚太区投资银行主管宦国苍一行。

张福荣、王丽丽副行长主持召开反洗钱工作领导小组会议，研究部署近期中国工商银行反洗钱工作。

天津分行正式办理异地通关缴纳关税业务。

山西分行举行储蓄存款突破800亿元新闻发布会。

23日 姜建清行长会见世界经济论坛亚太区董事豪威尔（Howell），听取世界经济论坛新加坡会议有关情况的介绍。

王丽丽副行长主持召开第12次总行办公会议，研究同业存款利率问题。

上海分行电子银行实物黄金交易系统、手机银行银证通系统、电话银行手机账单缴费功能投产。

23日~24日 中国工商银行民主党派、无党派人士和归侨侨眷代表座谈会在广州召开，张福荣副行长出席并讲话。

张衢副行长赴大连分行进行不良资产、电子银行工作情况调研。

24日 姜建清行长会见 IBM 副总裁唐乃晖、中国区总经理周炜琨一行。

杨凯生副行长会见德勤全球金融服务行业主管 Jack Ribeiro 一行，双方回顾了过去在人力资源等项目上的良好合作，并就商业银行风险管理、客户关系管理以及绩效考核等方面交换了意见。

25日 姜建清行长、杨凯生副行长出席中国金融学会在京召开的第七次代表大会。

杨凯生副行长出席中国工商银行与华电集团在京举行的企业年金基金托管业务签字仪式。

总行印发《中国工商银行企业上市顾问业务管理暂行办法》。

北京分行正式为北辰热力厂提供企业年金账户管理服务，成功在企业年金账户管理系统开立第一家客户。

28日 山西分行全面开展依法合规大检查工作。

29日 张福荣副行长主持召开2005年度全行保密委员会和密码工作领导小组联席会议。会议学习传达了全国保密和密码工作会议以及王刚同志在中央保密委员会第三次会议上的讲话精神、中央保密委员会2005年工作要点、2005年全国党政系统普通密码工作安排、中办国办《关于切实做好新形势下涉外国家安全和保密工作的意见》等有关文件，听取了保密办关于2004年中国工商银行保密和密码工作情况的汇报，对2005

年全行保密、密码工作进行了部署。会议审议通过了《调整、增补中国工商银行保密委员会和密码工作领导小组成员名单》。

王丽丽副行长出席国家开发银行在人民大会堂举行的“南水北调东、中线一期工程”银团贷款合同签字仪式。中国工商银行与国家开发银行等国内7家金融机构将为南水北调一期主体工程提供总额达488亿元人民币的银团贷款。

王丽丽副行长会见浦东发展银行副行长马莉一行。

王丽丽副行长会见国务院台湾事务办公室经济局副局长唐怡，双方就工商银行支持部分台商投资企业及大型项目问题交换了意见。

新疆分行网上银行业务在全疆13个地区的养路费征稽处开通运行。

30日 张福荣副行长主持召开第13次总行办公会议，研究本外币清算一体化方案。

王丽丽副行长出席财政部在京举行的中央财政非税收入收缴代理银行项目投标开标仪式，并代表工商银行做投标陈述。

纪委书记陈克儒，副行长张衢、王丽丽参加中直工委和中央国家机关工委在人民大会堂联合举办的《反分裂国家法》专题讲座。

总行印发《关于加强上门收款业务管理的通知》。

31日 姜建清行长、张衢副行长会见中国农业发展银行行长郑晖一行，介绍了在信贷业务方面的管理经验及CM2002系统的主要功能，并就双方科技合作事宜进行了会谈。

张福荣副行长会见国联安基金管理公司董事长符学东，双方表示将继续加强在各个业务领域，尤其是开放式基金业务上的合作。

王丽丽副行长参加国务院在京召开的全国整顿和规范市场经济秩序电视电话会议。

总行印发《中国工商银行资信证明业务操作办法》。

总行印发《关于新增并调整部分会计科目的通知》。

3月 上海分行被上海市厂务公开工作领导小组评为2004年度上海市厂务公开民主管理工作先进单位。

卢森堡分行以簿记行身份代表总行成功参加德国西门子公司银团贷款。

4月

1日 姜建清行长主持召开第14次总行办公会议，研究新闻宣传工作。

天津分行成功投产企业网上银行USBkey客户证书业务。

上海分行推出正本信用证保管箱服务，加快了信用证传递速度，提升了单证业务服务水平。

总行印发《关于分行内控合规部门组建工作有关问题的通知》。

福建分行与广发华福证券有限公司签订“银证通”业务系统合作协议。

广东分行与广东社保局签订“委托银行自动结算保险资金合作协议”。

2日 浙江分行开展“创建和谐银行，营造温馨家园”活动。

4日 杨凯生副行长会见富通集团执行委员会成员约泽夫（jozef de mdy）一行。

杨凯生副行长会见中国建设银行行长助理陈佐夫。

总行印发《关于印发出口押汇及贴现业务管理办法的通知》。

江西分行与江西省教育厅在南昌大学举行江西普通高校国家助学贷款合作协议签字仪式暨贷款发放仪式。

5日 杨凯生副行长会见国家开发银行副行长高坚。

杨凯生副行长会见瑞士信贷第一波士顿（CSFB）全球执行委员会成员、瑞士信贷资产管理公司（CSAM）董事长兼首席执行官迈克尔·肯尼利（Michael Kenneally）一行，双方就合资设立基金管理公司及其他合作事宜进行了商谈。

北京分行本外币储蓄存款突破3000亿元。

浙江分行针对小企业的经营管理特点，先后出台了《小型企业信贷管理实施办法》、《小型企业整贷零偿贷款办法》以及《小型企业循环贷款办法》等，在服务小企业创新发展的实践中取得了可喜成绩。

6日 姜建清行长主持召开第4次行长办公会议，研究：1. 关于下调系统内备付金存款利率问题；2. 关于2005年费用分配意见；3. 关于开展对外技术服务的管理办法；4. 关于2005年员工培训计划。

杨凯生副行长会见摩根斯坦利亚太区投资银行负责人白德迈（Michael Berchtold）一行。

王丽丽副行长会见国家开发投资总公司副总裁施洪祥一行。

江苏分行组成12个检查组深入辖区开展依法合规大检查。

总行印发《关于防范和控制大额支付风险的通知》。

6日~9日 杨凯生副行长先后赴贵州、四川分行宣布对陈焕祥、隋运生同志的人事任免决定，聘任陈焕祥同志为中国工商银行四川省分行行长、党委书记职务，免去其中国工商银行贵州省分行行长、党委书记职务，免去隋运生同志中国工商银行四川省分行行长、党委书记职务。

6日~30日 湖南分行开展各项存款突破1000亿元营销宣传活动。

7日 全行依法合规大检查活动动员视频会议在京举行，张福荣副行长作了题为《精心组织 严格自律 努力做好现场检查工作》的讲话，陈克儒纪委书记主持会议。

张福荣副行长主持召开第15次总行办公会议，研究现金营运中心管理问题。

王丽丽副行长会见中央电视台副台长李晓明一行。

8日 姜建清行长赴北京分行就股改前期准备、压降潜在风险贷款等工作进行调研。

张衢副行长会见株式会社日立制作所执行副总裁小野功一行。

王丽丽副行长会见法国兴业银行全球执行官费力佩·茨特纳（Philippe·Citerne）一行。

王丽丽副行长应邀出席中国人保健康保险股份有限公司在京举行的开业庆典。

王丽丽副行长出席中国工商银行与中国大唐集团公司在京举行的开立担保协议签字仪式。

中国工商银行消费信贷管理工作会议在京举行，牛锡明副行长出席并讲话。

12日 姜建清行长会见德意志银行集团投资银行全球首席执行官、德意志银行全球执行委员会成员麦克·科尔（Michael Cohrs）一行。

姜建清行长会见伦敦证券交易所主席史密斯（Gibson-Smith）一行。

姜建清行长主持召开总行风险管理委员会2005年第2次会议，杨凯生、张福荣、张衢、王丽丽副行长和陈克儒纪委书记、牛锡明副行长出席会议。会议审议并原则通过了《2004年度公司客户信用风险管理报告》、《2004年度利率风险管理报告》和《2004年度流动性风险管理报告》。会议决定由杨凯生副行长兼任操作风险管理委员会主任委员，王丽丽副行长兼任市场风险管理委员会和流动性风险管理委员会主任委员，牛锡明副行长兼任信用风险管理委员会主任委员。各专业委员会依据《中国工商银行风险管理委员会章程（试行）》（工银发［2004］136号）组成。

杨凯生、张福荣副行长参加中国银监会在京举行的国有商业银行案件专项治理工作第三次会议。

由中国工商银行安排融资的亚太Ⅵ号通信卫星于西昌卫星发射中心成功发射。总行营业部作为亚太Ⅴ号以及亚太Ⅵ号的国际银团融资牵头行，为这两颗卫星安排了项目融资，并参加了此次卫星发射活动。

宁夏分行与兰州铁路分局签订现金管理服务协议。

12日~13日 中国工商银行公司金融业务工作视频会议在京召开，王丽丽副行长出席并作题为《努力开拓市场，锐意改革创新，推动公司金融业务全面发展》的讲话。

13日 姜建清行长会见高盛全球投资银行主席克里斯-柯尔（Chris Cole）及安联集团全球执委会主席蔡德礼（Zedelius）一行。

姜建清行长主持召开第5次行长办公会议，研究：1. 关于2005年员工培训工作；2. 关于基层行内控综合评价工作情况汇报；3. 关于总行营业部业务调整有关问题。

张福荣、王丽丽副行长主持召开第8次总行办公会议，研究个人黄金买卖业务。

中国工商银行压降潜在风险贷款视频会议在京召开，牛锡明副行长出席。会议在对前一阶段全行压降潜在风险贷款工作进行总结的基础上，再次要求全行积极行动起来，明确责任，狠抓落实，以确保全行压缩潜在风险贷款目标的实现。

牛锡明副行长会见《欧洲货币》杂志出版人罗伊·奥斯本（Neil Osborn）一行。

14日 姜建清行长会见中央先进性教育活动领导小组副组长杨衍银及中央督导组组长刘文，汇报了先进性教育活动开展情况。随后，杨衍银、刘文同志以及中央先进性教育活动办公室指导协调三组副组长朱学庆同志出席了总行信贷管理部党员领导干部民主生活会并进行工作指导。牛锡明副行长陪同参加了会议。

姜建清行长会见汇丰银行全球企业、投资银行和资本市场主席徒绍基（John J. Studzinski）一行。

姜建清行长会见花旗银行董事长兼花旗集团高级副董事长威廉斯·罗德斯（Willams Rohdes）一行。

中国工商银行新闻宣传工作视频会议在京召开，张福荣副行长出席并讲话。

王丽丽副行长会见英国金融服务局（FSA）批发业务部主任汤马斯·胡特斯一行。双方就中国银行业的总体情况、反洗钱工作的开展、《巴塞尔新资本协议》的实施计划等交换了意见。

王丽丽副行长会见财政部国库司司长詹静涛、副司长王彦欣，双方就政府现金管理业务以及中国工商银行如何通过提供现代金融产品更好地服务财政改革等问题进行商谈。

15日 党委书记姜建清同志主持召开总行党委民主生活会，党委各成员按照中央关于保持共产党员先进性教育活动的有关要求，结合各自工作和学习实际进行自我剖析，开展批评与自我批评。田瑞璋、杨凯生、陈克儒、张福荣、张衢、王丽丽、牛锡明、李晓鹏等总行领导同志，中央督导组组长刘文以及中纪委、中组部有关负责同志出席了会议。

中国工商银行与中国人寿保险股份有限公司签署中国人寿保险股份有限公司保险资产托管协议。

17日~18日 王丽丽副行长赴天津出席由天津市人民政府和中国商业联合会共同主办的2005中国天津全国商品交易会暨投资洽谈会。

18日 国务院正式批准《国有独资商业银行股份制改革试点工作领导小组办公室关于上报〈中国工商银行股份制改革实施总体方案〉的请示》（银发［2004］292号），批准中国工商银行实施股份制改革，决定动用国家外汇储备150亿美元，通过中央汇金投资有限责任公司向中国工商银行进行注资。

姜建清行长、杨凯生副行长参加中国人民银行在京举行的国有商业银行股份制改造试点工作领导小组办公室工作会议。

张福荣副行长赴上海出席2005中国金融品牌高峰论坛活动。

新疆分行与新疆邮政管理局签订现金管理服务协议。

19日 姜建清行长主持召开总行股份制改造领导小组会议，通报股改工作进展情况。杨凯生、张福荣、张衢、王丽丽、牛锡明、李晓鹏副行长出席。

姜建清行长、王丽丽副行长出席中国工商银行与中国粮油食品（集团）有限公司在京举行的银企战略合作协议签约仪式，并会见中粮集团董事长宁高宁。

姜建清行长、张福荣副行长主持召开第17次总行办公会议，研究内控案件防范工作。

姜建清行长主持召开第18次总行办公会议，研究不良资产剥离有关工作。杨凯生、张衢、牛锡明副行长出席会议。

张福荣副行长、陈克儒纪委书记主持召开总行依法合规大检查领导小组会议，总结大检查开展以来工作情况，部署下一阶段工作任务。

中国工商银行法律事务工作会议在京举行，王丽丽副行长出席并讲话。

总行印发《关于印发中国工商银行进口信用证业务管理办法（修订）的通知》。

总行印发《关于印发中国工商银行进口押汇业务管理办法（修订）的通知》。

总行印发《关于印发中国工商银行提货担保业务管理办法（修订）的通知》。

20日 杨凯生副行长会见美林国际董事长伟凯文（Kevin Wattsy）一行。

王丽丽副行长会见中国人寿资产管理公司副总裁王一佳。

王丽丽副行长会见中英人寿保险公司外方股东、英国英杰华保险集团执行董事菲利浦·斯科特及其中方股东中粮集团总裁刘福春一行。

21日 在北京新世纪饭店举办以“创新发展，合作共赢”为主题的银行同业合作与发展研讨会，有68家股份制商业银行、城市商业银行和农村信用联社高层应邀参加。杨凯生、张福荣、王丽丽副行长出席了会议。研讨会集中展示了近年来全行在支付结算、同业融资、电子银行以及国际业务领域同业合作的创新产品与服务。

张福荣副行长主持召开第19次总行办公会议，研究低效网点清理工作。

张衢副行长参加中国银监会在京举行的国有商业银行不良资产分析会。

新华社公布国务院批准中国工商银行实施股份制改革的方案。这是贯彻落实党的十六大和十六届三中全会精神，加快金融改革，促进金融业健康发展的又一重大决策。国务院要求，工商银行要全面推进各项改革，以建立现代产权制度和现代公司治理结构为核心，转换经营机制，建立现代金融企业制度，成为一个资本充足、内控严密、运营安全、服务与效益良好、主要经营管理指标达到国际水准、具有较强国际竞争力的现代化大型商业银行。要按照国家支持与自身努力相结合，改革与管理、发展并重的原则，稳步推进整体改制工作。通过运用外汇储备150亿美元补充资本金，使核心资本充足率达到6%，通过发行次级债补充附属资本，使资本充足率超过8%。要实行更加严格的外部监管和考核，确保国家资本金的安全并获得合理回报。要建立规范的公司治理结构，加快内部改革，全面加强风险控制。在处置不良资产时，要严肃追究银行内部有关人员的责任，严厉打击逃废银行债务的不法行为。

22日 中国工商银行分行行长工作会议在京举行，姜建清行长在会上作重要讲话。这次会议的主要任务是，认真学习贯彻党中央、国务院关于工商银行股份制改造的决策部署，明确现代金融企业建设新阶段的目标任务，研究布置财务重组、不良资产剥离和第二季度重点工作，动员全行同心同德，扎实工作，以高度的事业心和责任感，肩负起股份制改造的历史重任，开创现代金融企业建设的新局面。杨凯生、陈克儒、张福荣、张衢、王丽丽、牛锡明、李晓鹏等总行领导同志及监事会主席王为强出席会议。

完成中央汇金投资有限责任公司150亿美元外汇资本金注资相关工作。

23日 顺利完成全功能银行系统NOVA V1.5版本的投产工作。此次版本共涉及全行20个相关部门，100多个项目和任务，是自数据中心整合以来首个全行性综合版本，其成功投产将使数据集中优势进一步得以发挥。

伦敦子银行SWIFT应用系统成功迁移到海外数据中心SWIFT集中应用平台，实现了伦敦子银行业务数据的集中处理。

24日 网上银行第一季度版本成功投产。

外汇账户管理报送系统正式投产，该系统整合了全行现有的外汇账户管理功能，实现相关系统资源高度共享。

24日~30日 姜建清行长率团赴韩国，先后拜访了韩国金融监督院、新韩银行和浦项制铁有限公司、

LG化学株式会社、双龙汽车公司总部高层，分别就金融风险控制、业务合作等方面的内容进行了广泛而深入的沟通和交流，并成功举办了韩资银行招待会。随后赴新加坡出席由世界经济论坛举办的“亚洲圆桌会议”。姜建清行长担任此次会议联席主席，并参与了会议相关主题讨论。

25日 受姜建清行长委托，杨凯生副行长主持召开了总行资产负债管理委员会2005年第1次会议，审议外汇注资运作方案。张衢、王丽丽、牛锡明副行长以及17个相关部室负责人出席了会议。会议审议并原则通过了关于外汇注资运作方案的建议，就外汇资本金管理的职责分工、资金市场运作基本目标和风险管理、外汇资本金运作组合方案选择、注资初期的运作方案、外汇资本金运作核算、外汇贷款和外汇营运资金结汇等问题进行了周密稳妥的安排。

中国工商银行可疑类贷款尽职调查工作动员暨培训视频会议在京举行，张衢副行长出席并作题为《全行动员 统一行动 顺利完成可疑类贷款尽职调查工作》的讲话。

王丽丽副行长主持召开市场风险委员会会议。

全国金融系统“优秀工会干部”、“职工之友”暨“全国金融模范职工之家”表彰大会在人民大会堂举行。党委委员、纪委书记陈克儒出席。

25日~27日 张福荣副行长赴深圳分行了解依法合规大检查工作开展情况，并进行个人金融业务工作调研。

25日~26日 李晓鹏副行长先后赴浙江、宁波分行宣布重要人事任免事项，聘任徐新桥同志为中国工商银行浙江省分行行长、党委书记，杭州金融研修学院院长、党委书记职务。免去丁仲篪同志中国工商银行浙江省分行行长、党委书记，杭州金融研修学院院长、党委书记职务。聘任郁炯彦同志为中国工商银行宁波市分行行长、党委书记职务，免去徐新桥同志中国工商银行宁波市分行行长、党委书记职务。

26日 杨凯生副行长出席国务院发展研究中心金融研究所在京举办的“第一届中国金融改革高层论坛”，并作题为《国有银行改制与风险防范》主题演讲。

河南分行召开银期合作发展研讨会。

27日 杨凯生副行长会见穆迪KMV公司总裁安德鲁·何达德（Andrew Huddart）一行。

王丽丽副行长会见花旗人寿保险股份有限公司（筹）董事长沈若雷、首席执行官贝克俊一行。

牛锡明副行长会见标准普尔首席质量官麦克尔·德斯特法诺（Michael Destefano）。

广东分行营业部与广州地区16家外资银行就加强业务合作进行交流和探讨。

28日 杨凯生、张衢副行长主持召开第29次总行办公会议，研究不良资产剥离工作。

张衢副行长参加国资委在京举行的全国企业兼并破产和职工再就业工作领导小组会议。

牛锡明副行长主持召开德隆债权人委员会会议。

中国工商银行与中国出版集团公司签订战略合作协议。

中国银监会正式批准中国工商银行投资成立基金管理公司的申请。中国工商银行成为国内首家获准投资设立基金管理公司的商业银行。

北京市海淀区公主坟第三储蓄所等37个单位被团中央命名为2004年度全国青年文明号，北京市王府井支行新东安分理处等154个单位被重新认定为国家级青年文明号。

中国工商银行被中国银联与中国商业联合会授予2004年度“刷卡无障碍”优秀示范商户评选活动最佳合作奖。

天津分行实现人民币、外币资金清算业务一体化。

29日 杨凯生副行长赴房山培训中心为党校学员班授课。

杨凯生副行长，陈克儒纪委书记，张福荣、张衢、牛锡明副行长与当选的工商银行系统2005年全国劳动模范合影并进行座谈。

中国工商银行损失类贷款剥离工作视频会议在京举行，张衢副行长出席并作题为《统筹安排 规范操作 确保完成损失类贷款剥离工作》的讲话。此次会议的召开，标志着全行损失类贷款剥离工作开始全面启动。

贵州分行邀请新闻媒体参加“金融服务—体验工行网上银行业务”联谊活动。

30日 总行顺利完成注资与资本结构调整所涉及的全部财务处理事项，对现有资本金进行重组，财政部保留与中央汇金投资有限责任公司等额资本金，其余转为风险拨备，从而使核心资本金达到2480亿元，核心资本充足率达到6%。

福建分行取得省级财政国库集中支付业务代理行资格。

4月 广西分行开展个人金融业务“热浪·180天”竞赛活动。

5月

1日 张衢副行长赴北京市分行慰问了节日期间仍坚守工作岗位的干部员工。

2日 姜建清行长赴江苏省分行对节日期间坚守在工作一线的全体员工表示亲切慰问，并听取了江苏省分行关于不良资产剥离工作的汇报。

2日~5日 杨凯生副行长率团赴土耳其出席亚洲

开发银行年会，并与多家机构洽谈有关业务合作事宜。

5日 阿拉木图子银行完成在哈司法部的重新注册工作。

8日 姜建清行长拜会铁道部副部长陆东福。

杨凯生、张衢副行长主持召开第21次总行办公会议，研究非信贷资产剥离事宜。

9日 总行召开党委领导班子专题民主生活会情况通报会，党委书记姜建清通报了总行党委领导班子专题民主生活会情况。陈克儒纪委书记主持通报会。杨凯生、张衢、张福荣、王丽丽、牛锡明等总行领导同志，中央督导组成员及总行机关全体人员参加了大会。

张福荣、牛锡明副行长主持召开第23次总行办公会议，研究中国工商银行个人贷款业务发展问题。

云南分行与云南省国家税务局签订关于进一步加强税务与银行间合作的框架协议。

10日 姜建清行长赴财政部汇报股份制改革及损失类贷款剥离组卷工作的进展情况。

中国工商银行与中国建设银行股份有限公司在人民大会堂举行银团贷款合作协议签约仪式。姜建清行长、杨凯生副行长出席签字仪式。

杨凯生副行长会见富通集团执行委员会成员约泽夫(Jozef De Mey) 一行。

王丽丽副行长会见智利银行副董事长安德罗尼科·卢克希奇·克雷格 (Andronico Luksic Craig) 一行。

牛锡明副行长会见中国银行首席信贷风险官董乐明(Lonnie Dounn)。

总行印发《中国工商银行消费信贷审批中心管理办法》。

总行印发《关于严格防范不良贷款剥离过程中的操作风险和道德风险的通知》。明确各行不良贷款处置领导小组、不良贷款处置工作小组、不良贷款处置督查小组的工作职责，要求各行加强协调，建立责任制度，通过加强流程控制防范操作风险，通过加强过程监督防范道德风险。

甘肃分行“长征精神工行人”主题宣传接力签名活动正式启动。

10日~13日 王丽丽副行长出席亚太经合组织在京举行的工商咨询理事会（ABAC）2005年度第二次会议。

11日 杨凯生副行长就被批准设立基金公司事宜接受6家新闻媒体采访。

张衢副行长赴中国银监会汇报科技体系建设及信息系统风险控制情况。

王丽丽副行长会见怡安保险集团公司英国区副董事长马克思·泰勒一行。

牛锡明副行长主持召开第24次总行办公会议，研究中石油加油卡安装POS机问题。

牛锡明副行长会见安永合伙人胡展云一行，就行内有关国际审计工作交换意见。

全行托管的货币市场基金份额达1006.48亿元，一举跨越千亿元大关，成为国内证券市场托管货币市场基金份额和所有基金份额最大的托管银行。

总行印发《中国工商银行消费信贷业务操作管理规定》。

总行印发《关于二级分行扁平化改革的指导意见》。

11日~12日 姜建清行长赴上海出席“IBM全球商业领袖论坛”活动，并发表题为《迅速转型中的中国商业银行》的主题演讲。期间，分别会见IBM公司董事长兼首席执行总裁彭明盛（Sam Palmisano）、东方航空董事长李丰华。

11日~13日 牛锡明副行长赴河北分行就潜在风险贷款压降工作进行调研。

13日 总行机关举行保持共产党员先进性教育活动整改提高阶段动员会，党委书记姜建清同志在会上作转段动员报告，陈克儒纪委书记主持会议。杨凯生、张衢、张福荣、牛锡明等总行领导同志，中央督导组成员及总行机关全体党员参加了大会。

杨凯生副行长应邀出席普华永道在中国大饭店举办的2005年全球领袖峰会，并以风险控制为主要内容发表主题演讲。

张福荣副行长主持召开第26次总行办公会议，研究权限卡管理问题。

牛锡明副行长参加中国银监会在京召开的完善小企业金融服务工作会议。

江西分行组织公开竞聘二级分行副行长。

15日 外汇交易做市商系统成功投产，为正式成为银行间外币买卖市场首批做市商提供了系统支持。

16日 姜建清行长会见花旗集团总裁查尔斯·普林斯（Charles Prince)。

中国工商银行可疑类贷款剥离工作视频会议在京召开，张衢副行长出席并作题为《严密组织 继续奋战 确保圆满完成可疑类贷款剥离工作》的重要讲话。会议要求各行务必认真组织做好可疑类贷款剥离组卷工作，继续奋战，确保圆满完成全行可疑类贷款剥离工作。

总行印发《中国工商银行可疑类贷款剥离工作方案》。

17日 姜建清行长应邀出席在京举行的2005年北京《财富》全球论坛。

姜建清行长会见中国信托商业银行（台湾）董事长辜濂松一行。

姜建清行长会见英国金融时报主编安德鲁·高尔斯(Andrew Gowers)，向对方介绍了中国工商银行近几年经营管理情况。

姜建清行长主持召开第6次行长办公会议，研究：1. 关于信贷执行官管理办法；2. 关于构建公司客户信贷产品体系问题；3. 关于资金管理体制改革方案；4. 关于国际业务单证中心组建方案。

杨凯生、张衢副行长主持召开第27次总行办公会议，研究自办经济实体处理问题。

杨凯生副行长会见纽约证券交易所副首席运行官凯瑟林·肯尼（catherine kinney）女士一行。

王丽丽副行长会见荷兰全球人寿保险公司（AEGON）董事长兼首席执行官唐仕德一行。

王丽丽副行长会见海康保险高管及外方股东一行，商谈双方全方位合作及签署全面合作协议的可行性。

纪委书记陈克儒参加中纪委在京召开的金融系统加强党风廉政建设座谈会。

海南分行与海南省邮政局签订邮政储蓄委托—代理协议。

17日~19日 张福荣副行长赴天津出席依法合规大检查汇报会。

17日~6月1日 牛锡明副行长率团赴欧洲，考察瑞士银行和德意志银行公司治理结构情况。

18日 姜建清行长会见高盛集团董事长亨利·鲍尔森（Henry Paulson）。

姜建清行长会见荷兰全球人寿保险公司（AEGON）董事长唐仕德（Mr. Donald J. Shepard）。

姜建清行长会见VISA国际组织副总裁兼中国区总经理熊安平，听取其关于5月底即将在京召开的VISA国际组织全球及亚太区董事会主要议题的介绍。

工商银行与搜狐、阿里巴巴、盛大、海航集团等12家国内知名电子商务企业在京举行合作协议签署仪式。姜建清行长致开幕辞，张衢副行长代表工行与各合作方签署合作协议。中央电视台、新华社、《人民日报》等80多家媒体采访了此次活动，新浪、搜狐、新华网对签约仪式进行了全程现场网络直播。各分行也纷纷开展营销活动。

新疆分行与自治区国家税务局签订“银税通”协议。

青海分行与青海省烟草公司、沈阳东软软件股份有限公司签订银企合作协议和银企互联合作协议。

18日~19日 陈克儒纪委书记率总行依法合规大检查督导组赴杭州召开会议，听取部分总行检查组及分行检查情况汇报。

19日 姜建清行长会见美国摩根斯坦利公司首席执行官裴熙亮（Philip Purcell）一行。

姜建清行长会见澳大利亚参议员迈克尔·约翰逊（Michael Johnson），就国内外银行业未来发展问题交换看法。

姜建清行长会见安联集团执行董事蔡德礼（Werner Zedelius）。

中国工商银行土地房屋确权工作会议在京举行，杨凯生副行长出席并讲话。

张衢副行长会见美国亿贝（eBay）公司总裁兼首席执行官梅格·惠特曼女士（Meg Whitman）一行。

总行印发《中国工商银行重组并购顾问业务管理暂行办法》。

20日 姜建清行长参加国务院副总理黄菊在京主持召开的银行业案件治理工作情况汇报会。

姜建清行长、杨凯生副行长出席与中国远洋运输公司在京举行的战略合作协议签字仪式，并会见中远集团总裁魏家福。

杨凯生、张福荣副行长出席在京举行的中国工商银行行史编写提纲审议会议。会议征求了总行各部室对《中国工商银行行史（1984~2003）编写提纲》的修改意见。

杨凯生副行长会见德意志银行新任金融机构部全球主席豪尔赫·卡尔德龙（Jorge Calderon）。

纪委书记陈克儒赴中国银监会汇报对审计署审计反映问题的查处情况，研究下一步尚未查结问题的具体核查工作。

中国工商银行不良贷款剥离测试工作动员视频会在京召开，张衢副行长出席。会议要求全行充分认识到此项工作的重要性和艰巨性，继续发扬连续作战、紧密配合的作风，认真落实好后续各项工作，组织好不良贷款剥离测试验证工作。

总行印发《关于调整总行营业部职能与业务定位的通知》。

23日 姜建清行长会见国际先驱论坛报主席兼总裁理查德·伍德里奇（Richard Wooldridge）

张福荣副行长出席中国银监会在京召开国有商业银行案件专项治理工作第四次会议。

张衢、王丽丽副行长主持召开第28次总行办公会议，研究逾期新委托贷款及老委托贷款清收问题。

张衢副行长赴中国银监会主持召开德隆债权委员会会议。

王丽丽副行长赴中国银监会出席中航油债务重组工作通报会。

总行印发《关于开展操作风险专项检查的通知》。

23日~25日 张福荣副行长赴武汉出席依法合规大检查汇报会。

23日~26日 陈克儒纪委书记率总行依法合规大检查督导组赴成都召开会议，听取部分总行检查组及分行检查情况汇报。

24日 姜建清行长约见中央汇金投资有限责任公司总经理谢平，就股改工作进展情况交换意见。

25日 杨凯生副行长会见野村证券执行董事兼亚太区主席吉泽德安。

中国工商银行特殊资产处置工作视频会议在京举行，杨凯生副行长出席并讲话，张衢副行长主持会议。

王丽丽副行长会见英国渣打银行集团批发业务负责

人、集团执行董事长 Kai Nagolwala 一行。

中国工商银行获得首批短期融资券主承销商资格。

与华融资产管理公司联合印发《关于中国工商银行与中国华融资产管理公司转让损失类信贷资产和非信贷风险资产工作有关问题的通知》。随后，各分行陆续与当地华融资产管理公司办事处签订损失类信贷资产和非信贷风险资产转让协议。

宁夏分行成功营销宁夏交通厅 2.5 亿美元 15 年期的美元利率掉期业务，并与之签订金融衍生产品交易总协议。

26 日　姜建清行长、张福荣副行长主持召开第 31 次总行办公会议，研究厦门分行扁平化管理改革试点工作情况。

杨凯生副行长会见法国巴黎银行全球固定受益部负责人 Eric Nicolas 一行。

杨凯生副行长会见瑞士信贷第一波士顿董事总经理、全球战略师、中国研究全球协调人及全球新兴市场股票策略部主管乔纳森·格兰（Jonathan Garner）。

中国工商银行个人金融业务视频会议在京举行，张福荣副行长出席并作题为《统一思想 振奋精神 努力促进个人贷款的稳步持续增长》的讲话。

上海分行开展争创“四好班子、五好干部、六好部室”活动。

云南分行与云南电网公司签订银企合作协议。

27 日　姜建清行长出席在京举行的 VISA 国际组织亚太区董事会会议，并代表中国区会员银行就相关议题阐述会员银行的观点。

与华融资产管理公司在京举行损失类资产转让协议签字仪式，姜建清行长，杨凯生、张衢副行长，华融资产管理公司丁仲篪、杨家思、郑万春副总裁以及财政部、人民银行、银监会、汇金公司有关负责同志出席了仪式。张衢副行长与郑万春副总裁分别代表双方签署了转让协议。

杨凯生副行长参加在人民大会堂举行的中央民族工作会议开幕式暨国务院第四次全国民族团结进步表彰大会。

“亚太零售银行首脑峰会暨亚洲最佳零售金融服务颁奖典礼”在京举行。中国工商银行荣获《亚洲银行家》杂志评选的“中国最佳零售银行”称号，张福荣副行长接受颁奖并致辞。

张福荣副行长出席在京举行的中国扶贫开发协会第三届会员代表大会暨中国产业扶贫开发论坛 2005 年会。

江苏分行与中国人寿江苏分公司、泰康人寿南京分公司联合开展业务竞赛活动。

27 日～28 日　陈克儒纪委书记参加在京召开的中央民族工作会议。

28 日　中石化现金管理系统在全行范围内成功投产，标志着中国工商银行专业版银企互联项目迈出了关键的一步。

为高端客户量身定做的电子银行产品——网上银行专业版银企互联首次在中石化成功投产。

29 日　法兰克福分行在世界储蓄银行协会召开的贸易融资及中小企业金融服务国际研讨会上推介业务，促进与世界储协会员行合作。

30 日　姜建清行长赴华融资产管理公司宣布有关人事任免事宜。

王丽丽副行长会见古巴国民银行行长 Irma Martinez 女士一行。

纪委书记、机关党委书记陈克儒主持召开总行机关精神文明建设协调领导小组会议，审议通过了《2004 年总行机关精神文明建设工作总结及 2005 年工作安排》，并结合全行推进股份制改革的新任务、新形势，对下一步重点工作进行了部署。

亚洲地区境外分行正式启用代理行授信额度管控系统。该系统在简化各行申请代理行授信额度的报批手续的同时，实现了对代理行授信额度的实时管控，标志着境外机构的电子化建设又迈上了一个新的台阶。

安徽分行在安徽省 2005 年“861”行动计划银企合作项目衔接会上与企业签署了 23 个项目。

31 日　党委书记姜建清同志主持召开第 10 次党委会议，宣布重要人事任免决定。根据中组部组任字［2005］64 号文，任命刘立宪同志为中国工商银行纪委书记、党委委员，易会满同志为中国工商银行党委委员，免去陈克儒同志中国工商银行纪委书记、党委委员职务，退休。会后召开了总行副总经理级以上干部大会，由姜建清行长宣读了上述任免决定。田瑞璋、杨凯生、陈克儒、张福荣、张衢、王丽丽、李晓鹏、刘立宪、易会满等总行领导同志，监事会主席王为强出席了大会。

CM2002 代理行子系统境外延伸项目正式投产，实现了境内外分行在代理行额度管理方面的统筹管理，进一步提高了代理行额度的使用效率与自动化水平。

5 月　工商国际与工银亚洲及多家境内分行合作，开展了内保外贷、福费廷、信用证代付、T/T 代付等多项业务，贸易融资业务量显著上升。

卢森堡分行在第 38 届亚行年会期间会见部分外资银行。

6 月

1 日　姜建清行长主持召开第 8 次行长办公会议，1. 听取依法合规大检查工作情况汇报；2. 审议关于在印度尼西亚收购银行有关事宜；3. 审议固定资产分配计划。

杨凯生副行长会见摩根大通亚太区主席白瑞普

一行。

中国银监会正式批准工银亚洲收购华商银行，标志着华商银行股权转让工作已进入最后阶段。

内蒙古分行举行“银行卡之春”大型营销宣传活动。

2日 姜建清行长会见香港财经事务及库务局局长马时亨。

杨凯生副行长会见韩国交易所董事长兼首席执行官李永铎先生。

张福荣、王丽丽副行长主持召开第32次总行办公会议，研究个人黄金业务工作。

黑龙江分行第一家速汇金旗舰店在营业部融汇支行正式开业。

2日 三峡分行与三江航天集团财务有限责任公司签署银企互联合作协议。

3日 姜建清行长会见纽约银行董事长兼首席执行官雷毅（Renyi）一行。

杨凯生副行长会见大和证券社长斋藤辰荣先生。

张福荣副行长、刘立宪纪委书记主持召开会议，听取对总行直属机构依法合规大检查情况的汇报，研究贯彻落实中国银监会案件专项治理第四次会议精神的具体措施。

王丽丽副行长参加国家外管局在京举行的外汇反洗钱工作情况通报会。

牛锡明副行长会见合生创展集团总裁武捷思。

贵州分行与贵州省邮政局签订现金管理服务协议。

4日 中国证监会正式批复中国工商银行、瑞士信贷第一波士顿和中国远洋运输（集团）总公司，共同发起设立工银瑞信基金管理有限公司。这是国有商业银行与国际基金管理公司和国内大型跨国集团共同组建的并被准许进入中国基金管理市场的首家合资公司。

5日~7日 姜建清行长、王丽丽副行长出席中国工商银行与中国银行共同承办的国际货币会议（IMC）2005年年会。这次为期两天的年会是国际货币会议首次在中国召开的年会。国务院黄菊副总理接见与会代表并致辞。姜建清行长发表题为《面对转型挑战的中国商业银行》的演讲。

6日 姜建清行长会见富通集团（Fortis）首席执行官文通（Jean Paul Votron）。

姜建清行长会见美国国际集团（AIG）副董事长谢仕荣。

姜建清行长会见汇丰投资银行与资本市场业务中东及北非地区总裁穆赫塔尔·侯塞因（Mukhtar Hussain）、亚太区主席宦国苍一行。

总行同意法兰克福分行关于开办“承诺互换”业务的申请。该业务以支持外国同业客户在华业务和工商银行在境外业务发展为目标，将难以掌握的外国企业信用风险转化为易于控制的代理行信用风险，是海内外分行内外联动、互动共赢的又一次有益尝试。

7日 姜建清行长会见国际金融协会（IIF）主席达拉若（Dallara）一行。

姜建清行长会见美国摩根大通（JP）集团总裁哈里森（Harrison）一行。

党委书记、行长姜建清出席总行机关先进性教育座谈会。

张福荣副行长拜会中国农业发展银行行长郑晖、副行长刘梅生。

张衢副行长会见万事达国际组织中国区总经理冯炜权一行，听其介绍了“2005年万事达卡国际组织大中华地区主管行长高峰论坛”会议议程和行程等情况，并就有关合作事宜交换意见。

8日 杨凯生副行长主持召开“非零售信用风险内部评级项目”评标委员会预备会议。

9日 中国工商银行外部审计评估工作视频会议在京举行，会议部署了外部审计评估的有关工作。姜建清行长出席会议并讲话，杨凯生、张福荣、张衢、王丽丽、牛锡明、李晓鹏副行长、刘立宪纪委书记，监事会王为强主席出席会议。

中国工商银行与银行间市场第一家QFII基金——泛亚债券指数基金建立结算代理关系。

10日 杨凯生副行长应邀出席香港银行业学会北京代表处在京举行的开业仪式。

山西分行安全账户卡短信提醒服务功能试运行成功。

10日~16日 姜建清行长率团赴沙特阿拉伯、阿联酋、科威特、卡塔尔中东四国拜会有关代理行及金融同业高层。

10日~12日 杨凯生副行长主持非零售信用风险内部评级项目评标委员会，先后听取了穆迪KMV、标准普尔、毕博、普华永道和Oliver Wyman5家国际知名风险咨询公司的投标演示，并进行了初步评标。

13日 杨凯生副行长、陈克儒同志主持召开第37次总行办公会议，研究工银瑞信基金公司首只基金发行协调工作。

杨凯生副行长会见美国运通公司副总裁何德伟一行。

张衢副行长参加中国人民银行在京召开的不良贷款剥离工作领导小组会议。

13日~15日 张福荣副行长赴深圳分行进行个人金融业务调研。

14日 中国工商银行部分分行固定资产确权工作座谈会在京举行，杨凯生副行长出席。

14日~17日 牛锡明副行长赴广东出席部分分行消费信贷座谈会并讲话。期间与中石油总会计师贡华章就有关业务问题交换了意见。随后赴珠海软件开发中心视察个人信贷管理系统（PCM2003）软件开发情况，确定了系统试点工作安排。

15日 杨凯生副行长会见摩根斯坦利投资银行部副主席、董事总经理布朗（Doug Brown）一行。

杨凯生副行长会见中国联合通信有限公司副总裁佟吉禄一行。

全国银行间市场正式推出债券远期交易业务，中国工商银行与兴业银行成功完成市场第一笔债券远期交易业务，交易金额为6000万元。

总行印发《关于在总行会计结算部设立业务监督中心的通知》。

16日 杨凯生、张衢副行长会见中国人民银行金融稳定局张新副局长一行，就可疑类贷款剥离工作中的有关问题交换意见。

16日~20日 刘立宪纪委书记赴杭州金融研修学院为各一级分行纪委书记培训班授课，随后在浙江分行进行工作调研。

17日 杨凯生副行长会见光辉国际咨询（北京）有限公司全球董事长兼首席执行官保罗·瑞雷先生（Mr. Paul Reilly）一行。

中国工商银行代理基金业务电视会议在京召开，杨凯生、张福荣副行长出席。

张衢副行长参加中国人民银行在京召开的企业和个人信用信息基础数据库建设领导小组会议。

总行印发《关于股份制改革过程中改进和加强思想政治工作的意见》，要求各级党组织以先进性教育活动为动力，加强思想政治工作，保证股改的顺利进行。

浙江分行先后与温州、金华、台州市政府签订共同促进民营企业加快发展合作协议。

福建分行成为代理福建省邮储系统资金汇划、现金存取和协定存款业务的独家承办行。

17日~29日 王丽丽副行长率团赴南非、埃及出席ICC第4届世界商会大会及第189次世界理事会各国家委员会会议，并访问了埃及中央银行。

20日 姜建清行长会见惠普（HP）公司全球首席执行官马克·赫德（Mark Hurd）一行。

总行机关召开保持共产党员先进性教育活动总结大会，总行党委书记姜建清同志作总结报告，中央督导组组长刘文同志发表讲话，党委委员张福荣同志主持会议。陈克儒、牛锡明、刘立宪等总行领导，监事会主席王为强，中央先进性教育活动办公室指导协调三组副局级干部李秀平，中央督导组成员以及总行机关全体人员参加了会议。

杨凯生副行长会见纽约银行执行副总裁兼亚太区主管肯尼斯·罗皮恩（Kenneth A. Lopian）。

杨凯生副行长参加中国人民银行行长助理刘士余在京主持召开各国有商业银行分管副行长和基金公司总经理会议，研究商业银行发起设立基金管理公司试点事宜。

刘立宪纪委书记参加国家行政学院在京举行的“党的执政能力建设和纪检监察工作专题研讨班”开班仪式。

总行印发工银任免［2005］38号文件，任命孙新荣为中国工商银行香港分行总经理（总行副总经理级）；免去沈士生兼任的中国工商银行香港分行总经理职务。

个人客户营销管理系统（PBMS）在全行投产，该系统是工商银行独立自主开发、拥有完全知识产权的针对个人客户的关系管理系统。

江苏分行与江苏省电信有限公司签订电子商务战略合作协议。

20日~21日 张衢副行长参加中国银监会在杭州召开的商业银行业务创新座谈会，并到浙江分行进行工作调研。

21日 中国工商银行先进性教育督导组和分支机构先进性教育活动办公室主任培训会议在京举行，姜建清行长出席并讲话。

中国工商银行不良贷款剥离情况通报电视会议在京举行，姜建清行长在会上作重要讲话。杨凯生、牛锡明副行长出席会议。

姜建清行长、杨凯生副行长会见证监会桂敏杰副主席，就有关工作交换意见。

杨凯生副行长会见巴西盖尔道阿索米纳斯公司财务总监鲁斯阿格斯特。

杨凯生副行长赴中国人民银行汇报可疑类贷款剥离工作情况。

牛锡明副行长赴中国银监会汇报中小企业贷款问题。

22日 姜建清行长会见中国普天集团总裁邢炜一行。

姜建清行长会见中国国际旅行总社董事长盖志新一行。

张衢副行长赴中国银监会专题汇报不良资产剥离方案、组织实施和进展情况、存在的主要问题以及工作建议。

张衢、牛锡明副行长主持召开会议，研究不良贷款剥离及责任认定专项审计有关问题。

牛锡明副行长就审计工作有关情况与安永会计师事务所交换审计意见。

23日 党委书记、行长姜建清赴人民大会堂参加中央第二批保持共产党员先进性教育活动工作会议。中央组织部部长、中央先进性教育活动领导小组组长贺国强出席会议并讲话。

杨凯生副行长参加中国人民银行在京召开的不良贷款剥离工作会议。

张福荣副行长主持召开第38次总行办公会议，研究北京分行个人金融业务发展问题。

牛锡明副行长赴中国人民银行参加中非经济金融合作午餐会。

黑龙江分行荣获当地“改善发展环境百面旗”竞赛先进单位称号。

大连分行举办理财课堂系列活动。

24日 姜建清行长主持召开第9次行长办公会议，研究：1. 关于中国工商银行网站国际化建设问题；2. 关于核定总行住房公积金问题；3. 关于调整内部资金转移价格问题；4. 关于对总行弥补资金计息和财务重组收益情况的汇报；5. 关于北京分行申请解决电子银行中心和会计业务处理中心办公用房问题。

张福荣副行长、刘立宪纪委书记主持召开会议，听取依法合规大检查情况汇报。

牛锡明副行长赴上海出席由江苏、浙江、上海、宁波、苏州等分行参加的信贷工作座谈会。

陕西分行与陕西省农村信用社联合社签署全面业务合作协议。

25日 顺利完成NOVA1.6版本主机部分投产工作。本次投产版本共涉及全行21个相关部门，50多个项目和任务。

顺利完成云南分行向云南省农村信用联社移交部分县支行的工作。本次移交涉及云南省分行营业部及13个二级分行的45个县支行（包括辖属营业网点66个），人民币各项存款余额81.19亿元，其中：对公存款32.82亿元，储蓄存款余额48.37亿元。各项贷款余额27.92亿元，其中：短期贷款10.76亿元，中长期贷款17.16亿元。

安徽分行营业部雷锋储蓄所被授予合肥市首批“十佳诚信单位”之一。

27日 中国工商银行2003届博士后出站报告评审会在京举行。姜建清行长、杨凯生副行长出席并主持博士后答辩。

可疑类信贷资产转让协议签字仪式在京举行。中国工商银行与中国华融资产管理公司、中国信达资产管理公司、中国东方资产管理公司和中国长城资产管理公司签署了35个资产包、总额4590亿元可疑类信贷资产转让协议，姜建清行长，财政部、中国人民银行、中国银监会、中央汇金投资有限责任公司有关领导和四大资产管理公司主要领导，总行相关部室负责人出席了签字仪式。人民银行行长助理刘士余作了重要讲话。杨凯生副行长主持签字仪式。张衢副行长代表中国工商银行与各资产管理公司分别签署了转让协议。可疑类信贷资产转让协议的正式签署，标志着财务重组取得了重大进展，必将对全行的股份制改革起到极大的推动作用。

姜建清行长，杨凯生、张衢副行长主持召开第39次总行办公会议，研究可疑类信贷资产划转后下一步有关工作。

刘立宪纪委书记主持召开机关党委第二次全委会。审议通过办公室党总支部等10个先进基层党组织，刘德奇等45名优秀共产党员，王珍军等16名优秀党务工作者为总行机关2003－2005年度先进集体和个人；审批发展26名新党员，批准15名预备党员按期转正。

总行印发《关于在分支机构深入开展保持共产党员先进性教育活动的通知》。

总行印发《关于开展庆祝建党84周年活动的通知》。

江西分行顺利完成电话银行的全省集中工作。

27日～29日 牛锡明副行长赴上海出席关于不良资产剥离后如何在有效控制风险的前提下开拓信贷市场座谈会。随后应邀出席中国石化与英国BP合资兴建的上海赛科石油化工有限公司年产90万吨乙烯项目商业运营庆典。

28日 姜建清行长会见汇丰银行亚太区总裁郡茗高。

刘立宪纪委书记主持召开会议，听取黑龙江分行案件查处情况的汇报。

中国工商银行2004年年报（摘要）在《金融时报》正式刊出。

甘肃分行参加甘肃省中小企业及非公有制经济银企洽谈会，签约项目及项目意向18个。

29日 姜建清行长会见高盛集团董事总经理克里斯·科尔（Chris Cole）一行。

姜建清行长会见金光集团（APP）总裁黄志源。

杨凯生副行长拜访国土资源部副部长贠小苏，就股改有关工作进行沟通。

张福荣副行长主持召开第40次总行办公会议，研究总会计委派制工作。

30日 分支机构保持共产党员先进性教育活动动员大会在京举行。党委书记姜建清同志作动员报告，党委副书记杨凯生同志主持会议。这次动员大会的召开，标志着中国工商银行第二批先进性教育活动已全面铺开。从7月1日开始，全行21000多个分支机构的11600多个基层党组织将通过层层动员，陆续展开学习动员阶段的各项工作。张福荣、王丽丽、牛锡明、李晓鹏、易会满等总行领导同志出席。

姜建清行长会见普华永道中国业务主席方黄吉雯女士一行。

刘立宪纪委书记参加中纪委在京举行的“党的执政能力建设和纪检监察工作专题研讨班”结业仪式。

总行印发《中国工商银行个人经营贷款管理办法》。

6月 姜建清行长为长春、杭州两所金融研修学院建院20周年题词：“培养现代金融人才，促进工行改革发展。”

7月

1日 总行机关组织召开“七一”优秀党员代表座谈会。党委书记姜建清同志在会上做了重要讲话。纪委书记刘立宪宣布了关于表彰总行机关2003－2005年度先进基层党组织、优秀共产党员和优秀党务工作者的决定。杨凯生、张福荣、王丽丽、牛锡明等总行领导同志出席并为受表彰的部门和个人颁发奖牌和证书。

姜建清行长主持召开第10次行长办公会议，1. 审议《中国工商银行资本管理办法（试行）》及经济资本配置过渡方案；2. 审议《中国工商银行风险拨备制度》；3. 审议《中国工商银行境内分行经营绩效综合考评办法》。

王丽丽副行长会见中国进出口银行副行长朱鸿杰，就外汇资金业务合作事宜交换意见。

牛锡明副行长参加国务院在京召开的处理普尔斯马特企业有关问题的会议。

中国工商银行与华融、东方、长城和信达四家资产管理公司就可疑类信贷资产转让有关问题达成一致意见。

2005年度个人账户结息处理工作顺利完成，全行个人账户利息正确计算并成功入账。本次结息共涉及全行个人活期账户3.8亿个、公积金账户605万个、借记卡和准贷记卡账户1879万个。

1日~2日 张衢副行长应邀赴台湾出席万事达卡国际组织大中华区主管行长高峰论坛。

2日~3日 党委副书记、副行长杨凯生赴青海分行进行保持共产党员先进性教育活动动员。

4日 张福荣副行长主持召开第41次总行办公会议，研究电子档案综合管理问题。

牛锡明副行长主持召开行业分析例会。

4日~5日 姜建清行长、王丽丽副行长赴香港出席工银亚洲董事会会议。期间，姜建清行长先后会见了香港信合集团黄志祥主席、中信泰富荣智健主席、东亚银行李国宝主席及嘉里集团郭鹤年主席等，就在港业务发展及香港大型企业开拓内地市场等问题与各方广泛交换了意见。

党委委员、纪委书记刘立宪赴江苏分行进行保持共产党员先进性教育活动动员。

5日 姜建清行长、杨凯生副行长出席工银瑞信基金管理有限公司在中国大饭店举行的开业典礼及揭牌仪式。工银瑞信基金管理公司是我国第一家由国有商业银行发起设立的合资基金管理公司。注册资本金为2亿元人民币，注册地在北京，中国工商银行、瑞士信贷第一波士顿和中国远洋运输（集团）总公司3家股东的持股比例分别为：55%，25%和20%。

总行印发《关于调整内部资金转移价格有关问题的通知》。

5日~8日 张福荣副行长率团赴新加坡出席中国工商银行现金管理业务推荐会。

党委委员、副行长牛锡明赴安徽分行进行保持共产党员先进性教育活动动员，并就个人贷款核销工作有关问题进行调研。

6日~8日 党委书记、行长姜建清赴陕西分行进行保持共产党员先进性教育活动动员，并视察了西安市开发区项目建设情况及分行营业网点。期间先后会见了陕西省省长陈德铭、西安市委书记袁纯清，就金融业支持西部开发等有关工作深入交换了意见。

党委委员、副行长张衢赴山东分行进行保持共产党员先进性教育活动动员，并进行业务工作调研。

6日 杨凯生副行长会见美国爱默生电气公司高级执行副总裁兼首席财务官沃尔特·高尔文（Walter J. Galvin）一行。

7日 王丽丽副行长主持召开第42次总行办公会议，研究云南分行不良拆借资金处置有关问题。

上海分行配合总行与伊朗银行就伊朗德黑兰北部高速公路项目签订融资协议。

8日 杨凯生副行长应邀出席中远集团在京举行的“中国远洋控股股份有限公司在香港成功上市庆典”。

“中国工商银行次级债与新产品推介会”在北京嘉里中心酒店举行。王丽丽、易会满等总行领导出席并致辞。

总行印发《中国工商银行消费信贷个人客户统一授信管理办法》。

10日 信息系统第二次应用级灾难恢复演练工作圆满完成。

10日~31日 党委委员、副行长李晓鹏赴重庆、昆明参加中央党校组织的课题调研活动。

11日~13日 中国工商银行信息科技系统生产运行管理工作会议在青海召开，张衢副行长出席并作题为《进一步提升信息系统生产运行质量，确保中国工商银行股份制改革顺利推进》的讲话。

11日 姜建清行长会见全国社保基金理事会副理事长高西庆一行。

王丽丽副行长应邀出席沙特阿美石油公司庆祝晚宴。

牛锡明副行长赴中国银监会向车迎新主席助理汇报有关工作。

黑龙江分行开展“存款突破1000亿元，真情回报社会”百日营销宣传活动。

江苏分行与太平洋建设集团、华西集团公司等9家知名企业签订企业财务顾问协议。

厦门分行实施扁平化改革。

12 日 姜建清行长会见 VISA 国际组织亚太区总裁齐儒柏一行。

姜建清行长、王丽丽副行长会见安联集团董事会成员蔡德礼（Werner Zedelius）。

王丽丽副行长会见戴姆勒克莱斯勒金融服务股份有限公司董事会主席沃克（Walker）一行。

湖南分行与湖南农业大学签订银校合作协议。

13 日 姜建清行长会见安联集团董事会成员蔡德礼（Werner Zedelius）。

总行印发工银党［2005］77 号文件，任命刘立宪同志为中共中国工商银行机关委员会书记（兼）、中国工商银行工会工作委员会主任（兼）；免去陈克儒同志中共中国工商银行机关委员会书记、中国工商银行工会工作委员会主任职务。

总行举行首次股改工作新闻发布会。新闻发言人王珍军主任、股份制改革办公室潘功胜主任对全行上半年财务重组完成情况，以及总体经营状况向各大新闻媒体的记者进行了通报，并回答了记者的提问。

总行印发《中国工商银行操作风险管理委员会工作规则》。

14 日 姜建清行长参加中国银监会在京举行案件专项治理工作第五次会议。

姜建清行长会见铁道部副部长陆东福一行。

杨凯生副行长会见瑞士信贷第一波士顿银行董事总经理、首席经济学家 NEAL. SOSS 博士。

张福荣、牛锡明副行长主持召开第 43 次总行办公会议，研究加强消费信贷工作措施。

党委委员、副行长王丽丽赴江苏分行宣布重要人事任免决定，任命施刚同志为江苏分行党委书记、行长。

15 日 姜建清行长、张福荣、张衢副行长主持召开个人金融业务指导委员会第一次会议。会议审议通过了个人金融业务部提交的《关于个人金融产品整合项目进展情况的报告》、《个人金融业务指导委员会秘书处工作规则》。

姜建清行长会见美国国际集团（AIG）执行副主席、执行副董事长兼首席营运总监卡拉克（Donald Kanak）。

姜建清行长主持召开第 12 次行长办公会议，1. 审议不良贷款管理办法及抵债资产管理办法；2. 研究境外机构工资半属地化管理问题；3. 研究后勤体制改革问题；4. 研究基金代理发行问题；5. 听取总行二期工程规划方案的汇报；6. 听取在澳门、印度尼西亚收购项目情况汇报。

张衢副行长会见中国航天科工集团公司副总经理方向明一行。

牛锡明副行长主持召开第 44 次总行办公会议，研究报表清理整合及建立覆盖全行统计制度有关问题。

16 日 NOVA1. 6 开放平台相关项目顺利投产。本次投产版本共涉及开放平台项目版本 76 个。

江西分行银证通系统顺利投产。

17 日 网上银行第二季度版本成功投产。

18 日 姜建清行长会见瑞银集团（UBS）副主席菲尔·格拉姆（Phil Gram）。

中国工商银行个人信贷管理系统（PCM2003）试点工作视频会议在京召开，牛锡明副行长出席。

牛锡明副行长参加中国银监会在京举行的审计发现问题查处工作汇报会。

中国工商银行与上海黄金交易所合作开发的个人实物黄金买卖系统在上海分行开通，以“金行家”命名的工行个人实物黄金投资业务正式向个人开放。

18 日～19 日 中国工商银行会计同业研讨会在云南举行，张福荣副行长出席会议。

18 日～30 日 张衢副行长率团赴德国、瑞士就数据中心建设问题进行考察。

19 日 向国务院报送《天津市人民政府 中国工商银行关于整体处置工商银行天津市分行不良贷款情况的报告》。报告从总体情况、基本做法、主要成果、联合调查组的调查情况及下一步工作计划等五个方面对整体处置天津分行不良贷款的情况进行了汇报。

20 日 姜建清行长拜会财政部楼继伟副部长，就股改工作交换意见。

姜建清行长拜会中国银监会刘明康主席，就股改工作交换意见。

杨凯生副行长会见摩根斯坦利资产服务咨询公司主席兼执行董事蓝德彰。

张福荣副行长参加中国银监会在京举行国有银行案件专项治理工作汇报会。

21 日 姜建清行长拜会中央汇金公司汪建熙副董事长、谢平总经理、李笑明副总经理，就股改工作交换意见。

代理工银瑞信基金发行工作动员视频会议在京召开，姜建清、杨凯生、张福荣、王丽丽、易会满等总行领导出席。

姜建清行长会见韩国友利银行董事长黄永基一行。

杨凯生副行长会见安永公司中国区主席孙德基。

牛锡明副行长参加中国银监会在京召开的国有商业银行不良资产分析会。

牛锡明副行长参加中国人民银行副行长吴晓灵在京主持召开的半年经济金融分析和贷款通则修改会议。

22 日 中国工商银行与中国农业发展银行在京举行合作框架协议签字仪式，姜建清行长、张福荣副行长出席。

姜建清行长会见澳大利亚国会议员、中国委员会秘书长麦克尔·约翰逊（Michael Johnson），就有关经济金融发展问题进行交流。

杨凯生副行长会见中央汇金公司副总经理李笑明一

行，就股改工作交换意见。

王丽丽副行长主持召开第45次总行办公会议，研究加快国际业务发展问题。

王丽丽副行长应邀出席总装备部综合计划局与结算中心举行的联欢晚宴。

23日 姜建清行长应邀出席银行家杂志社主办的《宏观调控下的中国银行业——挑战与变革》论坛，并发表主题演讲。

25日~27日 中国工商银行分行行长工作会议在京召开。会议的主要任务是：总结上半年股份制改革和经营管理情况，分析财务重组后面临的形势，研究部置下半年重点工作，进一步推动现代金融企业建设。姜建清行长在会上作了重要讲话。杨凯生、张福荣、王丽丽、牛锡明、李晓鹏、刘立宪、易会满等总行领导及监事会主席王为强出席会议。

25日 姜建清行长出席中国人民银行在京举行的大额支付系统建成招待会。

标准普尔评级服务公司调升中国工商银行的长期和短期外币存款评级。其中，长期评级由BB+调升至BBB-，短期评级由B调升至A-3。前景展望为“正面”。与此同时，标准普尔将中国工商银行的银行基本实力评级由D调升至D+。

26日 王丽丽副行长参加中国银监会在京举行的兰州铁路局债权银行会议。

总行印发《关于报送中国工商银行总行机关保持共产党员先进性教育活动总结的报告》。

总行印发《中国工商银行不良贷款管理办法》。

7月26日~8月26日 代理发行工银瑞信核心价值股票型证券投资基金43.5亿元。作为中国工商银行控股的、第一家由商业银行发起设立的基金管理公司的首只基金产品，截至发行结束，工银瑞信核心价值基金成为2005年成立规模最大、募集时间最短、投资者最多的股票型基金。

27日 中国工商银国际业务工作会议在京召开，姜建清行长、王丽丽副行长出席并讲话。

牛锡明副行长会见上海汽车工业（集团）总公司朱根林总经理。

总行印发《关于印发〈中国工商银行信用卡呆账核销业务处理流程〉的通知》。

福建分行为福建华映光电股份公司办理美元逐日累计型利率掉期业务，实现对公客户外汇债务风险管理业务零的突破。

28日 姜建清行长会见英国益百利（Experian）公司全球总裁唐·罗伯特（Don Robert）一行。

王丽丽副行长主持召开第46次总行办公会议，研究卢森堡分行网上银行业务系统开发问题。

中国工商银行与中国人寿保险股份有限公司在广州联合召开银行保险业务合作推广会。

总行印发《中国工商银行抵债资产管理办法》，以规范抵入、合理定价、妥善保管、及时处置、减少损失为原则，加强抵债资产管理。

浙江分行与阿里巴巴、杭州网通等8家国内著名电子商务企业签署战略合作协议。

29日 以中央候补委员、全国政协委员、湖南省政协主席胡彪同志为组长，以国家工商行政管理总局党组副书记、副局长甘国屏同志为副组长的中央先进性教育活动第9巡回检查组莅临中国工商银行，检查指导先进性教育活动。党委书记姜建清同志代表党委向中央巡回检查组汇报了中国工商银行先进性教育活动开展情况。杨凯生、张福荣、王丽丽、牛锡明、李晓鹏、刘立宪等同志参加了汇报会。

总行印发《关于推行资金管理体制改革的通知》。

7月 广东分行获得美国银行授予的“2004年度中国银行支付清算最佳直通率”奖牌。

新加坡分行当选新加坡银行业银行公会（Association of Banks in Singapore）理事会成员。

8月

1日 中国工商银行与中国石油天然气股份有限公司联合推出的“牡丹中油国际信用卡”和“牡丹中油灵通卡”在北京、天津、上海、沈阳、长春、济南、广州、成都、西安、乌鲁木齐、重庆、苏州12座城市正式发行。

2日 姜建清行长会见戴尔公司总裁兼首席执行官凯文·罗林斯（Kevin Rollins）。

姜建清行长赴计划财务部宣布关于谷澍同志任副总经理的决定。

张衢副行长会见长城资产管理公司张晓松副总裁一行。

中国工商银行获得企业年金基金账户管理人、托管人资格，成为国有商业银行中唯一获得企业年金基金账户管理人资格的机构。

2日~3日 党委委员、纪委书记刘立宪赴贵州分行宣布关于黄再红同志任贵州分行党委书记、行长的决定。

3日 中国城市金融学会常务理事会暨中国工商银行战略咨询会在京举行，姜建清行长在会上作《工商银行的改革与发展》的主题发言。张肖、刘廷焕、杨凯生、陆百甫、王洛林、楼继伟、吴晓灵、田瑞璋、郑晖、苏德山、赵海宽、谢平、何盛明、杨圣明、李扬、萧灼基、王广谦、宋逢明、李晓鹏等常务理事出席会议。

杨凯生副行长会见总装备部综合计划部阮朝阳部

长、财务局李少波局长，就有关合作问题交换意见。

国土资源部正式下发《关于核准中国工商银行重组改制土地资产总体处置方案的复函》（国土资函［2005］633号），核准中国工商银行重组改制土地资产总体处置方案。

4日 杨凯生副行长会见凯悦国际酒店集团总裁曹令高（Bernd Chorengel）一行。

杨凯生副行长主持召开第48次总行办公会议，1. 研究特殊资产处置工作的进展情况和存在的问题；2. 研究股份公司成立报批文件准备工作。

张福荣、张衢副行长主持召开第47次总行办公会议，研究个金产品整合问题。

李晓鹏副行长出席在京举行的北京地铁四号线PPP项目融资协议签字仪式。

4日~5日 牛锡明副行长赴河北分行就信贷管理工作进行调研。

5日 姜建清行长主持召开第13次行长办公会议，1. 讨论信息系统连续运作项目实施方案；2. 研究人民币个人小额存款账户收取管理费问题；3. 研究清理整顿低效营业网点问题；4. 研究专项奖励问题；5. 研究特殊资产处置过程中人员的分流和安置问题；6. 研究规范后勤公司产权关系问题。

中国工商银行个人消费信贷业务市场营销工作座谈会在京召开，张福荣副行长出席。

张衢副行长拜会总政治部副部长姜吉初少将，就有关工作交换意见。

刘立宪纪委书记主持召开案件责任人处理联席会议，研究对案件有关责任人的处理意见。

海南分行举办“财富人生，工行相伴”贵宾客户理财沙龙。

8日 工商东亚董事长田瑞璋赴香港主持工商东亚第三届董事会第二次会议。

总行印发《关于与信托投资公司合作开展间接银团业务的指导意见》。

9日 姜建清行长拜访北京大学党委书记闵维方及北大方正集团高层。北京分行易会满行长陪同。

总行印发《关于公布境内分支机构内部等级评定结果的通知》。

陕西分行与陕西省政府签订银政合作协议。

10日 北京分行无线POS顺利投产。

10日~11日 姜建清行长赴江苏进行中小企业调研，并主持召开小企业信贷业务座谈会。

10日~12日 广东分行营业部为40位高端客户子女举办以“财富、成长”为主题的夏令营活动。

11日 王丽丽副行长会见荷兰银行金融机构及公营部门环球业务副董事长Samuel Zavatti先生一行。

总行印发《关于成立总行业务营运中心工程指挥部的通知》。

总行印发工银任免［2005］62号文件，聘任徐坤田为营运中心工程指挥部总指挥。

总行印发《关于组建国际结算单证中心的通知》。

12日 张衢副行长赴数据中心（北京）及软件开发中心北京研发部检查指导工作。

中国工商银行2005－2007年次级债券承销团大会及签字仪式在京举行，王丽丽副行长出席。

工银亚洲正式向总行发行新股。至此，中国工商银行向工银亚洲出售华商银行的股权交割工作已基本完成。

15日 王丽丽副行长主持召开第49次总行办公会议，研究牡丹中油联名卡项目POS机安装有关问题。

王丽丽副行长主持召开第50次总行办公会议，研究人民币汇率形成机制改革的影响、对策及相关工作。

青岛分行在青岛地区首家开办外汇信用卡柜面取现业务。

16日 中国工商银行特殊资产处置工作座谈会在京召开，杨凯生副行长出席并讲话。

王丽丽副行长应邀出席外交部在京组织召开的“关于胡锦涛主席参加2005年APEC峰会成果设计研讨会”。

16日~19日 受国家人事部委托，在长春金融研修学院举办中国零售银行业的发展战略高级研修班。

16日~17日 中国工商银行银行卡市场拓展工作会议在浙江召开，张衢副行长出席并讲话。

17日 杨凯生副行长会见天津市政府副市长崔津渡一行，就有关工作交换意见。

总行印发《关于规范后勤公司产权关系的通知》。

17日~18日 中国工商银行与中石油股份公司在大连联合召开加油卡POS安装动员会，牛锡明副行长出席。

18日~19日 党委委员、副行长王丽丽赴甘肃出席分行党委民主生活会。

18日 总行印发《中国工商银行防范和控制假按揭贷款风险的规定》。

由中国企业联合会主办的“2005中国企业500强排行榜”名单在天津揭晓，以营业额排名，中国工商银行位居第五，在国内商业银行中排名第一。

甘肃分行与甘肃省交通厅签订合作协议。

19日 中国工商银行首期次级债券在全国银行间债券市场成功发行，杨凯生副行长为次级债券招标开标。

总行印发《中国工商银行防范和控制假按揭贷款风险的规定》。

湖南分行与湖南长株高速公路开发有限责任公司签订银企全面合作协议。

22日 总行印发《关于做好特殊资产处置过程中人员分流和安置的通知》。

釜山分行与韩国釜山银行开展人民币预结汇业务合作。

23日 姜建清行长会见港交所主席李业广、执行总监霍广文。

由北京分行具体承办的中国加入国际金融理财师CFP组织签字仪式及新闻发布会在京举行，姜建清行长出席并致辞，张福荣副行长也出席了发布会。

姜建清行长会见中保国际新任董事长冯晓增、总经理林凡一行。

姜建清行长会见中国五矿集团公司总裁周中枢一行。

总行向国务院报送《中国工商银行关于不良资产剥离情况的报告》，同时抄送财政部、人民银行和银监会。

总行印发《关于进一步清理整顿低效营业网点的通知》。

24日 中国工商银行与中国进出口银行合作协议签字仪式在京举行，姜建清行长、牛锡明副行长出席。期间，姜建清行长会见了中国进出口银行李若谷行长。

中国工商银行与神华集团合作协议签字仪式在京举行，姜建清行长、牛锡明副行长出席。期间，姜建清行长会见了出席签字仪式的神华集团总经理张喜武一行。

中国工商银行深化对账改革暨参数规范化管理改革动员视频会议在京召开，张福荣副行长出席并作题为《深化参数管理与对账改革　全面提升风险控制水平》的讲话。

牛锡明副行长会见马鞍山钢铁股份有限公司副董事长苏鉴钢。

宁夏分行与中国西部安全认证中心签订电子商务合作协议。

25日 姜建清行长，杨凯生、张福荣、牛锡明副行长，刘立宪纪委书记出席总行股份制改革领导小组工作会议。

姜建清行长会见全球风险管理协会主席里奇·安波斯特里克。

张福荣副行长主持召开第51次总行办公会议，听取小额账户收费进展情况汇报。

湖北分行开发的新一代代收武汉市固定话费系统成功投产。

26日 杨凯生副行长出席劳动和社会保障部在京举行的企业年金基金管理机构负责人会议。

26日~27日 党委委员、副行长牛锡明赴新疆分行宣布关于吴宁锋同志任新疆分行党委副书记，并主持分行全面工作的任免决定。

党委委员、纪委书记刘立宪先后赴湖北、湖南分行宣布关于左新亚同志任湖北省分行党委书记、行长，吴宏波同志任湖南省分行党委书记、行长职务及白涛同志调总行工作的任免决定。

8月28日~9月5日 杨凯生副行长随中国人民银行代表团赴莫斯科参加中俄金融论坛。

29日 党委书记、行长姜建清参加中组部在京召开的保持共产党员先进性教育活动工作座谈会。

姜建清行长会见高盛集团董事总经理克里斯·科尔（Chris Cole）及亚洲区主席伊文思一行。

牛锡明副行长出席中国银行在京举行的风险管理跨行合作会议。

全功能银行系统（NOVA2.0版本）正式发布。

29日~31日 党委委员、纪委书记刘立宪赴宁夏出席分行党委民主生活会。

30日 中国工商银行与高盛集团、安联集团和美国运通公司的战略合作谅解备忘录（MOU）签字仪式在京举行，姜建清行长、张福荣、牛锡明副行长出席。这标志着引进境外战略投资者工作已经正式开始启动。

中国工商银行行史陈列室正式开馆，姜建清行长和中央汇金公司汪建熙副董事长为行史陈列室揭牌，张福荣副行长同时出席了仪式。行史陈列室于2003年下半年开始筹建，2004年10月开工建设，历时两年竣工。陈列室面积300平方米，共展示了反映工商银行发展历程的历史实物400余件，图片、图表上千件。

姜建清行长为总行全体干部员工和参加一级分行行长培训班的同志作题为《工商银行的股改进程与发展思考》的讲座。

李晓鹏副行长出席上海长江隧桥（崇明越江通道）工程项目银团贷款合作协议书暨项目专营权合同签约仪式。

中国工商银行成为境内首家办理韩元现钞兑换业务的银行。北京、辽宁、吉林、上海、江苏、浙江、湖南、广东、大连、山东、青岛11家分行的54个网点已被确定为首批试办机构。

海南分行与海南在线举办“带着银行上大学”资助贫困大学生活动。

30日~31日 党委委员、副行长张福荣赴福建出席分行党委民主生活会。

31日 牛锡明副行长参加中国人民银行在京举行征求物权法草案的会议。

北京分行本外币存款首次突破10000亿元，余额达10033.4亿元。

广西分行与广西来宾法资发电有限公司签署代客外汇理财及风险管理业务协议。

厦门分行37家分理处网点在扁平化改革中全部升格为支行级机构。

8月31日~9月2日 党委委员、副行长牛锡明赴河南出席分行党委民主生活会，宣布关于对袁长清同志任河南省分行党委书记、行长的任命决定，并进行调研。

8月 北京分行开展“倾听基层意见，解决突出问题”主题调研活动。

澳门分行参加由澳门社会工作局举办的敬老金发放合作协议签约仪式，成为16家签约银行之一，为此项公益活动提供支持和协助。

9月

1日 姜建清行长参加中国银监会在京召开的国有银行案件专项治理第六次工作会议。

张福荣副行长会见申万巴黎基金管理公司董事长姜国芳先生。

中国工商银行与中国平安人寿保险公司银保合作推广会在呼和浩特召开。

总行印发《关于建立不良资产剥离违规违纪人员档案的通知》。

2日 张福荣副行长主持召开第52次总行办公会议，研究基金代销工作。

安徽分行成为省内全面代理省级财政国库收付业务的唯一一家商业银行。

5日 姜建清行长主持召开风险管理委员会2005年第三次会议。张福荣、张衢、王丽丽、牛锡明、刘立宪、易会满等行领导以及风险管理委员会的19个委员参加了本次会议。会议审议并原则通过了《关于财务重组后资产质量状况的报告》、《2004年度个人客户信用风险管理报告》和《关于政策性破产关闭企业贷款情况的报告》。会议还决定增补个人金融业务部总经理为市场风险管理委员会委员，增补会计结算部总经理为利率管理领导小组成员。

张衢副行长会见美国运通公司环球业务部亚太区副总裁顾华龙一行。

5日~15日 张福荣副行长率团赴欧洲参加“环球同业银行金融电讯协会”第27届SIBOS年会，并出席了在法兰克福举办的现金管理推介会。随后拜会在芬兰和奥地利的主要代理行，与上奥地利州银行签署了《承诺互换协议》。

5日~9日 中国工商银行部分分行案件形势分析会暨案防经验交流会在乌鲁木齐召开，刘立宪纪委书记出席。

6日 姜建清行长会见高盛集团亚洲区总裁伊文思一行。

党委委员、副行长张衢出席数据中心（北京）党委民主生活会。

内部评级法二期工程正式启动。二期工程核心项目——“非零售信用风险内部评级项目”分为项目管理组、客户评级组（包括打分卡优化和PD模型）、债项评级组（含LGD/EAD建模）、内部评级治理组等四个模块。

7日 张衢副行长会见IBM公司亚太区总经理范克安（Frank Kern）一行。

总行印发工银任免［2005］67号文件，聘任王希全同志为内部审计局局长，免去其资产风险管理部总经理职务；聘任白涛同志为资产风险管理部总经理（正厅级），聘期三年，至2008年8月止。

宁夏分行与宁夏煤业集团有限公司签署银企战略合作协议。

7日~8日 党委书记、行长姜建清赴黑龙江出席分行党委民主生活会。

党委委员、副行长牛锡明赴安徽出席分行党委民主生活会。

8日 张衢副行长赴北京分行调研指导信用卡工作。

山西分行与山西证券签署“银证通”业务合作协议。

苏州分行与吴江市政府签订“共同促进吴江民营企业加快发展合作协议”。

8日~9日 党委委员、副行长张衢赴上海出席数据中心（上海）民主生活会，并到分行调研指导信用卡工作。

党委委员、副行长王丽丽赴内蒙古出席分行党委民主生活会及业务营销座谈会。

9日 中国工商银行2005年教师节座谈会在京举行，杨凯生副行长出席并讲话。

杨凯生副行长应邀出席在京举行的世界经济论坛中国峰会——中国银行业——四大银行及其参与者谈论会。

与标准普尔公司本年度第二次跟踪评级会谈在京举行，牛锡明副行长出席并会见了评级小组成员。

牛锡明副行长会见《亚洲华尔街日报》主编蔡翔祈。

中国工商银行现金管理产品推荐暨合作协议签字仪式在太原举行。

10日 湖南分行举办个人客户经理业务技能比赛。

12日 中国工商银行信贷业务管理高级培训班在北京开班。姜建清行长作了题为《完善工商银行公司治理结构 推进经营模式和增长方式的根本转变》的讲座。杨凯生、牛锡明副行长，监事会王为强主席也分别为培训班授课。

姜建清行长会见高盛亚洲区主席迈克尔·伊文思（Michael Evans）一行。

由中国银行业协会、中国工商银行、中国农业银行、中国银行和中国建设银行5家单位共同主办的国内首届“商业银行中间业务发展论坛”活动在京举行。杨凯生副行长出席并作主题演讲。

13日 姜建清行长主持召开第14次行长办公会议，审议《中国工商银行股份有限公司章程（草案）》

和“三会”议事规则。

14日 姜建清行长会见清华大学教授、前高盛集团总裁约翰·桑顿。

姜建清行长会见普华永道高级顾问、前汇丰银行董事长大卫·埃尔登（David Eldon）。

姜建清行长会见香港东亚银行主席李国宝。

姜建清行长、王丽丽副行长会见台湾宏仁企业集团董事长王文洋一行。

杨凯生副行长会见宁夏回族自治区党委常委、常务副主席王正伟、副主席齐同生、主席助理兼发展改革委员会主任郝林海一行。

党委委员、副行长张衢出席牡丹卡中心党员领导干部专题民主生活会。

纪委书记、机关党委书记刘立宪主持召开总行机关创建学习型党支部交流会。会议总结交流了创建学习型党支部的做法和体会，探索建立健全使党员“长期受教育、永葆先进性”长效机制，推动总行机关学习型党支部创建工作的深入开展。

总行印发《关于汤一诵等五同志享受2004年政府特殊津贴的通知》：汤一诵、吕仲涛、赵银祥、徐志宏、陈爱平五同志被国务院批准享受2004年政府特殊津贴。

15日 党委书记姜建清主持召开第14次党委会议，1. 研究人事干部问题；2. 审议《关于落实〈建立健全教育、制度、监督并重的惩治和预防腐败体系实施纲要〉的具体意见》；3. 研究对四川银座大厦问题有关责任人的处理意见。

姜建清行长主持召开第15次行长办公会议，1. 审议跨国经营与境外业务发展规划；2. 审议《呆账核销管理办法》和《账销案存资产管理办法》；3. 审议小额账户清理方案。

16日 姜建清行长会见香港新鸿基地产发展有限公司副主席兼董事总经理郭炳联一行。

杨凯生副行长会见信诚基金管理公司董事长杨明辉一行。

杨凯生副行长会见摩根斯坦利亚太区总裁白德迈（Michael J. Berchtold）一行。

杨凯生副行长主持召开第53次总行办公会议，研究拟与铁道部签订的全系统个人金融业务服务协议。

党委委员、副行长张衢赴山东出席分行党委民主生活会。

以2005年6月30日为基准日的国内审计报告和资产评估报告已经完成，经审计评估调整后的全行净资产为2481亿元。

16日~27日 姜建清行长率团赴美国出席2005年度国际货币基金组织暨世界银行年会。参会期间，姜建清行长先后拜会了纽约证券交易所主席John Thain、美联储前主席Paul Vaulker、纽联储主席Timothy Geithner等监管机构负责人以及前财政部长、哈佛大学校长Larry Summers、前总统经济顾问委员会主席Steve Friedman、前证监会主席William Donaldson等经济金融界知名人士。此外，姜建清行长还分别会见了高盛公司主席Hank Paulson、运通集团主席陈纳德、AIG集团主席Martin Sullivan、摩根斯坦利集团主席John Mack、雷曼兄弟公司主席Richard Fuld、美林集团主席欧尼尔、安永公司主席James Turley、花旗集团主席Robert Rubin、JP摩根集团主席Harrison、德意志银行集团主席阿克曼、纽约银行董事长Thomas Renyi、大和证券社长斋藤辰荣、美联银行董事长Ken Thompson等主要金融机构的负责人。会谈中，姜建清行长向国际金融同业详细介绍了中国工商银行股份制改革进展情况，阐述了中国工商银行在今后一段时间的发展战略，并就当前国际金融形势与各方交换了意见。与会各方对中国工商银行股份制改革所取得的巨大成就表示钦佩，表示将高度关注中国工商银行股份制改革的进程，并表达了与中国工商银行进一步开展合作的愿望。

18日~12月24日 深圳分行精心策划“住宅节”百日营销活动。

19日 中国工商银行主承销的中粮集团30亿元2005年短期融资券（05中粮集团CP）在银行间市场正式发行。

总行印发《中国工商银行风险拨备制度》及贷款、应收款项减值准备管理办法，并从2006年1月1日起在全行全面实施。

总行印发《中国工商银行资本管理办法（试行）》。

20日 杨凯生副行长会见银行业协会副会长刘张君一行。

杨凯生副行长参加中国人民银行行长助理刘士余、中央汇金公司总经理谢平在京主持召开的会议，研究中国工商银行股改上市前有关筹备工作事项。

20日~23日 党委委员、纪委书记刘立宪赴南京出席江苏分行党委民主生活会，并进行工作调研。

21日 杨凯生副行长会见瑞士信贷集团首席执行官郭儒博（Oswald Gruebel）。

杨凯生副行长会见VISA国际组织亚太区总裁齐儒柏（Rupert Keeley）一行。

21日~22日 党委委员、副行长张衢赴海南出席分行党委民主生活会。

22日 张福荣副行长主持召开第54次总行办公会议，研究个人贷款业务发展有关问题。

王丽丽副行长出席中国人民银行在京举行反洗钱与反恐融资高级研讨会。

23日 杨凯生副行长参加银监会在京召开的“大银行公司治理考核标杆研讨会”。

牛锡明副行长参加国家发改委在京召开的全国棉花工作电视会议。

总行机关在北京民族大剧院举办“歌唱祖国，爱我工行”大型文艺演出活动，总行以部室为单位共组织了30多个节目进行了汇演。张福荣、王丽丽、李晓鹏副行长、刘立宪纪委书记及总行机关全体员工观看了演出。

国土资源部正式函复中国工商银行《关于中国工商银行重组改制土地资产处置的复函》（国土资［2005］862号），同意中国工商银行将原国有划拨土地投入拟成立的中国工商银行股份有限公司，同时对土地估价报告予以备案。正式获得国土资源部对中国工商银行土地资产处置方案及土地估价结果备案的批准文件，标志着全行土地评估工作圆满完成，作为股份公司设立过程中首要报批环节，该文件的取得将为后续报批事项奠定了基础。

浙江分行取得省财政厅“省级国库集中支付代理银行”资格。

24日 中国工商银行网站国际化建设项目版本正式投产。

25日 杨凯生副行长应邀出席在京举行的中央国家机关第二届职工运动会开幕式。

天津分行正式开办私产房屋代收代付业务。

26日 杨凯生副行长参加中国人民银行刘士余行长助理在京主持召开的研究工商银行股份制改革事宜的会议。

牛锡明副行长、刘立宪纪委书记主持召开第55次总行办公会议，研究1999年以来不良贷款责任稽核认定有关问题。

山西分行第一期“一级支行行长培训班”开班。

26日~28日 张福荣副行长赴湖北分行出席中国工商银行高级会计管理人员研修班开班典礼，并进行消费信贷调研。

27日 杨凯生副行长主持召开第56次总行办公会议，研究布置11月27日至30日在上海组织召开的两岸票据业务研讨会。

中国工商银行与大唐电信科技产业集团公司在京举行签订战略合作暨财务顾问协议仪式。杨凯生副行长、北京分行易会满行长出席。

总行向银监会报备《中国工商银行人民币小额活期存款账户归并及收费实施方案》。

27日~30日 纪委书记刘立宪赴广东、深圳分行就纪检监察工作进行调研。

28日 杨凯生副行长应邀出席在京举行的中国建设银行建信基金管理公司成立仪式。

王丽丽副行长应邀出席在南京举行的中国石化与德国巴斯夫合资兴建的扬子石化—巴斯夫有限责任公司一体化石油化工基地项目竣工典礼。

中国工商银行个人信贷管理系统（PCM2003）移行勾对工作动员视频会议在京召开。

标准普尔公司在北京宣布：将工商银行的长期信用评级连升两级至BBB+，短期信用评级由目前的A-3调升至A-2，基本实力评级由目前的D+调升至C，前景展望为稳定。

河北分行与河北省高校举办以“合作、发展、共赢”为主题的座谈会。

28日~10月1日 张衢副行长赴香港出席VISA国际组织2005年大中华及菲律宾地区会员机构会议。

29日 姜建清行长，杨凯生、张福荣、王丽丽副行长主持召开战略引资尽职调查与协议起草工作协调会，研究部署有关工作。

张福荣副行长出席中联部在人民大会堂举行海外侨胞、港澳台同胞及外籍华人国庆招待会。

总行印发《关于对1999年以来法人客户新增不良贷款进行全面责任认定的通知》。本次不良贷款责任认定工作涉及35家一级分行、275家二级分行，17238笔贷款，在对贷款直接责任人进行责任认定的同时，对二级分行行长或主管行长的管理和决策责任进行认定。

河南分行举办“支持民营暨中小企业发展服务合作签约会”，与63家企业签订了合作协议。

30日 杨凯生副行长参加国务院在人民大会堂举行的国庆招待会。

牛锡明副行长主持召开第57次总行办公会议，研究建立覆盖全行的统计制度有关问题。

云南分行与云南出版集团公司签订银企合作协议。

深圳分行与腾讯科技有限公司联合举行“牡丹QQ灵通卡”首发仪式。

9月 上海分行积极推行柜面操作员工计件工资制。

10月

8日~11日 党委书记、行长姜建清参加在京召开的十六届五中全会。

10月8日~11月5日 党委委员、副行长牛锡明参加中组部在京举办的第一期中国企业管理高级研修班。

9日 总行印发《关于调整博士后科研工作站领导小组及专家指导委员会成员的通知》。总行决定增补杨凯生同志为博士后科研工作站领导小组副组长，同时担任专家指导委员会副主任委员；田瑞璋、陈克儒、陈林龙三位同志不再担任博士后科研工作站专家指导委员会委员。

黑龙江分行开展第六届“十佳青年”评选活动。

10日 杨凯生副行长接受路透社全球首席财经记者Jam Staff的采访，就中国工商银行改革和发展问题发表看法。

中国工商银行人民币个人小额账户归并工作动员视频会议在京召开，张福荣副行长出席。

王丽丽副行长会见中国反洗钱监测分析中心主任欧阳卫民一行。

山西分行上门为太原海关举办“银关通”产品演示推介会。

安徽分行与芜湖市政府签订促进中小企业加快发展合作框架协议。

工银亚洲成功整合华比银行。

11 日 杨凯生副行长会见中金公司投资银行部执行总经理黄朝晖。

黑龙江分行与中国银行黑龙江分行签署外币现钞业务合作协议。

总行印发《关于进一步推进银团贷款同业合作的通知》。

总行印发《关于公布中国工商银行副高级专业技术资格评审委员会成员名单的通知》。

12 日 姜建清行长出席中央汇金公司在京举办的“高级管理人员培训班”开班典礼，并作题为《工行历史沿革及经营发展战略》的演讲。

党委书记姜建清主持第 15 次党委（扩大）会议，学习传达十六届五中全会文件精神。

王丽丽副行长会见摩托罗拉公司总部高级副总裁兼网络系统部全球财务总监 James A. Maclaughin 一行。

12 日～14 日 杨凯生副行长出席财政部在京召开的中国工商银行重组改制资产评估项目专家评审会。资产评估师及相关人员在会上向专家评审组汇报了中国工商银行资产评估情况。经过三天的封闭式评审，各位专家对中国工商银行资产评估结果表示认可。此次会议的召开标志着股份制改革又迈出了重要一步。

13 日 姜建清行长主持召开第 16 次行长办公会议，学习银监会关于中国工商银行 2004 年度监管报告及监事会关于中国工商银行 2004 年度财务状况和经营管理检查报告，研究整改意见。

张福荣副行长到北京分行南礼士路支行开展小额人民币个人活期存款账户归并工作调研。

第六届粤港深澳联席会议在深圳召开，工银亚洲、工商东亚、香港分行、澳门分行、广东分行、广东分行营业部及深圳分行参加了会议。

14 日 姜建清行长会见汇丰银行中东及北非地区企业、投资银行与资本市场部联席行政总裁穆赫塔尔（MukhtarHussain）一行。

张福荣副行长参加中国金融会计学会在京举办的国际会计准则高级研讨会。

15 日 张福荣副行长出席中国金融教育发展基金会在京举办的第三次金融人才论坛。

16 日 杨凯生副行长会见摩根斯坦利副董事长道格拉斯·布朗一行。

中国工商银行个人客户经理业务技能比赛在杭州举行，张福荣副行长出席开幕式并为获奖选手颁奖。

17 日 姜建清行长会见德意志银行全球执行委员会委员、零售业务全球负责人赖纳·内斯克（Rainer Neske）一行。

姜建清行长会见安联集团管理委员会主席狄克曼（Michael Diekmann）、委员会成员蔡德礼（Werner Zedelius）一行。

张福荣副行长参加银监会在京召开的相关金融案件责任人处理情况会议。

纪委书记、机关党委书记刘立宪主持召开总行机关副总经理级以上干部大会，学习传达十六届五中全会精神，对总行机关贯彻落实全会精神提出了具体要求。

中国工商银行与国际航空运输协会（简称 IATA）签署了战略合作伙伴协议，正式成为该组织的合作伙伴银行。

17 日～26 日 王丽丽副行长率团赴欧洲，出席在伦敦举行的 ICC（国际商会）圆桌会议暨金融服务与保险委员会会议；主持召开工商银行伦敦子银行董事会会议，并拜访了劳埃得银行、巴克莱银行、罗马银行、意大利国民劳动银行以及德国裕宝联合银行高层，就有关业务合作问题交换意见。

18 日 姜建清行长会见高盛亚洲区总裁 Michael Evans 一行。

杨凯生副行长会见伦敦证券交易所首席执行官 Ms. Clara Furse 女士一行。

杨凯生副行长出席中国资本市场“固定收益在资助经济发展中的作用”论坛。

张衢副行长出席在京举行的银联新标识启用暨银联品牌人民币信用卡首发式。

张衢副行长会见日本 JCB 国际信用卡公司董事长兼首席执行官信原启也一行。

张衢副行长主持召开第 60 次总行办公会议，研究整合数据中心测试职能和组建队伍有关问题。

北京分行作为总行 12 家韩元兑换业务首批投产分行，正式开办个人韩元现钞与人民币间的双向兑换业务。

上海分行与花旗人寿保险公司的保险业务电话直销工作正式启动。

总行印发《关于逐户逐笔清收处置法人客户不良贷款的通知》，决定对全部法人客户不良贷款实行逐户逐笔清收处置。

安徽分行在全省优质规范服务展示赛中荣获两个单项比赛的银奖和铜奖以及团体银奖。

云南分行与云南广播电视信息传输网络股份有限公司签署全面合作协议。

19 日 姜建清行长会见花旗集团全球股票资本市

场部主管泰勒·迪克生（Tyler Dickson）、全球企业及投资银行亚太区总裁麦睿彬（Robert Morse）和中国投资银行业务主管孙玮一行。

杨凯生副行长会见惠誉评级金融机构全球主管、集团董事总经理 Charies Prescott 一行。

张福荣副行长应邀出席在人民大会堂举办的北京农村商业银行成立庆典仪式。

张衢副行长参加银监会在京召开的国有商业银行 2005 年第 3 季度不良资产分析会。

中国工商银行已剥离自办公司遗留问题处理工作视频会议在京召开，张衢副行长出席并讲话。

19 日~21 日 杨凯生副行长赴广东出席中国工商银行与广州铁路（集团）公司年金托管账户签约仪式并调研。

20 日 姜建清行长会见汇丰银行亚太区主席郑海泉、汇丰银行独立董事史美伦及汇丰集团企业及投资银行联席主管 Stuart Gulliver 等一行。

姜建清行长会见纽约证券交易所（NYSE）主席约翰·塞恩（John Thain）一行。

中国工商银行在京举办的个人消费贷款突破 5000 亿元新闻发布会，张福荣副行长出席并致辞。

总行印发工银党［2005］105 号文件，聘任徐志宏同志为银行卡业务部总经理、牡丹卡中心总裁、党委书记，免去其资金营运部总经理职务；免去马腾同志银行卡业务部总经理、牡丹卡中心总裁、党委书记职务。

总行印发工银任免［2005］79 号文件，任命柳洪斌为悉尼代表处首席代表。

21 日 姜建清行长参加国务院副总理黄菊在京主持召开的国有商业银行股份制改革试点工作领导小组会议，并就中国工商银行股份制改革工作进展情况向领导小组作专门汇报。

24 日 中组部副部长王东明一行赴总行宣布股改后新的党委班子任职决定。根据中委［2005］244 号、245 号，组任字［2005］125 号、126 号文，任命姜建清为中国工商银行董事长、党委书记；杨凯生为中国工商银行行长、副董事长、党委副书记；王为强为中国工商银行监事长、党委副书记，免去其国有重点金融机构监事会主席职务；张福荣、牛锡明为中国工商银行执行董事、副行长、党委委员；张衢、王丽丽、李晓鹏为中国工商银行副行长、党委委员；刘立宪为中国工商银行纪委书记、党委委员；易会满为中国工商银行党委委员。

姜建清董事长会见德勤会计师事务所全球首席执行官白礼德一行。

杨凯生行长会见安永会计师事务所全球董事长兼首席执行官詹姆斯·特利（James Turley）。

杨凯生行长会见澳大利亚前总理基廷。

张福荣副行长参加中国人民银行在京召开的个人住房贷款利率市场化政策座谈会。

甘肃分行举办二级分行行长读书班。

25 日 中国工商银行股份有限公司创立大会暨第一次股东大会在京召开。姜建清、杨凯生、王为强、张福荣、张衢、李晓鹏、刘立宪、易会满等总行领导同志和各位董事、监事候选人参加了会议。会议由中央汇金投资有限责任公司副董事长汪建熙主持，财政部、中央汇金公司发起人代表分别对股份公司设立的各项议案进行了审议和表决。股东大会依据国家法律法规，集中审议了关于设立中国工商银行股份有限公司及发起人出资情况，股份公司章程（草案），股东大会、董事会、监事会议事规则（草案）的议案，选举了股份公司第一届董事会、监事会成员。董事会由姜建清、杨凯生、张福荣、牛锡明、傅仲君、康学军、宋志刚、王文彦、赵海英、仲建安、梁锦松、约翰·桑顿和钱颖一组成，监事会由王为强、王炽曦、王道成和苗耕书组成。创立大会全部 11 项议案均获得全票通过。财政部、人民银行、银监会、中央汇金公司有关负责人参加了会议。

中国工商银行股份有限公司第一届董事会第一次会议在京召开。会议由中央汇金投资有限责任公司副董事长汪建熙主持，从新当选的第一届董事会成员中选举产生了中国工商银行第一届董事会董事长和副董事长，并对聘任股份公司行长、副行长、董事会秘书的议案进行了审议。第一届董事会第一次会议全部 4 项议案均全票获得通过。姜建清任中国工商银行股份有限公司董事长，杨凯生任中国工商银行股份有限公司副董事长、行长，张福荣、牛锡明、张衢、王丽丽、李晓鹏任中国工商银行股份有限公司副行长。潘功胜任中国工商银行股份有限公司董事会秘书。

中国工商银行股份有限公司第一届监事会第一次会议在京召开。会议由中央汇金投资有限责任公司副董事长汪建熙主持，从新当选的第一届监事会成员中选举王为强任中国工商银行第一届监事会监事长。第一届监事会第一次会议议案全票获得通过。

姜建清董事长出席中国银行业协会在人民大会堂举行的《中国银行业文明服务公约》、《中国银行业自律公约》和《中国银行业维权公约》等三个公约签约仪式。

张福荣副行长参加中国人民银行在京召开的规范教育储蓄管理座谈会。

26 日 中共中央政治局常委、国务院副总理黄菊一行来总行视察调研，在姜建清董事长、杨凯生行长、王为强监事长的陪同下亲切慰问了总行营业部、外汇和人民币资金交易室的一线工作人员，并与中国工商银行第一届董事会、监事会和高级管理层成员进行了座谈。他在讲话中强调要认真学习、深入贯彻十六届五中全会精神，不断完善国有商业银行的公司治理结构，加强内控机制建设，提高资产质量、盈利能力和服务水平，努力把工商银行建成国际一流的商业银行，为我国金融业的稳定、安全和繁荣，为国民经济发展及和谐社会建设作出新的贡献。随同黄菊副总理视察调研的还有国务院副秘书长尤权、财政部部长金人庆、人民银行行长周小川、国家税务总局局长谢旭人、银监会主席刘明康、证监会主席尚福林、外管局局长胡晓炼等国家有关部委领导同志，以及黄菊副总理秘书王维工同志。

中国银监会以《关于中国工商银行改制为股份有限公司的批复》（银监复［2005］272号），同意中国工商银行改制为股份有限公司，完全继承原工商银行的资产、负债、机构、业务和员工；同意财政部和中央汇金公司作为发起人的资格；同意中国工商银行股份有限公司注册资本为2480亿元人民币，财政部和中央汇金公司各持总股本50%的股份；核准中国工商银行业务经营范围；核准中国工商银行董事会、监事会及高级经营管理层主要成员的任职资格；核准中国工商银行股份公司公司章程。同日，中国银监会为中国工商银行换发新的金融许可证，许可中国工商银行在改制为股份有限公司后，可以经营中国银监会依照有关法律、行政法规和其他规定批准的业务。

在山东省促进中小企业成长计划启动仪式暨2005年山东中小企业成长论坛上，山东分行与优秀小企业代表和担保机构代表签署合作协议。

27日 姜建清董事长会见雷曼兄弟公司董事长兼全球首席执行官理查德·富德（Richard Fuld）。

杨凯生行长主持召开第61次总行办公会议，研究企业短期融资券的发行问题。

杨凯生行长、张衢副行长主持第62次总行办公会议，研究中国工商银行股份公司成立后重新建账问题。

张福荣副行长会见景顺集团亚太区行政总裁罗德城及景顺长城基金管理有限公司总经理梁华栋一行。

河北分行与融兴企业管理服务公司签订合作协议。

28日 中国工商银行股份有限公司成立大会在总行隆重举行。姜建清董事长在会上致辞，杨凯生行长主持成立大会。在成立大会上，中国银监会主席助理车迎新宣布批准成立“中国工商银行股份有限公司”并颁发了《中华人民共和国金融许可证》；国家工商行政管理总局注册局许瑞表局长为中国工商银行股份有限公司颁发了《营业执照》；中央汇金公司副董事长汪建熙代表股东单位宣布了中国工商银行股份有限公司董事会及监事会成员名单；中共中央组织部副部长王东明宣布了中国工商银行股份有限公司领导班子名单。人民银行行长周小川和中国工商银行董事长姜建清共同为中国工商银行股份有限公司揭牌。财政部副部长李勇、国土资源部副部长贠小苏、审计署副审计长董大胜、人民银行行长助理刘士余、保监会副主任吴小平、证监会主席助理姚刚以及中国工商银行王为强、张福荣、张衢、王丽丽、李晓鹏、刘立宪、易会满等领导同志和全体董事、监事出席了大会。各一级分行、直属分行行长，直属机构和海外机构负责人，总行员工代表、退下来的原总行领导同志及许多金融同业、大客户和新闻记者等共1000多人参加了大会。随后召开了股份有限公司第一次中外记者招待会。杨凯生行长出席记者招待会并向新闻媒体介绍了中国工商银行股改的情况及下一步的发展方向，并就大家共同关心的问题回答了记者们的提问。记者招待会由中国工商银行新闻发言人、办公室主任王珍军主持，董事会秘书潘功胜也出席了招待会。包括来自新华社、中央电视台、《人民日报》、《经济日报》、《金融时报》、路透社、彭博社、《香港南华早报》、凤凰卫视等60多家境内外知名新闻媒体的100余名记者参加了记者招待会。会后，中央主要媒体、主要财经媒体、网络媒体、海外媒体以及各地方主要媒体均在第一时间报道了相关消息。

杨凯生行长会见摩根斯坦利（Morgan Stanley）亚太区总裁白德迈（Michael Berchtold）。

中国工商银行成功投产中英文版的中国工商银行股份有限公司网站（www.icbc-ltd.com），标志着中国工商银行已经建立了以股份有限公司网站为主网站、各分支机构网站为子网站、符合国际化网站建设惯例的二级网站体系，开启了工商银行网站建设的新篇章。

29日 NOVA2.0（电话银行网上银行）版本成功投产。

29日~11月6日 澳门分行成为第四届东亚运动会唯一指定银行。

31日 中国工商银行与德意志银行在京举行《投资银行业务合作谅解备忘录》签字仪式。姜建清董事长、德意志银行执行委员会主席阿克曼博士分别代表双方签署谅解备忘录，杨凯生行长主持签字仪式。

姜建清董事长会见国际货币会议董事顾问、美国银行家协会（American Bankers Association）主席奥格尔维（Donald Ogilvie）。

杨凯生行长、王为强监事长参加中国银监会在京召开的银行业案件专项治理工作第七次会议。

王为强监事长会见瑞典银行副行长Annika Wijkstrom女士。

张福荣副行长会见芬兰申堡银行董事兼副行长Risto Tornivaara。

10月31日~11月1日 张福荣副行长赴上海参加国际海运年会并发表演讲，期间会见马士基、长荣集团、日本商船三井等3家世界级航运公司高层。

总行印发《关于推行法人客户信贷资产质量十二级分类的通知》，决定在全行正式推行法人客户信贷资产质量十二级分类。

10月 澳门分行与深圳分行合作办理TT项下代付业务，这是国内分行首次与境外分行合作办理的新业务。

11月

1日 姜建清董事长为中高级管理人员个人金融业务培训班授课。

姜建清董事长会见汇丰集团主席庞约翰（John Bond）爵士一行。

王丽丽副行长应邀出席中国进出口银行举办的庆祝2005年第一期境内美元债券成功发行招待会。

2日 杨凯生行长会见瑞士信贷第一波士顿（CS-FB）董事总经理兼全球金融机构部主管甘地（Viktarn Gandhi）、亚太区董事长兼CEO Paul Callelo一行。

张福荣副行长会见汇丰银行企业银行及机构业务常务总监苗思道（Stuart P Milne）一行。

张衢副行长参加中国人民银行在京举行的信贷形势分析会。

2日~3日 杨凯生行长、王为强监事长先后赴杭州为全行内控合规部门总经理培训班授课。

3日 姜建清董事长出席在京举行的中国金融论坛，并作题为《银行流动性问题与金融生态建设》的演讲。

姜建清董事长会见美林证券集团主席奥尼尔（Stanley O'Neal）一行。

3日~4日 中国工商银行创建学习型党组织研讨会在四川召开，刘立宪纪委书记出席并讲话。

4日 姜建清董事长会见美国高盛集团董事长兼首席执行官汉克·保森（Hank Paulson）一行。

杨凯生行长，张福荣、王丽丽副行长主持召开第63次总行办公会议，研究全年人民币贷款计划执行情况。

5日 杨凯生行长出席在京召开的中国国际贸易仲裁委员会仲裁员研讨会。

6日 中国金融工会全国委员会在河北秦皇岛分行隆重举行"全国金融五一劳动奖状"、全国金融系统"学习型组织标兵"授牌仪式。

7日 姜建清董事长会见国际商业机器公司（IBM）董事长兼首席执行官彭明盛（SamPalmisano）。

王丽丽副行长会见由德国黑森州财政部部长阿尔诺德博士率领的政府经济代表团一行。

总行印发《中国工商银行顾问型资产证券化业务管理暂行办法》。

7日~15日 张福荣副行长赴台湾出席第十一届两岸金融学术研讨会。

8日 中国工商银行和中国银联股份有限公司在京签署关于发行银联标准牡丹卡的战略合作协议，姜建清董事长、杨凯生行长、张衢副行长出席签约仪式。

杨凯生行长应邀赴钓鱼台出席中国建设银行在香港成功上市答谢酒会。

9日 姜建清董事长主持召开中国工商银行战略引资工作座谈会，介绍了当前战略引资事宜的进展情况，并就相关工作交换意见。股权董事傅仲君、康学军、宋志刚、王文彦、仲建安、赵海英，独立董事梁锦松，监事王炽曦、王道成、苗耕书，董事会秘书潘功胜等参加会议。

杨凯生行长会见美国运通公司董事长兼首席执行官理查德·赫尔姆斯（Richard Holmes）。

张衢副行长赴北京分行对电子银行业务发展情况进行调研。

福建分行研发的"对银行ATM终端安全隐患实时预警监控装置"项目获得国家知识产权局授予的实用新型专利权。

10日 姜建清董事长会见科威特投资总署（KIA）高级投资经理Osama A. Al – Ayoub和阿联酋阿布扎比投资局（ADIA）新兴市场部董事Hamad Saeed Al – Badi。

杨凯生行长主持召开总行风险管理委员会2005年第四次会议，张衢、王丽丽副行长，刘立宪纪委书记出席。会议分别听取并审议了信贷管理部、计划财务部和资金营运部关于2005年上半年公司客户信用风险管理报告、2005年第二季度存贷款利率执行情况及利率、汇率风险分析报告和2005年上半年流动性风险管理报告。

杨凯生行长会见高盛亚洲区主席埃文思和董事总经理胡祖六。

党委委员、副行长牛锡明赴广州宣布苏达奇任内审分局广州分局局长；袁皓同志为内部审计局广州分局正厅级巡视员，解聘其内部审计局广州分局局长职务的决定。

陕西分行与工银亚洲合作成功营销陕西省第一家拟在港上市企业——陕西海升果业股份有限公司。

11日 杨凯生行长赴人民银行参加刘士余行长助理组织召开的国有独资商业银行股份制改革试点领导小组办公室会议，研究股改宣传问题。

杨凯生行长主持召开中国工商银行业绩评价体系改革座谈会。股权董事傅仲君、康学军、宋志刚、王文彦、仲建安、赵海英，独立董事梁锦松，监事王炽曦、王道成、苗耕书，董事会秘书潘功胜出席。

王为强监事长主持召开会议，向外部监事介绍中国工商银行有关情况。

党委委员、副行长牛锡明赴成都宣布明柱亮同志任内部审计局成都分局局长，解聘初苏华同志内部审计局成都分局局长职务的决定。

中国银监会主席助理车迎新来中国工商银行通报监管情况，张衢副行长出席通报会。

张衢副行长会见长城资产管理公司副总裁张晓松一行。

12日~23日 王丽丽副行长率团赴韩国釜山出席

2005年ABAC第四次会议及2005年APEC领导人峰会。期间会见了韩国三星物产株式会社金信常务、韩亚金融控股公司、釜山银行、日本三菱信托银行高层及我国驻釜山总领事。

13日 青岛分行网上“银证通”业务正式开通。

14日 姜建清董事长出席2005年JP摩根大通中国投资论坛并作题为《中国银行业改革的回顾与前瞻——中国工商银行的实践之路》的主题演讲。

党委书记姜建清主持召开第7次党委（扩大）会议，研究中国工商银行引进战略投资者有关情况；研究第一届董事会第二次会议有关议程；审议《中共中国工商银行股份有限公司委员会工作规则》；讨论中国工商银行分支机构先进性教育活动总结大会的报告；通报“落实建立健全教育、制度、监督并重的惩治和预防腐败体系实施纲要工作领导小组”名单；研究内蒙古分行向农信社划转部分低效支行事宜；研究在全行范围内推广企业年金有关事宜；研究总行机关补充医疗保险有关事宜；研究监事会有关工作。

张衢副行长赴数据中心（北京）会见东软集团董事长刘积仁一行。

广西分行实行员工违规违章积分管理。

14日~15日 李晓鹏副行长赴重庆出席“三峡库区（重庆）经济发展暨金融服务高层论坛”活动。

15日 姜建清董事长会见JP摩根大通银行总裁詹姆士·迪蒙（James Dimon）等一行。

姜建清董事长会见花旗集团副董事长比尔·罗德斯（Bill Rohdes）。

姜建清董事长主持召开第一届董事会第二次会议。杨凯生行长、牛锡明副行长，股权董事王文彦、仲建安、康学军、赵海英、傅仲君、宋志刚，独立董事梁锦松、钱颖一、John. L. Thornton，董事会秘书潘功胜出席了会议，监事长王为强、监事王炽曦、王道成、苗耕书以及银行监管部门代表和中国工商银行法律事务部主要负责人列席了会议。会议依照法律法规和中国工商银行章程规定的程序，对相关议案进行了审议和表决。与会董事对相关议案进行了认真讨论，审议并通过了有关董事会各委员会主席、人员和构成、工作规则和董事会秘书工作制度的议案。会议任命姜建清为董事会战略与提名委员会主席，杨凯生、梁锦松、钱颖一、John. L. Thornton、王文彦、仲建安、康学军、赵海英、傅仲君、宋志刚为战略与提名委员会委员；任命梁锦松为董事会审计委员会、风险管理委员会、关联交易控制委员会主席，钱颖一、John. L. Thornton、王文彦、康学军、赵海英、傅仲君为审计委员会委员，杨凯生、张福荣、牛锡明副行长、John. L. Thornton、仲建安、康学军、赵海英、傅仲君、宋志刚为风险管理委员会委员，张福荣、John. L. Thornton为关联交易控制委员会委员；任命钱颖一为董事会薪酬委员会主席，张福荣、牛锡明、王文彦、仲建安、宋志刚为薪酬委员会委员。

张衢副行长出席中国银监会在京召开的小企业贷款研讨会。

16日 中国工商银行分行行长工作视频会议在京召开。姜建清董事长在会上做重要讲话，杨凯生行长主持会议。王为强、张福荣、张衢、刘立宪、易会满等总行领导出席。

中国工商银行保持共产党员先进性教育总结大会在京召开。姜建清董事长、杨凯生行长、王为强监事长、张福荣副行长、刘立宪纪委书记出席。

牛锡明副行长参加中国银监会在京召开的国有商业银行大客户贷款风险分析会。

牛锡明、张衢副行长主持召开第64次总行办公会议，审议《中国工商银行个人客户呆账核销管理办法》（试行）和《中国工商银行个人客户账销案存资产管理办法》（试行）。

牛锡明副行长主持召开第65次总行办公会议，研究贯彻落实银监会“非现场监管统计报表体系”有关事宜。

总行以《关于中国工商银行股份有限公司成立大会情况的报告》（工银报［2005］140号）形式，向国有独资商业银行股份制改革试点工作领导小组专门报告了股份有限公司成立大会情况。

17日 姜建清董事长、杨凯生行长主持召开战略引资及与战略投资者业务合作协调会。

杨凯生行长会见德意志银行全球执行委员会成员、全球投资银行首席执行官麦克·科尔。

杨凯生行长参加国务院副总理吴仪在京主持召开的中俄“国家年”活动中方第一次筹备会。

王为强监事长主持召开中国工商银行股份有限公司第一届监事会第二次会议。监事王炽曦、王道成和苗耕书出席。董事会秘书潘功胜列席。根据相关法律法规和中国工商银行章程规定的程序，与会监事审议并通过了有关监事会监督委员会人员构成、监督委员会工作规则、做好监事会工作的若干意见和关于监事会内设机构和职责分工等4个议案。会议任命王道成为监事会监督委员会主任委员，任命王炽曦、苗耕书为监事会监督委员会委员。

18日 杨凯生行长会见英国投资银行嘉诚集团（Cazenove Group）首席执行官罗伯特·皮克林（Robert Pickering）。

总行印发工银任免［2005］97号文件，聘任吴宁锋同志为中国工商银行新疆维吾尔族自治区分行副行长（主持工作）。

陕西分行开展“新起点、新形象、新跨越”主题宣传活动。

21日 中国工商银行与北京大学举行战略合作协

议签字仪式，姜建清董事长出席。

山西分行牵头召开工农中建山西分行参加的中间业务工作协调会，就规范四大银行代理业务收费进行协调，并在更广泛的业务领域合作达成共识。

21日~23日 中国工商银行中小企业结算工作会议在山东召开，张福荣副行长出席。

21日~25日 党委委员、副行长牛锡明赴黑龙江分行宣布免去朱立飞同志黑龙江省分行党委书记、行长职务，由党委副书记、副行长李久新同志主持黑龙江省分行全面工作的任命。随后赴辽宁分行宣布对朱立飞同志任辽宁省分行党委书记、行长，免去苏达奇同志辽宁省分行党委书记、行长职务的任命。赴吉林分行宣布对李安山同志任吉林省分行党委书记、行长，免去明柱亮同志吉林省分行党委书记、行长的任命。期间，还就信贷体制改革试点情况进行了调研。

21日~30日 党委委员、副行长李晓鹏赴新加坡参加中央党校组织的国际调研活动。

21日~22日 党委委员、纪委书记刘立宪赴江西分行宣布对初苏华同志任江西省分行党委书记、行长，免去李安山同志江西省分行党委书记、行长职务的任命。

22日~24日 中国工商银行与中国长江航运（集团）总公司债务重组暨全面合作协议以及中国工商银行与湖北省人民政府银政合作协议签字仪式在武汉举行，姜建清董事长出席。期间，先后会见了中共中央政治局委员、湖北省委书记俞正声、湖北省省长罗清泉、武汉市委书记苗圩等省、市有关领导，走访了武汉钢铁集团公司、武广客运专线有限责任公司等重点客户，并在湖北分行进行调研。

22日 杨凯生行长赴中国工商银行非零售信用风险内部评级项目工作现场视察，并会见普华永道公司全球银行及资本市场业务部主席合伙人菲尔·瑞特（Phil Rivett）一行。

王丽丽副行长会见日立株式会社财务部三浦一雄部长及吉冈准人副部长一行。

22日~23日 中国工商银行中小企业结算业务座谈会在京举行，张福荣副行长出席。

23日 杨凯生行长会见安联资产管理集团总裁菲伯（Joachim Faber）。

中国工商银行与中国房地产开发集团公司在京举行财务顾问协议签约仪式，杨凯生、易会满等总行领导出席。

张衢副行长参加银监会组织召开的关于拨备提取和核销问题的汇报会。

23日~28日 杨凯生行长赴上海分行进行个人金融业务调研，期间考察了金钟财富理财管理中心以及营业部理财中心，重点了解消费信贷工作开展情况。

24日 纪委书记、机关党委书记刘立宪主持召开总行机关党委二〇〇五年第三次全委会，审议通过了报送中央国家机关工委以及总行党委准备表彰的先进基层党组织、优秀共产党员和优秀党务工作者；审议批准9名预备党员按期转正。

25日 总行机关召开先进性教育活动督导组总结大会，姜建清董事长出席，张福荣副行长主持会议。总行先进性教育领导小组办公室及各督导组成员参加了会议。

张衢副行长出席在京召开的全国银行业金融机构信息安全保障工作会议。

银监会向境外监管机构发出由刘明康主席签发的有关中国工商银行改制的第二封知会函。该知会函的主要内容包括：中国工商银行股份有限公司已于10月28日设立，注册资本2480亿元人民币，财政部和中央汇金公司各持有50%股权。股份公司完整承继原工行的资产、负债和所有业务，已有的营业机构、商号、商标等保持不变。股份公司已建立了股东大会、董事会和监事会三会制度，同时在董事会下设战略与提名委员会、审计委员会、风险管理委员会和薪酬委员会四个专门委员会。下一步工商银行将引进战略投资伙伴，改善资本结构，优化公司治理，成为真正的现代化商业银行。

松花江发生重大水源污染事件后，黑龙江分行采取措施积极应对。总行党委也十分重视和关心，专门给分行党委及分行营业部党委发去慰问信。

三峡分行与三峡大学联合举办"校园e时代　我用工行网上缴费"活动。

28日 中国城市金融学会与台北金融发展基金会联合举办的"两岸票据（券）市场与业务研讨会"在上海召开，杨凯生行长出席并致开幕词，王丽丽副行长作关于《中国工商银行票据业务发展与展望》的主题演讲。

杨凯生行长会见荷兰银行金融及公营部门全球业务副董事长及荷兰银行批发（银行）董事会成员萨姆·扎瓦蒂（Sam Zavatti）。

党委委员、副行长张福荣参加中组部在人民大会堂召开的第三批保持共产党员先进性教育活动工作会议。

纪委书记刘立宪应邀赴中央电视台参加中纪委举办的全国新创廉政歌曲文艺晚会。

总行印发工银党［2005］129号文件，任命李安山同志为长春金融研修学院党委书记，免去明柱亮同志长春金融研修学院党委书记职务。印发工银任免［2005］91号文件，聘任李安山同志为长春金融研修学院院长；免去明柱亮同志长春金融研修学院院长职务。

总行印发《关于印发中国工商银行股份有限公司章程及"三会"议事规则的通知》。

总行印发《关于分支机构名称变更等有关工作的通知》，部署中国工商银行分支机构名称变更等有关工作。

安徽分行与中国铁通安徽分公司签订银企合作协议。

新疆分行代表总行与中国石油天然气运输公司签订现金管理服务协议。

11 月 29 日～12 月 1 日 姜建清董事长、杨凯生行长参加在京召开的中央经济工作会议。

29 日 田瑞璋同志赴香港主持召开工商东亚第三届董事会第三次会议。

张福荣副行长会见汇丰银行全球贵金属总裁本·韦尔奇（Ben Welsh）一行。

29 日～30 日 王为强监事长赴重庆分行进行调研。

30 日 海南分行召开产品推介会，向财政核算单位推广公务用卡。

11 月 29 日～12 月 1 日 中国工商银行个人金融业务专业化经营、系统化管理座谈会在浙江召开，张福荣副行长出席。

11 月 山西分行公开选拔副处级干部。

工银亚洲成为香港第一批推出零售不交收人民币远期业务的银行。

12 月

1 日 牛锡明副行长主持召开会议，与股权董事傅仲君、康学军、宋志刚、王文彦、赵海英、仲建安，监事王道成、董事会秘书潘功胜等就中国工商银行信贷工作进行座谈。

王丽丽副行长应邀出席在人民大会堂举行的金沙江中游水电开发有限公司发起人协议签字仪式。

总行印发《关于进一步加大电子银行业务营销力度的通知》。

1 日～2 日 王为强监事长赴四川分行进行工作调研。王炽曦监事陪同。

2 日 党委书记姜建清主持召开第 18 次总行党委（扩大）会议，传达中央经济工作会议精神。

杨凯生行长会见美国纳斯达克证券交易所总裁罗伯特·格雷费尔德（Robert Greifeld）一行。

3 日～5 日 张福荣副行长参加国家发展改革委员会在京召开的关于全国发展和改革工作会议。

4 日 姜建清董事长参加国有独资商业银行股份制改革试点工作领导小组办公室在京召开的工行、中行股份制改革有关问题会议，并就中国工商银行引进战略投资者有关情况进行了汇报。董事会秘书潘功胜陪同。

4 日～5 日 张福荣副行长参加国家发展改革委员会在京召开的"十一五"规划座谈会。

5 日 杨凯生行长出席北京市市委、市政府组织召开的向在京中央大型企业、科研院所负责人介绍北京市城市总体规划和"十一五"期间发展思路的会议。

总行印发工银发［2005］228 号文件，公布董事会各专门委员会成员名单。中国工商银行股份有限公司第一届董事会第二次会议选举产生了董事会各专门委员会主席及委员：一、战略与提名委员会：主席姜建清，委员杨凯生、傅仲君、康学军、宋志刚、王文彦、赵海英、仲建安、梁锦松、约翰·桑顿（John. L. Thornton）、钱颖一。二、审计委员会：主席梁锦松，委员傅仲君、康学军、王文彦、赵海英、约翰·桑顿（John. L. Thornton）、钱颖一。三、风险管理委员会：主席梁锦松，委员杨凯生、张福荣、牛锡明、傅仲君、康学军、宋志刚、赵海英、仲建安、约翰·桑顿（John. L. Thornton）。四、关联交易控制委员会：主席梁锦松，委员张福荣、约翰·桑顿（John. L. Thornton）。五、薪酬委员会：主席钱颖一，委员张福荣、牛锡明、宋志刚、王文彦、仲建安。

总行以工银发［2005］229 号文件，印发中国工商银行股份有限公司董事会下设各委员会工作规则及董事会秘书工作制度，主要包括：《中国工商银行股份有限公司董事会战略与提名委员会工作规则》、《中国工商银行股份有限公司董事会审计委员会工作规则》、《中国工商银行股份有限公司董事会风险管理委员会工作规则》、《中国工商银行股份有限公司董事会关联交易控制委员会工作规则》、《中国工商银行股份有限公司董事会薪酬委员会工作规则》和《中国工商银行股份有限公司董事会秘书工作制度》。

6 日 中国工商银行 2005 年年终决算及安全生产视频会议在京召开，杨凯生行长、张福荣、张衢副行长出席。

7 日 中国银监会刘明康主席、蒋定之副主席一行来中国工商银行通报关于中国工商银行 2005 年度现场检查情况。姜建清董事长，杨凯生行长，王为强监事长，张福荣、牛锡明、张衢、王丽丽副行长，北京分行易会满行长，股权董事傅仲君、康学军、宋志刚、王文彦、赵海英、仲建安等出席了通报会。

总行以工银发［2005］233 号文件，印发经中国工商银行股份有限公司第一届监事会第二次会议审议通过的《中国工商银行股份有限公司监事会监督委员会工作规则》。

8 日 党委书记、董事长姜建清，党委副书记、行长杨凯生赴华融资产管理公司宣布有关人事任免事宜。根据银监党任［2005］57 号、银监任［2005］80 号文件，杨凯生同志不再担任华融资产管理公司党委副书记、总裁职务。

姜建清董事长会见法国阿尔斯通公司董事长兼首席执行官柏珂龙（Patrick Kron）一行。

杨凯生行长主持召开第 18 次行长办公会议，1. 审议《中国工商银行财务审查委员会工作规则》；2. 审议

《中国工商银行个人信贷资产质量五级分类管理办法》；3. 审议《中国工商银行投资减值准备管理办法》、《中国工商银行抵债资产减值准备管理办法》、《中国工商银行固定资产、在建工程、无形资产减值准备管理办法》；4. 审议《中国工商银行“十一五”信息科技发展规划》及分行科技机构及职能调整方案。

王为强监事长赴内部审计局进行工作调研，王炽曦监事陪同。

张衢副行长会见 NCR 公司首席执行官威廉·诺迪一行。

总行印发《关于启用中国工商银行股份有限公司及董事会、监事会行政印章的通知》，正式启用中国工商银行股份有限公司及中国工商银行股份有限公司董事会、监事会行政印章，原中国工商银行行政印章同时废止。

重庆分行召开“打造和提升核心竞争力，实现经营模式与增长方式战略转型”研讨会。

9 日 姜建清董事长、王丽丽副行长会见中国船舶工业集团公司总经理陈小津一行。

杨凯生行长会见交通银行彭纯副行长，董事会秘书潘功胜陪同。

中国工商银行召开第一届董事会薪酬委员会第一次会议。会议由薪酬委员会主席钱颖一主持，薪酬委员会委员张福荣、牛锡明、宋志刚、王文彦、仲建安，董事会秘书潘功胜参加会议；股权董事赵海英、监事王炽曦列席会议。人事部庞月瑛总经理在会上就工商银行收入分配制度作了专题报告。会议根据法律法规和中国工商银行章程规定的程序，对相关议案进行了认真讨论，并对相关议案进行了审议和表决。会议审议通过了《中国工商银行股份有限公司独立董事、外部监事津贴标准》、《中国工商银行股份有限公司独立董事服务合同》和《中国工商银行股份有限公司外部监事服务合同》的议案。

张衢副行长参加国务院在京召开的研究处理华侨农场债务问题会议。

总行印发《牡丹信用卡年费管理办法（试行）》，规范全行信用卡年费管理。

10 日 姜建清董事长出席《中国企业家》杂志社在京召开的“2005 中国企业领袖年会”，并就中小企业金融服务问题发表专题演讲。

湖北分行获得中国银联武汉分公司颁发的 2005 年银行卡“跨行交易质量月活动”优秀组织奖。

12 日 姜建清董事长出席《财经》年会并就公司治理问题发表专题演讲。

牛锡明副行长会见中国移动副总经理薛涛海一行。

河南分行全面完成安全保卫社会化守押移交工作，实现枪支零配置目标。

苏州分行实现票据交换投递社会化运作。

12 日～13 日 党委委员、副行长张福荣参加在京召开的全国组织部长会议。

13 日 姜建清董事长会见高盛集团全球风险控制委员会主席、前巴塞尔银行监管委员会主席杰拉尔德·克里根（E. Gerald Corrigan）。

姜建清董事长会见阿里巴巴公司董事局主席兼雅虎中国总裁马云一行。

杨凯生行长主持召开由高盛集团全球风险控制委员会主席、前巴塞尔银行监管委员会主席杰拉尔德·克里根（E. Gerald Corrigan）与中国工商银行董事会、监事会成员参加的风险管理问题的专题研讨会。王为强监事长，股权董事傅仲君、康学军、宋志刚、王文彦、赵海英、仲建安，独立董事梁锦松，监事王炽曦、王道成出席会议。

王丽丽副行长会见雷曼兄弟公司亚太区董事长、全球执行委员会成员博泰一行。

北京分行个人账户金——黄金（盎司）兑美元业务顺利投产，成为系统内同时也是在北京地区同业间第一家开展黄金兑美元买卖业务的银行。

江西分行承销江西江中制药（集团）有限责任公司短期融资券。

14 日 青岛分行与北京分行联动促成中石化青岛石化公司和中国国际石化联合公司间银行承兑汇票及买方付息贴现业务。

14 日～16 日 中国工商银行发展战略研讨会在京召开，会议总结了“十五”时期全行改革发展取得的成就和经验，深入分析了全行改革发展面临的新形势、新机遇和新挑战，提出了未来一个时期的发展重点和工作思路。姜建清董事长、杨凯生行长在会上作重要讲话。

贸促会、外交部在京召开的 ABAC 代表座谈会，王丽丽副行长出席。

15 日 中国工商银行与中国建设银行资产证券化协议签署仪式在京举行，杨凯生行长出席。

16 日 张衢副行长出席在京举行的国内首张 EMV 标准信用卡发行仪式并致辞。中国工商银行成为国内首家全面实施 EMV 迁移工程的银行，并被万事达卡国际组织授予“2005 年 EMV 项目最佳产品科技创新奖”。

17 日 中国工商银行新一代人力资源管理系统一期工程于 12 月 17 日在全行范围内正式投产。

北京分行一笔存量抵债资产“三元大厦 5－23 层房产”以公开拍卖方式成功处置。

湖南分行与湖南中信控股有限公司签订“长沙中信新城建设”银企合作协议。

19 日 福建分行在全省范围内开办代理高速公路交通违法罚款业务。

19 日～23 日 姜建清董事长赴香港拜会金管局、港交所及中国工商银行重要客户，并在深圳主持召开工银亚洲董事会，随后赴广东分行调研。

杨凯生行长、牛锡明副行长赴山东分行检查指导工作，并重点对健全贷后管理体制和机制、完善贷后监督检查中心组建、运行、管理方式等问题进行深入调研。

王丽丽副行长先后赴深圳、广州、上海，出席工银亚洲董事会，拜会中国工商银行主要机构客户。

20日 张福荣副行长参加中国人民银行在京召开的研究落实工行、中行引进战略投资者有关问题会议，并就中国工商银行引进战略投资者相关问题向与会领导进行了汇报。董事会秘书潘功胜陪同。

21日 张福荣副行长参加中国人民银行在京召开的经济金融形势分析会。

张衢副行长赴人民银行听取传达国务院领导同志关于第二次剥离不良贷款的批示精神。

22日 张福荣副行长主持召开座谈会，就中国工商银行个人信贷业务开展情况与股权董事傅仲君、康学军、宋志刚、王文彦、赵海英、仲建安，监事王炽曦、苗耕书，董事会秘书潘功胜等进行交流。

张福荣副行长应邀出席中国银行在京举办的重要客户新年招待会。

张衢副行长参加财政部在京召开的华侨农场债务处置工作会议。

纪委书记、机关党委书记刘立宪主持召开机关党委2005年第四次全委会，审批新发展党员和预备党员转正。

党委委员易会满应邀参加中石化股份在京召开的资金集中管理正式启动电视电话动员大会。

山西分行与山西移动通信公司签署全面合作协议。

湖南分行与湖南省电信公司签订战略合作协议。

23日 中国工商银行收到《国家发展改革委关于中国工商银行总行营业办公楼二期（业务营运中心）项目立项的批复》，中国工商银行业务营运中心工程得到国家有关部门的正式批准。

安徽分行与中石化安徽石油分公司签订全面合作协议。

青海分行开通网上银行个人境外汇款业务。

26日 杨凯生行长、张福荣、牛锡明、张衢副行长主持召开第68次总行办公会议，研究个人金融工作。

杨凯生行长主持召开第19次行长办公会议，研究审议1. 关于中国工商银行理财业务创新与发展的实施方案；2. 关于中国工商银行突发事件的总体应急预案；3. 关于2006年全行会议计划的平衡意见；4. 关于2006年人民币资金营运计划的编制情况。

北京分行成功举办首批诉讼案件招标发布会，此次招标项目主要包括22户无财产线索的诉讼案件，涉及贷款本金共3.8亿元。

黑龙江分行开展“财富人生，幸福一生”代理保险业务营销活动。

27日 中国工商银行北京分行与中国农业银行北京分行《全面业务合作协议书》签约仪式在京举行，杨凯生行长、北京分行易会满行长和中国农业银行杨明生行长出席。

刘立宪纪委书记参加中国银监会在京举行的“治理银行业商业贿赂工作座谈会”。

总行印发《中国工商银行电子银行业务考核办法（修订）》。

27日~29日 牛锡明副行长参加在京召开的中央农村工作会议。

28日 中国工商银行个人金融业务工作会议暨“双佳”表彰大会在京召开。姜建清董事长、张福荣副行长在会上讲话。杨凯生行长、王为强监事长、刘立宪纪委书记出席了颁奖活动。

浙江分行与浙江杭金衢高速公路有限公司签署企业年金账户管理合同和托管协议。

29日 党委书记姜建清主持召开第20次党委（扩大）会，1. 研究对贵州分行、陕西通宝公司案件有关责任人员的处理问题；2. 干部竞聘有关问题；3. 中国工商银行与高盛投资团业务合作协议有关情况；4. 研究2006年度经营计划；5. 通报2005年度年报编制有关情况；6. 通报中国工商银行信息披露制度建设有关情况；7. 通报中国工商银行业务营运建设有关情况；8. 研究中国工商银行独立董事工作制度；9. 研究中国工商银行独立董事及监事津贴等有关议案。

张衢副行长赴贵州出席中国银联组织的农民工银行卡跨行取款开通仪式并调研。

董事傅仲君、康学军、宋志刚、王文彦、赵海英、仲建安、董事会秘书潘功胜到北京分行进行工作调研。

天津分行与中铁电气化勘测设计院签署企业年金基金账户管理服务协议，成为天津市涉足企业年金管理的首家银行。

30日 姜建清董事长主持召开中国工商银行股份有限公司第一届董事会第三次会议，副董事长杨凯生、执行董事张福荣、牛锡明，独立董事约翰·桑顿（John. L. Thornton）、钱颖一，股权董事傅仲君、康学军、宋志刚、王文彦、赵海英、仲建安，董事会秘书潘功胜参加。根据中国工商银行章程和董事会议事规则，与会董事对相关议案进行了认真讨论，审议并通过了外部监事、独立董事津贴标准，以及外部监事服务合同等三项议案。会议还听取了计划财务部、业务营运中心工程建设指挥部和管理信息部的专题汇报。

张衢副行长参加银监会在京召开的加强不良资产核销清收工作汇报会。

王丽丽副行长出席国务院在京召开的“中俄国家年”活动中方组委会工作组成员会议。

党委成员、纪委书记刘立宪出席在京召开的全国党建研究会第四届理事会会议。

31日 姜建清、杨凯生、王为强、张福荣、牛锡明、张衢、王丽丽、刘立宪、易会满等行领导先后到总行部分部室、直属机构和北京分行部分营业网点进行年终决算慰问活动。

中国工商银行依靠特别关注客户信息（CIIS）系统、个人信用信息基础数据库（以下简称PCRS）和银监会信息披露系统，共拒贷8866笔、11.19亿元，追回客户欠款3792万元（其中扣收不良信用客户1801名，金额为2434.09万元）；转化不良贷款为正常贷款突破亿元大关，达到1.47亿元；这些系统首次应用于中国工商银行金融产品营销中，在信用卡营销过程中剔除不良信用客户2674名，使信用风险防范关口前移，有效降低了营销成本。

中国工商银行与长航集团共同出资组建的中国长江航运有限责任公司进行了工商注册登记，标志着历时近5年的长航集团巨额不良贷款的债务重组工作全面完成。

总行印发《关于扩大个人经营贷款试点范围的通知》。

12月 山西分行采取三级行协调联动方式组织对46户重点优质客户进行直接营销。

工银亚洲成功安排联想集团收购IBM个人计算机业务所需的6亿美元银团贷款融资。

2005年是中国工商银行发展史上具有里程碑意义的一年。一年来，全行按照党中央、国务院的决策部署，积极推进股份制改革，加快业务创新发展，强化内部管理和队伍建设，各项工作取得了显著成绩，经营管理发生了历史性变化，概括起来主要有以下几个特点：一是现代金融企业建设进入新阶段。在国家政策支持下，通过财务重组彻底解决了历史上形成的不良资产包袱。股份公司的成立标志着中国工商银行完成了由国有独资商业银行向股份制商业银行的历史性跨越。适应现代公司治理要求的财务会计体系、资本管理制度、绩效考评机制初步形成，流程再造不断深化，信息化建设快速推进，全行进入了加快现代金融企业建设、向国际一流商业银行迈进的新的发展时期。二是经营发展水平迈上新台阶。经营利润达到了892.6亿元的历史新高，并开始大量反映为账面利润。不良资产率和不良贷款率分别降至2.49%和4.69%，资本充足率和核心资本充足率分别达到9.89%和8.11%，抗风险能力增强。人均有效资产、人均创利和网点单产同比大幅度增长，经营效率显著提升。三是增长方式发生新变化。信贷结构进一步优化，资金业务规模扩大，中间业务、新兴业务快速成长，存贷款利差收入与资金收入加中间业务收入的比例为53:47，电子银行业务占全行业务的比重提高到26%。四是风险管理和内部控制能力有了新提高。风险审议与决策机制进一步完善，信贷资产质量十二级分类和非信贷资产质量五级分类管理付诸实施，风险拨备制度开始推行，全面风险管理体系建设取得较大进展。内部审计与内控合规管理体系更趋完善，各类审计检查、专项治理促进了基础管理进一步加强。2005年全行发案数量为近10多年来的最低，外部案件防范继续保持了较高的成功率。五是党建工作和队伍建设呈现新局面。按照中央的统一部署，全行分两批开展了保持共产党员先进性教育活动，推动了党建和队伍建设的全面加强，为关键阶段的改革发展增添了动力、提供了保证。

第十一部分
附　录

执行编辑：孙清华

总行内设机构名录

办公室

主　　任：王珍军
副 主 任：刘世和、史小凤、靳晓鹏、高志新、王红千

管理信息部

总 经 理：刘志刚
副总经理：胡铁川、陈道斌

计划财务部

副总经理：谷澍、徐坤田、王浥生、李明熙、魏茂庆、范立

投资银行部

总 经 理：李勇
副总经理：安丽艳、龙增来、胡传军

资金营运部

副总经理：朱长法、唐凌云

机构业务部

总 经 理：胡浩
副总经理：席德应、张聪、胡益民

个人金融业务部

总 经 理：陈晓燕
副总经理：马方一、史其禄、郝彬、肖在翔、郭超、苑书义

银行卡业务部（牡丹卡中心）

总 经 理：徐志宏
副总经理：李磊、宁保祺

资产托管部

总 经 理：周月秋
副总经理：王立波、王承远

企业年金中心

总 经 理：赵跃
副总经理：任洪琦

信贷管理部

总 经 理：魏国雄
副总经理：刘绍楚、索绪全、徐晶、马银华、苏宗国、聂大志、连工

公司业务部

总 经 理：汤一诵
副总经理：莫扶民、张皓若、黄梅、吕一兵

消费信贷管理部

总 经 理：季爱东
副总经理：王艳秋、赵健、张泽跃

信贷评估部

总 经 理：赵银祥
副总经理：刘瑞霞、孙以洲

资产风险管理部

总 经 理：白涛
副总经理：戴生明、郑卫东

会计结算部

总 经 理：许燕
副总经理：牛刚、蔡东

国际业务部

总 经 理：陈爱平
副总经理：赵京芬、杨烈、高明、赵传新

营业部

总 经 理：江涛
副总经理：王正龙、王一心

内部审计局

局　　长：王希全
副 局 长：荀大志、李健飞、刘玉华、仲安妮

内控合规部

总 经 理：杨娅丽
副总经理：李林、童频、闫敏、赵建骥

法律事务部

总 经 理：张炜

信息科技部

总 经 理：林晓轩
副总经理：苏文力、吕仲涛

电子银行部

总 经 理：王刚
副总经理：王嵩、陈静娴、龙春玲

人事部

总 经 理：庞月瑛
副总经理：张兴东、王云桂

教育部

总 经 理：蔡毅
副总经理：刘依群、杨桂琴

监察室

主　　任：李明天
副 主 任：王晓安、王彦斌、崔琪珍

保卫部

总 经 理：刘王成
副总经理：任翠云

工会工作委员会

常务副主任：单年祺
副　主　任：王铁京、杨国伟

直属党委

机关党委常务副书记：赵庆轩
机关党委副书记兼纪委书记：王建红

离退休人员管理部

总 经 理：冯孝凯

城市金融研究所

所　　长：詹向阳
副 所 长：樊志刚、周永发

股份制改革办公室

主　　任：潘功胜
副 主 任：李鹰

系统团委

团委书记：张立军

业务营运中心工程指挥部

总 指 挥：徐坤田（兼）

各一级分行、直属分行、直属学院及直属机构名录

北京市分行

行　长、党委书记：易会满
副行长、党委副书记：闫小平
副行长、党委委员：龚萍、沈如军、王金山
纪委书记、党委委员兼工会主任：张友芬
地　址：北京市西城区复兴门南大街2号（天银大厦B座）
邮　编：100031

天津市分行

行　长、党委书记：张士明
副行长、党委委员：王世明、刘惠新、兰莉、张云集
纪委书记、党委委员兼工会主任：郑启喆
地　址：天津市河西区围堤道123号
邮　编：300074

河北省分行

行　长、党委书记：刘子刚
副行长、党委委员：张彦欣、毕鉴亭、刘建民、赵增学
纪委书记、党委委员：齐永田
地　址：石家庄市工农路366号
邮　编：050051

山西省分行

行　长、党委书记：常瑞明
副行长、党委副主记：林明
副行长、党委委员：王明贤、于晋萍、吕晋铭
纪委书记、党委委员：周希良
地　址：山西省太原市迎泽大街145号
邮　编：030001

内蒙古区分行

行　长、党委书记：范尔钢
副行长、党委副书记：娜日苏
副行长、党委委员：李长命、左中海
地　址：内蒙古呼和浩特市锡林北路105号
邮　编：010050

辽宁省分行

行　长、党委书记：朱立飞
副行长、党委委员：邸克俭、赵庆森、刘雨平
副行长、党委委员兼省行营业部总经理：沙龙云
纪委书记、党委委员兼工会主任：崔国清
地　址：沈阳市和平区南京北街88号
邮　编：110001

吉林省分行

行　长、党委书记：李安山

副行长、党委委员：马玉贤、张晓辛、徐立忠、周春晓
副行长、党委委员兼省行营业部总经理：黄庆惠
地　址：长春市朝阳区同志街136号
邮　编：130061

黑龙江省分行

副行长、党委副书记：李久新（主持工作）
副行长、党委委员兼省行营业部总经理：杨进先
副行长、党委委员：岳万国
纪委书记、党委委员：全同友
地　址：黑龙江省哈尔滨市道里区中央大街218号
邮　编：150010

上海市分行

行　长、党委书记：孙持平
副行长、党委委员：张琪、李玉强、黄纪宪、顾国明、邱仁尔
纪委书记、党委委员兼工会主任：朱兆萍
地　址：上海市浦东大道9号（世纪金融大厦）
邮　编：200120

江苏省分行

行　长、党委书记：施刚
副行长、党委委员：瞿秋平、夏卫阳、李卫平、万辉
副行长、党委委员兼营业部总经理：石琪贤
纪委书记、党委委员兼工会主任：唐金星
地址：南京市中山南路408号
邮编：210006

浙江省分行

行　长、党委书记：徐新桥
副行长、党委副书记兼省行营业部总经理：沈立强
副行长、党委委员：傅祖元、倪百祥、沈荣勤、田大章
纪委书记、党委委员：余素今
地　址：杭州市中河中路150号
邮　编：310009

安徽省分行

行　长、党委书记：刘卫星
副行长、党委委员：朱文信、蒋玉林、常真旺、梁延国、苏国庆
纪委书记、党委委员：朱洪海
地　址：合肥市芜湖路189号
邮　编：230001

福建省分行

行　长、党委书记：朱晓平
副行长、党委委员：胡磊、刘丹、谢少波、钱毅
纪委书记、党委委员：黄建立
地　址：福州市古田路108号
邮　编：350005

江西省分行

行　长、党委书记：初苏华
副行长、党委副书记：刘福妹
副行长、党委委员：周志方、罗健
副行长、党委委员兼省行营业部总经理：苏南宏
纪委书记、党委委员：何伟新
地　址：南昌市抚河北路1号
邮　编：330008

山东省分行

行　长、党委书记：杜宝起
副行长、党委副书记：董培荣
副行长、党委委员：孙建勇、李明
纪委书记、党委委员：崔方春
副行长、党委委员兼省行营业部总经理：栾建胜
地　址：济南市经四路310号
邮　编：250001

河南省分行

行　长、党委书记：袁长清
副行长、党委委员：李松保、尚军、马迁、贾建强
副行长、党委委员兼省行营业部总经理：许杰
纪委书记、党委委员：袁永钦
地　址：郑州市黄河路118号
邮　编：450003

湖北省分行

行　长、党委书记：左新亚
副行长、党委委员：宋士卿、陈晓光、陈新民
纪委书记、党委委员：明道欣
行长助理、党委委员兼省行营业部总经理：王芝斌
地　址：武汉市武昌区解放路372号
邮　编：430060

湖南省分行

行　长、党委书记：吴宏波
副行长、党委委员：李世文、吴兰君、叶定金、詹友兴
副行长、党委委员兼省行营业部总经理：郑子术
纪委书记、党委委员兼工会主任：张业万
地　址：长沙市五一大道465号
邮　编：410005

广东省分行

行　长、党委书记：黄明祥

副行长、党委副书记兼营业部总经理：杨春林
副行长、党委委员：黄碧琳、杨南昌、胡晔
地　址：广州市沿江西路123号
邮　编：510120

广西区分行

行　长、党委书记：张恪理
副行长、党委委员兼工会主任：许桂北
副行长、党委委员：杨永、王洪冰
地　址：南宁市教育路15－1号
邮　编：530022

海南省分行

行　长、党委书记：邢志盈
副行长、党委委员：李淑云、蔡文、王树慧
纪委书记、党委委员：陈学坤
地　址：海口市和平南路3号
邮　编：570203

四川省分行

行　长、党委书记：陈焕祥
副行长、党委副书记：何桂生
副行长、党委委员：尹尤宪、覃才广、田志平
副行长、党委委员兼省行营业部总经理：官学清
副行长、党委委员兼工会主任：戴小珍
纪委书记、党委委员：张天祥
地　址：成都市总府路35号总府大厦
邮　编：610016

重庆市分行

行　长、党委书记：华耀纲
副行长、党委委员：雷 玲、陈正生、黄 岗
地　址：南岸区南坪江南大道9号
邮　编：400060

贵州省分行

行　长、党委书记：黄再红
副行长、党委委员：刘健、吴涛、范国德
纪委书记、党委委员：齐跃南
地　址：贵阳市瑞金中路37号
邮　编：550001

云南省分行

行　长、党委书记：王秀山
副行长、党委副书记：卢 云
副行长、党委委员：杨高林、许 海、夏侯静波
纪委书记、党委委员：陶 云
地　址：昆明市青年路395号
邮　编：650011

陕西省分行

行　长、党委书记：惠平
副行长、党委委员：相稳成、毛亚社
副行长、党委委员兼省行营业部总经理：张晓钟
纪委书记、党委委员：杨金凯
地　址：西安市东新街395号
邮　编：710004

宁夏区分行

行　长、党委书记：王文彬
副行长、党委委员：包献忠、王保林、李 平
纪委书记、党委委员兼工会主任：唐学文
地　址：银川市黄河东路901号
邮　编：750002

甘肃省分行

行　长、党委书记：赵鹏
副行长、党委委员：张海琳、樊志成、吕相军、李昶
副行长、党委委员兼营业部总经理：王文胜
纪委书记、党委委员：杨春毅
地　址：兰州市静宁路358号
邮　编：730030

青海省分行

行　长、党委书记：李志诚
副行长、党委委员：王天香、崔亮
党委委员、纪委书记兼工会主任：高得文
地　址：西宁市胜利路2号
邮　编：810001

新疆区分行

副行长、党委副书记：吴宁锋（主持工作）
副行长、党委委员：戚光亚、袁萍、水永成
巡视员、党委委员：吾甫尔·麦敏
纪委书记、党委委员：艾圣智
地　址：乌鲁木齐市人民路88号
邮　编：830002

长春金融研修学院

院　长、党委书记：李安山
副院长、党委副书记：李春满
副院长、党委委员：秦永顺、张剑辉
纪委书记、党委委员：郑向居
地　址：长春市二道区公平路448号
邮　编：130033

杭州金融研修学院

院　长、党委书记：徐新桥
副院长、党委副书记兼纪委书记：所向东
副院长、党委委员：盛婉珍、王龙华
地　址：杭州市文一西路 70 号
邮　编：310012

大连市分行

行　长、党委书记：邢国飞
副行长、党委委员：李慧芳、鞠延强、吕维、迟维君、孙祥伟
纪委书记、党委委员：孙世坚
地　址：大连市中山区中山广场 5 号
邮　编：116001

青岛市分行

行　长、党委书记：蔡治建
副行长、党委委员：赵松彪、李军、常征、吴刚
纪委书记、党委委员兼工会主任：马丽
地　址：青岛市山东路 25 号
邮　编：266071

宁波市分行

行　长、党委书记：郁炯彦
副行长、党委委员：胡茂祥、乔晋声、王卫华
副行长、党委委员兼纪委书记：王伟民
地　址：宁波市中山西路 218 号
邮　编：315010

厦门市分行

行　长、党委书记：方培生
副行长、党委委员：林水挺、庄伟光、苏昆山、金胜
纪委书记、党委委员兼工会委员：李 烨
地　址：厦门湖滨北路 17 号工商银行大厦
邮　编：361012

深圳市分行

行　长、党委书记：王晓燕
副行长、党委副书记：林谦
副行长、党委委员：郑光明、薛鸿健、林利群
纪委书记、党委委员：朱石明
地　址：深圳市罗湖区深南东路金融中心北座
邮　编：518015

三峡分行

行　长、党委书记：陈 刚
副行长、党委委员：王林元、杨明新
纪委书记、党委委员兼工会主任：王启奎
地　址：宜昌市夷陵路 89 号
邮　编：443000

苏州分行

副行长、党委副书记：朱春华
副行长、党委委员兼工会主任：赵玉梅
副行长、党委委员：谢志华、徐正方
纪委书记、党委委员：周解平
地　址：苏州市阊胥路 88 号
邮　编：215002

直属机构名录

票据营业部

总 经 理：应俊惠
副总经理：肖小和、张敬伦、卢京华

数据中心（北京）

副总经理：王丽平、王兵、司继平、翁伟勇

数据中心（上海）

总 经 理：蒋国强
副总经理：朱菲菲、刘方洲、李金浩、毛宇星

海外数据中心

总 经 理：李政朝
副总经理：薛鸿健（兼）

软件开发中心

总 经 理：梁礼方
副总经理：李旭风、胡德斌

电子银行中心

总 经 理：王刚（兼）
副总经理：李育华、张明、柳新春

国际结算单证中心

总 经 理：原擒龙

内部审计局各分局

直属分局

局　长：李炳元
副局长：程继光 张汉桥 杜庆海

地　址：北京市西城区月坛南街丙1号
邮　编：100045

天津分局

局　长：邱启祥
副局长：史金鹏
地　址：天津市河西区围堤道123号26－27层。
邮　编：300074

上海分局

局　长：郑之光
副局长：林跃武 马 健
地　址：上海浦东大道9号
邮　编：200120

南京分局

局　长：靳学斌
副局长：黄世忠 黄国强
地　址：南京市定淮门12号软件园15号楼3楼
邮　编：210013

广州分局

局　长：苏达奇
副局长：梁向灵 李良茂
地　址：广州市昌岗东路五巷23号
邮　编：510260

沈阳分局

局　长：岳廷贵
副局长：刘相勇
地　址：沈阳市和平区南京北街88号
邮　编：110001

西安分局

局　长：许兆龙
副局长：孙东奎
地　址：西安市高新开发区高新路1号金融大厦14楼
邮　编：710075

武汉分局

局　长：田寿
副局长：庞力 周明祥
地　址：武汉市武昌区中南路7号中商广场写字楼A座41层
邮编：430071

昆明分局

局　长：史泽友
副局长：石光清 熊燕
地　址：昆明市青年路395号邦克大厦
邮　编：650011

成都分局

局　长：明柱亮
副局长：洪维刚 黄泉进
地　址：成都市总府路28号银行大厦四楼
邮　编：610016

各一级分行营业部机构名录

河北省分行营业部

总经理、党委书记：郑晓东
地　址：石家庄市平安南大街113号
邮　编：050021

山西省分行营业部

总经理、党委书记：郭伟
地　址：太原市新建路246号（金融大厦）
邮　编：030002

内蒙古区分行营业部

总经理、党委书记：杨星智
地　址：呼和浩特市新华东街15号
邮　编：010010

辽宁省分行营业部

总经理、党委书记：沙龙云
地　址：沈阳市沈河区友好大街9号
邮　编：110013

吉林省分行营业部

总经理、党委书记：黄庆惠
地　址：长春市人民大街2111号
邮　编：130051

黑龙江省分行营业部

总经理、党委书记：杨进先
地　址：哈尔滨市道里区河洛街7号
邮　编：150076

江苏省分行营业部

总经理、党委书记：石琪贤
地　址：南京市中山南路408号
邮　编：210006

浙江省分行营业部

总经理、党委书记：沈立强
地　址：杭州庆春路90号
邮　编：310003

安徽省分行营业部

总经理、党委书记：马春龙
地　址：合肥市美菱大道616号
邮　编：230001

福建省分行营业部

总经理、党委书记：王升峰
地　址：福州市八一七中路600号
邮　编：350004

江西省分行营业部

总经理、党委书记：苏南宏
地　址：南昌市中山路206号
邮　编：330003

山东省分行营业部

总经理、党委书记：栾建胜
地　址：济南市经四路310号
邮　编：250001

河南省分行营业部

总经理、党委书记：许　杰
地　址：郑州市花园路24号
邮　编：450008

湖北省分行营业部

总经理、党委书记：王芝斌
地　址：湖北省武汉市江汉路17号
邮　编：430021

湖南省分行营业部

总经理、党委书记：郑子术
地　址：长沙市韶山北路120号
邮　编：410011

广东省分行营业部

总经理、党委书记：杨春林
地　址：广州市大沙头路29号工银大厦
邮　编：510100

广西区分行营业部

总经理、党委书记：陈志彪
地　址：南宁市民族大道38－2号
邮　编：530022

四川省分行营业部

总经理、党委书记：官学清
地　址：成都市红星路二段藩库街9号
邮　编：610016

贵州省分行营业部

总经理、党委书记：黄力
地　址：贵阳市省府路1号
邮　编：550001

云南省分行营业部

总经理、党委书记：周　玮
地　址：昆明市青年路395号
邮　编：650011

陕西省分行营业部

总经理、党委书记：张晓钟
地　址：西安市西木头市9号
邮　编：710002

甘肃省分行营业部

总经理、党委书记：王文胜
地　址：兰州市庆阳163号
邮　编：730030

新疆区分行营业部

总经理、党委书记：张延挺
地　址：乌鲁木齐新民路2号
邮　编：830002

各二级分行机构名录

北京市分行

东城支行
行　长、党委书记：王德斌
地　址：东城区东四十条24号
邮　编：100007

王府井支行
行　长、党委书记：包永康

地　址：东城区王府井大街237号
邮　编：100006

和平里支行
行　长、党委书记：李士平
地　址：东城区和平里北街14号
邮　编：100013

长安支行
行　长、党委书记：冀光恒
地　址：西城区宣内大街乙6号
邮　编：100031

南礼士路支行
行　长、党委书记：汪萍
地　址：西城区阜外大街8号
邮　编：100045

新街口支行
行　长、党委书记：宋战平
地　址：西城区西直门内大街273号
邮　编：100035

地安门支行
行　长、党委书记：何长荣
地　址：朝阳区裕民路12号
邮　编：100029

金融街支行
行　长、党委书记：马靖
地　址：西城区金融大街29号
邮　编：100032

崇文支行
行　长、党委书记：孙峰
地　址：崇文区永定门外大街86号
邮　编：100075

宣武支行
行　长、党委书记：果志刚
地　址：宣武区广外南滨河路3号楼
邮　编：100054

珠市口支行
行　长、党委书记：高平
地　址：崇文区珠市口东大街15号
邮　编：100052

西客站支行
行　长、党委书记：李新明
地　址：海淀区什坊院3号
邮　编：100055

朝阳支行
行　长、党委书记：辛洁
地　址：朝阳区朝外大街1号
邮　编：100020

九龙山支行
行　长、党委书记：刘惠明
地　址：朝阳区广渠路甲40号
邮　编：100022

亚运村支行
行　长、党委书记：苗鸿祥
地　址：朝阳区慧忠北里407号
邮　编：100012

望京支行
行　长、党委书记：周丽萍
地　址：朝阳区酒仙桥路10号
邮　编：100102

商务中心区支行
行　长、党委书记：付巍
地　址：朝阳区东三环南路2号
邮　编：100022

海淀支行
行　长、党委书记：徐天岭
地　址：海淀区中关村东路100号
邮　编：100080

中关村支行
行　长、党委书记：门月红
地　址：海淀区上地信息路2号
邮　编：100085

翠微路支行
行　长、党委书记：何平
地　址：海淀区阜成路79号
邮　编：100036

丰台支行
行　长、党委书记：贺宁
地　址：丰台区文体路19号

邮　编：100071

方庄支行

行　长、党委书记：曲琰

地　址：丰台区芳城园三区 18 号楼

邮　编：100078

经济技术开发区支行

行　长、党委书记：于青

地　址：北京经济技术开发区宏达北路 12 号 A 楼

邮　编：100176

石景山支行

行　长、党委书记：郭庆斌

地　址：石景山区石景山路 63 号

邮　编：100043

门头沟支行

行　长、党委书记：聂荣启

地　址：门头沟区新桥大街 12 号

邮　编：102300

燕山支行

行　长、党委书记：车玉合

地　址：房山区燕山迎风街 21 号

邮　编：102500

房山支行

行　长、党委书记：宋福增

地　址：房山良乡西潞北大街 32 号

邮　编：102488

顺义支行

行　长、党委书记：陈雷

地　址：顺义区石园西路

邮　编：101300

通州支行

行　长、党委书记：齐兆惠

地　址：通州区新华大街 155 号

邮　编：101100

昌平支行

行　长、党委书记：李彤

地　址：昌平区科技园区综合办公楼

邮　编：102200

大兴支行

行　长、党委书记：王凯

地　址：大兴区兴政街 24 号

邮　编：102600

怀柔支行

行　长、党委书记：马跃进

地　址：怀柔区商业街 23 号

邮　编：101400

平谷支行

行　长、党委书记：张俊杰

地　址：平谷区府前西街 14 号

邮　编：101200

密云支行

行　长、党委书记：戴生宪

地　址：密云县鼓楼南大街

邮　编：101500

延庆支行

行　长、党委书记：胡长文

地　址：延庆县延庆镇东大街 37 号

邮　编：102100

营业部

行　长、党委书记：苗子瑜

地　址：西城区复兴门南大街 2 号（天银大厦 B 座）

邮　编：100031

天津市分行

营业部

总经理、党委书记：张利群

地　址：天津市和平区赤峰道 12 号

邮　编：300041

和平支行

行　长、党委书记：王来

地　址：天津市和平区解放路 147 号

邮　编：300040

新华支行

行　长、党委书记：王佩霞

地　址：天津市和平区西康路 33 号

邮　编：300051

南开支行

行　长、党委书记：张滨
地　址：天津市南开区黄河道12号
邮　编：300101

河北支行

行　长、党委书记：罗勇
地　址：天津市河北区中山路403号
邮　编：300143

红桥支行

行　长、党委书记：周立
地　址：天津市红桥区大丰路西端
邮　编：300121

河西支行

行　长、党委书记：张希刚
地　址：天津市河西区围堤道123号天津金融大厦
邮　编：300074

广厦支行

行　长、党委书记：于德全
地　址：天津市河西区解放南路351号
邮　编：300202

河东支行

行　长、党委书记：赵义民
地　址：天津市河东区十一经路河东金融大厦
邮　编：300171

新技术产业园区支行

副行长、党委副书记：张震宇（主持工作）
地　址：天津市南开区鞍山西道317号
邮　编：300192

津西支行

副行长、党总支副书记：马明（主持工作）
地　址：天津西青开发区津港公路龙府花园4号楼
邮　编：300381

塘沽分行

行　长、党委书记：张国栋
地　址：天津市塘沽区新华路菜市街1号
邮　编：300450

开发区分行

行　长、党委书记：王建国
地　址：天津开发区广场东路20号滨海金融街E5AB座
邮　编：300457

保税区分行

行　长、党委书记：李华
地　址：天津港保税区天保大道176号
邮　编：300456

汉沽支行

党委书记：王健
行　长：王兆毅
地　址：天津市汉沽区新开中路69号
邮　编：300480

大港支行

行　长、党委书记：王金生
地　址：天津市大港区迎宾街79号
邮　编：300270

西青区支行

行　长、党总支书记：戴江
地　址：天津市西青区杨柳青新华道77号
邮　编：300380

北辰区支行

行　长、党总支书记：毕堃
地　址：天津市北辰区京津路346号
邮　编：300400

东丽区支行

行　长、党总支书记：苗金广
地　址：天津市东丽区福山路先锋路交口
邮　编：300300

津南区支行

行　长、党总支书记：侯雨生
地　址：天津市津南区咸水沽镇体育场路35号
邮　编：300350

宁河支行

行　长、党总支书记：王永泰
地　址：天津市宁河县芦台镇商业道59号
邮　编：301500

武清支行

行　长、党总支书记：朱志强
地　址：天津市武清区杨村镇雍阳东道
邮　编：301700

蓟县支行

副行长、党总支委员：刘西泉
地　址：天津市蓟县兴华大街1号
邮　编：301900

宝坻支行

行　长、党总支书记：刘中华
地　址：天津市宝坻区南关大街2号
邮　编：301800

静海支行

行　长、党总支书记：张运航
地　址：天津市静海县静海站胜利大街21号
邮　编：301600

融汇支行

行　长、党总支书记：许萍
地　址：天津市和平区大同道11号
邮　编：300040

国信支行

行　长、党总支书记：吴海河
地　址：天津市河西区围堤道123号
邮　编：300074

河北省分行

邯郸分行

行　长、党委书记：范志贵
地　址：邯郸市人民东路248号
邮　编：056002

邢台分行

副行长、党委副书记：王向东（主持工作）
地　址：邢台市郭守敬北路285号
邮　编：054059

衡水分行

行　长、党委书记：白玉民
地　址：衡水市人民西路321号
邮　编：053000

保定分行

行　长、党委书记：周增文
地　址：保定市东风中路1902号
邮　编：071051

沧州分行

副行长、党委副书记：袁博光（主持工作）
地　址：沧州市南大街81号
邮　编：061000

廊坊分行

副行长、党委副书记：李金辉（主持工作）
地　址：廊坊市和平路78号
邮　编：065000

唐山分行

行　长、党委书记：田会仲
地　址：唐山市新华东道102号
邮　编：063000

秦皇岛分行

行　长、党委书记：史立军
地　址：秦皇岛市河北大街129号
邮　编：066000

承德分行

行　长、党委书记：王学勇
地　址：承德市西大街路北49号
邮　编：067000

张家口分行

副行长、党委副书记：王琦（主持工作）
地　址：张家口市解放大街20号
邮　编：075000

山西省分行

大同分行

行　长、党委书记：赵象钰
地　址：大同市新建西路44号
邮　编：037006

阳泉分行

行　长、党委书记：宋正
地　址：阳泉市德胜东街13号
邮　编：045000

长治分行

行　长、党委书记：王培明
地　址：长治市太行东街32号
邮　编：046011

晋城分行

行　长、党委书记：张强
地　址：晋城市泽州路203号
邮　编：048000

朔州分行
副行长、党委副书记：郝恩源（主持工作）
地　址：朔州市振华西街51号
邮　编：036001

忻州分行
副行长、党委副书记：郭亮才（主持工作）
地　址：忻州市长征西街27号
邮　编：034000

晋中分行
行　长、党委书记：武兴文
地　址：晋中市榆次区王湖路东巷2号
邮　编：030600

吕梁分行
行　长、党委书记：王庆元
地　址：吕梁市永宁东路83号
邮　编：033000

临汾分行
行　长、党委书记：李裕祥
地　址：临汾市鼓楼北大街45号
邮　编：041000

运城分行
行　长、党委书记：栗建强
地　址：运城市红旗东街242号
邮　编：044000

内蒙古区分行

包头分行
行　长、党委书记：张尚清
地　址：包头市昆都仑区钢铁大街46号
邮　编：014010

鄂尔多斯分行
副行长、党委委员：张凤山（主持工作）
地　址：鄂尔多斯市东胜区满都海巷北7号
邮　编：017000

乌海分行
行　长、党委书记：刘小四
地　址：乌海市海渤湾区人民路77号
邮　编：016000

赤峰分行
行　长、党委书记：刘志忠
地　址：赤峰市钢铁西街18号
邮　编：024000

通辽分行
行　长、党委书记：孙 帆
地　址：通辽市永清大街78号
邮　编：028000

呼伦贝尔分行
行　长、党委书记：马云起
地　址：呼伦贝尔市海拉尔区伊敏大街40号
邮　编：021008

锡盟分行
行　长、党委书记：王树宪
地　址：锡林浩特市宝昌路46号
邮　编：026000

乌兰察布分行
行　长、党委书记：张孝中
地　址：乌兰察布市集宁区桥东五马路6号
邮　编：012000

巴彦淖尔分行
行　长、党委书记：孙拉丁
地　址：巴彦淖尔市临河区胜利南路51号
邮　编：015000

阿盟分行
行　长、党委书记：乌力吉
地　址：阿拉善盟巴彦浩特新区额鲁特东路
邮　编：750306

满洲里分行
行　长、党委书记：陈少君
地　址：满洲里市三道街4号
邮　编：021410

乌兰浩特支行
行　长、党委书记：周庆林
地　址：乌兰浩特市兴安北大路90－1号
邮　编：137400

辽宁省分行

鞍山分行
行　长、党委书记：陈 钢
地　址：鞍山市铁东区二一九路32号
邮　编：114002

抚顺分行

行　长、党委书记：汪国栋
地　址：抚顺市新抚区中央大街东七路4号
邮　编：113008

本溪分行

行　长、党委书记：苑庆发
地　址：本溪市平山区曙光路3号
邮　编：117000

丹东分行

行　长、党委书记：高文光
地　址：丹东市元宝区锦山大街113号
邮　编：118000

锦州分行

行　长、党委书记：周宝志
地　址：锦州市凌河区解放路五段24－3号
邮　编：121000

营口分行

行　长、党委书记：孟庆国
地　址：营口市站前区金牛山大街西4号
邮　编：115000

阜新分行

行　长、党委书记：邹明珠
地　址：阜新市海州区解放大街8号
邮　编：123000

辽阳分行

行　长、党委书记：刘德全
地　址：辽阳市文圣区中华大街157号
邮　编：111000

铁岭分行

行　长、党委书记：宋吉利
地　址：铁岭市银州区文化大街44号
邮　编：112000

朝阳分行

行　长、党委书记：石宝莲
地　址：朝阳市双塔区朝阳大街四段5号
邮　编：122000

盘锦分行

行　长、党委书记：陈海林
地　址：盘锦市兴隆台区市府大路9号
邮　编：124010

葫芦岛分行

行　长、党委书记：程晗光
地　址：葫芦岛市龙湾区龙湾大街38号
邮　编：125000

吉林省分行

吉林分行

行　长、党委书记：刘繁明
地　址：吉林市松江路9号
邮　编：132011

四平分行

行　长、党委书记：王安华
地　址：四平市铁西区英雄大街
邮　编：136000

辽源分行

行　长、党委书记：张彦辉
地　址：辽源市人民大街518号
邮　编：136200

通化分行

行　长、党委书记：丛武义
地　址：通化市东昌区滨江西路3801号
邮　编：134000

白山分行

行　长、党委书记：王勤飞
地　址：白山市通江路2号
邮　编：134300

白城分行

行　长、党委书记：黄树文
地　址：白城市中兴东大路10号
邮　编：137000

延边分行

行　长、党委书记：韩红光
地　址：延吉市长白路56号
邮　编：133001

松原分行

行　长、党委书记：刘　波
地　址：松原市宁江区长宁南街26号
邮　编：138001

黑龙江省分行

齐齐哈尔分行
行　长、党委书记：刘文华
地　址：齐齐哈尔市龙沙区斜阳街6号
邮　编：161005

牡丹江分行
行　长、党委书记：朱文光
地　址：牡丹江市太平路115号
邮　编：157000

佳木斯分行
行　长、党委书记：宋绍发
地　址：佳木斯市保卫路105号
邮　编：154002

大庆分行
行　长、党委书记：武强
地　址：大庆市萨尔图区中七大路49号
邮　编：163316

伊春分行
行　长、党委书记：田耕
地　址：伊春市伊春区新兴中大街78号
邮　编：153000

鸡西分行
行　长、党委书记：宋长祥
地　址：鸡西市鸡冠区红旗大街19号
邮　编：158100

鹤岗分行
行　长、党委书记：杨秀芬
地　址：鹤岗市工农区东解放路69号
邮　编：154101

双鸭山分行
行　长、党委书记：郑春彬
地　址：双鸭山市尖山区六马路15号
邮　编：155100

七台河分行
行　长、党委书记：赵同贵
地　址：七台河市桃山区人同街26号
邮　编：154600

绥化分行
行　长、党委书记：杨列华
地　址：绥化市中兴西路72号
邮　编：152052

黑河分行
行　长、党委书记：贺宪民
地　址：黑河市合作区通江路工行大楼
邮　编：164300

大兴安岭分行
行　长、党委书记：张青武
地　址：加格达奇区人民路38号
邮　编：165000

上海市分行

上海市分行营业部
总经理、党委书记：徐启民
地　址：上海市中山东一路24号
邮　编：200002

上海市分行第二营业部
总经理、党委书记：伏萍娣
地　址：上海市即墨路88号
邮　编：200120

外滩支行
行　长、党总支书记：霍义雄
地　址：上海市中山东二路11号
邮　编：200002

浦东分行
行　长、党委书记：葛士尧
地　址：上海市浦东南路2024号
邮　编：200127

黄浦支行
行　长、党委书记：王伟权
地　址：上海市四川中路346号
邮　编：200002

南市支行
行　长、党委书记：邹慧丽
地　址：上海市中华路1168号
邮　编：200011

卢湾支行
行　长、党委书记：陈连华

地　址：上海市淮海中路98号10－11楼（金钟广场）
邮　编：200021

静安支行
行　长、党委书记：董志伟
地　址：上海市康定路699号（康定金融大厦）
邮　编：200040

徐汇支行
行　长、党委书记：张晴
地　址：上海市广元西路8号
邮　编：200030

长宁支行
行　长、党委书记：吴勇
地　址：上海市延安西路895号（申亚金融大厦）
邮　编：200050

普陀支行
行　长、党委书记：徐国喜
地　址：上海市长寿路235号
邮　编：200060

虹口支行
行　长、党委书记：胡霄骅
地　址：上海市曲阳路800号（商务大厦）
邮　编：200437

闸北支行
行　长、党委书记：赵家骏
地　址：上海市河南北路485号（银历大厦）
邮　编：200071

杨浦支行
行　长、党委书记：钱勤新
地　址：上海市控江路1698号
邮　编：200092

宝山支行
行　长、党委书记：陈达伟
地　址：上海市淞宾路318号
邮　编：200940

闵行支行
行　长、党委书记：王燕青
地　址：上海市幸松路288号
邮　编：201100

金山支行
行　长、党委书记：赖志骏
地　址：上海市金山石化卫零路558号
邮　编：200540

虹桥开发区支行
行　长、党支部书记：陆洪琴
地　址：上海市娄山关路83号（新虹桥中心大厦）
邮　编：200336

外高桥保税区支行
行　长、党总支书记：陶风华
地　址：上海市马吉路28号（东华金融大厦）
邮　编：200131

漕河泾开发区支行
行　长、党支部书记：马毓毅
地　址：上海市宜山路900号A座
邮　编：200233

张江支行
行　长、党总支书记：吴燕芬
地　址：上海市华夏东路1718号
邮　编：201200

嘉定支行
行　长、党总支书记：王金成
地　址：上海市嘉定清河路151号
邮　编：201800

松江支行
行　长、党支部书记：曹琦
地　址：上海市松江镇松乐路201号
邮　编：201600

南汇支行
行　长、党总支书记：苏岳勤
地　址：上海市惠南镇城南路258号
邮　编：201300

青浦支行
行　长、党支部书记：孙伟
地　址：上海市青浦城中东路485号
邮　编：201700

奉贤支行
行　长、党支部书记：张毅

地　址：上海市南桥镇南中路39号
邮　编：201400

崇明支行
行　长、党支部书记：马钦安
地　址：上海市城桥镇南门路158号
邮　编：202150

第二支行
行　长、党支部书记：王凌
地　址：上海市河南南路42号
邮　编：200002

国际机场支行
行　长、党支部书记：舒坦
地　址：上海市海天五路（浦东国际机场速航路口）
邮　编：201202

江苏省分行

无锡分行
行　长、党委书记：胡伟谊
地　址：无锡市五爱路30号
邮　编：214031

徐州分行
行　长、党委书记：戴巍
地　址：徐州市大同街31号
邮　编：221003

常州分行
行　长、党委书记：戴春林
地　址：常州市延陵东路752号
邮　编：213003

南通分行
行　长、党委书记：王军
地　址：南通市姚港路8号
邮　编：226006

连云港分行
行　长、党委书记：张幼华
地　址：连云港市海连中路118号
邮　编：222004

淮安分行
行　长、党委书记：夏敏
地　址：淮安市淮海西路81号
邮　编：223001

盐城分行
行　长、党委书记：叶君
地　址：盐城市建军中路124号
邮　编：224001

扬州分行
行　长、党委书记：朱汉朝
地　址：扬州市扬子江北路136号
邮　编：225009

镇江分行
行　长、党委书记：宋建华
地　址：镇江市解放路308号
邮　编：212001

泰州分行
行　长、党委书记：顾国庆
地　址：泰州市青年路188号
邮　编：225300

宿迁分行
行　长、党委书记：周乃
地　址：宿迁市洪泽湖路71号
邮　编：223800

胥浦支行
行　长、党委书记：李健
地　址：仪征市胥浦白沙路8号
邮　编：211900

浙江省分行

温州分行
行　长、党委书记：应国光
地　址：温州市人民东路东首工行大厦
邮　编：325003

嘉兴分行
行　长、党委书记：卜克强
地　址：嘉兴市禾兴南路269号
邮　编：314001

湖州分行
行　长、党委书记：沈忻
地　址：湖州市红旗路48号
邮　编：313000

绍兴分行

行　长、党委书记：王百荣
地　址：绍兴市胜利东路 180 号
邮　编：312000

金华分行

行　长、党委书记：赵丹蓓
地　址：金华市八一北街 595 号邮　编：321000

衢州分行

行　长、党委书记：胡志林
地　址：衢州市市区上街 96 号
邮　编：324000

台州分行

行　长、党委书记：侯念东
地　址：台州市椒江区解放南路 71 号
邮　编：318000

丽水分行

行　长、党委书记：潘复生
地　址：丽水市丽阳街 555 号
邮　编：323000

舟山分行

行　长、党委书记：俞　龙
地　址：舟山市定海区人民南路 16 号
邮　编：316000

安徽省分行

淮北分行

行　长、党委书记：邹　平
地　址：淮北市淮海路 90 号
邮　编：235000

宿州分行

行　长、党委书记：徐　杰
地　址：宿州市淮海中路 58 号
邮　编：234000

蚌埠分行

副行长、党委副书记：胡建森（主持工作）
地　址：蚌埠市中兴街 95 号
邮　编：233000

阜阳分行

行　长、党委书记：李玉民
地　址：阜阳市清河东路 568 号
邮　编：236032

淮南分行

行　长、党委书记：赵洪亚
地　址：淮南市田家庵区国庆中路
邮　编：232007

滁州分行

行　长、党委书记：湛承云
地　址：滁州市琅琊西路 1 号
邮　编：239000

六安分行

行　长、党委书记：康　森
地　址：六安市人民路 68 号
邮　编：237006

马鞍山分行

行　长、党委书记：陈书海
地　址：马鞍山市湖南东路 43 号
邮　编：243011

巢湖分行

副行长、党委副书记：王剑敏（主持工作）
地　址：巢湖市巢湖中路 415 号
邮　编：318000

芜湖分行

行　长、党委书记：陈　澍
地　址：芜湖市北京东路 98 号
邮　编：241000

宣城分行

副行长、党委副书记：李为民（主持工作）
地　址：宣城市鳌峰西路 10 号
邮　编：242000

铜陵分行

副行长、党委副书记：王洁清（主持工作）
地　址：铜陵市长江东路 50 号
邮　编：244000

池州分行

行　长、党委书记：佘大旺
地　址：池州市秋浦西路 20 号
邮　编：247000

安庆分行

行　长、党委书记：黎如芹
地　址：安庆市孝肃路230号
邮　编：246004

黄山分行

行　长、党委书记：韩跃进
地　址：黄山市屯溪区黄山东路57号
邮　编：245000

亳州支行

行　长、党委书记：张 震
地　址：亳州市人民中路41号
邮　编：236800

福建省分行

泉州分行

行　长、党委书记：王健仁
地　址：泉州市温陵北路61号
邮　编：362000

漳州分行

行　长、党委书记：陈力
地　址：漳州市元光南路工行大楼
邮　编：363000

莆田分行

行　长、党委书记：林民荣
地　址：莆田市荔城大道南段968号
邮　编：351100

三明分行

行　长、党委书记：郑荣才
地　址：三明市和仁新村一幢
邮　编：365000

南平分行

行　长、党委书记：郑志伟
地　址：南平市东山路2号
邮　编：353000

龙岩分行

行　长、党委书记：陈建兴
地　址：龙岩市九一南路47号
邮　编：364000

宁德分行

行　长、党委书记：陈友滨
地　址：宁德市蕉城南路51号
邮　编：352100

江西省分行

九江分行

行　长、党委书记：吴堂保
地　址：九江市浔阳东路93号
邮　编：332000

萍乡分行

行　长、党委书记：邹克胜
地　址：萍乡市建设西路76号
邮　编：337000

景德镇分行

行　长、党委书记：李纯会
地　址：景德镇市瓷都大道1106号
邮　编：333000

鹰潭分行

行　长、党委书记：刘卫东
地　址：鹰潭市环城西路1号
邮　编：335000

赣州分行

行　长、党委书记：张少华
地　址：赣州市章贡区文清路39号
邮　编：341000

宜春分行

行　长、党委书记：周维
地　址：宜春市秀江中路219号
邮　编：336000

上饶分行

行　长、党委书记：邱建华
地　址：上饶市沿江中路24号
邮　编：334000

吉安分行

行　长、党委书记：宁先明
地　址：吉安市吉州区井冈山大道103号
邮　编：343000

抚州分行

行　长、党委书记：詹炳前
地　址：抚州市临川区赣东大道439号
邮　编：344000

新余分行
行　长、党委书记：刘井冈
地　址：新余市仙来东大道 269 号
邮　编：338000

山东省分行

淄博分行
行　长、党委书记：李跃刚
地　址：淄博市张店中心路 158 号
邮　编：255040

烟台分行
行　长、党委书记：王 波
地　址：烟台市芝罘区海港路 1 号
邮　编：264000

潍坊分行
行　长、党委书记：孙明堂
地　址：潍坊市奎文区潍州路 751 号（甲）
邮　编：261031

莱芜分行
行　长、党委书记：冷嘉宝
地　址：莱芜市鲁中东大街 1 号
邮　编：271100

东营分行
行　长、党委书记：崔中玉
地　址：东营市东营区南一路 1165 号
邮　编：257091

威海分行
行　长、党委书记：李永太
地　址：威海市文化西路 188 号
邮　编：264209

济宁分行
行　长、党委书记：王跃民
地　址：济宁市红星东路 115 号
邮　编：272000

泰安分行
行　长、党委书记：国建苏
地　址：泰安市财源大街 135 号
邮　编：271000

德州分行
行　长、党委书记：赵玉良
地　址：德州市天衢中路工行大楼
邮　编：253016

菏泽分行
行　长、党委书记：谭超田
地　址：菏泽市中华西路 98 号
邮　编：274009

枣庄分行
行　长、党委书记：刘国强
地　址：枣庄光明中路 68 号
邮　编：277102

日照分行
行　长、党委书记：刘光海
地　址：日照市黄海一路 43 号
邮　编：276826

临沂分行
行　长、党委书记：张卫民
地　址：临沂市沂蒙路 324 号
邮　编：276004

聊城分行
行　长、党委书记：徐光林
地　址：聊城市柳园北路 2 号
邮　编：252000

滨州分行
行　长、党委书记：张嘉宏
地　址：滨州市渤海七路 633 号
邮　编：256631

河南省分行

洛阳分行
行　长、党委书记：田 哲
地　址：洛阳市中州路 230 号
邮　编：471000

开封分行
行　长、党委书记：张重阳
地　址：开封市丁角街 88 号
邮　编：475000

安阳分行
行　长、党委书记：贾宪国
地　址：安阳市文峰大道中段
邮　编：455000

濮阳分行

行　长、党委书记：董亚军
地　址：濮阳市建设路16号
邮　编：457000

鹤壁分行

行　长、党委书记：王 伟
地　址：鹤壁市兴鹤大街235号
邮　编：458030

新乡分行

行　长、党委书记：仓 彪
地　址：新乡市和平大道88号
邮　编：453003

焦作分行

行　长、党委书记：陈四梁
地　址：焦作市焦东中路23号
邮　编：454002

三门峡分行

行　长、党委书记：刘 钢
地　址：三门峡市崤山路42号
邮　编：472000

许昌分行

行　长、党委书记：铁耀敏
地　址：许昌市七一路42号
邮　编：461000

平顶山分行

行　长、党委书记：任跃玲
地　址：平顶山市矿工路中段37号
邮　编：467000

漯河分行

行　长、党委书记：曲俊杰
地　址：漯河市黄河路中段692号
邮　编：462000

商丘分行

行　长、党委书记：邢卫勇
地　址：商丘市文化东路569号
邮　编：476000

周口分行

行　长、党委书记：陈 勇
地　址：周口市工农路20号
邮　编：466000

驻马店分行

行　长、党委书记：韩国庆
地　址：驻马店市解放路东段
邮　编：463000

信阳分行

行　长、党委书记：郭自来
地　址：信阳市四一路41号
邮　编：464000

南阳分行

行　长、党委书记：王 毅
地　址：南阳市工业路124号
邮　编：473003

湖北省分行

黄石分行

行　长、党委书记：陈安健
地　址：黄石市南京路6号
邮　编：435000

十堰分行

行　长、党委书记：姚贵平
地　址：十堰市公园路6号
邮　编：442000

荆州分行

行　长、党委书记：黄吉安
地　址：荆州市北京路352号
邮　编：434000

襄樊分行

行　长、党委书记：雷鸣
地　址：襄樊市前进东路幸福小区55栋
邮　编：441003

荆门分行

副行长、党委副书记：周从玉（主持工作）
地　址：荆门市象山大道44号
邮　编：448000

孝感分行

行　长、党委书记：王新平
地　址：孝感市园林二路
邮　编：432100

黄冈分行

行　长、党委书记：魏波
地　址：黄冈市新港二路 6 号
邮　编：436800

咸宁分行

行　长、党委书记：班建伟
地　址：咸宁市淦河大道 39 号
邮　编：437100

恩施分行

行　长、党委书记：魏鹏程
地　址：恩施市舞阳大街 18 号
邮　编：445000

湖南省分行

株洲分行

行　长、党委书记：蒋勤
地　址：株洲市建设南路 85 号
邮　编：412000

湘潭分行

行　长、党委书记：翁德美
地　址：湘潭市韶山中路 1 号
邮　编：411000

衡阳分行

行　长、党委书记：李跃进
地　址：衡阳市解放路 1 号
邮　编：421001

邵阳分行

行　长、党委书记：杨爱华
地　址：邵阳市红旗路 389 号
邮　编：422000

岳阳分行

行　长、党委书记：戴永华
地　址：岳阳市南湖大道
邮　编：414000

益阳分行

行　长、党委书记：张正华
地　址：益阳市长益路 38 号
邮　编：413000

常德分行

行　长、党委书记：李勤
地　址：常德市人民中路 358 号
邮　编：415000

永州分行

行　长、党委书记：匡一先
地　址：永州市芝山区南津南路工行大厦
邮　编：425006

郴州分行

行　长、党委书记：谢少雄
地　址：郴州市北湖路 27 号
邮　编：423000

娄底分行

行　长、党委书记：聂欣欣
地　址：娄底市乐坪东街 7 号
邮　编：417000

怀化分行

行　长、党委书记：孙兵
地　址：怀化市迎丰中路 569 号
邮　编：418000

湘西州分行

行　长、党委书记：蒋辉
地　址：吉首市人民北路 3 号
邮　编：416000

张家界分行

行　长、党委书记：许青
地　址：张家界市永定区回龙路 29 号
邮　编：427000

广东省分行

珠海分行

行　长、党委书记：吴水龙
地　址：珠海市吉大景山路 19 号工商银行大厦
邮　编：519015

汕头分行

行　长、党委书记：李绍平
地　址：汕头市迎宾路东侧
邮　编：515041

韶关分行

行　长、党委书记：吴传武
地　址：韶关市建国路 2 号
邮　编：512000

河源分行

行　长、党委书记：许长明
地　址：河源市沿江路13号
邮　编：517000

梅州分行

行　长、党委书记：陈涛
地　址：梅州市嘉应东路18号
邮　编：514021

惠州分行

行　长、党委书记：李海明
地　址：惠州市长寿路5号
邮　编：516001

汕尾分行

行　长、党委书记：张锦强
地　址：汕尾市四马路
邮　编：516600

东莞分行

行　长、党委书记：沈晓东
地　址：东莞市莞太路胜和路段18号
邮　编：523009

中山分行

行　长、党委书记：马智崇
地　址：中山市石岐悦来南路7号
邮　编：528400

江门分行

行　长、党委书记：徐守本
地　址：江门市港口路93号
邮　编：529030

佛山分行

行　长、党委书记：卢卓雄
地　址：佛山市汾江南路85号
邮　编：528000

阳江分行

行　长、党委书记：余 彬
地　址：阳江市吉祥东路6号
邮　编：529500

湛江分行

行　长、党委书记：冯达锋
地　址：湛江市康顺路29号
邮　编：524043

茂名分行

行　长、党委书记：张爱民
地　址：茂名市人民南路36号
邮　编：525000

肇庆分行

行　长、党委书记：叶伟清
地　址：肇庆市端州三路34号
邮　编：526040

清远分行

行　长、党委书记：张志勇
地　址：清远市桥北一路1号
邮　编：511500

潮州分行

行　长、党委书记：谢海昌
地　址：潮州市潮州大道中段
邮　编：521000

揭阳分行

行　长、党委书记：黄培南
地　址：揭阳市东山区站前大道中段东侧
邮　编：522031

云浮分行

行　长、党委书记：吴寿强
地　址：云浮市建设北路3号
邮　编：527300

广西区分行

柳州分行

副行长、党委副书记：戴湖西（主持工作）
地　址：柳州市广雅路19号
邮　编：545001

桂林分行

行　长、党委书记：杨军
地　址：桂林市中山中路128号
邮　编：541001

梧州分行

行　长、党委书记：潘福常
地　址：梧州大学路25号
邮　编：543002

玉林分行
行　长、党委书记：刘健平
地　址：玉林市一环东路158号
邮　编：537000

北海分行
副行长、党委副书记：王建勤（主持工作）
地　址：北海市四川路63号
邮　编：536000

百色分行
行　长、党委书记：吴进
地　址：百色市中山一路5号
邮　编：533000

河池分行
副行长、党委副书记：彭桂中（主持工作）
地　址：河池市新建路248号
邮　编：547000

海南省分行

三亚分行
行　长、党委书记：华德勇
地　址：三亚市解放四路工商银行大楼
邮　编：572000

洋浦分行
行　长、党委书记：曹召臣
地　址：洋浦开发区洋浦工行大厦
邮　编：578101

四川省分行

攀枝花分行
行　长、党委书记：周华忠
地　址：攀枝花市东区临江路2号
邮　编：617000

自贡分行
行　长、党委书记：贾波
地　址：自贡市自流井区解放路135号
邮　编：643000

泸州分行
行　长、党委书记：严盖
地　址：泸州市迎晖路77号
邮　编：646000

德阳分行
行　长、党委书记：罗毅
地　址：德阳市凯江路一段33号
邮　编：618000

广元分行
行　长、党委书记：林波
地　址：广元市利州东路667号
邮　编：628017

绵阳分行
行　长、党委书记：王世杰
地　址：绵阳市警钟街10号
邮　编：621000

遂宁分行
行　长、党委书记：张国光
地　址：遂宁市天上街2号
邮　编：629000

乐山分行
行　长、党委书记：余永华
地　址：乐山市紫云后街4号
邮　编：614000

内江分行
行　长、党委书记：陈赟
地　址：内江市中区中央路48－52号
邮　编：641000

达州分行
行　长、党委书记：陈汀
地　址：达州市南城西环路工行大厦
邮　编：635000

宜宾分行
行　长、党委书记：朱朝华
地　址：宜宾市商贸路101号
邮　编：644000

南充分行
行　长、党委书记：滕世平
地　址：南充市顺庆区丝绸路86号工行大厦
邮　编：637000

雅安分行
行　长、党委书记：周晓保
地　址：雅安市雨城区东大街1号临江大厦

邮　编：625000

凉山分行

行　长、党委书记：杨小平
地　址：西昌市城南大道
邮　编：615000

广安分行

行　长、党委书记：罗光平
地　址：广安市城南新区金安大道二段1号
邮　编：638001

巴中分行

行　长、党委书记：冯强
地　址：巴中市江北大街中段
邮　编：63600

眉山分行

行　长、党委书记：吴显仁
地　址：眉山市东坡区三苏路81号
邮　编：620020

资阳分行

副行长、党委副书记：祝文康（主持工作）
地　址：资阳市雁江区西门桥街24号
邮　编：641300

重庆市分行

万州分行

行　长、党委书记：罗春坪
地　址：重庆万州区白岩路81号
邮　编：404000

涪陵分行

行　长、党委书记：田建华
地　址：重庆涪陵兴华中路2号
邮　编：408000

黔江分行

行　长、党委书记：王章奎
地　址：重庆黔江区新华大道西段1128号
邮　编：409000

高科技支行

行　长、党委书记：涂明海
地　址：重庆高新区石桥铺渝州路60号
邮　编：400039

朝天门支行

副行长、党委副书记：马毅（主持工作）
地　址：重庆渝中区民族路24号
邮　编：400011

渝中支行

行　长、党委书记：李伟
地　址：重庆渝中区民族路177号
邮　编：400010

江北支行

行　长、党委书记：赖瑾
地　址：重庆渝北区加州花园B4裙楼
邮　编：401147

沙坪坝支行

行　长、党委书记：郭保华
地　址：重庆市沙坪坝区小新街78号
邮　编：400030

九龙坡支行

行　长、党委书记：樊雪明
地　址：重庆杨家坪正街13号
邮　编：400050

南岸支行

行　长、党委书记：杨彪
地　址：重庆南坪江南大道9号
邮　编：400060

大渡口支行

行　长、党委书记：钟兴华
地　址：重庆大渡口钢花路350号
邮　编：400084

北碚支行

行　长、党委书记：杨白玲
地　址：重庆北碚区中山路2号
邮　编：400700

巴南支行

行　长、党委书记：薛桢伟
地　址：重庆巴南区鱼洞镇解放街2号
邮　编：401320

渝北支行

行　长、党委书记：邓晓秀
地　址：重庆渝北区两路镇胜利路53号

邮　编：401120

永川支行

行　长、党委书记：苗文选

地　址：重庆永川市永昌镇名生路 22 号

邮　编：402160

江津市行

副行长、党委副书记：胡长云（主持工作）

地　址：重庆江津市大同路（小什字）

邮　编：402260

合川支行

副行长、党委副书记：谢红林（主持工作）

地　址：重庆合川市苏家街 3 号

邮　编：401520

长寿支行

行　长、党委书记：陈平

地　址：重庆长寿风城镇向阳路 6 号

邮　编：401220

贵州省分行

遵义分行

行　长、党委书记：张庆典

地　址：遵义市红花岗区新华路 8 号

邮　编：563000

安顺分行

副行长、党委委员：严发忠

地　址：安顺市东郊路 18 号

邮　编：561000

都匀分行

行　长、党委书记：罗敏

地　址：黔南州都匀市广惠路 263 号

邮　编：558000

毕节分行

行　长、党委书记：朱鄂清

地　址：毕节市麻园大道

邮　编：551700

凯里分行

行　长、党委书记：高跃进

地　址：凯里市北京西路 31 号

邮　编：556000

铜仁分行

行　长、党委书记：吴玺

地　址：铜仁市共青路 37 号

邮　编：554300

兴义分行

行　长、党委书记：李运寿

地　址：兴义市沙井街 1 号

邮　编：562400

六盘水分行

行　长、党委书记：杨德兴

地　址：六盘水市钟山区明湖路 42 号

邮　编：553000

云南省分行

昭通分行

行　长、党委书记：闻玉璧

地　址：昭通市昭阳区学生路 123 号

邮　编：657000

曲靖分行

行　长、党委书记：杨常稳

地　址：曲靖市麒麟区麒麟东路 6 号

邮　编：655000

文山分行

行　长、党委书记：陈维方

地　址：文山州文山县开化镇普阳路中段

邮　编：663000

红河分行

行　长、党委书记：何 宇

地　址：红河州个旧市中山路 58 号

邮　编：661000

思茅分行

行　长、党委书记：李建伟

地　址：思茅市翠云区人民西路 90 号

邮　编：665000

西双版纳分行

行　长、党委书记：钱良模

地　址：西双版纳州景洪市宣慰大道 112 号

邮　编：666100

玉溪分行

行　长、党委书记：王跃屏

地　址：玉溪市红塔区玉兴路21号
邮　编：653100

楚雄分行

行　长、党委书记：凤兆龙
地　址：楚雄州楚雄市龙泉路56号
邮　编：675000

大理分行

副行长、党委副书记：杨秀慧（主持工作）
地　址：大理州大理市建设西路88号
邮　编：671000

丽江分行

行　长、党委书记：吴灿华
地　址：丽江市古城区福慧路
邮　编：674100

香格里拉支行

行　长、党委书记：和炳春
地　址：迪庆州香格里拉县建塘镇长征路
邮　编：674400

怒江分行

行　长、党委书记：张吉根
地　址：怒江州泸水县六库镇人民路191号
邮　编：673100

保山分行

行　长、党委书记：刁文利
地　址：保山市隆阳区正阳北路129号
邮　编：678000

德宏分行

行　长、党委书记：和三斤
地　址：德宏州潞西市友谊路西段
邮　编：678400

临沧分行

行　长、党委书记：余 良
地　址：临沧市临翔区凤翔镇后寨1号
邮　编：677000

陕西省分行

宝鸡分行

行　长、党委书记：李可军
地　址：宝鸡市经二路157号
邮　编：721000

咸阳分行

行　长、党委书记：王小科
地　址：咸阳市人民中路37号
邮　编：712000

铜川分行

行　长、党委书记：延艺丰
地　址：铜川市红旗街66号
邮　编：727000

渭南分行

行　长、党委书记：张卫东
地　址：渭南市前进路中段87号
邮　编：714000

商洛分行

行　长、党委书记：董涛
地　址：商洛市迎宾路1号
邮　编：726000

汉中分行

副行长、党委副书记：金琦
地　址：汉中市汉台区人民路北段
邮　编：723000

安康分行

行　长、党委书记：李骏
地　址：安康市汉滨区解放路16号
邮　编：725000

延安分行

行　长、党委书记：王明
地　址：延安市师范路441号
邮　编：716000

榆林分行

行　长、党委书记：王建设
地　址：榆林市长城路西32号
邮　编：719000

甘肃省分行

天水分行

行　长、党委书记：姚平
地　址：天水市秦州区建设路42号
邮　编：741000

白银分行

行　长、党委委员：张振民

党委书记：郭一民
地　址：白银市白银区人民路81号
邮　编：730900

金昌分行
行　长、党委书记：刘永平
地　址：金昌市金川区新华路18号
邮　编：737100

嘉峪关分行
行　长、党委书记：霍江
地　址：嘉峪关市新华中路41号
邮　编：735100

酒泉分行
行　长、党委书记：任卫秋
地　址：酒泉市北大街3号
邮　编：735000

张掖分行
行　长、党委书记：张辉明
地　址：张掖市县府街47号
邮　编：734000

武威分行
行　长、党委书记：周玉龙
地　址：武威市西大街9号
邮　编：733000

定西分行
行　长、党委书记：祁学军
地　址：定西地区定西县大什字
邮　编：743000

平凉分行
行　长、党委书记：晏贵宾
地　址：平凉市西大街75号
邮　编：744000

庆阳分行
行　长、党委书记：赵兴宁
地　址：西峰市西大街232号
邮　编：745000

陇南分行
行　长、党委书记：杨爱军
地　址：陇南地区武都县盘旋路6号
邮　编：746000

临夏分行
行　长、党委书记：王贵
地　址：临夏市团结路50号
邮　编：731100

合作支行
行　长、党委书记：王志勇
地　址：甘南藏族自治州合作市东三路
邮　编：747000

矿区分行
行　长、党委书记：张厚斌
地　址：甘肃矿区
邮　编：732850

东风场区分行
行　长、党委书记：郭振强
地　址：兰州27支局48信箱106号
邮　编：732750

新疆区分行

伊犁哈萨克自治州分行
行　长、党委书记：张脉群
地　址：伊宁市斯大林街39号
邮　编：835000

塔城分行
行　长、党委书记：张家琦
地　址：塔城市新华街153号
邮　编：834700

阿勒泰分行
副行长、党委副书记：李新玉（主持工作）
地　址：阿勒泰市金山路1号
邮　编：836500

博尔塔拉蒙古自治州分行
副行长、党委副书记：邓学工（主持工作）
地　址：博乐市青得里大街74号
邮　编：833400

昌吉回族自治州分行
行　长、党委书记：向福中
地　址：昌吉市延安北路23号
邮　编：831100

哈密分行
副行长、党委副书记：王鲁兵（主持工作）

地　址：哈密市中山北路22号
邮　编：839000

吐鲁番分行

副行长、党委副书记：袁州（主持工作）
地　址：吐鲁番市绿洲路
邮　编：838000

巴音郭楞蒙古自治州分行

副行长、党委副书记：全伟（主持工作）
地　址：库尔勒市石化大道工行大厦
邮　编：841000

阿克苏分行

行　长、党委书记：邢雷
地　址：阿克苏市栏杆路24号
邮　编：843000

喀什分行

副行长、党委副书记：文德明（主持工作）
地　址：喀什市人民西路65号
邮　编：844000

和田分行

副行长、党委副书记：邵泽山（主持工作）
地　址：和田市乌鲁木齐南路1号
邮　编：848000

克拉玛依石油分行

行　长、党委书记：吴永强
地　址：克拉玛依市天山路38号
邮　编：834000

石河子分行

副行长：岳刚（主持工作）
地　址：石河子市北四路23小区
邮　编：832000

第七支行

行　长、党委书记：帕塔尔·卡哈尔
地　址：新疆马兰地区
邮　编：841700

境外机构名录

中国工商银行香港分行

Industrial & Commercial Bank of China Limited,
Hong Kong Branch
总经理：孙新荣
General Manager: Mr. Sun Xinrong
ADD: 33/F, ICBC Tower, 3 Garden Road, Central, Hong Kong
TEL: +852 -35108822
FAX: +852 -25213394
Email: berylchan@ icbcasia. com

中国工商银行澳门分行

The Industrial and Commercial Bank of China Limited,
Macau Branch
总经理：沈晓祺
General Manager: Mr. Shen Xiaoqi
ADD: Alameda Dr. Carlos D'Assumpcao, no. 393 -437, 18 andar E, F, G , H, Edf. Dynasty Plaza, Macau
TEL: +853 -7913078
FAX: +853 -786328
Email: icbc@ icbc. com. mo

中国工商银行新加坡分行

Industrial & Commercial Bank of China Limited,
Singapore Branch
总经理：徐力
General Manager: Mr. Xu Li
ADD: 6, Raffles Quay #12 -01 6 Raffles Quay S048580
TEL: +65 -65381066
FAX: +65 -65381370
Email: icbcsg@ icbc. com. sg

中国工商银行东京分行

Industrial & Commercial Bank of China Limited,
Tokyo Branch
总经理：宋宁
General Manager: Mr. Song Ning
ADD: 2 -1 Marunouchi 1 - Chome, Chiyoda -Ku Tokyo, 100 -0005, Japan
TEL: +813 -52233888
FAX: +813 -52198502
Email: icbctokyo@ icbc. co. jp

中国工商银行首尔分行

Industrial & Commercial Bank of China Limited Limited,
Seoul Branch
总经理：崔基仟
General Manager: Mr. Cui Jiqian

ADD：17th Floor, Taepyeongno Bldg. #310, Taepyeongno2 – Ga, Jung – gu, Seoul 100 – 767, Korea
TEL：+822 – 37886609
FAX：+822 – 7563127
Email：seouladm@ kr. icbc. com. cn

中国工商银行釜山分行

Industrial and Commercial Bank of China Limited, Busan Branch
总经理：荆仁
General Manager：Mr. Jing Ren
ADD：Busan Branch 9th Floor, Kyobi – life Building, #88 – 7, Jungang – Dong 4 – Ga, Busan 600 – 737, Korea
TEL：+8251 – 4638788
FAX：+8251 – 4636880
Email：busanadmicn@ kr. icbc. com. cn

中国工商银行法兰克福分行

Industrial & Commercial Bank of China Limited, Frankfurt Branch
总经理：宋立新
General Manager：Mr. Song Lixin
ADD：Bockenheimer Anlage 15, 60322 Frankfurt am Main, Germany
TEL：+4969 – 50604700
FAX：+4969 – 50604708
Email：icbc@ icbc-ffm. de

中国工商银行卢森堡分行

Industrial and Commercial Bank of China Limited, Luxembourg Branch
总经理：吴斌
General Manager：Mr. Wu Bin
ADD：ICBC Luxembourg Branch B. P. 278 L – 2012 Luxembourg
TEL：+352 – 26866688
FAX：+352 – 26866666
Email：icbc@ icbc. lu

中国工商银行（阿拉木图）股份公司

Industrial and Commercial Bank of China (Almaty) Joint Stock Company
总经理：赵国强
General Manager：Mr. Zhao Guoqiang
ADD：110, Furmanov Avenue, Almaty, Republic of Kazakhstan , 050000
TEL：+73272 – 596402
FAX：+73272 – 596400
Email：office@ icbcalmaty. kz

中国工商银行（伦敦）有限公司

Industrial and Commercial Bank of China (London) Limited
总经理：许金雷
General Manager：Mr. Xu Jinlei
ADD：36 King Street, London EC2V 8BB, UK
TEL：+4420 – 73978888
FAX：+4420 – 73978899
Email：admin@ icbclondon. com

中国工商银行纽约代表处

Industrial and Commercial Bank of China Limited,
New York Representative Office
首席代表：彭建寅
Chief Representative：Mr. Peng Jianyin
ADD：375 Park Avenue, Suite 3508, New York , NY. 10152, U. S. A.
TEL：+212 – 8387799
FAX：+212 – 8385770
Email：icbcusa@ yahoo. com

中国工商银行莫斯科代表处

Industrial and Commercial Bank of China Limited,
Moscow Representative Office
首席代表：郑滨
Chief Representative：Mr. Zheng Bin
ADD：Smolensky Passage, 7th Floor, Smolenskaya Square 3, 121099 Moscow, Russia
TEL：+7495 – 7751065
FAX：+7495 – 7751066
Email：icbcmoscow@ yahoo. com. cn

中国工商银行悉尼代表处

Industrial & Commercial Bank of China Limited,
Sydney Representative Office
首席代表：柳洪斌
Chief Representative：Mr. Liu Hongbin
ADD：Suite 2, Level 14, 60 Carrington Street, Sydney NSW 2000, Australia
TEL：+612 – 9233 – 2233
FAX：+612 – 9233 – 3982
Email：sydneyoffice@ icbc. com. au

中国工商银行（亚洲）有限公司

Industrial and Commercial Bank of China (Asia) Limited
行政总裁：朱琦

Chief Executive Officer: Mr. Zhu Qi
ADD: 33/F, ICBC Tower, 3 Garden Road, Central, Hong Kong
TEL: +852-35108822
FAX: +852-25213394
Email: berylchan@icbcasia. com

工商国际金融有限公司

Industrial and Commercial International Capital Limited
总经理：韩瑞祥
General Manager: Mr. Han Ruixiang
ADD: 18/F, Fairmont House, 8 Cotton Tree Drive, Central, Hong Kong
TEL: +852-2521 5661
FAX: +852-2810 0473
Email: icic@icic. com. hk

工商东亚金融控股有限公司

ICEA Finance Holdings Limited
执行总裁：张可心
Chief Executive Officer: Mr. Zhang Kexin
ADD: 26th Floor, ICBC Tower, 3 Garden Road, Central, Hong Kong
TEL: +852-2231-8330
FAX: +852-2525-2965
Email: mkwan@icea. com. hk

2005年度二级分行经营30强

地区	分行	按绩效得分排名	按实际利润排名	按人均利润排名	三项因素综合排名
广东	东莞	1	1	2	1
浙江	金华	5	3	5	2
浙江	台州	6	4	3	3
江苏	常州	2	7	4	4
浙江	绍兴	3	5	6	5
浙江	温州	10	2	7	6
山东	东营	8	11	9	7
浙江	嘉兴	12	8	10	8
浙江	舟山	7	15	8	9
江苏	无锡	18	6	11	10
山东	滨州	4	19	12	11
广东	中山	16	9	16	12
浙江	湖州	17	13	18	13
云南	曲靖	22	14	15	14
浙江	衢州	20	17	17	15
浙江	丽水	13	23	20	16
山东	莱芜	9	39	13	17
江苏	南通	37	12	30	18
山东	聊城	25	31	28	19
安徽	马鞍山	19	35	31	20
山东	济宁	26	20	43	21
广东	惠州	31	21	38	22
山西	晋城	27	29	35	23
江苏	宿迁	24	49	21	24
山东	日照	21	53	22	25
广东	韶关	39	28	32	26
河北	秦皇岛	40	25	42	27
福建	泉州	61	10	41	28
江苏	镇江	41	26	45	29
广东	江门	48	18	47	30

2005年度城区支行经营40强

地区	支行	按绩效得分排名	按实际利润排名	按人均利润排名	三项因素综合排名
北京	翠微路	3	1	3	1
上海	外滩	1	12	1	2
北京	长安	7	4	4	3
上海	营业部	6	5	5	4
北京	地安门	8	6	2	5
北京	新街口	12	3	8	6
北京	礼士路	19	2	11	7
浙江	解放路	26	21	17	8
广东	第三支行	17	29	19	9
上海	虹桥	16	32	20	10
吉林	驻厂	11	42	18	11
苏州	园区	9	57	7	12
北京	金融街	2	63	15	13
北京	西客站	35	11	36	14
广东	北京路	28	24	32	15
江苏	城南	39	25	24	16
浙江	众安	13	69	6	17
上海	第二支行	5	83	9	18
北京	宣武	53	8	37	19

续表

地区	支　行	按绩效得分排名	按实际利润排名	按人均利润排名	三项因素综合排名
广东	南方	25	51	28	20
广东	粤秀	24	61	26	21
深圳	营业部	18	73	25	22
湖北	沌口	21	87	10	23
浙江	开元	15	98	13	24
北京	石景山	49	16	62	25
浙江	羊坝头	43	47	41	26
广东	第一支行	47	49	38	27
北京	朝阳	85	7	43	28
北京	东城	65	13	57	29
江苏	城北	37	44	54	30
北京	商务区	31	52	52	31
山东	经二路	38	60	42	32
浙江	之江	23	108	16	33
深圳	福田	22	82	46	34
广东	黄埔	40	50	61	35
黑龙江	中大	78	48	29	36
深圳	南头	30	68	58	37
苏州	昆山	79	34	44	38
北京	王府井	81	14	63	39
上海	第二营业部	4	125	31	40

2005 年中国工商银行获奖、国际评级情况

获奖情况

美国《环球金融》杂志授予“中国最佳银行”

美国《环球金融》杂志授予“中国最佳个人网上银行”

美国《环球托管》杂志授予“中国最佳托管银行”

香港《亚洲货币》杂志授予“中国最佳内地商业银行”

新加坡《亚洲银行家》杂志授予“中国最佳零售银行”

国际评级

穆迪评级公司给予中国工商银行评级：A2（长期信用评级）/P－1（短期信用评级）/Stable（前景展望）/E＋（综合财务实力评级）。2005 年 11 月 2 日，穆迪评级公司将中国工商银行的综合财务实力评级的前景展望由稳定调升至正面。

标准普尔评级公司给予中国工商银行评级：BBB＋（长期信用评级）/A－2（短期信用评级）/ Stable（前景展望）/C（基本实力评级）。2005 年 7 月 25 日和 9 月 28 日，标准普尔评级公司两次提升中国工商银行信用评级。其中，长期信用评级由 BB＋调升至 BBB－，并再次连升两级至 BBB＋；短期信用评级由 B 调升至 A－3，并再次调升至 A－2；基本实力评级由 D 调升至 D＋，并再次调升至 C。

全国文明单位

北京分行王府井支行新东安分理处
山西晋城分行
吉林松原市分行
上海外滩支行
浙江分行营业部
浙江分行杭州西湖支行
安徽分行营业部
福建分行营业部闽都支行
河南开封分行
青海分行营业部城东支行
新疆巴州分行

全国精神文明创建工作先进单位

山西阳泉分行
山西吕梁分行
吉林通化新华支行
黑龙江分行革新支行雷锋储蓄所
黑龙江鹤岗市分行
黑龙江分行营业部大直支行
江苏分行营业部城北支行
浙江绍兴分行
浙江衢州分行
浙江台州分行
安徽巢湖分行
江西吉安分行
山东分行聊城市振兴路支行
河南分行营业部行政区支行
湖北分行青山区支行
湖北孝感市分行
广西桂林分行
海南三亚分行
四川分行营业部春熙支行
贵州分行营业部南明支行

云南昭通分行
云南分行兰坪县支行
甘肃金昌市分行
青海分行机关
新疆分行营业部
新疆分行克拉玛依市石油分行

中国工商银行第四届文明建设先进单位

北京分行长安支行
北京分行中关村支行学院路储蓄所
天津分行民族路支行
河北分行衡水市新华支行
山西分行阳泉市分行
内蒙古自治区分行包头市包钢支行
辽宁分行丹东市分行人民广场支行
吉林分行长春市金程支行
黑龙江分行鹤岗市分行
上海分行南京东路第三支行
上海分行延安西路支行
江苏分行镇江句容市支行
江苏分行南通海安县支行
浙江分行营业部羊坝头支行
浙江分行永康市支行
安徽分行马鞍山市分行
福建分行泉州市洛江支行
福建分行宁德市分行营业部
江西分行宜春市分行丰城市支行
山东分行德州市临邑县支行
山东分行淄博市临淄区支行
河南分行洛阳市分行
湖北分行武汉市经济技术开发区支行
湖南分行株洲市清水塘支行
广东分行广州市署前路支行
广东分行河源市龙川县支行
广西桂林市分行高新技术开发区支行三里店分理处
海南分行海口市海甸支行
重庆分行沙坪坝支行
重庆分行忠县支行
贵州分行毕节分行金沙县支行
贵州分行营业部贵溪支行
云南富源县支行
云南昆明市关上支行
四川分行营业部新都支行
陕西分行西安城南支行
甘肃分行金昌市分行
青海分行营业部
宁夏分行银川市城区支行
新疆分行伊犁州奎屯市支行
宁波分行镇海区支行
深圳分行新沙支行
大连分行马栏广场分理处
厦门分行海沧支行
青岛分行市南区第四支行
苏州分行昆山市支行
三峡分行云集支行

全国劳动模范

上海市分行营业部副经理　杨韶敏（女）
重庆市分行信息科技部科长　刘中平
甘肃省武威市分行营业部统计员　杨侠（女）
安徽省分行行长　刘卫星
贵州省六盘水市分行出纳员　侯黔英（女）
浙江温州市分行理财室主任　金颖颖（女）
山西省分行营业部太钢支行行长　车长春
广东省分行营业部光明路支行营业部经理　方晓雯（女）
总行信贷管理部总经理　魏国雄

全国金融系统优秀工会干部

朱兆萍　上海市分行纪委书记、工会工作委员会主任
范　雷　福建省分行工会工作委员会主任
唐　宏　云南省分行工会工作委员会主任
朱俊程　江苏省分行工会工作委员会副主任
荀　薇　北京市海淀支行工会副主席
孟银花　山西省太谷县支行工会主席
刘运成　深圳市分行工会工作委员会主任
王学军　四川省绵阳市分行工会工作委员会主任
徐仁根　宁波市北仑区支行工会副主席
沙晓明　辽宁省丹东市宽甸支行工会副主席、女工主任
文惠连　浙江省湖州市分行工会办公室主任
杨晓青　江西省吉水县支行工会副主席
李长建　重庆市永川片区支行工会办公室主任

全国金融系统职工之友

马云起　内蒙古自治区赤峰市分行党委书记、行长
宋建华　江苏省镇江市分行党委书记、行长
林国英　福建省莆田市分行党委书记、行长
赵仕田　贵州省遵义市分行副行长
向福中　新疆维吾尔自治区昌吉州分行党委书记、行长

全国金融模范职工之家

北京市通州支行工会委员会

天津港保税区分行工会委员会
河北省唐山市南堡开发区支行工会委员会
上海市长宁支行工会委员会
江苏省句容市支行工会委员会
浙江省江山市支行工会委员会
福建省沙县支行工会委员会
四川省犍为县支行工会委员会
重庆市大渡口区支行工会委员会
云南省昆明市北京路支行工会委员会
宁波市镇海区支行工会委员会
深圳市华强支行工会委员会

全国群众体育先进单位

上海市分行

金融体育达标先进单位

天津港保税区分行
广西桂林市分行
宁夏贺兰县支行

热心支持体育工作者

李　华　天津港保税区分行行长
罗仲飞　广西桂林市分行工会主任
唐正平　宁夏贺兰县支行行长

全国知识型职工先进个人

任跃玲　河南省平顶山市分行行长

全国金融系统“学习型组织标兵单位”（同时获全国金融五一劳动奖状）

河北省秦皇岛市分行

全国金融系统“学习型组织标兵班组”（同时获全国金融五一劳动奖状）

湖北省分行营业部汉阳支行

全国金融系统“学习型组织先进单位”

上海市分行长宁支行
福建省莆田市分行
宁波市分行

全国金融系统“学习型组织先进班组”

重庆市分行高科技开发区支行
陕西省分行宝鸡市渭滨支行

全国金融系统“知识型职工标兵”（同时获全国金融五一劳动奖章）

任跃玲　河南省平顶山市分行

全国金融系统“知识型职工先进个人”

孙　静　深圳市分行福田支行
王建华　山西省晋中市分行

金融教育先进集体

上海金融培训学校

金融教育先进工作者

张剑辉　长春金融研修学院副院长
吴娟萍　杭州金融研修学院教师
林　虹　安徽分行人力资源部培训科科长